AF577641

SAP Fiori®

SAP PRESS ist eine gemeinschaftliche Initiative von SAP SE und der Rheinwerk Verlag GmbH. Unser Ziel ist es, Ihnen als Anwendern qualifiziertes SAP-Wissen zur Verfügung zu stellen. SAP PRESS vereint das Know-how der SAP und die verlegerische Kompetenz von Rheinwerk. Die Bücher bieten Ihnen Expertenwissen zu technischen wie auch zu betriebswirtschaftlichen SAP-Themen.

Damit Sie nach weiteren Büchern Ihres Interessengebiets nicht lange suchen müssen, haben wir eine kleine Auswahl zusammengestellt:

Constantin-Catalin Chiuaru, Sebastian Freilinger-Huber,
Timo Stark, Tobias Trapp
ABAP-Entwicklung für SAP S/4HANA
2019, 548 Seiten, geb.
ISBN 978-3-8362-6788-5
www.sap-press.de/4823

Renzo Colle, Ralf Dentzer, Jan Hrastnik
Core Data Services für ABAP
2019, 595 Seiten, geb.
ISBN 978-3-8362-7028-1
www.sap-press.de/4898

Carsten Bönnen, Volker Drees, André Fischer,
Ludwig Heinz, Karsten Strothmann
SAP Gateway und OData
2019, 818 Seiten, geb.
ISBN 978-3-8362-6717-5
www.sap-press.de/4802

Thomas Schneider, Werner Wolf
Erweiterungen für SAP S/4HANA
2018, 510 Seiten, geb.
ISBN 978-3-8362-6204-0
www.sap-press.de/4613

Michael Englbrecht

SAP Fiori®

Implementierung und Entwicklung

Liebe Leserin, lieber Leser,

vielen Dank, dass Sie sich für ein Buch von SAP PRESS entschieden haben.

»Personalisieren und vereinfachen Sie die Benutzererfahrung (UX) Ihrer SAP-Anwendungen.« Das verspricht SAP auf seiner Produktseite zu SAP Fiori. Es geht also nicht nur darum, Benutzeroberflächen, das *User Interface*, neu zu designen. Vielmehr soll die ganze Erfahrung, das Erleben von Anwendungen (*User Experience*), revolutioniert werden. Der Nutzer, seine Wünsche und Bedürfnisse sollen von nun an im Mittelpunkt stehen. Natürlich spielt hierbei auch das Oberflächendesign eine Rolle, stellt es doch die Schnittstelle zwischen Mensch und Maschine dar. Darüber hinaus muss jedoch überdacht werden, wie eine Anwendung aufgebaut oder die Navigation entwickelt werden sollte, damit Anwender bei ihren Aufgaben optimal unterstützt werden.

In gewissem Sinne lässt sich der Unterschied auch anhand dieses Buches erläutern. Natürlich haben wir bei seiner Erstellung auf sprachliche Korrektheit und eine gut lesbare Schrift geachtet. Schließlich soll es Sie motivieren, sich mit dem Thema »SAP Fiori« weiter zu beschäftigen. Gleichzeitig haben wir uns aber auch über das grundsätzliche Konzept des Buches Gedanken gemacht: zum Beispiel eine sinnvolle Strukturierung der Inhalte oder eine Indexierung zentraler Begriffe. So können Sie sich schnell orientieren und erhalten genau die Informationen, die für Sie gerade relevant sind.

Wie war Ihre User Experience mit diesem Buch? Melden Sie sich gern bei mir, Ihr Feedback ist jederzeit willkommen.

Ihre Daniela Kämmerer
Lektorat SAP PRESS

daniela.kaemmerer@rheinwerk-verlag.de
www.rheinwerk-verlag.de
Rheinwerk Verlag · Rheinwerkallee 4 · 53227 Bonn

Auf einen Blick

TEIL I SAP Fiori im Überblick

TEIL II Implementieren von SAP Fiori

TEIL III SAP-Fiori-Anwendungen entwickeln

Wir hoffen, dass Sie Freude an diesem Buch haben und sich Ihre Erwartungen erfüllen. Ihre Anregungen und Kommentare sind uns jederzeit willkommen. Bitte bewerten Sie doch das Buch auf unserer Website unter **www.rheinwerk-verlag.de/feedback**.

An diesem Buch haben viele mitgewirkt, insbesondere:

Lektorat Daniela Kämmerer
Korrektorat Alexandra Müller, Olfen
Herstellung Nadine Preyl
Typografie und Layout Vera Brauner
Einbandgestaltung Silke Braun
Coverbild iStock: 16333646 © wholden
Satz SatzPro, Krefeld
Druck Beltz Grafische Betriebe, Bad Langensalza

Dieses Buch wurde gesetzt aus der TheAntiquaB (9,35/13,7 pt) in FrameMaker. Gedruckt wurde es auf chlorfrei gebleichtem Offsetpapier (90 g/m²). Hergestellt in Deutschland.

Bibliografische Information der Deutschen Nationalbibliothek:
Die Deutsche Nationalbibliothek verzeichnet diese Publikation in der Deutschen Nationalbibliografie; detaillierte bibliografische Daten sind im Internet über *http://dnb.d-nb.de* abrufbar.

ISBN 978-3-8362-7268-1

3., aktualisierte und erweiterte Auflage 2020

Informationen zu unserem Verlag und Kontaktmöglichkeiten finden Sie auf unserer Verlagswebsite **www.rheinwerk-verlag.de**. Dort können Sie sich auch umfassend über unser aktuelles Programm informieren und unsere Bücher und E-Books bestellen.

Inhalt

TEIL II Implementieren von SAP Fiori

Einleitung

Im Laufe der letzten Jahrzehnte wurden unterschiedliche Technologien für die Entwicklung von Oberflächen von SAP entwickelt und vorangetrieben. Die anfangs konsolenbasierte Darstellung der Daten veränderte sich mit der Zeit. Heute arbeitet man mit Frameworks zur Erstellung von interaktiven Benutzeroberflächen. Die grundsätzlichen Treiber bei der Entwicklung der Frameworks waren stets die Technologie und der Wandel der Anforderungen im Laufe der Zeit, die jeweils eine neue Technologie und Vorgehensweise bei der Entwicklung von Oberflächen erforderten.

SAP hat in den letzten Jahren die folgenden Technologien für die Implementierung von Benutzeroberflächen für Webanwendungen entwickelt:

- **Internet Transaction Server (ITS)/SAP GUI**
  Der Internet Transaction Server (ITS) bietet die Möglichkeit, klassische Dynpros als HTML-basierte Anwendungen darzustellen. Der Funktionsumfang dieser Technik ist sehr limitiert und auch nicht so in das SAP-System integriert, dass ITS von externer Seite (also aus dem Internet) aufgerufen werden kann.
- **Business Server Pages (BSP)**
  Bei Business Server Pages handelt es sich um ein mit Release 6.10 des SAP Web Application Servers ausgeliefertes Framework zur Entwicklung von dynamischen Internetseiten. Mithilfe von BSP ist es möglich, ABAP-Anweisungen in HTML-Seiten zu implementieren. Beim Aufruf der Seite durch den Browser wird der dynamische ABAP-Code auf dem Server ausgeführt und integriert das Ergebnis als HTML-Code in die HTML-Seite. Das Resultat wird dann an den Aufrufer gesandt und entsprechend dargestellt.
- **Dynpages und JSPDynpages**
  Die Grundidee dieser Technik folgt, ebenso wie BSP, dem Programmiermodell von Servlets und Java Server Pages (JSP) aus dem Java-Umfeld. Dynpages und JSPDynpages wurden im SAP-Enterprise-Portal-Umfeld eingeführt. Durch diese Technik ist es möglich, Java-Code in HTML-Seiten zu integrieren. Die daraus resultierenden Anwendungen können als sogenannte *iViews* in SAP Enterprise Portal integriert werden. Analog zu BSP-Seiten wird ein iView dieser Art auf dem Server generiert und der resultierende HTML-Strom an den Browser zurückgesandt.

- **Web Dynpro für Java**
  Mit Web Dynpro für Java wurde der damals aufkommende Trend von modellgetriebener Softwareentwicklung aufgegriffen und für die Entwicklung von webbasierten Anwendungen adaptiert.
- **Web Dynpro für ABAP**
  Web Dynpro für ABAP ist das ABAP-Pendant zu Web Dynpro für Java und der Nachfolger von Web Dynpro für Java.

SAPUI5

Getrieben durch den zunehmend mobiler werdenden Absatzmarkt, musste sich SAP Gedanken darüber machen, wie sich dieser Kanal mit den aktuellen UI-Technologien am besten beliefern lässt. Wie sich herausstellte, war es mit den bis dahin aktuellen UI-Technologien nicht möglich, auf die Vielfalt der mobilen Plattformen adäquat zu reagieren. Die Erstellung eines neuen Frameworks für die Entwicklung von browser-basierten Anwendungen wurde erforderlich. Es entstand das UI Framework *SAP UI Development Toolkit for HTML5* (SAPUI5).

SAP Fiori

Es sollte jedoch nicht nur ein neues Framework entstehen, sondern es sollte sich auch die Art der Oberflächenentwicklung verändern. Damit einhergehend sollte auch ein konsistentes und in sich stimmiges Nutzererlebnis umgesetzt und etabliert werden. Das Ziel von SAP ist es dabei, ein einheitliches Bild für alle SAP-Oberflächen auf mobilen und nicht mobilen Endgeräten zu schaffen. Die Technologie rückt dabei in den Hintergrund, und der Nutzer mit seinen Bedürfnissen und Wünschen tritt an ihre Stelle. Das ist also *SAP Fiori*: kein Produkt, sondern ein Paradigmenwechsel in der Anwendungsentwicklung! Mittlerweile ist SAP Fiori in Version 2.0 seit einigen Jahren verfügbar und wird bei einer Vielzahl von Unternehmen eingesetzt. Da SAP in den vergangenen Jahren verschiedene Unternehmen dazugekauft hat und seine Strategie zunehmend auf die Unterstützung und Förderung intelligenter Unternehmen ausrichtet, ist es nun erforderlich geworden, auch SAP Fiori neu zu denken. Das Ergebnis ist SAP Fiori 3.0. Wenn auch zum Zeitpunkt der Entstehung der dritten Auflage dieses Buches (Herbst 2019) noch nicht vollständig veröffentlicht, wird SAP Fiori 3.0 perspektivisch das neue Gesicht aller Standardprodukte von SAP werden. Etwa durch die Einbindung eines digitalen Assistenten stellt es einen weiteren Meilenstein in der Entwicklung hin zu einem besseren Nutzererlebnis dar.

Was ist das Ziel dieses Buches?

Dieses Buch ist kein rein technisches Buch, genauso wenig, wie Sie SAP Fiori aus rein technischer Sicht betrachten können. Das Buch führt Sie in alle

Facetten von SAP Fiori ein und zeigt Ihnen, welchen Einfluss die Einführung von SAP Fiori auf das Design und damit auf die Interaktion zwischen Anwendung und Nutzer hat. Das Buch bietet deshalb neben der technischen Betrachtung von SAP Fiori auch eine Einführung in das Design eigener Nutzer-Erlebnis-Strategien und zeigt, wie das Interaktionsdesign aussehen kann.

Zielgruppe dieses Buches

Dieses Buch richtet sich an Administratoren, Softwareentwickler, technische Berater sowie Entscheider, die SAP-Fiori-Standardanwendungen im Unternehmen einführen möchten und/oder an ihre Unternehmensbedürfnisse anpassen müssen. Hier gehen wir auch auf die Programmierung komplett neuer SAP-Fiori-Apps ein.

Wir richten uns auch an Leser, die sich mit SAP Fiori im Allgemeinen auseinandersetzen müssen und dabei das Thema sowohl aus der infrastrukturellen als auch aus der technischen Sicht betrachten möchten. Einige der technischen Themen erfordern ein gewisses Maß an Erfahrung im SAP-Umfeld und auch in der Programmierung von Anwendungen mit ABAP, JavaScript sowie SAPUI5.

Im Buch werden einige Cloud-Services von SAP vorgestellt, z. B. *SAP Web IDE* oder die *SAP Cloud Platform*. Cloud-Dienste unterliegen einer recht häufigen Aktualisierung. Dies kann dazu führen, dass Screenshots und Beschreibungen im Buch nicht mehr vollständig der Oberfläche entsprechen, die Sie bei der Arbeit vorfinden. Ein Transfer der Ausführungen sollte jedoch kein größeres Problem darstellen. Ähnlich verhält es sich mit den SAPUI5-Versionen. Angesichts der rasanten Entwicklung ist es möglich, dass dargestellte Programmierauszüge nicht mehr in jedem Einzelfall der zu einem späteren Zeitpunkt empfohlenen Vorgehensweise entsprechen.

Zum Aufbau dieses Buches

Das vorliegende Buch gliedert sich in drei Teile: Der erste Teil gibt Ihnen einen Überblick, was SAP Fiori ist und welchen Einfluss SAP Fiori zukünftig auf die Entwicklung von Anwendungen im SAP-Umfeld haben wird. Im zweiten Teil führen wir Sie in die Implementierung von SAP Fiori ein. Wir zeigen Ihnen, welche Infrastruktur- und Systemvoraussetzungen implementiert werden müssen, damit SAP-Fiori-Anwendungen im Unternehmen eingesetzt werden können. Den Abschluss des Buches bildet eine Einführung in die Erweiterung von SAP-Standardanwendungen sowie in die Entwicklung von eigenen SAP-Fiori-Anwendungen. Wir zeigen Ihnen auch, wie SAP Fiori in der Cloud zum Einsatz kommen kann und welche Gedanken man sich hinsichtlich der Entwicklungslandschaft machen muss, um SAP-Fiori-Anwendungen erfolgreich zu implementieren.

Teil I: SAP Fiori im Überblick

Kapitel 1 zeigt Ihnen, was SAP Fiori ist und welche grundsätzlichen Ideen dahinterstehen. Nach der Einführung thematisieren wir die neue User-Experience-Strategie von SAP und skizzieren, wohin die Reise für Unternehmen gehen wird.

Gegenstand von **Kapitel 2** ist der Wechsel der SAP-Strategien in der Oberflächenentwicklung, und wir zeigen Ihnen, welchen Einfluss dieser Strategiewechsel auf ein Unternehmen haben kann. Hier gehen wir auch auf die unterschiedlichen Aspekte bei der Definition von Benutzeroberflächen ein und stellen dar, wie das Umschwenken zum Nutzererlebnis den Softwareentwicklungsprozess beeinflusst.

In **Kapitel 3** stellen wir Ihnen die SAP Fiori Design Guidelines vor. Das Kapitel beinhaltet nach der Einleitung in die Grundkonzepte der Guidelines auch die Designvorgaben von SAP für SAP-Fiori-Anwendungen. Es werden die UI Patterns besprochen und deren Anwendung gezeigt.

Kapitel 4 führt in die Arbeit mit dem SAP Fiori Launchpad ein. Es stellt die Bestandteile des Launchpads sowie die Arbeit mit dem Launchpad aus Nutzersicht vor. Wir zeigen auch, wie sich das SAP Fiori Launchpad mit SAP Fiori 3.0 im Vergleich zu Version 2.0 weiterentwickelt hat. Den Abschluss des Kapitels bildet die Betrachtung des Launchpads aus technischer Sicht.

Teil II: Implementierung von SAP Fiori

In **Kapitel 5** steigen wir in die Architektur von SAP-Fiori-Anwendungen ein. Wir diskutieren die Systemlandschaft und die nötigen Systemkomponenten, um in die vier technischen Typen von SAP-Fiori-Anwendungen (Transactional Apps, Fact Sheets, Analytical Apps und SAP-Smart-Business-Apps) im Unternehmen einzuführen. Es wird dabei auch thematisiert, welche Rolle SAP HANA, SAP HANA XS, SAP Gateway, der SAP Web Dispatcher sowie unterschiedliche Browser und mobile Endgeräte bei der Nutzung von SAP-Fiori-Apps spielen. Das Kapitel gibt Ihnen auch eine kurze Einführung in die Architektur von SAP S/4HANA und die damit verbundenen Programmiermodelle für SAP-Fiori-Anwendungen im Kontext von SAP S/4HANA.

In **Kapitel 6** beschreiben wir die Installation von SAP Fiori. Dabei werden zunächst die Installationsvoraussetzungen auf SAP HANA, auf dem ABAP-Backend-Server und dem SAP-HANA-Frontend-Server beleuchtet. Daran schließt sich die Installation der produktübergreifenden Komponenten an, bevor dann die Installation der Komponenten erläutert wird, die spezifisch für die Produkte der SAP Business Suite (SAP ERP, SAP CRM, SAP SRM, SAP SCM, SAP GRC etc.) und SAP S/4HANA sind. Sie erfahren auch, wie Sie mittels der SAP-Fiori-Frontend-Server-Komponenten alle nötigen Bestandteile des Frontend-Severs installieren.

In **Kapitel 7** gehen wir auf die Konfiguration von SAP Fiori ein, beginnend mit der Konfiguration der Netzwerkinfrastruktur für eine sichere Kommunikation zwischen den einzelnen Komponenten und Single Sign-on und beschäftigen uns dann mit der Konfiguration von SAP Gateway auf dem Frontend-Server. Wir zeigen Ihnen auch, wie Sie unter SAP S/4HANA mittels New Rapid Content Activation schnell und einfach die SAP-Fiori-Aspekte des Systems aktivieren und zur Verfügung stellen.

In **Kapitel 8** beschreiben wir das Konzept des UI Theme Designers. Mit diesem Tool kann das visuelle Design von SAP-Fiori-Apps angepasst werden.

In **Kapitel 9** gehen wir auf die administrativen Aufgaben im Umfeld von SAP Fiori ein. Der Schwerpunkt liegt hier auf dem Monitoring und dem Troubleshooting von SAP Gateway und SAPUI5.

Teil III: SAP-Fiori-Anwendungen entwickeln

Kapitel 10 führt Sie in die Grundlagen und Konzepte von SAPUI5 ein. Neben der Implementierung einer einfachen Anwendung mit SAPUI5 zeigen wir Ihnen anhand von Best Practices, wie SAPUI5-Anwendungen architektonisch aufgebaut werden.

Kapitel 11 beschreibt, wie Backend-Dienste mit SAP Gateway implementiert werden. Neben einer Einführung in die technischen Aspekte der Plattform vermittelt Ihnen dieses Kapitel die Grundanatomie von Backend-Diensten. Wir zeigen Ihnen auch, wie Sie mit ABAP CDS Views arbeiten, OData-Dienste auf der Basis von CDS Views erzeugen und UI-Annotationen verwenden. Den Abschluss des Kapitels bildet eine Einführung in das *ABAP-RESTful-Programmiermodell*.

In **Kapitel 12** führen wir Sie in die Arbeit mit SAP Web IDE ein. Wir stellen Ihnen die Entwicklungsumgebung sowie die Arbeit mit diesem Werkzeug vor. Das Kapitel zeigt Ihnen, wie Sie mithilfe von Projektvorlagen einfach und schnell eigene Anwendungen erstellen können. Schritt für Schritt entwickeln wir eine einfache master-detail-basierte Anwendung. Wir führen Sie in den Umgang mit SAP-Fiori-Elementen am Beispiel des List Report Patterns ein und zeigen Ihnen, wie Sie UI-Annotationen lokal und serverseitig nutzen. Sie erfahren außerdem, wie Sie SAP Overview Pages anlegen und Cards für Overview Pages erstellen.

Kapitel 13 erläutert die Erweiterungskonzepte von SAP Fiori und insbesondere von OData-Services und SAPUI5. Wir beschreiben anhand konkreter Beispiele, wie Sie Transactional Apps, Fact Sheets und Analytical Apps modifikationsfrei erweitern können. Das Kapitel stellt auch die Erweiterungskonzepte für SAP-Fiori-Anwendungen im Kontext von SAP S/4HANA vor und zeigt Ihnen, wie Sie mit Breakouts Anwendungen erweitern können, die auf SAP Fiori Elements basieren.

In **Kapitel 14** führen wir in SAP Fiori in der Cloud ein. Wir gehen auf die Grundidee von SAP Fiori in der Cloud ein und stellen eine entsprechende Infrastruktur sowie die Implementierung von SAP Fiori Cloud vor.

Kapitel 15 gibt schließlich eine Einführung in die Entwicklungsinfrastruktur und Konzepte, die bei der Entwicklung von SAP-Fiori-Anwendungen wichtig sind. Sie lernen *Continuous Integration* und *Continuous Delivery* kennen und erfahren, welche Empfehlung SAP für die die Umsetzung gibt.

Symbole

Um Sie auf wichtige Informationen hinzuweisen und Ihnen so die Arbeit mit diesem Buch zu erleichtern, verwenden wir im Text Kästen mit den folgenden Symbolen:

[+] **Tipp**: Kästen mit diesem Symbol geben Ihnen Empfehlungen zu Einstellungen oder Tipps aus der Berufspraxis.

[»] **Hinweis**: Dieses Symbol weist Sie auf zusätzliche Informationen hin oder gibt Ihnen weiteres Hintergrundwissen.

[!] **Achtung**: Mit diesem Symbol haben wir Warnungen oder Fallen gekennzeichnet.

Wie können Sie mit diesem Buch praktisch arbeiten?

Als Handbuch zum Thema SAP Fiori dient dieses Buch zum einen als Nachschlagewerk zu spezifischen Themenkomplexen und ist zum anderen aber auch so aufgebaut, dass Sie es von der ersten bis zur letzten Seite durcharbeiten können. Von der Webseite zum Buch *www.sap-press.de/4974* können Sie sich die Coding-Beispiele herunterladen und so Schritt für Schritt die Beispiele aus dem Buch selbst nachvollziehen. Zusätzlich bieten wir

Ihnen zwei Abschnitte bzw. Kapitel der Vorauflage zum Download an: »Entwicklung von Backend-Diensten mit SAP HANA XS und SAP HANA XSA« und »Entwicklung einer SAP-Fiori-Anwendung mit Eclipse«.

Danksagung

Ich möchte vor allem dem Team beim Rheinwerk Verlag für seine professionelle Arbeit danken. Namentlich erwähnen will ich vor allem das zuständige Lektorat: Janina Karrasch hat das Buchprojekt in der ersten Auflage auf den Weg gebracht und von Anfang an für eine klare Struktur gesorgt. Kerstin Billen möchte ich für die herausragende Arbeit an der ersten Auflage und für ihre Unterstützung zu Beginn der Arbeit an der zweiten Auflage danken. Herrn Sven Clever danke ich für die Arbeit an der zweiten Auflage. Zu guter Letzt gilt mein Dank Daniela Kämmerer. Sie hat mich in der dritten Auflage des Buches tatkräftig unterstützt und aus dem Rohtext ein Buch in verständlicher Sprache gezaubert. Vielen Dank!

Ich möchte mich bei meiner Frau Michaela und meinen Kindern Domenik und Sophie bedanken. Wenn man Menschen nach ihren Hobbies fragt, erhält man oft die Antwort »meine Familie«. Ihr seid weit mehr als ein Hobby, Ihr seid mein Leben. Ihr helft mir, mich nicht in meiner Arbeit zu verlieren, trotz eines vollen Kopfes die Leichtigkeit des Seins nicht zu vergessen. Vielen Dank für eure Geduld, Rücksichtnahme und all die wunderbaren Stunden. Vielen Dank für alles, ohne euch wäre mein Leben sehr viel weniger geprägt von Freude, Lust am Leben und dem Motto, auch einmal Fünfe gerade sein zu lassen.

Ich bedanke mich auch bei meinem Arbeitgeber eXXcellent solutions GmbH für die Aufgaben, Entwicklungsmöglichkeiten und für die unglaublich gute und spannende Arbeitsumgebung. Nicht zu vergessen sind dabei meine Kollegen, die es mir durch ihre Sicht- und Denkweise möglich machen, immer wieder neue Horizonte zu entdecken. Die Zusammenarbeit mit Euch macht immense Freude. Danke.

Ihr Michael Englbrecht

TEIL I

SAP Fiori im Überblick

Kapitel 1
Was ist SAP Fiori?

SAP Fiori, die neue User Experience von SAP – from Transaction to App

Die Art, wie wir arbeiten, hat sich in den letzten Jahren massiv verändert, und sie wird sich im Rahmen der fortschreitenden Digitalisierung in den kommenden Jahren noch weiter wandeln. Menschen können inzwischen in vielen Fällen an ganz unterschiedlichen Orten ihrer Arbeit nachgehen – und auf Dienste bzw. Anwendungen, die sie dafür benötigen, auch von hier zugreifen. Durch die schon sehr guten und immer besser werdenden Möglichkeiten, gesammelte Daten auszuwerten, sie in einen Kontext und Zusammenhang zu bringen, wird es möglich, präzise Voraussagen zu treffen. Zusammenhänge zwischen Daten können automatisiert erkannt werden, wodurch es möglich wird, bessere Dienste anzubieten bzw. einzusetzen. Dadurch können Unternehmen durch die Vernetzung von Informationen intelligenter werden, dies setzt jedoch voraus, Prozesse zu überdenken und neu zu denken.

Auch Anwendungen, die für die Datenverarbeitung eingesetzt werden, müssen dabei neu gedacht werden. Obwohl viele Aspekte der täglichen Arbeit in Zukunft nicht mehr durch den Menschen erledigt, sondern von Rechnern bzw. Maschinen übernommen werden, ist der Mensch nicht wegzudenken. Der Mensch ist mit seinen kognitiven Fähigkeiten jedoch nicht unbegrenzt in der Lage, Komplexitäten zu verarbeiten. Da sich Überforderung negativ auf die Motivation und Produktivität eines Menschen auswirken kann, ist es wichtig, dass Applikationen, die ihn bei der Arbeit unterstützen sollen, dies berücksichtigen. Wir gehen auf diesen Punkt noch ausführlicher ein.

Fokus auf Funktionen

SAP hat vor Jahren erkannt, dass der bisher beschrittene Weg, Software rein aus funktionaler Perspektive zu betrachten, nicht länger zeitgemäß oder gar zukunftsweisend ist. Die bekannten Transaktionen enthalten nicht selten Unmengen an Funktionen. Für Nutzer im Rahmen einer bestimmten Aufgabe relevante Informationen finden sich dadurch zum Teil versteckt in Untermenüstrukturen. Sie kennen möglicherweise die Transaktion VA03, mit der sich Kundenaufträge anzeigen lassen. Ist für Sie z. B. die Verwendung der Zusatzdaten A und B von Anfang an klar gewesen? Oft gibt es auch mehrere Transaktionen, über die Sie die gleichen Daten erhalten – und die denselben Funktionsumfang bieten. Die Problematik wird in der Regel nicht kleiner, wenn Kunden ihr SAP-System eigenständig erweitern.

Fokus auf Anwendern

SAP Fiori ist dabei die Antwort von SAP auf den Markttrend, weg von immer mehr Funktionen und Möglichkeiten, die Sie in einer Anwendung vorfinden, hin zur Fokussierung auf den Anwender und seine Bedürfnisse bei der Erledigung spezifischer Aufgaben. Der Blick wird also auf den Nutzer der Software gerichtet. SAP Fiori ist somit nicht einfach eine neue Anwendung oder Anwendungsgruppe, sondern die neue Art, wie Anwendungen von SAP konzipiert und implementiert werden. Man kann SAP Fiori als neue Designsprache verstehen.

In den nächsten drei Abschnitten wenden wir uns den drei Säulen von SAP Fiori zu: dem SAP-Fiori-Konzept, den SAP-Fiori-Designparadigmen und zu guter Letzt den Technologien, die hinter SAP Fiori stehen. Den Abschluss des Kapitels bildet die Betrachtung der von SAP neu entwickelten Anwendungen, den sogenannten *SAP-Fiori-Apps*.

1.1 SAP Fiori – das Konzept

Die Wertigkeit der Mensch-Maschine-Kommunikation steht und fällt mit dem Design der Benutzeroberfläche (*User Interface*, UI). Die Frage, wie Oberflächen einer Anwendung aussehen müssen, damit Anwender optimal bei ihrer täglichen Arbeit unterstützt werden, beantworten meist Menschen, die eher technisch geprägt sind. Dies führt nicht selten dazu, dass Oberflächen mit Funktionen überladen werden, die Endanwendern auch dann angeboten werden, wenn sie die notwendige Berechtigung oder Rolle gar nicht besitzen. Entweder wird dann der Menüeintrag ausgegraut oder nach der Eingabe eine Fehlermeldung ausgegeben, dass der Benutzer nicht über die Berechtigung für die gewünschte Aktion verfügt. Kurz gesagt, werden Anwender mit Informationen konfrontiert, die für ihre Arbeit nicht relevant sind.

Oberflächendesign bisher

Der Fantasie der Darstellungsmöglichkeiten von Informationen war im SAP-System bisher kaum eine Grenze gesetzt; befanden Sie sich in der einen Transaktion und wechselten in eine andere, konnte die Oberfläche komplett anders aussehen. Der Anwender war im Zweifel auf die Designfähigkeiten des Entwicklers angewiesen. Da dieser, wie gesagt, meist eher einen technischen Hintergrund hat und dazu tendiert, die Möglichkeiten seines UI Frameworks auszunutzen, wird die Arbeit für den Anwender schnell eher zur Last als zur Lust. Auch ist es nicht unüblich, dass ein Fachbereich durch einen internen Business Consultant beraten wird, zusammen wird dann ein Fachkonzept entwickelt. Dabei wird auch ein entsprechendes UI besprochen und bereits mittels eines Zeichenprogramms und Screenshots skizziert. Entwickler implementieren anschließend nach dieser Vorlage. Sie kennen im Zweifel jedoch nicht oder nicht in vollem Umfang den Zweck der Software. Da SAP nicht nur Unternehmenssoftware herstellt, sondern zugleich auch noch Produzent eigener Frameworks zur Entwicklung von Oberflächen ist, zeigt sich das Problem hier noch deutlicher als bei anderen Softwareherstellern. Auch die Tatsache, dass SAP nicht nur für einen, sondern für sehr viele Kunden Lösungen entwickelt hat, dürfte sich hinsichtlich des Aufbaus und der Gestaltung der Oberflächen ausgewirkt haben.

Aufgabe von SAP Fiori

Mit SAP Fiori soll dieser Vielklang gestimmt werden. SAP Fiori ist die neue Art, wie Anwendungen mit Anwendern kommunizieren, um sie bei der täglichen Arbeit – egal, ob mit einem mobilen Endgerät oder vor dem Rechner im Büro – zu unterstützen. SAP rückt also Themen wie Benutzbarkeit (*Usability*), die Haptik einer Anwendung sowie das Erleben (die *User Experience*) einer Anwendung ins Zentrum. Zum einen ist SAP Fiori also die neue User Experience von SAP, zum anderen implementiert SAP Anwendungen gemäß den SAP-Fiori-Grundsätzen als SAP-Fiori-Apps.

SAP-Fiori-Apps

Diese Apps werden unter Berücksichtigung der *SAP Fiori Design Guidelines* implementiert. Der Fokus liegt dabei auf der Frage, was ein Anwender benötigt, um den Anwendungsfall (*Use Case*), der durch die Anwendung abgedeckt wird, erfolgreich abzuschließen. SAP Fiori folgt dabei allgemeingültigen *Designregeln*. Diese wiederum basieren auf wissenschaftlichen Erkenntnissen über den Menschen, seine Fähigkeiten der Wahrnehmung und der Verarbeitung von Informationen etc. – Themen, die für gutes Produktdesign wichtig sind. Schauen Sie z. B. bei sich zu Hause, wie die Lichtschalter oder aber das Bedienfeld Ihres Herds angeordnet sind. Idealerweise folgt ihre Anordnung einer intuitiven Logik, sodass Sie sich leicht orientieren können (siehe Kapitel 2, »User-Experience-Strategien entwickeln«).

1.1.1 Strategie zur Umsetzung der neuen Nutzerfreundlichkeit

Die soeben angesprochene Änderung des Blickwinkels, weg von immer mehr Funktionen hin zu einer Oberfläche, die Endanwender in ihrer aktuellen Rolle am besten unterstützt, soll keine Eintagsfliege sein und nicht nur für dedizierte Anwendungen gelten, sondern vielmehr auf alle Anwendungen übertrag- und anwendbar sein. Um ein Verbreiten der neuen Grundsätze zu erreichen, hat SAP eine aus drei Säulen bestehende Strategie entwickelt: *New*, *Renew* und *Enable*. Abbildung 1.1 zeigt die drei Säulen in ihrer Verbindung zu verschiedenen Technologien und Produkten von SAP sowie das Fundament, auf dem die drei Säulen stehen, die Design-Services.

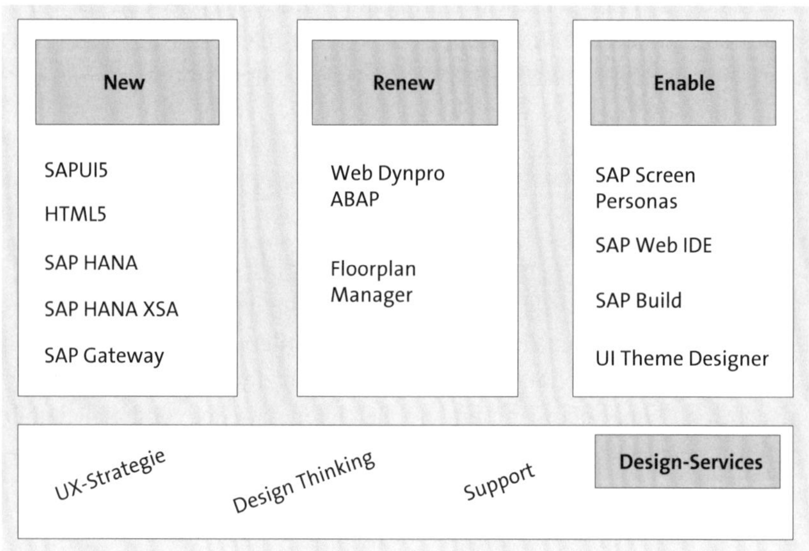

Abbildung 1.1 Umsetzung der neuen Nutzerfreundlichkeit

New

Entwicklung neuer Produkte

Neue Produkte sollen unter Einhaltung der UX-Grundsätze von SAP entstehen. Diese sollen sowohl auf mobilen als auch nicht mobilen Endgeräten dieselbe Nutzerfreundlichkeit aufweisen. Die Oberflächen werden mit SAPUI5, einem UI Framework auf HTML5-Basis, entwickelt und greifen über entsprechende Webdienste auf die Daten eines Backends zu. Die Daten können in der SAP-HANA-Datenbank – also in-memory – oder in einer herkömmlichen Datenbank gehalten werden.

Renew

Anpassung bestehender Produkte

Neben der Entwicklung neuer Anwendungen analysiert SAP auch bestehende SAP-Produkte und prüft, wie sie sich gemäß den neuen SAP-Fiori-UX-Prinzipien anpassen lassen. Bei dieser Prüfung geht es nicht darum, dass am Ende das SAP-Produkt komplett neu mit SAPUI5 implementiert wird, sondern vielmehr um die Adaption der SAP-Fiori-Grundsätze. Komplexe Transaktionen werden dabei weiterhin mit Web Dynpro für ABAP implementiert.

Enable

Optimierung von SAP GUIs

Unternehmenssoftware bietet im Allgemeinen Lösungen an, die für alle Unternehmen eines Geschäftssegments zum Einsatz kommen können. Unternehmen eines Geschäftsfelds sind jedoch nicht identisch aufgebaut; Prozesse unterscheiden sich von Unternehmen zu Unternehmen. SAP bietet für die Optimierung der User Experience entsprechende Werkzeuge an, um die Benutzeroberflächen von Standardtransaktionen im SAP-Umfeld so anzupassen, dass sie optimal zum jeweiligen Anwendungsfall bzw. Geschäftsprozess passen. SAP bietet für die Anpassung und Optimierung von SAP GUIs Tools wie SAP Screen Personas oder den UI Theme Designer an.

SAP Screen Personas ist ein Add-on für den ABAP-Stack, mit dem es möglich ist, über ein Web Interface im Browser existierende Transaktionen anzupassen und nur spezifische UI-Elemente sichtbar zu machen, die der Anwender in seiner aktuellen Rolle benötigt. Der Entwickler erhält mit JavaScript die Möglichkeit, Anwendungen innerhalb der neuen Oberflächenlogik zu implementieren. SAP Screen Personas kann nicht nur verwendet werden, um die Komplexität einzelner Oberflächen zu ändern. Mit dem Werkzeug lassen sich auch über Transaktionsgrenzen hinweg UI-Aspekte aus verschiedenen Transaktionen in einem neuen Bildschirm zusammenzuführen. Dies macht es möglich, komplexe Prozesse, die sich über verschiedene Bildschirme und Transaktionen erstrecken, an die Nutzerwirklichkeit im jeweiligen Unternehmen anzupassen.

Neben den bereits genannten Werkzeugen bietet SAP weitere Werkzeuge an, um Anwendungen gemäß der neuen UX-Strategie umzusetzen, sei es *SAP Web IDE* für die Entwicklung neuer Anwendungen und das Erweitern existierender SAP-Fiori-Lösungen oder das Werkzeug *SAP Build*, mit dem sowohl einfache Prototypen als auch komplexe Anwendungen prototypisch abgebildet werden können.

Design-Services

Viele Kunden sind mit dem Entwickeln von modernen Benutzeroberflächen noch nicht vertraut. Darüber hinaus ist nicht jedem Kunden bekannt, welche Werkzeuge SAP bereits anbietet, um Unternehmen bei der Umsetzung von Projekten zu unterstützen. Aus diesem Grund bietet SAP entsprechende Beratung, das Angebot wird unter der Bezeichnung *Design-Services* zusammengefasst. SAP begleitet Kunden auch bei der Implementierung eines stärker anwenderbezogenen Entwicklungsansatzes. Um Herausforderungen besser zu verstehen, neue Ideen zu entwickeln und sich auf die späteren Nutzer des Produkts zu konzentrieren, wird in aller Regel die Methode *Design Thinking* eingesetzt.

Insgesamt profitieren Kunden mit den Design-Services bei der Definition einer neuen User Experience von den Erkenntnissen von SAP. Gleichzeitig erhält auch SAP Einblick in die Prozesse und die Arbeit der Kunden und kann dadurch Rückschlüsse auf Verbesserungspotenziale von SAP Fiori Anwendungen ziehen.

1.1.2 Die Grundsätze von SAP Fiori

Damit die erwähnten strategischen Ziele erreicht werden können, wurden für SAP-Fiori-Anwendungen folgende Grundsätze definiert:

- **Rollenbasiert**
  Komplexe Transaktionen werden zu aufgabenorientierten Teileinheiten heruntergebrochen. Es werden dem Anwender nur die Funktionen angeboten, die für das erfolgreiche Abarbeiten eines Arbeitsschritts benötigt werden und seiner Rolle entsprechen. Durch diese Reduzierung der Möglichkeiten einer Anwendung wird der Fokus bei der Arbeit ganz neu gesetzt: Der Anwender ist nicht mehr durch x verschiedene Möglichkeiten abgelenkt, sondern kann sich auf die Abarbeitung eines konkreten Anwendungsfalls konzentrieren.
- **Responsives und adaptives Webdesign**
  SAP-Fiori-Anwendungen können sowohl im Browser auf einem mobilen Endgerät (Smartphone, Tablet oder gar Smartwatch) als auch auf einem normalen PC dargestellt werden. Der Entwickler muss sich dabei nur an verschiedene Designregeln halten. Das darunterliegende UI Framework bietet von Haus aus die Möglichkeit des responsiven Webdesigns. Eine Anwendung verhält sich *responsiv*, wenn sie z. B. UI Controls auf einem touchfähigen Endgerät größer darstellt als auf einem Endgerät, das nicht über Berührung gesteuert werden kann. Das responsive Verhalten ist wichtig, weil dadurch die Verwendung des Fingers als Werkzeug erleichtert wird.

  Zusätzlich müssen SAP-Fiori-Anwendungen sich auch an die Gegebenheiten des jeweiligen Endgeräts anpassen. So kann es z. B. sein, dass bestimmte Anwendungsaspekte auf einem Smartphone aus funktionaler Sicht keinen Sinn machen oder zumindest schwer bedient werden könnten. Es ist vorstellbar, dass ein Diagramm auf einem Smartphone aufgrund seiner Komplexität kein gutes Nutzererlebnis bietet. Eine Lösung könnte sein, die Daten als Tabelle darzustellen. Kurz gesagt, muss bei der Anwendungsentwicklung berücksichtigt werden, ob und wie gut Anwender mit dem Ergebnis arbeiten können. Man spricht dabei von *adaptivem* Verhalten. Eine Anwendung verhält sich adaptiv, wenn sie die Darstellungsform oder die Funktion entsprechend der Möglichkeiten des Endgeräts anpasst. Ist das Nutzererlebnis auf einem Endgerät nicht optimal, sollte ein Weglassen von Funktionen oder eine andere Darstellungsform in Betracht gezogen werden.

- **Einfach**
  Anwendungen werden unter SAP Fiori nicht mit Funktionen ausgestattet, die nicht zwingend für das Abarbeiten eines Anwendungsfalls benötigt werden. Dazu definiert SAP Fiori das sogenannte *1-1-3-Szenario*. Dies bedeutet, dass ein Anwender (eine Rolle) mit einer SAP-Fiori-Anwendung genau einen Anwendungsfall bearbeitet – und das auf einem von drei möglichen Screens.
- **Kohärent/stimmig**
  Anwendungen, die den SAP-Fiori-Richtlinien entsprechen, zeichnen sich für Anwender auch durch eine standardisierte Oberflächengestaltung aus. Dies wird durch definierte *konzeptionelle Applikationstypen* und *Interaktionsmuster* sichergestellt. Ein konzeptioneller Applikationstyp definiert das gesamte Layout der Anwendung. So wird z. B. bestimmt, ob eine Anwendung eine Master-Detail-Ansicht nutzt oder ob jeweils ein Dialog den Bildschirm komplett ausfüllt. Über die Verwendung von Interaktionsmustern definieren Sie z. B., wie der Aufbau und das Layout eines Bildschirms aussehen sollen, der zur Datenerfassung vorgesehen ist. Durch diese Vorgaben findet sich der Anwender schnell zurecht und kann sich auf die Nutzung der Anwendung konzentrieren.
- **Ansprechend**
  SAP-Fiori-Anwendungen sollen gemäß den neuen Designvorgaben ansprechend und intuitiv sein. Der Anwendungsprozess muss klar durch die Anwendung abgebildet werden. Man könnte salopp formulieren, dass die Anwendung den Anwender »anspringen« muss; er soll Lust verspüren, mit der Applikation zu arbeiten.

Mögliche Kritikpunkte

Nachdem wir die Grundsätze von SAP Fiori betrachtet haben, möchten wir an dieser Stelle noch kurz auf oft gehörte Kritik an diesen Prinzipien eingehen. Wie bereits beschrieben, sind SAP-Fiori-Anwendungen genau auf eine Rolle und deren Bedürfnisse zugeschnitten. Ein daraus resultierender Kritikpunkt: Wenn eine Anwendung Mitarbeitern einerseits eine Liste von Bestellungen anzeigen soll, andererseits Mitarbeiter ausgehend von der gleichen Liste jedoch Bestellungen bearbeiten und erfassen sollen, verdoppelt sich der Entwicklungsaufwand. Wir halten dagegen: SAP Fiori und die vorgestellten Prinzipien zeigen nur auf, dass es sich um zwei Anwendungsfälle handelt, weshalb es zwei Rollen und in letzter Konsequenz auch zwei Anwendungen geben sollte. Dem Vorwurf, dass hier eine Verteuerung der Entwicklung stattfindet, ist auch zu entgegnen, dass SAP Fiori nicht vorschreibt, wie die Implementierung durchgeführt werden muss. Es ist z. B. vorstellbar, die Erweiterungskonzepte von SAPUI5 zu verwenden. Dabei dient eine Anwendung als Basis für eine zweite Anwendung und erweitert diese modifikationsfrei an den entsprechenden Stellen. In unserem Beispiel implementieren Sie zunächst eine Anwendung zur Darstellung der Bestellungen. Berücksichtigen Sie dabei, dass es an definierten Stellen Erweiterungsmöglichkeiten geben soll. Im Anschluss wird ein Erweiterungsprojekt für die zweite Anwendung durchgeführt, bei dem die ergänzenden Aspekte implementiert werden. Der Mehraufwand ist dabei überschaubar.

1.1.3 Aus Transaktionen werden Apps

Im Mittelpunkt der Anwendungsentwicklung steht traditionell die Frage, was Softwarehersteller mit ihren Anwendungen erreichen möchten. Standardsoftwarehersteller haben bekanntlich das originäre Ziel, dass eine Applikation von möglichst vielen Unternehmen genutzt werden kann. Daraus resultiert, dass die Anwendung von der Stange, die für mehr als einen Kunden und einen spezifischen Anwendungsfall gedacht ist, alle möglichen Aspekte für alle möglichen Kunden abdeckt. Dies kann bei Kunden dazu führen, dass Anwendungen nur bedingt deren Ist-Situation abbilden.

Zudem wurden die SAP Business Suite und ihre Vorgänger stets aus Sicht des Systems, also des Unternehmens, implementiert und nicht aus Sicht von Anwendern – die später jedoch täglich mit den Anwendungen arbeiten müssen.

Typische Probleme von Transaktionen

Diese Eigenschaften von Standardsoftware können bei SAP-Transaktionen zu zwei verschiedenen Szenarien führen:

- **Szenario 1**
  Eine Transaktion bietet eine Vielzahl von Funktionen und Möglichkeiten für eine Vielzahl von Anwendungsfällen.
- **Szenario 2**
  Anwender müssen über mehrere Transaktionen eine Menge an Informationen zusammentragen, um mit diesen Informationen gewappnet in einer weiteren Transaktion Werte in ein Formular eintragen zu können.

Dekomposition und Rekomposition

Um aus Szenario 1 bzw. 2 eine SAP-Fiori-App abzuleiten, muss jeweils die Antwort auf die Frage gesucht werden, was ein Anwender in der Rolle x für den Anwendungsfall y benötigt. Für Szenario 1 muss eine *Dekomposition* durchgeführt werden. Die »Monstertransaktion« muss also auf Funktionen reduziert werden, die für eine spezifische Rolle im entsprechenden Anwendungsfall benötigt werden – und nur für diese. Für Szenario 2 muss stattdessen eine *Rekomposition* stattfinden. Aus den Transaktionen müssen all die Funktionen lokalisiert werden, die eine Rolle in die Lage versetzen, einen Anwendungsfall abzuarbeiten. Bei der Rekomposition findet im Anschluss an die Definition der Oberfläche das Mapping auf die darunterliegenden notwendigen Backend-Strukturen und Daten statt.

Durch die Dekomposition bzw. Rekomposition können Mitarbeiter in ihren Rollen optimal arbeiten. Dies ist ein entscheidender Kostenfaktor, da sie sich nicht mehr in einem Funktions- und Transaktionsdschungel zurechtfinden müssen, sondern sich auf das Wesentliche konzentrieren können. Die Quintessenz aus beiden Vorgehensweisen ist, dass SAP-Fiori-Anwendungen immer aus Sicht von Endanwendern in ihren spezifischen Rollen im Anwendungsfall erstellt werden. Dadurch kann sichergestellt werden, dass Endanwendern nur die Funktionen und Informationen zur Verfügung stehen, die sie zu einem spezifischen Zeitpunkt benötigen.

Einfluss auf Unternehmen

Der Wandel von Transaktionen hin zu Apps, die für spezifische Anwendungsfälle implementiert werden, hat natürlich auch starken Einfluss auf die Art und Weise, wie Software in den IT-Abteilungen von Kunden implementiert wird. Durch den starken Fokus auf Anwender müssen deren Anforderungen sehr viel stärker analysiert werden, als es möglicherweise bisher der Fall war. Zudem müssen alle Beteiligten im Unternehmen verstanden haben, welche Zielsetzung und welche Konzepte hinter SAP Fiori und der neuen User Experience von SAP stecken. Es ist nicht ausreichend, dass lediglich die IT-Abteilungen bzw. die Softwareentwickler im Unternehmen wissen, was SAP Fiori ist. Für eine erfolgreiche Umstellung auf SAP Fiori müssen alle, nicht zuletzt die zukünftigen Anwender, mit ins Boot geholt werden.

1.1.4 Das SAP Fiori Launchpad

Ausgangspunkt für den Start jeder SAP-Fiori-App ist das *SAP Fiori Launchpad* (im Folgenden kurz Launchpad). Nach dem Aufruf der Launchpad-URL im Browser erscheint der in Abbildung 1.2 dargestellte SAP-Fiori-Anmeldebildschirm. Die Anmeldemaske kann kundenspezifisch angepasst und damit in das Corporate Design des Unternehmens integriert werden.

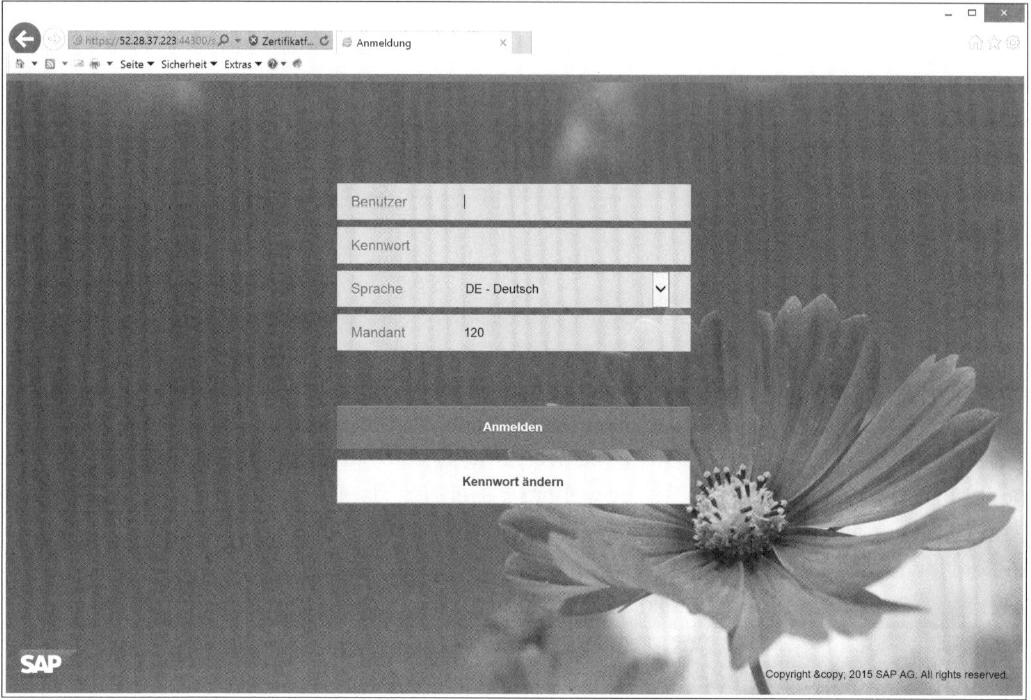

Abbildung 1.2 Der Anmeldebildschirm für SAP Fiori

Nach einer erfolgreichen Anmeldung wird dem Anwender die *Homepage* angezeigt. Über die Homepage gelangt er an die gemäß seinen Rollenzuordnungen verfügbaren SAP-Fiori-Apps. Diese Startseite wird mit der Installation von SAP Fiori auf dem entsprechenden System bereitgestellt und bietet nach der Installation standardmäßig einige Grundfunktionen an. Dazu zählen z. B. das An- und Abmelden vom SAP-System oder eine globale Suche über Anwendungsgrenzen hinweg. Nach dem Anmelden stellt das Launchpad die Homepage automatisch zur Verfügung.

Homepage

Diese anwenderspezifische Startseite bietet Zugriff auf alle SAP-Fiori-Apps, die der Anwender gemäß seinen Berechtigungen und Rollen aufrufen darf. Durch die Homepage soll der Zugriff auf Anwendungen einfacher und schneller ermöglicht werden. Die Homepage kann sowohl SAP-Fiori-Apps beinhalten, die durch SAP ausgeliefert werden, als auch Anwendungen, die durch den Kunden selbst implementiert wurden. Kundenspezifische Anwendungen sollten den SAP Fiori Design Guidelines (siehe Kapitel 3, »SAP Fiori Design Guidelines«) und den Programmierrichtlinien für SAP-Fiori-Anwendungen folgen, damit eine reibungslose Integration in das Launchpad möglich ist.

Mit dem Designkonzept für *SAP Fiori 2.0* gewann SAP den Red Dot Design Award in der Kategorie »Interaktion« im Jahr 2015. In Version 2.0 verbessert SAP die User Experience für das SAP Fiori Launchpad und die Homepage u. a. auch für SAP S/4HANA. Auch für die Implementierung von SAP-Fiori-Anwendungen umfasst SAP Fiori 2.0 weitere Neuerungen und Anpassungen. **SAP Fiori 2.0**

Im Rahmen der Weiterentwicklung der SAP-Strategie arbeitet SAP aktuell an der Realisierung und Implementierung von *SAP Fiori 3.0*. Dabei spielen Themen wie Künstliche Intelligenz und Machine Learning eine zunehmend wichtige Rolle. Diese Themen stellen die Grundpfeiler der sogenannten *Intelligent Suite* dar (siehe dazu Abschnitt 1.4, »Das intelligente Unternehmen«). SAP Fiori 3.0 stellt das Zieldesign für die Intelligent Suite dar. Da die neueste Version von SAP Fiori zum Zeitpunkt der Entstehung der Neuauflage dieses Buches (Herbst 2019) nicht vollständig verfügbar ist, konzentrieren wir uns in der aktuellen Auflage auf die Idee, die Strategie und die bereits verfügbaren Elemente für die Umsetzung. **SAP Fiori 3.0**

1.2 SAP Fiori – das Design

Mit der in den vorangegangenen Abschnitten beschriebenen konzeptionellen Neuausrichtung geht auch eine Änderung in Bezug auf die Oberflächengestaltung und das Erstellen von Oberflächen einher. Wie bereits erwähnt, ist ein wichtiger Punkt von SAP Fiori die konsistente und einfache Gestaltung der Oberfläche. Zudem ist es auch Ziel von SAP Fiori, nutzerfreundliche und ansprechende Oberflächen zu realisieren.

Was aber ist unter konsistent, einfach, nutzerorientiert und ansprechend zu verstehen? Damit diese Frage nicht jeder Entwickler selbst beantworten muss, wurden für SAP-Fiori-Anwendungen und Anwendungen, die den Mustern von SAP Fiori folgen, klare Vorgaben für das Design gegeben. Durch einheitliche Vorgaben soll die User Experience jedes einzelnen Anwenders erhöht werden – und dadurch auch seine Effektivität. Die Effektivität beginnt beim Starten der Anwendung und endet bei der Nutzung der Applikation, um z. B. einen Urlaubsantrag auszufüllen oder die neuesten Geschäftszahlen für einen Unternehmensbereich zu visualisieren. Die SAP Fiori Design Guidelines beschreiben diese Designvorgaben. SAP Fiori ist demnach keine Technologie, sondern die Designsprache, die bei der Implementierung von Anwendungen verwendet wird. Dies ist sehr wichtig zu verstehen, da vor diesem Hintergrund deutlich wird, dass Kritik, wie z. B., SAP Fiori sei langsam, oft nicht sinnvoll ist: Eine Designsprache kann nicht **Designziele** langsam sein. Der Grund für die schlechte Performance ist vielmehr in der darunterliegenden Technologie bzw. der Implementierung zu suchen.

SAP Fiori Design Guidelines

Die SAP Fiori Design Guidelines können Sie im Internet unter *http://s-prs.de/v726800* (siehe Abbildung 1.3) abrufen. Sie werden in Kapitel 3, »SAP Fiori Design Guidelines«, ausführlich besprochen.

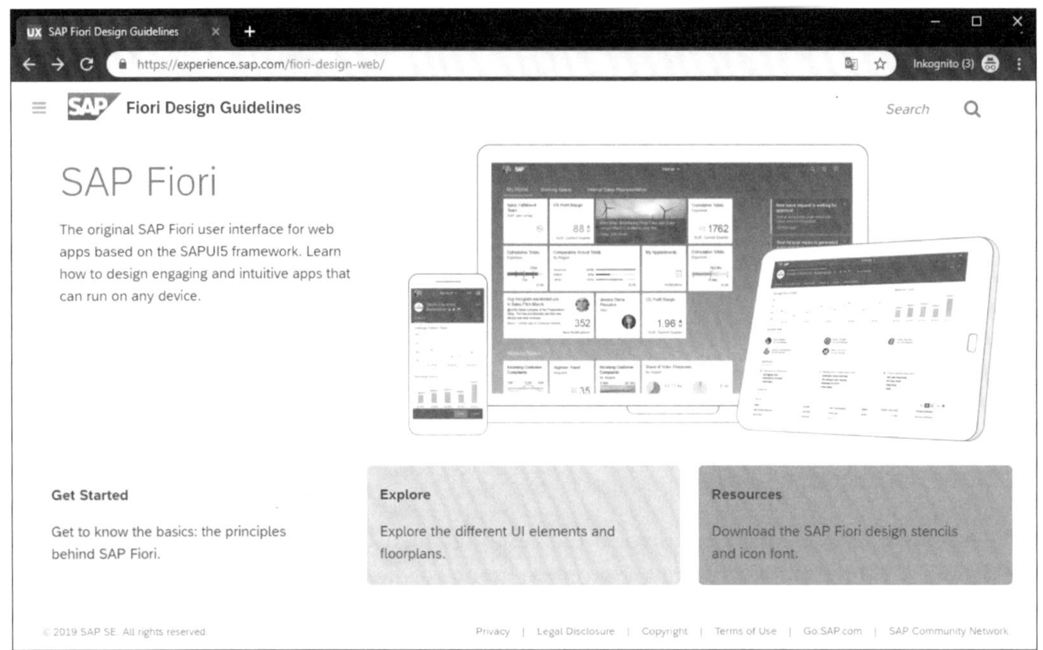

Abbildung 1.3 Die SAP Fiori Design Guidelines

SAP Fiori for iOS Design

Im Rahmen der Kooperation zwischen SAP und Apple wurden auch SAP Fiori Design Guidelines für native iOS-Anwendungen mit SAP-Bezug implementiert. Diese sind unter *http://s-prs.de/v726801* beschrieben. Die Guidelines für iOS sind dabei auch an die Guidelines von Apple angelehnt.

SAP Fiori for Android

Etwa seit September 2018 bietet SAP zudem SAP Fiori Design Guidelines für native Android-Anwendungen an. Somit können Unternehmen, die Android-basierte Endgeräte verwenden, ebenfalls passende SAP-Fiori-Anwendungen implementieren. Analog zu SAP Fiori for iOS basieren die Guidelines auf den Grundlagen der Guidelines von Google. Die Guidelines für Android finden Sie unter *http://s-prs.de/v726802*.

SAP Conversational User Experience

Mit immer stärker voranschreitender Digitalisierung – und damit verbundenen neuen Interaktionsmöglichkeiten – schlägt SAP auch im Bereich der User Experience ein neues Kapitel auf. Dank SAP CoPilot soll es zukünftig

z. B. möglich sein, mit SAP-Produkten über Sprache oder per Texteingabe zu interagieren. Auch für die Gestaltung dieser Oberflächen hat SAP Regeln, also Design Guidelines, entwickelt. Diese werden unter *http://s-prs.de/v726803* beschrieben.

Skeuomorphismus vs. Minimalismus

Wie im vorangegangenen Abschnitt angesprochen, soll sich der Endanwender mit SAP-Fiori-Anwendungen auf das Wesentliche konzentrieren. Dies soll sich jedoch nicht nur darauf beziehen, dass die Benutzerschnittstellen nur noch die Funktionen umfassen, die für den aktuellen Arbeitsschritt notwendig sind, sondern auch darauf, wie die Anwendung visuell wahrgenommen wird. Über Jahre hinweg gab es bei der Gestaltung von Oberflächen das Ziel, die Oberflächen bzw. die verwendeten UI-Elemente in Funktion und Haptik so aussehen zu lassen wie das Pendant aus der realen Welt. Man spricht dabei von *Skeuomorphismus*. So waren z. B. bei den ersten Versionen des iOS-Betriebssystems die UI-Aspekte oder Anwendungen – wie der Kalender oder die Uhr – an die Gegenstücke aus der realen Welt angepasst. Dies führte dazu, dass die Nutzbarkeit und somit das Nutzererlebnis nicht optimal waren. In letzter Zeit hat sich hier jedoch eine eher minimalistische, reduziertere Betrachtungsweise ergeben. Gestaltungselemente von SAP Fiori gehen genau diesen Weg. Nicht die Oberfläche soll im Zentrum stehen, sondern der Anwender. Oberflächen werden reduziert dargestellt, ohne dass z. B. Schaltflächen in irgendeiner Form Schatten an ihre Kanten werfen oder dass auf UI-Elemente zurückgegriffen wird, die eine hohe visuelle Komplexität aufweisen.

Layouts

Ein weiterer wichtiger Aspekt beim Design von SAP-Fiori-Anwendungen ist, dass die einzelnen Bestandteile einer Applikation so komponiert werden, dass sie auf unterschiedlichen Endgeräten optimal dargestellt werden können. Dazu sind in den SAP Fiori Design Guidelines sogenannte *Layouts* definiert. Ein Layout beschreibt den Rahmen der Anwendung. Es wird also festgelegt, ob eine Vollbild- oder eine Master-Detail-Anwendung ausgeprägt wird. In der aktuellen Fassung der SAP Fiori Design Guidelines werden folgende Layouts beschrieben:

- *Dynamic Page*
- *Flexible Column Layout*

Floorplans

Neben den Layouts werden durch die SAP Fiori Design Guidelines auch *Floorplans* beschrieben. Ein Floorplan beschreibt, an welcher Stelle und in welcher Form Informationen wann und wie den Nutzern in ihrem Arbeitskontext dargestellt werden. Floorplans werden immer in ein Layout integriert. Während der Entstehung dieses Kapitels (Herbst 2019) enthalten die Guidelines folgende Floorplans:

- *Initial Page*
- *List Report*
- *Object Page*
- *Overview Page*
- *Wizard*
- *Worklist*
- *Analytical List Page*

Leser, die bereits etwas Erfahrung mit SAP Fiori gesammelt haben, werden sich möglicherweise wundern, dass die Layouts *Full Screen* und *Master-Detail* bzw. *Split Screen* nicht aufgeführt sind. Beide Layouts sind seit einigen Versionen der SAP Fiori Design Guidelines als veraltet markiert. Möglicherweise ist Ihnen ebenso aufgefallen, dass in der Liste der Floorplans z. B. der Floorplan *Object View* nicht mehr aufgeführt ist. Auch dieser Floorplan gilt, neben anderen, inzwischen als veraltet und sollte entsprechend nicht mehr verwendet werden. Was dies für bereits existierende Anwendungen bedeutet und in welchem Verhältnis die SAP Fiori Design Guidelines zu den verfügbaren SAPUI5-Versionen stehen, wird in Kapitel 3, »SAP Fiori Design Guidelines«, ausführlicher betrachtet.

1.3 SAP Fiori – die Technologie

Eine dritte wichtige Säule für SAP Fiori ist die dahinterstehende Technologie. Dabei kann man zwei verschiedene Technologiebereiche unterscheiden: Zum einen die Technologie, die auf dem Backend zum Einsatz kommt, und zum anderen die Technologie, die die Grundlage für die Implementierung der Oberfläche (Frontend) bildet. Die Kommunikation zwischen dem Backend und dem Frontend erfolgt bei SAP-Fiori Anwendungen über das *Open Data Protocol* (OData).

Infrastruktur

Abbildung 1.4 zeigt in vereinfachter Darstellung die Infrastruktur für die Nutzung von SAP Fiori. SAP-Fiori-Anwendungen können auf einem sogenannten *Frontend-Server* installiert werden. Dabei handelt es sich um einen ABAP-Applikationsserver mit entsprechenden UI-Komponenten. Der Frontend-Server ist mit den Konsumenten der Anwendung über einen Reverse Proxy verbunden. Der Proxy ist dabei, infrastrukturell gesehen, in der sogenannten *entmilitarisierten Zone* (EMZ) und leitet die Anfragen von außerhalb an den Frontend-Server weiter. Auf dem Frontend-Server ist sowohl *SAPUI5* als auch *SAP Gateway* installiert. Aufgabe von SAP Gateway ist es, Dienste anzubieten, die sowohl von SAP- als auch Nicht-SAP-Anwendungen konsumiert werden können. Die so angebotenen Dienste können durch SAP-Fiori-Apps konsumiert werden. Die Gateway-Dienste beziehen ihre Daten aus der darunterliegenden SAP Business Suite.

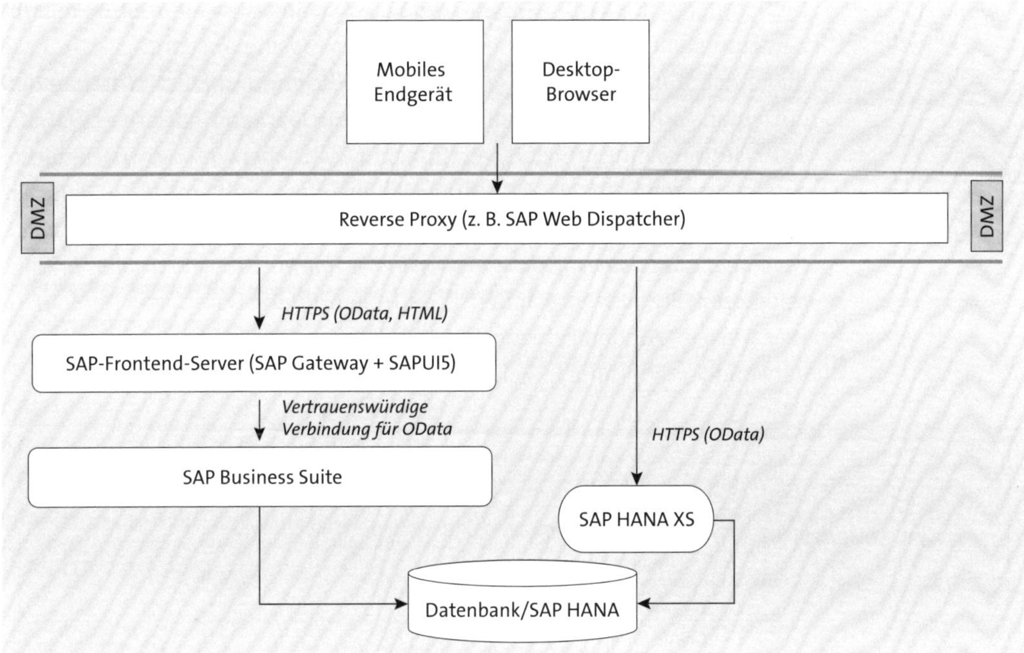

Abbildung 1.4 Die SAP-Fiori-Infrastrukturkomponenten

Neben SAP Gateway kann – insbesondere bei analytischen SAP-Fiori-Anwendungen – auch SAP HANA verwendet werden. SAP HANA stellt über einen eigenen Applikationsserver, die sogenannten *SAP HANA Extended Application Services* (SAP HANA XS), eine Plattform für das Bereitstellen von OData-Diensten zur Verfügung. Die Verwendung von SAP HANA XS für die Bereitstellung von OData-Diensten für analytische Anwendungen ist auf die Nutzung von SAP HANA beschränkt.

Welche Variante für Ihre SAP-Fiori-Anwendung zum Einsatz kommt, wird maßgeblich durch den *technischen Applikationstyp* (siehe Abschnitt 1.3.1) definiert.

Die in Abbildung 1.4 skizzierte Landschaft, bei der es ein Frontend- und ein Backend-System gibt, entspricht der allgemeinen Empfehlung für Nicht-SAP-S/4HANA-Installationen. Wie wir in Abschnitt 5.7.1, »SAP Fiori in einer SAP-S/4HANA-Systemlandschaft«, noch näher erläutern, gibt es mittlerweile jedoch weitere Empfehlungen von SAP, bei denen auf einen Frontend-Server verzichtet wird, oder aber die Frontend-Bestandteile in der

Cloud deployt sind. Grundsätzlich kann an dieser Stelle gesagt werden, dass ohne einen Frontend-Server z. B. ein erhöhter Aufwand beim Upgrade der SAP-Gateway- oder SAPUI5-Version zu erwarten ist.

Architektur unter SAP S/4HANA

Im Rahmen von SAP S/4HANA wurde die Architektur weiterentwickelt. Im Zentrum steht die Technologie SAP Gateway (siehe Abschnitt 1.3.4). Diese bildet den Kommunikationsendpunkt. Die Kommunikation zwischen den einzelnen SAP-Fiori-Anwendungen und dem Backend basiert auf OData. SAP Gateway kommuniziert, vereinfacht beschrieben, mit dem dahinterliegenden Backend-System. Die Daten werden über sogenannte *Core Data Services Views* – oder kurz CDS Views – bereitgestellt. Die transaktionale Logik wird über das *Business Object Processing Framework* (BOPF) implementiert. Mit diesem Framework können Änderungen auf der Datenbank implementiert werden. Für den Lesezugriff auf die Daten werden auch hier CDS Views verwendet. Abbildung 1.5 zeigt die Grundzüge der Architektur.

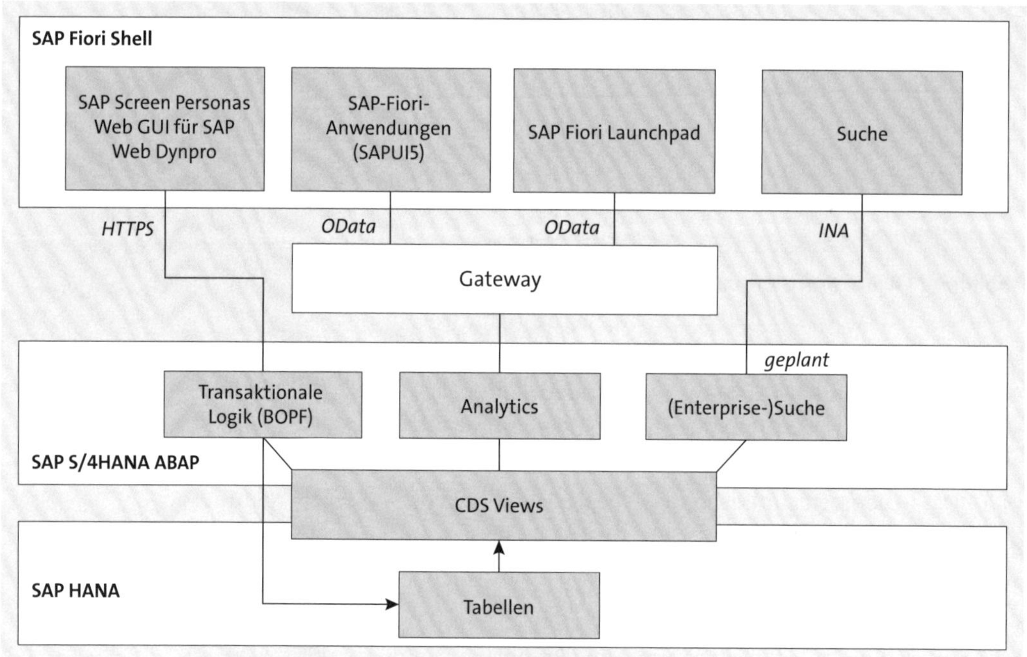

Abbildung 1.5 Architektur von SAP S/4HANA

1.3.1 Technische Applikationstypen

Wie in den SAP-Fiori-Grundsätzen bereits angedeutet, sollen SAP-Fiori-Anwendungen mehr oder minder selbsterklärend sein. Dies gilt nicht nur für das Design und die Implementierung einer Anwendung, sondern auch für die Infrastruktur. Dem potenziellen Nutzer einer SAP-Fiori-Anwendung soll, bezogen auf die jeweilige Anwendung, kommuniziert werden, welche technischen Anforderungen an die Infrastruktur gestellt werden. Wichtig ist hier noch hervorzuheben, dass diese Einfachheit nicht zwingend auf die Installation und Konfiguration einer SAP-Fiori-Anwendung bezogen ist.

Applikationstypen

Dazu definiert SAP Fiori drei technische Applikationstypen:

- *Transactional Apps* bieten dem Nutzer task-orientierte Arbeitsabläufe, wie z. B. das Ausfüllen eines Reisekostenantrags oder eines Urlaubsantrags. Die einzelnen Arbeitsschritte werden dem Anwender in wenigen Screens angeboten. Transactional Apps laufen auf jeder Datenbank und nutzen die transaktionalen Fähigkeiten eines SAP-Business-Suite-Systems (CREATE, UPDATE).
- *Fact Sheets* (Infoblätter) sind SAP-Fiori-Anwendungen mit Daten und Fakten zu spezifischen Geschäftsvorgängen. Sie bieten die Möglichkeit, auf Geschäftsobjekten zu navigieren und so immer detailreichere Informationen über ein Geschäftsobjekt zu erlangen. Fact-Sheet-Apps benötigen SAP HANA als Datenbank, sind vollkommen generisch und werden lediglich über die Enterprise-Suche auf dem SAP-Business-Suite-System konfiguriert.
- *Analytical Apps* (zu denen die Smart Business Apps gehören) sind Anwendungen, die dem Nutzer Informationen in Echtzeit liefern. So kann man in Echtzeit die wichtigsten Unternehmensdaten, z. B. *Key Performance Indicators* (KPIs), abfragen und auf dem Endgerät visualisieren. Analytical Apps werden (bis auf eine Ausnahme) völlig generisch erstellt, über virtuelle Datenmodelle (*Virtual Data Models*, VDM) in SAP HANA Extended Application Services (XS) und dem KPI Modeler auf dem ABAP-Frontend-Server konfiguriert und benötigen zwingend SAP HANA mit SAP HANA Live und SAP HANA XS. Smart-Business-Apps werden dem Nutzer über das sogenannte *SAP Smart Business Cockpit* angeboten.

1.3.2 Das Frontend – SAPUI5

Wie bereits in der Einleitung thematisiert, sind die Anforderungen an moderne Applikationen sehr vielschichtig, denn es reicht nicht mehr aus, eine Webanwendung zu implementieren und sie im Internet verfügbar zu machen. Heutzutage ist es notwendig, dass Sie unabhängig vom Endgerät – ob Smartphone, Tablet oder Standard-PC – eine Webanwendung aufrufen sowie jeweils eine ansprechende Oberfläche vorfinden und dabei nicht lange warten müssen. Verzögerungen beim Laden der Anwendung oder eine nur mäßige Unterstützung des verwendeten Browsers sind Anwendern kaum noch zuzumuten.

Web Dynpro

Mit herkömmlichen Oberflächentechnologien – wie z. B. *Web Dynpro* für ABAP – ist dieses Ziel nur sehr schwer bzw. fast unmöglich zu erreichen. Grund dafür ist, dass Web Dynpro für ABAP den HTML-Code, der später im Browser dargestellt wird, auf dem Server generiert. Das Resultat des Generierens muss dann im Anschluss an das Endgerät übermittelt und dort durch den Browser interpretiert und dargestellt werden.

Dies führt u. a. zu folgenden Problemen:

- Bei sehr komplexen Anwendungen können lange Wartezeiten auftreten, da möglicherweise die Verbindung zwischen dem mobilen Endgerät und dem Server nicht über eine ausreichende Bandbereite verfügt.
- Die Anwendung wird nicht optimal im Browser des Endgeräts dargestellt. Web Dynpro ist zwar theoretisch in der Lage, für das Endgerät optimierten HTML-Code zu generieren, die Praxis sieht jedoch anders aus. Zudem gehen Web-Dynpro-Anwendungen davon aus, dass das Endgerät eine gewisse Leistungsstärke besitzt. Dies ist notwendig, da der generierte HTML-Code durch seine Komplexität rechenintensiv gerendert werden muss.
- Web Dynpro in seiner aktuellen Implementierung unterstützt keine Gestensteuerung. Moderne Anwendungen auf Smartphones oder Tablets werden jedoch oft über Gesten gesteuert.

Clientseitiger Ansatz

Aus diesem Grund hat sich der Markt an Technologien zur Entwicklung von internetbasierten Applikationen mehr und mehr dem clientseitigen Ansatz verschrieben.

Wie es Abbildung 1.6 zeigt, steht der Frontend-Server im Mittelpunkt der Verarbeitung.

Dieses System dient als Auslieferungssystem für das UI Framework sowie die eigentliche Applikation. In einer SAP-Landschaft kann der Frontend-Server entweder ein Java- oder ein ABAP-System sein. Für den Frontend-Server – insbesondere in einer Nicht-Java-Infrastruktur – ist es ratsam, ein dediziertes und eigenständiges ABAP-System aufzusetzen, auf dem lediglich das Frontend sowie die Gateway-Services bereitgestellt werden. Tun Sie dies nicht, sondern verwenden Sie das SAP-ERP-System direkt, kann es zu einem erheblichen Mehraufwand bei einem nötigen Upgraden der SAPUI5-Version oder von SAP Gateway kommen.

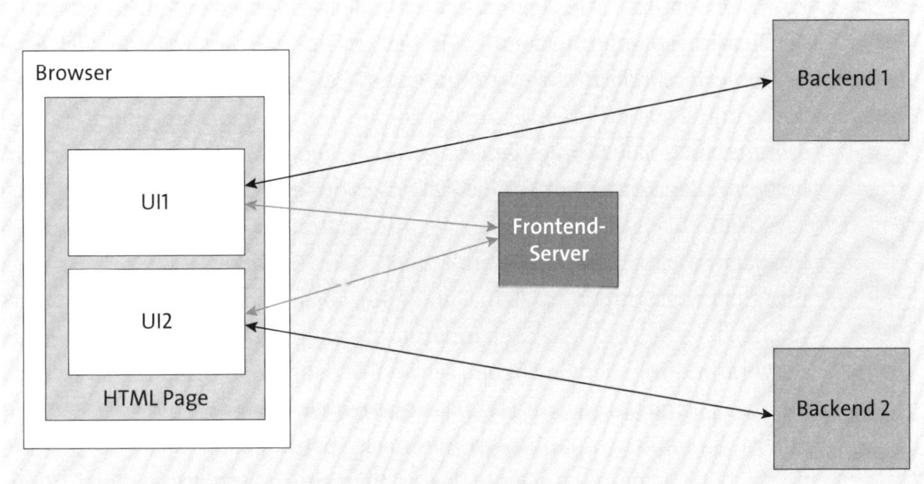

Abbildung 1.6 Clientseitige Anwendungsgenerierung

Request-Verarbeitung

Die Verarbeitung einer Anfrage (*Request*) bei einem UI Framework, die auf dem Client prozessiert wird, unterscheidet sich natürlich stark von der Verarbeitung des serverseitigen Ansatzes. Folgende initialen Verarbeitungsschritte werden beim Aufruf abgearbeitet:

1. Der Request mit der Anfrage an die Startseite der Anwendung wird durch den Browser an den Frontend-Server geschickt.
2. Der Frontend-Server liefert die Startseite an den Client aus. Die Startseite beinhaltet eine Referenz auf das UI Framework, das die Anwendung verwendet (z. B. SAPUI5). Das UI Framework wird vom Frontend-Server geladen und im Browser des Aufrufers ausgeführt. Das UI Framework übernimmt die weiteren Verarbeitungsschritte der Anwendung. Es kümmert sich dabei auch um das Laden der benötigten Anwendungsressourcen sowie um das Überführen (*Rendern*) des Programmcodes in ein Format (HTML), das der Browser darstellen kann.

SAPUI5

Mit SAPUI5 wurde ein auf JavaScript basierendes clientseitiges UI Framework entwickelt, das nicht auf proprietären Standards, sondern auf offenen Internetstandards beruht. Grundlage dafür ist der HTML5-Standard. Im Rahmen dieses Standards wurden neue, clientseitige Funktionen standardisiert und damit auf allen modernen Browsern, die diesen Standard implementieren, verfügbar gemacht. Ein Beispiel wäre hier das XML-HTTP-Request-Objekt. Dieses JavaScript-Objekt ermöglicht die asynchrone Verarbeitung von clientseitigen Anfragen an ein Backend-System. Anwender können dadurch Anfragen an einen Server schicken, ohne dass die Applikation solange blockiert ist. HTML5-basierte Browser bieten auch eine verbesserte, direkt im Browser integrierte Möglichkeit, um Anwendungen auch offline zu betreiben. Dazu wurden im Standard ein sogenannter *Local Storage*, auch Web Storage genannt, und die *Indexdatenbank* spezifiziert. In beiden Fällen können über eine API des Browsers Informationen im Browser-Kontext abgelegt werden. Die Informationen überdauern dabei die Browser-Session und sind somit nach dem Beenden und Neustart des Browsers weiterhin verfügbar. Gerade für Lösungen auf mobilen Endgeräten ist diese Neuerung eine spannende, wenngleich auch für die Massendatenverarbeitung nicht zwingend optimale Lösung. SAPUI5 basiert nicht nur auf den Grundsätzen von HTML5, sondern ist ein UI Framework, das auf einem der wohl am häufigsten im Einsatz befindlichen JavaScript-Frameworks beruht, nämlich *jQuery*. Da es hier eine Abstraktionsschicht zum Browser hin gibt, muss der Entwickler sich nicht mehr selbst darum kümmern, browser-spezifische API-Aspekte zu berücksichtigen. Durch eine Vielzahl an Funktionen und Möglichkeiten bei der Selektion von DOM-Elementen (*Document Object Model*) ist es mit jQuery relativ einfach, Manipulationen an DOM-Elementen durchzuführen.

jQuery-Funktionen

SAP arbeitet aktuell daran, die Abhängigkeiten zu jQuery aufzulösen. Mit SAPUI5-Version 1.58 wurde z. B. der Namensraum jQuery.sap als veraltet markiert. Vergleichbare, jedoch verbesserte Funktionen werden jetzt direkt in SAPUI5 angeboten. Vorhandene Anwendungen sollten bei einem Versionsupgrade entsprechend korrigiert werden.

SAP Fiori Elements

Mit der Einführung von Version 1.38 von SAPUI5 wurden die damals noch als Smart Controls bezeichneten UI Controls mächtiger. Die mittlerweile in *SAP Fiori Elements* umbenannten UI Controls können die Fähigkeiten einzelner UI Controls auf Basis von Metadaten definieren. So ist es z. B. sehr einfach möglich, aus einem einfachen Eingabefeld eine F4-Hilfe mit den bekannten Eigenschaften zu erstellen.

Die Metadaten werden über sogenannte *Annotationen* beschrieben. Dabei handelt es sich um ein eigenes Vokabular, mit dem man Attribute in einem Backend-Service mit Metainformationen anreichern kann. Mit zusätzlichen Informationen ist SAPUI5 clientseitig in der Lage, die Mächtigkeit der UI Controls zu generieren. Über diesen Ansatz können ganze Anwendungen gemäß den SAP Fiori Design Guidelines generiert werden. Annotationen können dabei entweder über den Backend-Service oder erst zum Entwicklungszeitpunkt geliefert werden. In letzterem Fall muss ein geeignetes Werkzeug, wie etwa SAP Web IDE, verwendet werden.

Corporate Design mit CSS3 und LESS

Neben der technischen Seite sollten Sie natürlich auch den visuellen Aspekt nicht vernachlässigen. SAPUI5 verwendet, wie jedes andere clientseitige UI Framework, *Cascading Style Sheets 3* (CSS3) zur Definition der visuellen Entitäten. Kunden können über eigene CSS-Definitionen die eingesetzten SAPUI5-Anwendungen an ihr Corporate Design anpassen. Die Anpassung von CSS-Definitionen kann bei großen Anwendungen eine sehr aufwendige Arbeit sein. Zur Vereinfachung der Arbeit bietet SAP ein Werkzeug an, den *UI Theme Designer*. Der UI Theme Designer abstrahiert die Erzeugung eigener CSS-Schemata, sodass der Endanwender – jedenfalls theoretisch – mit wenig CSS-Kenntnissen Anpassungen vornehmen kann. Dies geschieht über eine entsprechende Weboberfläche, die im Hintergrund die Änderungen des Anwenders im UI Theme Designer in CSS-Definitionen ausprägt. Ein Vorteil des UI Theme Designers ist, dass die Auswirkungen der Layoutanpassung direkt in einer der Zielanwendungen sichtbar werden können. Ein Nachteil der aktuellen Version des UI Theme Designers ist allerdings, dass besonders umfangreiche Designanpassungen nicht immer über dieses Werkzeug erfolgen können. In diesem Fall müssen Sie die Anpassungen direkt in der jeweiligen Anwendung über eine Standard-CSS-Manipulation durchführen.

CSS und LESS

CSS-Dateien können sehr komplexe Definitionsdateien darstellen. Ein Nachteil von Standard-CSS ist, dass CSS lediglich eine Sprache zur Definition von Layoutanpassungen ist; CSS ist keine Programmiersprache und unterstützt daher keine programmiersprachenähnlichen Konstrukte. SAP hat aus diesem Grund beim UI Theme Designer auf einen weiteren Defacto-Webstandard gesetzt. Der UI Theme Designer erzeugt nicht nur CSS-Ausgaben, sondern verwendet dabei auch sogenannte *LESS-Ausdrücke*. LESS ist eine dynamische Style-Sprache, mit der es möglich ist, beim Erzeugen von CSS-Styles effektiver zu arbeiten. LESS definiert dabei eine Obermenge von CSS. Damit ist jede CSS-Anweisung auch gleichzeitig eine gültige LESS-Anweisung. LESS-Anweisungen werden zur Laufzeit auf dem Client über ein JavaScript-Framework in gültige CSS-Anweisungen kompiliert. So ist es z. B. möglich, mittels LESS in der CSS-Ausprägung mit Variablen zu arbeiten. Der Entwickler muss also nicht mehr die Unternehmensfarben an x verschiedenen Stellen im CSS beschreiben und bei Änderungen an allen

Stellen Änderungen durchführen, sondern kann nur an einer Stelle die Farbe in der Variablen definieren und diese dann im nächsten Schritt überall verwenden. Darüber hinaus lässt sich mit Funktionen und Operatoren arbeiten. Ein weiterer wichtiger, wenn auch für SAPUI5 weniger relevanter Aspekt ist, dass LESS sowohl auf dem Client als auch auf dem Server verwendet werden kann.

Unterstützung mobiler Endgeräte

UI Controls

Bei der Entwicklung von SAPUI5 wurde großer Wert darauf gelegt, dass das UI Framework sowohl auf mobilen als auch auf nicht mobilen Endgeräten ausgeführt werden kann. Bis zu Version 1.38 von SAPUI5 wurden noch zwei verschiedene Namensräume (*Module*) für die wichtigsten UI Controls unter SAPUI5 von SAP angeboten und weiterentwickelt: einer für mobile Endgeräte, ein anderer für nicht mobile. War es bei der ersten Welle an SAP-Fiori-Anwendungen, die durch SAP entwickelt wurden, noch so, dass ein Mix aus mobilen und nicht mobilen Controls zulässig war, empfiehlt SAP dies inzwischen nicht mehr. Mit Version 1.38 wird das auch darüber kommuniziert, dass UI Controls, die für Desktop-PCs implementiert wurden, als veraltet markiert wurden. Dennoch gibt es im SAPUI5-Framework noch immer UI Controls, die lediglich für ein Endgerät, in der Regel Desktop-PCs, optimiert sind. Wenn Sie diese Controls verwenden, gehen Sie jedoch das Risiko ein, dass das Nutzerlebnis getrübt wird, weil das UI Control auf einem Endgerät nicht richtig unterstützt wird. Im Extremfall wird die Anwendung nicht einmal korrekt dargestellt, wodurch Nutzer in ihrer Arbeit behindert werden können.

Responsives Design

SAPUI5-Anwendungen, die ihr Aussehen und Verhalten an die Ablaufumgebung anpassen können sollen, werden mit UI Controls implementiert, die sich responsiv verhalten. Ein Beispiel ist das UI Layout Control *Flexible Column Layout*, das auch bei der Implementierung des gleichnamigen SAP-Fiori-Layouts verwendet wird. Abbildung 1.7 zeigt das Ergebnis der Implementierung. Bei diesem UI Pattern wird in der Standardkonfiguration eine Liste an Geschäftsobjekten dargestellt. Ein UI Pattern ist analog zu Design Patterns aus dem Softwaredesign eine Schablone, mit der wiederkehrende Problemstellungen gelöst werden. Die Liste stellt, zusammen mit den darüberstehenden UI Controls für das Variantenmanagement und das Suchen bzw. Filtern, wiederum das Pattern *List Report* von SAP Fiori dar.

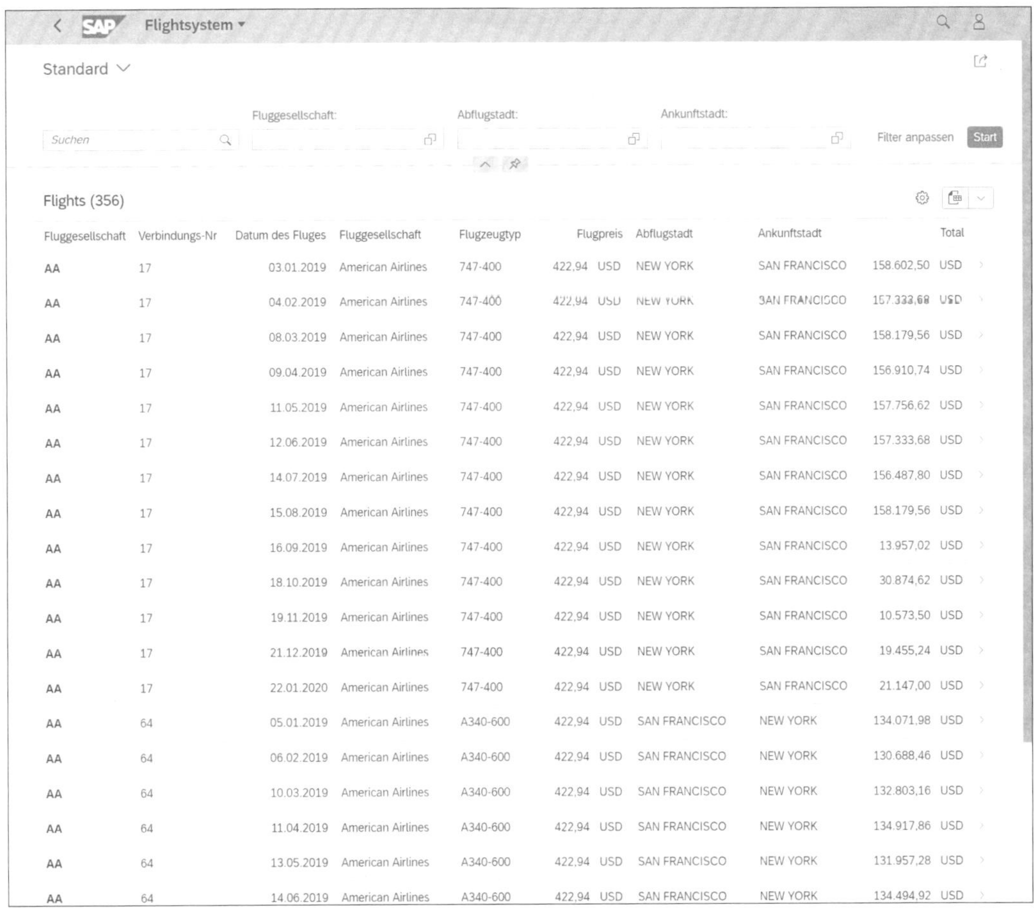

Fluggesellschaft	Verbindungs-Nr	Datum des Fluges	Fluggesellschaft	Flugzeugtyp	Flugpreis	Abflugstadt	Ankunftstadt	Total
AA	17	03.01.2019	American Airlines	747-400	422,94 USD	NEW YORK	SAN FRANCISCO	158.602,50 USD
AA	17	04.02.2019	American Airlines	747-400	422,94 USD	NEW YORK	SAN FRANCISCO	157.333,68 USD
AA	17	08.03.2019	American Airlines	747-400	422,94 USD	NEW YORK	SAN FRANCISCO	158.179,56 USD
AA	17	09.04.2019	American Airlines	747-400	422,94 USD	NEW YORK	SAN FRANCISCO	156.910,74 USD
AA	17	11.05.2019	American Airlines	747-400	422,94 USD	NEW YORK	SAN FRANCISCO	157.756,62 USD
AA	17	12.06.2019	American Airlines	747-400	422,94 USD	NEW YORK	SAN FRANCISCO	157.333,68 USD
AA	17	14.07.2019	American Airlines	747-400	422,94 USD	NEW YORK	SAN FRANCISCO	156.487,80 USD
AA	17	15.08.2019	American Airlines	747-400	422,94 USD	NEW YORK	SAN FRANCISCO	158.179,56 USD
AA	17	16.09.2019	American Airlines	747-400	422,94 USD	NEW YORK	SAN FRANCISCO	13.957,02 USD
AA	17	18.10.2019	American Airlines	747-400	422,94 USD	NEW YORK	SAN FRANCISCO	30.874,62 USD
AA	17	19.11.2019	American Airlines	747-400	422,94 USD	NEW YORK	SAN FRANCISCO	10.573,50 USD
AA	17	21.12.2019	American Airlines	747-400	422,94 USD	NEW YORK	SAN FRANCISCO	19.455,24 USD
AA	17	22.01.2020	American Airlines	747-400	422,94 USD	NEW YORK	SAN FRANCISCO	21.147,00 USD
AA	64	05.01.2019	American Airlines	A340-600	422,94 USD	SAN FRANCISCO	NEW YORK	134.071,98 USD
AA	64	06.02.2019	American Airlines	A340-600	422,94 USD	SAN FRANCISCO	NEW YORK	130.688,46 USD
AA	64	10.03.2019	American Airlines	A340-600	422,94 USD	SAN FRANCISCO	NEW YORK	132.803,16 USD
AA	64	11.04.2019	American Airlines	A340-600	422,94 USD	SAN FRANCISCO	NEW YORK	134.917,86 USD
AA	64	13.05.2019	American Airlines	A340-600	422,94 USD	SAN FRANCISCO	NEW YORK	131.957,28 USD
AA	64	14.06.2019	American Airlines	A340-600	422,94 USD	SAN FRANCISCO	NEW YORK	134.494,92 USD

Abbildung 1.7 Listendarstellung des Flexible Column Layouts

Master-Detail-Ansicht

Wählt der Nutzer einen Eintrag aus der Liste aus, teilt sich der Anwendungsrahmen in zwei Bereiche auf. Auf der linken Seite (Sicht des Betrachters) wird weiterhin die Liste der Geschäftsobjekte dargestellt. Auf der rechten Seite können Nutzer Details zu einem ausgewählten Eintrag einsehen. Das Control prüft dabei die Darstellungsgröße des Endgeräts. Ist diese hinreichend groß, werden Daten der Master- und Detailansicht nebeneinander dargestellt. Abbildung 1.8 zeigt diese Sicht (Master-Detail-Ansicht) im Browser eines Desktops.

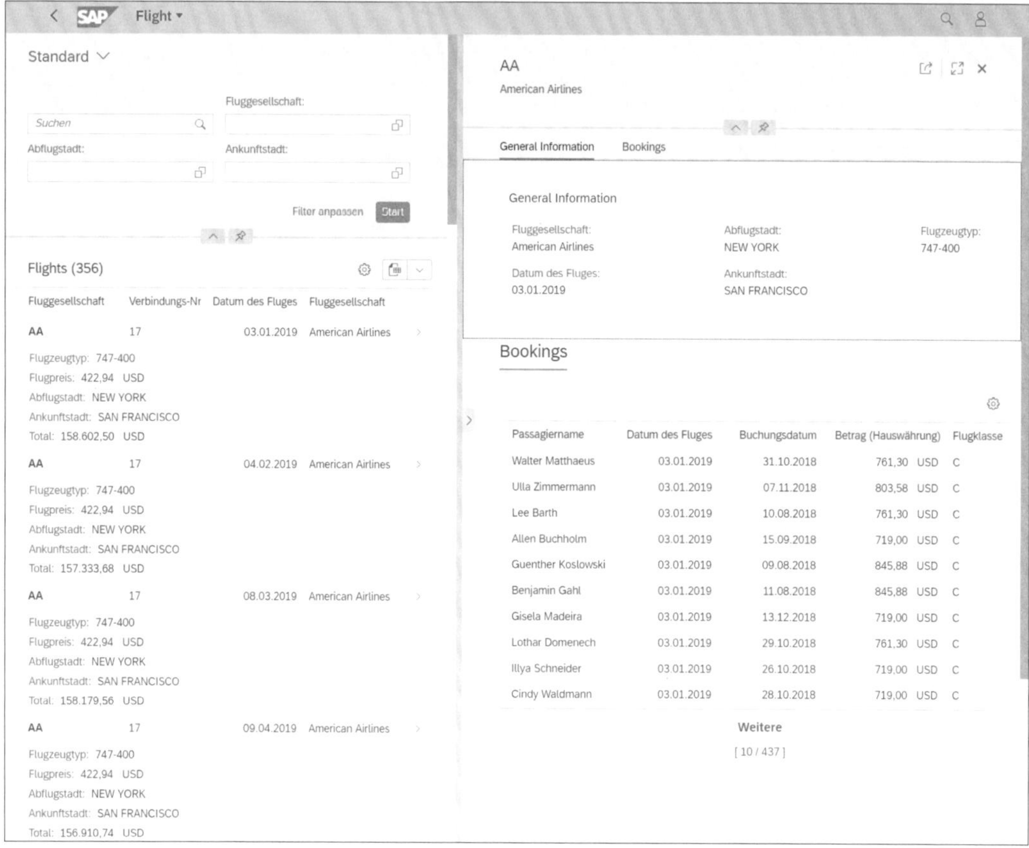

Abbildung 1.8 Geteilte Anzeige des Flexible Column Layouts

Wird bei der Überprüfung festgestellt, dass es sich bei dem Endgerät z. B. um ein Smartphone handelt, wird beim Start der Anwendung erst die Masteransicht mit entsprechend kleinerem Ausschnitt dargestellt. Wählt der Anwender einen Eintrag in der Liste aus, verschwindet die Masteransicht und wird durch die Detailansicht ersetzt. Abbildung 1.9 zeigt das *Flexible Column Layout* auf einer Emulation mit Google Chrome. Das gezeigte Standardverhalten lässt sich über ein Attribut des Controls ändern, sodass die übliche Master-Detail-Darstellungsoption für Tablets auch bei Smartphones mit einem sehr großen Display zum Einsatz kommen kann.

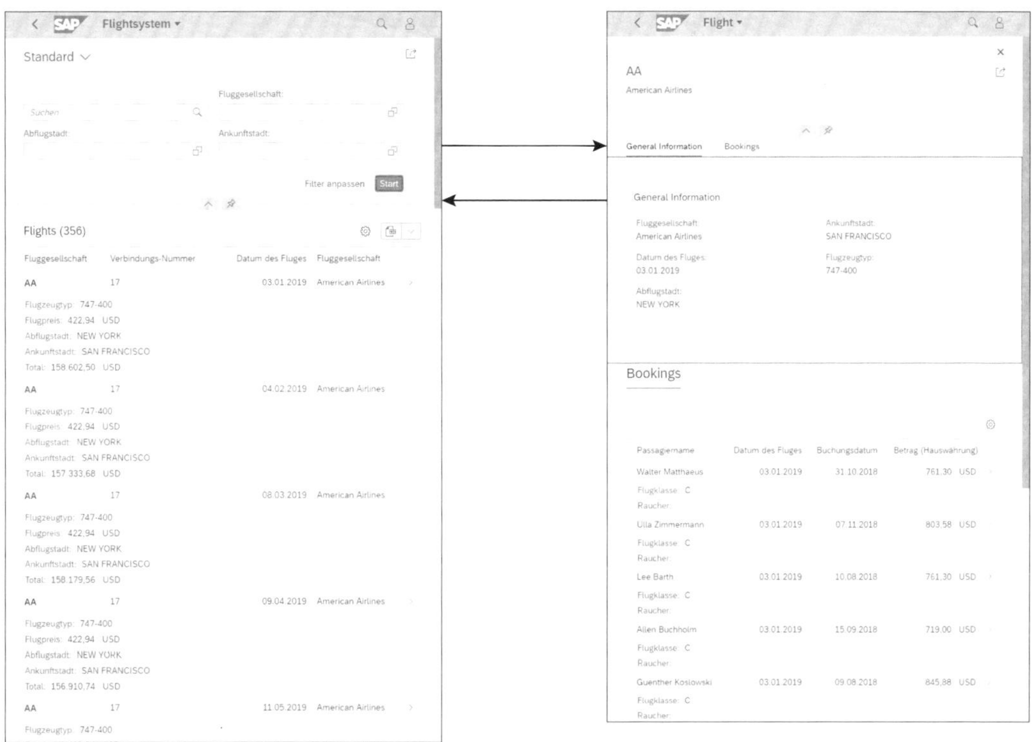

Abbildung 1.9 Das Flexible Column Layout auf einem kleineren Endgerät

1.3.3 Die Kommunikationsprotokolle

Durch die Einführung von SAPUI5 als Frontend-Technologie ergeben sich für die Implementierung der notwendigen Backend-Anbindung Neuerungen. Ist es in Web Dynpro für ABAP möglich, Funktionsbausteine oder BAPIs direkt aus der Implementierung eines Controllers heraus aufzurufen, ist dies in SAPUI5 nicht mehr möglich. Ursächlich dafür ist – wie bereits beschrieben – die Tatsache, dass SAPUI5-Anwendungen autark im Browser gerendert und ausgeführt werden. Die Kommunikation zwischen einer SAP-Fiori-Anwendung und dem entsprechenden Backend-System basiert auf HTTP oder HTTPS. Da SAPUI5 ein HTML5-UI-Framework ist, kommt bei der Kommunikation mit einem Backend-System das `XMLHttpRequest2`-Objekt zum Einsatz. Das Objekt wird normalerweise nicht direkt durch den Entwickler verwendet, sondern über eine API implizit aufgerufen. Über das HTTP(S)-Protokoll werden die Daten nicht mit einem eigenen proprietären Datenformat beschrieben, sondern auch hier werden Internetstandards angewandt.

Die Daten werden entweder über das Open Data Protocol (OData) oder die *JavaScript Object Notation* (JSON) angefordert und beschrieben. OData beschreibt die Daten hingegen als XML-Datenstruktur, wobei OData wesentlich mehr Metainformationen über die zu verarbeitenden Daten liefert, als dies bei JSON der Fall ist. Microsoft hat maßgeblich OData entwickelt (*http://www.odata.org*). Es fungiert etwa seit 2007 als Quasi-Standard für die einheitliche Kommunikation mit Datenquellen über das HTTP-Protokoll.

JSON und OData in der SAP-Welt

JSON sowie OData werden durch die beiden möglichen SAP-Fiori-Backend-Arten – SAP Gateway bzw. SAP HANA XS – unterstützt. Dienste, die auf der SAP-Gateway- bzw. der SAP-HANA-XS-Plattform bereitgestellt werden, implementieren das Programmierparadigma *Representational State Transfer* (REST). Dabei stellt REST kein Produkt oder neues Protokoll dar, sondern beschreibt vielmehr verschiedene Architekturprinzipien. Es ist also ein abstrakter Architekturstil. Roy Fielding hat REST in seiner Dissertation »Architectural Styles and the Design of the Network-based Software Architectures« (2000) beschrieben. Anwendungen, die diesem Paradigma folgen, besitzen daher eine gewisse Grundanatomie. Umfassendere Informationen dazu finden Sie in Kapitel 11, »Entwicklung von Backend-Diensten«, in dem wir die Implementierung von OData-Diensten detailliert besprechen.

1.3.4 SAP Gateway

SAP-Fiori-Anwendungen des Typs Transactional App erhalten die Daten aus dem SAP-System über SAP Gateway. SAP hat SAP Gateway anfänglich als Add-on zur Verfügung gestellt; ab SAP-ERP-Release 7.4 ist es fester Bestandteil des SAP-Kernels. SAP Gateway soll Kommunikationspartnern eine Schnittstelle bieten, um SAP-Daten und Funktionen über ein Standardprotokoll zur Verfügung zu stellen. So ist es mittels SAP Gateway möglich, Daten und Funktionen über OData zu konsumieren bzw. zu verarbeiten. Installieren lässt sich SAP Gateway sowohl als *Central Hub* in der demilitarisierten Zone (DMZ) eines Unternehmensnetzwerks als auch *Embedded*, also eingebettet in das SAP-ERP-System.

OData-Dienste mit SAP Gateway erstellen

SAP Gateway bietet die Möglichkeit, Daten aus dem Backend über die OData-Schnittstelle zu konsumieren. Es wird eine einfache und doch mächtige Möglichkeit geschaffen, um auf Daten des SAP-ERP-Systems über OData zuzugreifen. Für die Implementierung von SAP-Gateway-Diensten wird Transaktion SEGW verwendet. In dieser Transaktion kann der Entwickler das Datenmodell der Geschäftsobjekte und deren Abhängigkeiten modellieren, wie sie später durch den Konsumenten über OData abgefragt werden können. Aus der Beschreibung und der Konfiguration der sogenannten *Entitäten* werden entsprechende ABAP-Klassen generiert. Hier kann – nicht notwendigerweise – der Entwickler den Zugriff auf die eigentlichen Backend-Daten implementieren. SAP Gateway bietet allerdings auch die Möglichkeit, mit relativ wenig Implementierungsaufwand ein Mapping zwischen den Entitäten und Funktionsbausteinen bzw. BAPIs zur Befüllung der Entitäten zur Laufzeit durchzuführen. In Kapitel 11, »Entwicklung von Backend-Diensten«, behandeln wir ausführlich die Implementierung sowie die Modellierung von SAP-Gateway-Diensten im Rahmen von SAP Fiori.

1.3.5 Das Backend – SAP HANA und SAP HANA XS/XSA

Bei der Nutzung von Fact-Sheet-Apps und Analytical Apps werden besonders große Mengen an operativen Daten in Echtzeit verarbeitet. Für die Echtzeitverarbeitung von großen Datenmengen wird die In-Memory-Datenbank SAP HANA eingesetzt. Da es sich bei SAP HANA »nur« um Daten dreht, benötigen Sie noch eine Schnittstelle, mit der sich programmatisch auf die Daten zugreifen lässt. Dazu hat SAP einen schlanken und durch entsprechende Dienste mächtigen Anwendungs- und Webserver in die SAP-HANA-Plattform integriert: SAP HANA Extended Application Services. Diese Erweiterung macht die reine Datenbank SAP HANA zu einer Anwendungsplattform, die gegenüber anderen Anwendungsplattformen, wie z. B. JEE-Applikationsservern, positioniert werden kann. Im Gegensatz zu anderen Applikationsservern müssen die Daten nicht mehr mit spezifischen Konnektoren (z. B. JDBC für Java oder ADBC für ABAP) aus der Datenbank gelesen und gepuffert werden, sondern sie können direkt aus dem Hauptspeicher gezogen werden. Dies führt zu einem wesentlichen Performancevorteil. Ein weiterer Vorteil ist, dass dadurch auch das klassische dreischichtige Architekturmodell aufgelöst wird. Im Rahmen der Weiterentwicklung der SAP-HANA-Infrastruktur wurde neben SAP HANA XS eine neue Infrastrukturkomponente mit SP11 von SAP HANA eingeführt. Die Komponente trägt den Namen *SAP HANA Extended Application Services, Advanced Model* (XSA). Die Hauptantriebsfeder für die Einführung eines neuen Bestandteils der SAP-HANA-Architektur war es, Architekturen von Anwendungen für On-Premise- oder Cloud-Lösungen zu vereinheitlichen. War die SAP Cloud Platform von Beginn an am Quasi-Industriestandard Cloud Foundry ausgerichtet, ist dies bei SAP HANA XS nicht der Fall. Seit der Einführung von XSA wird SAP HANA XS auch als SAP HANA Extended Application Services Classic Model (SAP HANA XS Classic) bezeichnet. Mit Einführung von SAP HANA 2.0 SPS 02 wurde es als veraltet markiert, ist jedoch bei analytischen SAP-Fiori-Anwendungen im Kontext von SAP HANA noch in Verwendung.

Vom drei- zum zwei-schichtigen Architekturmodell

Gibt es im klassischen Sinne eine Präsentationsschicht, eine Schicht mit Geschäftslogik und eine Datenzugriffsschicht, wird dieses Modell in SAP HANA XS und SAP HANA XSA zu einem Modell aus nur noch zwei Schichten transformiert. Der rechenintensive Zugriff auf die SAP-HANA-Daten kann über SAP HANA Views oder SQL-Skripte erfolgen. Auf der SAP HANA XS Engine können über REST-Dienste, die mit dem OData-Framework oder mittels serverseitigem JavaScript implementiert werden, die Daten an das UI ausgeliefert werden. Abbildung 1.10 zeigt die Transformation des klassischen, dreischichtigen Modells hin zum zweischichtigen SAP-HANA-XS-Modell.

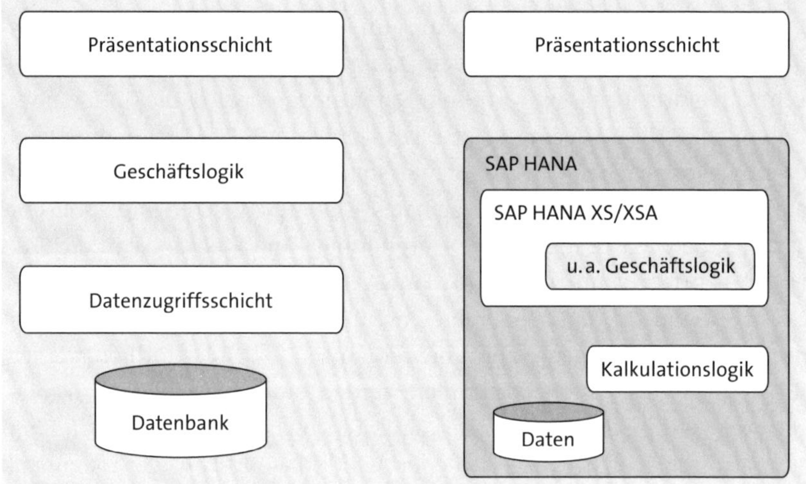

Abbildung 1.10 Drei-Schichten-Architektur vs. Zwei-Schichten-Architektur

Dadurch, dass SAP HANA XS ein Applikationsserver ist, können auch die SAPUI5-Anwendungen – und damit die SAP-Fiori-Anwendungen – direkt auf dem Server installiert werden. Somit haben Sie alle Artefakte einer Anwendung, einer Präsentations- und Geschäftslogik sowie die Kalkulationslogik an einem Ort – dem sogenannten *Repository* – abgelegt.

1.4 Das intelligente Unternehmen

IoT, KI und Cloud

Unternehmen müssen in einer Zeit, in der es immer wichtiger wird, schnell und innovativ auf dem Markt zu agieren, ihren Status quo ständig hinterfragen und neue Wege in Betracht ziehen. Denn nur, wo neue Wege gegangen werden, können Innovationen entstehen, die zu einer Steigerung der

Wertschöpfung führen. Ein zentraler Grund dafür ist die Digitalisierung – die immer mehr an Fahrt aufnimmt. Themen wie das Internet of Things (IoT), künstliche Intelligenz (KI) oder Cloud werden immer wichtiger. Unternehmen stehen vor der Herausforderung, diese Technologien sinnvoll einzusetzen, um Prozesse durchgängig realisieren, wiederkehrende Arbeiten automatisieren und so letztlich konkurrenzfähig sein zu können. Im Mittelpunkt stehen dabei große Mengen an Daten, die analysiert und in Zusammenhang gebracht werden müssen, damit sie für Unternehmensziele verwendet werden können.

SAP S/4HANA und Intelligent Suite

Ein *intelligentes Unternehmen* zeichnet sich vor diesem Hintergrund vor allem dadurch aus, dass es versteht, intelligente Technologien für seine Zwecke einzusetzen. Um Unternehmen beim digitalen Wandel zu unterstützen, bietet SAP ein breites Portfolio aus intelligenten Anwendungen, der SAP Cloud Platform und verbundenen Diensten sowie mit SAP Leonardo. Der digitale Kern (Digital Core) ist SAP S/4HANA. Die unterschiedlichen Anwendungen, Dienste und Werkzeuge werden zusammengefasst zur Intelligent Suite.

1.4.1 SAP CoPilot

Über natürliche Sprache kommunizieren

Wie angesprochen, macht der digitale Wandel es nötig, Geschäftsprozesse zu überdenken, um die neuen Technologien optimal einsetzen zu können. Auch die Zusammenarbeit von Mensch und System kann und muss dabei neu gedacht werden. Menschen sind es gewohnt, sich mit anderen Menschen mithilfe natürlicher Sprache auszutauschen. Dabei ordnen sie Gesagtes in einen Kontext ein, der es ihnen normalerweise ermöglicht, angemessen zu reagieren. Im beruflichen Alltag interagieren Menschen mit Maschinen bisher in der Regel über eine grafische Benutzeroberfläche. Mit *SAP CoPilot* soll sich das ändern. SAP CoPilot ist das erste Produkt von SAP, mit dem es möglich ist, über natürliche Sprache mit dem SAP-System zu kommunizieren – die nächste Stufe des Nutzererlebnisses. Der Nutzer muss sich nicht mehr durch unzählige Transaktionen klicken, um z. B. eine Auflistung von Kundendaten zu bekommen, sondern kann über Spracheingaben die gewünschten Informationen erhalten. Dabei kann nicht nur er als Mensch mit der Maschine sprechen, sondern auch die Maschine kann sich über natürliche Sprache mit dem Nutzer austauschen. SAP CoPilot ist mit SAP S/4HANA Cloud und der On-Premise-Version SAP S/4HANA 1709 verfügbar.

1.4.2 SAP Inscribe

Über handschriftliche Texte kommunizieren

Neben der Verwendung natürlicher Sprache ist für den Menschen die Kommunikation über handschriftlich verfasste Texte eine übliche Form des Informationsaustauschs. SAP möchte mit *SAP Inscribe* eine Möglichkeit schaffen, über handschriftlich verfasste Texte bzw. Befehle auch mit dem SAP-System zu kommunizieren. Auf der SAPPHIRE 2018 zum ersten Mal gezeigt, ist SAP Inscribe aktuell zwar noch nicht als Produkt verfügbar, es zeigt allerdings die Richtung, in die es gehen soll. Mit ihm soll das Nutzererlebnis von Software noch einmal verbessert werden, sodass eine natürlichere Form der Verwendung entsteht und der Anwender sich nicht mehr an eine Benutzeroberfläche anpassen muss. Vielmehr soll es möglich werden, dass er mit dem Softwaresystem in einer Form kommuniziert, die für ihn weitaus natürlicher ist als das Klicken auf einer grafischen Benutzeroberfläche.

1.4.3 SAP Fiori im Kontext des intelligenten Unternehmens

Aus dem intelligenten Unternehmen ist auch SAP Fiori nicht mehr wegzudenken. Nutzer müssen schnell und einfach auf Daten zugreifen, sie auswerten oder neue erfassen können. Dazu ist es notwendig, dass sie bei ihrer Arbeit optimal unterstützt werden – wofür ein modernes Nutzererlebnis, wie SAP Fiori es bietet, unerlässlich ist. Natürlich müssen auch Prozesse neu gedacht werden. Wie bereits erwähnt, wird man nicht umhinkommen, bei der Implementierung von SAP-Fiori-Anwendungen Geschäftsprozesse genau zu analysieren und gegebenenfalls neu zu gestalten.

Doch nur über eine Umgestaltung und Vereinfachung von Prozessen, die durch Anwendungen entsprechend abgebildet werden, wird man über kurz oder lang kostensenkend arbeiten können. Durch die Verbesserungen wird das Fehlerrisiko in den Prozessen reduziert, die Datenqualität wird in der Regel erhöht, und Ablaufzeiten werden optimiert. Die verbesserte Datenqualität zieht z. B. wiederum bessere Analysemöglichkeiten nach sich, was leichter Rückschlüsse auf mögliche Mängel erlaubt.

SAP Fiori spielt insofern in intelligenten Unternehmen eine wichtige Rolle. Die Umstellung auf moderne Benutzeroberflächen und verbundene Korrekturen an Abläufen und Vorgehensweisen können zwar zunächst schmerzhaft sein. Damit Unternehmen weiterhin erfolgreich operieren können, ist der Wandel jedoch unerlässlich.

1.5 Übersicht über die SAP-Fiori-Apps

In diesem Abschnitt wenden wir uns den SAP-Fiori-Apps zu, die durch SAP implementiert und im Standard ausgeliefert werden.

SAP-Fiori-Bibliothek

Eine gute Übersicht über die aktuell verfügbaren SAP-Fiori-Anwendungen liefert die *SAP Fiori Apps Reference Library* im Internet. Sie finden diese unter der URL *http://s-prs.de/v726804*. Während der Entstehung dieses Buches (Herbst 2019) bietet SAP über 11.400 Anwendungen. Auf der verwiesenen Seite der SAP-Fiori-Bibliothek können Sie auf der linken Seite folgende Kategorien auswählen:

- alle Anwendungen
- alle Anwendungen für SAP S/4 HANA
- SAP-Fiori-Anwendungen für SAP S/4 HANA
- SAP-Fiori-Anwendungen für die SAP Business Suite
- SAP Fiori für Lighthouse-Anwendungen
- SAP-Fiori-Anwendungen auf der SAP Cloud Platform

Nach der Auswahl einer Kategorie erhalten Sie eine Liste der verfügbaren Anwendungen. Abbildung 1.11 zeigt die Übersicht aller SAP-Fiori-Anwendungen in der SAP-Fiori-Bibliothek.

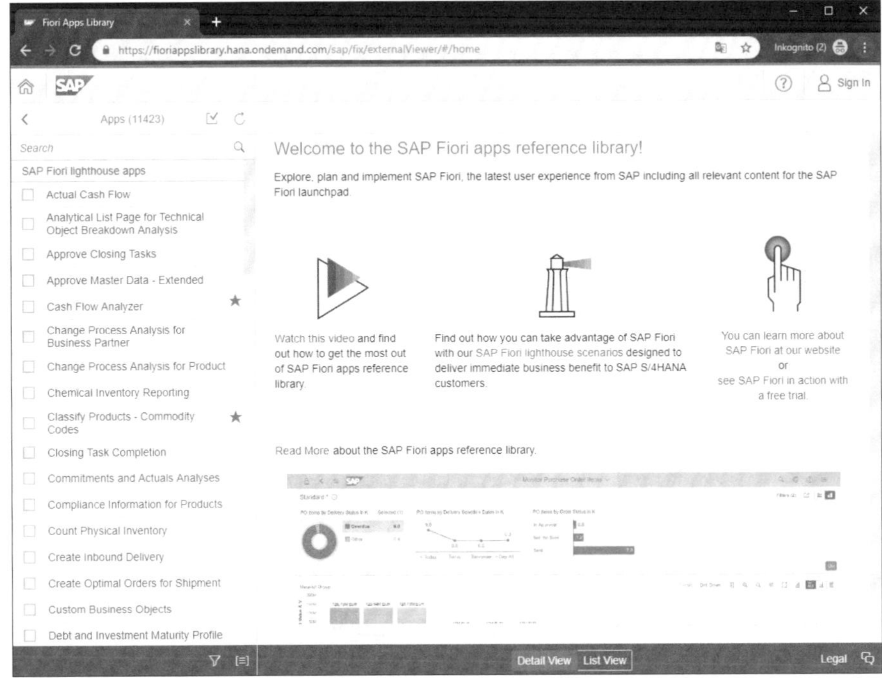

Abbildung 1.11 Startseite der SAP Fiori Apps Reference Library

Filterfunktion der Bibliothek

Über die Filterfunktion in der linken Fußzeile kann die Ansicht nach spezifischen Kriterien eingeschränkt werden. Wie Sie aus Abbildung 1.12 ersehen können, gibt es eine Vielzahl an Filtermöglichkeiten. So können Sie z. B. nach Applikationstyp, Datenbanktyp (SAP HANA oder Nicht-SAP-HANA), UI-Technologie oder Anwendungskomponente filtern.

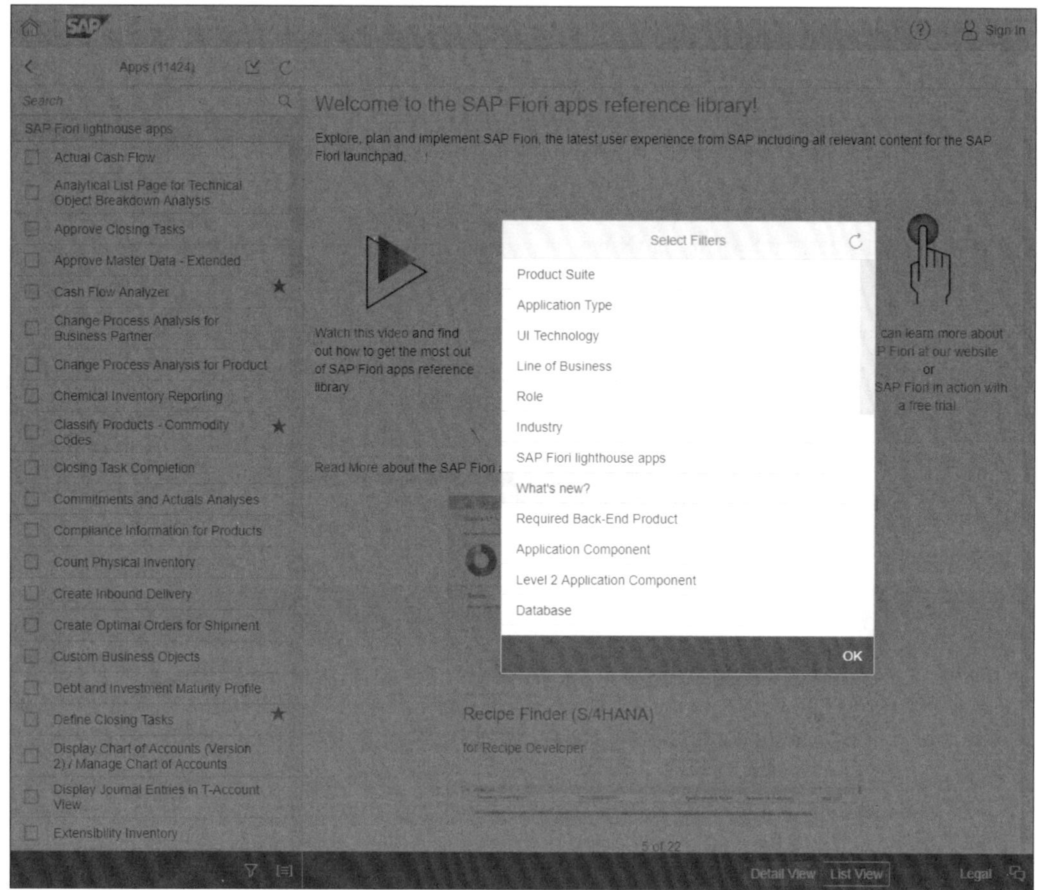

Abbildung 1.12 Filtermöglichkeiten der SAP Fiori Apps Reference Library

Informationen der SAP-Fiori-Bibliothek

Die SAP-Fiori-Bibliothek beschreibt detailliert jede Anwendung, wobei die Funktionen der Anwendung und ihre Installationsvoraussetzungen erläutert werden. Die Anwendungsdetails geben auch darüber Auskunft, mit welcher Technologie die Anwendung implementiert ist. Hier kann es überraschen, dass es eine Vielzahl von Anwendungen gibt, die mit Web Dynpro für ABAP implementiert sind, oder es sich einfach um Transaktionen handelt, die man über das SAP GUI für HTML nutzen kann. Zusätzlich wird auch beschrieben, wie Standardanwendungen erweitert werden können, sodass sie kundenspezifischen Anforderungen gerecht werden. Es wird auch darüber Auskunft gegeben, ob Sie für eine SAP-Fiori-App zwingend SAP HANA benötigen oder ob Sie auch andere Datenbanken nutzen können.

Referenz auf SAP-Hilfe

In jeder Anwendung wird zusätzlich auch noch auf die *SAP-Hilfe* referenziert. Die SAP-Hilfe bietet Informationen über den Funktionsumfang, die Anforderungen an die Systemlandschaft und darüber, welche Softwarekomponenten frontend- und backend-seitig installiert werden müssen. Manche Anwendungsbeschreibungen enthalten kleine Demo-Videos, über die man einen ersten Eindruck erhält. Bei der Einführung von SAP Fiori gab es über *https://sapfioritrial.com* noch einen Zugang zu Beispielanwendungen, sodass man ihre Möglichkeiten schon einmal ausprobieren konnte. Die Seite ist leider nicht mehr verfügbar, der Aufruf wird direkt auf eine SAP-Fiori-Produktseite umgeleitet – über die man jedoch auch wichtige Zusatzinformationen erhält.

SAP ERP Foundation Extension powered by SAP HANA

Eine weitere sehr gute Ressource, um einen Überblick über SAP Fiori zu erhalten, ist die *SAP ERP Foundation Extension powered by SAP HANA*. Dabei können Sie – zwar nicht kostenlos, aber doch recht günstig – SAP HANA und SAP Fiori auf einem Cloud-System ausprobieren. Die Systeme werden über Amazon Web Services (AWS) bereitgestellt und sind Teil der SAP HANA Enterprise Cloud/Cloud Appliance Library von SAP. Der Nutzer muss lediglich die von AWS berechneten Kosten bezahlen. Die Kosten fallen je nach Nutzungsdauer an und werden ab dem Zeitpunkt berechnet, ab dem die virtuelle Maschine (VM) auf AWS aktiviert wurde. Die virtuelle Maschine lässt sich jederzeit wieder herunterfahren – so haben Sie die Kosten relativ gut im Griff. SAP stellt keinerlei Kosten in Rechnung. Dafür hat der Nutzer Zugriff auf eine Vielzahl von SAP-Fiori-Anwendungen und kann auch SAP-HANA- und SAP-HANA-XS-Anwendungen implementieren und so alle Features und Funktionen ausprobieren, ohne dafür selbst ein System installieren zu müssen.

Aktuelle SAP-Fiori-Anwendungen

Während der Entstehung der Neuauflage dieses Buches (Herbst 2019) sind für eine Vielzahl von Modulen und Bereichen bereits SAP-Fiori-Apps verfügbar. Diese werden zum einen für die SAP Business Suite auf SAP HANA bzw. einer anderen Datenbank angeboten. Zum anderen gibt es natürlich auch eine Vielzahl an SAP-Fiori-Anwendungen für SAP S/4HANA – als On-Premise- und Cloud-Version.

Einige dieser Apps werden im Folgenden kurz dargestellt:

- **SAP Fiori Cross Apps**
  SAP Fiori Cross Apps sind Anwendungen, die keiner spezifischen Komponente zugeordnet sind. Aktuell gibt es die Anwendungen **Anträge ge-**

nehmigen und **Mein Eingang**. Über **Anträge genehmigen** lassen sich alltägliche Workflow-Aufgaben bearbeiten.

- **SAP Fiori Apps for SAP ERP**
  Für den Bereich SAP ERP sind Anwendungen für das Rechnungswesen, für die Logistik und das Human Capital Management sowie branchenspezifische Lösungen wie z. B. für Versicherungen oder für Oil & Gas verfügbar.
- **SAP Fiori Apps for SAP CRM**
  Für SAP Customer Relationship Management bietet SAP u. a. Anwendungen, um Kundentermine anzulegen, Ansprechpartner beim Kunden zu verwalten oder Notizen anzulegen. Alle SAP Fiori Apps for SAP CRM synchronisieren die Daten mit dem SAP-CRM-Backend, sodass immer die aktuellen Daten auf dem Endgerät und auch auf dem Backend zur Verfügung stehen.
- **SAP Fiori Apps for SAP SRM**
  Für das Supplier Relationship Management bietet SAP Anwendungen zum Lieferbeziehungsmanagement. Hier werden Anwendungen wie etwa **Mein Einkaufswagen** oder **Bestellung genehmigen** angeboten. Mit der App **Mein Einkaufswagen** können Sie Positionen in den Einkaufswagen legen und den Einkaufswagen zur Genehmigung freigeben. Über **Bestellungen genehmigen** kann der verantwortliche Mitarbeiter (Genehmigender) einzelne Bestellungen genehmigen, ablehnen oder an einen anderen Genehmigenden weiterleiten.
- **SAP Fiori for SAP SNC und SAP SCM**
  Bei SAP Supply Network Collaboration (SAP SNC) handelt es sich um eine Komponente von SAP Supply Chain Management (SAP SCM), die bei der Lieferanten- und Kunden-Collaboration unterstützt. Aktuell sind die Anwendungen **Bestellung bestätigen** und **Bestätigte Bestellungen anzeigen** implementiert. Beides sind transaktionale Anwendungen. Im SAP-SCM-Bereich gibt es vier Apps, mit denen z. B. eingehende und ausgehende Transportbeziehungen verwaltet werden können. Zusätzlich gibt es für diesen Bereich noch eine SAP-Smart-Business-Lösung. Dabei handelt es sich um ein Cockpit, über das der Bedarfsplaner, der Absatzplaner und der ATP-Controller Zugriff auf eine Vielzahl von Apps erhalten.
- **SAP Fiori Apps for SAP Portfolio and Project Management**
  Dabei handelt es sich um Apps, um Entscheidungspunkte zu genehmigen, Protokollelemente zu ändern, Vorschläge für Portfolioelemente anzulegen und Projektaufgaben zurückzumelden.

- **SAP Fiori Apps for SAP GRC**
  Im Bereich SAP Governance, Risk and Compliance Solutions (SAP GRC) bietet SAP Apps für die Zugriffskontrolle, das Risikomanagement sowie das SAP Smart Business Cockpit für die Zugriffsverwaltung.
- **SAP Fiori Apps for SAP ILM**
  Für SAP Information Lifecycle Management (SAP ILM) bietet SAP Apps zur Überwachung von Archivierungsjobs und Datenbanktabellenwachstum oder eine App zur Überwachung des Füllstands der Hot- und Cold-Partition von Tabellen.
- **SAP Fiori Apps for SAP MDG**
  Für SAP Master Data Governance (SAP MDG) bietet SAP Apps zum Beantragen von Kunden, Lieferanten und Kostenstellen.
- **SAP Smart Business for SAP PLM**
  Bei SAP Smart Business for SAP Product Lifecycle Management (SAP PLM) handelt es sich um das SAP Smart Business Cockpit mit einer Übersicht über die wichtigsten Key Performance Indicators (KPIs) für einen Rezeptentwickler. Aktuell sind die SAP-Fiori-App **Rezeptsuche** und die Simulation von Rezeptänderungen implementiert.
- **SAP Fiori Apps for SAP EHS**
  Bei den SAP Fiori Apps for SAP Environment, Health and Safety Management kann der Anwender Sicherheitsmaßnahmen kontrollieren und Sicherheitshinweise abrufen.
- **SAP Fiori Apps for SAP Financial Closing Cockpit**
  Bei SAP Smart Business for Financial Close handelt es sich um das SAP Smart Business Cockpit mit einer Übersicht über die wichtigsten KPIs für Finanzchefs, Leiter der Buchhaltung, Shared Service Manager, Abschlussmanager, Sachkontomanager etc. Mit dem Cockpit können Sie den Fortschritt des Finanzabschlusses in einem Abschlusszyklus, den Fertigstellungsprozentsatz der heute fälligen Aufgaben, die Anzahl der Aufgaben mit Fehlern, die Anzahl der Aufgaben im Verzug, den gesamten Verzug des Abschlusszyklus in Stunden und die Finanzabschlusshistorie überwachen.
- **SAP Fiori Apps for SAP Business Suite Foundation Component**
  Bei SAP Smart Business for SAP Business Suite Foundation Component handelt es sich um das SAP Smart Business Cockpit mit einer Übersicht über die wichtigsten KPIs für einen Produktmanager.
- **SAP Fiori Apps for SAP Event Management**
  Bei SAP Smart Business for SAP Event Management handelt es sich um das SAP Smart Business Cockpit mit einer Übersicht über die wichtigsten

KPIs für einen Transportmanager. Es ermöglicht dem Transportmanager die Überwachung der operativen Transportgeschäfte.

- **SAP Fiori Apps for SAP EWM**
Bei SAP Smart Business for Extended Warehouse Management handelt es sich um das SAP Smart Business Cockpit für einen Lagerschichtleiter. Er wird damit in die Lage versetzt, die wichtigsten Kennzahlen zu überblicken. Mit dem Cockpit kann der Lagerschichtleiter die Arbeitslast für Aus- und Anlieferungen überwachen, überfällige Lieferungen oder Lieferungspositionen in Echtzeit ermitteln und die durchschnittliche Verzögerungszeit sowohl beim Warenausgang als auch beim Wareneingang überwachen.
- **SAP Fiori Apps for SAP TM**
Für SAP Transportation Management (SAP TM) wird ein Small Business Cockpit angeboten. Über diese Sammlung von Apps kann der Transportmanager z. B. mit Analytical Apps die wichtigsten Zahlen im Bereich Transportkosten, Transportgewinn, Transporterlös oder für die Speditionsaufträge anzeigen.
- **SAP Smart Business for SAP Event Management und SAP Transportation Management**
Dabei handelt es sich um eine Sammlung von Analytical Apps für den Einkauf, mit denen z. B. die Zahlen für Frachtaufträge, die beim Kunden rechtzeitig abgefahren oder angekommen sind, abgefragt werden können.
- **SAP Smart Business for SAP Compliance Management**
Für SAP Compliance Management bietet SAP im Moment eine Sammlung von Anwendungen, die über das SAP Smart Business Cockpit erreichbar sind. Hier kann der Compliance Manager die wichtigsten Kennzahlen zu den Themen Sanktionsliste, Embargo oder Genehmigungen erhalten.
- **SAP Smart Business for SAP Commodity Management**
Ein Cockpit, mit dem der Commodity Risk Manager die wichtigsten KPIs überblickt. Er kann dadurch die aktuelle Risikosituation analysieren und die Einhaltung von Risikostrategien überprüfen.
- **SAP Smart Business für die Handelstransaktionsabwicklung**
Sie erhalten über ein Cockpit eine Übersicht über Probleme bei den Prozessschritten in Echtzeit. Dadurch können Aktionsvorbereitungsprobleme einfacher erkannt, Ursachen gefunden und die Probleme wirksam gelöst werden.

Kapitel 2
User-Experience-Strategien entwickeln

Beim Design von Benutzeroberflächen ist vieles zu beachten. Dies gilt insbesondere dann, wenn Sie im Unternehmen konsistente und durchdachte UX-Strategien implementieren möchten. In diesem Kapitel zeigen wir Ihnen, wie Sie eigene UX-Strategien schaffen.

In diesem Kapitel widmen wir uns der User Experience (UX) und zeigen Strategien, wie Sie im Unternehmen eine eigene UX definieren und im Anschluss implementieren.

2.1 Grundlagen

Die Verwendung von Software durch den Menschen erfolgt in der Vielzahl der Fälle über eine Benutzeroberfläche. Sei es die Kasse im Supermarkt, der Onlineshop im Internet, der Bankautomat, die App auf dem Smartphone oder das Textverarbeitungsprogramm, mit dem dieses Buch geschrieben wurde: Jede der genannten Anwendungen »spricht« mit ihrem Anwender. Oft genug sprechen jedoch der Anwender und die Benutzeroberfläche nicht die gleiche Sprache, und oft genug wechseln Anwendungen von Version zu Version die visuelle Sprache, in der sie versuchen, mit dem Anwender zu kommunizieren. Wie oft sitzen Sie vor der neuen Version Ihres Textverarbeitungsprogramms und suchen nach einer Funktion, bei der Sie hätten schwören können, dass sie bei der Vorgängerversion noch unter diesem einen Menüeintrag zu finden war? Jetzt ist jedoch der Menüeintrag mit x anderen Befehlen gefüllt, die früher überhaupt nicht vorhanden waren. Anwendungen werden mit unzähligen Funktionen ausgestattet, die möglicherweise, wenn überhaupt, nur von einem kleinen Teil der Anwender genutzt werden.

Wirtschaftliche Relevanz

Hinsichtlich Unternehmenssoftware spielt – wie bereits in Kapitel 1, »Was ist SAP Fiori?«, erwähnt – der wirtschaftliche Faktor eine wichtige Rolle. Unternehmenssoftware muss für eine breite Masse an Anwendern in unterschiedlichen Unternehmen aus unterschiedlichen Branchen hergestellt werden. Softwareunternehmen wie SAP sehen sich daher stark dazu getrieben, unzählige Funktionen in eine SAP-Komponente hineinzupacken, um so alle nur denkbaren Eventualitäten berücksichtigen. Ob nun diese Funktion bei Kunde x eingesetzt wird und ob dadurch die Oberfläche nicht mehr die gleiche Sprache wie der Anwender spricht, ist dabei eher nebensächlich. Der tägliche Kampf der Anwender mit dem Produkt, die daraus resultierende Unzufriedenheit und die Suche des Nutzers nach »Workarounds« für ein produktiveres Arbeiten scheinen der Normalfall zu sein.

User-Centered Design

Das Problem ist nur dadurch zu lösen, den Blick bei der Entwicklung von Benutzeroberflächen zu ändern und den Nutzer mehr in den Vordergrund zu stellen und weniger die Unmenge an Funktionen. Man spricht bei dieser Art der Nutzerorientierung auch von *User-Centered Design* (UCD). Die gerade beschriebenen Problembereiche von Benutzeroberflächen und die daraus resultierenden Wege eines Nutzers, diese zu umgehen, kosten Geld – und nicht unbedingt wenig.

2.1.1 Was ist User Experience?

Bei der Nutzung der Gegenstände unseres Alltags erleben wir diese Gegenstände in unterschiedlicher Art und Weise. Dieses Erleben der Gegenstände, Dienste, Orte bzw. Plätze bezeichnet man als Nutzererlebnis, Nutzungserlebnis oder eben *User Experience* (UX). Beim Nutzererlebnis einer Sache schwingt häufig auch der Begriff der Nutzbarkeit (*Usability*) mit. Das Nutzererlebnis verbindet dabei die reine Nutzbarkeit eines Produkts mit der emotionalen Ebene des Nutzenden. Erreichen Sie dies mit einem Produkt, können Sie sicher sein, dass dieses Produkt oft im Einsatz ist und seinen Zweck erfolgreich erfüllt. Überträgt man dies nun auf Software, geht es darum, dass die Gestaltung der Bedienoberfläche einer Anwendung ein entsprechendes positives Nutzererlebnis darstellt. Für Softwareunternehmen bedeutet dies, dass die Anwendung den Menschen mehr in den Vordergrund rücken muss und weniger die technischen Möglichkeiten ausreizen soll.

Bei einer ersten Betrachtung erscheint das Thema UX als sehr »weiches« Thema, da es sich eher um ein bewertendes Gefühl handelt und durch Erfüllung oder Frustration bei der Interaktion mit einem Produkt entsteht.

UX gemäß ISO

Bei UX und auch deren Usability handelt es sich jedoch um internationale Industriestandards, die laut ISO-Norm DIN EN ISO 9241-210 wie folgt beschrieben werden:

> *»A person's perceptions and responses that result from the use and/or anticipated use of a product, system or service.«*

Die Usability wird laut ISO-Norm DIN EN ISO 9241-11 wie folgt definiert:

> *»Usability ist das Ausmaß, in dem ein Produkt durch bestimmte Nutzer in einem bestimmten Nutzungskontext genutzt werden kann, um bestimmte Ziele effektiv, effizient und zufriedenstellend zu erreichen.«*

Im Standard 9241-210 wird auch versucht, die User Experience von der Usability abzugrenzen. Die UX umfasst demnach alle Effekte, die ein Produkt sowohl vor der Nutzung, der sogenannten *antizipierten Nutzung*, als auch nach der Nutzung (Identifikation mit dem Produkt oder Distanzierung) auf den Nutzer hat. Man könnte dies dahingehend interpretieren, ob sich der Nutzer schon auf die Nutzung des Produkts freut oder ob er schon im Vorfeld der Nutzung gewisse Bedenken hat. Nachdem das Produkt verwendet worden ist, wird eine emotionale Bindung zum Produkt aufgebaut – es geht also darum, ob es dem Nutzer gefallen hat. Die Usability fokussiert sich hingegen auf die eigentliche Nutzungssituation.

Vorteile einer guten UX

Eine gute UX und damit einhergehend eine gute Nutzbarkeit einer Anwendung bietet eine Menge Vorteile, sowohl aus Nutzersicht als auch aus der Sicht eines Softwareunternehmens:

- Das Risiko, dass eine Anwendung nicht verwendet wird oder der Anwender versucht, die Anwendung nicht zu verwenden, wird minimiert.
- Wichtige Funktionen werden bei der Entwicklung sicher berücksichtigt, da der Anwender bzw. der Anwendungsfall im Fokus steht.
- Die Entwicklungskosten reduzieren sich, denn es wird nur das implementiert, was auch tatsächlich benötigt wird.
- Die Kosten für Anwenderschulungen und die Kosten für die Fehlerbehebung verringern sich.
- Die Produktivität wird gesteigert.
- Wenn die UX positiv ist, wird die Anwendung von weiteren Anwendern eingesetzt und führt dadurch auch zu einem höheren monetären Rücklauf.

Bewertungsfaktoren

Abbildung 2.1 zeigt die wichtigsten Aspekte der User Experience. Die Nutzbarkeit eines Produkts ist ein wichtiger Faktor. Funktionen müssen fehlerfrei implementiert werden, und deren Anwendung muss einfach und klar für den Nutzer ausführbar sein. Das *Gefühl* spielt auch eine wichtige Rolle: Die Freude bei der Arbeit und die gute Interaktion mit dem Produkt führen dazu, dass der Nutzer das Produkt immer wieder verwenden möchte, anstatt sich vor dessen Nutzung zu sträuben oder das Produkt überhaupt nicht zu nutzen. Natürlich spielt auch das *Aussehen* eines Produkts eine wichtige Rolle. Durch ein klares User Interface kann dem Nutzer glaubwürdig vermittelt werden, dass es sich um ein gutes Produkt handelt. Dadurch wird auch das Vertrauen in das Produkt gestärkt und die Stimmung des Nutzers positiv beeinflusst.

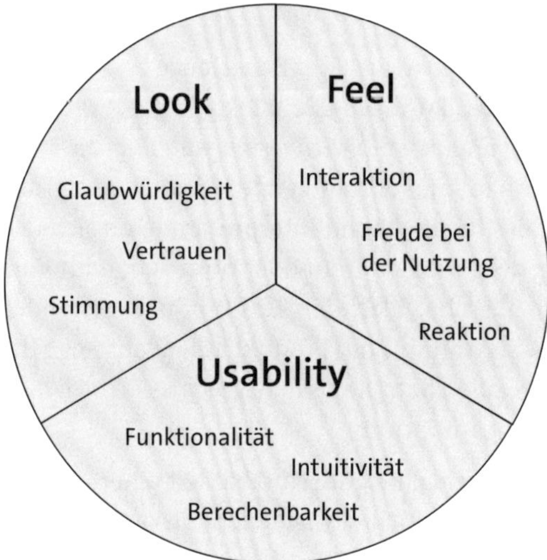

Abbildung 2.1 User Experience

Usability und UX testen

Usability testen

Die Usability und die UX eines Produkts lassen sich mithilfe von experten- oder nutzerbasierter Analyse und kombinierter Analyse testen. Die expertenbasierte Analyse birgt die Gefahr, dass Problemfelder übersehen werden, weil dabei zwar der Durchschnittsnutzer simuliert, jedoch nur auf bekannte Probleme hin getestet wird. Ein Vorteil dieser Analyse ist, dass sie wesentlich weniger Zeit und Kosten verursacht als die nutzerbasierte Analyse; der Nachteil ist, dass sie niemals alle Problemfelder einer Anwendung aufdeckt. Die nutzerbasierte Analyse ist der aus unserer Sicht beste Weg, um die Usability eines Produkts zu testen. Dabei wird der Anwender bei der Nutzung des Produkts beobachtet. Außerdem können Sie über Nutzerbefragung, Screen Recording, Eye Tracking etc. Feedback durch den Nutzer erhalten. Eine Kombination beider Testverfahren ist üblich; so werden die größten Probleme bereits bei der Expertenanalyse aufgedeckt und die Feinheiten dann durch die Nutzungsanalyse erkannt.

Wie kann man Usability und UX messen?

Die Usability und die UX eines Produkts sind mehr oder weniger gut messbar. Maßgeblich sind dabei die Ziele von Usability und User Experience.

Kennzahlen

Passende Kennzahlen sind z. B.:

- Wie hoch ist die Fehlerrate?
- Wie lang ist die benötigte Zeit für die Erledigung einer Aufgabe?
- Wie gut ist die Nutzung des Produkts zu erlernen?
- Wie ansprechend ist das Design?
- Wie erlebt der Nutzer die Interaktion mit dem Produkt?

2.1.2 Design Thinking

Wie im vorangegangenen Abschnitt beschrieben, ist es sehr leicht möglich, dass Softwareentwickler Anwendungen aus einer sehr technischen Sicht implementieren. Die Sicht auf die auszuführende Aufgabe in der Anwendung ist dem Softwareentwickler hingegen verstellt. Benutzeroberflächen können dadurch überladen werden, und auch bei der Auswahl der UI-Elemente können Entscheidungen getroffen werden, die den Anwender nicht optimal bei seiner täglichen Arbeit unterstützen. Im Rahmen der Neuausrichtung hin zu mehr Nutzerfreundlichkeit und einem neuen Nutzererlebnis muss die Gestaltung einer Benutzeroberfläche nicht nur durch die Technologiebrille betrachtet werden. Ein Ansatz, der dabei helfen kann, ist das *Design Thinking*. Es basiert auf dem interdisziplinären Gedanken: Es geht dabei darum, dass Menschen mit unterschiedlicher fachlicher Ausrichtung (Wir-Intelligenz) in einem entsprechend von Blockaden (Denkblockaden) befreiten Raum an der Lösung von Fragestellungen arbeiten, bei der jeweils der Nutzer und seine Motivation im Mittelpunkt stehen. Die verschiedenen Disziplinen, die in einem solchen Thinktank zusammenarbeiten, kommen nicht nur ausschließlich aus themenverwandten Fachbereichen, sondern auch aus Fachbereichen, die so leicht nicht mit dem Problemraum zu verbinden sind. Es werden dadurch nutzerfreundliche Produkte und Dienste kreiert.

Entwicklungsprozess

Der Entwicklungsprozess des Design Thinkings kann in fünf Schritten beschrieben werden. Wie es in Abbildung 2.2 dargestellt ist, ist es im *ersten Schritt* von Bedeutung, sich in das Individuum, für das ein Produkt entwickelt werden soll, hineinzuversetzen. Darüber hinaus wird hier auch geprüft, welche Ansätze zur Lösung der Herausforderung bereits von anderen Nutzern ausprobiert und welche Erfolge dabei erzielt wurden. In der *zweiten Phase* werden auf Basis der aus dem ersten Schritt erhaltenen Ergebnisse die Grundsätze für die Lösung der Problemstellung festgelegt und zusätzlich die Wünsche des Endnutzers definiert.

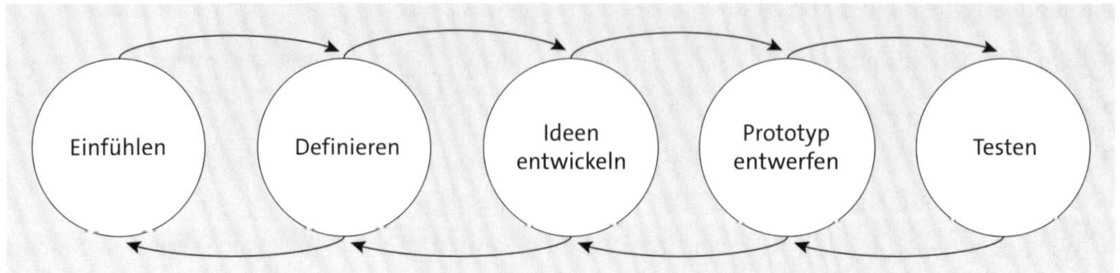

Abbildung 2.2 Die fünf Phasen des Design-Thinking-Prozesses

In der *dritten Phase* werden Ideen entwickelt (Brainstorming), die zum Erfüllen der Wünsche aus der zweiten Phase verwendet werden können. Dabei ist es wichtig, dass keiner der Beteiligten des Prozesses die Ideen des anderen in irgendeiner Form bewertet oder gar kritisiert; jede Idee hat also ihren Platz und wird nicht kritisiert. Die *vierte Phase* ist die Phase der Umsetzung der Ideen in Prototypen. Dabei wird geprüft, ob die Ideen auch tatsächlich zur Lösung beitragen. Ist dies nicht der Fall, wird geprüft, ob abgewandelte Formen eher zur Lösung führen; Ideen werden kombiniert und redefiniert. In der *letzten Phase* des Prozesses werden von der Zielgruppe Rückmeldungen eingesammelt. Es wird geprüft, ob mit der Lösung tatsächlich die Ziele des Zielpublikums erreicht werden können und welche Verbesserungen nötig sind, um diese Ziele gegebenenfalls zu erreichen. Jede der genannten Phasen kann dazu führen, dass Sie wieder ein oder zwei Schritte zurückgehen und sich nochmals in der betreffenden Phase die entsprechenden neuen Fragen stellen.

Anderseits kann Innovation und damit Neues auch nur in einem gewissen Umfeld unter gewissen Rahmenbedingungen entstehen. Wie es in Abbildung 2.3 dargestellt ist, können neue Produkte und Lösungen nur in der Schnittmenge aus Werten, Technologie und Business entstehen.

Dieser Ansatz beschreibt also auch, dass nicht alles, was technologisch möglich ist, auch zwingend umgesetzt werden muss. Die Umsetzung muss vielmehr im Einklang mit den Wünschen der Nutzer und der Realisierbarkeit erfolgen. Viele Möglichkeiten können nur umgesetzt werden, wenn genügend Geld zur Verfügung steht. Innovation ist daher kein Selbstläufer, benötigt jedoch auch genügend Freiraum, um tatsächlich entstehen zu können.

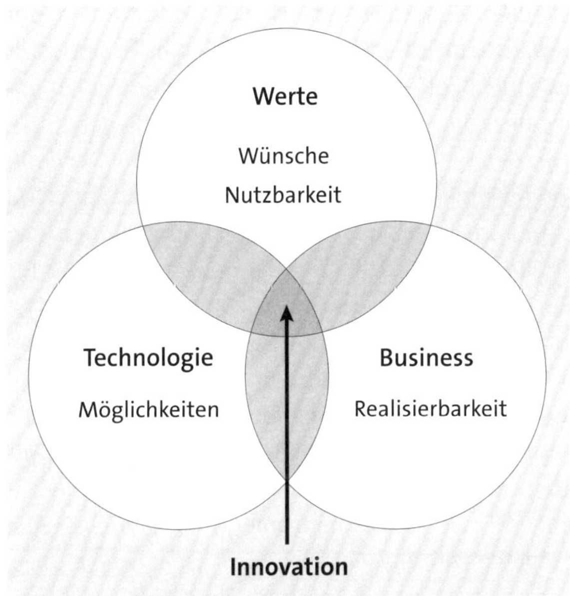

Abbildung 2.3 Umsetzung von Anwenderwünschen

2.1.3 UI vs. UX

Nach dem Blick auf die User Experience folgt letztlich die Frage, worin nun der Unterschied zum *User Interface* – dem UI – liegt. Ist UX ein Synonym für UI? Oder ist UI ein Synonym für UX? Um Antworten auf diese Fragen zu finden, möchten wir an dieser Stelle ein Bild beschreiben. Die meisten unter uns genießen es, im Sommer auf der Terrasse oder im Park zu sitzen, den Grill anzuwerfen und mit Familie und Freunden Steaks, Halloumi-Käse, Gemüse und ähnliche Leckereien zu grillen. Schaute man sich noch vor Jahren im Baumarkt um, gab es dort wenige, sehr ähnlich aussehende Holzkohlegrills und dazu eine oder zwei Sorten Holzkohle. Grillen konnten Sie mit diesen Utensilien, keine Frage! Der Grillmeister stand bereits einige Zeit, bevor das eigentliche Grillen stattfinden sollte, im Garten und versuchte mehr oder weniger erfolgreich, eine Glut zustande zu bringen. Jeder hatte seine eigenen Tricks; vom Föhn bis zum nicht ungefährlichen Brennspiritus gab es Hunderte von Empfehlungen, wie echte Männer Feuer machen. Die UI, also der Grill, war zwar nutzbar, aber die Freude beim Grillen stellte sich nur bedingt ein. Natürlich gab und gibt es Experten, die diese Art des Grillens bevorzugen und rasch ans Ziel kommen. Aber der Großteil, besonders unerfahrene Grillmeister, wird so eher vom Grillen abgeschreckt oder findet nur schwer Zugang dazu. Betreten Sie heute einen Baumarkt, finden Sie dort mindestens zwei Dutzend verschiedene Grills. Es gibt den einfachen Grill, den Kugelgrill mit Gas oder Kohle, Grillstationen mit Kühlschrank und Aufbewahrungsflächen etc. Zusätzlich gibt es noch fast genauso viele Kohlesorten und daneben noch unzählige Grillutensilien, angefangen bei der Schürze über die Grillzange bis hin zu verschiedenen Zusatzhölzern, mit denen Sie den Geschmack beeinflussen können. Der Grillmeister im Garten benötigt keinen Brennspiritus mehr; es gibt – zum Grill passend – den Kamin zum Entfachen der Glut und zum Durchglühen. Der Grillende diskutiert mit Experten am Grill über die beste Temperatur für das Grillgemüse – Grillen ist zum ganzheitlichen Erlebnis geworden. Es ist einfach, und die Bedienung ist für jedermann möglich. Neben dem guten Gefühl, das die Grillprodukte vermitteln, wird auch ein Stück Lebensqualität transferiert. Die User Experience der Grills ist heute weitaus höher als früher, und damit gibt es mehr Menschen, die am Grill stehen, und somit auch eine höhere Nachfrage nach Grillprodukten. Um den Bogen wieder zurück zu SAP zu schlagen: SAP Fiori ist das Instrument, mit dem SAP eine bessere User Experience bieten will; ein zentraler Punkt ist dabei die Oberflächengestaltung, auf die wir im nächsten Abschnitt eingehen.

2.2 Benutzeroberflächen gestalten

In diesem Abschnitt wenden wir uns der Frage zu, wie Sie Benutzeroberflächen gestalten, um eine möglichst gute Nutzbarkeit der Anwendungen zu erzielen.

2.2.1 Mensch-Maschine-Kommunikation

Um eine Benutzeroberfläche zu erstellen, die dem Nutzer den größtmöglichen Nutzen bringt, müssen Sie sich mit der Frage auseinandersetzen, wie die Mensch-Maschine-Kommunikation funktioniert. Anwender und Computer sind grundsätzlich interagierende Bestandteile eines Gesamtsystems. Mit diesem System möchte der Anwender bestimmte Aufgaben lösen. Der Computer bzw. das Computerprogramm ist dazu implementiert worden, spezifische Aufgaben zu lösen.

Interaktionsmuster

Die Interaktion von Mensch und Maschine vollzieht sich in den folgenden Schritten (gemäß Donald D. Norman):

1. Zu Beginn formuliert der Anwender sein Ziel, z. B. möchte er einen Auftrag anlegen.
2. Der Anwender formuliert seine Absicht; er startet die Transaktion zur Erstellung eines Auftrags.

3. Der Anwender spezifiziert die genaue Absicht; er prüft, ob ihm alle nötigen Informationen zum Anlegen eines Auftrags vorliegen.
4. Der Anwender legt einen Auftrag an.
5. Das System verarbeitet das Anlegen des Auftrags.
6. Wahrnehmung der Aktion: Der Anwender sieht, dass der Auftrag angelegt wurde.
7. Der Anwender interpretiert das Wahrgenommene: Der Auftrag ist angelegt.
8. Der Anwender vergleicht, ob das Ergebnis dem entspricht, was er sich zuvor vorgenommen hatte.

Die konkrete Interaktion kann jedoch über verschiedene Kanäle erfolgen. Ein Kanal kann dabei ein Menü, ein Eingabefeld, eine Geste oder die gesprochene Sprache sein.

Dieser Grundannahme folgend, dass Computer dem Menschen helfen sollen, ist jedoch festzustellen, dass sich die Fähigkeiten eines Computers in den letzten Jahrzehnten rasant weiterentwickelt haben. Die Fähigkeiten eines Menschen haben sich in dieser Zeit jedoch nicht in gleicher Weise angepasst, sondern sie sind auf dem Stand wie noch vor Jahrzehnten stehen geblieben. Diese ungleiche Entwicklung kann zu Problemen bei der Interaktion führen und dadurch das Nutzererlebnis stark beeinflussen. Es ist daher von Bedeutung, dass zur erfolgreichen Mensch-Maschine-Kommunikation das Verhalten des Menschen und die Möglichkeiten der Softwareentwicklung berücksichtigt werden.

Die Wahrnehmung als Beschränkung

Das menschliche Verhalten legt die Rahmenbedingungen fest. Es bestimmt die Wahrnehmung von Situationen, das Erlernen von Fähigkeiten sowie das Handeln als Problemlösungsversuch. Es definiert auch die Grenzen, innerhalb derer Sie sich bewegen können. Menschen haben eine selektive Wahrnehmung. Die visuelle Wahrnehmung, die bei der Nutzung von Bedienoberflächen wichtig ist, umfasst lediglich einen minimalen Fokus, nämlich den Bereich des scharfen Sehens. Ist eine Bedienoberfläche mit unzähligen Elementen bestückt, benötigt der Anwender eine gewisse Zeit, um den Inhalt zu erfassen. Der Mensch kann kein komplettes Bildschirmbild erfassen – er scannt, er erkundet den Bildschirm. Das komplette Bild entsteht dabei durch die Menge an schnellen Fokussierungen; diese werden wiederum durch die Teile des Bildschirms hervorgerufen, die die Aufmerksamkeit des Nutzers erregen. Die Wahrnehmung bestimmt daher die Aufmerksamkeit des Nutzers.

Bedeutung für das UI

Dies bedeutet im Umkehrschluss, dass der Anwender bei einer überfrachteten Benutzeroberfläche geraume Zeit benötigt, bis er die entsprechende Oberfläche bedienen kann. Hinzu kommt noch, dass er einige UI-Aspekte gar nicht wahrgenommen oder sie zwar wahrgenommen, aber durch das Wahrnehmen andere Funktionen der Oberfläche wieder vergessen hat. Dabei spielt die magische Zahl 7 eine wichtige Rolle. Gemäß der Gedächtnispsychologie ist das Kurzzeitgedächtnis eines Menschen beschränkt. Er kann sich somit nur eine bestimmte Menge an Informationen für einige Sekunden (die sogenannte *Gedächtnisspanne*) merken, ohne bestimmte Techniken anzuwenden, um sie für einen längeren Zeitraum zu memorieren. Untersuchungen haben ergeben, dass diese Gedächtnisspanne 7 +/– 2 Items beträgt.

Die magische Sieben

Die Gedächtnisspanne besagt also, dass der Mensch unter Laborbedingungen rund sieben Dinge im Kurzzeitgedächtnis aufnehmen kann – und dies auch nur für eine sehr kurze Zeit von maximal 15 Sekunden. Damit beeinflusst die Gedächtnisspanne direkt unsere Wahrnehmungs- und Handlungsfähigkeit. Leider spiegelt die magische Sieben nicht die Realität wider. Unter realen Bedingungen klingelt, während der Mitarbeiter am Computer arbeitet, das Telefon, die Kollegen im Großraumbüro diskutieren, und der Mitarbeiter hat gerade daheim ein paar Probleme, die ihn belasten. Alle diese Faktoren reduzieren die Fähigkeit des Mitarbeiters, sich auf die Arbeit zu konzentrieren (Labor), und die Gedächtnisspanne reduziert sich ebenfalls. Hat der Mitarbeiter eine neue Benutzeroberfläche vor sich und versucht er, sie zu erlernen, wird er sehr viel länger brauchen und möglicherweise ihren Funktionsumfang auch nach Wochen noch nicht vollständig überblicken. Das Erlernen von Fähigkeiten entspricht dem Transfer von Informationen vom Kurzzeitgedächtnis in das Langzeitgedächtnis. Dieser Prozess wird dadurch erleichtert, dass wir Dinge wiederholen oder Dinge wiedererkennen. Wiederholen und Wiedererkennen sind dabei auch der Schlüssel für das Design von Benutzeroberflächen.

2.2.2 Interaktionsdesign

Bei der Erstellung von Benutzeroberflächen ist es aufgrund der soeben beschriebenen Einschränkungen unabdingbar, dem Anwender die Möglichkeit zu geben, sich schnell in einer Anwendung zurechtzufinden und sie einfach zu erlernen. Gleiche Funktionen einer Anwendung oder einer Anwendungssammlung sollten daher immer an der gleichen Stelle zu finden sein. Benutzeroberflächen müssen mit einer konsistenten visuellen Sprache mit dem Anwender sprechen, sodass er durch den Wiedererkennungswert der Benutzeroberfläche den Umgang mit ihr einfach erlernt.

Typische Probleme

Viele der SAP-Transaktionen, denen Sie in den verschiedenen SAP-Komponenten begegnen, sprechen nicht die gleiche visuelle Sprache. Dies macht es schwieriger, sich schnell zurechtzufinden. Zudem sind die Oberflächen mit visuellen Eindrücken und Funktionen vollgestopft, was wiederum das Fokussieren auf das Wesentliche erschwert: das Erreichen eines Ziels, nämlich die Arbeit zu erledigen.

Die goldenen Regeln des Interface-Designs von Ben Shneiderman

Goldene Regeln

Ben Shneiderman, Informatiker und Professor aus den USA, hat insgesamt acht Regeln für das Design von Benutzeroberflächen definiert.

1. **Konsistenz**
   Eine Anwendung sollte konsistent in ihrer visuellen Darstellung sowie ihren Abläufen sein.
2. **Schnellere Wege für erfahrene Nutzer**
   Erfahrene Nutzer sollten über Kurzbefehle (Shortcuts) Aktionen auslösen können.
3. **Informatives Feedback**
   Das System muss bei jeder Aktion ein angemessenes Feedback liefern. Fehlermeldungen sollen ausführlich und zielführend sein.
4. **Geschlossene Dialoge**
   Der Anwender muss jederzeit wissen, an welcher Stelle er sich im Dialog und in der Arbeitsschrittabfolge befindet.
5. **Einfach gestaltete Fehlerbehandlung**
   Auftretende Fehler müssen klar kommuniziert werden und einfach zu beheben sein. Zudem müssen mögliche Fehlerquellen von vornherein ausgeschlossen werden. So sollte z. B. in einem Feld, in dem nur Zahlen erwartet werden, die Eingabe von Buchstaben überhaupt nicht möglich sein.
6. **Fehlerumkehr muss ermöglicht werden**
   Fehleingaben bzw. fehlerhaftes Verhalten des Anwenders müssen umkehrbar sein. Der Anwender traut sich dann zu, die Anwendung zu nutzen.
7. **Dem Anwender die Kontrolle überlassen**
   Lange Aktionsfolgen sollen durch den Anwender gesteuert werden und nicht durch das System. Denn sonst bekommt der Anwender das Gefühl, dass er nicht Herr der Lage ist.
8. **Kurzzeitgedächtnis entlasten**
   Reduzierte und übersichtliche Oberflächen helfen dem Anwender, die Nutzung schneller zu erlernen und sich leichter zurechtzufinden.

Personas

Damit Sie beim *Interaktionsdesign* den Anwender nicht aus den Augen verlieren, sollten Sie sich immer wieder die Frage stellen, was der Anwender möchte. Um dies zu beantworten, können Sie entweder Nutzerforschung betreiben, Umfragen erstellen oder mit *Personas* arbeiten. Die Persona-Methode arbeitet mit einer fiktiven, aber trotzdem realistischen Beschreibung eines typischen Anwenders (der sogenannten *Persona*). Die Beschreibung des Anwenders umfasst neben den Bedürfnissen, Anliegen und Zielen auch Hintergrundinformationen, z. B. Alter, Geschlecht und Gewohnheiten. Es kann dabei mehrere Personas geben, etwa wenn die Anwender unterschiedliche Rollen einnehmen. Die Persona-Methode ist deshalb erfolgreich, weil Entwickler eher mit konkreten, realistischen Entitäten als mit schnöden Akteuren in einem Use-Case-Diagramm arbeiten.

Das Entwickeln einer Schnittstelle zur Interaktion zwischen Mensch und Maschine ist sicherlich keine leichte Aufgabe. Dabei dürfen Sie nicht vergessen, dass am Ende vor dem Rechner keine Informatiker, UI-Designer oder sonstigen Anwender vom Fach sitzen, sondern Nutzer, die ein Ziel haben, das sie mit dem Rechner erfolgreich erreichen möchten.

Interaktionsstile

Arten der Interaktion

Beim Interaktionsdesign muss berücksichtigt werden, dass es unterschiedliche *Interaktionsstile* gibt. Der Anwender kommuniziert mit dem Endgerät über eine Vielzahl von unterschiedlichen Möglichkeiten. Beispiele dazu sind:

- Menüs
- kommandobasierte Sprache
- natürliche Sprache
- Eingabefelder
- direkte Manipulation
- kontextsensitive Aktionen
- Maus oder Touchpad

Je nachdem, welche Art von Anwendung auf welchem Endgerät ausgeführt wird, muss über den richtigen Interaktionsstil zwischen Anwender und Anwendung entschieden werden. Auf einem Smartphone ist möglicherweise die direkte Manipulation nicht möglich. Dabei wird dem Anwender die Möglichkeit gegeben, Objekte auf dem Bildschirm direkt zu ändern und ein sofortiges Feedback zu erhalten. Zum Beispiel handelt es sich bei Drag-and-drop um eine direkte Manipulation. Auch Menüs sind nur bedingt für mobile Endgeräte einsetzbar.

2.2.3 Interaktionskonzepte

Bevor Sie eigene SAP-Fiori-Anwendungen implementieren und sie in Ihrem Unternehmen einsetzen, muss der wichtige Aspekt erörtert werden, wie Sie die Interaktion zwischen Anwender und Anwendung gestalten möchten. Diese Definition der Interaktion nennt man *Interaktionskonzept*. Es soll den Entwicklern der Benutzeroberfläche Hilfestellungen geben, wie sie die Oberfläche gestalten sollen.

Bestandteile

Zentrale Bestandteile beim Definieren eines solchen Konzepts sind normalerweise die Navigation sowie die Definition der Art und Weise von Systemrückmeldungen an den Benutzer. Außerdem ist es notwendig, das Interaktionskonzept auf die jeweiligen Endgeräte abzustimmen. Mobiltelefone haben andere Eigenschaften als Tablets oder Desktop-Rechner; dies muss das Konzept berücksichtigen. Bei der Definition eines Interaktionskonzepts werden die unterschiedlichen Problemstellungen, die durch eine Anwendung gelöst werden, geprüft, und es wird jeweils der beste Interaktionsstil zur Lösung eines Problems gesucht. Daraus ergibt sich, dass ein Interaktionskonzept mehrere Interaktionsstile vereint. Der Detaillierungsgrad eines Interaktionskonzepts sollte nicht zu feingranular sein. Das heißt, dass es von Bedeutung sein kann, welche Tiefe ein Menü mit seinen Untermenüs hat, aber die genauen Menüeinträge müssen in einem Interaktionskonzept nicht enthalten sein.

[+]

Interaktion analysieren

Wenn Sie eine existierende Anwendung durch eine neue Implementierung mit einer modernen Oberfläche ersetzen möchten, bietet es sich an, zunächst die Interaktion der Mitarbeiter mit der alten Anwendung zu analysieren.

Interaktionskonzepte sind am Ende nur Papier – ob sie tatsächlich den gewünschten Effekt erzielen, zeigt nur die Praxis. Man evaluiert daher Interaktionskonzepte anhand eines *Prototyps*. Der Prototyp muss keine voll funktionsfähige Anwendung sein, sondern kann als Mockup implementiert werden.

2.2.4 Visual Design

Normalerweise finden Sie sich auf einem aufgeräumten Schreibtisch besser zurecht als auf einem Tisch voller loser Blätter. Das Gleiche gilt auch für Benutzeroberflächen. Die visuelle Ordnung einer Benutzeroberfläche trägt maßgeblich zum Erfolg der Anwendung bei. Erst das *Visual Design* macht eine Benutzeroberfläche zu einer fertigen Anwendung. Es zieht sich wie ein roter Faden durch die Anwendung und im Idealfall durch alle Anwendungen eines Herstellers bzw. Unternehmens. Durch eine konsistente Definition kann über Anwendungsgrenzen hinweg für Ruhe auf dem Bildschirm gesorgt werden.

Faktoren bei der Gestaltung

Die visuelle Gestaltung umfasst die Wahl der Farben, Schriftarten, Formen, Symbole und Bilder. Durch deren richtige Auswahl werden beim Endanwender Emotionen ausgelöst, die für eine gute User Experience von entscheidender Bedeutung sein können. Neben den Emotionen verfolgen aber die Gestaltung und die Auswahl der richtigen visuellen Aspekte noch ein sehr viel wichtigeres Ziel, nämlich die Verbesserung der Usability. Durch die Nutzung der richtigen Schriftart in der richtigen Größe und in der richtigen Farbe erhält die Benutzeroberfläche zusammen mit der richtigen Positionierung die erforderliche Ordnung. Farben können großen Einfluss auf den Nutzer haben. Die Wahl der richtigen Farben im richtigen Kontrast weckt Emotionen und führt unweigerlich zu Assoziationen beim Nutzer. Dies fördert die Orientierung des Anwenders auf der Oberfläche. Er wird geleitet und muss nicht suchen.

Regeln der Gestaltungspsychologie

Die Auswahl der richtigen visuellen Designelemente hat wiederum sehr viel mit Psychologie zu tun – mit der Gestaltungspsychologie. Folgende Gesetze der Gestaltungspsychologie sollten bei der Entwicklung von Benutzeroberflächen berücksichtig werden (nach Max Wertheimer):

- **Figuren-Grund-Trennung**
  Menschen trennen jedes wahrgenommene Bild in Figur und Grund. Kleinere und in sich geschlossene Bereiche mit symmetrischen und konvexen Formen werden als Figuren wahrgenommen.
- **Gesetz der Symmetrie**
  Elemente, die symmetrisch zueinander stehen, ziehen größere Aufmerksamkeit auf sich als asymmetrisch angeordnete Elemente, die in den Hintergrund treten. Dies beruht auf der Tatsache, dass der Mensch immer versucht, Figuren zu erkennen (siehe Figuren-Grund-Trennung).
- **Gesetz der guten Form/Einfachheit**
  Ist es möglich, eine Figur auf unterschiedliche Art zu interpretieren, entscheidet sich das Auge immer für die einfachste Variante. Dies sollte beim Design der Oberfläche berücksichtigt werden.
- **Gesetz der Nähe**
  Das Auge neigt zur Gruppierung. Liegen Elemente nah zusammen, gruppiert sie das Auge. Dies können Sie sich beim Design der Oberfläche

dahingehend zunutze machen, dass Sie auf Trennlinien und Rahmen verzichten. Durch die Verwendung von Leerraum (auch Weißraum genannt) zwischen Elementen und insgesamt weniger Elementen auf der Oberfläche können klare Oberflächen erstellt werden.

- **Gesetz der Kontinuität**
  Folgt das Auge einem Richtungsimpuls, verfolgt es diesen instinktiv weiter. Dies können Sie sich bei der Anordnung von Elementen zunutze machen. Richten Sie Elemente bündig aus, erleichtert dies dem Anwender das Lesen und somit deren Verwendung.
- **Gesetz der Prägnanz**
  Hervorgehobene Elemente erhalten mehr Aufmerksamkeit als nicht hervorgehobene Elemente.
- **Gesetz der Ähnlichkeit**
  Das Auge gruppiert ähnliche Objekte. Ähnlichkeit kann durch Farbe, Form, Typografie etc. hervorgerufen werden.
- **Gesetz der Geschlossenheit**
  Bekannte Formen kann das Auge auch dann korrekt erkennen, wenn die Form nicht vollständig dargestellt ist. Dies können Sie sich z. B. bei der Darstellung von UI-Elementen zunutze machen. Eine Schaltfläche muss nicht zwingend im 3-D-Effekt dargestellt werden, damit der Anwender sie als solche erkennt; eine visuell reduziertere Darstellung genügt durchaus.
- **Gesetz der Verbundenheit**
  Verbundene Objekte werden als Einheit wahrgenommen. Dieses Gesetz ist stärker als das Gesetz der Nähe. Daher kann es ein gutes Designmittel sein, Elemente mit einem Rahmen zu versehen oder mit Linien zu verbinden.
- **Gesetz des gemeinsamen Schicksals**
  Objekte, die sich in eine gemeinsame Richtung oder gleichzeitig bewegen, werden als Einheit wahrgenommen.

Mockups verwenden

Durch das Berücksichtigen der Gesetze der Gestaltungspsychologie und durch die Nutzung des einfachen Grundsatzes »Weniger ist oft mehr« können Sie eine klare Linie in Ihren Anwendungen erreichen. Das Visual Design muss analog zu den Interaktionsstilen vor dem produktiven Ausrollen im Unternehmen getestet werden. Dies kann über grafische Mockups erfolgen. Dazu stellt SAP die Lösung *SAP Build* zur Verfügung. Damit können Sie aus Skizzen eine erste einfache Oberfläche erstellen und sie zum Testen freigeben. Später können Sie den Entwurf nach SAP Web IDE importieren und weiterbearbeiten. Mit den Mockups ist es später auch möglich, neue Anwendungen über ein Visual Design in einer Prototypsammlung zusammenzusetzen und dadurch der Fachabteilung oder dem Kunden zu zeigen, in welche Richtung das Design der Benutzeroberfläche sich entwickelt.

2.2.5 Einfluss der UX-Konzepte auf den Entwicklungsprozess

Die User Experience ist ein komplexes und vielschichtiges Thema. Da der Nutzer in den Mittelpunkt rückt, müssen Sie sich unweigerlich auch mit dem Menschen und seinen kognitiven Fähigkeiten auseinandersetzen. Daran sind viele Disziplinen beteiligt: Von der eigentlichen Produktvision bis hin zum fertigen Produkt sollte der Nutzer genauestens untersucht werden. Dies kann – zwingend am Anfang! – durch Beobachtung, Befragung oder eben mithilfe des schon angesprochenen SAP Screen Personas erfolgen. Wie passen jedoch User Experience und moderne Softwareentwicklungsprozesse zueinander?

Iterative und inkrementelle Entwicklung

Moderne Softwareentwicklungsprozesse unterliegen in aller Regel einem agilen Ansatz. Bei der Softwareentwicklung wird nicht von Anfang bis Ende jedes Detail im Voraus geplant, sondern die Entwicklung erfolgt Schritt für Schritt. Auch die Planung der einzelnen Arbeitspakete unterliegt einem sehr dynamischen Ansatz. Dies widerspricht jedoch dem UCD-Ansatz. Wie bereits geschildert, wird hier normalerweise sehr vorausschauend geplant und ein UX-Design aufgestellt. Die Kombination beider Ansätze ist jedoch möglich. Handelt es sich um die Neuentwicklung einer Software, wird der Markt entsprechend geprüft. Andernfalls wird sofort mit der Nutzerbeobachtung bzw. Nutzerforschung begonnen. Dabei werden auch die Personas festgelegt. Im nächsten Schritt werden die Anforderungen an die Software aufgestellt, die nötigen User Stories beschrieben und, falls es der verwendete Entwicklungsprozess vorsieht, priorisiert. Die UX-Designer haben damit alles, was benötigt wird, um mit der Arbeit zu beginnen. Sie können, basierend auf den User Stories, die erste Informationsarchitektur aufstellen, das erste Interaktionskonzept erarbeiten und das notwendige Visual Design kreieren. Im Anschluss kann mit der Entwicklung begonnen werden. Das Designteam ist dabei immer eine Iteration weiter als die Entwicklung und kann somit stets für die kommende Iteration die Vorarbeit leisten. Die Ergebnisse der Nutzertests einer Iteration müssen in die Arbeit des Designteams für die nächste Iteration eingearbeitet werden, sodass sich die Anpassungen auch entsprechend umsetzen lassen.

2.2.6 Mit SAP Build arbeiten

SAP strebt bei der Bereitstellung von Werkzeugen einen Utensilienkoffer an, der den Entwickler allumfassend unterstützt. Eines dieser Werkzeuge ist das bereits erwähnte SAP Build. Es integriert sich in die Phasen des beschriebenen Design Thinkings und stellt ein Werkzeug dar, mit dem Sie neben visuellen Prototypen auch Umfragen erstellt können, sodass die Rückmeldungen zu Ideen oder zu Prototypen direkt in einem Tool integrativ vereint werden. Hinzu kommt, dass SAP Build mit *SAP Web IDE*, dem Entwicklungswerkzeug von SAP, verbunden werden kann. Dies bedeutet, dass ein abgenommener Prototyp aus SAP Build nicht nochmals komplett neu unter SAP Web IDE implementiert werden muss, sondern dass es möglich ist, in SAP Web IDE den entsprechenden SAPUI5-Code für den erstellten Prototyp zu generieren. SAP Build hat im August 2016 den Betastatus verlassen und kann jetzt – wenn Sie über eine entsprechende Lizenz verfügen – produktiv eingesetzt werden. Neben den lizenzierten Varianten von SAP Build, bei denen es keine Einschränkungen bezüglich der Nutzung gibt, wird SAP Build auch für Testzwecke angeboten. Die Testversion ist auf das Anlegen von fünf Projekten begrenzt. Die so entstandenen Projekte dürfen jedoch nicht produktiv verwendet werden, sondern lediglich dazu dienen, die Möglichkeiten von SAP Build auszutesten.

Von der Idee zum Prototyp

Beim Design Thinking sowie bei der Nutzung anderer Prozesse gibt es unterschiedliche Vorgehensweisen dazu, wie Sie über die Idee zu einem Produkt bzw. zu einer Anwendung gelangen. Unabhängig davon, welchen Prozess Sie nutzen, haben jedoch alle – jedenfalls normalerweise – gemein, dass das Projektteam das zu erstellende Produkt visualisiert. Dabei geht es weniger darum, sofort einen Prototyp vorzulegen, der bereits das gesamte Produkt umfasst, sondern Sie arbeiten mit Näherungslösungen.

Low und High Fidelity Prototyping

Die Visualisierung einer solchen Lösung wird oft genug zunächst mit Stift und Papier realisiert. Diese Vorgehensweise wird auch *Paper Prototyping* genannt; Sie zeichnen die einzelnen Bildschirme, deren Grundstruktur und die darin enthaltenen UI-Elemente relativ grobgranular. Das Projektteam definiert Aktionsflächen, über die der Nutzer später Aktionen aufrufen oder Navigationsaktionen zu anderen Bildern ausführen kann. Man spricht dabei von *Low Fidelity Prototyping* (kurz LoFi). LoFi ist kostengünstig und wird oft auch als Lo Tech bezeichnet; Lo Tech deshalb, weil die dahinterstehende Technologie bzw. die Art und Weise, wie der Prototyp erzeugt wird, keinerlei Rolle spielen. Auf der anderen Seite steht das *High Fidelity Prototyping* (kurz HiFi). Dies ist das komplette Gegenteil von LoFi. Es stellt eine Hightech-Umsetzung des Designkonzepts dar und ist bereits teilweise oder sogar komplett funktionsfähig. Der große Vorteil von HiFi liegt darin, dass der Anwender bereits sehr konkret sehen kann, wie das Produkt später aussehen und funktionieren wird. Allerdings sind die mit der Herstellung verbundenen Kosten sehr viel höher.

SAP Build stellt für beide Prototypszenarien entsprechende Werkzeuge zur Verfügung.

Zugang zu SAP Build

SAP Build wird als Cloud-Service angeboten und ist über die URL *https://www.build.me* erreichbar. Abbildung 2.4 zeigt das Startbild von SAP Build. Es ist zu empfehlen, bei der Arbeit mit SAP Build den Browser Google Chrome zu verwenden. Denn SAP Build arbeitet in anderen Browsern nicht immer fehlerfrei.

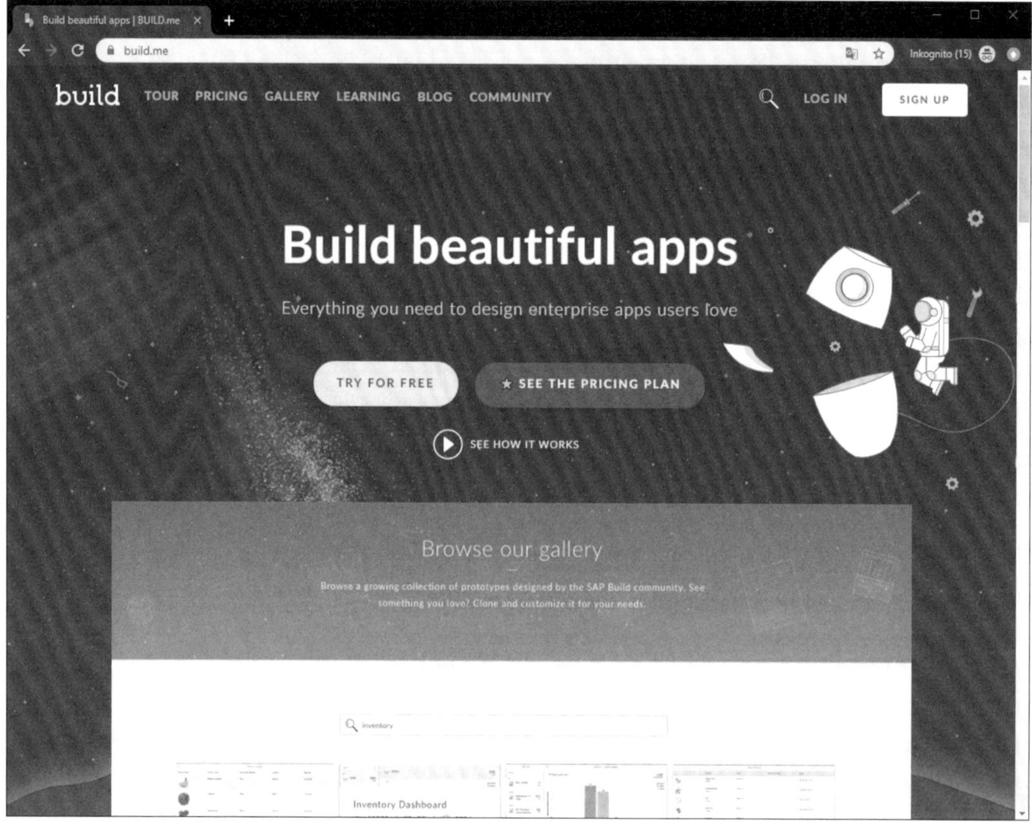

Abbildung 2.4 SAP Build

»SIGN UP«

Nach dem Aufruf der URL müssen Sie sich, falls Sie noch keinen Account haben, beim Cloud-Service registrieren; dazu klicken Sie auf **SIGN UP**. Nachdem Sie eine gültige E-Mail-Adresse eingegeben und das Registrierungsformular vollständig ausgefüllt haben, erhalten Sie nach dem Registrieren eine automatisch generierte E-Mail. Diese fordert den Empfänger dazu auf, den angelegten Account zu aktivieren.

»LOG IN«

Nach der Aktivierung können Sie sich über die Schaltfläche **LOG IN** auf der SAP-Build-Webseite anmelden. Abbildung 2.5 zeigt den entsprechenden Anmeldebildschirm von SAP Build.

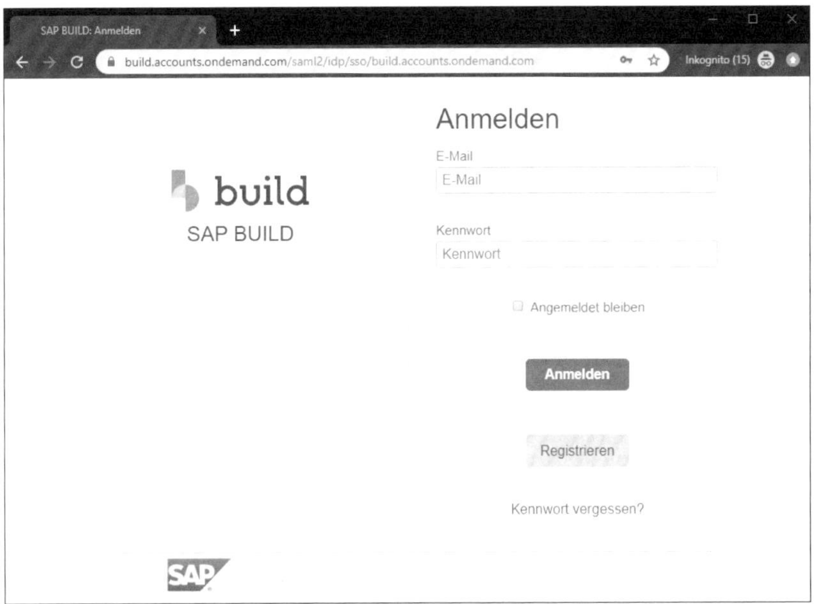

Abbildung 2.5 Anmeldebildschirm von SAP Build

Startseite von SAP Build

Nach der Anmeldung wird die Startseite von SAP Build angezeigt. Diese enthält eine Übersicht über die aktuell angelegten Projekte des Anwenders und bietet die Möglichkeit, neue Projekte anzulegen. Abbildung 2.6 zeigt den Startbildschirm. Wie Sie der Abbildung entnehmen können, gibt es einen Bereich mit der Überschrift **LEARNING**. Dieser enthält Trainingsmaterial, mit dem Sie sich im Bereich Design Thinking fit machen können.

SAP Build unterstützt den Anwender durch die vielfältigen angebotenen Möglichkeiten zur Erzeugung von Prototypen. Wir zeigen Ihnen in den nächsten Abschnitten, wie Sie Prototypen mithilfe von SAP Build erzeugen, anpassen sowie veröffentlichen und wie Sie mit SAP Build eine einfache Studie zu einem Prototyp erstellen können.

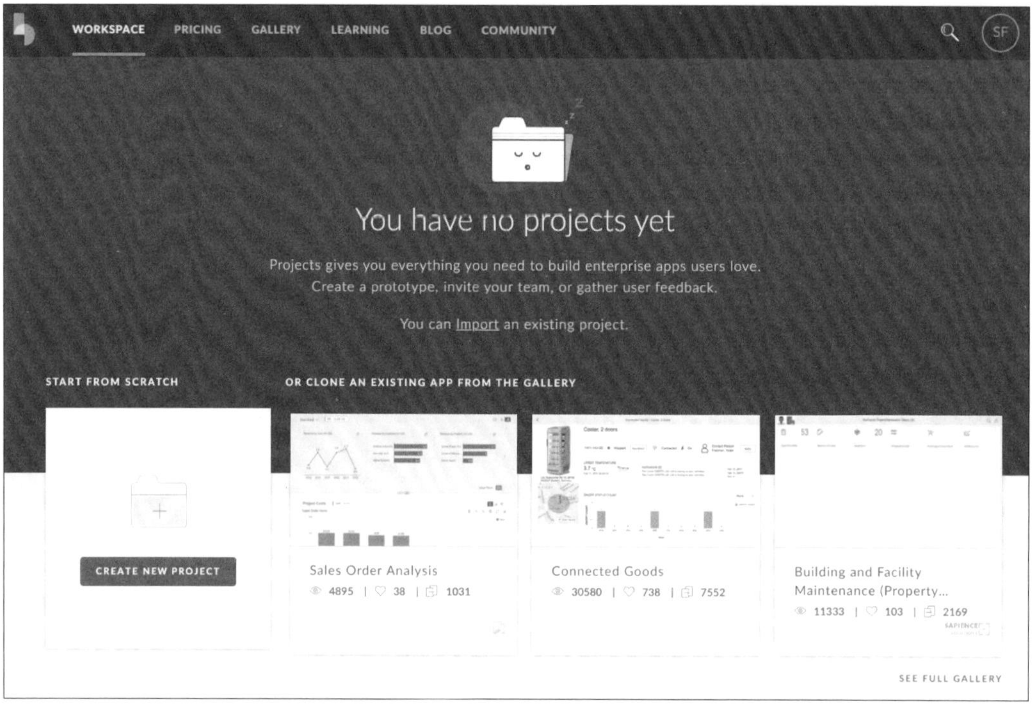

Abbildung 2.6 Anwenderspezifischer Startbildschirm

Anlegen eines Projekts auf Basis einer Vorlage

Klonen einer Vorlage

SAP Build stellt bereits eine Vielzahl von komplett ausgeprägten Prototypen zur Verfügung. Diese können als Kopiervorlage für eigene Prototypen verwendet werden. Vorteilhaft daran ist, dass die Prototyperstellung sehr einfach und schnell erfolgt. Nachteilig könnte es sein, dass Sie sich erst in die Vorlage einarbeiten und möglicherweise noch einige größere Änderungen durchführen müssen.

Sie erhalten Zugriff auf alle Vorlagen aus der Galerie, indem Sie dem Link **SEE FULL GALLERY** (siehe Abbildung 2.6) folgen. Abbildung 2.7 zeigt einen Auszug aus der Galerie.

Um weiterführende Informationen zu einem Template zu erhalten, führen Sie die Maus über das Template (siehe Abbildung 2.8). Durch einen Klick auf das entsprechende Template erhalten Sie neben weiteren Details zusätzlich die Möglichkeit, Aktionen auf dem Template auszuführen.

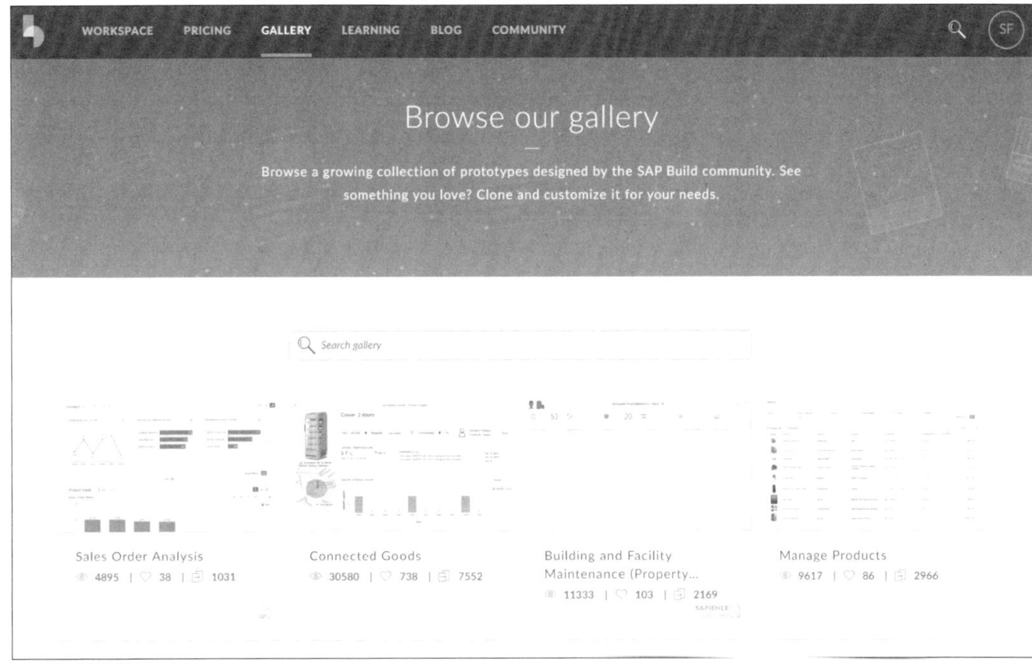

Abbildung 2.7 Die Vorlagengalerie von SAP Build

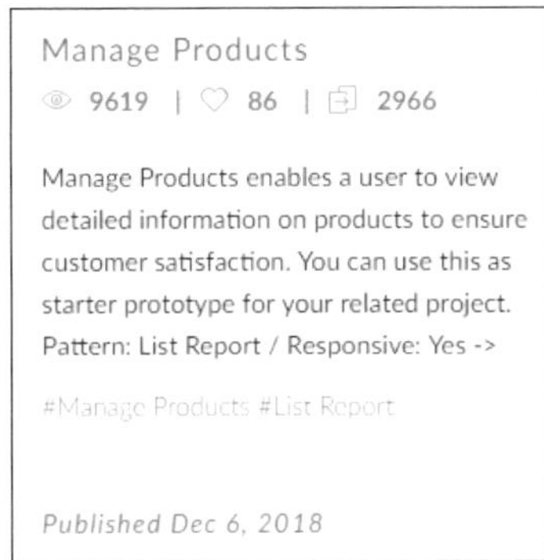

Abbildung 2.8 Aktionsschaltflächen einer Vorlage aus der Prototypgalerie

Nach einem Klick auf den Link haben Sie die Möglichkeit, den Prototyp über die Schaltfläche **TRY IT** ausführen zu lassen oder über die Schaltfläche **CLONE** das Anlegen einer Kopie tatsächlich auszuführen (siehe Abbildung 2.9). Darüber hinaus erhalten Sie schon einen ersten Eindruck über den Aufbau des Prototyps. Sie können erkennen, dass der Prototyp aus drei

Views besteht und diese über eine Navigation miteinander verbunden sind. Dies erkennen Sie an den blauen Pfeilen, die die Views miteinander verbinden.

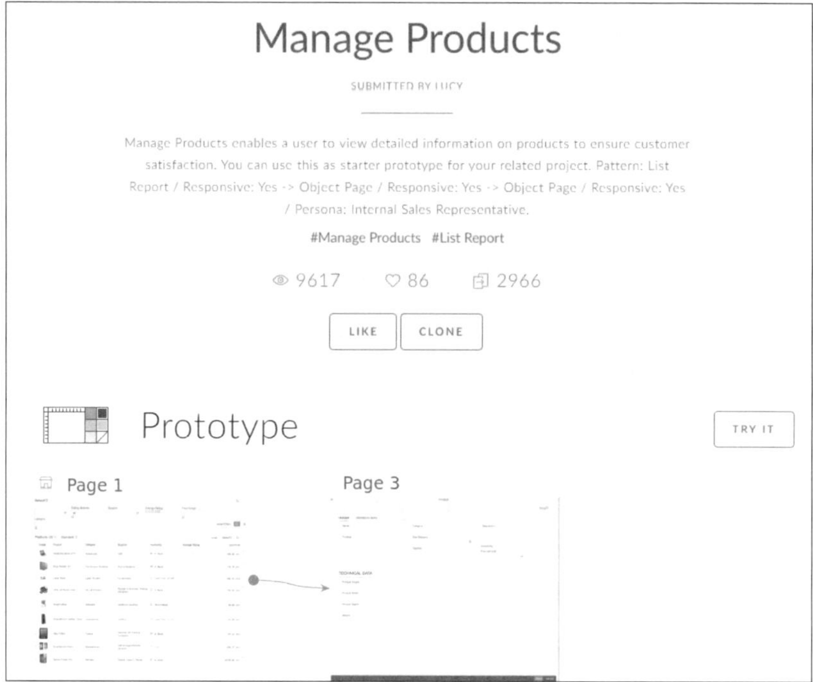

Abbildung 2.9 Überblicksseite der Vorlage »Manage Products«

Nach einem Klick auf die Schaltfläche **CLONE** zeigt SAP Build nochmals einen Dialog an, über den Sie gefragt werden, ob für die Kopie ein neues Projekt angelegt oder ein bestehendes Projekt verwendet werden soll. Für das Anlegen eines neuen Projekts wird im Dropdown-Menü der Eintrag **Clone to a new Project** angeboten. Bei Auswahl von **Clone to a new Project** können Sie für das neue Projekt einen eigenen Namen und eine Beschreibung eingeben. Anschließend starten Sie das Klonen über einen Klick auf die Schaltfläche **CLONE**. Im Normalfall wird nach einer kurzen Wartezeit ein weiterer Dialog angezeigt. Dieser Dialog informiert Sie darüber, dass das Projekt erfolgreich kopiert wurde. Bestätigen Sie den Dialog über die Schaltfläche **OKAY**.

Ergebnis Abbildung 2.10 zeigt beispielhaft, wie das Ergebnis aussieht.

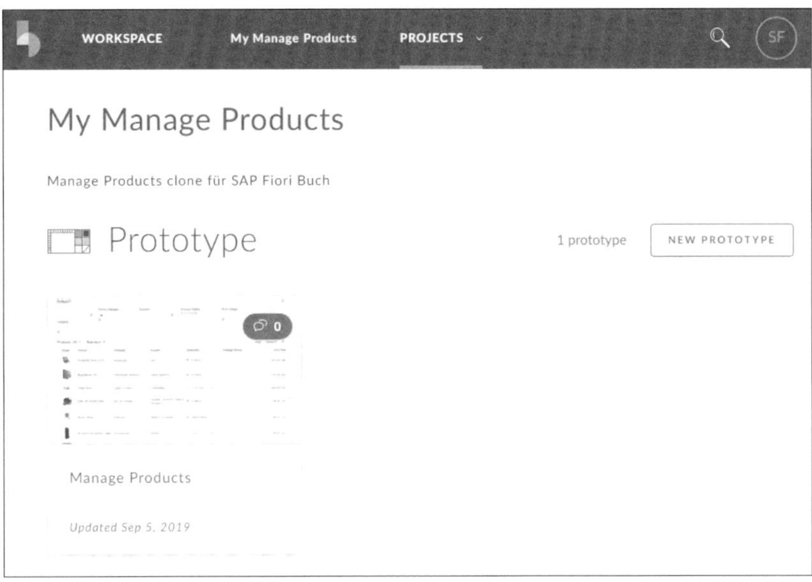

Abbildung 2.10 Projektansicht von »Manage Products«

Verwaltungsaktionen

In der Projektansicht bietet SAP Build bereits die Möglichkeit, einfachere Verwaltungsaktionen für den erstellten Prototyp auszuführen. Dazu führen Sie die Maus über die Kachel Ihres Prototyps. Der Inhalt der Kachel wechselt, und in der oberen rechten Ecke werden drei Punkte angezeigt. Halten Sie die Maus über die drei Punkte, werden Ihnen verschiedene Verwaltungsaktionen angeboten (siehe Abbildung 2.11).

Abbildung 2.11 Funktionen zur Prototypverwaltung

Um den Prototyp aufzurufen, klicken Sie auf die entsprechende Kachel. So gelangen Sie in die Übersicht der Views des Prototyps oder können alternativ direkt einen View aufrufen (siehe Abbildung 2.12). Um den Prototyp in Aktion zu sehen, klicken Sie auf das [Auge]-Icon in der oberen rechten Ecke.

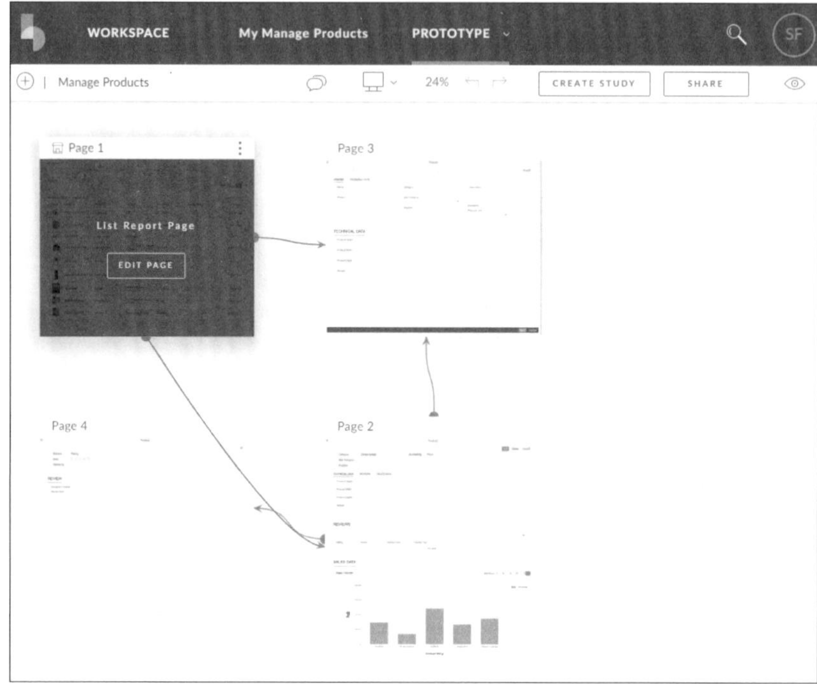

Abbildung 2.12 Wechseln in den Bearbeitungsmodus

Anlegen eines LoFi-Prototyps mit SAP Build

Zu Beginn unserer Arbeit steht die Erstellung eines LoFi-Prototyps. Die Vorarbeiten dazu über das Papier-Prototyping (Paper Prototyping) sind abgeschlossen und stellen sich dar, wie in Abbildung 2.13 gezeigt. Die Anwendung soll über drei UIs verfügen. Das Startbild beinhaltet die Liste; von dort ausgehend kann der Nutzer über einen weiteren Dialog Filtereinstellungen vornehmen und über einen weiteren Dialog Details zu einem erfassten Reiserechnungsposten einsehen.

Der so erstellte LoFi-Prototyp zeigt zwar grundsätzlich, wie die Anwendung strukturiert sein soll, gibt einem Anwender jedoch noch keinen genauen Einblick, wie die einzelnen Bilder in Verbindung zueinander stehen. Wir könnten auf dem Bild selbstverständlich auch Linien und Pfeile händisch hinzufügen, aber das Gefühl für den Bildschirmfluss wäre dennoch nicht gut. Aus diesem Grund nutzen wir SAP Build für die Erstellung eines *Klick-Modells*, bei dem der Nutzer auf der Basis von Zeichnungen den Fluss und die Aktionen auf der Anwendung nachempfinden kann.

Abbildung 2.13 Papierbasierter Prototyp

Klick-Modell mit SAP Build erstellen

Zum Erstellen eines Klick-Modells erstellen wir ein neues Projekt in SAP Build. Nach der Anmeldung werden die von uns bis jetzt erstellten Projekte anzeigt (siehe Abbildung 2.14). Um ein neues Projekt anzulegen, klicken Sie auf die Schaltfläche **NEW PROJECT**.

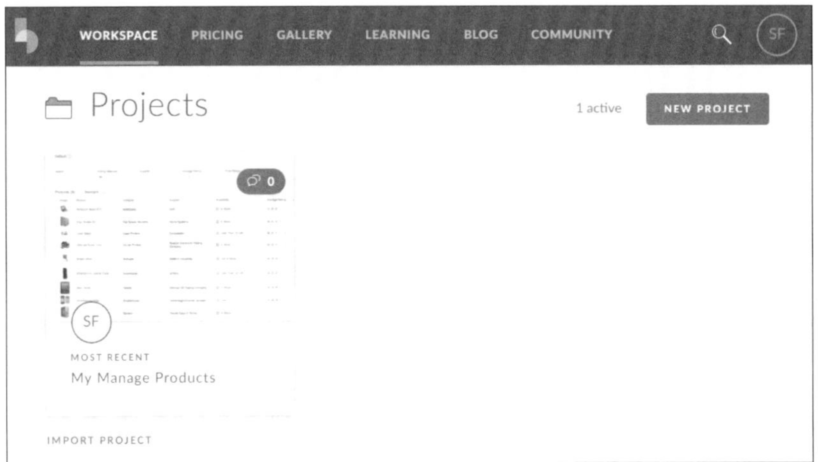

Abbildung 2.14 Ein neues Projekt anlegen

Nachdem Sie **NEW PROJECT** angeklickt haben, werden Sie gefragt, ob Sie ein neues Projekt erstellen oder auf der Basis einer Vorlage aus der Galerie eine

Kopie anlegen möchten. Sie wählen in diesem Fall **CREATE NEW PROJECT** aus. Daraufhin erhalten Sie die in Abbildung 2.15 gezeigte Ansicht. Der Bildschirm bietet Ihnen verschiedene Optionen, wie Sie Ihr Projekt mit Leben füllen können:

- Mittels **CREATE A PERSONA** können Personas angelegt werden, die Sie in Design-Thinking-Sitzungen erarbeitet haben.
- Über die Option **START WITH FILE** legen Sie ein Klick-Modell an.
- Die Funktion **START WITH TEMPLATE** ermöglicht es, einen neuen Prototyp auf Basis einer Vorlage anzulegen.
- Über **CREATE A STUDY** können Sie eine neue Umfrage anlegen, über die es anderen Teammitgliedern ermöglicht wird, Feedback auf Ihre Fragen zu geben. Umfragen werden beim Design Thinking entweder bei der 360°-Untersuchung oder – nachdem der Prototyp erstellt worden ist – beim Überprüfen des Prototyps durchgeführt.

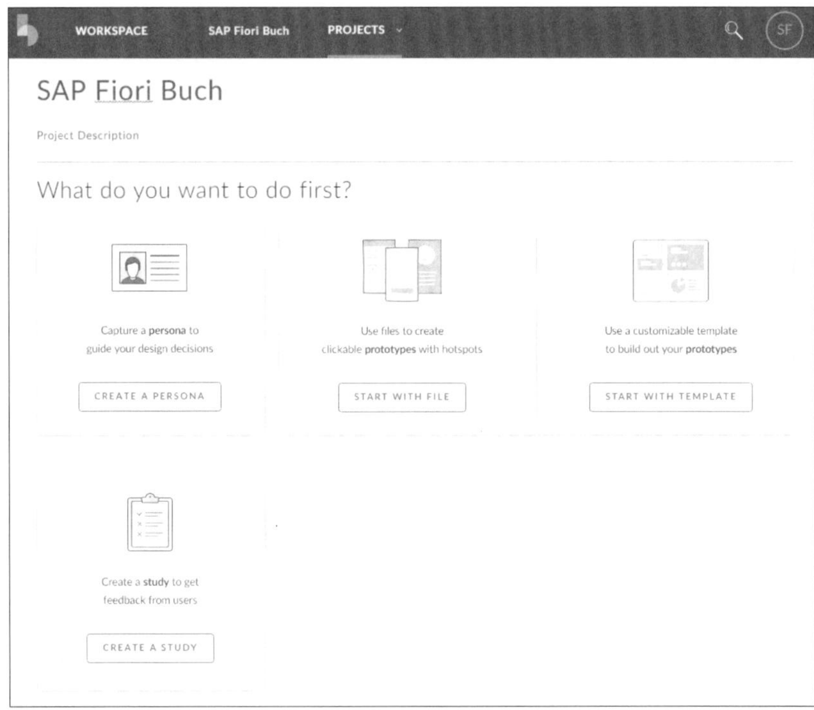

Abbildung 2.15 Projektübersicht

Um ein neues Klick-Modell anzulegen, geben Sie nun zunächst im Feld **Project Name** den Wert »SAP Fiori Buch« ein, das Feld **Project Description** lassen Sie leer (Abbildung 2.15 zeigt den Dialog mit ausgefüllten Projektnamen). Im Anschluss klicken Sie auf die Schaltfläche **START WITH FILE**. Im sich öffnenden Dialog (siehe Abbildung 2.16) geben Sie dem Prototyp den Namen »LoFi-Prototyp«.

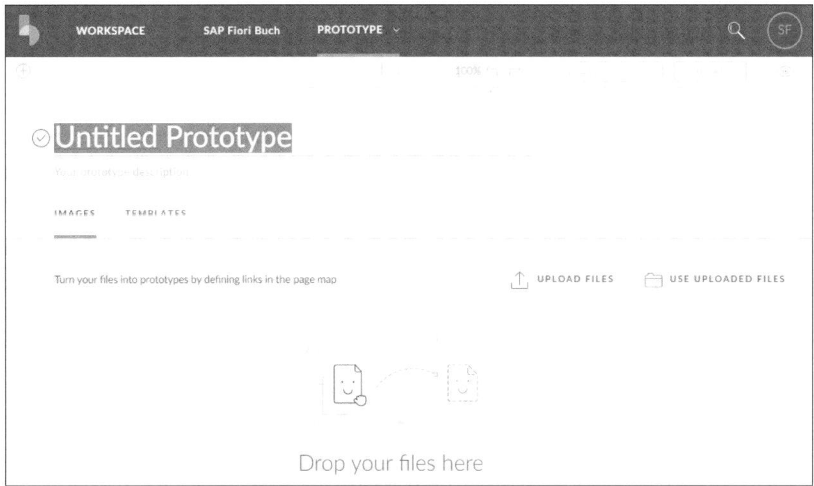

Abbildung 2.16 Dialog zur Erstellung eines Klick-Modell-Prototyps

Papierbasierte Prototypen hochladen

Da wir ein Klick-Modell unseres papierbasierten Prototyps erstellen möchten, müssen wir anschließend unsere Zeichnungen in SAP Build hochladen. In unserem Beispiel planen wir eine Anwendung aus drei Bildern bzw. später Bildschirmen; entsprechend haben wir die in Abbildung 2.13 dargestellte Skizze nach dem Einscannen in drei Bilder aufgeteilt.

Die Bilder können entweder per Drag-and-drop oder über einen Dateiauswahl-Dialog in SAP Build eingefügt werden. In den Dialog gelangen Sie über einen Klick auf die die Schaltfläche **UPLOAD FILES** (siehe Abbildung 2.16). Nach dem Hochladen wechselt die Ansicht direkt in den in Abbildung 2.17 gezeigten Bearbeitungsmodus des Prototyps.

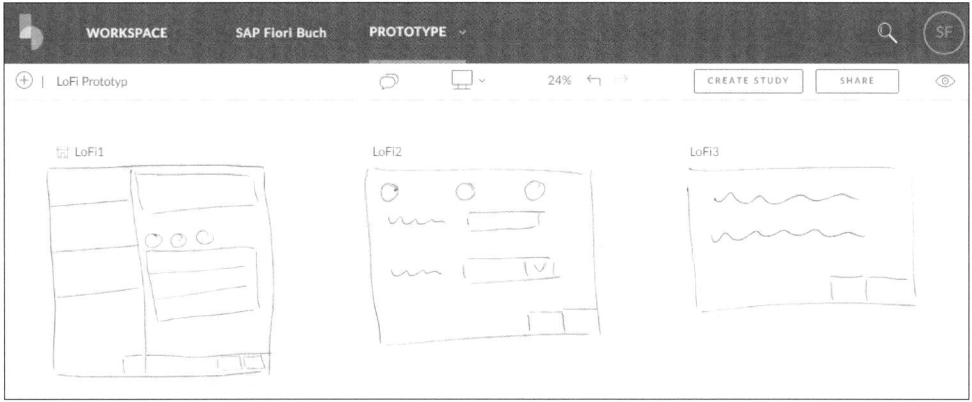

Abbildung 2.17 Bearbeitungsansicht des Klick-Modells

Hotspots und Navigationspfade hinzufügen

Nachdem dem Prototyp die Bilder hinzugefügt wurden, fehlen noch die Schaltflächen (sogenannte *Hotspots*) und die Definition der Navigation bzw. Dialogaufrufe. Sobald Sie mit der Maus über eine der Seiten fahren, erhalten Sie einen Hinweis dazu, wie ein Hotspot angelegt wird (siehe Abbildung 2.18).

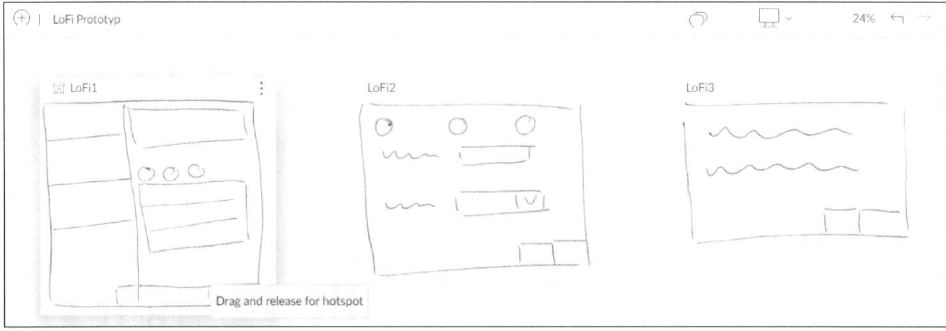

Abbildung 2.18 Hotspot anlegen

Sie fügen nun gemäß der Beschreibung, wie die UIs-aufgerufen werden sollen, Hotspots und Navigationsverbindungen ein. Das Resultat Ihrer Arbeit sollte wie in Abbildung 2.19 aussehen.

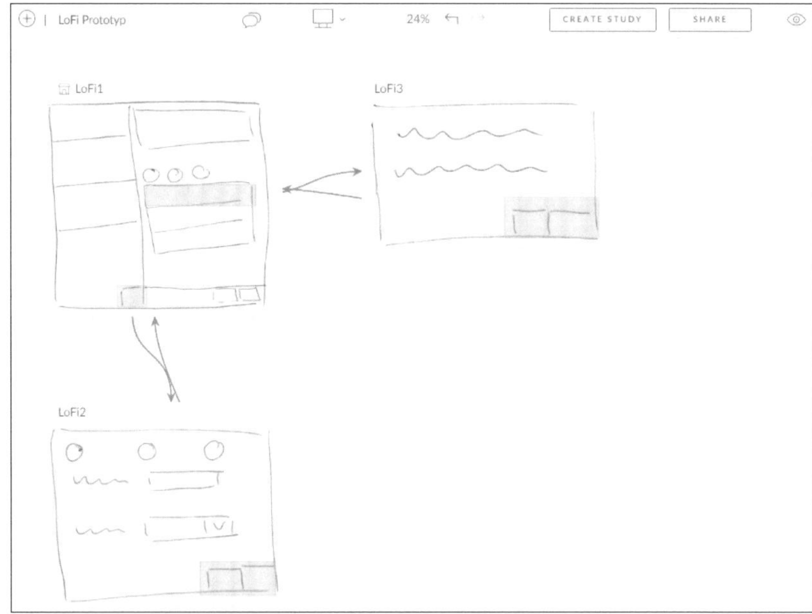

Abbildung 2.19 Definition der Navigationspfade

Prototyp testen und veröffentlichen

Den Abschluss Ihrer LoFi-Erzeugung bildet nun noch der Test. Dazu rufen Sie einfach das ◎-Icon auf. Das von Ihnen erstellte Klick-Modell wird gestartet, und Sie können über die Schaltflächen, die Sie mittels Hotspot eingefügt haben, die einzelnen Seiten aufrufen. Damit nun andere Mitglieder aus Ihrem Team Ihre Arbeit validieren bzw. testen können, müssen Sie den erstellten Prototyp veröffentlichen. Dazu klicken Sie auf die Schaltfläche **SHARE**. Im daraufhin erscheinenden Dialog wird Ihnen nun, wie in Abbildung 2.20 gezeigt, ein Link bereitgestellt. Diesen können Sie an berechtigte Personen zur Validierung des erstellten Prototyps weitergeben.

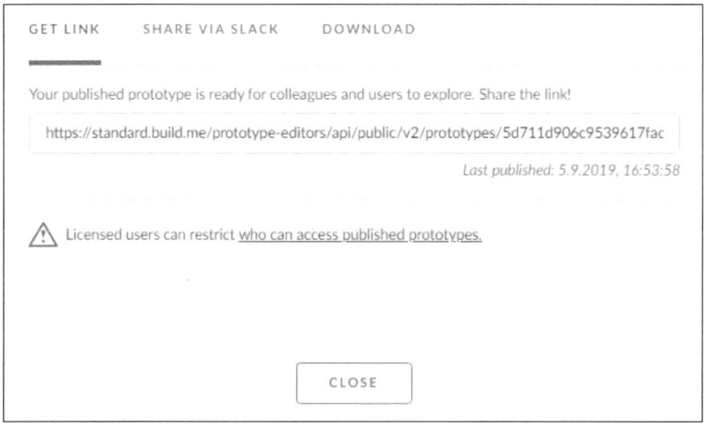

GET LINK SHARE VIA SLACK DOWNLOAD

Your published prototype is ready for colleagues and users to explore. Share the link!

https://standard.build.me/prototype-editors/api/public/v2/prototypes/5d711d906c9539617fac

Last published: 5.9.2019, 16:53:58

Licensed users can restrict who can access published prototypes.

CLOSE

Abbildung 2.20 Veröffentlichungsinformationen eines Prototyps

Studie zu Prototyp erstellen

Nach der Erstellung des Prototyps wird in aller Regel eine Studie erstellt, in der alle Projektbeteiligten Feedback zum Prototyp geben können. Studien können Sie über die Schaltfläche **CREATE A STUDY** erstellen. Eine Studie erhält einen Namen, eine optionale Beschreibung und schließlich noch eine Frage, die es zu beantworten gilt. Die Fragen können entweder ganz allgemein gehalten werden oder direkt mit Bereichen und Aktionen eines Bildes oder eines Prototyps in Verbindung gebracht werden.

Abbildung 2.21 zeigt das beispielhafte Erstellen einer Studie. Nach ihrer Erstellung muss die Studie veröffentlicht werden. Auch hier können eingeladene Teilnehmer an der Studie teilnehmen und Feedback geben. Der Studienersteller kann die Studie anschließend auswerten. Anhand der Auswertung ist es möglich, die nötigen Schlüsse zu ziehen: ob Sie mit dem Prozess fortfahren können oder ob Sie z. B. den Scope der Anwendung, den Nutzerkreis oder Ähnliches noch feinjustieren müssen.

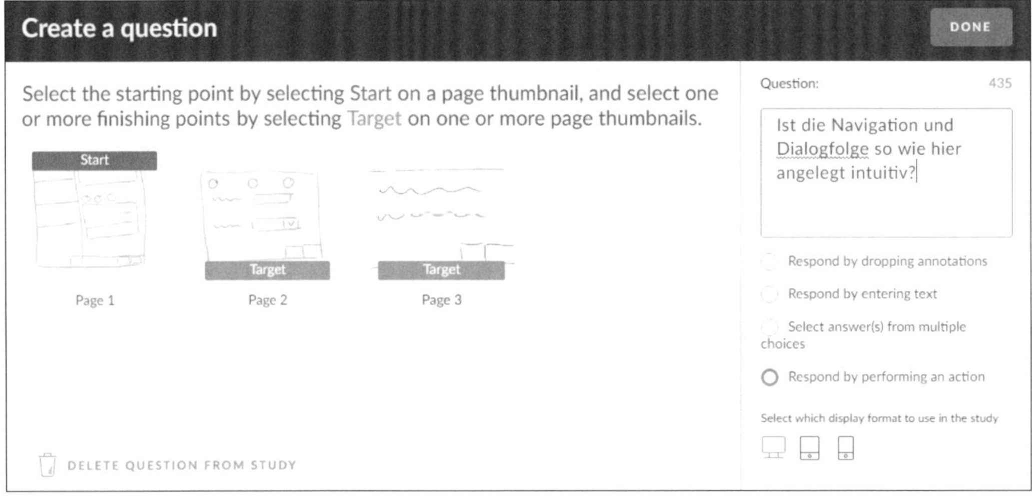

Abbildung 2.21 Eine Studie in SAP Build anlegen

Erstellen eines HiFi-Prototyps

Nachdem wir im vorangegangenen Abschnitt einen LoFi-Prototyp erstellt haben, wenden wir uns nun der Erstellung eines HiFi-Prototyps zu. Dazu erzeugen Sie ein neues Projekt. Wenn Sie noch angemeldet sind, gelangen Sie über einen Klick auf **WORKSPACE** (obere linke Ecke des Bildschirms) zurück zur Projektübersicht. Andernfalls gehen Sie vor, wie in Abschnitt 2.2.6, »Mit SAP Build arbeiten«, beschrieben. Wählen Sie hier die Schaltfläche **NEW PROJECT**. Klicken Sie im darauffolgenden Dialog auf **CREATE NEW PROJECT**. Vergeben Sie für das neue Projekt den Projektnamen »SAP-Fiori-Buch-HiFi«. Die Projektbeschreibung können Sie leer lassen. Wählen Sie als Nächstes **START WITH TEMPLATE**. Im darauffolgenden Fenster geben Sie als Namen des Prototyps den Wert »HIFI-Prototyp« ein und wählen die Vorlage **Flexible Column Layout** aus der Vorlagensammlung aus. Klicken Sie dazu auf die Schaltfläche **Select**. Nach kurzer Zeit wird ein rudimentärer Prototyp angelegt. Als Ergebnis erhalten Sie das in Abbildung 2.22 dargestellte Bild. Wie Sie der Abbildung entnehmen können, wurden drei Views angelegt.

Prototyp im Vorschaumodus ausführen

Über den Vorschaumodus können Sie schon jetzt den gerade angelegten Prototyp ausführen. Um den Vorschaumodus zu aktivieren, klicken Sie auf das [👁]-Icon in der oberen rechten Ecke. Abbildung 2.23 zeigt den Prototyp im Vorschaumodus.

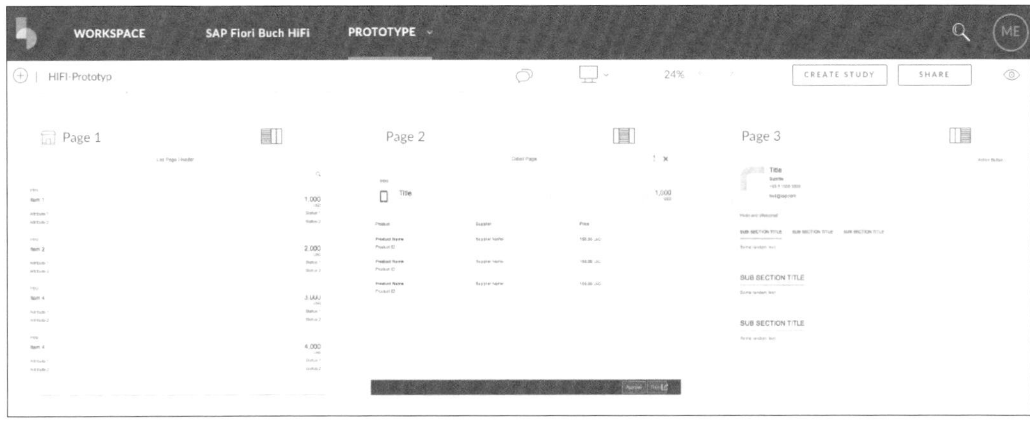

Abbildung 2.22 Seitenübersicht der Vorlage »Flexible Column Layout«

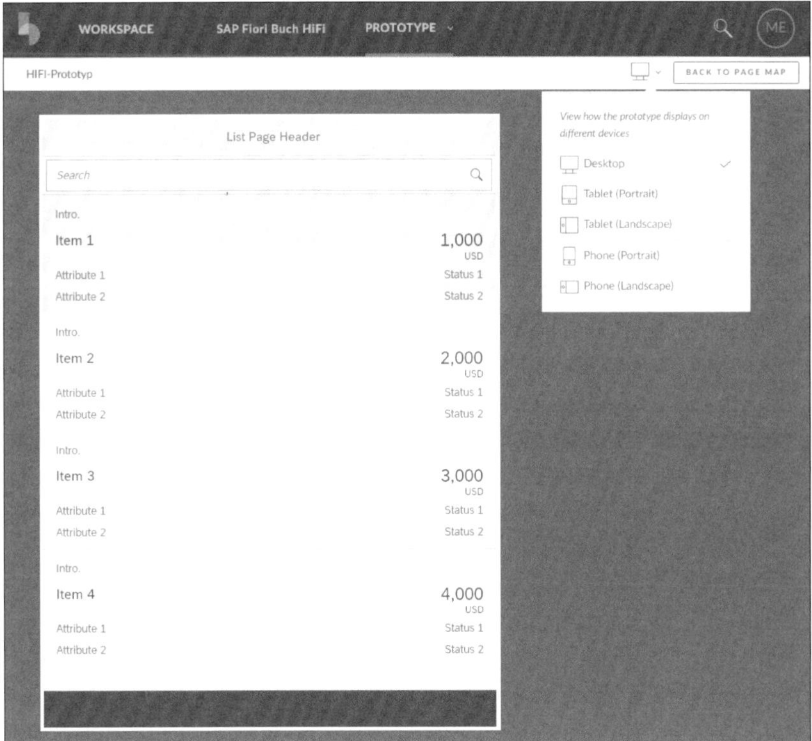

Abbildung 2.23 Vorschaumodus von SAP Build

Wie Sie es aus der Abbildung ersehen können, können Sie über die Schaltfläche zwischen der Darstellung auf Desktop, Tablet oder Smartphone wechseln. Über die danebenstehende Schaltfläche mit der Aufschrift **BACK TO PAGE MAP** gelangen Sie wieder auf die Übersichtsseite.

Prototyp anpassen

Nachdem Sie den Vorschaumodus verlassen haben, können Sie damit beginnen, den generierten Prototyp entsprechend Ihrer Anforderung anzupassen. Klicken Sie dazu in der Seitenübersicht (siehe Abbildung 2.22) auf den View mit dem Titel **Page 1**. SAP Build wechselt nun in den Bearbeitungsbildschirm für die Masteransicht (siehe Abbildung 2.24).

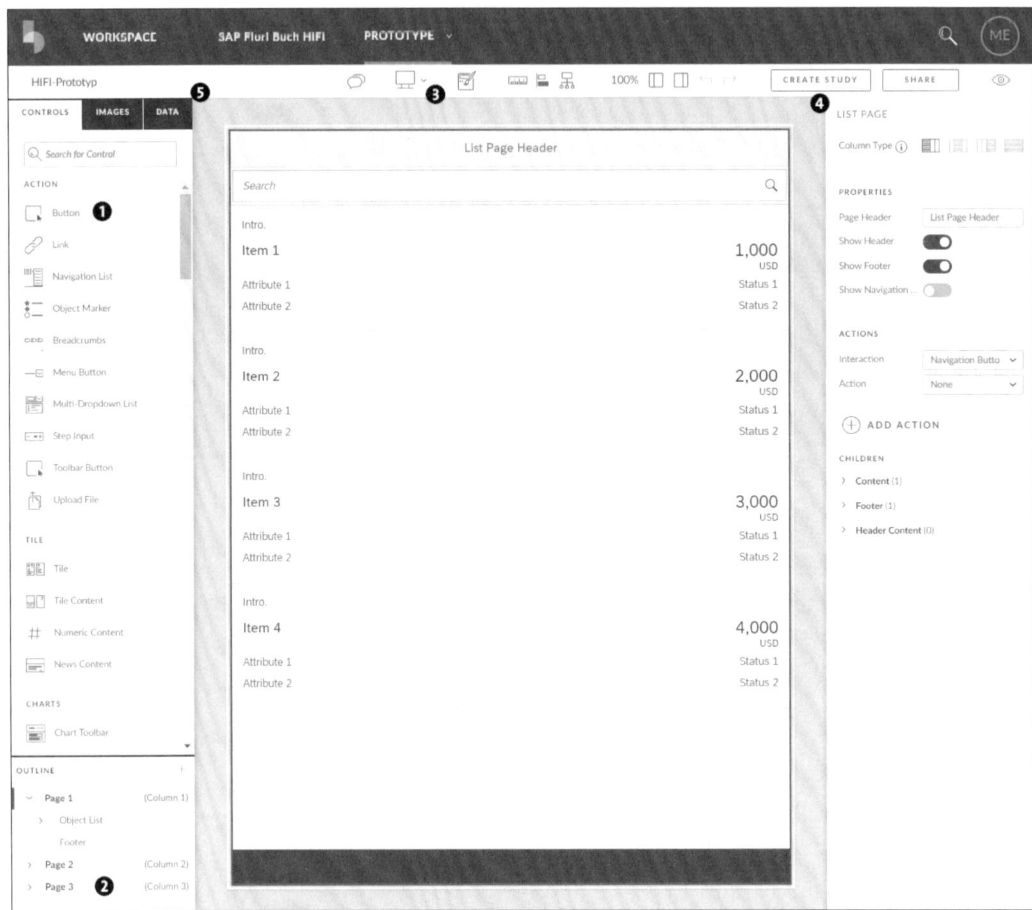

Abbildung 2.24 Bearbeitungsbildschirm von SAP Build

Der Bearbeitungsbildschirm besteht aus folgenden Bereichen: In der Mitte des Bildschirms werden die Views dargestellt. Beim *Flexible Column Layout* werden in SAP Build sowohl die Masteransicht als auch die Detailansichten angezeigt. Allerdings ist der aktuell nicht in Bearbeitung befindliche View ausgegraut. Durch einen Doppelklick darauf kann der View gewechselt werden. Der in der Abbildung mit ❶ gekennzeichnete Bereich enthält die UI Controls, die in den Views verwendet werden können. Diese können entweder per Drag-and-drop auf den View oder aber auf den unter ❷ dargestellten Bereich **OUTLINE** gezogen werden. Der Bereich **OUTLINE** gibt dabei noch eine Übersicht über die aktuell auf den Views befindlichen UI Controls und deren Anordnung. Zudem ist es über den Bereich **OUTLINE** auch möglich, UI Controls aus dem View zu entfernen. Sobald Sie mit der Maus über ein UI Control im **OUTLINE**-Bereich fahren, blendet SAP Build ein Papierkorb-Icon ein. Der mit ❸ gekennzeichnete Bereich stellt die wichtigsten Werkzeuge bereit. So können Sie über die Werkzeugleiste die Darstellung auf unterschiedlichen Endgeräten testen, oder – wie bereits ausprobiert – den Vorschaumodus aktivieren. Der Unterschied zwischen diesen beiden Varianten der Anzeige besteht darin, dass im Vorschaumodus rudimentäre Funktionen, wie z. B. das Darstellen eines Dialogs, möglich sind. Unter ❹ ist es möglich, die Eigenschaften für das aktuell ausgewählte Element des Views zu ändern bzw. zu setzen. Diese werden dann im dargestellten Prototyp angewandt. Eine weitere nützliche Funktion in SAP Build ist das Bereitstellen von Daten, die im Prototyp verwendet werden sollen. Der entsprechende Editor (*Data Editor*) kann über ❺ aufgerufen werden.

Arbeiten mit dem Data Editor

Nachdem Sie nun den Prototyp angelegt und die wichtigsten Bereiche von SAP Build kennengelernt haben, möchten Sie nun mit dem Data Editor Anwendungsdaten erfassen und diese im nächsten Schritt innerhalb Ihrer Prototypen anwenden. Dazu wählen Sie die Registerkarte **DATA** (❺ in Abbildung 2.24) aus. Da wir bis jetzt noch keine Daten erfasst haben, zeigt uns SAP Build die Meldung **No data, yet...** an (siehe Abbildung 2.25).

Abbildung 2.25 Data Editor von SAP Build

Über den Link **DATA EDITOR** erhalten Sie die Möglichkeit, das Datenmodell, das als Grundlage für den Prototyp verwendet werden soll, zu definieren und Beispieldaten zu erfassen. Rufen Sie den Data Editor über den beschriebenen Link auf.

Daten erstellen

Nach dem Aufruf gelangen Sie in den Data Editor. Dieser informiert Sie darüber, dass aktuell keine Daten vorhanden sind, und bietet Ihnen nochmals an, Daten zu importieren oder sie manuell zu erstellen. Wählen Sie die Option des manuellen Anlegens aus. Dazu klicken Sie auf den Link mit dem Text **Create**. Abbildung 2.26 zeigt den entsprechenden Bildschirm und den Link.

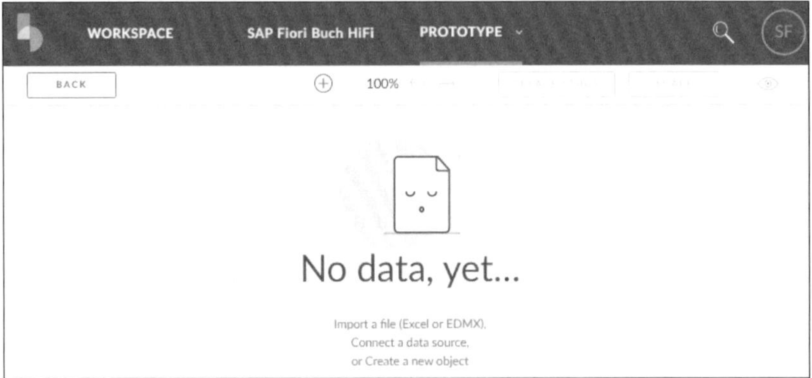

Abbildung 2.26 Auswahl der Datenerstellung

Neues Objekt definieren

Als Nächstes wechselt die Anzeige in den Data Editor (siehe Abbildung 2.27). In der Mitte der Anzeige werden die Entitäten dargestellt, und auf der rechten Seite können Sie zu einer Entität entsprechende Eigenschaften hinzufügen. Um die automatisch erstellte Entität **Object** umzubenennen, führen Sie einen Doppelklick auf die grüne Fläche aus. Ändern Sie den Eintrag von **Object** auf **RKEAntrag**. **RKE** steht dabei für Reisekostenerstattung. Objekte besitzen in SAP Build standardmäßig eine Eigenschaft mit dem Namen **ID**. Die ID spiegelt den Schlüssel des Objekts wider.

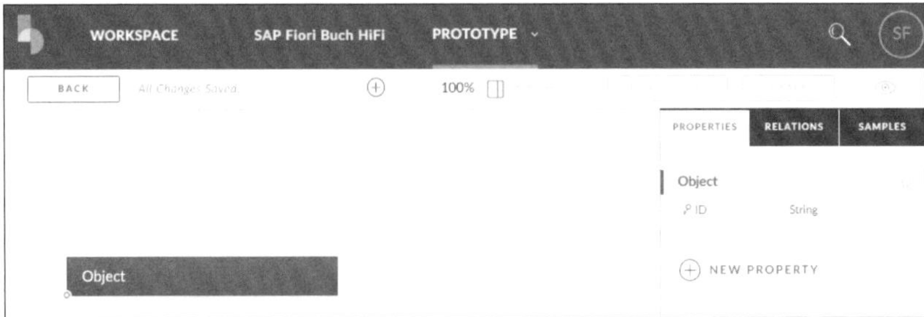

Abbildung 2.27 Data Editor von SAP Build

Als Nächstes fügen Sie **RKEAntrag** einige Eigenschaften hinzu. Tabelle 2.1 zeigt die Eigenschaften der Entität **RKEAntrag**. Um eine Eigenschaft hinzuzufügen, klicken Sie auf die Schaltfläche mit dem Text **NEW PROPERTY** auf der rechten Seite. SAP Build fügt eine neue Eigenschaft ein. Ändern Sie die Bezeichnung und den Datentyp der Eigenschaft entsprechend den Angaben aus Tabelle 2.1.

Eigenschaftsbezeichnung	Datentyp
Vorname	String
Nachname	String
ReiseBeginn	String
ReiseEnde	String
Kunde	String
AusgabenGesamtBrutto	Numeric
VorUNachname	String

Tabelle 2.1 Eigenschaften der Entität »RKEAntrag«

Mit dem Formeleditor arbeiten

Der Wert der Eigenschaft **VorUNachname** soll ein zusammengesetzter Wert aus den Werten der Felder **Vorname** und **Nachname** sein. SAP Build bietet für diesen Zweck die Möglichkeit an, Formeln zu hinterlegen. Um in den Formeleditor (*Formula Editor*) zu gelangen, wählen Sie die Eigenschaft **VorUNachname** aus. Es öffnet sich ein Pop-up-Dialog mit den Eigenschaften des Felds **VorUNachname**. Neben den Eigenschaften wird zudem eine Schaltfläche **Create Formula** angezeigt. Durch Klicken auf diese Schaltfläche gelangen Sie in den Formeleditor (siehe Abbildung 2.28).

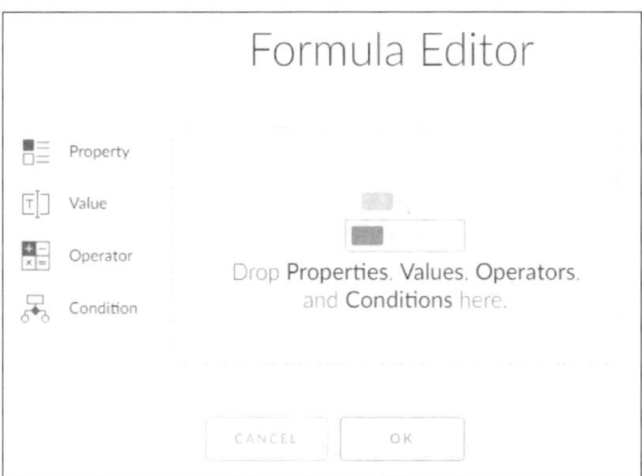

Abbildung 2.28 Der Formeleditor von SAP Build

Im Formeleditor können einfache Berechnungen sowie einfache konditionale Ausdrücke per Drag-and-drop zusammengestellt werden. Sie klicken für Ihre Aufgabe auf **Property** und halten die linke Maustaste gedrückt; durch Ziehen in den umrandeten Bereich und anschließendes Loslassen der Maustaste werden Ihnen zwei Dropdown-Menüs angeboten. Im ersten können Sie die Entität auswählen und im zweiten die Eigenschaft der Entität, die Sie nutzen möchten. In unserem Beispiel wählen Sie als Entität **RKEAntrag** und als deren Eigenschaft **Vorname**. Als Nächstes ziehen Sie einen Operator auf die Formeleditorfläche (hier das **+**-Icon) und fügen ein Element vom Typ Value (hier ein Leerzeichen) ein. Im Anschluss fügen Sie einen weiteren Operator ein (hier erneut das **+**-Icon), gefolgt von einer Property (hier mit der Eigenschaft **Nachname**). Das Endergebnis sieht wie in Abbildung 2.29 aus.

Abbildung 2.29 Zusammengesetzte Eigenschaften

Weiteres Objekt hinzufügen

Nun fügen Sie unserem Modell ein neues Objekt hinzu. Dieses Objekt soll eine einzelne Ausgabe beschreiben. Dazu klicken Sie auf das ⊕-Icon und wählen im darauf erscheinenden Auswahlfeld den Eintrag **Create Object** aus. Ändern Sie die Standardbezeichnung der Entität zu **RKEAItem**. Nach dem Umbenennen fügen Sie dem neuen Objekt die in Tabelle 2.2 aufgelisteten Eigenschaften mit den entsprechenden Datentypen hinzu. Der Einfachheit halber versehen Sie die Felder nicht mit einer Formel.

Eigenschaftsbezeichnung	Datentyp
AusgabeArt	String
BetragNetto	Numeric
BetragBrutto	Numeric
Mwst	Numeric

Tabelle 2.2 Eigenschaften der Entität »RKEAItem«

Objektbeziehung einfügen

Als Nächstes müssen die beiden Objekte in Beziehung zueinander gesetzt werden. Dies ist notwendig, da es später möglich sein soll, die zum Reisekostenerstattungsantrag gehörenden Posten in der Detailansicht darzustellen. Um eine Beziehung anzulegen, wählen Sie die Entität **RKEAntrag** aus und verwenden den Eintrag **RELATIONS** auf der rechten Seite. Klicken Sie nun auf die Aktion **NEW RELATION**. Sie vergeben den Wert **enthaelt** als Relationsbezeichnung, und als Relationsgegenstück wählen Sie den Eintrag **RKEAItem** aus. Die Kardinalität der Relation belassen Sie bei **n**. Geben Sie Ihrer Relation einen Namen (für unser Beispiel den Bezeichner **enthaelt**). Das Ergebnis sollte aussehen wie in Abbildung 2.30.

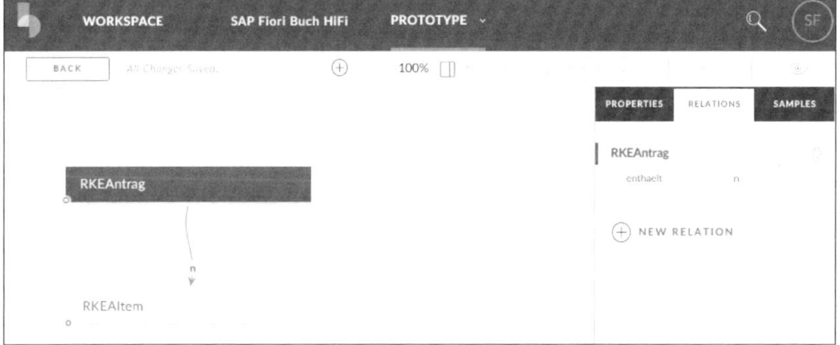

Abbildung 2.30 Relationen zwischen Entitäten unter SAP Build

Weitere Beispieldaten erfassen

Nachdem die Entitäten erstellt worden sind, folgen einige Beispieldaten. Dazu gehen Sie, nachdem Sie **RKEAntrag** ausgewählt haben, auf die Registerkarte **SAMPLES** und klicken dort auf die Schaltfläche **Edit Samples**. Es erscheint ein Dialog, über den mittels des **+**-Icons in der linken oberen Ecke neue Einträge erzeugt werden können. Das Ergebnis der Erfassung könnte wie in Abbildung 2.31 aussehen. Analog zu **RKEAntrag** erfassen Sie auch für die Entität **RKEAItem** Beispieldaten. Wählen Sie dazu im Kopf des in Abbildung 2.31 dargestellten Dialogs **RKEAITEM** aus, und erfassen Sie, wie beschrieben, Ihre Daten.

Abbildung 2.31 Beispieldaten in SAP Build erfassen

Nach der Datenerfassung beenden Sie den Dialog mit **OK** und klicken anschließend auf die Schaltfläche **BACK** in der oberen linken Ecke.

Datenbindung anpassen

Sie müssen die Masteransicht nun noch so anpassen, dass sie die Reisekostenerstattungsanträge anzeigt. Zunächst wählen Sie im Bereich **OUTLINE** den Eintrag **Page 1** aus. Als Nächstes ändern Sie die Eigenschaften **of** auf **RKEAntrag** und **Shows instance** auf **1**. Im Anschluss wählen Sie im Bereich **OUTLINE** das Element **Object List** aus und setzen die Eigenschaft **of** auf **RKE-Antrag**. Der Inhalt der Liste ändert sich, und einige der erfassten Beispieldaten werden angezeigt. Die Anzeige entspricht allerdings noch nicht komplett unseren Vorstellungen, sodass wir noch kleinere Anpassungen durchführen müssen. Wählen Sie im Bereich **OUTLINE** dafür die Einträge **Page 1 • Object List • Object List Item** aus. Den Wert der Eigenschaft **Title** ändern Sie in **VorUNachname** aus unserem Modell. Die Eigenschaft **Number** setzen Sie auf den Wert **AusgabenGesamtBrutto**. Die Eigenschaft **NumberUnit** ändern Sie in den Wert **Custom Value**, in das darunterliegende Feld geben Sie den Wert **Euro** ein. Nun wählen Sie noch im Bereich **OUTLINE** das erste Element vom Typ **Item Attribute** und setzen das Textattribut auf **ReiseBeginn** sowie das Attribute-Label auf **Start**. Analog verfahren Sie mit dem zweiten Element **Item Attribute**, nur dass Sie dieses auf die Modelleigenschaft **ReiseEnde** setzen, das Label-Attribut erhält den Wert **Ende**. Die Statusfelder entfernen Sie im Bereich **OUTLINE** über das Papierkorb-Icon. Zu guter Letzt fehlt lediglich noch die Definition der Aktion, die ausgeführt werden soll, falls der Anwender im Prototyp einen Listeintrag auswählt. Dazu wählen Sie das Element **Object List** im Bereich **OUTLINE** aus und ändern bei den Aktionseigenschaften der Liste die Eigenschaften so, wie es in Tabelle 2.3 dargestellt ist.

Eigenschaft	Wert
Interaction	Item Click
Action	Navigate To
Page	Page 2 (Column 2)
Transition	Slide forward

Tabelle 2.3 Aktionseigenschaften des Elements »Object List«

Damit der Prototyp auch auf einem Smartphone korrekt funktioniert, müssen Sie zusätzlich zum Element **Object List Item** aus der Liste die Auswahlaktion entsprechend hinterlegen. Wählen Sie dazu **Object List Item** aus, und ändern Sie die Aktionseigenschaften so ab, wie es Tabelle 2.4 zeigt.

Eigenschaft	Wert
Interaction	Click
Action	Navigate To
Page	Page 2 (Column 2)
Transition	Slide forward

Tabelle 2.4 Aktionseigenschaften des Elements »Object List Item«

Die Masteransicht erhält am Ende das in Abbildung 2.32 dargestellte Aussehen.

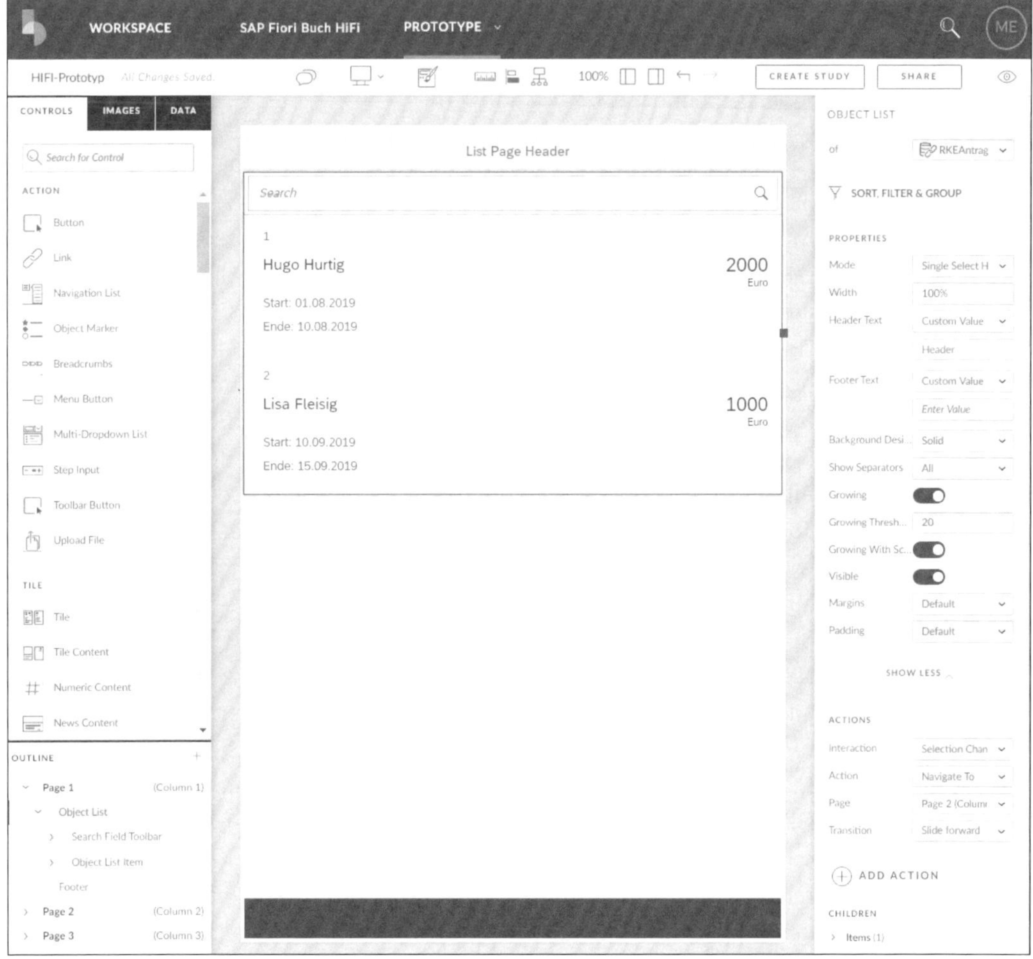

Abbildung 2.32 Masteransicht

Detailansicht anpassen

Anschließend müssen Sie noch die Detailansicht anpassen. Dazu führen Sie einen Doppelklick auf den Eintrag **Page 2** im Bereich **OUTLINE** aus. Zuerst verbinden Sie die Detailseite mit dem Modellobjekt **RKEAntrag**. Dazu wählen Sie, falls nicht mehr ausgewählt, im Bereich **OUTLINE** den Eintrag **Page 2** aus und ändern die Eigenschaft **of** in **RKEAntrag**. Als Nächstes wählen Sie im Bereich **OUTLINE** das Element **Object Header** aus und ändern die Werte gemäß der Auflistung aus Tabelle 2.5.

Eigenschaft	Wert
Introduction	ohne Wert
Title	**VorUNachname**
Icon	**Account**
Number	**AusgabenGesamtBrutto**
Number Unit	**Euro**

Tabelle 2.5 Eigenschaften und Werte für das Element »Object Header«

Anschließend können Sie die Tabelle anpassen. Selektieren Sie dazu im Bereich **OUTLINE** die Optionen **Page 2 • Table**. In der Tabelle möchten wir nun die einzelnen Posten der Reisekosten anzeigen. Ändern Sie daher in der Dropdown-Liste die Eigenschaft **of** auf den Wert **RKEAItem**. Nach der Auswahl ändern sich bereits die Werte der Tabelle. Nun müssen Sie nur noch kleinere Anpassungen vornehmen. Um die Tabellenüberschriften zu ändern, wählen Sie die Tabelle aus und selektieren in der rechten unteren Bildschirmecke im Bereich **Columns** jedes einzelne Column-Element und ändern nach der Elementauswahl den jeweiligen Text im Header. Dazu wählen Sie nach der Auswahl der Column wiederum den Eintrag **Header** aus, klicken auf das jeweilige Textelement und ändern die Eigenschaft **Text** in einen sinnvollen Wert. Da wir in unserem Beispiel keine Einheit beim Nettobetrag darstellen wollen, müssen wir die standardmäßig enthaltene aus der Tabelle entfernen. Klappen Sie dazu den Eintrag **Rows** auf der unteren rechten Seite des Bildschirms auf, und wählen Sie den Eintrag **Row**. Klappen Sie, nachdem die Eigenschaften geladen wurden, den Eintrag **Cells (3)** auf. Wählen Sie den Eintrag **Item Number**, und ändern Sie die Eigenschaft **Unit** auf **Custom Value**. Um zu testen, ob Ihre Anpassungen erfolgreich waren, rufen Sie die Vorschau auf. Wie in Abbildung 2.33 werden in der Vorschau die UI-Bereiche mit den entsprechenden Daten aus dem Data Editor befüllt. Durch das Wechseln eines Eintrags auf der ersten Seite werden die entsprechenden Details angezeigt.

Vorschaumodus verlassen

Da Sie nun mit dem Ergebnis zufrieden sind, verlassen Sie den Vorschaumodus über die Schaltfläche **UI Editor**.

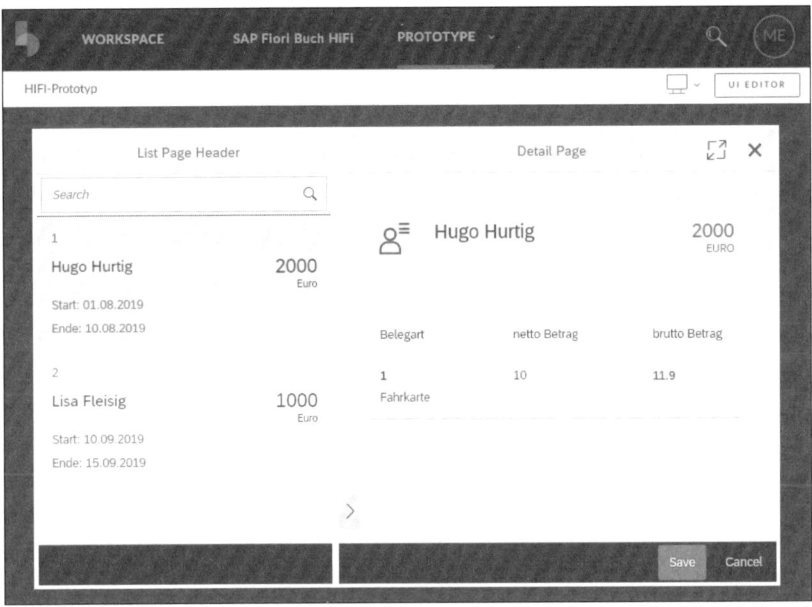

Abbildung 2.33 Der Prototyp in der Vorschau

[«]

Nicht gefüllter Object Header

Sollte beim Ausführen der Object Header nicht direkt mit Daten gefüllt sein, wählen Sie einen Eintrag aus der Liste aus.

Wir haben in den vorangegangenen Abschnitten gezeigt, wie mit SAP Build auf unterschiedlichste Weise Prototypen erstellt werden können. In aller Regel erstellen Sie auf der Basis eines LoFi-Prototyps einen HiFi-Prototyp. Dazu können Sie entweder eine Prototypvorlage klonen oder – wie auch im vorangegangenen Abschnitt gezeigt – einen neuen Prototyp erstellen. In Kapitel 12, »Entwicklung einer SAP-Fiori-Anwendung mit SAP Web IDE«, zeigen wir Ihnen, wie der von uns erstellte HiFi-Prototyp nach SAP Web IDE importiert werden kann.

2.3 Ihre eigene UX-Strategie entwickeln

Vorteile

Die Verbesserung der UX von im Unternehmen eingesetzten Anwendungen ist ein wichtiger Faktor, um im Wettbewerb mit der Konkurrenz mithalten zu können. Durch eine individuelle UX können Prozesse beschleunigt und durch eine bessere Nutzbarkeit der Anwendungen auf der Kostenseite Einsparungen in ungeahnter Höhe erzielt werden. Mitarbeiter sind effektiver und fokussierter. Nachdem Sie in Ihrem Unternehmen festgestellt haben, dass Sie an der UX der Anwendungen arbeiten müssen, stellt sich die Frage nach dem *Wie*, d. h., wie die Anpassungen erfolgen und wo Sie beginnen sollen. UX-Strategien von der Stange mögen zwar vorhanden sein, meistens betrifft die Weiterentwicklung jedoch einen individuellen Aspekt im Unternehmen, sodass Sie hier eine auf das Unternehmen und seine Ziele angepasste Strategie erarbeiten und implementieren sollten.

Der folgende Abschnitt führt Sie in die Analyse und in die Maßnahmen zur Entwicklung eigener UX-Strategien ein. Der erste Abschnitt geht dabei auf die Frage ein, was eine UX-Strategie ist und welche Ziele Sie mit einer solchen Strategie verfolgen. Im weiteren Verlauf werden die drei von SAP definierten Strategien zur Definition und Implementierung einer eigenen UX-Strategie vorgestellt. Zum Abschluss des Abschnitts resümieren wir, welche Strategien wann eingesetzt werden können.

2.3.1 Was ist eine UX-Strategie?

Strategien werden normalerweise entwickelt, um Ziele zu erreichen. Dabei wird eine Vision entworfen, wie dies oder das umgesetzt werden kann. Dies gilt auch für die User Experience. Es muss also die Antwort auf die Frage gefunden werden, was Sie mit einer Verbesserung Ihrer Benutzeroberflächen erreichen möchten oder, anders formuliert, wie Sie die Wertschöpfung durch eine verbesserte UX optimieren können.

Aktionsplan erstellen

Abbildung 2.34 stellt dar, wie ein Aktionsplan für die Definition und Umsetzung einer eigenen Strategie zur Verbesserung des Nutzererlebnisses aussieht. Zu Beginn sollten Sie die Ist-Situation analysieren. Dazu können Sie Ihre Mitarbeiter befragen, welche Probleme bei der täglichen Arbeit mit den unterschiedlichen Anwendungen im Unternehmen auftreten und wie gut die Arbeit mit den verwendeten SAP-Anwendungen generell funktioniert. Die Befragungsergebnisse kombinieren Sie dann mit belastbaren Kennzahlen, wie z. B. der Anzahl an täglichen Support-Fällen bei der Nutzung einzelner Anwendungen und die Art des Fehlers. So können Sie herausfinden, wo die Probleme liegen. Im nächsten Schritt müssen Sie verstehen, wie die Prozesse gelebt werden – und damit einhergehend, wie die unterschiedlichen Anwendungsszenarien im Unternehmen aussehen. Aus diesen Informationen leitet sich dann die Vision für die User Experience ab, d. h., wie Sie erreichen möchten, dass Mitarbeiter effektiver arbeiten können, und wie Sie SAP-Transaktionen so gestalten, dass weniger Support-Fälle auftreten.

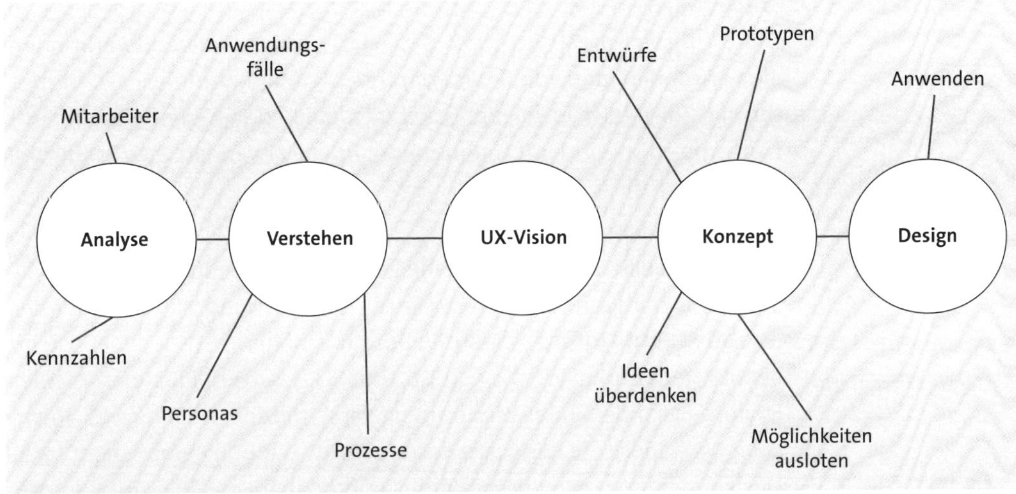

Abbildung 2.34 Wege zu einer eigenen UX-Strategie

Konzepte erstellen

Nachdem die Vision erstellt und festgelegt worden ist, wohin die Reise gehen soll, werden Konzepte erarbeitet, wie Sie diese Vision umsetzen können. Es stellen sich dazu die Fragen, wie Informationen dargestellt werden sollen und welche Informationen für die entsprechenden Prozesse notwendig sind. Es wird ein Interaktionskonzept entwickelt und definiert, welche Interaktionsmuster berücksichtigt werden müssen und welches Visual Design eingesetzt werden soll. Am Ende der Reise steht dann das Design der einzelnen Anwendungen.

UX global anwenden

Die Umsetzung eines neuen Nutzererlebnisses darf nicht nur für einzelne Anwendungen erfolgen, sondern muss konsequent, konsistent und flächendeckend im Unternehmen stattfinden. Wenn Zweifel geäußert werden, ob dies wirklich notwendig ist, sollten Sie die Frage stellen, ob Sie auch zweifeln würden, wenn es sich um Maßnahmen handeln würde, die zu einer Verbesserung der Kundenbindung führen würden, also z. B. eine Überarbeitung des Onlineshops.

Wie bereits erläutert, beschreibt SAP im Rahmen der New-, Renew- und Enable-Initiative unterschiedliche Wege zu einem verbesserten Nutzererlebnis. Diese drei Säulen spielen auch eine wichtige Rolle bei der Umsetzung der UX-Strategie. Nicht jede Anwendung muss neu geschrieben werden, sondern Sie können auf die Produktpalette von SAP zurückgreifen. Zudem bietet SAP auch in der ersten Phase, in der strategische Entscheidungen getroffen werden, Unterstützung an.

Umsetzungsstrategien von SAP

Für die Umsetzung der zweiten Phase beschreibt SAP drei mögliche Umsetzungsstrategien.

- **SAP Adopt**
  Diese Umsetzungsstrategie ist mit relativ wenig Aufwand verbunden. Sie verwenden eine von SAP bereitgestellte Maßnahme zur UX-Verbesserung. Zum Beispiel setzen Sie einfach eine von SAP entwickelte SAP-Fiori-App in Ihrem Unternehmen ein oder verwenden die Side Panels von SAP Business Client.
- **Adapt/anpassen**
  Dabei passen Sie eine existierende Lösung an die Bedürfnisse Ihrer Mitarbeiter gemäß Ihrem neuen Design an. Der Aufwand ist, verglichen mit der SAP-Adopt-Umsetzungsstrategie, etwas höher. SAP bietet jedoch die bereits genannten Werkzeuge an. Mit SAP Screen Personas können Dynpros geändert oder zusammengefasst werden. Mit dem *UI Theme Designer* ändern Sie das Aussehen einer Anwendung gemäß dem Visual Design. Beide Werkzeuge nehmen Ihnen dabei eine Vielzahl von Aufgaben ab, jedoch nicht alle. In SAP Screen Personas können Sie über JavaScript Anpassungen programmatisch durchführen, im UI Theme Designer über CSS oder LESS. Sollten Sie im Unternehmen SAP Fiori einsetzen, bietet SAP auch hier ein Konzept zur Erweiterung und Anpassung an Unternehmensspezifika an. Das Konzept heißt *ExtensionPoint* und wird in diesem Buch noch detailliert beschrieben. Grundsätzlich geht es dabei darum, dass in existierenden SAP-Fiori-Anwendungen über Erweiterungspunkte eigene UI-Aspekte oder Funktionen implementiert werden können.
- **Develop**
  Diese Umsetzungsstrategie ist wohl die aufwendigste. Sie implementieren Ihre UX-Verbesserung selbst bzw. lassen sich eine individuelle Lösung für Ihre Anforderungen implementieren. Die Umsetzung kann dabei über die Implementierung von Anwendungen geschehen, die den SAP-Fiori-Implementierungs- und -Designregeln folgen. Eine weitere Alternative, je nach Anforderungsprofil, kann auch die Implementierung von SAP-Web-Dynpro-ABAP-Anwendungen mit dem *SAP Floorplan Manager* (FPM) sein. Natürlich bleibt als dritte Möglichkeit auch die Nutzung von Dynpros.

Bei jeder UX-Strategie stellt sich immer die gleiche Frage, ob Anwendungen neu implementiert, die existierenden Anwendungen angepasst oder Vorschläge von Dritten verwendet werden sollen. Bei jeder vorgestellten Vorgehensweise zur Entwicklung einer eigenen UX-Strategie steht am Ende die Frage, wie diese Strategie umgesetzt werden soll. Hier kommen die soeben genannten Möglichkeiten für jede einzelne Anwendung, die gemäß der neuen UX-Strategie überarbeitet werden soll, in Betracht. SAP beschreibt für die Umsetzung einer UX-Strategie drei verschiedene Vorgehensweisen; diese betrachten wir in den nächsten Abschnitten näher.

Der User Experience Value Calculator

Ein Argument, das für die Umsetzung einer neuen UX hilfreich sein kann, ist die Kostenersparnis, die bei deren Einführung entstehen kann. Diese allein zu quali- und quantifizieren ist zwar möglich, jedoch etwas zeitaufwendig. SAP hat deshalb auf der Basis von gesammelten Erfahrungen einen Onlinerechner implementiert – den sogenannten *User Experience Value Calculator* (kurz UX Value Calculator). Dieser ist unter *https://experience.sap.com/designservices/uxvaluecalculator/* im Internet aufrufbar (siehe Abbildung 2.35).

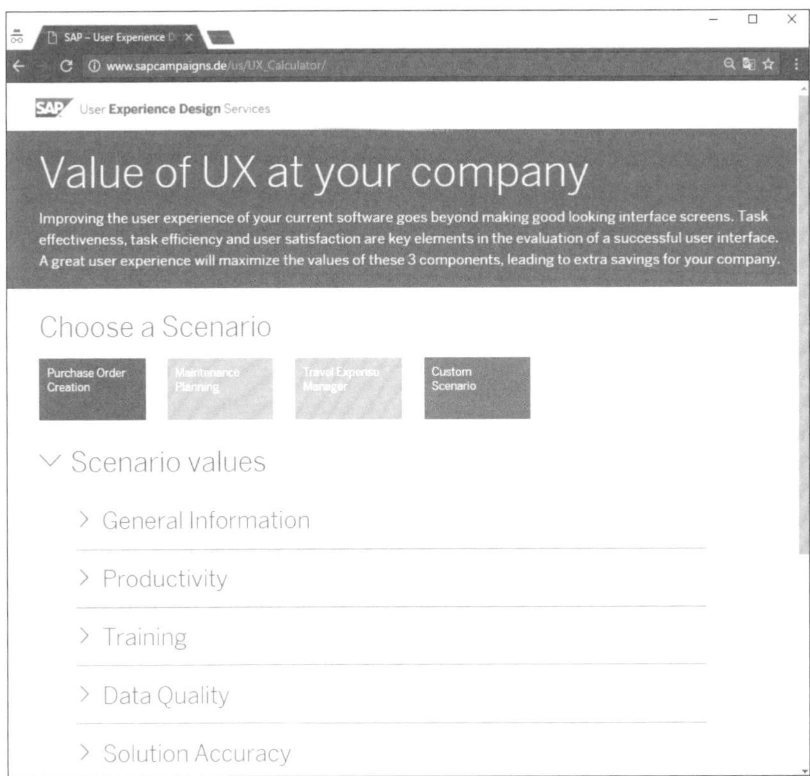

Abbildung 2.35 UX Value Calculator

Der UX Value Calculator bietet die Möglichkeit, Berechnungen auf der Grundlage einer Gewichtungstabelle anzustellen. Es werden dabei Fragen zu den Themen Produktivität, Trainingskosten, Datenqualität und Lösungsgenauigkeit gestellt. Zum Beispiel wird im Rahmen der Lösungsgenauigkeit gefragt, wie viele Change Requests nach dem Produktivsetzen der Lösung gestellt wurden und wie hoch die Kosten für die Umsetzung waren. Im Bereich der Datenqualität wird abgefragt, wie viele Support-Tickets entstehen und wie hoch die Kosten für die Bearbeitung sind. Neben diesen Fragen werden noch einige weitere Fragen aufgeworfen. Nachdem die Fragen beantwortet worden sind, kann der Nutzer nach der erfolgten Berechnung ablesen, wie hoch die Einsparungen wären, wenn die Anwendung eine neue UX bekäme.

Was tun mit dem Ergebnis?

Wenn man den UX Value Calculator vorführt, wird zunächst oft mit dem Kopf geschüttelt. Denn in der Regel ist das Ergebnis des Calculators – wenig überraschend –, dass man Einsparungen erzielen kann, wenn man eine UX-Strategie hat und, noch wichtiger, diese umsetzt. Lässt man das Ergebnis der Berechnung jedoch einmal außer Acht und konzentriert sich auf die zugrunde liegenden Fragen, kann man zu neuen Sichtweisen auf das Thema gelangen. Wie viele Change Requests wurden gestellt? Wie oft waren liebevoll genannte »Schmirgelprogramme« nötig, um die Datenbank wieder zu bereinigen? Oder musste sogar mit Transaktion SE16N die Datenbank gerettet werden? Eine gute und durchgängige UX kann, wenn sie richtig geplant und umgesetzt wird, viele dieser Notfallaktionen verhindern.

2.3.2 Anwendungsfallzentrierte Strategieentwicklung

Fallbeispiele von SAP

Eine sehr einfache und effiziente Strategie bei der Entwicklung einer eigenen UX ist die *anwendungsfallzentrierte* UX-Entwicklung. Im Rahmen der Zusammenarbeit zwischen SAP und DSAG wurden Fallbeispiele erstellt, die die beim Kunden am häufigsten vorkommenden Ist-Situationen beschreiben. Auf den Fallbeispielen können Sie dann aufsetzen und Ihre eigene UX-Strategie implementieren. Folgende Fallbeispiele wurden erarbeitet:

- **Fallbeispiel 1: Zufriedener SAP GUI Power User**
  Die Anwender in diesem Fallbeispiel haben jahrelange Erfahrung mit dem SAP GUI. Sie verwenden Transaktionscodes und das SAP-Menü bei ihrer Arbeit.
- **Fallbeispiel 2: Unzufriedener SAP GUI Power User**
  Im Gegensatz zu Fallbeispiel 1 handelt es sich hier um Anwender, die zwar sehr erfahren mit der Arbeit mit dem SAP GUI, jedoch mit den angebotenen Benutzeroberflächen nicht zufrieden sind. Die Oberflächen sind zu komplex; die Anwender müssen für einfache Arbeitsschritte mehr als eine Transaktion verwenden, oder die Elemente der Benutzeroberfläche sind nicht ergonomisch platziert.

- **Fallbeispiel 3: Unzufriedener Gelegenheits-SAP-GUI-Nutzer**
  Bei diesem Fallbeispiel geht SAP davon aus, dass der Nutzer nur sehr selten mit dem SAP GUI arbeitet oder sogar noch sehr unerfahren im SAP-Umfeld ist. Deshalb kann er nur bedingt mit komplexen Benutzeroberflächen umgehen.

Lösungsmöglichkeiten

Für die drei Fallbeispiele bietet SAP auch gleich die passenden Lösungsmöglichkeiten an. So werden für das erste Fallbeispiel lediglich kleinere Anpassungen empfohlen (mit SAP Adopt), z. B. die Verwendung von SAP Business Client Side Panels oder die Nutzung des Frameworks Personal Object Worklist (POWL). Im zweiten Fallbeispiel muss es das Ziel sein, die Benutzeroberfläche zu vereinfachen. Dazu bietet sich die Verwendung von SAP Screen Personas an. Um das dritte Fallbeispiel in einer erfolgreichen UX-Strategie umzusetzen, bedarf es schon mehr Aufwand. SAP geht davon aus, dass in einem solchen Fall sowohl eine Neuentwicklung als auch Anpassungen der existierenden Anwendungen über SAP Screen Personas sowie einfachere Adaptionen – ebenso wie in Fallbeispiel 1 – durchzuführen sind.

Die aufgeführten Fallbeispiele treffen möglicherweise auf den einen oder anderen Kunden zu; allerdings sind sie sicher nicht auf die breite Masse übertragbar. Darüber hinaus lässt sich aus den Fallbeispielen auch keine allgemeine UX-Strategie ableiten, die dann unternehmensweit ausgerollt wird. Die use-case-basierte UX-Strategie-Ableitung ist daher nicht praxisnah.

2.3.3 Analytische Strategieentwicklung

Der *analytische* Ansatz ist eine weitere, jedoch aufwendigere Möglichkeit, um eine eigene UX zu definieren. Bei diesem Ansatz wird auf der Basis einer Analyse der aktuellen Situation entschieden, welche Anwendungen zuerst nach der neuen UX-Strategie angepasst werden. Bevor Sie mit der eigentlichen Analyse beginnen können, müssen Sie entscheiden, welche Kennzahl analysiert werden soll, um auf deren Basis eine Entscheidung treffen zu können. Zusätzlich sollte neben den reinen Kennzahlen auch das Feedback der Nutzer in die Entscheidung einfließen. Kennzahlen können sein:

- die am häufigsten genutzten Anwendungen
- die Anwendungen mit den meisten Support-Fällen
- die Applikationen mit der höchsten Relevanz für das Unternehmen oder für einzelne Geschäftsprozesse
- die komplexesten im Einsatz befindlichen Anwendungen

Faktoren der Analyse

Kennzahlen können entweder durch Monitoring (Transaktion ST03N) oder Befragung erstellt werden. Abbildung 2.36 zeigt die einzelnen Schritte und die darauf einwirkenden Aspekte bei der Analyse, welche Anwendungen für die Umsetzung des UX-Designs infrage kommen. Wie Sie sehen, fließen verschiedenartige Marker in die Analyse ein. Diese Marker sollten dabei nicht nur für sich analysiert, sondern in Summe betrachtet werden. In der Analyse wird dann deutlich, welche Anwendung wie an das neue UX-Design angepasst wird. Dies kann über einfache Anpassungen oder aber durch die Neuimplementierung gemäß dem Interaktionskonzept und dem Visual Design erfolgen.

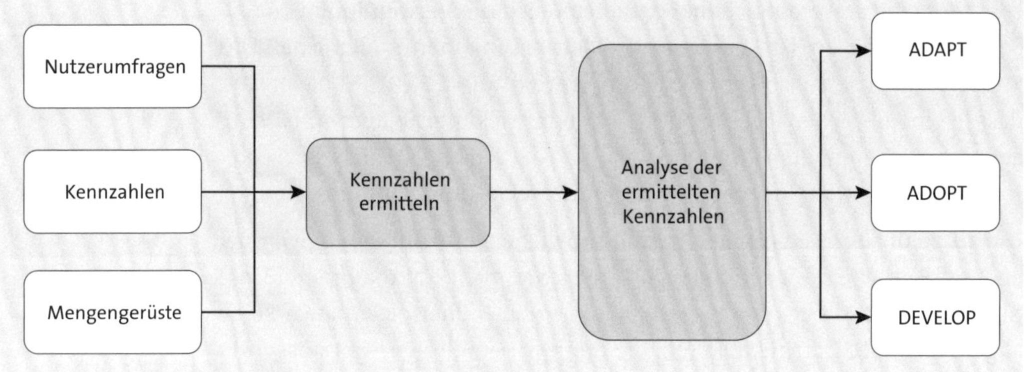

Abbildung 2.36 Analytische UX-Strategie

2.3.4 Taktische Strategieentwicklung

Neben der fallbasierten und analytischen Strategie beschreibt SAP noch die *taktische* Strategieentwicklung. Dieser Ansatz geht einen völlig anderen Weg und kann unter Umständen dazu führen, dass es für die eigentlichen Anwender nicht zwingend eine Verbesserung gibt. Es geht bei dieser Vorgehensweise auch nicht primär um den Nutzer, sondern eher um die Überzeugung der Entscheider, dass es sich lohnt, die aktuelle UX-Strategie zu überdenken, eine neue Strategie zu entwickeln und sie im Unternehmen zu implementieren.

Überzeugungsarbeit leisten

Durch den verschobenen Fokus kann die taktische Strategieentwicklung möglicherweise sinnvoll eingesetzt werden, wenn es darum geht, die Entscheider zu sensibilisieren und für weitere Projekte zu gewinnen. Dies mag auf den ersten Blick nicht passend für die Definition einer neuen UX-Strategie sein, auf den zweiten Blick erscheint der Ansatz aber doch als überzeugend. Wie schon mehrfach angesprochen, ist das Thema UX ein sehr »weiches« Thema und wird oft nicht mit der nötigen Sensibilität betrachtet. Sie benötigen für die Genehmigung einen »Türöffner«! Dies kann die verbesserte Nutzung einer Anwendung sein, z. B. ein Cockpit für Manager. Sind die Entscheider von Ihrer neuen oder angepassten Anwendung überzeugt, können Sie über die fallbasierte Strategie oder über die analytische Strategie für einen Umsetzungsfahrplan einer neuen UX-Definition für das gesamte Unternehmen oder nur für einzelne Anwendungen nachdenken.

2.3.5 Fazit

Zusammenfassend kann gesagt werden, dass die UX-Strategien von SAP lediglich Hilfsmittel für die Auswahl der Anwendungen sind, bei denen das definierte und ausgearbeitete UX-Design angewandt werden soll. Fallbeispielbasierte und taktische Vorgehensweisen sind dabei nur bedingt einsetzbar. Die genannten Fallbeispiele sind sicherlich nur der Beginn einer ganzen Liste von Beispielen. Allerdings können diese Use Cases möglicherweise auf das eigene Unternehmen nicht angewandt werden, da ganz andere Marker im Vordergrund stehen, als dies bei den vorgegebenen Fallbeispielen der Fall ist. Allerdings können die Beispiele von SAP durchaus helfen, eigene Fallbeispiele herauszuarbeiten und, darauf basierend, die Umsetzungsstrategie des UX-Designs für die unterschiedlichen Abteilungen oder Unternehmensteile zu beschreiben. Die taktische Vorgehensweise ist, wie bereits erwähnt, lediglich als »Türöffner« anzusehen. Möglicherweise ist diese Art der Strategie auch schon wieder beendet, bevor sie überhaupt so richtig gegriffen hat, nämlich dann, wenn der Entscheider die Umsetzung lediglich für seinen eigenen Bereich wünscht. Dies passiert besonders dann, wenn er in der Hierarchie weiter unten angesiedelt ist. Eine UX-Umsetzung kann aber nur flächendeckend wirksam sein; ansonsten profitieren nur einzelne Teile. Dies kann zwar wiederum für diesen Teil des Unternehmens von Vorteil sein, aber auch dazu führen, dass die Motivation der anderen Bereiche darunter leidet. Die Frage »Warum die und nicht wir?« kann im Extremfall zu weniger Produktivität führen.

Die Nutzung der analytischen Methode liefert letztlich die profunderen Ergebnisse. Natürlich müssen die Kennzahlen, die zur Entscheidung führen, aussagekräftig sein. Zusätzlich dürfen jedoch nicht nur die nackten Zahlen sprechen, sondern es ist auch zwingend erforderlich, das Feedback der Mitarbeiter über Umfragen einzuholen. Oft sehen die Menschen, die tagtäglich mit einem Produkt arbeiten, sehr viel mehr Verbesserungspotenzial, als dies die IT-Abteilung, der Berater oder das Management über Kennzahlen, Messungen oder dem Gefühl nach ermitteln, analysieren und beurteilen können.

Kapitel 3
SAP Fiori Design Guidelines

SAP Fiori führt zu einem Wandel in der SAP UX. Deshalb ist es notwendig, klare Richtlinien für die Entwicklung von Oberflächen zu definieren. Dies erfolgt in den SAP Fiori Design Guidelines.

Wie bereits in Kapitel 1, »Was ist SAP Fiori?«, erwähnt, beschreibt SAP für SAP-Fiori-Anwendungen eine Vielzahl von Regeln. Es handelt sich um sehr allgemeine Regeln für die Entwicklung von SAP-Fiori-Anwendungen, also um grundsätzliche *Designvorgaben*, und zusätzlich auch, je nach Anwendungskontext, um sehr spezifische Regeln. Dieses Kapitel führt Sie nun in diese Designvorgaben ein. Zu Beginn widmen wir uns den allgemeinen Regeln; im zweiten Abschnitt stellen wir Ihnen dann die applikationstypspezifischen Designvorgaben vor.

Designvorgaben

Die Designvorgaben von SAP beschreiben dabei, wie das UX-Design von SAP für SAP-Anwendungen angewandt und ausgeprägt wird. Dies gilt zu allererst für SAP selbst, an zweiter Stelle natürlich auch für SAP-Partner, die für die unterschiedlichen Komponenten und Bereiche Anwendungen implementieren, und zu guter Letzt auch für Kunden von SAP. Kunden können entweder die Regeln 1:1 in ihren Anwendungen umsetzen oder sie als Ratgeber und Referenz bei der Implementierung eines eigenen Interaktionskonzepts und UX-Designs verwenden. Die Vorgaben von SAP folgen dabei den bereits angesprochenen SAP-Fiori-Grundsätzen. Anwender von SAP-Fiori-Anwendungen erhalten nur die Funktionen, die sie in der aktuellen Rolle benötigen. Zusätzlich soll die Anwendung ansprechend und intuitiv sein und dabei eine konsistente visuelle Sprache mit dem Anwender sprechen. Diese Regeln sollen – egal, auf welchem Endgerät und mit welchem Browser die Anwendung ausgeführt wird – stets eingehalten werden. Sie unterliegen somit dem *Responsive Web Design*. Dabei wird die Anwendung bedarfsgesteuert dargestellt, je nach Endgerät und dessen Möglichkeiten.

Da SAP Fiori noch ein wachsendes Gebilde ist, werden die Designvorgaben auch von einer SAP-Fiori-Entwicklungswelle zur nächsten abgeändert und verfeinert. In den folgenden Abschnitten werden deshalb nur die Designvorgaben eingeführt, erläutert und in einen Kontext gesetzt, die in den letzten Entwicklungswellen relativ beständig waren. Sie finden die aktuelle Fassung unter *http://s-prs.de/v726905*. Diese Seite beschreibt allgemein – ohne die jeweiligen Vorgaben in einen Kontext zu setzen –, wie das SAP-Fiori-Design auszusehen hat.

SAP Fiori für iOS

Im Jahr 2016 beschlossen SAP und Apple eine intensivere Zusammenarbeit. Beide Unternehmen vereinbarten die Implementierung von nativen iOS-Applikationen im Bereich von Geschäftsanwendungen. Die technische Infrastruktur sieht dabei so aus, dass Applikationen, die auf Endgeräten von Apple ausgeführt werden, auf Daten und Funktionen bzw. Prozesse von SAP S/4HANA zugreifen können. Die nativen Anwendungen sollen dabei Zugriff auf die Funktionen des Endgeräts haben. Grundlage für die Programmierung solcher Anwendungen ist Swift, eine Programmiersprache von Apple und der Nachfolger von Objective-C. SAP liefert die entsprechende UX mittels der eigens für diese Art von Anwendungen definierten *SAP Fiori for iOS Design Guidelines*. Die SAP Fiori for iOS Design Guidelines sind unter *http://s-prs.de/v726806* zu finden. Dabei werden nicht nur Guidelines angeboten, sondern auch das sogenannte *SAP Cloud Platform SDK for iOS*. Dieses Software Development Kit (SDK) soll Entwickler bei der Implementierung solcher Anwendungen unterstützen und die Funktionen bieten, um auf Endgerätespezifika wie etwa Ortungsdienste oder Touch ID einfach zugreifen zu können. Nähere Informationen zum SDK erhalten Sie unter der URL *http://s-prs.de/v726808*. Wir kommen in Abschnitt 3.3 nochmals auf die SAP Fiori for iOS Design Guidelines zurück.

SAP Fiori für Android

Mit den *SAP Fiori for Android Design Guidelines* komplettierte SAP die Sammlung an SAP-Fiori-Designrichtlinien für die gängigsten Plattformen im Sommer 2018. Wie bei den Regeln für iOS beschreiben die Guidelines für Android die SAP User Experience auf Endgeräten mit dem Android-Betriebssystem. Sie sind unter *http://s-prs.de/v726809* abrufbar. Nutzer können über native Anwendungen, analog zu iOS, auf Dienste der SAP-Landschaft zugreifen. SAP bietet auch hier ein SDK für die Implementierung der SAP-Anwendungen. Das *SAP Cloud Platform SDK for Android* kann unter *http://s-prs.de/v726810* kostenfrei bezogen werden. Android-Anwendungen werden mit Java und dem Android SDK von Google implementiert. Das SDK von SAP erweitert den Funktionsumfang für die Erstellung von Lösungen im SAP-Kontext. Abschnitt 3.4 befasst sich detaillierter mit dem Regelwerk für Android.

SAP Conversational User Experience

Im Jahr 2019 legte SAP zudem Guidelines für SAP Conversational User Experience vor. Diese beschreiben, wie digitale Assistenten und Chatbots im

SAP-Kontext designt werden sollen. Die Guidelines sind unter *http://s-prs.de/v726811* abrufbar und befinden sich zum aktuellen Zeitpunkt (Herbst 2019) noch im Aufbau. Da SAP auf diesen Bereich besonderen Fokus legt, ist davon auszugehen, dass sich hier noch einiges verändern wird. Wir gehen in Abschnitt 3.5 näher auf den derzeitigen Stand der Richtlinien ein.

3.1 Grundlagen

In diesem Abschnitt beschreiben wir die wichtigsten Grundkonzepte des UI-Designs und wie sie mit SAPUI5 im Sinne der SAP Fiori Design Guidelines umgesetzt werden.

3.1.1 Unterstützung verschiedener Gerätetypen

Responsive Web Design

Responsive Web Design, die automatische Anpassung einer Webanwendung an das jeweilige Endgerät, zählt zu den zentralen Anforderungen in der modernen Anwendungsentwicklung. Es muss dabei unter allen Umständen vermieden werden, dass Anwendungen entweder mit einer »Weiche« ausgestattet oder gar speziell für die unterschiedlichen Plattformen entwickelt werden. Die »Weiche« – also das Abfragen beim Start der Anwendung, auf welcher Plattform die Anwendung gerade läuft und welche Codeteile für die jeweilige Plattform verwendet werden – war lange Zeit ein adäquates Mittel, um die unterschiedlichen Browser-Versionen der unterschiedlichen Hersteller auf den unterschiedlichen Betriebssystemen und Anzeigeeigenheiten entsprechend zu unterstützen. SAP-Fiori-Anwendungen folgen dem Responsive-Ansatz. Auf diese Weise wird sichergestellt, dass Anwendungen jeweils ein konsistentes Nutzererlebnis ermöglichen. Es ist also unerheblich, ob eine Anwendung auf einem Desktop-Rechner, in einem Browser, auf einem Mobiltelefon oder auf einem Tablet ausgeführt wird. SAP-Fiori-Anwendungen können sogar als hybride Anwendungen ausgeführt werden, ohne dabei gegen die erwähnten Grundparadigmen zu verstoßen.

Durch das Einhalten dieses Ansatzes ergibt sich für Kunden, die SAP-Fiori-Anwendungen produktiv einsetzen, der große Vorteil, dass eine Anwendung nur einmal gekauft werden muss und dann auf unterschiedlichen Endgeräten genutzt werden kann. Darüber hinaus müssen durch das konsistente Nutzererlebnis (User Experience) die Anwender auch nur einmal geschult werden. Entwickeln Sie selbst Anwendungen, die im Kontext von SAP Fiori zu sehen sind, etwa weil sie über das SAP Fiori Launchpad gestartet werden sollen, liegt es nahe, dass Sie sich bei der Entwicklung an die Vorgaben von SAP halten.

Mobile First

Eine Grundregel bei der Implementierung von SAP-Fiori-Anwendungen ist der sogenannte *Mobile-First-Ansatz*. Wie Sie leicht ableiten können, geht es dabei – anders als beim Desktop-First-Ansatz – darum, dass bei der Entwicklung der Fokus auf mobile Endgeräte und die Ausführung der Anwendung auf einem solchen Gerät gelegt werden soll. Wir möchten an dieser Stelle darauf verzichten, eine Diskussion zu führen, ob dieser Ansatz der richtige ist oder ob nicht etwa Content First, also den Fokus auf den Inhalt zu setzen, der wahre Ansatz ist. Vielmehr nehmen wir es hin, dass dies der Weg von SAP ist. Ein weiterer Punkt, der gerne zu Diskussionen führt, ist die Frage, was *Mobile* in diesem Kontext bedeutet. Ist ein Notebook ein mobiles Endgerät? Ist ein Tablet, das Sie normalerweise doch eher ortsgebunden verwenden, mobil oder vergleichbar mit einem Desktop, der den ganzen Tag unter oder auf dem Schreibtisch steht? SAP beantwortet diese Frage relativ eindeutig: Mobile First heißt bei SAP Fiori, dass beim Design der Oberfläche der Gerätetyp zuerst betrachtet werden muss, der die meisten visuellen Beschränkungen aufweist. Dies ist im Allgemeinen das Smartphone.

Der kleinste gemeinsame Nenner

Der Ansatz, sich zuerst auf das Smartphone zu konzentrieren, besagt nicht, dass Sie dadurch eine sehr limitierte Anwendung erhalten, sondern vielmehr, dass Sie mit dem kleinsten gemeinsamen Nenner beginnen. Der kleinste gemeinsame Nenner ist die Anzeige. Wir werden dabei angehalten, uns Gedanken dazu zu machen, was wirklich wichtig ist, wie Sie diese Informationen anzeigen und wie Sie die Informationen anordnen. Auf einem großen Anzeigemedium werden oft genug Daten und Zusatzmöglichkeiten angeboten, die jedoch nicht benötigt werden. Sie werden manchmal nur deshalb angezeigt, weil sie mit der eigentlich relevanten Information aus dem Backend mitgeliefert werden. Wir müssen uns also die Frage stellen, wie wir die Daten aggregieren, die tatsächlich im Kontext stehen, und die weniger wichtigen Informationen weglassen. Manchmal ist es jedoch notwendig, dass auf dem Smartphone gewisse Funktionen zur Verfügung gestellt werden, die Sie auf dem Desktop oder dem Tablet im Querformat nicht benötigen. Um eine Bedarfssteuerung an dieser Stelle zu gewährleisten, bietet SAPUI5 eine entsprechende API, die sogenannte *Device API*.

SAPUI5 Mobile

Technisch gesehen, bedeutet Mobile First, dass bei der Implementierung mit SAPUI5 nur die UI Controls zum Einsatz kommen dürfen, die auch tatsächlich responsiv sind. Dadurch fallen schon alle UI Controls weg, die z. B. dem Namensraum `sap.ui.table` zugeordnet sind. Diese Restriktion gilt seit einiger Zeit. In der Anfangszeit von SAP Fiori war ein Mischen der UI Controls aus den unterschiedlichen Namensräumen noch erlaubt, und SAP selbst hat in der ersten Entwicklungswelle von SAP Fiori verschiedene Controls gemischt. Dies ist weniger dem Umstand geschuldet, dass man es nicht besser wusste, sondern es lag eher daran, dass am Anfang die Menge an UI Controls und deren Mächtigkeit im `sap.m`-Namensraum noch sehr beschränkt waren.

3.1.2 Das Grid Layout

Der Erfolg von Webanwendungen, unabhängig davon, ob es sich dabei um eine Geschäftsanwendung oder um eine reine Informationsseite handelt, steht und fällt mit dem Layout – besonders dann, wenn der Konsument der Anwendung sowohl über ein mobiles als auch über ein nicht mobiles Endgerät zugreifen kann. Es ist daher wichtig, sich darüber Gedanken zu machen, wie Elemente positioniert bzw. wie groß UI Controls auf dem jeweiligen Endgerät dargestellt werden. Eine relativ gängige Maßeinheit bei Webanwendungen sind Pixel (px). Das Problem bei der Angabe von Pixeln ist, dass sie statisch ist. Unabhängig vom Endgerät, ob mit großem Display oder kleinem Display, erscheint das jeweilige Element immer in der in Pixeln angegebenen Größe. Dies kann dazu führen, dass eine Oberfläche auf einem Smartphone im schlimmsten Fall nicht mehr bedient werden kann.

em und rem

Eine weitere Maßeinheit ist *em* (siehe Abbildung 3.1). Die Maßeinheit em ist eine relative Maßeinheit, und zwar relativ zur Schriftgröße des direkten Eltern-UI-Elements. Dabei entspricht 1 em 16 px. Wie groß ein UI-Element ist, das mit einer em-Maßangabe beschrieben ist, kann somit erst zur Anzeigezeit bestimmt werden. Erst dann ist wirklich sicher, in welcher Umgebung die Anwendung läuft und wie groß das nächsthöhere Container-Element ist, in dem das Element eingebettet ist.

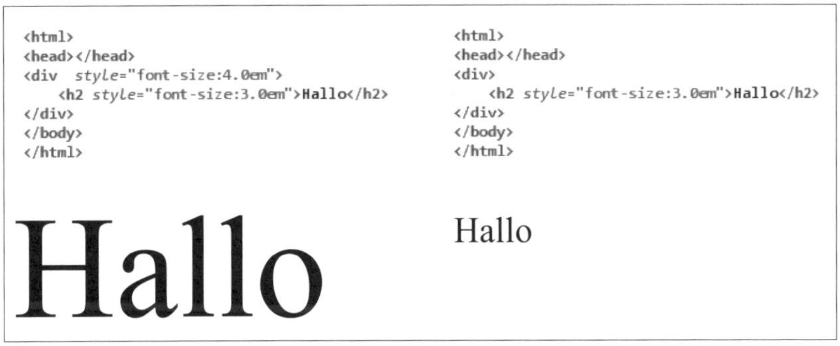

```
<html>
<head></head>
<div  style="font-size:4.0em">
    <h2 style="font-size:3.0em">Hallo</h2>
</div>
</body>
</html>
```

Hallo

```
<html>
<head></head>
<div>
    <h2 style="font-size:3.0em">Hallo</h2>
</div>
</body>
</html>
```

Hallo

Abbildung 3.1 Die Maßeinheit em

Eine weitere Maßeinheit ist *rem*. Diese Abkürzung steht für *root em*. Im Grunde ist rem identisch mit em, jedoch mit einem kleinen, aber entscheidenden Unterschied: Die Größe eines Elements, die mit rem angegeben wird, bezieht sich nicht auf das nächsthöhere Element, sondern auf das oberste Container-Element, also die Wurzel (root). em bzw. rem sind für die Nutzung im Rahmen von Responsive Web Design zu empfehlen, da sie zusammen mit sogenannten *Media Queries* sehr einfach verwendet werden können, um die Oberflächen den unterschiedlichen Geräten anzupassen.

SAP Fiori verwendet rem

SAP hat sich im Rahmen von SAP Fiori und SAPUI5 für die Nutzung der Maßeinheit rem entschieden. Dadurch ist gewährleistet, dass alle SAP-Fiori-Anwendungen, besonders auf mobilen, gestensteuerbaren Endgeräten, einfach und komfortabel zu bedienen sind. Dabei basieren SAP-Fiori-UI-Elemente auf einem aus 1 × 1 rem bestehenden flexiblen Gitternetz. SAP Fiori stellt sicher, dass eine Schaltfläche 3 × 3 rem groß ist. Dies kann dazu führen, dass die Fläche, die auf eine Geste reagiert, größer ist als das UI-Element selbst. Die Gesamtoberfläche wird über ein aus zwölf Spalten bestehendes Layout definiert.

3.1.3 Letterboxing

Eine nicht zu unterschätzende Herausforderung bei der Implementierung von Webanwendungen ist, dass normalerweise der verwendete Client nicht bekannt ist, ebenso wenig, welche Auflösung der Nutzer verwendet. Webanwendungen müssen, damit sie bedarfsgesteuert sein können, so implementiert werden, dass unterschiedliche Auflösungen entsprechend unterstützt werden. Das verwendete Layout muss einheitlich sein. Es geht dabei nicht nur darum, dass die UI Controls ihre Größe und ihr Aussehen behalten sollen, sondern auch darum, dass die Seitenverhältnisse beibehalten werden. Um das Einhalten der Seitenverhältnisse sicherzustellen, werden oft die Breite und Höhe des Webseiteninhalts fest vorgegeben. Durch die feste Vorgabe von Werten wird sichergestellt, dass bei einer sehr großen Anzeigefläche die Inhalte nicht den kompletten Bildschirm einnehmen, sondern dass links und rechts vom Inhalt eine freie Fläche verbleibt (sogenanntes *Letterboxing*, in Anlehnung an das Aussehen eines Briefkastens). Sie erhalten bei SAP-Fiori-Anwendungen das *Letterbox-Design* mit einer Größe von 1.280 px ab SAPUI5-Version 22. Vor Version 22 waren es noch 1.024 px. Grundsätzlich können Sie das Letterboxing aktivieren, indem Sie die Eigenschaft `setAppWithLimited` beim `sap.m.Shell`-Objekt auf `true` setzen.

SAP empfiehlt die Verwendung von Letterboxing in folgenden Fällen:

Empfehlungen

- Bei wenigen UI Controls, sodass eine Nutzung der kompletten Fensterbreite nicht möglich ist.
- Wenn der Inhalt nicht stark vergrößert werden kann, ohne dass die Anwendung bei der Nutzung der kompletten Fläche unsauber dargestellt wird.
- Wenn die Anwendung zentriert auf dem Bildschirm dargestellt werden soll.
- Bei Anwendungen, die eine große Anzahl an UI Controls auf einmal anzeigen müssen. Letterboxing sorgt dafür, dass die Anwendung auf unterschiedlichen Endgeräten mit unterschiedlicher Größe sauber dargestellt wird.
- Wenn die Anwendung viele UI Controls zu einem Zeitpunkt darstellen muss, ohne dass der Anwender scrollen muss.

Grundsätzlich gilt, dass eine Mischung von Letterboxing mit anderen Formaten innerhalb einer Anwendung unter allen Umständen vermieden werden muss, weil dadurch ein unruhiges Bild und möglicherweise eine schlechte Darstellung der Anwendung verursacht wird.

3.1.4 Cozy Form Factor und Compact Form Factor

Neben der Frage, wie Elemente auf der Oberfläche positioniert werden, müssen Sie bei einer bedarfsgesteuerten Implementierung auch beantworten, wie die unterschiedlichen UI Controls angezeigt werden, damit sie auf dem jeweiligen Medium optimal verwendet werden können und die jeweilige Interaktionsform optimal unterstützen. SAP Fiori kennt dabei zwei Interaktionsformen:

- Ausführen auf einem Endgerät, das über Gesten gesteuert werden kann
- Ausführen auf einem Endgerät, das über eine Maus oder über die Tastatur gesteuert wird

Cozy Form Factor

Bei touchfähigen Endgeräten müssen die UI Controls größer dargestellt werden, damit sie auch tatsächlich mit der Fingerspitze berührt und ausgelöst werden können. Diese Art der Darstellung ist der *Cozy Form Factor*, dessen Einstelloptionen Abbildung 3.2 zeigt.

Abbildung 3.2 UI-Control-Darstellung mit Cozy Form Factor

Compact Form Factor

Bei der Interaktion mit der Anwendung durch Tastatur oder Maus müssen die UI Controls nicht vergrößert, sondern können kompakter angezeigt werden. Daher trägt diese Darstellungsform den Namen **Kompakt Form Faktor** (bzw. *Compact Form Factor*). Die UI Controls werden dabei nur mit 2 rem statt mit 3 rem dargestellt, wie es Abbildung 3.3 zeigt. Die dazugehörende CSS-Klasse lautet `sapUiSizeCozy`.

Abbildung 3.3 UI-Control-Darstellung mit Compact Form Factor

Der Entwickler muss festlegen, welche Variante verwendet werden soll. SAP stellt für das Einstellen von **Kompakt Form Faktor** die CSS-Klasse `sapUiSizeCompact` zur Verfügung. Diese CSS-Klasse wird über die Funktion `addStyleClass` oder das Attribut `class` auf dem View-Objekt der Hauptansicht gesetzt. Grundsätzlich wäre es jedoch auch möglich, die CSS-Klasse nur auf einen spezifischen Bereich (Container-Element) der Anwendung anzuwenden, jedoch nicht auf einfacher Elementebene. Es ist z. B. nicht möglich, auf dem Control `sap.m.Input` die Einstellung vorzunehmen.

Prüfen auf Gestensteuerung

Wie es in Listing 3.1 gezeigt wird, prüfen Sie über die Device API von SAPUI5, ob sich das Endgerät durch Gesten steuern lässt. Dazu wird das Attribut `sap.ui.Device.support.touch` abgefragt. Ist dieser Wert negativ, kann die CSS-Klasse, wie hier dargestellt, dem View zugewiesen werden. SAPUI5 bietet bzw. bot, je nach SAPUI5-Version, auch die Möglichkeit, über `jQuery.support.touch` die Gestenfähigkeit des Endgeräts zu erfragen. Diese Variante ist jedoch als veraltet gekennzeichnet und sollte deshalb nicht verwendet werden.

```
if(!sap.ui.Device.support.touch) {
  this.getView().addStyleClass("sapUiSizeCompact");
}
```

Listing 3.1 Setzen des Compact Form Factors

Nach dem Setzen der CSS-Klasse `sapUiSizeCompact` wurde durch SAPUI5 eine weitere CSS-Klasse dem entsprechenden HTML-Element für die Anwendung hinzugefügt. Abbildung 3.4 zeigt das Ergebnis im DOM-Baum.

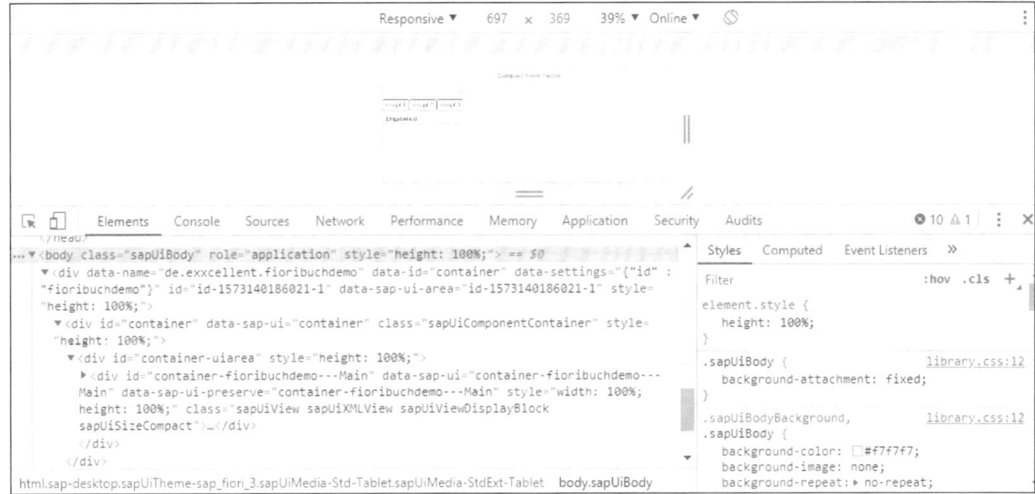

Abbildung 3.4 HTML-Ausgabe mit dem Compact Form Factor

An dieser Stelle möchten wir darauf hinweisen, dass für das in Listing 3.1 gezeigte Setzen des Compact Form Factors normalerweise nicht direkt im Controller der App auf das Touch-Attribut zugegriffen wird, sondern es über ein Device Model erfragt wird. Listing 3.5 zeigt später das Erstellen eines Device Models.

Mit Dialogen arbeiten

Die Verwendung von Dialogen innerhalb einer SAP-Fiori-Anwendung ist unerlässlich. Allerdings ist bei der Arbeit mit Dialogen zu beachten, dass das gerade beschriebene Setzen des Compact Form Factors nicht auf Dialoge angewandt wird. Das heißt, wenn Sie das in Listing 3.1 gezeigte Stück Code verwenden, wird zwar die Anwendung in den Compact Form Factor versetzt, nicht aber die Dialoge, die innerhalb der Anwendung geöffnet werden. Abbildung 3.5 zeigt einen einfachen Dialog, der über eine Schaltfläche aus der dahinterliegenden Anwendung geöffnet wurde. Wie Sie erkennen können, ist zwar die Anwendung im Compact Form Factor dargestellt, nicht aber der Dialog. Dies liegt daran, dass Dialoge nicht innerhalb der Anwendung in den DOM-Baum gehängt werden, sondern direkt unter die Wurzel. Vergleichen wir an dieser Stelle den in Abbildung 3.4 dargestellten HTML-Code mit dem Code aus Abbildung 3.5. Wie Sie sehen können, wurde unter dem Body-Knoten ein neuer DIV-Container eingehängt. Dieser DIV-Container ist das Elternelement für den angezeigten Dialog. Die CSS-Klasse `sapUiSizeCompact` ist jedoch dem darunterliegenden DIV-Knoten `t` zugeordnet. Aus diesem Grund wird der Dialog nicht mit dem Compact Form Factor angezeigt.

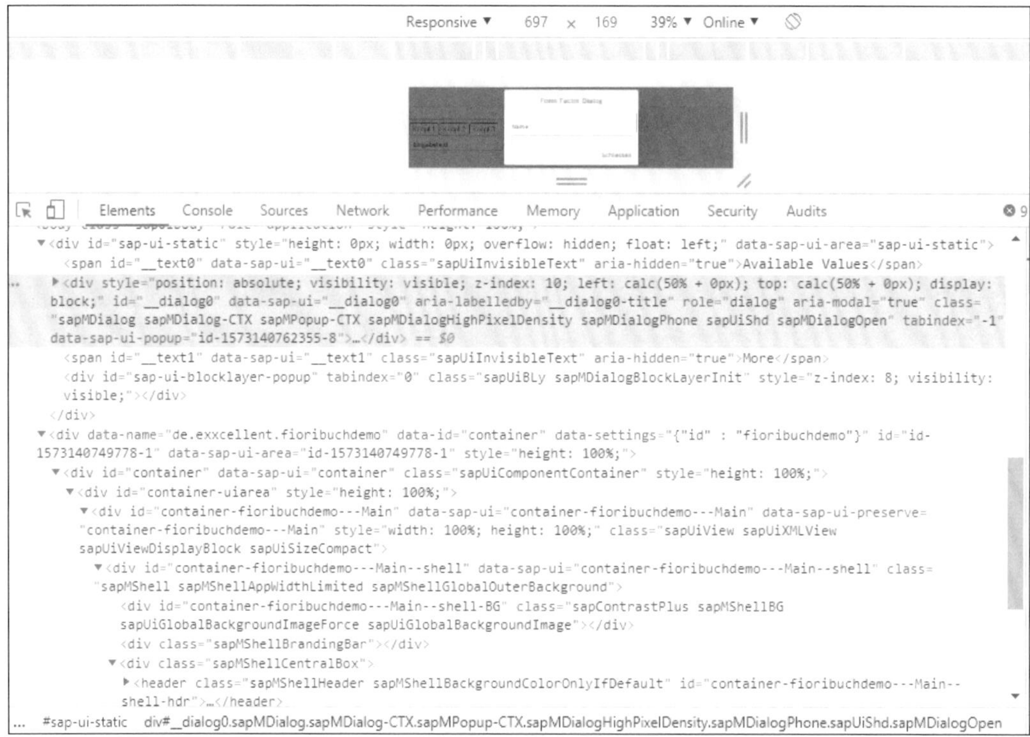

Abbildung 3.5 Ein »sap.m.Dialog«-Objekt in den HTML-Baum einbetten

»sap.ui.core.syncStyleClass«

Die Lösung für das gerade vorgestellte Dilemma bei der Arbeit mit Dialogen kann nur programmatisch sein. SAPUI5 bietet dazu seit SAPUI5 1.58 die Funktion `sap.ui.core.syncStyleClass`. Bei Vorgängerversionen wurde die Funktion `jQuery.sap.syncStyleClass` verwendet. Listing 3.2 zeigt die Verwendung der Funktion `sap.ui.core.syncStyleClass`. Wie Sie dem Listing entnehmen können, übergeben wir der Controller-Implementierung eine Referenz auf die Funktion `sap.ui.core.syncStyleClass`. Im ersten Teil der Funktion `onPress3` wird eine lokale Funktion implementiert. Sie kapselt die

Synchronisation des Formfaktors sowie das Öffnen des Dialogs. Die Funktion sap.ui.core.syncStyleClass erhält drei Parameter: Der erste gibt an, nach welcher CSS-Klasse gesucht werden soll, der zweite definiert, auf welchem UI Control (DOM-Element) nach der CSS-Klasse gesucht werden soll, und der dritte Aufrufparameter beschreibt, auf welchem UI Control (DOM-Element) die CSS-Klasse in diesem Fall gesetzt werden soll. Sie stellen dadurch sicher, dass der Compact Form Factor stets auf allen Teilen der Anwendung gesetzt ist. Der Rest der Funktion onPress3 dient lediglich dem Erstellen des Dialog-Objekts. Damit das Objekt und der DOM Inhalt nicht jedes Mal neu erstellt werden müssen, wenn ein Nutzer den entsprechenden Button anklickt, wird die Referenz auf den Dialog beim Erstellen in eine Member-Variable geschrieben. Die Implementierung prüft dann lediglich, ob das Objekt schon erstellt wurde. Dennoch wird weiterhin die lokale Funktion aufgerufen, um die Synchronität des Formfaktors sicherzustellen.

```
sap.ui.define([
       "sap/ui/core/mvc/Controller",
       "sap/ui/core/Fragment",
       "sap/ui/core/syncStyleClass"
], function (Controller,Fragment,syncStyleClass) {
       "use strict";

       return Controller.extend(
          de.exxcellent.fioribuchdemo.controller.Main", {
             onPress3:function(oEvent) {
               var fnSync = function() {
                  syncStyleClass("sapUiSizeCompact",
                  this.getView(), this._oDialog);
               this._oDialog.open();
             }.bind(this);

             if (!this._oDialog) {
               Fragment.load({
                   name: "de.exxcellent.fioribuchdemo.view.Dialog",
                   controller: this
               }).then(function(oDialog) {
                   this._oDialog = oDialog;
                   this.getView().addDependent(this._oDialog);
                   fnSync();
               }.bind(this));
             } else {
               fnSync();
```

```
            }
          },
//..
      });
});
```

Listing 3.2 Synchronisierung der CSS-Klasse

3.1.5 Schriftart

SAP Fiori verwendet grundsätzlich Systemschriftarten auf der Basis von *Sans Serif*. Um sicherzustellen, dass die Schrift über Browser-Grenzen hinweg einwandfrei dargestellt wird, wird ein Schriftartensatz verwendet, der sowohl *Arial* als auch *Helvetica* beinhaltet. Damit die Schrift auch auf Android-Geräten sauber dargestellt wird, wird auch die Android-Schriftart *Roboto* eingebettet.

3.1.6 Icons

Gerade Nutzer, die aus der SAP-Welt kommen, sind es gewohnt, dass Schaltflächen und Menüeinträge mit Piktogrammen näher erläutert werden. Auch bei SAP Fiori ist es bei einer Vielzahl von UI Controls möglich, visuelle Icons anzeigen zu lassen. Icons werden normalerweise außerhalb von Bildern dargestellt. Anders ist es bei SAP-Fiori-Anwendungen: Da SAP-Fiori-Anwendungen mit SAPUI5 implementiert werden, steht bei SAP Fiori auch der sogenannte *Icon Font* zur Verfügung. Icons werden damit nicht als Bilder, sondern als Zeichen eingefügt. Der besondere Vorteil bei der Nutzung des Icon Fonts ist, dass Sie dabei sehr einfach über CSS z. B. die Farbe anpassen oder die Größe skalieren können. Die entsprechende CSS-Klasse heißt im SAP-System `sapUiIcon`. SAPUI5-Icons werden über den *Icon Pool* bereitgestellt. Dieser Icon Pool befindet sich im Namensraum `sap.ui.core`, und Sie sprechen ihn über das `sap-icon://`-Protokoll an. Objekte vom Typ `sap.ui.core.Icon` werden zur Laufzeit mit dem entsprechenden Icon aus dem Font unter der Angabe des Pfads verknüpft. Wie bei SAPUI5 üblich, können Sie auch eigene Icons implementieren.

Icon Explorer

Damit Sie einen guten Überblick über die vorhandenen Icons erhalten, hat SAP den *Icon Explorer* implementiert. Dabei handelt es sich um eine SAPUI5-Anwendung. Der Icon Explorer ist unter *http://s-prs.de/v726812* aufrufbar. Über den Link gelangen Sie auf eine Übersichtsseite, wie in Abbildung 3.6 dargestellt. Hier können Sie sich aktuell Icons aus drei Kategorien anzeigen lassen.

- **SAP Icons**
  Icons, die für SAPUI5 Controls verwendet werden
- **SAP Fiori Tools**
  Icons, die eher in technischen Anwendungen eingesetzt werden
- **SAP Business Suite**
  generische Icons, die in Geschäftsanwendungen zum Einsatz kommen können

Abbildung 3.6 Icon Explorer für SAPUI5-Anwendungen

Nach der Auswahl einer Kategorie gelangen Sie zur Übersichtsseite der entsprechenden Icons. Wählen Sie z. B. die Kategorie **SAP Icons**, erhalten Sie eine Übersicht aller Icons dieser Kategorie. Wenn Sie ein Icon auswählen, werden Ihnen weitere Details angezeigt. Zum einen erfahren Sie den Zugriffspfad, über den Sie das Icon in einer SAPUI5-Anwendung einbetten können, zum anderen erfahren Sie, wie das Icon üblicherweise verwendet wird. Auf der vom Betrachter aus gesehen linken Seite können Sie aus einer Kategorie auswählen und erhalten dann, wiederum auf der linken Seite, die einzelnen Icons zur ausgewählten Kategorie. Oder Sie verwenden die **Suchen**-Option im Kopf der linken Seite. Nach der Auswahl eines Icons können Sie im Detailbereich die Darstellung des Icons sehen und einen Eindruck davon gewinnen, wie dieses Icon aussieht. Abbildung 3.7 zeigt beispielhaft das **Accept**-Icon. Wie Sie aus der Abbildung entnehmen können, werden unter der Suche Schlagworte angezeigt. Jedes Icon ist einem oder mehreren Schlagworten zugeordnet. Dies ermöglicht es auch, nach Schlagworten zu filtern. SAP-Icons können bei einer Vielzahl von UI Controls verwendet werden. Wie Sie Listing 3.3 entnehmen können, bietet z. B. das UI Control `sap.m.Button` ein Attribut mit dem Namen `icon`. Hier können Sie mit dem Präfix `sap-icon://` angeben, welches Icon Sie verwenden möchten. Durch das Präfix ist klar, dass das Icon aus der SAPUI5-Icon-Sammlung geladen werden soll.

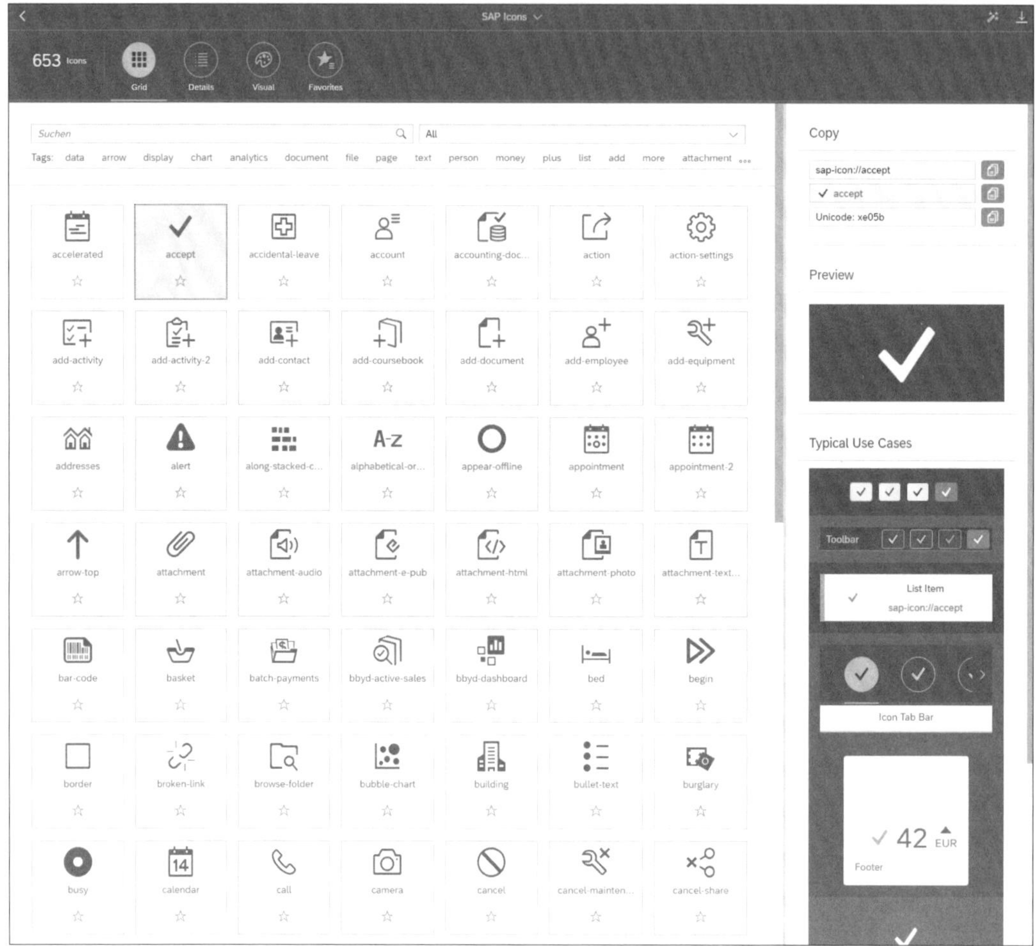

Abbildung 3.7 Der Icon Explorer von SAPUI5 am Beispiel der »Accept«-Icons

```
<Button id="btnHeader" icon="sap-icon://accept"
        press="" text="" />
```

Listing 3.3 Das »Accept«-Icon am Beispiel eines »sap.m.Button«-Objekts

3.2 Floorplans

Der visuelle Grundaufbau einer SAP-Fiori-Anwendung folgt sogenannten *Floorplans*. Ein Floorplan – also ein Grundriss – beschreibt in Abhängigkeit von der Anforderung an die Anwendung, wie die Anwendung aufgebaut ist und welche UI Controls innerhalb dieser Anwendung verwendet werden sollen. Ein Floorplan ist damit nichts anders als ein *UI Design Pattern*. Design Patterns beschreiben anhand einer Problemstellung, wie sich dieses Problem am besten lösen lässt. Ein Floorplan hat eine ähnliche Vorgehensweise. Er definiert eine visuelle Grundordnung, legt also fest, welcher UI-Aspekt implementiert werden soll, wie die UI Controls an der Oberfläche angeordnet werden und wie die Navigation zwischen den einzelnen Bestandteilen der Anwendung aussehen sollte. Diese Grundordnung sollte immer eingehalten werden, wenn Sie sich bei der Entwicklung an das Visual Design von SAP halten möchten. Damit ist es möglich, ein konsistentes und eingängiges Layout der Oberfläche zu erzeugen, ohne dass der Entwickler Experte in UI-Design-Fragen sein muss.

3.2.1 Seitenlayouts

Die erste Entscheidung, die Sie für die Oberflächen einer SAP-Fiori-Anwendung treffen müssen, besteht darin, wie das übergeordnete Layout der Seite aussehen soll. Diese Entscheidung definiert im weiteren Verlauf, welche Informationen wie auf der Oberfläche angezeigt werden sollen. Zusätzlich legen Sie damit auch fest, wie der Anwender innerhalb der Applikation zu spezifischen Informationen zu einem Geschäftsobjekt navigieren soll und wie ihm nach der Auswahl eines Objekts die Daten angezeigt werden sollen.

Übersicht über Layouts

Die SAP-Fiori-Designsprache hat sich seit dem Erscheinen der letzten Auflage dieses Buches im Bereich der Layouts weiterentwickelt. Bis zur Version 1.44 von SAPUI5 waren die folgenden beiden Grundrisse durch SAP Fiori definiert:

- *Full Screen Layout*
- *Split Screen Layout*

Mit Version 1.44 wurden das *Full Screen Layout* als veraltet markiert und ab Version 1.48 auch das *Split Screen Layout* und das damit verbundene *Master-Detail Layout*. Die drei Layouts wurden durch die folgenden beiden Layouts ersetzt:

- *Dynamic Page Layout*
- *Flexible Column Layout*

Das Ersetzen der beiden Layouts hat zur Folge, dass man sich entsprechend seiner SAPUI5-Version entscheiden muss, welches Muster man verwenden möchte. Denn Muster sind mit SAPUI5 Controls verbunden – und die Controls für die Implementierung der Seitenlayouts *Dynamic Page Layout* und *Flexible Column Layout* werden erst entsprechend der Verfügbarkeit im SAPUI5-Framework bereitgestellt.

Full Screen Layout

Die Nutzung des *Full Screen Layouts* wird für die Anzeige einer größeren Menge an Informationen empfohlen, wenn der Anwender alles auf einen Blick sehen soll. Für die Implementierung einer analytischen SAP-Fiori-Anwendung, bei der für den Nutzer neben KPI-Daten (*Key Performance Indicator*) auch noch Informationen als Diagramm visualisiert werden, bietet sich z. B. die Nutzung des gesamten Bildschirms an.

Abbildung 3.8 zeigt den Grundriss für das *Full Screen Layout*. Der Grundriss der Anwendung enthält im Kopf der Anwendung von links nach rechts die folgenden Elemente:

- die **Zurück**-Navigationsschaltfläche
- den Applikationsnamen
- eine Aktionsschaltfläche

Die Navigationsschaltfläche bietet die Möglichkeit, innerhalb der Anwendung von einer Ansicht in die zuvor dargestellte Ansicht zu wechseln. Die Implementierung der Navigation obliegt dabei dem Entwickler, da die Funktion nicht von SAPUI5 oder SAP Fiori bereitgestellt wird.

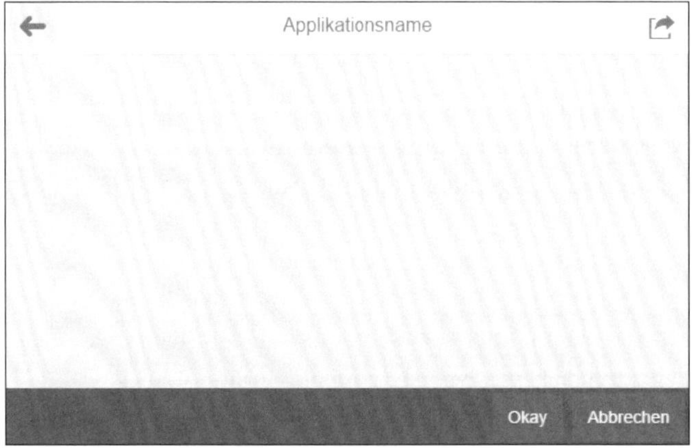

Abbildung 3.8 Das Full Screen Layout

Neben der Schaltfläche **Zurück** wird der Anwendungsname oder eine ähnliche Information im Kopf der Anwendung angezeigt. Zusätzlich ist es möglich, dass auf der rechten Seite eine Aktionsschaltfläche angeboten wird. Nach der Kopfzeile implementieren Sie im eigentlichen Inhaltsbereich der Seite die Informationen, die dem Nutzer präsentiert werden sollen. Für die Aktionsschaltfläche können Sie eins der Icons aus der SAPUI5-Icon-Sammlung auswählen.

Den Abschluss des *Full Screen Layouts* kann die optional einzublendende Fußzeile (*Footer*) bilden. Die Fußzeile kann die obligatorischen Aktionen enthalten, die dem Nutzer angeboten werden. Die Fußzeile wird über das *Footer-UI-Element* von SAPUI5 gebildet. Es enthält eine Reihe von Button UI Controls. Listing 3.4 zeigt die Implementierung des in Abbildung 3.8 dargestellten *Full Screen Layouts*. Der eigentliche Inhalt der Anwendung wird im *Content-Teil* der SAPUI5-Seite implementiert. Der Inhaltsbereich kann entweder durch den Entwickler frei gestaltet oder über die vordefinierten Grundrisse implementiert werden (siehe Listing 3.4).

```
<core:View xmlns:core="sap.ui.core"
           xmlns:mvc="sap.ui.core.mvc"
           xmlns="sap.m"
           xmlns:html="http://www.w3.org/1999/xhtml"
           controllerName="com.tenpoint.view.MasterView">
  <Page title="Applikationsname" showNavButton="true"
        showFooter="true">
    <headerContent>
      <Button id="btnHeader"
              icon="sap-icon://action"
              press=""
              text="" />
    </headerContent>
    <content>
      <!--Implementierung des Inhalts-->
    </content>
    <footer>
      <Toolbar>
        <ToolbarSpacer/>
        <Button text="Okay"
                type="Accept"/>
        <Button text="Abbrechen"
                type="Reject"/>
      </Toolbar>
    </footer>
  </Page>
</core:View>
```

Listing 3.4 Einfache Implementierung eines Full Screen Layouts

Das *Full Screen Layout* bietet dem Entwickler eine gewisse Flexibilität. Dadurch, dass der komplette Bildschirm zur Verfügung steht, können UI-Aspekte relativ frei positioniert werden. Allerdings ist das *Full Screen Layout* nicht per se responsiv. Der Entwickler muss dafür sorgen, dass die UI-Elemente in Abhängigkeit vom Endgerät korrekt positioniert werden.

Um dies zu erreichen, müssen die richtigen Layout Controls und natürlich auch die richtigen UI Controls gewählt werden – Controls eben, die responsives Verhalten zeigen.

Split Screen Layout

Im Gegensatz zum *Full Screen Layout* kommt das *Split Screen Layout* in Anwendungen zum Einsatz, in denen zur Navigation eher Listen verwendet werden. Bei der Nutzung des *Split Screen Layouts* kommt in aller Regel das *Master-List-Designparadigma* zum Einsatz. Dabei wird der Split Screen so genutzt, dass die beiden zur Verfügung stehenden Zeichenbereiche wie folgt aufgebaut sind:

- Die linke Seite, die sogenannte *Masteransicht*, enthält die Liste von möglichen Auswahlelementen. Die Einträge befinden sich dabei alle auf einer Ebene, und die Einträge in der Liste sollten keine große Abhängigkeit aufweisen (eine Abhängigkeit wäre z. B., dass Eintrag A nur dann angezeigt werden darf, falls Eintrag B im Feld X einen spezifischen Wert beinhaltet). Es ist nicht empfehlenswert, dieses Layout zu verwenden, wenn der Nutzer die Anzeige der Daten über sehr komplexe Filtermechanismen bearbeiten soll.
- Auf der rechten Seite wird die *Detailansicht* dargestellt. Sie wird bei jeder Auswahl eines Listeintrags mit den Detailinformationen des ausgewählten Eintrags befüllt. Abbildung 3.9 zeigt die Implementierung einer einfachen Split-Screen-Layout-Anwendung (auch *SplitApp* genannt).

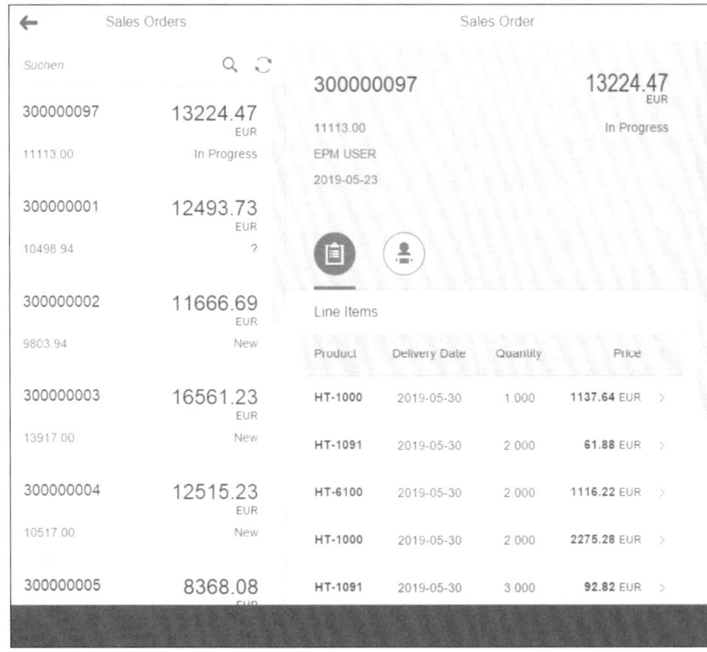

Abbildung 3.9 Das Split Screen Layout

Hauptliste

Der Aufbau der *Hauptlistenansicht* kann grundsätzlich aus drei Teilen bestehen. Der Kopf der Hauptlistenansicht befindet sich am Anfang der Liste und beinhaltet eine Schaltfläche zur **Zurück**-Navigation, die Überschrift sowie die aktuelle Anzahl der angezeigten Listeneinträge. Die Überschrift gibt an, welche Art von Entitäten in der Liste enthalten ist; die danach abgedruckte Anzahl der Entitäten in der Liste wird dabei in runden Klammern dargestellt. Zusätzlich sind zwei weitere optionale Aspekte erlaubt. Auf der rechten Seite der Anzeige kann darüber hinaus eine Aktionsschaltfläche angezeigt werden. Im Moment sind dabei allerdings nur zwei Aktionen erlaubt: zum einen das An- und Abschalten der Multiselektion und zum anderen die Auswahl eines Kontextfilters. Der Kontextfilter wird verwendet, wenn innerhalb der Liste komplexe und sehr unübersichtliche Informationen angezeigt werden. Mit dem Filter ist es dann möglich, die Anzeige entsprechend temporär anzupassen.

Suchen

Im optionalen Unterkopfbereich der Hauptlistenansicht können Sie zusätzlich ein *Suchfeld* integrieren. Das Suchfeld wird auf einem Tablet oder Smartphone initial nicht dargestellt, sondern erst bei einem Herunterziehen der Liste eingeblendet. Die Suche kann auf zwei Arten implementiert werden, als sogenannte *inkrementelle Suche* oder als manuelle Suche. Die inkrementelle Suche führt die Suchanfrage nach jedem Tastenanschlag durch. Die manuelle Suche wird hingegen explizit durch den Nutzer aufgerufen, indem er die **Suchen**-Schaltfläche anklickt oder die [↵]-Taste drückt.

Nach dem Kopfbereich wird der eigentliche Inhalt der Hauptlistendarstellung angezeigt. Der Inhalt des Hauptlistenbereichs kann für die Gestensteuerung um das UI Control `sap.m.PullToRefresh` erweitert werden. Dabei handelt es sich um ein UI Control, mit dem das Neuladen eines UI-Inhalts über ein Nach-unten-Ziehen ermöglicht wird. Abbildung 3.10 zeigt die beiden Zustände des Controls `PullToRefresh`. Nachdem der Nutzer die Liste mit dem Finger nach unten gezogen hat, wird ihm mitgeteilt, dass durch Loslassen die Aktualisierung startet. Im rechten Bild sehen Sie die Anzeige, während die Daten vom Backend-System angefordert und geladen werden.

Vergleichen Sie Abbildung 3.9 mit Abbildung 3.10, fällt auf, dass im Suchfeld in der ersten Abbildung noch das Auffrischungsicon angezeigt wird. Dieses Icon ist bei einem gestensteuerbaren Gerät nicht notwendig (siehe Abbildung 3.10). Hier wird die Device API zur Konfiguration der beiden UI-Elemente verwendet. Nach dem Refresh Control wird die eigentliche Liste implementiert. Die Hauptliste darf UI-Elemente vom Typ `sap.m.ObjectListItem`, `sap.m.StandardListItem` oder vom Typ `sap.m.CustomListItem` verwenden, falls keiner der vorhandenen `ListItem`-Typen die gewünschte Darstellung der Listeneinträge adäquat unterstützt. Standardmäßig müssen das erste Objekt in der Liste ausgewählt und die entsprechenden Detailinformationen im Detailbild dargestellt werden.

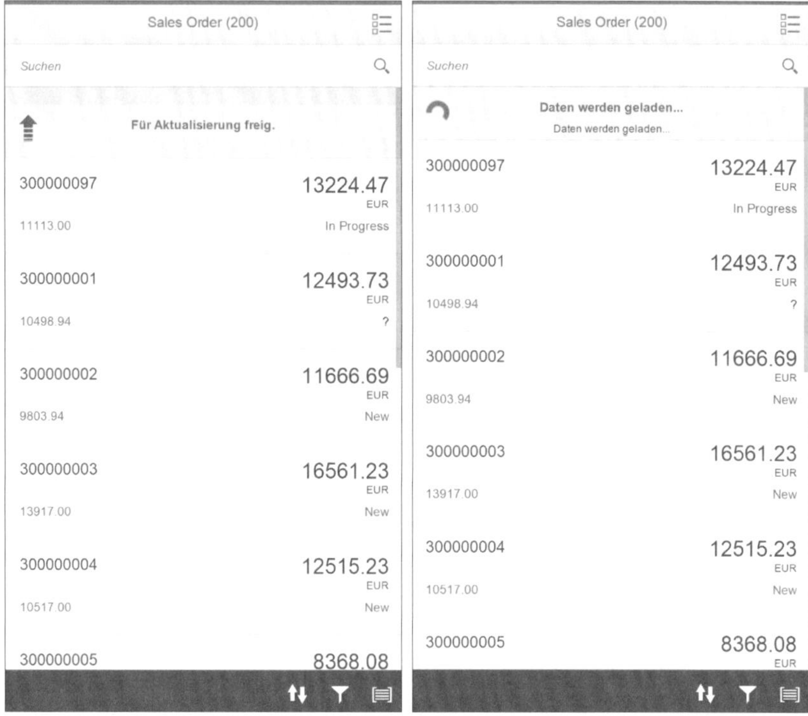

Abbildung 3.10 Listeninhalt mit »PullToRefresh« neu laden

Den Abschluss der Hauptlistenansicht stellt die *Hauptansichtsfußzeile* dar. Die Fußzeile kann Schaltflächen für das Filtern, das Sortieren oder das Gruppieren der Listeneinträge aufnehmen. Abbildung 3.11 zeigt die soeben beschriebene Fußzeile.

Abbildung 3.11 Die Hauptansichtsfußzeile

Responsive App

Wie schon in Kapitel 1, »Was ist SAP Fiori?«, erwähnt, ist das *Split Screen Layout* im Gegensatz zum *Full Screen Layout* responsiv. Die Anwendung wird auf einem Desktop oder Tablet im Querformat in ihrer Vollausprägung mit Hauptliste und Detailbereich dargestellt. Auf einem Smartphone oder einem Tablet im Hochformat erscheinen Hauptliste und Detailbereich als zwei getrennte Bildschirmbilder. Das direkte Zurücknavigieren von einer Detailansicht zur vorangegangenen Ansicht wird über eine Schaltfläche im Kopfbereich der Detailansicht ermöglicht. Die Schaltfläche wird auch nur auf einem Smartphone angezeigt, da die Verwendung dieser Schaltfläche auf einem Tablet oder einem Desktop nicht notwendig ist. Die geräteabhängigen UI-Aspekte, wie die erwähnte **Zurück**-Schaltfläche, werden über die Device API von SAPUI5 gesteuert. Anhand dieser API wird beim Start der Anwendung geprüft, ob die Applikation auf einem Smartphone ausgeführt wird oder nicht. Die ausgelesenen Informationen werden über ein sogenanntes *Device Model* der gesamten Anwendung zur Verfügung gestellt (siehe Listing 3.5).

```
var deviceModel = new sap.ui.model.json.JSONModel({
    isTouch : sap.ui.Device.support.touch,
    isNoTouch : !sap.ui.Device.support.touch,
    isPhone : sap.ui.Device.system.phone,
    isNoPhone : !sap.ui.Device.system.phone,
    listMode : sap.ui.Device.system.phone ? "None" :
        "SingleSelectMaster",
    listItemType : sap.ui.Device.system.phone ?  "Active" :
        "Inactive"
});
this.setModel(deviceModel);
```

Listing 3.5 Ablaufumgebung über die Device API auslesen

Detailansichten

Wie bereits angedeutet, besteht die Möglichkeit, dass eine Anwendung dieses Typs nicht nur über eine Detailansicht verfügt, sondern es kann außerdem zu weiteren Detailinformationen navigiert werden. Der Drilldown zu weiteren Informationen wird über Schaltflächen in der Kopfzeile der Detailansichten implementiert. Abbildung 3.12 zeigt, wie eine Kopfzeile in der Detailansicht dargestellt wird.

Abbildung 3.12 Kopfzeile einer Detailansicht

Wie Listing 3.6 zeigt, wird die Kopfzeile mit einer Detailnavigation in SAPUI5 so implementiert, dass über das UI Control `HeaderContent` der Interaktionsbereich der Seite zusammengefasst wird. Im `HeaderContent` werden dann im Weiteren die Schaltflächen zur Detailnavigation oder auch eine optionale Schaltfläche für eine weitere Aktion beschrieben. Die Schaltflächen zur Detailnavigation werden über `sap-icon://up` bzw. `sap-icon://down` so konfiguriert, dass die entsprechenden Bilder dargestellt werden. Das Präfix `sap-icon` muss angegeben werden, weil dadurch klar wird, dass das Icon aus dem Icon Pool geladen werden soll.

```
<Page title="Sales Order"
      class="sapUiFioriObjectPage"
      showNavButton="{device>/isPhone}"
      navButtonPress="handleNavButtonPress" >
  <headerContent>
    <Button id="btnProductListHeader"
            icon="sap-icon://action"
            press=""
            text="" />
    <Button icon="sap-icon://up"/>
    <Button icon="sap-icon://down"/>
  </headerContent>
  <!--Rest der Page -->
</Page>
```

Listing 3.6 Kopfzeile einer Detailansicht implementieren

Dynamic Page Layout

Das *Dynamic Page Layout* wurde als Nachfolger des *Full Screen Layouts* in die SAP Fiori Design Guidelines aufgenommen. Anders als das *Full Screen Layout* ist es komplett responsiv. Dies macht die Nutzung auf verschiedenen Endgeräten entsprechend einfacher. Die Dynamic Page stellt dabei lediglich ein Grundgerüst dar, in dem man unterschiedliche SAP-Fiori-Muster integrieren kann. Die Dynamic Page besteht aus einem Kopfbereich, dem Seiteninhalt und optional einer Fußzeile. Die Besonderheit des Kopfbereichs ist, dass dieser aufgeklappt werden und damit weitere Informationen darstellen kann.

Semantic Page Layout

Die SAP Fiori Design Guidelines enthalten zudem das sogenannte *Semantic Page Layout*. Dabei handelt es sich im Grunde lediglich um eine erweiterte Beschreibung des *Dynamic Page Layouts*. Denn im Gegensatz zum gerade vorgestellten *Dynamic Page Layout* gibt es für das *Semantic Page Layout* klare Regeln, wo UI-Aspekte wie globale Aktionen oder eine Titelinformation angezeigt werden sollen. Dies macht es deutlich einfacher, das Layout konsistent aufzubauen. Abbildung 3.13 zeigt ein einfaches *Semantic Page Layout*.

Flexible Column Layout

Wie bereits erwähnt, ist auch das bekannte und sehr weit verbreitete *Split Screen Layout* veraltet. An seine Stelle tritt das *Flexible Column Layout*. Ähnlich dem *Split Screen Layout*, bei dem das Grundlayout aus zwei Bereichen besteht, können beim *Flexible Column Layout* maximal drei Bereiche gleichzeitig dargestellt werden. Beim Start der Anwendung wird der erste

Bereich normalerweise im Vollbildmodus dargestellt. Üblicherweise handelt es sich, wie in Abbildung 3.14 dargestellt, um eine Liste. Je nach Implementierungsvariante wird über der Liste darüber hinaus die Möglichkeit zum Variantenmanagement, Suchen oder Filtern angeboten.

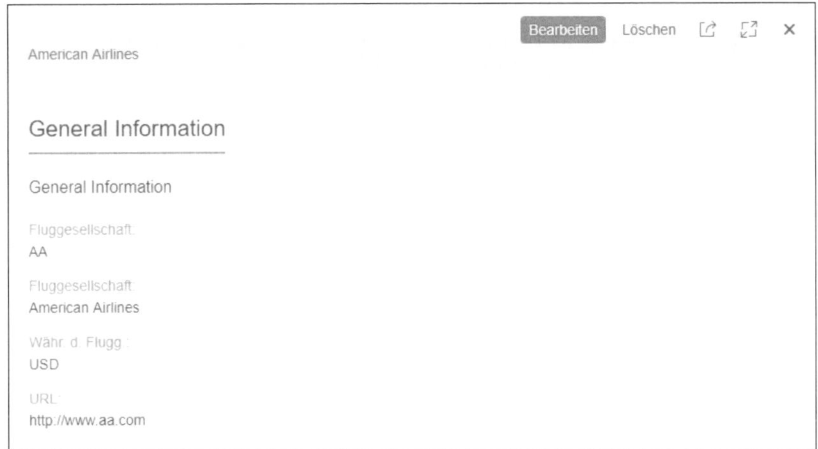

Abbildung 3.13 Einfaches Semantic Page Layout

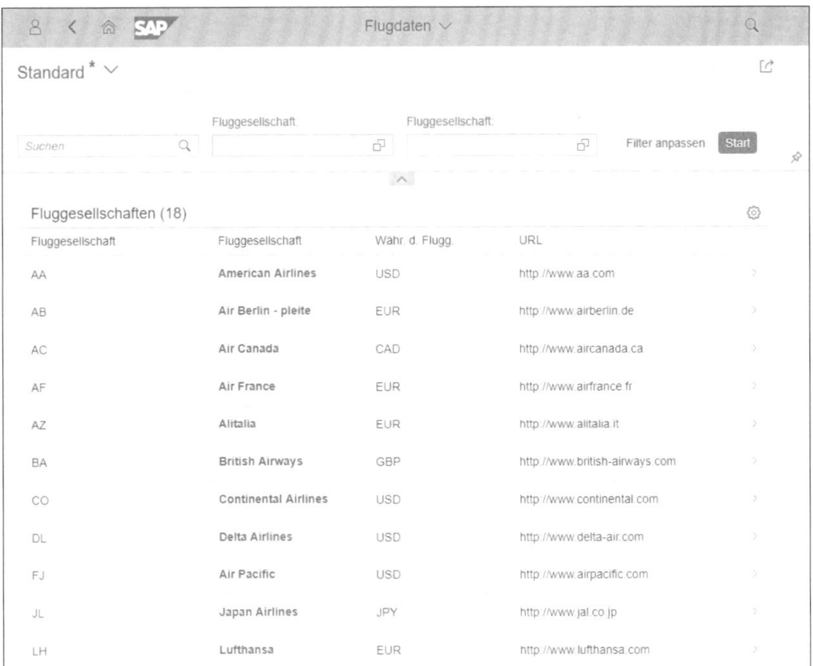

Abbildung 3.14 Listendarstellung des Flexible Column Layouts

Detailansicht

Wählt der Anwender einen Eintrag aus der Liste aus, wird der Bereich mit der Listendarstellung in seiner Breite reduziert, und neben ihm werden Details zum ausgewählten Listeintrag angezeigt. Wie Sie aus Abbildung 3.15 entnehmen können, wird der Bereich mit den Details breiter dargestellt als der Bereich mit der Liste. Im Detailbereich können Sie Anwendern die Möglichkeit bieten, die Details im Vollbild darzustellen – oder zur alleinigen Darstellung der Übersichtsliste zurückzukehren.

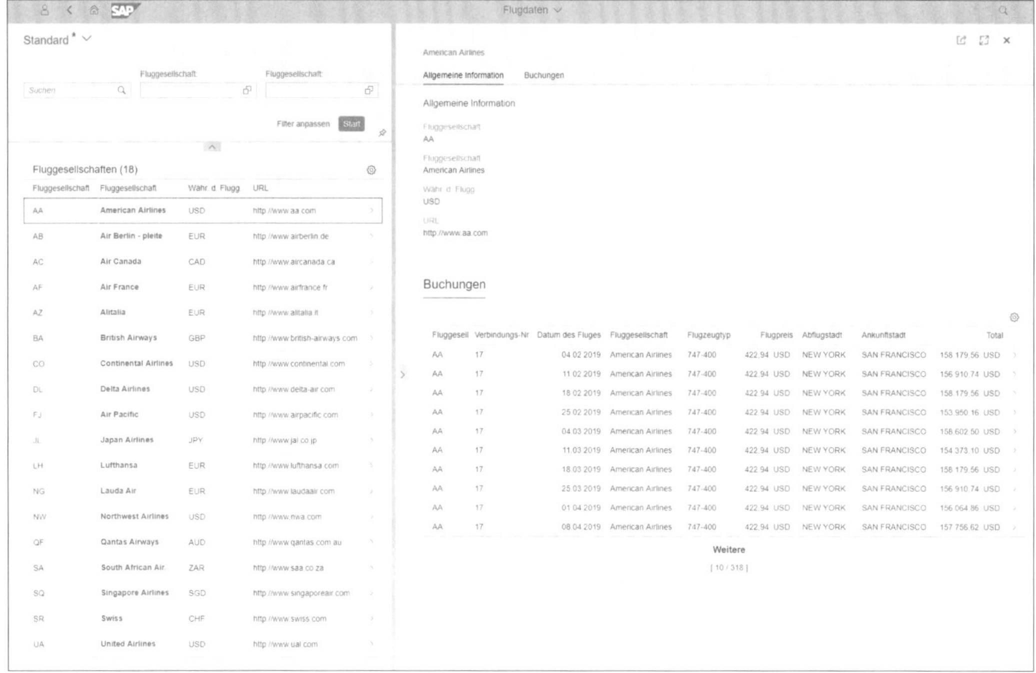

Abbildung 3.15 Detaildarstellung des Flexible Column Layouts

Weitere Detailansicht

Sie können Nutzern auch die Möglichkeit bieten, in der Detailansicht erneut einen Eintrag auszuwählen und weitere Details zu diesem anzeigen zu lassen. Der neue Bereich erscheint rechts neben den bereits vorgestellten Bereichen mit der Übersichtsliste und der ersten Detailansicht. Er ist in der Regel etwas breiter als die anderen beiden Bereiche, sodass die in ihm angezeigten Details im Fokus stehen. Abbildung 3.16 zeigt die dreigeteilte Bildschirmdarstellung einer Anwendung auf Basis des *Flexible Column Layouts*.

Von der im Fokus stehenden Detailansicht (in der Abbildung die rechte Spalte) können Sie Nutzern dann jeweils anbieten, in den Vollbildschirmmodus zu wechseln.

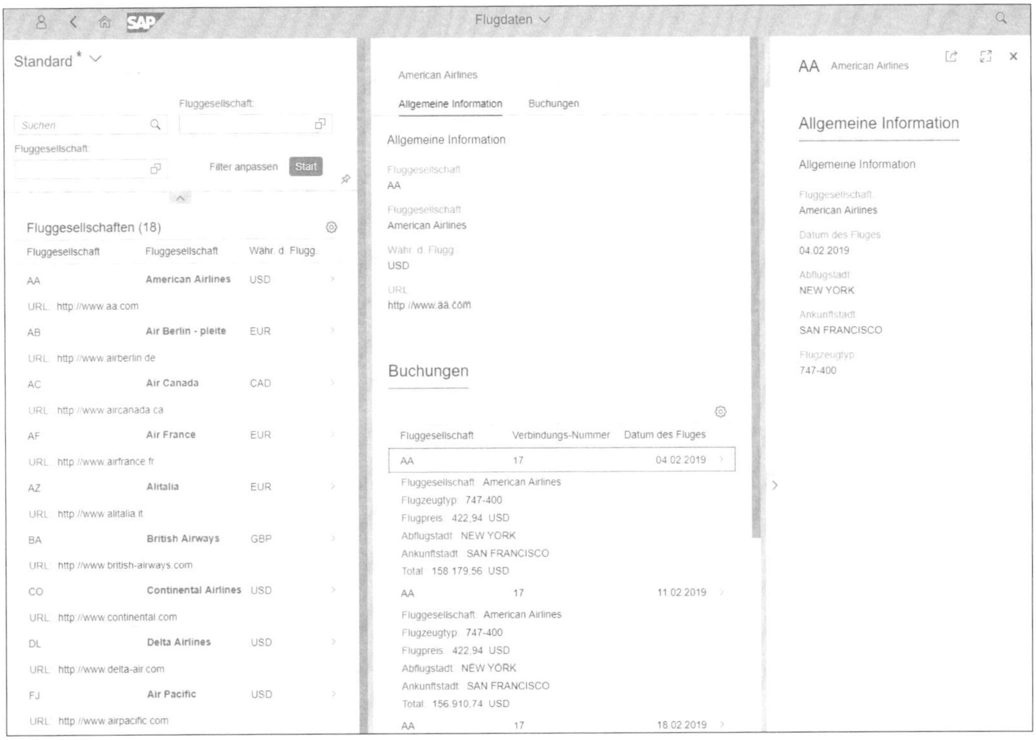

Abbildung 3.16 Weitere Details im Flexible Column Layout

3.2.2 Initial Page

In vielen SAP-Fiori-Anwendungen wählt der Nutzer ein spezifisches Geschäftsobjekt aus und lässt sich im zweiten Schritt Informationen zu diesem Objekt anzeigen oder bearbeitet das ausgewählte Objekt. Eine Variante, wie eine solche Selektion aussehen kann, haben wir gerade bei der master-detail-basierten Selektion besprochen. Wie kann aber eine Selektion bei einer vollbildbasierten Anwendung aussehen? Dazu gibt es das UI-Muster *Initial Page* (Startseite). Dieses Muster implementiert als Erstes (abgesehen von der Kopfzeile) ein UI Control zur Selektion eines Objekts. Abbildung 3.17 zeigt die Implementierung des Controls `sap.m.Input` als einfache Wertehilfe.

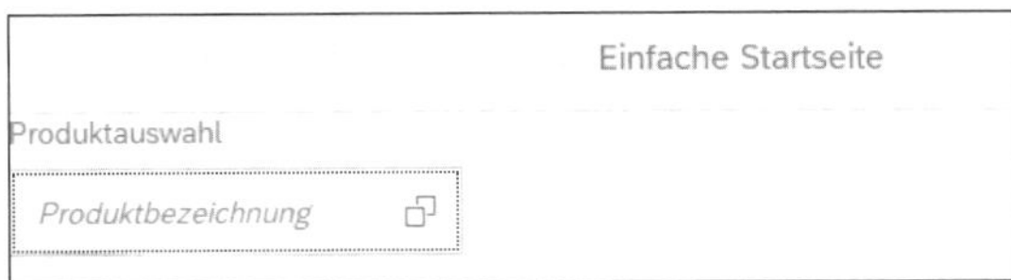

Abbildung 3.17 Selektionsbildschirm für die Objektauswahl

Wertehilfe Wählt der Anwender die Wertehilfe aus, wird ein Dialog geöffnet, in dem die entsprechenden Objekte angezeigt werden. Der Dialog wird als `sap.m.SelectDialog` implementiert. Nach der Auswahl eines Objekts werden unter der Wertehilfe im Inhaltsbereich der Anwendung die Objektdetails angezeigt. Wenn Sie die Suche als sogenannte *Live-Suche* implementieren und die gefundenen Werte (`suggestionItems`) anzeigen lassen, wird der Anwender mit einer Meldung darauf hingewiesen, falls kein Suchergebnis vorhanden ist. Die Meldung sollte am besten über den `valueState` des Eingabefelds ausgeprägt werden. Die Objekt-Details werden über die UI-Muster *Objektansicht, einfache Objektansicht* oder *Objektseite* dargestellt.

3.2.3 List Report

Besteht die Anforderung an die zu implementierende Anwendung, dass aus einer relativ großen Menge von Objekten des gleichen Typs ein Objekt zur Ansicht ausgewählt werden soll, empfehlen wir das UI-Muster *List Report* (listenbasierte Darstellung). Die listenbasierte Darstellung kann auch verwendet werden, wenn das ausgewählte Objekt gleich bearbeitet werden soll. Das UI-Muster definiert dazu neben der reinen Darstellung der Objekte in einer Liste eine Vielzahl von Operationen, die auf der Objektliste ausgeführt werden können. Zum Beispiel kann dem Anwender die Möglichkeit gegeben werden, anwendungsspezifische Filteroperationen auszuführen.

Aufbau Der Grundaufbau der Seite folgt dem Vollbildmuster. Im Seitenkopf steht der Name der Anwendung, und im darunterliegenden Segment wird der sogenannte *Filterbereich* eingeblendet. In diesem Bereich können Sie mit einem Objekt des Typs `sap.ui.comp.smartfilterbar.SmartFilterBar` oder des Typs `sap.ui.comp.filterbar.FilterBar` Filtermöglichkeiten anbieten. Darüber hinaus können dem Anwender sogenannte *Varianten* bereitgestellt werden. Varianten dienen dazu, vordefinierte Filterkonfigurationen zur Auswahl zur Verfügung zu stellen. Sie werden über die UI Controls `sap.ui.comp.variants.VariantManagement` und `sap.ui.comp.variants.VariantItem` implementiert.

UI Controls Die eigentliche Darstellung der Objekte kann über folgende UI Controls implementiert werden:

- `sap.m.List`
- `sap.m.Table`
- `sap.ui.table.TreeTable`
- `sap.ui.table.AnalyticalTable`
- `sap.ui.comp.smarttable.SmartTable`
- `sap.viz.ui5.controls.VizFrame`

Diese Aufzählung widerspricht allerdings der zu Beginn dieses Kapitels vorgestellten »Marschroute«, dass Sie in SAP-Fiori-Anwendungen keine UI Controls nutzen dürfen, die nicht zum `sap.m`-Namensraum gehören. Die listenbasierte Darstellung von Objekten ist nicht immer responsiv, denn die Fähigkeit, sich bedarfsgesteuert zu verhalten, hängt stark von den verwendeten UI Controls ab. Nutzen Sie UI Controls, die nicht responsiv sind, etwa `sap.ui.table.TreeTable`, müssen Sie als Entwickler das bedarfsgesteuerte Verhalten selbst implementieren.

3.2.4 Object Page

Einsatzgebiete

Die *Object Page* (Objektseite) dient der Darstellung von Detailinformationen eines Geschäftsobjekts. Dabei kann das Muster für einfache Darstellungen ebenso verwendet werden wie zur Darstellung komplexer Objekte. Es eignet sich sowohl zur Ansicht eines Objekts als auch dazu, dieses anzulegen und zu bearbeiten. Die Objektseite ist gänzlich responsiv und kann sich somit an die jeweiligen Anforderungen unterschiedlicher Endgeräte anpassen. Die Grundstruktur des Musters ist, egal, auf welchem Endgerät es dargestellt wird, immer gleich und besteht aus folgenden Bestandteilen:

- dynamischer Objektkopf
- Inhaltsbereich

Navigation

Zwischen diesen beiden Bereichen ist es möglich, eine Navigationsliste anzuzeigen. Dies ist besonders dann sinnvoll, wenn komplexere Objekte dargestellt werden sollen. Eine Unterteilung der Daten in unterschiedliche Sektionen erlaubt es, auch diese anschaulich zu präsentieren. Die Sektionen werden im Navigationsbereich dargestellt. Die Anzahl der Sektionen ist nicht begrenzt. Können nicht alle vorhandenen Sektionen nebeneinander angezeigt werden, wird die letzte darstellbare Sektion mit einer Dropdown-Funktion versehen. Der Inhaltsbereich wird dann entsprechend der vorhandenen Sektionen untergliedert. Passen nicht alle Daten bzw. Sektionen auf den Bildschirm, können Anwender scrollen. Zusammengehörende Informationen können innerhalb einer Sektion als sogenannte *Facette* zusammengefasst werden. Die Sektion, die gerade im Fokus steht, wird mit einem Unterstrich im Navigationsbereich versehen. Wechselt beim Scrollen der Fokus, wechselt entsprechend auch die Hervorhebung im Navigationsbereich. Abbildung 3.18 zeigt die Implementierung einer einfachen Objektseite.

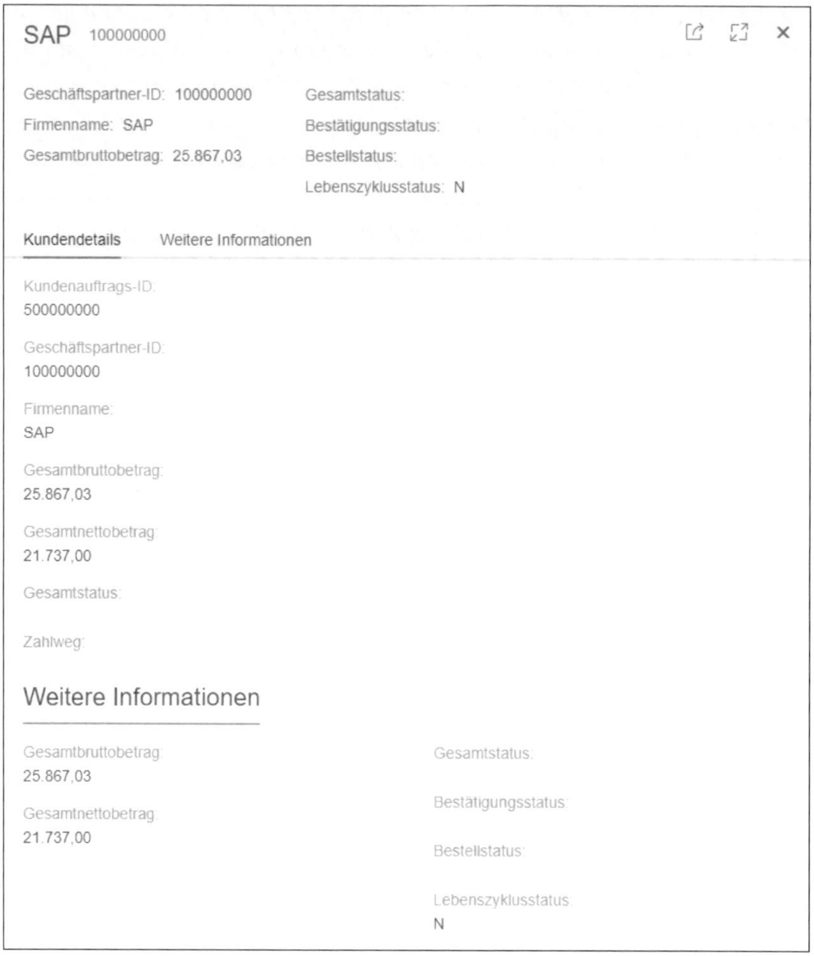

Abbildung 3.18 Einfache Objektseite mit Sektionen und Facetten

3.2.5 Object View

Vor der Einführung der gerade vorgestellten Objektseite wurden Objekte und ihre Details über den *Object View* (also die Objektansicht) implementiert. Dieser lässt sich ebenfalls zum Anzeigen und Bearbeiten einzelner Entitäten verwenden.

Einsatzgebiete

Die Objektansicht ist der bisher wohl am häufigsten verwendete SAP-Fiori-Grundriss. Mit dieser Ansicht werden die Details zu einer konkreten Entität angezeigt. Dabei kann die Objektansicht sowohl bei Master-Detail- als auch bei Full-Screen-Anzeigen zum Einsatz kommen. Sie wird – wie die Objektseite – immer dann eingesetzt, wenn komplexe Informationen mit minimalem Navigationsaufwand für den Nutzer präsentiert werden sollen.

Aufbau

Ein View, der diesem Muster folgt, besitzt zu Beginn der Implementierung einen Detailkopf ❶. Der Detailkopf enthält lediglich die Information darüber, welche Art von Information dargestellt wird. Im zweiten Teil der Anzeige wird ein Objekt vom SAPUI5-Typ `sap.m.ObjectHeader` angezeigt. Der Objektkopf ❷ ist sehr stark verwandt mit `sap.m.ObjectListItem`. Er besitzt die gleichen Attribute und kann daher besonders gut eingesetzt werden, um bei einer Master-Detail-Anzeige die Darstellung der Listeinträge wieder aufzunehmen. Neben dem Objektkopf gibt es bei dieser Darstellungsform einen optionalen Bestandteil, die Tab Leiste ❸. Dieser Teil besteht aus einem Objekt vom Typ `sap.m.IconTabBar`. Dieses UI Control kann verwendet werden, um relativ viele Informationen auf minimalem Raum mit minimaler Navigation zu realisieren. Der Vorteil ist, dass Sie eine größere Menge an Daten in unterschiedliche Kategorien einsortieren können.

Abbildung 3.19 veranschaulicht den Grundaufbau der Objektansicht. Wie Sie der Abbildung entnehmen können, wird der eigentliche Hauptinhalt ❹ unter dem UI Control `IconTabBar` angezeigt.

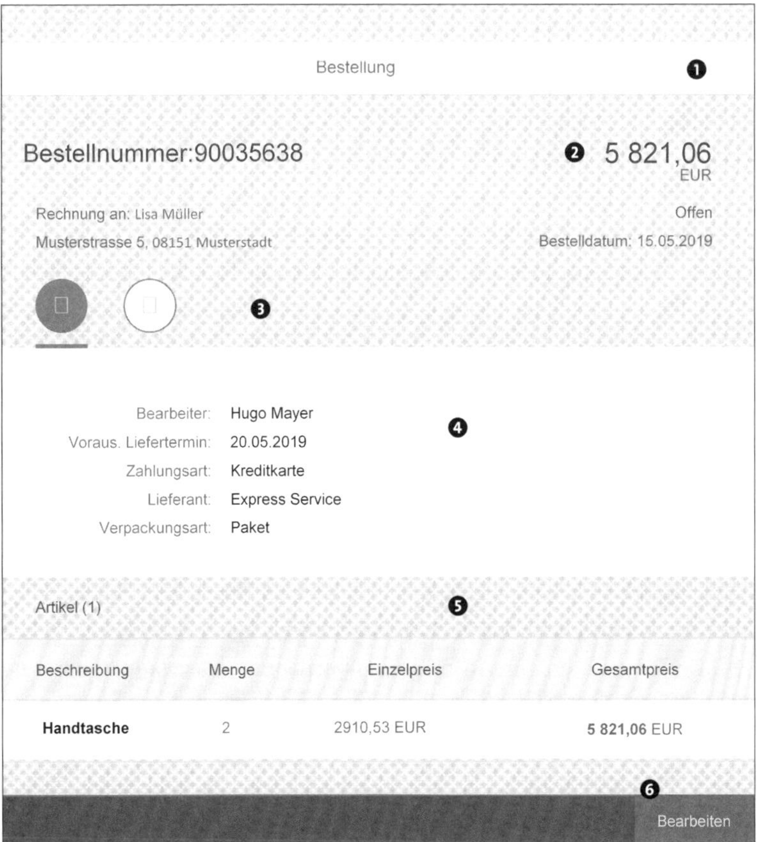

Abbildung 3.19 Bestandteile einer Objektansicht

Der Inhalt, der innerhalb einer Registerkarte von IconTabBar erscheint, kann entweder formularbasiert oder in einer Tabellendarstellung angezeigt werden. Im Hauptbereich ❺ können sich Listen, Tabellen (auch TreeTable) oder Diagramme präsentieren. Die Fußzeile ❻ enthält bei diesem UI-Muster wie üblich die Aktionen, die für das aktuelle Objekt ausgeführt werden können, z. B. das Aktivieren des Bearbeitungsmodus.

Einfache Objektansicht

Mit der *einfachen Objektansicht* (Flat Object View) können Sie alle Informationen zu einem ausgewählten Objekt auf einmal anzeigen lassen. Passen nicht alle Informationen auf den Bildschirm, muss der Nutzer scrollen. Anders als bei der Objektansicht bleibt bei diesem UI-Muster die Ansicht konstant, unabhängig davon, ob Sie sich im Ansichts- oder Bearbeitungsmodus befinden. Das Muster findet immer dann Anwendung, wenn Sie dem Nutzer alle Informationen auf einmal bieten möchten. Der Anwender muss nicht, wie bei der Objektansicht, über IconTabBar zu den Daten navigieren. Natürlich hat die einfache Objektansicht auch ihre Schattenseiten, denn bei zu vielen Informationen zu einem Objekt kann sie sehr leicht unübersichtlich werden. Der Nutzer verliert möglicherweise wichtige Aspekte zu einem Geschäftsobjekt aus dem Blick.

Unterschied zur Objektansicht

Die Grundstruktur der Seite ist identisch mit der der Objektansicht. Der einzige Unterschied liegt darin, dass IconTabBar nicht eingesetzt wird. Wie die Objektansicht kann das Muster sowohl in einer Master-Detail-Ansicht als auch in der Full-Screen-Ansicht verwendet werden. Wenn Sie in der einfachen Objektansicht Tabellen nutzen, sollten Sie darauf achten, dass die Anzahl an Elementen, die zu einem Zeitpunkt in der Tabelle angezeigt werden, begrenzt ist. Das liegt daran, dass, falls sich unter der Tabelle weitere Informationen befinden, der Anwender sie bei sehr langen Tabellen möglicherweise nicht wahrnimmt. Dies gilt auch bei der Nutzung von *Panel-Objekten*, die auf- und zuklappbar sind. Ist ein Panel zugeklappt, kann der Nutzer möglicherweise Informationen übersehen. Daher ist es ratsam, Panel-Objekte nicht mit der entsprechenden Fähigkeit zu implementieren.

3.2.6 Edit Page

Für das Anlegen und Bearbeiten von Geschäftsobjekten beschreibt SAP Fiori drei Designmuster zum Aufbau der Oberflächen. Das Hauptmuster ist die *Edit Page* (Bearbeiten von Objekten).

Bearbeiten von Objekten

Anwendung

Das Muster zur Bearbeitung von Objekten kann sowohl in einer eigenständigen Anwendung als auch integriert in einer ganzseitigen Anwendung oder als Teil einer Split-Screen-Layout-basierten Anwendung eingesetzt werden. Die Anpassung an das jeweilige Endgerät erfolgt über das verwendete Layout und über die darin enthaltenen UI Controls. Sie müssen daher lediglich darauf achten, dass Sie ein responsives Layout wählen. Dies gilt auch für die UI Controls aus dem `sap.m`-Namensraum. Die Hauptintention ist bei dieser Layoutvorgabe, dass eine Entität in irgendeiner Form bearbeitet wird. Die etwaige Anwendung kann dabei entweder nach der Selektion des zu bearbeitenden Objekts direkt in den Bearbeitungsmodus wechseln oder erst, nachdem der Nutzer eine entsprechende Aktion ausgeführt hat. Welche der beiden Möglichkeiten in der konkreten Anwendung ausgeprägt wird, hängt vom jeweiligen Anwendungsfall ab. Ist die Anwendung für die Bearbeitung von geschäftskritischen Objekten gedacht, sollten Sie den expliziten Bearbeitungsmodus vorziehen, weil dadurch effektiv verhindert werden kann, dass eine Bearbeitung versehentlich erfolgt.

Aufbau

Der Grundaufbau der Seite zur Bearbeitung eines Objekts untergliedert die Seite in drei Teilbereiche. Den Anfang macht der Seitenkopf; er enthält lediglich einen Text, der angibt, welches Objekt bearbeitet wird. Im mittleren Teilbereich wird das eigentliche Formular für die Bearbeitung angezeigt. Im unteren Teil des Views erscheint die Fußzeile (Footer). Aktionsschaltflächen finden in diesem Bereich ihren Platz. Abbildung 3.20 zeigt den Aufbau des UI-Musters.

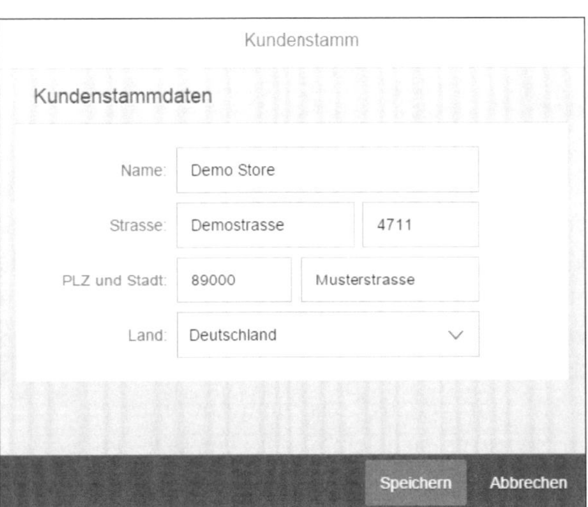

Abbildung 3.20 Aufbau des UI-Musters Edit Page

Die SAP Fiori Design Guidelines beschreiben nicht nur allgemein, wie eine Seite zur Bearbeitung eines Objekts aufgebaut sein soll, sondern geben auch verschiedene Varianten vor, wie eine Bearbeitung aussehen kann.

Speziell wird z. B. beschrieben, wie die Sequenz der Bearbeitung implementiert werden soll. Die Guidelines definieren dabei zwei verschiedene Implementierungsmöglichkeiten: die einfache Bearbeitung und die teilweise Bearbeitung, die wir Ihnen in den nächsten Abschnitten vorstellen.

Einfaches Bearbeiten von Objekten

Anwendung

Die erste Implementierungsvariante ist das *einfache Bearbeiten*. Nach der Auswahl des zu bearbeitenden Objekts werden die entsprechenden Detailinformationen zum Objekt angezeigt. Dabei ist es unerheblich, ob es sich bei der Anwendung um eine master-detail-basierte Anwendung oder um eine Vollbildanwendung handelt. Nachdem der Anwender das Objekt ausgewählt hat, muss er aktiv über eine Schaltfläche in der Fußzeile in den Bearbeitungsmodus wechseln (siehe Abbildung 3.21).

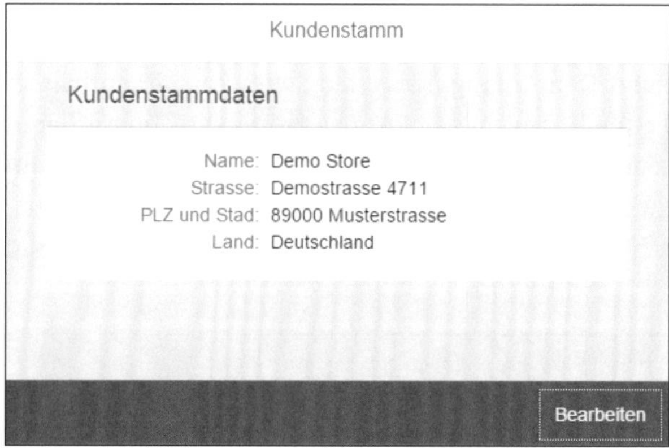

Abbildung 3.21 Datenanzeigemodus

Änderungen ermöglichen

Im Anschluss können die Objektinformationen geändert werden. Nachdem die Änderungen durchgeführt worden sind, muss der Anwender die Änderung über das Anklicken der **Speichern**-Schaltfläche, die ebenfalls in der Fußzeile implementiert ist, an das Backend übermitteln. Im Anschluss an das erfolgreiche Speichern wird das Objekt in der Übersicht aller Objekte als geändert markiert. SAP Fiori verlangt, dass dem Anwender ein Dialog angezeigt werden muss, sobald er nach dem Ändern eines Objekts ein weiteres Objekt auswählt, ohne davor das aktuelle Objekt gespeichert zu haben. Der Dialog enthält zwei Schaltflächen: eine Schaltfläche zur Bestätigung, dass der Nutzer nicht speichern, sondern navigieren möchte, und die zweite Schaltfläche zum Schließen des Dialogs (siehe Abbildung 3.22).

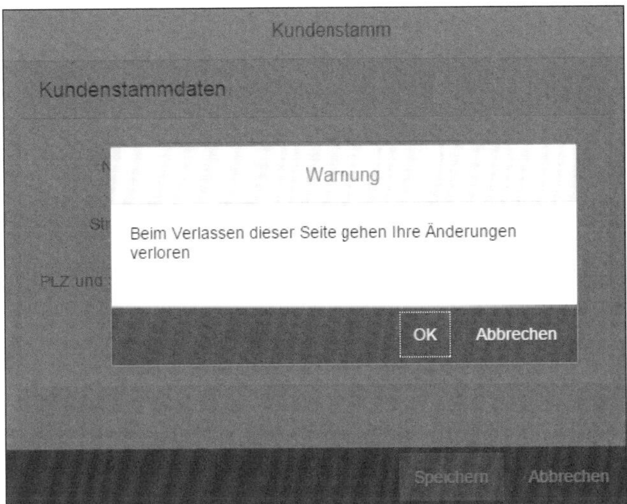

Abbildung 3.22 Warnhinweis beim Verlassen eines Objekts, ohne zu speichern

Verwenden Sie das UI-Muster *Edit Page* und seine verwandten, noch folgenden UI-Muster in einer master-detail-basierten Anwendung, sollten Sie darauf achten, dass nach dem Speichern das geänderte Objekt in der Masteransicht mit einem Änderungsmarker versehen wird. Durch das Kennzeichen ist für den Anwender klar ersichtlich, welche Objekte er bearbeitet hat.

Teilweises Bearbeiten von Objekten

Die zweite Variante besteht darin, dem Anwender die Möglichkeit zu geben, den Editiermodus auf unterschiedlichen Informationsstufen zu aktivieren. Das *teilweise Bearbeiten* von Objekten ist zu empfehlen, wenn auf der Oberfläche unterschiedliche UI-Aspekte, wie etwa Tabellen, Diagramme und Objektinformationen, angezeigt werden. Die Trennung der einzelnen UI-Aspekte in Anzeigebereiche führt zu einer ruhigen Oberflächengestaltung. Dabei wird jedem der einzelnen Anzeigebereiche, in denen der Nutzer Daten ändern können soll, eine Schaltfläche zugewiesen. Über diese Schaltfläche kann der Nutzer dann den Bearbeitungsmodus für die darin angezeigten Objektdaten aktivieren. Damit werden die Eigenschaften des entsprechenden Bereichs in einem Dialogfenster angezeigt. Der Dialog erhält auch zwei Schaltflächen: eine Schaltfläche zum Bestätigen der Eingaben und eine weitere, um die Eingaben abzubrechen. Wird der Vorgang abgebrochen, müssen die bis dahin geänderten Daten wieder auf den Ausgangswert zurückgesetzt werden. Auch bei dieser Bearbeitungsvariante gilt, dass der Nutzer informiert wird, dass er noch nicht gespeichert hat, wenn er ein anderes Objekt bzw. einen anderen Bereich desselben Objekts auswählt.

Anlegen von Objekten

Ein weiteres UI-Muster von SAP Fiori steht für das *Anlegen* neuer Objekte zur Verfügung. Es handelt sich bei diesem Muster um eine etwas abgewandelte Form des gerade beschriebenen UI-Musters *Edit Page*. Der Grundaufbau der Seite folgt dem gleichen Muster. Um in das Bild zum Anlegen eines neuen Objekts zu gelangen, wird in einer SplitApp eine weitere Schaltfläche in der Fußzeile angeboten. Klickt der Nutzer auf die Schaltfläche, präsentiert sich im Detailfenster der entsprechende Dialog. Es ist auch erlaubt, die Schaltfläche in der Fußzeile der Detailseite anzuzeigen. Handelt es sich bei dem anzulegenden Objekt um ein Objekt, das in einer Tabelle im Detailbild dargestellt werden soll, wird eine **Hinzufügen**-Schaltfläche über der Tabelle dargestellt.

Mehrseitige Bearbeitungsdialoge

Bei dem vorgestellten UI-Muster *Edit Page* geht man davon aus, dass die Objektinformationen, die der Nutzer ändern kann, auf einer Seite dargestellt werden. SAP Fiori erlaubt es jedoch auch, dass die Daten, gerade bei einer größeren Menge an Informationen, auf mehreren Seiten angezeigt werden. Der Nutzer kann dann über die Detailnavigation zwischen den Bildern wechseln. Möchte man nun bei diesem Aufbau einen Bearbeitungsmodus implementieren, stellt sich die Frage, wie dies aussehen soll. Soll beim Wechsel in den Bearbeitungsmodus lediglich das aktuelle Detailbild in den Bearbeitungsmodus versetzt werden, oder sollen alle Detailbilder den Modus ändern? SAP Fiori ermöglicht beide Szenarien. Man spricht dabei vom *lokalen Bearbeitungsfluss* bzw. vom *globalen Bearbeitungsfluss*.

Lokaler Bearbeitungsfluss

Der lokale Bearbeitungsfluss folgt dem bereits beschriebenen Fluss zur Bearbeitung von Objekten. Jedes Detailbild verfügt dabei über eine separate Schaltfläche, mit der Sie in den Bearbeitungsmodus wechseln können. Verlässt der Anwender das Bild, ohne zu speichern, erhält er einen entsprechenden Bestätigungsdialog mit einem eindeutigen Hinweis, dass er im Begriff ist, seine Änderungen zu verlieren.

Globaler Bearbeitungsfluss

Im globalen Bearbeitungsfluss gibt es nur eine Schaltfläche, über die in den Bearbeitungsmodus gewechselt werden kann. Nachdem der Anwender die Schaltfläche angeklickt hat, wird sie für das Aktivieren des Bearbeitungsmodus ausgeblendet, und zwei andere Schaltflächen nehmen ihren Platz ein. Die erste Schaltfläche dient zum Speichern der Änderungen, die zweite verwirft die Änderungen. Zudem gibt es bei diesem Modus keinerlei Sicherheitsabfrage, ob der Anwender auch tatsächlich vor dem Verlassen eines Detailbilds gespeichert hat. Änderungen werden clientseitig im jeweiligen Modell temporär abgelegt. Auf den jeweiligen Detailseiten werden stets zwei Schaltflächen dargestellt. Eine Schaltfläche ermöglicht es, aus jedem Detailbild zurück zur Hauptseite zu gelangen. Sie ist immer aktiv. Wird auf diese Schaltfläche geklickt, werden die Daten vor der Navigation temporär auf dem Client gespeichert. Die Anwendung bleibt jedoch weiterhin im Bearbeitungsmodus. Der Modus wird so lange beibehalten, bis der Nutzer auf den **Speichern**- oder **Rückgängig**-Button klickt. Die zweite Schaltfläche dient dazu, vorgenommene Änderungen wieder rückgängig zu machen und die Ausgangsdaten aus dem Backend wieder anzuzeigen. Diese Schaltfläche wird erst aktiviert, wenn der Nutzer mit der Änderung beginnt. Das Aktivieren der Schaltfläche muss entsprechend implementiert werden.

Die Navigation zwischen den verschiedenen Detailseiten erfolgt nicht, wie Sie dies aus so manchem Webshop kennen, über **Vor**- und **Zurück**-Schaltflächen in der Fußzeile, sondern über die in Abbildung 3.12 bereits gezeigten Navigationsschaltflächen.

Migration zur Object Page

Wie einführend erwähnt, ist die Objektansicht mit Einführung der Objektseite in die SAP Fiori Design Guidelines veraltet. Das bedeutet für uns, dass wir bei entsprechender SAPUI5-Version die Objektansicht nicht mehr für neue Anwendungen verwenden sollten. Für bestehende Anwendungen sollten Sie sich perspektivisch auf eine Migration der Objektansicht hin zur Objektseite einstellen. Eine Objektseite kann relativ komfortabel mithilfe von SAP Fiori Elements implementiert werden.

3.2.7 Worklist

Unterschied zur listenbasierten Darstellung

Für die Arbeit mit Arbeitsvorräten beschreiben die SAP Fiori Design Guidelines ein eigenes UI-Muster. Das Muster *Worklist* (Arbeitsliste) beschreibt den grundsätzlichen Aufbau und verwendet einige der bereits vorgestellten Muster. Arbeitslisten werden über eine Vollbildschirmanwendung realisiert. Das zentrale Ziel und damit der Unterschied zur listenbasierten Darstellung ist es, dass die ausgewählten Objekte aus der Arbeitsliste bearbeitet bzw. verarbeitet werden. Das Muster soll nur für Vollbildschirmanwendungen eingesetzt werden und nicht für Hauptdetailansichten. Handelt es sich bei den Objekten in der Liste um sehr einfache Objekte mit wenig komplexen Darstellungsvarianten, kann die Arbeitsliste alternativ auch als Split-Screen- bzw. Flexible-Column-Layout-basierte Anwendung implementiert werden.

Wir gehen an dieser Stelle von der Vollbildimplementierung aus. Auf der ersten Seite der Anwendung implementieren wir eine Tabelle mit den abzuarbeitenden Objekten (siehe Abbildung 3.23). Falls es sich um Objekte unterschiedlichen Typs handelt, ist es möglich, dass Sie über die Nutzung von `IconTabBar` (`sap.m.IconTabBar`) die Objekte entsprechend ihrem Typ unterteilen und die Auswahl des Typs in der Tabelle anzeigen. Im Kopf der Tabelle kann der Nutzer die Möglichkeit zur Suche, Sortierung, Filterung und Gruppierung erhalten. Dabei ist zu beachten, dass das Anbieten einer Filteroption dazu führen kann, dass wichtige Arbeitslisteinträge nicht berücksichtigt werden, da sie über einen Filter ausgeschlossen wurden.

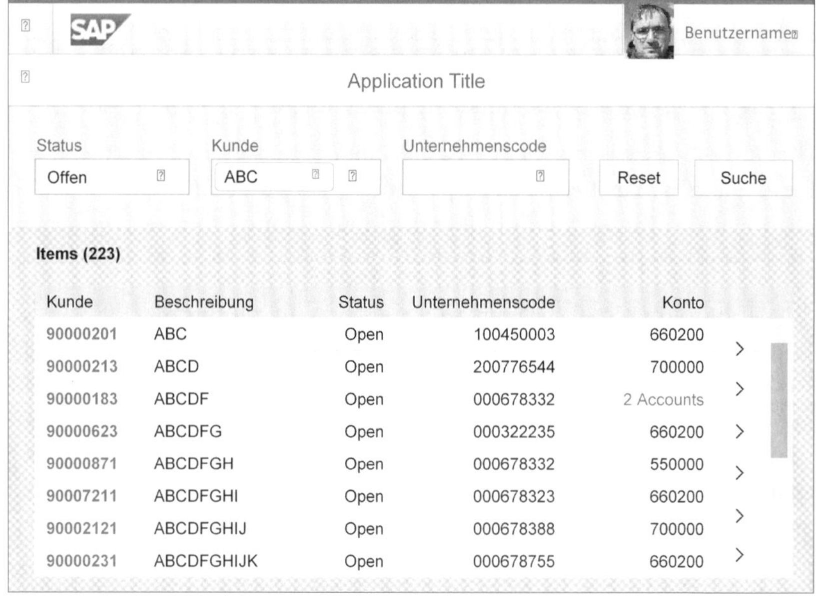

Abbildung 3.23 Einfache Arbeitsliste

3.2.8 Analytical List Page

Aufbau Eine Weiterentwicklung des Musters *List Report* ist die *Analytical List Page* (kurz ALP). Der Grundaufbau ist daher gleich, allerdings bietet die *Analytical List Page* sehr viel flexiblere Darstellungsmöglichkeiten.

Abbildung 3.24 zeigt eine beispielhafte ALP. Das UI-Muster wird eingesetzt, wenn Nutzer Daten analysieren können sollen. Über grafische Filteroptionen im Kopf kann ihnen die Möglichkeit geboten werden, KPIs auszuwählen und direkt in die entsprechenden Daten zu navigieren. Der Inhaltsbereich der ALP kann entweder eine Tabelle, ein Diagramm oder aber eine Mischung aus beidem beinhalten.

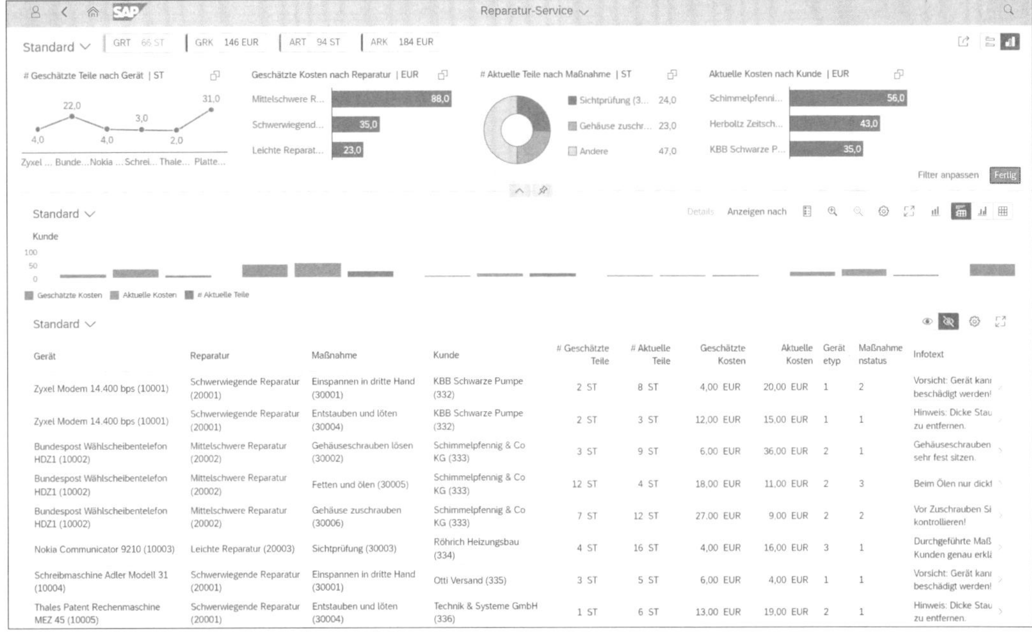

Abbildung 3.24 Analytical List Page

Einsatzgebiete

Die SAP Fiori Design Guidelines schreiben vor, dass es in einer ALP-Anwendung maximal drei globale KPI-Anzeigen geben darf. Der Fokus soll bei der ALP nicht auf der Suche, dem Sortieren, Filtern oder Gruppieren aller Daten liegen. Auch das Ausführen von Aktionen auf einzelne Elemente der Liste ist nicht der eigentliche Zweck dieses UI-Musters.

Wie bereits gesagt, bietet sich die Verwendung der ALP immer dann an, wenn eine große Menge an Daten analysiert werden soll. Der große Vorteil des Musters ist, dass Anwender bei der Analyse durch visuelle Filter unterstützt werden. Soll z. B. auf Basis vorhandener Daten geprüft werden, ob es angesichts der Absatzzahlen sinnvoll ist, die Produktion von Fahrzeugen zu steigern – und wie hoch dabei die Anzahl von roten Fahrzeugen sein sollte –, bietet sich die ALP als hilfreiches Werkzeug an.

Die ALP ist vollständig responsiv und kann auch adaptiv eingesetzt werden. Dies ist wichtig zu erwähnen, da es bei ihr entsprechend keine Einschränkungen bei bestimmten Endgeräten gibt. Gerade Nutzer, die sich von unterwegs mit dem Smartphone einen schnellen Überblick über Zahlen und Fakten wünschen, profitieren davon.

Die ALP kann entweder mithilfe von SAP Fiori Elements oder aber über SAPUI5 implementiert werden. Die Verwendung von SAP Fiori Elements (und ABAP CDS) vereinfacht die Implementierung dabei stark.

3.2.9 Wizard

Das Führen eines Anwenders durch einen komplexeren und möglicherweise unbekannteren Erfassungsprozess stellt einen häufigen Anwendungsfall bei Geschäftsanwendungen dar. SAP Fiori beschreibt für diese Anforderung das Muster *Wizard*. Dieses UI-Muster führt den Anwender Schritt für Schritt durch die Erfassung. Zur Überprüfung der Eingaben und bevor diese tatsächlich im Backend weiterverarbeitet werden, wird dem Anwender ein Übersichtsdialog mit den bis dahin erfassten Daten im Anzeigemodus eingeblendet. Die Anzahl der Schritte kann zu Beginn der Verarbeitung bekannt oder unbekannt sein und je nach Auswahl bestimmter Erfassungsmöglichkeiten auch von Aufruf zu Aufruf unterschiedlich ausfallen. Das heißt, dass je nach Auswahl und Nutzung der Anwendung Schritte eingeblendet bzw. ausgeblendet (übersprungen) werden können. Abbildung 3.25 zeigt eine einfache Implementierung des Wizard-Musters. Wie Sie der Abbildung entnehmen können, werden im Kopf einzelne Schritte gemäß ihrer Abarbeitungsreihenfolge angezeigt. Die Schritte können dabei entweder mit einer Zahl oder mit einem Icon versehen werden. Zusätzlich kann ein Titel angezeigt werden. Icons sollten dabei in der Schrittanzeige nur einmal vorkommen und selbsterklärend sein. Alternativ erlaubt das Muster auch einen beschreibenden Text im Kopf der Schrittimplementierung.

Abbildung 3.25 Der Wizard

Den Rumpf des Musters implementiert das SAPUI5 Control `sap.m.Wizard`. Das UI Control wurde mit SAPUI5-Version 1.30 veröffentlicht und implementiert das schrittweise Leiten des Anwenders. Das UI Control ist responsiv und zeigt die Schritte bei der Ausführung im Cozy Form Factor in verkürzter Form an (siehe Abbildung 3.26).

Abbildung 3.26 Der Wizard im Cozy Form Factor

Fehlerverarbeitung

Bei der Verarbeitung der eingegebenen Informationen können Sie zwei grundsätzlich verschiedene Arten der Überprüfung unterscheiden:

- Zum einen gibt es die Überprüfung der Eingaben in einem Eingabeschritt, wobei die Eingabefelder des aktuellen Eingabeschritts geprüft werden, sobald der Anwender von einem Eingabeschritt zum nächsten navigiert.
- Zum anderen gibt es die Überprüfung aller eingegebenen Daten, die durchgeführt wird, sobald auf der Übersichtsseite die **Absenden**-Schaltfläche (**Submit**) angeklickt wird.

Treten bei der Validierung Fehler auf, werden diese in einem *Message Popover* (`sap.m.MessagePopover`) dargestellt. Wählt der Anwender hier einen Eintrag aus, navigiert die Anwendung zu dem entsprechenden Feld, das durch die Formvalidierung entsprechend farblich markiert ist.

3.2.10 Overview Page

Situation bei listenbasierter Darstellung

Häufig gibt es in Unternehmen Anwendungsfälle, bei denen Nutzer sich lediglich einen kurzen Überblick verschaffen müssen – z. B. darüber, welche Kunden aktuell die meisten Bestellungen aufgegeben haben und auf welche Höhe sich diese belaufen. Dabei sind unter Umständen jedoch vor allem die fünf Kunden mit dem höchsten Bestellvolumen interessant. In den Anfangszeiten von SAP Fiori war in diesem Fall nur die Implementierung eines List Reports möglich. Der Anwender bekam dadurch im Extremfall eine Liste aller Kunden und musste über die Verwendung von Filtern selbst die fünf Kunden suchen, die ihn interessierten. Wollte er gleichzeitig auch noch die am häufigsten bestellten Produkte – unabhängig von den erwähnten Bestellungen – sehen, kam man als Entwickler schnell an seine Grenzen. Denn es bedeutete, dass man einen weiteren List Report implementieren musste. Auch für den Anwender, der sich eigentlich nur kurz einen Überblick verschaffen wollte, war die Lösung aufwendig, weil er erst die eine und dann die andere Anwendung aufrufen musste.

Vorteil von Karten

Mit Einführung der *Overview Page* (Übersichtsseite) hat sich die Situation deutlich verbessert, da sie sogenannte *Cards* (Karten) bereitstellt. Eine Karte zeigt nur bestimmte Detailinformationen an. Aktuell stehen folgende Kartentypen zur Verfügung:

- *Analytical Cards* (analytische Karten)
- *List Cards* (Listenkarten)
- *Bar Chart List Cards* (Listenkarten mit Balkendiagramm)
- *Link List Card* (Listenkarten mit Links)

- *Table Cards* (Tabellenkarten)
- *Stack Cards* (Stapelkarten)
- *Quick View Cards*

Oberhalb der Karten können für Nutzer Filtermöglichkeiten eingeblendet werden, sodass eine weitere Spezifizierung der dargestellten Daten möglich ist. Karten können so implementiert bzw. konfiguriert werden, dass Anwender von einer Zeile einer Listenkarte direkt zu den Details des ausgewählten Objekts geleitet werden. Die Details werden dann typischerweise in Form einer Objektseite implementiert. Außerdem können Anwender zu einer Gesamtübersicht navigieren. Diese wird wiederum mithilfe eines herkömmlichen List Reports umgesetzt.

Abbildung 3.27 zeigt, wie eine Übersichtsseite im SAP Fiori Launchpad eingesetzt werden kann. Wie Sie sehen, können Nutzer aus dem SAP Fiori Launchpad entweder direkt eine Anwendung aufrufen, oder aber sie wählen zunächst eine Übersichtsseite, von der sie bei Bedarf an einen tieferen Punkt in der Anwendungshierarchie abspringen können.

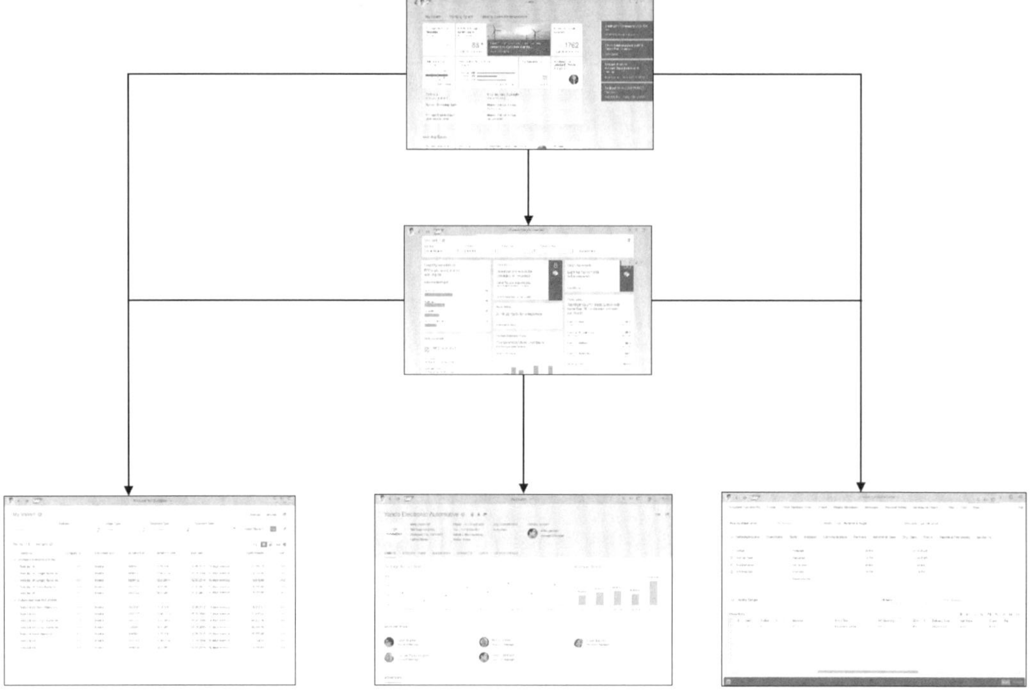

Abbildung 3.27 Integration einer Übersichtsseite

Best Practices Für den Einsatz von Übersichtsseiten und Karten beschreiben die SAP Fiori Design Guidelines folgende Best Practices:

- **Thematische Fokussierung**
  Es sollen nur Karten auf einer Seite angezeigt werden, die in einem gemeinsamen Kontext stehen. Dies reduziert die Menge an Karten auf einer Seite und fördert so die Übersichtlichkeit.
- **Highlights**
  Die für den Nutzer wichtigsten Fakten müssen hervorgehoben werden.
- **Variation bei Kartentypen**
  Es sollte versucht werden, eine gute Mischung bei den verwendeten Kartentypen zu erzielen. Die Verwendung des immer gleichen Kartentyps auf der Seite macht es für Nutzer schwer, einen Überblick zu erhalten. Gleichförmigkeit ist hier nicht der Schlüssel zum Erfolg.
- **Nutzerfreundliche Anordnung**
  Die Karten sollten entsprechend ihrer Wichtigkeit für den Nutzer im gegebenen Kontext dargestellt werden und zusätzlich gruppiert sein.
- **Schnell erfassbare Karteninhalte**
  Die dargestellten Informationen auf einer Karte sollten leicht verständlich sein. Falls vom Nutzer eine Aktion verlangt wird, muss leicht erkennbar sein, was auf welche Weise zu tun ist.
- **Leicht erfassbare Gestaltung**
  Die Informationen auf Karten sollten semantisch konsistent gestaltet werden. Wird z. B. der aktuelle Status der Bestellung in Grün dargestellt, um anzuzeigen, dass die Bestellung versandt wurde, sollte diese Farbe im Kontext von Bestellungen immer für diesen Status stehen.

Karten statt Kacheln

Aktuell sieht es so aus, dass mit SAP Fiori 3.0 die kartenbasierte Informationsdarstellung stärker in den Mittelpunkt rücken wird. Die sogenannten *Cards* sollen an die Stelle der bisherigen Kacheln treten. Aktuell (Herbst 2019) scheint die finale Ausprägung jedoch noch nicht vollständig klar und ist nicht öffentlich verfügbar.

3.3 Die SAP Fiori for iOS Design Guidelines

Wie bereits in der Einführung dieses Kapitels erwähnt, gibt es nicht mehr nur eine Variante der SAP Fiori Design Guidelines, sondern es wird zwischen einer Webversion und Versionen für iOS- und Android-Geräte unterschieden. In diesem Abschnitt gehen wir nun kurz auf die SAP Fiori for iOS Design Guidelines ein.

3.3.1 Die Grundlagen

Die Grundlagen der Guidelines für die SAP-Fiori-iOS-Entwicklung unterscheiden sich nur marginal von den Grundlagen für die Standard-SAP-Fiori-Welt. Die meisten Grundprinzipien von SAP Fiori wie *rollenbasiert, einfach, kohärent* und *ansprechend* gelten auch für iOS-Anwendungen. Responsives Design spielt bei der Implementierung von SAP Fiori for iOS keine entscheidende Rolle, sondern vielmehr steht das adaptive Design der Anwendung im Fokus. Anwendungen müssen dafür sorgen, dass sie jede Bildschirmgröße und Orientierung (Quer- oder Hochformat) unterstützen. Es wird empfohlen, das Layout bei iOS-Anwendungen auch über das Grid Layout zu beschreiben. Alle anderen Aspekte wie die Animation von Elementen, die Farbgebung, die Nutzung von Icons und die Schriftarten basieren bei den SAP Fiori for iOS Design Guidelines maßgeblich auf den *iOS Human Interface Guidelines*. Diese finden Sie unter der URL *http://s-prs.de/v726807*. Die Guidelines von SAP erläutern diese nur kurz. Es ist daher ratsam, sich mit den Guidelines von Apple grundsätzlich und eingehend vertraut zu machen, bevor Sie mit der Programmierung von SAP-Fiori-for-iOS-Anwendungen beginnen.

3.3.2 Floorplans

UI-Muster – also Floorplans – spielen natürlich auch bei der iOS-Programmierung eine wichtige Rolle, wobei es im Vergleich zur Standard-SAP-Fiori-Richtlinie etwas weniger UI-Grundmuster gibt.

Der Overview Floorplan

Die Übersichtsseite

Zur Darstellung einer Seite, die als Absprungpunkt zu anderen detailreicheren Darstellungsvarianten eines Objekts oder einer Liste von Objekten dienen soll, bieten die Guidelines den *Overview Floorplan* (Übersichtsseite). Falls z. B. einem Mitarbeiter im Service eine Übersicht über die Menge an hoch, mittel und gering priorisierten Fehlern angezeigt werden soll, verbunden mit der Möglichkeit, von dort aus zu den Details navigieren zu können, wäre das ein Anwendungsfall für das Overview Pattern. Das Pattern verfügt über einen Kopfbereich, einen Inhaltsbereich und optional über eine Fußzeile. Der Kopfbereich zeigt Informationen an, die dem Nutzer direkt ins Auge springen sollen. Der Inhaltsbereich ist in vertikale Bereiche untergliedert und bietet dem Nutzer die Möglichkeit, zu einem dargestellten Objekt zu navigieren. Weitere Navigationsmöglichkeiten werden zudem über sogenannte *Facetten* angeboten. Eine Facette ist somit eine weitere

Darstellungsvariante von Informationen, zu denen Sie von der Übersichtsseite aus navigieren können.

Der Split View Floorplan

Master-Detail-Darstellung

Der *Split View Floorplan* erinnert stark an das *Split Screen Layout* der Standardversion der SAP Fiori Design Guidelines. Analog zum Standard-Pattern werden die Master- und Detailansicht in der normalen Darstellung (auf einem Desktop oder Tablet) nebeneinander auf dem Endgerät dargestellt. Bei der sogenannten *Kompaktanzeige* (auf einem Endgerät mit einem kleineren Display) wird zuerst die Masteransicht dargestellt und bei der Auswahl eines Eintrags auf die Detailansicht umgeschaltet. Die Detailansicht nimmt dann den kompletten Bildschirm in Anspruch. Die Masteransicht soll gemäß den Richtlinien – so weit wie möglich – bereits vorsortiert sein (z. B. nach Datum oder Wichtigkeit). Das *Split View Pattern* darf nicht verwendet werden, sobald der Anwender die Objekte in der Liste in irgendeiner Form anhand ihrer Eigenschaften vergleichen soll. Analog zu den Standardregeln soll das *Split View Pattern* auch nicht in Kombination mit einer Vollbilddarstellung verwendet werden – oder falls nur Informationen zu einem Objekt angezeigt werden sollen.

Die List Floorplans

Mit Listen arbeiten

Die SAP Fiori for iOS Guidelines unterscheiden zwischen zwei Listendarstellungen. Es gibt zum einen den *List Report Floorplan* und zum anderen den *Worklist Floorplan* (Arbeitsliste). Beide Floorplans zeigen Objekte des gleichen Typs in einer Liste an. Der Anwender kann ein Objekt auswählen und sich Details zu dem ausgewählten Objekt anzeigen lassen. Er kann zudem Aktionen auf den Objekten ausführen. Der Unterschied zwischen beiden ist, dass beim *Worklist Floorplan* die dargestellten Informationen durch das System bereits auf der Basis eines Status vorgefiltert sind.

Der Object Floorplan

Die Objektansicht

Der *Object Floorplan* dient der Darstellung von Informationen zu einem Geschäftsobjekt. Wie bei der Objektansicht ist die UI zwischen Kopfbereich, Inhaltsbereich und einer optionalen Fußzeile aufgeteilt. Der Inhalt wird in vertikalen Bereichen dargestellt. Die Bereiche müssen durch den Entwickler nach Wichtigkeit angeordnet werden. Wichtigkeit kann dabei entweder Priorität oder aber auch Häufigkeit des Aufrufs bedeuten. Dementsprechend ist es möglich, dass Informationen Einfluss auf die Reihenfolge der Anzeigebereiche nehmen können – je nachdem, ob sich ihre Wichtigkeit kontextsensitiv ändert.

Der Object Detail Floorplan

Details zu einem Objekt anzeigen

Der *Object Detail Floorplan* erlaubt es dem Nutzer, zu tiefer liegenden Informationen zu einem Objektattribut vorzudringen. Dies geschieht über die sogenannte *Drilldown-Navigation*. Üblicherweise handelt es sich bei dieser Navigation um einen Endpunkt. Allerdings ist es auch erlaubt, zusätzliche Drilldown-Aktivitäten auszuführen, um an weitere Informationen zu gelangen.

3.3.3 Views

Neben den Floorplans beschreiben die SAP Fiori for iOS Design Guidelines auch sogenannte *Views*.

Create View

Geschäftsobjekte anlegen

Der *Create View* wird verwendet, um ein Geschäftsobjekt anzulegen. Der View wird dabei in vier verschiedene Bereiche untergliedert. Der Kopfbereich enthält neben einer Überschrift zwei Schaltflächen: eine Schaltfläche zum Abbrechen der Erfassung und eine Schaltfläche zum Anlegen des Objekts. Die Schaltflächen werden dabei links und rechts von der Überschrift angeordnet. Im nächsten Bereich werden die wichtigsten Informationen zum Geschäftsobjekt zur Erfassung angeboten. Je nach Anwendungsfall können diese Informationen bereits durch die Anwendung vorbelegt, änderbar oder nicht änderbar sein. Im dritten Bereich werden weitere UI-Elemente zur Erfassung zusätzlicher Daten angeboten. Es wird jedem UI-Element für die Datenerfassung immer ein Text (Label) vorangestellt. Den Abschluss bildet der letzte Bereich, in dem alle weiteren Aspekte zum Geschäftsobjekt angeboten werden. Denkbar wären hier z. B. die Möglichkeit eines Upload-UI-Elements oder ein Feld zum Einlesen eines QR-Codes.

Modal View

Darstellung optimieren

Ein weiterer View-Typ ist der *Modal View*. Er wird verwendet, um die ungeteilte Aufmerksamkeit des Nutzers zu erhalten. Dies wird dadurch erreicht, dass der Modal View auf einem Gerät mit kleinem Display (Compact View) den gesamten Bildschirm einnimmt. Auf einem Tablet oder Desktop (Regular View) spannt sich der Dialog nicht über die gesamte Bildschirmgröße auf, sondern wird entsprechend skaliert. Das Hauptbild, das den Dialog erzeugt hat, wird dabei standardmäßig als inaktives Fenster schattiert, und nur der Dialog kann durch den Nutzer verwendet werden. Der Dialog kann ausschließlich über eine Aktion verlassen werden. Dazu werden dem Nutzer zwei Schaltflächen angeboten: eine Schaltfläche zum Abbrechen und eine weitere, um den Arbeitsschritt erfolgreich zu beenden. Eine andere Variante ist dabei nicht vorgesehen.

Filter View und Search View

Filtern und Suchen

Zwei weitere Varianten für einen View sind zum einen ein View zur Einstellung von Filterkriterien und zum anderen ein View für die Suche. Der *Filter View* wird als modaler View implementiert und enthält neben den Einstellungsmöglichkeiten der Filterkriterien auch Einstellungsmöglichkeiten zur Gruppierung und Sortierung. Der Bereich für die Sortierkriterien wird als Erstes angezeigt, gefolgt von dem Bereich für die Gruppierung und danach für die Filterkriterien. Am Ende des Views wird, falls der Anwender einen Filter angewandt hat, über eine Schaltfläche das Zurücksetzen der Einstellungen angeboten. Der *Search View* wird in zwei Kategorien unterteilt: So gibt es zum einen die globale Suche, die sich auf den gesamten Inhalt der Anwendung erstreckt; sie wird in der Navigationsleiste der Anwendung dargestellt. Zum anderen gibt es für eine etwas spezifischere, kontextabhängige Vorgehensweise die lokale Suche; sie wird unterhalb der Navigationsleiste angezeigt.

3.4 Die SAP Fiori for Android Design Guidelines

Nachdem SAP die Design Guidelines für iOS entwickelt und die entsprechenden Werkzeuge bereitgestellt hatte, war es nur eine Frage der Zeit, bis entsprechende Guidelines auch für Endgeräte auf Android-Basis folgen würden. Im Sommer 2018 veröffentlichte SAP diese nun und stellt sie seither auf folgender Internetseite zur Verfügung: *http://s-prs.de/v726813*

3.4.1 Die Grundlagen

Material Design

Das Ziel von SAP Fiori for Android ist es, die SAP-Fiori-Designsprache für Android-Endgeräte optimiert bereitzustellen und sie dabei mit Googles Material-Designkonzept zu verbinden. Das *Material Design* ist die Designsprache von Google für Android. Sie gilt für alle Anwendungen, die für Android entwickelt werden. Weiterführende Informationen zum Material Design finden Sie unter folgendem Link: *http://s-prs.de/v726814*. SAP Fiori for Android nimmt am Design selbst lediglich kleinere, visuelle Änderungen an der Farbgebung und der Typographie vor. Anders als bei den SAP Fiori Guidelines für das Web bietet SAP keine spezielle Sammlung von Icons an, sondern beschreibt in den Guidelines für Android, dass die Ikonographie des Material Designs verwendet werden soll.

3.4.2 Views

Analog zu SAP-Fiori-für-Web-Anwendungen enthält auch die Android-Version Patterns (Muster), die Entwickler bei der Implementierung entsprechender Anwendungsfälle berücksichtigen müssen. Sie werden auch als *Views* bezeichnet. Folgende Views werden durch die SAP Fiori for Android Design Guidelines momentan beschrieben.

Create View

Geschäftsobjekte anlegen

Der *Create View* wird verwendet, um Anwendern zu erlauben, neue Geschäftsobjekte anzulegen. Dies kann über eine Anlege- oder Hinzufüge-Aktion realisiert werden. Die Darstellung des Views hängt vom Endgerättyp ab. Auf einem Smartphone wird er als Vollbilddialog implementiert, auf einem Tablet dagegen als modaler Dialog. Der Aufbau dieses Dialogs ist immer gleich. Zu Beginn sehen Nutzer die sogenannte *App-Leiste* (App Bar). Sie enthält den Titel des Objekttyps, den der Nutzer anlegen möchte, sowie die Aktionen **Schließen** und **Speichern**. Im zweiten Teil des Dialogs erfolgt die Erfassung der wichtigsten Eigenschaften des Objekts. Normalerweise wird mindestens eine Eigenschaft für das erfolgreiche Anlegen des Objekts gefordert. Eigenschaften können auch bereits vorausgefüllt werden, was die Erfassung vereinfacht. Im dritten Schritt können Nutzern weitere Eigenschaften angeboten werden. Im letzten Teil des Dialogs kann Nutzern schließlich die Möglichkeit geboten werden, Notizen oder Anhänge hinzuzufügen.

Onboarding View

Benutzerkonto einrichten

Manchmal ist es erforderlich, dass Nutzer vor der Verwendung einer Anwendung ein Benutzerkonto (Account) anlegen. Da dies recht häufig der Fall ist, beschreiben die SAP Fiori Design Guidelines dafür ein eigenes Muster, den *Onboarding View*. Die genaue Ausprägung des Prozesses wird durch die Guidelines nicht beschrieben, da er von kundenspezifischen Faktoren abhängt und sich kaum verallgemeinern lässt. Allerdings wird der grundsätzliche Ablauf beschrieben, sodass Nutzer im Startbildschirm der Anwendung nicht nur den konkreten Onboarding-Prozess starten, sondern die Anwendung auch im Demobetrieb testen können.

Optionen zum Ablauf

Insgesamt soll der Prozess für das Onboarding so einfach wie möglich gestaltet werden und sowohl auf dem Smartphone als auch dem Tablet verfügbar sein. Soll der Zugriff auf die Anwendung besonders geschützt werden, können Nutzer aufgefordert werden, ein Passwort oder einen Fingerabdruck zu hinterlegen. Die Guidelines bieten für den Ablauf des Onboarding-Prozesses folgende Optionen:

- **Registrierungsformular**
  Die Anmeldedaten von Nutzern können über ein Registrierungsformular erfasst werden. Nach dem Abschicken der Daten erhalten Nutzer eine E-Mail mit einem Aktivierungslink, den sie bestätigen müssen, um Zugang zur Anwendung zu erhalten.
- **Discovery Service**
  Bei dieser Option müssen Nutzer ein eindeutiges Merkmal, z. B. eine E-Mail-Adresse, angeben. Die Anwendung versucht dann, über den Discovery Service das Merkmal im System zu finden. Verläuft dies erfolgreich, erhalten die Nutzer Zugang zur Anwendung.
- **QR-Code**
  Eine weitere Möglichkeit ist, Nutzern einen QR-Code zur Verfügung zu stellen. Durch Scannen des Codes wird der Aktivierungsprozess gestartet.
- **Optionen**
  Schließlich können Sie Nutzer auch selbst entscheiden lassen, wie der Aktivierungsprozess gestartet werden soll. Anwender erhalten dann eine Auswahl aus den zuvor beschriebenen Optionen.

Nachdem Anwender erfolgreich ein Benutzerkonto angelegt haben, werden im letzten Bild des Onboarding-Prozesses die Nutzungsbedingungen der Anwendung angezeigt. Diese müssen vom zukünftigen Anwender bestätigt werden.

Search View

Suchen

Nutzern kann auch die Möglichkeit zur Suche angeboten werden, hierzu gibt es das Muster *Search View*. Das Suchfeld wird standardmäßig im oberen Bereich der Anwendung angezeigt. Es wird entweder als ständig sichtbares oder aber auf Wunsch einblendbares UI Control implementiert. Sobald Nutzer das Suchfeld aktivieren, wird der Cursor in das entsprechende Feld gesetzt, und es können Suchbegriffe eingegeben werden. Auf Basis bereits eingegebener Suchbegriffe können dabei Vorschläge angezeigt werden.

Sort and Filter View

Filtern und Sortieren

Bei längeren Listen ist es sinnvoll, eine Filter- bzw. eine Sortierfunktion anzubieten. In den SAP Fiori Design Guidelines findet sich auch dafür ein Muster, der *Sort and Filter View*. Bei diesem wird Anwendern oberhalb der

Liste mit den Objekten ein Icon angezeigt. Der Dialog, der darüber geöffnet werden kann, wird auf einem Smartphone als Vollbilddialog, auf einem Tablet als modaler Dialog implementiert. Er enthält alle für das Filtern und Sortieren benötigten UI Controls und bietet zusätzlich die Möglichkeit, bereits gesetzte Filter oder Sortierkriterien zurückzusetzen. Sie können auch nur die Filter- oder Sortierfunktion anbieten. Der Aufbau des Dialogs besteht aus einem Kopfbereich (App Bar). Dieser enthält auf der linken Seite eine Schaltfläche zum **Schließen**, in der Mitte einen Titel und auf der rechten Seite eine Schaltfläche, mit der sich die ausgewählten Sortier- bzw. Filteroptionen anwenden lassen. Der Dialog zeigt, sofern vorhanden, zunächst die Sortieroptionen, anschließend folgen die Filteraspekte. Im Fußbereich des Dialogs wird eine Schaltfläche für das Zurücksetzen der gesetzten Optionen angeboten. Den Abschluss des Dialogs bildet die Anzeige der Anzahl der angewandten Filter- bzw. Sortieroptionen.

Attach View

Anhänge hinzufügen und entfernen

Häufig sollen Anwender die Möglichkeit haben, zu einem Datensatz Anhänge hinzuzufügen oder bestehende zu entfernen. Dies kann entweder beim Anlegen eines neuen oder aber beim Bearbeiten eines existierenden Datensatzes nötig sein. Die SAP Fiori Design Guidelines beschreiben über das Muster *Attach View*, wie dies einheitlich umgesetzt werden soll. Grundsätzlich sollen Anhänge nur im Bearbeitungsmodus hinzugefügt oder entfernt werden können.

Die Anzahl der bereits bestehenden Anhänge wird im Kopfbereich anzeigt, daneben wird ein Button zum Hinzufügen eines neuen Anhangs angeboten. Darunter finden Nutzer eine Liste, die detaillierter Auskunft zu den bereits vorhandenen Anlagen gibt: Neben einem Vorschaubild wird der Name der angehängten Datei angezeigt, zudem gibt es einen Button, über den sich die Anlagen (ohne weitere Nachfrage) entfernen lassen. Im Anzeigemodus werden die Buttons zum Hinzufügen bzw. Löschen einer Anlage nicht angeboten.

Hierarchy View

Zu abhängigen Objekten navigieren

Die hierarchische Ansicht, der *Hierarchy View*, ist ein Muster, das implementiert wird, wenn Nutzer in einer Listendarstellung zu abhängigen Objekten navigieren können sollen. Dazu wird in der Liste, neben den Details zu einem Eintrag, ein Hierarchie-Icon angezeigt. Darüber können Nutzer zu abhängigen Kindobjekten navigieren. Unter dem Icon wird zudem der sogenannte *Object Counter* dargestellt, der Anwendern zeigt, wie viele (direkt) abhängige Objekte zu dem entsprechenden Listeintrag vorhanden sind.

3.5 SAP Conversational User Experience

Wie bereits in Kapitel 1, »Was ist SAP Fiori?«, angesprochen, stellt SAP bei der Konzeption von Anwendungen die Nutzer und deren Wünsche in den Mittelpunkt. Dabei hat sich herauskristallisiert, dass Nutzer Anwendungen nicht nur über ihre Tastatur, Maus oder per Geste steuern wollen, sondern auch Sprache ein wichtiges Mittel ist.

Anwendungsgebiet

Mit *SAP CoPilot* bietet SAP daher ein Produkt an, das noch nie da gewesene Möglichkeiten der Mensch-Maschine-Interaktion für Geschäftsanwendungen bietet. Ein weiteres Produkt, das direkt mit SAP CoPilot verwendet werden kann, ist der *Skill Builder*. Er erlaubt eine Erweiterung von SAP CoPilot um zusätzliche Fähigkeiten. Zum Beispiel wäre es denkbar, dass man eine Funktion implementiert, die auf Grundlage bewerteter Qualitätsmerkmale die Frage beantwortet, welcher Lieferant sich für die Bestellung eines Materials eignet bzw. empfiehlt. Um dabei ein einheitliches Nutzererlebnis zu gewährleisten, gibt SAP auch hier Designrichtlinien vor: die *SAP Conversational User Experience* (SAP CUX). Zu finden ist sie unter *http://s-prs.de/v726815*.

Über Sprache steuerbare Endgeräte gibt es schon seit einiger Zeit. Bereits vor Alexa, Siri und Google Assistant konnte im Auto per Spracheingabe der Radiosender gewechselt oder ein Telefonanruf initiiert werden. Die Befehle, über die solche Systeme gesteuert werden, sind in der Regel wenig komplex, und die Fehlertoleranz beim Nutzer ist recht groß. So ist es gewöhnlich kein großes Problem, wenn Alexa nicht gleich beim ersten Zuruf das Licht einschaltet oder das richtige Lied abspielt.

Ein SAP-System über Sprache zu steuern bzw. mit ihm zu kommunizieren ist im Vergleich eine komplexere Aufgabe. Schon wenn es darum geht, im System über Spracheingaben Geschäftsprozesse anzustoßen, ist es wichtig, den genauen Kontext zu erfassen, damit die richtigen Eingaben gespeichert und weiterverarbeitet werden.

Anforderungen

SAP erläutert in den Guidelines außerdem, dass Produkte, die im Rahmen von SAP CUX entstehen, eine *Persönlichkeit* darstellen sollen. Die Persönlichkeit eines Produkts wird dabei über die Aspekte Antwortqualität, Klang der Stimme und Interaktion mit dem Gegenüber beurteilt. Sie steht in Einklang mit der *SAP Brand Voice* (Sprachrichtlinien), mit der SAP ihre Produkte auf dem Markt präsentiert). Ziel ist dabei, dass Produkte als klar, aufschlussreich, erreichbar und positiv wahrgenommen werden. Darüber hinaus wird von Produkten, die SAP CUX entsprechen sollen, erwartet, dass sie bestimmten Designprinzipien (siehe Abschnitt 3.5.1) entsprechen.

3.5.1 Designprinzipien

Transparenz und Nutzerkontrolle

SAP CUX stellt bei deren Gestaltung Transparenz und Nutzerkontrolle ins Zentrum und beschreibt erste Designprinzipien für Anwendungen. Die folgenden Designprinzipien sind aktuell für SAP CUX definiert:

- **Inhalte klar darstellen**
  Relevante und aussagekräftige Informationen müssen aus unterschiedlichen, glaubwürdigen Quellen klar und unvoreingenommen dargestellt werden.
- **An Sprachmuster des Nutzers und Kontext anpassen**
  Das System soll lernen und sich sowohl an die Sprachgewohnheiten des Nutzers als auch an den Kontext der Nutzung anpassen. Zusätzlich soll es sich proaktiv verhalten und für die jeweilige Situation relevante Antworten liefern.
- **Sicherstellen, dass alles richtig verstanden wurde**
  Das System sollte Anwendern Feedback geben, um sicherzustellen, dass es Anweisungen richtig verstanden hat. Dabei ist auch die Einordnung in den richtigen Kontext wichtig. Eine Frage, die sich auf Materialdaten bezieht, darf z. B. nicht im Kontext von Human Capital Management verstanden werden.
- **Zum Ziel führen**
  Ein digitaler Sprachassistent muss das Ziel verfolgen, Nutzer an ihr Ziel zu bringen. Dafür ist es sinnvoll, Nutzern verschiedene Optionen zu bieten, aus denen sie wählen können. Auch bei Fehlern sollte der Assistent sie unterstützen. Kann das System z. B. keine konkrete Antwort auf eine Frage geben, werden alle möglichen Ergebnisse zurückgeliefert. Nutzer können dann aus der Trefferliste auswählen. Machen sie dabei einen Fehler, kann das System ihn rückgängig machen.
- **Transparenz unterstützen**
  Nutzer sollen in möglichst allen Situationen adäquat unterstützt werden. Einschränkungen des Systems müssen klar kommuniziert werden, damit Nutzer Alternativen finden können. Die Forderung nach Transparenz umfasst zudem, dass Informationsquellen offengelegt werden.
- **Ansprechbar sein**
  Das System soll für Nutzer jederzeit erreichbar sein, damit sie das Gefühl haben, sich darauf verlassen zu können. Dabei darf das System niemals wertend oder voreingenommen erscheinen. Es muss stets die Ziele des Nutzers im Blick haben und darf in keiner Weise eigene verfolgen.

3.5.2 UI-Komponenten von SAP CUX

Grundlegende UI-Komponenten

Ergebnisse von Sprach- oder Textanfragen werden Anwendern im SAP Fiori Launchpad dargestellt. Auch dabei gibt es Richtlinien, sogenannte *UI-Komponenten*. Aktuell gibt es vier grundlegende UI-Komponenten:

- **List Card**
  Die *List Card* ist eine Listendarstellung der Ergebnisse von Nutzeranfragen. SAP CoPilot sortiert die Listeneinträge auf Basis von Erfahrungswerten. Wird das System z. B. danach gefragt, wer der günstigste Lieferant für ein bestimmtes Material ist, wird bei der Antwort auch mit einbezogen, wie die Qualität der letzten Lieferungen war. Ein Eintrag kann Text und auch ein Bild enthalten. Zusätzlich ist es erlaubt, zu Einträgen Action Buttons anzuzeigen. Die einzige Voraussetzung dabei ist, dass die Gesamtbreite der Karte nicht überschritten wird. Grundsätzlich soll die Liste nur tatsächlich relevante Listeneinträge und Informationen enthalten.
- **Object Card**
  Die *Object Card* folgt im Grundsatz der List Card. Allerdings wird Nutzern lediglich ein Objekt angezeigt.
- **Object Detail Card**
  Die *Object Detail Card* wird verwendet, wenn Anwender ein Objekt aus einer Object Card bzw. List Card auswählen können sollen. Die Karte zeigt weitere Details an.
- **Action Button**
  Action Buttons bieten Nutzern die Möglichkeit, Folgeschritte einzuleiten. Aktuell gibt es zwei Arten von Action Buttons. Die sogenannten *Quick Reply Buttons* werden verwendet, um direkt den nächsten Schritt einzuleiten. Hat ein Anwender z. B. über SAP CoPilot einen Ansprechpartner beim Kunden suchen lassen, kann er über einen Quick Reply Button direkt einen Telefonanruf initiieren. Die sogenannte *Menu Selection* enthält dagegen Funktionen, die zeilenweise angezeigt werden. Über diese Buttons können Nutzer z. B. Buchungen durchführen oder Urlaubsanträge ablehnen.

3.6 Konzeptionelle SAP-Fiori-Applikationstypen

Wie bereits in Kapitel 1, »Was ist SAP Fiori?«, erwähnt, definiert SAP verschiedene Typen von SAP-Fiori-Apps. Zum einen gibt es technische Applikationstypen. Sie beschreiben die infrastrukturellen Aspekte beim Einsatz des jeweiligen Applikationstyps. Zum anderen definiert SAP konzeptionelle SAP-Fiori-Applikationstypen. Analog zu den soeben diskutierten Grundrissen dienen konzeptionelle Applikationstypen dazu, den grundsätzlichen Aufbau einer Anwendung zu beschreiben.

Die unterschiedlichen SAP-Fiori-Applikationstypen beschreiben dabei den grundsätzlichen Aufbau einer Anwendung, die diesem Anwendungstyp zugeordnet werden kann. Alle Anwendungstypen folgen dabei neben den spezifischen Aspekten auch Regeln, die für alle Anwendungstypen gelten.

3.6.1 Approval App

Grundriss

Die *Approval App* ist eines der am häufigsten verwendeten Implementierungsmuster. Sie verwendet den Grundriss der Master-Detail-Anzeige und implementiert somit eine Split-Screen-Anwendung. Ziel ist es, dass der Anwender nach dem Auswählen eines Eintrags aus der Hauptliste schnell und ohne großen Navigationsaufwand im Detailbild die entsprechenden Detailinformationen zur Ansicht erhält. Hier kann der Anwender dann aus einem definierten Satz an Aktionen die weitere Bearbeitung des Eintrags durchführen. Beim Start der Anwendung müssen die Detailinformationen des ersten Eintrags aus der Hauptliste angezeigt werden. Falls kein Eintrag in der Hauptliste vorhanden ist, muss in der Detailansicht eine leere Seite angezeigt werden. Das Laden der Informationen für die Detailansicht sollte nach deren Auswahl schnell und ohne große Wartezeit für den Nutzer erfolgen. Ist dies z. B. durch eine Abfrage auf dem Backend, die viele Tabellen anspricht und dadurch sehr lange dauert, nicht möglich, muss eine Rückmeldung für den Nutzer erfolgen. Das von SAP definierte Zeitfenster beträgt dabei maximal zwei Sekunden. Sind in diesem Zeitfenster die entsprechenden Detaildaten noch nicht auf dem Frontend vorhanden, kann z. B. über den Busy Indicator (`sap.m.BusyIndicator`) dem Nutzer die aktuelle Inaktivität der Benutzeroberfläche kommuniziert werden.

Hauptansicht

Die Hauptansicht verwendet, wie bei der SplitApp fast schon üblich, das SAPUI5 Control `sap.m.ObjectListItem`. Um in der Detailansicht eine ähnliche Darstellung wie in der Hauptliste zu erreichen, wird das SAPUI5 Control `sap.m.ObjectHeader` verwendet. Beide UI Controls verwenden die gleichen Attribute. Der einzige Unterschied liegt in ihrer Nutzung. Der Aggregationsendpunkt bei `sap.m.ObjectListItem` ist ein Objekt vom Typ `sap.m.List` (bzw. liegt bei einem von diesem Typ abgeleiteten Listentyp). `sap.m.ObjectHeader` kann in jegliche Form von Layout Control eingebettet werden. SAP empfiehlt für ein konsistentes Erleben der Oberfläche, dass die Detailansicht im Objektkopf die gleichen Daten anzeigt wie in der Hauptliste. Dies ist im Besonderen beim Aufruf der Anwendung über ein Tablet im Hochformat oder beim Aufruf über ein Smartphone relevant, da Haupt- und Detailansicht üblicherweise nacheinander in dem Endgerät angezeigt werden. Neben der Wiederholung der Daten können jederzeit auch weitere Informationen ausgegeben werden. Dabei sollten Sie darauf achten, dass die Informationstiefe den Nutzer nicht zu sehr beansprucht.

Informationskategorien

Unterhalb der Objektinformationen auf der Detailseite können über das UI Control `sap.m.IconTabBar` weitere Informationen aus unterschiedlichen Informationskategorien dargestellt werden. So können relativ viele Informationen auf begrenzter Anzeigefläche präsentiert werden. Folgende Informationskategorien können dabei verwendet werden:

- Info
- Notizen
- Anhänge
- Genehmigerfolge

Info

Da durch die relativ restriktiven Darstellungsmöglichkeiten im Objektkopf lediglich bedingt weiterführende Informationen angezeigt werden dürfen, müssen Sie diese anderswo zeigen. Der erste Eintrag von `IconTabBar` eignet sich z. B. gut für den Aufruf der Detailinformationen.

[+]

Einspaltiges Layout nutzen

Für die Darstellung dieser zusätzlichen Informationen empfiehlt es sich, ein Formular mit einem einspaltigen Layout zu verwenden. So ist gewährleistet, dass die Informationen auch dann noch angezeigt werden, wenn der Bildschirm nur eine beschränkte Größe besitzt. Mehrspaltige Darstellungsformen könnten dazu führen, dass nicht mehr alle Formularelemente erscheinen können.

Maximale Breite

Sollte es unbedingt notwendig sein, die Informationen doch in mehr als einer Spalte darzustellen, müssen Sie darauf achten, dass die Fläche des Inhalts auf eine bestimmte maximale Breite begrenzt wird. So ist gewährleistet, dass der Inhalt nicht über eine gewisse Zeichenfläche hinausläuft. Die maximale Breite führt dazu – falls die mögliche Darstellungsfläche größer ist als die maximale Breite – dass auf der linken und rechten Seite leere Flächen entstehen (siehe Abschnitt 3.1.3, »Letterboxing«). SAP Fiori bzw. SAPUI5 unterstützt dieses Darstellungskonzept mit den unterschiedlichen responsiven Layouts und Controls aus dem `sap.m`-Namensraum.

Notizen

Eine wichtige Funktion bei Anwendungen für den Genehmigungsworkflow ist es, Notizen zu einer Anfrage hinzufügen zu können. Zum Beispiel könnte es bei einem Antrag für Arbeitsmaterial dazu kommen, dass über den aktuellen Status des Antrags diskutiert wird. Notizen können über das Control `sap.m.FeedInput` erzeugt und über das SAPUI5 Control `sap.m.FeedListItem` dargestellt werden.

Anhänge

Oft ist es notwendig, dass der Anwender bei der Bearbeitung von Anfragen, die zur Genehmigung vorgelegt werden, Dokumente anfügen darf, um z. B. Urlaubsanträge zu erstellen oder Anforderungen für Büromaterial aufzugeben. Diese Dokumente dienen oft genug als Grundlage für die Entscheidung, ob eine Genehmigung erfolgt oder die Anfrage abgelehnt wird. Anhänge werden bei einer Approval App separat mit einem eigenen `IconTabBar`-Eintrag dargestellt, mit dem die Anhänge gelesen und weitere Anhänge hinzugefügt werden dürfen. Als SAPUI5 Control kommt dabei `sap.m.UploadCollection` zum Einsatz.

Genehmigerfolge

Mehrstufige Genehmigungsprozesse sind keine Seltenheit. Die Liste der Personen, die sich in der Rolle *Genehmiger* befinden, wird bei der Approval App als eigener `IconTabBar`-Eintrag angezeigt. Wie bei den Notizen verwenden Sie für die Implementierung das Control `sap.m.FeedListItem`.

Nutzerinteraktion

Anträge können durch einen Genehmigenden meist nur genehmigt oder abgelehnt werden. Bei bestimmten Anwendungsszenarien ist es zusätzlich noch denkbar, dass eine Anfrage weitergeleitet wird, damit ein anderer Mitarbeiter die Bearbeitung übernimmt. Aus diesem Grund werden in der Fußzeile der Detailanzeige im Normalfall nur zwei Schaltflächen vom Typ `sap.m.Button` angezeigt. Der Schaltfläche zum Genehmigen wird der Schaltflächentyp `sap.m.ButtonType.Accept`, der anderen Schaltfläche der Typ `sap.m.ButtonType.Reject` zugewiesen. Das Standardlayout legt fest, dass die Schaltflächen grün bzw. rot sind. Die Anzahl der Schaltflächen, ebenso wie auch die dahinterliegenden Aktionen, sind nicht begrenzt, sondern können, je nach Anwendungsfall, individuell implementiert werden.

Wenn Sie Bestätigungen verwenden, nutzen Sie für den Bestätigungsdialog das SAPUI5 Control `sap.m.Dialog`. Das UI Control implementiert ein Container Control zur Anzeige von Dialogen. Der eigentliche anzuzeigende Inhalt des Dialogs wird über ein SAPUI5-Fragment implementiert. Abbildung 3.28 zeigt den entsprechenden Dialog.

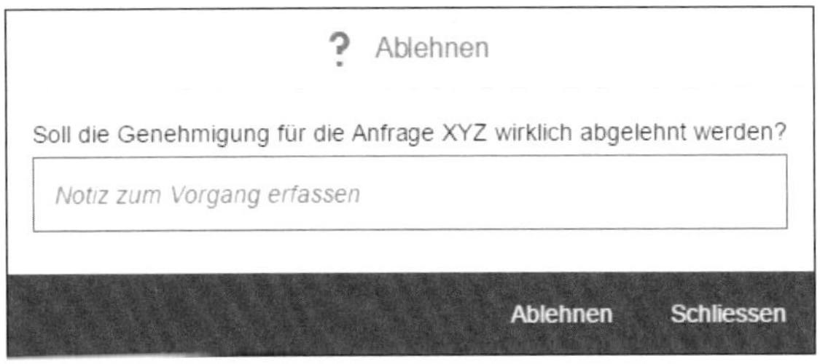

? Ablehnen

Soll die Genehmigung für die Anfrage XYZ wirklich abgelehnt werden?

Notiz zum Vorgang erfassen

Ablehnen Schliessen

Abbildung 3.28 Pop-up-Dialog

Bestätigungen verwenden

Sie sollten darauf achten, dass bei Aktionen, die weitreichenden Einfluss auf die dahinterliegenden Prozesse haben, jeweils ein Bestätigungsdialog zwischengeschaltet wird. Dies verhindert, dass Aktionen fälschlicherweise ausgeführt werden.

Wie Sie Listing 3.7 entnehmen können, wird für den Dialog ein Objekt vom Typ `sap.m.Dialog` erzeugt. Im nächsten Schritt instanziieren Sie ein Fragment über die Funktion `sap.ui.xmlfragment`. Die Funktion erhält als Aufrufparameter zum einen den voll qualifizierten Namen des zu erzeugenden Fragments und als zweiten Parameter die Referenz auf den eigenen Controller. Als Nächstes wird über den Aufruf der Funktion `setContent` das soeben erzeugte Fragment an den Inhaltsbereich des Dialogs übergeben. Danach werden über die Funktion `addButton` entsprechend den Vorgaben eines Bestätigungsdialogs zwei Button-Objekte zum Bestätigen der Ablehnung bzw. zum Abbrechen des Vorgangs hinzugefügt. Nachdem Sie dem Dialog einen Titel sowie ein Icon übergeben haben, können Sie über die Funktion `addDependent` auf dem View-Objekt den View mit dem Dialog verknüpfen. Den Abschluss bildet der Aufruf der Funktion `open`.

```
onActionDecline : function(evt) {
  var oDialog = new sap.m.Dialog();
  var oFragment =
    new sap.ui.xmlfragment(
      "sap.m.fiori.view.rejectDialog",
      this);
  oDialog.addContent(oFragment);
  oDialog.addButton(new sap.m.Button({
    text:"Ablehnen"}));
```

```
    oDialog.addButton(new sap.m.Button({
      text:"Schliessen"
    }));
    oDialog.setTitle("Ablehnen");
    oDialog.setIcon("sap-icon://question-mark");
    this.getView().addDependent(oDialog);
    oDialog.open();
}
```

Listing 3.7 Implementierung des »sap.m.Dialog«-Objekts

Die Implementierung des in Listing 3.7 genutzten Fragments ist relativ einfach und wird in Listing 3.8 gezeigt.

```
<core:FragmentDefinition xmlns="sap.m"
  xmlns:layout="sap.ui.layout" xmlns:core="sap.ui.core"
  xmlns:form="sap.ui.layout.form">
  <layout:VerticalLayout>
    <layout:content>
      <Text text=
        "Soll die Genehmigung für die Anfrage XYZ
         wirklich abgelehnt werden?"/>
      <TextArea placeholder="Notiz zum Vorgang erfassen"
                width="100%"/>
    </layout:content>
  </layout:VerticalLayout>
</core:FragmentDefinition>
```

Listing 3.8 Implementierung des Dialogfragments

Nachdem die Genehmigung bzw. Ablehnung verarbeitet worden ist, muss eine Bestätigungsnachricht auf dem Bildschirm angezeigt werden. Dies kann über das UI Control `sap.m.MessageToast` erfolgen. Der Vorteil bei diesem Control ist, dass die Nachricht nach einer bestimmten Dauer von selbst ausgeblendet wird und so dem Nutzer keine unnötige, besonders auf einem mobilen Endgerät störende Interaktion aufzwingt.

3.6.2 Master-Detail App

Das soeben vorgestellte Design Pattern der Approval App können Sie verwenden, um z. B. die Steuerung von Genehmigungsanträgen zu implementieren. Ein weiteres, auf dem Grundaufbau des Master-Detail Views basierendes Muster ist die Master-Detail App. Auch bei diesem Muster kommt das *Split Screen Layout* zum Einsatz, was wiederum dazu führt, dass die

Grundausrichtung aus einer Hauptliste auf der einen Seite und einer Detailansicht auf der anderen Seite besteht. Im Gegensatz zur Approval App wird die Master-Detail App dazu verwendet, neue Geschäftsentitäten zu erzeugen oder bestehende zu bearbeiten.

3.6.3 Shopping App

Das UI-Muster *Shopping App* kommt zum Einsatz, wenn es darum geht, Daten zu sammeln, um sie später weiterzuverarbeiten, z. B. in einer anderen SAP-Fiori-Anwendung. Das UI-Muster implementiert meist eine Full-Screen-Anwendung, die den entsprechenden Aufbau vorgibt. Im Kopf der Seite steht der Name der Anwendung und rechts daneben eine Aktionsschaltfläche. Nach dem Kopf wird eine Information eingeblendet, die dem Anwender mitteilt, welche Art von Objekten angezeigt wird. Daneben werden dem Anwender unterschiedliche Aktionen angeboten. Er erhält die Möglichkeit, Objekte nach bestimmten Kriterien zu filtern, zu suchen, zu sortieren und die Anzeige der Objekte an seine eigenen Bedürfnisse anzupassen (zu personalisieren). Im mittleren Teil der Seite wird dem Nutzer eine Tabelle (`sap.m.Table`) von Objekten gleichen Typs angezeigt. Er kann dann eine Aktion auf diesem Objekt ausführen.

Nach der Auswahl eines Objekts aus der Liste kann sich der Anwender die Details zum Objekt auf einer neuen Seite anzeigen lassen. Im Kopf der Anwendung kann er auf die vorangegangene Seite zurücknavigieren. Die Detailseite implementiert das UI-Muster *Einfache Objektansicht*. Um ein Objekt für die weitere Verarbeitung auszuwählen, werden in der Fußzeile entsprechende Aktionen angeboten.

3.6.4 Analysis Path Framework

Für die Implementierung von analytischen Anwendungen bietet SAP das *Analysis Path Framework*, kurz APF. Anwendungen dieser Art erlauben es dem Nutzer, die Daten für unterschiedliche Key Performance Indicators (KPIs oder Schlüsselkennzahlen) aus unterschiedlichen Datenquellen anzuzeigen und zu analysieren. Mithilfe einer APF-Anwendung lassen sich über Drilldowns multidimensionale Datendarstellungen wie Diagramme und Tabellen realisieren. Dazu stellt SAP wiederverwendbare Komponenten bereit. Das APF wird als Teil des SAPUI5-Frameworks ausgeliefert. Die Komponenten, die bei der Erzeugung von APF-basierten Anwendungen eingesetzt werden, sind im Namensraum `sap.apf` enthalten. Sie werden allerdings nicht programmatisch vom Entwickler erstellt, sondern über den APF-Konfigurationsmodellierer. Analytische Anwendungen, die das APF nutzen möchten, müssen auf der SAP Cloud Platform laufen und dort OData-Services verwenden.

Funktionen des APF

Das APF bietet folgende Funktionen an:

- **Wiederverwendbare UI Controls**
  Wiederverwendbare UI Controls bieten die Möglichkeit, Daten in einer professionellen und visuell ansprechenden Weise darzustellen. Dazu gibt es bereits vordefinierte Layouts und unterschiedliche Diagrammtypen.
- **OData-Service-Requests**
  OData-Service-Requests können Sie verwenden, um Daten aus dem zugrunde liegenden Server, wie SAP HANA Extended Application Services (SAP HANA XS), SAP HANA XSA oder OData-Services auf einem SAP-S/4HANA-System, zu konsumieren. Durch die Verwendung von OData ist APF unabhängig vom Server und der eingesetzten Datenbanktechnologie.
- **Konfigurationsdateien**
  Mit den Konfigurationsdateien können Sie Ihre Anwendung erweitern und anpassen, ohne programmieren oder den Quelltext verändern zu müssen.
- **Logik zur Applikationssteuerung**
  Dies ist die Logik, um das Verhalten der Applikation in komplexen analytischen Szenarien zu steuern, in denen Sie z. B. Daten filtern können.
- **Meldungsbehandlung**
  Dabei handelt es sich um ein Konzept zur Meldungsbehandlung, das Sie anpassen können, wie Sie es benötigen.
- **Persistenz**
  Dabei handelt es sich um ein Konzept für die Persistenz von Analysepfaden, das es ermöglicht, Pfade unter einem Namen zu sichern und sie vom Server abzurufen.

APF für analytische Anwendungen

KPIs auswerten

Mit den bereitgestellten UI-Komponenten bietet das APF ein einheitliches Interaktionsmuster für APF-basierte analytische Anwendungen. Die Grundlage des Interaktionsmusters ist der sogenannte *Analysepfad*. Der Anwender muss dem Analysepfad die gewünschten Analyseschritte hinzufügen. Mit einem Analyseschritt können bestimmte KPIs und deren Einflussfaktoren angezeigt werden. Über die Verwendung unterschiedlicher Analyseschritte können Sie die Veränderung von KPIs über die Zeit und in Relation zu anderen KPIs verfolgen. Die so erstellten Analyseschritte können über den Analysepfad in Verbindung gebracht werden. Die Daten jedes Analyseschritts lassen sich unterschiedlich darstellen, z. B. in unterschiedlichen Diagrammtypen oder direkt in Tabellenform. Jeder Analyseschritt kann die Daten für den folgenden Analyseschritt bereitstellen. Der folgende Schritt kann wiederum die Daten filtern, um die Datenbasis entsprechend einzuschränken. Durch diese Kombinationsmöglichkeiten erlaubt es dieses Konzept, flexible Analysepfade zu definieren.

UI-Komponenten des APF

Analyseschritt-Container

Der Analyseschritt-Container (*Analysis Step Container*) ist die UI-Komponente, in der das Resultat eines ausgewählten Analyseschritts dargestellt wird. Der Anwender kann hier weiterführende Analyseinformationen einsehen oder analyseschrittabhängige Aktionen auswählen.

Die Analyseschritt-Werkzeugleiste (Step Toolbar) wird im Container angezeigt und bietet im Moment sechs Aktionen.

- **Selektionszähler (Selection Count)**
  Nehmen wir an, dass wir für alle Kunden unseres Unternehmens die Bestellungen des letzten Monats darstellen wollen, können wir diese über die Selektion einzelner Kunden in unser Analysediagramm aufnehmen. Die Aktion **Selection Count** zeigt die Anzahl der selektierten Kunden und bietet die Möglichkeit, bei einem Klick auf den Zähler in einem Pop-up-Fenster die Namen der Kunden (je nach Implementierung) anzuzeigen. Über eine **Reset**-Aktion lässt sich die Auswahl rückgängig machen.
- **Darstellungstyp (Representation Type)**
  Über den Darstellungstyp kann in einem Analyseschritt z. B. zwischen verschiedenen Diagrammtypen gewechselt werden. Dies ist jedoch analyseschrittspezifisch und muss entsprechend implementiert sein.
- **Tabellarische Darstellung (Table Representation)**
  Über diese Aktion kann der Anwender die Daten in tabellarischer Form darstellen. Dies ist allerdings nur möglich, wenn für den aktuell dargestellten Diagrammtyp die tabellarische Darstellung konfiguriert ist.
- **Anzeigeeinstellungen (View Settings)**
  Über die Anzeigeeinstellungen kann der Nutzer die Sortierkriterien bei der tabellarischen Darstellung angeben.
- **Legende anzeigen (Toggle Legend)**
  Der Anwender kann die Legende bei der Diagrammdarstellung ein- und ausschalten.
- **Vollbildschirm (Toggle Fullscreen)**
  Aktivierung oder Deaktivierung der Vollbildschirmanzeige

Analysepfadanzeige Die Analysepfadanzeige liefert den Analysepfad mit den erstellten Analyseschritten als Thumbnails. Die Anzeige teilt den Titel des Analysepfads mit und bietet über ein Menü die Möglichkeit, weitere Analyseschritte anzulegen, zu öffnen, zu speichern oder zu löschen. Über zwei Pfeile in der Fußzeile lassen sich die Analyseschritte auch verschieben.

Aufbau einer APF-Anwendung Alle Anwendungen, die das APF verwenden, sehen im Grunde identisch aus. Es handelt sich um eine Master-Detail-Implementierung (siehe Abbildung 3.29).

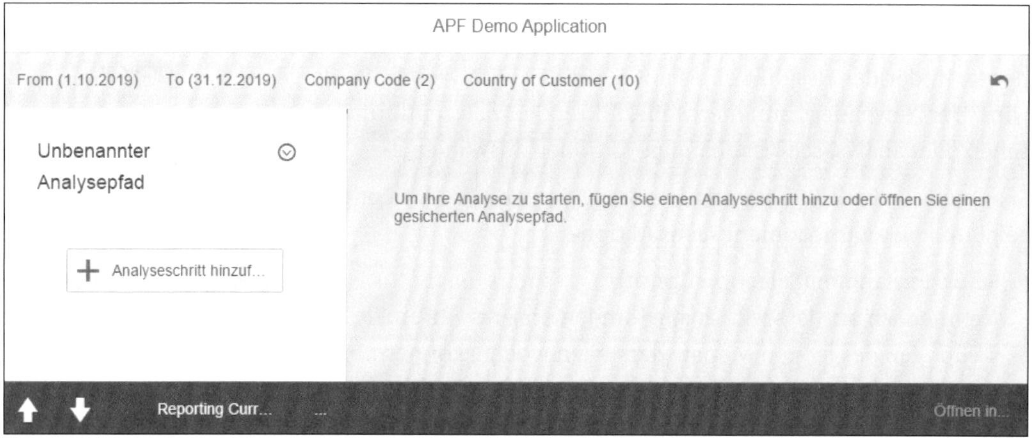

Abbildung 3.29 Grundaufbau einer APF-Anwendung

Der Kopfbereich einer APF-Anwendung beinhaltet den Namen der Anwendung und bietet die Möglichkeit, globale Filter zu setzen. *Global* bedeutet in diesem Zusammenhang, dass die Filter für alle Analyseschritte angewandt werden. Auf der linken Seite wird die Übersicht für alle Analyseschritte dargestellt. Hier kann der Nutzer neue Analyseschritte hinzufügen oder bereits vorhandene Analyseschritte aufrufen. Sie fügen neue Analyseschritte über die entsprechende Schaltfläche hinzu. Bereits vorhandene Schritte lassen sich durch einen einfachen Mausklick aufrufen. Nach dem Aufruf wird die entsprechende Ansicht in der Detailansicht dargestellt. Abbildung 3.30 zeigt ein Tortendiagramm für den Ertrag verschiedener Kunden.

Im Kopf eines Analyseschritts erscheint die bereits beschriebene Step Toolbar. Bei Tortendiagrammen kann der Anwender die Elemente durch Auswählen hervorheben. Durch die Selektion passen sich auch die Selektionszähler im Seitenkopf entsprechend an (siehe Abbildung 3.31).

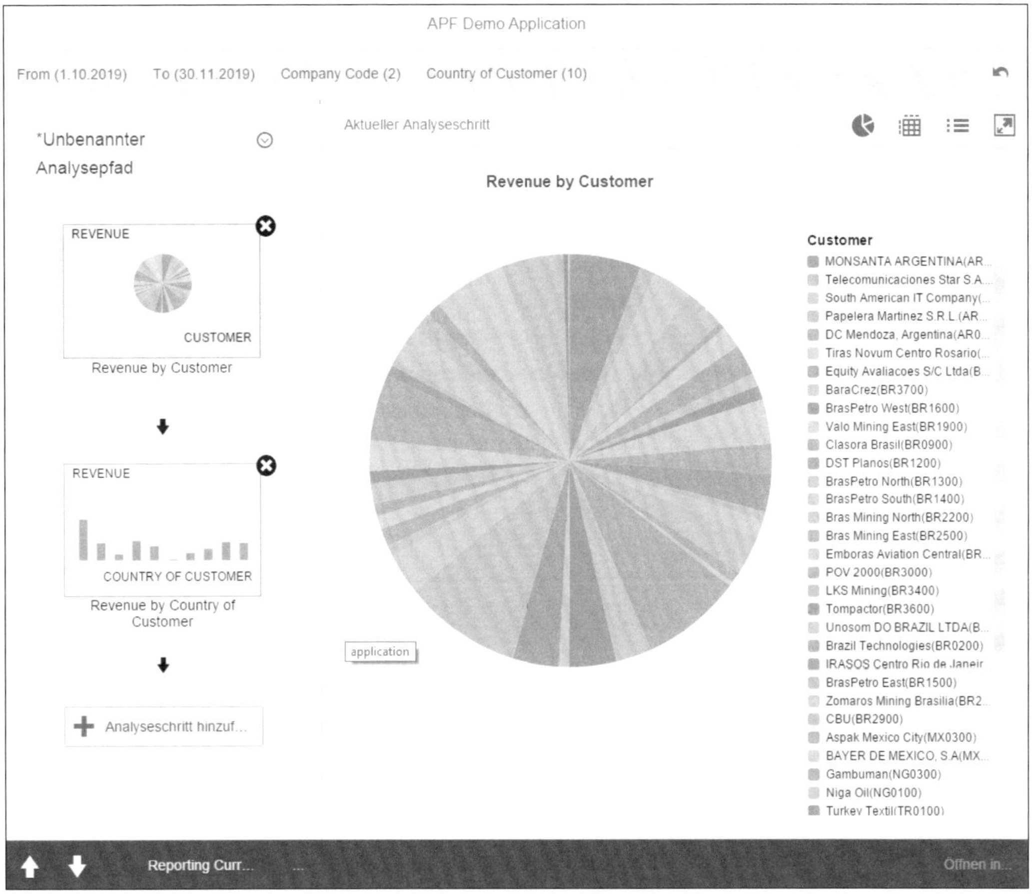

Abbildung 3.30 Die Detailansicht eines Analyseschritts

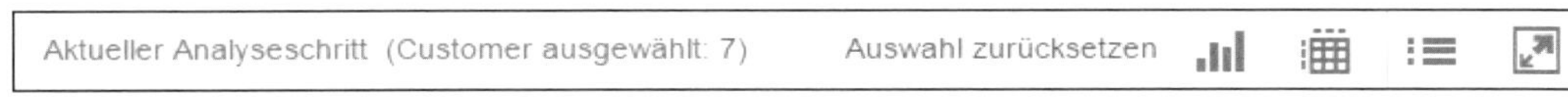

Abbildung 3.31 Werkzeugleiste mit Selektionsanzeige

Wie bereits beschrieben, ist die Anzahl der ausgewählten Elemente ein Link. Beim Auswählen des Links werden die ausgewählten Elemente textuell dargestellt.

> **Weitere Informationen**
>
> Die SAPUI5-Dokumentation bietet eine ausführliche Beschreibung des Analysis Path Frameworks auf der SAPUI5-SDK-Seite unter *https://sapui5.netweaver.ondemand.com/sdk*.

3.6.5 SAP Smart Business Framework

SAP-Smart-Business-Anwendungen

Wie bereits in Kapitel 1, »Was ist SAP Fiori?«, erläutert, gibt es bei Analytical Apps in SAP Fiori eine besondere Ausprägung: die *SAP-Smart-Business-Anwendungen*. Dabei handelt es sich um Analytical Apps, die über ein Cockpit zusammengefasst werden. Der Anwender erhält über das Cockpit Zugriff auf eine Vielzahl von Anwendungen, die er im Rahmen seiner Rolle benötigt. SAP-Smart-Business-Anwendungen sind grundsätzlich responsiv, wobei sie auf Desktop-Rechnern oder Tablets am besten zu bedienen sind. Für die Implementierung solcher Anwendungen definiert SAP Fiori ein eigenes UI-Muster, bei dem der Seitenaufbau aus drei Bereichen besteht. Der Überschriftenbereich der Seite enthält neben dem Namen der darzustellenden Kennzahlinformationen auf der rechten Seite ein Filter-Icon. Darüber lässt sich der Filterbereich ein- bzw. ausblenden.

Kopfbereich

Unter dem Überschriftenbereich präsentiert sich der Kopfbereich der Anwendung. Im Kopfbereich werden die Art der dargestellten KPI-Auswertung sowie die anwendungsfallabhängige Anzahl an sogenannten *Mikro-Diagramm-Kacheln* angezeigt. Über die Mikrodiagramme können dem Anwender über weitere Diagramme oder KPI-Kacheln Zusatzinformationen visualisiert werden. Je nach Implementierungsvariante kann der Anwender mit Mikrokacheln unterschiedlich interagieren. Dem Anwender können nach einem Klick auf eine Kachel in einem Popover-Dialog weiterführende relevante Informationen zum in der Kachel dargestellten KPI angezeigt werden. Es ist aber auch möglich, dass der Anwender die Möglichkeit erhält, durch einen Klick auf die Kachel direkt in die dafür vorgesehene KPI-Darstellung zu navigieren.

Chart Container im Hauptteil

Der wichtigste Teil der Anwendung ist das Diagramm unter dem Kopfbereich. Es nimmt daher auch am meisten Platz auf der Seite ein. Für die Implementierung wird ein *Chart Container* verwendet. Er besitzt eine Werkzeugleiste, mit der der Anwender zum einen die Möglichkeit erhalten kann, sich über ein Auswahl-UI-Control, etwa ein Dropdown-UI-Control, die Diagrammdaten in einer anderen Konstellation anzeigen zu lassen. Zum Beispiel könnte man sich vorstellen, dass der Anwender sich die dargestellten Verkaufszahlen nicht mehr für jedes Produkt, sondern pro Region anzeigen lassen möchte. Zusätzlich bietet der Chart Container auch die Möglichkeit, zwischen verschiedenen Diagrammarten zu wechseln oder die Daten als Tabelle anzuzeigen. Abbildung 3.32 zeigt einen Beispieldialog.

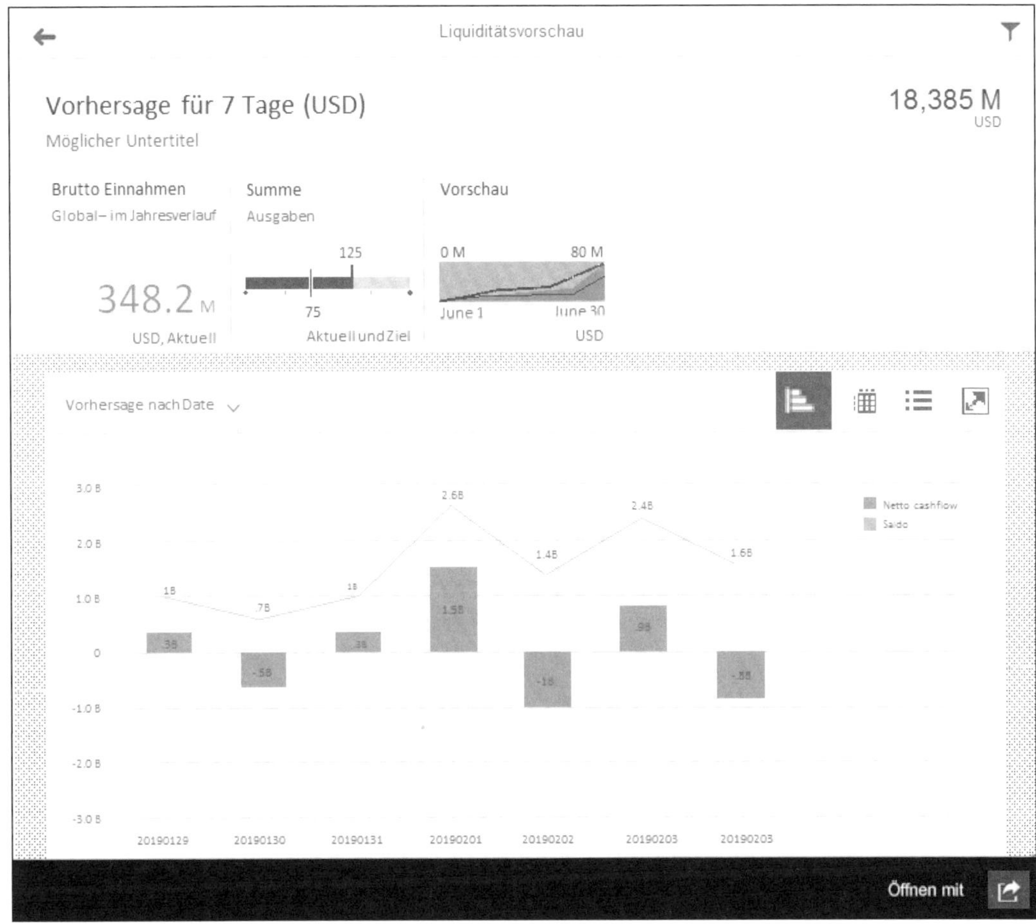

Abbildung 3.32 Smart-Business-Framework-App

Kapitel 4
Das SAP Fiori Launchpad

Der zentrale Einstiegspunkt in SAP Fiori ist das SAP Fiori Launchpad. In diesem Kapitel zeigen wir Ihnen, wie es aufgebaut ist und wie Sie die Startseite personalisieren und SAP-Fiori-Anwendungen bereitstellen.

Zentraler Dreh- und Angelpunkt der SAP-Fiori-Landschaft ist das *SAP Fiori Launchpad*. Es bietet rollenbasierten und kontextsensitiven Zugriff auf SAP-Fiori-Anwendungen. Technisch betrachtet, ist das Launchpad die Ablaufumgebung für SAP-Fiori-Anwendungen und stellt dabei auch Dienste zur Verfügung, die von den darin gestarteten SAP-Fiori-Anwendungen genutzt werden können. Es stellt einen Single Point of Entry für Geschäftsanwendungen wie Fact Sheets, Transactional und Analytical Apps oder SAP-Smart-Business-Anwendungen dar. Das Launchpad kann nicht nur SAP-Fiori-Anwendungen, die mit SAPUI5 implementiert wurden, aufnehmen, sondern auch z. B. ABAP-Web-Dynpro-Anwendungen starten.

4.1 Bestandteile des SAP Fiori Launchpads

Dieser Abschnitt macht Sie mit den Bestandteilen und der Arbeit mit dem SAP Fiori Launchpad vertraut. Sie starten das SAP Fiori Launchpad über die URL *https://<webdispatchername>/sap/bc/ui5_ui5/ui2/ushell/shells/abap/FioriLaunchpad.html*.

4.1.1 Die Homepage des SAP Fiori Launchpads

Nach der Anmeldung am System wird dem Anwender die sogenannte *Startseite* des SAP Fiori Launchpads (*Homepage*) angezeigt. Die Homepage präsentiert die für den Anwender zur Verfügung gestellten Anwendungen und ist zu 100 % responsiv und integraler Bestandteil des SAP Fiori Launchpads. Die Anwendungen werden als Kacheln dargestellt. Der Anwender kann das SAP Fiori Launchpad durch Personalisierung an seine Bedürfnisse anpassen. Sie können Anwendungen (abhängig von Ihren Berechtigungen) aus einem Katalog zum Launchpad hinzufügen oder Anwendungen vom Launchpad entfernen. Um eine individuelle Sicht auf die verfügbaren Anwendungen zu haben, können Gruppen erstellt und Anwendungen hinzugefügt werden.

Launchpad Shell Header

Zentraler Bestandteil des SAP Fiori Launchpads ist die *Launchpad Shell Bar*, die Abbildung 4.1 zeigt. Die Launchpad Shell Bar ist fester Bestandteil des Launchpads. Je nach Endgerät wird die Launchpad Shell Bar entweder immer angezeigt (Desktop) oder wenige Sekunden nach dem Start einer aufgerufenen SAP-Fiori-Anwendung ausgeblendet.

Abbildung 4.1 Die Launchpad Shell Bar

Unterhalb der Launchpad Shell Bar werden die vorhandenen *Anwendungsgruppen* sowie die darin konfigurierten Anwendungen als *Kacheln* angezeigt. Abbildung 4.2 präsentiert verschiedene Kacheltypen.

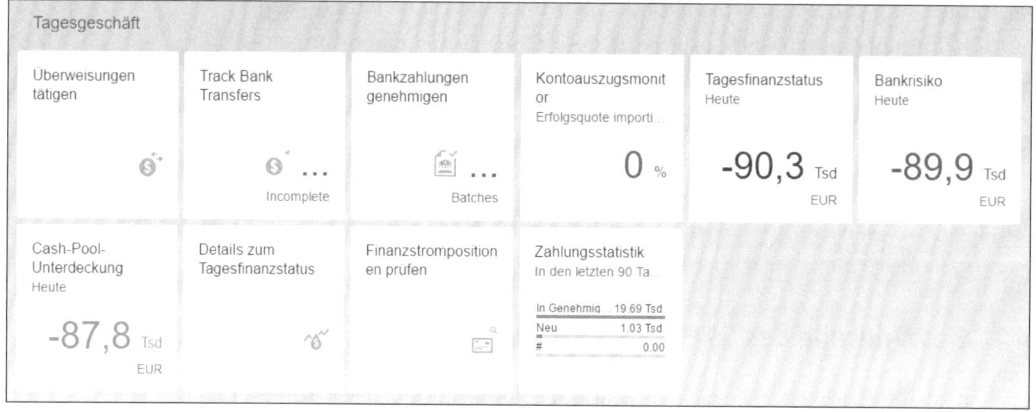

Abbildung 4.2 Verschiedene Kacheltypen im SAP Fiori Launchpad

4.1.2 Das Viewport-Konzept

Ein Bildschirmbereich im Fokus

Das SAP Fiori Launchpad erhielt unter SAP Fiori 2.0 ein neues Interaktions- und Anzeigemuster. In der ersten Version des SAP Fiori Launchpads war es lediglich eine einfache Homepage, über die Anwendungen aufgerufen werden konnten. Ab SAP Fiori 2.0 ist das Launchpad in mehrere Bereiche unterteilt, wobei stets ein Teil – der sogenannte *Viewport* – im Fokus der Anzeige liegt. Man könnte übersetzt sagen, dass der Viewport Teil eines großen Bildes ist. Je nach Bildschirmgröße ist es somit vorstellbar, dass entweder nur Teile des Bildes oder das gesamte Bild angezeigt werden. Abbildung 4.3 stellt die Ausgangsbasis des Viewport-Konzepts dar. In der Abbildung wird auf dem Endgerät lediglich der Inhaltsbereich angezeigt.

Abbildung 4.3 Aufbau des Viewport-Konzepts

Fokus ändern

Ruft der Nutzer über spezielle Icons die Funktionen des Launchpads auf, rückt der entsprechende Bereich in den Vordergrund. Das in den Vordergrundrücken ist dabei so implementiert, dass sich quasi der Inhalt, je nach aufgerufener Funktion, nach links oder rechts verschiebt. Abhängig vom Endgerät nimmt der aufgerufene Bereich den gesamten Bildschirm ein, oder er rückt in den Vordergrund, während der zuvor angezeigte Bereich visuell in den Hintergrund verlagert wird. Abbildung 4.4 skizziert die Darstellung eines anderen Viewports nach dem Aufruf der entsprechenden Funktion.

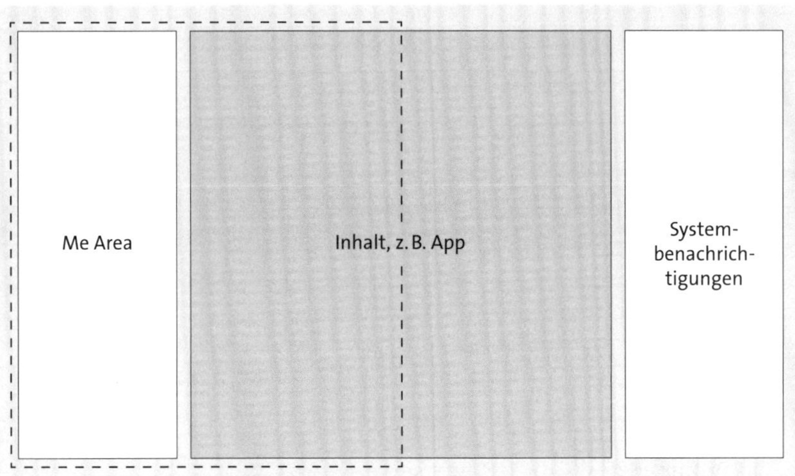

Abbildung 4.4 Änderung des Viewports

Durch die Implementierung dieses neuen Konzepts ist es nun nicht mehr nur möglich, kleine Endgeräte optimal zu unterstützen, sondern auch große Endgeräte oder Arbeitsplätze mit mehr als einer Anzeige.

4.1.3 Me Area

Im Rahmen von SAP Fiori 2.0 führte SAP die sogenannte *Me Area* ein (siehe Abbildung 4.5). Sie wird auf der linken Seite des sogenannten *Off-Screen-Bereichs* angezeigt. Der Nutzer erhält über diesen Bereich Zugriff auf seine nutzer- und umgebungsabhängigen Informationen. Die Me Area kann jederzeit durch den Anwender aufgerufen werden. Um die Me Area aufzurufen, klicken Sie auf Ihr Anwenderprofilbild in der oberen linken Ecke. Die Aktion bewirkt, dass der aktuell angezeigte Inhalt verkleinert zur rechten Seite verschoben wird und stattdessen die Me Area angezeigt und in den Vordergrund gerückt wird.

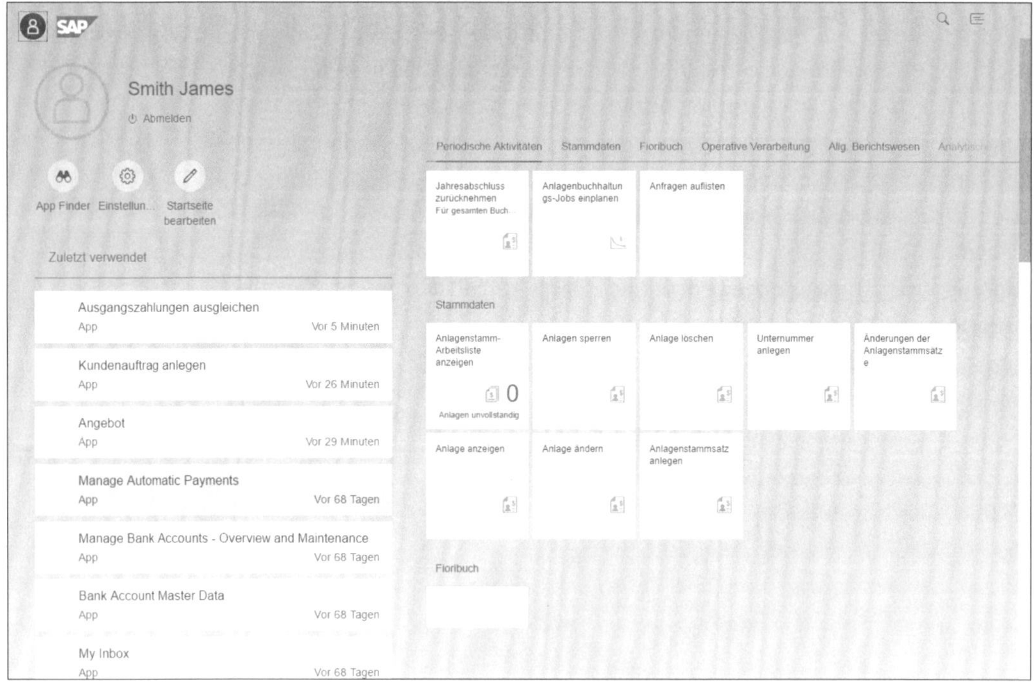

Abbildung 4.5 Die Me Area von SAP Fiori 2.0

Bereiche Sie erhalten über die Me Area Zugriff auf:

- das Profilbild des Nutzers sowie seinen Status
- die Möglichkeit, Voreinstellungen für Anwendungen zu setzen

- den App Finder
- Werkzeuge, um den aktuell angezeigten Inhalt im Hauptbereich zu personalisieren
- eine Übersicht über die zuletzt aufgerufenen Anwendungen und Geschäftsobjekte

Durch einen Klick auf das Zahnrad-Icon erhalten Sie Zugriff auf die oben erwähnten Einstellungsmöglichkeiten. Diese können kontextunabhängig oder kontextbezogen sein. Rufen Sie z. B. die Me Area auf, während Sie eine SAP-Fiori-Anwendung ausführen, erhalten Sie die Möglichkeit, anwendungsbezogene Konfigurationseinstellungen durchzuführen. Abbildung 4.6 zeigt den Einstellungsdialog.

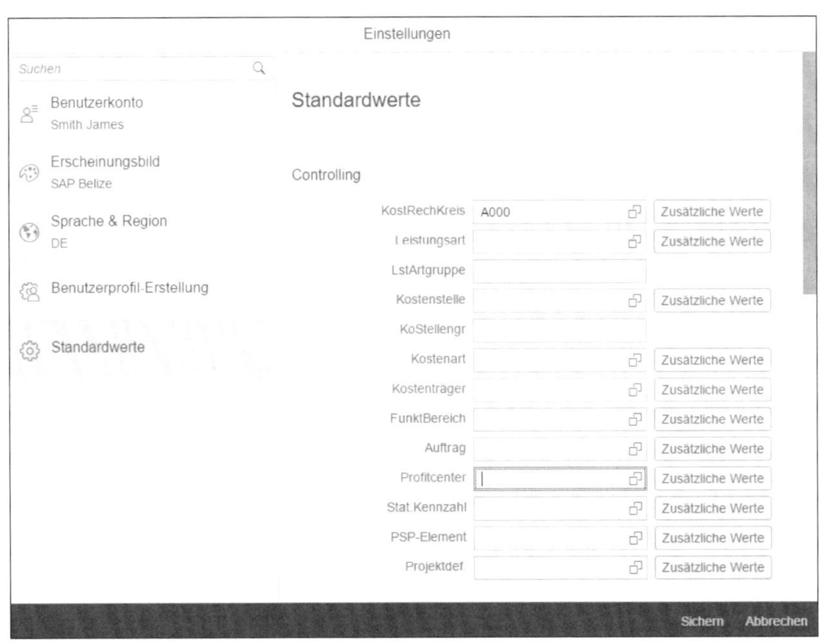

Abbildung 4.6 Standardwerte einer App-Gruppe ändern

Option »Über«

Nähere Informationen zu einer gerade ausgeführten Anwendung erhalten Sie ebenfalls über die Me Area. Führen Sie eine Anwendung aus und rufen Sie – während die Anwendung aktiv im Launchpad läuft – aus der Me Area die Option **Über** auf, erfahren Sie einige Details zu der entsprechenden Anwendung. Abbildung 4.7 zeigt den Dialog für die Anwendung **Forderungsliste bearbeiten**.

Abbildung 4.7 Informationen zur aktuell ausgeführten Anwendung

4.1.4 Benachrichtigungsbereich

Die Oberfläche von SAP Fiori 2.0 verfügt neben der Me Area noch über einen *Benachrichtigungsbereich*. Dieser wird mit Nachrichten vom Backend versorgt, die z. B. über einen konfigurierten Workflow versendet werden. Abbildung 4.8 zeigt ein Beispiel für den Benachrichtigungsbereich.

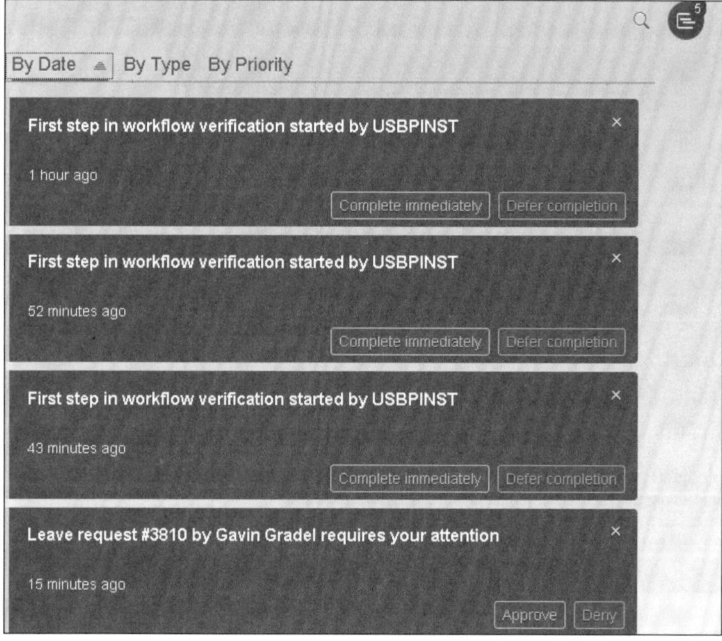

Abbildung 4.8 Der Benachrichtigungsbereich von SAP Fiori 2.0

4.1.5 Der App Finder

Neben der Me Area bietet SAP Fiori 2.0 mit dem sogenannten *App Finder* auch eine Funktion, um SAP-Fiori-, SAP-GUI- oder Web-Dynpro-ABAP-Anwendungen zu finden. Sie erreichen den App Finder über die Me Area. Der App Finder listet alle Anwendungen auf, die gemäß der Rollenzugehörigkeit des Anwenders verfügbar sind.

Konfigurierbare Anwendungskategorien

Je nach Konfiguration durch den Administrator kann der Anwender beim Aufruf folgende Anwendungskategorien finden:

- **Katalog**
  Zugriff auf alle Anwendungen, die dem Anwender über Rollen zugeordnet sind
- **Benutzermenü**
  Zugriff auf das im SAP-System definierte Benutzermenü. Der Anwender erhält Zugriff auf alle SAP-GUI-Transaktionen und SAP-Web-Dynpro-ABAP-Anwendungen, die ihm entsprechend zugewiesen und im Benutzermenü des SAP-Systems verfügbar sind.
- **SAP-Menü**
  Zugriff auf das SAP-Standardmenü. Das Benutzermenü sowie das SAP-Menü sind auch bekannt als *SAP-Easy-Access-Menü*.

Abbildung 4.9 zeigt das Benutzermenü im App Finder.

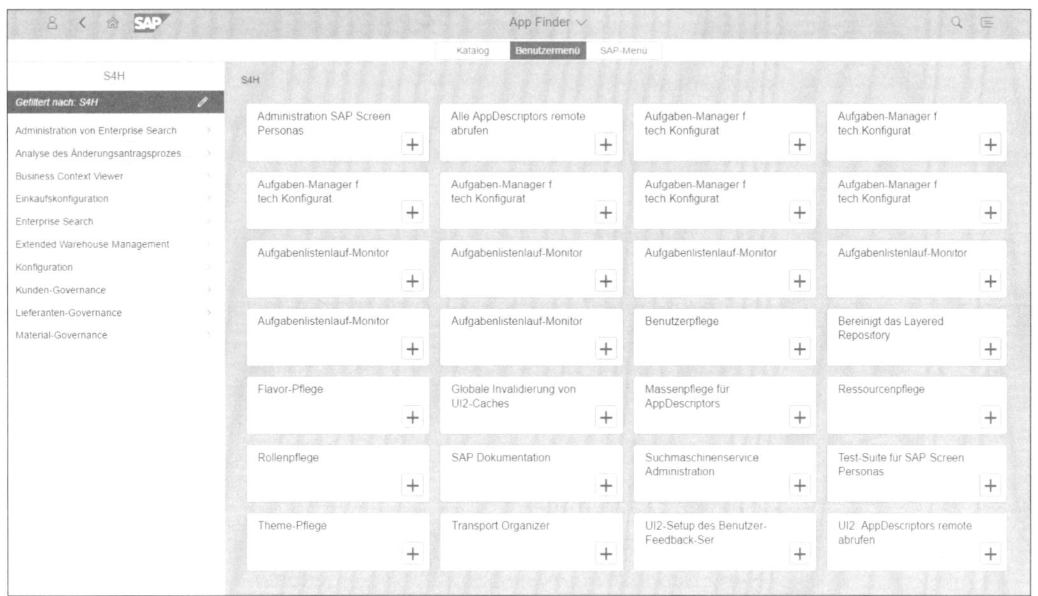

Abbildung 4.9 Das Benutzermenü im App Finder

4.1.6 Kacheln (Tiles)

Aufbau einer Kachel

Eine Kachel auf der Homepage repräsentiert eine SAP-Fiori-Anwendung. Die einzige Aufgabe einer Kachel besteht darin, eine spezifische Anwendung über die Homepage aufrufbar zu machen. Jede SAP-Fiori-Anwendung wird somit mit mindestens einer Kachel im Launchpad repräsentiert. Die Anzahl der angezeigten Kacheln in einer Reihe hängt von der Auflösung des Endgeräts ab. Passen Kacheln nicht mehr in eine Reihe, werden die restlichen Kacheln auf die folgenden Reihen aufgeteilt. Das Layout einer Kachel ist durch vier Teilbereiche von oben nach unten beschrieben. Den Anfang macht der Kopfbereich (Header Area). Dieser Teil der Kachel ist nicht optional und zeigt die Titelzeile der Anwendung an. Unter dem Kopfbereich kann optional ein Untertitel angezeigt werden. Insgesamt können Kopfbereich und Untertitel zusammen lediglich in drei Zeilen dargestellt werden. Welcher Teil nur eine Zeile und welcher Teil zwei Zeilen einnimmt, ist dabei nicht entscheidend. Als Nächstes wird der Inhaltsbereich dargestellt. Die Anzeige dieses Bereichs ist nicht optional. Der Inhalt kann von Anwendung zu Anwendung variieren. So kann eine Kachel ein Icon, einen Titel, Diagramme oder KPIs enthalten. Wiederum optional ist der letzte Teil einer Kachel und beschreibt den optional zu verwendenden Statusbereich. Dabei handelt es sich um eine rein textuelle Anzeige.

Kacheltypen

Aktuell bietet SAP neun verschiedene Kacheltypen an. Je nach Kacheltyp werden unterschiedliche Informationen auf der entsprechenden Kachel dargestellt.

- **Standardkachel**
  Die *Standardkachel* zeigt lediglich textuelle Informationen und ein Icon an, das die dahinterliegende SAP-Fiori-Anwendung beschreibt.
- **KPI-Kachel**
  Ein sehr mächtiger Kacheltyp ist die *KPI-Kachel* (KPI Tile), die der Darstellung von Key Performance Indicators dient. Sie kann neben statischen Informationen auch dynamische Informationen liefern, z. B. wie die aktuellen Verkaufszahlen für eine Verkaufsregion aussehen und ob sie steigen oder fallen. Durch die Verwendung der sogenannten *2×1-Kachel* lassen sich auch zwei KPI-Kacheln als eine Kachel darstellen.

  KPI-Kacheln werden über den sogenannten *KPI Modeler* erzeugt.
- **Kachel für Diagramme**
  Ein weiterer Kacheltyp ermöglicht es, auf der Kachel Diagramme darzustellen. Dabei können Sie aus vier verschiedenen Diagrammtypen auswählen. Jeder dieser Diagrammtypen beschreibt einen eigenen Kacheltyp:

  - Vergleichsdiagramm
  - Bullet-Diagramm
  - Trend- oder Bereichsdiagramm
  - Balkendiagramm (vertikal)
- **Überwachungskachel**
  Die *Überwachungskachel* ist eine erweiterte Standardkachel, die neben den Standardinformationen zusätzlich noch Statusinformationen darstellen kann.
- **SAP-Jam-Kachel**
  Unternehmen, die *SAP Jam* – das soziale Netzwerk von SAP – im Einsatz haben, können sogenannte *SAP-Jam-Kacheln* nutzen. Damit können Informationen aus dem sozialen Netzwerk intervallgesteuert dargestellt werden.
- **Feed-Kachel**
  Als letzter Kacheltyp ist die *Feed-Kachel* zu erwähnen. Diese Art Kachel wird für die Darstellung von Nachrichten im Feed-Format verwendet.

Kachelkatalog

Der Katalog mit den verfügbaren SAP-Fiori-Anwendungen wird *Kachelkatalog* (Tile Catalog) genannt. Über diesen Anwendungskatalog kann der Nutzer neue Anwendungen zur Homepage hinzufügen (siehe Abbildung 4.10).

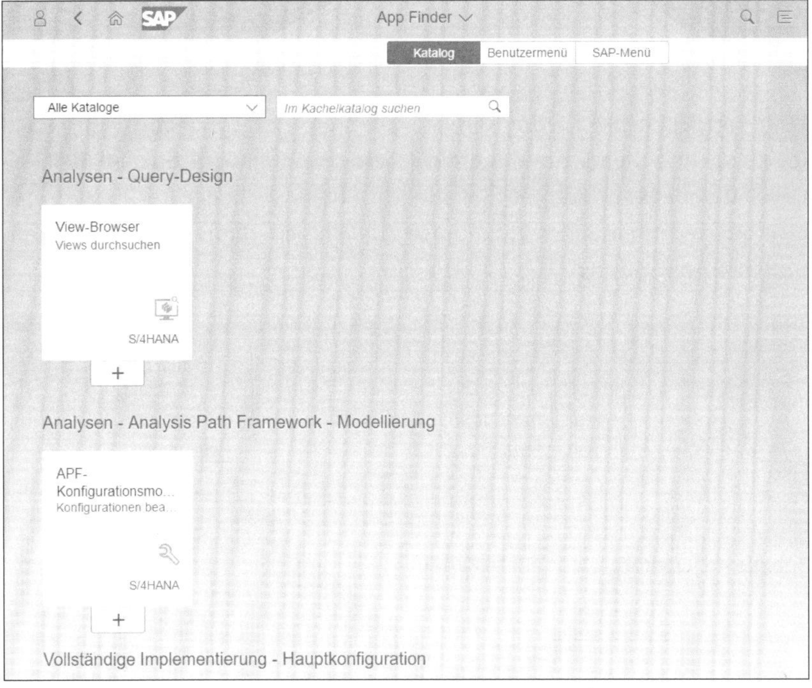

Abbildung 4.10 Der Kachelkatalog im App Finder

Der Zugriff auf den Katalog erfolgt in SAP Fiori 2.0 über den App Finder. Im Katalog sind die Anwendungen *Kataloggruppen* zugeordnet. Damit der Anwender die im Katalog verfügbaren Anwendungen einfach überblicken kann, bietet der Katalog eine Suchfunktion an.

4.1.7 Globale Suche

Das SAP Fiori Launchpad bietet auch eine Suche an. Damit kann der Anwender über Anwendungsgrenzen hinweg nach SAP-Fiori-Anwendungen oder Geschäftsobjekten suchen. Das Lupen-Icon zum Aufrufen der globalen Suche erscheint in der SAP Fiori Launchpad Shell Bar. Nach dem Klicken auf die Lupe öffnen sich daneben ein Suchfeld und eine Dropdown-Liste, in der ausgewählt werden kann, in welchem Bereich nach dem entsprechenden Suchstring gesucht werden soll (siehe Abbildung 4.11).

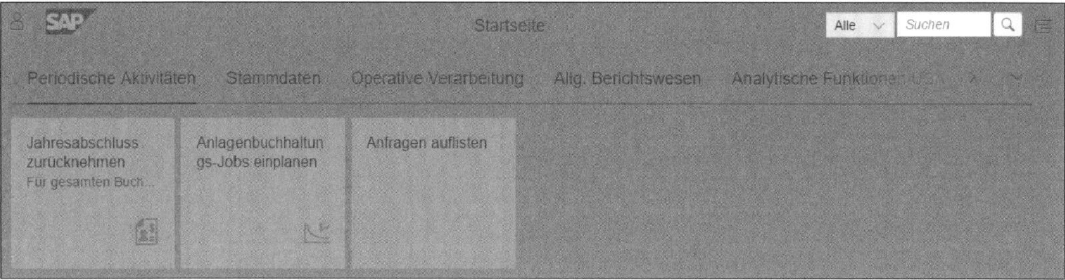

Abbildung 4.11 Die globale Suche im SAP Fiori Launchpad

Operatoren zur Verknüpfung von Suchbegriffen

Der eingegebene Suchstring kann aus mehreren Begriffen bestehen, wobei die Groß- und Kleinschreibung nicht berücksichtigt wird. Suchen Sie nach Geschäftsobjekten, können Sie die einzelnen Suchbegriffe über simple Operatoren miteinander verknüpfen. Tabelle 4.1 erläutert die Operatoren und ihre Anwendung.

Operator	Erläuterung
keine Angabe	Wird zwischen den einzelnen Suchbegriffen kein Verknüpfungssymbol angegeben, werden die einzelnen Begriffe mit UND verknüpft.
OR	Die Suchbegriffe werden mit ODER verknüpft.

Tabelle 4.1 Operatoren und ihre Bedeutung

Operator	Erläuterung
-	Geben Sie z. B. zwei Suchbegriffe ein und fügen vor dem zweiten Begriff ein Minuszeichen (-) ein, geben Sie explizit an, dass Sie nur nach Treffern suchen, in denen der erste Begriff enthalten ist und der zweite nicht.
*	Fügen Sie direkt nach einem Suchbegriff das Sternchensymbol (*) an, und geben Sie an, dass Sie nach Informationen suchen, die mit dem entsprechenden Begriff beginnen.
" "	Fügen Sie zwischen den beiden Anführungszeichensymbolen (" ") eine Menge an Suchbegriffen ein, wird exakt nach dem angegebenen Muster gesucht.

Tabelle 4.1 Operatoren und ihre Bedeutung (Forts.)

Suche starten

Solange das Suchfeld keinen Wert enthält, kann die Suchmaske durch einen Klick auf die Lupe wieder ausgeblendet werden. Sobald das Suchfeld eine Eingabe enthält, kann die Suche entweder durch einen Klick auf das Lupen-Icon, durch das Drücken der [↵]-Taste oder durch die Auswahl eines Eintrags aus der eingabesensitiven Auswahlliste gestartet werden. Wie Sie Abbildung 4.12 entnehmen können, werden Anwendungen in der Vorschlagsliste mit dem Präfix **App** und dem konfigurierten Icon der Kachel dargestellt.

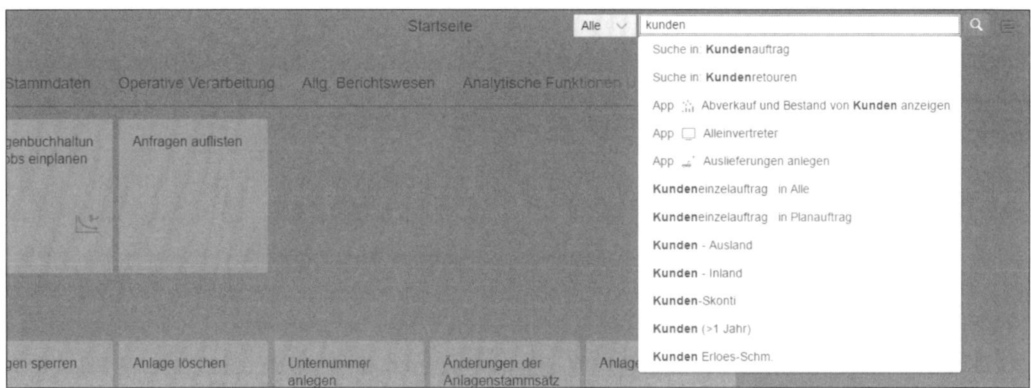

Abbildung 4.12 Eingabesensitive Auswahlliste

Nachdem die Suche ausgeführt worden ist, werden die gefundenen Einträge in einer spezifischen SAP-Fiori-Anwendung, der *Such-App*, dargestellt (siehe Abbildung 4.13). Die Einträge der Suchergebnisliste sind nach ihrer Relevanz sortiert. Die Relevanz bestimmt sich nach folgenden Faktoren:

- Gewichtung von Attributen, z. B. wird ein Treffer bei den Nachnamen stärker gewichtet als ein Treffer bei den Vornamen
- Anzahl von Treffern innerhalb eines Objekts (proportional zur Textlänge und Häufigkeit anderer Wörter)

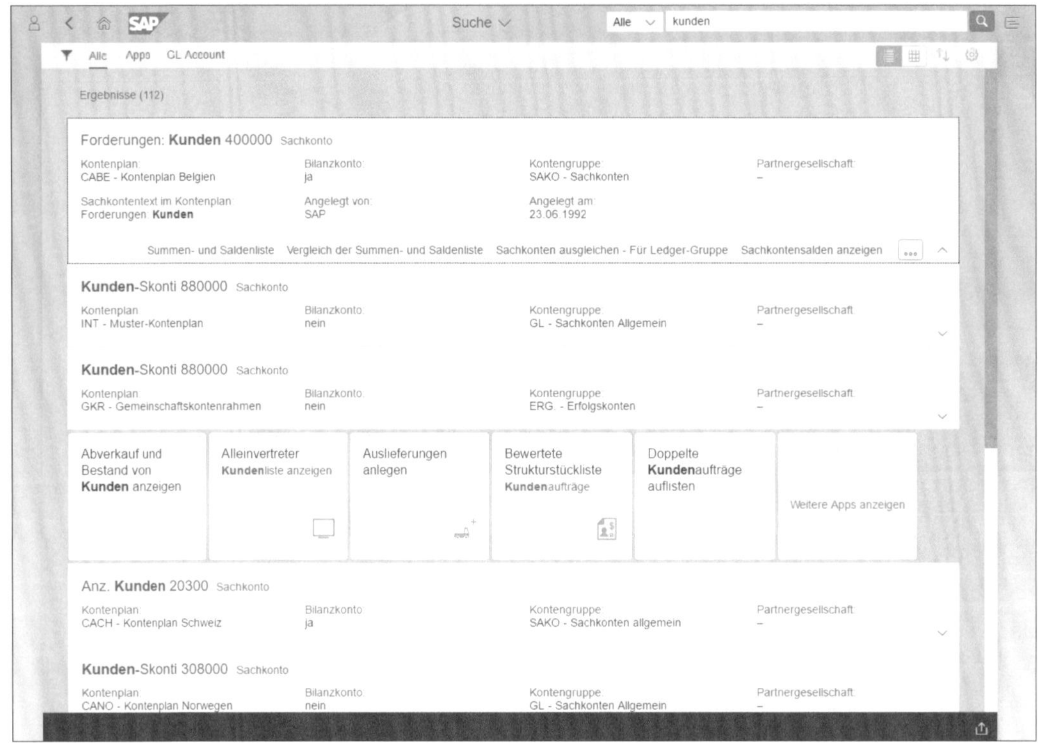

Abbildung 4.13 Anzeige des Suchergebnisses

Ergebnisanzeige

Nach erfolgter Suche werden das Suchfeld sowie die Auswahlliste ausgeblendet, und das Lupen-Icon erscheint wieder in seinem initialen Zustand. Der oder die eingegebenen Suchbegriffe werden stattdessen in der Such-App angezeigt. Hier können Sie die durchgeführte Suchanfrage auch verfeinern oder komplett abändern. Das im Kopf der Such-App dargestellte Filter-Icon ermöglicht es, Filterkriterien einzugeben, um das Suchergebnis weiter zu verfeinern. Oberhalb der Trefferliste finden Sie die einzelnen Kategorien, über die Sie die Trefferliste typbezogen einschränken können.

Für die technischen Voraussetzungen und die notwendigen Installations- und Konfigurationsschritte verweisen wir an dieser Stelle auf Kapitel 7, »Konfiguration«.

4.1.8 Die Startseite personalisieren

Das SAP Fiori Launchpad bietet die Möglichkeit, die Startseite zu personalisieren. Um die Startseite in den Bearbeitungsmodus zu versetzen, rufen Sie die Me Area auf und wählen dort die Option **Startseite bearbeiten** (siehe Abbildung 4.14).

Abbildung 4.14 Bearbeitungsmodus aktivieren

Bearbeitungsmodus

Sobald die Startseite in den Bearbeitungsmodus gewechselt ist, können Sie vorhandene Anwendungen bearbeiten. Sie können Anwendungen entfernen oder auf der Startseite verschieben. Dazu wählen Sie die zu bearbeitende Anwendung aus und rufen aus dem Kontextmenü die entsprechende Aktion auf. Abbildung 4.15 zeigt den entsprechenden Dialog.

Abbildung 4.15 Bearbeitungsoptionen einer existierenden Kachel

Vorhandene Kachel bearbeiten

Neben dem Löschen und Verschieben kann der Anwender die angezeigten Informationen einer Kachel überschreiben, wenn die Konfiguration es erlaubt. Ist die Änderung durch den Anwender erlaubt, befindet sich im Kontextmenü der Eintrag **Einstellungen**. Nach dessen Auswahl erscheint der in Abbildung 4.16 dargestellte Dialog. Nachdem Sie Ihre Änderungen durchgeführt und mit **OK** bestätigt haben, erfolgt ein Hinweisdialog, der Sie darüber informiert, dass diese Änderungen sich nur auf die aktuelle Gruppe auswirken und nicht auf andere Gruppen, in denen die Anwendung auch vorhanden ist.

Abbildung 4.16 Eigenschaftsdialog einer Kachel

Eigene Gruppen erstellen

Es ist auch möglich, mehrere Anwendungen auf der Startseite in eigenen Gruppen zusammenzufassen. Gruppen lassen sich sehr einfach im Bearbeitungsmodus anlegen. Unterhalb jeder existierenden Gruppe gibt es dazu eine Schaltfläche mit der Aufschrift **Gruppe hinzufügen**. Nach deren Auswahl wird eine neue Gruppe in die Startseite eingefügt. Sie können der neu hinzugekommenen Gruppe einen Titel geben.

Gruppe entfernen

Gruppen lassen sich auch wieder entfernen. Dies gilt aber nur für Gruppen, die nicht geschützt sind. Ein Schloss-Icon kennzeichnet geschützte Gruppen. Um eine Gruppe zu löschen, klicken Sie auf die Schaltfläche mit der Bezeichnung **Löschen** (siehe Abbildung 4.17). Nun werden Sie über einen Dialog gefragt, ob Sie die Gruppe tatsächlich löschen möchten. Standard-SAP-Fiori-Gruppen können nicht gelöscht werden. An die Stelle der **Löschen**-Funktion tritt hier die Funktion **Zurücksetzen**.

Abbildung 4.17 Eine eigene Gruppe auf der Startseite des Launchpads

Anwendung zu Gruppe hinzufügen

Um eine neue Anwendung einer Gruppe hinzufügen, klicken Sie auf die angezeigte Platzhalterkachel. Nach dem Klick darauf wird der Kachelkatalog angezeigt, wie es Abbildung 4.18 darstellt.

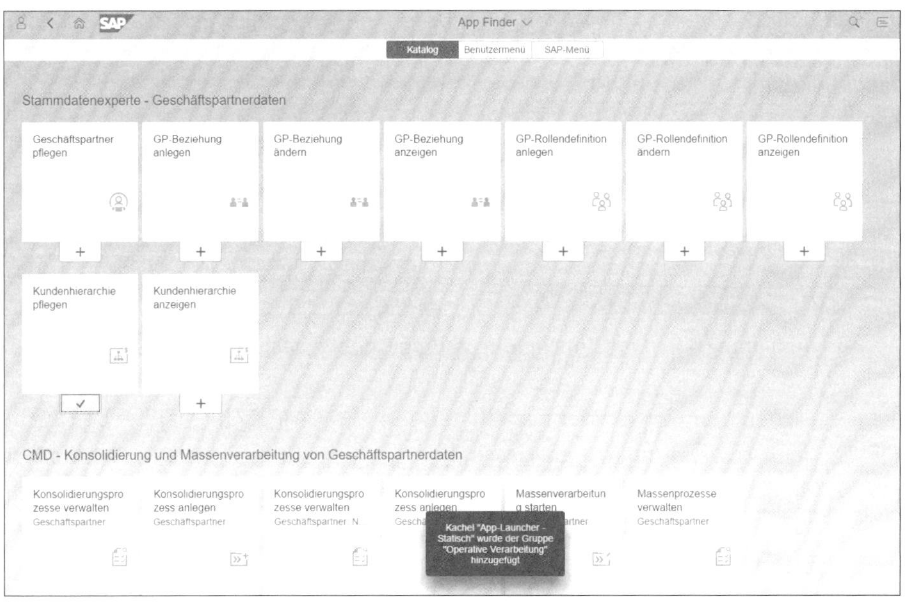

Abbildung 4.18 Eine Anwendung zu einer Gruppe hinzufügen

Nachdem Sie die entsprechende Anwendung im Katalog ausgemacht haben, klicken Sie auf das +-Icon unterhalb der Anwendung. Die ausgewählte Anwendung wird daraufhin sofort der zuvor ausgewählten Gruppe zugeordnet. Das +-Icon wird durch ein Häkchen ersetzt; die erfolgreiche Zuordnung wird über eine Erfolgsmeldung quittiert. Sollten Sie die Anwendung fälschlicherweise angeklickt haben, können Sie sie durch einen Klick auf das Häkchen wieder aus der Gruppe entfernen. Beachten Sie, dass die App durch direktes Anklicken gestartet und nicht einer Gruppe hinzugefügt wird.

Anwendungen über den App Finder hinzufügen

Eine weitere Möglichkeit, um eine Anwendung einer Gruppe zuzuordnen und somit über die Startseite des Launchpads zuzugreifen, besteht über den App Finder. Nachdem Sie den App Finder aufgerufen und z. B. einen Katalog darin ausgewählt haben, können Sie auf der entsprechenden Kachel auf das +-Icon klicken. Anders als zuvor werden Sie – wie es Abbildung 4.19 zeigt – gefragt, welcher Gruppe die entsprechende Anwendung zugeordnet werden soll. Es ist auch möglich, eine neue Gruppe über den gezeigten Dialog anzulegen.

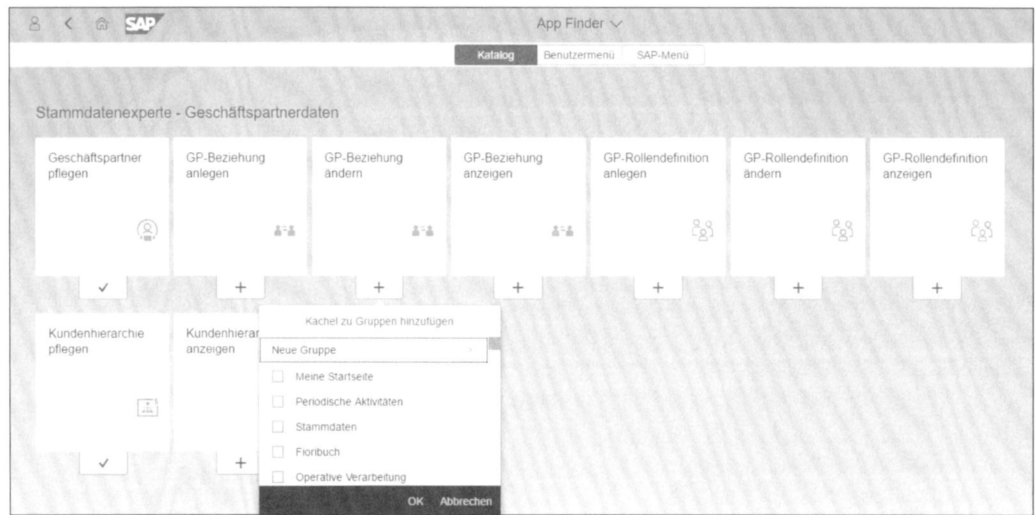

Abbildung 4.19 Eine Anwendung im App Finder einer Gruppe zuweisen

Fact Sheets hinzufügen

Neben dem App Finder besteht außerdem die Möglichkeit, über das Suchfeld Anwendungen und Geschäftsobjekte zu finden. Falls Sie berechtigt sind, auf die Suchmodelle von Fact Sheets zuzugreifen, werden Ihnen auch die entsprechenden Suchergebnisse präsentiert. Klicken Sie auf einen Eintrag in der Trefferliste, um sich das entsprechende Fact Sheet anzeigen zu lassen (siehe Abbildung 4.20). Voraussetzung dafür ist, dass in einem seiner

PFCG-Rollen der technische Katalog mit den Zielzuordnungen dem entsprechenden Fact Sheet zugeordnet wurde.

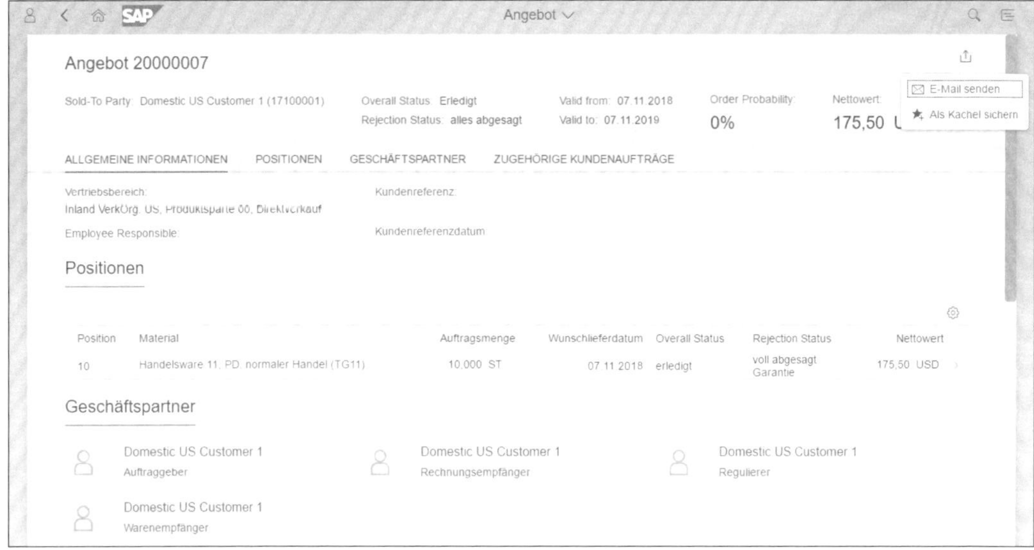

Abbildung 4.20 Fact Sheet als Kachel speichern

Abbildung 4.20 zeigt, dass ein Nutzer ein Fact Sheet für ein Geschäftsobjekt auch als Kachel auf seinem Launchpad sichern kann. Dazu klickt er auf das Icon mit dem Pfeil rechts unten und wählt den Eintrag **Als Kachel sichern** aus.

Gruppen ausblenden

Ab und zu kann es vorkommen, dass bestimmte Gruppen zum aktuellen Zeitpunkt nicht benötigt werden. Damit die Startseite weiterhin übersichtlich bleibt, lassen sich diese Gruppen dann z. B. ausblenden. Wechseln Sie zum Ausblenden einer Gruppe in den Bearbeitungsmodus. Wie es in Abbildung 4.21 dargestellt ist, wird im Anschluss bei den Gruppen eine entsprechende Aktion angeboten.

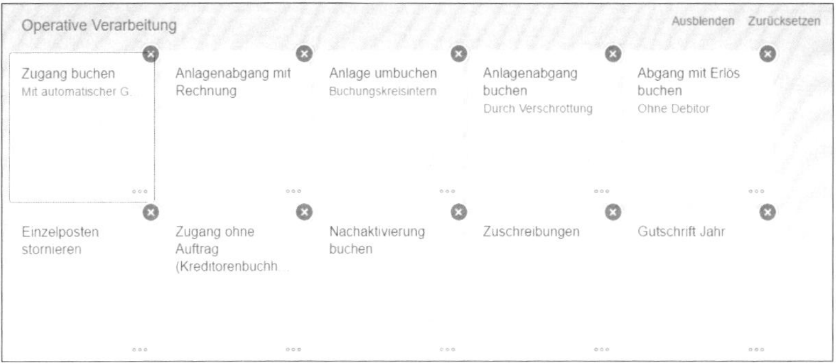

Abbildung 4.21 Gruppen ausblenden

Personalisierung beenden

Sie können den Personalisierungsmodus entweder über die Schaltfläche **Bearbeitet** in der rechten unteren Ecke oder über das Stift-Icon in der Me Area (siehe Abbildung 4.22) wieder verlassen.

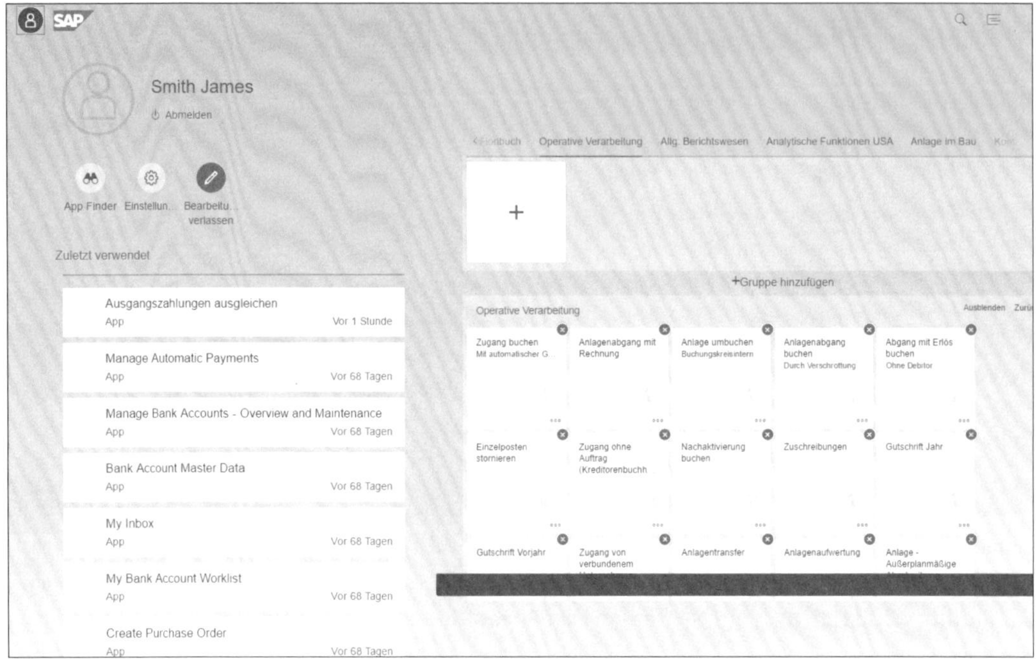

Abbildung 4.22 Bearbeitungsmodus verlassen

4.1.9 Key Performance Indicators modellieren

Falls Sie KPI-Kacheln verwenden, ist es möglich, im SAP Fiori Launchpad mit den Anwendungen der Gruppe KPI Modeler zu arbeiten. Die Gruppe bietet Ihnen u. a. Anwendungen zum Anlegen neuer KPIs (**KPI anlegen**) oder zum Konfigurieren von KPI-Kacheln (**KPI-Kachel konfigurieren**). Abbildung 4.23 zeigt Ihnen die KPI-Modeler-Gruppe.

Abbildung 4.23 KPI-Modeler-Kacheln

Die Arbeit mit dem KPI Modeler ist vielschichtig und wird in Kapitel 7, »Konfiguration«, detailliert beschrieben.

4.2 SAP Fiori Launchpad unter SAP Fiori 3.0

Wie bereits angesprochen, wird die SAP-Fiori-Designsprache auf alle Produkte angewandt – auch solche, die über Zukäufe in das SAP-Produktportfolio aufgenommen wurden. Sie spielt für das Ziel intelligenter Unternehmen daher eine zentrale Rolle. Im Rahmen der Weiterentwicklung, die SAP Fiori 3.0 bedeutet, wird auch das SAP Fiori Launchpad überarbeitet. Die ersten Neuerungen sind mit SAP S/4HANA Cloud 1908 verfügbar. Mit SAP S/4HANA 1909 bzw. mit Fronend-Server-Version 6.0 gibt es sie auch als On-Premise-Version.

Neues Theme

Abbildung 4.24 zeigt das SAP Fiori Launchpad unter SAP Fiori 3.0. Neben dem neuen *Quartz Theme* wurde eine neue Shell Header Bar eingeführt.

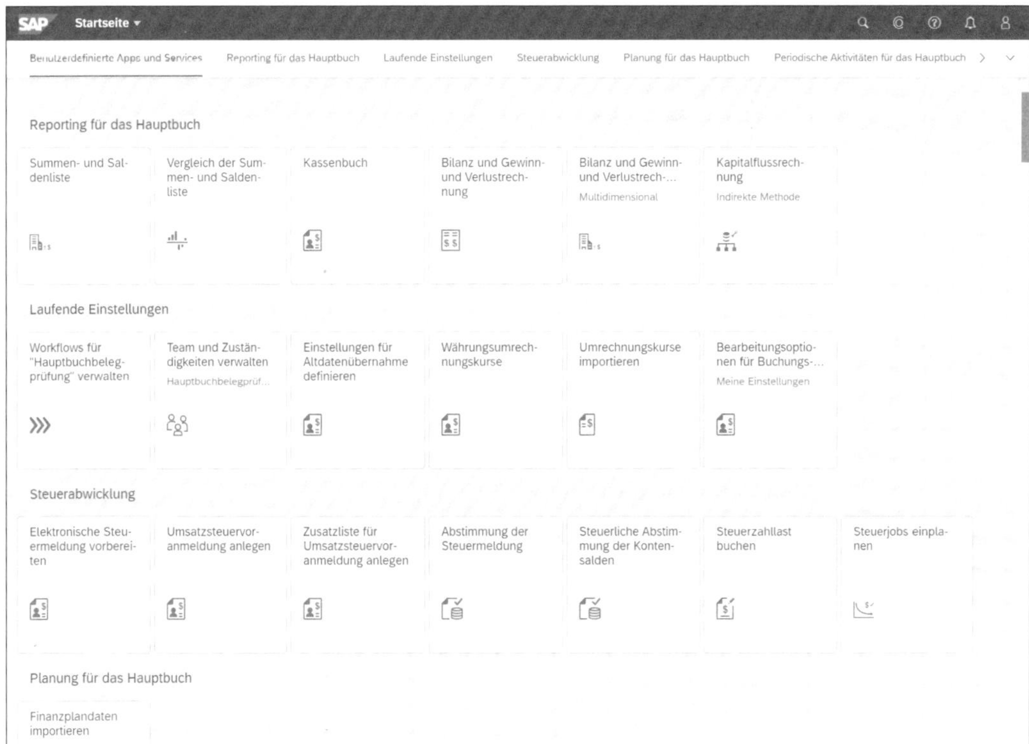

Abbildung 4.24 Launchpad von SAP Fiori 3.0

Neue Funktion des Firmenlogos

Wie unter SAP Fiori 2.0 gibt es weiterhin das Firmenlogo von SAP im Kopf (natürlich durch ein eigenes Logo ersetzbar). Anders als in der Vorgängerversion gibt es jedoch keinen dedizierten **Home**-Button mehr, um zur Homepage zu gelangen. Die Funktion wird nun über das Firmenlogo angeboten.

Neben dem Firmenlogo bietet das neue Launchpad auch die Möglichkeit, direkt zu all seinen Anwendungen zu navigieren (siehe Abbildung 4.25). Dadurch wird dem Kundenwunsch entsprochen, die Navigation zu vereinfachen. Besonders bei einer sehr umfangreichen Anwendungssammlung auf dem Launchpad kann sie bei der Vorgängerversion mühsam sein.

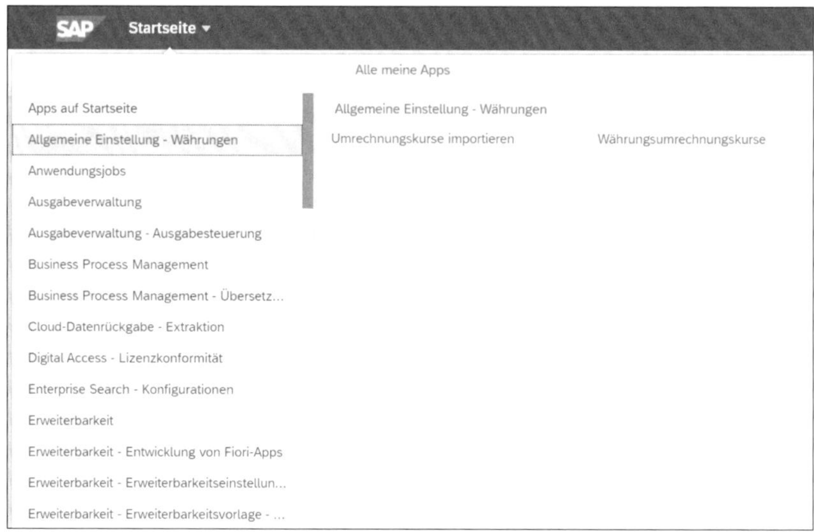

Abbildung 4.25 Direkte Navigation aus der Shell Header Bar

Wie zu Beginn dieses Kapitels beschrieben, wurde unter SAP Fiori 2.0 das Viewport-Konzept mit der Me Area und dem Benachrichtigungsbereich eingeführt. Dieses Konzept wird mit SAP Fiori 3.0 wieder abgeschafft. Anstelle eines animierten Einblendens gibt es nun einfache Menüs, die über einen Klick auf die jeweiligen Icons in der Shell Header Bar angezeigt werden (siehe Abbildung 4.26).

Benachrichtigungsanzeige

Über das Glocken-Icon in der Shell Header Bar können Nutzer zudem auf ihre Benachrichtigungen zugreifen. Dabei wird ihnen die Anzahl der für sie vorliegenden Benachrichtigungen direkt angezeigt. Durch einen Klick auf das Glocken-Icon öffnet sich die Benachrichtigungsauswahl (siehe Abbildung 4.26).

Abbildung 4.26 Benachrichtigungsanzeige unter SAP Fiori 3.0

Zugriff auf Dienste

Der Zugriff auf benutzerdefinierte Dienste ist weiterhin über das eingeblendete Profil-Icon (neben dem Glocken-Icon) möglich. Es wird unter SAP Fiori 3.0 allerdings auf der rechten Seite angezeigt. Klickt der Nutzer auf das Profilbild, öffnet sich, wie in Abbildung 4.27 gezeigt, ein Menü, über das die einzelnen Dienste aufgerufen werden können.

Abbildung 4.27 Zugriff auf benutzerdefinierte Dienste

4.3 Das Launchpad aus technischer Sicht

Nicht nur die Anwendersicht auf das Launchpad ist von Bedeutung, sondern auch die eher technische Sicht. Ein Verständnis des technischen Aufbaus und der Zusammenhänge zwischen den unterschiedlichen Artefakten hilft bei der Implementierung von Anwendungen für das Launchpad und der Erweiterung des Launchpads. Das SAP Fiori Launchpad basiert auf einer *Unified-Shell-Architektur*. Wie Abbildung 4.28 zeigt, ist die Idee hinter dieser Architektur, dass es eine einzige, plattformunabhängige und komplett auf der Clientseite ausgeführte Ablaufumgebung für SAP-Fiori-Anwendungen gibt. Durch die clientseitige Ausführung der Anwendung besteht keine spezifische Anforderung, auf welcher Serverplattform die Ablaufumgebung gehostet wird. Das SAP Fiori Launchpad kann daher sowohl auf dem SAP NetWeaver AS ABAP, auf SAP Enterprise Portal, in SAP HANA XS, SAP HANA XSA als auch in der SAP Cloud Platform zur Verfügung gestellt werden.

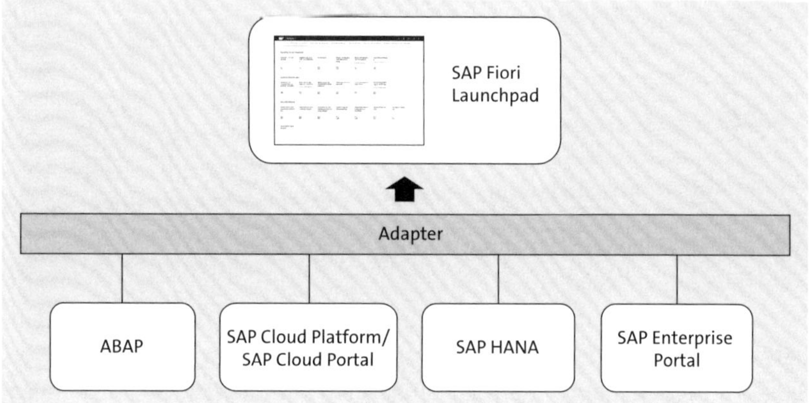

Abbildung 4.28 Zentraler, plattformunabhängiger Einstiegspunkt

4.3.1 Anwendungen integrieren

Integration von Web Dynpro für ABAP

Im Launchpad selbst lassen sich, wie bereits erwähnt, sowohl SAPUI5-basierte Anwendungen als auch Anwendungen vom Typ Web Dynpro für ABAP oder auch das SAP GUI für HTML-Anwendungen integrieren. Bei der Integration von Nicht-SAPUI5-Anwendungen wird ein *iFrame* als Container-Element verwendet.

Integration von SAPUI5

Die Integration von SAPUI5-Anwendungen ist hingegen sehr viel enger verzahnt. Dies liegt schon allein daran, dass das Launchpad auch mit SAPUI5 implementiert ist. SAPUI5-Anwendungen, die in das SAP Fiori Launchpad integriert werden sollen, müssen als komponentenbasierte SAPUI5-Anwendungen implementiert werden. Ist dies der Fall, werden solche Anwendungen direkt durch das Launchpad aufgerufen und entsprechend integriert. SAP bietet ihren Kunden die Möglichkeit, nicht nur eigene SAP-Fiori-Anwendungen zu implementieren und zu integrieren, sondern auch ein eigenes kundenspezifisches Launchpad zu implementieren.

4.3.2 Die Rolle des Shell Containers

Der technische Aufbau eines Launchpads definiert sich über einen zentralen Container, den *Shell Container*. Er ist eine zentrale Komponente, die die Aufgabe hat, Shell-Services und den Renderer zu verwalten. Er wird über eine Laufzeitkonfiguration mit allen laufzeit- und ablaufspezifischen Informationen gefüttert.

Zugriff auf zentrale Dienste

Diese Neutralität bezüglich der Plattform macht es notwendig, dass bei den zentralen – über das SAP Fiori Launchpad zur Verfügung gestellten – Diensten ein entsprechendes Adapterkonzept implementiert wird. Das Adapterkonzept ermöglicht dem Konsumenten eines Dienstes die Verwendung einer stabilen clientseitigen API. Dadurch können SAP-Fiori-Anwendungen, egal, auf welchem System sie gehostet werden, über ein und dieselbe Serviceschnittstelle auf die entsprechenden Dienste zugreifen. Je nach Plattform könnten dann, falls dies überhaupt notwendig ist, Implementierungen für die jeweilige Plattform auf der Clientseite vorgenommen werden. Diese konkrete und plattformabhängige Implementierung ist dabei für den Nutzer dieser Schnittstellen völlig transparent.

SAPUI5 bietet für den Zugriff auf die zentralen Dienste des Launchpads den Namensraum *sap.ushell.services* an. Abbildung 4.29 zeigt die API-Dokumentation, die Sie unter *http://s-prs.de/v726821* einsehen können.

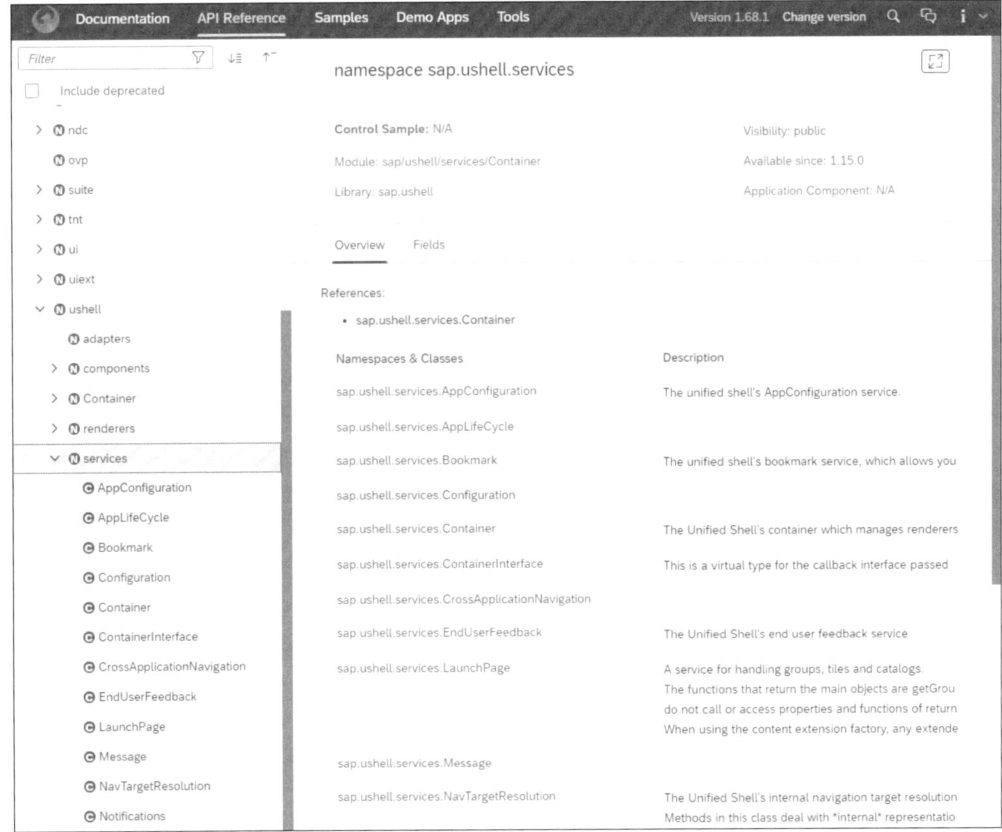

Abbildung 4.29 API-Dokumentation der verfügbaren Standarddienste

Visualisierung der Unified Shell

Die Visualisierung der Unified Shell ist unabhängig von der Shell und von den Shell-Diensten. Sie folgt dem gängigen Renderer-Konzept von SAPUI5 und verwendet einen sogenannten *Shell Renderer*. Die bereits angesprochene Integration von Anwendungen zur Laufzeit erfolgt über den Application Container. Durch die lose Kopplung des Application Containers ist die Wiederverwendbarkeit dieser Komponente gegeben.

4.4 SAP-Fiori-Anwendungen bereitstellen

Die Bereitstellung von SAPUI5-Anwendungen, die im SAP Fiori Launchpad ausgeführt werden sollen, erfolgt über die Installation der Anwendung auf einem SAP-System. Je nachdem, wie die SAP-Landschaft aufgebaut ist, gibt es zwei Varianten der Bereitstellung. Entweder man setzt ein dediziertes System, einen sogenannten *Frontend-Server*, ein, auf dem das SAP Fiori Launchpad und die Anwendungen bereitgestellt werden. Man spricht dabei von einem *Hub Deployment*. Oder aber man nutzt das zentrale SAP-System. Diese Variante wird als *Embedded Deployment* bezeichnet. In Kapitel 5, »Architektur«, gehen wir auf die unterschiedlichen Deployment-Szenarien genauer ein.

Anwendungsdaten bereitstellen

Die datenführenden Backend-Systeme (anwendungsspezifische Backend-Systeme) liefern den UI-Anwendungen Daten über eine Serviceschnittstelle. Diese kann die Daten in unterschiedlichen Formaten, z. B. OData, JSON oder XML, liefern. Es ist dabei empfehlenswert, dass es eine 1:1-Beziehung zwischen dem UI-relevanten Teil und dem servicerelevanten Teil der Anwendung gibt. Das bedeutet, dass für jede SAP-Fiori-Anwendung nur ein Service im Backend implementiert wird. Nach Möglichkeit sollten dabei OData-basierte Dienste verwendet werden. Die Konzentration auf nur einen Dienst bietet eine bessere Übersichtlichkeit und eine klare Trennung zwischen unterschiedlichen SAP-Fiori-Anwendungen. Abbildung 4.30 zeigt die besprochene technische Infrastruktur.

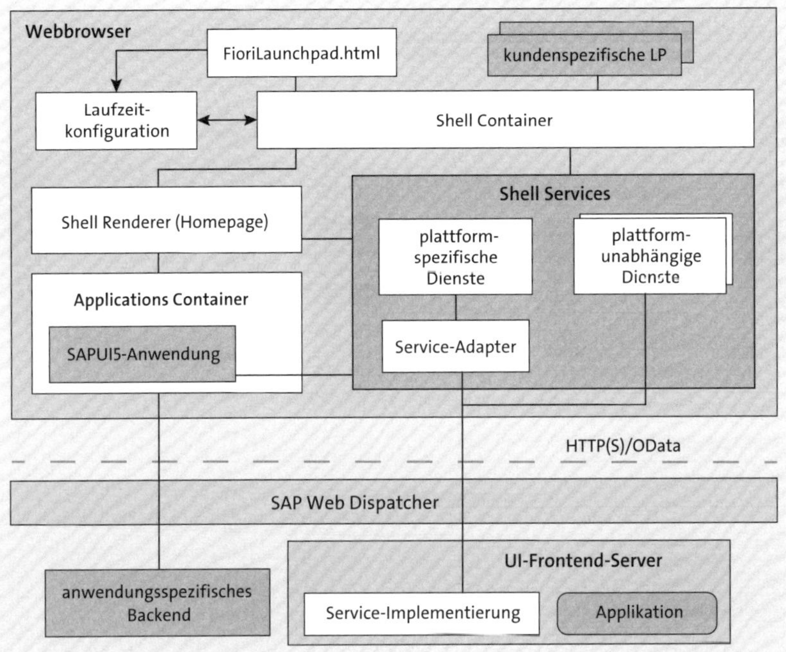

Abbildung 4.30 Technische Bestandteile der SAP-Fiori-Infrastruktur

TEIL II

Implementieren von SAP Fiori

Kapitel 5
Architektur

In diesem Kapitel zeigen wir Ihnen die Architektur von SAP Fiori. Wir erklären, mit welchen Systemkomponenten die technischen App-Typen, Transactional Apps, Fact Sheets und Analytical Apps arbeiten.

SAP Fiori ist eine Sammlung unterschiedlicher Produkte, die unterschiedliche Anforderungen an die Systemlandschaft stellen. In diesem Kapitel beschreiben wir die Architektur der drei wichtigsten SAP-Fiori-Applikationstypen: *Transactional Apps*, *Fact Sheets* und *Analytical Apps*.

Analytical Apps für SAP-Systeme auf Basis von SAP HANA benötigen SAP HANA Extended Application Services (SAP HANA XS), die wir in Abschnitt 5.2, »SAP HANA XS«, beschreiben. In Abschnitt 5.3, »SAP NetWeaver AS ABAP und die SAP Business Suite«, geht es um die Rolle der Backend-Server, die die Geschäftslogik für Transactional Apps und Suchmodelle für Fact Sheets bereitstellen. Den Frontend-Server beschreiben wir in Abschnitt 5.4, »ABAP-Frontend-Server«. Dieser ist für die Bereitstellung der grafischen Benutzeroberflächen zuständig und dient als Gateway zu den Services der Backend-Server. Der *SAP Web Dispatcher* spielt eine wichtige Rolle beim Routing und beim Absichern der Kommunikation von den Endgeräten zu den Servern. Diesen beschreiben wir in Abschnitt 5.5, »SAP Web Dispatcher«. Schließlich gehen wir in Abschnitt 5.6, »Endgeräte«, noch kurz auf die Endgeräte ein, mit denen die Nutzer SAP Fiori verwenden können.

5.1 Architekturüberblick und technische SAP-Fiori-Applikationstypen

Schichten

Eine SAP-Fiori-Systemlandschaft besteht aus bis zu sechs Schichten. Abbildung 5.1 zeigt diese Systemlandschaft im Überblick:

- **Endgeräte**
  Die Endgeräte sind Desktops, Laptops, Tablets oder Smartphones, mit denen die Anwender das SAP Fiori Launchpad und die SAP-Fiori-Apps vom Frontend-Server per HTTP laden und über einen HTML5-fähigen Webbrowser bedienen.

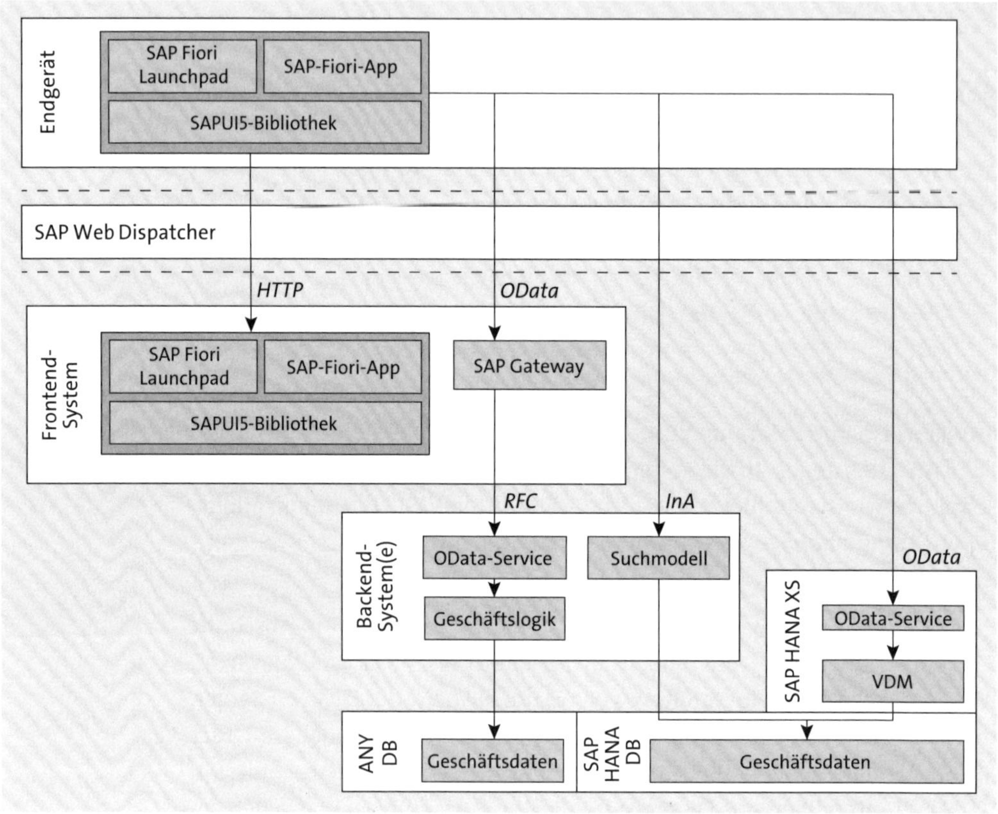

Abbildung 5.1 Architektur von SAP Fiori für ein SAP-System auf Basis von SAP HANA

- **SAP Web Dispatcher oder anderer Reverse Proxy**
  Der SAP Web Dispatcher oder ein anderer Reverse Proxy in der demilitarisierten Zone (DMZ) leitet die Anfragen der Endgeräte an die verschiedenen nachgelagerten Server weiter.
- **ABAP-Frontend**
  Das ABAP-Frontend stellt zum einen die Ressourcen für das SAP Fiori Launchpad und die SAP-Fiori-Apps in Form von HTML-, CSS-, JavaScript- und Grafikdateien per HTTP bereit und dient damit als Webserver. Zum anderen fungiert das ABAP-Frontend als SAP Gateway zum Zugriff auf die Geschäftslogik im ABAP-Backend.
- **ABAP-Backend**
  Auf dem ABAP-Backend sind Produkte der SAP Business Suite – SAP ERP, SAP CRM, SAP SCM etc. – installiert und ermöglichen so den Zugriff auf die Geschäftslogik und die Suchmodelle.

- **SAP HANA XS**
  SAP HANA XS dient dem Zugriff auf aggregierte Geschäftsdaten über OData. Diese Komponente wird nur von Analytical Apps bei SAP-Systemen auf Basis von SAP HANA benötigt.
- **Datenbank zum Speichern der Geschäftsdaten**
  Fact Sheets und Analytical Apps benötigen zwingend SAP HANA. Transactional Apps können mit jeder Datenbank verwendet werden.

5.1.1 Das SAP Fiori Launchpad

Möchte ein Nutzer SAP Fiori verwenden, lädt er sich in einem Webbrowser auf seinem Endgerät mit `HTTP GET` die HTML-Datei des SAP Fiori Launchpads vom Frontend-System herunter. Diese HTML-Seite lädt dann weitere Ressourcen vom Frontend-System nach, insbesondere die JavaScript-Komponenten des Launchpads und die SAPUI5-JavaScript-Bibliotheken.

Die Launchpad-Komponenten rufen im Hintergrund – also ohne dass die Seite vom Browser neu geladen wird – über den Launchpad-OData-Service die Informationen zu den Kacheln auf, die für den Nutzer auf dem Launchpad dargestellt werden sollen. Die benutzerspezifischen Konfigurationsinformationen sind auf dem Frontend-Server gespeichert, d. h., dass der Launchpad-OData-Service auf dem Frontend ausgeführt wird.

Wenn ein Nutzer das SAP Fiori Launchpad startet, sieht er die folgenden UI-Elemente (siehe Kapitel 4, »Das SAP Fiori Launchpad«, in dem wir das SAP Fiori Launchpad aus Anwendersicht beschreiben):

- **Kacheln**
  Kacheln sind Quadrate im Hauptbereich des SAP Fiori Launchpads, über die die zugeordnete SAP-Fiori-App gestartet werden kann. Diese Kacheln werden daher auch *App-Launcher-Kacheln* genannt.
- **Gruppen**
  Die Kacheln sind in Gruppen angeordnet. Über die Navigationsleiste links kann der Nutzer schnell zwischen den Gruppen hin- und herspringen.
- **Kataloge**
  Ebenfalls über die Navigationsleiste kann der Nutzer Kataloge öffnen, die weitere Kacheln enthalten, die sich wiederum in seinen Gruppen platzieren lassen.

Kataloge und Gruppen

Kataloge und Gruppen werden von SAP ausgeliefert bzw. vom SAP-Fiori-Administrator mit dem SAP Fiori Launchpad Designer angelegt. Nicht sichtbar – für den Nutzer aber wichtig für die Auflösung des Navigationsziels einer Kachel – sind die *Zielzuordnungen*, die zusätzlich zu den App-Launcher-Kacheln vom Administrator in den Katalogen angelegt werden und auf die sich die App-Launcher-Kacheln beziehen. Seit UI-Add-on 2.0 können die physische URL (ICF-Pfad) und der Komponenten-Namensraum zu SAP-Fiori-Apps direkt bei der Zielzuordnung hinterlegt oder über die Transaktion LPD_CUST beschrieben werden. Die Angabe der physischen URL bei der Zielzuordnung sollte jedoch bevorzugt werden, da sie zur Verbesserung der Performance beiträgt.

Transaktion LPD_CUST

In Transaktion LPD_CUST werden sogenannte *Launchpads* definiert, die über die beiden Schlüsselfelder **Rolle** und **Instanz** identifiziert werden. Jedes LPD_CUST Launchpad enthält eine oder mehrere Anwendungen (identifiziert über das Attribut **Anwendungsalias**). Unglücklicherweise werden in Transaktion LPD_CUST die Begriffe Launchpad, Rolle, Instanz und Anwendung in etwas anderer Bedeutung als gewohnt verwendet, sodass wir hier und in den folgenden Kapiteln immer von *LPD_CUST Launchpads*, *-Rollen*, *-Instanzen* und *-Anwendungen* sprechen. Eine Zielzuordnungskachel verweist also auf eine LPD_CUST-Anwendung innerhalb eines LPD_CUST Launchpads, und in der LPD_CUST-Anwendung ist die physische URL der SAP-Fiori-App hinterlegt.

PFCG-Rollen auf dem Frontend

Welche Gruppen ein Nutzer sieht und auf welche Kataloge er Zugriff hat, wird über seine Zuordnung zu einer oder mehreren PFCG-Rollen auf dem Frontend festgelegt. Diese Rollen beziehen sich in ihrem Rollenmenü auf eine oder mehrere Gruppen und Kataloge, die die zugeordneten Benutzer dann im SAP Fiori Launchpad sehen bzw. nutzen dürfen.

Zur Laufzeit verwendet das SAP Fiori Launchpad den UI2-Launchpad-OData-Service, um anhand der Rollenzugehörigkeiten des Benutzers aufzulösen, welche Kacheln, Gruppen und Kataloge für diesen Nutzer angezeigt werden sollen.

Eine einzelne SAP-Fiori-App verwendet zur Laufzeit app-spezifische OData-Services, um dynamische Informationen vom Backend abzurufen. Die Berechtigungen zum Start dieser Frontend-Services müssen daher ebenfalls in den Profilen der PFCG-Rollen des Benutzers auf dem Frontend hinterlegt sein.

PFCG-Rollen auf dem Backend

Die OData-Services auf dem Frontend rufen die Datenanbieter im Backend über vertrauenswürdiges RFC auf, und die Datenanbieter im Backend rufen wiederum applikationsspezifische Geschäftslogik auf. Daher muss der Benutzer auch im Backend-System den PFCG-Rollen zugeordnet sein, die in ihren Profilen die notwendigen Berechtigungen zum Starten der Datenanbieter und zur Durchführung der Geschäftslogik enthalten. Abbildung 5.2 zeigt diese Zusammenhänge im Überblick.

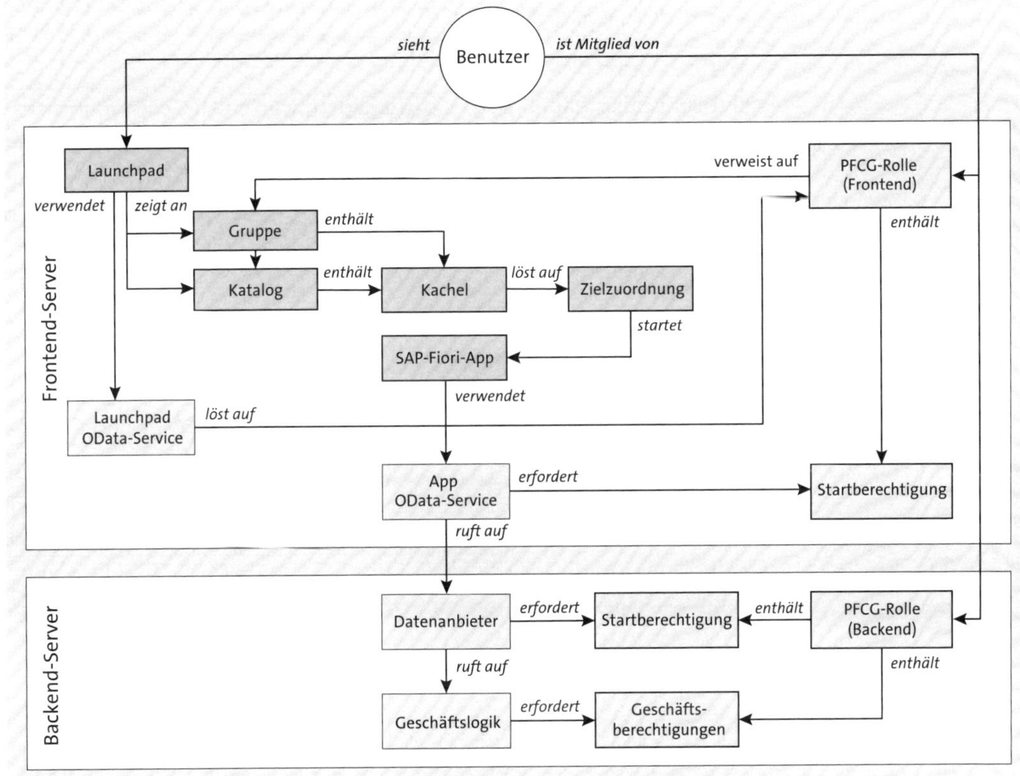

Abbildung 5.2 Beziehung zwischen UI-Komponenten, PFCG-Rollen und OData-Services für das SAP Fiori Launchpad und SAP-Fiori-Apps

5.1.2 App-Typen

Es gibt drei wesentliche technische App-Typen:

- **Transactional Apps**
  Transactional Apps bieten Zugriff auf die Geschäftslogik eines Backend-Systems der SAP Business Suite. Mit diesen Apps können Sie Daten nicht nur betrachten, sondern auch anlegen und ändern. Die Datenkommunikation läuft über OData, das auf HTTP aufbaut. Die Transactional Apps laufen auf jeder Datenbank und benötigen weder SAP HANA XS noch die eingebettete Suche auf den Backend-Systemen.
- **Fact Sheets**
  Fact Sheets können Daten aus den Backend-Systemen lediglich anzeigen. Die Daten werden von Suchmodellen auf den Backend-Systemen

bereitgestellt und von der SAP-Fiori-App über das SAP-proprietäre Protokoll des *Information Access Toolkits* (InA) gelesen. InA baut wie OData auf HTTP auf. Aus Performancegründen benötigen Fact Sheets zwingend SAP HANA als Datenbank.

- **Analytical Apps**
  Analytical Apps stellen Key Performance Indicators zu Geschäftsprozessen dar. Diese aggregierten Daten werden über OData von SAP HANA Extended Application Services (SAP HANA XS) bereitgestellt. Analytical Apps benötigen also sowohl SAP HANA als Datenbank als auch SAP HANA XS.

5.2 SAP HANA XS

SAP HANA XS stellt Analytical Apps – bei einem SAP-HANA-basierten SAP-System – die Werte der Key Performance Indicators über OData-Services zur Verfügung. Die OData-Services von SAP HANA XS verwenden dazu *virtuelle Datenmodelle* (VDM). Sie stellen die geschäftlichen Daten in einer strukturierten Form dar, die sich besonders für analytische Zwecke eignet. Abbildung 5.3 zeigt die Architektur von SAP HANA mit der SAP HANA XS Engine.

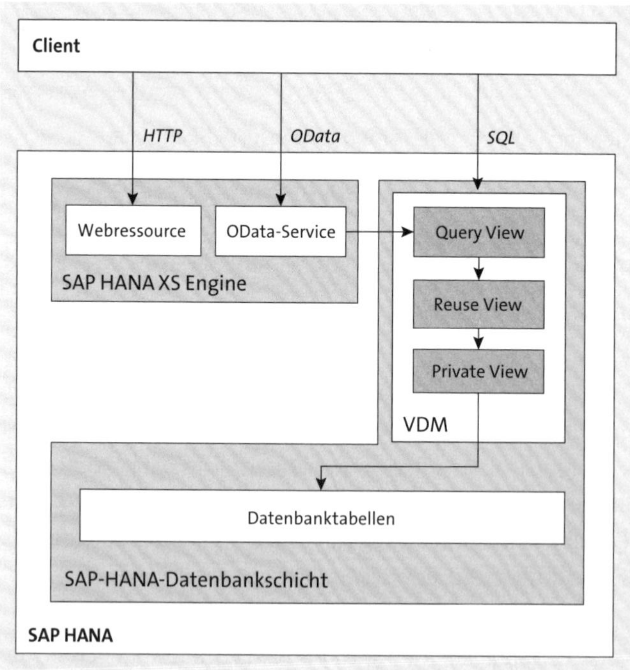

Abbildung 5.3 Architektur von SAP HANA mit SAP HANA XS und VDMs

5.2.1 Virtuelle Datenmodelle

Virtuelle Datenmodelle sind ein wesentlicher Erfolgsfaktor von SAP HANA. Sie ermöglichen es, große Datenmengen in einer SAP-HANA-Datenbank zu zerlegen und neu zusammenzusetzen. Dadurch können Geschäftsdaten in wohldefinierten und konsistenten Views nach außen präsentiert werden. Die Views operieren direkt auf den Tabellen der SAP Business Suite und transformieren sie in Echtzeit. Diese Views können direkt von analytischen Anwendungen verwendet werden, was den Aufbau von zweischichtigen Anwendungen ermöglicht, die nur aus Präsentationsschicht und Datenbankschicht bestehen.

Views

Die virtuellen Datenmodelle bestehen aus drei aufeinander aufbauenden View-Schichten:

- **Private Views**
  Private Views kapseln SQL-Transformationen auf einer oder mehreren Datenbanktabellen oder anderen Views. Sie sind nicht als wiederverwendbare Views klassifiziert, was bedeutet, dass sich ihre Struktur und Definition jederzeit ändern können.
- **Reuse Views**
  Reuse Views stellen die Daten der Private Views in strukturierter, konsistenter und verständlicher Form zur Verfügung. Sie decken alle relevanten geschäftlichen Daten der SAP Business Suite ab.
- **Query Views**
  Query Views bauen auf Reuse Views auf und stellen die Daten in einer Form bereit, die sich für analytische Anwendungen gut eignet. Sie können von analytischen Anwendungen direkt über SQL oder indirekt über OData verwendet werden. Abbildung 5.4 zeigt einen Query View im SAP HANA Studio, der von der Analytical App **Meine Angebotspipeline** verwendet wird.

[«]

SAP HANA Studio

Das SAP HANA Studio basiert auf Eclipse. SAP hat angekündigt, dass es nach Eclipse-Version 2019-12 keine weitere Version des SAP HANA Studios mehr geben wird. In Zukunft müssen die SAP-HANA-Tools durch den Entwickler selbst als Eclipse-Plug-in installiert werden. Weitere Informationen hierzu, sowie die entsprechenden Plug-ins, finden Sie unter *https://tools.hana.ondemand.com/*. Die Hauptarbeitswerkzeuge sind jedoch das *SAP HANA Cockpit* bzw. SAP Web IDE auf SAP HANA.

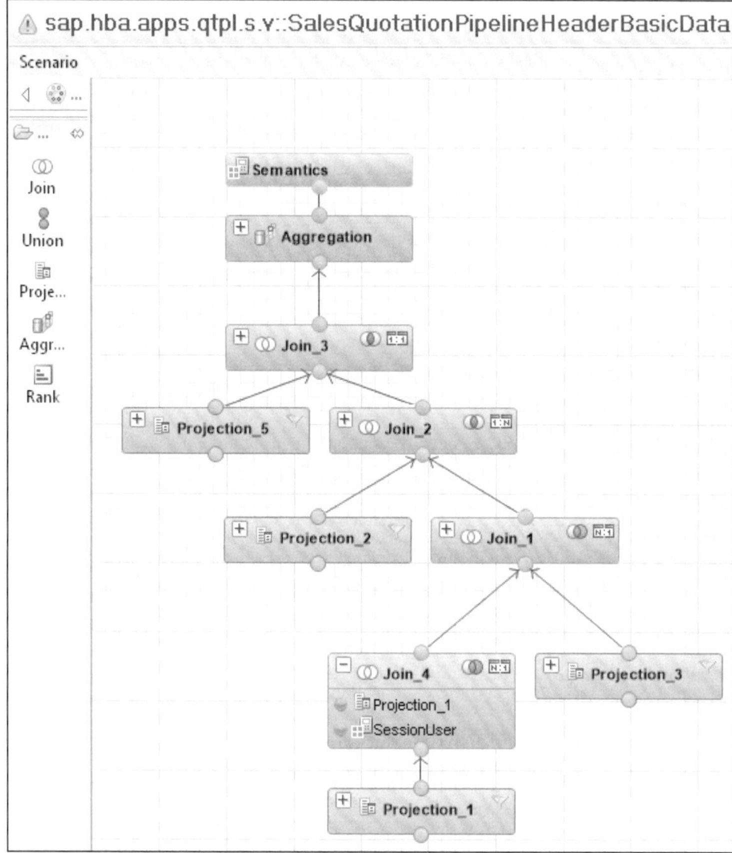

Abbildung 5.4 Query View für die Angebotspipeline

5.2.2 OData-Services

Mit SAP HANA XS können für Query Views OData-Service-Endpunkte angelegt werden. Diese *OData-Services* ermöglichen es OData Clients, auf die Daten des Query Views mit OData zuzugreifen.

OData-Service-Definition

Eine OData-Service-Definition in SAP HANA XS ist eine einfache Textdatei mit der Endung **.xsodata**. Abbildung 5.5 zeigt die Datei **qtpl.xsodata** in der SAP Web IDE, die den OData-Service für die SAP-Fiori-App **Meine Angebotspipeline** definiert und den View aus Abbildung 5.4 verwendet.

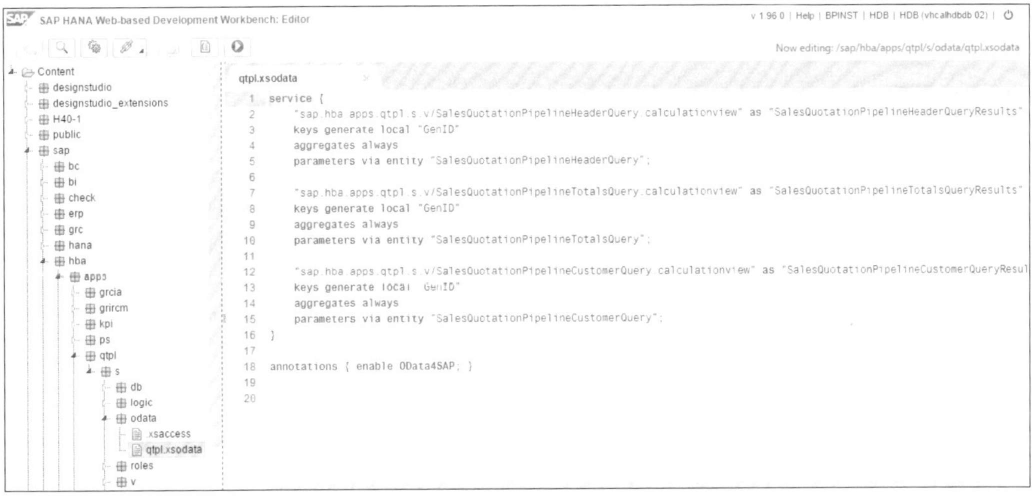

```
service {
    "sap.hba.apps.qtpl.s.v/SalesQuotationPipelineHeaderQuery.calculationview" as "SalesQuotationPipelineHeaderQueryResults"
    keys generate local "GenID"
    aggregates always
    parameters via entity "SalesQuotationPipelineHeaderQuery";

    "sap.hba.apps.qtpl.s.v/SalesQuotationPipelineTotalsQuery.calculationview" as "SalesQuotationPipelineTotalsQueryResults"
    keys generate local "GenID"
    aggregates always
    parameters via entity "SalesQuotationPipelineTotalsQuery";

    "sap.hba.apps.qtpl.s.v/SalesQuotationPipelineCustomerQuery.calculationview" as "SalesQuotationPipelineCustomerQueryResul
    keys generate local "GenID"
    aggregates always
    parameters via entity "SalesQuotationPipelineCustomerQuery";
}

annotations { enable OData4SAP; }
```

Abbildung 5.5 OData-Service zur Angebotspipeline

5.3 SAP NetWeaver AS ABAP und die SAP Business Suite

Implementierung und Ausführung von Geschäftslogik, OData-Services und (eingebetteter) Suche erfolgen auf dem Backend-Server. In diesem Abschnitt konzentrieren wir uns auf die OData-Services und gehen kurz auf die Suchmodelle ein.

5.3.1 OData-Service-Implementierungen und Geschäftslogik

Komponenten eines OData-Services

Die OData-Services für Transactional Apps sind auf dem Backend-Server implementiert und rufen dort direkt die Geschäftslogik auf, die in Form von BAPIs oder Klassenmethoden realisiert ist. Die Backend-Implementierung eines OData-Services besteht aus vier Komponenten, die in Abbildung 5.6 dargestellt sind:

- **Model-Provider-Klasse**
  Diese Klasse stellt das Objektmodell des OData-Services bereit. Das Objektmodell beschreibt die Struktur der Objekte, die über den OData-Service gelesen, erzeugt und geändert werden können. Sie beschreibt auch die Assoziationen und Navigationspfade zwischen diesen Objekten.
- **Data-Provider-Klasse**
  Diese Klasse liest, erzeugt, ändert und löscht auf Anforderung der OData Clients zur Laufzeit die Objekte.

- **Technisches Modell**
  Dies ist ein Konfigurationsobjekt, das auf die Model-Provider-Klasse verweist und als weitere Attribute eine Versionsnummer und eine Kurzbeschreibung des Modells enthält.
- **Technischer Service**
  Auch dies ist ein Konfigurationsobjekt. Es verweist auf die Model-Provider-Klasse und auf das technische Modell und enthält als weitere Attribute eine Versionsnummer und eine Kurzbeschreibung des Services. Durch die Trennung von technischem Service und technischem Modell können mehrere Services dasselbe Modell bereitstellen.
- **OData-Service**
  Der eigentliche OData-Service auf dem Frontend-Server verweist auf den technischen Service im Backend und macht ihn nach außen über einen ICF-Knoten (und damit eine URL) zugänglich.

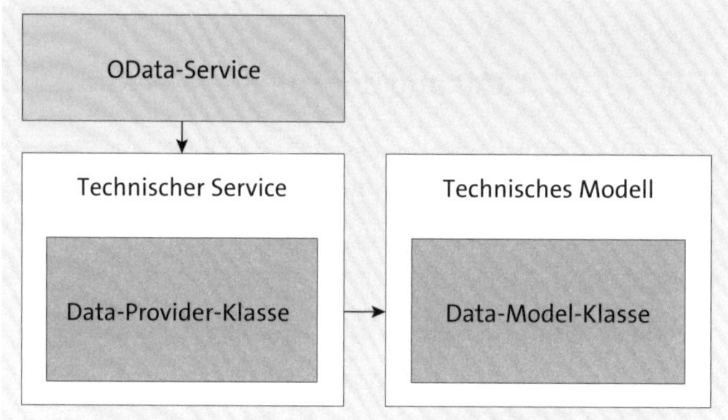

Abbildung 5.6 Komponenten eines OData-Services

SAP Gateway Service Builder

OData-Services werden auf dem Backend mit Transaktion SEGW, dem *SAP Gateway Service Builder*, entwickelt. Dabei wird das Objektmodell des Services, d. h. seine Entitäten, Attribute, Assoziationen und Navigationspfade, mit einem grafischen Editor beschrieben. Aus der Beschreibung wird dann die Model-Provider-Klasse komplett und die Data-Provider-Klasse zum Teil generiert. Auch das technische Modell und der Service werden von diesem Werkzeug generiert. Nur noch die Aufrufe der Geschäftslogik müssen in der generierten Data-Provider-Klasse programmiert werden. Abbildung 5.7 zeigt die Attribute der Entitätspartner des OData-Services `LORD_MY_QUOTATION` im SAP Gateway Service Builder. Dieser Service wird von der Transactional App **Meine Angebote** verwendet.

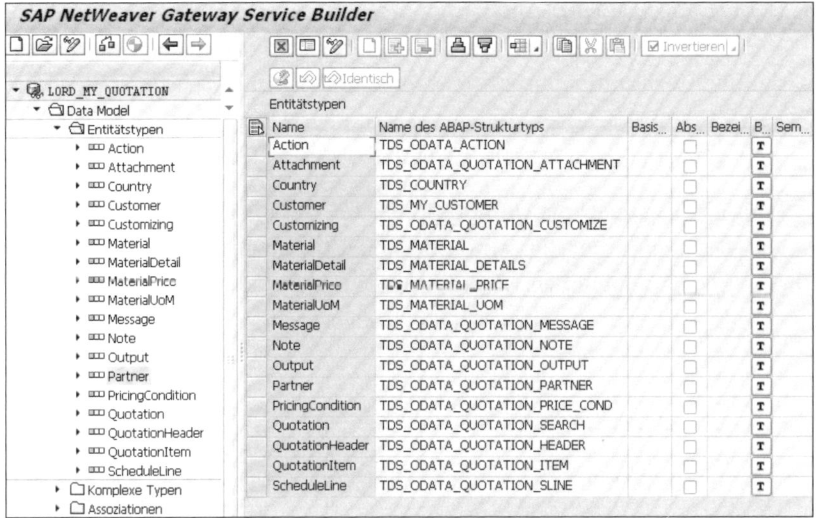

Abbildung 5.7 OData-Service »LORD_MY_QUOTATION«

5.3.2 Eingebettete Suche und Fact Sheets

Die eingebettete Suche ist immer Bestandteil des SAP NetWeaver AS ABAP und wird von SAP Fiori für die SAP-Fiori-Suche und für Fact Sheets genutzt. Mit der eingebetteten Suche lassen sich alle strukturierten Daten einer SAP-Business-Suite-Anwendung durchsuchen.

Aufbau eines Fact Sheets

Fact Sheets verwenden *XML-Annotationsdateien*, die Informationen zu Struktur und Semantik der zurückgelieferten Informationen enthalten. Bei einem Fact Sheet handelt es sich um die Kombination folgender Bestandteile:

- **Suchmodell**
  Das Suchmodell beschreibt die Datenherkunft und die Struktur der zu durchsuchenden Daten. Beim Aktivieren der Suchmodelle wird ein Suchkonnektor angelegt, der die Daten auf der Datenbank durchsucht und indiziert.
- **OData-Service**
  Der OData-Service wird automatisch aus dem Suchmodell generiert.
- **BSP-Anwendung**
  Diese Anwendung enthält die XML-Annotationsdatei, die bestimmt, welche Informationen aus dem OData-Service wo und wie auf dem Fact Sheet angezeigt werden sollen.

- **Generische SAP-Fiori-App**
  Diese App wird mit der XML-Annotationsdatei konfiguriert und kann damit Informationen zu beliebigen Geschäftsobjekten darstellen. Die App bezieht die Daten aus dem OData-Service zum Suchmodell und stellt sie gemäß den Anweisungen in der Annotationsdatei dar.

Annotationsdatei

Abbildung 5.8 zeigt die Annotationsdatei **BSCBN_SALES_QUOTATION_SRV_ANNO.xml** in der BSP-Anwendung BSCBN_ANF_SDSLS, die vom Fact Sheet **Verkaufsangebot** verwendet wird.

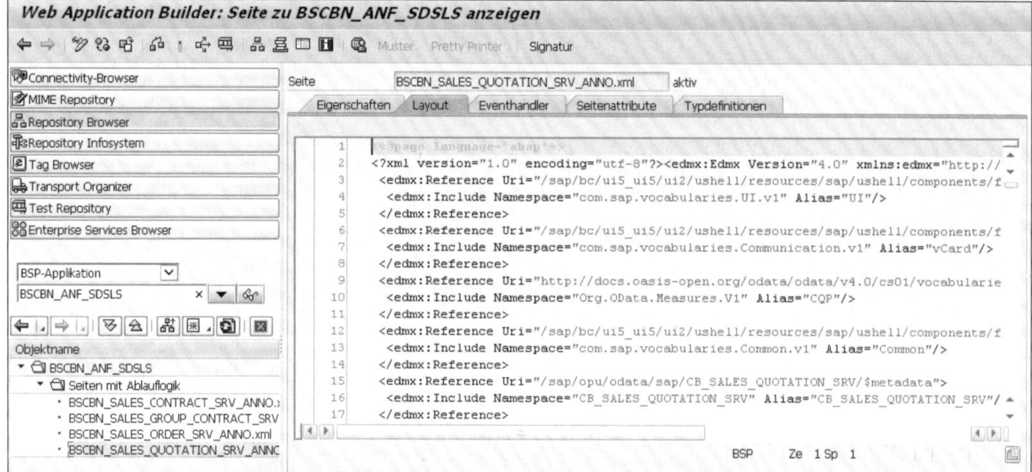

Abbildung 5.8 Annotationsdatei für das Fact Sheet »Verkaufsangebot«

5.4 ABAP-Frontend-Server

Der ABAP-Frontend-Server fungiert zum einen als Webserver für die Ressourcen der SAP-Fiori-Benutzeroberfläche und zum anderen als SAP Gateway zum Zugriff auf die OData-Services, die auf dem Backend-Server installiert sind. In diesem Abschnitt beschreiben wir die SAPUI5-Bibliothek, OData und die Installationsoptionen für SAP Gateway.

5.4.1 Zentrales UI-Add-on und SAPUI5

Auf dem Frontend-Server ist das zentrale UI-Add-on installiert, das u. a. die HTML-, CSS- und JavaScript-Dateien für das SAP Fiori Launchpad sowie die SAPUI5-JavaScript-Bibliothek enthält. Das Launchpad ist eine *Single Page Application* (SPA), d. h., dass es nur aus einer einzigen HTML-Seite, **FioriLaunchpad.html**, besteht.

In dieser HTML-Seite befinden sich zwei JavaScript-Elemente:

- **Bootstrap-Skript**
  Dieses Skript lädt und initialisiert die verwendeten SAPUI5-Bibliotheken. Listing 5.1 zeigt das Skript in vereinfachter Form.
- **Anwendungsskript**
  Dieses Skript baut – unter Verwendung der zuvor geladenen SAPUI5-Bibliothek – das GUI des SAP Fiori Launchpads auf.

5

Bootstrap-Skript

Das `<script>`-Element in Listing 5.1 lädt die SAPUI5 Basisbibliothek `sap-ui-core.js`. Beim Laden untersucht die Bibliothek das `<script>`-Element und interpretiert die beiden Attribute `data-sap-ui-theme` und `data-sap-ui-libs`. Das Attribut `data-sap-ui-libs` gibt an, welche weiteren Bibliotheken geladen werden sollen, in diesem Fall die Bibliothek `sap.m`, die UI Controls für mobile Anwendungen enthält. Das Attribut `data-sp-ui-theme` benennt das Theme, das für die Gestaltung der Seite mit den entsprechenden CSS-Dateien verwendet werden soll.

```
<script id="sap-ui-bootstrap"
  src="/sapui5/resources/sap-ui-core.js"
  data-sap-ui-theme="sap_belize"
  data-sap-ui-libs="sap.m">
</script>
```

Listing 5.1 Bootstrap-Skript

MVC Pattern

SAPUI5 implementiert ganz klassisch das Pattern *Model View Controller* (MVC). Das *Model* definiert und enthält die zu verarbeitenden Daten, und der *View* stellt die Repräsentationsschicht der Anwendung dar. Er zeigt die zu verarbeitenden Daten an und bietet dem Nutzer die Möglichkeit zur Interaktion mit der Anwendung. Der *Controller* implementiert – mithilfe des Models – die Datenbeschaffung sowie die Verarbeitung der Nutzerinteraktion. Die Nutzerinteraktion wird auf dem View durch das Auslösen von Ereignissen (*Events*) durch den Endanwender hervorgerufen, und der Controller implementiert für diese Events die entsprechende Verarbeitungslogik (*Event Handler*). Im Event Handler wird, falls nötig, die Kommunikation mit dem Frontend-Server ausgeführt, der die anzuzeigenden Daten über OData an das Model zurückliefert. Das Model stellt nach dem erfolgreichen Aufruf des Services die Daten des Views zur Verfügung.

Datenmodelle

SAPUI5 unterstützt folgende Modellarten:

- JSON
- OData
- XML

Für SAP-Fiori-Anwendungen ist vor allem das OData-Modell wichtig, das mit dem Frontend-Server über OData kommuniziert. Doch auch das JSON-Modell spielt eine wichtige Rolle beim Zugriff auf lokalisierte UI-Texte in den Ressourcendateien des Launchpads und der SAP-Fiori-Apps.

Datenbindung Die Übergabe der Daten aus dem Model an den View erfolgt über einen Mechanismus namens *Datenbindung*. Mit diesem Mechanismus werden Eigenschaften eines UI-Elements – z. B. der Text eines Textfelds – mit einem Attribut aus dem Model verbunden. Durch diese Verknüpfung werden Daten aus dem Model im View erreichbar. Verbinden Sie z. B. das `text`-Attribut eines Textfelds mit einem Attribut aus dem Model, wird der Wert des Modellattributs im Textfeld sichtbar. Dieser Datenfluss ist bidirektional: Gibt der Anwender Daten in das Textfeld ein, werden diese in das Model übertragen.

SAP-Fiori-Apps Der Einstiegspunkt einer SAP-Fiori-App ist keine HTML-Seite, sondern eine SAPUI5-Komponente, die vom SAP Fiori Launchpad geladen wird, sobald der Anwender auf eine Kachel klickt.

Abbildung 5.9 zeigt die Verzeichnishierarchie der Dateien für die App **Meine Angebote**. **Component-dbg.js** enthält den SAPUI5-Code für die Komponente. Diese Komponente ist dafür verantwortlich, die Modelle für die Datenhaltung – insbesondere das OData-Modell für die Kommunikation mit dem Frontend-Server – und den Haupt-View zu initialisieren.

Abbildung 5.9 Die SAP-Fiori-App »SD_MYQUOTES«

Views Die Views im Unterverzeichnis **view** bestehen aus einer XML-Datei, die die Hierarchie der SAPUI5 Controls, deren Eigenschaften und die Datenbindung an die Modelle definiert, und aus den zugehörigen Controllern, die in den JavaScript-Dateien definiert sind. Listing 5.2 zeigt den Master-View der SAP-Fiori-App **Meine Angebote**. Der Zugriff auf die Attribute von Model Properties erfolgt über eine spezielle Notation mit geschweiften Klammern, so wie beim `title`-Attribut des ersten `ObjectListItem`-Elements:

```
title="{SoldToPartyDescription}"
            <!--

    Copyright (C) 2009-2014 SAP AG or an SAP affiliate company.
    All rights reserved

-->
<core:View xmlns="sap.m" xmlns:core="sap.ui.core" controllerName=
"cus.sd.myquotations.view.Master">
  <Page id="page">
    <content>
      <List id="list" mode="{device>/listMode}"
       select="_handleSelect"
          growing="true" growingThreshold="50"
          growingScrollToLoad="true"
          noDataText="{i18n>NODATA}">
        <ObjectListItem id="MAIN_LIST_ITEM"
         type="{device>/listItemType}"
         press="_handleItemPress"
         title="{SoldToPartyDescription}"
                    number="{parts:[{path:'NetValue'},
                    {path:'Currency'}],
                    formatter:'cus.sd.myquotations.
                    util.Formatter.PriceCurrency'}"
                    numberUnit="{path:'Currency',
                    formatter:'cus.sd.myquotations.
                    util.Formatter.formatNetValue'}">
          <attributes>
          <ObjectAttribute id="expirationDate"
          text="{path:'ValidTo',
          formatter:'cus.sd.myquotations.util.
          Formatter.formatExpiryDate'}"
          active="false"/><ObjectAttribute
          text="{parts:[{path:SalesDocumentTypeDesc'},
          {path:'QuotationID'}],
          formatter:'cus.sd.myquotations.
          util.Formatter.formatQuotationID'}"/>
```

```
            </attributes>
            <firstStatus>
              <ObjectStatus text="{parts:
               [{path:'ProcessingStatusDesc'},
               {path:'ProcessingStatus'}],
               formatter:'cus.sd.myquotations.util.
               Formatter.formatStatus'}"
                      state="{parts:[{path:'ValidTo'},
                      {path:'ProcessingStatus'}],
                      formatter:'cus.sd.myquotations.util.
                      Formatter.formatExpiryState'}"/>
            </firstStatus>
          </ObjectListItem>
          <infoToolbar>
            <Toolbar visible="false" id="infoBarToolbar">
              <content>
                <Label id="infoBarFilter"/>
                <ToolbarSpacer/>
                <core:Icon id="closeFilterIcon"
                src="sap-icon://sys-cancel" press="clearFilters"/>
              </content>
            </Toolbar>
          </infoToolbar>
        </List>
      </content>
    </Page>
</core:View>
```

Listing 5.2 Der Master-View der SAP-Fiori-App »Meine Angebote«

Das Verzeichnis *i18n* enthält die übersetzten Texte für das User Interface. Dabei steht *i18n* für das Wort *Internationalization*. *18* in *i18n* repräsentiert die 18 Buchstaben zwischen dem ersten Buchstaben *I* und dem letzten Buchstaben *n* in diesem Wort.

5.4.2 SAP Gateway und OData

SAP Gateway implementiert ein Standardprotokoll zur Beschreibung von Geschäftsdaten und für den Zugriff auf sie. Dieses Protokoll heißt *Open Data Protocol* oder kurz OData. OData ist ein offenes, auf HTTP basierendes

Protokoll für den Zugriff auf Daten über einen einfachen, definierten Zugriffspfad (die Internetadresse). OData wurde von Microsoft unter der *Open Specification Promise* veröffentlicht. Diese Art der Veröffentlichung macht es für Dritte möglich, dieses Protokoll zu nutzen und zu erweitern, falls die spezifischen Anforderungen eines Anbieters es erfordern.

Da es sich bei OData um ein HTTP-basiertes Protokoll handelt, ist es ein idealer Mechanismus für den Zugriff auf Daten über das Internet. OData bietet dabei nicht nur komfortable Möglichkeiten für die Abfrage von Daten, sondern auch zu deren Manipulation. Die Navigation im Datensilo wird dabei über dessen URI durchgeführt. So können OData-Services bereitgestellt werden, die im Rahmen von Responsive Webdesign integriert werden. Die Daten können bei OData sowohl im *Atom Syndication Format* (XML-basiert) als auch in der *Java Script Object Notation* (JSON) ausgeliefert werden.

Entity Data Model

OData-Services werden über ein Metamodell, das *Entity Data Model* (kurz EDM), beschrieben. Das Model dient der abstrakten Beschreibung der Daten und ihrer Struktur. Die Implementierung des EDM heißt *Conceptual Schema Definition Language* (kurz CSDL). CSDL ist eine XML-basierte Sprache, über die die Entitäten, deren Eigenschaften (Properties) und Relationen zwischen Entitäten beschrieben werden können.

OData-Datenmodell

Abbildung 5.10 zeigt das Datenmodell von OData. Das Entity Data Model definiert einen sogenannten *Entity Container*. Er dient als zusammenfassendes Element für die darin enthaltenen *Entity Sets*. Diese beschreiben wiederum eine Klammer für die darin enthaltenen Entitätsobjekte. Eine Entität beschreibt somit letztlich zur Laufzeit ein einzelnes Datenobjekt, etwa einen Kunden oder eine Bestellung. Die Struktur einer Entität wird durch einen Datentyp beschrieben, der im Metamodell als *Entity Type* bezeichnet wird.

Entitätseigenschaften

Eine Entität kann Eigenschaften besitzen. Auch diese Eigenschaften werden bei der Definition mit einem Datentyp versehen. Ein Datentyp kann dabei komplex (*Complex Type*) oder skalar (*Scalar Type*) sein. Eine Entität wird eindeutig über ihren *Entity Key* identifiziert; es handelt sich dabei also um den Primärschlüssel. Dieser Schlüssel kann aus verschiedenen Eigenschaften zusammengesetzt sein. Mehrere Instanzen einer Entität werden durch ein Entity Set beschrieben. Objektbeziehungen (*Assoziationen*) bilden die Grundlage für *Navigation Properties*. Diese enthalten Links auf andere Entitäten. Eine Navigation kann sowohl uni- als auch bidirektional sein.

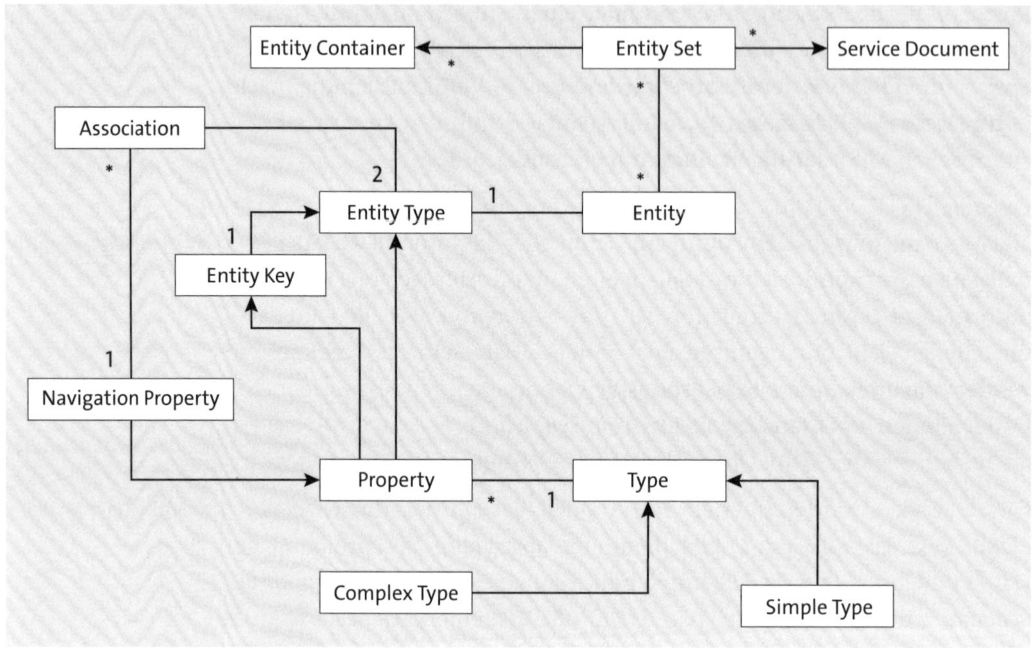

Abbildung 5.10 Das OData-Metamodell

Dokumente Ein OData-Service stellt zwei verschiedene Dokumente bereit, zum einen das *Servicedokument* und zum anderen das *Service-Metadaten-Dokument*. Beide Dokumente werden über einen HTTP-GET-Aufruf vom Server bezogen. Das Servicedokument enthält auf oberster Ebene die Entity Sets, die vom Service bereitgestellt werden. Die Metadaten eines Services sollen es Clients erleichtern, die Struktur und den Aufbau der Daten des Services besser zu verstehen und auf dessen Basis auch die Aufrufe des Services zu ermöglichen. So ist es z. B. für einen C#-Proxy-Generator möglich, den Aufruf eines OData-Services zu generieren, da der Codegenerator die Metadaten auslesen kann und mit dieser Information den Aufruf des OData-Services zusammen mit allen notwendigen Proxy-Klassen für die Verarbeitung der Daten erzeugen kann.

OData Queries Die OData-Spezifikation sieht zudem vor, dass über den URI Services im entsprechenden Backend adressiert werden können. Über den URI können dabei nicht nur komplette Data Collections ausgelesen werden, sondern auch einzelne Entitäten oder auch nur einzelne Eigenschaften von Entitäten. Darüber hinaus können über vordefinierte Query-Optionen Selektionskriterien in dem URI übergeben werden. Tabelle 5.1 gibt eine kurze Übersicht über die Möglichkeiten von OData bei der Auswahl der Daten.

Query	Bedeutung
`$format`	Liefert die Daten in einem anderen unterstützten Format. Mit der Angabe von `json` als Parameter können die Daten im JSON-Format ausgelesen werden.
`$top`	Einschränkung der Daten auf eine bestimmte Menge
`$skip`	Stellt das Gegenteil von `$top` dar. Dieses Element wird verwendet, wenn Einträge nicht ausgelesen werden sollen, z. B. liefert `$skip=2` die ersten beiden Datensätze nicht zurück.
`$orderby`	Wie unter SQL definieren Sie über diesen Parameter, nach welchen Kriterien sortiert wird. Der Zusatz von `desc` oder `asc` gibt absteigendes bzw. aufsteigendes Sortieren vor.
`$filter`	Verhält sich wie die `where`-Bedingung bei SQL. Es können dabei sowohl logische als auch arithmetische Operatoren angegeben werden.
`$select`	Über `$select` können die Felder von Entitäten angegeben werden, die ausgewählt werden sollen.
`$inlinecount`	Liefert neben den Daten auch die Anzahl an Datensätzen zurück. Dabei wird die Anzahl innerhalb der eigentlichen Daten in einem Feld mit dem Namen `count` zurückgegeben.
`$count`	Liefert nur die Anzahl der Datensätze, nicht aber die Datensätze selbst zurück.

Tabelle 5.1 Übersicht über die OData-Query-Optionen

Die in Tabelle 5.1 aufgeführten Query-Optionen müssen durch den Entwickler eines OData-Services auf dem entsprechenden System zur Verfügung gestellt werden. In einer SAP-Gateway-basierten Infrastruktur werden diese Query-Optionen durch den Entwickler in einer ABAP-OO-Methode implementiert und auf SAP Gateway zur Verfügung gestellt.

JavaScript Object Notation

SAP Gateway ermöglicht auch die Auslieferung des Models im JavaScript-Object-Notation-Format, kurz JSON. JSON stellt dabei ein Format bereit, mit dem es ähnlich wie mit dem XML-Format möglich ist, Daten einfach zwischen verschiedenen Systemen auszutauschen. Die semantischen Mittel sind dabei an die Programmiersprache JavaScript angelehnt und entsprechen einem Subset der Sprachelemente. Im Gegensatz zu XML reduziert JSON auch den Overhead bei der Definition.

JSON besitzt zwei Notationselemente:

- Eine Menge von Name-Wert-Paaren. Bei der Angabe der Werte werden verschiedene Datentypen unterstützt.
- Geordnete Liste von Werten/Objekten. Sie sind vergleichbar mit Arrays.

Das Programmbeispiel in Listing 5.3 demonstriert den Einsatz von JSON. Das Beispiel zeigt die Beschreibung eines Objekts mit dem Namen `company`. Das Objekt enthält ein einfaches Attribut mit der Bezeichnung `company`, dem ein Wert vom Datentyp `String` zugewiesen wird. Zudem besitzt das Objekt eine Liste von Werten (ein *Array*) mit dem Namen `contacts`. Diese Liste enthält ein weiteres Objekt, das aus zwei `String`-Werten besteht.

```
{
  company: {
    name: "eXXcellent solutions GmbH",
    info: {
      employees: 180,
      basedin: Ulm
    },
    contacts: [

      {
        lastname: "Englbrecht",
        firstname: "Michael"
      }
    ]
  }
}
```

Listing 5.3 Einfaches JSON-Dokument

Die beschriebenen JSON-Objekte können nach ihrer Definition sowohl in JavaScript-Anwendungen als auch direkt in Java oder C# (wenn eine entsprechende API genutzt wird) zur Beschreibung von Objekten verwendet werden. So können webbasierte Services ihre Daten in JSON beschreiben, und Clients können diese ohne große Umwandlung direkt in der Anwendung einsetzen. Diese Einfachheit hat sowohl für den Bereitsteller als auch für den Konsumenten der Daten große Vorteile. Der Bereitsteller muss sich keine Gedanken darüber machen, in welchem Spezialformat der Konsument die Daten benötigt; der Konsument verwendet ein offenes und standardisiertes Protokoll.

5.4.3 Installationsoptionen für den ABAP-Frontend-Server

SAP Gateway kann sowohl als *Central Hub* in der demilitarisierten Zone eines Unternehmensnetzwerks als auch *embedded*, d. h. eingebettet in das SAP-System, installiert werden.

Embedded Deployment

Beim *Embedded Deployment* werden die SAP-Gateway-Komponenten auf einem SAP-Business-Suite-System installiert. Ab SAP NetWeaver 7.4 wird bereits die SAP-Gateway-Core-Komponente mit ausgeliefert, und zusätzliche Komponenten können optional installiert werden.

Das Installieren von SAP Gateway auf dem SAP-Business-Suite-System bringt den Vorteil mit sich, dass auf die Meta- und Geschäftsdaten lokal zugriffen werden kann. Es muss dazu nicht erst eine Verbindung zwischen SAP-Gateway-System und SAP-ERP-System hergestellt werden. Mitunter sind die Kosten für ein solches System niedriger.

Nachteilig kann es sich auswirken, dass SAP Gateway möglicherweise anderen Release-Zyklen unterworfen ist als die SAP Business Suite. Daher muss stets darauf geachtet werden, dass die Systeme auf dem gleichen Release-Stand gehalten werden. Außerdem kann bei einer Embedded-Installation das SAP-Gateway-System nur mit dem entsprechenden SAP-ERP-System genutzt werden, jedoch nicht mit anderen Systemen.

Central Hub Deployment

Beim *Central Hub Deployment* wird ein eigenes System für SAP Gateway installiert. Dieses Szenario kann auch dann noch sinnvoll sein, wenn in der Landschaft bereits ein SAP-NetWeaver-7.4-System vorhanden ist. Es ist durchaus denkbar, dass neben dem SAP-NetWeaver-System mit der SAP-Gateway-Core-Komponente auch noch ein weiteres System mit optionalen Komponenten installiert wird. Dieses System lässt sich dann entweder vor oder hinter der Firewall etablieren. Dies bedeutet, dass bei Zugriffen von außen, sei es durch mobile Anwendungen oder durch internetbasierte Lösungen, ein Central Hub Deployment die beste Lösung ist, da SAP Gateway so in der demilitarisierten Zone etabliert werden kann. So können mobile Anwendungen über OData mit Daten aus dem SAP-ERP-System versorgt werden, ohne dass noch weitere Infrastrukturänderungen notwendig sind.

5.5 SAP Web Dispatcher

Der SAP Web Dispatcher (oder ein anderer Reverse-HTTP-Proxy) nimmt mehrere Aufgaben wahr:

- Der SAP Web Dispatcher trennt als Reverse Proxy in der DMZ das externe vom internen Netzwerk und routet Anfragen an die Server im internen Netzwerk weiter.
- Der SAP Web Dispatcher unterstützt die Single Origin Policy (SOP) von JavaScript, da alle Anfragen über ihn laufen, obwohl sie von verschiedenen Servern ausgeführt werden.
- Der SAP Web Dispatcher dient als Load Balancer, der die Anfragen der Endgeräte auf die verschiedenen Instanzen des Frontend-Systems, der Backend-Systeme und von SAP HANA XS verteilt.
- Der SAP Web Dispatcher kann HTTPS-Anfragen terminieren und Informationen aus X.509-Client-Zertifikaten in HTTP-Headern zum Single Sign-on in den nachgelagerten Systemen verschlüsseln.

Die Architektur des SAP Web Dispatchers entspricht der Architektur des Internet Communication Managers (ICM) im SAP NetWeaver AS ABAP. Auch verwendet der SAP Web Dispatcher dasselbe HTTP-Framework. Allerdings bearbeitet er eingehende Anfragen nicht in eigenen Prozessen, sondern leitet sie an den Server weiter, den er anhand der Routing-Regeln in seiner Profildatei ermittelt hat. Die Antwort auf die weitergeleitete Anfrage geht dann an das Endgerät zurück.

5.6 Endgeräte

Den Endgeräten kommt eine besondere Bedeutung zu, da sie nicht nur per HTTP die Ressourcen für die grafische Benutzeroberfläche laden und darstellen müssen, sondern auch dynamisch Daten über OData vom Frontend anfordern und anzeigen müssen. Da sich die mobilen SAPUI5 Controls, die von SAP Fiori verwendet werden, an unterschiedliche Bildschirmgrößen (von Smartphone bis Desktop-PC), Bildschirmorientierungen (Porträt- oder Landscape-Modus) und Eingabemöglichkeiten (Touchscreen, Maus, Tastatur) anpassen können, kann SAP Fiori auf sehr vielen verschiedenen Endgeräten genutzt werden. Voraussetzung ist, dass diese HTML5, CSS3 und JavaScript unterstützen.

5.6.1 HTML5-Browser auf Desktop, Tablet und Smartphone

Am einfachsten ist es, einen HTML5-fähigen Browser auf dem jeweiligen Endgerät zu verwenden. Auf Windows-Desktops haben Sie hier die Wahl zwischen der Internet-Explorer-Version 9 oder höher, Mozilla Firefox oder Google Chrome in der jeweils neuesten Version; unter macOS können Sie die Safari-Version 7 oder höher einsetzen. Auf Smartphones und Tablets von Apple mit iOS-Version 6 oder höher nutzen Sie Safari. Haben Sie ein Android-Gerät mit Version 4.1 oder höher, brauchen Sie Google Chrome.

Natürlich können Sie sich die SAP-Fiori-Seiten auch eingebettet in ein Portal (wie SAP Enterprise Portal oder SAP Business Client) oder in der Cloud anzeigen lassen.

5.6.2 Hybrid Apps auf mobilen Endgeräten

Speziell für mobile Endgeräte bietet SAP den *SAP Fiori Client* an. Sie können ihn über die App Stores von Google oder Apple beziehen und auf Ihren mobilen Endgeräten installieren. Der SAP Fiori Client ist eine Hybrid-App, die zusätzlich zu Standard-Browsern folgende Funktionen bereitstellt:

- Zugriff auf zusätzliche Gerätefunktionen, z. B. Kamera, Barcode-Scanner, GPS etc.
- bessere Verwaltung des lokalen Web-Caches
- zusätzlicher Schutz vor unautorisiertem Zugriff

Abbildung 5.11 zeigt die Benutzeroberfläche des SAP Fiori Clients auf einem Android-Smartphone.

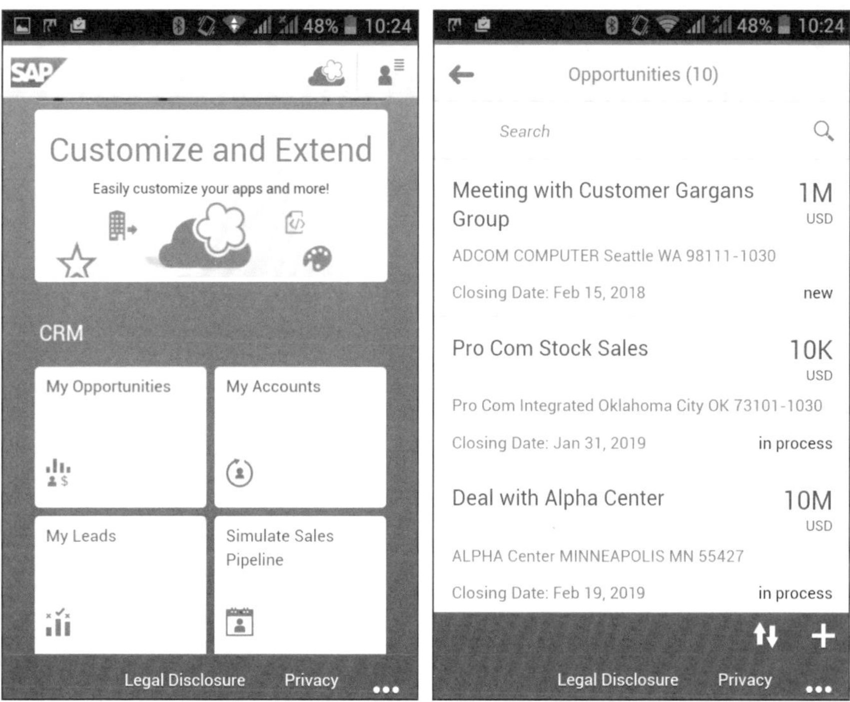

Abbildung 5.11 Die Benutzeroberfläche des SAP Fiori Clients

Der SAP Fiori Client verwendet das SAP-Kapsel-SDK (Software Development Kit), das wiederum auf der Apache-Cordova-Plattform aufsetzt. Das Kapsel-SDK bietet eine Reihe von Apache-Cordova-Plug-ins, sodass eine Apache-Cordova-Applikation (in unserem Fall der SAP Fiori Client) mit einem SMP-Server kommunizieren kann. Weitere Informationen zum Kapsel-SDK, das Bestandteil des SAP Mobile Platform SDK ist, finden Sie unter *http://s-prs.de/v726816*.

Apache Cordova

Apache Cordova ist eine Plattform, mit der Sie native mobile Anwendungen mit HTML5, CSS3 und JavaScript entwickeln können. Apache Cordova bietet eine Reihe von geräteübergreifenden JavaScript-APIs, mit denen Sie gerätespezifische Funktionen nutzen können, ohne selbst gerätespezifischen Code schreiben zu müssen. Damit können Sie native Apps schreiben und über die App Stores verteilen. Weitere Informationen zu Apache Cordova finden Sie auf der Webseite *http://s-prs.de/v726819*.

Der SAP Fiori Client ist also eine Kapselanwendung, die einen Apache-Cordova-Container und mehrere SMP-Plug-ins enthält. Abbildung 5.12 zeigt die Architektur des SAP Fiori Clients.

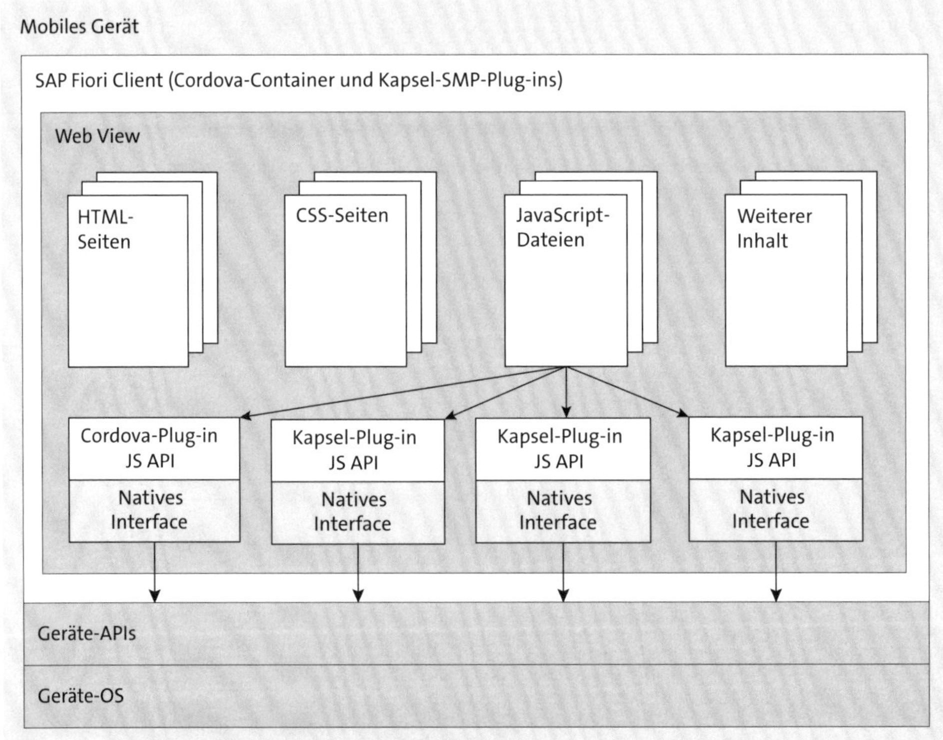

Abbildung 5.12 Architektur des SAP Fiori Clients

Die Cloud-Strategie von SAP bietet auch völlig neue Möglichkeiten für die Implementierung und Bereitstellung von Anwendungen für mobile Endgeräte. Für die Implementierung nativer Anwendungen steht das *Mobile Development Kit* (MDK) zur Verfügung. Dabei handelt es sich um ein Framework mit entsprechender Werkzeugunterstützung, das die SAP Cloud Platform Mobile Services und SAP Web IDE erweitert. So ist es z. B. möglich, auf OData-Services zuzugreifen, die wiederum Daten von On-Premise-Systemen zur Verfügung stellen.

Mobile Development Kit

5.7 Architektur im Kontext von SAP S/4 HANA

Mit dem Nachfolger der SAP Business Suite, SAP S/4HANA, wurden an der Architektur von SAP Fiori einige Änderungen durchgeführt, auf die wir in diesem Abschnitt kurz eingehen.

5.7.1 SAP Fiori in einer SAP-S/4HANA-Systemlandschaft

Kommunikation über SAP Gateway

Gibt es im Kontext der bisherigen SAP Business Suite noch drei technische SAP-Fiori-Anwendungstypen, die unterschiedliche Anforderungen an die Infrastruktur stellen, ist dies unter SAP S/4HANA anders. Alle Anwendungen verhalten sich wie transaktionale Anwendungen, auch hinsichtlich technischer Anforderungen. So läuft die gesamte Kommunikation über SAP Gateway, lediglich Legacy-Anwendungen und die SAP-Fiori-Suche, die weiterhin über InA erfolgt, interagieren direkt mit dem SAP-S/4HANA-System. Abbildung 5.13 zeigt die Architektur von SAP Fiori im Kontext von SAP S/4HANA.

SAP Web Dispatcher

Ob SAP Web Dispatcher genutzt werden sollte, wie in Abbildung 5.13 gezeigt, ist manchmal ein Diskussionspunkt. Es gibt die Auffassung, dass man ihn auch weglassen und die InA-Anfragen über einen ICF-Handler auf dem Frontend-Server an das Backend weiterreichen kann. Dies ist zwar prinzipiell denkbar, allerdings gibt es zwei sehr gute Argumente dagegen:

- **Performanceeinschränkungen**
  Verglichen mit einer Routing-Regel benötigt ein ICF-Handler wesentlich mehr Ressourcen.
- **Sicherheitsrisiken**
  Der Frontend-Server kann weder Anfragen noch Antworten validieren – was die SAP-Produktstandards eigentlich vorschreiben.

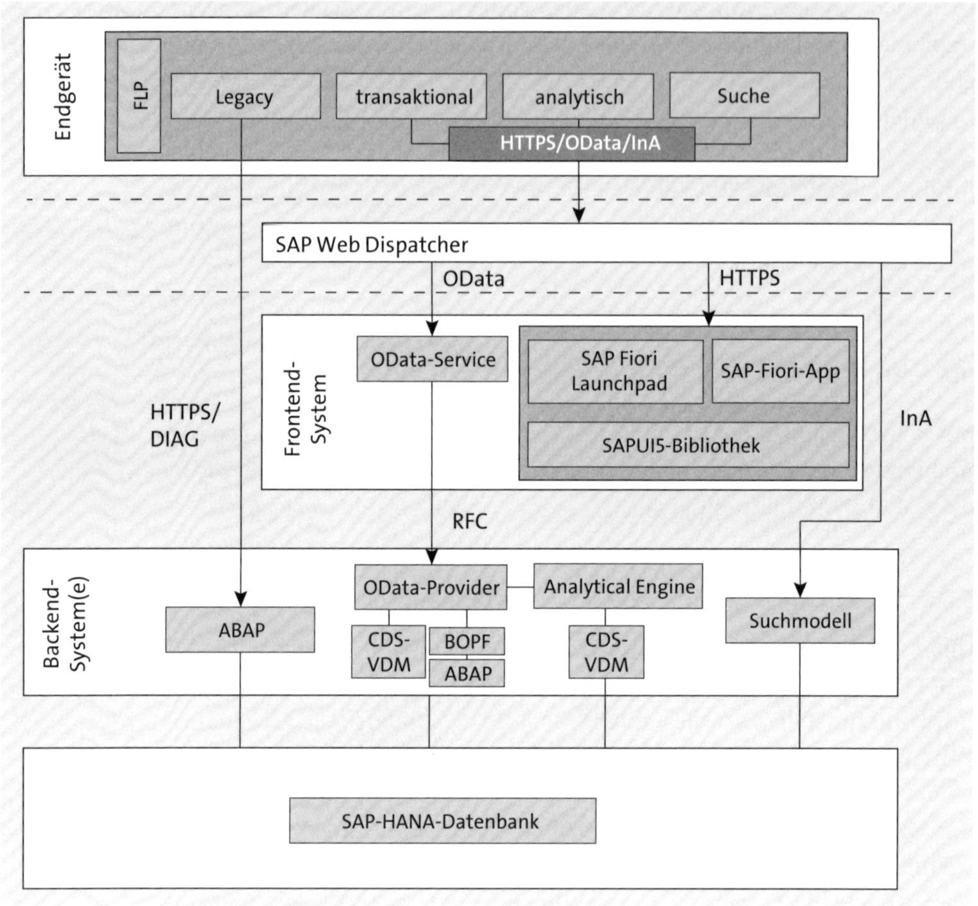

Abbildung 5.13 Architektur unter SAP S/4HANA

Frontend-Server

Im Rahmen der steigenden Komplexität von Systemlandschaften gibt es unterschiedliche Möglichkeiten, wie eine SAP-Fiori-Landschaft aufgebaut sein kann. Vor SAP S/4HANA empfahl SAP in jedem Fall die Verwendung eines Frontend-Servers. Mit SAP S/4HANA gilt diese Aussage nicht mehr uneingeschränkt. Im Dokument »SAP Fiori Deployment Options and System Landscape Recommendations«, das Sie in der jeweils aktuellen Fassung unter *http://s-prs.de/v726817* finden, beschreibt SAP, welche Einflussfaktoren für oder gegen den Einsatz eines Frontend-Servers sprechen. Das Dokument gibt auch darüber hinaus wertvolle Tipps.

5.7.2 ABAP-Programmiermodell für SAP Fiori

Mit der Einführung von SAP HANA wurden viele der bereits in diesem Kapitel beschriebenen Konzepte überdacht und neu implementiert. Mit SAP S/4 HANA 1610 wurde das *ABAP-Programmiermodell für SAP Fiori* (inoffiziell auch RAP) eingeführt. Das Programmiermodell stellt die metadatengetriebene Entwicklung in den Fokus, wobei viele Aspekte, wie die Bereitstellung eines OData-Services oder transaktionales Verhalten, im Rahmen der Aktivierung der Artefakte, z. B. der ABAP CDS, im Hintergrund automatisch erzeugt werden.

Virtuelles Datenmodell

Bei der Implementierung beschreibt der Entwickler mithilfe von ABAP sogenannte *Core Data Services* (CDS), die wiederum ein virtuelles Datenmodell (VDM) bilden. Die implementierten *ABAP CDS* werden über *Annotationen* mit Metadaten angereichert. Die unterstützten Annotationen werden in unterschiedliche Vokabularien beschrieben. So gibt es ein Vokabular, das Annotationen für die UI enthält, oder aber auch eines, das für die Beschreibung des transaktionalen Verhaltens von Objekten verwendet wird (Object-Model-Annotationen). Das virtuelle Datenmodell ist ein geschichtetes Modell, das aus unterschiedlichen ABAP CDS besteht. Dabei werden folgende View-Typen unterschieden:

- Basic Interface View
- Composite Interface View
- Consumption View

Wie in Abbildung 5.14 gezeigt, werden für den Zugriff auf Datenbanktabellen *Basic Interface Views* implementiert. Sie werden für jede Datenbanktabelle implementiert, können jedoch über die Grenzen einer konkreten Anwendung hinweg wiederverwendet werden.

Um anwendungsspezifischere Entitäten zu beschreiben, werden sogenannte *Composite Interface Views* implementiert. Anders als Basic Interface Views dürfen Composite Views `where`-Bedingungen, Berechnungen, Aggregationen oder Ähnliches enthalten. Composite Views können Redundanzen schaffen: Wenn Sie für eine transaktionale Anwendung die gleichen Daten benötigen wie für eine analytische, müssen Sie zwei Composite Views definieren. Composite Views können also nicht – wie Basic Interface Views – über Anwendungsgrenzen hinweg wiederverwendet werden.

Die oberste Schicht des virtuellen Datenmodells stellt der *Consumption View* dar. Er ist zu 100 % anwendungsfallspezifisch und hat – anders als die beiden anderen View-Typen – nicht den Anspruch, wiederverwendbar zu sein. Vielmehr stellt der Consumption View das Domänenmodell einer konkreten Anwendung dar. Er erhält seine Daten aus Composite Views. Composite Views können auch als OData-Services bereitgestellt werden, sodass sie über REST-Aufrufe die Daten zurückliefern.

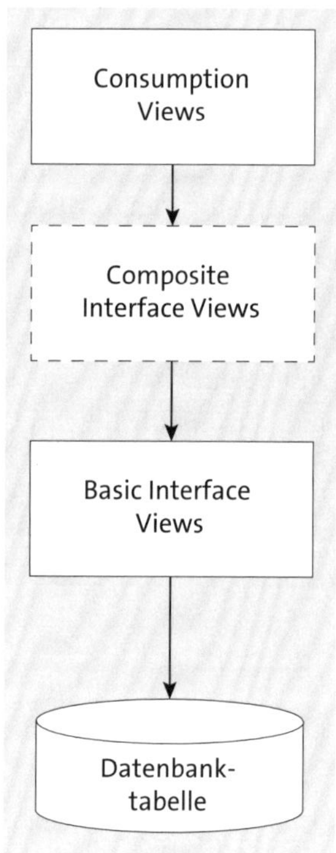

Abbildung 5.14 Bestandteile des virtuellen Datenmodells

Wie bereits erwähnt, werden die ABAP CDS des VDMs über Annotationen mit Metadaten angereichert. Diese Metadaten können entweder direkt in den ABAP CDS oder aber über sogenannte *Metadata Extensions* hinterlegt werden. Metadata Extensions sind separate Dateien, die sich besonders gut für Consumption Views eignen, da diese dazu tendieren, sehr viele Annotationen zu beinhalten, was die Lesbarkeit beeinträchtigen kann.

Bestandteile des ABAP-Programmiermodells

Abbildung 5.15 gibt einen Überblick über die Artefakte, die im Kontext des ABAP-Programmiermodells für SAP Fiori zum Einsatz kommen können. Welche beim Aktivieren der ABAP CDS angelegt werden, hängt davon ab, wie die CDS annotiert wurden.

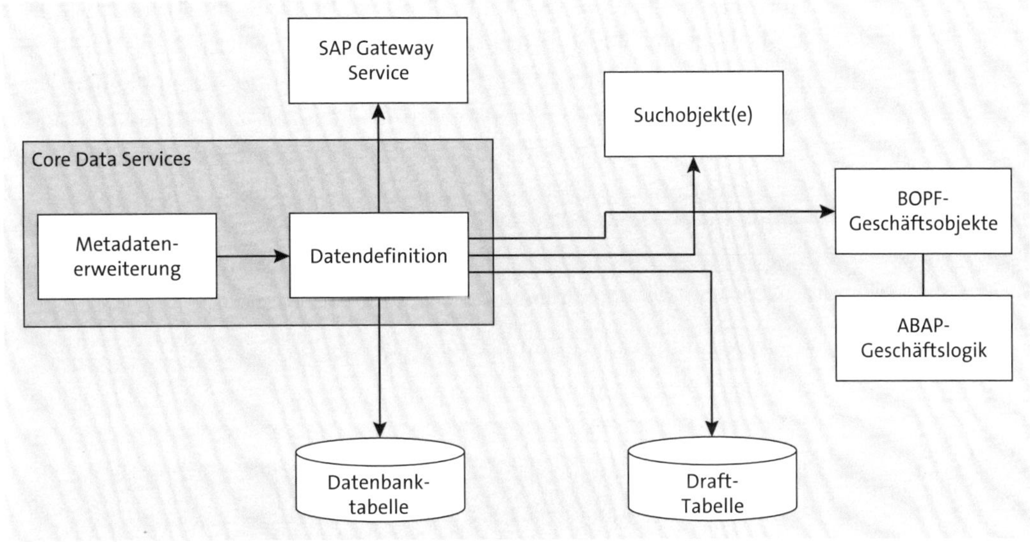

Abbildung 5.15 Bestandteile des ABAP-Programmiermodells für SAP Fiori

SAP-Gateway-Service

Wie bereits im Abschnitt zum virtuellen Datenmodell angemerkt, können Consumption Views als REST-Services über OData verwendet werden. Dazu fügt man dem gewünschten CDS View einfach die Annotation `@OData.publish:true` hinzu. Während der Aktivierung werden die für das Konsumieren benötigten Artefakte dann angelegt. Anschließend muss der Service nur noch auf dem System, z. B. dem Frontend-Server, als SAP-Gateway-Service registriert werden. Eine zentrale Rolle beim Konsumieren von ABAP CDS über OData spielt die Komponente SADL (*Service Adaption and Description Language*). Sie erlaubt die Bereitstellung von modellbasierten Entitäten und deren Abhängigkeiten.

Business Object Processing Framework

Wird ein Consumption View, wie eben beschrieben, als OData-Service publiziert, wird zunächst lediglich der lesende Zugriff über SADL ermöglicht – also die Read- und Query-Funktion der sogenannten *CRUDQ-Operationen* (Create, Read, Update, Delete, Query). Benötigt die Anwendung auch die ändernden Funktionen, kommt beim ABAP-Programmiermodell für SAP Fiori das schon seit Jahren existierende *Business Object Processing Framework*, oder kurz BOPF, zum Einsatz. Bei Verwendung der Annotationen aus dem Object-Model-Vokabular werden bei der Aktivierung alle relevanten BOPF-Objekte und Codeartefakte angelegt. Der Entwickler kann diese dann über BOPF-spezifische Möglichkeiten auch mit eigenem Code erweitern, z. B. um eine Validierungsfunktion zu implementieren.

SAP Fiori Elements

Die in Abschnitt 5.4.1, »Zentrales UI-Add-on und SAPUI5«, beschriebene Vorgehensweise bei der Implementierung von Oberflächen führt zu einer nur mäßigen Skalierung. Der Aufwand ist relativ hoch, obwohl es immer wiederkehrende Muster für SAP-Fiori-Anwendungen gibt. Das ABAP-Programmiermodell für SAP Fiori bietet daher auch für das Implementieren von Oberflächen einen metadatengetriebenen Ansatz. Bei diesem wird innerhalb der ABAP CDS durch UI-Annotationen beschrieben, wie Daten aus der Projektionsliste (Liste aller Felder, die in einem ABAP CDS verwendet werden) im SAP Fiori Launchpad dargestellt werden sollen. Der Entwicklungsaufwand für die Oberflächen reduziert sich dadurch um ein Vielfaches. Es sind lediglich folgende Schritte notwendig:

- Verwendung von UI-Annotationen in den ABAP CDS
- Anlegen eines SAP-WEB-IDE-Projekts auf Basis eines SAP-Fiori-Element-Projekt-Templates
- Referenzieren auf die als OData-Services exponierten ABAP CDS
- optional: manuelle Adaption der UI-Annotationen aus den ABAP CDS durch lokale Annotationen im Projekt

[»]

Vorbereitung auf die Migration

Auch wenn Sie noch nicht auf SAP S/4HANA umgestellt haben, können Sie bereits bei der Programmierung Ihrer SAP-Fiori-Anwendungen einige Aspekte berücksichtigen. So ist die Migration später leichter und kostengünstiger möglich. Einen guten Überblick darüber, was es zu beachten gilt, bietet der Blog-Beitrag unter *http://s-prs.de/v726818*.

5.7.3 ABAP-RESTful-Programmiermodell

Das im vorangegangenen Abschnitt vorgestellte APAP-Programmiermodell für SAP Fiori wurde im Kontext der SAP Cloud Platform weiterentwickelt. Mit ABAP-Release 1808 (Cloud Edition) liefert SAP den Nachfolger aus: das *ABAP-RESTful-Programmiermodell*). Mit ABAP Platform 7.54 (1909) ist das Programmiermodell auch als On-Premise-Version verfügbar. Wir gehen in Kapitel 11, »Entwicklung von Backend-Diensten«, detaillierter auf das ABAP-RESTful-Programmiermodell ein.

5.7.4 Transactional Apps

Transaktionale Anwendungen im Kontext von SAP S/4HANA können auf unterschiedlichsten Wegen implementiert werden. Die Implementierung kann entweder mithilfe der bereits von der SAP Business Suite bekannten Möglichkeiten erfolgen oder aber unter Zuhilfenahme SAP-S/4HANA-spezifischer Werkzeuge. In allen Fällen ist jedoch zu empfehlen, den lesenden Zugriff auf die Datenbank über ABAP CDS einzurichten. Die weiteren Artefakte, wie etwa die OData-Services oder die Benutzeroberfläche, können entweder manuell oder über die oben beschriebenen Wege implementiert werden. Analog verhält es sich bei der Implementierung der Oberfläche. Hier können Sie entweder den Freestyle-Ansatz wählen oder die Oberflächen über SAP Fiori Elements beschreiben.

5.7.5 Analytical Apps

Analytische Anwendungen verwenden, anders als noch bei der SAP Business Suite auf SAP HANA, keine SAP HANA XS Engine mehr. Vielmehr nutzen sie ABAP CDS Views, um virtuelle Datenmodelle zu beschreiben. Zudem können Sie mit *SAP S/4HANA Embedded Analytics* arbeiten, das integraler Bestandteil von SAP S/4HANA ist und nicht zusätzlich installiert werden muss. Es bietet Nutzern die Möglichkeit, Datenanalysen in Echtzeit durchzuführen. SAP S/4HANA Embedded Analytics bringt bereits virtuelle Datenmodelle mit, die Sie erweitern und um eigene ergänzen können.

Kapitel 6
Installation

Wie müssen Sie bei der Installation vorgehen? Was sind die Voraussetzungen für die Installation? Welche Werkzeuge brauchen Sie? Dieses Kapitel macht Sie mit allen Schritten der Installation von SAP Fiori vertraut.

6

Schon die Installation von SAP Fiori ist sehr komplex, da Sie hier mindestens vier Dimensionen berücksichtigen müssen:

- Welche SAP-Fiori-Apps möchten Sie installieren?
- Falls Sie noch nicht auf SAP S/4HANA umgestiegen sind: Zu welchen der drei technischen Typen gehören diese Apps?
- Auf welchem Server müssen welche Softwarekomponenten installiert werden?
- Welche Voraussetzungen müssen auf diesen Servern vorliegen?

Vorgehensweise

Am besten beginnen Sie mit der Erstellung einer Liste der SAP-Fiori-Apps, die Sie installieren möchten. Diese Liste erarbeiten Sie zusammen mit den Fachbereichen Ihres Unternehmens. Danach können Sie die Installation planen. Die dazu benötigten Informationen finden Sie in komprimierter Form in der SAP Fiori Apps Reference Library, ausführlich in der SAP-Online-Hilfe und in den SAP-Hinweisen. Die Planung der Installation beschreiben wir in Abschnitt 6.1, »Installation planen«.

Als Nächstes überprüfen Sie, ob die Installationsvoraussetzungen auf Ihren Servern erfüllt sind. Dies beschreiben wir in Abschnitt 6.2, »Installationsvoraussetzungen überprüfen«. Dann können Sie die benötigten Support Packages und Softwarekomponentenversionen vom Software Download Center herunterladen. Wie wir es in Abschnitt 6.3, »Softwarekomponentenversionen herunterladen«, beschreiben, verwenden Sie dazu am besten den SAP Solution Manager.

Bevor Sie nun mit der Installation beginnen, sollten Sie sich mit den verschiedenen Installationswerkzeugen vertraut machen. Diese beschreiben wir kurz in Abschnitt 6.4, »Installationswerkzeuge«.

Abschnitt 6.5, »Plattformkomponenten installieren«, geht auf die Installation der Plattformkomponenten ein, gefolgt von Abschnitt 6.6, »Produktspezifische Komponenten installieren«.

6.1 Installation planen

Um die Installation planen zu können, müssen Sie sich ein genaues Bild davon machen, welche Softwarekomponentenversionen von welchen Softwareproduktversionen Sie auf welchen Servern installieren müssen. Wie wir es im vorangegangenen Kapitel 5, »Architektur«, beschrieben haben, sind dies zum einen Plattformkomponenten, die von vielen SAP-Fiori-Apps genutzt werden, und zum anderen die Komponenten von SAP-Fiori- und SAP-Smart-Business-Produkten. Diese Komponenten sind spezifisch für ein SAP-Business-Suite-Produkt (z. B. SAP ERP oder SAP CRM).

[»]

Softwareprodukte, Produktversionen, Produktinstanzen und Softwarekomponentenversionen

Ein *Softwareprodukt* ist eine Anwendung, die geschäftliche Aufgaben löst. Beispiele sind SAP ERP oder SAP FIORI ERP APPLICATIONS X1. Softwareprodukte entwickeln sich im Laufe der Zeit und werden in zeitlich aufeinanderfolgenden Produktversionen an Kunden ausgeliefert, z. B. SAP ERP 5.0, SAP ERP 6.0 oder EHP 7 für SAP ERP 6.0.

Eine *Produktversion* umfasst eine oder mehrere Softwarekomponentenversionen. Dies sind die grundlegenden Einheiten der Installation. Das bedeutet, dass Softwarekomponentenversionen individuell vom SAP Support Portal heruntergeladen und installiert werden können. Es ist möglich, dass ein und dieselbe Softwarekomponentenversion in den Versionen unterschiedlicher Produkte enthalten ist.

Ein Produkt ist in *Produktinstanzen* aufgeteilt. Eine Produktinstanz umfasst *Softwarekomponentenversionen*, die zur Laufzeit voneinander abhängig sind und deswegen auf demselben technischen System laufen müssen.

Informationsquellen

In diesem Abschnitt geht es um die vier wichtigsten Informationsquellen, in denen Sie detaillierte Informationen zu diesen Produkten und Komponenten finden, damit Sie die Installation planen können. Diese sind:

- SAP Fiori Apps Reference Library
- SAP Rapid Deployment Solutions (SAP RDS)

- SAP-Online-Hilfe
- SAP-Hinweise

6.1.1 SAP Fiori Apps Reference Library

Eine sehr gute Informationsquelle zu SAP Fiori ist die *SAP Fiori Apps Reference Library*, zu finden unter *http://s-prs.de/v726847* (siehe Abbildung 6.1). In ihr sind sämtliche SAP-Fiori-Apps aufgelistet, aktuell 11.933 (Stand Herbst 2019). Sie können die Liste u. a. nach benötigtem Backend-Produkt (SAP ERP, SAP CRM, SAP SCM etc.), nach Geschäftsbereich (Line of Business, LOB), technischem App-Typ oder benötigter Datenbank filtern und anschließend nach einer dieser Kategorien gruppieren.

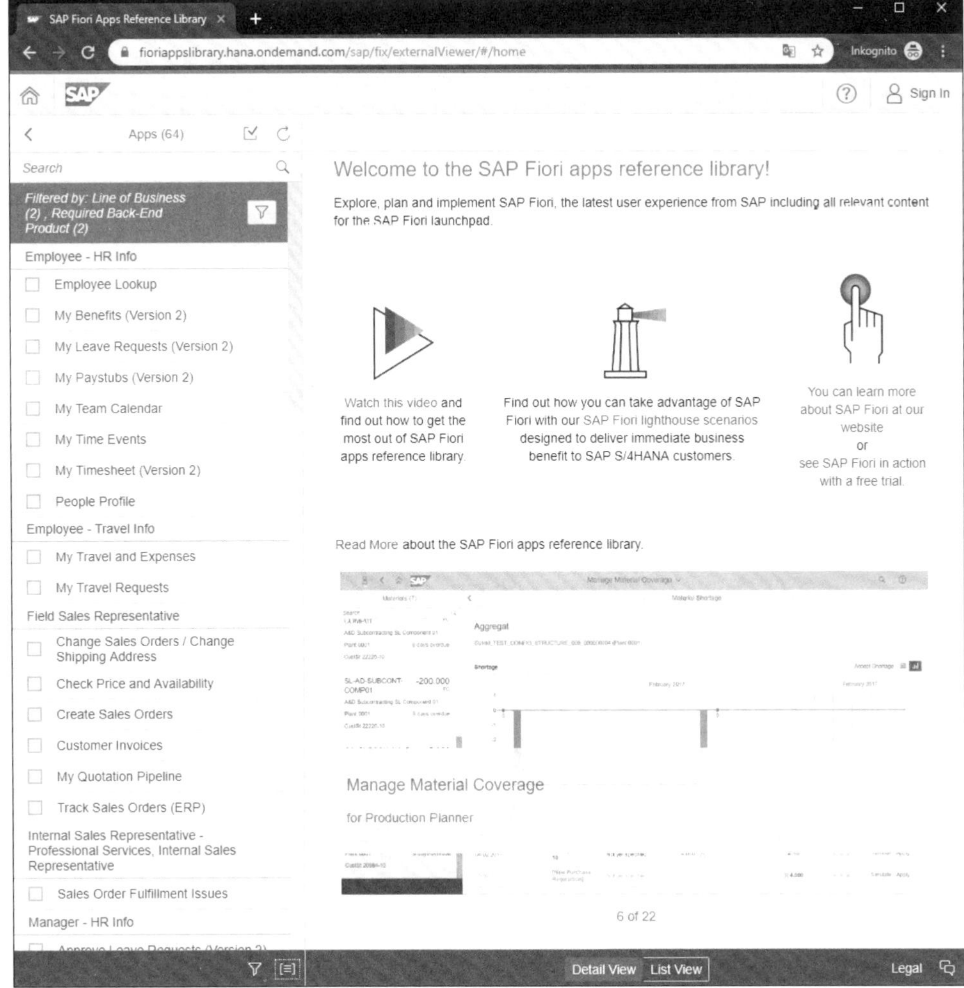

Abbildung 6.1 Die SAP Fiori Apps Reference Library

Sales, HR und Cross Product Apps für SAP ERP

Als Beispiel für dieses Kapitel nehmen wir an, dass Sie für Ihr SAP-ERP-System, auf dem Sie noch nicht EHP 7 installiert haben, alle SAP-Fiori-Apps aus den Geschäftsbereichen Sales und HR sowie zusätzlich alle Cross-Product-Komponenten installieren möchten. Cross-Product-Komponenten sind Komponenten, die für alle Produkte der SAP Business Suite (SAP ERP, SAP CRM, SAP SCM etc.) verfügbar sind. Um die Liste dieser Apps zu erhalten, verwenden Sie in der SAP Fiori Apps Reference Library Filter für die beiden Geschäftsbereiche (Lines of Business) Human Resources und Sales sowie für die beiden benötigten Backend-Produkte Cross Products und SAP ERP. Die Filter können Sie über das Trichter-Icon in der Statuszeile der SAP Fiori Apps Reference Library setzen. Anschließend können Sie noch über das Gruppierungsicon rechts neben dem Filter-Icon nach Rollen gruppieren. In der Ergebnisliste aus Abbildung 6.1 sehen Sie oben in Klammern, dass 64 SAP-Fiori-Apps diesen Selektionskriterien genügen.

Sobald Sie die Liste der Apps zusammengestellt haben, finden Sie die weiteren notwendigen Informationen in komprimierter Form direkt in der SAP Fiori Apps Reference Library, die für jede SAP-Fiori-App eine kurze Beschreibung enthält. Zusätzlich gibt es zu jeder App Hinweise zu den Installationsvoraussetzungen und Softwarekomponentenversionen, die Sie auf den verschiedenen Servern installieren müssen. Von dort aus können Sie auf die detaillierten Informationen in der SAP-Online-Hilfe abspringen.

6.1.2 SAP Rapid Deployment Solutions

Für SAP S/4HANA

SAP Rapid Deployment Solutions (SAP RDS) ist eine Sammlung von technischen Installations- und Konfigurationsanleitungen für SAP S/4HANA und SAP S/4HANA Cloud. Über *https://rapid.sap.com/bp* erhalten Sie Zugriff auf alle relevanten Informationen (siehe Abbildung 6.2).

Auf manche Dokumente wird in mehreren Kategorien (z. B. SAP S/4HANA On-Premise und Cloud) verwiesen, und zwar jeweils in der Reihenfolge, in der Sie sie für die Implementierung der Kategorie benötigen.

Suche nach Best Practices

Ein Vorteil von SAP RDS ist, dass Sie sich ein mühsames Suchen nach verstreuten Informationen in der SAP-Online-Hilfe sparen. Über die Suche erhalten Sie, wie in Abbildung 6.3 gezeigt, Informationen zu den für SAP Fiori relevanten Produkten.

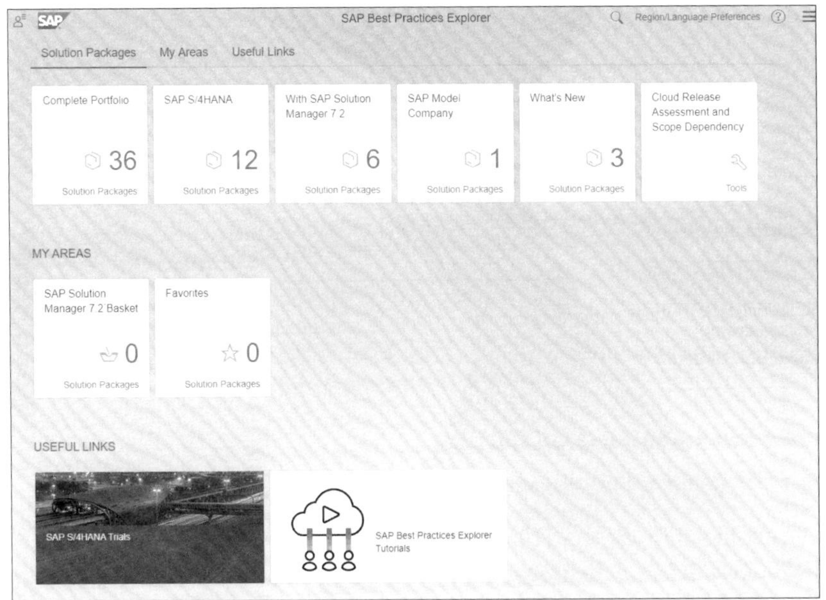

Abbildung 6.2 SAP Rapid Deployment Solutions

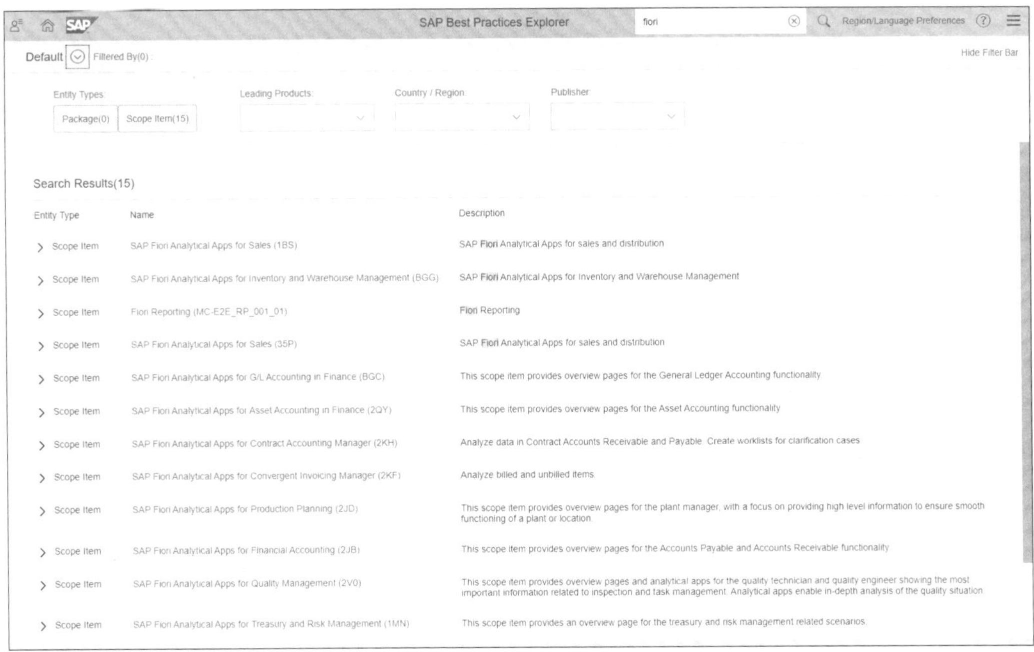

Abbildung 6.3 Übersicht über SAP Best Practices für SAP Fiori

6.1.3 SAP-Online-Hilfe

In der *SAP-Online-Hilfe* unter *https://help.sap.com* finden Sie detaillierte Informationen zu den Plattformkomponenten und den produktspezifischen Komponenten. Hier zeigen wir Ihnen die Navigation zur SAP-Online-Hilfe für folgende Produkte und Produktgruppen:

- SAP HANA XS
- SAP Gateway
- User Interface Add-on for SAP NetWeaver
- SAP Web Dispatcher
- SAP Fiori for SAP Business Suite
- SAP Smart Business Cockpit
- S/4HANA (On-Premise-Version)

Online-Hilfe zu SAP HANA

Die Online-Hilfe zu SAP HANA und SAP HANA XS finden Sie unter *http://help.sap.com/hana_platform* (siehe Abbildung 6.4).

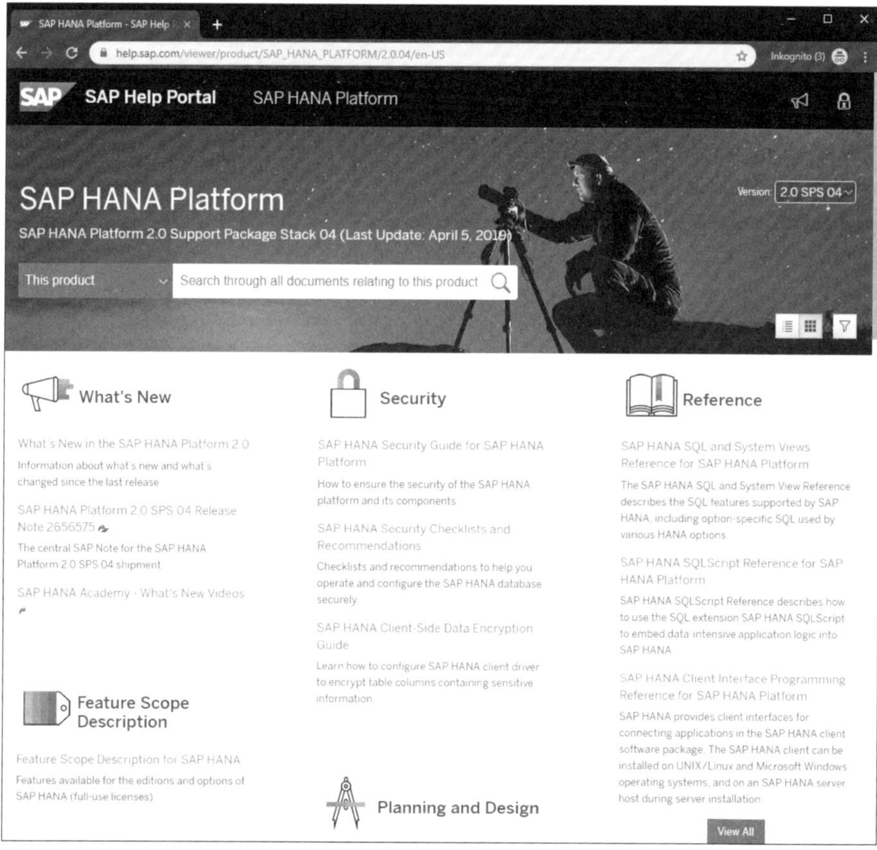

Abbildung 6.4 Online-Hilfe zu SAP HANA

Im Bereich **Documentation Download** kann über einen Klick auf den Link eine ZIP-Datei geladen werden, die die gesamte Dokumentation zu SAP HANA in Form von PDF-Dokumenten enthält. Im Dokument **SAP_HANA_Server_Installation_Guide_en.pdf** finden Sie alle Informationen zu den Installationsoptionen und Installationsvoraussetzungen sowie zur Installation.

Online-Hilfe zu SAP Gateway

Ausführliche Hilfe zu SAP Gateway finden Sie in der SAP-Online-Hilfe unter *http://help.sap.com/nwgateway* (siehe Abbildung 6.5).

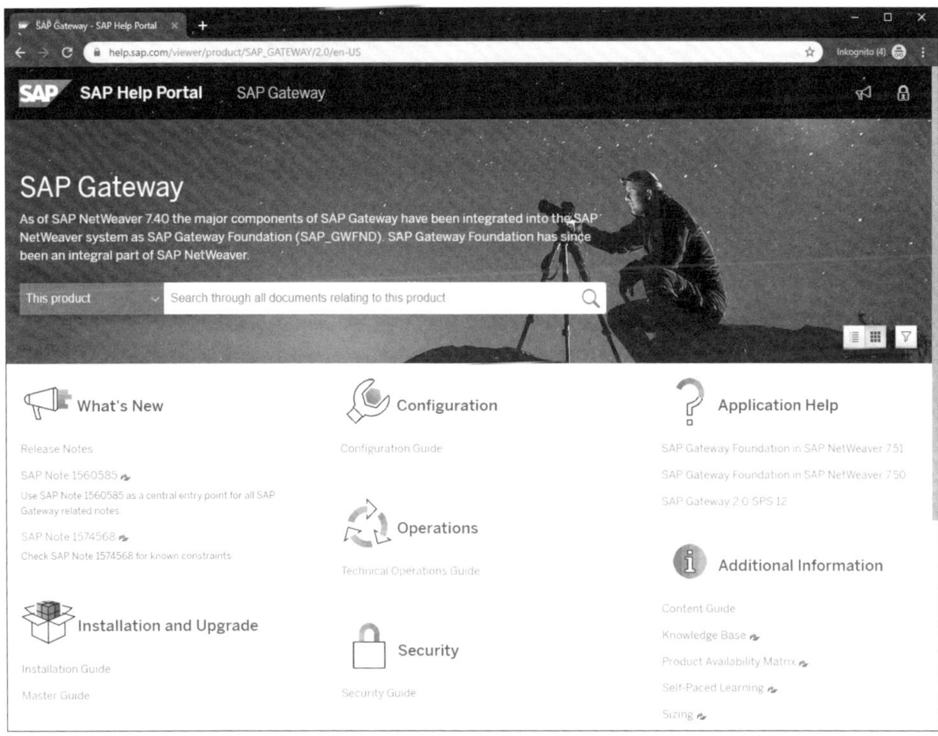

Abbildung 6.5 Online-Hilfe zu SAP Gateway

Der Bereich **Installation and Upgrade** enthält den Link **Installation Guide** zur Installationsanleitung, die detaillierte Informationen zu den Installationsoptionen und -voraussetzungen sowie zur Installation selbst bietet (siehe Abbildung 6.6).

Hier wird auch auf den zentralen SAP-Hinweis 1569624 verwiesen. Dieser Hinweis wird laufend aktualisiert und liefert detailliertere Informationen zu den Installationsvoraussetzungen und Softwarepaketen.

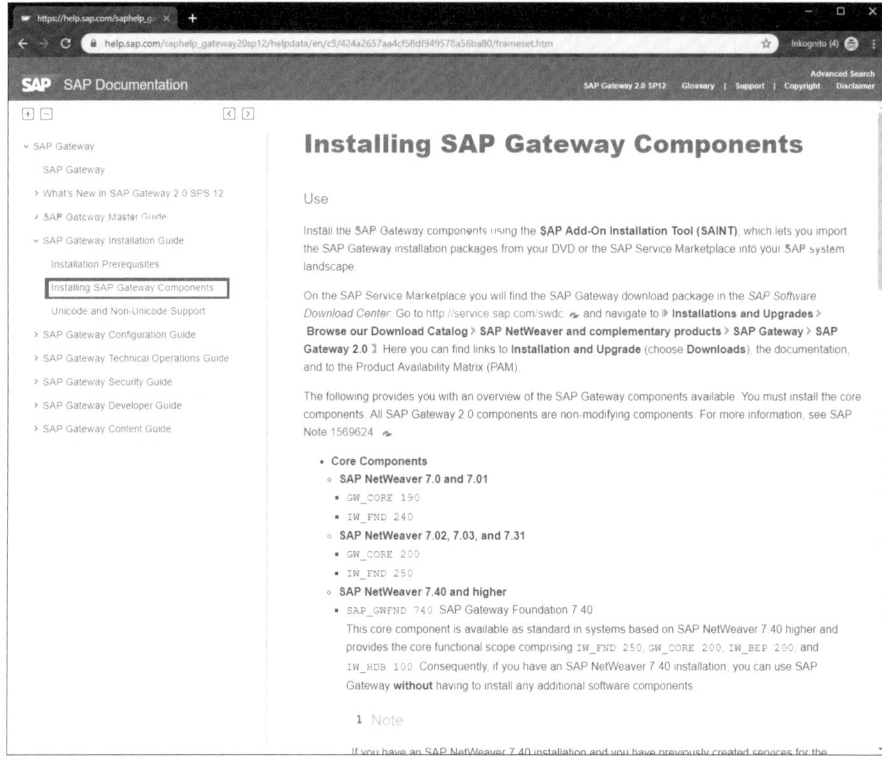

Abbildung 6.6 Online-Hilfe zur Installation der SAP-Gateway-Komponenten

Online-Hilfe zum User Interface Add-on

Die Online-Hilfe zum User Interface Add-on 2.0 for SAP NetWeaver finden Sie unter *http://help.sap.com/nw-uiaddon* (siehe Abbildung 6.7).

Dort finden Sie im Bereich **Installation and Upgrade** einen Link auf den Master Guide – eine Webseite mit einem detaillierten Produktüberblick, den Sie vor der Installation genau studieren sollten. Im Bereich **Additional Information** der SAP-Online-Hilfe gibt es auch eine Liste der zentralen SAP-Hinweise.

Online-Hilfe zum SAP Web Dispatcher

Hilfe zur Installation des SAP Web Dispatchers 7.5 finden Sie unter *http://help.sap.com/nw75*, wo im Bereich **Application Help • SAP NetWeaver Library: Function Oriented View** auf die funktionsorientierte Hilfe von SAP NetWeaver verwiesen wird. Navigieren Sie dort zu **Application Server • Application Server Infrastruktur • Komponenten des SAP NetWeaver Application Servers • SAP Web Dispatcher** (siehe Abbildung 6.8).

Die Installationsanleitung finden Sie dort unter **Architektur und Funktionsweise des SAP Web Dispatchers • Inbetriebnahme des SAP Web Dispatchers • SAP Web Dispatcher einspielen**.

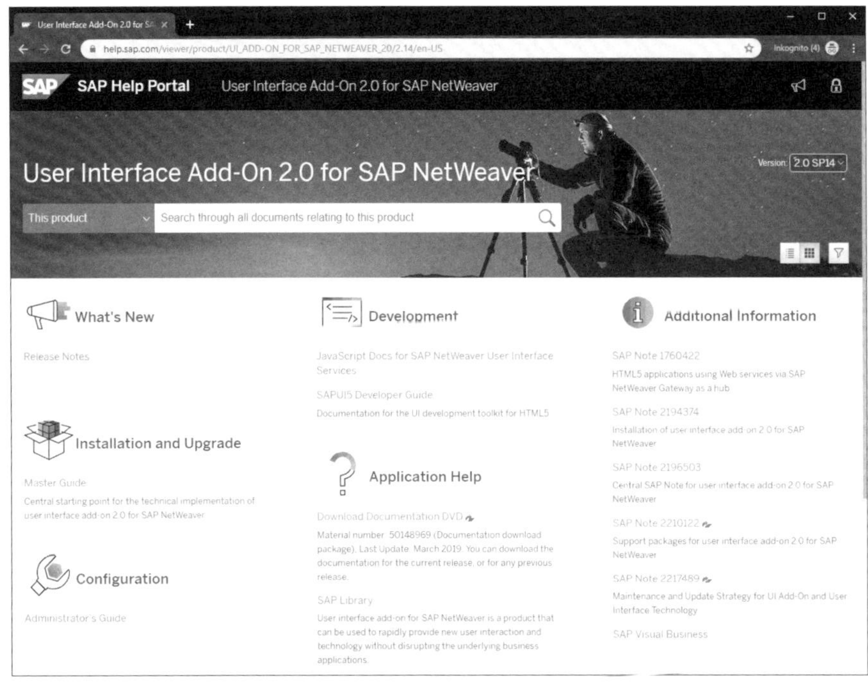

Abbildung 6.7 Online-Hilfe zum User Interface Add-on 2.0 for SAP NetWeaver

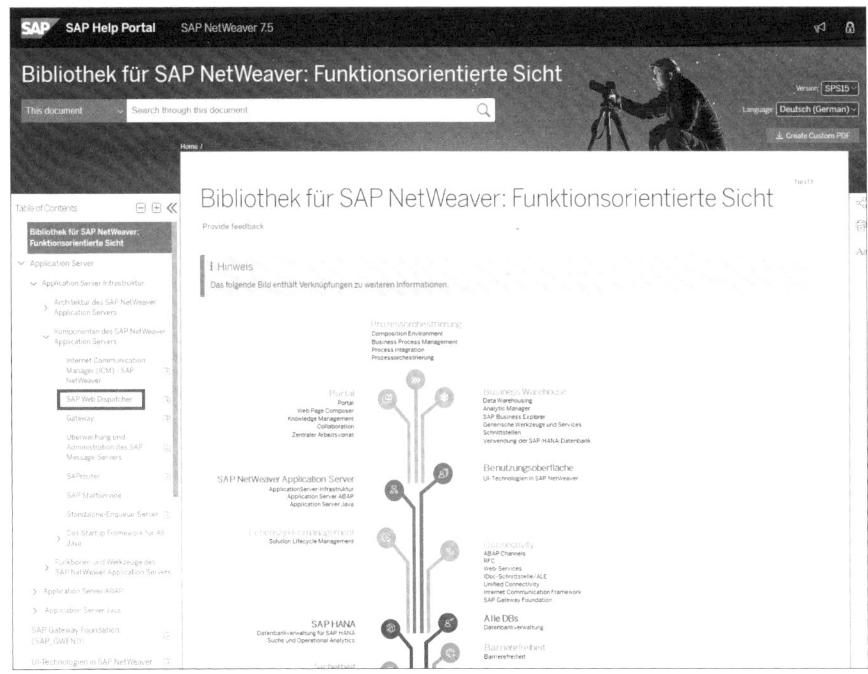

Abbildung 6.8 Die Online-Hilfe zum SAP Web Dispatcher

Online-Hilfe zu SAP Fiori

Die Online-Hilfe zu SAP Fiori auf *http://help.sap.com/fiori* verweist auf die Dokumentation der einzelnen SAP-Fiori-Produkte, u. a. zu SAP Fiori for SAP Business Suite (siehe Abbildung 6.9).

Die SAP-Online-Hilfe enthält detaillierte Informationen zur benötigten Systemlandschaft und für jede SAP-Fiori-App detaillierte Informationen zu den Installationsvoraussetzungen und zu den Softwarekomponenten, die Sie auf den verschiedenen Servern installieren müssen. Dort wird gegebenenfalls auch auf die SAP-Hinweise unter *http://service.sap.com/notes* aufmerksam gemacht.

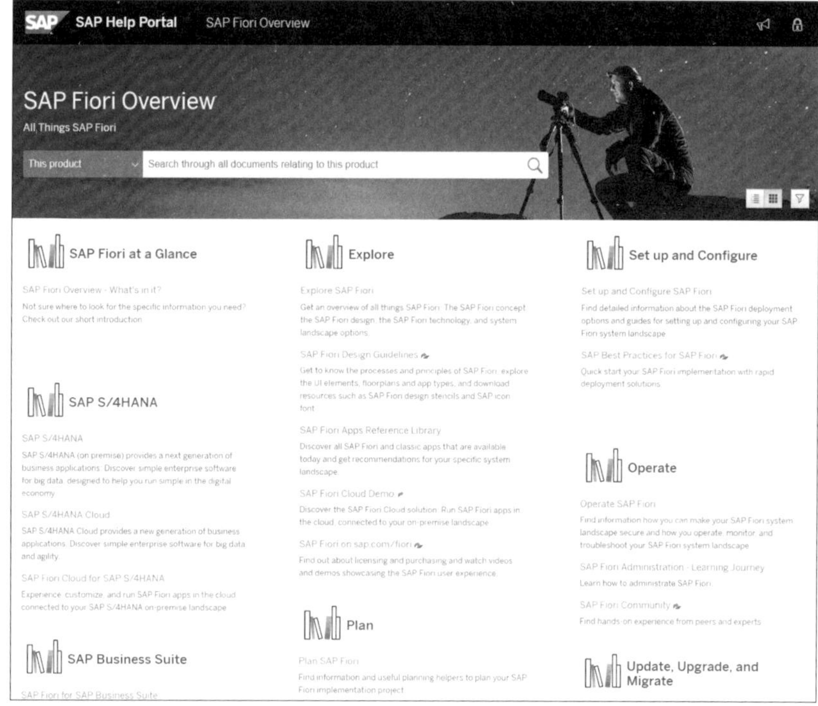

Abbildung 6.9 Online-Hilfe zu SAP Fiori

Online-Hilfe zu den SAP-Smart-Business-Produkten

Die Online-Hilfe zu den SAP-Smart-Business-Produkten finden Sie unter *http://help.sap.com/ssb* (siehe Abbildung 6.10). Der Bereich **Installation and Upgrade** enthält einen Link zum Administrationsleitfaden für SAP-Smart-Business-Produkte. Er bietet Informationen zu folgenden Punkten:

- erforderliche Systemlandschaft zur Ausführung von Analytical Apps
- Installation und Konfiguration des Frontend-Servers
- Installation und Konfiguration des SAP-HANA-Backend-Servers
- Sicherheit und Betrieb

Der Leitfaden bietet außerdem die Dokumentation aller SAP-Smart-Business-Produkte. Diese Dokumentation enthält spezifische Informationen über die Installation und Konfiguration jeder Analytical App.

Falls Sie nur Informationen zu einem bestimmten SAP-Smart-Business-Produkt benötigen, springen Sie am besten direkt in den Bereich **Additional Information**. Dort finden Sie Links zur Dokumentation der einzelnen SAP-Smart-Business-Produkte.

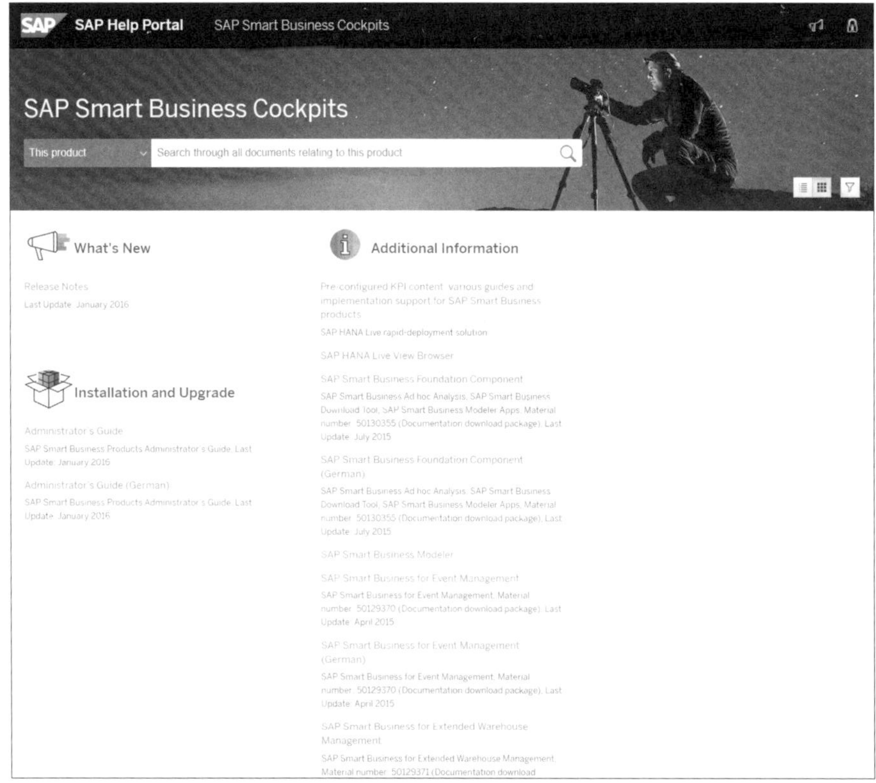

Abbildung 6.10 SAP-Online-Hilfe zu SAP Smart Business Cockpit 1.0

Online-Hilfe zu SAP S/4HANA

Die Online-Hilfe zu SAP S/4HANA erreichen Sie über die URL *http://s-prs.de/v726853* (siehe Abbildung 6.11). Im Bereich **Product Documentation** finden Sie Informationen zur Installation und zum Upgrade auf SAP S/4HANA. Der Link **UI Technology Guide** führt Sie zum Leitfaden zur UI-Technologie. Er enthält wichtige Informationen zum Aufsetzen und zur Konfiguration Ihrer auf SAP S/4HANA basierenden SAP-Fiori-Landschaft.

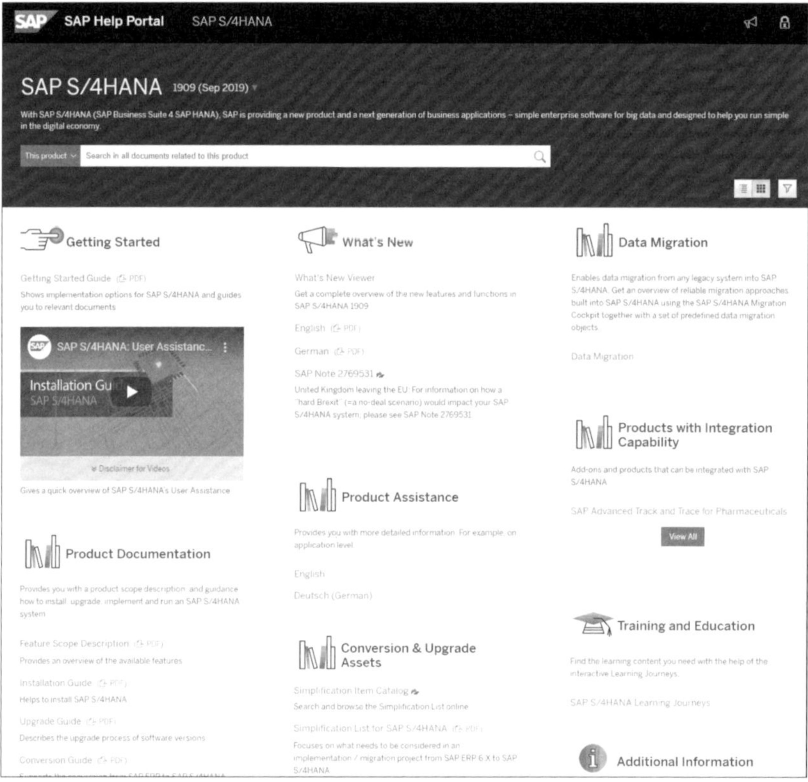

Abbildung 6.11 SAP-Online-Hilfe zu SAP S/4HANA

6.1.4 SAP-Hinweise

In der SAP-Online-Hilfe werden die relevanten *SAP-Hinweise* über *http://service.sap.com/notes* genannt, die Sie vor der Installation genau studieren sollten. Oft sind dies zentrale Hinweise, die ständig aktualisiert werden und wiederum Verweise auf detailliertere Hinweise enthalten, zum Teil auch Release Information Notes (RIN) zu einer bestimmten Version eines Softwareprodukts. Tabelle 6.1 listet einige wichtige SAP-Hinweise auf.

Hinweis	Beschreibung
1931156	allgemeine Informationen zu SAP Gateway 2.0
1931157	allgemeine Informationen zum User Interface Add-on for SAP NetWeaver
1927731	Korrekturen im User Interface Add-on for SAP NetWeaver

Tabelle 6.1 Wichtige Hinweise zu SAP Fiori

Hinweis	Beschreibung
1950311	zentraler Hinweis zu SAP Fiori
1737650	EHP 7 for SAP ERP 6.0 SPS RIN
1914499	RIN UI for EHP 7 for SAP ERP 6.0
1737725	EHP 3 for SAP CRM 7.0 SPS RIN
1914501	RIN UI for EHP 3 for SAP CRM 7.0
1818517	EHP 3 for SAP SRM 7.0 SPS RIN
1914502	RIN UI for EHP 3 for SAP CRM 7.0
1826383	PPM 6.0: SP Information, Notes, and Schedule
1928934	RIN UI for SAP PORTF. PROJ MGMT 6.0
1907850	SAP SNC USABILITY EXT 1.0 RIN
1914553	RIN for Mobile UI ext. for SAP SNC USABILITY EXT 1.0
1870233	RIN for SAP Access Control 10.1
1929930	RIN UI for Access Control 10.1
1778602	SAP HANA Live for SAP Business Suite
1919137	RIN Frontend Server Content for SAP HANA Live Analytical Applications

Tabelle 6.1 Wichtige Hinweise zu SAP Fiori (Forts.)

6.2 Installationsvoraussetzungen überprüfen

Bevor Sie nun die benötigten Softwarekomponentenversionen vom SAP Support Portal herunterladen und installieren, sollten Sie unbedingt überprüfen, ob Ihre Serverlandschaft die Installationsvoraussetzungen erfüllt. Dazu wählen Sie aus der Liste Ihrer SAP-Fiori-Apps in der SAP Fiori Apps Reference Library eine App und wechseln zur Registerkarte **Implementation Information**. Hier müssen Sie zunächst das Auslieferungsdatum festlegen, damit Ihnen weiter unten die korrekten Informationen angezeigt werden. Diese Informationen sind in vier Bereiche unterteilt:

- **Installation**
  In diesem Bereich werden – gruppiert nach ABAP-Frontend-Server, ABAP-Backend-Server und SAP-HANA-XS-Server – die Produktversion,

Produktinstanz und Softwarekomponentenversion benannt, in denen die gewählte SAP-Fiori-App enthalten ist. Der Bereich erwähnt auch die Installationsvoraussetzungen auf den drei Servern und verweist auf SAP-Hinweise, die vor der Installation implementiert werden müssen.

- **Configuration**
  Dieser Bereich listet die notwendigen Konfigurationsschritte auf den unterschiedlichen Servern auf.
- **Extensibility**
  In diesem Bereich finden Sie Hinweise darauf, wie Sie die SAP-Fiori-App erweitern können.
- **Support**
  Dieser Bereich nennt den Namen der Komponente innerhalb der SAP-Anwendungshierarchie, die Sie für Support-Meldungen benötigen.

Aggregierte Informationen

Sie können sich diese Informationen auch für mehrere SAP-Fiori-Apps aggregieren lassen. Dazu wählen Sie über die Auswahlboxen die gewünschten Apps aus und klicken dann unten in der Statusleiste auf **Aggregate**. Abbildung 6.12 zeigt dies für die beiden Sales Apps, die Ihnen unter SAP S/4HANA zur Verfügung stehen.

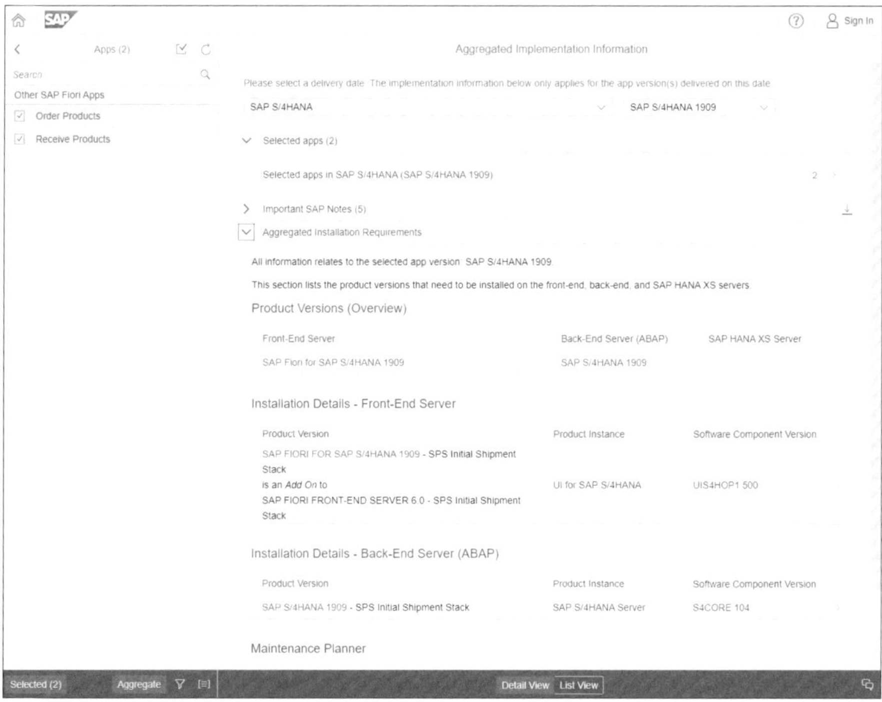

Abbildung 6.12 Installationsdetails für zwei SAP Fiori Apps for SAP S/4HANA des Geschäftsbereichs »Sales«

In den folgenden drei Abschnitten konzentrieren wir uns auf die Installationsvoraussetzungen in SAP HANA, auf dem ABAP-Backend-Server und dem ABAP-Frontend-Server.

6.2.1 Voraussetzungen für die Installation in SAP HANA

Für die beiden App-Typen *Fact Sheets* und *Analytical Apps* benötigen Sie ohne Ausnahme SAP HANA als Datenbank, genauer SAP HANA Platform Edition 1.0 SPS 08 oder höher. Fact Sheets erfordern lediglich die Datenbank, die Analytical Apps für SAP-Business-Suite-Systeme auf Basis von SAP HANA benötigen darüber hinaus SAP HANA XS. Beide Komponenten (die Datenbank und SAP HANA XS) sind Bestandteil der SAP-HANA-Basis-Edition der SAP Cloud Platform. Beim Einsatz von SAP S/4HANA wird SAP HANA XS nicht mehr verwendet. Hier kommt *SAP S/4HANA Embedded Analytics* zum Einsatz (siehe Abschnitt 5.7.5, »Analytical Apps«).

SAP HANA XS für Analytical Apps

SAP HANA XS ist ein leichtgewichtiger Anwendungsserver, der die Anwendungsdaten in Form von *virtuellen Datenmodellen* (VDMs) für die SAP-Fiori-Apps in vereinfachter und optimierter Form zur Verfügung stellt. Für SAP S/4HANA werden diese virtuellen Datenmodelle in Form von ABAP CDS ausgeprägt. Die VDMs fungieren als generische Schnittstellen zu den Daten in der SAP-HANA-Datenbank. Dieses Interface besteht aus Abfrageansichten (Query Views), die dazu verwendet werden, die Key Performance Indicators (KPIs) zu berechnen und zu analysieren. Die VDMs sind also eine strukturierte Repräsentation von SAP HANA Views, die vom *SAP HANA Analytics Framework* für die SAP Business Suite verwendet werden. VDMs werden mit *SAP HANA Live* für die SAP Business Suite bereitgestellt. SAP HANA XS fungiert auch als Metadaten-Provider, der alle verfügbaren KPIs im KPI-Katalog auflistet. Unter SAP S/4HANA werden die für Analytical Apps relevanten ABAP CDS des virtuellen Datenmodells durch die Analytic Engine verarbeitet (siehe Kapitel 5, »Architektur«).

Weitere Komponenten

Für Fact Sheets sind keine weiteren Voraussetzungen oder Installationsschritte auf SAP HANA notwendig. Die Analytical Apps für SAP-HANA-basierte SAP-Business-Suite-Systeme benötigen jedoch zusätzliche Komponenten auf SAP HANA XS. Dies beleuchten wir in Abschnitt 6.5.1, »SAP Smart Business for SAP Business Suite Foundation Component auf SAP HANA installieren«, und in Abschnitt 6.6.1, »Virtuelle Datenmodelle und OData-Services auf SAP HANA XS installieren«.

6.2.2 Voraussetzungen für den ABAP-Backend-Server

Auf dem ABAP-Backend-Server müssen Sie sowohl die Installationsvoraussetzungen für die produktübergreifenden Backend-Komponenten von SAP Gateway als auch die Komponenten für die produktspezifischen SAP-Fiori-Apps überprüfen.

Backend-Komponenten von SAP Gateway

Beginnen wir mit den Installationsvoraussetzungen für die produktübergreifenden Backend-Komponenten von SAP Gateway. Ab Release SAP NetWeaver 7.4 werden die Backend-Komponenten in der Softwarekomponente SAP_GWFND standardmäßig installiert. Die Softwarekomponentenversion SAP_GWFND 740 ersetzt die drei Softwarekomponentenversionen IF_FND 250, GW_Core 200 und IW_BEP 200, wobei nur die letzte dieser drei Versionen auf dem ABAP-Backend-Server benötigt wird.

Falls Ihr ABAP-Backend-Server auf einem SAP-NetWeaver-Release vor 7.4 läuft, müssen Sie dort die SAP-Gateway-Komponentenversion IW_BEP 200 installieren. Dazu müssen Sie zuvor eine der folgenden Versionen von SAP NetWeaver installiert haben: SAP NetWeaver 7.31 SPS 01, SAP NetWeaver 7.03 SPS 01, SAP NetWeaver 7.02 SPS 06, SAP NetWeaver 7.01 SPS 03 oder SAP NetWeaver 7.0 SPS 18.

Diese Liste zeigt übrigens, dass SPSs mit höheren Nummern für Produktversionen mit niedrigeren Nummern (z. B. SPS 01 für SAP NetWeaver 7.03) in gewissem Maße äquivalent zu SPSs mit niedrigeren Nummern für Produktversionen mit höheren Nummern (z. B. SPS 01 für SAP NetWeaver 7.31) sein können. Das liegt daran, dass die SPSs für vorangegangene Versionen Downports von Patches enthalten, die erst für höhere Versionen entwickelt wurden. Allerdings ist diese Äquivalenz nur partiell, da in höheren Versionen außer neuen Patches in der Regel auch neue Funktionen eingeführt wurden, die in den niedrigeren Versionen nicht vorhanden sind.

Patch, Support Package (SP), Support Package Stack (SPS) und Enhancement Package (EHP)

Ein *Patch* ist die Korrektur einer oder mehrerer eng zusammenhängender Codestellen für eine spezifische Version eines SAP-Produkts. Diese Korrekturen können aufgrund von Fehlern oder gesetzlichen Änderungen notwendig sein und werden in den SAP-Hinweisen beschrieben. In dringenden Fällen können Patches direkt nach deren Veröffentlichung implementiert werden.

Ein *Support Package* (SP) enthält einen oder mehrere Patches für eine spezifische Version einer Softwarekomponente. Support Packages werden nach einem festgelegten Zeitplan an die Kunden ausgeliefert.

Ein *Support Package Stack* (SPS) umfasst eine empfohlene Kombination von Support Packages für verschiedene Softwarekomponenten einer spezifischen Version eines SAP-Produkts. Auch die Support Package Stacks werden nach einem festgelegten Zeitplan an die Kunden ausgeliefert. Üblich sind für neuere Produktversionen ein SPS je Quartal, für ältere Versionen ein SPS je Halbjahr.

SPs und SPSs werden auf einem ABAP-Server mit dem Support Package Manager (Transaktion SPAM) installiert.

Ein Erweiterungspaket (*Enhancement Package*, EHP) enthält nicht nur Korrekturen aus den zeitlich vorangegangenen SPSs, sondern insbesondere auch funktionelle Erweiterungen. EHPs sind kumulativ, d. h., EHP 7 für SAP ERP 6.0 enthält alles, was auch EHP 6 für SAP ERP 6.0 enthält. EHPs werden auf einem ABAP-Server mit dem SAP Add-on Installation Tool (Transaktion SAINT) installiert.

Einen guten Überblick über die EHPs und SPSs der vielen SAP-Produktversionen bietet die Product Availability Matrix (PAM) unter *http://s-prs.de/v726848*.

Falls Sie zur Entwicklung von OData-Services auf dem Backend den Screen Scraping Generator nutzen möchten, müssen Sie die optionale Softwarekomponente IW_SCS installieren. Die minimale Installationsvoraussetzung für diese Komponente ist SAP NetWeaver 7.0 SPS 18.

Tabelle 6.2 fasst die Installationsvoraussetzungen für die Backend-Komponenten von SAP Gateway nochmals zusammen.

SAP-Gateway-Komponentenversion	Mindestvoraussetzung
IW_BEP 200 (nur für SAP NetWeaver < 7.4)	SAP NetWeaver 7.0 SPS 18
SAP_GWFND 740 (nur für SAP NetWeaver ≥ 7.4)	SAP NetWeaver 7.40 SPS 01
IW_SCS 200 (nur für Screen Scraping)	SAP NetWeaver 7.0 SPS 18

Tabelle 6.2 Installationsvoraussetzungen für die SAP-Gateway-Komponentenversionen auf dem ABAP-Backend-Server

Produktspezifische Voraussetzungen

Auf dem ABAP-Backend-Server gibt es, abhängig von den gewählten SAP-Fiori-Apps, produktspezifische Installationsvoraussetzungen. Die aktuellen Informationen finden Sie in der SAP-Online-Hilfe. Ob die Installationsvoraussetzungen auf Ihrem ABAP-Backend-Server erfüllt sind, können Sie z. B. über die Liste der installierten Softwarekomponentenversionen ermitteln. Um diese Liste anzuzeigen, wählen Sie im SAP GUI den Menüpfad **System • Status**. Klicken Sie dann auf die Lupe, um sich eine Liste der installierten Softwarekomponentenversionen und deren SP-Level anzeigen zu lassen.

6.2.3 Voraussetzungen für den ABAP-Frontend-Server

Auf dem ABAP-Frontend-Server müssen Sie die Installationsvoraussetzungen für die Frontend-Komponenten von SAP Gateway, des zentralen User Interface Add-ons for SAP NetWeaver und der ausgewählten SAP-Fiori-Apps überprüfen. Die Frontend-Komponenten von SAP Gateway und das zentrale User Interface Add-on for SAP NetWeaver sind produktübergreifend, d. h., unabhängig davon, welche SAP-Fiori-Apps Sie später installieren möchten, müssen Sie diese beiden Komponenten auf alle Fälle installieren und die Installationsvoraussetzungen entsprechend überprüfen.

Wenn Sie eine Central-Hub-Installation wählen, also einen dedizierten ABAP-Frontend-Server vorsehen, können Sie sich das Leben einfach machen, indem Sie dazu den SAP NetWeaver Application Server 7.5 mit dem höchsten SPS wählen. Bei einer Embedded Installation, bei der die Frontend-Komponenten auf einem Backend der SAP Business Suite installiert werden, müssen Sie genauestens die Installationsvoraussetzungen prüfen und beachten.

Frontend-Komponenten

Fangen wir hier auch wieder mit den Frontend-Komponenten von SAP Gateway an. Ist Ihr Frontend-Server schon auf dem Versionsstand SAP NetWeaver Application Server 7.4 SPS 07 oder höher, müssen Sie hier überhaupt nichts installieren und auch keine Installationsvoraussetzungen überprüfen. Die Komponente SAP_GWFND 740 SP 08 enthält schon alles, was für SAP Gateway benötigt wird, und ist in der Standardinstallation von SAP NetWeaver 7.4 enthalten. Möchten Sie Approve Requests App verwenden, müssen Sie aber zusätzlich noch die Softwarekomponentenversion IW_PGW 100 SP 06 installieren.

Ist Ihr Frontend-Server auf einem niedrigeren Versionsstand, benötigen Sie mindestens 7.31 SPS 05 – besser noch SPS 08 oder höher. Hier müssen Sie nun aber die vier Komponentenversionen GW_Core 200 SP 09, IW_FND 250 SP 09, IW_BEP 200 SP 09 und WEBCUIF 731 SP 09 installieren. Falls Sie die Approve Requests App verwenden möchten, müssen Sie für diesen Versionsstand zusätzlich noch die Softwarekomponentenversion IW_PGW 100 SP 06 installieren. Tabelle 6.3 fasst die Installationsvoraussetzungen für die Frontend-Komponenten von SAP Gateway nochmals zusammen.

SAP-Gateway-Komponentenversion	Mindestvoraussetzung
GW_Core 200 SP 09 (nur für SAP NetWeaver < 7.4)	SAP NetWeaver 7.31 SPS 05 (besser SPS 08)
IW_FND 250 SP 09 (nur für SAP NetWeaver < 7.4)	SAP NetWeaver 7.31 SPS 05 (besser SPS 08)
IW_BEP 200 SP 09 (nur für SAP NetWeaver < 7.4)	SAP NetWeaver 7.31 SPS 05 (besser SPS 08)
WEBCUIF 731 SP 09 (nur für SAP NetWeaver < 7.4)	SAP NetWeaver 7.31 SPS 05 (besser SPS 08)
SAP_GWFND 740 SP 08 (nur für SAP NetWeaver ≥ 7.4)	SAP NetWeaver 7.40 SPS 07
IW_PGW 100 SP 06 (für Approve Requests App)	SAP NetWeaver 7.31 SPS 05 (besser SPS 08)

Tabelle 6.3 Installationsvoraussetzungen für die SAP-Gateway-Komponentenversionen auf ABAP-Frontend-Server

User Interface Add-on for SAP NetWeaver

Neben den Frontend-Komponenten für SAP Gateway benötigen Sie auch noch das zentrale User Interface Add-on for SAP NetWeaver und müssen die Installationsvoraussetzungen dafür prüfen. Auch hier sind seit SAP NetWeaver 7.4 SPS 04 die notwendigen Komponenten schon enthalten, und Sie müssen nichts installieren. Frühere Versionen von SAP NetWeaver AS ABAP müssen sich mindestens auf dem Stand EHP 3 für SAP NetWeaver 7.0 (AS ABAP) SPS 05 (besser SPS 08) oder EHP 1 für SAP NetWeaver 7.3 (AS ABAP) befinden.

Produktspezifische Voraussetzungen

Schließlich müssen Sie auch noch die app-spezifische Installationsvoraussetzung für die Frontend-Komponenten der von Ihnen ausgewählten SAP-Fiori-Apps überprüfen. In der SAP-Online-Hilfe sind bei den einzelnen SAP-Fiori-Produkten und den einzelnen Apps die jeweils relevanten SAP-Hinweise aufgelistet, die Sie sich vor der Installation besorgen und implementieren müssen.

6.3 Softwarekomponentenversionen herunterladen

Nachdem Sie die Planung der Installation abgeschlossen und die Installationsvoraussetzungen geprüft haben, können Sie nun die benötigten Support Packages, Softwarekomponentenversionen und Service Packs herunterladen. Dazu haben Sie prinzipiell zwei Möglichkeiten:

- manuelles Herunterladen vom Software Download Center im SAP Support Portal
- Erstellen von Installationslisten mit dem SAP Solution Manager

6.3.1 Software Download Center

Sie finden die benötigten Softwarekomponenten und Support Packages in der App **Software Downloads** im SAP ONE Support Launchpad. Sie erreichen es über *https://launchpad.support.sap.com*. Dort können Sie, je nachdem, ob Sie eine Softwarekomponente neu installieren (**Installation & Upgrade**) oder eine installierte Komponente korrigieren wollen (**Support Packages & Patches**), in den für Sie relevanten Teil des Software Download Centers abspringen. Ihre Softwarekomponente finden Sie hier über die Suche nach dem Produktnamen oder per Navigation.

Die Installationspakete sind komprimiert, nach dem Herunterladen vom SAP Support Portal müssen Sie sie daher zunächst in Ihrem lokalen Dateisystem entpacken. Danach können Sie sie mit dem SAP Add-on Installation Tool (Transaktion SAINT) vom Dateisystem laden und installieren.

6.3.2 SAP Solution Manager

Maintenance Planner

SAP bietet für die Planung von Wartungsvorgängen den sogenannten *Maintenance Planner* an. Es handelt sich dabei um ein webbasiertes Werkzeug – den Nachfolger des Maintenance Optimizers. Auf Grundlage von Daten aus der sogenannten *Landscape Management Database* (LMDB) des SAP-Solution-Manager-Systems können Sie Neuinstallationen, Updates und Add-on-Installationen Ihrer Systeme planen. Zudem können Sie berechnen lassen, welche Pakete für Sie relevant sind und entsprechend heruntergeladen werden müssen. Voraussetzung für die Verwendung des Maintenance Planners ist, dass Ihre Systemlandschaft in der LMDB des SAP Solution Managers vorhanden ist. Dafür müssen Ihre SAP-Systeme im *System Landscape Directory* (SLD) hinterlegt sein. Die dort gesammelten Informationen Ihrer Systemlandschaft werden mit der LMDB synchronisiert und von dort in das SAP Support Portal hochgeladen.

Installation und Aktualisierung

Sie gelangen zum Maintenance Planner über das SAP ONE Support Launchpad (*https://launchpad.support.sap.com*). Klicken Sie dort auf die Kachel **Maintenance Planner**.

Für das Zusammenstellen der Pakete müssen Sie folgende Schritte durchführen:

1. Klicken Sie auf die Kachel **Explore Systems**, um zur Übersicht der dem SAP Support Portal bekannten Systeme zu gelangen.
2. Wählen Sie das System aus, das Sie aktualisieren wollen.
3. Da Sie eine Aktualisierung planen, klicken Sie auf der nächsten Seite auf den Button **Plan**.
4. Wählen Sie im Anschluss entweder **Install or Maintain an Add-on** oder **Update SAP NetWeaver**, je nachdem, was Sie aktualisieren wollen.
5. Wählen Sie, falls Sie ein Update durchführen möchten, die Version, die Sie für das Update verwenden wollen.
6. Wählen Sie anschließend das gewünschte Support Package aus.
7. Bestätigen Sie Ihre Auswahl über **Next**.
8. Wählen Sie alle Produktversionen, die Sie installieren wollen, und bestätigen Sie Ihre Auswahl. Der Maintenance Planner prüft nun, ob es Abhängigkeiten gibt, die Sie nicht ausgewählt haben. Ist dies der Fall, erscheint ein Popup-Fenster mit allen bisher nicht ausgewählten Produkten. Klicken Sie auf **Cancel**, wenn Sie die fehlenden Produktversionen noch auswählen wollen, oder auf **Continue**, wenn Sie direkt fortfahren wollen.
9. Nachdem die für das Update benötigten Dateien identifiziert wurden, haben Sie die Möglichkeit, Produkte wieder abzuwählen. Wenn alles stimmt, bestätigen Sie mit **Next**.
10. Klicken Sie nun auf den Button **Download Stack XML**, und laden Sie die systemspezifischen Stack-Dateien herunter. Sie enthalten die notwendigen Informationen zu den Installationswerkzeugen.
11. Anschließend klicken Sie auf den Button **Push to Downloadbasket**. Dadurch wird Ihre Auswahl dem Download Basket hinzugefügt.
12. Beenden Sie den Assistenten, indem Sie auf **Next** klicken. Sie erhalten daraufhin ein PDF-Dokument mit den wichtigsten Informationen zu Ihrem Upgrade.
13. Über das SAP ONE Support Launchpad können Sie Ihre Dateien schließlich aus dem Download Basket herunterladen.
14. Stellen Sie die gerade heruntergeladenen Dateien sowie die XML-Dateien auf den Systemen bereit, die aktualisiert werden sollen.

6.4 Installationswerkzeuge

In diesem Abschnitt besprechen wir die drei wichtigsten Installationswerkzeuge:

- SAP HANA Application Lifecycle Management (HALM)
- SAP Add-on Installation Tool (SAINT)
- Software Update Manager (SUM)

6.4.1 SAP HANA Application Lifecycle Management

Nachdem Sie die notwendigen Pakete manuell oder mit dem SAP Solution Manger heruntergeladen haben, können Sie diese mit einem der drei Lifecycle Management Tools installieren:

- Kommandozeilenprogramm `<sapmnt>/<SID>/hdblcm/hdblcm`
- grafische Benutzerschnittstelle `<sapmnt>/<SID>/hdblcm/hdblcmgui`
- Web User Interface *https://<host>:1129/lmsl/HDBLCM/<SID>/index.html*

Um z. B. das Kommandozeilenprogramm `hdblcm` zu verwenden, öffnen Sie eine Konsole, navigieren in das Verzeichnis mit den heruntergeladenen Paketen und starten dort `hdblcm`. Wählen Sie als Nächstes den Index des Systems aus, das Sie aktualisieren möchten, drücken Sie [↵], wählen Sie anschließend die Komponenten aus, die Sie aktualisieren möchten, und drücken Sie noch einmal die [↵]-Taste. Sie werden aufgefordert, sich am System anzumelden, und können den Installationsprozess starten.

6.4.2 SAP Add-on Installation Tool

Zur manellen Installation der heruntergeladenen Komponenten auf einem ABAP-Server melden Sie sich nach dem Download an Ihrem SAP-System im Mandanten 000 als Benutzer mit SAP_ALL-Rechten an. Verwenden Sie *nicht* die Benutzer SAP* oder DDIC. Rufen Sie nun Transaktion SAINT auf.

Um die Installation zu starten, klicken Sie in Transaktion SAINT auf die Schaltfläche **Start** (siehe Abbildung 6.13). Wenn alle erforderlichen Bedingungen für die Installation erfüllt sind, wird Ihnen nun die entsprechende Queue angezeigt. Die Queue besteht aus den Installationspaketen und kann auch Support Packages enthalten. Klicken Sie auf **Weiter**, um die Installation durchzuführen. Weitere Informationen erhalten Sie, indem Sie Transaktion SAINT aufrufen und auf die Info-Schaltfläche klicken.

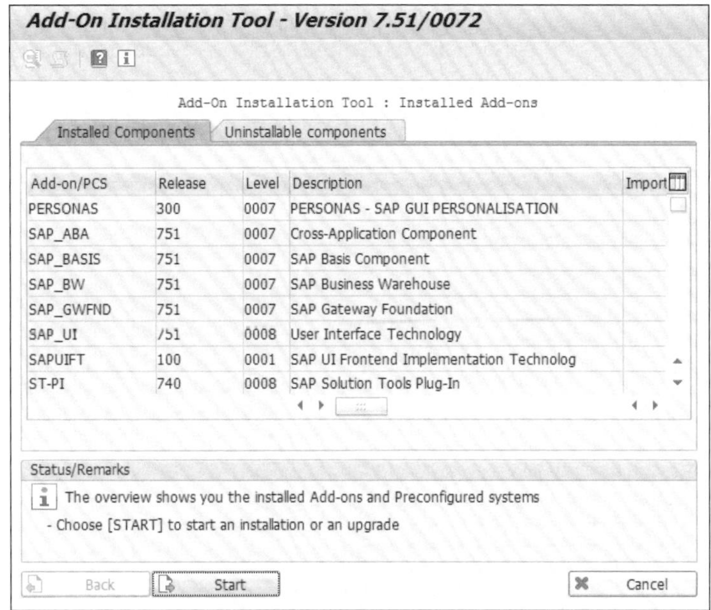

Abbildung 6.13 Das SAP Add-on Installation Tool

6.4.3 Software Update Manager

Zur Installation der zuvor mit dem SAP Solution Manager heruntergeladenen Pakete starten Sie den Software Update Manager (Transaktion SUM) auf dem ABAP-Server. Ihr Browser startet und lädt eine Java-Web-Start-Anwendung herunter. Konfigurieren Sie nun den Software Update Manager mit dem Verweis auf die heruntergeladene XML-Datei, und führen Sie den Installations- und Update-Vorgang auf Ihrem System aus.

6.5 Plattformkomponenten installieren

Nachdem Sie die Installationsvoraussetzungen geprüft und gegebenenfalls hergestellt haben, müssen Sie sich als Nächstes die benötigten Softwarekomponentenversionen vom SAP Support Portal herunterladen und installieren. In diesem Abschnitt besprechen wir die Installation der Plattformkomponenten, also der Komponenten, die von allen SAP-Fiori-Apps benötigt werden. Der nächste Abschnitt geht dann auf die Installation der produktspezifischen Komponenten ein.

Die Installationsschritte sind in der Online-Hilfe zu SAP Fiori (siehe noch einmal Abbildung 6.9) detailliert beschrieben. Klicken Sie auf der Einstiegsseite auf den Link **SAP Fiori Implementation Information** und dann auf den Link **Required System Landscape** am Anfang der Online-Hilfe-Seite, um zum entsprechenden Bereich auf der Seite zu springen. Dort finden Sie Links zu vier weiteren Hilfe-Seiten. Für uns ist die deutschsprachige Hilfe mit Informationen zur Systemlandschaft in Abbildung 6.14 relevant.

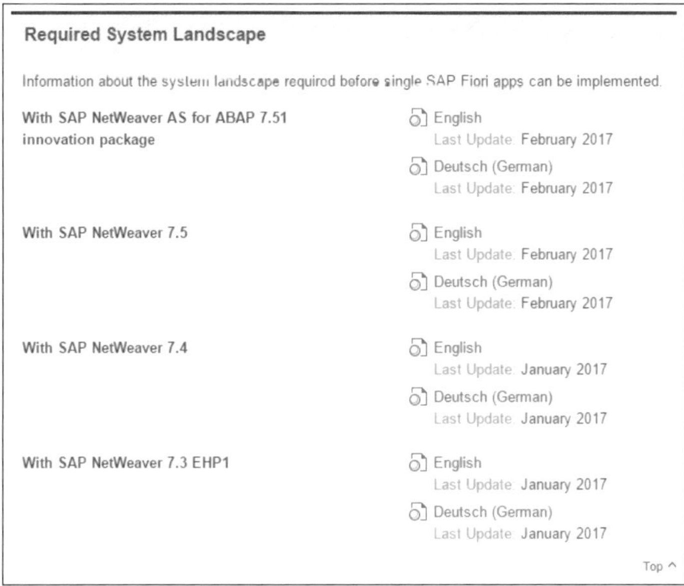

Abbildung 6.14 Absprung zur Online-Hilfe zur SAP-Fiori-Systemlandschaft

Drei unterschiedliche Systemlandschaften

In den Versionen 7.3 EHP 1 und 7.4 sind die Informationen zur Systemlandschaft in drei große Bereiche unterteilt, die jeweils von den Transactional Apps, Fact Sheets und Analytical Apps benötigt werden:

- Einrichten der SAP-Fiori-Systemlandschaft mit der ABAP-Umgebung
- Einrichten der SAP-Fiori-Systemlandschaft mit der SAP-HANA-Datenbank
- Einrichten der SAP-Fiori-Systemlandschaft mit SAP HANA XS

In den Versionen 7.5 und 7.51 sind diese drei Bereiche zu einem Bereich **Einrichten der SAP-Fiori-Systemlandschaft** zusammengefasst worden.

Jeder dieser Bereiche hat einen Unterbereich namens **Installation**, in dem die einzelnen Installationsaufgaben aufgelistet und in weiteren Unterbereichen detailliert erläutert werden. Abbildung 6.15 zeigt z. B. die Installationsaufgaben für eine Systemlandschaft für Transactional Apps. Wie Sie in der Abbildung erkennen, können Sie sich die Informationen über den **Download**-Link rechts oben auch in Form eines PDF-Dokuments herunterladen.

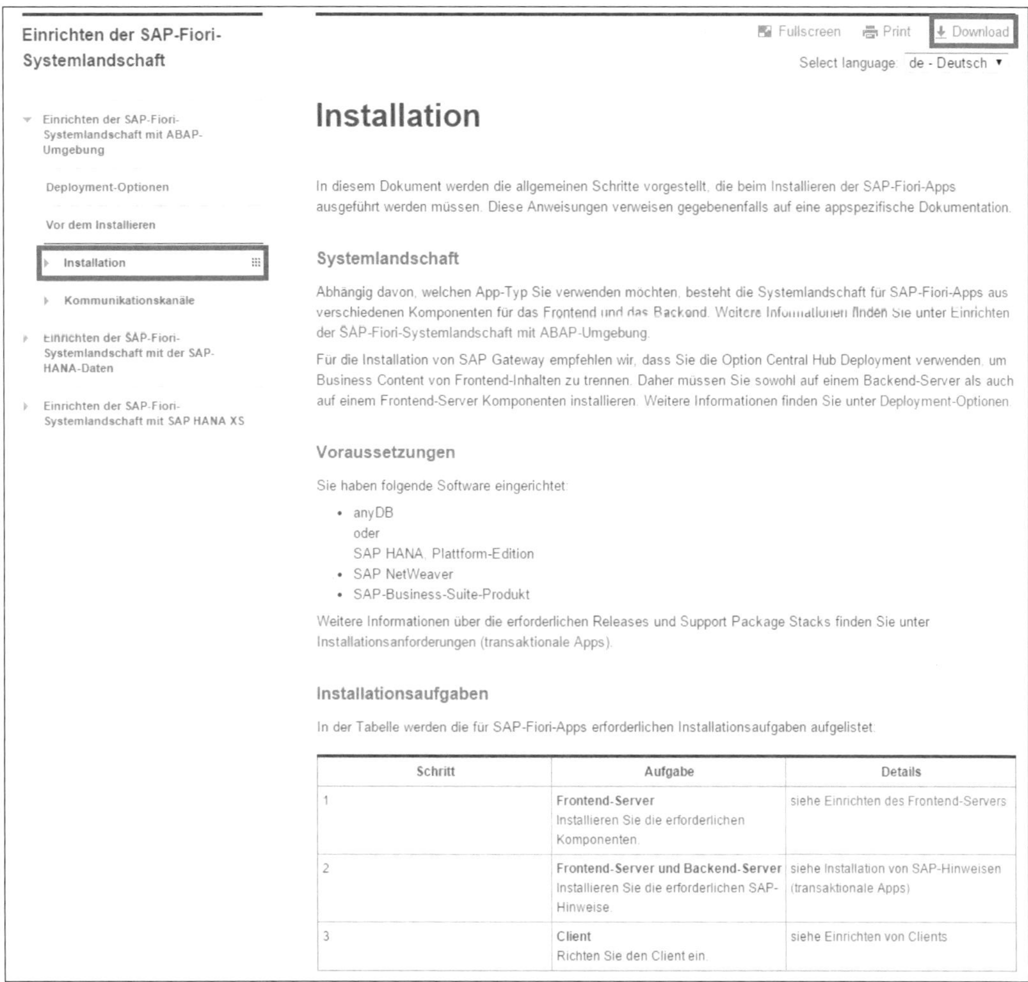

Abbildung 6.15 Installationsaufgaben für eine Systemlandschaft für Transactional Apps

Installationsaufgaben

Tabelle 6.4 listet die notwendigen Installationsaufgaben im Überblick auf. Diese Aufgaben beschreiben wir in den folgenden Abschnitten genauer.

Server	Installationsaufgabe
SAP-HANA-Server	Installation von SAP Smart Business for SAP Business Suite Foundation Component
ABAP-Backend-Server	Installation der Backend-Komponenten von SAP Gateway

Tabelle 6.4 Installationsaufgaben für Plattformkomponenten

Server	Installationsaufgabe
ABAP-Backend-Server	Installation von SAP-Hinweisen
ABAP-Frontend-Server	Installation der Frontend-Komponenten von SAP Gateway
ABAP-Frontend-Server	Installation der Komponenten für die zentrale Benutzeroberfläche
ABAP-Frontend-Server	Installation von SAP-Hinweisen
SAP Web Dispatcher	Installation des SAP Web Dispatchers

Tabelle 6.4 Installationsaufgaben für Plattformkomponenten (Forts.)

6.5.1 SAP Smart Business for SAP Business Suite Foundation Component auf SAP HANA installieren

Für Analytical Apps benötigen Sie ausnahmslos SAP HANA als Datenbank. Zusätzlich benötigen diese Apps die SAP HANA XS Engine, um auf die virtuellen Datenmodelle der Anwendungen zuzugreifen. Innerhalb der SAP HANA XS Engine gibt es zwei Komponenten: Die eine Komponente ist der SAP HANA Live App Content für die SAP Business Suite; die andere ist die SAP Smart Business for SAP Business Suite Foundation Component, die von allen Analytical Apps benötigt wird.

SAP Analytics Foundation

Trotz des Namens SAP Smart Business for SAP Business Suite Foundation Component handelt es sich nicht um eine Softwarekomponente, sondern um ein Softwareprodukt mit dem technischen Produktnamen *SAP Analytics Foundation*. Dieses Produkt ist in Produktinstanzen für die SAP HANA XS Engine, den ABAP-Backend-Server und den ABAP-Frontend-Server aufgeteilt. Die relevante Produktinstanz für die SAP HANA XS Engine heißt *HANA Content Analy. Foundation* und umfasst die Softwarekomponentenversionen HCO_HBA_R_SB_CORE 100, HCO_HBA_R_SB_EXT 100, HCO_HBA_R_SB_CXO 100 und HCO_HBA_R_APF_CORE 100.

Diese vier Softwarekomponentenversionen müssen Sie vom SAP Support Portal herunterladen und mit dem SAP HANA Application Lifecycle Manager installieren.

6.5.2 SAP-Gateway-Komponenten auf den ABAP-Backend-Servern installieren

Falls sich einer Ihrer ABAP-Backend-Server auf einem niedrigeren Versionsstand als SAP NetWeaver 7.4 befindet, müssen Sie die für Ihren Versionsstand benötigten SAP-Gateway-Backend-Komponenten aus dem SAP Support Portal herunterladen und installieren. Die benötigten Softwarekomponentenversionen sind IW_BEP 200 und IW_SCS 200, falls Sie eigene OData-Services per Screen Scraping entwickeln möchten.

> **Wartungsende**
>
> Für niedrigere Releases als SAP NetWeaver 7.4 hat SAP bereits das offizielle Wartungsende angekündigt.

6.5.3 SAP-Gateway-Komponenten auf dem ABAP-Frontend-Server installieren

Falls sich Ihr ABAP-Frontend-Server auf dem Versionsstand 7.4 oder höher befindet, sind sowohl die benötigten Komponenten für SAP Gateway (SAP GWFND 740) als auch für das User Interface Add-on for SAP NetWeaver (SAP_UI 740) bereits installiert. Abbildung 6.16 zeigt die installierten Komponenten eines ABAP-Frontend-Servers auf dem Versionsstand 7.51.

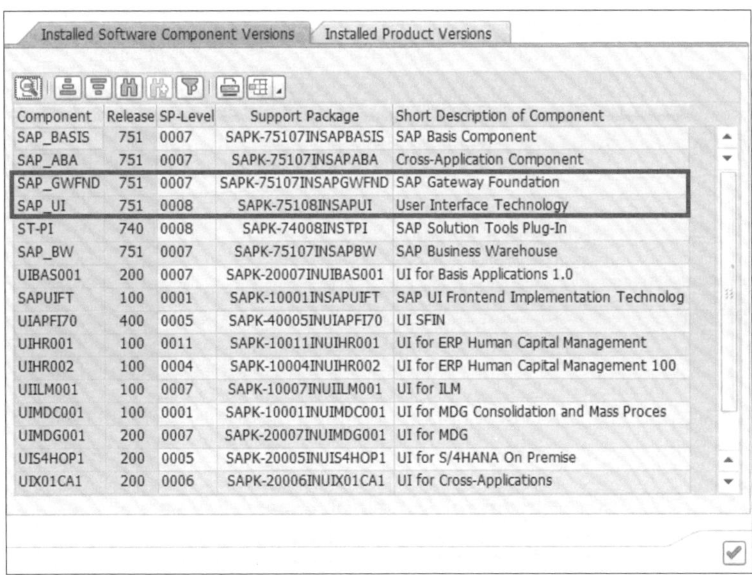
Installed Software Component Versions | Installed Product Versions

Component	Release	SP-Level	Support Package	Short Description of Component
SAP_BASIS	751	0007	SAPK-75107INSAPBASIS	SAP Basis Component
SAP_ABA	751	0007	SAPK-75107INSAPABA	Cross-Application Component
SAP_GWFND	751	0007	SAPK-75107INSAPGWFND	SAP Gateway Foundation
SAP_UI	751	0008	SAPK-75108INSAPUI	User Interface Technology
ST-PI	740	0008	SAPK-74008INSTPI	SAP Solution Tools Plug-In
SAP_BW	751	0007	SAPK-75107INSAPBW	SAP Business Warehouse
UIBAS001	200	0007	SAPK-20007INUIBAS001	UI for Basis Applications 1.0
SAPUIFT	100	0001	SAPK-10001INSAPUIFT	SAP UI Frontend Implementation Technolog
UIAPFI70	400	0005	SAPK-40005INUIAPFI70	UI SFIN
UIHR001	100	0011	SAPK-10011INUIHR001	UI for ERP Human Capital Management
UIHR002	100	0004	SAPK-10004INUIHR002	UI for ERP Human Capital Management 100
UIILM001	100	0007	SAPK-10007INUIILM001	UI for ILM
UIMDC001	100	0001	SAPK-10001INUIMDC001	UI for MDG Consolidation and Mass Proces
UIMDG001	200	0007	SAPK-20007INUIMDG001	UI for MDG
UIS4HOP1	200	0005	SAPK-20005INUIS4HOP1	UI for S/4HANA On Premise
UIX01CA1	200	0006	SAPK-20006INUIX01CA1	UI for Cross-Applications

Abbildung 6.16 Die Komponenten für SAP Gateway und das User Interface Add-on for SAP NetWeaver auf dem SAP NetWeaver AS ABAP 7.51

Falls sich Ihr ABAP-Frontend-Server auf einem niedrigeren Versionsstand als SAP NetWeaver 7.4 befindet, müssen Sie die für Ihren Versionsstand benötigen SAP-Gateway-Frontend-Komponenten vom Software Download Center herunterladen und mit dem SAP Add-on Installation Tool (Transaktion SAINT) installieren.

Für SAP NetWeaver 7.0 und 7.1 benötigen Sie die Softwarekomponentenversionen GW_CORE 190 und IF_FND 240. Für SAP NetWeaver 7.02, 7.03 und 7.31 brauchen Sie die Softwarekomponentenversionen GW_CORE 200 und IF_FND 250.

IW_PGW 100

Falls Sie die Approve Requests App verwenden möchten, bedarf es zusätzlich der Softwarekomponentenversion IW_PGW 100 – selbst dann, wenn sich Ihr ABAP-Frontend-Server auf dem Versionsstand SAP NetWeaver 7.4 oder höher befindet!

Neben diesen Komponenten gibt es weitere optionale Komponenten, mit denen Sie OData-Services auf dem ABAP-Frontend-Server direkt oder durch Adaption von anderen Daten-Providern entwickeln können. Tabelle 6.5 listet diese optionalen Komponenten auf.

Komponente	Zweck
IW_BEP 200	Zur Entwicklung von OData-Services mit dem SAP Gateway Service Builder (SEGW). Schon in SAP_GWFND für SAP NetWeaver 7.40 enthalten.
IW_HDB 100	Bereitstellung von SAP HANA Views als OData-Services. Schon in SAP_GWFND für SAP NetWeaver 7.40 enthalten.
IW_SPI 100	Bereitstellung von Inhalten der Service Provider Infrastructure (SPI) als OData-Services
IW_GIL 100	Bereitstellung von Inhalten des Generic Interaction Layers (GenIL) als OData-Services
IW_CNT 100 IW_CBS 100	Content Components: benötigen IW_FND 250 auf SAP NetWeaver < 7.40, IW_FNDGC 100 auf SAP NetWeaver ≥ 7.40

Tabelle 6.5 Optionale SAP-Gateway-Komponenten für ABAP-Frontend-Server

6.5.4 User Interface Add-on for SAP NetWeaver auf dem ABAP-Frontend-Server installieren

Falls sich Ihr ABAP-Frontend-Server schon auf Versionsstand 7.4 oder höher befindet, ist die erforderliche Software schon in der Komponente

SAP_UI 740 SP 09 bzw. SAP_UI 750 der Basisinstallation enthalten. Ansonsten müssen Sie die erforderlichen Komponenten vom Software Download Center des SAP Support Portals herunterladen und mit Transaktion SAINT installieren.

Die benötigten Softwarekomponentenversionen befinden sich in den Produktinstanzen **Integrationsservices: Anbieter** und **Integrationsservices: Bibliotheken** der Softwareproduktversion UI-ADD-ON 1.0 for NetWeaver 7.03 (SPS 10 oder höher) und sind in Tabelle 6.6 aufgelistet.

Komponente	Beschreibung	Verfügbar ab SAP NetWeaver
UI_INFRA 100	UI Theme Designer benötigt UISAPUI5	7.0
UI2_SRVC 100	Komponente für zukünftige Erweiterungen	7.0
UISAPUI5 100	SAPUI5-Bibliotheken KPI Modeler	7.0
UI2_FND 100	Grundkomponente für OData-Services: benötigt IW_BEP	7.0
UI2_700 100	Erweiterungen von UI2_FND	7.0
UI2_701 100	Erweiterungen von UI2_700	7.0 EHP 1
UI2_702 100	Erweiterungen von UI2_701	7.0 EHP 2
UI2_731 100	Erweiterungen von UI2_702	7.3 EHP 1 7.0 EHP 3
UI5_731 100	UI5 Team Provider zum Upload und Download von UI5-Anwendungen aus Eclipse	7.3 EHP 1 7.0 EHP 3

Tabelle 6.6 Die Komponenten des zentralen UI-Add-ons

Ab SAP NetWeaver 7.00 EHP 02 ist für die Installation des User Interface Add-ons 1.0 for SAP NetWeaver die Verwendung des Maintenance Optimizers (Transaktion MOPZ) im SAP Solution Manager zwingende Voraussetzung. Dadurch werden sämtliche benötigten Add-on-Pakete und das sogenannte **STACK.xml** in den Download Basket übertragen.

Für SAP NetWeaver 7.00 und 7.00 EHP 01 müssen Sie die erforderlichen Pakete manuell aus dem SAP Support Portal herunterladen und dann mit dem SAP Add-on Installation Tool (Transaktion SAINT) installieren.

6.5.5 SAP-Fiori-Frontend-Server installieren

Die Installation der bisher beschriebenen Infrastruktur ist mit einem gewissen Aufwand verbunden. Um diesen zu reduzieren, hat SAP alle wichtigen Bestandteile für die Installation der Frontend-Server-Komponenten zu einem Softwarepaket zusammengefasst. Es trägt den Namen *SAP-Fiori-Frontend-Server* oder kurz FES. Abbildung 6.17 zeigt die installierten Softwareprodukte auf einem SAP-Frontend-Server.

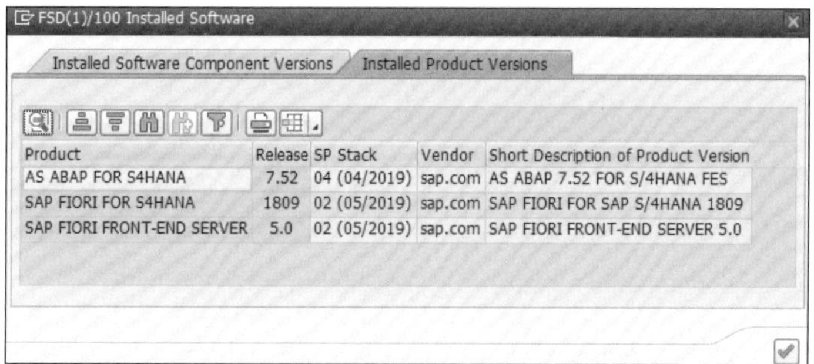

Abbildung 6.17 Installierte Softwareprodukte des SAP-Fiori-Frontend-Servers

Komponenten des FES

FES läuft auf SAP NetWeaver AS ABAP und wurde mit Version 7.4 eingeführt. Folgende Komponenten sind in FES enthalten:

- UI Development Toolkit für HTML5 (SAPUI5) sowie die Komponenten für das Ausführen des SAP Fiori Launchpads auf einem ABAP Stack
- SAP-Gateway-Core-Komponenten für ABAP
- SAP Fiori Implementation Foundation
- SAP-Fiori-Basis-Apps (nur verfügbar für SAP NetWeaver 7.5 oder höher)

Tabelle 6.7 zeigt, welche FES-Version mit welcher AS-ABAP-Version kompatibel ist.

FES-Version	AS ABAP 7.40	AS ABAP 7.50	AS ABAP 7.51	AS ABAP 7.52	SAP S/4HANA 1809 (ff.)
FES 2.0	X	X			
FES 3.0	X	X	X		
FES 4.0	X	X	X	X	
FES 5.0	X	X	X	X	X
FES 6.0	X	X	X	X	X

Tabelle 6.7 SAP-Fiori-Frontend-Server und AS ABAP

Initial Shipment Stack

Der initiale Auslieferungs-Stack (Initial Shipment Stack, kurz ISS) und die Service Pack Stacks (SPS) des SAP-Fiori-Frontend-Servers beinhalten im Grunde zwei AS-ABAP-Softwarekomponenten, die unabhängig vom AS ABAP Stack zu sehen sind. Diese sind:

- User Interface Technology – SAP_UI
- SAP Gateway Foundation – SAP_GWFND (bis inklusive AS ABAP 7.51)

Die Trennung der Softwarekomponenten vom AS ABAP Stack ermöglicht das Upgrade der beiden Komponenten unabhängig vom darunterliegenden AS ABAP. Abbildung 6.18 zeigt die beiden genannten Komponenten nach der Installation.

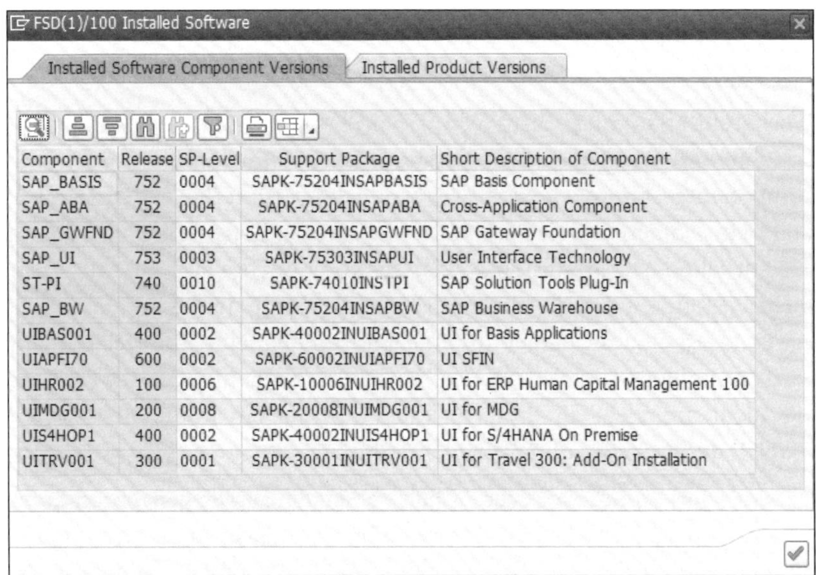

Component	Release	SP-Level	Support Package	Short Description of Component
SAP_BASIS	752	0004	SAPK-75204INSAPBASIS	SAP Basis Component
SAP_ABA	752	0004	SAPK-75204INSAPABA	Cross-Application Component
SAP_GWFND	752	0004	SAPK-75204INSAPGWFND	SAP Gateway Foundation
SAP_UI	753	0003	SAPK-75303INSAPUI	User Interface Technology
ST-PI	740	0010	SAPK-74010INSTPI	SAP Solution Tools Plug-In
SAP_BW	752	0004	SAPK-75204INSAPBW	SAP Business Warehouse
UIBAS001	400	0002	SAPK-40002INUIBAS001	UI for Basis Applications
UIAPFI70	600	0002	SAPK-60002INUIAPFI70	UI SFIN
UIHR002	100	0006	SAPK-10006INUIHR002	UI for ERP Human Capital Management 100
UIMDG001	200	0008	SAPK-20008INUIMDG001	UI for MDG
UIS4HOP1	400	0002	SAPK-40002INUIS4HOP1	UI for S/4HANA On Premise
UITRV001	300	0001	SAPK-30001INUITRV001	UI for Travel 300: Add-On Installation

Abbildung 6.18 Installierte Softwarekomponenten

Enthaltene SAPUI5-Versionen

Die FES-Version umfasst immer eine Version der Komponente SAP_UI. Wie bereits erläutert, beinhaltet die Komponente SAP_UI auch die SAPUI5-Bibliothek. Tabelle 6.8 stellt die FES-Version und die enthaltene SAPUI5-Version gegenüber.

FES-Version	SAPUI-Komponente	SAPUI5-Version
FES 2.0	SAP_UI 7.50	SAPUI5 1.38.x
FES 3.0	SAP_UI 7.51	SAPUI5 1.44.x
FES 4.0	SAP_UI 7.52	SAPUI5 1.52.x

Tabelle 6.8 FES-Versionen und enthaltene SAPUI5-Versionen

FES-Version	SAPUI-Komponente	SAPUI5-Version
FES 5.0	SAP_UI 7.53	SAPUI5 1.56.x
FES 6.0	SAP_UI 7.54	SAPUI5 1.65 bzw. 1.71

Tabelle 6.8 FES-Versionen und enthaltene SAPUI5-Versionen (Forts.)

Versionierung von SAPUI5

Unter den URLs *http://s-prs.de/v726849* und *http://s-prs.de/v726850* erhalten Sie weitere Informationen über die Versionen und die Versionierung von SAPUI5. Wichtig dabei ist, dass Sie darauf achten, wie lange die Wartung durch SAP gewährleistet ist.

Die Komponente SAP_GWFND

Wie bereits erläutert, enthält der SAP-Fiori-Frontend-Server auch die Komponente SAP_GWFND (bis zur Version 7.51). Die Version dieser Softwarekomponente ist immer analog zur Version des darunterliegenden AS ABAP und teilt sich den Service Pack Stack mit der Komponente SAP_UI, die im FES enthalten ist. Ab Version 7.52 ist die Komponente SAP_GWFND nicht mehr Bestandteil des FES. Vielmehr kann die Komponente nun unabhängig vom FES einem Upgrade unterzogen werden. Beim Hub-Deployment wird empfohlen, dass sich die Version der Komponente SAP_GWFND des FES nicht um mehr als drei Versionen von der der Komponente SAP_GWFND des Backends unterscheiden sollte.

Weitere Komponente

Der SAP-Fiori-Frontend-Server enthält neben den gerade genannten Komponenten zusätzlich noch die Komponente UI for Basis Applications (technischer Name UIBAS – siehe Abbildung 6.18). Sie umfasst einige Basisanwendungen für Key-User. Bis zur Version 4.0 des FES war noch die Komponente SAPUIFT 100 enthalten. Diese wurde allerdings aus der Version 5.0 entfernt und als veraltet markiert.

Sollten Sie eine Installation, ein Upgrade oder ein Update planen verwenden Sie hierzu stets den Maintenance Planner. Er weist Sie auf alle Abhängigkeiten zwischen den installierten und geplanten Produkten sowie Softwarekomponenten in Ihrem System hin.

Installation von SAP Fiori Apps for SAP S/4HANA

SAP-Fiori-Anwendungen für SAP S/4HANA sind in aller Regel in einer Produktversion *SAP Fiori Apps for SAP S/4HANA* zusammengefasst. Es ist nicht möglich, mehrere unterschiedliche SAP-S/4HANA-Produktversionen auf einem SAP-Fiori-Frontend-Server zu installieren. Für jede Produktversion benötigen Sie eine dedizierte FES-Version. Tabelle 6.9 zeigt die Abhängigkeiten zwischen der SAP-S/4HANA-Version, den SAP-Fiori-Produkten für SAP S/4HANA und den FES-Versionen.

SAP-S/4HANA-Version	SAP-Fiori-for-SAP-S/4HANA-Produktversion	Mindestens benötigte FES-Version
SAP S/4HANA 1511	SAP Fiori for SAP S/4HANA 1511	FES 2.0 (nur)
SAP S/4HANA 1610	SAP Fiori for SAP S/4HANA 1610	FES 3.0
SAP S/4HANA 1709	SAP Fiori for SAP S/4HANA 1709	FES 4.0
SAP S/4HANA 1809	SAP Fiori for SAP S/4HANA 1809	FES 5.0

Tabelle 6.9 Abhängigkeiten zwischen SAP-S/4HANA-Versionen und Produkten

Weiterführende Informationen

Weiterführende Informationen finden Sie in SAP-Hinweisen, besonders empfehlenswert sind folgende:

- **SAP-Hinweis 2219596**:
  zentraler Hinweis zum SAP-Fiori-Frontend-Server 2.0
- **SAP-Hinweis 2355644**:
  zentraler Hinweis zum SAP-Fiori-Frontend-Server 3.0 (inklusive 2.0)
- **SAP-Hinweis 2484979 bzw. 2618605**:
  wichtige Informationen zum SAP-Fiori-Frontend-Server 4.0 bzw. 5.0
- **SAP-Hinweis 2217489**:
  Wartungs- und Update-Strategie für SAP-Fiori-Frontend-Server
- **SAP-Hinweis 2775163**:
  wichtige Informationen zum SAP-Fiori-Frontend-Server 6.0

Beachten Sie auch die Empfehlungen zu SAP-Fiori-Deployment-Optionen und zur Systemlandschaft unter *http://s-prs.de/v726851*. Hier bietet SAP detaillierte und stetig aktualisierte Informationen zur Installation und dem Betrieb von SAP-Fiori-Landschaften.

6.5.6 SAP Web Dispatcher installieren

Wenn Sie die SAP-Fiori-Apps außerhalb Ihres Firmennetzes nutzen möchten, benötigen Sie einen Reverse-HTTP-Proxy in Ihrer DMZ (also der demilitarisierten Zone). SAP empfiehlt dafür den SAP Web Dispatcher. Die initiale Installation des SAP Web Dispatchers erfolgt mit dem Software Provisioning Manager (SWPM) und ist im Installationsleitfaden beschrieben. Für Windows finden Sie diesen z. B. unter dem Pfad *http://s-prs.de/v726852*.

Bootstrap nutzen

Sie können den SAP Web Dispatcher auch mit der Bootstrap-Option starten; dann wird die Profildatei gleich automatisch mit erzeugt. Dazu öffnen Sie eine Kommandozeile, wechseln in das Installationsverzeichnis und geben den Befehl `sapwebdsip-bootstrap` ein. Mit dieser Option werden Sie nach einigen Konfigurationsoptionen gefragt, die in die Profildatei geschrieben werden:

- Hostname, HTTP-Port und SID des Message Servers für den ABAP-Frontend-Server, zu dem der SAP Web Dispatcher routen soll
- Name, Instanznummer, HTTP-Port und HTTPS-Port für den SAP Web Dispatcher
- Wahl der Verschlüsselung (ein oder aus)
- gewünschte Anzahl an Verbindungen
- Benutzername und Passwort für die Webadministration

Damit wurde die Profildatei **sapwebdisp.pfl** erzeugt. Nun können Sie den SAP Web Dispatcher von der Kommandozeile mit dem Befehl `sapwebdisp pf=sapwebdisp.pfl -checkconfig` starten, um die Konfiguration überprüfen zu lassen. War die Konfigurationsprüfung erfolgreich, starten Sie den SAP Web Dispatcher von der Kommandozeile mit dem Befehl `sapwedisp pf=sapwebdisp.pfl`.

6.6 Produktspezifische Komponenten installieren

In diesem Abschnitt beschreiben wir die Installation der produktspezifischen Komponenten. Davon gibt es die folgenden Arten:

- SAP HANA Live Content in Form von virtuellen Datenmodellen und OData-Services für Analytical Apps
- Embedded-Search-Modelle auf dem ABAP-Backend für Fact Sheets
- die Implementierung der OData-Services auf dem ABAP-Backend für Transactional Apps
- die OData-Services auf dem ABAP-Frontend für Transactional Apps
- die SAPUI5-Komponenten für das ABAP-Frontend
- Analytical Apps für SAP S/4HANA

6.6.1 Virtuelle Datenmodelle und OData-Services auf SAP HANA XS installieren

Für die Analytical Apps müssen Sie die SAP-HANA-XS-Komponenten des entsprechenden SAP-Smart-Business-Produkts auf SAP HANA XS installieren. Diese Komponenten enthalten die virtuellen Datenmodelle und Definitionsdateien für OData-Services, die die Daten aus den Anwendungstabellen bereitstellen.

Abhängig von den Analytical Apps, die Sie verwenden möchten, müssen Sie Softwarekomponentenversionen aus unterschiedlichen Produktinstanzen der gewählten SAP-Smart-Business-Produkte auf Ihrem SAP-HANA-Server installieren. Nach der Installation sind die Softwarekomponenten aus der Produktinstanz auf Ihrem SAP-HANA-Server verfügbar.

6.6.2 Produktspezifische Komponenten auf den ABAP-Backend-Servern installieren

Die produktspezifischen Komponenten, die Sie auf den ABAP-Backend-Servern installieren müssen, bestehen im Wesentlichen aus den Implementierungen der OData-Services (für Transactional Apps), den Suchkonnektoren (für Fact Sheets) und aus den Vorlagen für PFCG-Rollen.

Für Analytical Apps müssen Sie bei einem SAP-HANA-basierten SAP-Business-Suite-System auf dem ABAP-Backend-Server in der Regel nichts installieren. Einige Drilldown-Apps von SAP Smart Business springen jedoch zu Fact Sheets oder Transactional Apps ab. Installieren Sie die entsprechenden Komponenten von SAP Fiori für die SAP Business Suite.

Unter SAP S/4HANA müssen Sie auf dem Backend-System die für die SAP-Fiori-Anwendung benötigen Komponenten installieren.

6.6.3 Produktspezifische OData-Services und UI-Komponenten auf dem ABAP-Frontend-Server installieren

Für ausnahmslos alle App-Typen benötigen Sie Komponenten auf dem ABAP-Frontend-Server (falls Sie ein zentrales Hub-Deployment nutzen). Die meisten davon sind in produktspezifischen Komponenten enthalten, die Sie aus dem SAP Support Portal herunterladen und auf Ihrem Frontend-Server installieren müssen.

Transactional Apps und Fact Sheets

Für die Transactional Apps und Fact Sheets der einzelnen SAP-Produkte müssen Sie die jeweiligen produktspezifischen Komponenten auf dem ABAP-Frontend-Server installieren. Diese Komponenten umfassen im Wesentlichen die User Interfaces, die mit HTML5, CSS3 und JavaScript, unter der Verwendung der SAPUI5-Bibliothek, programmiert sind, die frontendseitigen OData-Services, Kataloge und Gruppen mit vordefinierten Start- und Navigationskacheln sowie vordefinierte PFCG-Rollen für das SAP Fiori Launchpad.

Analytical Apps

Die meisten Analytical Apps verwenden die generische Drilldown-Anwendung aus dem User Interface Add-on, um die KPI-Daten anzuzeigen und einen Drilldown zu Detailsichten zu ermöglichen. Für diese Apps ist keine weitere Installation von produktspezifischen Frontend-Komponenten erforderlich. Einige SAP-Smart-Business-Produkte bestehen jedoch aus spezifischen Frontend-Komponenten, um für die Analytical Apps des Produkts die KPI-Daten anzuzeigen und eine spezifische Navigation zu Detailsichten zu ermöglichen.

6.6.4 SAP-Fiori-Apps mit dem Maintenance Planner installieren

Wie Sie in den vorangegangenen Abschnitten bemerkt haben werden, ist die Installation von SAP-Fiori-Anwendungen mitunter recht komplex. Es müssen diverse Abhängigkeiten von Produktversionen und Ähnliches beachtet werden. Die Frage, ob Sie eine SAP-Fiori-App installieren können oder erst noch ein System-Update durchführen müssen, ist nicht immer leicht zu beantworten. Daher unterstützt SAP ihre Kunden bei der Installation von SAP Fiori mit dem Maintenance Planner.

Wie bereits in Abschnitt 6.3.2, »SAP Solution Manager«, beschrieben, liegen SAP, wenn Sie mit dem System Landscape Directory und dem SAP Solution Manager arbeiten, im SAP Support Portal alle Informationen über Ihre Systemlandschaft und die installierten Produkte (inklusive Versionen) vor. Auf dieser Grundlage kann SAP Ihnen leicht sagen, ob Sie eine gewünschte SAP-Fiori-Anwendung installieren können. Wenn nichts dagegenspricht, kann SAP Ihnen auch sagen, welche Komponenten Sie installieren müssen. Wenn zuvor Updates durchgeführt werden müssen, können Ihnen auch diese genannt werden.

Apps auswählen

In Kapitel 1, »Was ist SAP Fiori?«, haben Sie bereits die SAP Fiori Apps Reference Library kennengelernt, in der Sie Informationen über die von SAP bereitgestellten SAP-Fiori-Anwendungen finden. Um nun für die Installation einer App den Maintenance Planner zu verwenden, wählen Sie in der SAP Fiori Apps Reference Library die Version aus, die Sie in Ihrer Landschaft installieren möchten. Öffnen Sie anschließend, wie in Abbildung 6.19 gezeigt, den Bereich **Aggregated Installation Requirements**.

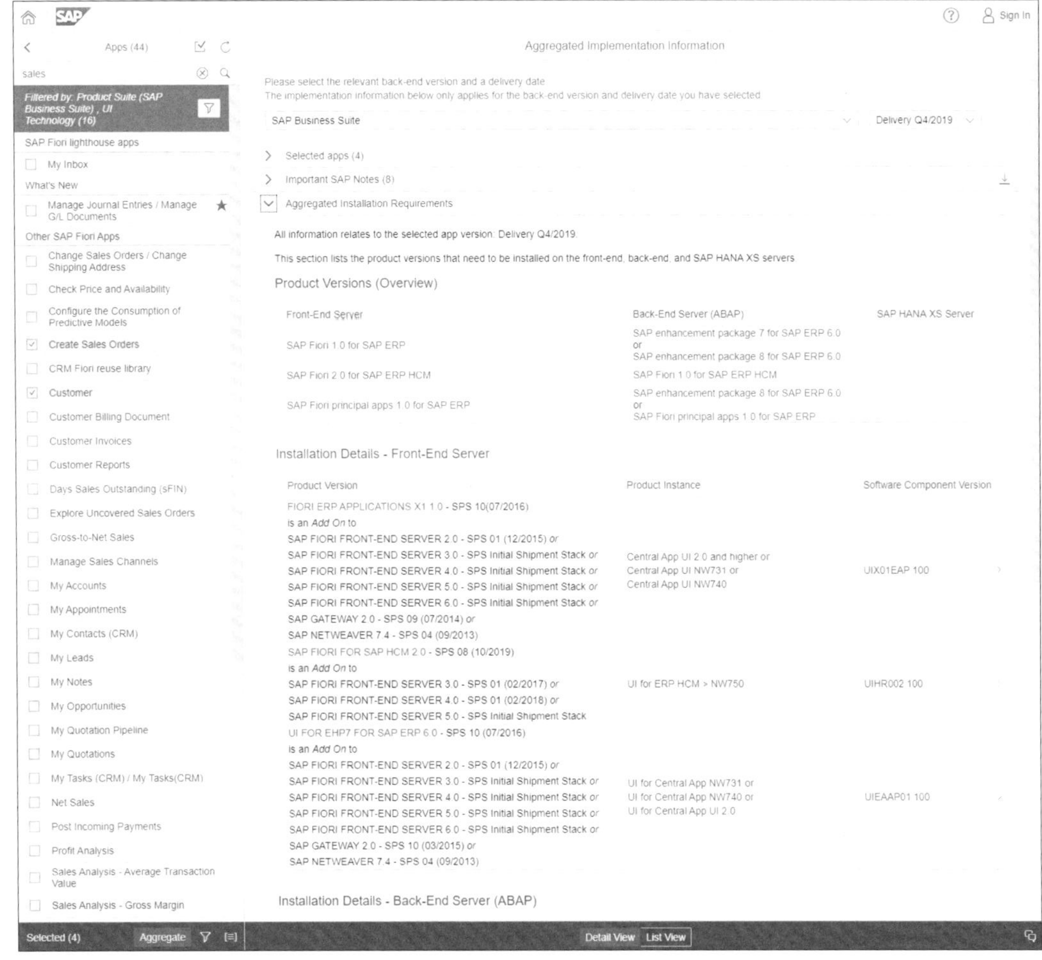

Abbildung 6.19 Die aggregierten Installationsanforderungen

Mehrere Apps installieren

[+] Falls Sie planen, mehr als eine App zu installieren, verwenden Sie den in Abschnitt 6.1.1, »SAP Fiori Apps Reference Library«, beschriebenen Aggregationsmodus.

Scrollen Sie nach unten, und klicken Sie auf **Prepare apps for planning with Maintenance Planner**. Die Anwendungen werden daraufhin gruppiert, und zu den Gruppen wird jeweils ein Button mit der Aufschrift **Plan with Maintenance Planner** angezeigt (siehe Abbildung 6.20). Es werden z. B. die Installationsvoraussetzungen oder auch die Konfigurationsinformationen für die Anwendungen zu Gruppen zusammengefasst.

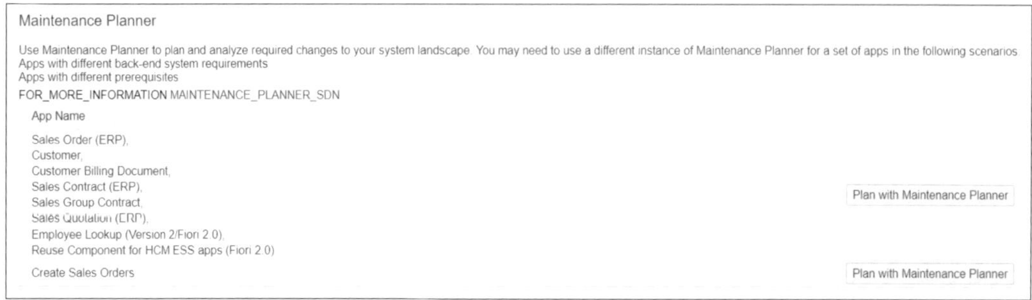

Abbildung 6.20 Gruppierte Anwendungen in der SAP Fiori Apps Reference Library

Systemanforderungen einsehen

Klicken Sie auf den Button, um in den Maintenance Planner abzuspringen. Der Maintenance Planner wird im SAP ONE Support Launchpad geladen, und Sie erhalten einen Überblick über die Systemanforderungen der ausgewählten Anwendungen (siehe Abbildung 6.21).

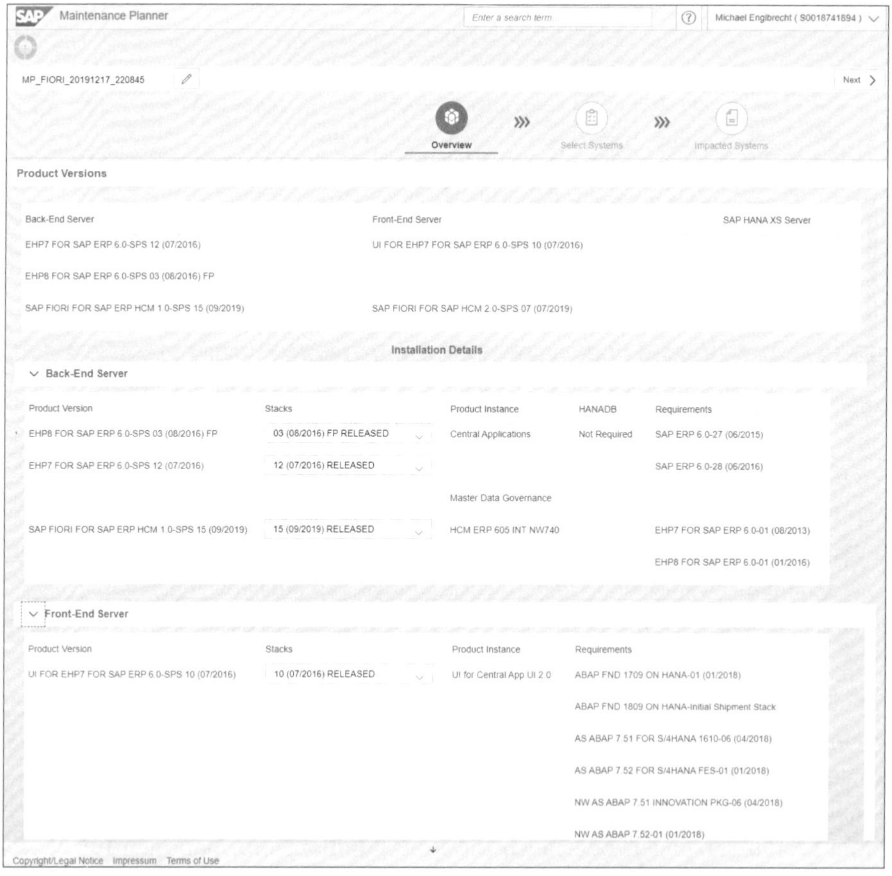

SAP Maintenance Planner
Enter a search term
Michael Englbrecht (S0018741894)
MP_FIORI_20191217_220845
Next
Overview
Select Systems
Impacted Systems

Product Versions

Back-End Server	Front-End Server	SAP HANA XS Server
EHP7 FOR SAP ERP 6.0-SPS 12 (07/2016)	UI FOR EHP7 FOR SAP ERP 6.0-SPS 10 (07/2016)	
EHP8 FOR SAP ERP 6.0-SPS 03 (08/2016) FP		
SAP FIORI FOR SAP ERP HCM 1.0-SPS 15 (09/2019)	SAP FIORI FOR SAP HCM 2.0-SPS 07 (07/2019)	

Installation Details

Back-End Server

Product Version	Stacks	Product Instance	HANADB	Requirements
EHP8 FOR SAP ERP 6.0-SPS 03 (08/2016) FP	03 (08/2016) FP RELEASED	Central Applications	Not Required	SAP ERP 6.0-27 (06/2015)
EHP7 FOR SAP ERP 6.0-SPS 12 (07/2016)	12 (07/2016) RELEASED			SAP ERP 6.0-28 (06/2016)
		Master Data Governance		
SAP FIORI FOR SAP ERP HCM 1.0-SPS 15 (09/2019)	15 (09/2019) RELEASED	HCM ERP 605 INT NW740		EHP7 FOR SAP ERP 6.0-01 (08/2013)
				EHP8 FOR SAP ERP 6.0-01 (01/2016)

Front-End Server

Product Version	Stacks	Product Instance	Requirements
UI FOR EHP7 FOR SAP ERP 6.0-SPS 10 (07/2016)	10 (07/2016) RELEASED	UI for Central App UI 2.0	ABAP FND 1709 ON HANA-01 (01/2018)
			ABAP FND 1809 ON HANA-Initial Shipment Stack
			AS ABAP 7.51 FOR S/4HANA 1610-06 (04/2018)
			AS ABAP 7.52 FOR S/4HANA FES-01 (01/2018)
			NW AS ABAP 7.51 INNOVATION PKG-06 (04/2018)
			NW AS ABAP 7.52-01 (01/2018)

Copyright/Legal Notice Impressum Terms of Use

Abbildung 6.21 Übersicht der Anforderungen an die Systemlandschaft

Systeme auswählen

Klicken Sie auf **Next**, um zur Systemauswahl zu gelangen. Wählen Sie hier die Systeme Ihrer Landschaft aus, auf denen Sie die Backend- bzw. Frontend-Server-Komponenten installieren wollen, und bestätigen Sie Ihre Auswahl. Sie erhalten nun eine Übersicht der Softwarekomponenten, die bei einer Installation der Anwendungen entweder einem Update unterzogen oder installiert werden müssen. Klicken Sie noch einmal auf **Next**.

Sie werden zur Auswahl und zum Download der Dateien weitergeleitet (siehe auch Abschnitt 6.3.2, »SAP Solution Manager«). Laden Sie die Stack-Dateien auf Ihren Rechner (**Download Stack XML**), und fügen Sie die gewünschten Dateien Ihrem Download Basket hinzu. Wenn Sie Ihre Auswahl bestätigen, erhalten Sie wieder ein PDF-Dokument mit einer Übersicht der Komponenten. Laden Sie, wie bereits beschrieben, die Dateien herunter, und installieren Sie die Anwendungen.

Kapitel 7
Konfiguration

In diesem Kapitel dreht sich alles um die Konfiguration von SAP Fiori. Sie richten Kommunikationskanäle, Single Sign-on, SICF-Services und OData-Services ein und konfigurieren dann das SAP Fiori Launchpad.

Dieses Kapitel führt Sie durch die Konfiguration von SAP Fiori. Schon vor der Installation von SAP Gateway, dem UI-Add-on und den SAP-Fiori-Komponenten können Sie die Netzwerkinfrastruktur für eine sichere Kommunikation zwischen den Servern und das Single Sign-on einrichten. Dies beschreiben wir in Abschnitt 7.1, »Kommunikationskanäle und Single Sign-on konfigurieren«.

Sobald Sie SAP Gateway und das UI-Add-on auf dem Frontend-Server installiert haben, müssen Sie diese Basiskomponenten konfigurieren. Dies ist Gegenstand von Abschnitt 7.2, »ABAP-Frontend-Server konfigurieren«. Abschnitt 7.3, »SAP Fiori Launchpad und Transactional Apps«, wendet sich der Konfiguration des SAP Fiori Launchpads und der Transactional Apps zu. Hier gehen wir ausführlich auf das Konzept von Katalogen und PFCG-Rollen auf dem ABAP-Frontend-Server ein. In Abschnitt 7.4, »SAP-Fiori-Suche und Fact Sheets konfigurieren«, geht es um die Konfiguration der SAP-Fiori-Suche und der Fact Sheets (Infoblätter). Abschnitt 7.5, »KPI Modeler und Analytical Apps«, beschreibt die Arbeit mit dem KPI Modeler, die Konfiguration von Analytical Apps und die Konfigurationsaufgaben für die produktübergreifende Approval App.

7.1 Kommunikationskanäle und Single Sign-on konfigurieren

Bei der Konfiguration der Kommunikationskanäle zwischen SAP Web Dispatcher, ABAP-Frontend-Server, ABAP-Backend-Server und SAP HANA XS verfolgen Sie zwei wesentliche Ziele:

- Sie möchten die Kommunikation zwischen den einzelnen Servern und zwischen Endgeräten und Frontend-Server bzw. SAP HANA XS Engine ermöglichen.
- Sie möchten die Kommunikation absichern.

Dabei gehen Sie am besten so vor, dass Sie zunächst HTTPS auf dem SAP Web Dispatcher, auf den ABAP-Servern und auf SAP HANA einrichten, anschließend die Routen im SAP Web Dispatcher konfigurieren und sich danach um eine sichere RFC-Verbindung zwischen Frontend- und Backend-Server kümmern.

Single Sign-on

Zusätzlich zu den Kommunikationskanälen müssen Sie Single Sign-on (SSO) einrichten, damit sich die Anwender nur beim Frontend-Server (oder einem zentralen Verzeichnis) anmelden müssen und die Logon Tokens dann von den nachgelagerten Servern akzeptiert werden. Dazu gehen Sie folgendermaßen vor:

1. Konfigurieren Sie den ABAP-Frontend-Server für die initiale Authentifizierung mit Kerberos/SPNEGO, X.509-Zertifikaten, SAML 2.0 oder SAP-Anmeldetickets.
2. Konfigurieren Sie für die SAP-Fiori-Suche und für Fact Sheets die Authentifizierung auf dem Backend-Server, der die Suchanfrage bearbeitet.
3. Konfigurieren Sie für die Analytical Apps die Authentifizierung in SAP HANA XS.
4. Führen Sie einen Benutzerabgleich zwischen den Systemen durch.

Abhängig davon, welche initiale Authentifizierungsmethode Sie für den ABAP-Frontend-Server gewählt haben, gestalten sich die Schritte 2 und 3 unterschiedlich.

7.1.1 HTTPS einrichten

Um die Kommunikation zwischen dem Browser und den einzelnen Servern in der Systemlandschaft zu ermöglichen, verwenden Sie einen Reverse Proxy in der demilitarisierten Zone (DMZ), der die ABAP-Server und SAP HANA XS von außen zugänglich macht. Der Reverse Proxy sorgt auch dafür, dass die Same Origin Policy (SOP) von JavaScript eingehalten wird, indem er alle Systeme so zugänglich macht, dass alle denselben Ursprung haben (Kombination aus Protokoll, Hostnamen und Port). SAP empfiehlt den SAP Web Dispatcher als Reverse Proxy. Wenn Sie einen anderen Reverse Proxy als den SAP Web Dispatcher verwenden, müssen Sie in der Konfiguration dafür sorgen, dass der vom Browser gesendete Host Header beibehalten wird. Nur so ist sichergestellt, dass der Frontend-Server und SAP HANA XS korrekte absolute URLs generieren können.

HTTPS auf dem SAP Web Dispatcher

Der SAP Web Dispatcher sollte nur mit HTTPS aufgerufen werden. Dazu müssen Sie zunächst die kryptografische Bibliothek von SAP auf dem SAP Web Dispatcher installieren und das Personal Security Environment (PSE) mit einem Serverzertifikat einrichten. Danach können Sie die HTTPS-Einstellungen in der Profildatei **sapwebdisp.pfl** so wie in Listing 7.1 konfigurieren. In diesem Listing sehen Sie auch die notwendigen Einstellungen, um die SPO-Anforderungen von JavaScript zu erfüllen und die HTTP-Header vom Browser korrekt an SAP Fiori weiterzuleiten.


```
/* Einrichten von HTTPS */
sl/ssl_lib = <sapcrypto dll>
ssl/server_pse = <pse>
icm/HTTPS/verify_client = 0
ssl/client_pse = <pse>
wdisp/ssl_encrypt = 1
wdisp/ssl_auth = 2
wdisp/ssl_cred = <pse>
icm/HTTPS/forward_ccert_as_header = true

/* Ein Server-Port für alle Backend-Systeme wegen SPO */
icm/server_port_0 = PROT=HTTPS,PORT=443,TIMEOUT=120
/* Sicherstellen des korrekten Routings an SAP Fiori */
wdisp/system_conflict_resolution = 1
wdisp/add_clientprotocol_header = 1
wdisp/handle_webdisp_ap_header = 1
wdisp/add_xforwardedfor_header = true
```

Listing 7.1 Konfiguration von HTTPS in der Profildatei des SAP Web Dispatchers

Kommunikation mit ABAP-Servern

Der SAP Web Dispatcher kommuniziert mit dem ABAP-Frontend-Server für alle drei App-Typen mit den Protokollen HTTPS und OData (über HTTPS). Für die SAP-Fiori-Suche und für Fact Sheets kommuniziert er zusätzlich mit dem ABAP-Backend-Server über das Information-Access-Protokoll (InA, über HTTPS). Um diese HTTPS-Kommunikation zwischen dem SAP Web Dispatcher und den ABAP-Servern abzusichern, müssen Sie die folgenden Einstellungen vornehmen:

- Aktivieren Sie HTTP-Sicherheits-Sessions auf den ABAP-Servern.
- Konfigurieren Sie HTTPS auf den ABAP-Servern.
- Konfigurieren Sie Routing-Regeln für den SAP Web Dispatcher.

- Wenn Sie X.509-Client-Zertifikate für die Authentifizierung an den ABAP-Servern verwenden möchten, müssen Sie eine Vertrauensbeziehung von den ABAP-Servern zum SAP Web Dispatcher konfigurieren

HTTP-Sicherheits-Sessions aktivieren und beenden

Für den ABAP-Frontend-Server und die ABAP-Backend-Server, auf denen die Suche durchgeführt wird, müssen Sie die Sicherheitseinstellungen für HTTP-Sessions mithilfe von Transaktion SICF_SESSIONS aktivieren. Markieren Sie in der angezeigten Mandantenliste die relevanten Mandanten, und klicken Sie auf die Schaltfläche **Aktivieren**.

Dadurch erreichen Sie, dass sich die Benutzer bei bestehender HTTP-Sicherheits-Session nur einmal anmelden müssen, wenn sie nacheinander mehrere Anwendungen starten, die eine Anmeldung benötigen. Außerdem beendet das System mit dem Ende der Sicherheits-Session auch alle Anwendungen, die mit dieser Sicherheits-Session verknüpft sind. Eine HTTP-Sicherheits-Session beginnt mit der Anmeldung am System und endet mit der Abmeldung vom System. Für die Abmeldung gibt es die folgenden Möglichkeiten:

- Der Benutzer meldet sich ab.
- Der Administrator beendet eine HTTP-Sicherheits-Session mit Transaktion SM05.
- Das System beendet eine HTTP-Sicherheits-Session wegen Inaktivität. Dies steuern Sie über den Profilparameter `http/security_session_timeout`, den Sie auf einen angemessenen Wert einstellen müssen. Der Standardwert beträgt 1800 (= 30 Minuten).

Zusätzlich zum Parameter `http/security_session_timeout` sollten Sie die folgenden Profilparameter setzen:

- `login/ticket_only_by_https=1`
  Mit diesem Parameter wird die Übermittlung von Session Cookies über ungesicherte Requests verhindert.
- `icf/set_HTTPonly_flag_on_cookies=0`
  Dieser Parameter verhindert Änderungen des Session Cookies durch clientseitiges JavaScript und kann damit Attacken vereiteln, die Cross-Site-Scripting-Fehler (XSS) ausnutzen.

SSL konfigurieren

Nun müssen Sie die Verwendung des Secure Sockets Layers (SSL) auf Ihren ABAP-Servern konfigurieren. Informationen zu diesem umfangreichen Thema finden Sie in der SAP-Online-Hilfe zu SAP NetWeaver. Für den SAP NetWeaver AS ABAP navigieren Sie dazu über *http://help.sap.com/nw75* zu **Application Help • Function Oriented View • Sicherheit • Netzwerksicher-**

heit und Transport Layer Security • Transport Layer Security beim AS ABAP • AS ABAP für SSL-Unterstützung konfigurieren.

Mit dem SSL-Protokoll können Sie HTTP-Verbindungen zu Ihren ABAP-Servern absichern. Die Daten zwischen Client und Server werden verschlüsselt übertragen, und beide können sich gegenseitig authentifizieren. An dieser Stelle können wir nur eine kurze Zusammenfassung der Konfiguration von SSL geben.

- Installieren Sie die SAP Cryptographic Library auf den ABAP-Servern.
- Legen Sie die SSL Personal Security Environment (PSE) für den Server an.
  - Erzeugen Sie für jede SSL-Server-PSE eine Zertifikatsanforderung.
  - Senden Sie die Zertifikatsanforderungen zum Signieren an eine Certification Authority (CA).
  - Importieren Sie die Zertifikatsantwort der CA in die SSL-Server-PSE des Servers.
  - Pflegen Sie die Zertifikatsliste der SSL-Server-PSE.
- Wenn Sie für die Authentifizierung der SAP-Fiori-Benutzer auf dem ABAP-Frontend-Server – und für die SAP-Fiori-Suche und Fact Sheets – auf dem ABAP-Backend-Server X.509-Client-Zertifikate verwenden möchten, müssen Sie mit Transaktion USEREXTID eine Verknüpfung zwischen der Identität im X.509-Client-Zertifikat und der SAP-Benutzerkennung des Benutzers herstellen.

7

Kommunikation mit SAP HANA XS

Auch die HTTP-Kommunikation zwischen SAP Web Dispatcher und SAP HANA XS sollten Sie über SSL absichern. Die Schritte dazu beschreibt der SAP HANA Administration Guide im Abschnitt »Maintaining HTTP Access to SAP HANA«. Den Administration Guide finden Sie in einem ZIP-Archiv, das Sie über *http://help.sap.com/hana* beziehen können. Das Dokument trägt den Namen **SAP_HANA_Administration_Guide_en.pdf**.

SSL konfigurieren

Um SSL für den Client-Zugriff zu konfigurieren, gehen Sie wie folgt vor:

- Starten Sie das SAP HANA Web Dispatcher Administration Tool unter *http://<host>:80<HANAInstance>/sap/hana/xs/wdisp/admin*.
- Erzeugen Sie ein SSL-Schlüsselpaar und eine Zertifikatsanfrage:
  - Öffnen Sie das PSE Management Tool über **SSL and Trust Configuration • PSE Management**.
  - Erzeugen Sie eine Zertifikatsanfrage über **Create CA Request** im Bildschirmbereich **PSE Management**.
  - Reichen Sie die Zertifikatsanfrage bei Ihrer CA zum Signieren ein.

- Importieren Sie das signierte Zertifikat:
  - Öffnen Sie im PSE Management Tool im Bildschirmbereich **Manage PSE** den Trust Store SAPSSL.pse aus der Dropdown-Liste.
  - Importieren Sie das Zertifikat, indem Sie auf **Import CA Response** im Bildschirmbereich **PSE Attributes** klicken und das Zertifikat in den Bildschirmbereich **Import CA Request of PSE** SAPSSL.pse kopieren.

Im Gegensatz zu den ABAP-Servern müssen Sie die Sicherheits-Sessions nicht aktivieren oder konfigurieren, da SAP HANA XS automatisch den Sitzungs-Cookie `xsSessionId` mit dem Attribut `HttpOnly` konfiguriert.

7.1.2 Routing im SAP Web Dispatcher einrichten

Nachdem Sie nun alle Server so konfiguriert haben, dass sie untereinander mit HTTPS kommunizieren können, müssen Sie als Nächstes das Routing vom SAP Web Dispatcher zum ABAP-Frontend (für die UI- und die OData-Services), zum ABAP-Backend (für die SAP-Fiori-Suche und für Fact Sheets) sowie zu SAP HANA XS (für Analytical Apps) konfigurieren.

Routing zum ABAP-Frontend-Server

Für die Transactional Apps müssen Sie im SAP Web Dispatcher Routings zum ABAP-Frontend-Server einrichten. Dazu definieren Sie Routing-Regeln für das Zielsystem, um sicherzustellen, dass die Anfragen vom Endgerät an das richtige Zielsystem weitergeleitet werden. Für die Verbindung vom SAP Web Dispatcher zum ABAP-Frontend-Server benötigen Sie die folgenden Routing-Regeln:

- /sap/bc
- /sap/public
- /sap/opu

Um die Routing-Regeln einzurichten, öffnen Sie das SAP-Web-Dispatcher-Profil **sapwebdisp.pfl** und nehmen den Eintrag vor, der in Listing 7.2 dargestellt ist.

```
wdisp/system_<x> = SID=<SID>,
                   MSHOST=<mshost>,
                   MSSPORT=<mssport>, SRCSRV=*:443,
                   SRCURL=/sap/opu;/sap/bc;/sap/public
```

Listing 7.2 Routing-Regel zum ABAP-Frontend-Server

Dabei ersetzen Sie `<x>` durch eine fortlaufende Nummer, die das Zielsystem innerhalb der Profildatei eindeutig identifiziert (z. B. `0`). `<SID>` ist die System-ID des ABAP-Frontend-Systems, `<mshost>` der Hostname des Message Servers in diesem System und `<mssport>` der HTTPS-Port des Message Servers. Der Parameter `SRCSRV` identifiziert den Quell-Port, auf dem die Anfrage eingeht, und `SRCURL` die Quell-URL. In der gezeigten Konfiguration werden also alle Anfragen, die an den SAP Web Dispatcher über den HTTPS-Port 442 eingehen und deren URL mit */sap/opu*, */sap/bc* oder */sap/public* beginnt, an eine der Instanzen des ABAP-Systems mit der System-ID `<SID>` weitergeleitet. Welche Instanz dies ist, entscheidet der Message Server des Frontend-Systems. Damit kann das ABAP-Frontend-System auch aus mehreren Instanzen bestehen, und der SAP Web Dispatcher sorgt zusammen mit dem Message Server des Frontend-Systems für eine Lastverteilung zwischen den Instanzen des Frontend-Systems.

Routing zum ABAP-Backend-Server

Für Fact Sheets und die SAP-Fiori-Suche müssen Sie in der Profildatei **sapwebdisp.pfl** des SAP Web Dispatchers eine Routing-Regel zum ABAP-Backend-System definieren, so wie dies Listing 7.3 zeigt.

```
wdisp/system_<y> = SID=<SID>,
                   MSHOST=<mshost>,
                   MSSPORT=<mssport>, SRCSRV=*:443,
                   SRCURL=/sap/es,
                   CLIENT=<client>
```

Listing 7.3 Routing-Regel zum ABAP-Backend-Server

Dabei ersetzen Sie wie zuvor `<y>` durch eine fortlaufende Nummer, die das Zielsystem innerhalb der Profildatei eindeutig identifiziert (z. B. `1`). Diesmal ist `<SID>` die System-ID des ABAP-Backend-Systems, `<mshost>` der Hostname des Message Servers in diesem System und `<mssport>` der HTTPS-Port des Message Servers. Der Parameter `SRCSRV` identifiziert den Quell-Port, auf dem die Anfrage eingeht, und `SRCURL` die Quell-URL. In der gezeigten Konfiguration werden also alle Anfragen, die an den SAP Web Dispatcher über den HTTPS-Port 442 eingehen und deren URL mit */sap/es* beginnt, an eine der Instanzen des ABAP-Backend-Systems mit der Systemnummer `<SID>` weitergeleitet. Hier ist nun auch der Parameter `<client>` wichtig, der den Zielmandanten im SAP-Backend-System identifiziert.

Routing zu SAP HANA XS

Die für die Verbindung zwischen SAP HANA XS und dem SAP Web Dispatcher benötigten Routing-Regeln aus der Profildatei **sapwebdisp.pfl** des SAP Web Dispatchers sehen Sie in Listing 7.4.

```
wdisp/system_<z>= SID=EXT,
                  XSSRV=https://<hanaxshost>:<xsport>,
                  SRCSRV=*:443,
                  SRCURL=/sap/hba/;/sap/hana
```

Listing 7.4 Routing-Regel zum SAP-HANA-XS-Server

Dabei ersetzen Sie wie zuvor <z> durch eine fortlaufende Nummer, die das Zielsystem innerhalb der Profildatei eindeutig identifiziert (z. B. 2). Hier ist <hanxshost> der Hostname des SAP-HANA-XS-Servers und <xsport> dessen HTTP-Port.

Wenn Sie verschiedene Anwendungskomponenten in verschiedenen auf SAP HANA basierenden SAP-Business-Suite-Systemen einsetzen, müssen Sie die zusätzlichen Routing-Regeln aus Tabelle 7.1 definieren.

URL-Präfix	Zielsystem
/sap/hana	SAP HANA
/sap/hba/r/ecc	SAP-HANA-System mit SAP-ECC-Daten
/sap/hba/r/<vdm>	SAP-HANA-System mit VDM-Daten
/sap/hba/apps/kpi	SAP-HANA-System mit dem KPI Modeling Framework
/sap/hba/apps/<app>	SAP-HANA-System mit der <app>-Anwendung

Tabelle 7.1 Routing-Regeln für mehrere SAP-HANA-XS-Systeme

In dieser Tabelle ist <vdm> ein Platzhalter für einen VDM-Bereich (z. B. SAP ECC oder SAP CRM) und <app> ein Platzhalter für eine Anwendung.

7.1.3 RFC-Vertrauensbeziehung vom ABAP-Backend- zum ABAP-Frontend-Server einrichten

Der ABAP-Frontend-Server kommuniziert mit dem ABAP-Backend-Server über Remote Function Call (RFC). Er leitet dabei den Benutzernamen an das ABAP-Backend-System weiter, und die OData-Services auf dem Backend werden unter diesem Benutzernamen ausgeführt. Damit dies funktioniert, müssen Sie eine Vertrauensbeziehung vom ABAP-Backend (vertrauendes System) zum ABAP-Frontend (System, dessen Aufrufen vertraut wird) einrichten.

Für diesen Konfigurationsschritt gibt es die Aufgabenliste SAP_SAP2GATEWAY_TRUSTED_CONFIG, die Sie mit dem *ABAP Task Manager for Lifecycle*

Management Automation, Transaktion STC01, auf dem Backend-System ausführen lassen können.

Vertrauensbeziehung auf dem Backend

Falls Sie die Konfiguration manuell ausführen möchten, melden Sie sich auf dem Backend-System an und richten zunächst mit Transaktion SM59 (RFC-Destinations) eine RFC-Destination vom Typ 3 zum ABAP-Frontend-Server ein. Danach wählen Sie auf dem Einstiegsbild von Transaktion SM59 den Menüeintrag **Zusätze • Trusted Systeme**, oder Sie starten Transaktion SMT1. Wählen Sie nun **Anlegen**. Klicken Sie auf **Weiter**, um vom Eingangsbildschirm des gestarteten Wizards mit allgemeinen Informationen zum eigentlichen Konfigurationsdialog weiterzuschalten. Geben Sie im Feld **RFC-Destination** den Namen der zuvor angelegten RFC-Destination zum ABAP-Frontend ein (siehe Abbildung 7.1). Gehen Sie mit **Weiter** durch die restlichen Dialogbilder, und klicken Sie am Schluss auf **Fertigstellen**.

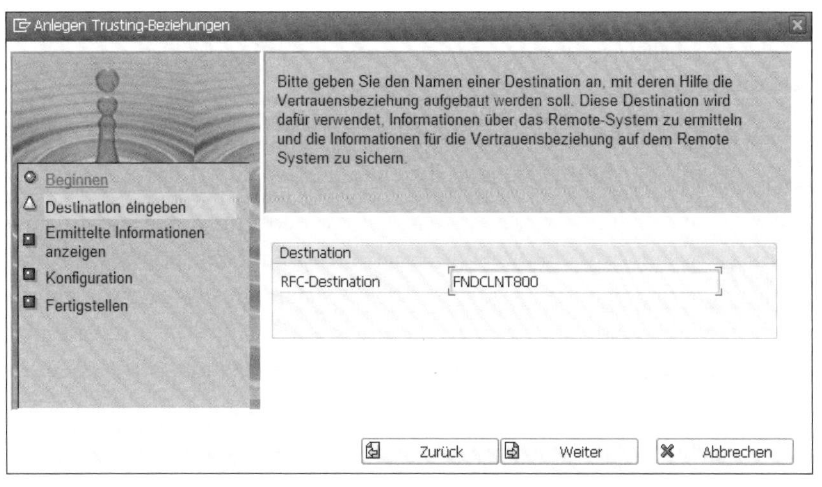

Abbildung 7.1 Eine Vertrauensbeziehung herstellen

RFC-Destination auf dem Frontend-System

Nun melden Sie sich auf dem Frontend-System an und legen mit Transaktion SM59 eine RFC-Destination vom Typ 3 zum Backend-System an. Auf der Registerkarte **Anmeldung & Sicherheit** wählen Sie die Option **Aktueller Benutzer** aus und aktivieren die Checkbox **ja** bei **Vertrauensbeziehung** (siehe Abbildung 7.2).

Testen Sie nun die Vertrauensbeziehung, indem Sie auf **Remote Logon** klicken. Sie sollten ohne Abfrage von Benutzernamen und Passwort im SAP-Backend für eine neue Sitzung angemeldet werden. Falls Sie dennoch einen Logon-Bildschirm sehen, verwenden Sie entweder auf dem SAP-Backend-System nicht denselben Benutzer, oder die Vertrauensbeziehung ist nicht richtig angelegt worden.

Abbildung 7.2 RFC-Destination vom Frontend-Server zum SAP-ERP-Backend-Server

7.1.4 Initiale Authentifizierung durch den ABAP-Frontend-Server

Beschrieben sind die verschiedenen Möglichkeiten zum Single Sign-on ausführlich in der SAP-Online-Hilfe über *http://help.sap.com/nw74* unter **Application Help • Function-Oriented View • Sicherheit • Benutzerauthentifizierung und Single-Sign-On • Integration in Single-Sign-On-Umgebungen (SSO-Umgebungen) • Single-Sign-On für Web-basierten Zugriff**. Hier können wir nur kurz auf die einzelnen Verfahren eingehen.

SAP-Anmeldetickets

Am einfachsten ist die durchgängige Verwendung von SAP-Anmeldetickets. Dabei meldet sich der Anwender am Frontend unter der Angabe von Benutzernamen und Passwort an, und es wird ihm ein SAP-Anmeldeticket in einem Cookie ausgestellt. Dieses Anmeldeticket wird dann zur weiteren Anmeldung am SAP-Backend (für die SAP-Fiori-Suche und Fact Sheets) und am SAP-HANA-XS-Server (für Analytical Apps) verwendet. Informationen zu den Anmeldetickets finden Sie in der SAP-Online-Hilfe, indem Sie vom oben angegebenen Ort weiter zu **Anmeldetickets verwenden • Anmeldetickets mit AS ABAP verwenden • AS ABAP für das Akzeptieren von Anmeldetickets konfigurieren** navigieren.

X.509-Client-Zertifikate

Komplexer ist die Verwendung von X.509-Client-Zertifikaten, da Sie für jeden Benutzer ein Client-Zertifikat ausstellen und es auf all seinen Endgeräten (Smartphone, Tablet, Laptop, Desktop) installieren müssen. Dies ist administrativ sehr aufwendig. Für genauere Informationen navigieren Sie in der SAP-Online-Hilfe weiter zu **X.509-Client-Zertifikate verwenden • Ver-**

wendung von X.509-Client-Zertifikaten beim AS ABAP • X.509-Client-Zertifikate auf den AS ABAP verwenden.

Kerberos

Eleganter ist die Verwendung von *Kerberos/SPNEGO*. Hier authentifiziert sich der Benutzer bei einem Kerberos/SPNEGO Directory (z. B. dem Windows Active Directory), und es wird ihm ein Token ausgestellt, das für die Anmeldung auf dem ABAP-Frontend- und dem ABAP-Backend-Server (für die SAP-Fiori-Suche und Fact Sheets) verwendet wird. Allerdings unterstützt SAP HANA XS dieses Authentifizierungsverfahren nicht. Genauere Informationen finden Sie, indem Sie weiter zu **Kerberos-Authentifizierung verwenden • Kerberos-Authentifizierung auf dem SAP NetWeaver AS ABAP verwenden** navigieren.

SAML 2.0

SAML 2.0 funktioniert analog zu Kerberos/SPNEGO. Der Benutzer authentifiziert sich bei einem SAML Identity Provider, und es werden ihm SAML Assertions ausgestellt, die er für die Authentifizierung auf den ABAP-Servern und in SAP HANA XS verwenden kann. Voraussetzung dafür ist, dass die benötigte Infrastruktur (SAML Identity Provider) und Vertrauensbeziehungen aufgebaut werden. Für genauere Informationen navigieren Sie in der SAP-Online-Hilfe weiter zu **SAML 2.0 verwenden • AS ABAP als Service-Provider konfigurieren**.

7.1.5 Authentifizierung am ABAP-Backend-Server für Suchanfragen

Für die Authentifizierung von Suchanfragen (SAP-Fiori-Suche und Fact Sheets) auf dem ABAP-Backend-Server können Sie X.509-Zertifikate oder SAP-Anmeldetickets verwenden.

X.509-Zertifikate

Wenn Sie für die Authentifizierung von Suchanfragen (SAP-Fiori-Suche und Fact Sheets) auf dem ABAP-Backend-Server X.509-Zertifikate einsetzen möchten, müssen Sie eine Vertrauensbeziehung zwischen dem SAP Web Dispatcher und dem Internet Communication Manager (ICM) der relevanten ABAP-Backend-Server einrichten, damit die Informationen aus den Client-Zertifikaten der Benutzer sicher an den ABAP-Backend-Server übertragen werden können.

Die Vertrauensbeziehung vom SAP-Backend-System zum SAP Web Dispatcher basiert auf einem Client-Zertifikat, das der SAP Web Dispatcher für die SSL-Verbindung zum ABAP-Backend-Server benutzt. Dieses Web-Dispatcher-Client-Zertifikat verwendet der Internet Connection Manager (ICM) des ABAP-Backend-Systems, um zu entscheiden, ob der Vorgänger (Intermediate, in diesem Fall der SAP Web Dispatcher) vertrauenswürdig ist oder nicht. Achtung: Dieses Client-Zertifikat dient lediglich der Absicherung der

Kommunikation zwischen SAP Web Dispatcher und ABAP-Backend und sollte nicht zur Benutzer-Authentifizierung genutzt werden.

Konfiguration im Backend

Um die Vertrauensbeziehung herzustellen, setzen Sie im Profil des ABAP-Backend-Systems folgende Parameter:

```
icm/HTTPS/trust_client_with_issuer = <issuer>
icm/HTTPS/trust_client_with_subject = <subject>
```

Die Werte `<issuer>` und `<subject>` müssen dabei die gesamte Zeichenkette für den Aussteller und das identifizierte Subjekt aus dem Client-Zertifikat des SAP Web Dispatchers, inklusive aller Leerzeichen, enthalten. Beispiele für diese beiden Zeichenketten sind `CN=SAP CA, O= SAP CA INT, C=DE` für den Aussteller und `CN=sapwebdisp, O=SAP-SE, C=DE`. Dabei stehen die Parameter `CN` für *Common Name*, `O` für *Organization* und `C` für *Country*.

Konfiguration im Dispatcher

In der Profildatei des SAP Web Dispatchers müssen Sie Parameter setzen, um SSL zu terminieren und die Informationen aus dem Client-Zertifikat des Benutzers wieder in HTTP-Header-Feldern zu verschlüsseln. Dies zeigt Listing 7.5.

```
wdisp/ssl_encrypt=2
wdisp/ssl_auth=2
wdisp/ssl_cred= <file_name_of_client_PSE>
icm/HTTPS/forward_ccert_as_header = true
```

Listing 7.5 Profilparameter im SAP Web Dispatcher zur Weitergabe von Client-Zertifikatsinformationen über eine Vertrauensbeziehung

Dabei ist `<file_name_of_client_PSE>` der Name der Datei mit dem Client-Zertifikat des SAP Web Dispatchers.

Mit dieser Konfiguration extrahiert der SAP Web Dispatcher die Informationen aus dem X.509-Zertifikat des Benutzers und trägt sie verschlüsselt in das Header-Feld SSL_CLIENT_CERT ein. Für die Übertragung zum ABAP-Backend verwendet der SAP Web Dispatcher sein eigenes Client-Zertifikat. Aufgrund der Konfiguration im ICM-Profil vertraut der ABAP-Backend-Server dem SAP Web Dispatcher und extrahiert die Benutzerinformationen wieder aus dem Header-Feld.

7.1.6 Authentifizierung in SAP HANA XS

Für die Authentifizierung in SAP HANA XS können Sie X.509-Zertifikate, SAML 2.0 oder SAP-Anmeldetickets verwenden. Eine Authentifizierung mit Kerberos/SPNEGO ist nicht möglich.

Informationen zur Konfiguration von Single Sign-on für SAP HANA XS finden Sie in der SAP-Online-Hilfe unter *http://help.sap.com/hana_platform* über **System Administration and Maintenance Information • SAP HANA Administration Guide • Maintaining Single Sign-On for SAP HANA XS Applications**.

7.1.7 Benutzerabgleich zwischen den Servern

Jeder, der SAP-Fiori-Apps nutzen möchte, benötigt einen Benutzer auf dem Frontend-Server, dem Backend-Server und – falls Sie Analytical Apps einsetzen möchten – auf der SAP-HANA-Datenbank. Die Benutzer müssen auf allen drei Servern gleich benannt werden (benötigen jedoch nicht unbedingt dasselbe Passwort).

Beachten Sie, dass sich die Regeln für erlaubte Benutzernamen für SAP NetWeaver AS ABAP und SAP HANA unterscheiden. Ein Benutzername in SAP HANA muss mit einem Buchstaben oder #, @ oder $ beginnen. Danach dürfen nur Ziffern, Buchstaben oder der Unterstrich folgen. Beim SAP NetWeaver AS ABAP sind im Gegensatz dazu nahezu beliebige Unicode-Zeichen erlaubt, inklusive Leerzeichen und nicht druckbaren Zeichen.

Benutzer replizieren

Für die Replikation der Benutzernamen zwischen ABAP-Frontend-Server und ABAP-Backend-Server haben Sie folgende Optionen:

- Verwendung von SAP Identity Management (SAP IDM) oder eines anderen IDM-Systems
- Verwendung der Central User Administration (CUA)
- manuelle Benutzererstellung

Für die Replikation der Benutzernamen zwischen ABAP-Frontend-Server und SAP HANA haben Sie die folgenden Optionen:

- Verwendung von SAP IDM oder eines anderen IDM-Systems
- Verwendung der ABAP-Managementwerkzeuge für Datenbankbenutzer
- manuelle Benutzererstellung

7.2 ABAP-Frontend-Server konfigurieren

Nachdem Sie die Kommunikationskanäle zwischen den Servern konfiguriert und Single Sign-on eingerichtet haben, geht es nun um die Konfiguration von SAP Gateway und des zentralen UI-Add-ons auf dem ABAP-Frontend-Server. Hier müssen Sie im Wesentlichen die folgenden Aufgaben erledigen:

- Spracheinstellungen für die möglichen Anmeldesprachen festlegen
- SAP-Systemalias für die Identifikation der Backend-Server einrichten
- SAP Gateway aktivieren
- OData-Services für die zentralen UI-Komponenten registrieren
- SICF-Services für die zentralen UI-Komponenten aktivieren
- Rollen für das SAP Fiori Launchpad kopieren, pflegen und zuordnen

Diese Schritte beschreiben wir in den folgenden drei Abschnitten.

7.2.1 Spracheinstellungen festlegen

Für Transactional Apps wird die Anmeldesprache beim Backend-Server bei der Anmeldung am Frontend-Server festgelegt. Daher muss die Standardsprache des Frontend-Servers identisch mit der Anmeldesprache des Backend-Servers sein, z. B. Englisch. Falls dies nicht möglich ist, weil z. B. die Backend-Server für SAP ERP und SAP CRM verschiedene Standardsprachen verwenden, muss der Frontend-Server eine Teilmenge der Schnittmenge der Backend-Server-Sprachen enthalten. Damit ist sichergestellt, dass sich ein Anwender nur in einer Sprache anmelden kann, die auch auf allen Backend-Servern vorhanden ist. Anders gesagt, muss auf allen Backend-Servern *mindestens eine gleiche Sprache* installiert sein, und auf dem Frontend-Server dürfen *nur* Sprachen installiert werden, die auf *allen* Backend-Servern installiert sind.

Die Anmeldesprache ermitteln

Um die Anmeldesprache festzulegen, führt der Frontend-Server die folgenden Schritte in der angegebenen Reihenfolge durch:

1. Wenn für einen HTTP-Service das Kennzeichen **Anmeldung obligatorisch** in Transaktion SICF gesetzt wurde, verwendet der Frontend-Server die hier eingegebene Sprache.
2. Wenn dies nicht der Fall ist, aber die HTTP-Anfrage die Sprache im HTTP-Kopf enthält (als Kopf- oder Formularfeld), meldet der Frontend-Server den Benutzer in dieser Sprache an. Dies ist bei der Verwendung des SAP Fiori Launchpads der Regelfall, da hier die Anmeldung über ein Formular erfolgt, in dem der Anwender eine der installierten Sprachen auswählen kann.
3. Als Nächstes werden die Browser-Einstellungen im HTTP-Kopffeld `accept-languages` berücksichtigt. Allerdings setzen nicht alle Browser die gewünschten Benutzereinstellungen in gleicher Weise um.
4. Steht dann immer noch keine Sprache fest, wird die Benutzereinstellung von Transaktion SU01 verwendet.

5. Falls immer noch keine Sprache gefunden wurde, kommt die Standardsprache des Systems zum Einsatz.

7.2.2 SAP-Systemalias einrichten

Der Frontend-Server muss eingehende OData-Service-Anfragen an unterschiedliche Backend-Server weiterleiten und manche davon (z. B. Anfragen nach der Konfiguration des SAP Fiori Launchpads) auch selbst beantworten. Dazu wird in der Konfiguration der OData-Services auf dem Frontend-Server ein OData-Service mit einem SAP-Systemalias verknüpft. Der Systemalias identifiziert, auf welchem Server die Implementierung des OData-Services erfolgen soll.

Sie benötigen also einen Systemalias für den Frontend-Server für die lokale Ausführung von OData-Services und zumindest einen Systemalias für jeden Backend-Server. Wenn Sie in einem Backend-System die Approval App verwenden möchten, benötigen Sie einen zusätzlichen Systemalias für die Aufgabenbearbeitung innerhalb der Workflows, die in diesem Backend-System verwendet werden.

Systemalias definieren

Um den Systemalias einzurichten, starten Sie Transaktion SPRO und klicken auf die Schaltfläche **SAP Referenz-IMG**. Navigieren Sie dann zu **SAP NetWeaver • Gateway • OData Channel • Konfiguration • Verbindungseinstellungen • SAP NetWeaver Gateway zu SAP-System • SAP-Systemalias Verwalten**. Klicken Sie dann auf die Schaltfläche **Neue Einträge**, und legen Sie die folgenden Systemalias an:

- einen Systemalias für den Frontend-Server, der als **Lokaler GW** markiert ist
- einen Systemalias für jeden Backend-Server, dem Sie die jeweilige RFC-Destination zu diesem Backend-Server und die Softwareversion **Default** zuordnen
- Einen zusätzlichen Systemalias für jeden Backend-Server, auf dem Sie die Approval App nutzen möchten. Dabei markieren Sie den Radiobutton **Für lok. Anw** und tragen unter **Software-Version** den Namen des Daten-Providers »/IWPGW/BWF« ein.

Abbildung 7.3 zeigt die Definition von drei SAP-Systemalias: Die erste Definition ist für die Transactional Apps auf einem SAP-System, die zweite Definition für die Approval App auf dem SAP-System, und die dritte Definition ist für den ABAP-Frontend-Server selbst.

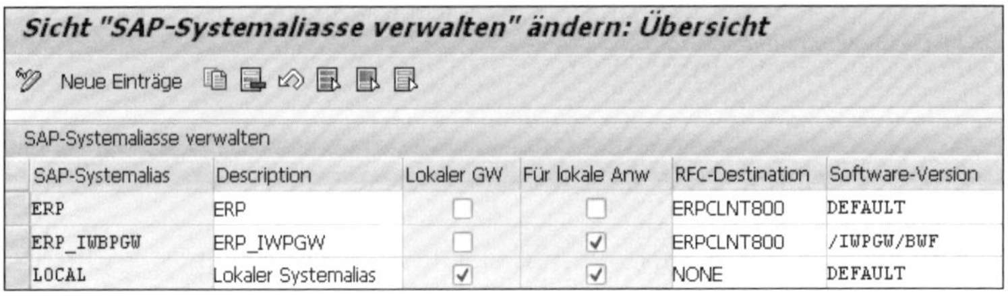

Sicht "SAP-Systemaliasse verwalten" ändern: Übersicht

Neue Einträge

SAP-Systemaliasse verwalten

SAP-Systemalias	Description	Lokaler GW	Für lokale Anw	RFC-Destination	Software-Version
ERP	ERP	☐	☐	ERPCLNT800	DEFAULT
ERP_IWBPGW	ERP_IWPGW	☐	☑	ERPCLNT800	/IWPGW/BWF
LOCAL	Lokaler Systemalias	☑	☑	NONE	DEFAULT

Abbildung 7.3 SAP-Systemalias definieren

Ab SAP NetWeaver 7.4 SPS 7 können Sie mit Transaktion STC01 auch die Aufgabenlisten SAP_GATEWAY_ADD_SYSTEM und SAP_GATEWAY_ADD_SYSTEM_ALIAS ausführen lassen.

7.2.3 SAP Gateway aktivieren

Als Nächstes müssen Sie SAP Gateway aktivieren. Dazu starten Sie Transaktion SPRO und klicken auf die Schaltfläche **SAP Referenz-IMG**. Navigieren Sie dann zu **SAP NetWeaver • Gateway • OData Channel • Konfiguration • SAP Gateway aktivieren**. Klicken Sie dann in der Systemmeldung auf die Schaltfläche **Aktivieren**.

Ab SAP NetWeaver 7.4 SPS 7 können Sie mit Transaktion STC01 auch die Aufgabenliste SAP_GATEWAY_BASIC_CONFIG ausführen lassen.

7.2.4 OData-Services für die zentralen UI-Komponenten registrieren

Mit Transaktion /IWFND/MAINT_SERVICES müssen Sie die OData-Services aktivieren, die vom SAP Fiori Launchpad, dem Katalog-Designer und den SAP-Fiori-Apps verwendet werden. Mit dieser Transaktion legen Sie ein Mapping zwischen dem technischen OData-Service-Namen und einem SAP-Systemalias an.

Technische Services aktivieren

Aktivieren Sie in Transaktion /IFWND/MAINT_SERVICES die folgenden technischen Services, und verwenden Sie dabei den Systemalias – in der Regel LOCAL – des ABAP-Frontend-Servers. Die angegebenen technischen Servicenamen sind Verkettungen aus dem Namensraum /UI2/ und dem externen Namen des Services.

- /UI2/PAGE_BUILDER_CONF
- /UI2/PAGE_BUILDER_CUST
- /UI2/PAGE_BUILDER_PERS
- /UI2/INTEROP
- /UI2/TRANSPORT

Bei der Aktivierung der Services müssen Sie einen Namen und eine Versionsnummer für ein sogenanntes *Servicedokument* vergeben, der im Kundennamensraum liegt, z. B.:

- ZPAGE_BUILDER_CONF
- ZPAGE_BUILDER_CUST
- ZPAGE_BUILDER_PERS
- ZINTEROP
- ZTRANSPORT

Servicedokument

Abbildung 7.4 zeigt die aktivierten Services. Unglücklicherweise lautet die Spaltenüberschrift für das Servicedokument **Techn. Servicename**. Dies ist falsch und kann verwirren. Am besten machen Sie sich die Zusammenhänge klar, indem Sie sich zuerst über die Schaltfläche **Service-Implementierung** den technischen Servicenamen, den Namensraum und den externen Servicenamen und danach über die Schaltfläche **Customizing** das Servicedokument mit der Zuordnung zum SAP-Systemalias anzeigen lassen.

Beachten Sie außerdem, dass der Service /UI2/LAUNCHPAD für SAP Fiori nicht relevant ist, obwohl er in Abbildung 7.4 aktiviert wurde.

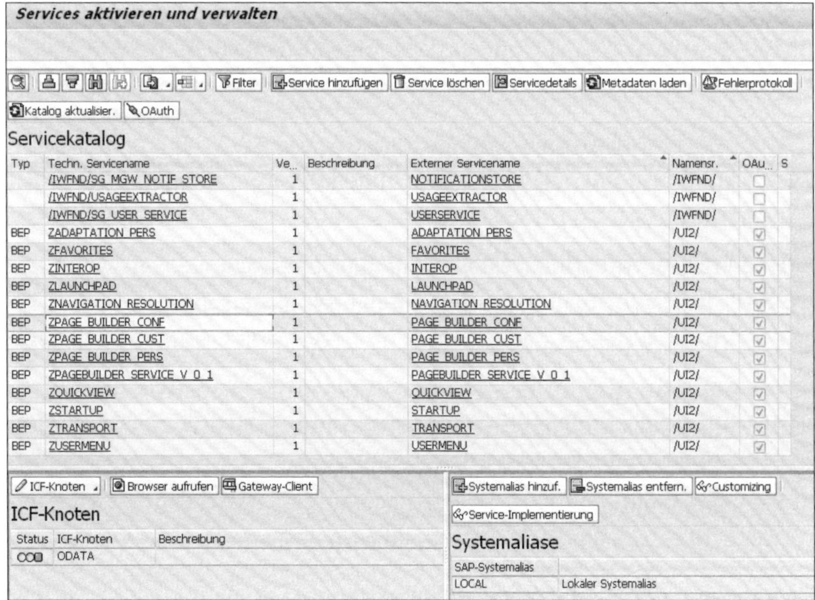

Abbildung 7.4 Services der zentralen UI-Komponente

Ab SAP NetWeaver 7.4 SP6 gibt es für diesen Schritt die Aufgabenliste SAP_FIORI_LAUNCHPAD_INIT_SETUP.

Rufen Sie nach der Aktivierung jeden Service einmal einzeln auf, indem Sie im Bereich **ICF-Knoten** auf **Browser aufrufen** klicken. Das System sollte einen Webbrowser starten und darin ein XML-Dokument mit der Beschreibung des Services anzeigen.

7.2.5 SICF-Services für die zentralen UI-Komponenten freischalten

Zusätzlich zu den ICF-Services, die den OData-Services entsprechen, müssen Sie in Transaktion SICF die folgenden ICF-Services manuell aktivieren:

- `/default host/sap/bc/ui2/nwbc/`
- `/default_host/sap/bc/ui2/start_up`
- `/default_host/sap/bc/ui5_ui5/sap/ar_srvc_launch`
- `/default_host/sap/bc/ui5_ui5/sap/ar_srvc_news`
- `/default_host/sap/bc/ui5_ui5/sap/arsrvc_upb_admn`
- `/default_host/sap/bc/ui5_ui5/sap/arsrvc_upb_admn`
- `/default_host/sap/bc/ui5_ui5/ui2/ushell`
- `/default_host/sap/public/bc/ui2`
- `/default_host/sap/public/bc/ui5_ui5`

Ab SAP NetWeaver 7.4 SP6 gibt es dazu folgende Aufgabenliste: `SAP_FIORI_LAUNCHPAD_INIT_SETUP`.

7.2.6 Rollen für das SAP Fiori Launchpad kopieren, pflegen und zuordnen

SAP liefert zwei vordefinierte Rollen aus, die Berechtigungen enthalten, um das SAP Fiori Launchpad zu konfigurieren bzw. zu starten:

- SAP_UI2_ADMIN_700 (bzw. SAP_UI2_ADMIN_702, SAP_UI2_ADMIN_731, SAP_UI2_ADMIN_750, je nach installierter Version): Diese Administratorrolle ermöglicht es SAP-Fiori-Administratoren, das SAP Fiori Launchpad für die Benutzer zu konfigurieren.
- SAP_UI2_USER_700 bzw. SAP_UI2_USER_750: Diese Benutzerrolle ermöglicht es, das SAP Fiori Launchpad zu starten.

Diese beiden Rollen müssen Sie in den Kundennamensraum kopieren, anpassen und den entsprechenden Benutzern zuordnen.

Administratorrolle

Kopieren Sie zunächst die Rolle SAP_UI2_ADMIN_700 (bzw. die für Ihr System passende Rolle) mit der Rollenpflege (Transaktion PFCG) in den Kundennamensraum. Wählen Sie dann auf der Registerkarte **Menü** die Funktion zum Hinzufügen von Objekten. Wählen Sie den Objekttyp **Berechtigungsvorschlag**. Wählen Sie nun im Menü des Berechtigungsvorschlags **TADIR-Service**, und geben Sie die folgenden Werte an:

- im Feld **Programm-ID**: »R3TR«
- im Feld **Objekttyp**: »IWSG Gateway: Service Groups Metadata«

Tragen Sie in die Tabelle die Namen Ihrer aktivierten OData-Services ein (siehe Abbildung 7.5). Dabei geben Sie in der Spalte **TADIR-Service** den Namen des Servicedokuments, gefolgt von einem Unterstrich und der Versionsnummer des Servicedokuments, an.

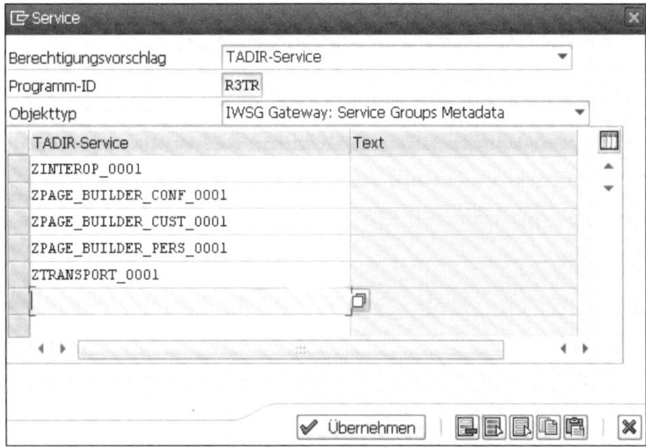

Abbildung 7.5 Die OData-Services zur Administratorrolle hinzufügen

Klicken Sie nun auf der Registerkarte **Berechtigungen** auf **Profilnamen vorschlagen** neben dem Eingabefeld **Profilname**. Das System generiert einen Vorschlag für den Profilnamen. Klicken Sie anschließend auf die Schaltfläche **Berechtigungsdaten ändern** und dann auf die Schaltfläche **Generieren** in der Funktionsleiste.

Damit haben Sie nun eine Rolle mit fünf IWSG-Berechtigungen (die Sie soeben angelegt haben) und fünf (von SAP ausgelieferten) IWSV-Berechtigungen. Ordnen Sie diese Rolle Ihren SAP-Fiori-Administratoren zu.

Benutzerrolle

Kopieren Sie nun die Rolle SAP_UI2_USER_700 bzw. die für Ihr System passende Rolle in Ihren Kundennamensraum, und verfahren Sie wie soeben für die Administratorrolle beschrieben, um Berechtigungen für die Services `ZINTEROP_0001` und `ZPAGE_BUILDER_PERS_0001` hinzuzufügen. Ordnen Sie diese Rolle allen SAP-Fiori-Benutzern zu.

7.2.7 Konfigurationswerkzeuge unter SAP S/4HANA

SAP arbeitet stetig daran, SAP-Fiori-Anwendungen möglichst einfach zur Verfügung zu stellen. In diesem Abschnitt gehen wir auf die Werkzeuge ein, die Sie derzeit für die SAP-S/4HANA-Administration nutzen können. Sie können ausschließlich für SAP-S/4HANA-Systeme verwendet werden.

Rapid Activation mit Tasklists

Die Bereitstellung von SAP-Fiori-Anwendungen ist, wie in Abschnitt 7.2, »ABAP-Frontend-Server konfigurieren«, beschrieben, recht aufwendig, da unterschiedlichste Aspekte eingestellt werden müssen. Damit dies schneller und effizienter gestaltet werden kann, hat SAP mit SAP-S/4HANA-Version 1709 FPS01 sogenannte *Tasklists* (Aufgabenlisten) für die schnelle Aktivierung und Bereitstellung von SAP Fiori implementiert. Sie werden zusammengefasst unter dem Begriff *Rapid Activation*. Das Rapid Activation soll die Bereitstellung von SAP-Fiori-Anwendungen und die damit verbundenen Konfigurationsschritte beschleunigen und etwaige Fehlerrisiken minimieren, die bei der manuellen und kleinteiligen Konfiguration bestehen. Rapid Activation beinhaltet aktuell zwei Aufgabenlisten, die Sie mit Transaktion STC01 ausführen können: `SAP_FIORI_FOUNDATION_S4` und `SAP_FIORI_CONTENT_ACTIVATION`.

Damit Sie Rapid Activation einsetzen können, müssen einige Voraussetzungen erfüllt sein. Tabelle 7.2 verweist auf die SAP-Hinweise, in denen Sie entsprechend Ihrer SAP-S/4HANA-Version Details zu den beiden Aufgabenlisten und ihren Voraussetzungen finden.

SAP-Hinweis	SAP-S/4HANA-Version
2695653	SAP S/4HANA 1909
2704570	SAP S/4HANA 1809 FPS02
2777142	SAP S/4HANA 1809 FPS01
2823926	SAP S/4HANA 1809
2834415	SAP S/4HANA 1709

Tabelle 7.2 SAP-Hinweis für Voraussetzungen für Rapid Activation für SAP Fiori

Voraussetzungen für die Verwendung

Die beiden Aufgabenlisten sollten Sie nur verwenden, wenn es sich bei Ihrer Installation um ein Embedded Deployment handelt, bei dem kein dedizierter Frontend-Server zum Einsatz kommt. Wie bereits in Kapitel 5, »Architektur«, erläutert, gibt es für SAP-S/4HANA-Landschaften eigene Empfehlungen hinsichtlich ihres Aufbaus. Sie finden diese unter *http://s-prs.de/v726854*.

Darüber hinaus müssen für den Einsatz von Aufgabenlisten folgende Voraussetzungen erfüllt sein:

- Die SAP-Fiori-UI-Softwarekomponenten müssen installiert sein.
- Alle nötigen SAP-Hinweise müssen in der korrekten Reihenfolge installiert sein (siehe Tabelle 7.2).
- Prüfen Sie mit Transaktion SU25, dass Schritt 1, Initiales befüllen der Kundentabellen, so oft aufgerufen wurde, wie im SAP-Hinweis aus Tabelle 7.2 angegeben.
- SAP S/4HANA Embedded Analytics muss aktiviert sein (mehr darüber erfahren Sie auch in SAP-Hinweis 2289865).
- Die Enterprise Search muss aktiviert sein. Verwenden Sie dafür die Aufgabenliste mit dem Namen SAP_ESH_INITIAL_SETUP_WRK_CLIENT.
- Die Aufgabenliste SAP_GW_FIORI_ERP_ONE_CLNT_SETUP muss ausgeführt werden.

»SAP_FIORI_FOUNDATION_S4«

Die Aufgabenliste SAP_FIORI_FOUNDATION_S4 dient dazu, die grundlegenden Konfigurationsschritte für die Bereitstellung der Dienste für das SAP Fiori Launchpad, SAP GUI für HTML und Web Dynpro für ABAP auszuführen. Die benötigten ICF-Knoten werden aktiviert, und nötige Konfigurationen werden automatisiert durchgeführt. Zusätzlich werden die generischen Benutzerrollen für Administratoren und Endanwender angelegt.

Um die Aufgabenliste SAP_FIORI_FOUNDATION_S4 aufzurufen, starten Sie Transaktion STC01. Geben Sie den Namen der Aufgabenliste in das Feld **Aufgabenliste** ein, oder verwenden Sie die F4-Hilfe, um die Aufgabenliste auszuwählen. Starten Sie im Anschluss die Aufgabenliste über den Button **Ausführen** oder F8. Es werden die einzelnen Aufgaben dargestellt, die im Rahmen dieser Aufgabenliste abgearbeitet werden (siehe Abbildung 7.6). Wenn Sie nicht die Standardkonfiguration verwenden wollen, konfigurieren Sie die Aufgaben **Workbench-Auftrag anlegen/auswählen (SE09)** und **Fiori-Foundation-Rollen generieren (auf Basis von SAP_UI2_USER/ADMIN)**. Starten Sie die Aufgabenliste (über den Button **Ausführen** oder F8).

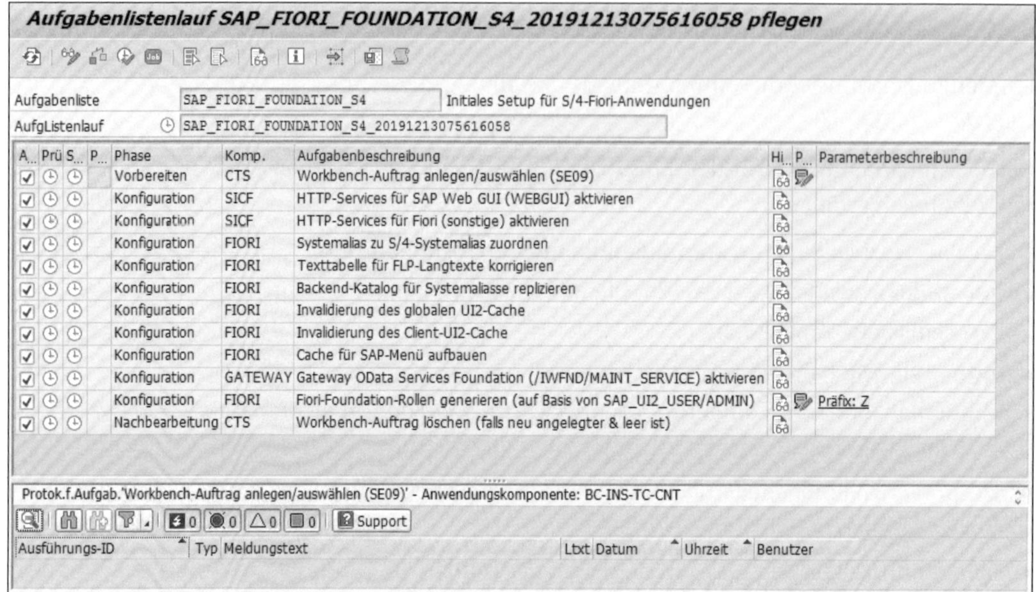

Abbildung 7.6 Die Aufgabenliste »SAP_FIORI_FOUNDCATION_S4«

»SAP_FIORI_CONTENT_ACTIVATION«

Für die Bereitstellung von SAP-Fiori-Anwendungen können Sie die Aufgabenliste `SAP_FIORI_CONTENT_ACTIVATION` verwenden. Nachdem die grundlegende SAP-Fiori-Konfiguration erfolgreich durchgeführt wurde, kann mit der Bereitstellung des eigentlichen Inhalts, also der SAP-Fiori-Anwendungen, begonnen werden. SAP-Fiori-Anwendungen sind im Rahmen der Bereitstellung durch SAP einer Business-Rolle zugeordnet. Diesen Umstand macht sich die Aufgabenliste bei der Aktivierung zunutze. Folgende Aktivitäten werden durch die Aufgabenliste durchgeführt:

- Aktivierung der ICF-Knoten der SAP-Fiori-Anwendungen sowie der OData-Services, die durch die Anwendungen verwendet werden
- Aktivierung aller Web-Dynpro-ABAP-Anwendungen
- Erzeugung aller Business-Rollen (PFCG-Rollen) mit einer Grundberechtigung
- optionales Anlegen von Testbenutzern je Business-Rolle

Starten Sie wie zuvor Transaktion STC01, und geben Sie den Namen der Aufgabenliste in das Feld **AufgList** ein. Klicken Sie auf den Button **Ausführen**, oder drücken Sie die [F8]-Taste. Sie gelangen in den in Abbildung 7.7 gezeigten Startbildschirm der Aufgabenliste.

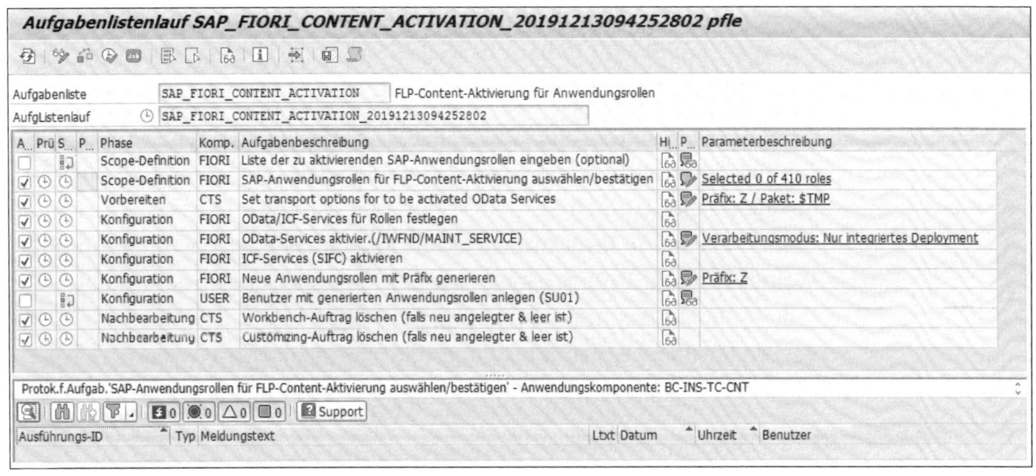

Abbildung 7.7 Startbildschirm der Aufgabenliste »SAP_FIORI_CONTENT_ACTIVATION«

Klicken Sie auf das Icon im Schritt **SAP-Anwendungsrollen für FLP-Content-Aktivierung auswählen/bestätigen**, um in die Parameterbearbeitung für diesen Schritt zu gelangen. Wählen Sie im folgenden Dialog (siehe Abbildung 7.8) alle Business-Rollen aus, deren zugeordnete Anwendungen Sie aktivieren möchten. Speichern Sie im Anschluss Ihre Anpassung, und kehren Sie zum Ausgangsbildschirm zurück, indem Sie die F3-Taste drücken.

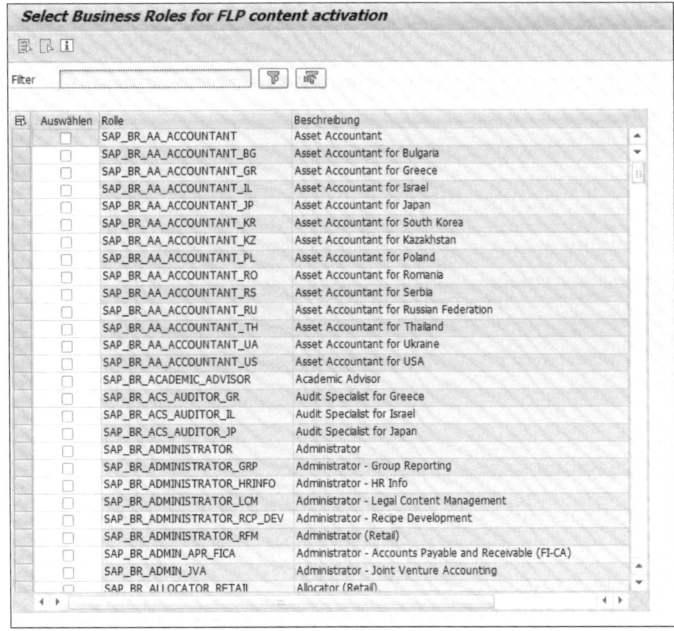

Abbildung 7.8 Liste der verfügbaren SAP-Fiori-Business-Rollen

Wählen Sie als Nächstes die Parameterkonfiguration für den Schritt **Set transport options for to be activated OData Services** aus. Konfigurieren Sie die Parameter entsprechend Ihren Unternehmensvorgaben, und kehren Sie erneut zum Ausgangsbildschirm zurück ([F3]).

Konfigurieren Sie nun den Schritt **OData-Services aktivier.(/IWFND/MAINT_SERVICE)**. Hier können Sie den Verarbeitungsmodus anpassen, den Sie in Abhängigkeit von Ihrer Infrastruktur nutzen wollen (siehe Abbildung 7.9). Weiterführende Informationen zu den Verarbeitungsmodi erhalten Sie, indem Sie auf das Info-Icon klicken. Speichern Sie Ihre Änderungen, und kehren Sie über [F3] zum Ausgangsbildschirm zurück.

Abbildung 7.9 Auswahl des Verarbeitungsmodus

Wählen Sie anschließend im Ausgangsbildschirm den Schritt **Neue Anwendungsrollen mit Präfix generieren** aus. Konfigurieren Sie das für Ihr Unternehmen passende Präfix. Anschließend klicken Sie auf den Button **Ausführen** oder nutzen die [F8]-Taste, um die Abarbeitung der Aufgabenliste zu starten. Nach der Abarbeitung werden Ihnen im Protokoll eventuell aufgetretene Fehler angezeigt.

Nur ausgewählte Anwendungen einer Business-Rolle aktivieren

Falls Sie nicht alle Anwendungen einer Business-Rolle aktivieren möchten, können Sie über die beiden Aufgabenlisten `SAP_BASIS_ACTIVATE_ICF_NODES` und `SAP_GATEWAY_ACTIVATE_ODATA_SRV` nur die ICF-Knoten der Anwendungen und zugehöriger OData-Services aktivieren, die Sie bereitstellen wollen.

Die Aufgabenlisten haben folgende Einschränkungen:

- Es können lediglich SAP-Standardrollen verarbeitet werden. Etwaige kundeneigene Rollen, die im System vorhanden sind, können nicht ausgewählt werden und müssen daher manuell eingerichtet werden. Für die Aktivierung von kundenspezifischen Rollen können Sie die Aufgabenliste `SAP_FIORI_FCM_CONTENT_ACTIVATION` verwenden.

- Bei einigen Anwendungen müssen nach der Aktivierung noch nachgelagerte Schritte durchgeführt werden. Diese Schritte werden in der SAP Fiori Apps Reference Library beschrieben, können jedoch nicht über die Aufgabenliste angestoßen und automatisiert werden.
- Leider können nicht alle Aktivierungsschritte in Transportaufträgen aufgezeichnet werden. Dies kann dazu führen, dass Aktivierungen in Folgesystemen nicht korrekt erfolgen. Über das Programm `RS_ICF_SERV_ADMIN_TASKS` können Sie die Aktivierungsinformationen exportieren und in Folgesystemen importieren.

7.3 SAP Fiori Launchpad und Transactional Apps

In diesem Abschnitt zeigen wir Ihnen, wie Sie das SAP Fiori Launchpad konfigurieren können. Zunächst erläutern wir das Konzept der Launchpad-Konfiguration, bevor wir detailliert auf die einzelnen Konfigurationsaufgaben eingehen. In Kapitel 4, »Das SAP Fiori Launchpad«, haben wir beschrieben, wie die Anwender das SAP Fiori Launchpad personalisieren können.

7.3.1 Konzept der Launchpad-Konfiguration

Ausgelieferte Artefakte

SAP liefert für SAP-Fiori-Apps standardmäßig Kataloge, Gruppen, LPD_CUST Launchpads sowie PFCG-Rollen für Frontend und Backend aus. In den ausgelieferten LPD_CUST-Anwendungen sind die URLs für die SICF-Services schon hinterlegt, und die Kataloge enthalten Zielzuordnungen zu diesen LPD_CUST-Anwendungen sowie App-Launcher-Kacheln. All diese Artefakte und die app-spezifischen OData-Services sind im Konfigurationsabschnitt einer App in der SAP Fiori Apps Reference Library aufgelistet.

Standard-implementierung

Wenn Sie eine SAP-Fiori-App implementieren möchten, müssen Sie in der Regel nur die folgenden Schritte ausführen:

- Aktivieren Sie den SICF-Service für die SAPUI5-Anwendung der App auf dem Frontend-Server.
- Registrieren Sie den OData-Service der App auf dem Frontend-Server.
- Kopieren Sie die PFCG-Rolle für das Frontend, fügen Sie eine Startberechtigung für den OData-Service hinzu, und nehmen Sie die Benutzer in diese Rolle auf.
- Kopieren Sie die PFCG-Rolle für das Backend, tragen Sie die unternehmensspezifischen Zugriffsberechtigungen für die Geschäftslogik ein, und nehmen Sie die Benutzer in diese Rolle auf.

Kundeneigene Implementierung

Falls Sie eigene SAP-Fiori-Apps entwickeln möchten, müssen Sie diese Artefakte selbst anlegen. Daher gehen wir in den nächsten Abschnitten auf die folgenden notwendigen Konfigurationsaufgaben ein:

- Anlegen von LPD_CUST Launchpads und Apps (beachten Sie den Hinweis in Abschnitt 7.3.2, »LPD_CUST Launchpads und -Anwendungen anlegen«)
- Anlegen von semantischen Objekten
- Anlegen von Katalogen
- Anlegen von Zielzuordnungen (Target Mappings)
- Anlegen von statischen und dynamischen App-Launcher-Kacheln
- Konfiguration der Nachrichtenkachel
- Anlegen von Gruppen
- Zuordnung von Katalogen und Gruppen zu PFCG-Rollen am Frontend

Als Beispiel zeigen wir diese Schritte für die Transactional App **Meine Angebote**.

7.3.2 LPD_CUST Launchpads und -Anwendungen anlegen

Mit Transaktion LPD_CUST legen Sie Anwendungen an, die in Launchpads organisiert sind. Ein LPD_CUST Launchpad wird durch die Inhalte der beiden Schlüsselfelder **Rolle** und **Instanz** identifiziert. Eine LPD_CUST-Anwendung wird durch das zusätzliche Feld **Anwendungsalias** identifiziert.

Eine LPD_CUST-Anwendung ist damit eindeutig über die Schlüsselfelder **Rolle**, **Instanz** und **Anwendungsalias** identifiziert und wird später von Zielzuordnungen in SAP-Fiori-Katalogen über diese drei Schlüsselfelder angesprochen. Die so identifizierte LPD_CUST-App speichert die physischen Parameter (URL und Komponentenname), die das SAP Fiori Launchpad zum Start der App benötigt.

Launchpad anlegen

Um ein neues LPD_CUST Launchpad anzulegen, starten Sie Transaktion LPD_CUST und wählen **Neues Launchpad**. Vergeben Sie einen beliebigen Namen für Rolle und Instanz, und geben Sie eine Beschreibung ein (siehe Abbildung 7.10). Normalerweise werden die Instanznamen **TRANSACTIONAL**, **FACTSHEETS** und **ANALYTICS** verwendet, um LPD_CUST Launchpads zu kennzeichnen, die jeweils Transactional Apps, Fact Sheets und Analytical Apps beinhalten.

Abbildung 7.10 Ein Launchpad anlegen

Zielzuordnung zur Konfiguration verwenden

Das Anlegen eines Launchpads wird von SAP nicht mehr empfohlen. Stattdessen soll, wie in Abschnitt 7.3.5, »Zielzuordnungen konfigurieren«, gezeigt, eine Zielzuordnung unter Verwendung des entsprechenden Anwendungstyps zur Konfiguration genutzt werden.

Anwendung für Transactional App anlegen

Sobald Sie ein LPD_CUST Launchpad erstellt haben, können Sie über die Schaltfläche **Neue Anwendung** eine SAP-Fiori-App hinzufügen. Vergeben Sie einen beliebigen Link-Text, wählen Sie aus der Dropdown-Liste **Anwendungstyp** den Eintrag **URL**, und pflegen Sie unter **Anwendungsparameter** die URL zum SICF-Service der App. Diese URL finden Sie in der SAP-Online-Hilfe zur jeweiligen App im Bereich der Implementierungsinformationen.

Klicken Sie nun auf **Erweiterte (optionale) Parameter einblenden**, vergeben Sie einen (beliebigen) **Anwendungsalias**, und hinterlegen Sie bei **Zusatzinformationen** den Namen der SAPUI5-Komponente der App in folgender Form: SAPUI5.Component=<comp>. Den Namen <comp> der SAPUI5-Komponente finden Sie ebenfalls in der SAP-Online-Hilfe zur App im Bereich der Implementierungsinformationen.

Abbildung 7.11 zeigt als Beispiel die notwendigen Einträge für die SAP-Fiori-App **Meine Angebote**, mit der sich ein Vertriebsmitarbeiter seine eigenen Angebote auflisten und anzeigen lassen kann.

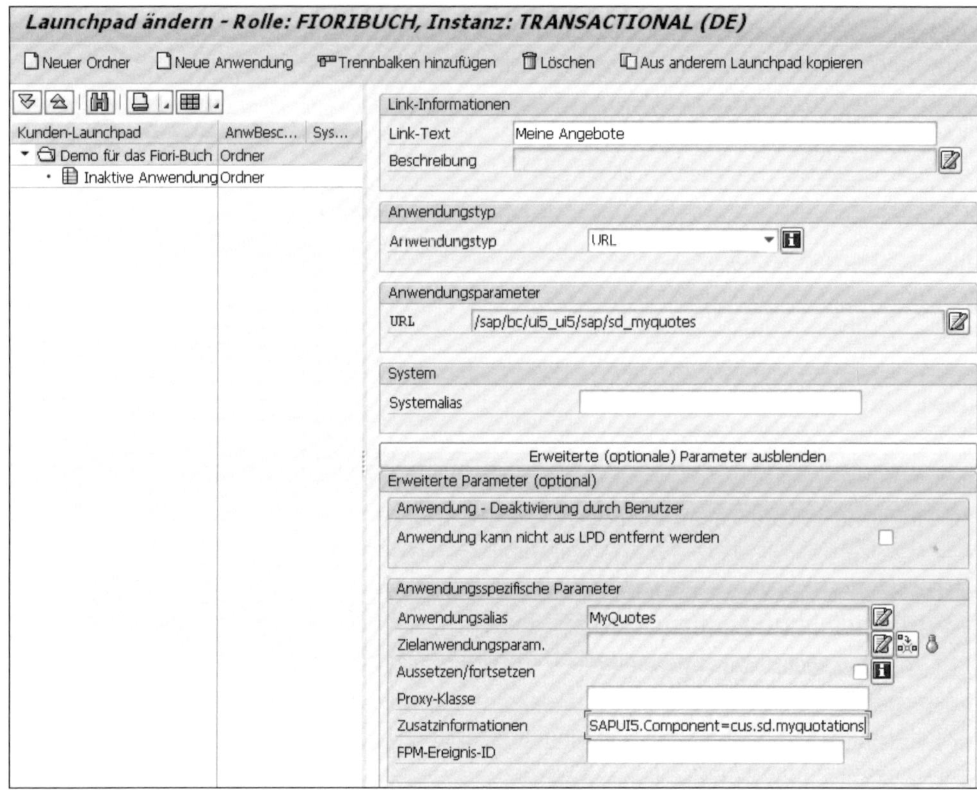

Abbildung 7.11 LPD_CUST-Anwendung für die Transactional App

Anwendungen für Fact Sheets

Fact Sheets verwenden die generische SAPUI5-Komponente `factsheet` mit der URL */sap/bc/ui5_ui5/ui2/ushell/resources/sap/ushell/components/factsheet*. Lediglich der *Application-Alias* und die *Target App Parameters* sind für jedes Fact Sheet unterschiedlich. Der Eintrag **Target App. Parameters** hat für ein Fact Sheet immer die folgende Form:

```
annotationURI=<pathToAnnotationFile>&entityTemplateURI=
<ODataService>(<parameters>)
```

Abbildung 7.12 zeigt als Beispiel die LPD_CUST-Anwendung für das Fact Sheet einer Bestellung aus dem Einkauf.

Anwendung für Analytical Apps

Analytical Apps verwenden in der Regel die generische KPI-Drilldown-Komponente `drilldown` mit der URL */sap/bc/ui5_ui5/sap/ca_kpi/drilldown*. Die einzelnen Analytical Apps werden hier nicht in Transaktion LPD_CUST, sondern im KPI Modeler konfiguriert. Daher gibt es für diese Analytical Apps nur eine LPD_CUST-App, die Abbildung 7.13 zeigt.

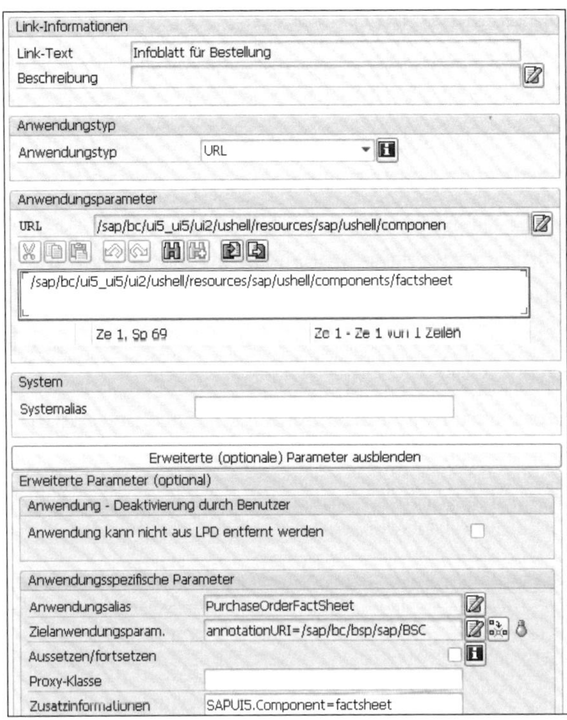

Abbildung 7.12 LPD_CUST-Anwendung für ein Fact Sheet

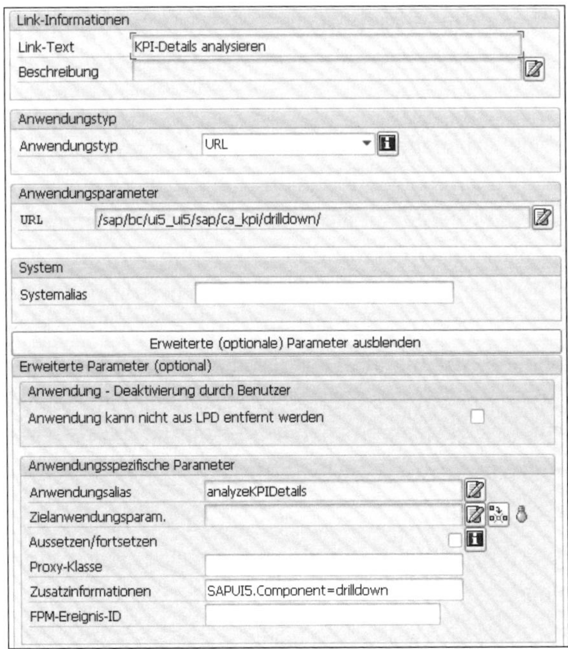

Abbildung 7.13 LPD_CUST-Anwendung für Analytical Apps

7.3.3 Semantische Objekte anlegen

Eine App-Launcher-Kachel verweist nicht direkt über die physikalische URL der SAP-Fiori-App auf die Anwendung, sondern auf eine Zielzuordnung, die über den Namen eines semantischen Objekts und einer Aktion eindeutig identifiziert wird. Erst diese Zielzuordnung verweist auf die Anwendung.

Ein *semantisches Objekt* repräsentiert ein Geschäftsobjekt, z. B. ein Angebot, einen Kunden oder ein Produkt. Eine *Aktion* beschreibt die Operation, die Sie mit dem semantischen Objekt ausführen möchten, etwa Anzeigen oder Editieren. Während Sie bei der Wahl der Aktionsnamen völlig frei sind, müssen Sie die semantischen Objekte zuvor im System anlegen.

SAP-definierte semantische Objekte

SAP liefert eine Reihe von semantischen Objekten aus, die Sie sich mit Transaktion /UI2/SEMOBJ_SAP anschauen können. Die Informationen zu diesen Objekten sind im View `/UI2/V_SEMOBJ` mit der Tabelle /UI2/SEMOBJ und der Texttabelle /UI2/SEMOBJT gespeichert. Ein semantisches Objekt ist durch den Inhalt des Schlüsselfelds `SEM_OBJ` eindeutig identifiziert; zusätzlich kann es in Tabelle /UI2/SEMOBJ noch einer Anwendungskomponente zugeordnet werden. Die Texttabelle hat wie üblich für Texttabellen das zusätzliche Schlüsselfeld **LANGUAGE** und enthält für die jeweilige Sprache einen Namen und eine Beschreibung des semantischen Objekts.

Kundeneigene semantische Objekte

Mit Transaktion /UI2/SEMOBJ können Sie eigene semantische Objekte definieren. Die Informationen werden im View `/UI2/V_SEMOBJC` mit der Tabelle /UI2/SEMOBJC und der zugehörigen Texttabelle /UI2/SEMOBJCT gepflegt. Kundeneigene semantische Objekte lassen sich keiner Anwendungskomponente zuordnen.

Um ein semantisches Objekt anzulegen, wechseln Sie in Transaktion /UI2/SEMOBJ vom Anzeige- in den Änderungsmodus und klicken dann auf **Neue Einträge** (siehe Abbildung 7.14). Vergeben Sie in den drei Spalten **Semantisches Objekt**, **Name semantisches Objekt** und **Beschreibung semantisches Objekt** jeweils einen Schlüssel, einen Namen und eine Beschreibung für das semantische Objekt. Klicken Sie dann auf **Sichern**, und geben Sie einen transportierbaren Workbench-Auftrag an. Den Namen und die Beschreibung können Sie übersetzen, indem Sie sich in der Zielsprache anmelden und im Änderungsmodus von Transaktion /UI2/SEMOBJ die übersetzten Texte in die beiden leeren Spalten eintragen.

Sie können die Attribute eines semantischen Objekts von SAP überschreiben, indem Sie in Transaktion /UI2/SEMOBJ ein semantisches Objekt mit demselben Schlüssel anlegen.

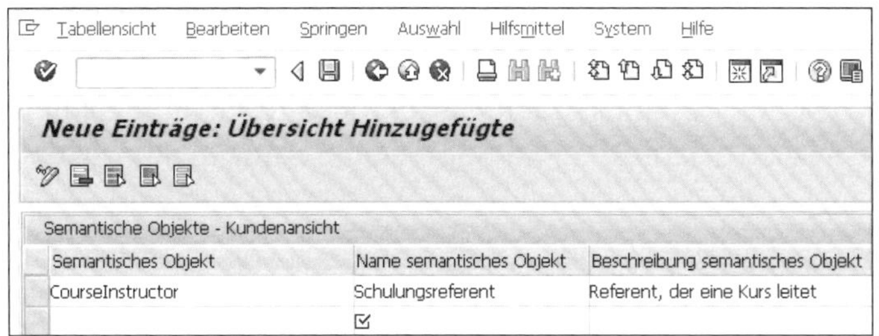

Abbildung 7.14 Semantische Objekte anlegen

7.3.4 Kataloge anlegen

Sobald Sie die LPD_CUST-Apps und die semantischen Objekte angelegt haben, können Sie die Kataloge für das SAP Fiori Launchpad anlegen. Diese Kataloge enthalten App-Launcher-Kacheln, über die ein Anwender im SAP Fiori Launchpad die SAP-Fiori-Apps starten kann. Eine App-Launcher-Kachel verweist auf eine Zielzuordnung, die sich über ein semantisches Objekt und eine Aktion identifiziert und ebenfalls im Katalog gepflegt wird. Die Zielzuordnung verweist auf eine LPD_CUST-Anwendung über den Namen und die Instanz des LPD_CUST Launchpads und den Anwendungsalias der LPD_CUST-Anwendung.

Kataloge können mandantenübergreifend oder mandantenspezifisch sein und dementsprechend über Workbench-Aufträge oder Customizing-Aufträge transportiert werden. Bevor Sie einen Katalog anlegen oder ändern, müssen Sie einen entsprechenden Transportauftrag im Transport Organizer (Transaktion SE01) anlegen.

SAP Fiori Launchpad Designer

Einen Katalog legen Sie mit dem SAP Fiori Launchpad Designer an, den Sie über die URL *http://<server>:<port>/sap/bc/ui5_ui5/sap/arsrvc_upb_admn/main.html* starten. Dabei ist *<server>* der Hostname des Frontend-Servers und *<port>* der ICM-Port. Standardmäßig startet der SAP Fiori Launchpad Designer im mandantenspezifischen Customizing-Modus. Sie können ihn auch über Transaktion /UI2/FLPD_CUST starten. Im Customizing-Modus wird der Mandant in der rechten oberen Ecke angezeigt (siehe Abbildung 7.15). Wenn Sie den Parameter `scope=CONF` an die URL anhängen, befinden Sie sich im mandantenübergreifenden Configuration-Modus. SAP bietet für den Start auch Transaktion /UI2/FLPD_CONF. In diesem Modus zeigt der SAP Fiori Launchpad Designer **Mandant: ALLE** in roter Schrift an. Rufen Sie den SAP Fiori Launchpad Designer über Transaktionen /UI2/FLPD_CUST oder /UI2/FLPD_CONF auf, wird der `scope`-Parameter automatisch entsprechend gesetzt.

Transportauftrag zuordnen

Bevor Sie Kataloge oder Gruppen anlegen, ändern oder löschen, sollten Sie einen Transportauftrag zuordnen, in dem Ihre Aktionen aufgezeichnet werden. Dazu klicken Sie auf das Zahnrad-Icon oben rechts in Abbildung 7.15 und wählen einen Customizing-Auftrag (oder im Configuration-Modus einen Workbench-Auftrag und ein Paket) aus, wie in Abbildung 7.16 gezeigt.

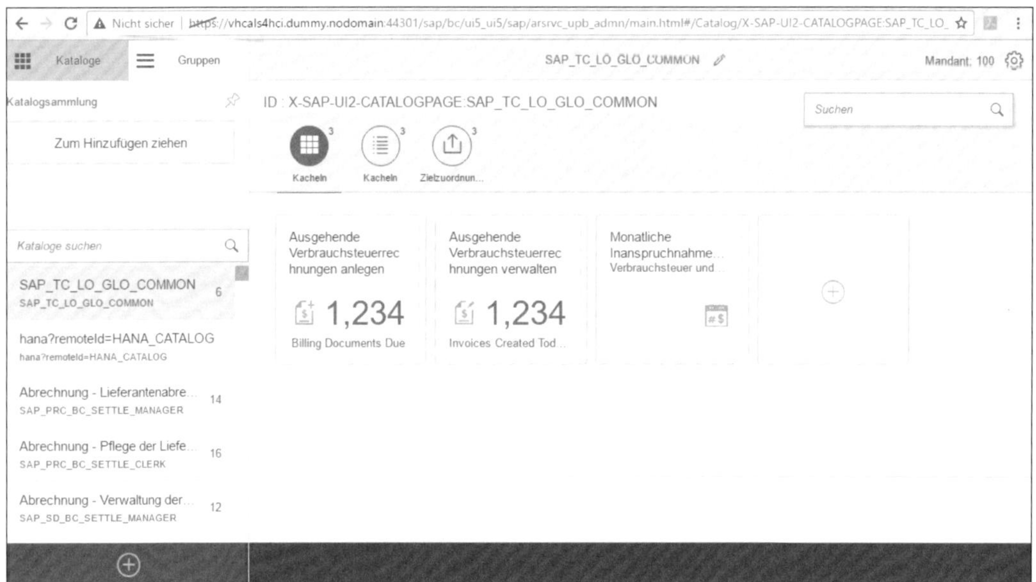

Abbildung 7.15 SAP Fiori Launchpad Designer im mandantenspezifischen Customizing-Modus

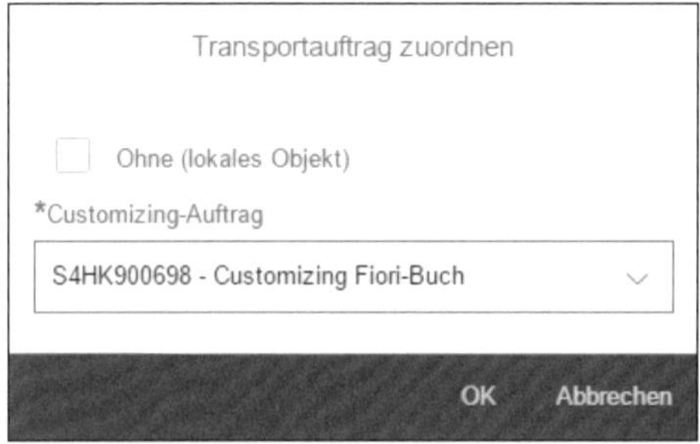

Abbildung 7.16 Customizing-Auftrag zuordnen

Um einen Katalog anzulegen, klicken Sie auf das **+**-Icon unten links in Abbildung 7.15 und vergeben einen Titel und eine ID für den neuen Katalog, wie in Abbildung 7.17 gezeigt. Dabei können Sie auch auf einen Katalog verweisen, der sich auf einem anderen Frontend-Server befindet (**Remote**). Klicken Sie zum Abschluss auf **Sichern**.

Abbildung 7.17 Katalog anlegen

Abbildung 7.18 zeigt den neuen Katalog, der bis auf eine Kachel zum Hinzufügen von Kacheln völlig leer ist.

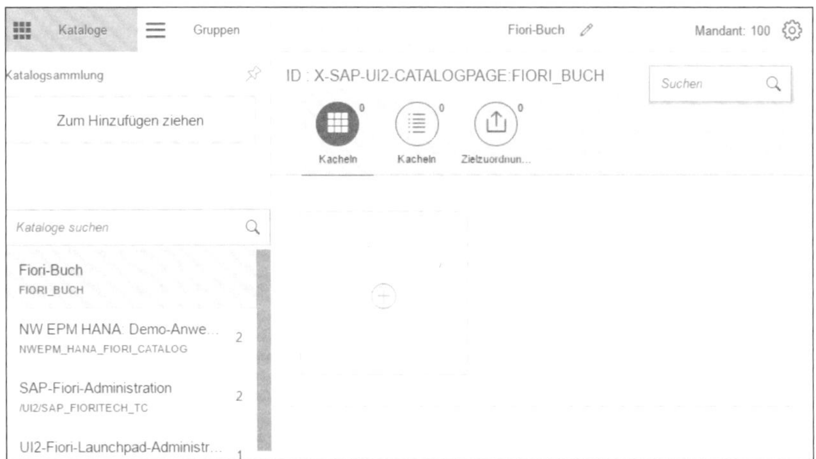

Abbildung 7.18 Ein neuer leerer Katalog

Wenn Sie auf diese Kachel klicken, können Sie zwischen drei Kachelvorlagen für die neue Kachel wählen (siehe Abbildung 7.19).

Folgende Kachelvorlagen stehen Ihnen zur Verfügung:

- **App-Launcher – Statisch:** für eine statische Starter-Kachel mit Titel und Beschreibung
- **App-Launcher – Dynamisch**: für eine dynamische Starter-Kachel, auf der zusätzlich zum Titel und zur Beschreibung dynamische Inhalte angezeigt werden
- **Nachrichtenkachel**: für die Darstellung von Nachrichten aus einem Newsfeed

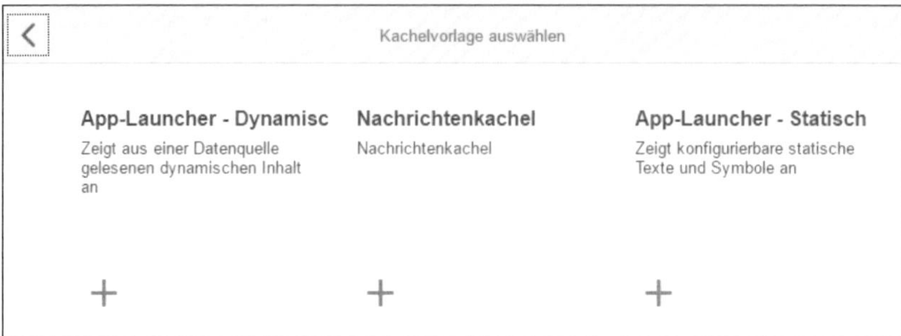

Abbildung 7.19 Kachelvorlagen

Katalog oder Gruppe löschen

Einen Katalog oder eine Gruppe können Sie löschen, indem Sie den Listeintrag mit der Maus nach unten ziehen und auf den Papierkorb fallen lassen, der ganz unten erscheint (siehe Abbildung 7.20).

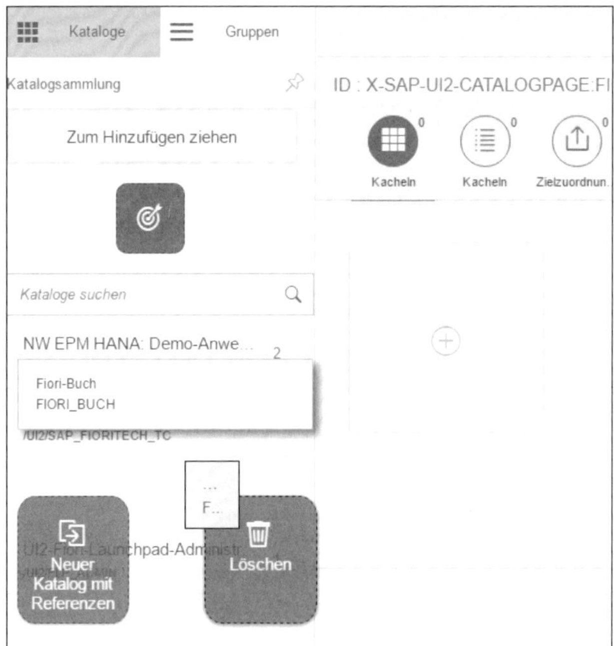

Abbildung 7.20 Katalog im SAP Fiori Launchpad Designer löschen

7.3.5 Zielzuordnungen konfigurieren

Definieren Sie eine Zielzuordnung, indem Sie zunächst das Icon **Zielzuordnun.** (siehe Abbildung 7.20) anklicken. Sie sehen dann eine Liste der definierten Zielzuordnungen, die momentan noch leer ist. Unten befinden sich

Icons zum Anlegen, Editieren und Löschen von Zielzuordnungen (siehe Abbildung 7.21).

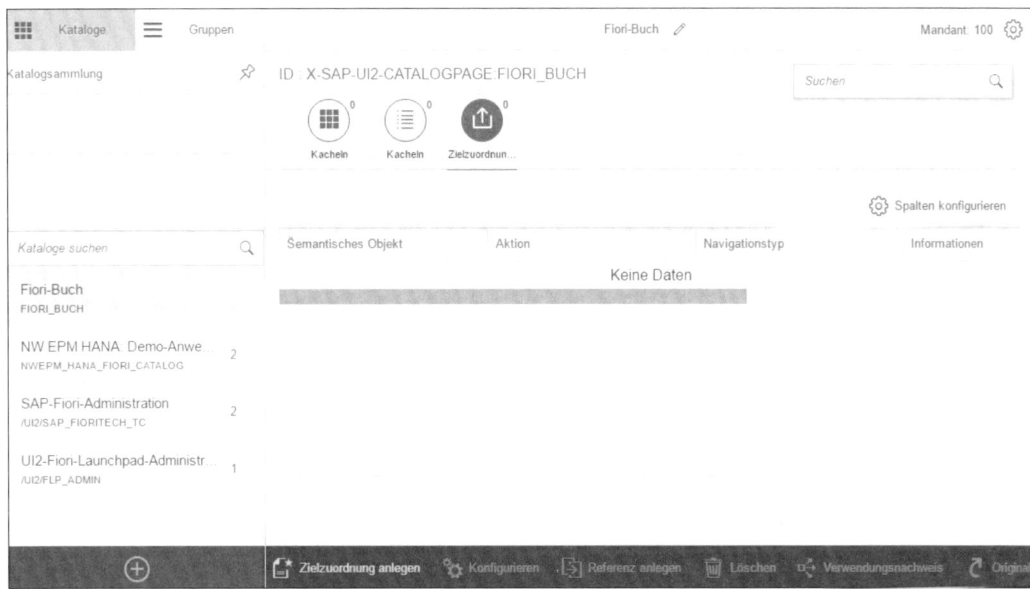

Abbildung 7.21 Die Liste der Zielzuordnungen

Um eine Zielzuordnung anzulegen, klicken Sie auf das Icon **Zielzuordnung anlegen**. Nun können Sie die Daten für die neue Zielzuordnung eingeben.

1. Geben Sie im Bereich **Absicht** ein semantisches Objekt und eine Aktion an. Diese beiden Schlüsselfelder identifizieren die Zielzuordnung eindeutig. Bei der Vergabe des Aktionsnamens sind Sie völlig frei; das semantische Objekt muss jedoch zuvor mit Transaktion /UI2/SEMOBJ_SAP bzw. /UI2/SEMOBJ registriert worden sein.
2. Wählen Sie im Bereich **Ziel** aus der Dropdown-Liste **Anwendungstyp** zunächst den Eintrag **SAPUI5-Fiori-App** aus. Geben Sie, falls gewünscht, einen Titel in das Feld **Titel** ein. Fügen Sie im Anschluss im Feld **URL** den relativen Pfad zum ICF-Knoten ein. Diesen erhalten Sie über Transaktion SICF. Achten Sie darauf, dass Sie den Pfad unter */sap/bc/ui5_ui5/sap* verwenden. Fügen Sie im Feld **ID** den Namensraum der SAPUI5-Anwendung ein. Diesen finden Sie in der Implementierung der Anwendung bzw. über Transaktion SE80.
3. Im Bereich **Allgemein** können Sie noch eine Information zur Zielzuordnung hinterlegen. Klicken Sie abschließend auf **Sichern**. Abbildung 7.22 zeigt die fertig konfigurierte Zielzuordnung.

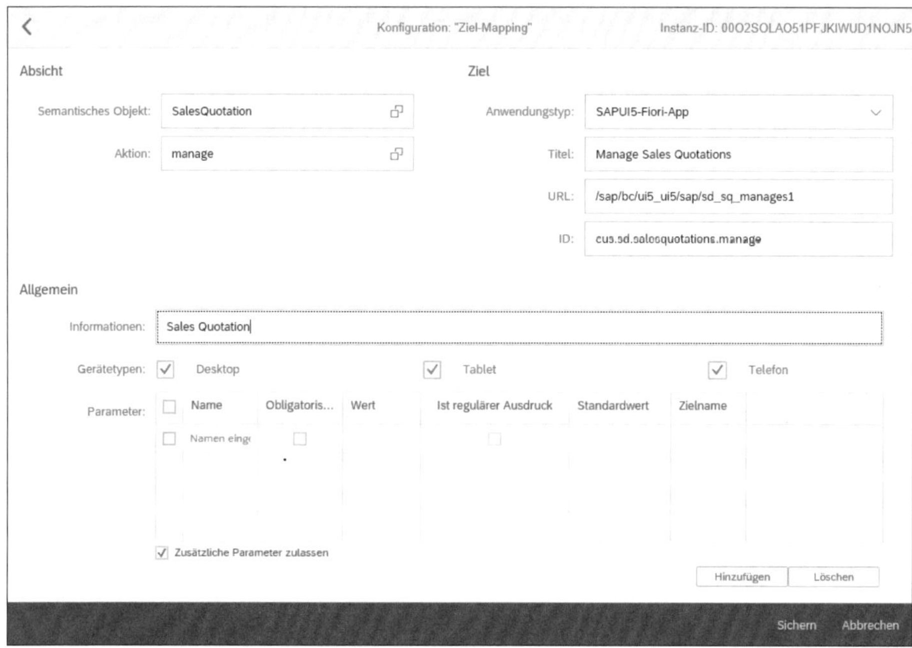

Abbildung 7.22 Zielzuordnung konfigurieren

In der Dropdown-Liste **Anwendungstyp** haben Sie verschiedene Auswahlmöglichkeiten:

- **SAP-Fiori-App verwendet LPD_CUST**
  Verwenden Sie diesen Eintrag, wenn Sie die URL zur SAP-Fiori-App mit Transaktion LPD_CUST konfiguriert haben. Die Konfiguration über LPD_CUST wird von SAP selbst nicht mehr empfohlen. Versuchen Sie, bei kundenspezifischen Konfigurationen entsprechend darauf zu verzichten. Verwenden Sie stattdessen eine der folgenden Optionen:
  - **SAPUI5-Fiori-App**
    Verwenden Sie diesen Eintrag, wenn Sie die URL zur SAP-Fiori-App direkt eingeben möchten, wie wir es in unserem Beispiel getan haben.
  - **Transaktion**
    Verwenden Sie diesen Eintrag, um eine Transaktion auf einem ABAP-System zu starten.
  - **URL**
    Verwenden Sie diesen Eintrag, um zu einer beliebigen URL zu navigieren.
  - **Web Dynpro**
    Verwenden Sie diesen Eintrag, um eine Web-Dynpro-Anwendung zu starten.

7.3.6 Statische und dynamische App-Launcher-Kacheln konfigurieren

Dynamische Kachel anlegen

Legen Sie nun eine dynamische App-Launcher-Kachel an, indem Sie im Katalog wie zuvor eine neue Kachel hinzufügen und die Kachelvorlage **App-Launcher – Dynamisch** auswählen. Klicken Sie auf die neue leere Kachel, um sie so zu konfigurieren, wie es Abbildung 7.23 am Beispiel der SAP-Fiori-App **Meine Angebote** zeigt.

1. Geben Sie im Bereich **Allgemein** einen Titel, einen Untertitel, Stichworte und Informationen ein. Über die Eingabehilfe können Sie ein Icon auswählen, das auf der Kachel angezeigt werden soll.

   Geben Sie im Bereich **Dynamische Daten** die Service-URL eines OData-Services ein, der die dynamischen Daten liefert. In unserem Beispiel lautet die URL */sap/opu/odata/sap/LORD_MY_QUOTATION_SRV/QuotationSet/$count*.

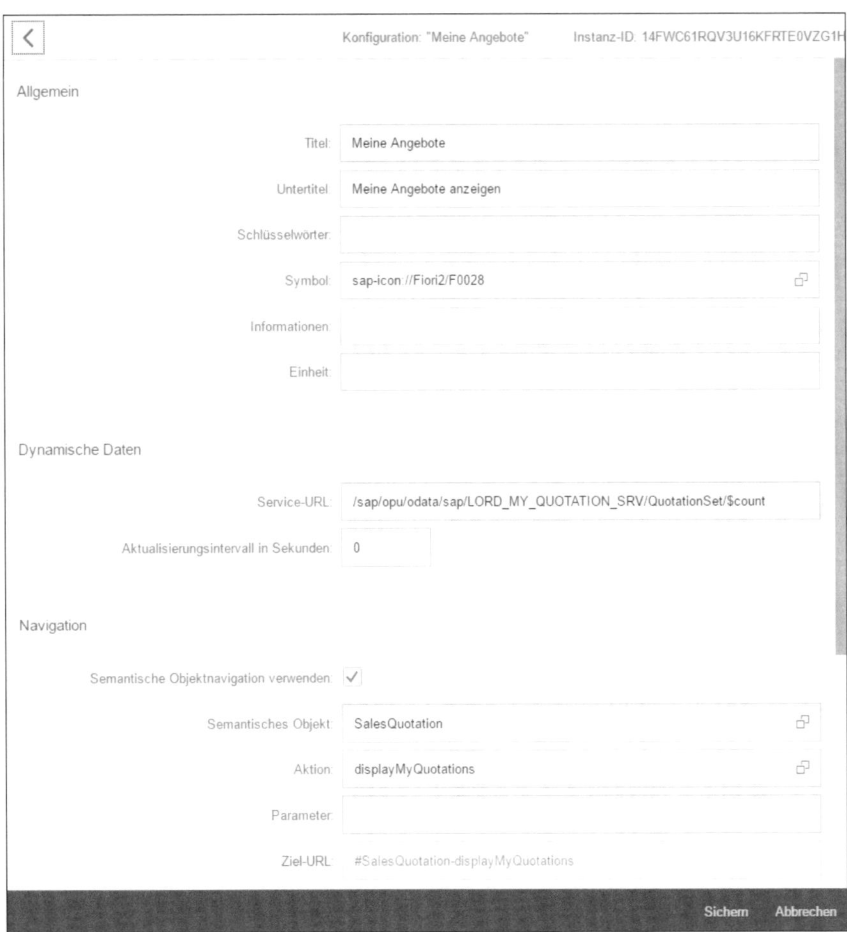

Abbildung 7.23 Dynamische App-Launcher-Kachel anlegen

2. Dieser Service liefert die Anzahl der offenen Angebote eines Vertriebsmitarbeiters. Das Aktualisierungsintervall gibt an, in welchen Abständen geänderte Daten abgerufen werden sollen, und beträgt mindestens zehn Sekunden, selbst wenn Sie einen kleineren Wert eintragen. Der Eintrag **0** bedeutet, dass die Information nur einmal beim Laden der Kachel abgerufen wird.
3. Geben Sie schließlich im Bereich **Navigation** das semantische Objekt und die Aktion der Zielzuordnung ein, und klicken Sie dann auf **Sichern**.

Statische Kachel anlegen

Die Konfiguration einer statischen App-Launcher-Kachel funktioniert genauso, nur fehlt hier der Bereich **Dynamische Daten**.

7.3.7 Nachrichtenkachel konfigurieren

SAP bietet für das Anlegen von Nachrichtenkacheln zwei Varianten. Die erste Möglichkeit besteht darin, Nachrichtenkacheln vollständig manuell anzulegen. Bevor Sie dabei im SAP Fiori Launchpad Designer die Nachrichtenkachel konfigurieren können, müssen Sie eine LPD_CUST-Anwendung und eine Zielzuordnung erstellen. Die LPD_CUST-Anwendung hat die URL */sap/bc/ui5_ui5/sap/ar_srvc_news/*, und die SAPUI5-Komponente heißt `WebContent`. Das semantische Objekt für die Zielzuordnung heißt `NewsFeed`, und die Aktion muss `displayNewsList` heißen. Legen Sie im SAP Fiori Launchpad Designer eine Nachrichtenkachel an, indem Sie im Katalog wie zuvor eine neue Kachel hinzufügen und die Vorlage **Nachrichtenkachel** auswählen. Klicken Sie auf die neue leere Kachel, um sie zu konfigurieren.

Kachel über Katalogreferenz anlegen

Alternativ können Sie Nachrichtenkacheln auch über eine Katalogreferenz anlegen. SAP liefert einen vorkonfigurierten Kachelkatalog mit einer vollständigen Kachel- und Zielzuordnungskonfiguration aus. Dieser Katalog heißt /UI2/SAPNewsTile. Diesen Katalog können Sie mithilfe einer Katalogreferenz einfach für einen neuen Katalog inklusive seiner Konfiguration verwenden. Wechseln Sie dazu in den SAP Fiori Launchpad Designer, und suchen Sie in der Kachelliste nach **news**. Der Katalog sieht aus, wie in Abbildung 7.24 gezeigt.

Klicken Sie auf den Katalog, halten Sie die Maustaste gedrückt, und ziehen Sie den Katalog (wie beim bekannten Drag-and-drop). Es erscheinen, wie in Abbildung 7.25 gezeigt, drei Bereiche, in die Sie die Kataloge ziehen können. Verschieben Sie den Katalog auf den blauen Bereich **Neuer Katalog mit Referenzen**, und lassen Sie die Maustaste los. Es erscheint ein Dialog, über den Sie für den neuen Katalog einen Titel und eine ID eingeben können. Bestätigen Sie mit einem Klick auf den Button **Kopieren**.

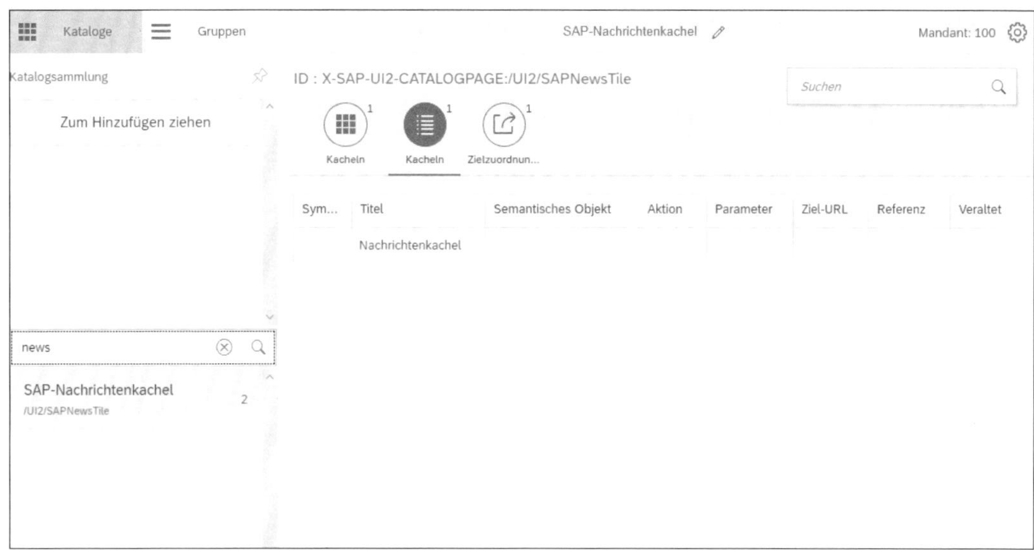

Abbildung 7.24 Der Kachelkatalog /UI2/SAPNewsTile

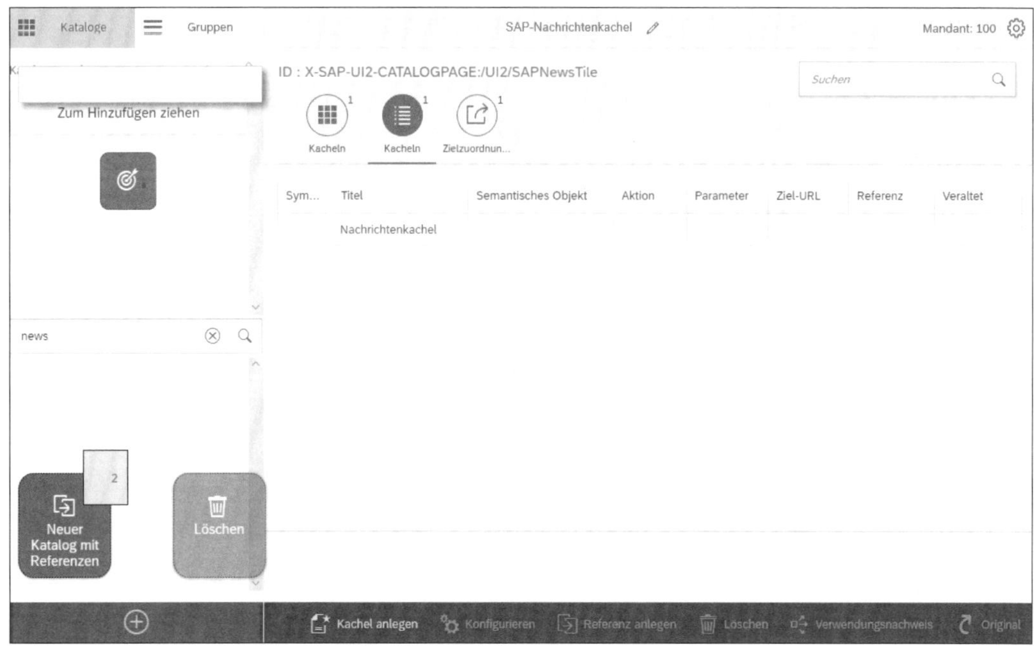

Abbildung 7.25 Einen Katalog mit Referenz anlegen

Nachdem der Katalog angelegt wurde, erscheint dieser in der Kachelliste (siehe Abbildung 7.26). Wählen Sie nun die einzige vorhandene Kachelkonfiguration aus, und klicken Sie auf den Button **Konfigurieren**.

Abbildung 7.26 Der neu angelegte Katalog

Kachel konfigurieren

Nachdem Sie die Kachelkonfiguration aufgerufen haben, können Sie mit der Konfiguration beginnen. Dabei ist es egal, ob Sie die Kachel manuell oder über eine Katalogreferenz angelegt haben. Abbildung 7.27 zeigt ein Beispiel.

Mit der Nachrichtenkachel können Sie bis zu zehn RSS-Feeds beobachten, deren URLs Sie im Bereich **Artikel-Feeds** angeben.

Im Bereich **Allgemein** können Sie in der Textbox **Standardbild für Kachel** die URL zu einem Bild angeben, das die Kachel anzeigen soll. Wenn die Auswahlbox **Immer Standardbild verwenden** *nicht* ausgewählt ist, blendet die Kachel folgendes Bild zu einem Artikel ein:

- das Bild des Artikels aus dem RSS-Feed (falls vorhanden)
- das Bild des RSS-Kanals (falls vorhanden)
- das Bild, das in **Standardbild für Kachel** festgelegt wurde
- eines der zwölf Standardbilder der Nachrichtenkachel

Falls die Auswahlbox gewählt wurde, werden nur die beiden letzten Möglichkeiten berücksichtigt.

Das Feld **Artikeldurchlaufintervall (Sek.)** gibt an, in welchen Zeitabständen die Kachel einen neuen Artikel aus den angegebenen RSS-Feeds einblendet. Das Feld **Artikelaktualisierungsintervall** besagt, wie oft die RSS-Feeds auf Aktualisierungen überprüft werden sollen.

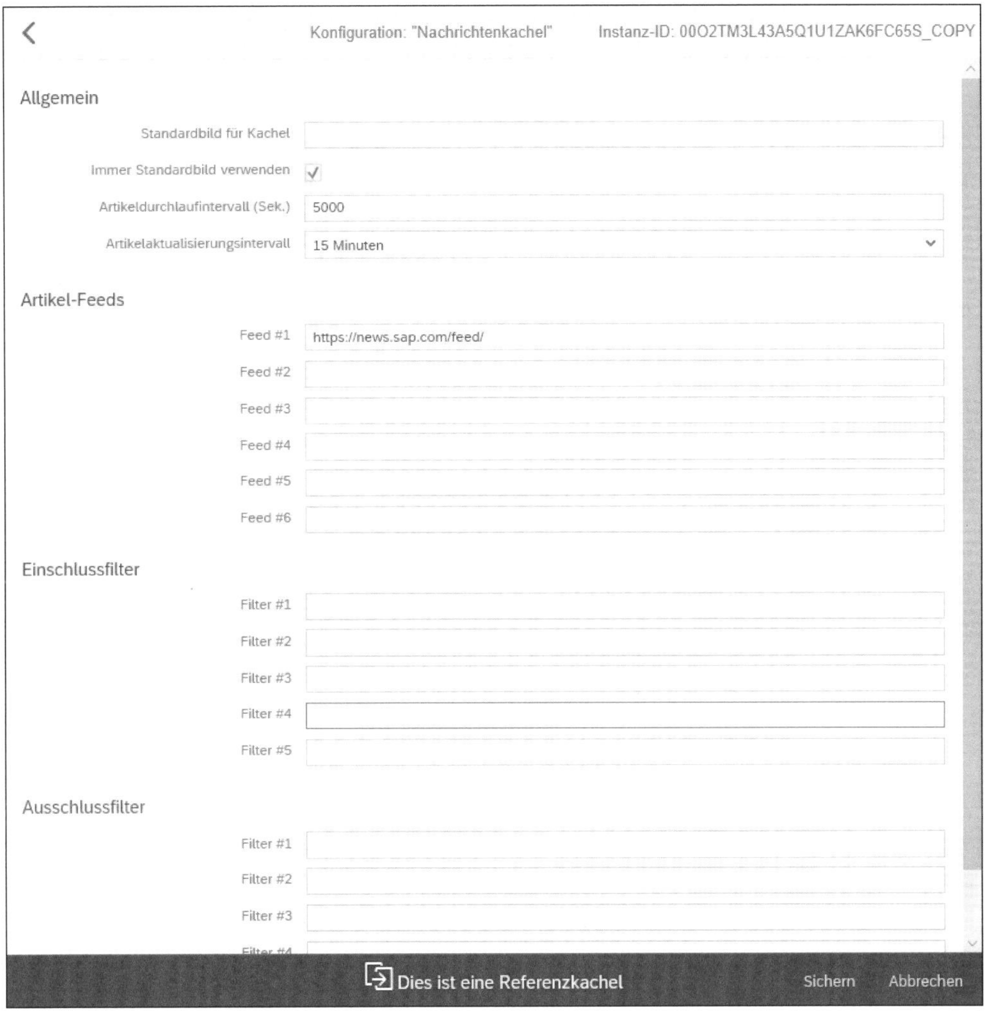

Abbildung 7.27 Nachrichtenkachel

Unter **Einschlussfilter** können Sie maximal fünf Filter bestimmen. Es werden nur Artikel angezeigt, deren Titel den Text aus einem der fünf Einschlussfilter enthält. Unter **Ausschlussfilter** können Sie ebenfalls maximal fünf Filter festlegen. Artikel, deren Titel einen der Texte aus den Ausschlussfiltern enthalten, werden nicht angezeigt.

Konfiguration des SAP Web Dispatchers

Wenn Sie Nachrichtenkacheln verwenden, die RSS-Feeds nutzen, die nicht durch den Server ausgeliefert werden, von dem Ihr SAP Fiori Launchpad gestartet wurde, kann es passieren, dass Ihr Browser keine Daten anzeigt oder Fehler auswirft. Das liegt daran, dass der Browser aus Sicherheitsgründen nur Ressourcen lädt, denen er vertraut. Konfigurieren Sie Ihren SAP Web Dispatcher so, dass er die Anfrage an den entsprechenden RSS-Feed weiterleitet.

7.3.8 Gruppen anlegen

Eine Gruppe gliedert die Navigationsleiste im SAP Fiori Launchpad eines Anwenders und enthält eine oder mehrere App-Launcher-Kacheln eines Katalogs.

1. Um eine Gruppe anzulegen, wechseln Sie im Navigationsbereich des SAP Fiori Launchpad Designers zuerst von **Kataloge** auf **Gruppen** und klicken dann auf das +-Icon. Vergeben Sie einen Titel und eine ID für die neue Gruppe, und klicken Sie anschließend auf **Sichern**. Klicken Sie nun noch auf die Kachel mit dem +-Icon, um der Gruppe Kacheln hinzuzufügen.
2. Wählen Sie im Eingabefeld oben zuerst einen Katalog aus. Es werden dann alle App-Launcher-Kacheln aus diesem Katalog angezeigt. Um eine Kachel zur Gruppe hinzuzufügen, klicken Sie auf das +-Icon unterhalb der Kachel. Es erscheint eine Meldung, dass die Kachel zur Gruppe hinzugefügt wurde, und aus dem +-Icon wird ein Häkchen auf grünem Hintergrund (siehe Abbildung 7.28).

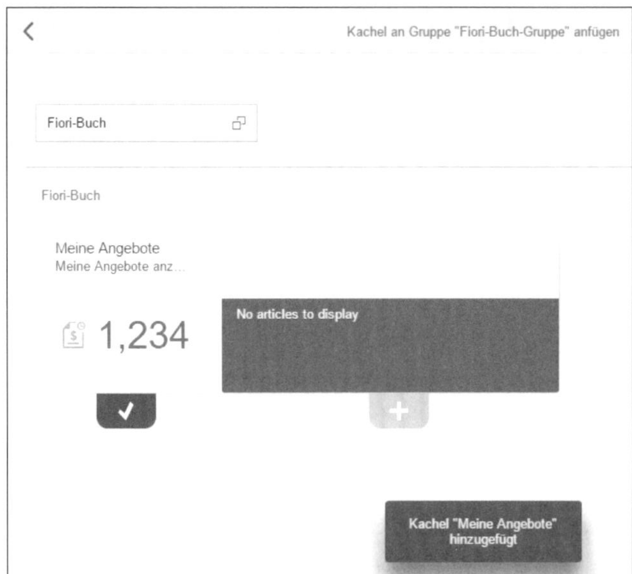

Abbildung 7.28 Einer Gruppe Kacheln hinzufügen

3. Sie können auf diese Weise einer Gruppe App-Launcher-Kacheln aus mehreren Katalogen hinzufügen. Mit der grauen Pfeiltaste in der Titelleiste navigieren Sie wieder zurück zur Anzeige der Gruppe.

Gruppe löschen

Eine Gruppe können Sie auf die gleiche Weise wie einen Katalog löschen, indem Sie die Gruppe aus dem Navigationsbereich bei gedrückter Maustaste in die untere linke Ecke ziehen. Beim Ziehen erscheint dort ein rot hinterlegter Papierkorb, in den Sie die Gruppe fallen lassen können.

Kachel löschen

Aus einer Gruppe oder einem Katalog können Sie eine Kachel wieder löschen, indem Sie sie bei gedrückter Maustaste auf die rechte untere Ecke ziehen. Dort erscheint ein rot hinterlegter Papierkorb, in den Sie die Kachel fallen lassen können.

7.3.9 Kataloge und Gruppen zu Rollen zuordnen

Damit die Gruppen in der Navigationsleiste eines SAP-Fiori-Launchpad-Anwenders erscheinen, müssen Sie im Menü einer PFCG-Rolle auf diese Gruppe verweisen und dann die PFCG-Rolle allen Anwendern zuweisen, die diese Gruppe im Launchpad sehen sollen. Ebenso müssen Sie im Menü der PFCG-Rolle auf alle Kataloge verweisen, die die Inhaber der PFCG-Rolle nutzen dürfen.

1. Legen Sie dazu mit Transaktion PFCG eine neue Rolle an, und wechseln Sie zur Registerkarte **Menü**. Klicken Sie nun auf das kleine Dreieck neben **Transaktion**, und wählen Sie den Eintrag **Catalog** aus der Liste, um einen Knoten in das Menü einzufügen. Wählen Sie für **Katalog-Provider** den Eintrag **SAP-Fiori-Kataloge** aus, und geben Sie bei **Katalog-ID** die ID des Fiori-Katalogs an (siehe Abbildung 7.29). Klicken Sie dann auf **Weiter**.

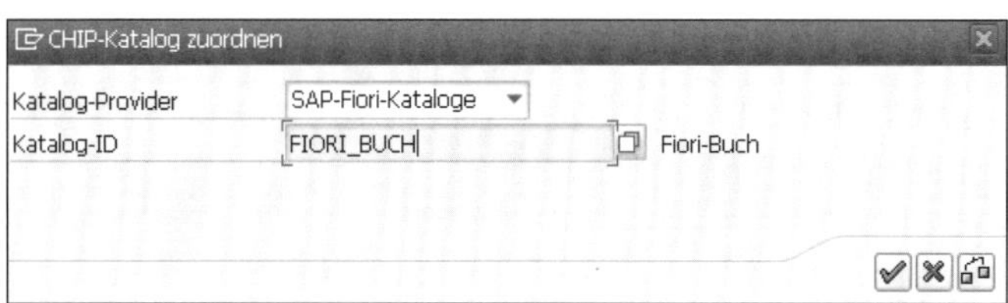

Abbildung 7.29 Katalog zu einer Rolle hinzufügen

2. Eine Gruppe fügen Sie auf die gleiche Weise hinzu, wählen aber nun beim Hinzufügen den Eintrag **Gruppe** und geben im Feld **GruppeID** die Gruppen-ID der Gruppe an (siehe Abbildung 7.30).

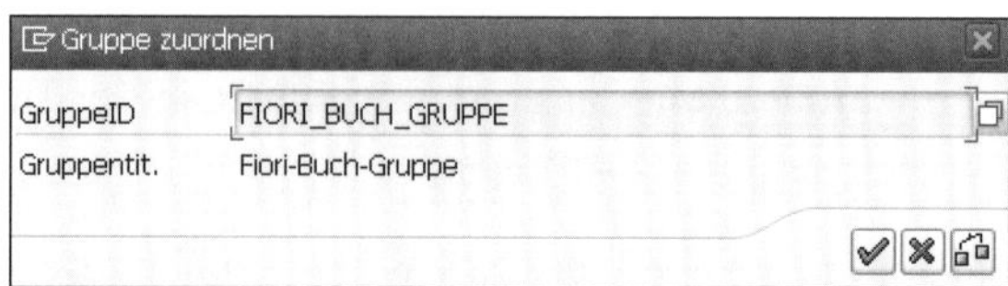

Abbildung 7.30 Gruppe zu einer Rolle hinzufügen

3. In der Rolle müssen Sie auch eine Berechtigung zum Start des OData-Services anlegen. Klicken Sie dazu wieder auf der Registerkarte **Menü** auf das kleine Dreieck neben der Schaltfläche **Transaktion**, und wählen Sie den Eintrag **Berechtigungsvorschlag** aus der Liste. Wählen Sie aus der Dropdown-Liste **Berechtigungsvorschlag** den Eintrag **TADIR-Service** und aus der Dropdown-Liste **Objekttyp** den Eintrag **IWSG Gateway: Service Groups Metadata** aus. Tragen Sie nun in der Tabelle in der Spalte **TADIR-Service** die OData-Services ein, auf die die Mitglieder dieser Rolle zugreifen dürfen. Abbildung 7.31 zeigt ein Beispiel.

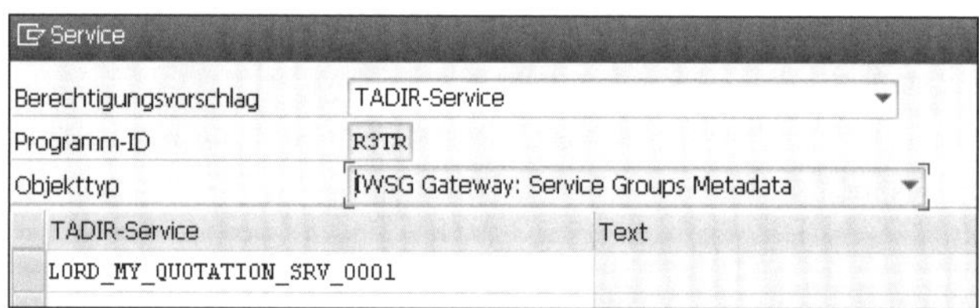

Abbildung 7.31 Einen Berechtigungsvorschlag für einen OData-Service anlegen

4. Klicken Sie nun auf **Übernehmen**. Wechseln Sie dann auf die Registerkarte **Berechtigungen**, klicken Sie dort auf **Berechtigungsdaten ändern**, und wählen Sie **Berechtigungen • Generieren** aus dem Menü, um das Berechtigungsprofil zur Rolle zu generieren.
5. Klicken Sie nun in der Rolle auf die Registerkarte **Benutzer**, und fügen Sie der Rolle die gewünschten Benutzer hinzu.

Mit Namenskonvention arbeiten

Es ist essenziell, bei der Vergabe von Bezeichnern für semantische Objekte, SAP-Fiori-Gruppen oder Kataloge eine klar verständliche und dokumentierte Namenskonvention im Unternehmen zu etablieren. Diese sollte durch das Qualitätsmanagement geprüft werden.

7.3.10 SAP Fiori Launchpad Content Manager für SAP S/4HANA

Um die Konfiguration von SAP-Fiori-Inhalten noch einfacher zu gestalten, liefert SAP mit SAP S/4HANA 1709 (mit Softwarekomponente SAP_UI 7.52 SP 07 und SAPUI5 1.52) das Tool *SAP Fiori Launchpad Content Manager* aus. Es ist auch unter Version 1809 (mit SAP_UI 7.53 SP 04 und SAPUI5 1.60) und Version 1909 (mit SAP_UI 7.54 SP 00) verfügbar. Der SAP Fiori Launchpad Content Manager stellt eine Ergänzung zum SAP Fiori Launchpad Designer dar und soll die Konfiguration von Inhalten des SAP Fiori Launchpads erheblich vereinfachen. Das Werkzeug kann entweder mandantenunabhängig über Transaktion /UI2/FLPCM_CONF oder mandantenabhängig über Transaktion /UI2/FLPCM_CUST aufgerufen werden. Abbildung 7.32 zeigt den Customizing-Modus.

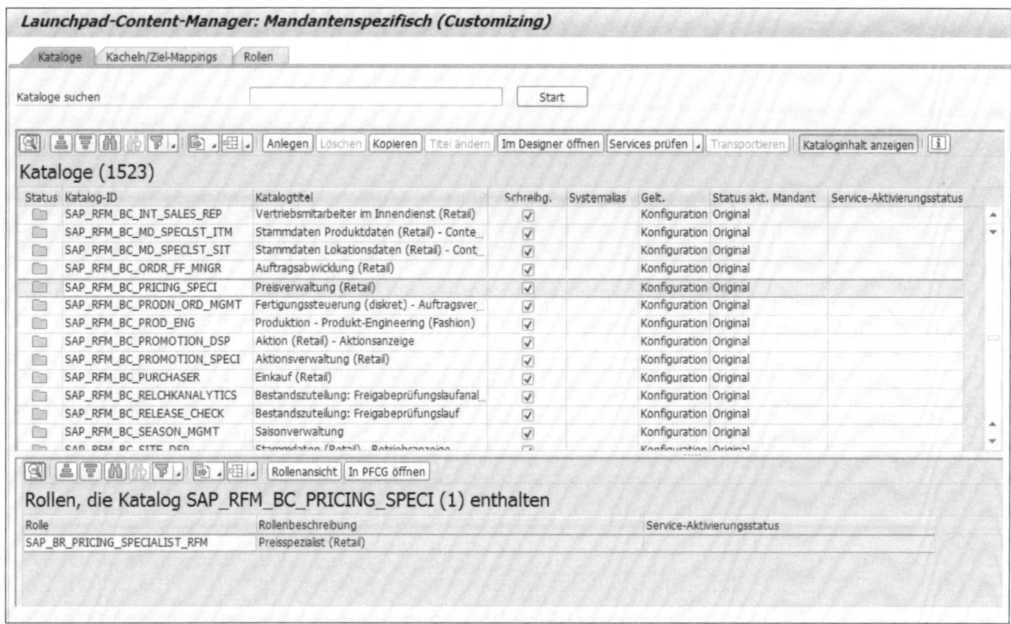

Abbildung 7.32 SAP Fiori Launchpad Content Manager

Register »Kataloge«

Die Transaktion gliedert sich in drei Bereiche. Das Register **Kataloge** liefert einen Überblick über die vorhandenen Kataloge im System. Hier finden Sie Informationen über die Kataloge und ihre Verwendung. Über den Button **Anlegen** können Sie neue Kataloge anlegen und über den Button **Kopieren** eine Kopie eines ausgewählten Katalogs erzeugen. Wenn Sie einen Katalog im SAP Fiori Launchpad Designer ansehen oder bearbeiten möchten, klicken Sie auf den Button **Im Designer öffnen**. Der SAP Fiori Launchpad Content Manager bietet auch die Möglichkeit, den Status einzelner Anwendungen, die mittels Zielzuordnung zugeordnet sind, zu prüfen. Mit dem Button

Kataloginhalt anzeigen können Sie in die Anzeige des Inhalts eines Katalogs wechseln. Um aus der in Abbildung 7.33 gezeigten Ansicht wieder zur Anzeige der Rollenverwendung zu wechseln, klicken Sie auf den Button **Verwendung in Rollen anzeigen**.

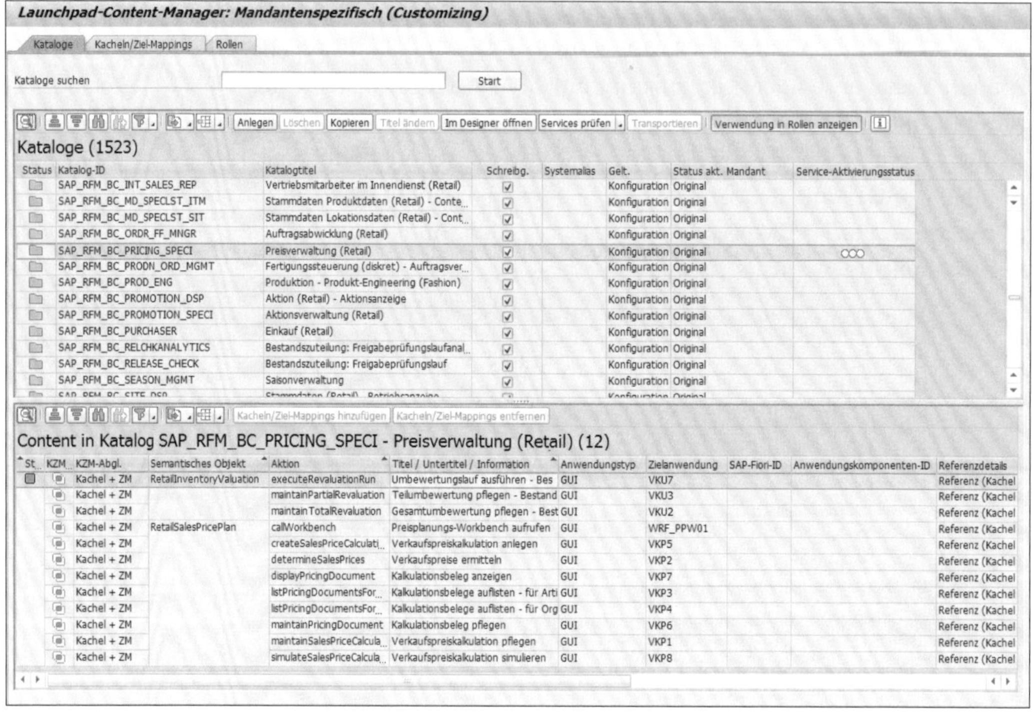

Abbildung 7.33 Inhalt des Katalogs »SAP_RFM_BC_PRICING_SPECI«

Wie Sie Abbildung 7.32 entnehmen können, wird Ihnen als Kataloginhalt eine Übersicht über alle Anwendungen, deren Anwendungstyp (UI5, GUI) sowie der semantischen Objekte und Aktionen angezeigt. Sie können über die Schaltflächen **Kacheln/Ziel-Mappings hinzufügen** bzw. **Kacheln/Ziel-Mappings entfernen** auch neue Kacheln und Zielzuordnungen hinzufügen bzw. bestehende löschen.

Register »Kacheln/Ziel-Mappings«

Über das Register **Kacheln/Ziel-Mappings** erhalten Sie eine Übersicht über die Konfiguration der vorhandenen Zielzuordnungen (siehe Abbildung 7.34). Wie Sie aus der Abbildung ersehen können, ist es über den Button **Referenz zu Katalog hinzufügen** möglich (analog zum SAP Fiori Launchpad Designer), neue Kataloge auf Basis einer Referenz anzulegen. Gerade bei sehr umfangreichen Konfigurationen ist hier die Suchfunktion empfehlenswert. Sie ist wesentlich angenehmer zu bedienen als die Suche im SAP Fiori Launchpad Designer.

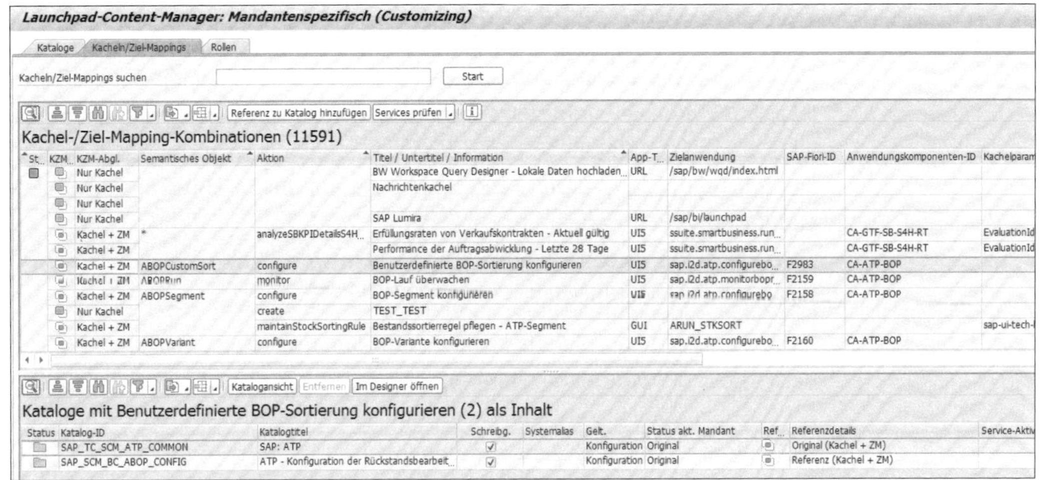

Abbildung 7.34 Übersicht über die Kacheln/Ziel-Mappings

Das Register »Rollen«

Das Register **Rollen** liefert einen Überblick über die Rollen im System und deren Inhalt. Über den Button **In PFCG öffnen** können Sie direkt in die Rollenkonfiguration abspringen. Wie Abbildung 7.35 zeigt, bietet die Ansicht auch einen Überblick der Kataloge, die der Rolle zugeordnet sind.

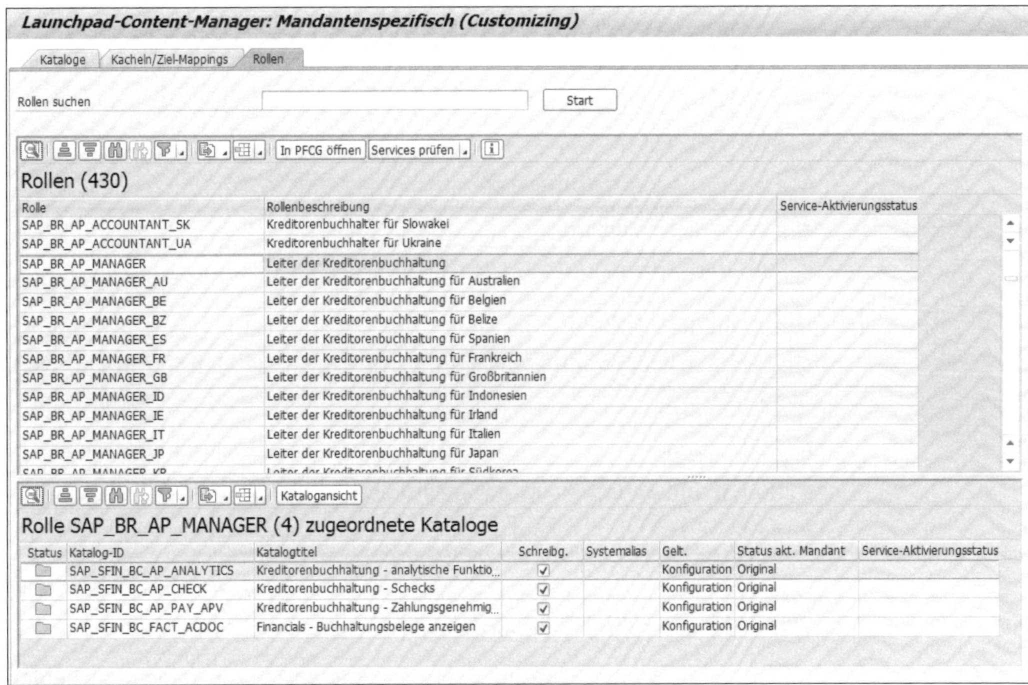

Abbildung 7.35 Übersicht über die vorhandenen Rollen und die ihnen zugeordneten Kataloge

7.4 SAP-Fiori-Suche und Fact Sheets konfigurieren

Mit der SAP-Fiori-Suche können Sie nach Apps und zentralen Geschäftsobjekten suchen. Sie benötigen für die SAP-Fiori-Suche zwingend SAP HANA als Datenbank. Die Suche nach Geschäftsobjekten wird über sogenannte *Suchmodelle* aktiviert. Die aktuelle Liste der mit der SAP Business Suite ausgelieferten Suchmodelle finden Sie in SAP-Hinweis 1999463. Für SAP S/4HANA sind es für Version 1709 SAP-Hinweis 2513435 und für Version 1909 SAP-Hinweis 2804921.

Auch SAP Fiori Fact Sheets basieren auf Suchmodellen. Die Ergebnisliste der SAP-Fiori-Suche ist der Haupteinstiegspunkt für Fact Sheets. Fact Sheets für Geschäftsobjekte enthalten zusätzliche Informationen zu Geschäftsobjektinstanzen und Navigationsmöglichkeiten zu anderen Anwendungen.

Embedded Search

Um die SAP-Fiori-Suche und Fact Sheets verwenden zu können, müssen Sie zunächst die Embedded-Search-Technologie auf den Backend-Systemen einrichten. *Embedded Search* ist Bestandteil von SAP NetWeaver AS ABAP. Die Einrichtung umfasst die folgenden Hauptschritte:

- Implementierung von SAP-Hinweisen
- Aktivierung von Business Functions
- Einrichtung einer sekundären Datenverbindung zur SAP-HANA-Datenbank
- Aktivierung der konnektorbasierten Berechtigungsprüfung
- Aktivierung von SICF-Services auf dem Backend
- Einrichtung von Konnektoren
- Start der Indizierung
- Aktivierung von SAP-Fiori-Suche und Fact Sheets für mehrere Systeme

Fact Sheets implementieren

Um dann die einzelnen Fact Sheets ins SAP Fiori Launchpad einzubinden, sind ähnlich wie bei den Transactional Apps die folgenden Schritte notwendig:

- Rollen und Benutzerzuordnung auf dem Backend-Server anpassen
- Rollen und Benutzerzuordnung auf dem Frontend-Server anpassen
- SICF- und OData-Services auf dem Frontend-Server aktivieren

7.4.1 Business Functions aktivieren

Im Customizing des Backend-Systems müssen Sie die folgenden beiden Business Functions aktivieren:

- SAP-HANA-basierte Suche für SAP Business Suite (BSESH_HANA_SEARCH). Weitere Informationen finden Sie in der SAP-Online-Hilfe unter *http://help.sap.com/erp607* über den Menüpfad **Business Functions • Business Functions in SAP Business Suite Foundation • General Business Functions for SAP Business Suite • SAP HANA-Based Search for SAP Business Suite**.
- SAP-HANA-basierte Navigation für SAP Business Suite (BSCBN_HANA_NAV). Weitere Informationen finden Sie in der SAP-Online-Hilfe unter *http://help.sap.com/erp607* über den Menüpfad **Business Functions • Business Functions in SAP Business Suite Foundation • General Business Functions for SAP Business Suite • SAP HANA-Based Navigation for SAP Business Suite**.

Außerdem sind im Customizing die Aktivitäten unter **Anwendungsübergreifende Komponenten • Allgemeine Anwendungsfunktionen • HANA-basierte Suche für SAP Business Suite** im SAP Standard Implementation Guide von Transaktion SPRO relevant.

[«]

Aktivierung von Business Functions in SAP S/4HANA

In SAP S/4HANA sind die beiden Business Functions bereits standardmäßig aktiviert und müssen nicht mehr manuell aktiviert werden. Weitere Informationen finden Sie in SAP-Hinweis 2240360.

7.4.2 Sekundäre Datenbankverbindung einrichten

Damit SAP HANA als sekundäre Datenbank für die Suche verwendet wird, müssen Sie zuerst mit Transaktion DBCO eine sekundäre Datenbankverbindung anlegen.

[«]

Schritt in SAP S/4HANA nicht erforderlich

Für SAP S/4HANA ist dieser Konfigurationsschritt nicht notwendig.

Datenbankbenutzer

Dazu benötigen Sie einen Datenbankbenutzer, der nicht gleich `SAP<SID>` ist und über die folgenden Berechtigungen verfügt:

- Objektberechtigungen `TREXVIADBSL` und `TREXVIADBSLWITHPARAMETERS`
- Schemaberechtigung `SELECT` für das Schema `_SYS_REPO`
- Schemaberechtigungen `SELECT`, `ALTER` und `INDEX` für das Schema `SAP<SID>`

Danach können Sie im SAP Standard Implementation Guide von Transaktion SPRO unter **Anwendungsübergreifende Komponenten • Allgemeine Anwendungsfunktionen • HANA-basierte Suche für SAP Business Suite • Indizierung konfigurieren • TREX-/BWA-Destination oder SAP-HANA-Datenbankverbindung festlegen** die SAP-HANA-Datenbank als sekundäre Datenbankverbindung für die Suche einstellen. Alternativ können Sie dazu den Report `ESH_ADM_SET_TREX_DESTINATION` verwenden.

Weitere Informationen erhalten Sie im SAP Help Portal über *http://help.sap.com/nw_platform* über den Menüpfad **<Release> • Application Help • Function-Oriented View • Suche und Operational Analytics • Embedded Search • Embedded Search Einrichten • Verbindung zwischen Embedded Search und SAP HANA bzw. TREX/BWA herstellen**.

7.4.3 Konnektorbasierte Berechtigungsprüfungen aktivieren

Um in den Suchergebnissen nur die Objektinstanzen aufzulisten, die der Anwender auch anzeigen darf, unterstützt Embedded Search Berechtigungen auf Geschäftsobjektinstanzen. Aus Performancegründen werden zusätzlich Berechtigungen verwendet, die auf Suchkonnektoren basieren. Diese konnektorbasierten Berechtigungsprüfungen aktivieren Sie im SAP Standard Implementation Guide von Transaktion SPRO unter **Anwendungsübergreifende Komponenten • Allgemeine Anwendungsfunktionen • HANA-basierte Suche für SAP Business Suite • Suchkonfiguration • Parameter für föderierte Suche festlegen**. Wenn Sie mit SAP S/4HANA arbeiten, finden Sie die Konfiguration unter **Anwendungsübergreifende Komponenten • Allgemeine Anwendungsfunktionen • Konfiguration der Suche • Parameter für föderierte Suche festlegen**.

Weitere Informationen finden Sie in der SAP-Online-Hilfe unter *http://help.sap.com/nw_platform* über den Menüpfad **SAP NetWeaver Enterprise Search • Security Information • Security Guide • Berechtigungen • Berechtigungen für die Suche einschränken**.

7.4.4 ICF-Services auf dem Backend aktivieren

Aktivieren Sie mit Transaktion SICF die folgenden Services für die Embedded Search:

- `default_host/sap/bc/webdynpro/sap/esh_ui_admin_component`
- `default_host/sap/bc/webdynpro/sap/esh_eng_modeling`
- `default_host/sap/bc/webdynpro/sap/esh_eng_wizard`

- default_host/sap/bc/webdynpro/sap/esh_search_results_ui
- default_host/sap/bc/webdynpro/sap/wdhc_help_center
- default_host/sap/sap/es/cockpit
- default_host/sap/sap/es/saplink
- default_host/sap/sap/es/search
- default_host/sap/sap/ina/GetResponse
- default_host/sap/sap/ina/GetServerInfo
- default_host/sap/sap/ina/Loader

7.4.5 Konnektoren anlegen und Indizierung starten

Sie können die Suchkonnektoren im Konnektor-Administrations-Cockpit (Transaktion ESH_COCKPIT) anlegen. Dazu benötigen Sie die Berechtigungen SAP_ESH_SEARCH und SAP_ESH_LOCAL_ADMIN. Die benötigten Konnektoren und die relevanten Softwarekomponentenversionen sind in der Implementierungsdokumentation des jeweiligen Fact Sheets in der SAP-Online-Hilfe dokumentiert. Allgemeine Informationen zum Anlegen von Konnektoren finden Sie unter *http://help.sap.com/nw_platform* über den Menüpfad **<Release> • Application Help • Function-Oriented View • Search and Operational Analytics • Embedded Search • Setting Up Embedded Search • Creating Connectors**.

Beispiel Verkaufsangebote

Für das Beispiel des Fact Sheets für Verkaufsangebote müssen Sie Konnektoren für vier Suchmodelle aus der Suchkomponente SAPAPPLH aktivieren. Diese Suchmodelle sind in Tabelle 7.3 aufgeführt.

Suchkomponente	Anwendungskomponente	Suchmodell
SAPAPPLH USER_H	LO-MD-BP-CM	CUSTOMER_H
	SD-SLS	CUST_QUOTATION_H
		SALES_ORDER_H
	BC-EIM-ESH	USER_H

Tabelle 7.3 Suchmodelle des Fact Sheets »Verkaufsangebote«

Starten Sie das Administrations-Cockpit für Konnektoren mit Transaktion ESH_COCKPIT. Klicken Sie auf **Anlegen**, um einen neuen Konnektor anzulegen. Wählen Sie in der Dropdown-Liste **Softwarekomponente** die in den Implementierungsdetails der SAP-Fiori-App angegebene Suchkomponente aus, wählen Sie dann aus der Liste der Konnektormodelle die angegebenen

Suchmodelle aus, und klicken Sie anschließend auf **Konnektor anlegen** (siehe Abbildung 7.36).

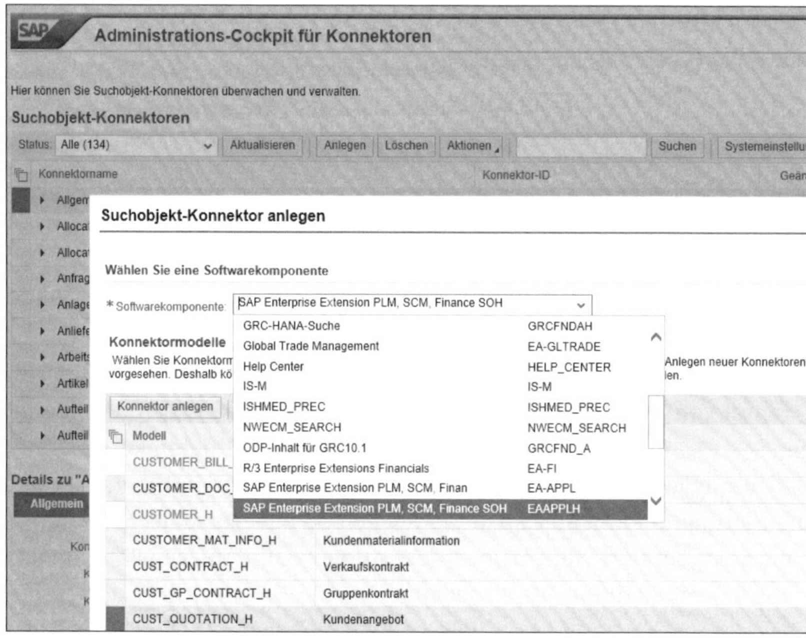

Abbildung 7.36 Suchobjekt-Konnektor anlegen

Indizierung starten

Nun können Sie den Aufbau des Suchindex durch die Konnektoren starten. Informationen dazu finden Sie unter *http://help.sap.com/nw_platform* über den Menüpfad **<Release> • Application Help • Function-Oriented View • Search and Operational Analytics • Embedded Search • Setting Up Embedded Search • Start Indexing of Connectors**.

Suchkomponenten und Suchmodelle

Möglicherweise finden Sie das Suchmodell, für das Sie einen Konnektor anlegen möchten, nicht unter der richtigen Suchkomponente. Das liegt daran, dass Suchmodelle in verschiedenen Komponenten verfügbar sein können, sowohl in ihrer ursprünglichen Komponente als auch in Komponenten höherer Schichten (Erweiterungskomponenten).

Wenn Sie irgendeinen Suchkonnektor in einer Erweiterungskomponente anlegen, werden alle Suchmodelle aus der ursprünglichen Komponente in die Erweiterungskomponente übertragen. Sie finden die Suchmodelle daher nicht mehr in der ursprünglichen Komponente.

Im Beispiel aus Abbildung 7.36 wurden schon Konnektoren für Suchmodelle aus der Suchkomponente SAPAPPLH angelegt. Diese Konnektoren wurden über die Erweiterungskomponente EAAPPLH angelegt, nicht über die ursprüngliche Komponente SAPAPPLH. Ab dem Zeitpunkt der Anlage sind alle Suchmodelle, die ursprünglich aus der Komponente SAPAPPLH stammen, nur noch unter dem Knoten EAAPPL vorhanden.

7.4.6 Enterprise-Suche für mehrere Backend-Server konfigurieren

In Ihrer Systemlandschaft können Ihnen mehrere Backend-Systeme mit unterschiedlichen Anwendungen der SAP Business Suite vorliegen, die alle von der SAP-Fiori-Suche durchsucht werden können. Dazu müssen alle Backend-Systeme auf der SAP-HANA-Datenbank laufen, und Sie müssen auf allen Backend-Systemen die SAP-Fiori-Suche installiert und konfiguriert haben.

Eines der Backend-Systeme können Sie nun als Proxy für die anderen Backend-Server festlegen. Der Proxy-Server durchsucht die verbundenen Backend-Server. Deren Inhalt kann dadurch mit der SAP-Fiori-Suche auf dem Proxy-Server durchsucht werden.

Nähere Informationen dazu finden Sie unter *http://help.sap.com/nw* über den Menüpfad **<Release> • Application Help • Function-Oriented View • Suche Und Operational Analytics • Embedded Search • Embedded Search Einrichten • Optional: Verbindung zu Backend-Systemen herstellen**.

Systemalias nutzen

Damit können Sie nun auch Fact Sheets für mehrere Systeme konfigurieren, indem Sie einfach im Frontend-Server Systemalias für die Backend-Systeme anlegen. Dazu benötigen Sie mindestens SAP Gateway 2.0 SPS 9. Informationen dazu finden Sie über *http://help.sap.com/nwgateway* unter dem Menüpfad **<Release> • Application Help • SAP NetWeaver Gateway Configuration Guide • OData Channel Configuration • Connection Settings on the SAP NetWeaver Gateway Hub System • Connection Settings: SAP NetWeaver Gateway to SAP Systems • System ID in Origin Segment Parameter**.

7.4.7 Rollen und Benutzerzuordnung auf dem Backend-Server anpassen

Für das Fact Sheet **Verkaufsangebot** hat SAP die PFCG-Rolle `SAP_SD_SALES-ORDER_APP` für den Backend-Server ausgeliefert. Diese Rolle enthält eine Startberechtigung für den OData-Service `CB_SALES_QUOTATION_SRV` und weitere Berechtigungen (siehe Abbildung 7.37).

Allerdings sind die konkreten Werte für diese Berechtigungen spezifisch für jede Organisation. Daher müssen Sie diese Rolle kopieren und die für Ihre Organisation spezifischen Werte für die Suchkonnektoren, die Verkaufsbelegarten und die Vertriebsbereiche einpflegen. Danach können Sie das Rollenprofil aktivieren und Benutzer zuordnen.

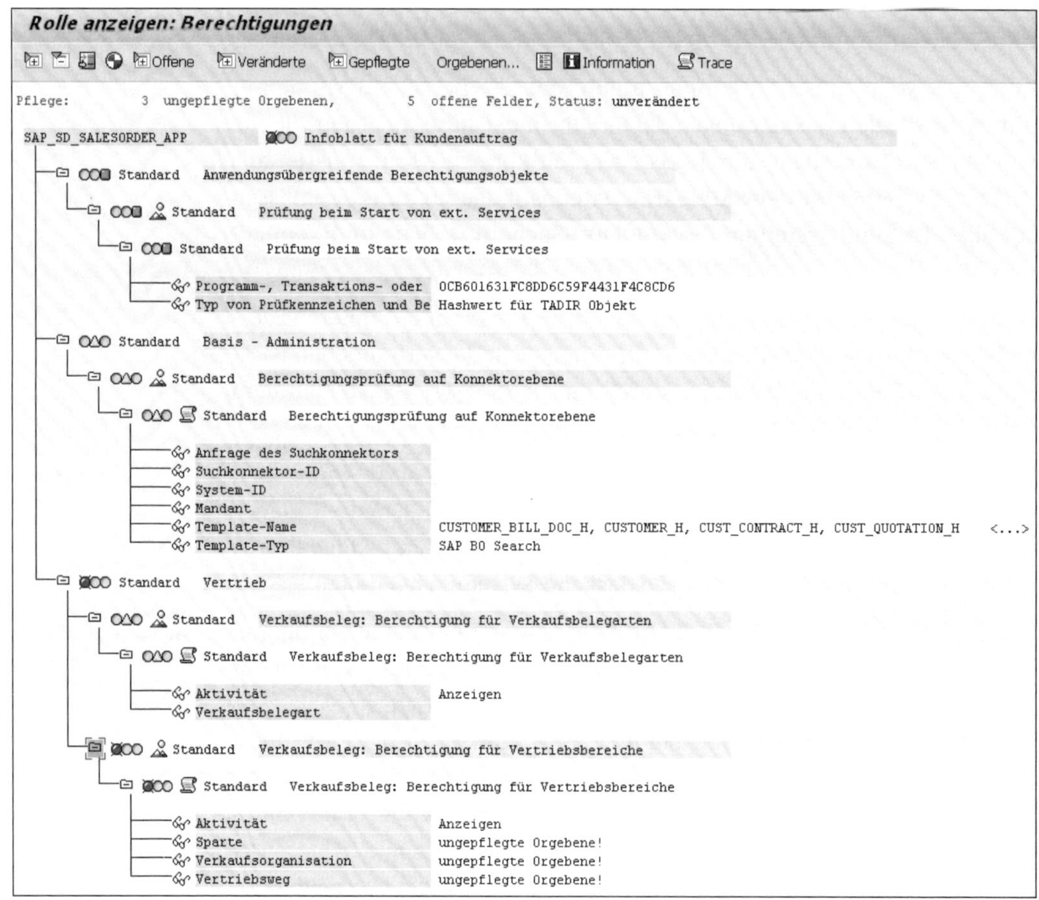

Abbildung 7.37 Berechtigungen in der Rolle »SAP_SD_SALESORDER_APP«

7.4.8 Rollen und Benutzerzuordnung auf dem Frontend-Server anpassen

Für das Fact Sheet **Verkaufsangebot** liefert SAP die PFCG-Rolle SAP_SD_TCR_T aus. Das Rollenmenü verweist auf den Katalog SAP_SD_TC_F. Dieser Katalog enthält lediglich Zielzuordnungen, um die URLs für die Fact Sheets aufzulösen. Die eigentlichen App-Launcher-Kacheln für ein Fact Sheet legt sich ein Anwender selbst in seinem Launchpad an. Dies beschreiben wir in Kapitel 4, »Das SAP Fiori Launchpad«.

Die Rolle enthält allerdings noch keine Startberechtigung für den OData-Service `CB_SALES_QUOTATION_SRV`. Diese Berechtigung müssen Sie im Rollenprofil noch so anlegen, wie wir dies in Abschnitt 7.3.9, »Kataloge und Gruppen zu Rollen zuordnen«, erläutern.

7.4.9 SICF- und OData-Services auf dem Frontend-Server aktivieren

Die generische SAP-Fiori-App für Fact Sheets verwendet Annotationsdateien, um das User Interface aufzubauen. Diese Annotationsdateien werden per HTTP vom Frontend-Server gelesen. Die Annotationsdatei für das Fact Sheet **Verkaufsangebot** befindet sich im SICF-Service `BSCBN_ANF_SDSLS`. Diesen Service müssen Sie mit Transaktion SICF aktivieren.

Das Fact Sheet **Kundenangebot** verwendet den OData-Service `CB_SALES_QUOTATION_SRV`, Version 001, um die Details eines gefundenen Business-Objekts zu lesen. Diesen Service müssen Sie mit Transaktion /IWFND/MAINT_SERVICE auf dem Frontend-Server aktivieren. Klicken Sie auf **Service hinzufügen**. Geben Sie in dem Suchdialog den Systemalias zu Ihrem Backend-System und den technischen Servicenamen ein, und klicken Sie dann auf **Services abrufen**. Wählen Sie den Service in der Liste **Ausgewählte Backend-Services** aus, und klicken Sie dann auf **Ausgewählte Services hinzufügen** (siehe Abbildung 7.38). Im daraufhin angezeigten Dialog können Sie den technischen Modellnamen (eigentlich den Servicedokumentnamen) noch anpassen und ein Paket zuordnen. Klicken Sie anschließend auf **Weiter**.

Abbildung 7.38 Einen OData-Service hinzufügen

Gehen Sie nun mit **Zurück** wieder in die Liste der Services, und fügen Sie für Ihren neu angelegten Service einen Systemalias für das Backend-System hinzu.

[»]

Details zum Fact Sheet »Kundenangebot« in SAP S/4HANA

Für SAP S/4HANA finden Sie die Details zum Fact Sheet **Kundenangebot** unter: *http://s-prs.de/v726855*

7.5 KPI Modeler und Analytical Apps

Mit Analytical Apps – oft auch *Smart Business Modeler Apps* genannt – können Anwender auf ihrem SAP Fiori Launchpad Kacheln anlegen, die wichtige Kenngrößen über Geschäftsprozesse im Unternehmen anzeigen. Diese Key Performance Indicators werden mit der App **KPI Modeler** definiert. Ein KPI hat immer genau einen numerischen Wert, z. B. den freien Cashflow des Unternehmens. Es ist wünschenswert, dass sich dieser Wert in einem bestimmten Zielbereich bewegt. Dieser Zielbereich wird bei der Definition des KPIs festgelegt. Auf der KPI-Kachel wird nicht nur der momentane Wert des KPIs angezeigt, sondern es wird auch visualisiert, ob dieser Wert im Zielbereich liegt.

Sobald der Anwender auf eine KPI-Kachel klickt, startet eine SAP-Fiori-App, die Details über den KPI anzeigt. Bei dieser App handelt es sich in der Regel um die generische KPI-Drilldown-App, die Details des KPIs auf unterschiedliche Arten visualisieren kann.

Aufgaben

In diesem Abschnitt beschreiben wir zunächst, wie Sie das KPI Framework für Ihre Benutzer freischalten. Danach zeigen wir Ihnen, wie Sie KPIs für Ihre Endanwender zugänglich machen können. Dazu müssen Sie Folgendes erledigen:

- Privilegien für die Geschäftsdaten auf SAP HANA gewähren
- gegebenenfalls Hybrid Apps in gleicher Weise wie Transactional Apps konfigurieren
- KPIs im KPI Modeler anlegen

Als Beispiele verwenden wir in diesem Abschnitt die Analytical App **Liquiditätsvorschau** und die Hybrid App **Kundenauftragserfüllung**.

7.5.1 KPI Framework freischalten

Damit Ihre Benutzer das KPI Framework nutzen können, müssen Sie folgende Schritte ausführen:

1. Zuordnung von Benutzern zu KPI-Rollen auf SAP HANA vornehmen
2. SICF-Services für die KPI-Modellierungsanwendungen aktivieren
3. Benutzern KPI-Rollen auf dem Frontend zuordnen

SAP-HANA-Rollen

Nach dem Benutzerabgleich müssen Sie den Benutzern, die Analytical Apps nutzen oder konfigurieren möchten, analytische Privilegien im SAP HANA Modeler gewähren. Dazu hat das KPI Framework zwei Rollen vorgesehen:

- `sap.hba.apps.kpi.s.roles::SAP_SMART_BUSINESS_RUNTIME` für Anwender, die Analytical Apps verwenden möchten
- `sap.hba.apps.kpi.s.roles::SAP_SMART_BUSINESS_MODELER` für Benutzer, die KPIs erstellen und verwalten möchten

Öffnen Sie in SAP HANA Studio den Server-View, und navigieren Sie zu **Security • Users**. Wählen Sie einen Benutzer aus, und weisen Sie ihm auf der Registerkarte **Granted Roles** die entsprechenden Rollen zu.

KPI-Apps

Die KPI-Modellierungsanwendungen und die generische Drilldown-App befinden sich im SICF-Knoten */default_host/sap/bc/ui5_ui5/sap/ca_kpi*. Sie müssen ihn mit Transaktion SICF auf dem Frontend-Server aktivieren.

PFCG-Rolle

Ebenfalls auf dem Frontend müssen Sie die Benutzer, die das KPI Framework verwenden möchten, der PFCG-Rolle `SAP_KPIFRW_TCR_S` zuordnen. Damit erhalten Sie Zugriff auf den KPI-Kachelkatalog und eine Zielzuordnung von den KPI-Kacheln zur generischen Drilldown-App.

[«]

SAP HANA Studio

Das SAP HANA Studio basiert auf Eclipse. SAP hat angekündigt, dass es nach Eclipse-Version 2019-12 keine weitere Version des SAP HANA Studios mehr geben wird. In Zukunft müssen die SAP-HANA-Tools durch den Entwickler selbst als Eclipse-Plug-in installiert werden. Weitere Informationen hierzu, sowie die entsprechenden Plug-ins, finden Sie unter *https://tools.hana.ondemand.com/*. Die Hauptarbeitswerkzeuge sind jedoch das *SAP HANA Cockpit* bzw. SAP Web IDE auf SAP HANA.

7.5.2 Privilegien auf SAP HANA gewähren

Nun kommen wir zu den Implementierungsschritten für die einzelnen Analytical Apps. Als Beispiel verwenden wir hier die Analytical App **Meine Angebotspipeline**.

Damit ein Nutzer Lesezugriff auf die SAP-HANA-XS-OData-Services und die virtuellen Datenmodelle einer Analytical App bekommt, müssen Sie ihm auf SAP HANA XS die entsprechenden Rechte gewähren. Dazu liefert SAP vordefinierte Rollen aus. Für die Analytical App **Meine Angebotspipeline** ist dies die Rolle `sap.hba.apps.qtbl.s.roles::qtpl`.

Wenn Ihnen diese Standardrolle nicht genügt, weil Sie für manche Nutzer die Rechte weiter einschränken möchten, müssen Sie weitere Rollen anlegen, diesen Rollen eingeschränktere analytische Privilegien zuteilen und die Benutzer diesen neuen Rollen zuweisen. Dazu legen Sie in SAP HANA Studio ein neues analytisches Privileg an. Wählen Sie dann die virtuellen Datenmodelle der Analytical App aus, und legen Sie die Restriktionen für die Attribute der Datenmodelle fest. In Abbildung 7.39 wurde z. B. das Attribut **SalesOrganization** auf den Wert **1000** eingeschränkt. Damit sieht der Nutzer nur noch Angebote der Vertriebsorganisation 1000 und keine Angebote aus anderen Vertriebsorganisationen.

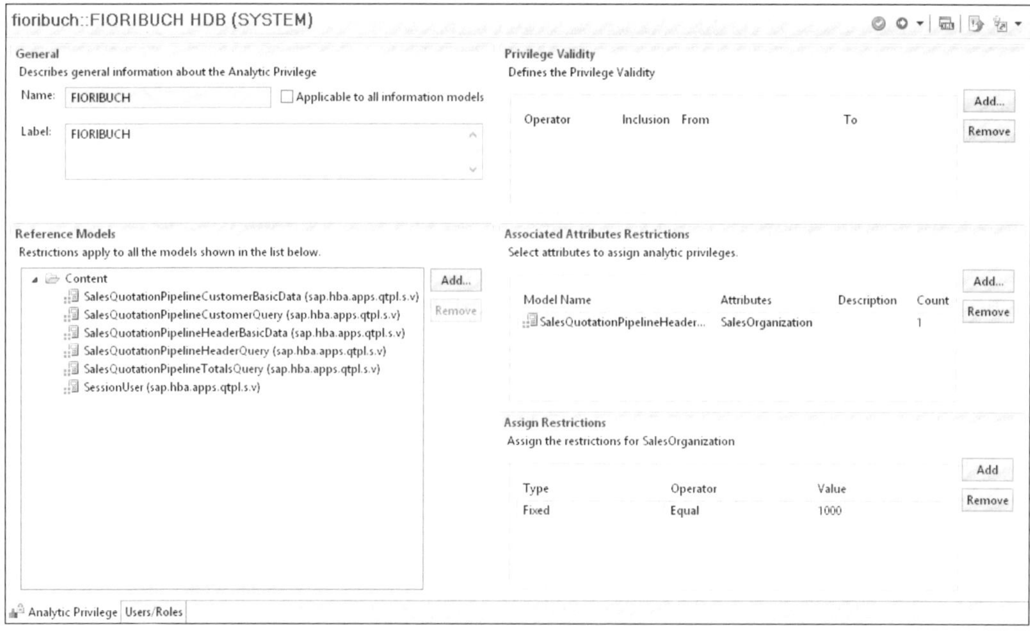

Abbildung 7.39 Analytische Privilegien anlegen

7.5.3 Konfiguration von Hybrid Apps

Manche Analytical Apps – z. B. die App **Sales Order Fulfillment** – sind zugleich Hybrid Apps. Diese Apps werden zwar über eine KPI-Kachel gestartet, verwenden dann jedoch nicht die generische Drilldown-App, sondern eine Transactional App für die Detailanzeige des KPIs.

Zusätzlich zu den analytischen Privilegien auf SAP HANA müssen Sie diese Apps so konfigurieren, wie wir dies in Abschnitt 7.3, »SAP Fiori Launchpad und Transactional Apps«, beschreiben. Im Einzelnen sind dies die folgenden Konfigurationsschritte:

Konfiguration

1. SICF-Services für das User Interface auf dem Frontend-Server aktivieren
2. OData-Services auf dem Frontend-Server registrieren
3. Benutzer den PFCG-Rollen auf dem Frontend-Server zuordnen
4. PFCG-Rollen auf dem Backend kopieren, anpassen und die Benutzer zuordnen

7.5.4 KPIs anlegen

KPIs müssen zunächst mit dem KPI Modeler angelegt werden, bevor Nutzer sie verwenden können. In diesem Abschnitt beschreiben wir die Verwendung des KPI Modelers. Folgende Schritte müssen Sie dabei ausführen:

1. KPI anlegen
2. Evaluation anlegen
   - Variante anlegen
   - Parameter pflegen
   - Ziel- und Grenzwerte festlegen
   - Vergleichsvariante für Trends auswählen
   - Berechtigungen vergeben
3. KPI-Kacheln anlegen
4. KPI-Drilldown-Views konfigurieren

[+]

Sprachen im KPI Modeler

Die Benutzeroberfläche des KPI Modelers ist zumindest für die SAP Business Suite durchgängig in Englisch gehalten, auch dann, wenn Sie sich mit einer anderen Sprache anmelden.

Für die Titel der KPIs, Evaluations und Views können Sie zusätzliche Titel in anderen Sprachen eingeben. Diese Funktion sollten Sie unbedingt verwenden, wenn in Ihrem Unternehmen mehrere Sprachen verwendet werden. Pflegen Sie die Titel z. B. nur in Deutsch, dann werden den Nutzern, die sich auf Englisch anmelden, keine Titel für die KPIs, Evaluations und Views angezeigt!

Erst mit SAP S/4HANA gibt es lokalisierte Apps für die KPI-Modellierung.

KPI Modeler starten

Wenn Sie die SAP Business Suite verwenden, starten Sie den KPI Modeler über die URL *http(s)://<host>:<port>/sap/bc/ui5_ui5/sap/ca_kpi/modeler/index.html*. In SAP S/4HANA gibt es für denselben Zweck die SAP-Fiori-App **KPI Workspace**. Eine Starterkachel für diese App ist im Launchpad-Katalog `SP_TC_CA_SSB_COMMON` zu finden, auf die in der PFCG-Rolle `SAP_BR_ANALYTICS_SPECIALIST` verwiesen wird. Im Folgenden beschreiben wir die Situation für die SAP Business Suite. Das Prinzip bei SAP S/4HANA ist dasselbe; die Benutzeroberfläche sieht allerdings etwas anders aus.

Neuen KPI hinzufügen

Sie fügen einen neuen KPI hinzu, indem Sie im KPI Modeler im Menü links unten den Eintrag **Add New KPI** auswählen. Abbildung 7.40 zeigt ein Beispiel für den KPI **Liquiditätsvorschau**.

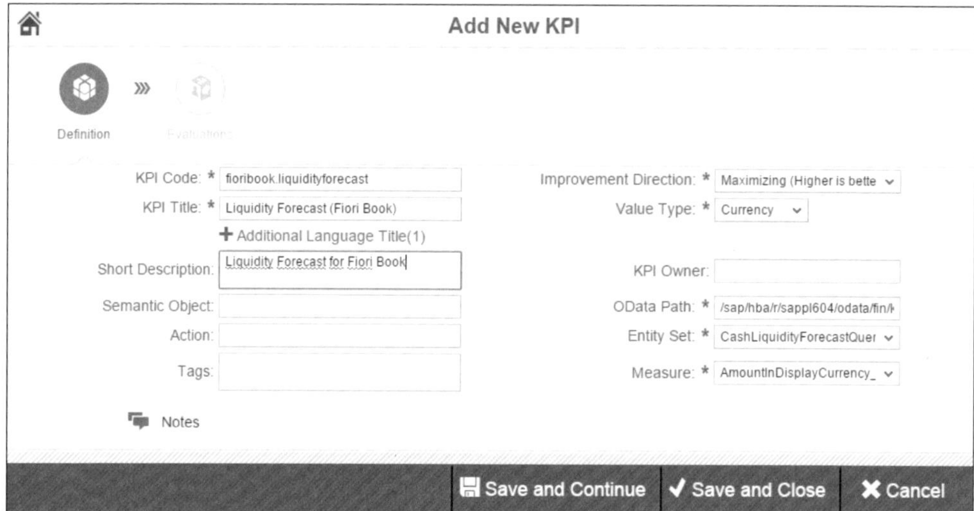

Abbildung 7.40 KPI anlegen

1. Vergeben Sie einen systemweit eindeutigen KPI-Code, pflegen Sie den KPI-Titel in allen Sprachen, mit denen sich Ihre Nutzer anmelden, und fügen Sie eine kurze Beschreibung hinzu. Die Felder **Semantic Object** und **Action** lassen Sie leer, wenn Sie die generische Drilldown-App zur Detaildarstellung des KPIs verwenden. Ansonsten tragen Sie hier das semantische Objekt und die Aktion ein, die bei der Dokumentation der Hybrid App angegeben sind.
2. In der Dropdown-Liste zu **Improvement Direction** definieren Sie, in welche Richtung sich ein KPI bewegen sollte. Hier haben Sie die Auswahl zwischen drei Möglichkeiten:
   - **Maximizing**
     Höhere KPI-Werte sind besser, z. B. der Umsatz eines Unternehmens.

   - **Minimizing**
     Niedrigere KPI-Werte sind besser, z. B. die Kosten eines Unternehmens.
   - **Value Range**
     Der KPI-Wert sollte sich innerhalb eines Bereichs bewegen, z. B. das Verhältnis vom Lagerbestand zur Verkaufszahl eines Produkts.
3. Bei **OData Path** geben Sie den Pfad zu dem OData-Service auf SAP HANA XS ein, der Ihnen die KPI-Werte liefern kann. Sobald Sie diesen Pfad eingegeben haben, können Sie in der Dropdown-Liste zu **Entity Set** die Entitätenmenge auswählen, die den KPI-Wert enthält, und anschließend in der Dropdown-Liste **Measure** das Feld auswählen, das den KPI-Wert enthält.
4. Klicken Sie nun auf **Save and Continue**, um eine oder mehrere Bewertungen einzugeben.

Bewertung definieren

Eine *Bewertung* (engl. Evaluation) ist eine qualitative Bewertung eines KPI-Werts oder der Entwicklung eines KPI-Werts über einen bestimmten Zeitraum. Eine Bewertung umfasst die folgenden Angaben:

- Variante (engl. Variant): Filter- und Parameterwerte für den OData-Service, der den aktuellen KPI-Wert liefert
- Parameter: Name, Maßeinheit, Skalierungsfaktor und Anzahl der Dezimalstellen einer Bewertung
- Ziel- und Schwellenwerte für den KPI-Wert
- Trend: Angabe einer anderen Variante desselben KPIs für Vergleiche
- Berechtigungen für die Verwendung der Evaluation

Variante definieren

Sie beginnen die Definition einer Evaluation mit der Definition einer neuen *Variante* oder der Auswahl einer vorhandenen Variante (siehe Abbildung 7.41). Eine Variante definiert die Input-Parameter und Filter zur Ermittlung des KPI-Werts.

Vergeben Sie für die Variante im Feld **Variant ID** eine eindeutige Varianten-ID und im Feld **Variant Title** einen Variantentitel. Legen Sie außerdem die Filtereinstellungen und Input-Parameter für den Aufruf des OData-Services fest, den Sie ja schon bei der Definition des KPIs bestimmt haben.

Im Beispiel aus Abbildung 7.41 sind dies der SAP-Mandant, die Cash-Management-Gruppe, die Zielwährung, der Typ des Umrechnungskurses sowie Start- und End-Offset für den Zeitraum der Liquiditätsvorschau. Diese Offsets sind im Beispiel (Feld **P_ToOffsetDays**) so gewählt, dass die Liquidität für die nächsten vierzehn Tage ermittelt wird.

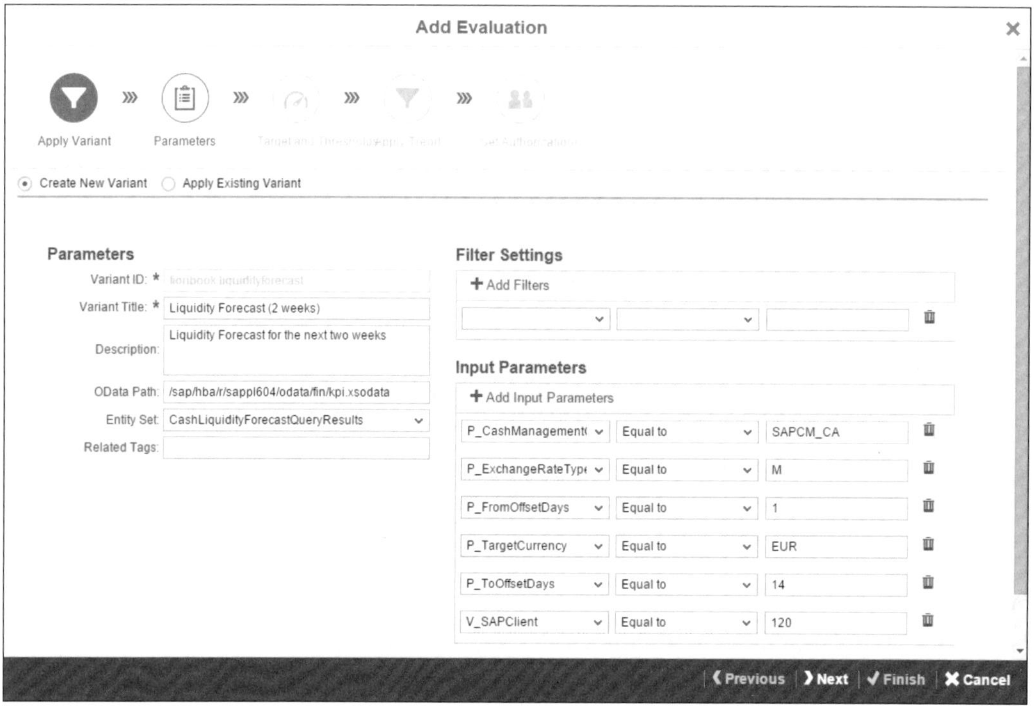

Abbildung 7.41 Variante anlegen

Bewertungsparameter festlegen

Klicken Sie nun auf **Next**, um die Bewertungsparameter zu bestimmen. Sie legen fest, wie der KPI-Wert auf der KPI-Kachel dargestellt wird. Abbildung 7.42 zeigt dies beispielhaft.

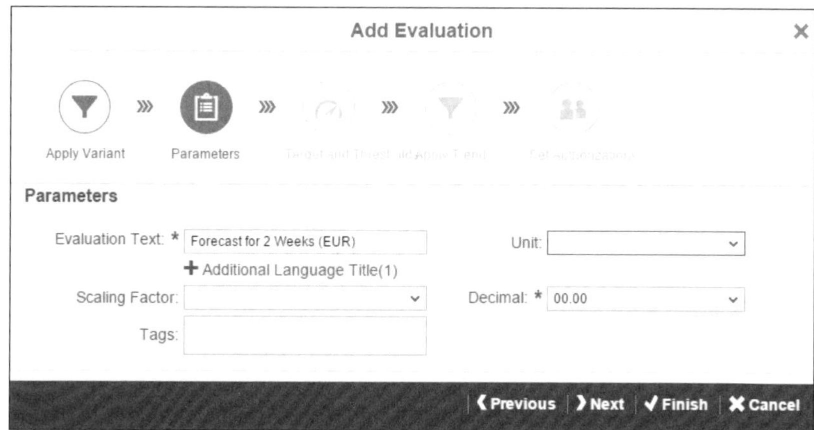

Abbildung 7.42 Bewertungsparameter festlegen

Wichtige Bewertungsparameter sind:

- Text für die Bewertung: Diesen Text können Sie in mehreren Sprachen angeben.
- Skalierungsfaktor: Der KPI-Wert wird durch den Skalierungsfaktor (100, 1K, 1M, 1B) geteilt und zusammen mit dem Skalierungsfaktor ausgegeben.
- Einheit: Die Einheit wird zusammen mit dem KPI-Wert ausgegeben.
- Anzahl der Dezimalstellen

Ziel- und Schwellenwerte angeben

Klicken Sie nun auf **Next**, um die Ziel- und Schwellenwerte anzugeben, innerhalb derer sich der KPI bewegen sollte (siehe Abbildung 7.43). Diese Werte legen fest, in welcher der drei Ampelfarben (Grün, Gelb, Rot) der KPI-Wert auf der KPI-Kachel erscheint.

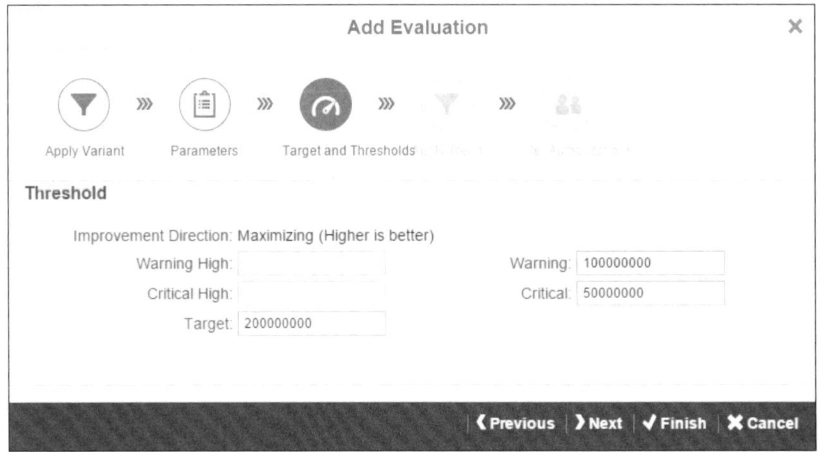

Abbildung 7.43 Ziel- und Schwellenwerte festlegen

Sie können hier unter **Target** den Zielwert angeben, den der KPI erreichen sollte. Bei **Warning High** und **Warning** geben Sie die obere und untere Grenze für das Intervall ein, innerhalb dessen sich der KPI-Wert bewegen *sollte*. Liegt der KPI-Wert innerhalb des Intervalls, wird der Wert auf der KPI-Kachel grün dargestellt, liegt der KPI-Wert außerhalb des Intervalls, erscheint er in gelber Farbe. Idealerweise liegt der Zielwert natürlich innerhalb dieses Intervalls.

Bei **Critical High** und **Critical** geben Sie die obere und untere Grenze für das Intervall ein, innerhalb dessen sich der KPI-Wert bewegen *muss*. Liegt er außerhalb des Intervalls, wird der Wert von der KPI-Kachel rot dargestellt. Dieses Intervall sollte natürlich das Intervall umfassen, innerhalb dessen sich der KPI-Wert bewegen *sollte*.

Im Beispiel in Abbildung 7.43 können nur die unteren, aber nicht die oberen Intervallgrenzen eingegeben werden, da bei der KPI-Definition angegeben wurde, dass höhere Werte besser sind als niedrigere Werte.

Trend darstellen

Klicken Sie nun auf **Next**, um optional eine Vergleichsvariante für die Darstellung eines Trends (Verbesserung oder Verschlechterung des KPIs gegenüber der Vergleichsvariante) auszuwählen. Dazu wählen Sie aus der Liste der Varianten eine Variante aus und klicken auf **Save and Continue**.

Berechtigungen vergeben

Zum Schluss der Bewertungsdefinition wählen Sie die Benutzer aus, die die Bewertung verwenden dürfen. Wählen Sie dazu einen oder mehrere Benutzer aus, und klicken Sie dann auf **Finish** (siehe Abbildung 7.44).

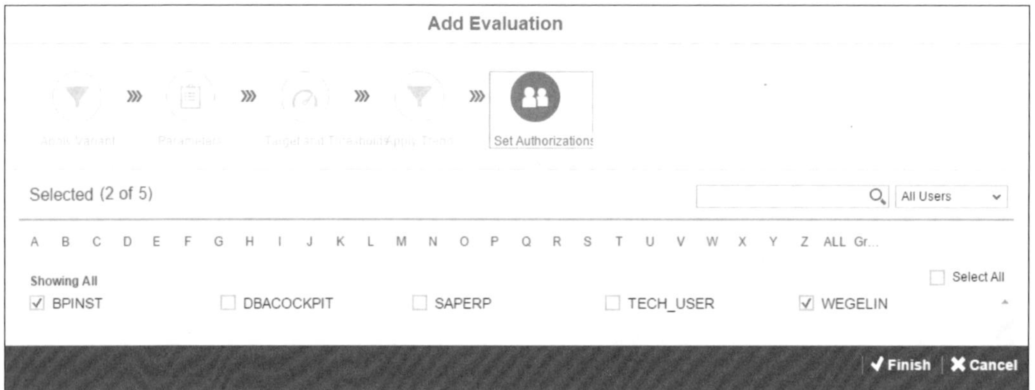

Abbildung 7.44 Berechtigung für die Evaluation vergeben

Damit haben Sie die Definition des KPIs und seiner Bewertungen abgeschlossen. Sie müssen den KPI nun noch aktivieren, damit Sie Kacheln für ihn anlegen können. Klicken Sie dazu auf den Menüeintrag **Activate** in der Statusleiste.

KPI-Kachel anlegen

Um eine KPI-Kachel anzulegen, klicken Sie auf den Menüeintrag **Manage Visualizations** unten links im KPI Modeler. Wählen Sie Ihre Bewertung aus, und klicken Sie dann auf **Add Tile**, um eine neue Kachel für Ihre Bewertung anzulegen (siehe Abbildung 7.45).

Sie haben die Auswahl zwischen zwei Kacheltypen: KPI-Kachel und Reportkachel. Eine KPI-Kachel zeigt nur einen KPI-Wert an, während eine Reportkachel die Entwicklung eines KPI-Werts über einen bestimmten Zeitraum visualisiert.

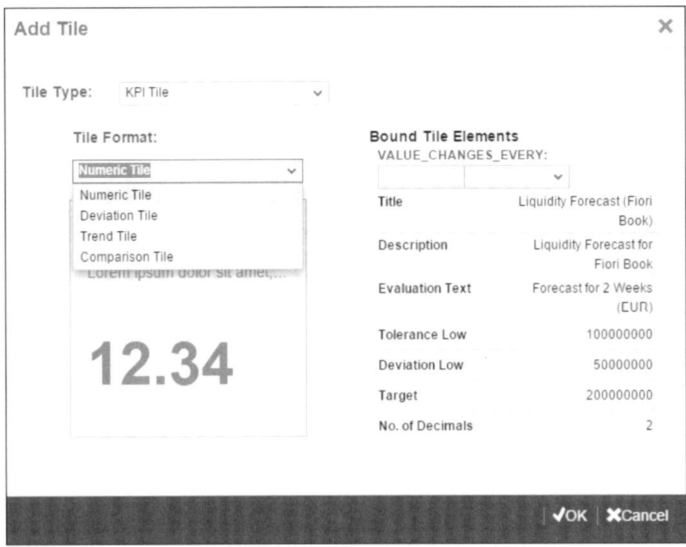

Abbildung 7.45 KPI-Kachel hinzufügen

7

KPI-Kacheltypen

Für KPI-Kacheln können Sie zwischen vier Kachelformaten wählen:

- **Numerische Kachel (Numeric Tile)**
  Diese Kachel stellt nur den aktuellen KPI-Wert als Zahl dar.
- **Abweichungskachel (Deviation Tile)**
  Diese Kachel stellt die Zielintervalle und die Lage des KPI-Werts innerhalb der Zielintervalle dar.
- **Trendkachel (Trend Tile)**
  Diese Kachel stellt die Veränderung (besser, schlechter, unverändert) eines KPI-Werts gegenüber einer Vergleichsvariante dar.
- **Vergleichskachel (Comparison Tile)**
  Diese Kachel stellt bis zu drei KPI-Werte als Balkengrafik dar.

Zudem können Sie festlegen, wie oft der dargestellte Wert aktualisiert werden soll. Für jede Bewertung können Sie eine oder mehrere Kacheln anlegen, aber immer nur eine Kachel jeden Typs.

KPI-Drilldown-Views

Definieren Sie nun einen oder mehrere KPI-Drilldown-Views für die Bewertung. Für eine Bewertung können Sie bis zu sieben Views definieren. Abbildung 7.46 zeigt die Konfiguration eines Views vom Typ *Liniendiagramm*. Unter **Show As** wurde angegeben, dass die KPI-Werte in einem Diagramm (engl. Chart) dargestellt werden sollen. Alternativ können Sie die Werte auch als Tabelle oder als Diagramm mit Tabelle anzeigen. Als Typ wurde das Liniendiagramm ausgewählt. Alternativen sind u. a. Balken-, Säulen- oder Blasendiagramme.

Jeder View hat einen übersetzbaren Namen. Die Namen des Views werden dem Anwender in einer Dropdown-Liste angezeigt, sodass er zwischen den unterschiedlichen Views wechseln kann.

Mögliche Einstellungen

Abhängig vom Diagrammtyp und vom Entitätstyp des OData-Services können Sie einen oder mehrere Werte und Dimensionen auswählen, die im Diagramm angezeigt werden sollen. In Abbildung 7.46 wurden zwei Liquiditätswerte mit dem Datum kombiniert.

Sobald Sie die Views konfiguriert haben, klicken Sie zum Sichern auf **OK**.

Abbildung 7.46 Drilldown konfigurieren

7.5.5 KPI-Kacheln verwenden

Ein Anwender kann sich die KPI-Kacheln von Bewertungen auf seinem SAP Fiori Launchpad anzeigen lassen, für die er Berechtigungen erhalten hat. Dazu öffnet er im Launchpad die Kataloge. Die KPI-Kacheln werden im KPI-Katalog angezeigt. Von dort kann er die Kacheln, wie schon beschrieben, in seine Launchpad-Gruppen ziehen.

7.6 KPI Design und Analytical Apps unter SAP S/4HANA

Nachdem wir im vorangegangenen Abschnitt Analytical Apps und den KPI Modeler für SAP-ERP-Systeme beschrieben haben, die auf SAP HANA basieren, gehen wir in diesem Abschnitt auf Analytical und KPI Design Apps im Kontext von SAP S/4HANA ein. Wie in Abschnitt 5.7, »Architektur im Kontext von SAP S/4 HANA«, bereits erläutert, gibt es unter SAP S/4HANA nur noch einen Archetyp für alle drei Arten von SAP-Fiori-Anwendungen. Diese Reduzierung hat auch Auswirkungen auf die Verwendung von Analytical Apps. Im Zentrum der Arbeit mit analytischen Artefakten in SAP S/4HANA steht die *Analytical Engine*.

7.6.1 Analytical Apps konfigurieren

SAP S/4HANA Embedded Analytics konfigurieren

Die Hauptaufgabe bei der Konfiguration von Analytical Apps im Kontext von SAP S/4HANA ist die Konfiguration von *SAP S/4HANA Embedded Analytics* und *KPI Design Apps*. Wie in Kapitel 5, »Architektur«, beschrieben, werden in SAP S/4HANA die analytischen Aspekte einer Anwendung in der SAP S/4HANA Embedded Analytics Engine verarbeitet. Das Erstellen von Analytical Apps erfolgt über die KPI Design Apps. Die SAP-Hinweise 2289865 und 2636754 beschreiben, welche Schritte im Detail auf dem Backend-System erforderlich sind.

Im Folgenden geben wir einen kurzen Überblick:

- Rufen Sie Transaktion SU01 auf, und öffnen Sie den Benutzer DDIC im Bearbeitungsmodus. Setzen Sie den Parameter `RSWAD_DEV_MDVERSION` auf den Wert `'072'` und den Parameter `RSWAD_SKIP_JAVA` auf den Wert `'X'`.
- Rufen Sie Transaktion SE37 auf, führen Sie den Funktionsbaustein `RS_MANDT_UNIQUE_SET` aus, und setzen Sie den Mandaten, der für Ihr BW-System verwendet werden soll. Führen Sie im Anschluss den Funktionsbaustein `RS_MANDT_UNIQUE_GET` aus, und überprüfen Sie, ob der Exportparameter `E_UNIQUE_MANDT` den zuvor gesetzten Mandaten enthält.
- Kehren Sie zurück in den Startbildschirm von Transaktion SE37, und rufen Sie den Funktionsbaustein `RSEC_GENERATE_BI_ALL` auf, um die Berechtigung `BI_ALL` zu generieren.
- Starten Sie Transaktion SE38, und setzen Sie die beiden Parameter `SKIP_ADMIN_COCKPIT_INSTALLATION` und `RSDDSTAT_GLOBAL_OFF` jeweils auf den Wert `X`. Sie müssen dazu das Programm für jeden Parameter separat ausführen.
- Legen Sie die Pakete für die OData-Services an. Kehren Sie dazu zum Ausgangsbildschirm von Transaktion SE38 zurück, und starten Sie das Pro-

gramm EQ_RS_AUTOSETUP. Achten Sie dabei darauf, dass Sie das Programm nicht im Testlauf ausführen.

Technische Objekte installieren

Starten Sie im Anschluss Transaktion RSTCO_ADMIN, und installieren Sie die technischen Objekte für SAP S/4HANA Embedded Analytics. Die Transaktion startet den Job BI_TCO_ACTIVATE. Dieser installiert die benötigten Objekte auf dem Backend-System. Das kann einige Zeit in Anspruch nehmen. Über die Transaktionen SM37 oder SMX können Sie den Hintergrundjob im Blick behalten. Nachdem der Job beendet ist, rufen Sie **Job-Log** auf und prüfen, ob beim Installieren Probleme aufgetreten sind. Wenn Sie einzelne InfoObjekte aktivieren wollen, können Sie auch den Report RSDG_IOBJ_ACTIVATE verwenden. Wurde der Job erfolgreich abgearbeitet, können Sie über Transaktion RSD5 noch einmal den Zustand einzelner InfoObjekte prüfen.

KPI Design Apps konfigurieren

Die Sammlung der KPI Design Apps besteht aus verschiedenen Anwendungen, die im Einzelnen der SAP Fiori Apps Reference Library entnommen werden können. Tabelle 7.4 zeigt, welche ICF-Knoten für welche Anwendung stehen:

ICF-Knoten auf Frontend-Server	Anwendung
/sap/bc/ui5_ui5/sap/sb_apps_wss1	KPI Workspace
/sap/bc/ui5_ui5/sap/sb_apps_kpis1	KPI anlegen
/sap/bc/ui5_ui5/sap/sb_apps_evals1	Auswertungen anlegen
/sap/bc/ui5_ui5/sap/sb_apps_tiles1	KPI-Kachel konfigurieren
/sap/bc/ui5_ui5/sap/sb_apps_dds1	Drilldown konfigurieren
/sap/bc/ui5_ui5/sap/sb_apps_assocs1	KPI-Verknüpfungen verwalten
/sap/bc/ui5_ui5/sap/sb_apps_libs1	Bibliothek für Designwiederverwendung
/sap/bc/ui5_ui5/sap/sbrtapps1	SAP Smart Business Runtime

Tabelle 7.4 ICF-Knoten für KPI Design Apps

OData-Services von SAP Smart Business

Zusätzlich werden der OData-Service /sap/opu/SSB/SMART_BUSINESS_DESIGNTIME_SRV für die Design Time und der OData-Service /sap/opu /SSB/SMART_BUSINESS_RUNTIME_SRV für die Laufzeitumgebung benötigt. Sowohl die genannten ICF-Knoten für die SAPUI5-Anwendungen von SAP Smart Business als auch die OData-Services müssen aktiv sein.

OData-Service registrieren

Da die Oberfläche einer Analytical App mit SAP Smart Business erstellt wird, muss keine zusätzliche SAPUI5-Anwendung installiert werden. Es ist lediglich notwendig, den Datenlieferanten (den OData-Service) auf dem Frontend-Server zu registrieren.

7.6.2 KPI Design Apps verwenden

Nachdem die Konfiguration abgeschlossen ist, kann mit den KPI Design Apps gearbeitet werden. Benutzer, die in der Lage sein sollen, die Anwendungen zu verwenden, müssen der PFCG-Rolle `SAP_BR_ANALYTICS_SPECIALIST` zugeordnet werden. Anschließend können sie die Anwendungen im SAP Fiori Launchpad verwenden, wie in Abbildung 7.47 gezeigt.

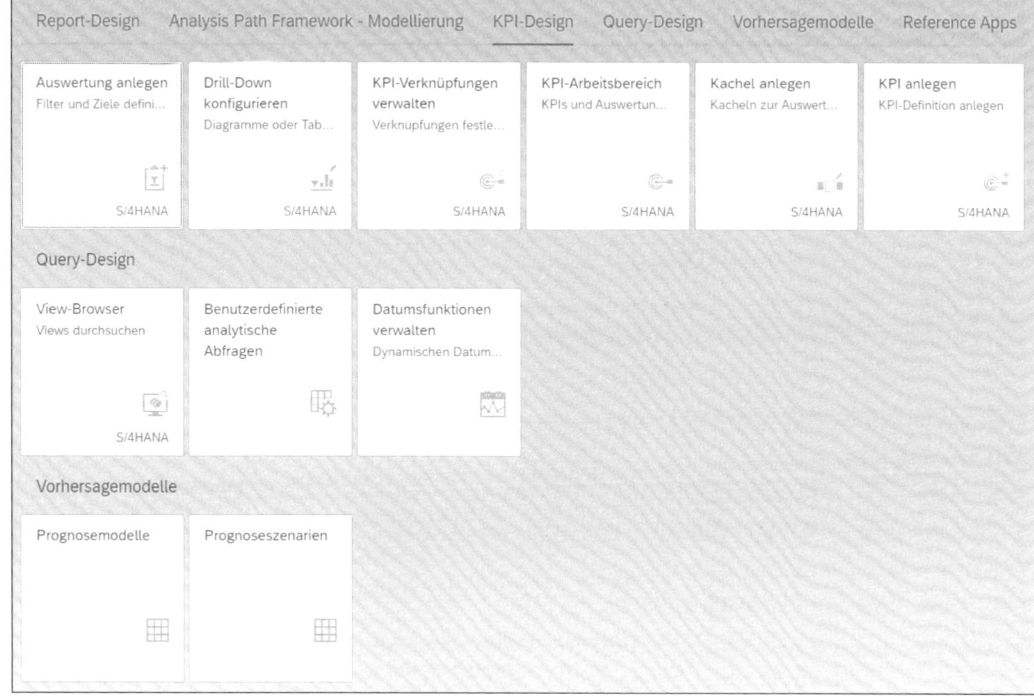

Abbildung 7.47 KPI Design Apps

Wie Sie aus der Abbildung auch entnehmen können, gibt es neben den KPI Design Apps eine Anwendung mit dem Namen **View-Browser**. Sie liegt in einem eigenen Business-Katalog, SAP_CA_BC_VDM. Sie zeigt CDS Views, die als analytische Queries gestaltet wurden. Abbildung 7.48 zeigt den CDS View Z_C_FLIGHTBYAIRPORTQRY.

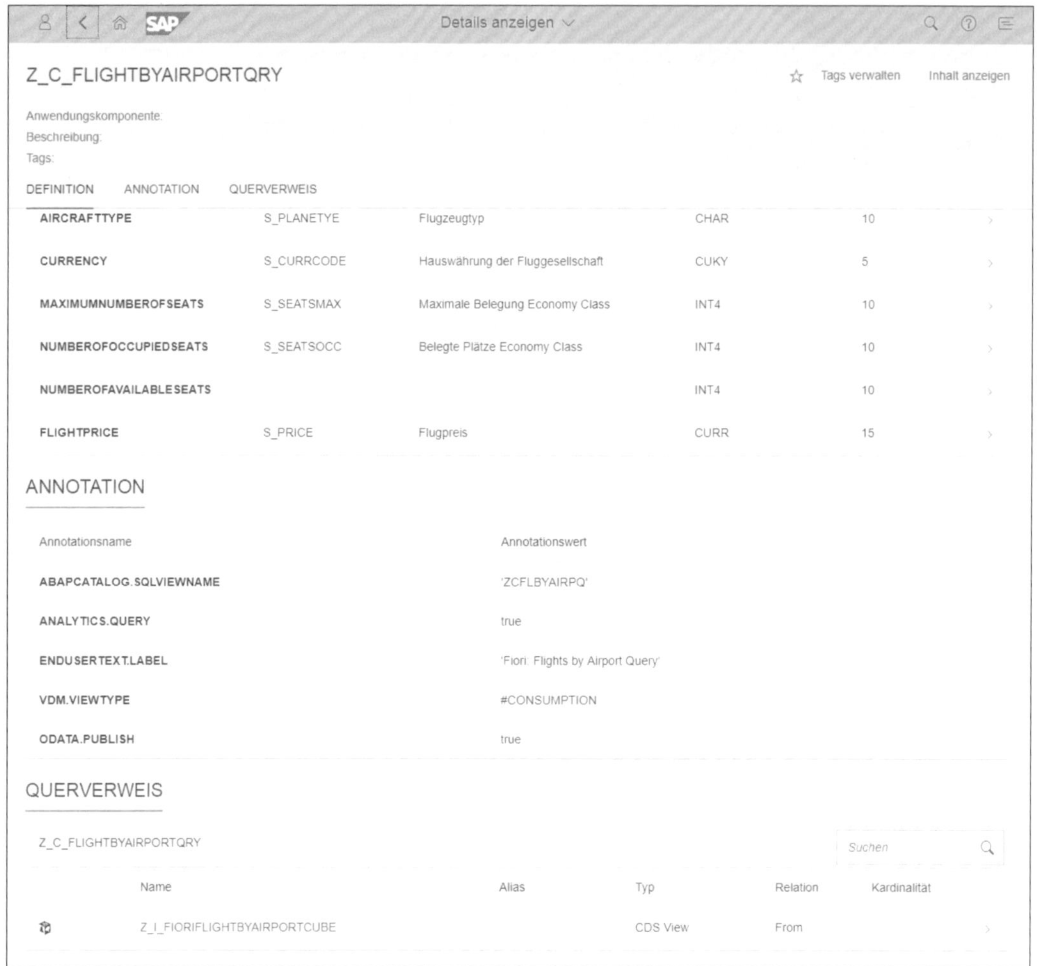

Abbildung 7.48 ABAP CDS View »Z_C_FLIGHTBYAIRPORTQRY« in der Browser-Ansicht

KPI-Kachel anlegen

Nachdem Sie Benutzern die entsprechenden Rechte für KPI Design Apps zugeordnet haben, wollen wir nun eine kleine KPI-Anwendung designen. Wir verwenden dazu eine relativ einfache ABAP-CDS-Implementierung. Sie finden diese im Download-Bereich zum Buch unter *http://www.sap-press.de/4974*.

[«]

Kachelkatalog »Z_BC_Fiori«

In unserer Demo gehen wir davon aus, dass im Vorfeld ein Kachelkatalog mit dem Namen `Z_BC_Fiori` über den SAP Fiori Launchpad Designer angelegt wurde.

KPI-Arbeitsbereich aufrufen

Um eine KPI-Kachel anzulegen, rufen Sie die Kachel **KPI-Arbeitsbereich** im SAP Fiori Launchpad auf. Nachdem die Anwendung geladen wurde, klicken Sie auf den **+**-Button in der Fußzeile. Im Anschluss geben Sie die in Abbildung 7.49 gezeigten Parameter ein. Im Feld **CDS-View** tragen Sie den ABAP CDS View »Z_C_FLIGHTBYAIRPORTQRY« ein.

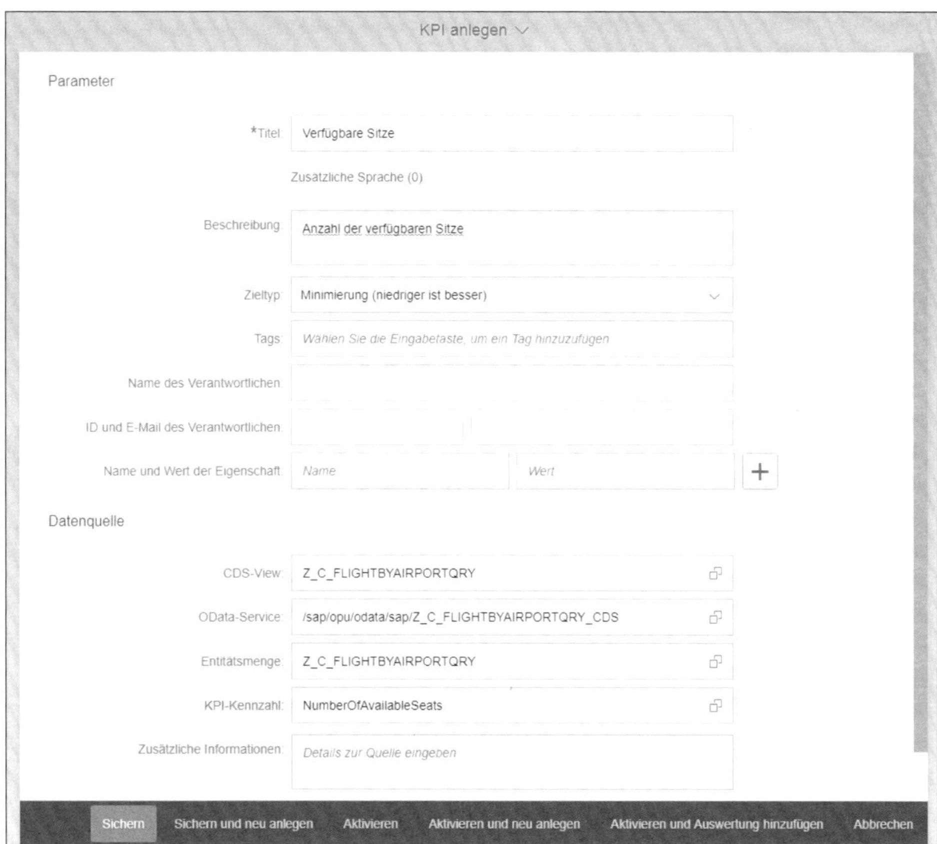

Abbildung 7.49 KPI-Konfiguration

Für das Feld **OData-Service** wählen Sie den OData-Service aus, der durch den CDS View implementiert wurde, in unserem Beispiel »/sap/opu/odata/sap/Z_C_FLIGHTBYAIRPORTQRY_CDS«. Im Feld **Entitätsmenge** wählen Sie den einzigen verfügbaren, durch den ABAP CDS View vorgegebenen Wert aus. Da wir als Kennzahl die Anzahl verfügbarer Plätze verwenden wollen, selektieren Sie für das Feld **KPI-Kennzahl** über die F4-Hilfe das Feld »NumberOfAvailableSeats«. Zum Schluss klicken Sie auf den Button **Aktivieren und Auswertung hinzufügen**. Im sich öffnenden Dialog weisen Sie Ihre Änderungen einem Customizing-Auftrag zu und bestätigen mit **OK**.

ABAP CDS

Falls Sie noch keine Erfahrung in der Verwendung von ABAP CDS sammeln konnten, gibt Ihnen Kapitel 11, »Entwicklung von Backend-Diensten«, eine kurze Einführung.

Schwellenwerte angeben

Im nächsten Schritt geben Sie in das Feld **Auswertung** den Text »pro Ziel« ein und legen, wie in Abbildung 7.50 gezeigt, Ziel und Schwellenwerte an. Anschließend klicken Sie auf den Button **Kachel aktivieren und konfigurieren**.

Ziel, Schwellenwerte und Trend

(3) Kritisch:	50000
(2) Warnung:	25000
(1) Ziel:	0
Referenzwert:	Wert eingeben
Trend:	Wert eingeben

Abbildung 7.50 Schwellenwert und Ziel festlegen

Kachel konfigurieren und aktivieren

Im sich öffnenden Dialog **Kachelkonfiguration** wählen Sie anschließend den Kacheltyp **Duale Kachel** aus und geben, wie in Abbildung 7.51 gezeigt, den SAP-Fiori-Katalog »Z_BC_FIORI« sowie ein semantisches Objekt und eine Aktion an. Das semantische Objekt und die Aktion müssen im Vorfeld nicht angelegt werden. Zum Abschluss des Arbeitsschritts klicken Sie auf den Button **Sichern und Drilldown konfigurieren**.

Drilldown konfigurieren

Um als Nächstes den Drilldown zu konfigurieren, klicken Sie auf den Button **Konfigurieren** (er befindet sich in der Fußzeile). Es erscheint der Dialog aus Abbildung 7.52, in dem Sie Dimensionen und Kennzahlen festlegen können. Wählen Sie als Dimensionen, wie gezeigt, **Departure Airport** und **Destination Airport** aus.

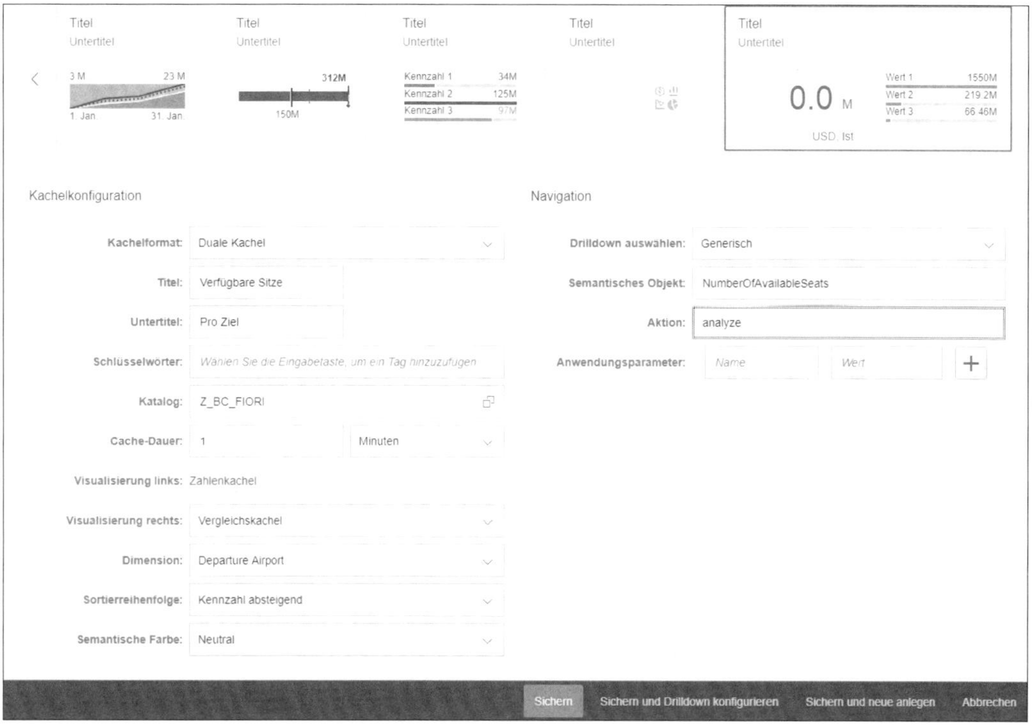

Abbildung 7.51 Kachelkonfiguration festlegen

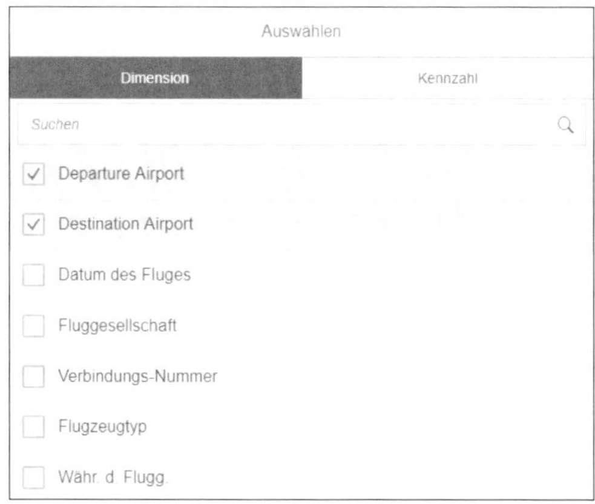

Abbildung 7.52 Dimensionen festlegen

Danach klicken Sie auf die Registerkarte **Kennzahl** und wählen, wie in Abbildung 7.53 gezeigt, **Belegung Eco.** und **Available Seats(Hauptkennzahl)** aus. Bei den verfügbaren Plätzen handelt es sich um die von uns in einem früheren Schritt festgelegte Hauptkennzahl (siehe Abbildung 7.49). Schließen Sie den Dialog über **OK**.

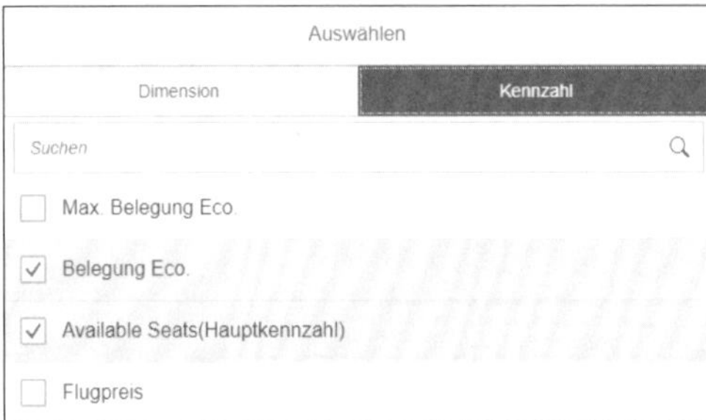

Abbildung 7.53 Kennzahlen festlegen

Drilldown-Konfiguration verfeinern

Die hinter dem Dialog liegende Ansicht wird aktualisiert, und die von Ihnen gewählten Größen werden in der Drilldown-Konfiguration gezeigt. Da wir die Zahlen verfügbarer Sitze (Available Seats) gerne absteigend sortieren möchten, klicken wir auf das Zahnrad-Icon direkt neben der Kennzahl und ändern die Sortierreihenfolge entsprechend. Um mit echten Daten zu arbeiten, wählen Sie im Feld **Daten** zudem den Eintrag **Backend-Daten**. Nachdem Sie im Feld **View-Titel** noch einen Wert eingegeben haben, in unserem Beispiel »Abflug/Ziel (%)«, klicken Sie auf den **OK**-Button unten rechts (siehe Abbildung 7.54) und sichern Sie die Konfiguration.

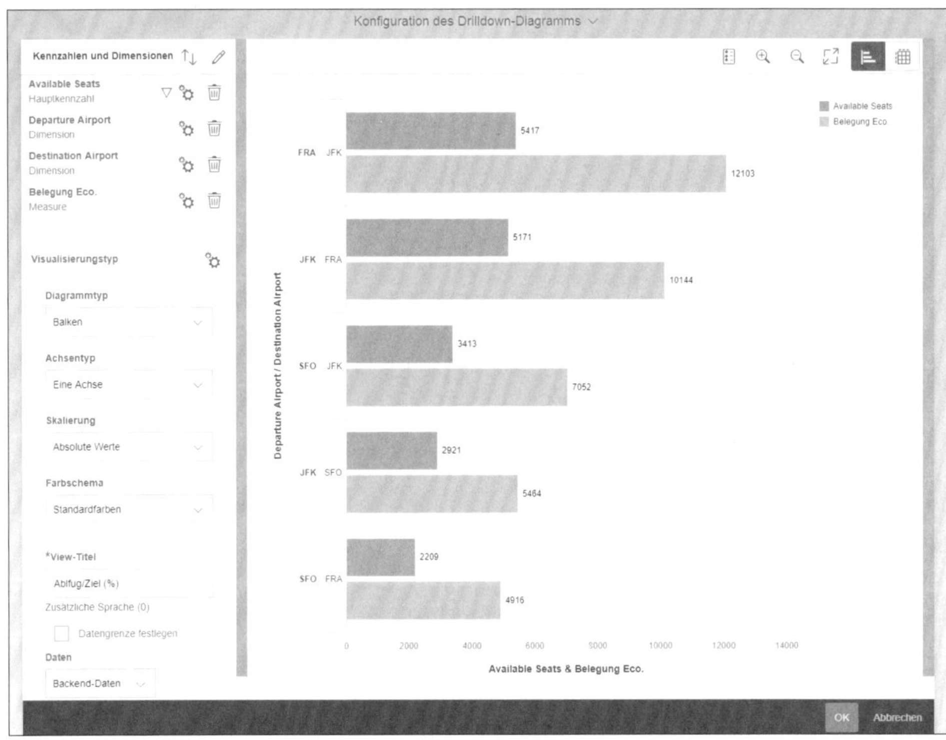

Abbildung 7.54 Drilldown-Diagramm konfigurieren

Konfiguration anpassen

URL und ID anpassen

Da sich mit dem im vorangegangenen Abschnitt vorgestellten Assistenten die KPI-Kachel nicht vollständig anlegen lässt, müssen Sie die Kachelkonfiguration anschließend noch anpassen. Rufen Sie dazu den SAP Fiori Launchpad Designer auf, und öffnen Sie den SAP-Fiori-Katalog `Z_BC_Fiori`. Anschließend rufen Sie die Zielzuordnung für Ihre KPI-Anwendung auf (siehe dazu Abschnitt 7.3.5, »Zielzuordnungen konfigurieren«). Ändern Sie das Feld **URL** in »/sap/bc/ui5_ui5/sap/sbrt_appss1«, und fügen Sie in das Feld **ID** den Wert »ssuite.smartbusiness.runtime.s1« ein (siehe Abbildung 7.55). Speichern Sie Ihre Änderungen.

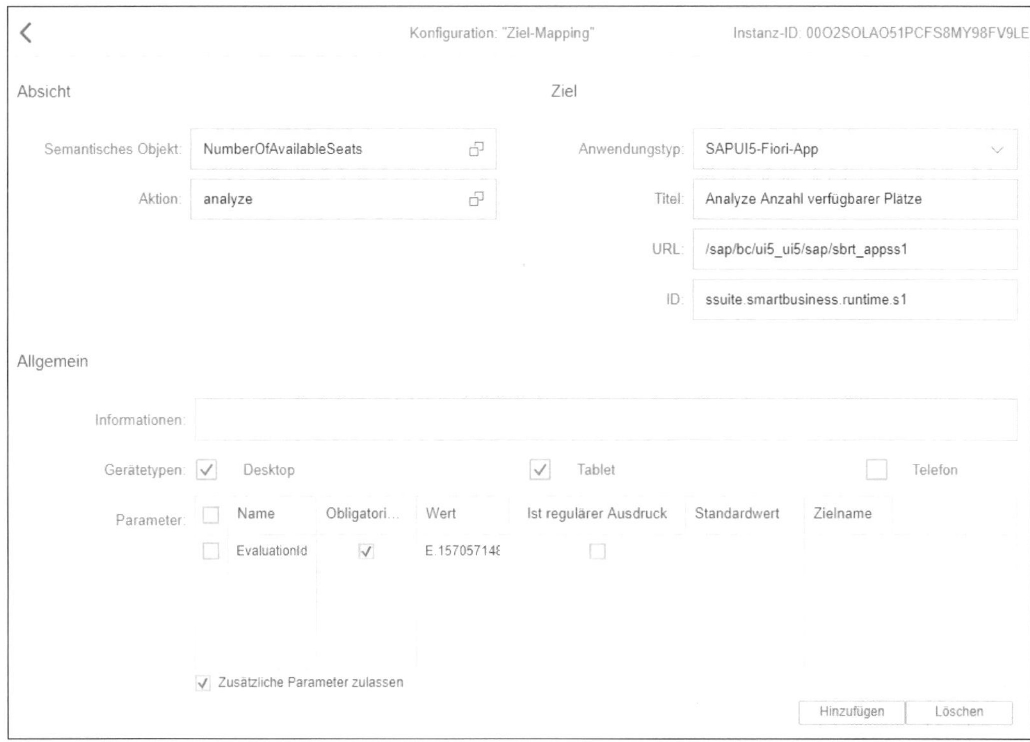

Abbildung 7.55 URL und ID der neuen Anwendung anpassen

Zugriff konfigurieren

Rufen Sie nun auf dem Frontend-Server Transaktion PFCG auf, und legen Sie eine neue Rolle an. Dieser weisen Sie den Katalog `Z_BC_Fiori` zu. Berechtigen Sie Ihren Benutzer, den Katalog zu verwenden (über den Menüpunkt **Benutzer** oder Transaktion SU01), und speichern Sie Ihre Anpassungen.

Den Abschluss bildet das Hinzufügen der Anwendung aus dem Katalog zu Ihrem Workspace. Rufen Sie dafür den App Finder auf, und wählen Sie, wie in Abbildung 7.56 gezeigt, die Anwendung über die Stecknadel aus.

Abbildung 7.56 Kachel über den App Finder zum Launchpad hinzufügen

Wenn Sie zurück auf Ihre Homepage wechseln, sollten Sie die Kachel nun sehen können (siehe Abbildung 7.57).

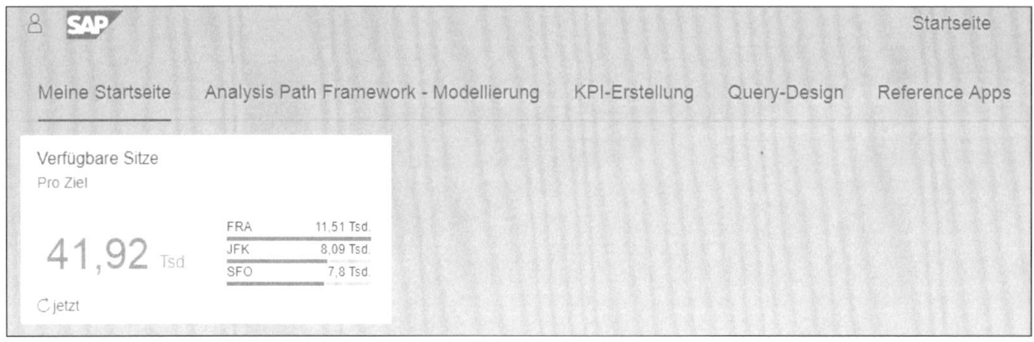

Abbildung 7.57 Die KPI-Kachel im Launchpad

Anwendung testen

Zum Abschluss klicken Sie auf die Kachel, um die Anwendung zu testen. Die Anwendung sollte, wie in Abbildung 7.58 gezeigt, gestartet werden. Legen Sie über die Filter-Funktion in der oberen linken Ecke z. B. fest, dass Sie nur für den Flughafen Frankfurt die Auswertung anzeigen lassen möchten.

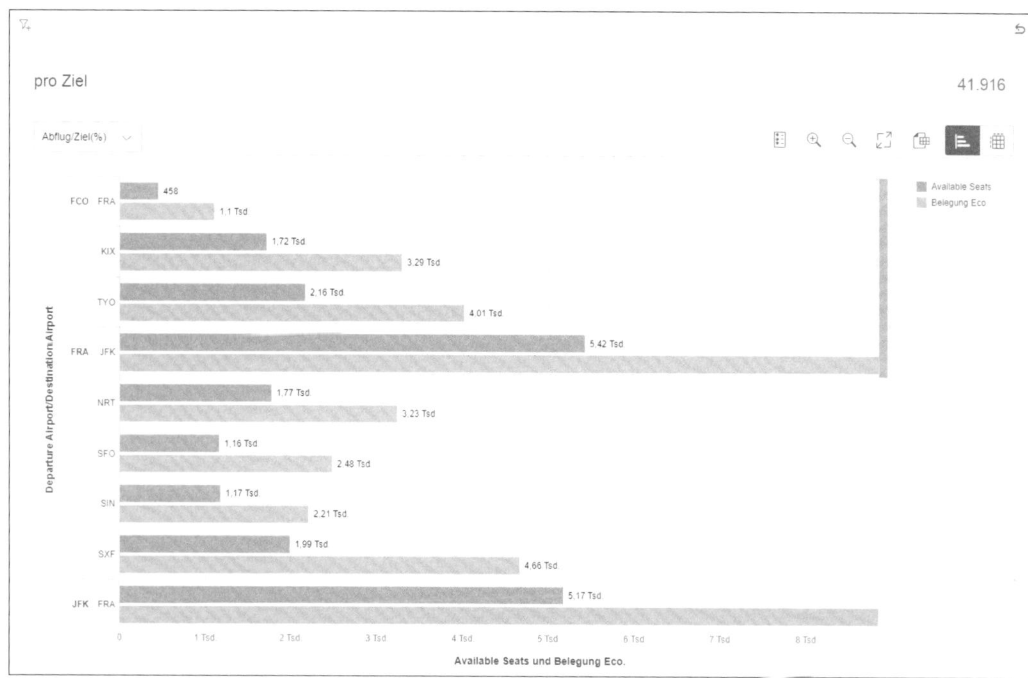

Abbildung 7.58 KPI-Anwendung testen

Kapitel 8

Anpassungen mit dem UI Theme Designer

Mit dem UI Theme Designer können Sie das visuelle Design von SAP-Fiori-Apps anpassen. In diesem Kapitel zeigen wir Ihnen, wie Sie mit dem UI Theme Designer arbeiten und welche Möglichkeiten er bereitstellt.

Der *UI Theme Designer* von SAP ist ein auf HTML basierendes Werkzeug, mit dem Sie das optische Erscheinungsbild von Webanwendungen an Ihre Wünsche anpassen können. Der UI Theme Designer unterstützt neben SAP Fiori eine Vielzahl von UI-Technologien:

- Web Dynpro für ABAP
- Web Dynpro für Java
- SAP GUI for HTML
- SAPUI5 (inklusive SAP Fiori)
- CRM Web UI
- SAP Enterprise Portal
- SAP Business Client
- SAP GUI

Der UI Theme Designer ist damit ein Werkzeug, das für verschiedene Plattformen und Technologien genutzt werden kann. Sie müssen daher die visuellen Themes, die Sie für das visuelle Erscheinungsbild Ihres Unternehmens erstellen, nur einmal anlegen und können es anschließend für alle Anwendungen nutzen, die auf den genannten Techniken basieren. In diesem Kapitel zeigen wir Ihnen die Verwendung des UI Theme Designers am Beispiel einer SAP-Fiori-App.

Administration

Um den UI Theme Designer verwenden zu können, müssen Sie SAP-Hinweis 1852401 implementieren. Danach müssen Sie die folgenden ICF-Knoten aktivieren:

- */sap/public/bc/themes*
- */sap/bc/theming*

Nutzer, die Schreibzugriff zum Erstellen, Ändern und Löschen von Themes haben sollen, benötigen in ihrem Benutzerprofil eine Berechtigung zum Berechtigungsobjekt `/UI5/THEME`. Dieses Berechtigungsobjekt hat die beiden Felder `ACTVT` und `/UI5/THMID`. Das Feld `ACTVT` muss den Wert »02« (Change) haben, und das Feld `/UI5/THMID` muss mit den Werten der änderbaren Theme-IDs belegt sein.

Themes sind mandantenspezifisch. Dies bedeutet, dass der UI Theme Designer im selben Mandanten (und auf demselben Server) gestartet werden muss, in dem sich auch das *UI Theme Repository* befindet.

Für die Arbeit mit dem UI Theme Designer empfiehlt sich Google Chrome, obwohl auch Mozilla Firefox und der Microsoft Internet Explorer ab Version 10 unterstützt werden.

8.1 Konzept des UI Theme Designers

Basis-Theme

SAPUI5-Theming basiert auf CSS und CSS-Parametern. Jedes Theme, das Sie mit dem UI Theme Designer erstellen, baut auf einem Basis-Theme auf. Ihr Theme verwendet die CSS-Dateien des Basis-Themes plus zusätzliche CSS-Dateien, die Sie mit dem UI Theme Designer erstellen.

Die CSS-Dateien eines Basis-Themes sind folgendermaßen aufgeteilt:

- CSS-Dateien für die einzelnen SAPUI5 Controls
- globale CSS-Dateien, die von allen SAPUI5 Controls verwendet werden (**global.css** und **shared.css**)

Zur Laufzeit führt der UI Theme Generator die Dateien des Basis-Themes und Ihres Themes zusammen. Der UI Theme Generator erledigt die folgenden Aufgaben:

- Er ersetzt die CSS-Parameter durch deren Werte.
- Er führt eine optionale Optimierung und Komprimierung der Dateien durch.
- Er erzeugt je SAPUI5-Bibliothek eine Datei namens **library.css**.

8.1.1 CSS und LESS

LESS

SAPUI5 verwendet die Sprache *LESS*, um CSS-Parameter zu behandeln. LESS ist eine dynamische Stylesheet-Sprache und erweitert CSS mit dynamischem Verhalten wie Variablen, Mixins, Berechnungen und Funktionen. Diese Merkmale von LESS können Sie in eigenen Anwendungen und Controls nutzen. Mit LESS können Sie CSS effizienter schreiben und Wiederholungen im CSS-Code vermeiden. LESS wird vom UI Theme Generator zu CSS kompiliert. LESS ist ein Open-Source-Projekt, das Sie auf *http://lesscss.org* finden.

Zusatzdateien

In einigen wenigen Fällen müssen Sie zusätzliche CSS-Dateien verwenden, die Teile des Themes anpassen. Dazu gehen Sie in SAPUI5 wie folgt vor:

- Verwenden Sie ein `<style>`- oder `<link>`-Element im HTML-`<head>`-Element, um zusätzliches CSS einzubinden.
  - Die so eingebundenen Stile werden immer nach den Stilen des UI-Themes angewandt.
  - Nach den Regeln von CSS überschreibt bei einer Mehrfachdefinition der zuletzt eingebundene Stil den Basisstil.
- Verwenden Sie die Methode `addStyleClass`, über die jedes SAPUI5 Control verfügt.

Um herauszufinden, welche IDs für die Elemente verwendet werden, deren Erscheinungsbild Sie anpassen möchten, können Sie die Entwicklungswerkzeuge Ihres Webbrowsers verwenden, um damit das HTML-DOM zu untersuchen. In diesem Zusammenhang ist es auch nützlich zu wissen, dass die ID eines SAPUI5 Controls, das diesem bei seiner Erzeugung gegeben wird, von dem obersten HTML-Element dieses Controls übernommen wird. Diese ID können Sie daher als Selektor im CSS verwenden.

8.1.2 Parameter

Oft werden in CSS-Dateien Werte an mehreren Stellen verwendet. Typische Beispiele dafür sind Abstände oder Farben. Zu diesem Zweck können Sie mit LESS Parameter definieren, auf die Sie sich dann an anderen Stellen der CSS-Datei beziehen, wie dies Listing 8.1 zeigt.

```
@sapUITextColor: #000000;    /* Textfarbe ist Schwarz */

button: {
  color: @sapUITextColor; /* Textfarbe wird referenziert */
}
```

Listing 8.1 LESS-Parameter definieren und verwenden

Parameter referenzieren

Sie definieren die Parameter nur einmal und referenzieren sie dann an vielen verschiedenen Stellen. Der UI Theme Generator ersetzt anschließend die Referenzen durch die aktuellen Werte und erzeugt so eine gültige CSS-Datei.

Sie können die Parameterwerte auch zur Laufzeit mit JavaScript-Funktionen lesen, wie es in Listing 8.2 dargestellt ist.

```
sap.ui.define([
      "sap/ui/core/mvc/Controller",
      "sap/ui/core/theming/Parameters"
], function (Controller, Parameters) {
...
var textColor = Parameters.get("sapLinkColor");
```

Listing 8.2 Zugriff auf die Parameterwerte aus JavaScript

Mit dieser Technik können Sie Parameter aus SAPUI5-Themes auf eigene Controls übertragen. Dies ist sinnvoll, wenn Sie APIs wie etwa WebGL oder Canvas einsetzen, in denen Sie das CSS nicht direkt verwenden können.

8.2 Mit dem UI Theme Designer arbeiten

Wenn Sie mit dem UI Theme Designer arbeiten, durchlaufen Sie die folgenden Schritte:

1. Sie starten den UI Theme Designer über Transaktion /UI5/THEME_DESIGNER. Alternativ navigieren Sie mit einem Browser zu *http://<host>:<port>/sap/bc/theming/theme-designer*.
2. Sie wählen ein Basis-Theme aus.
3. Sie geben die URL einer SAPUI5-Anwendung – in diesem Falle die URL des SAP Fiori Launchpads – für die Vorschau an.
4. Sie definieren Ihr Theme, indem Sie Parameterwerte anpassen, Bilder einfügen oder eigenen LESS- bzw. CSS-Code schreiben.
5. Sie speichern Ihr Theme unter einem neuen Namen.
6. Sie publizieren das Theme.

Sobald Sie das Theme publiziert haben, können Sie es in SAP Fiori nutzen.

Basis-Theme wählen

Da jedes Theme auf einem Basis-Theme beruht, müssen Sie zunächst das Basis-Theme auswählen. Je nachdem, ob Sie den UI Theme Designer in der Cloud oder On-Premise-Version verwenden und abhängig von Ihrer Version, stehen Ihnen derzeit folgende Themes zur Verfügung:

- **SAP Belize**
  Dieses Theme löst mit SAP NetWeaver 7.5 das Theme Blue Crystal ab und wird ab dieser Version von SAP für SAP Fiori empfohlen.

- **Blue Crystal**
  Dieses Theme wird bis SAP NetWeaver 7.4 von SAP für SAP Fiori empfohlen und ist für SAPUI5 optimiert. Es kann auch für *Unified Rendering* (UR) verwendet werden, das von SAP GUI for HTML, von Web Dynpro für ABAP und von Web Dynpro für Java genutzt wird.
- **SAP Quartz Light**
  Mit SAPUI5-Version 1.65 wurde dieses neue Theme eingeführt. Es stellt das Basis-Theme für SAP Fiori 3.0 dar. Es ist minimalistischer als seine Vorgänger und soll den Inhalt der Anwendung in den Mittelpunkt stellen. Das Theme ist vollständig kompatibel zum Theme SAP Belize. Eine Umstellung auf dieses Theme stellt daher kein Problem dar, vorausgesetzt, Sie haben sich an die Vorgaben von SAP gehalten (schauen Sie sich dazu die goldenen Regeln in Kapitel 10, »Grundlagen der SAP-Fiori-Entwicklung«, an).

Nach dem Start des UI Theme Designers führt ein Assistent Sie durch das Anlegen eines neuen Themes. Im ersten Schritt werden die vorhandenen Themes aus dem UI Theme Repository geladen und in einer Liste angezeigt (siehe Abbildung 8.1). Aus dieser Liste können Sie dann ein beliebiges Basis-Theme auswählen.

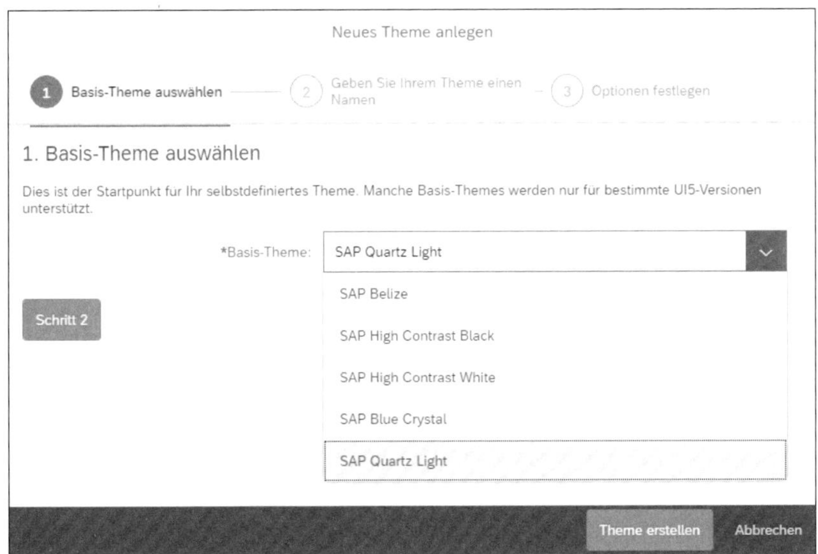

Abbildung 8.1 Basis-Theme auswählen

Neues Theme anlegen

Nachdem Sie ein Theme ausgewählt haben, können Sie über einen Klick auf den Button **Schritt 2** dem neuen Theme eine eindeutige ID und einen Namen zuweisen. Über den Button **Schritt 3** können Sie anschließend auch einen Hersteller hinterlegen und festgelegen, ob das Theme RTL (Right to Left) unterstützen soll (siehe Abbildung 8.2).

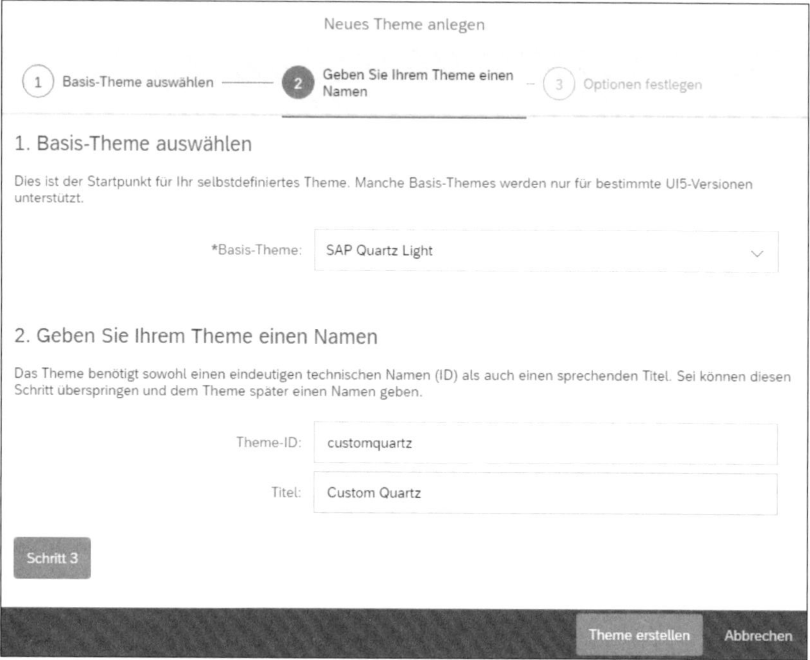

Abbildung 8.2 Theme-Details eingeben

Vorschau

Sie schließen die Theme-Erstellung über einen Klick auf den Button **Theme erstellen** ab. Damit Sie im Vorschaubereich die Auswirkungen Ihrer Änderungen sofort sehen können, geben Sie nun die URL einer Anwendung an. In unserem Fall ist das die URL des SAP Fiori Launchpads: *http://<host>:<port>/sap/bc/ui5_ui5/ui2/ushell/shells/abap/FioriLaunchpad.html*. Sie können auch mehrere Anwendungen angeben, indem Sie auf das Pluszeichen klicken.

Beim Laden der Anwendung für die Vorschau ermittelt der UI Theme Designer, welche SAPUI5-Bibliotheken genutzt werden, und lädt die LESS-Dateien für diese Bibliotheken. Die Anwendung wird im Vorschaubereich angezeigt, und die Parameter der Bibliotheken werden im rechten Bereich des UI Theme Designers zum Editieren angeboten. Abbildung 8.3 zeigt einen Screenshot des UI Theme Designers mit SAP Quartz Light als Basis-Theme und dem SAP Fiori Launchpad als Anwendung.

Die eigentliche Arbeit mit dem UI Theme Designer besprechen wir in den folgenden Abschnitten. Zunächst gehen wir aber noch kurz auf das Speichern und Publizieren eines Themes ein.

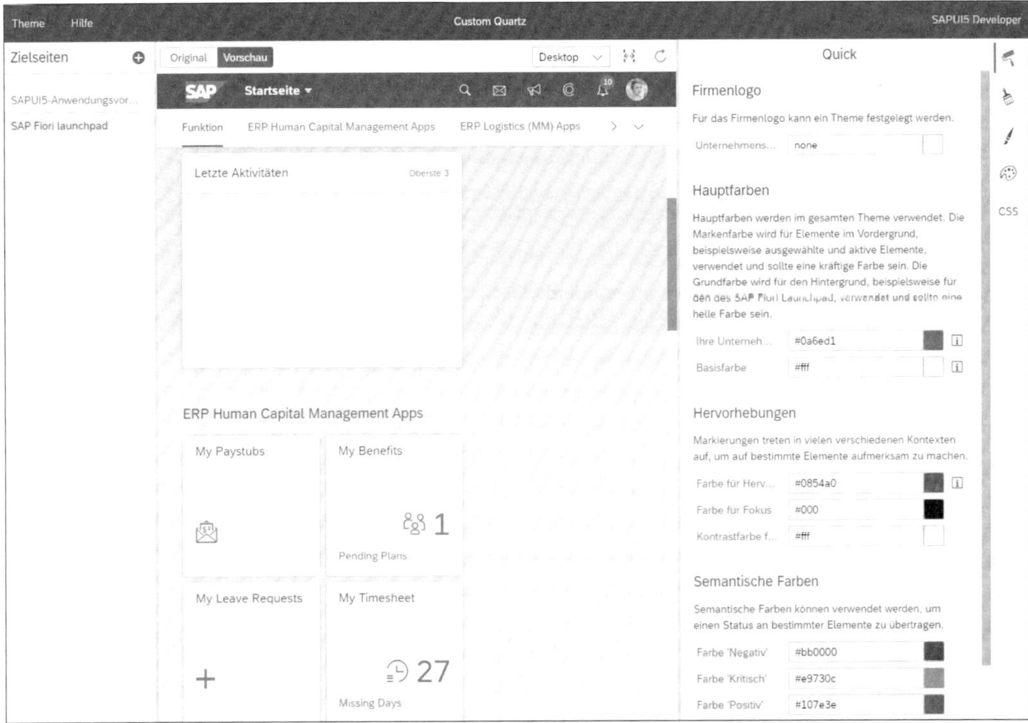

Abbildung 8.3 Das SAP Fiori Launchpad in der Vorschau des UI Theme Designers

Sichern

Die Änderungen, die Sie an Ihrem Theme vornehmen, werden zunächst nur im Cache des Browsers gespeichert. Es empfiehlt sich deswegen, Ihre Arbeit zwischendurch öfter im Repository zu sichern.

Wählen Sie dazu die Menüpunkte **Theme • Sichern**. In der Dialogbox in Abbildung 8.4 tragen Sie die folgenden Angaben ein:

- **Theme-ID**
  Die Theme-ID ist eine ID, unter der Ihr Theme später referenziert werden kann. Hier sind nur alphanumerische Zeichen (insbesondere auch kein Unterstrich) erlaubt. Die ID darf nicht mit »SAP« beginnen.
- **Titel**
  Der Titel Ihres Themes ist optional und wird beim Start des UI Theme Designers in der Liste der verfügbaren Themes angezeigt. Auch der Titel darf nicht mit »SAP« beginnen.
- **Hersteller**
  Der Name der Firma, die dieses Theme vertreibt. Auch dieser darf nicht mit »SAP« beginnen.

Abbildung 8.4 Sichern eines Themes

Falls Sie eine Right-to-Left-Version (RTL) des Themes benötigen, markieren Sie die entsprechende Auswahlbox. Dadurch werden Stylesheets sowohl für Left-to-Right- (LTR-) als auch für RTL-Sprachen erzeugt.

Bei der Vergabe des Titels und der ID ist es ratsam, sich auf das originale Theme zu beziehen.

Publizieren Beim Speichern werden nur die LESS-Dateien und Bildressourcen gespeichert. Damit Ihr Theme von einer Anwendung genutzt werden kann, müssen daraus CSS-Dateien erzeugt werden. Dazu wählen Sie **Theme • Sichern & erstellen** aus dem Menü aus. Der Dialog sieht genauso aus wie zuvor.

Im rechten Bereich des UI Theme Designers haben Sie über eine Symbolleiste Zugriff auf vier verschiedene Editoren:

- **Schnell**
  Hier können Sie schnell und einfach eine ausgewählte Anzahl von grundlegenden Parameterwerten ändern, die von allen UI-Technologien und Versionen verwendet werden.
- **Experte**
  Hier werden Ihnen mehr Parameter als beim Quick Theming angeboten, und Sie haben damit eine größere Kontrolle über das Erscheinungsbild.
- **Palette**
  Hier können Sie zusätzliche LESS-Parameter für eigene Farben definieren.
- **CSS**
  Hier können Sie Ihre eigenen LESS- und CSS-Regeln definieren. Leider wird dies für SAPUI5 nicht unterstützt.

In den folgenden Abschnitten geben wir Ihnen einige Beispiele für die Arbeit mit den vier Editoren.

8.2.1 Schnelles Theming

Im Theming-Editor **Schnell** werden Ihnen nur einige ausgewählte und grundlegende Parameter angeboten, die in allen UI-Technologien und -Versionen vorhanden sind. Die Parameter sind auch unabhängig von den Anwendungen, die Sie für die Vorschau ausgewählt haben. Wenn Sie sich nur auf diese Parameter beschränken, haben Sie die größtmögliche Stabilität bei Upgrades. Diese Parameter werden nicht mit ihrem technischen Namen, sondern mit einem nicht technischen Bezeichner benannt.

Wie es Abbildung 8.5 zeigt, können Sie mit dem Editor für schnelles Theming Parameterwerte für unterschiedliche Farben und Bilder anpassen.

8

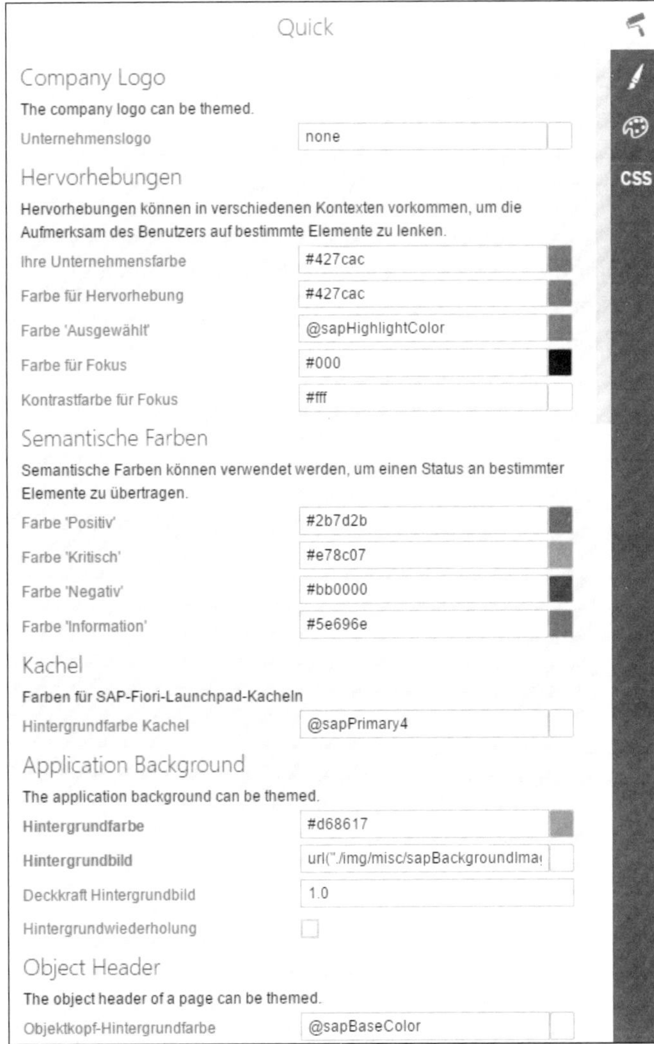

Abbildung 8.5 Der Editor für schnelles Theming

Farbauswahl

Den RGB-Code für Farben können Sie direkt in die entsprechenden Textfelder eintippen. Sie können aber auch auf das Icon rechts neben dem Textfeld klicken, um einen Farbauswahldialog wie in Abbildung 8.6 zu öffnen.

Für Farbwerte können Sie anstelle eines hexadezimalen RGB-Codes auch CSS-Funktionen wie `rgba()` verwenden.

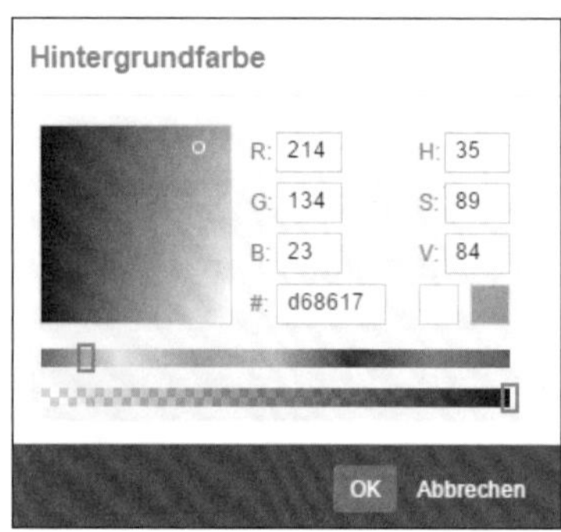

Abbildung 8.6 Farbauswahldialog

Bilder einbinden

Um Bilder hinzuzufügen, klicken Sie ebenfalls auf die Schaltfläche neben dem Eingabefeld. So öffnen Sie den Bildauswahldialog aus Abbildung 8.7. Per Drag-and-drop können Sie Bilddateien von Ihrem lokalen Dateisystem auf diesen Dialog ziehen. Alternativ können Sie über das Wolken-Icon auch einen Dateidialog öffnen oder direkt die URL zum Bild in das Eingabefeld des Dateidialogs eintragen.

Abbildung 8.7 Der Bildauswahldialog

8.2.2 Expert Theming

Der Theming-Editor **Experte** (siehe Abbildung 8.8) zeigt alle Parameter des gewählten Basis-Themes an, die von den für die Vorschau angegebenen Anwendungen benutzt werden. Die Parameter werden mit ihrer technischen

ID angezeigt. Die Parameter, die im Expert Theming angezeigt werden, sind weit weniger robust gegen Versionsänderungen als die Parameter aus dem schnellen Theming. Sie beziehen sich zum Teil auf einzelne Controls und können auch spezifisch für eine bestimmte UI-Technologie sein.

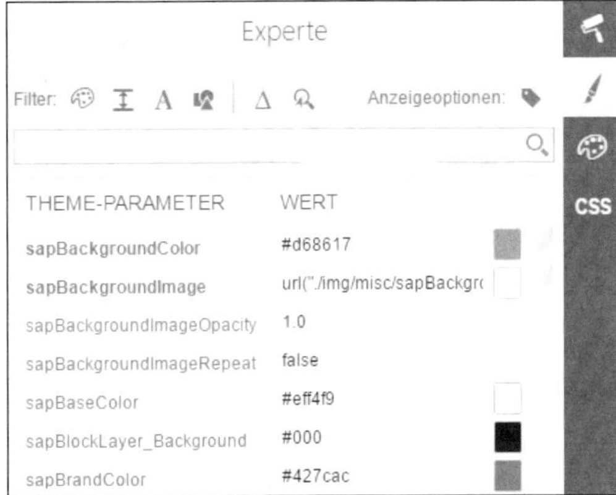

Abbildung 8.8 Experteneditor

Filter

In der obersten Zeile des Editors befinden sich fünf Filter-Icons, die in Tabelle 8.1 aufgeführt sind. Wenn Sie auf ein Icon klicken, wird der entsprechende Filter aktiviert, und Sie sehen nur die passenden Parameter. Klicken Sie auf ein weiteres Filter-Icon, wird die Auswahl noch weiter eingeschränkt. Klicken Sie z. B. auf das Paletten-Icon und das Font-Icon, sehen Sie nur Parameter, die sich auf die Farbe von Schriften beziehen. Die Filter werden also mit logischem UND kombiniert. Wenn Sie nochmals auf ein Filter-Icon klicken, wird der entsprechende Filter wieder entfernt.

Icon	Beschreibung
	zeigt Parameter für Farbwerte
A	zeigt Parameter für Fonts
	zeigt Parameter für Höhen, Breiten und Abstände
	zeigt Parameter für Bilder
Δ	zeigt nur gegenüber dem Original geänderte Parameter

Tabelle 8.1 Filter-Icons im Expert Theming

Tags

Über das Icon [Tag-Icon] neben der Beschriftung **Anzeigeoptionen:** können Sie sich oberhalb des Suchfelds eine Liste von sogenannten *Tags* einblenden lassen. Auch diese Tags stellen Filter dar, die Sie zusätzlich aktivieren und wieder deaktivieren können. Abbildung 8.9 präsentiert den Experteneditor mit eingeschalteten Tags. Die beiden Tags **Content** und **Quick** wurden ausgewählt. Daher erkennen Sie nur die Parameter, die mit beiden Tags versehen wurden.

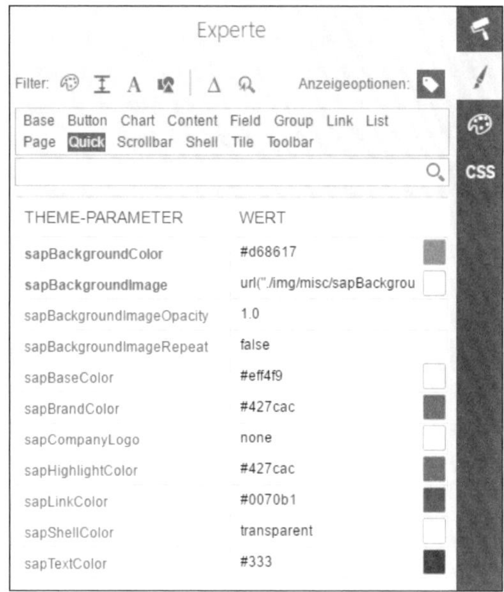

Abbildung 8.9 Filtern nach Tags

Suche

Über das Suchfeld können Sie nach Parametern suchen, die einen bestimmten Substring enthalten. Tippen Sie dort z. B. »Global« ein und drücken dann die [↵]-Taste, werden nur Parameter angezeigt, die den String `Global` in ihrer ID enthalten. Um diesen Suchfilter wieder zu entfernen, klicken Sie auf das Kreuz.

LESS verwenden

Für die Parameterwerte können Sie neben Literalen und CSS-Funktionen auch LESS-Funktionen verwenden. Damit können Sie den Wert eines Parameters aus den Werten anderer Parameter ableiten. In Abbildung 8.10 wird z. B. der Wert von `sapList_TableGroupHeaderBackground` mit der `darken`-Funktion aus den Werten von anderen Farbparametern abgeleitet.

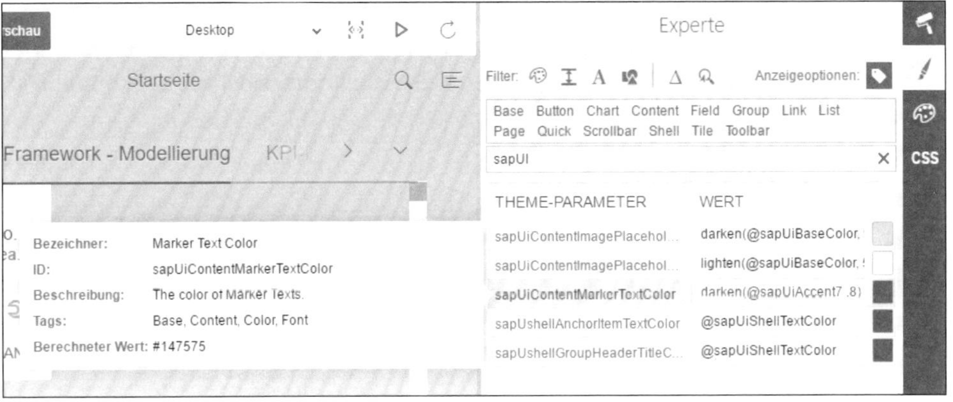

Abbildung 8.10 Verwendung von LESS im Expert Theming

8.2.3 Paletteneditor

Im Farbauswahldialog können Sie auch eigene zusätzliche Parameter für Farben definieren. Wechseln Sie dazu zum Theming-Editor **Palette**; dies ist der dritte der vier Editoren. Geben Sie im ersten Eingabefeld des Editors in Abbildung 8.11 einen Parameternamen ein, und wählen Sie dann einen Farbwert für Ihren neuen Parameter. Achtung: Sie können den Namen später nicht mehr ändern. Stattdessen müssen Sie den Eintrag löschen und einen neuen eingeben.

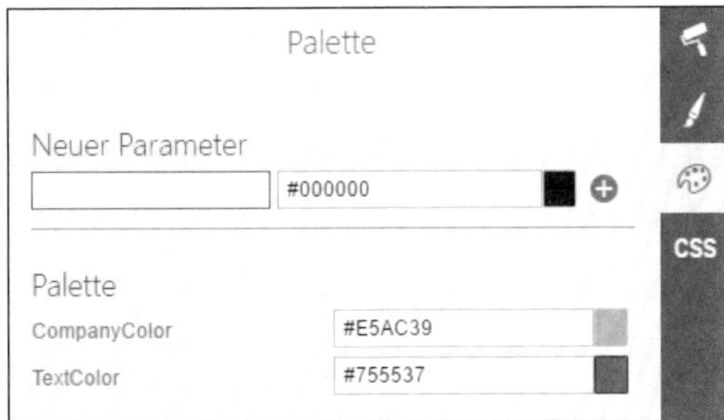

Abbildung 8.11 Paletteneditor

Sobald Sie Ihre zusätzlichen Parameter gepflegt haben, werden sie im Farbauswahldialog angezeigt, und Sie können sie dort auswählen.

8.2.4 Eigenen LESS- und CSS-Code einfügen

Die SAPUI5-Technologie unterstützt leider nicht die Verwendung von eigenem LESS- und CSS-Code im CSS-Editor. Bei anderen Technologien, z. B. Web Dynpro für ABAP, haben Sie damit noch größere Kontrolle über das Erscheinungsbild. Sie gehen aber das Risiko ein, dass Ihr Code nicht stabil gegen Versionsänderungen ist, da sich die HTML- und CSS-Definitionen der SAP User Interfaces im nächsten Release inkompatibel ändern können.

Listing 8.3 zeigt z. B., wie Sie die Hintergrundfarbe der CSS-Klasse `.sapUiBody` anpassen können, sodass der Hintergrund einer Anwendung dieselbe Farbe wie die Markenfarbe hat, jedoch mit einer Opazität von 20 Prozent.

```
.sapUiBody {
    background-color: fade(@sapBrandColor, 20);
}
```

Listing 8.3 LESS-Code zum Anpassen der CSS-Klasse ».sapUiBody«

8.3 Themes verwalten

Es gibt zwei Werkzeuge, mit denen Sie Themes und die dazugehörigen Dateien analysieren und verwalten können:

- Der *UI Theme Repository Browser* ist eine Webanwendung, mit der Sie Verzeichnisstruktur und Dateien des UI Theme Repositorys betrachten können.
- Mit dem Werkzeug zur Verwaltung von kundendefinierten Themes können Sie Themes transportieren, importieren, exportieren und löschen.

In diesem Abschnitt schauen wir uns die wichtigsten Funktionen dieser beiden Werkzeuge an.

UI Theme Repository

Die Dateien für die SAP-Standard-Themes und die kundeneigenen Themes sind im UI Theme Repository gespeichert. Die obersten drei Hierarchieebenen der Verzeichnisstruktur sind folgendermaßen aufgebaut:

- **Framework**
  Auf der obersten Hierarchieebene befindet sich ein Verzeichnis für jedes UI Framework (UI5, NWBC, UR). Im Verzeichnis *Base* liegen Unterverzeichnisse und Dateien, die von allen Technologien genutzt werden, etwa die technologieübergreifenden SAP-Farben und Symbole.
- **Bibliothek**
  Auf der zweiten Hierarchieebene befinden sich unterhalb jedes Framework-Ordners die Ordner für die Bibliotheken des Frameworks. SAPUI5 enthält hier z. B. die Ordner *sap/ui/commons* oder *sap/m*. Im Verzeichnis *baseLib* gibt es bibliotheksübergreifende Unterverzeichnisse und Dateien.

- **Theme**
  Auf der dritten Hierarchieebene befindet sich je ein Ordner für jedes Theme. Die Ordner enthalten die LESS-Dateien des jeweiligen Themes. Ordner für SAP-Themes verwenden das Präfix *sap_*. Das Theme *base* ist ein Theme, auf dem jedes andere Theme direkt oder indirekt basiert.

UI Theme Repository Browser

Mit dem UI Theme Repository Browser unter der URL *http://<host>:<port>/sap/bc/theming/themes/~client-<client>* können Sie sich die Verzeichnisstruktur und die einzelnen Dateien anzeigen lassen. Sie können einzelne Dateien und ganze Verzeichnisse über den **Delete**-Link auch löschen. Unten im Bereich **Tools** können Sie auch neue Verzeichnisse erstellen und Dateien hochladen. Abbildung 8.12 zeigt dieses Werkzeug.

/

Name	Type	Size	Last Modified	
../	DIR			
./	DIR			
Base/	DIR			Delete
CRMWebUI/	DIR			Delete
NWBC/	DIR			Delete
UI5/	DIR			Delete
UR/	DIR			Delete

Tools

Upload: [ ] Durchsuchen... as [ ] Upload
Dir: [ ] Make Dir

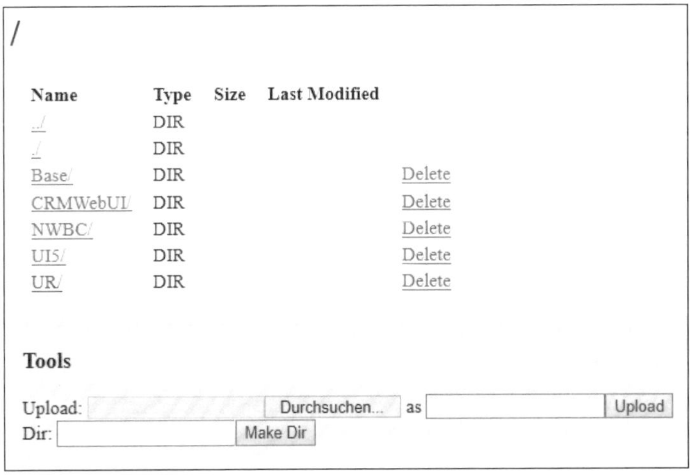

Abbildung 8.12 UI Theme Repository Browser

Verwaltungswerkzeug

Das Werkzeug zur Verwaltung von kundeneigenen Themes können Sie mit Transaktion /UI5/THEME_TOOL starten. Dieser ABAP-Report zeigt die Kunden-Themes und die von diesen Themes verwendeten Verzeichnisse in einer ABAP-Liste an (siehe Abbildung 8.13).

Die IDs der Themes sind grün hinterlegt. Daneben finden Sie in eckigen Klammern die Bezeichnungen **Informationen**, **Transportieren**, **Herunterladen** und **Löschen**. Doppelklicken Sie auf eine dieser Bezeichnungen, um die entsprechende Funktion für das gewählte Theme auszuführen. Alternativ können Sie eine Bezeichnung mit einem einfachen Mausklick auswählen und dann auf die Lupe (F2) klicken.

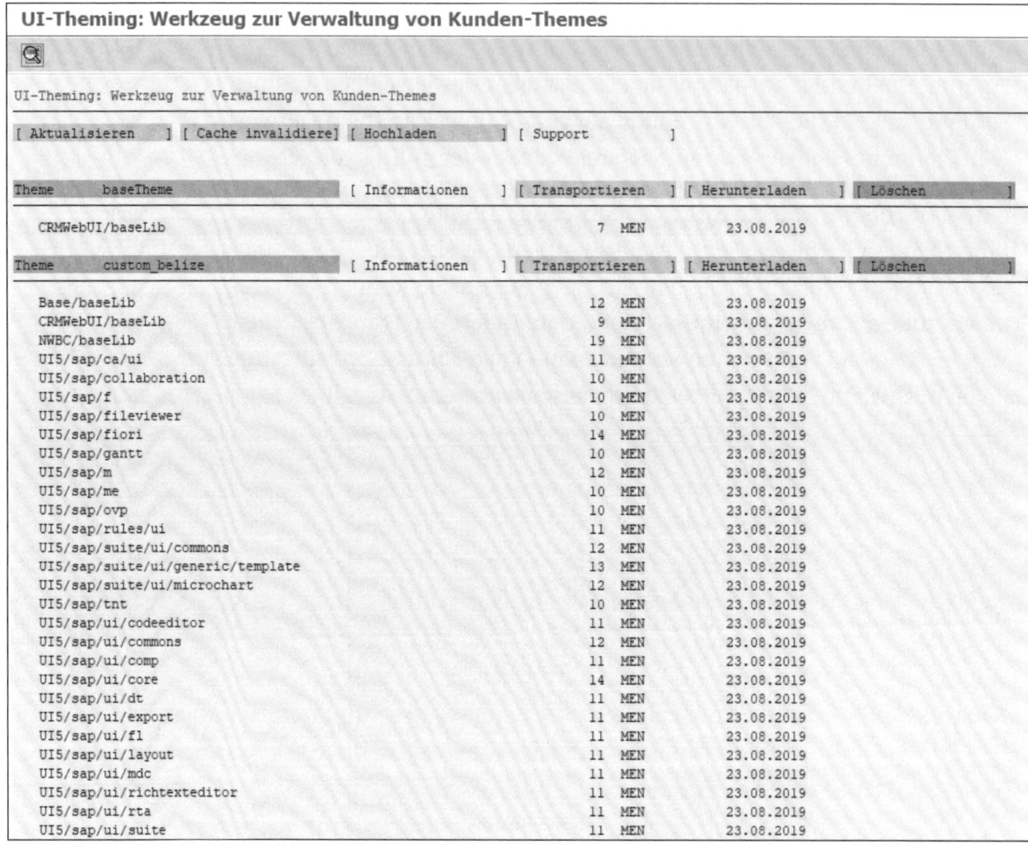

Abbildung 8.13 Werkzeug zum Verwalten von Kunden-Themes

Info-Anzeige

Ein Doppelklick auf **Informationen** zeigt Ihnen die URL-Parameter für das Theme an. Ganz oben in Abbildung 8.14 sehen Sie den Parameter **sap-theme**. Diesen Parameter können Sie – über ein Fragezeichen getrennt – an die URL einer beliebigen SAPUI5-Anwendung hängen, um das Theme zu verwenden.

UI-Theming: Werkzeug zur Verwaltung von Kunden-Themes

URL-Parameter für Theme custom_belize:

```
sap-theme=custom_belize@https://sapdemo-s4.exxcellent.de:8001/sap/public/bc/themes/~client-100/~cache-B-EVsCvg8IQnnz7JulkGORhVMOs
sap-cssurl=https://sapdemo-s4.exxcellent.de:8001/sap/public/bc/themes/~client-100/~cache-B-EVsCvg8IQnnz7JulkGORhVMOs/~legacy/sap_tradeshow/ur/ur_ie6.css
```

Abbildung 8.14 Anzeige der URL-Parameter

Transport

Um den Inhalt eines Themes in einen Customizing-Auftrag zu stellen, doppelklicken Sie im Startbildschirm auf den Eintrag **Transportieren** neben dem Namen des Themes. Wählen Sie im anschließenden Dialog einen Auftrag aus. Nachdem Sie den Transportauftrag freigegeben haben, können Sie die Transportdateien in ein anderes System transportieren.

Download

Doppelklicken Sie im Startbildschirm der Transaktion auf **Herunterladen** neben dem Namen des Themes. Geben Sie im Dialog **Datei Speichern** ein Verzeichnis auf Ihrem lokalen Rechner an, in dem die ZIP-Datei mit dem Theme abgelegt werden soll. Die ZIP-Datei ist gemäß der Verzeichnishierarchie des Themes strukturiert und enthält alle Dateien, die Sie mit dem UI Theme Designer erstellt oder hinzugefügt haben.

Theme löschen

Um ein Theme zu löschen, doppelklicken Sie im Startbildschirm des Werkzeugs auf **Löschen** neben dem Namen des Themes. Daraufhin erscheint eine Dialogbox, in der Sie den Löschvorgang bestätigen oder abbrechen können.

Im oberen Bereich des Startbildschirms befinden sich ebenfalls in eckigen Klammern die vier weiteren Bezeichnungen **Aktualisieren**, **Cache invalidieren**, **Hochladen** und **Support**. Ein Doppelklick auf **Aktualisieren** baut die Anzeige neu auf. Ein Doppelklick auf **Cache invalidieren** leert den Memory Cache des Servers. Bei einer anschließenden Anfrage nach dem Theme wird dies von der Datenbank neu in den Speicher-Cache gelesen. Diese Funktion können Sie auf dem Entwicklungssystem nutzen, wenn Sie ein Theme geändert haben und erneut testen wollen.

Upload

Ein Doppelklick auf **Hochladen** öffnet den Dialog **Datei öffnen**. In diesem Dialog können Sie eine ZIP-Datei vom Dateisystem Ihres lokalen Rechners auswählen. Diese ZIP-Datei muss ein archiviertes Theme enthalten.

Ein Doppelklick auf **Support** zeigt schließlich Support-Informationen zum UI Theme Designer an.

8.4 Themes verwenden

Um Ihr selbst definiertes Theme mit SAP Fiori zu verwenden, haben Sie verschiedene Möglichkeiten:

- URL-Parameter
- HTML-Attribut
- Customizing

Customizing ist die empfohlene Methode. Verwenden Sie URL-Parameter für Tests und HTML-Attribute für eigene SAPUI5-Anwendungen, die Sie isoliert – d. h. ohne weitere Anwendungen wie z. B. SAP Fiori – einsetzen.

URL-Parameter

Über den URL-Parameter `sap-theme=<theme-id>@<theme-root>` können Sie das Theme festlegen. Dabei ist `<theme-id>` die ID Ihres Themes und `<theme-root>` das Wurzelverzeichnis des UI Theme Repositorys, *http://<host>:<port>/sap/public/bc/theme/~client-<client-nr>*. Diesen Parameter finden Sie über Transaktion /UI5/THEME_TOOL durch einen Klick auf **Info** heraus.

HTML-Attribut

Sie können das Theme mit Transaktion /UI5/THEME_TOOL herunterladen und in einem Resources-Ordner einer SAPUI5-Anwendung speichern. Danach können Sie das Theme im Attribut `data-sap-ui-theme` des SAPUI5-Bootstrap-Skripts referenzieren, wie dies in Listing 8.4 gezeigt wird.

```
<script
    id='sap-ui-bootstrap'
    type = 'text/javascript'
    src = 'resources/sap-ui-core.js'
    data-sap-ui-theme = 'my_theme'
    data-sap-ui-libs = 'sap.m,sap.ui.table'>
</script>
```

Listing 8.4 Einbinden eines eigenen Themes im Bootstrap-Skript

Customizing

Mit Transaktion /UI2/NWBC_CFG_CUST legen Sie Konfigurationsparameter für das SAP Fiori Launchpad fest. SAP liefert für einige der Parameter schon vordefinierte Werte aus, die Sie sich mit Transaktion /UI2/NWBC_CFG_SAP anschauen können. In Abbildung 8.15 sehen Sie als letzten Eintrag das Standard-Theme für das SAP Fiori Launchpad.

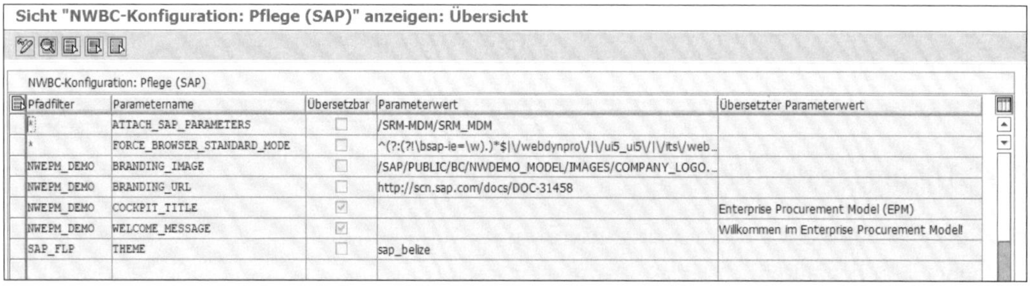

Sicht "NWBC-Konfiguration: Pflege (SAP)" anzeigen: Übersicht

NWBC-Konfiguration: Pflege (SAP)

Pfadfilter	Parametername	Übersetzbar	Parameterwert	Übersetzter Parameterwert
*	ATTACH_SAP_PARAMETERS	☐	/SRM-MDM/SRM_MDM	
*	FORCE_BROWSER_STANDARD_MODE	☐	^(?:(?!\bsap-ie=\w).)*$|\/webdynpro\/|\/ui5_ui5\/|\/its\/web…	
NWEPM_DEMO	BRANDING_IMAGE	☐	/SAP/PUBLIC/BC/NWDEMO_MODEL/IMAGES/COMPANY_LOGO…	
NWEPM_DEMO	BRANDING_URL	☐	http://scn.sap.com/docs/DOC-31458	
NWEPM_DEMO	COCKPIT_TITLE	☑		Enterprise Procurement Model (EPM)
NWEPM_DEMO	WELCOME_MESSAGE	☑		Willkommen im Enterprise Procurement Model!
SAP_FLP	THEME	☐	sap_belize	

Abbildung 8.15 Vordefinierte Konfigurationsparameter

Mit Transaktion /UI2/NWBC_CFG_CUST können Sie andere Werte für diese Parameter definieren. Gehen Sie dazu in Transaktion /UI2/NWBC_CFG_CUST in den Änderungsmodus, und klicken Sie auf **Neue Einträge**. Tragen Sie in das Feld **Filter** »SAP_FLP« und in das Feld **Parametername** »THEME« ein (siehe Abbildung 8.16), und drücken Sie die [↵]-Taste.

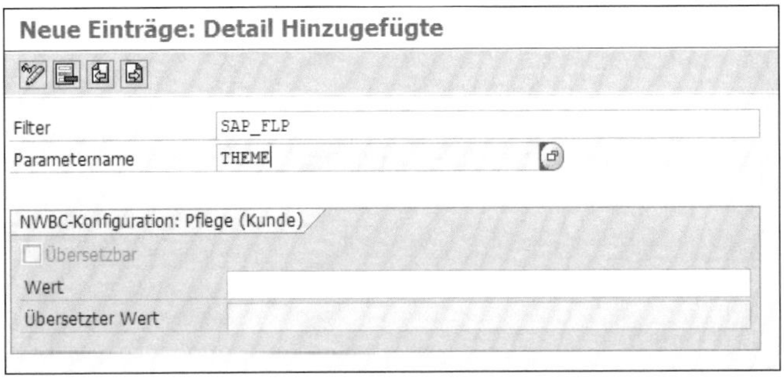

Abbildung 8.16 Konfigurationsparameter für das SAP Fiori Launchpad hinzufügen

Geben Sie nun in das Eingabefeld **Wert** die ID Ihres Themes ein, und speichern Sie anschließend (siehe Abbildung 8.17).

Abbildung 8.17 Konfigurationsparameter für das SAP Fiori Launchpad pflegen

Wählen Sie einen Customizing-Auftrag aus, und bestätigen Sie auch diesen Dialog.

8.5 UI Theme Designer der SAP Cloud Platform

Der UI Theme Designer ist seit einiger Zeit nicht mehr nur als On-Premise-Version verfügbar, sondern wird auch als Cloud-Dienst auf der SAP Cloud Platform angeboten. Analog zu den anderen Diensten dort erreichen Sie den UI Theme Designer, wie in Abbildung 8.18 gezeigt, über die Serviceübersicht im SAP Cloud Platform Cockpit. Nach dem Aufruf können Sie den UI Theme Designer wie die On-Premise-Variante verwenden. Alternativ können Sie den UI Theme Designer auch direkt aus SAP Web IDE aufrufen (**Tools • UI Theme Designer**).

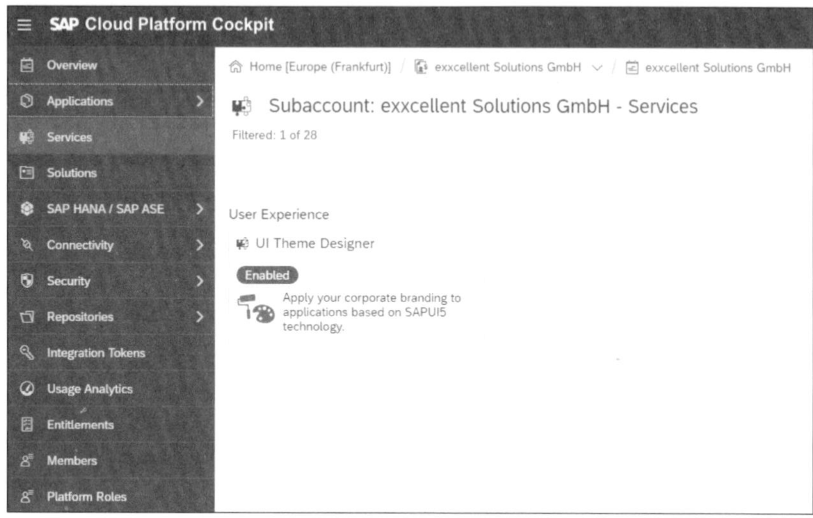

Abbildung 8.18 UI Theme Designer als Service auf der SAP Cloud Platform

Startbildschirm Wenn Sie den UI Theme Designer auf der SAP Cloud Platform aufrufen, gelangen Sie in den in Abbildung 8.19 gezeigten Startbildschirm. Hier können Sie sowohl neue Themes erstellen als auch existierende bearbeiten. Wie Sie aus der Abbildung entnehmen können, ist es auch möglich, ein Theme zu importieren.

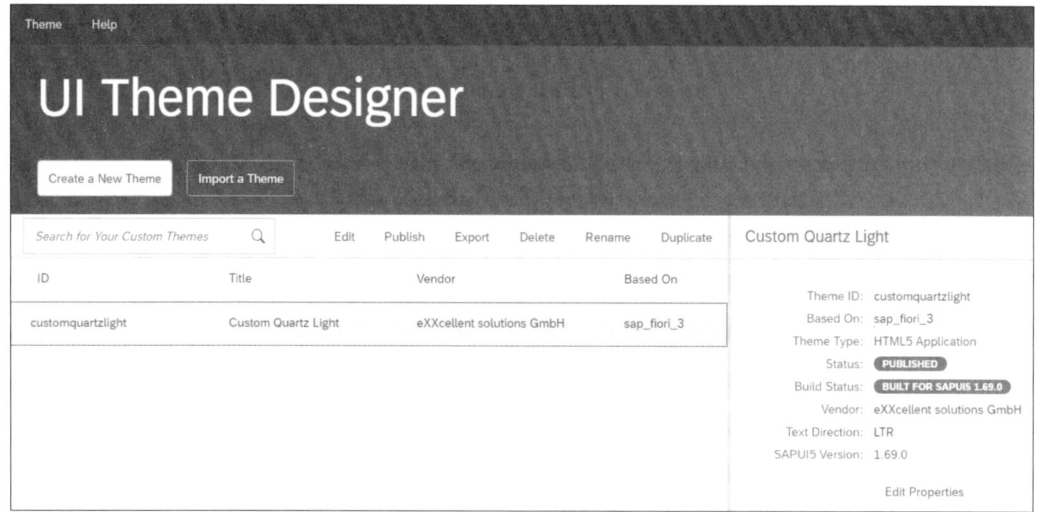

Abbildung 8.19 Startseite des UI Theme Designers der SAP Cloud Platform

Theme verwenden Damit Sie ein Theme in einer Anwendung auf der SAP Cloud Platform verwenden können, muss es dort verfügbar sein. Dazu müssen Sie es, ähnlich wie bei Ihrer On-Premise-Lösung, veröffentlichen (siehe Abschnitt 8.2, »Mit dem UI Theme Designer arbeiten«). Anschließend wird das Theme als HTML5-Anwendung auf der SAP Cloud Platform angezeigt (siehe Abbildung 8.20).

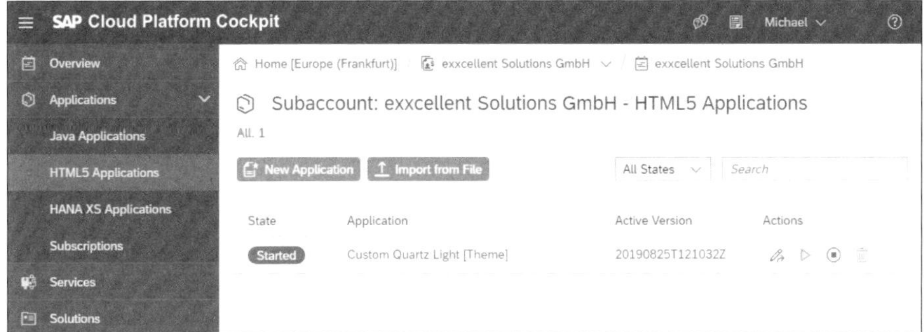

Abbildung 8.20 Veröffentlichtes Theme auf der SAP Cloud Platform

Um sich einen Überblick über den Inhalt des Themes zu verschaffen, können Sie das Theme auch in SAP Web IDE importieren. Wählen Sie dazu in SAP Web IDE **File • Import • Application from SAP Cloud Platform** aus. Sie werden sehen, dass sich der Aufbau nicht von dem zu Beginn des Kapitels beschriebenen unterscheidet.

Theme referenzieren

Anschließend können Sie das Theme in einer Anwendung referenzieren. Verwenden Sie dafür entweder den in Abschnitt 8.4, »Themes verwenden«, vorgestellten URL-Parameter, oder wechseln Sie direkt in die **index.html**-Seite Ihrer Anwendung. Damit Sie das Theme auch in SAP Web IDE nutzen können, während Sie die Anwendung testen, müssen Sie die Datei **neo-app.json** noch mit einem Routing erweitern. Öffnen Sie die Datei dazu in Ihrem Projekt, und fügen Sie, wie in Listing 8.5 gezeigt, ein Routing für den Theme-Service ein. Der Wert des Attributs `path` ist dabei frei wählbar.

```
{
          "path": "/themes",
          "target": {
             "type": "service",
             "name": "theming",
             "entryPath":"/themes"
                 },
          "description": "Theming Service"
            }
```

Listing 8.5 Routing für Theme-Service in der Datei »neo-app.json«

Um das Theme direkt zu verwenden, ersetzen Sie den Wert des Attributs `data-sap-ui-theme` und weisen ihm den Namen des Themes zu, den Sie ihm beim Deployen gegeben haben. Als Nächstes müssen Sie ein Mapping definieren, das der Ablaufumgebung sagt, dass Sie ein Theme aus der SAP Cloud Platform verwenden. Definieren Sie dazu das Attribut `data-sap-ui-theme`, und weisen Sie ihm, wie in Listing 8.6 gezeigt, ein JSON-Objekt zu, das ein Attribut-Werte-Paar enthält. Das Attribut trägt die ID unseres Themes. Dem Attribut werden der Anwendungspfad, den Sie in der Datei **neo-app.json** definiert haben, und der Zusatz `/UI5` angehängt. In unserem Beispiel ergibt sich daraus `/themes/UI5`. Zusätzlich geben wir den Parameter `data-sap-ui-versionedLibCss` an und weisen ihm den Wert `true` zu.

```
<script id="sap-ui-bootstrap"
        src="resources/sap-ui-core.js"
        data-sap-ui-versionedLibCss="true"
        data-sap-ui-theme="customquartzlight"
        data-sap-ui-theme-roots=
            '{"customquartzlight" : "/themes/UI5/"}'
        data-sap-ui-resourceroots=
            '{"de.exxcellent.hello.HelloWorld": "./"}'
        data-sap-ui-compatVersion="edge"
        data-sap-ui-preload="async"
        data-sap-ui-libs="sap.m">
</script>
```

Listing 8.6 Ein Theme in der SAP Cloud Platform referenzieren

Kapitel 9

Administration von SAP-Fiori-Anwendungen

Wenn Sie die ersten SAP-Fiori-Apps in Betrieb genommen haben, müssen Sie sie auch administrieren. In diesem Kapitel gehen wir deshalb auf die Aufgaben des SAP-Fiori-Administrators ein. Schwerpunkte sind hier das Monitoring und das Troubleshooting.

In diesem Kapitel thematisieren wir die Aufgaben des Administrators von SAP-Fiori-Anwendungen. Wir erklären, wie Anwender verwaltet werden müssen, damit sie SAP-Fiori-Apps nutzen können, und wie Transporte in der Systemlandschaft organisiert werden können. Wir geben außerdem Empfehlungen für das Monitoring von SAP-Fiori-Anwendungen und Tipps für die Analyse und Beseitigung von Fehlern.

9.1 Aufgaben eines SAP-Fiori-Administrators

Ein Administrator hat periodische und fallweise anfallende Arbeiten zu erledigen. Zu den periodischen Aufgaben gehören Backup- und Aufräumarbeiten, aber auch das tägliche Monitoring, das wir im nächsten Abschnitt 9.2, »Monitoring«, besprechen. Zu den fallweise anfallenden Aufgaben gehören Benutzer- und Transportmanagement, aber auch Fehleranalyse und -beseitigung, auf die wir in Abschnitt 9.3, »Troubleshooting«, eingehen.

9.1.1 Periodische Aufgaben

Auf dem Frontend-Server mit SAP Gateway muss eine Reihe von periodischen Arbeiten erledigt werden, um die Caches und Protokolle regelmäßig zu leeren. Dadurch werden Speicher- und Plattenplatz freigegeben, und die Performance wird sichergestellt. In der Regel sollten diese Aufgaben einmal pro Woche ausgeführt werden. Die dazugehörigen Aktivitäten finden Sie im SAP-Implementierungsleitfaden in Transaktion SPRO unterhalb des Knotens **SAP NetWeaver • Gateway • OData Channel • Administration • Cache-Einstellungen** (siehe Abbildung 9.1).

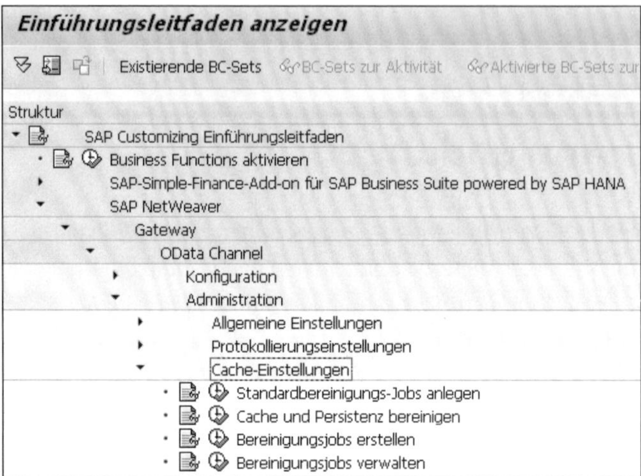

Abbildung 9.1 Cache-Einstellungen

Jobs

Wenn Sie SAP Gateway aktivieren, werden automatisch zwei Jobs eingeplant:

- SAP_IWFND_METERING_AGG
- SAP_IFWND_METERING_DEL

Zusätzlich sollten Sie den Job /IWFND/R_SM_CLEANUP berücksichtigen, der u. a. die Anwendungs- und Fehlerprotokolle mithilfe der Cleanup-Szenarien /IWFND/CLEANUP_APPSLOG und /IWFND/SUPPORT_UTILITIES löscht. Daneben gibt es noch weitere Cleanup-Szenarien, die Sie fallweise vornehmen können. Sie sollten einmal wöchentlich prüfen, ob die eingeplanten Jobs korrekt ausgeführt wurden.

9.1.2 Benutzermanagement

Beim Implementieren von SAP-Fiori-Apps müssen Sie sowohl auf dem Frontend-System als auch auf den Backend-Systemen die von SAP definierten Rollen kopieren und für Ihre Organisation anpassen. Dazu verwenden Sie die *Profilpflege* (Transaktion PFCG), die wir in Kapitel 7, »Konfiguration«, beschrieben haben.

Wenn neue Nutzer in das Unternehmen eintreten oder bestehende Nutzer neue Aufgaben übernehmen oder das Unternehmen verlassen, müssen Sie diese mit Transaktion SU01 sowohl im Frontend-System als auch im Backend-System anlegen bzw. löschen und den entsprechenden SAP-Fiori-Rollen auf beiden Systemen zuordnen. In Abbildung 9.2 sehen Sie z. B. die Rollenzuordnungen eines Benutzers, der u. a. Mitglied der Rolle `SAPOS_SD_LORD_ODATA_ORDER` ist, sodass er den OData-Service für Kundenaufträge nutzen kann. Für den Benutzerabgleich über die Systeme hinweg empfiehlt es sich, in großen Unternehmen und komplexen Systemlandschaften ein Werkzeug wie etwa *SAP Identity Management* (IDM) einzusetzen.

Status	Rolle	T	Beginndatum	Enddatum	Bezeichnung der Rolle	Indi...
	/PERSONAS/ADMIN_ROLE		05/21/2019	12/31/9999	SAP Screen Personas-Administrator mit Vollzugriff...	
	/UI2/SAP_KPIFRW5_TCR_S		05/22/2019	12/31/9999	SAP-Rolle für KPI-Framework	
	/UI2/SAP_KPIMOD_TCR_S		05/22/2019	12/31/9999	SAP-Rolle für KPI-Modellierer	
	SAPOS_SD_LORD_ODATA_ORDER		01/12/2019	12/31/9999	OData-Service für Kundenauftrag	
	SAPOS_SD_RESOLVE_CREDIT_BLOCK		01/12/2019	12/31/9999	PFCG-Rolle zum Bearbeiten von Kreditsprerren in ...	
	SAPOS_SD_SOFM_INVOICE		01/12/2019	12/31/9999	Fiori Wave 2: OData-Service für SOFM-Rechnungs...	
	SAP_BC_SEFS_ADMIN		01/12/2019	12/31/9999	Dateisuche (EFS): Administration und Monitoring	
	SAP_BC_SEFS_RFC_ENDUSER		01/12/2019	12/31/9999	Enterprise File Search (EFS): RFC access for remo...	
	SAP_BC_SES_ADMIN		01/12/2019	12/31/9999	Suchmaschinenservice (SES): Administration und ...	
	SAP_BC_SES_RFC_ENDUSER		01/12/2019	12/31/9999	Search Engine Service (SES): RFC access for rem...	
	SAP_BC_WEBSERVICE_ADMIN_TEC		01/12/2019	12/31/9999	Standardrolle für technische Administration Web ...	

Abbildung 9.2 Einen Benutzer zu SAP-Fiori-Rollen zuordnen

9.1.3 Transportmanagement

Wenn neue SAP-Fiori-Apps implementiert, entwickelt oder erweitert werden, müssen die entsprechenden Entwicklungs- und Customizing-Objekte durch die Systemlandschaft von den Entwicklungs- über die Test- zu den produktiven Systemen transportiert werden. Dazu verwenden Sie Standardwerkzeuge wie den Transport Manager (Transaktion SE01).

Folgende Objekte müssen transportiert werden:

- Launchpad Customizing: Kataloge und Gruppen
- PFCG-Rollen auf Frontend- und Backend-Systemen
- OData-Services und deren Erweiterungen
- SAPUI5-Anwendungen und deren Erweiterungen

9.2 Monitoring

Für das Monitoring von SAP-Fiori-Apps überwachen Sie die einzelnen Komponenten der SAP-Fiori-Systemlandschaft. Dabei kommt der Überwachung des Frontend-Servers, also von SAP Gateway, und des UI-Add-ons besondere Bedeutung zu.

Im Backend-Server gibt es hingegen keine zusätzlichen Überwachungsmechanismen, die spezifisch für SAP Fiori sind. Dort arbeiten Sie mit den bekannten Werkzeugen zur Systemüberwachung.

9.2.1 Überwachen von SAP Gateway

SAP Gateway spielt eine zentrale Rolle in der SAP-Fiori-Systemlandschaft, insbesondere für Transactional Apps, da die gesamte HTTP- und OData-Kommunikation über diese Systemkomponente läuft. Daher ist die Überwachung von SAP Gateway von besonderer Bedeutung, da dies die zentrale Komponente ist, mit der Sie Fehler und Performanceprobleme überwachen und aufzeichnen können.

Am bequemsten überwachen Sie SAP Gateway mit dem SAP Solution Manager, auf den wir in diesem Abschnitt zunächst eingehen. Danach erläutern wir aber auch die Überwachung ohne den SAP Solution Manager.

Überwachung im SAP Solution Manager

Im SAP Solution Manager haben Sie die folgenden Möglichkeiten, um SAP Gateway bequem und umfassend zu überwachen:

- **Systemüberwachung**
  Hier überwachen Sie SAP Gateway hinsichtlich Fehlern, Performance und Systemverfügbarkeit.
- **Ausnahmeverwaltung**
  Hier erhalten Sie genaueren Einblick in Ausnahmen, die sich negativ auf die Servicequalität auswirken.
- **End-User Experience Monitoring**
  Hier können Sie die Verbindung zwischen Endgerät und SAP Gateway für jede einzelne SAP-Fiori-App überwachen.
- **End-to-End-Tracing**
  Hier können Sie eine einzelne App nachverfolgen, falls Sie vorher in der Ausnahmeverwaltung oder im End-User Experience Monitoring Fehler oder Performanceprobleme festgestellt haben.

Voraussetzungen

Damit Sie SAP Gateway im SAP Solution Monitor überwachen können, muss es in der *Landscape Management Database* (LMDB) registriert sein, und es muss als verwaltetes System mit dem SAP Solution Manager verbunden sein.

System-überwachung

Der Systemstatus von SAP Gateway wird im Work-Center **Technisches Monitoring** in der Sicht **System-Monitoring** überwacht. Dort erhalten Sie Hinweise auf aufgetretene Fehler, auf die Performance und die Verfügbarkeit von SAP Gateway. Mehrere einzelne Ereignisse gleichen Typs sind dabei zu Zusammenfassungsereignissen aggregiert, die wiederum zu Kategorien zusammengefasst werden. Für die Kategorien und Zusammenfassungsereignisse wird jeweils ein Statuswert berechnet und in Form einer Ampelanzeige (mit den Farben Grün, Gelb und Rot) dargestellt. Zur detaillierten Analyse haben Sie u. a. die folgenden Möglichkeiten:

- **Status einer Kategorie analysieren**
  Klicken Sie auf die Kategorie, um die Statuswerte für die Zusammenfassungsereignisse anzuzeigen, die dieser Kategorie zugeordnet sind.
- **Details von Metriken anzeigen**
  Wählen Sie dazu in der grafischen Sicht das Zusammenfassungsereignis, und expandieren Sie den Baum, um die Messwerte der einzelnen Ereignisse anzuzeigen.
- **Alerts anzeigen**
  Klicken Sie auf den Bereich, in dem die Anzahl der ausgelösten Alerts angezeigt wird, um direkt zum Alert-Eingang zu springen.

Sie können weitere Details der Statusanalyse anzeigen lassen, indem Sie in der Dropdown-Liste im oberen rechten Bereich der Systemgrafik den Eintrag **Problemanalyse anzeigen** auswählen. Um die Details zur Systemlandschaft zu sehen, wählen Sie den Eintrag **Landschaftsinformationen** aus dieser Dropdown-Liste aus.

Ausnahmeverwaltung

Falls Sie in der Systemüberwachung Fehler oder Ausnahmen entdecken, können Sie deren weitere Untersuchung und Behandlung im Work-Center **Root Cause Analysis** in der Sicht **Ausnahmeverwaltung** verwalten und eine erste Analyse vornehmen. Diese Sicht bietet Ihnen folgende Funktionen:

- **Analyse von Ausnahmen**
  - Überwachung von technischen Einzelausnahmen (gruppiert nach Kategorien) mit Zugriff auf die Fehlerdetails (Fehlermeldung, Kontext, Aufrufstack, Payload)
  - Überwachung mehrstufiger Ausnahmen
- **Ausnahmebehandlung**
  - Erstellen von Guided Procedures für die Ausnahmebehandlung
  - Zuordnen von Bearbeitern für die weitere Behandlung der Ausnahme
  - Anlegen von Störungsmeldungen per E-Mail oder SMS
  - Navigation zum Alert-Eingang für die Anzeige der Benachrichtigungen und Systemmeldungen für eine ausgewählte Ausnahmeinstanz

End-User Experience

Im Work-Center **Technisches Monitoring** in der Sicht **End-User Experience Monitoring** (EEMon) können Sie die Verbindung zwischen dem Browser auf dem Endgerät des Nutzers und SAP Gateway im Frontend-Server überwachen. Mit diesem Werkzeug beobachten Sie in Echtzeit die Verfügbarkeit von Systemen und die Performance der Systemverbindungen aus der Sicht eines Endanwenders.

Das Einrichten von EEMon ist ein relativ aufwendiger, iterativer Prozess, den Sie mehrmals durchführen und verfeinern müssen. Dies sind die wichtigsten Schritte des Prozesses:

1. Legen Sie ein initiales technisches Szenario und ein Selbsttest-Skript an, mit dem Sie die SAP-Fiori-App testen können.
2. Starten Sie den EEMon-Monitor, um die Infrastruktur zu testen und sich mit dem Monitor vertraut zu machen.
3. Erweitern Sie nun die Infrastruktur, indem Sie an den verschiedenen Standorten Ihres Unternehmens Diagnostic Agents installieren und diese als EEMon-Robots das Selbsttest-Skript ausführen lassen.
4. Legen Sie nun EEMon-Skripte an, die Aktivitäten der Endanwender simulieren, und verteilen Sie diese auf die EEMon-Robots.
5. Anhand der nun im EEMon-Monitor verfügbaren Daten können Sie Parameter festlegen, deren Werte organisations- oder funktionsspezifisch sind, damit Sie später die aufgezeichneten Daten nach Region, Organisationseinheit oder Funktion gruppieren können.
6. Nun können Sie auch Messintervalle und Schwellenwerte für Alerts festlegen.

End-to-End-Tracing

Falls Sie Fehler oder Probleme in der Ausnahmeverwaltung oder im End-User Experience Monitoring festgestellt haben, können Sie eine einzelne App nachverfolgen, indem Sie Tracing-Informationen aufzeichnen und sie anschließend analysieren.

Aufzeichnung aktivieren

Dazu müssen Sie zunächst auf dem Endgerät das Tracing aktivieren. Auf einem Desktop-Computer verwenden Sie dazu die Tastenkombination [Strg] + [Alt] + [⇧] + [S]. Auf einem mobilen Endgerät drücken Sie mindestens drei Sekunden mit zwei Fingern auf einen leeren Bildschirmbereich und tippen dann mit einem dritten Finger, wobei Sie die ersten beiden Finger gedrückt lassen.

Danach führen Sie in der App die Aktionen aus, die Sie aufzeichnen lassen möchten. Nach jeder Aktion können Sie entscheiden, ob Sie die Aufzeichnung fortsetzen oder abbrechen möchten. Um die Aufzeichnung zu beenden, wählen Sie **Abbrechen** und bestätigen mit **OK**. Daraufhin schickt das Endgerät die aufgezeichneten Daten an den SAP Solution Manager.

Aufzeichnung auswerten

Die aufgezeichneten Daten können Sie im SAP Solution Manager im Work-Center **Root Cause Analysis** in der Sicht **End-to-End Analysis** auswerten. Wählen Sie dazu in dieser Sicht das SAP-Gateway-System, und starten Sie **Trace Analysis**, um das Fenster mit der E2E-Trace-Analyse zu öffnen. Wählen Sie einen Geschäftsvorgang aus, zumindest den ersten der angebotenen Optionen. Daraufhin werden Ihnen die ausgewählten Trace-Daten angezeigt, und Sie können sie analysieren. Sie können z. B. die Ausführungsdauer der HTTP-Anfragen auswerten oder die HTTP-Statuscodes untersuchen.

Die Ausführungsdauer wird dabei verteilt auf Client, Netzwerk und Server. Die Client-Zeit ist die vom Browser gemessene Antwortzeit. Die Server-Zeit ist die Zeitspanne, die der Server für die Beantwortung der Anfrage benötigt hat, also die Zeitdifferenz zwischen dem Eintreffen des Requests beim Internet Connection Manager (ICM) von SAP Gateway und dem Versand der Antwort durch den ICM. Die Netzwerkzeit ist die Differenz zwischen diesen beiden Zeiten. Damit können Sie schnell herausfinden, ob Performanceprobleme durch das Netzwerk oder den Server verursacht werden.

Eine weitere Analysemöglichkeit betrifft den HTTP-Kopf. Der HTTP-Kopf, der vom Client im Request gesendet wird, kann durch dazwischenliegende HTTP-Proxys und durch den SAP Web Dispatcher geändert werden. Sie können den Unterschied zwischen den HTTP-Köpfen, die der Client sendet, und denen, die SAP Gateway empfängt, analysieren und damit Konfigurationsprobleme beim SAP Web Dispatcher erkennen.

Überwachung ohne den SAP Solution Manager

Auch ohne den SAP Solution Manager können Sie SAP Gateway überwachen. Im Einzelnen haben Sie die folgenden Möglichkeiten:

- Alert Monitoring mit dem Computing Center Management System (CCMS)
- Aktivieren und Auswerten von Trace- und Log-Dateien
- Validierung einzelner Services

Neben den spezifischen SAP-Gateway-Komponenten und -Services können und sollten Sie auch die Basiskomponenten überwachen:

- **Internet Communication Manager (ICM)**
  Monitoring und Performanceoptimierung

- **Internet Communication Framework (ICF)**
  Fehlerüberwachung und Tracing mit dem ICF Recorder

CCMS Monitoring

SAP Gateway wird automatisch im Computing Center Management System überwacht. In Transaktion RZ20 finden Sie die aufgezeichneten Informationen in zwei Unterknoten des Knotens **SAP CCMS Technical Expert Monitors • All Monitoring Contexts**:

- **SAP NetWeaver Gateway Applications**
  Hier publizieren einzelne SAP-Gateway-Anwendungen spezifische Alerts.
- **SAP NetWeaver Gateway General Components**
  Hier sehen Sie die Alerts der allgemeinen SAP-Gateway-Komponenten.

Ein Beispiel dazu finden Sie in Abbildung 9.3. Die gesammelten Informationen werden stündlich aktualisiert und nach Mitternacht wieder gelöscht. Einzelne Alert-Knoten werden erst sichtbar, wenn der erste Alert zu diesem Knoten publiziert wird.

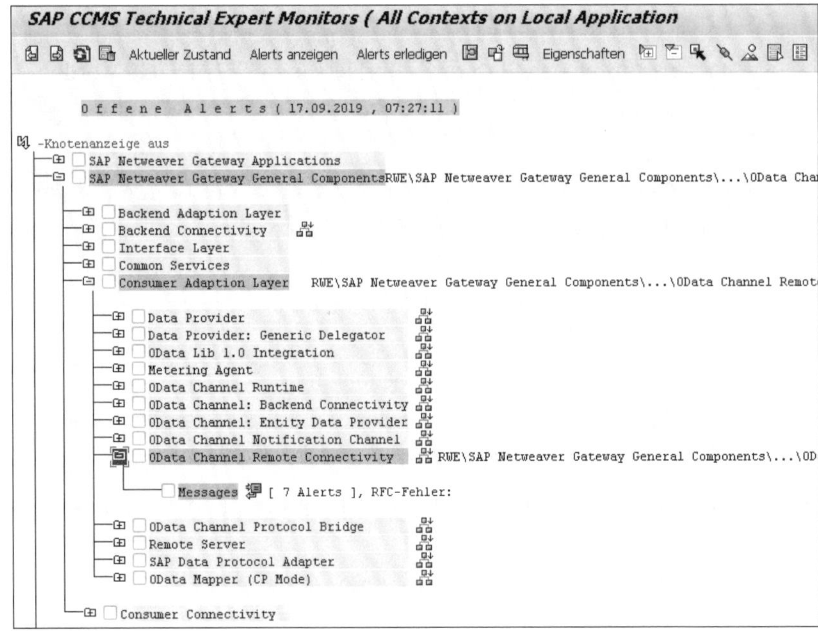

Abbildung 9.3 Monitoring von SAP Gateway im CCMS

Kontextbäume erzeugen

Um die beiden Kontextbäume im CCMS zu erzeugen, müssen Sie den Report /IWFND/SUTIL_CCMS_INITIAL_LOG ausführen. Dieser Report baut die beiden Kontextbäume gemäß der Struktur auf, die Sie im SAP Implementation

Guide (IMG) erzeugt haben. Starten Sie dazu Transaktion SPRO, klicken Sie auf **SAP Referenz IMG**, und navigieren Sie im Baum zu **SAP NetWeaver • Gateway • OData Channel • Administration • Protokollierungseinstellungen • Customizing von SAP-NetWeaver-Gateway-CCMS-Kontext**. An dieser Stelle können Sie die beiden Knoten im CCMS-Kontext aktivieren.

Alerts anzeigen

Um sich die Alerts in Transaktion RZ20 anzuschauen, markieren Sie einen Knoten im Baum und klicken auf **Alerts anzeigen** in der Funktionsleiste. Alternativ können Sie die Knoten auch expandieren und dann auf den Knoten **Messages** doppelklicken. Damit wird eine Liste der Alerts angezeigt, wie es Abbildung 9.4 verdeutlicht. Um die Details zum Alert zu sehen, wählen Sie den Eintrag **Springen • Details anzeigen** aus dem Menü und für den Langtext den Eintrag **Springen • Alert-Beschreibung** aus. Ein Doppelklick auf einen Alert öffnet das Anwendungsprotokoll zu diesem Alert.

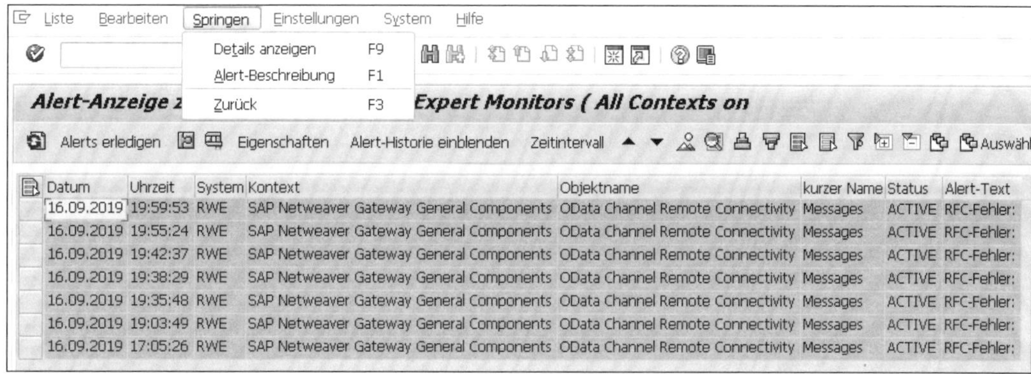

Datum	Uhrzeit	System	Kontext	Objektname	kurzer Name	Status	Alert-Text
16.09.2019	19:59:53	RWE	SAP Netweaver Gateway General Components	OData Channel Remote Connectivity	Messages	ACTIVE	RFC-Fehler:
16.09.2019	19:55:24	RWE	SAP Netweaver Gateway General Components	OData Channel Remote Connectivity	Messages	ACTIVE	RFC-Fehler:
16.09.2019	19:42:37	RWE	SAP Netweaver Gateway General Components	OData Channel Remote Connectivity	Messages	ACTIVE	RFC-Fehler:
16.09.2019	19:38:29	RWE	SAP Netweaver Gateway General Components	OData Channel Remote Connectivity	Messages	ACTIVE	RFC-Fehler:
16.09.2019	19:35:48	RWE	SAP Netweaver Gateway General Components	OData Channel Remote Connectivity	Messages	ACTIVE	RFC-Fehler:
16.09.2019	19:03:49	RWE	SAP Netweaver Gateway General Components	OData Channel Remote Connectivity	Messages	ACTIVE	RFC-Fehler:
16.09.2019	17:05:26	RWE	SAP Netweaver Gateway General Components	OData Channel Remote Connectivity	Messages	ACTIVE	RFC-Fehler:

Abbildung 9.4 Alert-Anzeige

Um die Fehlerursache genauer zu analysieren, können Sie auch direkt vom Alert zum Fehlerprotokoll (Error Log) navigieren. Diese direkte Navigation ist allerdings nur bei einer zentralen SAP-Gateway-Installation möglich.

Fehlerprotokoll

Das Fehlerprotokoll für SAP Gateway baut auf dem SAP Gateway Application Log auf. Sie starten den Error Log Viewer mit Transaktion /IWFND/ERROR_LOG auf dem zentralen SAP Gateway und mit Transaktion /IWBEP/ERROR_LOG auf dem Backend-System. Die Informationen sind in zwei Bildschirmebenen aufgeteilt:

- **Übersichtsbild**
  Hier werden alle Fehler mit den Attributen in umgekehrter chronologischer Reihenfolge aufgelistet.

- **Fehler-Kontext**
  Mit einem Doppelklick auf einen Fehler im Übersichtsbild öffnen Sie ein Fenster mit Informationen zum Fehlerkontext.

Mit den Informationen aus den beiden Bildschirmen sehen Sie Folgendes:

- Wann ist ein Fehler aufgetreten?
- An welcher Stelle im Quellcode ist der Fehler aufgetreten?
- Wie oft ist ein Fehler aufgetreten?

Im Folgenden besprechen wir beide Bildschirmebenen im Detail.

Übersichtsbild

Im Übersichtsbild in Abbildung 9.5 sehen Sie alle Fehler und deren Attribute sowie den Zeitpunkt (Datum und Uhrzeit), zu dem ein Fehler zuletzt aufgetreten ist. Die Fehler werden in umgekehrter chronologischer Reihenfolge angezeigt. In der Spalte **Fehleranzahl** erfahren Sie, wie oft derselbe Fehler in der vergangenen Stunde aufgetreten ist. Zwei Fehler gelten dabei als identisch, wenn sie in den Attributen **Benutzername**, **Servicename**, **Fehlerklasse** und **Fehlernummer** übereinstimmen. Identische Fehler werden nur einmal im Fehlerprotokoll gespeichert, um Platz zu sparen.

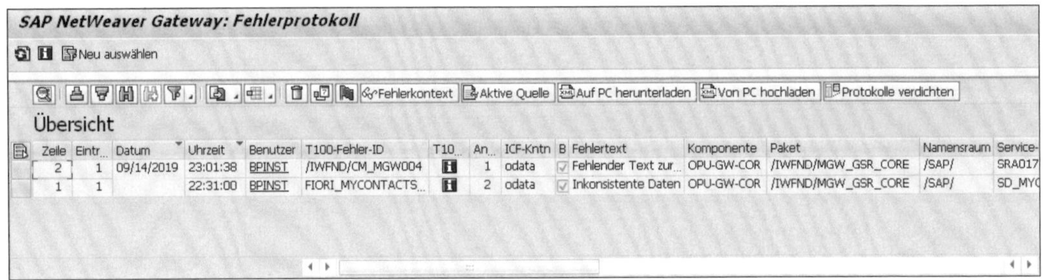

Abbildung 9.5 Übersichtsbild des Fehlerprotokolls

Fehler filtern

Standardmäßig zeigt das Übersichtsbild alle Fehler an, die am aktuellen Tag für alle Benutzer aufgetreten sind. Sie können die Fehler auch nach unterschiedlichen Kriterien filtern, indem Sie das Icon **Neu auswählen** verwenden und im Dialog **Fehlerprotokolleinträge auswählen** eine der angebotenen Optionen wählen, indem Sie den entsprechenden Radiobutton aktivieren:

- **Freie Suche**
  Hier können Sie Fehler nach einer Vielzahl von Kriterien filtern:
  - Benutzername
  - Servicenamensraum
  - Servicenamen

   - Nachrichtenklasse aus Tabelle T100
   - Nachrichtennummer aus Tabelle T100
   - Komponente
   - Paket
   - Remote-Adresse
   - URI-Bestandteil der HTTP-Anfrage
   - Request-ID, die vom Consumer an SAP Gateway geschickt wird

- **Vorgangs-ID**
  Diese Option filtert nach allen Fehlern mit derselben ID im Fehlerprotokoll.
- **Transakt.-ID**
  Diese Option filtert nach allen Fehlern mit einer bestimmten RFC-Transaktions-ID. Diese ID ist für den Frontend-Server und den Backend-Server identisch. Damit lassen sich Fehler vom Frontend zum Backend nachverfolgen.
- **Zeitstemp**
  Sie können einen genauen Zeitstempel für den Fehler angeben.

Wenn Sie im Übersichtsbild einen Fehler auswählen, werden die Attribute dieses Fehlers automatisch in den Filterdialog kopiert. Sie können im Übersichtsbild eine ganze Zeile oder auch nur Teile selektieren, bevor Sie sich den Suchdialog anzeigen lassen (siehe Abbildung 9.6).

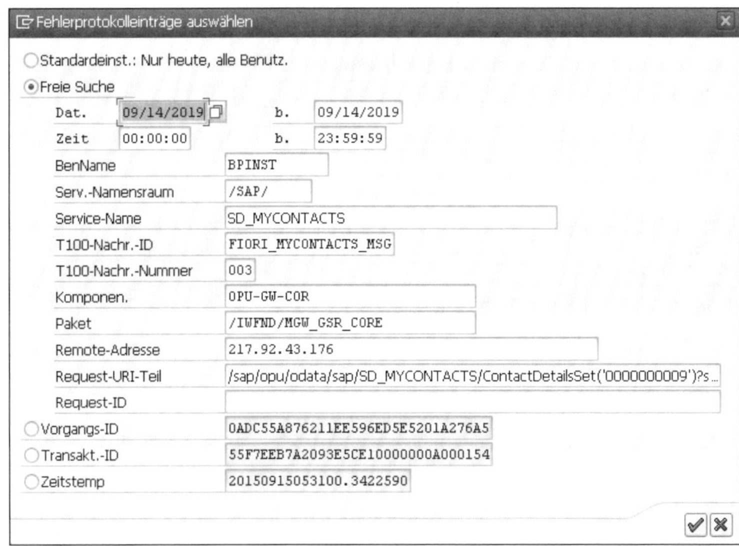

Abbildung 9.6 Auswahldialog für Fehlerprotokolleinträge

Fehler sortieren

Im Übersichtsbild (siehe Abbildung 9.5) finden Sie u. a. die folgenden Spalten: **Komponente**, **Paket**, **Service-Name**, **ICF-Knoten**, **Transaktions-ID** und **Request-ID**. Sie können die Liste nach einer oder mehreren dieser Spalten auf- oder absteigend sortieren. Standardmäßig ist die Liste absteigend nach Datum und Uhrzeit sortiert.

Weitere Funktionen

Für weitere Analysen können Sie die Fehlerliste mit der Standard-ALV-Funktion exportieren und z. B. mit Microsoft Excel verarbeiten. Darüber hinaus können Sie folgende Funktionen über die Funktionsleiste nutzen:

- **Fehlerkontext**
  zeigt den kompletten Fehlerkontext mit technischen Attributen an
- **Aktive Quelle**
  springt zum Quellcode ab, in dem der Fehler aufgetreten ist
- **Auf PC herunterladen**
  lädt des Fehlerprotokoll im XML-Format herunter – für die spätere Analyse durch Spezialisten
- **Von PC hochladen**
  lädt ein zuvor im XML-Format gespeichertes Fehlerprotokoll zur einfacheren Analyse hoch
- **Protokolle verdichten**
  zeigt eine Zusammenfassung aller Fehler an

Fehlerkontext

Um detaillierte Informationen über einen Fehler zu erhalten, doppelklicken Sie auf die entsprechende Zeile im Übersichtsbild oder wählen die Funktion **Fehlerkontext** (Error Context). Die Informationen in diesem Bildschirm werden komprimiert dargestellt (siehe Abbildung 9.7). Durch Doppelklick können Sie einzelne Zeilen expandieren, um detaillierte Informationen zu sehen, die nach Name-Wert-Paaren organisiert sind. Die Informationen umfassen:

- Servicename
- Request URI
- Systemalias des Backend-Systems
- RFC-Destination

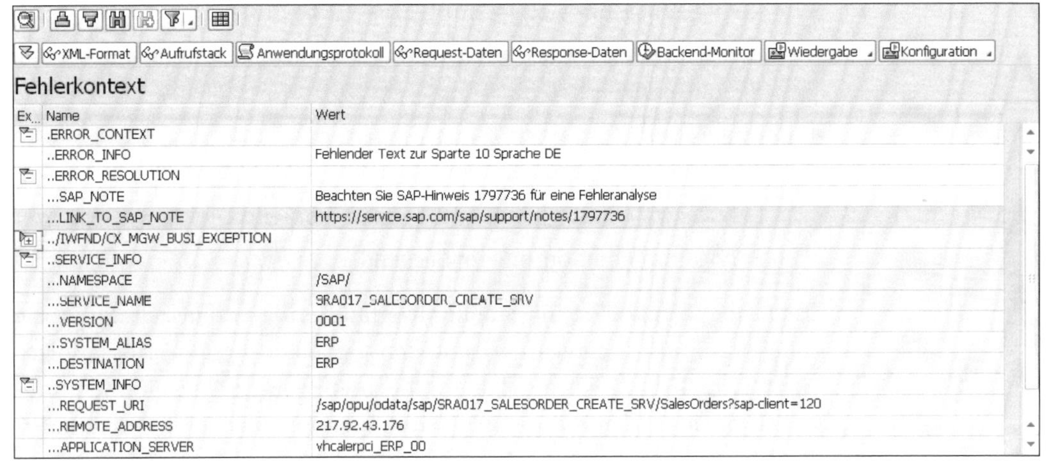

Abbildung 9.7 Fehlerkontext im Fehlerprotokoll

Weitere Analysefunktionen

Für weitere Analysen können Sie die folgenden Funktionen über die Funktionsleiste nutzen:

- **XML-Format**
  Dies zeigt den Fehlerkontext im XML-Format an. Damit können Sie die Fehlermeldungen komplett sehen, falls Sie mehr als 100 Zeichen lang sind.
- **Aufrufstack**
  Dies zeigt den Aufrufstack bis zur Fehlerstelle an. Hier können Sie in den entsprechenden ABAP-Quellcode abspringen.
- **Anwendungsprotokoll**
  Springt in das Anwendungslog ab, das Sie mit Transaktion /IWFND/APPS_LOG auch direkt starten können.
- **Request-Daten**
  Zeigt den HTTP-Request mit Header und Body an.
- **Response-Daten**
  Zeigt die HTTP-Response mit Header und Body an.
- **Backend-Monitor**
  Absprung in das Fehlerprotokoll (ab SAP Gateway 2.0 SP 05) oder das Anwendungsprotokoll im Backend. Alternativ können Sie im Backend auch Transaktion ST22 aufrufen, falls im Backend ein ABAP Dump bei der Verarbeitung aufgetreten ist.
- **Wiedergabe**
  Sie können den Request nochmals an SAP Gateway schicken, um den Fehler zu reproduzieren. Sie haben die Wahl zwischen zwei Werkzeugen:

  - Webbrowser: nur sinnvoll für HTTP-GET-Requests
  - SAP Gateway Clients: Damit können Sie auch POST-, PUT- und DELETE-Requests wiederholen.
- **Konfiguration**
  Hier können Sie zu zwei Konfigurationstransaktionen wechseln:
  - Servicekonfiguration im SAP-Gateway-Frontend
  - Serviceimplementierung im Backend

Das Fehlerprotokoll ist mit Standardwerten für die Verfallszeit der Protokolleinträge, die Aggregation und den Detaillierungsgrad vordefiniert. Wenn Sie die Standardwerte ändern möchten, selektieren Sie **Fehlerprotokoll • Globale Konfiguration**, um den Konfigurationsdialog in Abbildung 9.8 anzuzeigen.

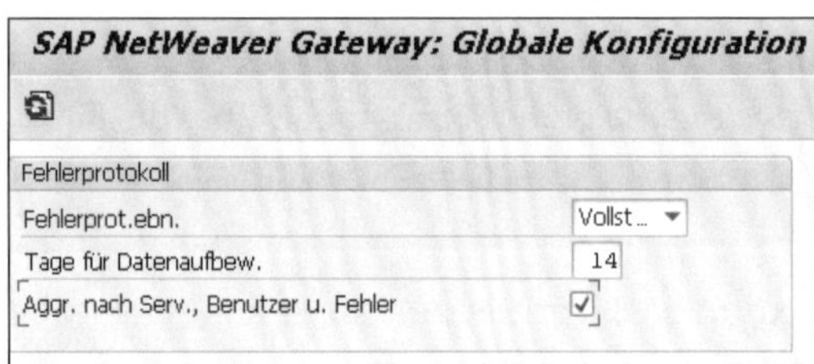

Abbildung 9.8 Globale Konfiguration des Fehlerprotokolls

Verfallszeit Laut Voreinstellung werden Protokolleinträge 14 Tage lang aufbewahrt. Sie können diese Zeit im Konfigurationsdialog ändern. Verfallene Protokolleinträge können Sie über die IMG-Aktivität **Clear Cache** löschen, die Sie dort unter **SAP NetWeaver • SAP Gateway • OData Channel • Administration • Cache Settings** finden.

Aggregation Standardmäßig werden Protokolleinträge nach Servicename, Benutzer und Fehler-ID aggregiert. Falls Sie nicht aggregieren möchten, können Sie die entsprechenden Checkboxen abwählen.

Detaillierungsgrad Es gibt zwei Detaillierungsstufen für das Fehlerprotokoll:

- **Sicher**
  Bei diesem Standardlevel werden Daten mit potenziell sensitiven Informationen nicht protokolliert, also insbesondere keine HTTP-Bodys, Servicenamen oder Nachrichtenvariablen.
- **Vollständig**
  Hier werden alle Informationen protokolliert. Diese benötigen Sie vor allem für die Replay-Funktion.

Damit Sie den Detaillierungsgrad des Fehlerprotokolls ändern können, benötigen Sie eine Berechtigung zum Berechtigungsobjekt S_ADMI_FCD in Ihrem Benutzerstammdatensatz. Das Feld PADM der Berechtigung muss entsprechend gesetzt sein, damit Sie die HTTP-Traces aktivieren, deaktivieren und betrachten können.

Den Detaillierungsgrad des Protokolls setzen Sie mandantenspezifisch genauso wie die Verfallszeit und die Aggregation über den globalen Konfigurationsdialog. Sie können den Detaillierungsgrad auch für einen einzelnen Benutzer setzen. Dazu starten Sie Transaktion /IWFND/TRACES in SAP Gateway bzw. /IWBEP/TRACES im Backend-System und wählen die Funktion **Benutzer hinzufügen**. Tragen Sie den Benutzernamen ein, ändern Sie den Detaillierungsgrad von **Sicher** nach **Vollständig**, und speichern Sie Ihre Änderungen. Diese benutzerspezifischen Einstellungen sind zwei Stunden lang aktiv.

Anwendungsprotokoll

Das Fehlerprotokoll baut auf dem Anwendungsprotokoll auf und erweitert es. Um das Anwendungsprotokoll zu sehen, starten Sie den Report /IWFND/APPS_LOG auf dem zentralen SAP-Gateway-System bzw. /IWBEP/VIEW_LOG auf dem Backend-System. Im Selektionsbild des Reports in Abbildung 9.9 spezifizieren Sie die Protokolleinträge über die Felder **Objekt**, **Unterobjekt**, **Externe ID des Protokolls**, **Inhalte: Alternat. ID**, **Anforderungsrichtung**, **GSDO-Typ**, **Benutzer**, **Protokollklasse**, **Von (Datum/Uhrzeit)** und **Bis (Datum/Uhrzeit)**.

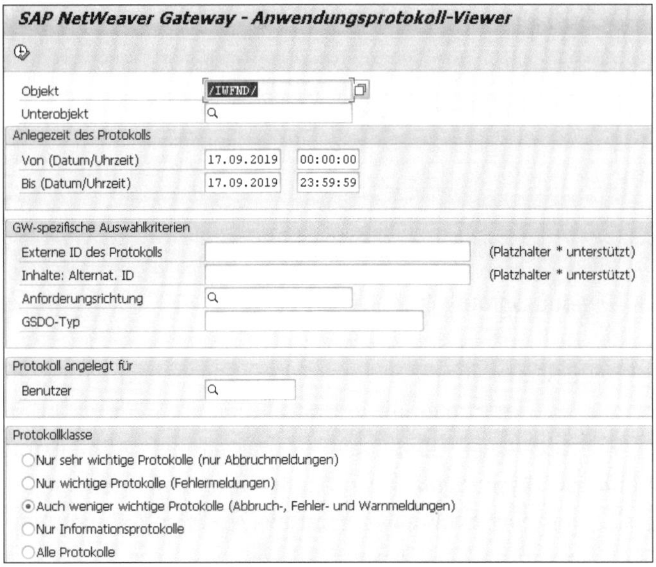

Abbildung 9.9 Selektionsbild des Anwendungsprotokolls

Das Objekt der Protokolleinträge auf dem zentralen SAP Gateway ist immer /IWFND/, auf dem Backend dementsprechend /IWBEP/. Das Feld **GSDO-Typ** wird verwendet, um die unterschiedlichen Anwendungsobjekte zu identifizieren. Für das Objekt /IWFND/ gibt es drei Unterobjekte:

- CLEANUP
  Cache- und Persistenzmanagement
- DESTIM
  Designzeit-Prozesse
- RUNTIM
  Laufzeitprozesse

Für das Objekt /IWBEP/ gibt es nur die beiden Unterobjekte DESTIM und RUNTIM.

Wie es Abbildung 9.10 verdeutlicht, werden die Protokolleinträge auf zwei Ebenen angezeigt: Auf der obersten Ebene sehen Sie die Spalten **Externe ID des Protokolls**, **Anzahl**, **Objekt**, **Unterobj.**, **Benutzer**, **Datum** und **Zeit (CET)** sowie **ProtNr.** Im unteren Bildschirmbereich erscheinen die Meldungen, zu denen Sie sich die Langtexte anzeigen lassen können, indem Sie eine Meldung auswählen und auf das Fragezeichen in der Funktionsleiste klicken.

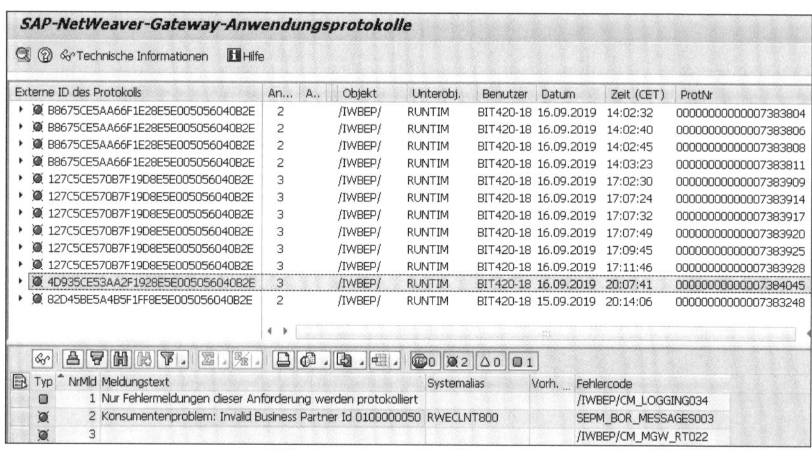

Abbildung 9.10 Anwendungsprotokoll

Log-Level

Auf dem zentralen SAP Gateway stellen Sie den Detaillierungsgrad des Anwendungsprotokolls im SAP-Implementierungsleitfaden von Transaktion SPRO im Knoten **SAP NetWeaver • Gateway • OData Channel • Administration • Protokollierungseinstellungen** ein. Auf dem Backend nehmen Sie die Einstellungen im Knoten **SAP NetWeaver • Gateway-Service-Aktivierung •**

Backend OData Channel • Protokollierungseinstellungen vor. Dabei wird zwischen zwei Log-Level-Typen mit je sechs verschiedenen Einstellungsmöglichkeiten unterschieden.

Es gibt die folgenden beiden Log-Level-Typen:

- **Globaler Log-Level**
  Hier stellen Sie den Log-Level für alle Benutzer ein, beschränken das Logging jedoch auf bestimmte Aktivitäten.
- **Benutzer-Log-Level**
  Hier stellen Sie den Log-Level für einen bestimmten Benutzer ein.

Innerhalb dieser beiden Log-Level-Typen haben Sie die folgenden sechs Auswahlmöglichkeiten für den Detaillierungsgrad:

- **Alle**
  Nachrichten der Typen **Information**, **Warnung** und **Fehler** werden protokolliert.
- **Info zur Schrittbeendung**
  Nachrichten der Typen **Schrittbeendung**, **Warnung**, **Sicherheit** und **Fehler** werden protokolliert.
- **Fehler, Sicherheit, Warnung**
  Nachrichten der Typen **Warnung**, **Sicherheit** und **Fehler** werden protokolliert.
- **Fehler, Sicherheit**
  Nachrichten der Typen **Sicherheit** und **Fehler** werden protokolliert.
- **Fehler**
  Nachrichten des Typs **Fehler** werden protokolliert.
- **Keine**
  Es werden keine Nachrichten protokolliert.

Falls der Log-Level für einen Benutzer höher ist als der globale Log-Level, gelten die höheren Einstellungen für den Benutzer. Falls Sie den Log-Level nicht konfiguriert haben, ist der Standard-Log-Level **Fehler**.

Anwendungsprotokoll löschen

Das Anwendungsprotokoll muss regelmäßig gelöscht werden. Normalerweise werden die Einträge nur einen Tag lang benötigt. Vor allem in produktiven Systemen sollten Sie unbedingt darauf achten, dass das Protokoll nicht zu umfangreich wird, um Leistungseinbußen zu vermeiden.

Das Protokoll wird mit dem Report `SBAL_DELETE` gelöscht. Dieser Report ist Bestandteil des Cleanup-Szenarios `/IWFND/CLEANUP_APPSLOG` im SAP Gateway Cleanup Framework. Für das Löschen des Anwendungsprotokolls gibt es im

SAP-Einführungsleitfaden in Transaktion SPRO auf dem zentralen SAP-Gateway-System und dem Backend-System je einen Knoten.

In SAP Gateway ist dies der Knoten **SAP NetWeaver • Gateway • OData Channel • Administration • Cache-Einstellungen • Cache und Persistenz bereinigen**. Auf dem Backend-System finden Sie dies im Knoten **SAP NetWeaver • Gateway-Service-Aktivierung • Backend OData Channel • Protokollierungseinstellungen • Clear Application Log**.

9.2.2 Überwachen des UI-Add-ons für SAP NetWeaver

Für die Überwachung des UI-Add-ons für SAP NetWeaver gibt es keine spezialisierten Werkzeuge. Da das SAP Fiori Launchpad und die SAP-Fiori-Apps jedoch über OData mit SAP Gateway kommunizieren, können Sie das Fehler- und Anwendungsprotokoll von SAP Gateway nutzen.

Unterobjekte

Die relevanten Unterobjekte des Objekts `/UI2/BE` im Anwendungsprotokoll SLG1 sind:

- `/UI2/INTEROP`
  Hier werden Fehler des Interoperabilitätsdienstes protokolliert. Folgende Szenarien werden abgedeckt:
  - Übertragen von Personalisierungsdaten in die Datenbank
  - Löschen abgelaufener Personalisierungen
  - Einrichten von Endanwender-Feedback
  - Fehler bei der Auflösung von Navigationslinks
  - Löschen des Ausführungszustands von Anwendungen
- `/UI2/CLEANUP_CACHES`
  Löschen von serverseitigen Caches
- `/UI2/PAGE_BUILDER`
  Fehler beim Einfügen, Ändern oder Löschen von Kacheln im Launchpad oder im Launchpad Designer. Hier wird Ihnen der Call Stack angezeigt, und Sie können in den Quellcode abspringen.

Wenn Fehler bei der Auflösung von Navigationslinks auftreten, können Sie aus dem Anwendungsprotokoll nach SAP Fiori Launchpad Intent Analysis (Transaktion /UI2/FLIA) abspringen. Dies besprechen wir in Abschnitt 9.3, »Troubleshooting«.

9.3 Troubleshooting

Wenn Sie im Monitoring auf Fehler aufmerksam geworden sind und sie mit dem Fehler- und Anwendungsprotokoll weiteranalysiert haben, müssen Sie – in der Regel in Zusammenarbeit mit dem SAP-Support oder den Anwendungsentwicklern – die Ursache dieser Fehler ermitteln und beseitigen. Für dieses *Troubleshooting* gibt es viele Werkzeuge und Methoden, die wir Ihnen in diesem Abschnitt vorstellen.

9.3.1 SAP Fiori Launchpad und Launchpad Designer

Typische Probleme und Ursachen

In Zusammenhang mit dem SAP Fiori Launchpad gibt es zwei Arten von Problemen, die recht häufig auftreten:

- Die Navigation vom SAP Fiori Launchpad zu einer SAP-Fiori-App funktioniert nicht.
- Kacheln, Gruppen oder Kataloge werden nicht angezeigt.

Die Hauptursachen für diese Art von Problemen sind folgende:

- fehlerhafte Konfiguration der Starter- und Zielzuordnungskacheln im Katalog
- fehlerhafte Konfiguration der Apps in Transaktion LPD_CUST, falls noch im Einsatz
- fehlende Berechtigungen bzw. falsche Rollenzuordnungen
- grundlegende Probleme in der Infrastruktur, z. B. dem ICM

Werkzeuge

Um die Ursache dieser Probleme zu ergründen, stehen Ihnen die folgenden Werkzeuge zur Verfügung:

- **SAP Fiori Launchpad Checks**
  Mit Transaktion /UI2/FLC überprüfen Sie die Konsistenz der Inhalte für das SAP Fiori Launchpad.
- **SAP Fiori Launchpad Intent Analysis**
  Mit Transaktion /UI2/FLIA analysieren Sie die Auflösung von Navigations-Intents (semantische Objekt-Aktion-Paare) zu Navigationszielen für einen Benutzer.
- **Anwendungsprotokoll**
  In Transaktion SLG1 finden Sie Meldungen der OData-Services, die vom SAP Fiori Launchpad verwendet werden.

Darüber hinaus finden Sie in SAP-Hinweis 634006 eine Checkliste, um Probleme im Zusammenhang mit dem Internet Connection Manager zu ermitteln.

Launchpad-Prüfungen

Transaktion /UI2/FLC startet einen Report, der Ihnen eine Übersicht über die gesamte Konfiguration des SAP Fiori Launchpads gibt. Im Selektionsbild, das Sie in Abbildung 9.11 sehen, können Sie nach folgenden Kriterien filtern:

- Softwarekomponente
- Katalog-ID
- Entwicklungspaket
- Unterpakete
- Konfigurations- und/oder Customizing-Schicht
- Benutzername

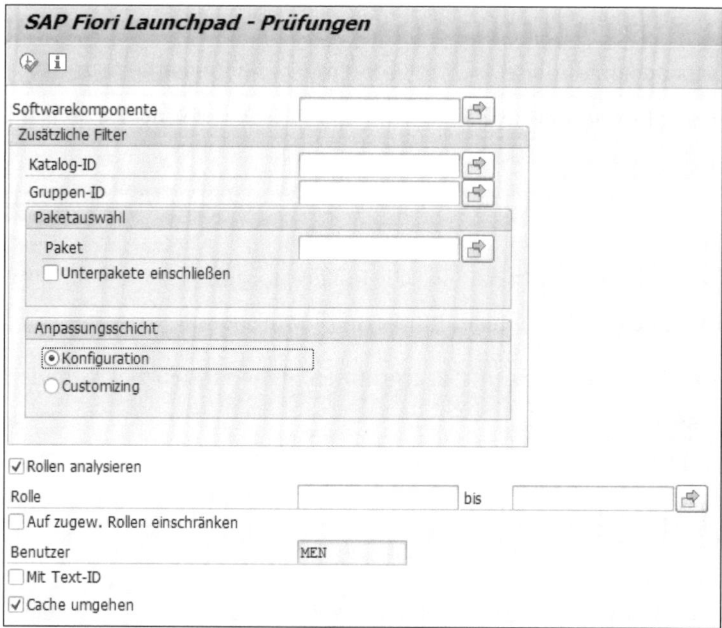

Abbildung 9.11 Selektionsbild des Reports für Launchpad-Prüfungen

Der Report überprüft fünf Bereiche:

- **Kataloge**
  - Ist ein Katalog einer Softwarekomponente zugeordnet?

  - Ist ein Katalog einem Paket zugeordnet?
  - Enthält ein Katalog Kacheln?
- **Gruppen**
  - Ist eine Gruppe einer Softwarekomponente zugeordnet?
  - Ist eine Gruppe einem Paket zugeordnet?
  - Enthält eine Gruppe Kacheln?
  - Ist eine Kachel in der Gruppe fehlerhaft?
  - Referenziert die Gruppe gelöschte Katalogkacheln?
- **Zielzuordnungskacheln**
  - Existiert das referenzierte semantische Objekt?
  - Ist eine Aktion definiert?
  - Beginnt der Aktionsname mit einem Kleinbuchstaben?
  - Existiert die referenzierte App?
  - Existiert die referenzierte LPD_CUST-App?
  - Wurde die SAPUI5-Komponente korrekt eingetragen?
  - Referenziert die Kachel eine gelöschte Originalkachel?
- **Starter-Kacheln**
  - Existiert das referenzierte semantische Objekt?
  - Ist eine Aktion definiert?
  - Beginnt der Aktionsname mit einem Kleinbuchstaben?
  - Existiert eine passende Zielzuordnungskachel im selben Katalog?
  - Referenziert die Kachel eine gelöschte Originalkachel?
- **LPD_CUST-Apps**
  - Ist die SAPUI5-Komponente gepflegt?
  - Ist der Anwendungsalias gepflegt?
  - Ist der Systemalias leer?
  - Ist für Fact Sheets ein zusätzlicher Parameter gepflegt?
  - Ist die Codierung der Parameter korrekt?

Sollte der Report wie in Abbildung 9.12 Fehler oder Warnungen ausgeben, müssen Sie diese im Launchpad Designer oder in Transaktion LPD_CUST überprüfen und beseitigen.

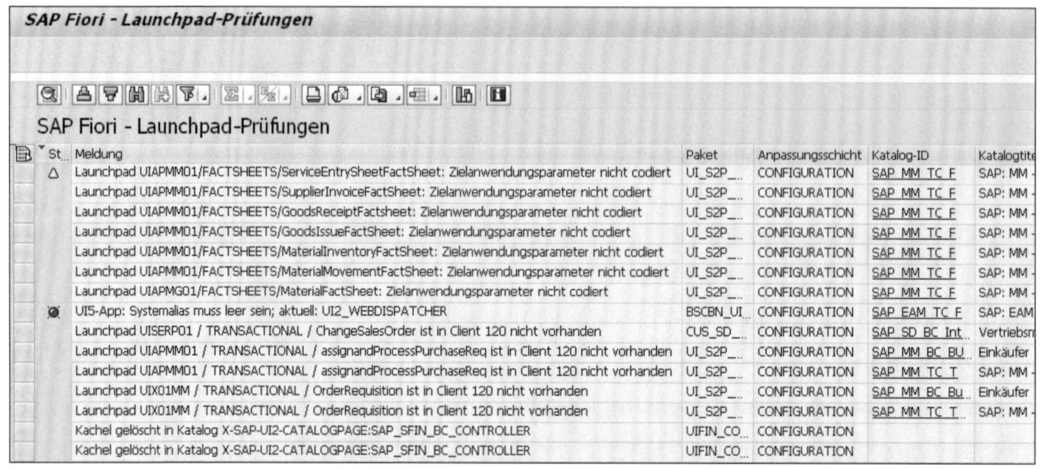

SAP Fiori - Launchpad-Prüfungen

SAP Fiori - Launchpad-Prüfungen

St...	Meldung	Paket	Anpassungsschicht	Katalog-ID	Katalogtit
△	Launchpad UIAPMM01/FACTSHEETS/ServiceEntrySheetFactSheet: Zielanwendungsparameter nicht codiert	UI_S2P_...	CONFIGURATION	SAP_MM_TC_F	SAP: MM -
	Launchpad UIAPMM01/FACTSHEETS/SupplierInvoiceFactSheet: Zielanwendungsparameter nicht codiert	UI_S2P_...	CONFIGURATION	SAP_MM_TC_F	SAP: MM -
	Launchpad UIAPMM01/FACTSHEETS/GoodsReceiptFactsheet: Zielanwendungsparameter nicht codiert	UI_S2P_...	CONFIGURATION	SAP_MM_TC_F	SAP: MM -
	Launchpad UIAPMM01/FACTSHEETS/GoodsIssueFactSheet: Zielanwendungsparameter nicht codiert	UI_S2P_...	CONFIGURATION	SAP_MM_TC_F	SAP: MM -
	Launchpad UIAPMM01/FACTSHEETS/MaterialInventoryFactSheet: Zielanwendungsparameter nicht codiert	UI_S2P_...	CONFIGURATION	SAP_MM_TC_F	SAP: MM -
	Launchpad UIAPMM01/FACTSHEETS/MaterialMovementFactSheet: Zielanwendungsparameter nicht codiert	UI_S2P_...	CONFIGURATION	SAP_MM_TC_F	SAP: MM -
	Launchpad UIAPMG01/FACTSHEETS/MaterialFactSheet: Zielanwendungsparameter nicht codiert	UI_S2P_...	CONFIGURATION	SAP_MM_TC_F	SAP: MM -
	UI5-App: Systemalias muss leer sein; aktuell: UI2_WEBDISPATCHER	BSCBN_UI...	CONFIGURATION	SAP_EAM_TC_F	SAP: EAM
	Launchpad UISERP01 / TRANSACTIONAL / ChangeSalesOrder ist in Client 120 nicht vorhanden	CUS_SD_...	CONFIGURATION	SAP_SD_BC_Int...	Vertriebsm
	Launchpad UIAPMM01 / TRANSACTIONAL / assignandProcessPurchaseReq ist in Client 120 nicht vorhanden	UI_S2P_...	CONFIGURATION	SAP_MM_BC_BU...	Einkäufer
	Launchpad UIAPMM01 / TRANSACTIONAL / assignandProcessPurchaseReq ist in Client 120 nicht vorhanden	UI_S2P_...	CONFIGURATION	SAP_MM_TC_T	SAP: MM -
	Launchpad UIX01MM / TRANSACTIONAL / OrderRequisition ist in Client 120 nicht vorhanden	UI_S2P_...	CONFIGURATION	SAP_MM_BC_Bu...	Einkäufer
	Launchpad UIX01MM / TRANSACTIONAL / OrderRequisition ist in Client 120 nicht vorhanden	UI_S2P_...	CONFIGURATION	SAP_MM_TC_T...	SAP: MM -
	Kachel gelöscht in Katalog X-SAP-UI2-CATALOGPAGE:SAP_SFIN_BC_CONTROLLER	UIFIN_CO...	CONFIGURATION		
	Kachel gelöscht in Katalog X-SAP-UI2-CATALOGPAGE:SAP_SFIN_BC_CONTROLLER	UIFIN_CO...	CONFIGURATION		

Abbildung 9.12 Meldungen des Reports für Launchpad-Prüfungen

Absichtsanalyse Transaktion /UI2/FLIA startet einen Report, der Ihnen eine Übersicht über alle *Absichten* (Intents) für einen bestimmten Benutzer gibt. Eine Absicht ist ein Paar aus einem semantischen Objekt und einer Aktion und wird von Starter-Kacheln verwendet, um damit eine Zielauflösungskachel zu ermitteln, die wiederum eine LPD_CUST-App referenziert, die die physischen Startparameter für die SAP-Fiori-App enthält. Zeigt Ihnen dieser Report Warnungen oder Fehlermeldungen wie in Abbildung 9.13 an, müssen Sie diese ebenfalls in Transaktion LPD_CUST und im Launchpad Designer überprüfen.

Fiori-Launchpad-Prüfungen

Fiori Launchpad: Absichtsanalyse

St...	Meldung	Semantisches Objekt	Semantische Akti...	PFCG-R
	Launchpad UIAPMM01 / TRANSACTIONAL / assignandProcessPurchaseReq ist in Client 120 nicht vorhanden	PurchaseRequisition	processTA	SAP_M
△	Launchpad UIAPMM01/FACTSHEETS/GoodsReceiptFactsheet: Zielanwendungsparameter nicht codiert	GoodsReceipt	displayFactSheet	SAP_M
△	Launchpad UIAPMM01/FACTSHEETS/GoodsIssueFactSheet: Zielanwendungsparameter nicht codiert	GoodsIssue	displayFactSheet	SAP_M
△	Launchpad UIAPMM01/FACTSHEETS/MaterialInventoryFactSheet: Zielanwendungsparameter nicht codiert	MaterialInventory	displayFactSheet	SAP_M
△	Launchpad UIAPMM01/FACTSHEETS/MaterialMovementFactSheet: Zielanwendungsparameter nicht codiert	MaterialMovement	displayFactSheet	SAP_M
△	Launchpad UIAPMG01/FACTSHEETS/MaterialFactSheet: Zielanwendungsparameter nicht codiert	Material	displayFactSheet	SAP_M
△	Launchpad UIAPMM01/FACTSHEETS/PurchasingContractFactSheet: Zielanwendungsparameter nicht codiert	PurchasingContract	displayFactSheet	SAP_M
△	Launchpad UIAPMM01/FACTSHEETS/PurchaseOrderFactSheet: Zielanwendungsparameter nicht codiert	PurchaseOrder	displayFactSheet	SAP_M
△	Launchpad UIAPMM01/FACTSHEETS/PurchaseRequisitionFactSheet: Zielanwendungsparameter nicht codiert	PurchaseRequisition	displayFactSheet	SAP_M
△	Launchpad UIAPMM01/FACTSHEETS/PurchasingInfoRecordFactSheet: Zielanwendungsparameter nicht codiert	PurchasingInfoRecord	displayFactSheet	SAP_M
△	Launchpad UIAPMM01/FACTSHEETS/VendorFactSheet: Zielanwendungsparameter nicht codiert	Vendor	displayFactSheet	SAP_M
△	Launchpad UIAPMM01/FACTSHEETS/ServiceFactSheet: Zielanwendungsparameter nicht codiert	Service	displayFactSheet	SAP_M
△	Launchpad UIAPMM01/FACTSHEETS/ServiceEntrySheetFactSheet: Zielanwendungsparameter nicht codiert	ServiceEntrySheet	displayFactSheet	SAP_M
△	Launchpad UIAPMM01/FACTSHEETS/SupplierInvoiceFactSheet: Zielanwendungsparameter nicht codiert	SupplierInvoice	displayFactSheet	SAP_M
△	Launchpad UIAPMM01/FACTSHEETS/GoodsReceiptFactsheet: Zielanwendungsparameter nicht codiert	GoodsReceipt	displayFactSheet	SAP_M

Abbildung 9.13 Meldungen des Reports für die Absichtsanalyse

9.3.2 SAP-Fiori-Apps

Clientseitige Probleme mit SAP-Fiori-Apps können Sie mit den Entwicklerwerkzeugen analysieren, über die jeder Browser verfügt und die Sie in der Regel über die [F12]-Taste öffnen können. Google Chrome bietet hervorragende eingebaute Werkzeuge. Auch Mozilla Firefox hat gute Werkzeuge. Die Unterstützung im Internet Explorer ist nicht ganz so gut; hier müssen Sie unter Umständen Visual Studio nutzen. Safari besitzt ebenfalls gute eingebaute Werkzeuge. In den Beschreibungen in diesem Abschnitt verwenden wir Google Chrome.

Werkzeuge für Entwickler

In Google Chrome können Sie die Entwicklerwerkzeuge über die [F12]-Taste öffnen. Diese drei Werkzeuge sind besonders nützlich:

- **Konsole**
  Hier sehen Sie Fehlermeldungen und Warnungen der SAPUI5-Bibliothek und der JavaScript Engine des Browsers (siehe Abbildung 9.14).

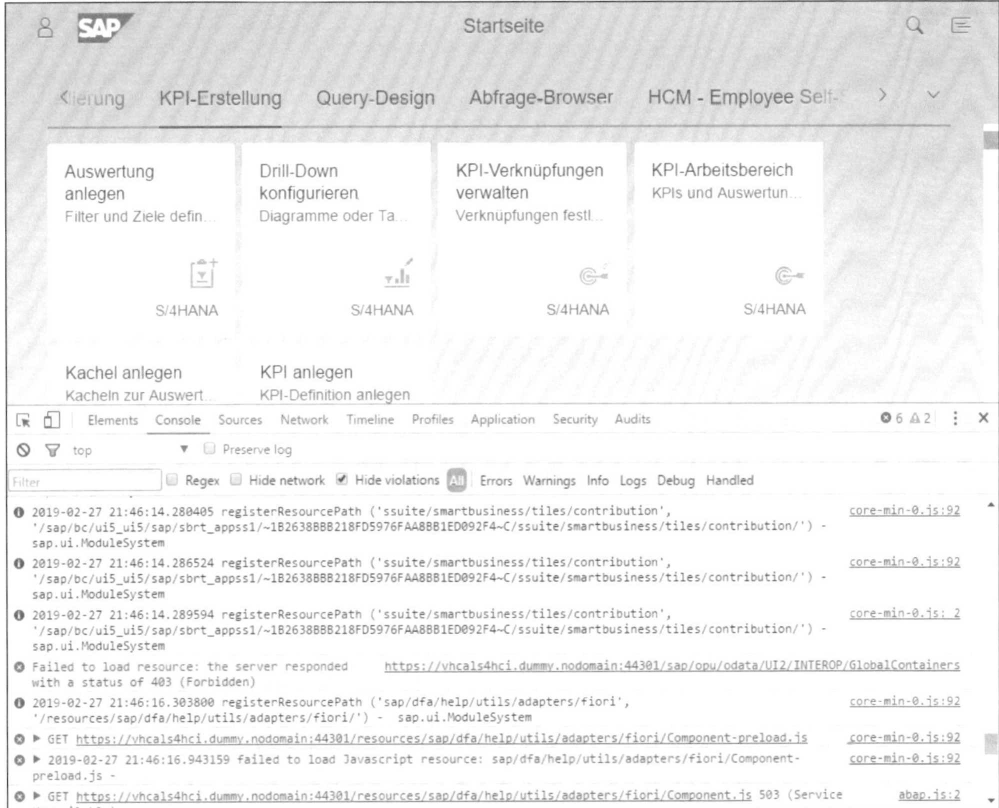

Abbildung 9.14 Browser-Konsole

- **Netzwerk**
  Hier sehen Sie den HTTP-Netzwerkverkehr zwischen Browser und SAP Gateway mit URLs, Statuscodes, Request- und Response-Dokumenten, HTTP-Headern und Ausführungszeiten (siehe Abbildung 9.15).

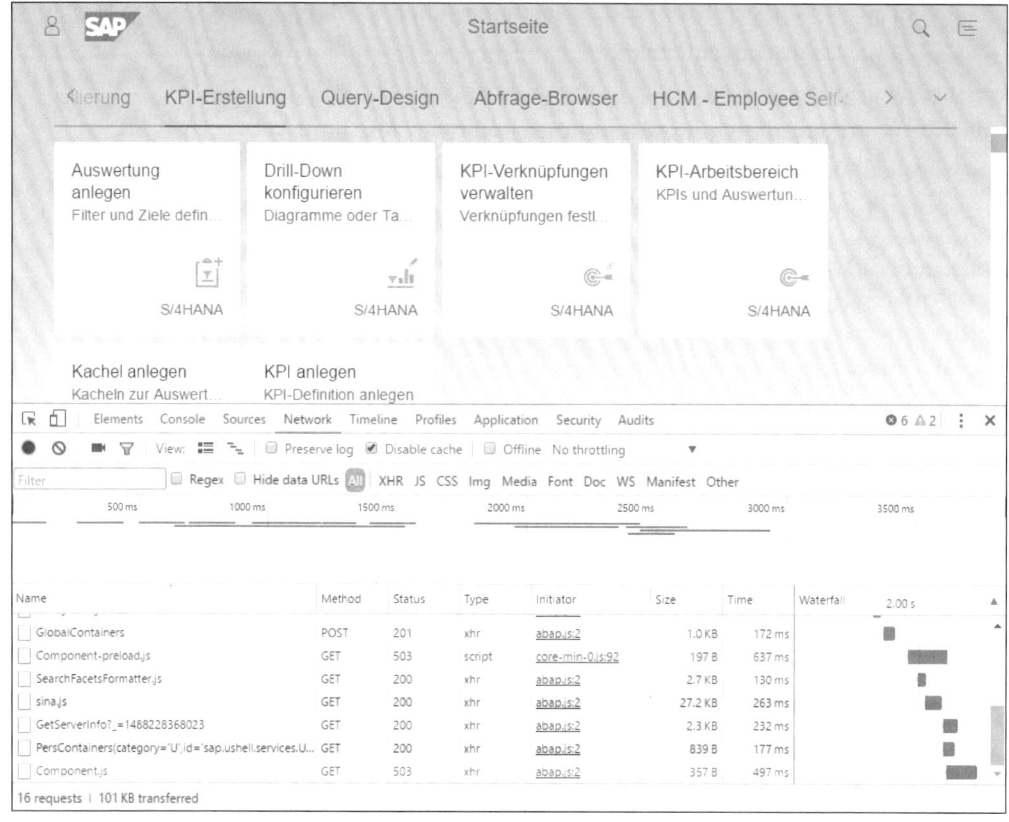

Abbildung 9.15 Netzwerkanalyse

- **Sources**
  Hier sehen Sie die JavaScript Sources der SAP-Fiori-Apps und der SAPUI5-Bibliotheken und können diese mit dem JavaScript Debugger analysieren.

Wenn Sie die JavaScript Sources debuggen möchten, sollten Sie sinnvollerweise den Request-Parameter `sap-ui-debug=true` an die URL hängen, damit die Debug-Version der Quelldateien geladen wird. Ist dieser Parameter nicht gesetzt, werden die minimierten (engl. *minified*) Quelldateien gelesen, die für Menschen praktisch nicht lesbar sind. Weitere wichtige Parameter sind `sap-ui-language`, um die Sprache zu setzen, und `sap-ui-theme`, um das Thema festzulegen.

SAPUI5 Diagnostics

SAPUI5 Diagnostics ist ein Werkzeug, das Sie innerhalb jeder SAPUI5-Anwendung durch die Tastenkombination [Strg] + [⇧] + [Alt] + [S] aufrufen können. Der Bildschirm dieses Werkzeugs, das Sie in Abbildung 9.16 sehen, ist in unterschiedliche Bereiche aufgeteilt.

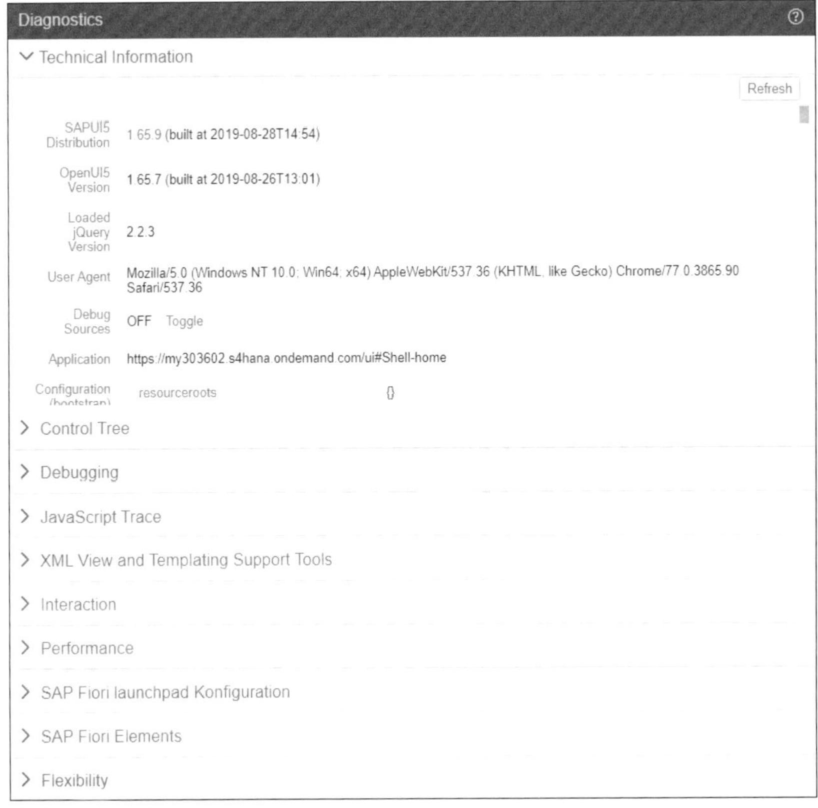

Abbildung 9.16 SAPUI5 Diagnostics

- **Technical Information**
  Hier sehen Sie Versions- und Konfigurationsinformationen und können zwischen der minimierten und der Debug-Version der SAPUI5-Quelldateien umschalten.
- **JavaScript Trace**
  Hier sehen Sie – zusätzlich zum Konsolenfenster des Browsers – Meldungen der SAPUI5-Bibliothek.
- **Control Tree**
  Dieser Bereich (siehe Abbildung 9.17) zeigt Ihnen die Hierarchie der SAPUI5 Controls, die im Browser-Fenster zu erkennen sind. Sie sehen die Properties der Controls und können sie ändern, außerdem die Pfade für die Data Bindings der Control-Eigenschaften an die Model-Eigenschaf-

ten. Sie können Breakpoints für Methoden (inklusive Setter- und Getter-Methoden) der Controls setzen. Außerdem haben Sie die Möglichkeit, den Control-Baum als XML View zu exportieren.

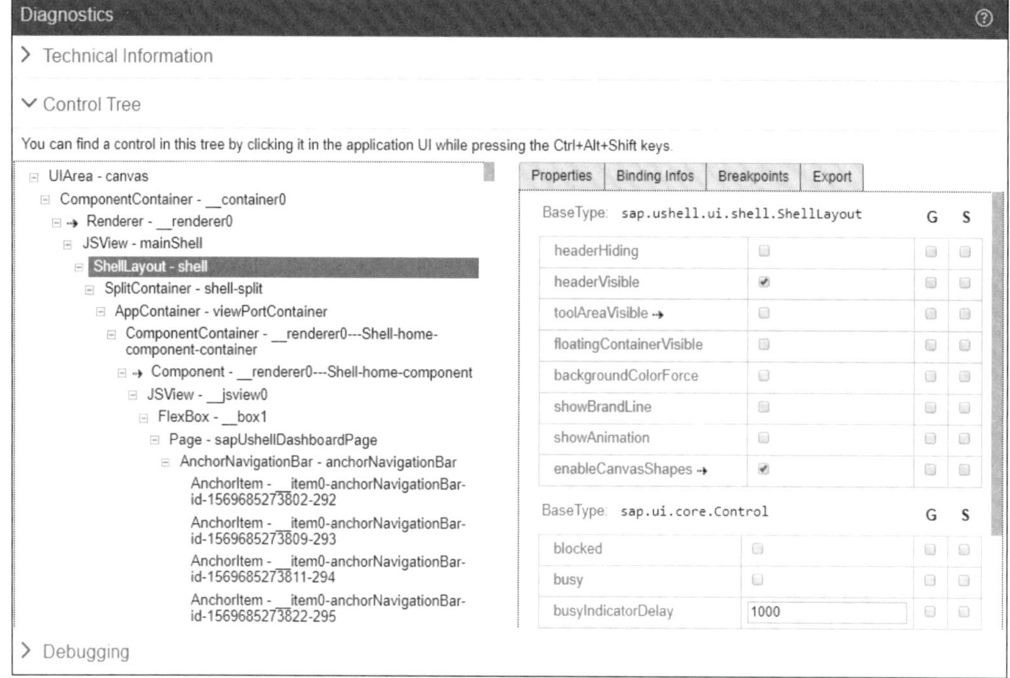

Abbildung 9.17 Control Tree in SAPUI5 Diagnostics

- **Debugging**
  Hier können Sie über eine Dropdown-Liste Breakpoints auf der Ebene von JavaScript-Klassen der SAPUI5-Bibliothek setzen.
- **Interaction**
  Hier können Sie detaillierte Statistiken zu Ausführungs- und Ladezeiten erstellen lassen.
- **Performance**
  Hier sehen Sie Messwerte zu den gesamten Ausführungs- und Ladezeiten einer SAP-Fiori-App.
- **SAP Fiori launchpad Konfiguration**
  Wird die Anwendung im SAP Fiori Launchpad ausgeführt, erhalten Sie in diesem Bereich Informationen über die Konfiguration und die Laufzeitumgebung des SAP Fiori Launchpads.
- **SAP Fiori Elements**
  Hier finden Sie detaillierte Informationen, falls Ihre Anwendung mit SAP Fiori Elements umgesetzt wurde.

- **Flexibility**
  Bei Anwendungen, die die Flexibility Services verwenden, werden Ihnen in diesem Bereich Informationen über die Konfiguration angezeigt.

Auf mobilen Endgeräten wie Smartphones oder Tablets öffnen Sie SAPUI5 Diagnostics, indem Sie mit zwei Fingern einen nicht aktiven Bildschirmbereich mindestens drei Sekunden lang berühren und dann mit einem dritten Finger auf den Bereich tippen, ohne die ersten beiden Finger loszulassen.

Spezifische Informationen zu Problemen mit Fact Sheets und Analytical Apps finden Sie in den SAP-Hinweisen 1998366 und 200409.

Support-Assistent

Zusätzlich zu SAPUI5 Diagnostics bietet SAPUI5 zur Laufzeit auch den sogenannten *Support-Assistenten* an. Sie erreichen ihn in jeder SAPUI5-Anwendung durch die Tastenkombination `Strg` + `⇧` + `Alt` + `P`. Nach dem Aufruf öffnet sich der **Dialog für technische Daten**. Wie Sie Abbildung 9.18 entnehmen können, bietet er Informationen zur SAPUI5-Version sowie zum verwendeten Browser.

Abbildung 9.18 Der Dialog für technische Daten

Support-Assistenten konfigurieren

Über das Zahnrad-Icon auf dem Button **Support-Assistent aktivieren** öffnet sich, wie in Abbildung 9.19 gezeigt, ein weiterer Dialog. Dort können Sie einstellen, von welcher Quelle der Assistent bzw. seine Ressourcen geladen werden sollen. Ihnen werden verschiedene vordefinierte Quellen angeboten. Neben der Anwendungsversion, die der aktuell verwendeten SAPUI5-Version entspricht, können Sie auch **OpenUI5 CDN**, **OpenUi5 (Nightly)**, **OpenUI5 (Beta)** oder **SAPUI5 CDN** auswählen. Zusätzlich ist es auch möglich, einen eigenen Pfad für die Ressourcenquelle anzugeben.

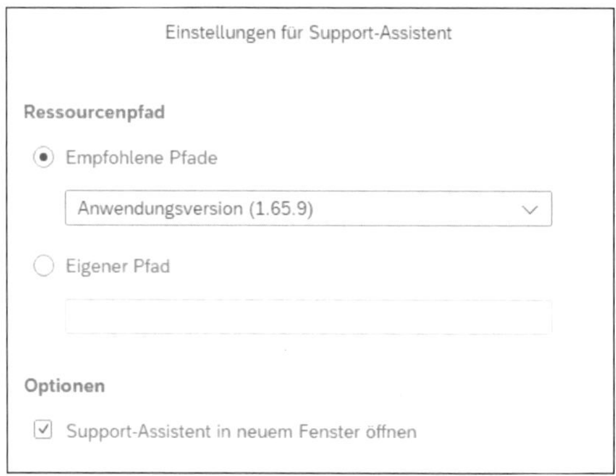

Abbildung 9.19 Einstellungen für den Support-Assistenten

Analyseregeln festlegen

Durch Klicken auf den Button **Support-Assistent aktivieren** (siehe Abbildung 9.18) öffnet sich, falls eingestellt, ein neues Browser-Fenster. Im in Abbildung 9.20 gezeigten Dialog können Sie Analyseregeln aktivieren oder deaktivieren sowie neue Regeln definieren.

Abbildung 9.20 Der Support-Assistent von SAPUI5

Zum Start der Analyse klicken Sie anschließend auf den Button **Analyze**. Das Ergebnis sieht aus, wie in Abbildung 9.21 gezeigt. Die gefundenen Probleme werden nach SAPUI5-Namensraum sortiert und mit den Prioritäten

Hoch, **Medium** und **Niedrig** markiert. Das Ergebnis wird textuell erläutert, es werden Lösungsmöglichkeiten angezeigt, und es wird auf die entsprechenden Dokumentationen von SAP verwiesen.

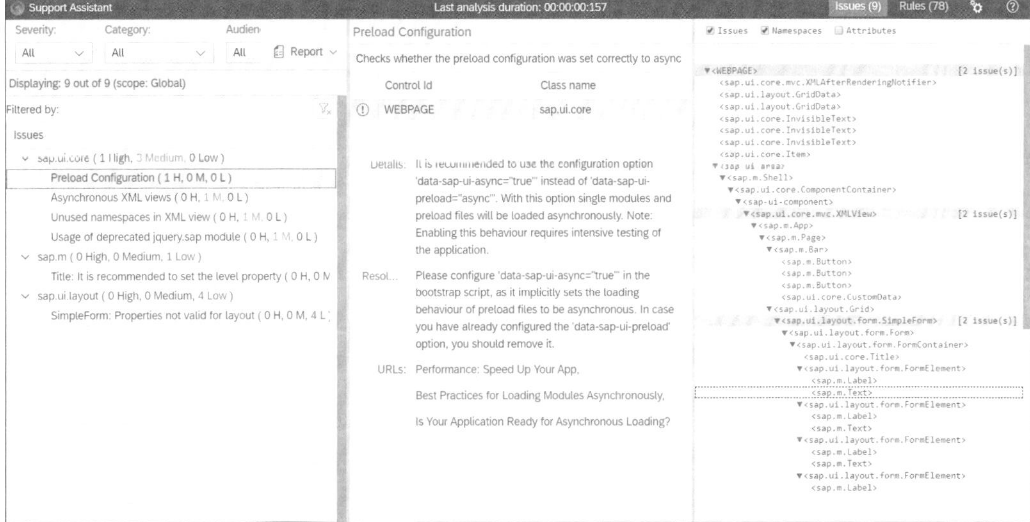

Abbildung 9.21 Das Analyseergebnis

Zusätzlich zu den bereits in SAPUI5 eingebauten Analysewerkzeugen wird für den Google-Chrome-Browser ein Plug-in von SAP angeboten. Es trägt den Namen *UI5 Inspector*. Die Erweiterung kann, wie jede andere Erweiterung für Google Chrome, über den Chrome Web Store kostenlos bezogen werden. Der UI5 Inspector erweitert nach der Installation die Entwicklerwerkzeuge des Browsers.

UI5 Inspector

Wie Sie Abbildung 9.22 entnehmen können, zeigt die Erweiterung, anders als bei der HTML-Elemente-Darstellung, die Struktur der in der Anwendung genutzten SAPUI5 Controls. Durch die Auswahl eines Controls wird dieses in der Anwendung hervorgehoben, zusätzlich werden die Eigenschaften des Controls in einem Bereich auf der rechten Seite angezeigt. Es ist möglich, die Eigenschaften zur Laufzeit zu ändern. Sie werden dann direkt zur Laufzeit, also temporär, aktiv. Der UI5 Inspector eignet sich sehr gut für die manuelle Analyse einer SAPUI5-Anwendung.

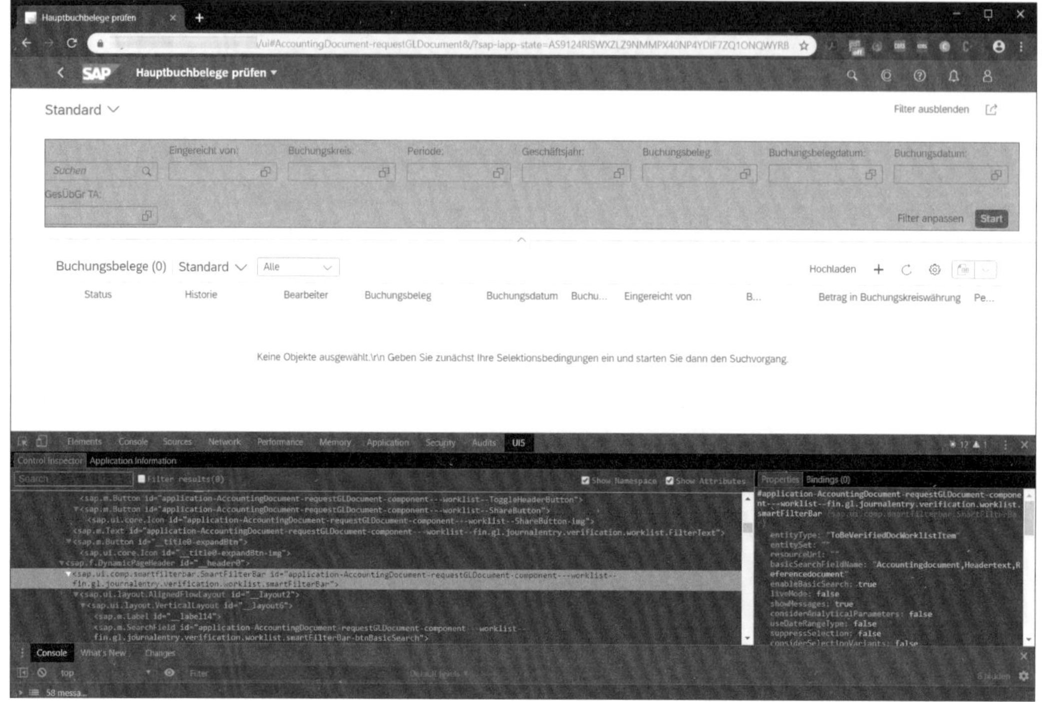

Abbildung 9.22 Der UI5 Inspector

9.3.3 SAP Gateway

Für das Troubleshooting in SAP Gateway stehen Ihnen zusätzlich zur Analyse der Anwendungs- und Fehlerprotokolle weitere Werkzeuge zur Verfügung.

SAP Gateway Client

Mit dem SAP Gateway Client (siehe Abbildung 9.23) können Sie jeden OData-Service testen. Der SAP Gateway Client fungiert als HTTP-Client, mit dem Sie nicht nur die Read- und Query-Operationen eines OData-Services, sondern auch die Create-, Update- und Delete-Operationen testen können. Mit dem SAP Gateway Client haben Sie eine Vielzahl an Möglichkeiten:

- Sie können aufgetretene Fehler reproduzieren.
- Sie können Serviceaufrufe simulieren und testen.
- Sie können eine Performancestatistik erstellen.
- Sie können Testfälle erstellen, speichern und beliebig oft durchspielen.

Viele der schon genannten Werkzeuge wie Fehlerprotokoll, Servicepflege oder Servicevalidierung bieten einen Absprung zum SAP Gateway Client an, den Sie über Transaktion /IFWND/GW_CLIENT direkt starten können.

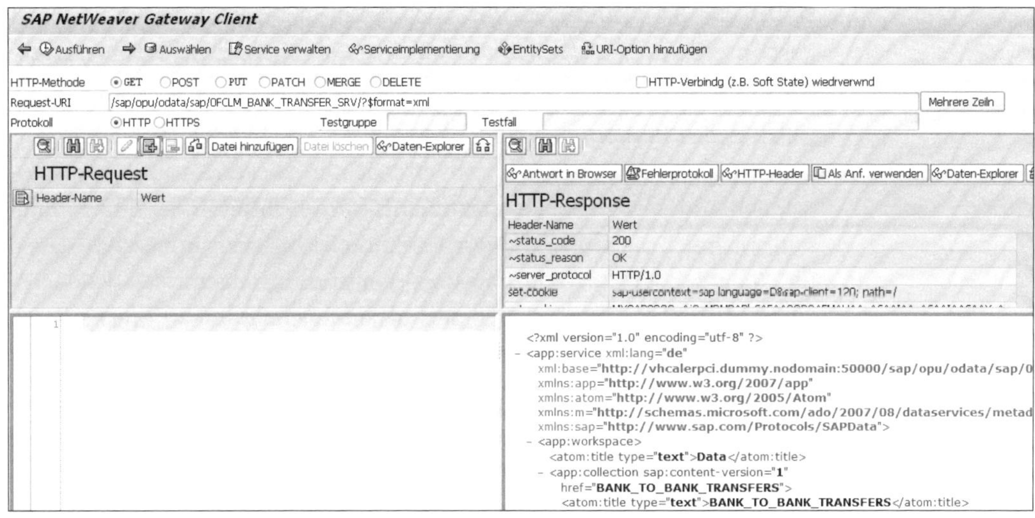

Abbildung 9.23 SAP Gateway Client

Um mit dem SAP Gateway Client eine Anfrage an einen OData-Service zu simulieren, wählen Sie zunächst die HTTP-Methode (GET, POST, PUT, PATCH, MERGE, DELETE) aus. Danach geben Sie den URI in das Eingabefeld **Request-URI** ein. Die OData-Spezifikation sieht eine Reihe von Standardparametern wie `$format` oder `$count` vor, die Sie an den URI hängen können. Wenn Sie auf **URI-Option hinzufügen** klicken, können Sie diese Standardparameter aus einer Dropdown-Liste auswählen. Über den Menüeintrag **Bearbeiten • URI-Optionen verwalten** können Sie die Einträge dieser Liste pflegen.

Abfrage formulieren

Danach geben Sie die Namen und Werte für die HTTP-Header-Felder des HTTP-Requests in der Tabelle im linken Bereich ein. Klicken Sie auf das **+**-Icon, um ein Header-Feld anzulegen, und geben Sie im daraufhin angezeigten Pop-up-Fenster den Namen und Wert des Header-Felds an. Für die HTTP-Methoden POST, PUT und PATCH tragen Sie im linken Eingabebereich unterhalb von **HTTP-Request** das XML-Request-Dokument ein. Sie können das Request-Dokument auch von Ihrem lokalen Dateisystem laden, indem Sie auf **Datei hinzufügen** klicken. In diesem Fall sehen Sie im Eingabebereich eine Vorschau der Datei. Durch einen Klick auf **Datei löschen** können Sie diese Datei wieder entfernen.

Antwort auswerten

Nun können Sie über **Ausführen** die Anfrage an den OData-Service absetzen. Sie sehen das Ergebnis der Anfrage im Bereich **HTTP-Response** in der rechten Hälfte des Bildschirms. Sie erkennen dort die Header-Felder des HTTP-Response, das XML-Response-Dokument und, im Fehlerfall, den HTTP-

Statuscode. Sie können sich dort auch Details der Antwort anschauen, das Response-Dokument in einem Webbrowser öffnen und in das Fehlerprotokoll abspringen.

Falls Sie das Response-Dokument für einen anschließenden Request als neues Request-Dokument verwenden möchten, klicken Sie auf **Als Anf. verwenden**, um den Inhalt des Dokuments vom rechten in den linken Bildschirmbereich zu kopieren. Diese Funktion ist hilfreich, um sich Vorlagen für Update- oder Create-Anfragedokumente zu erzeugen. Setzen Sie dazu zuerst einen Read Request auf einer vorhandenen Entität ab, und kopieren Sie dann das Antwortdokument des Read Requests.

Ein Klick auf **EntitySets** öffnet eine Liste aller Entity Sets, die der OData-Service anbietet. Wenn Sie auf ein Entity Set in dieser Liste doppelklicken, wird der entsprechende URI in das Eingabefeld **Request URI** kopiert, und Sie können anschließend Abfragen für dieses Entity Set absetzen.

Testgruppen und Testfälle

Falls Sie Tests mehr als einmal ausführen möchten, können Sie mit dem SAP Gateway Client auch Testfälle auf der Datenbank anlegen, verwalten und wiederholt ausführen.

Sie speichern einen Request als Testfall, indem Sie das Disketten-Icon mit dem Tooltip **Testfall sichern** aus der Funktionsleiste auswählen. Vergeben Sie im anschließenden Dialog einen Namen für eine Testgruppe und den Testfall. Sobald Sie einen Testfall gespeichert haben, werden die Testgruppe und der Name des Testfalls in den entsprechenden Feldern angezeigt.

Upload und Download von Testfällen

Über die Menüeinträge **Gateway Client • Auf PC herunterladen** können Sie den Testfall auf Ihrem lokalen Dateisystem speichern und über **Gateway Client • Von PC hochladen** wieder hochladen. So können Sie Testfälle auch zwischen verschiedenen SAP-Gateway-Servern kopieren. Beim Upload können Sie entscheiden, ob nur neue Testfälle importiert oder ob alle Testfälle aktualisiert werden sollen.

Testfälle verwalten

Um Testfälle zu verwalten, wählen Sie **Auswählen** aus der Funktionsleiste aus. Im Selektionsbild können Sie dann nach Servicenamensraum, Servicenamen, Testgruppe und Testfall selektieren. Wählen Sie die Testfälle aus, die Sie ändern möchten, und klicken Sie auf **Testfälle verwalten**. Im daraufhin angezeigten Dialog können Sie Testfälle und Testgruppen umbenennen und Testfälle in andere Testgruppen kopieren oder verschieben (siehe Abbildung 9.24). Die Auswahl der gewünschten Funktion erfolgt über die entsprechenden Radiobuttons.

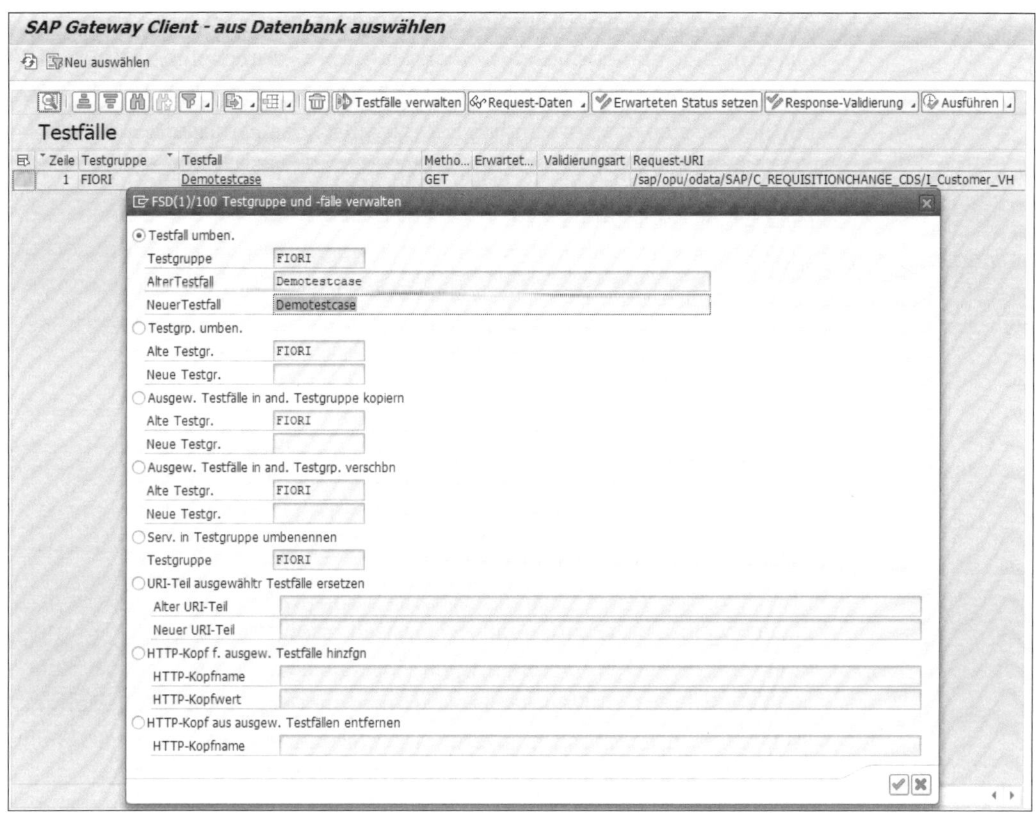

Abbildung 9.24 Testfälle verwalten

Tests ausführen

Sie können in der Liste der selektierten Testfälle einen Testfall auswählen und auf **Request-Daten** klicken, um sich die entsprechenden Dokumente anzuschauen. Sie können aber auch einen oder mehrere Testfälle auswählen und auf **Ausführen** klicken, um die gewählten Testfälle parallel auszuführen.

Erwartete HTTP-Codes

Bei der Ausführung eines Testfalls vergleicht der SAP Gateway Client den HTTP-Response-Code mit einer Liste erwarteter HTTP-Response-Codes. Falls Sie diese Liste anpassen möchten, klicken Sie auf **Erwarteten Status setzen**. In der dann angezeigten Dialogbox können Sie die Liste der erwarteten Statuscodes durch Leerzeichen getrennt im Eingabefeld **HTTP-Statuscodes** eintragen. Einen Bereich von mehreren aufeinanderfolgenden Statuscodes können Sie auch so angeben, dass Sie den ersten Statuscode gefolgt von einem Bindestrich, gefolgt vom letzten Statuscode eintragen, also etwa `401-403` anstelle von `401 402 403`. Für `$batch`-Requests geben Sie zuerst den Statuscode für den Gesamt-Batch ein, danach ein /, gefolgt von den Statuscodes für die einzelnen Operationen, die Sie ebenfalls durch ein /

voneinander trennen. Allerdings ersetzen Sie hier dann das Leerzeichen, das einzelne Statuscodes voneinander trennt, durch einen Unterstrich. Dies sieht dann z. B. so aus: `202/202_400-499/304_400`. Über die [F1]-Hilfe können Sie sich das notwendige Format auch anzeigen lassen.

Testergebnisse

Nach der Ausführung der Testfälle wird das Ergebnis in einer Liste angezeigt (siehe Abbildung 9.25).

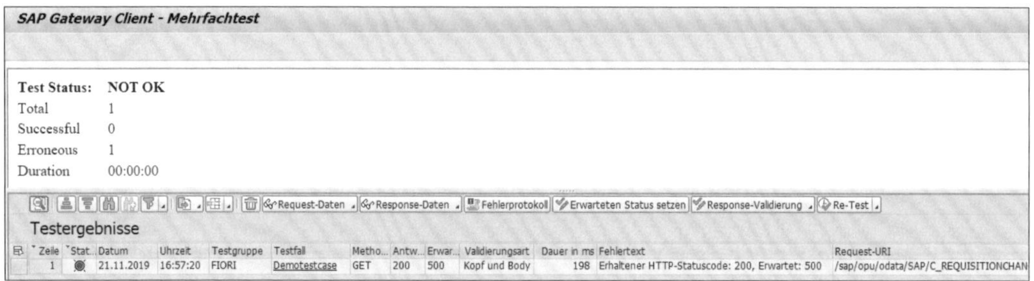

Abbildung 9.25 Testergebnis

Ein Icon gibt zu erkennen, ob der Testfall erfolgreich war (grüne Ampel) oder fehlgeschlagen ist (rote Ampel). Zusätzlich zu diesem Icon erscheinen auch Datum und Uhrzeit der Testausführung, Testgruppe, HTTP-Methode, HTTP-Response-Status, erwarteter Status, Fehlertext und Request URI. Im Falle eines Fehlers können Sie in das Fehlerprotokoll abspringen, indem Sie auf **Fehlerprotokoll** klicken. Sie haben auch die Möglichkeit, ein oder mehrere Zeilen zu selektieren und die entsprechenden Tests durch einen Klick auf **Re-Test** nochmals ausführen zu lassen.

Performance-Trace

Mit dem SAP Gateway Client können Sie auch Performance-Traces erhalten. Dazu gibt es zwei Möglichkeiten:

- Sie verwenden den URL-Parameter `sap-statistics=true`.
- Sie verwenden das HTTP-Request-Header-Feld mit dem Namen `sap-statistics` und dem Wert `true`.

Dabei hat der URL-Parameter eine höhere Priorität als das Header-Feld.

SAP Gateway gibt die Performancedaten im Header-Feld `sap-statistics` und die folgenden acht Werte zurück:

- `total`: Gesamtverarbeitungszeit
- `fw`: Verarbeitungszeit durch das SAP Gateway Framework
- `app`: Verarbeitungszeit in der Applikation
- `gwtotal`: Gesamtverarbeitungszeit des OData Requests
- `gwhub`: Verarbeitungszeit im zentralen SAP Gateway

- `gwrfcch`: RFC-Kommunikationszeit zwischen SAP Gateway und Backend-System
- `gwbe`: Verarbeitungszeit im Backend durch das SAP Gateway Framework
- `gwapp`: Verarbeitungszeit im Data Provider

Performance-Trace aktivieren

Alternativ können Sie auch ein Performance-Trace für eine bestimmte Service-URL oder einen bestimmten Servicebenutzer mitschreiben lassen. Dazu aktivieren Sie den Performance-Trace zunächst im SAP-Implementierungsleitfaden in Transaktion SPRO unter dem Knoten **SAP NetWeaver • Gateway • OData Channel • Administration • Support-Hilfsmittel • Traces**, oder Sie starten direkt Transaktion /IFWND/TRACES. Daraufhin werden Ihnen die schon aktivierten Traces in einer hierarchischen Liste angezeigt. Um einen neuen Trace hinzuzufügen, klicken Sie auf **Benutzer und Request-URU-Präfix hinzuf.** in der Funktionsleiste und tragen dann entweder einen Benutzernamen oder ein URI-Präfix ein. Aktivieren Sie dann den Performance-Trace, indem Sie in der Dropdown-Liste namens **Performance-Trace** den Eintrag **Aktiv** auswählen. Sichern Sie danach Ihre Einstellungen. Falls Sie das Tracing für alle OData-Services aktivieren möchten, wählen Sie `/sap/opu/` als URI-Präfix aus. Standardmäßig werden die Traces für zwei Stunden mitgeschrieben.

Performance-Trace auswerten

Nachdem Sie den Performance-Trace aktiviert haben, werden die OData-Aufrufe mitprotokolliert. Starten Sie anschließend Transaktion /IWFND/TRACES – bzw. /IWBEP/TRACES auf dem Backend-System – erneut, um sich die mitgeschriebenen Daten anzuschauen. Wählen Sie nun die Registerkarte **Performance-Trace**, um die tabellarische Übersicht der Daten in Abbildung 9.26 zu sehen.

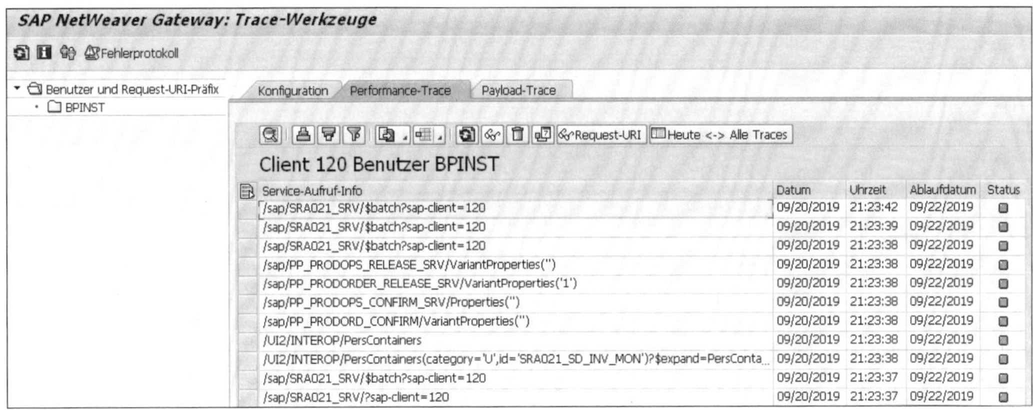

Abbildung 9.26 Performance-Trace

Es werden alle OData-Serviceaufrufe seit der Aktivierung des Trace in umgekehrter chronologischer Reihenfolge mit folgenden Informationen angezeigt:

- Informationen über den Serviceaufruf
- Datum und Uhrzeit
- Verfallsdatum des Protokolleintrags
- HTTP-Status

Wenn Sie einen oder mehrere Einträge aus der Liste auswählen und auf **Markierte Einträge Anzeigen** (das Brillen-Icon) klicken, bekommen Sie zusammenfassende Informationen über die ausgewählten Einträge in der Performance-Trace-Übersicht aus Abbildung 9.27 angezeigt:

- Anzahl der Anfragen
- Gesamtverarbeitungszeit
- Verarbeitungszeit im SAP Gateway
- RFC- und Netzwerkzeit
- Verarbeitungszeit im SAP-Gateway-Backend
- Verarbeitungszeit im Data Provider im Backend

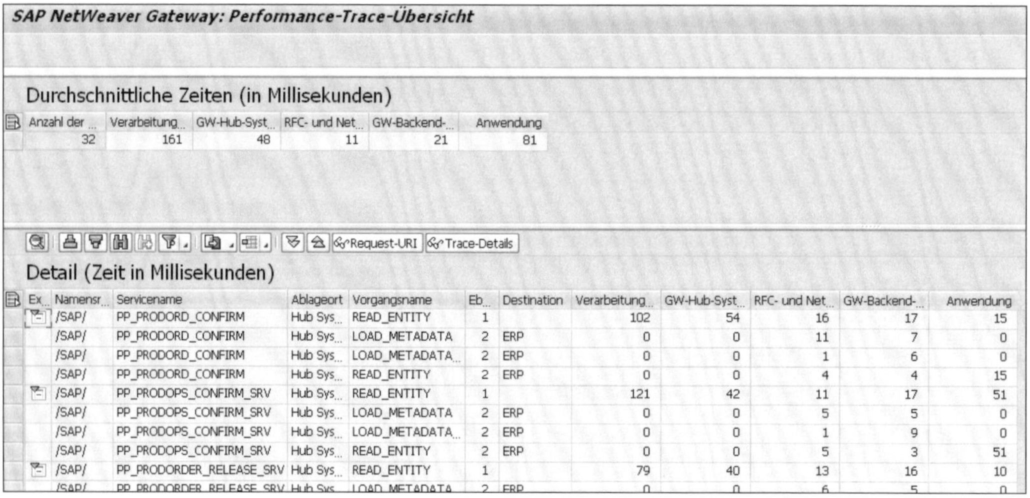

SAP NetWeaver Gateway: Performance-Trace-Übersicht

Durchschnittliche Zeiten (in Millisekunden)

Anzahl der ...	Verarbeitung...	GW-Hub-Syst...	RFC- und Net...	GW-Backend-...	Anwendung
32	161	48	11	21	81

Request-URI | Trace-Details

Detail (Zeit in Millisekunden)

Ex...	Namensr...	Servicename	Ablageort	Vorgangsname	Eb...	Destination	Verarbeitung...	GW-Hub-Syst...	RFC- und Net...	GW-Backend-...	Anwendung
	/SAP/	PP_PRODORD_CONFIRM	Hub Sys...	READ_ENTITY	1		102	54	16	17	15
	/SAP/	PP_PRODORD_CONFIRM	Hub Sys...	LOAD_METADATA	2	ERP	0	0	11	7	0
	/SAP/	PP_PRODORD_CONFIRM	Hub Sys...	LOAD_METADATA...	2	ERP	0	0	1	6	0
	/SAP/	PP_PRODORD_CONFIRM	Hub Sys...	READ_ENTITY	2	ERP	0	0	4	4	15
	/SAP/	PP_PRODOPS_CONFIRM_SRV	Hub Sys...	READ_ENTITY	1		121	42	11	17	51
	/SAP/	PP_PRODOPS_CONFIRM_SRV	Hub Sys...	LOAD_METADATA	2	ERP	0	0	5	5	0
	/SAP/	PP_PRODOPS_CONFIRM_SRV	Hub Sys...	LOAD_METADATA...	2	ERP	0	0	1	9	0
	/SAP/	PP_PRODOPS_CONFIRM_SRV	Hub Sys...	READ_ENTITY	2	ERP	0	0	5	3	51
	/SAP/	PP_PRODORDER_RELEASE_SRV	Hub Sys...	READ_ENTITY	1		79	40	13	16	10
	/SAP/	PP_PRODORDER_RELEASE_SRV	Hub Sys...	LOAD_METADATA	2	ERP	0	0	6	5	0

Abbildung 9.27 Performance-Trace-Übersicht

Um noch detailliertere Informationen zu erhalten, wählen Sie eine Zeile im unteren Detailbereich aus und klicken auf **Trace-Details**. Dort können Sie den gesamten Request URI anschauen, erhalten einen Überblick über die aufgerufene Methode der Data-Provider-Klasse und können in den Quellcode, das Fehlerprotokoll und den Payload Trace abspringen.

Standardmäßig werden die Einträge des Fehlerprotokolls zwei Tage lang gespeichert. Um die Verfallszeit zu ändern, wählen Sie einen Eintrag aus und klicken auf **Ablaufdatum ändern** in der Funktionsleiste.

Payload Trace

Neben Performancedaten können Sie auch die Request- und Response-Dokumente mitprotokollieren lassen. Es wird jedoch empfohlen, nur einen der beiden Traces einzuschalten. Sie aktivieren den Payload Trace, wie oben schon für den Performance-Trace beschrieben, mit Transaktion /IFWND/TRACES. Wählen Sie für die Aktivierung des Payload Trace lediglich den Eintrag **Aktiv** in der Dropdown-Liste **Payload Trace** aus.

Die Informationen des Payload Trace sind nahezu identisch mit denen des Performance-Trace. Zusätzlich haben Sie aber auch noch Zugriff auf die aufgezeichneten Request- und Response-Dokumente.

Metadata Cache Refresh

Die Metadaten eines OData-Services ändern sich in einem produktiven System normalerweise sehr selten und werden daher aus Performancegründen im Speicher gehalten, sobald sie einmal von der Model-Provider-Klasse geliefert worden sind. Dies kann in seltenen Fällen zu Problemen führen, wenn sich z. B. durch einen Transport ABAP-Dictionary-Strukturen geändert haben, die von der Model-Provider-Klasse verwendet werden, die Klasse selbst sich aber nicht geändert hat. In diesen Fällen ist ein Cache Refresh notwendig.

Für das Cache Management gibt es Aktivitäten im SAP-Implementierungsleitfaden in Transaktion SPRO. In SAP Gateway gibt es unter dem Knoten **SAP NetWeaver • Gateway • OData Channel • Administration • Cache-Einstellungen • Metadaten** drei Aktivitäten:

- **Activate or Deactivate Cache**
  Hier können Sie den Cache aktivieren oder deaktivieren. Auf Produktiv- und Testsystemen sollte der Cache aktiviert sein, auf Entwicklungssystemen deaktiviert.
- **Systemalias-basierten Cache aktivieren oder deaktivieren**
  Hier können Sie den Cache für Models einzelner Systemalias löschen.
- **Clear Cache**
  Damit können Sie den Metadaten-Cache komplett oder für ausgewählte Models löschen.

Auf dem Backend-System gibt es im Knoten **SAP NetWeaver • SAP Gateway-Service-Aktivierung • Backend OData Channel • Support-Hilfsmittel • Clear Cache** nur die Möglichkeit, den Metadaten-Cache komplett oder für ausgewählte Models zu löschen.

Standardwerkzeuge

Neben diesen SAP-Gateway-spezifischen Werkzeugen für das Troubleshooting stehen Ihnen natürlich zusätzlich die Standardwerkzeuge des SAP NetWeaver AS ABAP zur Verfügung:

- **ICM Monitor**
  In Transaktion SMICM gibt es die Möglichkeit, ICM Traces mitschreiben zu lassen und auszuwerten.
- **SICF Recorder**
  In Transaktion SICF können Sie für einen OData-Service den SICF Recorder einschalten und HTTP-Request- und Response-Dokumente aufzeichnen lassen.
- **ABAP Debugger**
  In den Methoden der Model-Provider-Klassen können Sie Breakpoints für das externe Debugging setzen und die Ausführung der Methoden im Debugger durchlaufen.
- **Anwendungsprotokoll**
  Mit Transaktion SLG1 können Sie – alternativ zu den Transaktionen /IWFND/APPS_LOG und /IWBEP/VIEW_LOG – das Anwendungsprotokoll auswerten.
- **ABAP Runtime Error**
  Mit Transaktion ST22 können Sie ABAP-Laufzeitfehler analysieren, die zu einem Dump geführt haben.
- **System-Trace**
  Mit Transaktion ST01 können Sie die System-Traces auswerten.

Weitere Informationen zum Troubleshooting

SAP fasst unter *http://s-prs.de/v726820* nochmals alle wichtigen Aspekte des Troubleshootings für SAP Fiori zusammen. Der Leitfaden geht unter anderem auch auf das Thema Autorisierung ein.

TEIL III

SAP-Fiori-Anwendungen entwickeln

Kapitel 10

Grundlagen der SAP-Fiori-Entwicklung

SAP-Fiori-Anwendungen werden mit dem SAP-eigenen UI Framework SAPUI5 entwickelt. In diesem Kapitel lernen Sie Best Practices kennen, mit denen Sie eine investitionssichere Entwicklung gewährleisten.

In diesem Kapitel erhalten Sie eine Einführung in die Grundlagen der SAP-Fiori-Entwicklung. Im ersten Abschnitt geben wir Ihnen einen Überblick über *SAPUI5*, das Framework, mit dem SAP-Fiori-Anwendungen entwickelt werden. Anhand eines einfachen praktischen Beispiels lernen Sie, wie Sie mobile Anwendungen entwickeln können. Das Prinzip können Sie auf die Entwicklung von Anwendungen mit anderem Layout einfach übertragen. Der zweite Abschnitt stellt Ihnen eine Vielzahl von Best Practices, sowohl für die Entwicklung von mobilen SAPUI5-Anwendungen als auch von SAP-Fiori-Anwendungen, vor.

10.1 SAPUI5

Das UI Framework SAPUI5 bildet die Grundlage für die Entwicklung von SAP-Fiori-Anwendungen. In diesem Abschnitt geben wir Ihnen einen Überblick über die Entwicklung von mobilen Anwendungen. Wir gehen davon aus, dass Sie bereits grundlegende Kenntnisse in SAPUI5 haben, und verzichten deshalb darauf, die Vorzüge von SAPUI5 noch einmal darzustellen.

SAPUI5 erlernen – Walkthrough

Eine sehr gute Dokumentation zu SAPUI5 sowie einen sogenannten *Walktrough* finden Sie unter *https://ui5.sap.com/*. Mithilfe des Walkthrough führt Sie SAP Schritt für Schritt in SAPUI5 ein. Um ihn aufzurufen, gehen Sie auf den Menüpunkt **Documentation** und suchen nach dem Stichwort »Walkthrough« (siehe Abbildung 10.1).

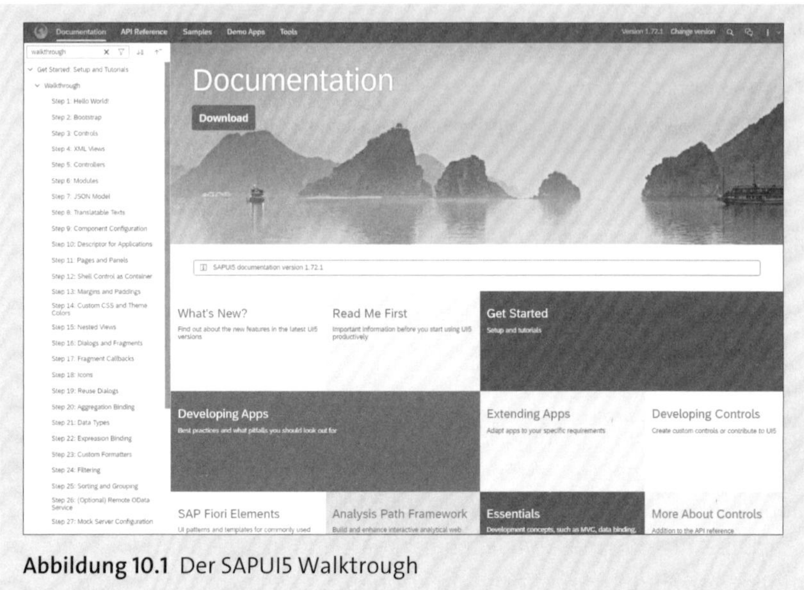

Abbildung 10.1 Der SAPUI5 Walktrough

10.1.1 Die Entwicklungsumgebung

SAP bietet für die Entwicklung von SAPUI5-Anwendungen zwei verschiedene Entwicklungsumgebungen an, die wir Ihnen in diesem Abschnitt vorstellen:

- Eclipse mit den SAP-Erweiterungen für SAPUI5
- SAP Web IDE

Eclipse

SAP liefert spezifische SAPUI5-Erweiterungen – sogenannte *Plug-ins* – für die Entwicklungsumgebung Eclipse aus. Diese Plug-ins können Sie über die Update-Seite von SAP unter *http://s-prs.de/v726822* in eine lokale Eclipse-Installation integrieren. *SAP NetWeaver Developer Studio*, die Entwicklungsumgebung von SAP, basiert ebenfalls auf Eclipse. Aus diesem Grund können Sie die gleichen Plug-ins auch hier verwenden. Somit war Eclipse auch für SAPUI5 lange Zeit das Standardwerkzeug für die Anwendungsentwicklung.

Durch den Trend bei SAP, die gleichen Plug-ins für den Einsatz in unterschiedlichen Technologien und Produkten anzubieten, entstand eine Reihe von Problemen, die salopp als »Plug-in-Hölle« bezeichnet wurde: Sowohl SAP selbst als auch die Kunden, die mit Eclipse oder SAP NetWeaver Developer Studio entwickelten, mussten ihre Entwicklungsumgebungen, abhängig von dem verwendeten Backend-System, stets auf dem neuesten

Stand halten. Da in der Regel eine Vielzahl von Entwicklern im Unternehmen arbeitet, die jeden Tag mit Eclipse SAP-Anwendungen implementieren, wuchs der Aufwand weiter, weil auf jedem Rechner stets die aktuellen Versionen der unterschiedlichen Plug-ins installiert werden mussten. Hinzu kam, dass SAP die Plug-ins für die SAP-Mobile-Platform-Entwicklung, SAPUI5, SAP Gateway oder ABAP on Eclipse auf unterschiedliche Weise implementiert hat.

SAP Web IDE

Der Wunsch nach einem einheitlichen Entwicklungsansatz, gepaart mit dem Fokus von SAP auf der Cloud, führte zur Einführung einer neuen Entwicklungsumgebung: *SAP Web IDE*. SAP Web IDE wird zentral in der Cloud installiert; Entwickler greifen ausschließlich über den Browser darauf zu. Dies bedeutet, dass SAP Web IDE nicht mehr lokal installiert werden muss. SAP Web IDE nutzt einen Plug-in-Mechanismus. Mit diesem kann SAP Erweiterungen für SAP Web IDE einfach integrieren. Alle Erweiterungen der Entwicklungsumgebung harmonieren dadurch.

Anstatt SAP Web IDE auf den unternehmenseigenen Servern zu installieren, können Sie über die *SAP Cloud Platform* darauf zugreifen. Dadurch entfallen Installation und Wartung, und Sie können jeweils die aktuellste Version von SAP Web IDE nutzen. Um es SAP Web IDE zu ermöglichen, während der Entwicklungsphase einer Anwendung auf SAP-Systeme zugreifen zu können, die sich innerhalb des Unternehmensnetzwerks befinden, ist es nötig, innerhalb des Unternehmensnetzwerks den *Cloud Connector* zu installieren (siehe Abschnitt 12.2.2, »Konfiguration der Backend-Konnektivität«). Dies ist ein Grund, warum viele Unternehmen zögern, von Eclipse oder einer anderen lokalen IDE zu SAP Web IDE zu wechseln.

SAPUI5-Plug-in für Eclipse

Das SAPUI5-Plug-in für Eclipse wurde über die Jahre nicht mehr weiterentwickelt. SAP hat bisher jedoch dafür Sorge getragen, dass es in der jeweils aktuellen Version von Eclipse lauffähig ist. Dies ändert sich mit Version 7.1 von SAPUI5 und Eclipse 2019-12. Nach diesen Versionen wird das Plug-in nicht mehr angeboten. Weitere Informationen finden Sie unter *http://s-prs.de/v726823*.

[«]

Nachfolger für SAP Web IDE

SAP arbeitet aktuell an einem Nachfolger für SAP Web IDE, dem sogenannten *SAP Business Application Studio*. Während der Entstehung der dritten Auflage dieses Buches (Herbst 2019) ist das Produkt noch in der Beta-Phase und lediglich in der SAP-Multicloud-Umgebung (Cloud Foundry) verfügbar, die nicht als Testumgebung zur Verfügung steht.

Einführung in SAP Web IDE

SAP Web IDE weist eine Reihe von Vorteilen auf:

- einfaches Entwickeln von SAPUI5-Anwendungen gemäß den SAP-Fiori-UX-Regeln
- Unterstützung bei der Entwicklung mit Assistenten, Vorlagen und einem WYSIWYG-Editor
- einfaches Anlegen von Simulationsdaten für das Testen von Anwendungen ohne direkten Backend-Zugriff
- Vorschaufunktion mit der Möglichkeit der Anzeige der Anwendung auf unterschiedlichen Bildschirmgrößen für Smartphone, Tablet und Desktop
- einfaches Deployen der Anwendung auf der SAP Cloud Platform und im SAP-ABAP-Backend
- einfache Nutzung der Source-Verwaltung als integrativer Bestandteil der SAP Cloud Platform
- umfangreicher API-Zugriff und Codevervollständigungsfunktionen

Diese strenge Vorgabe im UI-Design der Anwendung schlägt sich entsprechend in der Architektur und im Anwendungsdesign nieder. Eine Full-Screen-Anwendung besitzt meist grundsätzlich den gleichen Aufbau; dabei ist es egal, ob eine analytische Anwendung für die neuesten Verkaufszahlen implementiert werden muss oder eine Anwendung für einen Urlaubsantrag. So ist es für einen Entwickler wünschenswert, dass das Grunddesign automatisch generiert wird. SAP Web IDE bietet dazu eine Vielzahl von Vorlagen, und ihre Anzahl wächst mit jeder neuen Version (siehe auch Kapitel 12, »Entwicklung einer SAP-Fiori-Anwendung mit SAP Web IDE«). Die Testversion enthält nicht alle Vorlagen.

Cloud-basierte Lösung

SAP Web IDE wurde als rein cloud-basierte Lösung implementiert. Die Entwicklungsumgebung (IDE) basiert auf der browser-basierten IDE *Eclipse Orion*. Die API (Application Programming Interface) von Eclipse Orion definiert einige Subinterfaces, um die Arbeit mit unterschiedlichen Entwicklungsartefakten zu ermöglichen, etwa eine API für die Arbeit mit Projekten oder Dateien. SAP hat eine Vielzahl dieser Schnittstellen implementiert und teilweise erweitert. Weil SAP Web IDE rein webbasiert ist, müssen Sie die Entwicklungsumgebung nicht selbst installieren. Allerdings ist ein Zugang zur SAP Cloud Platform die Voraussetzung für die Nutzung von SAP

Web IDE. Sie erhalten Zugriff auf die SAP Cloud Platform entweder über die URL *http://s-prs.de/v726824* für den produktiven Betrieb, oder Sie haben die Möglichkeit, die Anwendungen der SAP Cloud Platform über den Link *http://s-prs.de/v726825* über einen Testzugang zu validieren.

SAP Cloud Platform Cockpit

Nachdem Sie sich an der SAP Cloud Platform angemeldet haben, erhalten Sie Zugang zum *SAP Cloud Platform Cockpit*. In Abbildung 10.2 sehen Sie den Startbildschirm des Cockpits.

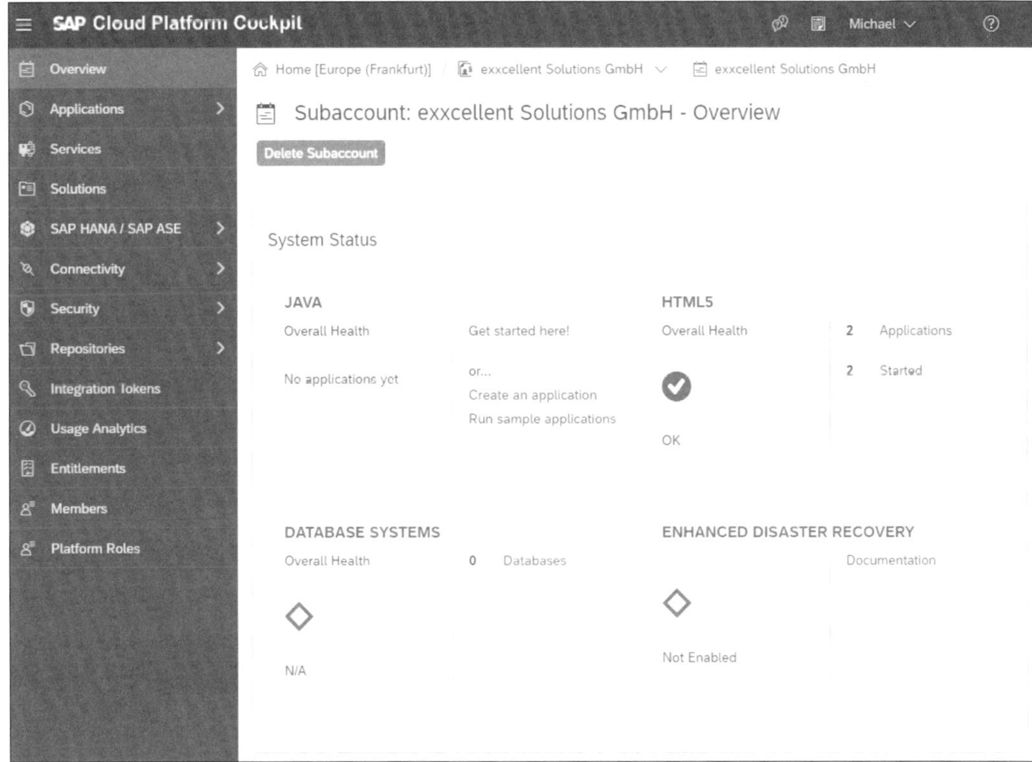

Abbildung 10.2 Der Startbildschirm des SAP Cloud Platform Cockpits

SAP Web IDE ist standardmäßig in der SAP Cloud Platform aktiv und kann sofort verwendet werden. Um SAP Web IDE aufzurufen, gehen Sie wie folgt vor:

1. Wählen Sie aus dem Menü den Eintrag **Services** (siehe Abbildung 10.3).
2. Navigieren Sie – oder verwenden Sie die Suche – zu der Kachel mit der Aufschrift **SAP Web IDE Full-Stack**.

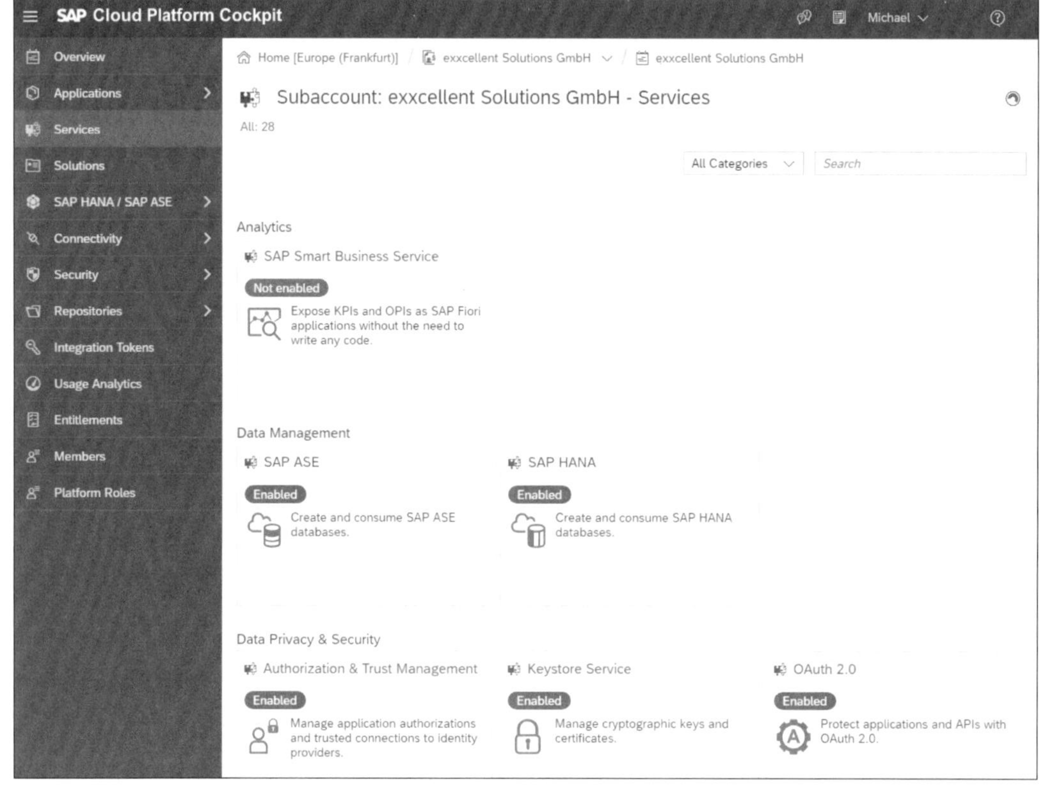

Abbildung 10.3 Liste der eingetragenen Anwendungen im SAP Cloud Platform Cockpit

SAP Web IDE starten

Als Nächstes öffnen Sie SAP Web IDE. Gehen Sie dazu folgendermaßen vor:

1. Klicken Sie auf die Kachel mit der Aufschrift **SAP Web IDE Full-Stack**.
2. Es öffnet sich der Bildschirm mit den Servicedetails zu SAP Web IDE. Klicken Sie auf den Link **Go to Service** (siehe Abbildung 10.4).
3. SAP Web IDE wird aufgerufen, und es öffnet sich die Startseite (siehe Abbildung 10.5). Sobald eine neue Version von SAP Web IDE in der SAP Cloud Platform durch SAP eingespielt worden ist, werden Sie über die Neuerungen auf der Startseite informiert.

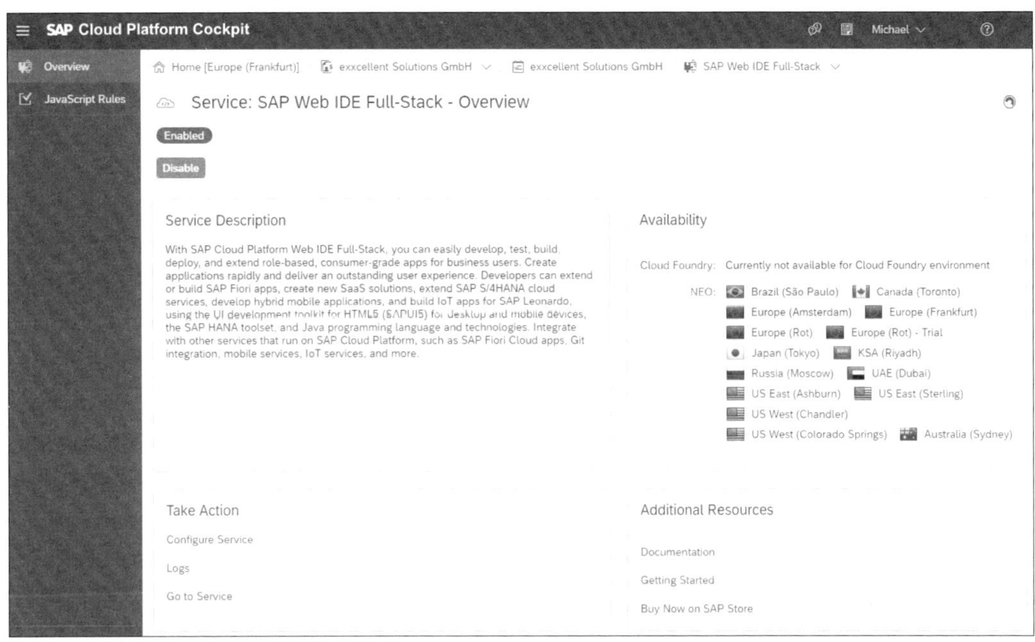

Abbildung 10.4 Startverweis zu SAP Web IDE

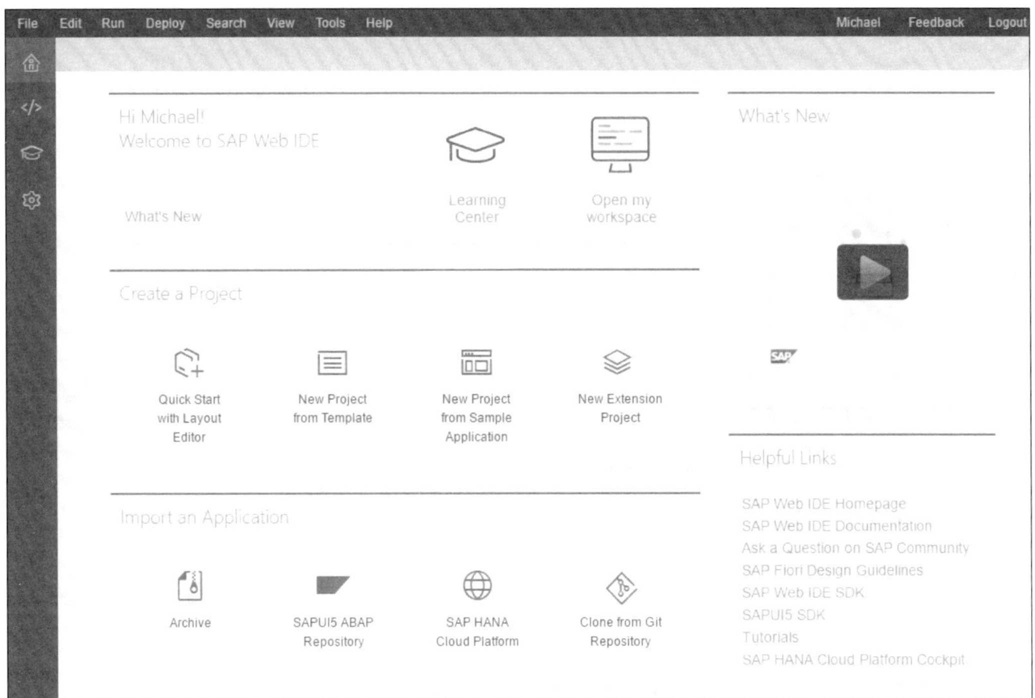

Abbildung 10.5 Startbild von SAP Web IDE

Die Personal Edition von SAP Web IDE

SAP Web IDE, On-Premise-Version

SAP bietet neben SAP Web IDE auf der SAP Cloud Platform auch die Möglichkeit, SAP Web IDE direkt auf einem unternehmenseigenen System zu installieren. Seit Ende 2016 stehen dafür zwei verschiedene Versionen für die lokale Installation zur Verfügung (siehe Abbildung 10.6): Zum einen gibt es eine Testversion von SAP Web IDE zur lokalen Installation.

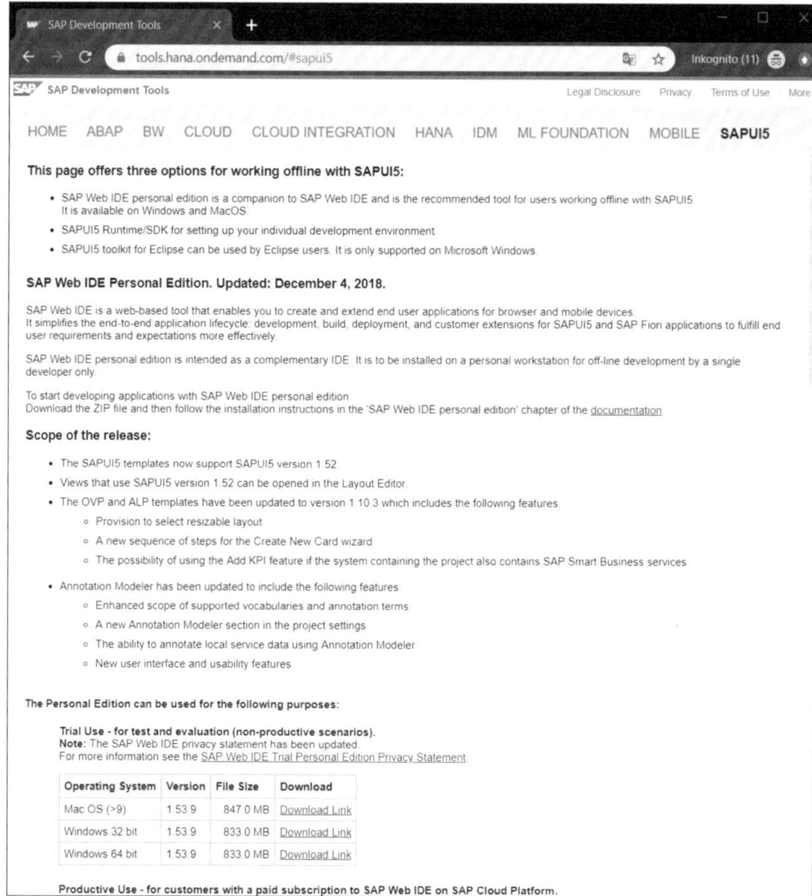

Abbildung 10.6 Download der lokalen SAP Web IDE

Die Testversion darf lediglich für das Validieren von SAP Web IDE verwendet werden, und es dürfen damit keinerlei Anwendungen geschrieben werden, die in den produktiven Einsatz gehen. Natürlich ist die Testversion kostenlos. Zum anderen gibt es eine Version für die lokale Installation für den produktiven Betrieb. Die so lokal installierte Version von SAP Web IDE darf jeweils nur von einem Entwickler verwendet werden. Für diesen Benutzer muss zum aktuellen Zeitpunkt eine Subskription für SAP Web IDE in der SAP Cloud Platform vorhanden sein. Dazu fallen entsprechende Kosten an. Weitere Informationen finden Sie unter *http://s-prs.de/v726826*. Beide Versionen können unter *http://s-prs.de/v726822* heruntergeladen werden.

Die Architektur von SAP Web IDE

Um SAP Web IDE besser zu verstehen, ist es hilfreich, die Architektur zu kennen. Ausgangspunkt ist die SAP Cloud Platform, über die Sie auf SAP Web IDE zugreifen. Bei der Entwicklung von SAP Web IDE hat SAP Technologien und Ansätze genutzt, die auch außerhalb der SAP-Welt zum Standard geworden sind. Dazu gehören u. a. das verteilte Quellcode-Verwaltungssystem *Git* oder die browser-basierte integrierte Entwicklungsumgebung Eclipse Orion. Abbildung 10.7 gibt Ihnen einen Überblick über die wichtigsten Bestandteile von SAP Web IDE.

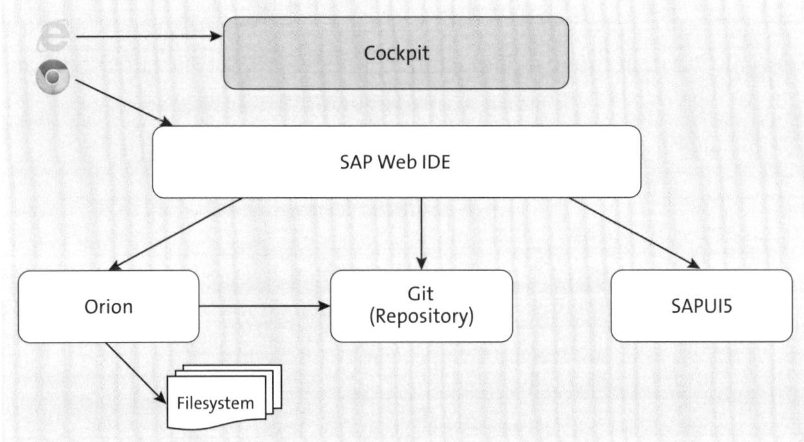

Abbildung 10.7 Die Architektur von SAP Web IDE

SAP Web IDE nutzt den Eclipse-Orion-Server, der Ihnen die Möglichkeit bietet, benutzer- und zugangsbezogene Arbeitsbereiche zu verwalten. Im Rahmen dieser Verwaltung der Arbeitsbereiche stellt Orion auch Funktionen bereit, um mit Projekten, Verzeichnissen und Dateien in einem Arbeitsbereich zu arbeiten. Darüber hinaus bietet der Server Funktionen für die Arbeit mit Git; Git spielt in SAP Web IDE eine zentrale Rolle bei der Quellcode-Verwaltung. Projekte können unter SAP Web IDE entweder in einem lokalen Repository oder auf einem entfernten Git Repository abgelegt werden.

SAPUI5 in SAP Web IDE

Als zentrale und strategische UI-Technologie von SAP ist SAP Web IDE für die Programmierung und Erstellung von SAPUI5-Anwendungen optimiert. SAP Web IDE enthält eine Vielzahl von Projektvorlagen, die Sie bei der Entwicklung von SAPUI5-Anwendungen – und insbesondere von SAP-Fiori-Anwendungen – unterstützen. Dies verkürzt die Entwicklungszeit und verhindert Fehler beim Aufbau eines SAP-Fiori-Projekts. Zudem sind in SAP Web IDE einige Assistenten verfügbar, sodass z. B. die Integration eines OData-Services mit nur wenigen Mausklicks durchgeführt werden kann.

Die Integration von OData-Services hat aus der Sicht einiger potenzieller Nutzer den folgenden Nachteil: SAP Web IDE und ihr cloud-basierter Ansatz zwingen Unternehmen dazu, die Netzwerkinfrastruktur um einen Reverse Proxy zu erweitern, den Cloud Connector, den wir Ihnen in Kapitel 12, »Entwicklung einer SAP-Fiori-Anwendung mit SAP Web IDE«, vorstellen.

10.1.2 Aufbau einer mobilen Anwendung

Die zentralen Objekte bei der Programmierung von mobilen SAPUI5-Anwendungen sind die Klassen `sap.m.App` und `sap.m.SplitApp`. Diese Klassen sind von sogenannten *Pages* abhängig. Eine Page repräsentiert eine Seite, die auf dem mobilen Endgerät angezeigt wird. Sie wird über ein Container-Objekt vom Typ `sap.m.Page` implementiert.

In eine Page können Sie unterschiedlichste UI Controls einfügen.

Semantische Seiten

Bei dem Container-Typ `sap.m.Page` handelt es sich um einen Basistyp, der nur wenig vordefiniertes Verhalten und Aussehen mitbringt. Um die Arbeit mit solchen Container-Objekten zu vereinfachen, liefert SAP seit Version 1.30 des SAPUI5-Frameworks Container-Objekte mit mehr Aussagekraft aus: Die sogenannten *semantischen Seiten* sind Page-Typen, die mit sogenannten *semantischen Controls* bestückt werden können. Semantisch bedeutet in diesem Zusammenhang, dass es Controls gibt, bei denen SAP bereits vordefiniertes Aussehen, Verhalten und Positionen auf der semantischen Seite festgelegt hat. Semantische Objekte sind im Namensraum `sap.m.sematic` enthalten. Sie finden hier Implementierungen wie `MasterPage`, `DetailPage` oder `FullscreenPage`.

SAP legt bei den semantischen Objekten Folgendes fest:

- **Visualisierung**
  Die einzelnen Objekte werden gemäß den Richtlinien mit Visualisierungselementen, wie z. B. Icons, bestückt. Auch werden die Tooltips kontextbezogen dargestellt.

- **Positionierung**
  Gemäß den UX-Richtlinien werden bestimmte UI Controls in bestimmten Bereichen dargestellt. So werden einige semantische UI Controls im Kopfbereich, andere wiederum in der Fußzeile der Seite positioniert.
- **Reihenfolge**
  Die UX-Richtlinien schreiben die Reihenfolge von UI Controls vor. Semantische Objekte werden gemäß dieser Vorgabe in der richtigen Reihenfolge positioniert.
- **Accessibility**
  Für nicht sehende Anwender werden die semantischen Typen entsprechend ihrem Typ textuell interpretiert.

Durch die Nutzung von semantischen Elementen wird sichergestellt, dass die Anwendungen gemäß den Richtlinien korrekt visuell ausgeprägt werden.

Die Klasse »sap.m.App«

Die Klasse `sap.m.App` nutzen Sie, um Full-Screen-Anwendungen zu implementieren. Sie leitet sich von der Basisklasse `sap.m.NavContainer` ab, die u. a. eine Aggregation mit dem Namen `pages` beschreibt. Abbildung 10.8 zeigt die Anatomie einer Full-Screen-Anwendung. Das UI Control verfügt über einen Kopfbereich, den Sie mit einem Titel versehen können. Der Bereich darunter wird verwendet, um Objekte vom Typ `sap.m.Page` ❶ bzw. `sap.m.sematic.FullscreenPage` anzuzeigen. Zum Zusammenhang von Klassen, Elementen und Controls: Bei allen SAPUI5-Teilen, die Sie in der UI-Anzeige sehen können, handelt es sich um Controls bzw. Elemente; sie werden über eine Klasse von SAP bereitgestellt.

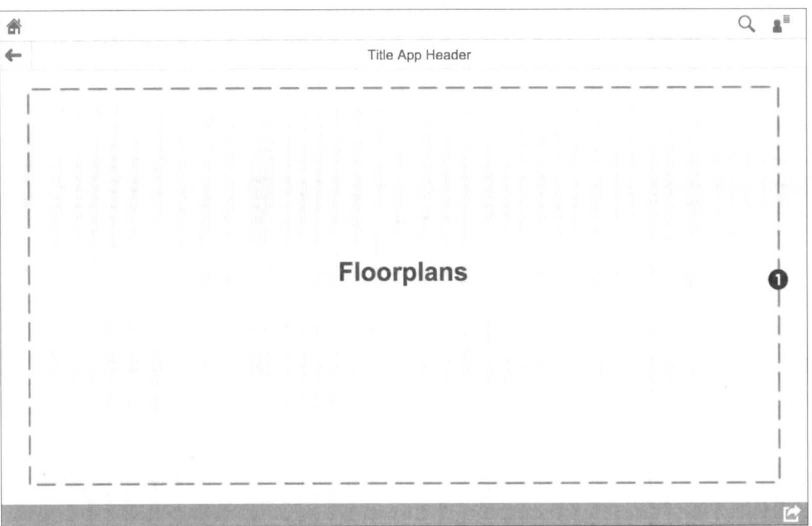

Abbildung 10.8 Aggregationen des »sap.m.App«-Controls

Die Klasse »sap.m.SplitApp«

Die Implementierung `sap.m.SplitApp` hat hingegen durch die Vererbungsbeziehung zur Klasse `sap.m.SplitContainer` zwei Aggregationen für die Anzeige von Pages: zum einen für den Masterbereich und zum anderen für den Detailbereich. Die Aggregationen tragen die Namen `masterPages` und `detailPages`. Abbildung 10.9 zeigt den Aufbau des `sap.m.SplitApp`-Controls. Beide Aggregationen können entweder mit `sap.m.Page`-Objekten oder `sap.m.semantic.MasterPage` bzw. `sap.m.semantic.DetailPage` bestückt werden. Wie Sie der Abbildung entnehmen können, gliedert sich der Anwendungsbereich in zwei Teilbereiche: Im Masterbereich ❶ werden weniger detailreiche Informationen in einer Listendarstellung angezeigt. Durch die Selektion eines Listeintrags werden die dazugehörigen Details im Detailbereich ❷ visualisiert.

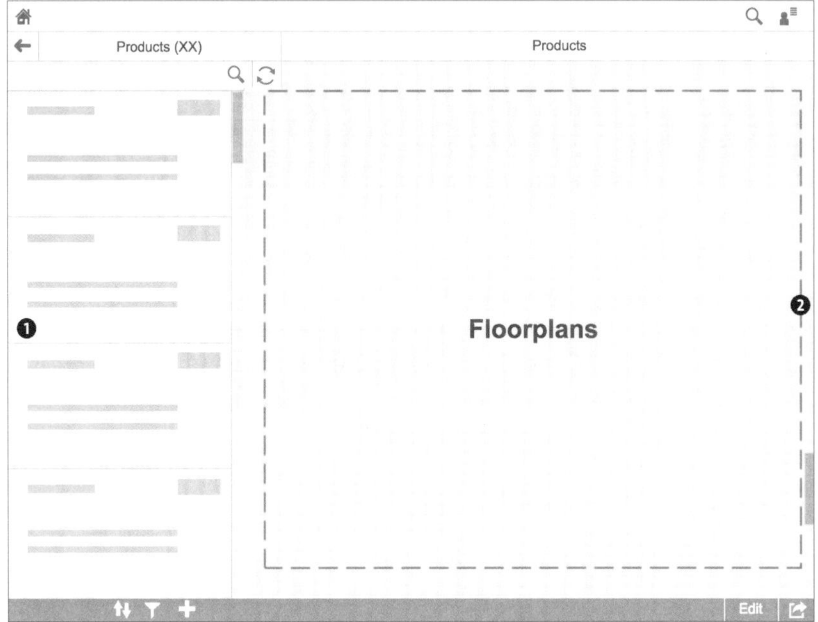

Abbildung 10.9 Aggregationen des »sap.m.SplitApp«-Controls

10.1.3 Implementierung einer mobilen SAPUI5-Anwendung

SAPUI5-Anwendungen entwickeln

In diesem Abschnitt zeigen wir Ihnen, wie Sie eine einfache mobile SAPUI5-Anwendung implementieren können. Damit möchten wir Ihnen die Konzepte von SAPUI5 näherbringen; auf die Besonderheiten im Zusammenhang mit SAP Fiori gehen wir in Abschnitt 10.2, »Best Practices bei der Entwicklung«, ein. Dort entwickeln wir das Beispiel aus diesem Abschnitt weiter. Zu guter Letzt entwickeln Sie in Abschnitt 10.2 eine Anwendung, die in Aufbau und Aussehen einer SAP-Fiori-Anwendung entspricht und die in ein Launchpad integriert werden kann.

Bevor wir mit der eigentlichen Implementierung beginnen, betrachten wir kurz die Anwendung, die entstehen soll. Abbildung 10.10 zeigt eine Master-Detail-Anwendung. Auf der Masterseite wird eine Liste von Ländern angezeigt. Bei der Auswahl eines Landes werden die Details zum Land in der Detailansicht dargestellt. Die Details verwenden die in Kapitel 3, »SAP Fiori Design Guidelines«, eingeführte Objektansicht (Object View).

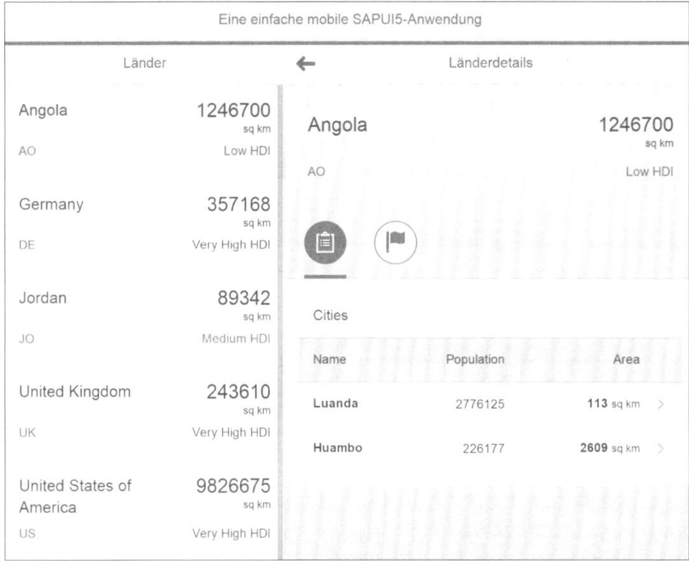

Abbildung 10.10 Eine einfache mobile SAPUI5-Anwendung

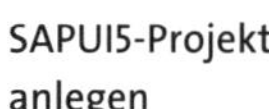

Beispiel für SAPUI5-Versionen ab Version 1.48

Wir stellen Ihnen neben den Quelltexten des hier vorgestellten Beispiels im Download-Bereich zum Buch zusätzlich ein Demobeispiel für die Implementierung einer Flexible-Column-Layout-basierten Anwendung mit Object Page für die Detailanzeige zur Verfügung (*http://www.sap-press.de/4974*).

Wir gehen an dieser Stelle davon aus, dass Sie sich einen Testzugang zur SAP Cloud Platform angelegt und sich mit der dortigen Umgebung vertraut gemacht haben.

SAPUI5-Projekt anlegen

Zunächst legen Sie ein einfaches SAPUI5-Projekt mit SAP Web IDE an.

1. Melden Sie sich an der SAP Cloud Platform an, und starten Sie SAP Web IDE.

2. Rufen Sie aus dem Menü **New • Project from Template** auf.
3. Wählen Sie im daraufhin erscheinenden Dialog die Kachel mit der Aufschrift **SAPUI5 Application** aus. Für unser Beispiel wählen Sie SAPUI5-Version 1.44 und klicken anschließend auf **Next**.
4. Geben Sie in das Feld **Project Name** den Wert »countries« und in das Feld **Namespace** »sapfiori.buch« ein. Bestätigen Sie den Dialogschritt erneut mit **Next** (siehe Abbildung 10.11).

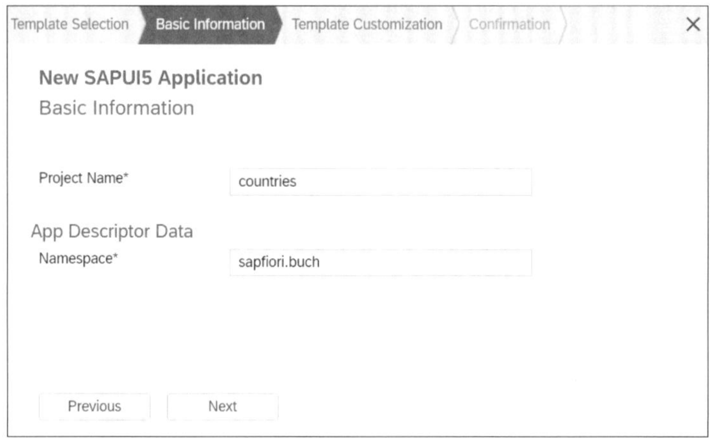

Abbildung 10.11 Ein SAPUI5-Projekt anlegen

5. Belassen Sie im Dialogschritt zur Anlage eines ersten Views den Eintrag im Feld **View Type** auf der Standardauswahl **XML**, geben Sie im Feld **View Name** den Wert »Main« ein (siehe Abbildung 10.12), und bestätigen Sie den Dialog mit **Finish**.

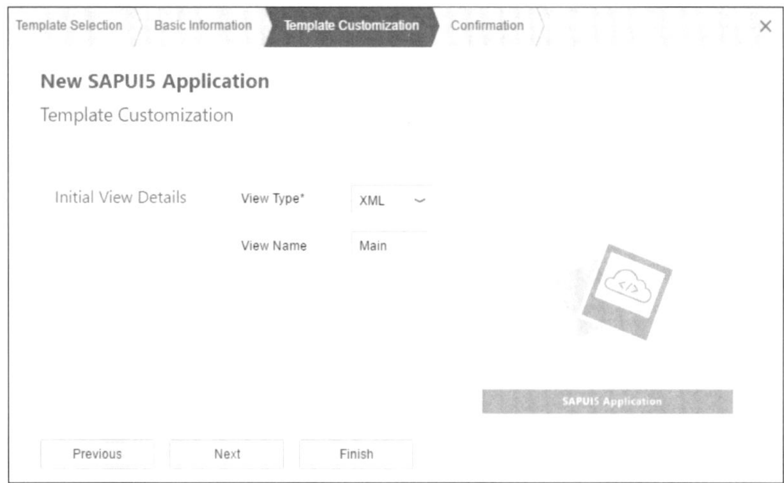

Abbildung 10.12 Einen initialen View anlegen

Nachdem Sie mit SAP Web IDE das Projekt angelegt haben, betrachten wir kurz den Grundaufbau des Projekts, wie ihn SAP empfiehlt. Neben der Empfehlung von SAP gibt es von Projekt zu Projekt und von Kunde zu Kunde sicherlich unterschiedliche Auffassungen, wie ein Projekt aufgebaut sein und welche SAPUI5-Aspekte implementiert werden sollen. Wir werden jedoch später in diesem Kapitel nochmals darauf zurückkommen, warum dieser Aufbau – insbesondere bei Anwendungen im SAP-Fiori-Kontext – zu empfehlen ist.

[«]

SAPUI5-Framework im Umbau

Beachten Sie, dass SAP das SAPUI5-Framework derzeit massiv umbaut. Je nachdem, welche SAPUI5-Version Sie beim Anlegen des Projekts wählen, werden unterschiedlich Codeteile generiert.

Wie Sie Abbildung 10.13 entnehmen können, enthält das soeben angelegte SAPUI5-Projekt auf der ersten Ebene unter dem Projektordner einen Unterordner **webapp**. Dieser Ordner ist der Ort, in dem die gesamten anwendungsspezifischen Aspekte enthalten sind. Die Datei **.project.json** enthält die Projekteinstellungen. Die Einstellungen können über den Projekteinstellungsdialog (Menüeintrag **Project Settings** im Kontextmenü des Projekts) geändert werden. Die Datei **neo-app.json** enthält weitere projektspezifische Einstellungen. Auf die Einstellungen gehen wir zu einem späteren Zeitpunkt genauer ein.

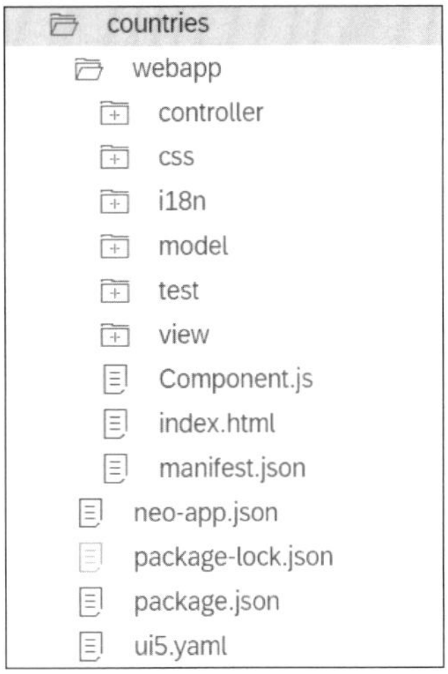

```
countries
  webapp
    controller
    css
    i18n
    model
    test
    view
    Component.js
    index.html
    manifest.json
  neo-app.json
  package-lock.json
  package.json
  ui5.yaml
```

Abbildung 10.13 Grundstruktur eines SAPUI5-Projekts

Da es sich bei SAPUI5 um ein UI Framework handelt, das MVC-basiert ist, besitzt jeder View einen Controller. Views und Controller werden in zwei unterschiedlichen Ordnern im Projekt abgelegt. Die Namen der Ordner ergeben sich aus Abbildung 10.13. Der Ordner **css** enthält eine Datei mit dem Namen **style.css**. Diese CSS-Datei kann verwendet werden, um für das SAPUI5-Projekt spezifische CSS-Definitionen anzulegen.

Views anlegen

Nachdem das Projekt angelegt worden ist, fügen wir zwei weitere Views vom Typ XML zum bereits bestehenden Main View hinzu. Wählen Sie dazu den Ordner **webapp** im Projekt aus, und rufen Sie aus dem Kontextmenü **New • SAPUI5 View** auf. Geben Sie, falls es nicht bereits vorausgefüllt ist (wie in Abbildung 10.14 gezeigt), in das Feld **Namespace** den Namensraum »sapfiori.buch.countries« und in das Feld **View Name** den Wert »MasterView« ein. Bestätigen Sie den Dialog mit **Next**. Der nächste Dialogschritt enthält lediglich die Information, dass mit dem Klick auf **Finish** ein neuer View angelegt wird. Wir bestätigen daher mit **Finish**. Wiederholen Sie den gerade beschriebenen Schritt, und legen Sie einen View mit dem Namen »DetailView« an.

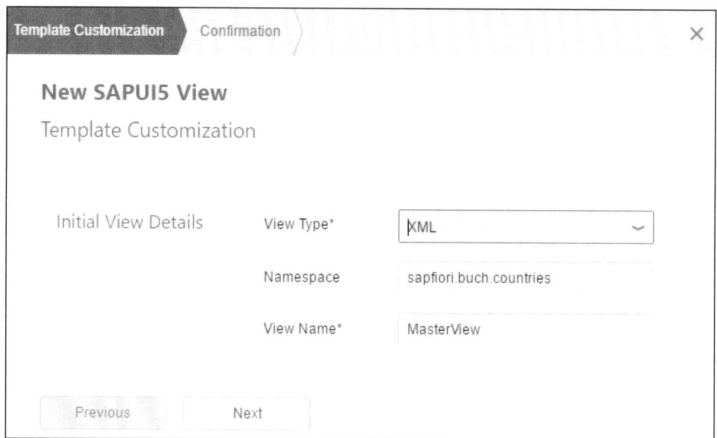

Abbildung 10.14 Einen neuen SAPUI5 View anlegen

»DetailView« anlegen

Legen Sie analog zu dieser Beschreibung zwei weitere Views mit den Namen »MasterView« und »DetailView« an. Als Resultat und Ausgangspunkt für die folgenden Abschnitte erhalten Sie die in Abbildung 10.15 dargestellte Projektstruktur.

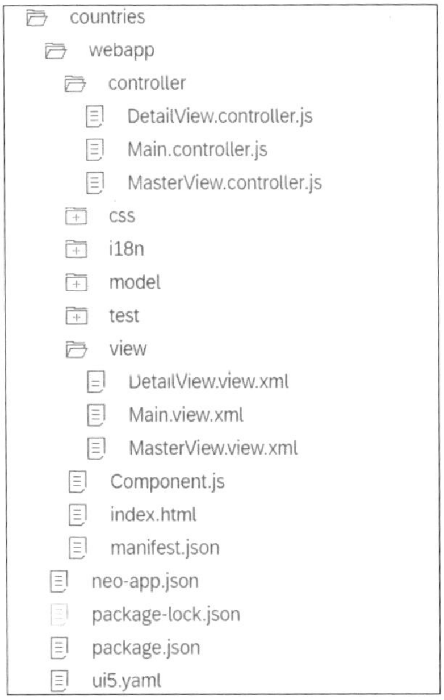

Abbildung 10.15 Die Projektstruktur

[«]

Aufbau des Namensraums

Es kommt von Zeit zu Zeit vor, dass in den unterschiedlichsten Templates von SAP Web IDE Änderungen durchgeführt werden. In dem hier vorgestellten Beispiel gehen wir davon aus, dass der Namensraum – wie es in Abbildung 10.14 dargestellt ist – verwendet wird. Möglicherweise kann der Aufbau des Namensraums durch SAP Web IDE bei der Anlage des Projekts entsprechend abgeändert worden sein. Beachten Sie, dass wir von einem Basisnamensraum `sapfiori.buch.countries` ausgehen.

»index.html« anpassen

Im nächsten Schritt öffnen Sie die Datei **index.html**. Passen Sie die Seite **index.html** so an, dass der Start View aufgerufen wird. In unserem Fall ist dies `Main.view.xml`.

Fügen Sie im zweiten Skript-Tag, das durch den Projektassistenten angelegt wurde, den Aufruf der Funktion `sap.ui.xmlview` hinzu. Die Funktion erhält zwei Parameter: Der erste Parameter definiert die ID des Views, der zweite Parameter gibt den voll qualifizierten Namen des Views an. Listing 10.1 zeigt die Anpassung in der Datei **index.html**.

```
<script>
  sap.ui.xmlview({
    viewName:"sapfiori.buch.countries.view.Main"}).placeAt("content");
</script>
```

Listing 10.1 Erzeugung der Startseite

Ändern Sie zusätzlich das Attribut des Bootstraping-Parameters `data-sap-ui-preload` von `async` auf `sync`.

»sap.m.SplitApp«-Control anlegen

Öffnen Sie nun die Datei **Main.view.xml**. Diese Seite soll ein SplitApp-Objekt (`sap.m.SplitApp`) implementieren, in dem Sie die Views MasterView und DetailView, entsprechend ihren Namen in der SplitApp, anzeigen lassen. Die Implementierung von `sap.m.SplitApp` bietet bereits eine Vielzahl von Funktionen. Für das einfache Navigieren zu einer bestimmten Seite wird z. B. die `to`-Funktion zur Verfügung gestellt. Für die Navigation zurück bietet die `sap.m.App`-Implementierung die Funktion `back`.

Der Codegenerator hat beim Anlegen der Datei **Main.view.xml** bereits die wichtigsten Codebestandteile erzeugt. Der Generator hinterlässt eine View-Deklaration, die bereits eine App-Deklaration beinhaltet. Da wir jedoch eine Master-Detail-Anwendung implementieren, ist es notwendig, den generierten Code anzupassen. Implementieren Sie anstelle des Elements vom Typ `sap.m.App` ein Element vom Typ `sap.m.SplitApp`. Wie bereits beschrieben, besitzt das `SplitApp`-Element die beiden Aggregationen `masterPages` bzw. `detailPages`. Diese befüllen Sie mit den entsprechenden View-Deklarationen. Nutzen Sie dazu das `XMLView`-Objekt. Geben Sie eine frei wählbare ID an, und fügen Sie beim Attribut `viewName` den Namen sowie die Paketangabe für den jeweiligen View ein. Wir verwenden somit `sapfiori.buch.countries.view.MasterView` für die Masteransicht und `sapfiori.buch.countries.view.DetailView` für die Detailansicht. Listing 10.2 zeigt das Ergebnis dieser Anpassungen.

```
<core:View xmlns:core="sap.ui.core"
           xmlns:mvc="sap.ui.core.mvc"
           xmlns="sap.m"
           controllerName="sapfiori.buch.countries.controller.Main"
           xmlns:html="http://www.w3.org/1999/xhtml">

      <SplitApp id="app">
        <masterPages>
```

```
        <mvc:XMLView id="masterView"
                     viewName=
                         "sapfiori.buch.countries.view.MasterView">
        </mvc:XMLView>
      </masterPages>
      <detailPages>
        <mvc:XMLView id="detailView"
                     viewName=
                         "sapfiori.buch.countries.view.DetailView">
        </mvc:XMLView>
      </detailPages>
    </SplitApp>

</core:View>
```

Listing 10.2 Die Datei »Main.view.xml«

Anpassungen in der Datei »MasterView.view.xml«

Nach der Durchführung der Änderung in der Datei **Main.view.xml** öffnen Sie die Datei **MasterView.view.xml**. Wie Sie sehen können, wurde durch SAP Web IDE ein View-Element angelegt. Zusätzlich wurde weiterer, für uns unnötiger Code im View-Element erzeugt. Fügen Sie im View-Element eine neue XML-Namensraum-Anweisung ein. Verwenden Sie dazu das Präfix `semantic`, und weisen Sie dem Namensraum den Wert `sap.m.semantic` zu. Löschen Sie nun den Code zwischen dem beginnenden und dem schließenden View-Tag, und fügen Sie stattdessen ein Element vom Typ `sap.m.semantic.MasterPage` ein. Nutzen Sie dazu das soeben definierte Präfix `semantic`. Fügen Sie dem `MasterPage`-Element das Attribut `title` hinzu, und vergeben Sie einen sinnvollen Text. Listing 10.3 zeigt die Implementierung.

```
<mvc:View xmlns:core="sap.ui.core" xmlns:mvc="sap.ui.core.mvc"
    xmlns="sap.m" xmlns:semantic="sap.m.semantic"
    controllerName="sapfiori.buch.countries.controller.MasterView"
    xmlns:html="http://www.w3.org/1999/xhtml">
    <semantic:MasterPage title="MasterPage">

    </semantic:MasterPage>
</mvc:View>
```

Listing 10.3 Implementierung der Detailansicht

Nach den erfolgten Änderungen in der Masteransicht öffnen Sie die Datei **DetailView.view.xml**. Ändern Sie die Implementierung analog zur Masteransicht ab, verwenden Sie jedoch anstelle des `MasterPage`-Elements ein Element vom Typ sap.m.semantic.DetailPage. Es ergibt sich das in Listing 10.4 gezeigte Coding.

```
<mvc:View xmlns:core="sap.ui.core"
      xmlns:mvc="sap.ui.core.mvc" xmlns= "sap.m"
      xmlns:semantic="sap.m.semantic"
      controllerName="sapfiori.buch.countries.controller.DetailView"
      xmlns:html="http://www.w3.org/1999/xhtml">
   <semantic:DetailPage title="DetailPage">
   </semantic:DetailPage>
</mvc:View>
```

Listing 10.4 Implementierung der Detailansicht

Im Anschluss an die Durchführung der Änderungen in der Datei **DetailView.view.xml** wählen Sie die Datei **index.html** in der Workspace-Ansicht aus und selektieren die Einträge **Run • Run as • Web Application** aus dem Kontextmenü. Es öffnet sich ein neues Browser-Fenster, und Sie sollten das in Abbildung 10.16 gezeigte Ergebnis zu sehen bekommen.

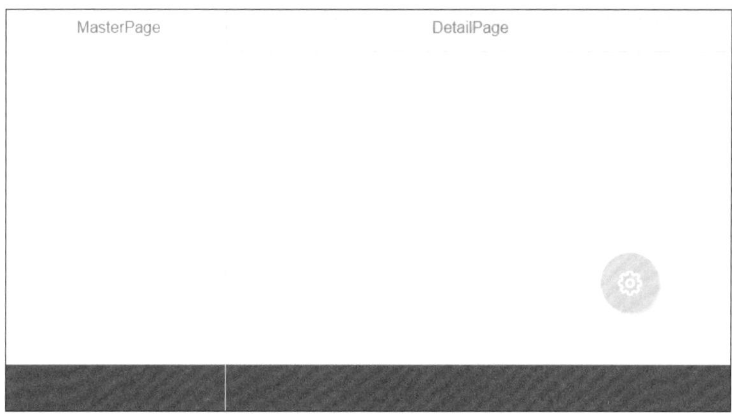

Abbildung 10.16 Überprüfung der SplitApp-Implementierung

Lokales JSON Model anlegen

Im nächsten Schritt legen Sie eine neue Datei mit dem Namen **mock.json** im Ordner **model** an. Wählen Sie dazu den Ordner aus, und rufen Sie aus dem Kontextmenü **New • File** auf. Tragen Sie in der Datei die einzelnen Länder ein, die Sie in der Anwendung darstellen möchten. Die JSON-Definition aus Listing 10.5 zeigt einen Auszug daraus. Das Wurzelelement trägt den Namen countries und definiert ein Array von JSON-Objekt-Definitionen. Jedes Objekt beschreibt ein konkretes Land, und jedes Land verfügt über identische Attribute, denen je Land unterschiedliche Werte zugewiesen werden.

```
{
  "countries": [
    {
      "name": "Angola",
      "short": "AO",
      "detailInfo": {
        "capital": "Luanda",
        "population": "18498000",
        "HumanDevelopmentIndex": "L",
        "area": "1246700",
        "areaUnit": "sq km",
        "currency": "AOA",
        "flagUrl": "img/AO.png"
      },
      "cities": [
        {
          "name": "Luanda",
          "population": "2776125",
          "area": "113",
          "areaUnit": "sq km"
        },
        {
          "name": "Huambo",
          "population": "226177",
          "area": "2609",
          "areaUnit": "sq km"
        }
      ]
    },
    ...
}
```


Listing 10.5 Auszug aus der Datei »mock.json«

Mit Models arbeiten

Im Anschluss an die Erzeugung der JSON-Datei implementieren Sie das Laden dieser Datei in ein JSON Model. Öffnen Sie dazu die Datei **models.js** im Ordner **model**. Die JavaScript-Datei enthält bereits die Implementierung einer neuen Komponente. Die Komponente enthält eine Funktion `createDeviceModel` für das Erzeugen eines Gerätemodells (siehe Listing 10.6). Fügen Sie nach der `createDeviceModel`-Funktion eine neue JavaScript-Funktion mit dem Namen `createCountryModel` hinzu. Achten Sie darauf, dass Sie nach der `}`-Klammer der `createDeviceModel`-Funktion ein Komma hinzufügen. Am Anfang der Funktion erzeugen Sie ein Objekt vom Typ `sap.ui.model.json.JSONModel` und übergeben den Pfad zu der angelegten **mock.json**-Datei als Aufrufparameter. Das Objekt wird in einer lokalen Variablen gespeichert. Im Anschluss wird das neu erzeugte Objekt dem Aufrufer der Funktion zurückgeliefert.

```
createCountryModel: function() {
    var oModel = new JSONModel("./model/mock.json");
    return oModel;
}
```

Listing 10.6 Instanziierung des JSON Models

Öffnen Sie nun die Datei **Main.controller.js** im Ordner **controller** des Projekts und die Funktion `createCountryModel` in der `onInit`-Funktion des Controllers. Die `onInit`-Funktion wird nicht standardmäßig generiert; fügen Sie sie daher ein. Um die `createCountryModel`-Funktion aufrufen zu können, benötigen wir eine Referenz auf die Model-Komponente. Ändern Sie entsprechend die `define`-Anweisung des Main Controllers, und rufen Sie im Anschluss die Funktion `createCountryModel` auf. Speichern Sie den Rückgabewert der Funktion in einer lokalen Variablen. Die lokale Variable enthält nun eine Referenz auf das `JSONModel`-Objekt. Damit die Views Zugriff auf die Daten im Model erhalten, müssen die Views Zugriff auf das Model bekommen. Besorgen Sie sich dazu über die `getView`-Funktion des Controllers eine Referenz auf den Main View, und rufen Sie auf dem View-Objekt die Funktion `setModel` auf. Übergeben Sie der Funktion als ersten Parameter die Referenz auf `JSONModel`. Als zweiter Parameter wird als eindeutiger Model-Schlüssel `countryModel` mitgegeben. Bei der Verwendung von mehr als einem Model können Sie in dem View die Models über den Model-Schlüssel ansprechen. Beachten Sie, dass es unabhängig davon, ob Sie eine SAPUI5-Anwendung, die nicht im Launchpad ausgeführt werden soll, oder eine SAP-Fiori-Anwendung implementieren (jedoch besonders dann), keine gute Praxis ist, Model-Objekte dem `core`-Objekt über `sap.ui.getCore().setModel` zuzuweisen. Diese Art der Zuweisung kann ungewollte Nebenwirkungen haben, wenn Sie die Anwendung in eine andere SAPUI5-Anwendung integrieren möchten. In diesem Fall verwenden diese Anwendungen nämlich ein `core`-Objekt. Beide Anwendungen haben somit Zugriff auf die Daten der jeweils anderen Anwendung und können sie einsehen und gewollt oder ungewollt überschreiben. Listing 10.7 zeigt die Implementierung der `onInit`-Funktion des Controllers des Main Views. Wie aus der Implementierung hervorgeht, können wir die sogenannte *Asynchronous Module Definition* (AMD) verwenden.

[«]

Asynchronous Module Definition

Mit Release 1.28 von SAPUI5 wurde ein neues Konzept für das Definieren von Komponenten eingeführt. Das neue Konzept folgt dabei der Asynchronous Module Definition und repräsentiert den Wandel vom synchronen Laden von Ressourcen hin zum asynchronen Laden. Die Funktionen dazu sind `sap.ui.define` bzw. `sap.ui.require`. Beachten Sie, dass die Implementierung in der aktuellen Version noch synchron ist. Beide Funktionen ersetzen dabei die bekannten Funktionen `jQuery.sap.declare` und `jQuery.sap.require`.

```
sap.ui.define([
    "sap/ui/core/mvc/Controller",
    "sapfiori/buch/countries/model/models"
], function(Controller,models) {
    "use strict";
    return Controller.extend("sapfiori.buch.countries.
                              controller.Main", {
    onInit : function() {
        var oCountryModel = models.createCountryModel();
        this.getView().setModel(oCountryModel,
            "countryModel");
        }
    });
});
```

Listing 10.7 Die Implementierung der »onInit-Funktion« des Main Views

[«]

Dependency Injection unter SAPUI5

Mit der Verwendung von `sap.ui.define` geht auch die Änderung der Implementierung von View oder Component Controllern einher. Das Codebeispiel aus Listing 10.7 zeigt die Nutzung von `sap.ui.define` bei der Implementierung eines Controllers.

Die Implementierung ruft die Funktion `sap.ui.define` mit zwei Parametern auf.

Der erste Parameter ist ein Array und erhält in einer mit Komma getrennten Wertemenge eine Aufzählung von abhängigen Komponenten. Die abhängigen Komponenten werden als Ressourcenpfade angegeben. Die Dateiendung **.js** wird bei dieser Angabe nicht benötigt. Zur Laufzeit werden die angegebenen Komponenten durch SAPUI5 instanziiert.

Als zweiten Parameter übergeben Sie eine `factory`-Funktion. Diese Funktion erhält für jede beschriebene Abhängigkeit einen Parameter als Platzhalter für das von SAPUI5 erzeugte Objekt des entsprechenden Typs. Die Übergabe der Referenzen erfolgt in der Reihenfolge der Definition in der Liste der abhängigen Komponenten (*Dependency Injection*). In der `factory`-Funktion selbst implementieren Sie die eigene Komponente bzw. den eigenen Controller.

Nachdem Sie dem View das Model zugewiesen haben, haben UI-Aspekte und UI Controls des Views Zugriff auf das Model und können die Daten daraus beziehen. Somit sind Sie jetzt in der Lage, den Master View zu implementieren. Der Master View wurde durch den View-Generator analog zu `Main` erstellt und verfügt über dieselbe Grundstruktur.

Liste anlegen

Wir erzeugen im ersten Schritt im `content`-Bereich des Views eine Liste. Dazu deklarieren wir ein Objekt vom Typ `sap.m.List`. Das List Control erbt eine Vielzahl von Attributen und Fähigkeiten von der Basisimplementierung mit dem Namen `sap.m.ListBase`. Diese Basisimplementierung verfügt über eine Aggregation mit dem Namen `items`. Diese Aggregation ist vom Typ `sap.m.ListItemBase`. Die Klasse `sap.m.ListItemBase` ist die Basisklasse für eine Vielzahl von `ListItem`-Implementierungen. Jede Ausprägung unterscheidet sich in ihrer Mächtigkeit, d. h. in der Anzahl an Darstellungsmöglichkeiten und Funktionen. Je nach Anwendungsfall kann der Entwickler entscheiden, welche konkrete `ListItem`-Implementierung verwendet werden soll.

Das Objekt `sap.m.List` besitzt eine Vielzahl von Attributen, mit denen das Verhalten einer Liste beeinflusst werden kann. In unserem Beispiel sind lediglich die folgenden drei Attribute von Bedeutung:

- `mode`
- `items`
- `select`

Das erste Attribut, das Sie der Listendeklaration zuweisen, heißt `mode`. Ihm können Sie Werte aus der Enumeration `sap.m.ListMode` zuweisen. So steuern Sie, wie die Listeintragungen ausgewählt werden. Sie können z. B. über den Modus `sap.m.SingleSelectLeft` einstellen, dass bei jedem Listeintrag auf der linken Seite ein Radiobutton angezeigt wird, mit dem Sie einen Eintrag auswählen. Lassen Sie bei dem Modus `Left` weg, erhalten Sie einen Radiobutton auf der rechten Seite.

Wählen Sie für die Selektion den Modus `sap.m.SingleSelectMaster` aus. Dabei wird der ausgewählte Listeintrag farblich hervorgehoben und »merkt« sich die Selektion so lange, bis ein anderer Eintrag ausgewählt wird.

Nachdem der Auswahlmodus gesetzt ist, fügen Sie das Attribut `items` hinzu. Das Attribut `items` binden Sie via Data Binding an das Wurzelelement aus dem JSON Model an. Die Wurzel des Models trägt den Namen `countries`. Damit können Sie die Liste über den Template-Mechanismus von SAPUI5 aufbauen. Für den Abschluss der Deklaration der Liste legen Sie einen Event Handler fest.

Weisen Sie dem Attribut `select` den Namen `handleListSelect` zu. Diese Funktion implementieren Sie im Controller des Master Views, der die Auswahl eines Listeintrags weiterverarbeitet. Listing 10.8 zeigt die gerade vorgestellte Listendeklaration.

```
<List mode="SingleSelectMaster" select="handleListSelect"
      items="{countryModel>/countries}">
</List>
```

Listing 10.8 Implementierung des Master Views

Template-Objekt einfügen

Da eine Liste ohne Listeinträge nicht sinnvoll ist, fügen Sie nun ein Template-Objekt in die Liste aus Listing 10.8 ein. Dazu kommt eine Vielzahl von unterschiedlichen `ListItem`-Objekten infrage; wir verwenden eines der mächtigsten: `sap.m.ObjectListItem`. Das UI Control selbst haben Sie bereits in Kapitel 3, »SAP Fiori Design Guidelines«, kennengelernt. Das UI Control bietet über verschiedene Attribute die Möglichkeit, eine Vielzahl von Informationen in einem Listeintrag darzustellen.

Über die Attribute `title` ❶ und `short` ❷ können textuelle Informationen visualisiert werden. Das Attribut `number` ❸ verwenden Sie, um einen Zahlenwert, z. B. einen Preis, darzustellen. Um zu einem Zahlenwert eine Maßeinheit anzuzeigen, wird das Attribut `numberUnit` ❹ angeboten. Für Statusinformationen kann der Entwickler die Attribute `firstStatus` ❺ und `secondStatus` nutzen. Abbildung 10.17 zeigt die genannten Attribute.

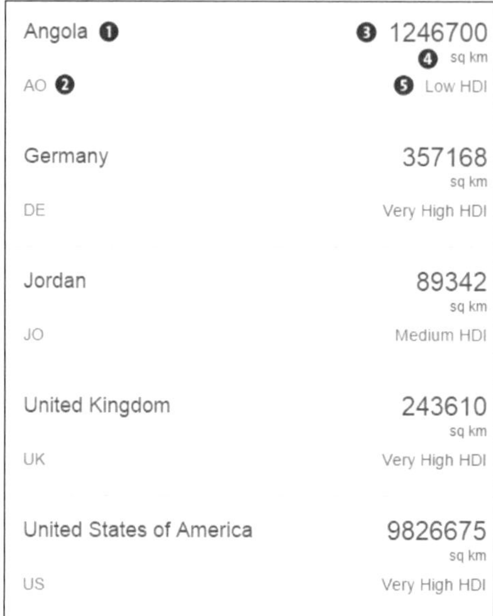

Abbildung 10.17 Das »ObjectListItem« mit seinen Attributen

Wichtigste Attribute

Aus Abbildung 10.17 ergibt sich für das in Listing 10.5 eingeführte JSON Model das in Tabelle 10.1 gezeigte Data Binding zwischen den Model-Attributen und den Attributen des `sap.m.ObjectListItem`-Controls.

Model-Attribut	UI-Control-Attribut
`name`	`title`
`area`	`number`
`areaUnit`	`numberUnit`
`short`	`ObjectAttribut - text`
`humanDevelopmentIndex`	`ObjectStatus - text`
`humanDevelopmentIndex`	`ObjectStatus - state`

Tabelle 10.1 Mapping der Model-Attribute auf das entsprechende UI-Control-Attribut

Die Definition des `sap.m.ObjectListItem`-Templates folgt dem bereits verwendeten Mapping. Sie finden das Mapping in Listing 10.9. Das `Item`-Objekt enthält das Attribut `type`. Diesem Attribut weisen Sie den Wert `Inactive` zu. Damit wird das Verarbeiten der Selektion eines Listeintrags nicht durch das Element selbst verarbeitet und nicht durch den Event Handler `handelList-`

ItemPress. Stattdessen wird das Event durch das Eltern-Control verarbeitet und über den Event Handler handleListSelect weiterverarbeitet. In Abschnitt 10.2.4, »Mit Modellen arbeiten«, gehen wir genauer auf dieses Attribut und seine Verwendung ein.

```
<ObjectListItem type="Inactive"
                press="handleListItemPress"
                title="{countryModel>name}"
                number="
                  {countryModel>detailInfo/area}"
                numberUnit="
                  {countryModel>detailInfo/areaUnit}">
  <attributes>
    <ObjectAttribute text="{countryModel>short}" />
  </attributes>
  <!--Status -->
</ObjectListItem>
```

Listing 10.9 Definition der »ListItem«-Objekte

Mit Formatierungsfunktionen arbeiten

Formatierungsfunktionen nutzen

Zu jedem Land in der Liste soll ein Status angezeigt und formatiert werden. Der Status des Landes soll das Wachstum der Bevölkerung darstellen. Das Bevölkerungswachstum wird im JSON Model über das Attribut HumanDevelopmentIndex (HDI) repräsentiert. ObjectListItem hat für die Darstellung von Statusinformationen zweimal eine Assoziation vom Typ ObjectStatus. sap.m.ObjectStatus umfasst für die Darstellung von Werten die beiden Attribute text und status.

Mit dem Attribut status wird der dargestellte Text farblich hervorgehoben. Das Einfärben wird beim Status über die gültigen Werte des Typs sap.ui.core.ValueState ermöglicht. So ist z. B. der ValueState Success im SAP-Standarddesign mit der Farbe Grün verknüpft, der ValueState Error mit der Farbe Rot. Die Farbzuweisung können Sie über ein Theme individuell anpassen. Zur Erinnerung: Das Control sap.m.ObjectStatus umfasst zwei Assoziationen des Typs; Sie tragen die Bezeichner FirstStatus und SecondStatus. In unserem Beispiel wollen wir nur das Feld FirstStatus befüllen.

Mögliche Werte

Der HDI kann fünf verschiedene Werte beinhalten. Wie Sie es Listing 10.5 entnehmen können, besteht der HDI lediglich aus einem Zeichen. In dem hier vorgestellten Beispiel möchten wir jedoch einen etwas verständlicheren Text anstelle des einzelnen Zeichens darstellen. Dazu implementieren wir ein Mapping. Ein weiteres Mapping benötigen Sie, um aus den Werten aus dem Model die Einfärbung des Textes zu übernehmen. Tabelle 10.2 zeigt, welcher Wert aus dem Model mit welchem Text in der Liste dargestellt werden soll und welcher ValueState verwendet wird.

Wert des Model-Attributs	Darzustellender Text	Formatierung im UI
V	Very High HDI	Success
J	High HDI	Success
M	Medium HDI	Warning
L	Low HDI	Error
N	No Data about HDI	None

Tabelle 10.2 Mapping-Regeln für »HumanDevelopmentIndex«

Formatter anlegen

Um die Mapping-Regeln umzusetzen, implementieren wir einen *Formatter*. Dieser bewirkt, dass das UI Control beim Ausführen des Data Bindings nicht den Wert aus dem Model, sondern das Ergebnis eines JavaScript-Funktionsaufrufs in der Liste darstellt.

Extended Binding Syntax

SAPUI5 bietet u. a. für die Nutzung von Formattern die *Extended Binding Syntax* an. Mithilfe dieser können Sie zum einen den Pfad zum Model-Attribut angeben, und zum anderen können Sie eine Funktion angeben, die aufgerufen werden soll, nachdem der Wert aus dem Model gelesen worden ist. Für die Implementierung einer solchen Funktion erstellen Sie im Ordner **webapp** des Projekts einen Ordner *util* und legen dort eine Datei mit dem Namen **Formatter.js** an.

Die Implementierung beinhaltet zwei Funktionen:

- eine Funktion für das Mapping von Model-Wert und `text`-Attribut
- eine Funktion für das Mapping von Model-Wert und `state`-Attribut

Dementsprechend implementiert der Formatter die Funktion `statusText` bzw. die Funktion `statusState`. Wie es Listing 10.10 zeigt, implementieren wir den Formatter in einer eigenen Komponente und verwenden dazu die AMD-Syntax.

```
sap.ui.define([], function() {
    "use strict";
    return {
        _statusStateMap : {
```

```
        "V" : "Success",
        "H" : "Success",
        "M" : "Warning",
        "L" : "Error",
        "N" : "None",
    },

    _statusTextMap : {
        "V" : "Very High HDI",
        "H" : "High HDI",
        "M" : "Medium HDI",
        "L" : "Low HDI",
        "N" : "No Data about HDI",
    },
    statusText :  function (value) {
        var map = this.formatter._statusTextMap;
        return (value && map[value]) ? map[
        value] : "No Data about HDI";
    },

    statusState :  function (value) {
        var map = this.formatter._statusStateMap;
        return (value && map[value])
            ? map[value] : "None";
    }
    };
});
```

Listing 10.10 Implementierung des Formatters

Nachdem die Implementierung der Formatierungsfunktionen abgeschlossen ist, müssen Sie dafür sorgen, dass die Implementierung zur Laufzeit auch auf dem Client zur Verfügung steht. Dazu öffnen Sie die Datei **MainView.controller.js** und fügen eine Abhängigkeit zum gerade implementierten Formatter ein. Zusätzlich fügen Sie in die Callback-Funktion des Controllers einen neuen Parameter mit dem Namen `Formatter` ein und weisen diesen Parameter in der Implementierung des Controllers einer Variablen zu. Listing 10.11 zeigt die Implementierung des `MasterView`-Controllers.

```
sap.ui.define([
    "sap/ui/core/mvc/Controller",
    "sapfiori/buch/countries/util/Formatter"
```

```
], function(Controller,Formatter) {
    "use strict";
    return Controller.extend("
            sapfiori.buch.countries.controller.MasterView",{
            formatter:Formatter
    });
});
```

Listing 10.11 Referenzieren des Formatters im Controller der Masteransicht

Nachdem der Controller angepasst worden ist, implementieren Sie den Status im Main View. Fügen Sie nach dem schließenden Attribut-Tag das Tag `firstStatus` ein. Anschließend fügen Sie ein Objekt vom Typ `ObjectStatus` hinzu und deklarieren über die Extended-Binding-Syntax, dass die Formatierungsfunktionen aufgerufen werden sollen (siehe Listing 10.12).

```
<firstStatus>
  <ObjectStatus
    text="{
      path:'countryModel>detailInfo/HumanDevelopmentIndex',
      formatter:'formatter.statusText'
    }"
    state="{
      path:'countryModel>detailInfo/HumanDevelopmentIndex',
      formatter:'.formatter.statusState'
    }"
  />
</firstStatus>
```

Listing 10.12 Den Objektstatus implementieren

Die Navigation implementieren

Die Liste der Länder erscheint nun in der Masterliste. Im nächsten Schritt implementieren Sie die Navigation. Für unser Beispiel nutzen Sie die Implementierung mit `EventBus` von SAPUI5. In Abschnitt 10.2.3, »Routing«, zeigen wir Best Practices für die Implementierung der *Navigation API* und gehen dort auch auf die Nutzung des relativ neuen Konzepts der *Targets* ein.

»EventBus«

`EventBus` basiert auf einem einfachen Event-Konzept: Ein Teilnehmer löst Events aus, und ein oder mehrere Akteure registrieren sich für ein Event. In unserer Beispielanwendung ist der Main View der zentrale Ausgangspunkt, über den die Anwendung bzw. das `sap.m.SplitApp`-Objekt erzeugt und entsprechend mit dem Master und Detail View bestückt wird. Das `sap.m.SplitApp`-Objekt verfügt (wie auch die Implementierung von `sap.m.App`) über die

Funktionen to und back, mit denen Sie zu der gewünschten Seite einer Anwendung navigieren können. Der View Main soll im Controller zwei Funktionen implementieren, die die Navigation zu einer Seite bzw. von einer Seite zurück zur Vorgängerseite ermöglichen. Möchte z. B. der Master View zum Detail View navigieren, feuert er ein Event. Main reagiert auf dieses Event und löst die Navigation über die to-Funktion zur Detailseite aus.

Damit Main auf die Events reagieren kann, muss er sich zu Beginn für spezifische Events über die Funktion subscribe von EventBus registrieren. Die Funktion erhält vier Parameter:

- **Channel**
  Der erste Parameter ist der sogenannte *Channel*; man könnte ihn auch als Namenraum bezeichnen.
- **Event-Name**
  Mithilfe des zweiten Parameters, dem Event-Namen, können Sie zusammen mit dem Channel ein Event eindeutig identifizieren.
- **Callback**
  Als dritten Parameter übergeben Sie die Referenz auf eine Funktion, die aufgerufen werden soll, falls das Event ausgelöst wird.
- **Listener**
  Über den vierten Parameter können Sie den JavaScript-Kontext übergeben, über den Sie dann in der Funktion via this zugreifen.

Wir erweitern für EventBus die onInit-Funktion mit den in Listing 10.13 dargestellten Codezeilen. Mit diesem Listing führen Sie zwei Events ein: navTo und navBack. Beide Events werden dem Channel nav zugeordnet. Tritt eines der Events ein, wird die entsprechende angegebene JavaScript-Funktion aufgerufen.

```
onInit : function() {
  //
  var bus = sap.ui.getCore().getEventBus();
  bus.subscribe("nav", "navTo",
    this.navToHandler, this);
  bus.subscribe("nav", "navBack",
    this.navBackHandler, this);
  },
```

Listing 10.13 Registrierung für die Navigations-Events

Nachdem die Registrierung implementiert worden ist, werden die beiden Funktionen navToHandler und navBackHandler im Main-Controller ausgeprägt. In der Funktion navToHandler definieren Sie in der Funktionssignatur drei Parameter. Diese Parameter werden durch EventBus befüllt. Sie erhalten den Namensraum und den Event-Bezeichner sowie ein Objekt, über den der Event-Auslöser Informationen an den Event-Empfänger senden kann. Listing 10.14 zeigt die Implementierung eines einfachen *Lazy Loadings*. Mithilfe des Lazy Loadings wird geprüft, ob die Seite, die der Event-Originator über das Event-Kommunikationsobjekt weiterleitet, bereits instanziiert wurde. Ist dies nicht der Fall, wird die Seite instanziiert und dem App-Objekt hinzugefügt. Im nächsten Schritt wird dem Navigationsziel der Binding Context des ausgewählten Listeintrags aus der Masterliste über die Funktion bindElement hinzugefügt. Im Anschluss wird über die to-Funktion des sap.m.App-Objekts die Navigation zur Seite ausgelöst.

```
navToHandler : function(channelId, eventId, eventParams) {
  if (eventParams && eventParams.data.id) {
        var oPage = this.app.getDetailPages()[0];
    oPage.bindElement(
      eventParams.data.bindingContext.getPath());  } else {
    // handle error
  }
}
```

Listing 10.14 Implementierung der Navigation über die »to«-Funktion von »sap.m.App«

Navigation mit »EventBus«

Im letzten Schritt schauen Sie sich die Implementierung der Navigation in dem Master View an. Wie Sie in Listing 10.9 weiter vorne in diesem Abschnitt gesehen haben, wurde das select-Event der Liste mit dem Event Handler handleListItemPress verbunden. Diese Funktion implementieren Sie im Controller des Views (siehe Listing 10.15); sie liest den Binding Context des selektierten Listeintrags aus und ruft im Anschluss die Funktion propagateSelection auf. Daraufhin ruft diese Funktion in EventBus die Funktion publish auf, die das übergebene Event navTo aus dem Event Channel nav auslöst. Dabei wird ein selbst definiertes JavaScript-Objekt übergeben, mit dem der Event-Empfänger die weitere Verarbeitung der Navigation übernehmen kann.

```
handleListItemPress : function(evt) {
  var context = evt.getSource().getBindingContext(
    "countryModel");
  this.propagateSelection(context);
},
propagateSelection : function(context) {
  var bus = sap.ui.getCore().getEventBus();
```

```
  bus.publish("nav", "navTo", {
    data : {
      id :"DetailView",
      bindingContext : context,
      tab : "countryDetails"
    }
  });
}
```

Listing 10.15 Implementierung des List Event Handlers

Die Detailansicht implementieren

Im Anschluss an die Implementierung der Hauptansicht und der Ausprägung der Navigation wechseln wir in die Datei **DetailView.view.xml**. In der Detailansicht sollen im oberen Bereich der Seite die Informationen zum selektierten Objekt angezeigt werden. Verwenden Sie dazu das Control sap.m.ObjectHeader.

»sap.m. ObjectHeader«-Control

Das Control hat die gleichen Eigenschaften wie sap.m.ObjectListItem und wird auch analog zu diesem Control an die Attribute aus dem JSON Model gebunden. Listing 10.16 zeigt die Implementierung des sap.m.ObjectHeader-Controls in der Detailanzeige.

```
<ObjectHeader
    title="{countryModel>name}"
    number="{countryModel>detailInfo/area}"
    numberUnit="{countryModel>detailInfo/areaUnit}" >
  <attributes>
    <ObjectAttribute text="{countryModel>short}" />
  </attributes>
  <firstStatus>
    <ObjectStatus
        text="{
            path: 'countryModel>detailInfo/HumanDevelopmentIndex',
            formatter: '.formatter.statusText'
        }"
        state="{
            path: 'countryModel>detailInfo/HumanDevelopmentIndex',
            formatter: '.formatter.statusState'
        }"
    />
  </firstStatus>
</ObjectHeader>
```

Listing 10.16 Implementierung des »sap.m.ObjectHeader«-Controls

Wie Sie anhand von Listing 10.16 erkennen können, bietet das `ObjectHeader`-Control analog zu `ObjectListItem` das Attribut `firstStatus`. Da in der Detailansicht eine analoge Darstellung zur Listendarstellung benötigt wird, wird auch der Formatter verwendet. Damit dies möglich ist, müssen Sie den Formatter analog zum `MasterView`-Controller anpassen. Listing 10.17 zeigt die nötigen Anpassungen.

```
sap.ui.define([
    "sap/ui/core/mvc/Controller",
    "sapfiori/buch/countries/util/Formatter"
], function(Controller,Formatter) {
    "use strict";
    return Controller.extend(
            "sapfiori.buch.countries.controller.DetailView", {
            formatter:Formatter
    });
});
```

Listing 10.17 Formatter im Controller der Detailansicht

Direkt unter den Objektinformationen zeigen wir gemäß dem `ObjectView`-Muster das UI Control `sap.m.IconTabBar`. Es erhält zwei `sap.m.IconTabFilter`-Objekte; dazu weisen Sie sie dem Feld `items` zu. Dem ersten Item fügen wir eine Tabelle an. Diese Tabelle erhält drei Spalten und zeigt die Städte, Bevölkerung und Bereiche eines Landes an. Das zweite `IconTabFilter`-Objekt in der IconTabBar wird verwendet, um die Landesflagge anzuzeigen. Listing 10.18 zeigt die Implementierung des `IconTabBar`-Controls.

```
<IconTabBar
    expanded="false" id="idIconTabBar" >
  <items>
    <IconTabFilter
        icon="sap-icon://activity-items"
        key="countryDetails">
      <Table headerText="Cities" items="{countryModel>cities}" >
    <columns>
      <Column><header><Label text="Name" /></header>
      </Column>
      <Column minScreenWidth="Tablet"
              demandPopin="true"
              hAlign="Right" >
        <header><Label text="Population" /></header>
      </Column>
```

```
    <Column minScreenWidth="Tablet"
            demandPopin="true"
            hAlign="Right" >
      <header><Label text="Area" /></header>
    </Column>
  </columns>
  <ColumnListItem type="Navigation"
                  press="handleLineItemPress" >
    <cells>
      <ObjectIdentifier title="{countryModel>name}" />
      <Text text="{countryModel>population}"/>
      <ObjectNumber number="{countryModel>area}"
                    numberUnit="{countryModel>areaUnit}" />
    </cells>
  </ColumnListItem>
    </Table>
  </IconTabFilter>
  <IconTabFilter
    icon="sap-icon://flag" key="countryFlag">
    <Image src="{countryModel>detailInfo/flagUrl}"></Image>
  </IconTabFilter>
 </items>
</IconTabBar>
```

Listing 10.18 Das »sap.m.IconTabBar«-Control

Nachdem wir die Detailansicht vollständig implementiert haben, können wir die Anwendung ausführen. Nach dem Start erhalten wir die in Abbildung 10.10 eingeführte Anwendung. Durch die Auswahl eines Listeintrags werden die Details zu dem Eintrag angezeigt.

10.2 Best Practices bei der Entwicklung

Die im vorangegangenen Abschnitt implementierte Anwendung stellt eine funktionstüchtige mobile SAPUI5-Anwendung dar. Damit Sie auf der Basis einer einfachen SAPUI5-Anwendung eine Anwendung gemäß den SAP-Fiori-Grundsätzen implementieren können, gilt es jedoch, einiges zu beachten. In diesem Abschnitt stellen wir Ihnen Best Practices vor, mit deren Hilfe Sie die in diesem Kapitel vorgestellte Anwendung zu einer SAP-Fiori-ähnlichen Applikation ausbauen können.

10.2.1 Das Komponentenmodell von SAPUI5

Wiederverwendbarkeit ist seit Jahrzehnten eines der zentralen Schlagworte bei der Softwareentwicklung. Häufig wird dabei auf die Verwendung von Komponenten gesetzt. Auch SAPUI5 bietet ein Komponentenmodell an. Dabei unterscheidet SAPUI5 zwei verschiedene Arten von Komponenten:

- **Die faceless-Komponente**
  Bei dieser Komponentenart handelt es sich um eine wiederverwendbare Einheit, die jedoch nicht an der Oberfläche angezeigt wird. Die Implementierung wird lediglich innerhalb der Anwendung integriert und erlaubt es z. B., die Kommunikation mit dem Backend flexibler und austauschbarer zu implementieren. Die Basisimplementierung dieser Art der Komponente befindet sich unter `sap.ui.core.Component`.
- **Die faceful-Komponente**
  Dieser Komponententyp bietet die Möglichkeit, UI-Aspekte in eine wiederverwendbare Einheit zu kapseln. Zum Beispiel können Sie so ein Suchformular implementieren, das in unterschiedlichen Anwendungen zum Einsatz kommt und dabei ein konsistentes Nutzererlebnis bietet. Die Implementierung der Basis ist unter `sap.ui.core.UIComponent` zu finden und erbt von der Klasse `sap.ui.core.Component`.

Die Implementierung beider Komponenten erfolgt über ähnliche Grundstrukturen. Komponenten werden in einem separaten Ordner im Projekt abgelegt. Dieser Ordner enthält alle Ressourcen, die die Komponente benötigt, um erfolgreich verwendet werden zu können. In diesem Ordner werden zwei Dateien angelegt.

- **Component.js**
  Die Datei **Component.js** wird als *Component Controller* bezeichnet. Sie enthält die komplette Definition der Metadaten sowie die Implementierung aller für die Komponente relevanten Funktionen.
- **manifest.json**
  Die Datei **manifest.json** enthält die Metadaten-Konfiguration der Komponente. Die Datei wird als *Application Descriptor* bezeichnet und enthält alle relevanten Konfigurations- und Laufzeitinformationen, die zur Ausführung der Komponente benötigt werden.

»Component-preload.js« verwenden

Zusätzlich zu den beiden notwendigen Dateien wird Ihnen bei der Verwendung von Komponenten zur Laufzeit die folgende Fehlermeldung angezeigt: »Die Datei Component-preload.js konnte nicht gefunden werden.« Das Auftreten dieser Fehlermeldung hat zur Laufzeit keinerlei negative Auswirkungen. Sie können den Fehler ausbessern, indem Sie den beiden genannten Dateien die Datei **Component-preload.js** hinzufügen. Die Datei kann leer sein, oder sie kann für das Laden von Ressourcen oder das Bereitstellen von Funktionen verwendet werden, die später durch die Komponente benötigt werden. Sie lösen damit das Lazy Loading (das Laden von Ressourcen zum Zeitpunkt der Nutzung) ab und laden stattdessen bereits zum Zeitpunkt des Ladens der Komponente alle Ressourcen. Dazu fügen Sie den Aufruf der Funktion `jQuery.sap.require` in die Datei **Component-preload.js** ein, wie Sie es aus SAPUI5 bereits kennen. Die `require`-Aufrufe innerhalb der Datei **Component.js** und in den anderen JavaScript Ressourcen Ihrer Komponente sind damit hinfällig.

Komponenten-Container

Komponenten werden durch den Verwender der Komponente nicht direkt instanziiert, sondern über einen sogenannten *Component Container* (Komponenten-Container) erzeugt. Das dazugehörige Objekt heißt `sap.ui.core.ComponentContainer`. Die Funktion beschreibt u. a. die folgenden Parameter:

- `name`: der Namensraum, in dem die zu erzeugende Komponente zu finden ist
- `settings`: Parameter, die an die zu erzeugende Komponente weitergegeben werden sollen. Die Parameter müssen dabei in der Komponente beschrieben sein.
- `propagateModel`: Dieser boolesche Parameter gibt an, ob der Komponente der Zugriff auf die Models der Komponente erlaubt ist.

Der Vollständigkeit halber sei an dieser Stelle angemerkt, dass es auch möglich wäre, eine Instanz der Komponente über die Funktion `sap.ui.getCore().createComponent` selbst zu erzeugen, um diese dann wiederum dem Komponenten-Container zu übergeben.

Komponenten in SAP Fiori

In jeder SAP-Fiori-Anwendung kommt das Komponentenkonzept zum Einsatz. Es dient zur Entkopplung der Datei **index.html** vom Rest der Anwendung. Normalerweise startet – wie in unserem Einführungsbeispiel gezeigt – die SAPUI5-Anwendung aus **index.html**. Der erste Haupt-View, der das Gesamtlayout beschreibt, wird gestartet. Nach dem Start kümmert sich der Controller des Views um alle notwendigen Schritte, um die Anwendung mit Daten, Übersetzungstexten und Ähnlichem zu versorgen. In diesem Fall enthält **index.html** jedoch sehr viel Wissen über die Anwendung und ist somit unwiderruflich mit ihr verknüpft. Diese Verknüpfung führt dazu, dass Sie die Anwendung nicht nahtlos in eine andere SAPUI5-Anwendung – z. B. in ein Launchpad – integrieren können.

Metadaten einer Komponente

Komponenten implementieren innerhalb der **Component.js**-Datei nicht nur JavaScript-Funktionen. Stattdessen können Komponenten über ihre sogenannten *Metadaten* konfiguriert werden. Die Metadaten kommen zum einen aus der Beziehung zur Basisklasse `sap.ui.core.ManagedObject` (die Basis aller SAPUI5-Objekte); sie werden von der Basisklasse geerbt. Zum anderen werden auch in der Klasse `sap.ui.core.UIComponent` einige Attribute beschrieben. Die Attribute können wiederum zur Laufzeit durch den Entwickler selbst ausgelesen werden. Alternativ werden einige Metadaten direkt durch die Unified Shell verarbeitet. Die Zentralisierung der Attribute reduziert bei etwaigen Änderungen den Aufwand, um die zu ändernden Stellen ausfindig zu machen und zu ändern. Zum Beispiel können Service-URLs in der Komponentenkonfiguration und nicht direkt in den unterschiedlichen Controllern der Anwendung definiert werden.

Unified Shell

Anders als normale SAPUI5-Anwendungen werden SAP-Fiori-Anwendungen nicht über die Datei **index.html** aufgerufen und laufen auch nicht in ihrem eigenen Container. SAP-Fiori-Anwendungen werden in eine zentrale Seite der sogenannten *Unified Shell* geladen. Aus diesem Grund ist es zwingend erforderlich, eine SAPUI5-Anwendung immer als selbstständige Komponente zu implementieren. Die Unified Shell lädt die SAPUI5-Anwendung über den Aufruf der Datei **Component.js**.

Aufbau einer SAP-Fiori-Anwendung

SAP-Fiori-Anwendungen besitzen generell einen identischen Aufbau; der zentrale Bestandteil ist der Component Controller. Über ihn wird der Rest der Anwendung, bestehend aus Views, View Controllern und Models, ausgeführt. Abbildung 10.18 zeigt den Aufbau.

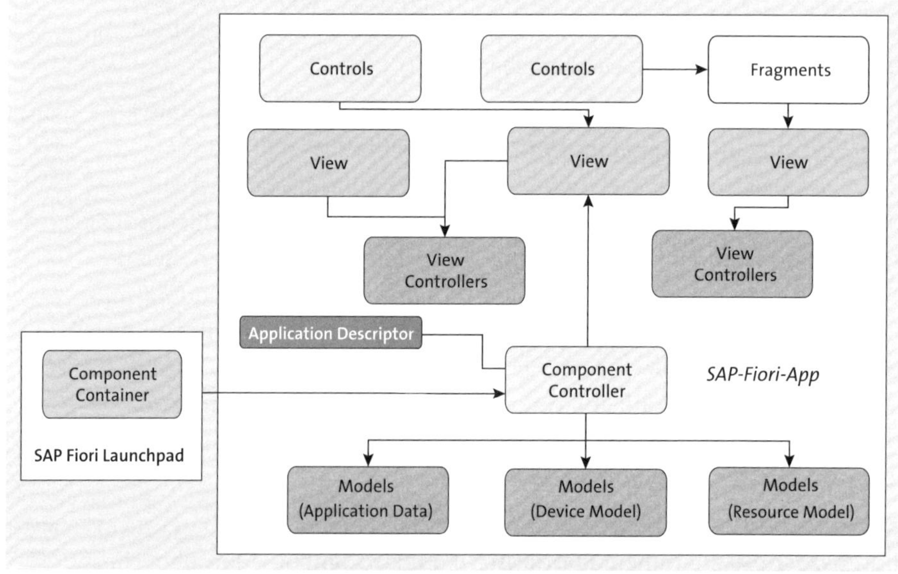

Abbildung 10.18 Bestandteile einer SAP-Fiori-Anwendung

Die Datei »Component.js« verwenden

Die Datei **Component.js** wird bei der Verwendung von SAP Web IDE bereits automatisch erzeugt und auf der gleichen Ebene wie die Datei **index.html** im Ordner **webapp** angelegt. Die generierte Datei beinhaltet schon alle wichtigen Bestandteile und kann durch den Entwickler, falls notwendig, sukzessive angepasst werden. Eine Komponente ist immer einem eindeutigen Namensraum zugeordnet. Wie es Listing 10.19 zeigt, verwenden Sie dazu den Namensraum `sapfiori.buch.countries`. Der Name der Komponente muss immer den Bestandteil `Component` haben. Im Anschluss implementieren wir eine neue UI-Komponente. Wie es in SAPUI5 üblich ist, rufen wir dazu die `extend`-Funktion auf und geben als ersten Parameter den voll qualifizierten Namen unserer Komponente an. Als zweiten Parameter übergeben wir ein im Moment noch leeres JavaScript. Dieses Objekt werden Sie jetzt sukzessive erweitern.


```
sap.ui.define([
    "sap/ui/core/UIComponent",
    "sap/ui/Device",
    "sapfiori/buch/countries/model/models"
], function(UIComponent, Device, models) {
    "use strict";
    return UIComponent.extend("sapfiori.buch.countries.Component", {
    metadata: {
        manifest: "json"
    },

    init: function() {
        UIComponent.prototype.init.apply(
                this, arguments);
            // set the device model
        this.setModel(
                models.createDeviceModel(), "device");
    }
    });
});
```

Listing 10.19 Implementierung einer Komponente

Metadatendefinition in der Komponente

Innerhalb der geschweiften Klammern beschreiben Sie die Metadaten der Komponente. Je nachdem, welche SAPUI5-Version Sie verwenden, werden die Metadaten entweder in der Komponente direkt oder in einem Application Descriptor beschrieben. Dieser beschreibt u. a., welcher View als Erstes angezeigt werden soll, sobald die Komponente gestartet wurde. Dazu wird ein Attribut mit dem Namen rootView im Application Descriptor entsprechend der Anwendung parametrisiert. SAP Web IDE legt dieses Attribut beim Verwenden des SAPUI5-Templates bereits automatisch an. Wie Sie Listing 10.20 entnehmen können, verweist das Attribut in unserem Beispiel auf sapfiori.buch.countries.view.Main.

```
"sap.ui5": {
    "_version": "1.1.0",
    "rootView": {
        "viewName": "sapfiori.buch.countries.view.Main",
        "type": "XML"
    },
    },
```

Listing 10.20 Auszug aus dem Application Descriptor

Auf den Application Descriptor gehen wir ausführlich in Abschnitt 10.2.1, »Das Komponentenmodell von SAPUI5«, ein.

Nachdem die ersten Teile der Komponente implementiert worden sind, muss die Datei **index.html** angepasst werden. Registrieren Sie dazu eine anonyme Funktion für das init-Event des SAPUI5 Core. Nachdem diese initialisiert ist, wird die Funktion aufgerufen, und es wird ein Objekt vom Typ sap.m.Shell erzeugt (siehe Listing 10.21). Der Funktion wird dabei der Parameter app mit einem neuen sap.ui.core.ComponentContainer zugewiesen. Dieses Objekt erhält den Parameter name. Diesem wird dabei der Namensraum unserer zuvor implementierten Komponente übergeben. Der Component Container lädt im Anschluss die Datei **Component.js** aus dem Namensraum und bettet sie im entsprechenden HTML-DIV ein.

Instanziierung

Achten Sie darauf, dass Sie an dieser Stelle nicht die Funktion sap.ui.getCore().createComponent verwenden und das erzeugte Objekt dann selbstständig über placeAt dem DIV-Tag zuordnen. Sie erhalten zwar keine Fehlermeldung, können aber die Komponente bzw. die Anwendung selbst im Browser nicht sehen. Es wird lediglich die toString-Repräsentation des Objekts angezeigt. Bei der Nutzung von SAP Web IDE wird die Komponente, ebenso wie auch die entsprechende Erzeugung der Komponente in der **index.html**-Datei, bereits vorgeneriert.

```
<script>
// sap.ui.xmlview("appView",
// //"sapfiori.buch.countries.view.Main").placeAt("content"//);
  sap.ui.getCore().attachInit(function() {
    new sap.m.Shell({
```

```
      app : new sap.ui.core.ComponentContainer({
        name : "sapfiori.buch.countries"
      })
    }).placeAt("content");
  })
</script>
```

Listing 10.21 Die neue Komponente über den Component Container starten

Nachdem Sie die Datei **index.html** angepasst haben, können Sie die Anwendung wieder starten.

10.2.2 Der Application Descriptor

SAP unterstützt nicht nur eigene Standards, sondern öffnet sich auch vermehrt Standards der Webprogrammierung. Dieses Bestreben gilt auch für SAPUI5: Von Beginn an wurden in jeder Version weitere offene Standards integriert. Der in Abschnitt 10.1.1, »Die Entwicklungsumgebung«, beschriebene Ansatz der wiederverwendbaren Komponenten implementiert ein Standard-Pattern der Softwareentwicklung.

Allerdings ist dieses Pattern im Bereich der Webprogrammierung kein echter Standard für die Beschreibung von Konfigurationsparametern, die zur Laufzeit ausgewertet werden. Aus diesem Grund hat SAP im Rahmen von SAPUI5-Version 1.28 den Application Descriptor eingeführt. Die Funktionsweise des Application Descriptors ist an das sogenannte *Web Application Manifest* des Word Wide Web Consortiums (W3C) angelehnt. Er stellt einen zentralen, maschinenlesbaren und leicht zugänglichen Ort zur Ablage von Metadaten bereit, der mit einer Anwendung oder einer Komponente verknüpft ist. Im Gegensatz zur Vorgehensweise in der Datei **Component.js** ist jedoch ein Mischen von Programmcode und Metadaten bei diesem Ansatz nicht erwünscht. Modelle werden innerhalb des Application Descriptors beschrieben und zur Laufzeit instanziiert. Anders, als es bei der Komponente der Fall ist, muss der Entwickler dafür keinen JavaScript-Code implementieren, sondern lediglich den Application Descriptor entsprechend konfigurieren.

Mit dem Application Descriptor arbeiten

Der Application Descriptor wird über die Datei **manifest.json** beschrieben. Die Datei wird zum Entwicklungszeitpunkt im Ordner **webapp** des Projekts angelegt. Der Application Descriptor wird mit der Anwendung auf dem Frontend-Server installiert. Zur Laufzeit ist der Zugriff auf diese Datei nur lesend möglich; eine Modifikation zur Laufzeit über eine API ist nicht möglich. Anders als bei der Komponente wird diese Datei nicht automatisch von SAPUI5 erkannt und verarbeitet, sondern muss über die Komponente bekannt gegeben werden. Dazu legen Sie in den Metadaten der Komponente einen Eintrag mit dem Bezeichner `manifest` an und weisen diesem Attribut den Wert `json` zu. Der Zugriff auf die Konfigurationsinformationen des Application Descriptors zur Laufzeit ist über die Metadaten der Komponente möglich. Listing 10.22 zeigt, wie der Application Descriptor in den Metadaten der Komponente bekannt gegeben wird.

```
sap.ui.define([
  "sap/ui/core/UIComponent",
  "sap/ui/model/json/JSONModel"
], function (UIComponent, JSONModel) {
  "use strict";
  return UIComponent.extend("sapfiori.buch.countries.Component", {
    metadata : {
      manifest: "json"
    },
// Rest der Implementierung
```

Listing 10.22 Bekanntgabe des Application Descriptors in den Komponentenmetadaten

Die Konfiguration des Application Descriptors gliedert sich in drei Konfigurationsabschnitte. Diese sogenannten *Namensräume* tragen die Bezeichner `sap.app`, `sap.ui` und `sap.ui5`. Das Programmierbeispiel in Listing 10.23 zeigt die Konfiguration eines Application Descriptors.

Der Namensraum »sap.app«

Der Namensraum `sap.app` enthält die folgenden anwendungsspezifischen Attribute:

- `id`: Bei `id` handelt sich um ein Pflichtattribut. Es enthält die Angabe des eindeutigen Bezeichners der Anwendungskomponente.
- `type`: Gibt an, um welche Art von Konfiguration es sich handelt. Für SAP-Fiori-Anwendungen geben Sie den Wert `application` an.
- `i18n`: Dieses Attribut beschreibt den Pfad zur Resource-Bundle-Datei.
- `title`: Enthält den Titel der Anwendung. Er kann auch einen Binding-Pfad zu einem Eintrag in der **Resource-Bundle**-Datei enthalten.
- `description`: Das Attribut `description` kann einen beschreibenden Text enthalten.
- `applicationVersion`: Dieses Attribut enthält die Angabe der Applikationsversion.

Der Namensraum »sap.ui«

Der Namensraum `sap.ui` wird für UI-spezifische Attribute verwendet. Er enthält dabei die folgenden Attribute:

- `technology`: Gibt die Art der verwendeten UI-Technologie an. Normalerweise steht hier der Wert `UI5`.
- `deviceTypes`: Wird zur Angabe der unterstützten Endgeräte verwendet. Folgende Werte können hier angegeben werden: `desktop`, `tablet`, `phone`. Die Werte besitzen standardmäßig den Wert `true`.
- `supportedThemes`: Enthält die Angabe der unterstützten SAP Themes. Zum Beispiel kann hier `sap_belize` oder `sap_fiori_3` (für das neue Theme von SAP Fiori 3.0) angegeben werden.

Der Namensraum `sap.ui` enthält SAPUI5-spezifische Konfigurationsparameter. Die Parameter werden zur Laufzeit von SAPUI5 automatisch verarbeitet. Die wichtigsten Parameter sind die folgenden:

- `rootView`: Die Angabe dieses Parameters hat zur Folge, dass die SAPUI5-Komponente den angegebenen View automatisch instanziiert und als Haupt-View verwendet.
- `dependencies`: Enthält die Konfiguration der Abhängigkeiten zwischen der eigenen Anwendung und anderen Bibliotheken. Bei dem Parameter `dependencies` können Sie auch angeben, in welcher Versionsnummer SAPUI5 mindestens vorliegen muss.
- `models`: Der Parameter `models` wird für die Konfiguration der in der Anwendung verwendeten Models eingesetzt. Die angegebenen Models werden durch SAPUI5 automatisch instanziiert. Die Instanziierung der Models in der `init`-Funktion der Komponente entfällt dadurch.

```
{
  "_version": "1.1.0",
  "sap.app": {
    "_version": "1.1.0",
    "id": "fioribook",
    "type": "application",
    "i18n": "i18n/i18n.properties",
    "title": "{{appTitle}}",
    "description": "{{appDescription}}",
    "applicationVersion": {
      "version": "1.0.0"
    },
  },
  "sap.ui": {
    "_version": "1.1.0",
```

```
      "technology": "UI5",
      "deviceTypes": {
        "desktop": true,
        "tablet": true,
        "phone": true
      },
      "supportedThemes": [
        "sap_belize"
      ]
    },
    "sap.ui5": {
      "_version": "1.1.0",
      "rootView": " sapfiori.buch.countries.view.Main ",
      "dependencies": {
        "minUI5Version": "1.30",
        "libs": {
          "sap.m": {}
        }
      },
      "models": {
        "i18n": {
          "type": "sap.ui.model.resource.ResourceModel",
          "settings": {
            "bundleName": " sapfiori.buch.countries.i18n.i18n"
          }
        }
      }
    }
  }
```

Listing 10.23 Der Application Descriptor

10.2.3 Routing

Es gibt in SAPUI5 für den Anwender verschiedene Möglichkeiten, um von einer Seite zur nächsten zu navigieren. In vielen Anwendungen wird das `EventBus`-Objekt genutzt, das Sie in unserer sehr einfachen SAPUI5-Beispielanwendung implementiert haben. Sie erhalten eine Referenz auf das Objekt über `sap.ui.getCore().getEventBus`. SAP-Fiori-Anwendungen sollten jedoch möglichst auf die Nutzung des `EventBus`-Objekts verzichten. Zum einen ist die Verwendung dieses globalen Objekts (»global« deshalb, weil

Sie es über das `core`-Objekt erhalten) nicht zu empfehlen, weil es im SAP-Fiori-Kontext zu unerwünschten Nebenwirkungen führen kann. Zum anderen zeigt die URL bei der Nutzung des `EventBus`-Konzepts immer auf die Startseite der Anwendung. Es ist nicht möglich, in dem Master View unserer vorgestellten Master-Detail-Anwendung ein Land auszuwählen und ein Lesezeichen (Bookmark) auf das ausgewählte Land zu setzen, um sich später das Land nochmals anzeigen zu lassen. Dies gilt im Übrigen nicht nur für das Setzen von Lesezeichen, sondern auch bei der Navigation zwischen zwei Anwendungen. Die Navigation API, die SAPUI5 seit Version 1.16 anbietet, ist für solche Zwecke sehr viel besser geeignet.

Arbeiten mit der Navigation API

Die Navigation API besteht aus zwei Teilen:

- **Navigationsregeln definieren**
  Im ersten Teil werden Navigationsregeln definiert. Bei diesen Regeln wird festgelegt, von welchem View X zu welchem View Y navigiert wird und welche Informationen bei dieser Navigation übergeben werden müssen bzw. optional werden können.
- **Navigationsregeln an einen Router übergeben**
  Der zweite Teil besteht darin, dass man dieses Navigationsregelwerk einem sogenannten *Router* übergibt. Der Router wird wiederum von den Navigationsinitiatoren aufgerufen. Dabei wird ihm mitgeteilt, welche Navigationsroute verwendet wird und welche Parameter dabei ausgetauscht werden sollen. Das Navigationsziel wird durch ein Event darüber informiert, dass eine Navigation stattfindet, und kann dann in einem entsprechenden Event Handler auf die Navigation reagieren, z. B. können die übergebenen Parameter des Navigationsinitiators ausgelesen und weiterverarbeitet werden.

Hash

Die Navigation API arbeitet bei der Navigation mit dem sogenannten *Hash*. Die Ursprungs-URL der Anwendung bleibt dabei immer gleich; der URL wird lediglich ein durch die Anwendung definierter Hash hinzugefügt. Durch die Erweiterung mit dem Hash ist es dann für den Nutzer möglich, Bookmarks zu setzen und später die Anwendung aufzurufen.

Navigationsregelwerk konfigurieren

Konfigurationsattribute

Um die Navigationsregeln zu implementieren, wird der Application Descriptor entsprechend angepasst. Die in Tabelle 10.3 gezeigten Attribute legen wir in der Konfiguration des Routings an.

Attribut	Wert	Beschreibung
viewType	XML	Angabe, welches Development Paradigm für die Views verwendet wird
viewPath	sapfiori.buch.countries.view	Namensraum, dem die Views zugeordnet sind
controlid	app	Angabe des Ziel-Controls, auf dem die Views dargestellt werden sollen

Tabelle 10.3 Routing-Konfigurationsattribute und ihre Werte

Ausgehend von diesen Attributen, kann die Anwendung entsprechend konfiguriert werden. Öffnen Sie dazu die **manifest.json**-Datei, und wechseln Sie auf den Eintrag **Routing** (siehe Abbildung 10.19). Um eine Übersicht über alle möglichen Eigenschaften zu erhalten, klicken Sie auf die Schaltfläche **Show more Properties** und geben die oben genannten Werte bei den entsprechenden Eigenschaften an.

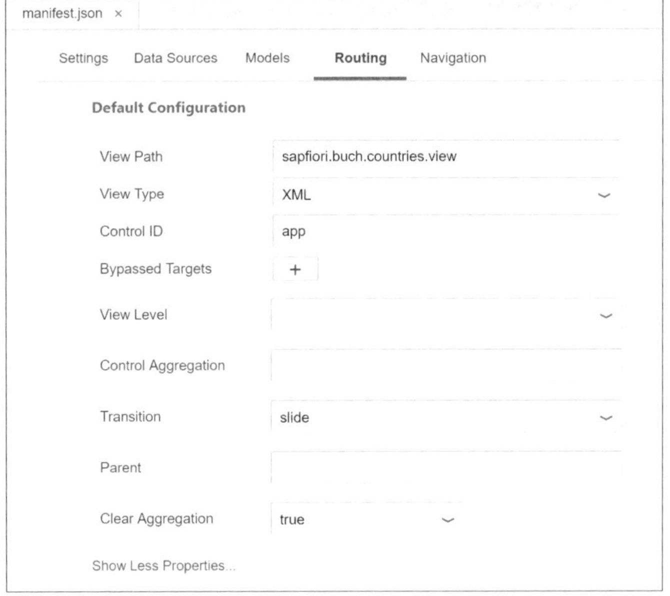

Abbildung 10.19 Der visuelle Routing-Konfigurationseditor

Aus den Attributen ergibt sich dann die in Listing 10.24 dargestellte Konfiguration.

```
"routing": {
    "config": {
```

```
        "viewPath": "sapfiori.buch.countries.view",
        "controlId": "app"
    },
    "routes": [],
    "targets": {}
        }
```

Listing 10.24 Routing-Konfiguration

Targets anlegen

Im Anschluss müssen Sie nur noch die einzelnen Routings definieren. Ein Routing besteht dabei aus zwei Bestandteilen: der Route und den damit verbundenen Zielen, den Targets. Ein Target trägt einen Namen und wird einem View zugeordnet. In unserem Beispiel haben wir zwei Views und benötigen daher auch zwei Targets. Targets können über den visuellen Editor des Application Descriptor Editors angelegt werden. Dazu klicken Sie auf das **+**-Icon im Bereich **Manage Targets**. Es öffnet sich daraufhin ein Dialog, über den Sie dem Target einen Namen geben können. Geben Sie für die Zieldefinition des Master Views in das Dialogfeld **Target Name** den Wert »master« ein, und bestätigen Sie den Dialog mit **OK**. Wählen Sie im Anschluss im Feld **View Name** den Wert »MasterView« aus, oder geben Sie ihn manuell in das Feld ein. Fügen Sie nun in das Feld **Control Aggregation** den Wert »masterPages« ein. Sie legen damit fest, dass der View in der Aggregation `masterPages` der SplitApp angezeigt werden soll. Die Konfiguration des `master`-Targets wird in Abbildung 10.20 gezeigt.

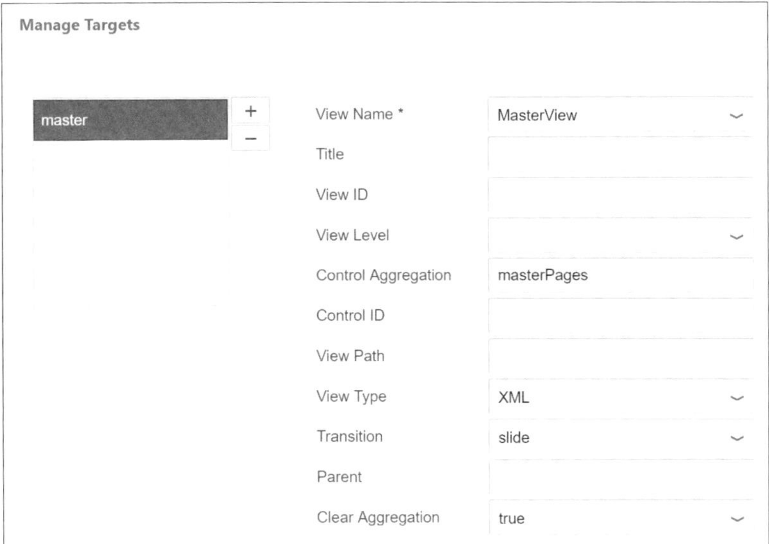

Abbildung 10.20 Konfiguration des »master«-Targets

Als Nächstes legen Sie eine Target-Konfiguration für den Detail View an. Klicken Sie wiederum auf das **+**-Icon im Bereich **Manage Targets**. Geben Sie der neu anzulegenden Target-Konfiguration den Namen »detail«. Weisen Sie im Anschluss dem Feld **View Name** den Wert »DetailView« zu, und befüllen Sie die Eigenschaft **Control ID** mit dem Namen der Detail-Aggregation `detailPages` der SplitApp. Abbildung 10.21 zeigt die entsprechende Konfiguration.

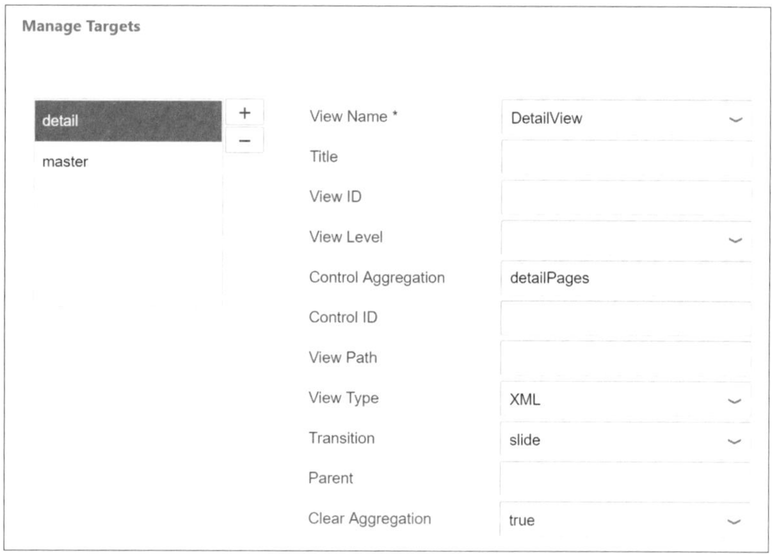

Abbildung 10.21 Konfiguration des »detail«-Targets

Aus den von Ihnen vorgenommenen Konfigurationen wurden durch SAP Web IDE in der Routing-Konfiguration zwei neue Targets erzeugt und sollten dem in Listing 10.25 gezeigten Code entsprechen.

```
"targets": {
    "master": {
        "viewType": "XML",
        "transition": "slide",
        "clearAggregation": true,
        "viewName": "MasterView",
        "controlAggregation": "masterPages"
    },
    "detail": {
        "viewType": "XML",
        "transition": "slide",
        "clearAggregation": true,
```

```
        "viewName": "DetailView",
        "controlAggregation": "detailPages"
    }
}
```

Listing 10.25 Die Target-Konfigurationen in der »manifest.json«-Datei

Nachdem die Ziele beschrieben worden sind, kann mit der Konfiguration der Routen begonnen werden.

Routen konfigurieren

Als erste Routing-Regel wird das `default`-Routing angelegt. Diese Navigationsregel wird beim ersten Aufruf der Anwendung ausgeführt. Klicken Sie dazu im Bereich **Routes** auf das **+**-Icon. SAP Web IDE fügt eine neue Routing-Konfiguration hinzu. Geben Sie in das Feld **Name** den Wert »master« ein, bzw. wählen Sie den Wert aus der Auswahlliste aus. Belassen Sie das Feld **Pattern** so, wie es ist. Sie beschreiben damit, dass dieses Routing beim Aufruf der Anwendung ohne Hash verwendet wird. Dies geschieht beim Start der Anwendung, außer die Anwendung wird z. B. über ein Lesezeichen mit Hash aufgerufen. Klicken Sie im Anschluss auf das **+**-Icon mit der Überschrift **Targets**, und wählen Sie aus der erscheinenden Auswahlliste den Eintrag **master** aus. Bestätigen Sie den Dialog mit **OK**, klicken Sie wiederum auf das **+**-Icon bei **Targets**, und wählen Sie in der Auswahlliste den Eintrag **detail** aus. Das Ergebnis sollte den in Abbildung 10.22 gezeigten Eingaben entsprechen.

Abbildung 10.22 Konfiguration der »default-Route«

Ausgehend vom Master View, beschreiben wir noch eine weitere Route. Diese soll aufgerufen werden, sobald Sie aus dem Master View einen Listeintrag auswählen. Diese beschreiben Sie über eine Array-Angabe mit dem Namen `subroutes`.

Zu Beginn definieren Sie ein Pattern (siehe Abbildung 10.23). Das Pattern enthält zum einen das Land, das in der Länderliste ausgewählt wird, zum anderen soll es möglich sein, bei der Navigation anzugeben, welches `IconTabBar`-Element im Navigationsziel ausgewählt werden soll. Das Pattern erhält dazu im ersten Teil der Angabe innerhalb von geschweiften Klammern den Platzhalter country. Die geschweifte Klammer gibt an, dass Sie diesen Parameter beim Ausführen der Navigation befüllen müssen. Als zweiten Parameter zwischen zwei Doppelpunkten geben Sie den Parameter tab an. Die Doppelpunkte kennzeichnen den Parameter als optionalen Parameter.

Abbildung 10.23 Konfiguration der »detail«-Route

Die komplette Konfiguration sehen Sie in Listing 10.26.

```
"routes": [{
    "name": "master",
    "pattern": "",
    "titleTarget": "",
    "greedy": false,
    "target": ["master", "detail"]
    }, {
    "name": "detail",
    "pattern": "{country}/:tab:",
    "titleTarget": "",
    "greedy": false,
    "target": ["detail"]
    }],...
```

Listing 10.26 Definition der Navigationsrouten in »Component.js«

Aus dem Parameter controlid in Listing 10.26 und dem Parameter target-Aggregation in Listing 10.26 ergibt sich auch, dass Sie sich nicht selbst um die Instanziierung des Master Views bzw. Detail Views kümmern müssen. Deshalb müssen Sie in der Beispielanwendung auch eine Anpassung in **Main.view.xml** vornehmen. Die in Listing 10.2 eingeführte Implementierung wird so angepasst, dass im content-Tag lediglich das sap.m.SplitApp-Control mit der ID app beibehalten wird. Listing 10.27 zeigt die Implementierung nach der Anpassung.

```
<content>
  <SplitApp xmlns="sap.m" id="app">
  </SplitApp>
</content>
```

Listing 10.27 Der Main View nach den Anpassungen für den Router

Router initialisieren

Damit der Router die Routing-Konfiguration aus der Datei **manifest.json** kennt und die Routen anwenden kann, müssen Sie den Router noch initialisieren. Dies geschieht in der init-Funktion von **Component.js**.

Listing 10.28 zeigt die Initialisierung des Routings. Zu Beginn wird über die Funktion getRouter die Referenz auf den Router ausgelesen. Bei dieser Referenz kann es sich entweder um die mit SAPUI5 ausgelieferte Router-Implementierung handeln oder um eine eigene Router-Implementierung. Falls dies der Fall ist, muss im Application Descriptor allerdings der zu verwendende Router über das Attribut routerClass angegeben werden. Auf dieser Instanz rufen Sie die Methode initialize auf.

```
init: function() {
    UIComponent.prototype.init.apply(this, arguments);
    this.setModel(models.createDeviceModel(), "device");
    this.getRouter().initialize();
}
```

Listing 10.28 Initialisierung des Routers

Router ersetzt »EventBus«

Mit dem Einführen des Routers ändert sich auch die Navigation vom Master View zum Detail View. Es wird jetzt nicht mehr EventBus verwendet, sondern das Routing. Dazu ändern Sie im Master View die Implementierung der Funktion propagateSelection. Die Funktion erhält noch immer als Aufrufparameter den Binding Context des ausgewählten Listeintrags. Durch ein etwas seltsames Verhalten des Routings bei der Verwendung von JSON Models ist es notwendig, dass die im Binding Context liegende Pfadangabe zum JSON-Model-Eintrag encodiert wird. Dazu rufen Sie die Funktion encodeURIComponent auf und übergeben den Pfad.

Im Anschluss wird über die Funktion getRouterFor auf dem UI-Component-Objekt die Referenz für den für diese Anwendung zuständigen Router besorgt. Auf diesem Router-Objekt rufen wir die Funktion navTo auf. Sie erhält als ersten Parameter das Navigationsziel, in unserem Fall die Angabe detail. Für detail wurde bei der Routing-Definition ein Pattern angegeben.

Dieses Pattern wird nun über ein JavaScript-Objekt als zweiter Aufrufparameter der navTo-Funktion übergeben. Listing 10.29 zeigt die Implementierung der propagateSelection-Funktion.

```
propagateSelection : function (context) {
  var path = encodeURIComponent(context.getPath());
  this.getOwnerComponent().getRouter()).navTo(
    "detail", {
      from: "master",
      country: path,
      tab: "countryDetails"
    }, true);
```

Listing 10.29 Die Navigation im Master View auslösen

Navigation in der Detailansicht verarbeiten

Auch in der Implementierung der Detailansicht müssen Sie Anpassungen vornehmen, weil zu diesem Zeitpunkt auf den Aufruf des Routings reagiert werden muss. Sie müssen, nachdem der Router die Navigation ausgelöst hat, den Kontext unserer Detailansicht auf das selektierte Land setzen. Dazu registrieren Sie einen Event Handler für das attachPatternMatched-Event. Dieses Event wird ausgelöst, sobald eine Route »eingeschlagen« wurde. Der Event Handler erhält über ein Event-Objekt die Navigationsargumente, wie sie vom Master View befüllt wurden. Über den Parameter arguments erhalten Sie Zugriff auf das selektierte Land sowie auf den Parameter tab, der in dem Master View mit der auszuwählenden IconTabFilter-ID befüllt ist. Listing 10.30 zeigt die Implementierung und die Änderungen, verglichen mit dem EventBus-Konzept.

```
onInit : function() {
    var oView = this.getView();
    oView.bindElement("countryModel>/countries/0");
    this.getOwnerComponent().getRouter().getRoute("detail").
      attachPatternMatched(
       function(oEvent) {
        if (oEvent.getParameter("name") === "detail") {
          var sCountryPath = decodeURIComponent(
             oEvent.getParameter("arguments").country);
          oView.bindElement("countryModel>" + sCountryPath);
          var oIconTabBar = oView.byId("idIconTabBar");
          oIconTabBar.getItems().forEach(
              function(oItem) {
                   oItem.bindElement(sCountryPath);
          });
```

```
            var sTabKey =
                oEvent.getParameter("arguments").tab ||
                     "countryDetails";
            if (oIconTabBar.getSelectedKey() !== sTabKey) {
              oIconTabBar.setSelectedKey(sTabKey);
            }
          }
        },
      this);
},
```

Listing 10.30 Implementierung der »onInit«-Funktion der Detailansicht

In SAP Fiori navigieren

Das Routing-Konzept soll es ermöglichen, innerhalb einer Anwendung zwischen verschiedenen View-Aspekten zu navigieren. Neben dem applikationsinternen Navigieren muss es auch möglich sein, zwischen verschiedenen SAP-Fiori-Anwendungen zu navigieren. Wie bereits angesprochen, werden SAP-Fiori-Anwendungen nicht direkt über den Browser aufgerufen, sondern über ein zentrales Launchpad. Das Launchpad versteckt sich hinter der Datei **FioriLaunchpad.html**. Über diese Anwendung startet die Unified Shell. Alle SAP-Fiori-Anwendungen, die über die Unified Shell gestartet werden, enthalten verschiedene zentrale Funktionen, z. B. den *Navigationsservice*.

Die einfachste Form der Navigation ist die Navigation mittels URL-Fragmenten:

```
http://<server>:<port>/<path>/FioriLaunchpad.html#<fragment>
```

Intentbasierte Navigation

Neben der Möglichkeit des direkten Aufrufs einer Anwendung bietet die SAP-Fiori-Laufzeitumgebung auch eine etwas elegantere Lösung zur Navigation an: die sogenannte *intentbasierte Navigation*. Diese Art der Navigation trägt ihren Namen aufgrund der Tatsache, dass das Navigationsziel nicht direkt in der URL angegeben wird, sondern lediglich eine Art »Absichtserklärung«. Das eigentliche Navigationsziel wird im Rahmen der Konfiguration im SAP-Fiori-Backend über ein Mapping aufgelöst. Dieses Mapping heißt *Target Mapping*. Dies mag auf den ersten Blick umständlich erscheinen, auf den zweiten Blick ergibt sich durch die Entkopplung von Navigationsauslöser und Navigationsziel eine große Flexibilität, z. B.:

- **Entkopplung der Entwicklung**
  Anwendungen können unabhängig und nach und nach entwickelt werden. Bei der Implementierung des Navigationsauslösers muss das Navi-

gationsziel noch nicht bekannt sein. Dadurch können Sie es – insbesondere im Rahmen von New-, Renew- und Enablement-Anwendungen – im Unternehmen einfach und flexibel an die neue UI-Strategie anpassen, ohne den Programmcode des Navigationsauslösers anzupassen, sollte das Navigationsziel eine neue Anwendung sein.

- **Geräte- und benutzerspezifische Navigation**
  Die intentbasierte Navigation ermöglicht es, je nach Gerät oder Benutzerrolle zu entscheiden, welche Anwendung hinter dem Navigationsziel tatsächlich steht.

Die URL bei der intentbasierten Navigation unterscheidet sich von der direkten Navigation darin, dass als Hash-Wert ein zusammengesetztes Fragment aus semantischem Objekt und Aktion übergeben wird. So sieht die exemplarische URL aus:

```
http(s)://<server>:<port>/<path>/FioriLaunchpad.html#
<SemanticObject>-<Action>?param=paramValue
```

Für die intentbasierte Navigation zwischen Anwendungen (die sogenannte *Cross-App-Navigation*) verwenden Sie den sogenannten `CrossApplicationNavigation`-Service. Die SAPUI5-API bietet dazu eine JavaScript-API an, die im Objekt `sap.ushell.services.CrossApplicationNavigation` implementiert ist. Listing 10.31 zeigt die Nutzung des `CrossApplicationNavigation`-Services.

```
var oLinktoApp = this.getView().byId("navLink");
this.fgetService = sap.ushell && sap.ushell.Container &&
        sap.ushell.Container.getService;
this.oCrossAppNavigator = this.fgetService &&
      this.fgetService("CrossApplicationNavigation");
if (this.oCrossAppNavigator) {
     var oHref = this.oCrossAppNavigator.hrefForExternal({
            target: {
                 semanticObject: "SemanticObjectName",
                 action: "display"
            },
            params: {
                 "param1": " value1"
            }
      }) || "";
     oLinktoApp.setHref(oHref);}
```

Listing 10.31 Konstruktion einer URL zur intentbasierten Navigation

Nachdem die Navigation ausgeführt wurde, kann in der Zielanwendung auf die durch den Navigationsauslöser übergebenen Daten zugegriffen werden. Wie Sie Listing 10.32 entnehmen können, werden die Daten über die Komponentendaten übergeben. Sie erhalten Zugriff über die Eigenschaft `startupParameters`.

```
var navigationParameter =
                   this.getOwnerComponent().getComponentData();
if(navigationParameter &&
      navigationParameter.startupParameters &&
       navigationParameter.startupParameters.param1) {
   var param1 =
         navigationParameter.startupParameters.param1[0];
}
```

Listing 10.32 Übergabeparameter auslesen

10.2.4 Mit Modellen arbeiten

Die Verwendung von Modellen ist in SAP-Fiori-Anwendungen obligatorisch. SAP-Fiori-Anwendungen nutzen verschiedene Models. Es werden nicht nur die Backend-Daten in einem OData Model gehalten und verarbeitet, sondern auch Models für die Internationalisierung und für die endgeräteabhängige Konfiguration erzeugt und vorgehalten. Grundsätzlich ist bei der Arbeit mit Models die Frage, an welcher Stelle die Models registriert werden. Für die Registrierung von Models bietet SAPUI5 die Methode `setModel` an. Diese Methode ist in `sap.ui.core.ManagedObject` implementiert und steht somit allen Implementierungen zur Verfügung, die davon erben.

Typische Fehler

Eine weitverbreitete Unart ist es, dass Models über `sap.ui. getCore().setModel` registriert werden. Dies mag zwar den Zugriff auf das Model sehr stark vereinfachen, ist jedoch in SAP-Fiori-Anwendungen nicht zu empfehlen. Diese Vorgehensweise kann unerwünschte Folgen haben: Das Objekt `core` in SAPUI5, das mit der Funktion `sap.ui.getCore()` zurückgeliefert wird, ist ein globales Objekt, global deshalb, weil es durch das SAP Fiori Launchpad initial erzeugt wird. Legt eine Anwendung in diesem Objekt Model-Informationen ab, sind sie nicht nur für die Anwendung selbst sichtbar, sondern für alle Anwendungen, die aus diesem Launchpad gestartet werden.

Ablage

Models werden aus diesem Grund entweder in *Wurzelkomponenten* oder im *Wurzel-View* abgelegt. Dadurch ist sichergestellt, dass zwar die eigenen Anwendungsbestandteile Zugriff auf das Model haben, andere Anwendungen die Daten jedoch nicht sehen können. Damit die Models nicht an verschiedenen Stellen verstreut im Code erzeugt und über `setModel` gesetzt werden, sollten Sie dies in die Komponente verlagern.

Verwendung des Application Descriptors

Model im Application Descriptor

Das Model und seine Nutzung bestehen bei der Verwendung des Application Descriptors aus zwei Konfigurationsaspekten. Der erste Aspekt definiert die Datenquelle, die verwendet werden soll. Die Datenquelle wird über die Eigenschaft `dataSources` im Konfigurationsbereich `sap.app` konfiguriert. SAP Web IDE bietet für das Anlegen von Datenquellen einen Assistenten an. Da wir in unserem Beispiel eine lokale JSON-Datei verwenden, hilft in der aktuellen Version von SAP Web IDE der Assistent nicht weiter, sodass wir die Anpassung an der **manifest.json**-Datei manuell durchführen müssen. Öffnen Sie die Datei in SAP Web IDE, und wechseln Sie von der Descriptor-Editor-Perspektive in die Code-Editor-Perspektive. Navigieren Sie zum Konfigurationseintrag `sap.app`, und legen Sie dort die Objekteigenschaft `dataSources` an (siehe Listing 10.33). Legen Sie in der neu angelegten Objektbeschreibung ein Attribut `countries` an, und weisen Sie dem Attribut ein Objekt zu. Das Objekt erhält ein Attribut mit dem Namen `uri`. Weisen Sie dem Attribut den Pfad zur lokalen JSON-Datei zu. Die Pfadangabe beginnt relativ zur Datei **index.html**. Somit lautet der Pfad bei uns **model/mock.json**. Legen Sie ein weiteres Attribut an, und vergeben Sie den Attributsbezeichner `type`. Weisen Sie diesem Attribut den Wert `JSON` zu.

```
"dataSources": {
        "countries": {
            "uri": "model/mock.json",
            "type": "JSON"
        }
}
```

Listing 10.33 Konfiguration der Datenquelle

Als Nächstes legen wir eine Konfiguration für das automatische Instanziieren eines Model-Objekts beim Start der Anwendung fest. Dazu wechseln Sie von der Code-Editor-Ansicht in die Descriptor-Editor-Ansicht. Im Anschluss wechseln Sie über den Menüpunkt **Models** in die Model-Konfiguration. Sie finden dort eine bereits vorhandene Model-Konfiguration für das i18N Model Ihrer Anwendung. Klicken Sie auf das **+**-Icon. Geben Sie – wie in Abbildung 10.24 gezeigt – in das Feld **Model Name** den Namen des Models der Anwendung ein. In dem hier gezeigten Beispiel lautet der Name »countryModel«. Wählen Sie als Nächstes aus der Auswahlliste die zuvor angelegte Datenquelle **countries** aus. Klicken Sie zum Abschluss auf die Schaltfläche **OK**.

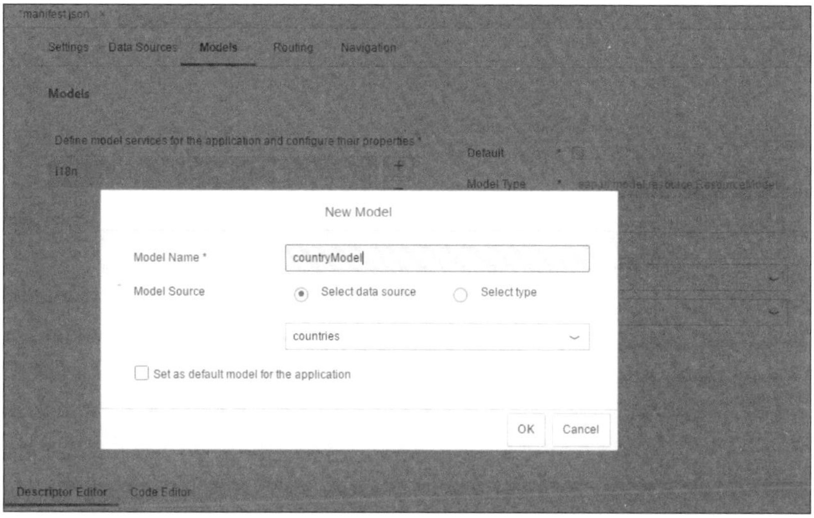

Abbildung 10.24 Eine Model-Konfiguration im Application Descriptor Editor von SAP Web IDE anlegen

Wechseln Sie in den Code-Editor, und navigieren Sie in den Konfigurationsbereich `sap.ui5`. Sie sollten hier den in Listing 10.34 gezeigten Code vorfinden. Sollte ein Attribut `preload` angelegt worden sein, löschen Sie dieses.

```
"models": {
    "i18n": {
        "type": "sap.ui.model.resource.ResourceModel",
        "settings": {
            "bundleName":
                "sapfiori.buch.countries.i18n.i18n"
        }
    },
    "countryModel": {
        "settings": {},
        "dataSource": "countries"
    }
},
```

Listing 10.34 Konfiguration der Models

Nachdem die Konfiguration des Models soweit abgeschlossen ist, können wir das von uns programmierte Anlegen des Models aus der `init`-Funktion des Main Controllers entfernen. Öffnen Sie dazu die Datei **Main.controller.js**, und löschen oder kommentieren Sie die beiden ersten Zeilen der onInit-Funktion, die Sie wie in Listing 10.7 implementiert haben.

Im nächsten Schritt führen Sie ein *Device Model* ein. Mit diesem Model ist es möglich, die endgeräteabhängigen Eigenschaften zu setzen. Zur Arbeit mit dem Device Model bereitet SAP Web IDE bereits den Großteil des Codes bei der Verwendung der SAPUI5-Vorlage für den Entwickler vor. In der Datei **models.js** im Ordner **model** legt SAP Web IDE die Funktion createDeviceModel an. Wie Sie Listing 10.35 entnehmen können, nutzt die Funktion eine Referenz auf ein Objekt des Typs sap.ui.Device, um ein JSON Model anzulegen. Die Funktion wird während der Initialisierung der Komponenten der Anwendung aufgerufen und der Rückgabewert, das Model, im Kontext der Komponente abgelegt.

```
sap.ui.define([
    "sap/ui/model/json/JSONModel",
    "sap/ui/Device"
], function(JSONModel, Device) {
    "use strict";
    return {
        createDeviceModel: function() {
            var oModel = new JSONModel(Device);
            oModel.setDefaultBindingMode("OneWay");
            return oModel;
        },
        //
    };
});         },
```

Listing 10.35 Das Device Model

Device Models in Views nutzen

Nachdem Sie das Device Model eingeführt haben, müssen Sie sowohl den Master View als auch den Detail View anpassen: Öffnen Sie die Datei **MasterView.view.xml**, und ersetzen Sie den Eintrag SingleSelectMaster beim Attribut mode. Geben Sie in einem Expression-Binding-Ausdruck an, dass das Attribut mode auf einem Smartphone den Wert None enthalten soll. Sollte die Anwendung auf einem Desktop oder Tablet genutzt werden, soll das Attribut mode den Wert SingleSelectMaster enthalten. Dies bedeutet, dass das ausgewählte Element in der Liste nicht als selektiert markiert wird. Damit wird das Problem gelöst, dass auf einem Smartphone bei einer Zurück-Navigation das entsprechende Element nicht gleich wieder ausgewählt werden kann, nachdem der erste Eintrag gewählt und auf die Detailansicht navigiert wurde. Neben dem Attribut mode binden Sie das Attribut type des ObjectListItem-Elements analog an das Device Model. Auf einem Smartphone soll das Attribut den Wert Active, ansonsten den Wert Inactive enthalten. Über diesen Eintrag wird zusammen mit dem mode-Attribut die Selektion gesteuert. Beachten Sie, dass bei dem Wert Active das Event nicht durch den Event Handler onListPress prozessiert wird, sondern durch den Event Handler onListItemPress. Das Ergebnis können Sie Listing 10.36 entnehmen.

```
<List mode="{=${device>/system/phone} ?
 'None' : 'SingleSelectMaster' }" select="onListPress"
               items="{countryModel>/countries}">
               <ObjectListItem type="{= ${device>/system/phone} ?
 'Active' : 'Inactive' }" press="onListItemPress"
```

Listing 10.36 Das Device Model zur Konfiguration der Masteransicht verwenden

Sichtbarkeit der Navigationsschaltfläche

Bis jetzt wurde in der Detailansicht die Schaltfläche zur Zurück-Navigation angezeigt, obwohl bei einer Darstellung der Anwendung auf einem Tablet im Querformat oder auf einem Desktop das Zurück-Navigieren nicht möglich war und auch nicht nötig ist. Dieses unschöne Verhalten lässt sich dank des Device Models anpassen. Öffnen Sie die Datei **DetailView**, und ändern Sie den Wert beim Attribut showNavButton von true auf { device>/system/phone }. Dadurch wird die Schaltfläche nur noch auf einem Smartphone angezeigt. Listing 10.37 zeigt die Anpassung des Attributs onDetailBack.

```
<semantic:DetailPage title="{i18n>DetailPageTitle}" showNavButton=
"{device>/system/phone}" navButtonPress="onDetailBack">
```

Listing 10.37 Die Zurück-Navigation in der Detailansicht anpassen

Zum Abschluss implementieren wir noch die Funktion onDetailBack im Controller der Detailansicht (siehe Listing 10.38).

```
onDetailBack: function() {
    var sPreviousHash =
        sap.ui.core.routing.History.getInstance().
            getPreviousHash();
    if (sPreviousHash !== undefined) {
        history.go(-1);
    } else {
        var bReplace = true;
    this.getOwnerComponent().getRouter().navTo(
```

```
        "master", {}, bReplace);
            }
}
```

Listing 10.38 Die Funktion »onDetailBack« des Detail-Controllers

10.2.5 Die Datei »testFLPService.html«

SAP-Fiori-Anwendungen werden als eigenständige Komponente implementiert und im Launchpad nach entsprechender Konfiguration auch als solche gestartet. Die Datei **index.html**, die üblicherweise bei reinen SAPUI5-Anwendungen zum Aufrufen der Anwendung verwendet wird, spielt dabei keine Rolle. Wenn Sie Ihre SAP-Fiori-Anwendung testen möchten, ist es zwar möglich, die Anwendung über die Datei **index.html** aufzurufen – allerdings werden dabei die Besonderheiten, die durch das Launchpad und die clientseitige SAP-Fiori-Infrastruktur verwendet werden, nicht berücksichtigt. Aus diesem Grund sollten Sie neben der Datei **index.html** eine zusätzliche HTML-Seite implementieren, um die Anwendung so zu starten, wie das im Launchpad der Fall wäre. Diese Seite wird üblicherweise *testFLPService.html* genannt. Sie implementiert dabei eine *Sandbox-Umgebung*. Die Sandbox-Umgebung wird als Teil des SAPUI5-Demo-Kits ausgeliefert und steht somit in jeder lokalen Entwicklungsumgebung sowie in SAP Web IDE zur Verfügung. Die Sandbox-Umgebung soll sicherstellen, dass die Anwendung in das SAP Fiori Launchpad integriert werden kann und die Unified-Shell-Services verwendet werden können. Dabei müssen Sie selbst keinerlei Programmanpassungen vornehmen.

Beispielanwendungen

Die SAP Fiori Sandbox enthält zusätzlich verschiedene Beispielanwendungen, die die Konzepte von SAP Fiori demonstrieren. Sie können auf diese Beispielanwendungen zugreifen, indem Sie eine SAPUI5-Anwendung anlegen. Starten Sie dann Ihre Anwendung, z. B. direkt aus Eclipse heraus, und erweitern Sie die Adresszeile mit der Pfadangabe */test-resources/sap/ushell/shells/sandbox/fioriSandbox.html*. Hat Ihre Anwendung den Projektnamen **DemoApplication**, rufen Sie folgende URL im Browser auf: *http://localhost:PORT/DemoApplication/test-resources/sap/ushell/shells/sandbox/fioriSandbox.html*.

SAP Web IDE bietet – wie bereits kurz angesprochen – ebenso die Möglichkeit, Anwendungen in der SAP-Fiori-Launchpad-Umgebung auszuführen. Der Vorteil von SAP Web IDE ist, dass Sie die gerade angesprochene Datei **testFLPService.html** gar nicht zwingend benötigen. SAP Web IDE bietet die Möglichkeit, eine Anwendung, die den Grundregeln der SAP-Fiori-Entwicklung folgt, in einem SAP Fiori Launchpad auszuführen. Bei dieser Ausführung erhält die Anwendung direkten Zugriff auf die üblichen Dienste des Launchpads. Für die Ausführung wählen Sie das Projekt aus und rufen aus dem Kontextmenü **Run • Run as SAP Fiori Sandbox** auf. Die Anwendung wird wie in Abbildung 10.25 dargestellt.

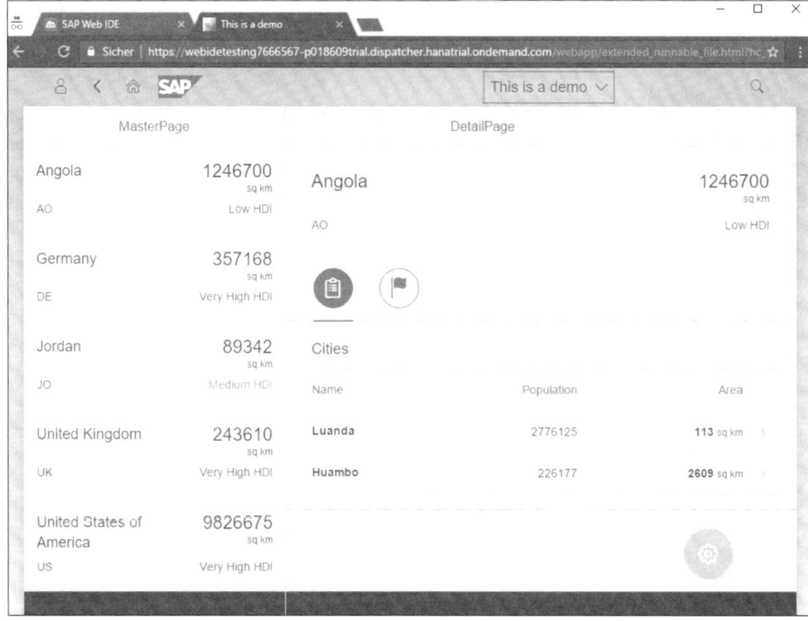

Abbildung 10.25 Ausführung der Beispielanwendung im SAP Fiori Launchpad

Um auf die Homepage von SAP Fiori zu gelangen, klicken Sie, wie bereits beschrieben, auf das Haus-Icon. Sie sehen dann die in Abbildung 10.26 dargestellte Startseite.

Die erste Kachel mit dem Namen **Default Application** enthält eine Liste von Links auf andere Anwendungen, die für die Ausführung im SAP Fiori Launchpad konfiguriert sind. Die anderen Anwendungen zeigen unterschiedliche Navigationsmöglichkeiten. Dabei wird nicht nur die applikationsinterne Navigation gezeigt, sondern auch, wie Sie applikationsübergreifend von einer SAP-Fiori-Anwendung zu einer anderen Anwendung navigieren können. Sie finden den Quelltext zu den Beispielen innerhalb Ihrer Anwendung in Eclipse. Navigieren Sie dazu über **Java Resources • Libraries • SAP UI5 Core Libraries • com.sap.ushell.ushell-lib-testresources_<Version>.jar**. Navigieren Sie dort weiter über **META-INF • test-resources • sap • ushell • demoapps**. Die Startseite der Demos finden Sie unter **shells • demo**.

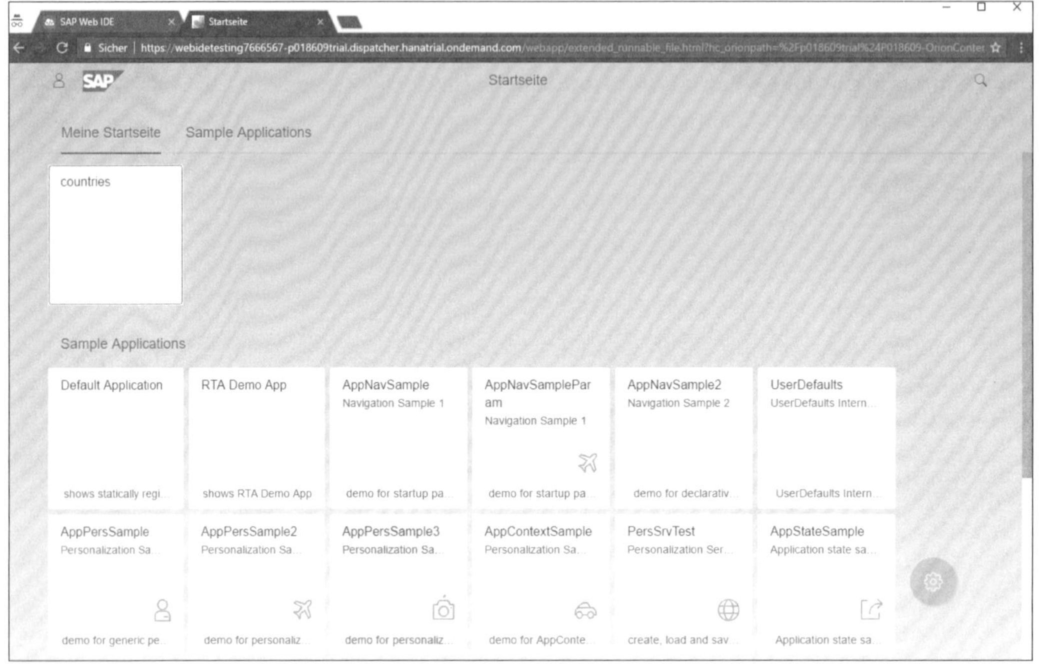

Abbildung 10.26 Beispielanwendungen der Unified Shell Sandbox

Implementierung

Die Implementierung der Datei **testFLPService.html** ist eigentlich eine Erweiterung der bereits gezeigten Implementierung der Datei **index.html**.

Konfigurieren Sie zunächst in einer ersten Skript-Deklaration die Unified Shell im Sandbox-Modus. Die Konfiguration wird dabei in einem globalen Unified-Shell-Objekt mit dem Namen `sap-ushell-config` durchgeführt. Geben Sie an, welcher Renderer verwendet werden soll, um die Anwendung eingebettet darzustellen. Ein sehr einfacher Renderer ist `fiorisandbox`. Er hat keine eigenen UI-Elemente, unterstützt Sie jedoch bei einer applikationsübergreifenden Navigation.

Konfiguration der Navigation

Der *Navigation Target Resolution Service* dient dazu, Navigationszielinformationen aufzulösen und zu verarbeiten. Diesen Service können Sie ebenfalls konfigurieren. Dabei können Sie festlegen, wie Navigationsziele in der Testumgebung gefunden werden können. Die Gesamtkonfiguration der Unified Shell sehen Sie in Listing 10.39.

```
<script type="text/javascript">

  window["sap-ushell-config"] = {
    defaultRenderer : "fiorisandbox",
    services: {
```

```
      NavTargetResolution: {
        config : {
          resolveLocal : [ {
            "linkId" : "",
            resolveTo : {
              additionalInformation :
                "SAPUI5.Component=  sapfiori.buch.countries",
                applicationType : "URL",
                url : "./" + window.location.search
            }
          }]
        }
      }
    }  // services
  };

</script>
```

Listing 10.39 Konfiguration der Unified Shell

Nach dem Implementieren der in Listing 10.39 dargestellten Konfiguration wird in einer weiteren Skript-Anweisung die Sandbox gestartet. So sieht die Skript-Anweisung zum Starten der Sandbox aus:

```
<script src="test-resources/sap/ushell/bootstrap/sandbox.js"
        id="sap-ushell-bootstrap">
</script>
```

10.2.6 Simulation von Backend-Systemen

Bei der Entwicklung stehen die Backend-Systeme, über die Daten in die UI geliefert werden, nicht immer zur Verfügung. Ein Grund kann sein, dass die Entwicklung des Backend-Dienstes noch nicht fertiggestellt ist, oder der Entwickler arbeitet offline, benötigt aber Daten für den lokalen Test. Auch in Testszenarien kann es erforderlich sein, Backend-Dienste zu simulieren. Dies ist der Fall, wenn Sie bei automatisierten Tests eine konstante Datenbasis benötigen, um sinnvolle Aussagen darüber zu treffen, ob Tests positiv oder negativ verlaufen. Natürlich können Sie beim Testen auch ein echtes Backend-System verwenden und die Datenbasis nach jedem Testlauf wieder auf ihren Ursprungszustand bringen. Meist ist es einfacher, so zu tun, als ob ein echtes Backend-System vorhanden wäre.

MockServer von SAPUI5

SAPUI5 bietet für die Simulation eines Backend-Systems im SAPUI5-Framework eine Implementierung, die HTTP-Anfragen an ein Backend simuliert.

Die Implementierung ist unter dem Objekt `sap.ui.core.util.MockServer` zu finden. Der sogenannte *MockServer* schiebt sich bei der Kommunikation mit einem HTTP-Service zwischen den Konsumenten des Dienstes und den eigentlichen Service. Alle Aufrufe werden somit nicht nach außen gegeben, sondern durch MockServer beantwortet. Daraus, wie ein Aufruf eines OData-Services aussehen kann, ergibt sich, wie ein MockServer-Objekt initialisiert werden muss. Damit bei der Simulation des Backends der MockServer informiert ist, welche URL simuliert werden soll, erhält er beim Aufruf der MockServer-Funktion die URL über den Parameter `rootUri`. Im zweiten Schritt rufen Sie die Funktion `simulate` auf dem MockServer-Objekt auf. Diese Funktion erhält zwei Parameter:

- Der erste Parameter enthält den Pfad mit den Dateinamen zu der Datei, die die Metadaten des OData-Services beschreibt, also das, was Sie erhalten, wenn Sie den OData-Service mit der Query-Option `$metadata` aufrufen.
- Der zweite Parameter der Funktion enthält den Ordner, in dem sich die Simulationsdaten für die in den Metadaten beschriebenen Entitäten befinden. Die Dateien müssen den Namen der Entität haben und im JSON-Format vorliegen.

Die Nutzung der MockServer-Implementierung ist in Listing 10.40 dargestellt.

```
var responderOn =  jQuery.sap.getUriParameters().get("simulate");
var url = [oRootPath,sServiceUrl].join("/");
if ("true" === responderOn) {
  var oMockServer = new sap.ui.core.util.MockServer({
    rootUri: url
  });
  oMockServer.simulate("model/metadata.xml", "model/");
  oMockServer.start();
}
```

Listing 10.40 Initialisierung von MockServer

Simulation von Backend-Systemen mit SAP Web IDE

SAP Web IDE bietet dem Entwickler bereits eine Umgebung, mit der Backend-Systeme simuliert werden können. Der Entwickler muss dabei lediglich über die Projekteigenschaften konfigurieren, in welchem Verzeichnis sich die Metadaten sowie die Anwendungsdateien befinden und wie die Dateinamen lauten. Zusätzlich kann SAP Web IDE Simulationsdaten generieren. Abbildung 10.27 zeigt die Konfigurationsmöglichkeiten von SAP Web IDE.

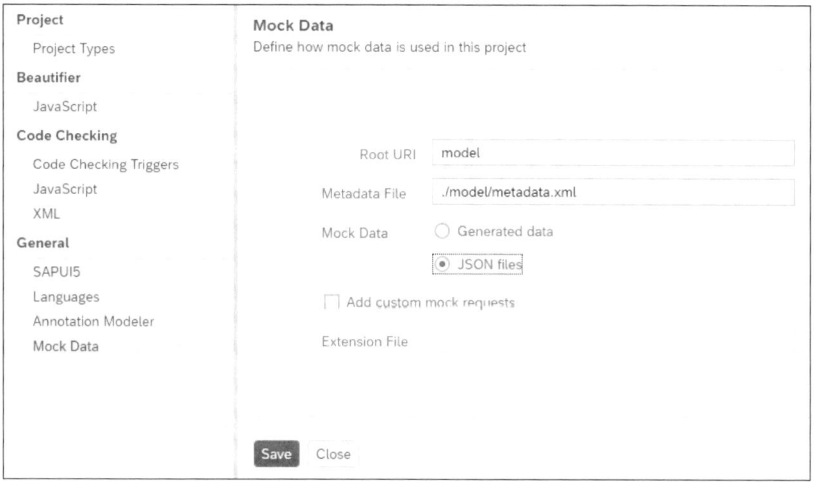

Abbildung 10.27 Konfiguration der Mock-Daten-Einstellungen

Nachdem Sie die Einstellungen vorgenommen haben, können Sie die Anwendung im Simulationsmodus starten. Dazu wählen Sie aus dem Kontextmenü **Run • Run Configurations** aus. Legen Sie, falls noch keine Konfiguration vorhanden ist, über das **+**-Icon eine neue Konfiguration an. Aktivieren Sie anschließend die Auswahlbox **Run with mock data**, und bestätigen Sie den Dialog mit **Save and Run**.

10.2.7 Dos and Don'ts

In diesem Abschnitt geben wir Ihnen zusätzlich zu den in den vorangegangenen Abschnitten vorgestellten Best Practices weitere Empfehlungen mit auf den Weg.

Komponenten verwenden

Implementieren Sie SAP-Fiori-Anwendungen immer als eigenständige Komponenten. Sie werden technisch gesehen in einem Objekt vom Typ Component Container im SAP Fiori Launchpad gestartet. Auf eine Integration einer SAP-Fiori-Anwendung über die Angabe einer URL im SAP Fiori Launchpad Designer sollten Sie verzichten. Der Grund dafür ist, dass eine Anwendung, die nicht als Komponente integriert wurde, keinerlei Zugriff auf Dienste des entsprechenden SAP Fiori Launchpads besitzt. Es ist keine nahtlose Integration, sondern lediglich ein Absprung beim Aufruf der Anwendung.

Lediglich einen OData-Service verwenden

Eine SAP-Fiori-Anwendung basiert lediglich auf einem OData-Service. Die Anwendung wird über das individuelle Entity Data Model des OData-Services beschrieben, und der Service ist genau auf die Daten zugeschnitten, die durch die Anwendung benötigt werden. Es werden dabei keine zusätzlichen Daten geliefert, die von dieser konkreten Anwendung nicht benötigt werden. Diese Vorgehensweise erleichtert das Management der Anwendung ungemein. Dies gilt z. B. für die Aktivierung des Dienstes auf dem Server. Außerdem sind Berechtigungen sehr viel einfacher zu verwalten. Auch das Upgrade wird einfacher, da klar definiert ist, wer von wem abhängig ist. Es entstehen keine Probleme bei einer Mehrfach- und Überkreuznutzung. Diese Restriktion gilt jedoch nur für den selbst entwickelten Teil einer SAP-Fiori-Anwendung. Technisch gesehen, kann eine Anwendung durch die Wiederverwendung von Anwendungsteilen andere OData-Services indirekt nutzen. Zudem verwenden SAP-Fiori-Anwendungen bei der internen Navigation im Launchpad des UI2-Services eine intentbasierte Navigation.

IDs nicht selbst erzeugen

Verzichten Sie bei der Implementierung von UI Controls auf die Angabe eigener IDs für UI Controls. Die Angabe eigener IDs kann zu Problemen führen, falls im DOM-Baum des Browsers andere UI Controls von anderen SAPUI5-Anwendungen vorliegen. Wenn Sie IDs benötigen, verwenden Sie alternativ die Funktion `createId`. Diese Funktion kann auch mit einem `String`-Parameter aufgerufen werden. Dieser Übergabeparameter wird dann von SAPUI5 als Teil der generierten ID verwendet. Die Funktion `createId` wird auf dem View-Objekt angeboten.

Referenzen auf UI Controls auslesen

Um an Referenzen auf UI Controls zu gelangen, bietet SAPUI5 die Funktion `sap.ui.getCore().byId` an. Als Parameter erhält diese Funktion die ID des UI Controls. Diese Funktion kann unter Umständen zu unerwünschten Nebenwirkungen führen. Dies gilt besonders dann, wenn Sie die Anwendung im SAP-Fiori-Kontext nutzen. Stattdessen sollten Sie die `byId`-Funktion auf dem View aufrufen. Der Aufruf sieht dann in einem Controller wie folgt aus: `this.getView().byId("idOfControl")`. Sie können auch die Funktion direkt auf der Controller-Referenz verwenden, dies geschieht über `this.byId("idOfControl")`.

Keine hartkodierten Abhängigkeiten verwenden

SAPUI5-Anwendungen sollten immer plattformunabhängig implementiert werden. Benötigt z. B. eine SAPUI5-Anwendung einen Service, der auf einem entfernten System bereitgestellt wird, muss der Aufruf so erfolgen, dass die Anwendung selbst keinerlei Kenntnis darüber hat, dass der Service remote konsumiert wird. Dies geschieht in aller Regel durch die Konfiguration des SAP Web Dispatchers. Analog verhält es sich bei der Verwendung von Diensten, die über das SAP Fiori Launchpad bereitgestellt werden. SAP-Fiori-Launchpad-Dienste müssen stets über die von der SAPUI-Bibliothek bereitgestellten API-Schnittstellen konsumiert werden. Ein direktes Referenzieren ist nicht erlaubt, wenn es auch technisch sicherlich möglich wäre. Durch die Abstraktion des Konsumierens ist eine einfache Portierung auf eine andere Infrastruktur, etwa von einer On-Premise-Version auf die SAP Cloud Platform, möglich.

Kein Zugriff ohne Kontrolle

Wie bereits beschrieben, ist es wichtig, dass Anwendungen stets plattformunabhängig implementiert werden. Dies bedeutet natürlich auch, dass man in einer SAP-Fiori-Anwendung niemals davon ausgehen darf, dass die Anwendung immer nur über das SAP Fiori Launchpad aufgerufen wird. Daher ist es unabdingbar, vor dem Zugriff auf etwaige Objekte und Dienste, die lediglich verfügbar sind, wenn die Anwendung im SAP Fiori Launchpad ausgeführt wird, zu prüfen, ob die Anwendung tatsächlich im Launchpad ausgeführt wird (schauen Sie sich dazu auch das Programmierbeispiel in Listing 10.31 an).

Anwendungsspezifische Layoutanpassungen über CSS

Eine weitverbreitete Praxis bei der Programmierung von SAPUI5-Anwendungen ist es, kunden- bzw. anwendungsspezifisches CSS zu nutzen. In eigenen CSS-Dateien werden die CSS-Klassen, die SAP ausliefert, überschrieben, um besondere Layouteffekte zu erzielen. Diese Vorgehensweise birgt jedoch sehr große Gefahren bei der Nutzung in SAP-Fiori-Anwendungen. Die Architektur von SAP Fiori definiert SAPUI5 als zwischen den SAP-Fiori-Anwendungen geteilte Ressource. Ändert eine Anwendung über ein individuelles Überschreiben einer CSS-Klasse das Layout, kann das gravierende Auswirkungen auf andere Anwendungen im SAP Fiori Launchpad haben. Hinzu kommt, dass bei einem Update der SAPUI5-Version die individuellen CSS-Angaben möglicherweise nicht mehr korrekt arbeiten. Dies gilt natürlich nicht für selbst definierte CSS-Klassen, die z. B. für selbst entwickelte UI Controls definiert wurden. Viele Parameter in CSS können zudem gar nicht überschrieben werden, da sie im UI Theme Designer über `LESS`-Anweisungen erstellt wurden und somit über kundenspezifische CSS-Angaben nicht überschrieben werden können. Änderungen an CSS sollen lediglich über den UI Theme Designer erfolgen. Ab Version 1.28 von SAPUI führt SAP vordefinierte `margin`- und `padding`-Klassen ein, die für die Abstände zwischen UI-Aspekten verwendet werden können. In der Dokumentation zu SAPUI5 finden Sie unter der Überschrift **Using Predefined CSS Margin Classes** weiterführende Informationen dazu (*http://s-prs.de/v726827*).

Kapitel 11
Entwicklung von Backend-Diensten

SAP-Fiori-Anwendungen erhalten ihre Daten über OData-Services. Die Entwicklung von Backend-Diensten ist daher ein essenzieller Aspekt bei der Entwicklung von SAP-Fiori-Anwendungen.

SAP-Fiori-Anwendungen kommunizieren mit zwei verschiedenen Arten von Backend-Systemen. Dies ergibt sich aus ihrem Applikationstyp. In diesem Kapitel führen wir Sie in die Entwicklung von Diensten für diese Kommunikation ein. In Abschnitt 11.1, »SAP Gateway und OData-Services«, zeigen wir Schritt für Schritt, wie Sie mit SAP Gateway OData-Services implementieren und verwalten. In Abschnitt 11.2 geben wir Ihnen eine Einführung in die Arbeit mit ABAP Core Data Services (ABAP CDS) und zeigen Ihnen, wie Sie auf Basis von ABAP CDS schnell und effizient mit UI-Annotationen arbeiten. Im letzten Abschnitt des Kapitels gehen wir auf die Implementierung mit dem ABAP-RESTful-Programmiermodell ein.

11.1 SAP Gateway und OData-Services

In diesem Abschnitt beschreiben wir die Entwicklung eines OData-Services auf dem Backend-Server der SAP Business Suite und seine Registrierung auf dem Frontend-Server. Die Entwicklung erfolgt in drei Schritten:

1. **Beschreibung des Datenmodells**
   Zuerst beschreiben Sie im SAP Gateway Service Builder (Transaktion SEGW) das Datenmodell des OData-Services mit seinen Entitäten, Entitätsmengen, Assoziationen und Navigationspfaden.
2. **Generierung der Laufzeitartefakte**
   Hier werden die Data-Model-Klasse, eine leere Data-Provider-Klasse und die technischen Servicedokumente generiert. Damit können Sie den Service schon im Servicekatalog auf dem Frontend-Server registrieren und das Servicedokument und das Metadatendokument abrufen.
3. **Implementierung der Data-Provider-Klasse**
   Danach implementieren Sie im Class Builder (Transaktion SE24) bzw. im Object Navigator (Transaktion SE80) die Data-Provider-Klasse.

Beispielhaft zeigen wir hier die Entwicklung eines OData-Services für Geschäftspartner, Produkte und Kundenbestellungen auf der Grundlage des *Enterprise Procurement Models* (EPM), das von SAP für Demo- und Schulungszwecke entworfen wurde.

11.1.1 Beschreibung des Datenmodells

Auf dem Backend-Server des SAP-Business-Suite-Systems beschreiben Sie das Datenmodell des OData-Services mit dem SAP Gateway Service Builder (Transaktion SEGW). Sie legen dabei Entitäten und deren Eigenschaften, Entitätsmengen, Assoziationen, Assoziationsmengen, Navigationspfade und weitere Modellbestandteile an.

Legen Sie ein neues Projekt an, und vergeben Sie einen Namen und eine Beschreibung für das Projekt, wie es Abbildung 11.1 zeigt. Ordnen Sie das Projekt einem Paket zu, weisen Sie einen Verantwortlichen zu, und bestätigen Sie Ihre Eingaben.

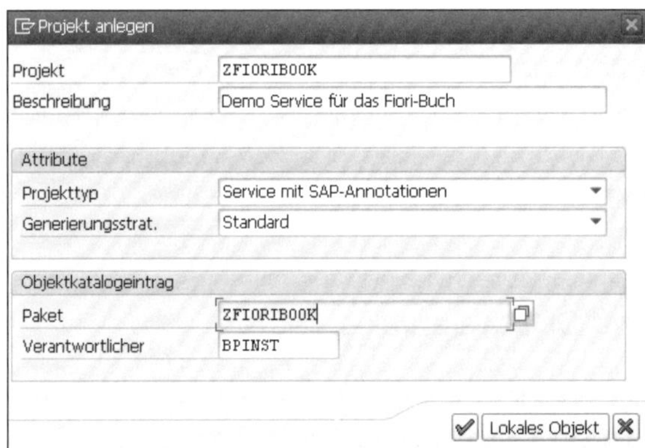

Abbildung 11.1 Projekt im SAP Gateway Service Builder anlegen

Entitäten

Als Nächstes legen Sie die Entitäten (*Entities*) an. Sie beschreiben die Struktur der Datensätze, die der OData-Service zurückgeben kann. Der OData-Service in unserem Beispiel hat drei Entitäten:

- **BusinessPartner**
  Diese Entität beschreibt einen Geschäftspartner (Kunde oder Lieferant) unseres Unternehmens.
- **Product**
  Diese Entität beschreibt ein Produkt, das von unserem Unternehmen an Kunden verkauft oder von Lieferanten eingekauft wird. Bei jedem Produkt ist hinterlegt, von welchem Lieferanten es besorgt werden kann.

- **SalesOrder**
  Diese Entität beschreibt eine Kundenbestellung, die ein Kunde bei uns aufgibt. Sie verweist auf eine BusinessPartner-Entität als Kunde und auf ein oder mehrere Product-Entitäten als Bestellpositionen.

Eine Entität hat ein oder mehrere Felder, Eigenschaften (*Properties*) genannt. Eine oder mehrere Eigenschaften sind dabei Schlüsselfelder, d. h., die Inhalte dieser Eigenschaften identifizieren eindeutig genau eine Instanz der Entität.

Sie haben mehrere Möglichkeiten, um eine Entität anzulegen:

- manuell
- Import aus einem vorhandenen Modell
- Import einer ABAP-Dictionary-Struktur oder einer RFC- oder BAPI-Schnittstelle (siehe Abbildung 11.2)

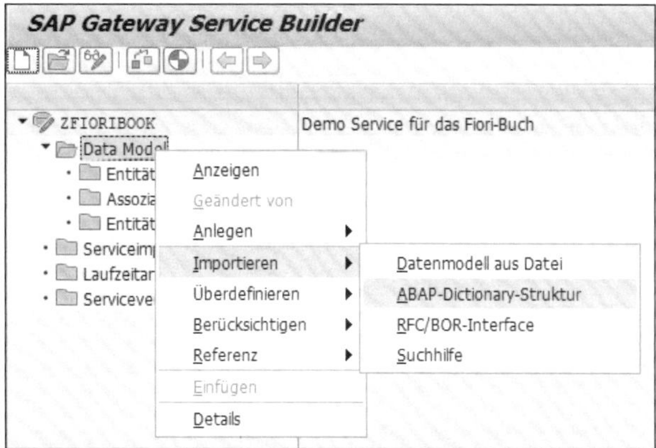

Abbildung 11.2 Import einer ABAP-Dictionary-Struktur

Import aus dem ABAP Dictionary

In unserem Beispiel importieren wir die Eigenschaften unserer Entitäten BusinessPartner, Product und SalesOrder aus den ABAP-Dictionary-Strukturen `BAPI_EPM_BP_HEADER`, `BAPI_EPM_PRODUCT_HEADER` und `BAPI_EPM_SO_HEADER`. Um eine ABAP-Dictionary-Struktur als Entität zu importieren, klicken Sie mit der rechten Maustaste auf den Knoten **Data Model** in Ihrem Service und wählen **Importieren • ABAP-Dictionary-Struktur** aus dem Kontextmenü aus (siehe Abbildung 11.2). Daraufhin startet ein Assistent, der Sie durch drei Schritte führt.

1. Im ersten Schritt (siehe Abbildung 11.3) vergeben Sie einen Namen für die Entität und entscheiden, ob Sie die dazugehörige Entitätsmenge anlegen lassen möchten.

Entitätsmengen (*Entity Sets*) sind die Haupteinstiegspunkte in einem OData-Service. Sie werden im Servicedokument aufgelistet und sind über URLs unterhalb der Basis-URL des Services erreichbar.

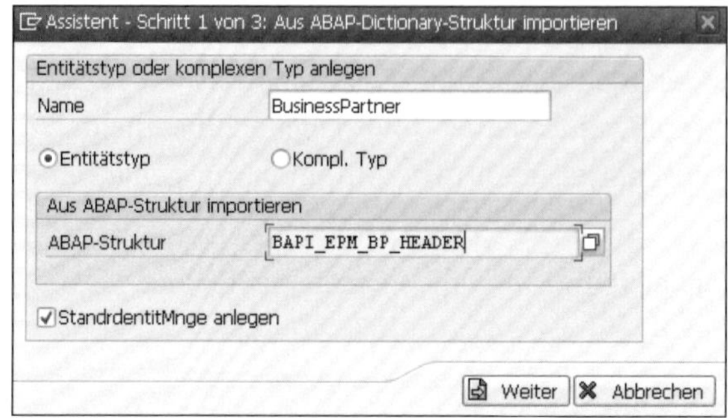

Abbildung 11.3 Entitätstyp und Entitätsmenge anlegen

2. Klicken Sie auf **Weiter**, um im nächsten Schritt die Komponenten der ABAP-Dictionary-Struktur auszuwählen, die Sie als Eigenschaften der neuen Entität importieren möchten (siehe Abbildung 11.4).

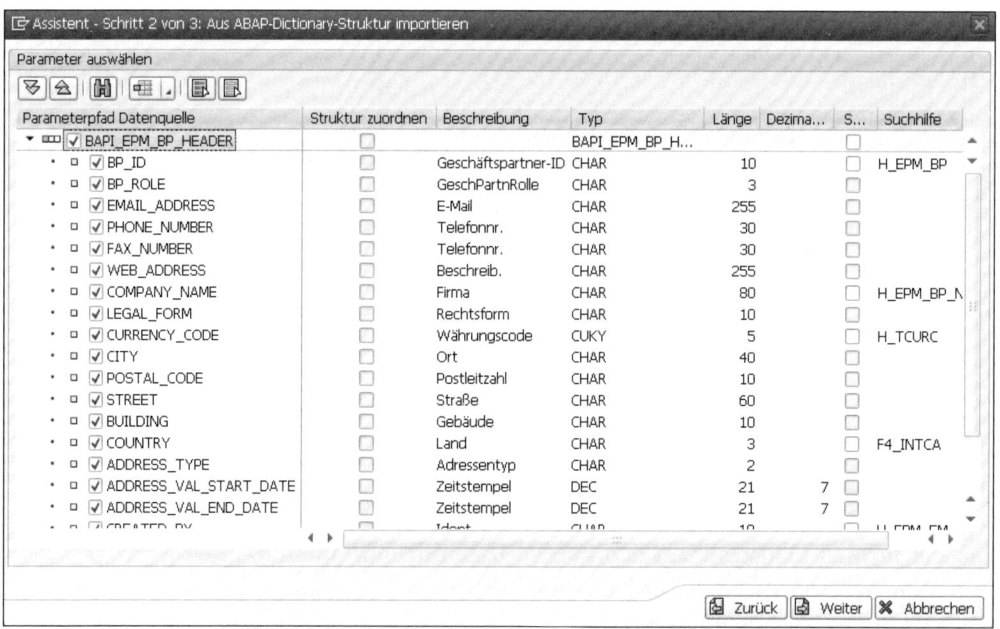

Abbildung 11.4 Strukturkomponenten auswählen

3. Klicken Sie auf **Weiter**, um im dritten und letzten Schritt noch die anzulegenden Eigenschaften anzupassen. Wie es Abbildung 11.5 zeigt, können Sie für jede Eigenschaft **Typ**, **Namen** und **Bezeichner** ändern. Außerdem

legen Sie fest, welche Eigenschaften den Schlüssel bilden, indem Sie das Auswahlfeld markieren. In Abbildung 11.5 wurde der Name der ersten Eigenschaft von Vorschlagswert **BP_ID** in **BpID** geändert und diese Eigenschaft als Schlüssel markiert.

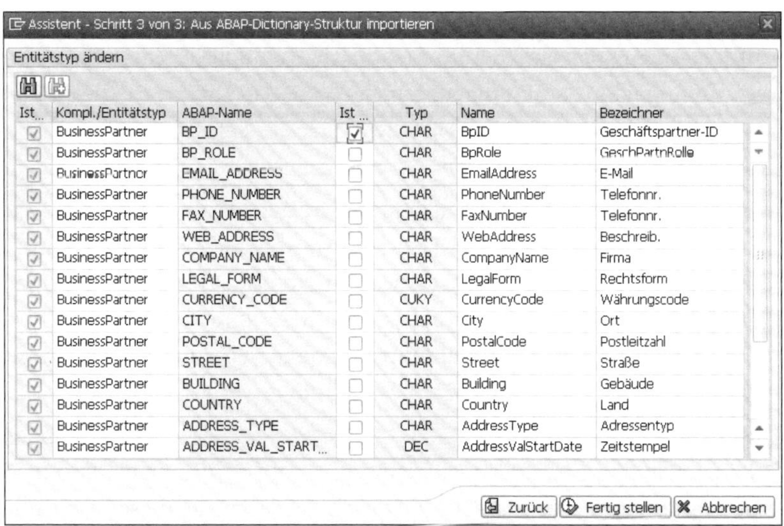

Abbildung 11.5 Eigenschaften des Entitätstyps anpassen

4. Klicken Sie auf **Fertig stellen**, um die Entität mit ihren Eigenschaften anzulegen. Daraufhin werden Ihnen die Eigenschaften des neuen Entitätstyps angezeigt, und Sie können sie weiter editieren (siehe Abbildung 11.6).

SAP NetWeaver Gateway Service Builder

- LORD_MY_QUOTATION
- MU
- PS_MILESTONE_CONFIRM
- SRA002_TIMESHEET
- ZFIORIBOOK
  - Data Model
    - Entitätstypen
      - BusinessPartner
        - Eigenschaften
        - Navigationseigens
      - Product
        - Eigenschaften
        - Navigationseigens
      - SalesOrder
        - Eigenschaften
        - Navigationseigens
    - Assoziationen
    - Entitätsmengen
    - Assoziationsmengen
  - Serviceimplementierung
  - Laufzeitartefakte
  - Serviceverwaltung

Eigenschaften

Name	Sch...	EDM-Coretyp	Ge...	Skal...	Max...	Name Einheitseig.	Anl...	Akt...	Sor...	Null...	Filt...	ABAP-Feldname
BpID	✓	Edm.String	0	0	10			✓			✓	BP_ID
BpRole		Edm.String	0	0	3		✓	✓				BP_ROLE
EmailAddress		Edm.String	0	0	255		✓	✓				EMAIL_ADDRESS
PhoneNumber		Edm.String	0	0	30		✓	✓				PHONE_NUMBER
FaxNumber		Edm.String	0	0	30		✓	✓				FAX_NUMBER
WebAddress		Edm.String	0	0	255		✓	✓				WEB_ADDRESS
CompanyName		Edm.String	0	0	80		✓	✓			✓	COMPANY_NAME
LegalForm		Edm.String	0	0	10		✓	✓				LEGAL_FORM
CurrencyCode		Edm.String	0	0	5		✓	✓				CURRENCY_CODE
City		Edm.String	0	0	40		✓	✓				CITY
PostalCode		Edm.String	0	0	10		✓	✓				POSTAL_CODE
Street		Edm.String	0	0	60		✓	✓				STREET
Building		Edm.String	0	0	10		✓	✓				BUILDING
Country		Edm.String	0	0	3		✓	✓				COUNTRY
AddressType		Edm.String	0	0	2		✓	✓				ADDRESS_TYPE
AddressValStartDate		Edm.DateTime	7	0	0							ADDRESS_VAL_ST/
AddressValEndDate		Edm.DateTime	7	0	0							ADDRESS_VAL_ENI
CreatedBy		Edm.String	0	0	10							CREATED_BY
CreatedAt		Edm.DateTime	7	0	0							CREATED_AT
ChangedBy		Edm.String	0	0	10							CHANGED_BY

Abbildung 11.6 Die Eigenschaften des Entitätstyps »BusinessPartner«

Entitäts-eigenschaften

In Abbildung 11.6 sehen Sie neben dem Ankreuzfeld für die Schlüsseleigenschaften sechs weitere Ankreuzfelder:

- **Anlegbar**
  Markieren Sie dieses Ankreuzfeld, wenn der Inhalt dieser Eigenschaft beim Anlegen (**Create**) einer Entitätsinstanz festgelegt werden kann. In unserem Beispiel sind die fünf Eigenschaften **BpID**, **CreatedBy**, **CreatedAt**, **ChangedBy** und **ChangedAt** nicht anlegbar. Die Werte dieser Eigenschaften werden bei deren Anlage vom OData-Service vergeben.
- **Änderbar**
  Markieren Sie dieses Ankreuzfeld, wenn der Inhalt dieser Eigenschaft beim Ändern (**Update**) einer Entitätsinstanz festgelegt werden kann. Im Beispiel sind die vier Eigenschaften **CreatedBy**, **CreatedAt**, **ChangedBy** und **ChangedAt** nicht änderbar; sie werden vom OData-Service belegt. Der Schlüssel **BpID** kann allerdings – ebenso wie die anderen Felder – vom Verwender des OData-Services geändert werden.
- **Sortierbar**
  Setzen Sie diese Markierung, wenn der OData-Service nach diesem Feld sortieren kann, d. h. die Query-Option `$orderby` für dieses Feld unterstützt.
- **Nullable**
  Setzen Sie diese Markierung, wenn diese Eigenschaft einen Nullwert enthalten kann.
- **Filterbar**
  Markieren Sie dieses Ankreuzfeld, wenn Ihr OData-Service die Query-Option `$filter` für dieses Feld unterstützt. In unserem Beispiel sind dies die beiden Felder **BpID** und **CompanyName**.

Auf die gleiche Weise wie die Entität BusinessPartner aus der ABAP-Dictionary-Struktur `BAPI_EPM_BP_HEADER` können Sie nun die Entität Product aus der ABAP-Dictionary-Struktur `BAPI_EPM_PRODUCT_HEADER` und die Entität SalesOrder aus der ABAP-Dictionary-Struktur `BAPI_EPM_SO_HEADER` anlegen.

Assoziationen

Als Nächstes beschreiben Sie die *Assoziationen* zwischen den Entitätstypen. In unserem Fall gibt es Assoziationen mit der Kardinalität 1:n zwischen einem Business Partner und seinen Produkten (der Business Partner ist in diesem Fall Lieferant dieser Produkte) und zwischen einem Business Partner und seinen Bestellungen (in diesem Fall ist der Business Partner unser Kunde). Die Beziehungen zwischen SalesOrder und SalesOrderLine und zwischen SalesOrderLine und Product modellieren wir für unser Beispiel nicht.

Zum Auswählen einer Assoziation klicken Sie mit der rechten Maustaste auf den Ordner **Assoziationen** und wählen den Eintrag **Anlegen** aus dem Kontextmenü aus. Sie werden von einem Assistenten in drei Schritten durch das Anlegen der neuen Assoziation geführt. Im ersten Schritt in Abbildung 11.7 legen Sie den Namen der Assoziation im entsprechenden Feld, die **Principal-Entität**, die **Abhängige Entität** und die **Kardinalität** fest.

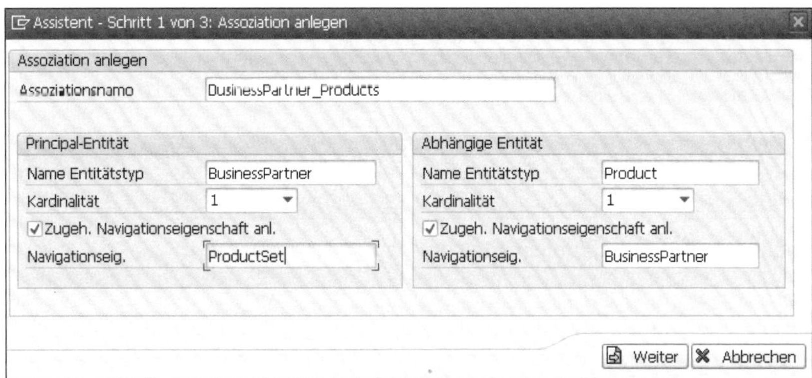

Abbildung 11.7 Assoziation anlegen

Navigationseigenschaften

Sie haben hier auch die Möglichkeit, optionale Navigationseigenschaften (*Navigation Properties*) anzulegen, zu lesen und deren Namen festzulegen. In unserem Beispiel möchten wir dem Nutzer des OData-Services eine bidirektionale Navigation anbieten: von einem Business Partner über den Navigationslink **ProductSet** zu dessen Produkten und umgekehrt von einem Produkt über den Navigationslink **BusinessPartner** zum Lieferanten für dieses Produkt.

Bezugsbedingungen

Klicken Sie auf **Weiter**, um im nächsten Schritt die Bezugsbedingungen von **Principal-Entität** zu **Abhängige Entität** festzulegen, d. h. auszuwählen, welche Fremdschlüsselfelder in der abhängigen Entität den Primärschlüsselfeldern der Principal-Entität entsprechen. Wie es Abbildung 11.8 zeigt, hat unsere Principal-Entität nur ein einziges Primärschlüsselfeld – **BpID** –, das als Fremdschlüsselfeld **SupplierID** in der abhängigen Entität auftaucht.

Abbildung 11.8 Bezugsbedingungen einer Assoziation

Klicken Sie nun auf **Weiter**, um im dritten und letzten Schritt den Namen für die Assoziationsmenge festzulegen (siehe Abbildung 11.9). Klicken Sie dann auf **Fertig stellen**, um die Assoziation, die Navigationseigenschaften und die Assoziationsmenge anzulegen.

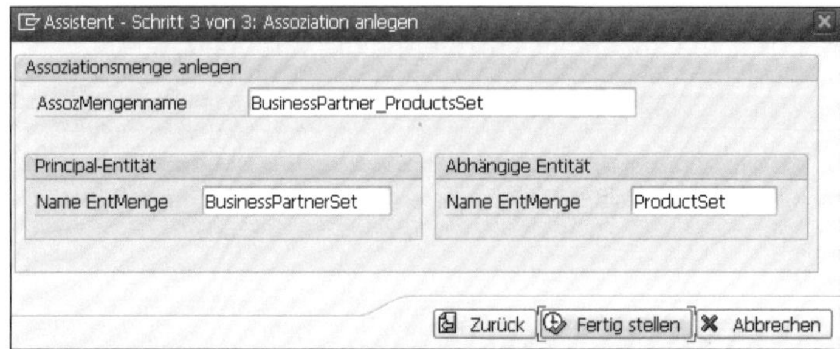

Abbildung 11.9 Assoziationsmenge

Damit ist die Modellierungsarbeit für unser Beispiel abgeschlossen, und Sie können als Nächstes die Laufzeitartefakte generieren.

11.1.2 Generierung der Laufzeitartefakte

Klicken Sie auf das rot-weiße Icon, um die Laufzeitartefakte für Ihren OData-Service zu generieren. Im daraufhin angezeigten Dialog aus Abbildung 11.10 haben Sie die Möglichkeit, die Namen und Versionsnummern der generierten Objekte noch anzupassen.

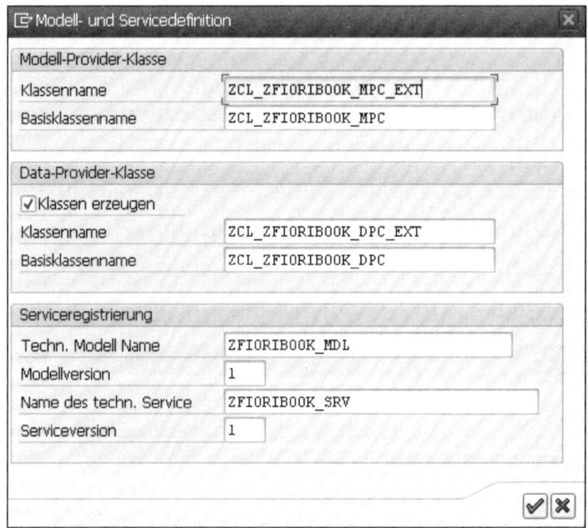

Abbildung 11.10 Generierung der Laufzeitartefakte

Laufzeitartefakte

Insgesamt werden sechs Laufzeitartefakte generiert:

- **Model-Provider-Klasse**
  Die Model-Provider-Klasse ZCL_<SERVICE>_MPC_EXT liefert das Servicedokument und das Metadatendokument Ihres Services. Normalerweise müssen Sie an dieser Klasse nichts ändern. Sie können die Klasse jedoch ändern, indem Sie die ererbten Methoden der Model-Provider-Basisklasse redefinieren.
- **Basisklasse der Model-Provider-Klasse**
  Die Model-Provider-Basisklasse ZCL_<SERVICE>_MPC enthält den generierten Code und definiert Methoden für die Model-Provider-Klasse, die Sie dort redefinieren können.
- **Data-Provider-Klasse**
  Die Data-Provider-Klasse ZCL_<SERVICE>_DPC_EXT liefert die Daten für Ihren Service. Sie redefinieren dort die ererbten Methoden der Data-Provider-Basisklasse und implementieren darin die CRUD-Operationen Ihres Services.
- **Basisklasse der Data-Provider-Klasse**
  Die Data-Provider-Klasse ZCL_<SERVICE>_DPC definiert die CRUD-Methoden für die Data-Provider-Klasse, die Sie dort redefinieren und implementieren.
- **Technisches Modell**
  Das technische Modell wird durch den Namen <SERVICE>_MDL und eine Versionsnummer identifiziert und verweist auf die Model-Provider-Klasse.
- **Technischer Service**
  Der technische Service wird durch den Namen <SERVICE>_SRV und eine Versionsnummer identifiziert. Er verweist auf das technische Modell und auf die Data-Provider-Klasse und ist die Basis für die Registrierung im Servicekatalog des Frontend-Servers.

Nachdem Sie die Laufzeitartefakte generiert haben, sehen Sie entsprechende Einträge für diese Artefakte unterhalb des Knotens **Laufzeitartefakte** (siehe Abbildung 11.11). Wenn Sie mit der rechten Maustaste auf die Einträge der generierten Klassen klicken, können Sie über das daraufhin angezeigte Kontextmenü in die ABAP Workbench wechseln.

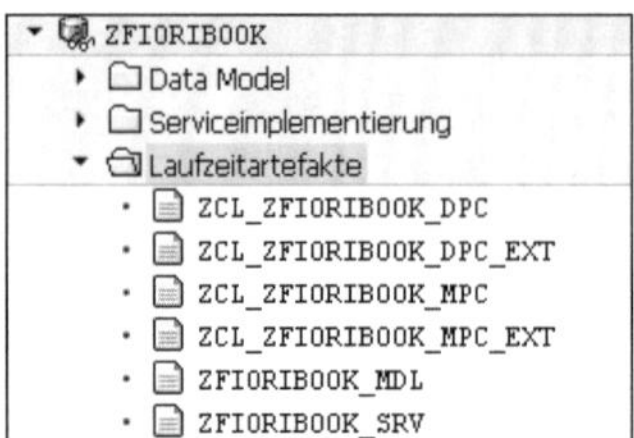

Abbildung 11.11 Die Laufzeitartefakte des OData-Services

Model-Provider-Klasse

Die Model-Provider-Basisklasse stellt die Metadaten über die Methode DEFINE zur Laufzeit bereit, die Sie in Abbildung 11.12 sehen.

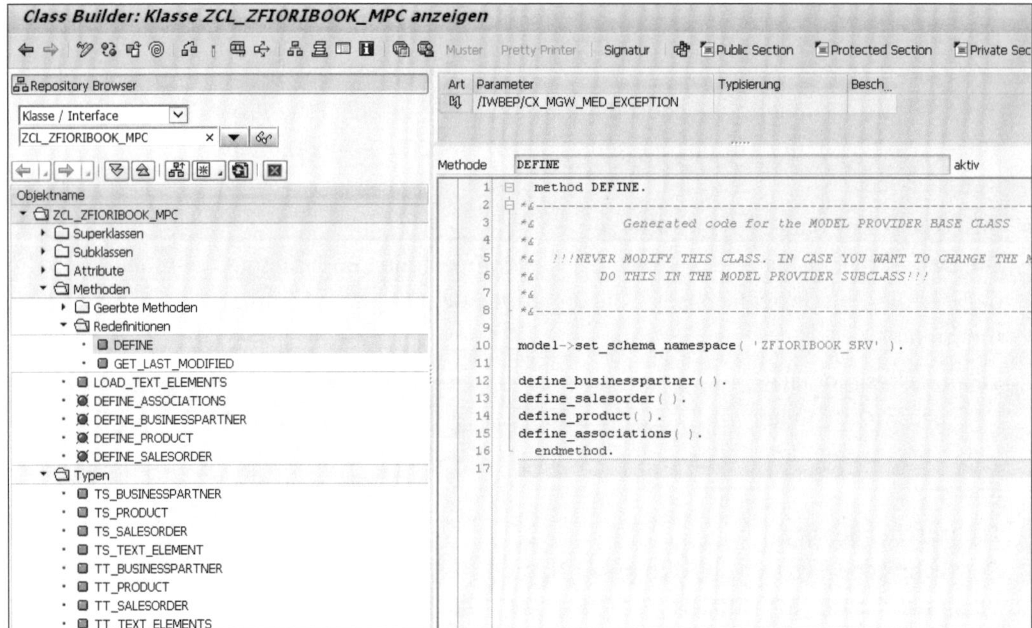

Abbildung 11.12 Die Model-Provider-Basisklasse

Falls Sie hier noch Anpassungen vornehmen möchten, können Sie diese Methode in der Unterklasse redefinieren. Die Model-Provider-Basisklasse definiert zudem für jeden Entitätstyp je einen Struktur- und einen Tabellentyp:

- ZCL_<SERVICE>_MPC=>TS_<ENTITY>
  Dies ist ein Strukturtyp, der die Eigenschaften des Entitätstyps als Komponenten enthält. Ein Datenobjekt dieses Typs kann genau einen Datensatz aufnehmen. Da wir uns in unserem Beispiel jeweils auf schon vorhandene ABAP-Strukturtypen bezogen haben, verweist dieser Typ einfach auf die

verwendeten Strukturtypen. Andernfalls würde dieser Typ in der Model-Provider-Basisklasse mit `TYPES BEGIN OF ... END OF` gemäß der Beschreibung der Eigenschaften des Entitätstyps definiert.

- `ZCL_<SERVICE>_MPC=>TT_<ENTITY>`
  Dies ist ein Standardtabellentyp mit Standardschlüssel und dem Zeilentyp `ZCL_<SERVICE>_MPC=>TS_<ENTITY>`. Datenobjekte dieses Typs können beliebig viele Datensätze aufnehmen.

Serviceregistrierung

Sobald Sie die Laufzeitartefakte generiert haben, können Sie Ihren Service im Servicekatalog auf dem Frontend-Server registrieren. Expandieren Sie dazu den Knoten **Laufzeitartefakte**, und doppelklicken Sie auf den Eintrag für Ihren Frontend-Server. Die Einträge für Ihre Frontend-Server und die zugehörigen RFC-Destinationen müssen Sie zuvor in der Konfiguration im SAP-Einführungsleitfaden angelegt haben. Wenn Sie auf die Schaltfläche **Registr.** aus Abbildung 11.13 klicken, werden Sie – nach einer entsprechenden Anfrage – auf dem Frontend-Server angemeldet und direkt zum Servicekatalog weitergeleitet, in dem Ihr Service bereits registriert wurde.

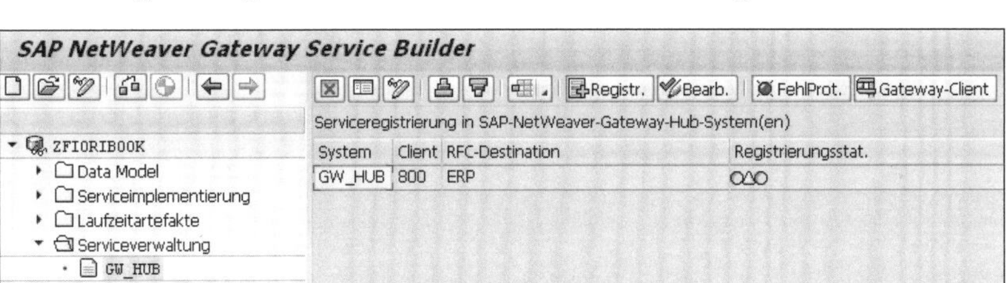

Abbildung 11.13 Serviceverwaltung

Im Servicekatalog in Abbildung 11.14 müssen Sie eventuell noch einen ICF-Knoten anlegen und einen Systemalias hinzufügen. Klicken Sie dazu auf die entsprechenden Schaltflächen im linken unteren bzw. rechten unteren Bildschirmbereich.

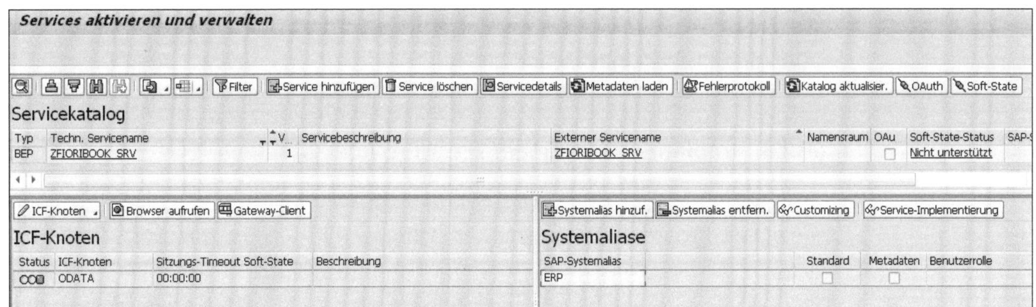

Abbildung 11.14 Eintrag im Servicekatalog auf dem Frontend-Server

Service testen Sobald Ihr Service registriert ist, können Sie ihn im SAP Gateway Client testen. Sie können zum SAP Gateway Client sowohl über die Schaltfläche links unten im Servicekatalog als auch über die Schaltfläche im SAP Gateway Service Builder abspringen. Die Basis-URL des registrierten Services, über die Sie das Servicedokument abrufen können, ist dabei schon eingetragen. In Abbildung 11.15 sehen Sie das Metadatendokument des Services, das Sie unter der URL */sap/opu/odata/sap/<SERVICE>/$metadata* abrufen können. Dabei ist *<SERVICE>* der externe Servicename, den Sie bei der Registrierung im Servicekatalog festgelegt haben. Beachten Sie, dass *$metadata* kein URL-Parameter, sondern Bestandteil der URL ist. Im Metadatendokument sehen Sie die drei Entitätstypen mit den Eigenschaften und Navigationslinks sowie die beiden Assoziationen, die Sie im Modell des Services im SAP Gateway Service Builder angelegt haben.

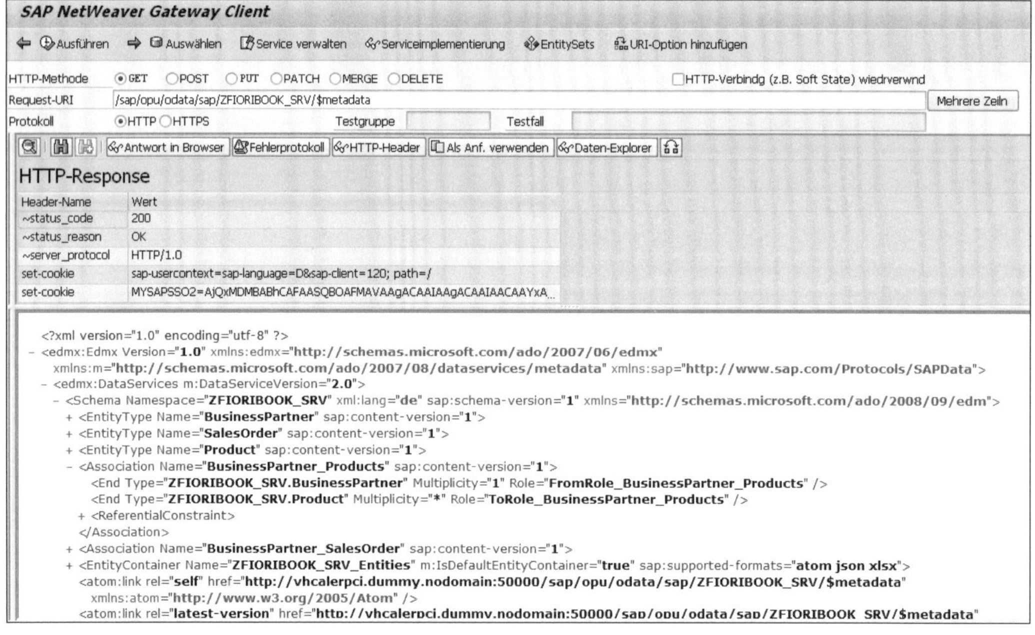

Abbildung 11.15 Metadatendokument

11.1.3 Implementierung der Data-Provider-Klasse

Nachdem nun der Service registriert worden ist, können Sie die Methoden der Data-Provider-Klasse implementieren. Öffnen Sie dazu die Data-Provider-Klasse im Class Builder (siehe Abbildung 11.16).

Methoden Wie Sie aus Abbildung 11.16 ersehen können, definiert die Data-Provider-Basisklasse für jede Entitätsmenge fünf Methoden, die Sie in der Data-Provider-Klasse redefinieren und implementieren müssen:

- `<ENTITYSET>_CREATE_ENTITY`
  Diese Methode erzeugt eine neue Instanz der Entität.
- `<ENTITYSET>_DELETE_ENTITY`
  Diese Methode löscht die Instanz der Entität, die durch die Angabe ihrer Schlüsselfelder identifiziert wird.
- `<ENTITYSET>_GET_ENTITY`
  Diese Methode liest die Instanz der Entität, die durch die Angabe ihrer Schlüsselfelder identifiziert wird.
- `<ENTITYSET>_GET_ENTITYSET`
  Diese Methode liest mehrere Instanzen der Entität und berücksichtigt dabei auch die Angaben in den URL-Parametern `$filter`, `$top`, `$sort`, `$top` und `$skip`. Der URL-Parameter `$count` wird vom Framework implementiert.
- `<ENTITYSET>_UPDATE_ENTITY`
  Diese Methode aktualisiert die Instanz der Entität, die durch die Angabe ihrer Schlüsselfelder identifiziert wird. Vorhandene Daten werden dabei überschrieben.

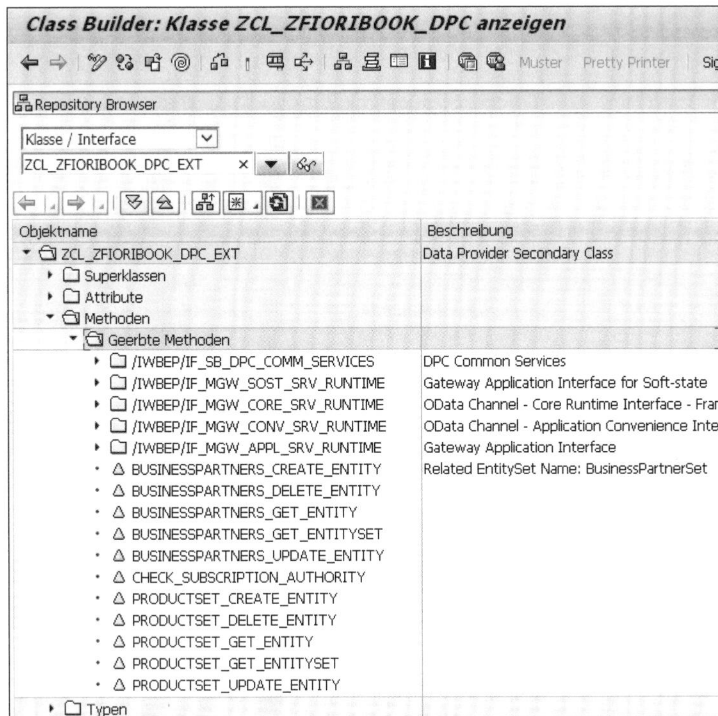

Abbildung 11.16 Die Data-Provider-Klasse im Class Builder

Wir zeigen im Folgenden vereinfachte Implementierungen von einigen dieser Methoden. Dabei besprechen wir auch die Implementierung von Navigationslinks, Filter- und Blätterfunktionen.

Methode »GET_ENTITYSET«

Wir beginnen üblicherweise mit der Implementierung der GET_ENTITYSET-Methode. Diese Methode wird aufgerufen, um mehrere Instanzen einer Entität zu lesen; dabei müssen unter Umständen auch Navigationslinks sowie die URL-Parameter `$sort` zum Sortieren, `$filter` zum Filtern und `$top` sowie `$skip` zum Blättern berücksichtigt werden.

»BUSINESSPARTNERS_GET_ENTITYSET«

Abbildung 11.17 zeigt die Signatur der Methode BUSINESSPARTNERS_GET_ENTITYSET. Am wichtigsten ist der Exportparameter ET_ENTITYSET. In dieser internen Tabelle müssen Sie die angeforderten Entitätsinstanzen zurückgeben. Wie Sie sehen, ist dieser Exportparameter vom Typ ZCL_<SERVICE>_MPC=>TT_<ENTITY>. Dies ist ein Tabellentyp, der in der Model-Provider-Basisklasse definiert wird und dessen Datenobjekt beliebig viele Datensätze aufnehmen kann.

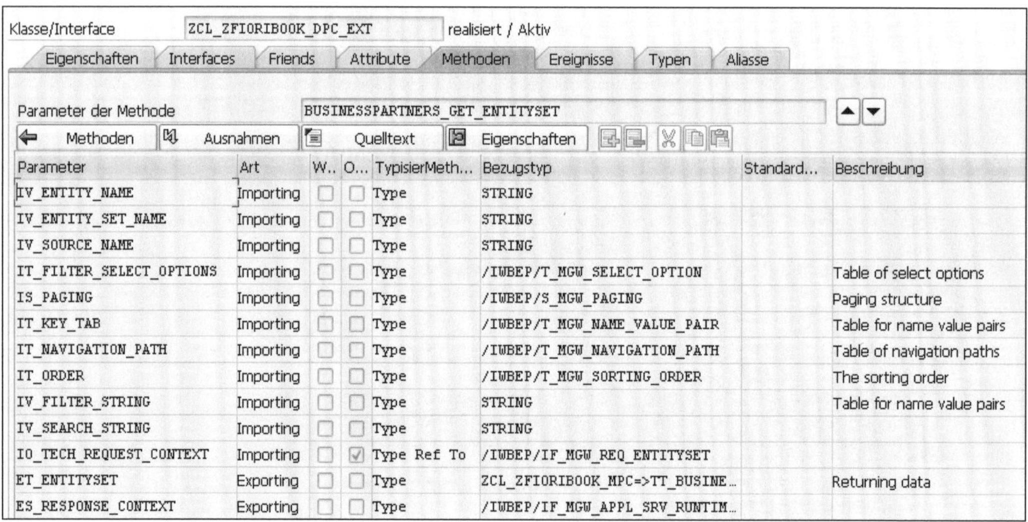

Parameter	Art	W..	O...	TypisierMeth...	Bezugstyp	Standard...	Beschreibung
IV_ENTITY_NAME	Importing	☐	☐	Type	STRING		
IV_ENTITY_SET_NAME	Importing	☐	☐	Type	STRING		
IV_SOURCE_NAME	Importing	☐	☐	Type	STRING		
IT_FILTER_SELECT_OPTIONS	Importing	☐	☐	Type	/IWBEP/T_MGW_SELECT_OPTION		Table of select options
IS_PAGING	Importing	☐	☐	Type	/IWBEP/S_MGW_PAGING		Paging structure
IT_KEY_TAB	Importing	☐	☐	Type	/IWBEP/T_MGW_NAME_VALUE_PAIR		Table for name value pairs
IT_NAVIGATION_PATH	Importing	☐	☐	Type	/IWBEP/T_MGW_NAVIGATION_PATH		Table of navigation paths
IT_ORDER	Importing	☐	☐	Type	/IWBEP/T_MGW_SORTING_ORDER		The sorting order
IV_FILTER_STRING	Importing	☐	☐	Type	STRING		Table for name value pairs
IV_SEARCH_STRING	Importing	☐	☐	Type	STRING		
IO_TECH_REQUEST_CONTEXT	Importing	☐	☑	Type Ref To	/IWBEP/IF_MGW_REQ_ENTITYSET		
ET_ENTITYSET	Exporting	☐	☐	Type	ZCL_ZFIORIBOOK_MPC=>TT_BUSINE...		Returning data
ES_RESPONSE_CONTEXT	Exporting	☐	☐	Type	/IWBEP/IF_MGW_APPL_SRV_RUNTIM...		

Abbildung 11.17 Die Signatur der Methode »BUSINESSPARTNERS_GET_ENTITYSET«

Importparameter

Die Methode hat auch eine Vielzahl von Importparametern:

- IV_ENTITY_NAME
  enthält den Namen des Entitätstyps
- IV_ENTITYSET_NAME
  enthält den Namen der Entitätsmenge

- IV_SOURCE_NAME
  enthält den Namen der Quellentität, falls die Methode über einen Navigationslink aufgerufen wurde
- IT_FILTER_SELECT_OPTIONS
  enthält eine interne Tabelle mit Selektionsoptionen, die vom Framework aus dem URL-Parameter `$filter` aufgebaut wurde
- IS_PAGING
  enthält eine Struktur mit den beiden Komponenten TOP und SKIP, falls die beiden URL-Parameter `$top` und `$skip` angegeben wurden
- IT_KEY_TAB
  enthält eine Tabelle der Schlüssel der Quellentität, falls die Methode über einen Navigationslink aufgerufen wurde
- IT_NAVIGATION_PATH
  enthält eine interne Tabelle mit Angaben zum Navigationspfad
- IT_ORDER
  enthält eine interne Tabelle mit Angabe der Sortierfelder und Sortierrichtung
- IV_FILTER_STRING
  enthält den Filterstring des URL-Parameters
- IV_SEARCH_STRING
  enthält den Suchstring des URL-Parameters
- IO_TECH_REQUEST_CONTEXT
  referenziert auf ein Objekt, das u. a. Informationen über den technischen Kontext des Aufrufs und einige Hilfsmethoden bereitstellt

Im einfachsten Fall muss Ihre Methodenimplementierung die gesamte Entitätsmenge zurückgeben, wie dies in Listing 11.1 gezeigt wird.

```
METHOD businesspartners_get_entityset.
  DATA:
    ls_entity     LIKE LINE OF  et_entityset,
    lt_headerdata TYPE TABLE OF bapi_epm_bp_header,
    ls_headerdata TYPE          bapi_epm_bp_header,
    lt_return     TYPE TABLE OF bapiret2.

* Daten lesen
  CALL FUNCTION 'BAPI_EPM_BP_GET_LIST'
    TABLES
      bpheaderdata = lt_headerdata
      return       = lt_return.
```

```
    IF lt_return IS NOT INITIAL.
    " Nachrichten-Container füllen
      mo_context->get_message_container( )->
        add_messages_from_bapi( lt_return ).
      RAISE EXCEPTION TYPE /iwbep/cx_mgw_busi_exception
        EXPORTING
          textid = /iwbep/cx_mgw_busi_exception=>
            business_error
        message_container = mo_context->
                            get_message_container( ).
    ENDIF.

* Rückgabetabelle füllen
    LOOP AT lt_headerdata INTO ls_headerdata.
      MOVE-CORRESPONDING ls_headerdata TO ls_entity.
      APPEND ls_entity TO et_entityset.
      CLEAR ls_entity.
    ENDLOOP.
ENDMETHOD.
```

Listing 11.1 Implementierung von »GET_ENTITYSET«

Die Methode ruft den Funktionsbaustein BAPI_EPM_BP_GETLIST auf. Nach dem Aufruf enthält die interne Tabelle lt_headerdata die gewünschten Daten und die interne Tabelle lt_return eventuelle Fehlermeldungen. Falls die Tabelle der Fehlermeldungen nicht leer ist, wird ein Nachrichten-Container aus den Fehlermeldungen dieser Tabelle aufgebaut und eine Exception des Typs /iwbep/cx_mgw_busi_exception ausgelöst. Der Nachrichten-Container ist Bestandteil des Kontextes, auf den über das Instanzattribut mo_context zugegriffen wird. Ist kein Fehler aufgetreten, wird die Tabelle lt_headerdata in einer Schleife zeilenweise in die Tabelle et_entityset kopiert.

1:n-Navigationslinks

Ist der Importparameter IV_SOURCE_NAME nicht leer, wurde die Methode über einen Navigationslink aufgerufen, und der Importparameter IT_KEY_TAB enthält eine interne Tabelle mit Schlüssel-Wert-Paaren, die die Quellentität eindeutig identifizieren. Bei der Navigation von einem Geschäftspartner zu seinen Produkten finden Sie z. B. in dieser Schlüsseltabelle eine Zeile mit der ID des Geschäftspartners, und Sie dürfen dann nicht alle Produkte an den Aufrufer zurückgeben, sondern nur die Produkte dieses einen Geschäftspartners. Dies müssen Sie beim Aufruf des BAPIs bzw. beim Füllen der Rückgabetabelle berücksichtigen.

Die GET_ENTITYSET-Methode wird komplexer, wenn Sie auch noch Filter- und Blätterfunktionen implementieren müssen. Listing 11.2 zeigt eine Implementierung der Methode PRODUCTSET_GET_ENTITYSET, bei der die Filterfunktion für die Produktkategorie und die Blätterfunktion implementiert wird.

```
METHOD productset_get_entityset.
  DATA:
    ls_entity     LIKE LINE OF  et_entityset,
    lt_headerdata TYPE TABLE OF bapi_epm_product_header,
    ls_headerdata TYPE          bapi_epm_product_header,
    lt_return     TYPE TABLE OF bapiret2.

* Für die Filterfunktion
  DATA:
    lt_filters TYPE          /iwbep/t_mgw_select_option,
    ls_filter  TYPE          /iwbep/s_mgw_select_option,
    ls_so      TYPE          /iwbep/s_cod_select_option,
    lt_so_cat  TYPE TABLE OF bapi_epm_product_categ_range,
    ls_so_cat  TYPE          bapi_epm_product_categ_range.

* Für die Blätterfunktion
  DATA:
    ls_max_rows  TYPE bapi_epm_max_rows,
    ls_paging    TYPE /iwbep/s_mgw_paging,
    lv_min_index TYPE i,
    lv_max_index TYPE i.

* Filter lesen
  lt_filters = io_tech_request_context->get_filter( )->
             get_filter_select_options( ).
  READ TABLE lt_filters WITH TABLE KEY property = 'CATEGORY'
    INTO ls_filter.
  IF sy-subrc EQ 0.
    LOOP AT ls_filter-select_options INTO ls_so.
      MOVE-CORRESPONDING ls_so TO ls_so_cat.
      INSERT ls_so_cat INTO TABLE lt_so_cat.
    ENDLOOP.
  ENDIF.

* Blättern
  ls_paging-top = io_tech_request_context->get_top( ).
  ls_paging-skip = io_tech_request_context->get_skip( ).
```

```
  lv_min_index = ls_paging-skip + 1.
  lv_max_index = ls_paging-top + ls_paging-skip.
  IF ls_paging-top > 0.
    ls_max_rows-bapimaxrow = lv_max_index.
  ENDIF.

* Daten lesen
  CALL FUNCTION 'BAPI_EPM_PRODUCT_GET_LIST'
    EXPORTING
      max_rows            = ls_max_rows
    TABLES
      headerdata          = lt_headerdata
      selparamcategories = lt_so_cat
      return              = lt_return.
  IF lt_return IS NOT INITIAL.
    " Nachrichten-Container
    mo_context->get_message_container( )->
      add_messages_from_bapi( lt_return ).
    RAISE EXCEPTION TYPE /iwbep/cx_mgw_busi_exception
      EXPORTING
        textid = /iwbep/cx_mgw_busi_exception=>
          business_error
        message_container = mo_context->
          get_message_container( ).
  ENDIF.

* Antworttabelle füllen
  IF ls_paging-top > 0.
    LOOP AT lt_headerdata INTO ls_headerdata FROM
       lv_min_index TO lv_max_index.
      MOVE-CORRESPONDING ls_headerdata TO ls_entity.
      APPEND ls_entity TO et_entityset.
    ENDLOOP.
  ELSE.
    LOOP AT lt_headerdata INTO ls_headerdata.
      MOVE-CORRESPONDING ls_headerdata TO ls_entity.
      APPEND ls_entity TO et_entityset.
    ENDLOOP.
  ENDIF.
ENDMETHOD.
```

Listing 11.2 Implementierung von Filtern und Blättern

Filterfunktion

Um die Filterfunktion für die Produktkategorie zu implementieren, liest die Implementierung der Methode in Listing 11.2 zunächst die Tabelle mit den Selektionsoptionen über den technischen Request-Kontext aus. Auf diesen Kontext hat die Methode im Importparameter io_tech_request_context eine Referenz erhalten. Alternativ hätte die Methode auch den Importparameter IT_FILTER_SELECT_OPTIONS verwenden können. Der Unterschied besteht darin, dass IT_FILTER_SELECT_OPTIONS die Namen der Selektionsfelder in externer Darstellung enthält (wobei Groß- und Kleinschreibung berücksichtigt wird), die interne Tabelle lt_filters aber die Namen der Selektionsfelder in interner Darstellung (also in Großbuchstaben) beinhaltet. In dieser Tabelle wird nun nach den Selektionsoptionen für die Produktkategorie gesucht und die gefundene Selektionsoptionstabelle in einer Schleife zeilenweise für das BAPI aufbereitet. Die interne Tabelle lt_so_cat enthält nach der Schleife die Selektionsoptionen so, wie sie der Funktionsbaustein BAPI_EPM_PRODUCT_GET_LIST verarbeiten kann.

Blätterfunktion

Um die Blätterfunktion zu implementieren, wertet die Methode die Komponenten TOP und SKIP der Struktur ls_paging aus, die sie ebenfalls vom technischen Request-Kontext erhält. Aus diesen beiden Informationen berechnet die Methode den minimalen und maximalen Index für die Schleife über die Zeilen der Rückgabetabelle des BAPIs. Nur die Zeilen zwischen diesen beiden Indexwerten werden am Ende der Methode in die Rückgabetabelle et_entityset kopiert.

Methode »GET_ENTITY«

Einzelne Datensätze werden von der Methode GET_ENTITY gelesen. Abbildung 11.18 zeigt die Signatur der Methode BUSINESSPARTNERS_GET_ENTITY. Im Gegensatz zur Signatur der Methode BUSINESSPARTNERS_GET_ENTITY_SET in Abbildung 11.17 fehlen hier die Importparameter zum Blättern, Filtern, Suchen und Sortieren.

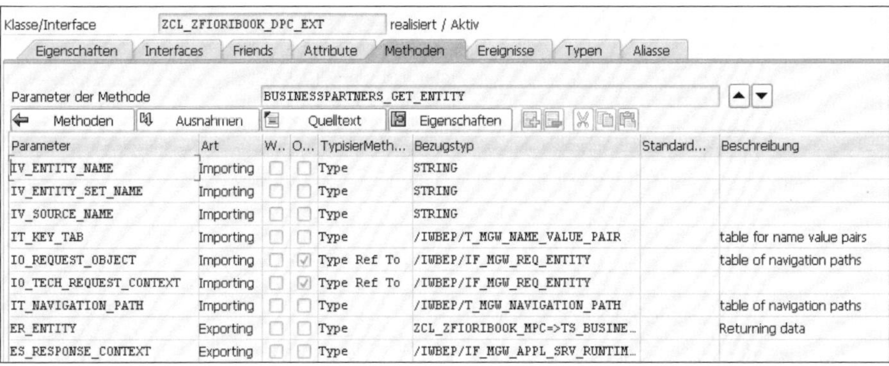

Parameter	Art	W..	O...	TypisierMeth...	Bezugstyp	Standard...	Beschreibung
IV_ENTITY_NAME	Importing	☐	☐	Type	STRING		
IV_ENTITY_SET_NAME	Importing	☐	☐	Type	STRING		
IV_SOURCE_NAME	Importing	☐	☐	Type	STRING		
IT_KEY_TAB	Importing	☐	☐	Type	/IWBEP/T_MGW_NAME_VALUE_PAIR		table for name value pairs
IO_REQUEST_OBJECT	Importing	☐	☑	Type Ref To	/IWBEP/IF_MGW_REQ_ENTITY		table of navigation paths
IO_TECH_REQUEST_CONTEXT	Importing	☐	☑	Type Ref To	/IWBEP/IF_MGW_REQ_ENTITY		
IT_NAVIGATION_PATH	Importing	☐	☐	Type	/IWBEP/T_MGW_NAVIGATION_PATH		table of navigation paths
ER_ENTITY	Exporting	☐	☐	Type	ZCL_ZFIORIBOOK_MPC=>TS_BUSINE...		Returning data
ES_RESPONSE_CONTEXT	Exporting	☐	☐	Type	/IWBEP/IF_MGW_APPL_SRV_RUNTIM...		

Abbildung 11.18 Die Signatur der Methode »BUSINESSPARTNERS_GET_ENTITY«

Der Exportparameter ES_ENTITY, in dem nun ein einzelner Datensatz zurückgegeben wird, ist vom Typ ZCL_ZFIORIBOOK_MPC=>TS_BUSINESSPARTNER, der in der Model-Provider-Basisklasse definiert wird.

»BUSINESS-PARTNERS_GET_ENTITY«

Listing 11.3 zeigt eine einfache Implementierung der Methode BUSINESS-PARTNERS_GET_ENTITY, bei der auch der Navigationslink vom Produkt zum Lieferanten berücksichtigt wird.

```
METHOD businesspartners_get_entity.
  DATA:
    lt_keys       TYPE /iwbep/t_mgw_tech_pairs,
    ls_key        TYPE /iwbep/s_mgw_tech_pair,
    ls_bp_id      TYPE bapi_epm_bp_id,
    ls_headerdata TYPE bapi_epm_bp_header,
    ls_product    TYPE zcl_zfioribook_mpc=>ts_product,
    lt_return     TYPE TABLE OF bapiret2.

* Schlüsselfelder lesen
  lt_keys = io_tech_request_context->get_keys( ).
  IF lt_keys IS INITIAL.
    " Schlüsselfelder Navigationsquelle lesen
    lt_keys = io_tech_request_context->get_source_keys( ).
  ENDIF.

* Schlüsselfelder auf BAPI-Parameter abbilden
  LOOP AT lt_keys INTO ls_key.
    CASE ls_key-name.
      WHEN 'BUSINESSPARTNERID'.
        ls_bp_id-bp_id = ls_key-value.
      WHEN 'PRODUCT_ID'.
        " Quellentität Produkt lesen
        me->productset_get_entity(
          EXPORTING
            iv_entity_name          = iv_entity_name
            iv_entity_set_name      = iv_entity_set_name
            iv_source_name          = space
            it_key_tab              = it_key_tab
            io_request_object       = io_request_object
            io_tech_request_context = io_tech_request_
                                        context
            it_navigation_path      = it_navigation_path
          IMPORTING
            er_entity               = ls_product
        ).
```

```
      " Schlüsselfeld aus dem Produkt lesen
      ls_bp_id-bp_id = ls_product-supplier_id.
    ENDCASE.
  ENDLOOP.

  CALL FUNCTION 'BAPI_EPM_BP_GET_DETAIL'
    EXPORTING
      bp_id       = ls_bp_id
    IMPORTING
      headerdata = ls_headerdata
    TABLES
      return      = lt_return.
   IF lt_return IS NOT INITIAL.
    " Nachrichten-Container füllen
    mo_context->get_message_container( )->
      add_messages_from_bapi( lt_return ).
    RAISE EXCEPTION TYPE /iwbep/cx_mgw_busi_exception
      EXPORTING
        textid = /iwbep/cx_mgw_busi_exception=>
          business_error
        message_container = mo_context->
          get_message_container( ).
  ENDIF.

* Rückgabestruktur füllen
  MOVE-CORRESPONDING ls_headerdata TO er_entity.
ENDMETHOD.
```

Listing 11.3 Die Methode »BUSINESSPARTNERS_GET_ENTITY«

Die Methode liest zunächst die Schlüsseltabelle über den technischen Request-Kontext. Ist diese leer, wurde die Methode über einen Navigationslink (vom Produkt zum Geschäftspartner) aufgerufen, und es wird dementsprechend die Schlüsseltabelle für die Quelle des Navigationslinks geholt. In diesem Fall wird zunächst das Produkt gelesen und die ID des Geschäftspartners aus dem Feld `supplier_id` ermittelt. Mit diesem Schlüssel wird nun der Funktionsbaustein `BAPI_EPM_BP_GET_DETAIL` aufgerufen. Falls dieser Funktionsbaustein Fehlermeldungen zurückgibt, werden sie wie zuvor in einen Nachrichten-Container geschrieben, und es wird eine Ausnahme ausgelöst. Falls keine Fehler aufgetreten sind, wird die Rückgabestruktur `er_entity` gefüllt.

Methode »CREATE_ENTITY«

»BUSINESS-PARTNERS_CREATE_ENTITY«

Abbildung 11.19 zeigt die Signatur der Methode BUSINESSPARTNER_CREATE_ENTITY, mit der ein einzelner Datensatz erzeugt wird. Die Signatur sieht ganz ähnlich aus wie die der GET_ENTITY-Methode in Abbildung 11.18. Zusätzlich gibt es jedoch den Importparameter IO_DATA_PROVIDER, über den die übermittelten Daten für den neuen Datensatz gelesen werden können.

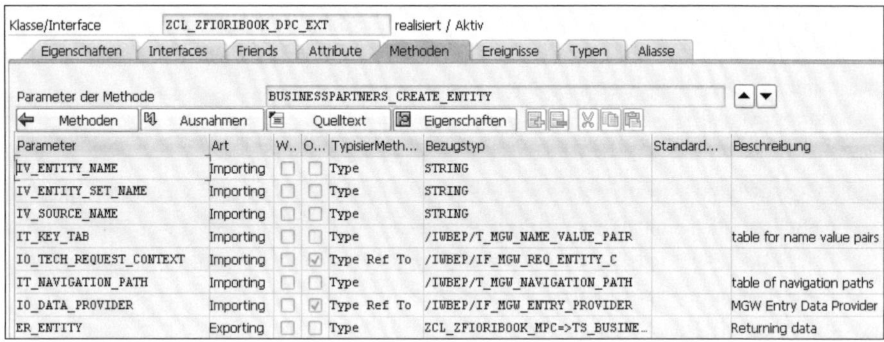

Parameter	Art	W..	O...	TypisierMeth...	Bezugstyp	Standard...	Beschreibung
IV_ENTITY_NAME	Importing	☐	☐	Type	STRING		
IV_ENTITY_SET_NAME	Importing	☐	☐	Type	STRING		
IV_SOURCE_NAME	Importing	☐	☐	Type	STRING		
IT_KEY_TAB	Importing	☐	☐	Type	/IWBEP/T_MGW_NAME_VALUE_PAIR		table for name value pairs
IO_TECH_REQUEST_CONTEXT	Importing	☐	☑	Type Ref To	/IWBEP/IF_MGW_REQ_ENTITY_C		
IT_NAVIGATION_PATH	Importing	☐	☐	Type	/IWBEP/T_MGW_NAVIGATION_PATH		table of navigation paths
IO_DATA_PROVIDER	Importing	☐	☑	Type Ref To	/IWBEP/IF_MGW_ENTRY_PROVIDER		MGW Entry Data Provider
ER_ENTITY	Exporting	☐	☐	Type	ZCL_ZFIORIBOOK_MPC=>TS_BUSINE...		Returning data

Abbildung 11.19 Die Signatur der Methode »BUSINESSPARTNERS_CREATE_ENTITY«

Listing 11.4 zeigt eine Implementierung der Methode BUSINESSPARTNERS_CREATE_ENTITY. Die Methode liest zunächst mit io_data_provider->read_entry_data( ) die Request-Daten, bildet sie dann auf die vom Funktionsbaustein BAPI_EPM_BP_CREATE benötigte Struktur ab und ruft diesen Funktionsbaustein anschließend auf. Im Fehlerfall wird, wie üblich, ein Nachrichten-Container gefüllt und eine Ausnahme ausgelöst. Im Erfolgsfall wird die Rückgabestruktur er_entity inklusive der neuen Business-Partner-ID gefüllt.

```
METHOD businesspartners_create_entity.
  DATA:
   ls_entry_data TYPE zcl_zfioribook_mpc=>ts_businesspartner,
   ls_headerdata TYPE bapi_epm_bp_header,
   ls_bp_id      TYPE bapi_epm_bp_id,
   lt_return     TYPE TABLE OF bapiret2.

* Request-Daten lesen
  io_data_provider->read_entry_data(
    IMPORTING es_data = ls_entry_data ).
* Request-Daten auf BAPI-Struktur abbilden
  MOVE-CORRESPONDING ls_entry_data TO ls_headerdata.
* Daten anlegen
  CALL FUNCTION 'BAPI_EPM_BP_CREATE'
```

```
    EXPORTING
      headerdata        = ls_headerdata
    IMPORTING
      businesspartnerid = ls_bp_id
    TABLES
      return            = lt_return.

  IF lt_return IS NOT INITIAL.
    " Nachrichten-Container füllen
    mo_context->get_message_container( )->
      add_messages_from_bapi( lt_return ).
    RAISE EXCEPTION TYPE /iwbep/cx_mgw_busi_exception
      EXPORTING
        textid = /iwbep/cx_mgw_busi_exception=>
          business_error
        message_container = mo_context->
          get_message_container( ).
  ENDIF.

* Antwort kopieren
  er_entity-businesspartnerid   = ls_bp_id.
  MOVE-CORRESPONDING ls_headerdata to er_entity.
ENDMETHOD.
```

Listing 11.4 Die Methode »BUSINESSPARTNERS_CREATE_ENTITY«

Methode »UPDATE_ENTITY«

»BUSINESS-PARTNERS_UPDATE_ENTITY«

Abbildung 11.20 zeigt die Signatur der Methode BUSINESSPARTNERS_UPDATE_ENTITY, die praktisch genauso wie die Signatur der CREATE_ENTITY-Methode aus Abbildung 11.19 aussieht. Listing 11.5 zeigt eine Implementierung der Methode.

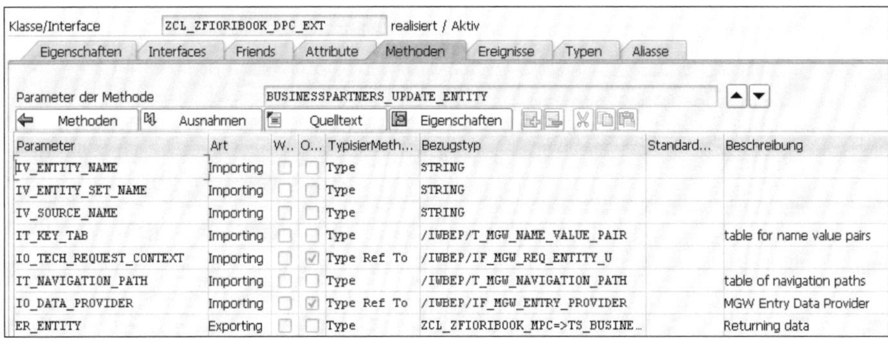

Parameter	Art	W..	O...	TypisierMeth...	Bezugstyp	Standard...	Beschreibung
IV_ENTITY_NAME	Importing	☐	☐	Type	STRING		
IV_ENTITY_SET_NAME	Importing	☐	☐	Type	STRING		
IV_SOURCE_NAME	Importing	☐	☐	Type	STRING		
IT_KEY_TAB	Importing	☐	☐	Type	/IWBEP/T_MGW_NAME_VALUE_PAIR		table for name value pairs
IO_TECH_REQUEST_CONTEXT	Importing	☐	☑	Type Ref To	/IWBEP/IF_MGW_REQ_ENTITY_U		
IT_NAVIGATION_PATH	Importing	☐	☐	Type	/IWBEP/T_MGW_NAVIGATION_PATH		table of navigation paths
IO_DATA_PROVIDER	Importing	☐	☑	Type Ref To	/IWBEP/IF_MGW_ENTRY_PROVIDER		MGW Entry Data Provider
ER_ENTITY	Exporting	☐	☐	Type	ZCL_ZFIORIBOOK_MPC=>TS_BUSINE...		Returning data

Abbildung 11.20 Methode »BUSINESSPARTNERS_UPDATE_ENTITY«

```
METHOD businesspartners_update_entity.
 DATA:
  ls_entry_data  TYPE zcl_zfioribook_mpc=>ts_businesspartner,
  lt_keys        TYPE /iwbep/t_mgw_tech_pairs,
  ls_key         TYPE /iwbep/s_mgw_tech_pair,
  ls_headerdata  TYPE bapi_epm_bp_header,
  ls_headerdatax TYPE bapi_epm_bp_headerx,
  ls_bp_id       TYPE bapi_epm_bp_id,
  lt_return      TYPE TABLE OF bapiret2.

* Request-Daten lesen
  io_data_provider->read_entry_data(
    IMPORTING es_data = ls_entry_data ).
* Schlüsselfelder des Requests lesen und auf BAPI-Parameter abbilden
  lt_keys = io_tech_request_context->get_keys( ).
  LOOP AT lt_keys INTO ls_key.
    CASE ls_key-name.
      WHEN 'BUSINESSPARTNERID'.
        ls_bp_id-bp_id = ls_key-value.
    ENDCASE.
  ENDLOOP.

* Request-Daten auf BAPI-Struktur abbilden
  MOVE-CORRESPONDING ls_enttry_data to ls_headerdata.
  ls_headerdata-bp_id          = ls_bp_id-bp_id.

* Die ls_headerdatax-Struktur mit Konstanten füllen
  ls_headerdatax-bp_id          = ls_bp_id-bp_id.
  ls_headerdatax-company_name  = 'X'.
  ls_headerdatax-email_address = 'X'.
  ls_headerdatax-currency_code = 'X'.
  ls_headerdatax-city          = 'X'.
  ls_headerdatax-street        = 'X'.
  ls_headerdatax-country       = 'X'.
  ls_headerdatax-address_type  = 'X'.
  ls_headerdatax-bp_role       = 'X'.

* Die Daten aktualisieren
  CALL FUNCTION 'BAPI_EPM_BP_CHANGE'
    EXPORTING
      bp_id             = ls_bp_id
```

```
      headerdata          = ls_headerdata
      headerdatax         = ls_headerdatax
    TABLES
      return              = lt_return.
  IF lt_return IS NOT INITIAL.
    " Nachrichten-Container füllen
    mo_context->get_message_container( )->
      add_messages_from_bapi( lt_return ).
    RAISE EXCEPTION TYPE /iwbep/cx_mgw_busi_exception
      EXPORTING
        textid = /iwbep/cx_mgw_busi_exception=>
          business_error
        message_container = mo_context->
          get_message_container( ).
  ENDIF.
ENDMETHOD.
```

Listing 11.5 Methode »BUSINESSPARTNERS_UPDATE_ENTITY«

Wie bei der CREATE_ENTITY-Methode werden zunächst die Request-Daten gelesen, und wie bei der GET_ENTITY-Methode werden die Schlüsselfelder ausgewertet. Mit diesen Daten wird dann der Funktionsbaustein BAPI_EPM_BP_CHANGE aufgerufen. Neben den zu ändernden Daten im Importparameter headerdata erwartet dieser Funktionsbaustein noch die zweite Importstruktur headerdatax. Diese Importstruktur hat dieselben Komponenten wie die Importstruktur headerdata; hier sind sie jedoch vom Typ C. Die Komponenten werden in diesem Fall alle mit 'X' gefüllt, um dem BAPI mitzuteilen, dass die namensgleichen Felder in headerdata aktualisiert werden sollen. Fehlt das 'X', geht das BAPI davon aus, dass das entsprechende Feld in headerdata nicht berücksichtigt werden soll.

Methode »DELETE_ENTITY«

»BUSINESSPARTNERS_DELETE_ENTITY«

Abbildung 11.21 zeigt die Signatur der Methode BUSINESSPARTNERS_DELETE_ENTITY. Im Gegensatz zu den zuvor gezeigten Signaturen hat diese Methode keinen Exportparameter. Listing 11.6 zeigt die Implementierung der Methode. Wie bei der READ_ENTITY-Methode wird zunächst der Schlüssel des zu löschenden Datensatzes ermittelt. Anschließend wird dieser Datensatz über den Aufruf des Funktionsbausteins BAPI_EPM_BP_DELETE gelöscht.

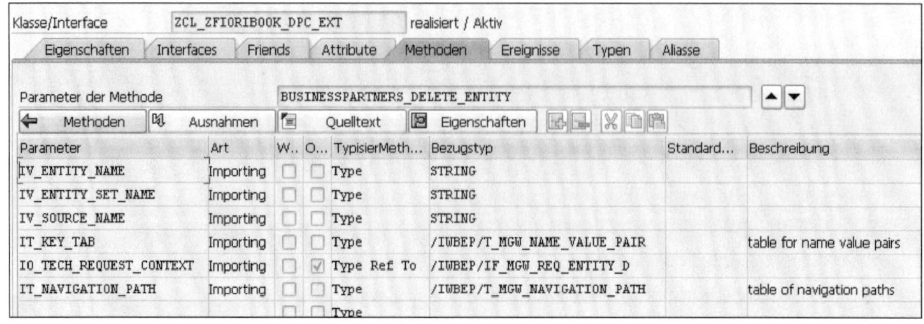

Abbildung 11.21 Signatur der Methode »BUSINESSPARTNERS_DELETE_ENTITY«

```
METHOD businesspartners_delete_entity.
  DATA:
    lt_keys   TYPE /iwbep/t_mgw_tech_pairs,
    ls_key    TYPE /iwbep/s_mgw_tech_pair,
    ls_bp_id  TYPE bapi_epm_bp_id,
    lt_return TYPE TABLE OF bapiret2.

* Schlüssel lesen
  lt_keys = io_tech_request_context->get_keys( ).
  LOOP AT lt_keys INTO ls_key.
    CASE ls_key-name.
      WHEN 'BUSINESSPARTNERID'.
        ls_bp_id-bp_id = ls_key-value.
    ENDCASE.
  ENDLOOP.

* Daten löschen
  CALL FUNCTION 'BAPI_EPM_BP_DELETE'
    EXPORTING
      bp_id  = ls_bp_id
    TABLES
       return = lt_return.
  IF lt_return IS NOT INITIAL.
    " Nachrichten-Container füllen
    mo_context->get_message_container( )->
      add_messages_from_bapi( lt_return ).
    RAISE EXCEPTION TYPE /iwbep/cx_mgw_busi_exception
      EXPORTING
        textid = /iwbep/cx_mgw_busi_exception=>
          business_error
```

```
      message_container = mo_context->
        get_message_container( ).
  ENDIF.
ENDMETHOD.
```

Listing 11.6 Methode »BUSINESSPARTNERS_DELETE_ENTITY«

11.2 ABAP Core Data Services

11

Mit ABAP 7.40 SP 05 wurden die *ABAP Core Data Services* (ABAP CDS) eingeführt. ABAP CDS implementieren das bereits vorgestellte Konzept der Core Data Services für ABAP. ABAP CDS sind, mit wenigen Ausnahmen, datenbankunabhängig. Mit sogenannten *CDS Views* werden semantische Datenmodelle mittels einer *Data Definition Language* (DDL) entwickelt. Die DDL basiert fast ausschließlich auf Standard-SQL mit der Ausnahme zur Definition von Assoziationen, also Beziehungen zwischen CDS Views und Annotationen, mit denen es möglich ist, den View mit domänenspezifischen Aspekten anzureichern. Diese domänenspezifischen Artefakte können bei der SAP-Fiori Entwicklung dazu beitragen, sogenannte *SAP-Fiori-Elemente* (siehe Kapitel 12, »Entwicklung einer SAP-Fiori-Anwendung mit SAP Web IDE«) zu nutzen. Die Entwicklung erfolgt über die ABAP Development Tools (ADT) in Eclipse. Technisch betrachtet, werden aus CDS Views klassische SQL Views erzeugt. CDS Views können, nachdem sie in Eclipse implementiert und aktiviert worden sind, über Transaktion SE11 betrachtet werden. ABAP CDS Views können sowohl aus ABAP-Code als auch SAP-HANA-XS- und SAP-HANA-XSA-Programmcode aufgerufen werden; allerdings verwenden Sie dabei nicht den SQL-View-Bezeichner, sondern den Bezeichner des CDS Views. Abbildung 11.22 skizziert die Entwicklungsschritte.

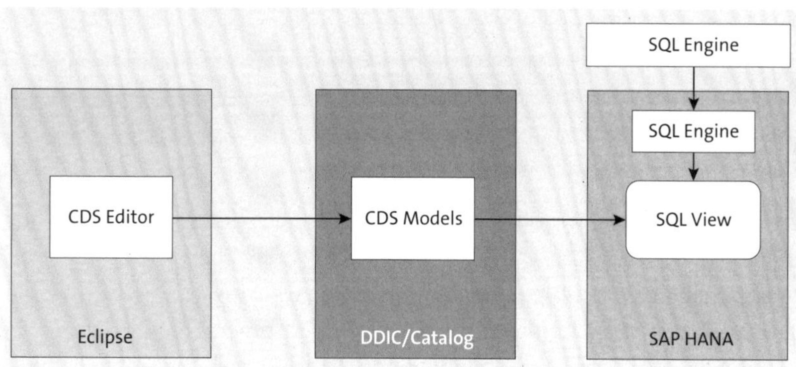

Abbildung 11.22 Entwicklungsschritte von ABAP CDS Views

Wir gehen an dieser Stelle davon aus, dass Sie Eclipse mit den entsprechenden ABAP-Plug-ins auf Ihrem Rechner installiert haben. Wir verwenden für die gezeigten Beispiele Eclipse Neon. Alle Beispiele basieren auf dem Standardflugdatenmodell von SAP. Das für die Beispiele verwendete Backend ist ein SAP-S/4HANA-System.

11.2.1 Ein ABAP-Projekt anlegen

ABAP-Projekt in Eclipse anlegen

Wenn Sie Eclipse gestartet haben, rufen Sie aus dem Menü **New • Project** auf. Im daraufhin erscheinenden Dialog wählen Sie den Eintrag **ABAP • ABAP Project** aus und bestätigen den Dialog mit **Next** (siehe Abbildung 11.23).

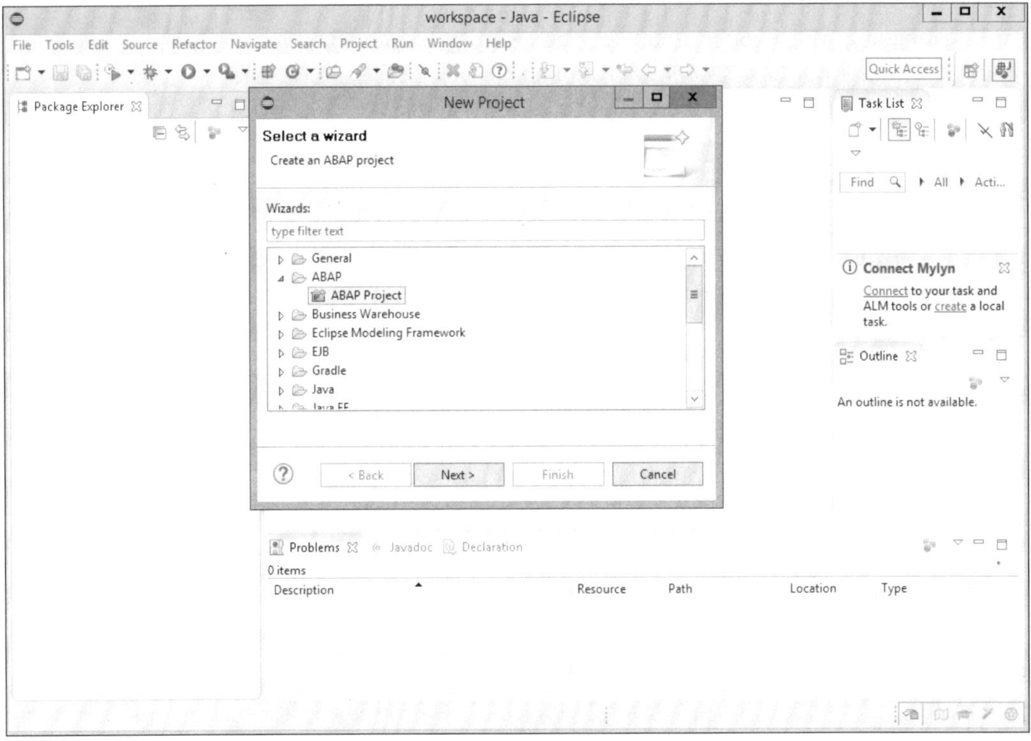

Abbildung 11.23 Ein ABAP-Projekt anlegen

Im nächsten Dialog werden Sie gebeten, das zu verwendende System auszuwählen. Nach der Auswahl des Backend-Systems klicken Sie wieder auf **Next**, um in den nachfolgenden Dialogschritt zu gelangen. Der nun erscheinende Dialogschritt **Connection Settings** liefert einen Überblick über die Systemverbindungsinformationen und kann normalerweise auch direkt mit **Next** bestätigt werden. Im vorletzten Schritt **Logon to System** geben Sie den Mandaten sowie unseren Benutzernamen und das Passwort für das ausgewählte System ein und bestätigen wiederum mit **Next**.

Im letzten Dialogschritt **Project Name and Favorite Packages** bietet Eclipse die Möglichkeit, den vorbelegten Projektnamen zu ändern und ein Paket für unsere Entwicklungsobjekte auszuwählen. Wie Sie aus Abbildung 11.24 entnehmen können, erhält das hier verwendete Projekt den Namen »S4D_100_CDSSamples_en«, und als Paket verwenden Sie `ZFIORIDEMO`.

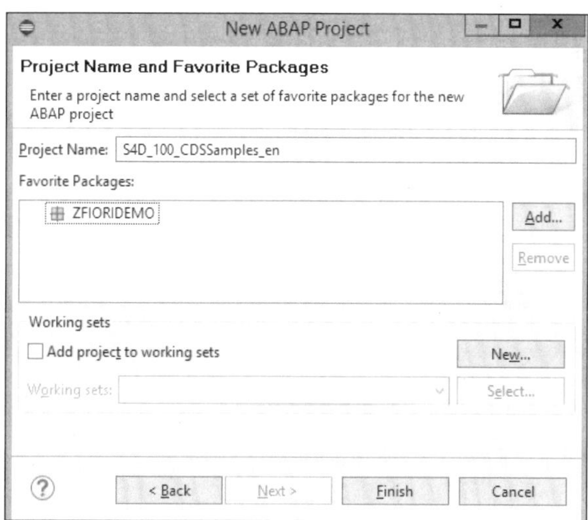

Abbildung 11.24 Projektname und Paket festlegen

Nachdem Sie die entsprechenden Einstellungen vorgenommen haben, beenden Sie den Dialog mit **Finish**. Als Nächstes möchte Eclipse von Ihnen wissen, ob Sie in die für den Projekttyp entsprechende Eclipse-Perspektive wechseln möchten. Bestätigen Sie den Dialog mit **Yes**.

Nachdem das Projekt angelegt worden ist, wird es im Project Explorer der ABAP-Perspektive angezeigt. Als Nächstes möchten Sie Ihren ersten ABAP CDS View anlegen. Dazu wählen Sie das Projekt aus und selektieren aus dem Kontextmenü **New • ABAP Repository Object**. Es erscheint der Auswahldialog, in dem Sie festlegen können, welche Art von Repository Object angelegt werden soll. Wählen Sie, wie es in Abbildung 11.25 gezeigt ist, **Core Data Services • Data Definition**, und bestätigen Sie mit **Next**.

Im nächsten Schritt geben Sie, wie es Abbildung 11.26 zeigt, im Feld **Name** den Wert »ZDEMOVIEW« und im Feld **Description** eine einfache Beschreibung ein. Das Paket, dem wir den neuen CDS View zuordnen, ist bereits aufgrund der Auswahl beim Anlegen des Projekts vorausgewählt. Über die

Schaltfläche **Next** können Sie im nächsten Dialog den Transportauftrag für die Aufzeichnung auswählen. Nach der Auswahl des Transportauftrags bestätigen Sie den Dialog mit **Next**.

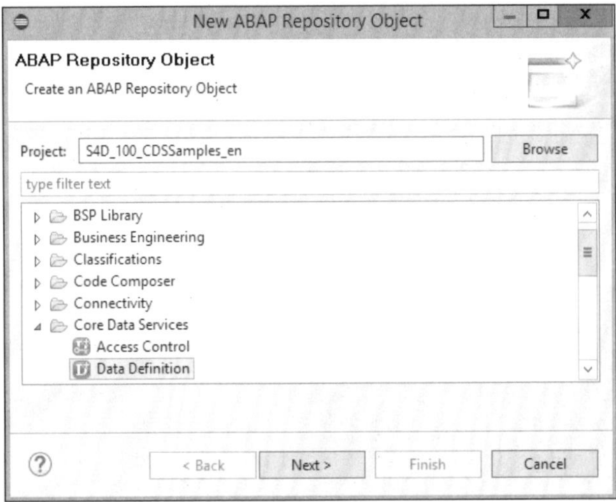

Abbildung 11.25 Auswahl des ABAP-Repository-Object-Typs

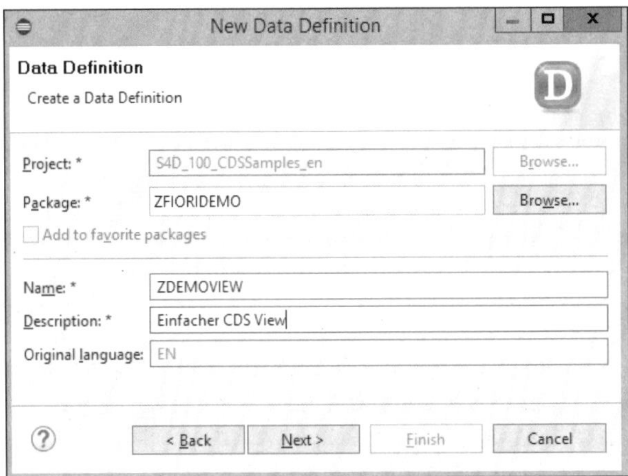

Abbildung 11.26 CDS-View-Bezeichnung definieren

Auswahl des Templates

Im nächsten Anlageschritt können Sie eine Codevorlage auswählen. Wählen Sie den Eintrag **Define View** aus, und generieren Sie somit einen einfachen CDS View ohne große Zusätze. Wie Sie jedoch Abbildung 11.27 entnehmen können, bietet das Eclipse-Plug-in hier eine Vielzahl von Vorlagen, wie etwa das Generieren eines Views mit Assoziationen. Wir starten das Anlegen unseres neuen ABAP CDS Views mit einem Klick auf **Finish**.

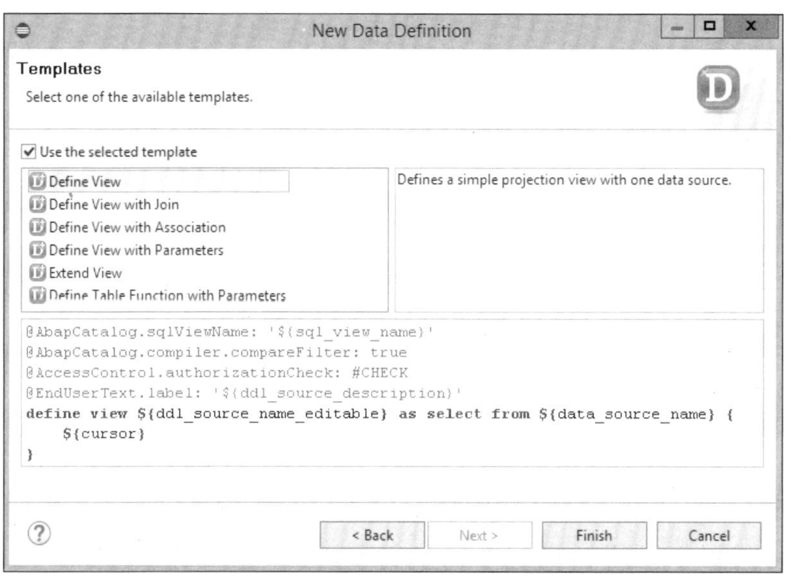

Abbildung 11.27 Auswahl der CDS-View-Vorlage in Eclipse

Codevervollständigung und Templates

Bevor wir mit der Implementierung beginnen, möchten wir es nicht verpassen, über die Codevervollständigung zu sprechen. Die ADT-Werkzeuge von SAP bieten eine umfangreiche Unterstützung bei der Programmierung. Sie können, wie aus Eclipse gewohnt, über Strg + Leertaste IntelliSense aufrufen. Wie Sie aus Abbildung 11.28 ersehen können, zeigt Ihnen die Code Completion z. B. bei Tabellen nicht nur Vorschläge für vorhandene Tabellen in der Datenbank an, sondern auch deren Aufbau. Auch beim Ausprägen eines Views und der Felder, auf die Sie zugreifen können, bietet die Code Completion entsprechende Templates an. Die Effizienz wird dadurch merklich erhöht und die Fehleranfälligkeit des Codes spürbar reduziert.

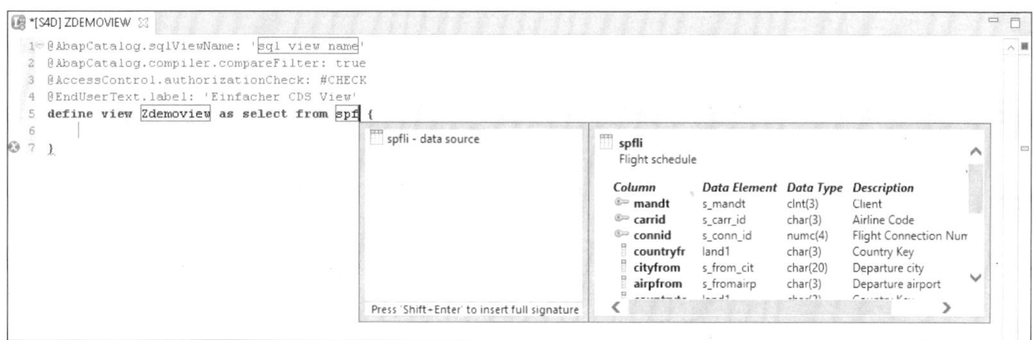

Abbildung 11.28 Die Code Completion in ABAP CDS Views

Implementierung eines einfachen ABAP CDS Views

Wir verwenden für unseren ersten View einen einfachen Anwendungsfall. Über den zu implementierenden View sollen alle verfügbaren Flugverbindungen zusammen mit den dazugehörigen Fluggesellschaften ausgegeben werden. Dazu implementieren Sie im ersten Schritt einen View mit einfachen Mitteln, der über einen Join aus zwei Tabellen `sfpli` und `scarr` die entsprechenden Informationen bezieht. Den Beginn jedes Views machen Annotationen, mit denen Sie, wie Sie Listing 11.7 entnehmen können, z. B. beschreiben, wie der SQL-View-Bezeichner im Backend heißen soll. Die Angabe der Annotation `AbapCatalog.sqlViewName` ist zwingend. Sie definieren darüber, dass ein übergebener Filterausdruck nur einmalig evaluiert werden soll. Nach den Annotationen beginnt die Definition des Views. Dies wird mit den Schlüsselworten `define view` realisiert, gefolgt von dem Namen des neuen ABAP CDS Views. Im Anschluss beschreiben Sie über `as select from`, gefolgt vom Namen der Datenquelle, woher die Daten bezogen werden sollen. In unserem Beispiel fügen Sie noch zusätzlich `join` hinzu. In geschweiften Klammern geben Sie an, welche Felder aus den Tabellen gelesen werden sollen.

```
@AbapCatalog.sqlViewName: 'ZSQLDemoView'
@AbapCatalog.compiler.compareFilter: true
@AccessControl.authorizationCheck: #CHECK
@EndUserText.label: 'Einfacher CDS View'
define view Zdemoview
  as select from spfli join scarr on scarr.carrid =
  spfli.carrid
     { key spfli.carrid,
       key scarr.carrname,
       key spfli.connid,
       spfli.cityfrom,
       spfli.cityto
}
```

Listing 11.7 Implementierung eines einfachen ABAP CDS Views

ABAP CDS View aktivieren

Nachdem Sie den ABAP CDS View implementiert haben, müssen Sie ihn noch aktivieren. Dies geschieht in der Werkzeugleiste über das [Icon]-Icon oder über die Tastenkombination [Strg] + [F3].

Nachdem der View aktiviert worden ist, können Sie ihn direkt unter Eclipse ausführen und prüfen, ob das Ergebnis Ihren Vorstellungen entspricht. Klicken Sie dazu in der Toolbar auf das [Icon]-Icon, oder nutzen Sie die Tastenkombination [Alt] + [F8]. In dem nun folgenden Dialog geben Sie in das Suchfeld den Wert »zdemo« ein. Es erscheint, wie es in Abbildung 11.29 dargestellt ist, der von uns erstellte View. Wählen Sie den gefundenen Eintrag aus, und klicken Sie auf **OK**.

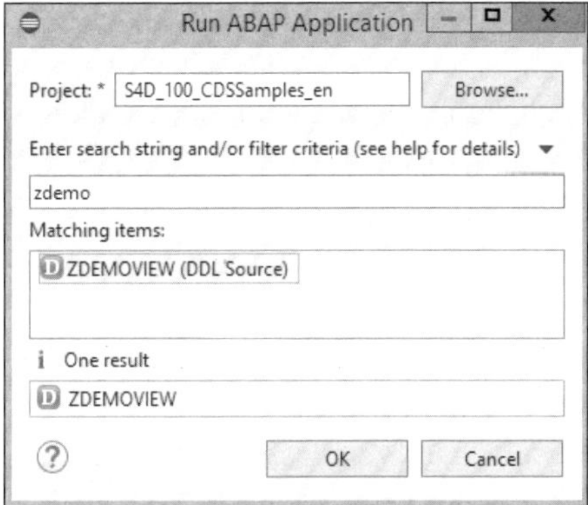

Abbildung 11.29 Auswahl des Views zur Ausführung

Es wird nun in Eclipse eine neue Schaltfläche erzeugt, in der das Resultat unseres Views angezeigt wird. Wie Sie Abbildung 11.30 entnehmen können, sehen Sie über das Ergebnisbild nicht nur das Ergebnis in tabellarischer Form, sondern über die Schaltfläche **Add filter** können Sie auch einen Filter definieren, über den Sie die Ergebnismenge einschränken können.

[S4D] ZDEMOVIEW [S4D] ZDEMOVIEW
ZDEMOVIEW
Raw Data Show Log Max. Rows: 100
26 rows retrieved - 14 ms SQL Console Data Aging Number of Entries Add filter

carrid	carrname	connid	cityfrom	cityto
LH	Lufthansa	0400	FRANKFURT	NEW YORK
AA	American Airlin...	0017	NEW YORK	SAN FRAN...
AZ	Alitalia	0555	ROME	FRANKFURT
LH	Lufthansa	2402	FRANKFURT	BERLIN
UA	United Airlines	0941	FRANKFURT	SAN FRAN...
AZ	Alitalia	0789	TOKYO	ROME
LH	Lufthansa	0402	FRANKFURT	NEW YORK
QF	Qantas Airways	0005	SINGAPORE	FRANKFURT
SQ	Singapore Airli...	0015	SAN FRANCIS...	SINGAPORE
SQ	Singapore Airli...	0002	SINGAPORE	SAN FRAN...
LH	Lufthansa	0401	NEW YORK	FRANKFURT
DL	Delta Airlines	0106	NEW YORK	FRANKFURT
JL	Japan Airlines	0407	TOKYO	FRANKFURT
JL	Japan Airlines	0408	FRANKFURT	TOKYO
AA	American Airlin...	0064	SAN FRANCIS...	NEW YORK
DL	Delta Airlines	1699	NEW YORK	SAN FRAN...
DL	Delta Airlines	1984	SAN FRANCIS...	NEW YORK
LH	Lufthansa	2407	BERLIN	FRANKFURT
UA	United Airlines	3504	SAN FRANCIS...	FRANKFURT
AZ	Alitalia	0788	ROME	TOKYO

Abbildung 11.30 Darstellung des Ergebnisses des ABAP CDS Views

Nach einem Klick auf **Add filter** wird ein Auswahlfeld mit den Feldern des Views eingeblendet. Nach der Auswahl eines Feldes kann festgelegt werden, welche Filteroperation (=, <, >, ≠ etc.) und welcher Wert für das Filtern herangezogen werden sollen.

ABAP CDS View als SQL View

Wie bereits zu Beginn des Kapitels erwähnt, wird auf dem Backend beim Aktivieren eines ABAP CDS Views ein SQL View erzeugt. Daher können Sie über Transaktion SE11 den erzeugten SQL View anzeigen lassen. Nachdem Transaktion SE11 gestartet worden ist, wählen Sie den Eintrag **View** aus und geben den Namen unseres Views, so wie wir ihn beim Anlegen des Views in Eclipse festgelegt haben, in das entsprechende Feld ein; in dem hier gezeigten Beispiel lautet der Name des SQL Views `ZSQLDemoView`. Selbstverständlich können Sie hier auch die [F4]-Hilfe verwenden und nach dem View suchen. Abbildung 11.31 zeigt den SQL View in Transaktion SE11.

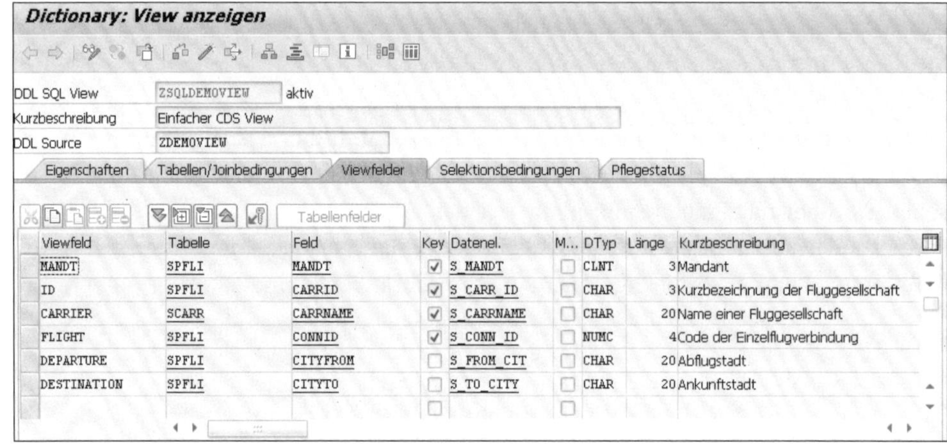

Abbildung 11.31 Der angelegte SQL View in Transaktion SE11

View-Definition anpassen

Damit Sie in der Ausgabe noch aussagekräftigere Namen für die Tabellenspalten erhalten, ändern Sie die View-Definition, wie es in Listing 11.8 gezeigt wird. Die Auswirkungen dieser Anpassungen werden im nächsten Abschnitt deutlich.

```
define view Zdemoview (id, carrier, flight, departure, destination)
```

Listing 11.8 Ausgabeanpassungen im CDS View

Nach dem Speichern und Aktivieren der Änderungen starten Sie den CDS View erneut in Eclipse und erhalten das in Abbildung 11.32 gezeigte Resultat.

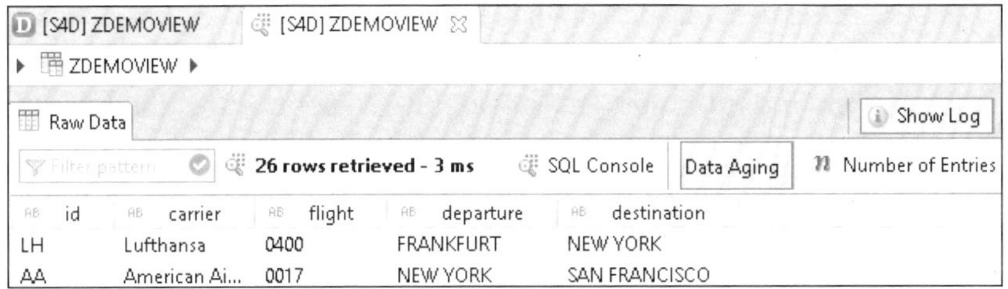

Abbildung 11.32 Ausgabe mit angepassten Spaltenüberschriften

11.2.2 ABAP CDS View als OData-Service bereitstellen

Seit SAP NetWeaver Application Server for ABAP 7.50 können CDS Views sehr einfach als OData-Service veröffentlicht werden. Dazu muss lediglich die Annotation `@OData.publish: true` verwendet werden. Diese wird über der eigentlichen View-Implementierung angefügt. Nach dem Aktivieren des Views steht der View als OData-Service zur Verfügung. Sie erweitern daher die Implementierung unseres Views und fügen, wie es in Listing 11.9 zu sehen ist, die Annotation entsprechend hinzu.

```
@AbapCatalog.sqlViewName: 'ZSQLDemoView'
@AbapCatalog.compiler.compareFilter: true
@AccessControl.authorizationCheck: #CHECK
@EndUserText.label: 'Einfacher CDS View'
@OData.publish: true
```

Listing 11.9 Die Annotation »@OData.publish«

Nachdem Sie die Annotation eingefügt haben, speichern Sie Ihre Änderungen und aktivieren den View erneut. Wie es Abbildung 11.33 zeigt, wird nach dem Aktivieren ein Icon vor der OData-Annotation eingeblendet. Durch dieses Icon wird angezeigt, dass der Service auf dem Backend-System ab jetzt verfügbar ist. Allerdings muss die Registrierung des Dienstes manuell über Transaktion /IWFND/MAINT_SERVICE durchgeführt werden.

[S4D] ZDEMOVIEW   [S4D] ZDEMOVIEW

```
@AbapCatalog.sqlViewName: 'ZSQLDemoView'
@AbapCatalog.compiler.compareFilter: true
@AccessControl.authorizationCheck: #CHECK
@EndUserText.label: 'Einfacher CDS View'
```

Multiple markers at this line:
- Service ZDEMOVIEW_CDS created. Activation to be done manually (/IWFND/MAINT_SERVICE) [OData Exposure]
- View has generated Objects

```
    as select from spfli join scarr on scarr.carrid = spfli.carrid
```

Abbildung 11.33 Darstellung eines erfolgreich aktivierten OData-Dienstes in Eclipse

Folgen Sie daher dem Rat, der Ihnen in Eclipse gegeben wird, und aktivieren Sie den Service manuell. Dazu melden Sie sich am Frontend-Server Ihrer Landschaft an und rufen dort Transaktion /n/IWFND/MAINT_SERVICE auf. Nun klicken Sie auf die Schaltfläche **Service hinzufügen**, wählen anschließend im Feld **Systemalias** Ihr Backend-System aus, geben im Feld **Technischer Servicename** den Namen Ihres Dienstes an und drücken auf [↵]. Der Service wird aufgelistet, wie in Abbildung 11.34 dargestellt.

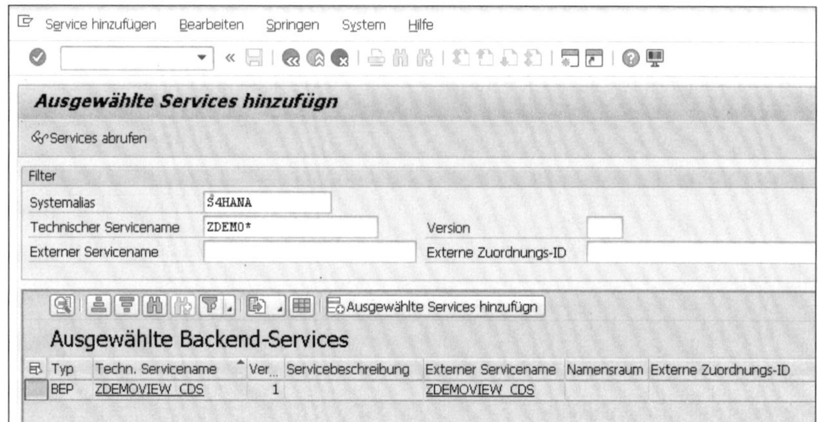

Abbildung 11.34 Auswahl des OData-Services auf dem Frontend-Server

Klicken Sie nun auf die Schaltfläche **Ausgewählte Services hinzufügn**. Es wird ein Dialog mit Servicedetails angezeigt. Wir geben in dem Dialog das Paket an, dem wir unseren neuen Service hinzufügen möchten, und wählen anschließend einen Transportauftrag aus. Das erfolgreiche Hinzufügen wird über die Meldung »Service ›ZDEMOVIEW_CDS‹ wurde angelegt und seine Metadaten erfolgreich geladen« quittiert. Bestätigen Sie die Meldung, und wechseln Sie mit [F3] in das Ausgangsbild der Transaktion. Der Service wird nun, wie es in Abbildung 11.35 dargestellt ist, in der Liste der Dienste angezeigt. Wie Sie erkennen können, wird der Dienst auf den Backend-Service referenziert.

Durch einen Klick auf die Schaltfläche **Browser aufrufen** können Sie, analog zu den OData-Diensten im vorangegangenen Kapitel, den Service im Browser oder den Dienst im bereits bekannten SAP Gateway Client über die Schaltfläche **SAP Gateway Client** testen. Durch das Anhängen von `/Zdemoview` erhalten Sie, wie in Abbildung 11.36 gezeigt, eine Liste von Flügen.

Services aktivieren und verwalten

Filter | Service hinzufügen | Service löschen | Servicedetails | Metadaten laden | Fehlerprotokoll | Statistiken anfordern | Katalog aktualisier. | OAuth

Servicekatalog

Typ	Techn. Servicename	V...	Servicebeschreibung	Externer Servicename	Namensr.	OAut...	Soft-State	Modus
BEP	SADL_V_EXP_QUERY_CDS	1	Generierter SADL-Service	SADL_V_EXP_QUERY_CDS		☐		Routing-basiert
BEP	SADL_V_SALESORDER_BO_CDS	1	Generierter SADL-Service	SADL_V_SALESORDER_BO_CDS		☐	Nicht unterstü...	Routing-basiert
BEP	ZSBLE_BADI_CTX_REGISTRY_SRV	1		SBLE_BADI_CTX_REGISTRY_SRV		☐		Routing-basiert
BEP	ZSD_SOFM_CREDIT_BLOCK_SRV	1		SD_SOFM_CREDIT_BLOCK_SRV		☐		Routing-basiert
BEP	ZSD_SOFM_DELIVERY_SRV_01	1		SD_SOFM_DELIVERY_SRV_01		☐		Routing-basiert
BEP	ZSD_SOFM_INVOICE_SRV	1		SD_SOFM_INVOICE_SRV		☐		Routing-basiert
BEP	ZSD_SOFM_SRV	1		SD_SOFM_SRV		☐		Routing-basiert
BEP	SEPM_HANA_EXT_PAL_ODATA_SRV	1	SEPM_HANA_EXT_PAL_ODATA	SEPM_HANA_EXT_PAL_ODATA_SRV		☑	Nicht unterstü...	Routing-basiert
BEP	ZSMART_BUSINESS_DESIGNTIME_SRV	1		SMART_BUSINESS_DESIGNTIME_SRV	/SSB/	☐		Routing-basiert
BEP	ZSMART_BUSINESS_RUNTIME_SRV	1		SMART_BUSINESS_RUNTIME_SRV	/SSB/	☐		Routing-basiert
BEP	/IWFND/SUBSCRIPTIONMANAGEMENT	2		SUBSCRIPTIONMANAGEMENT	/IWBEP/	☐		Routing-basiert
BEP	ZTASKPROCESSING	1		TASKPROCESSING	/IWPGW/	☐		Routing-basiert
BEP	ZTASKPROCESSING	2		TASKPROCESSING	/IWPGW/	☐		Routing-basiert
BEP	ZTRANSPORT	1		TRANSPORT	/UI2/	☐		Routing-basiert
BEP	ZUDMO_COLLECTION_WORKLIST	1		UDMO_COLLECTION_WORKLIST		☐		Routing-basiert
BEP	ZUDMO_MANAGE_DISPUTES_SRV	1		UDMO_MANAGE_DISPUTES_SRV		☐		Routing-basiert
	/IWFND/USAGEEXTRACTOR	1		USAGEEXTRACTOR	/IWFND/	☐		Routing-basiert
BEP	ZUSER_MENU	1		USER_MENU	/UI2/	☐		Routing-basiert
	/IWFND/SG_USER_SERVICE	1		USERSERVICE	/IWFND/	☐		Routing-basiert
BEP	ZVDM_CDSVIEW_BROWSER	1		VDM_CDSVIEW_BROWSER		☐		Routing-basiert
BEP	ZZ_C_FLBYAIRPO_CDS	1		Z_C_FLBYAIRPO_CDS		☐		Routing-basiert
BEP	ZDEMOVIEW_CDS	1		ZDEMOVIEW_CDS		☐	Nicht unterstü...	Routing-basiert

ICF-Knoten | Browser aufrufen | SAP Gateway Client

ICF-Knoten

Status	ICF-Knoten	Sitzungs-Timeout	Soft-State	Beschreibung
	ODATA	00:00:00		Standardmodus

Systemalias hinzuf. | Systemalias entfern. | Customizing | Service-Imple...

Systemaliase

SAP-Systemalias	Beschreibung	Standard	Met...
S4HANA		☑	

Abbildung 11.35 Registrierter OData-Service auf dem Frontend-Server

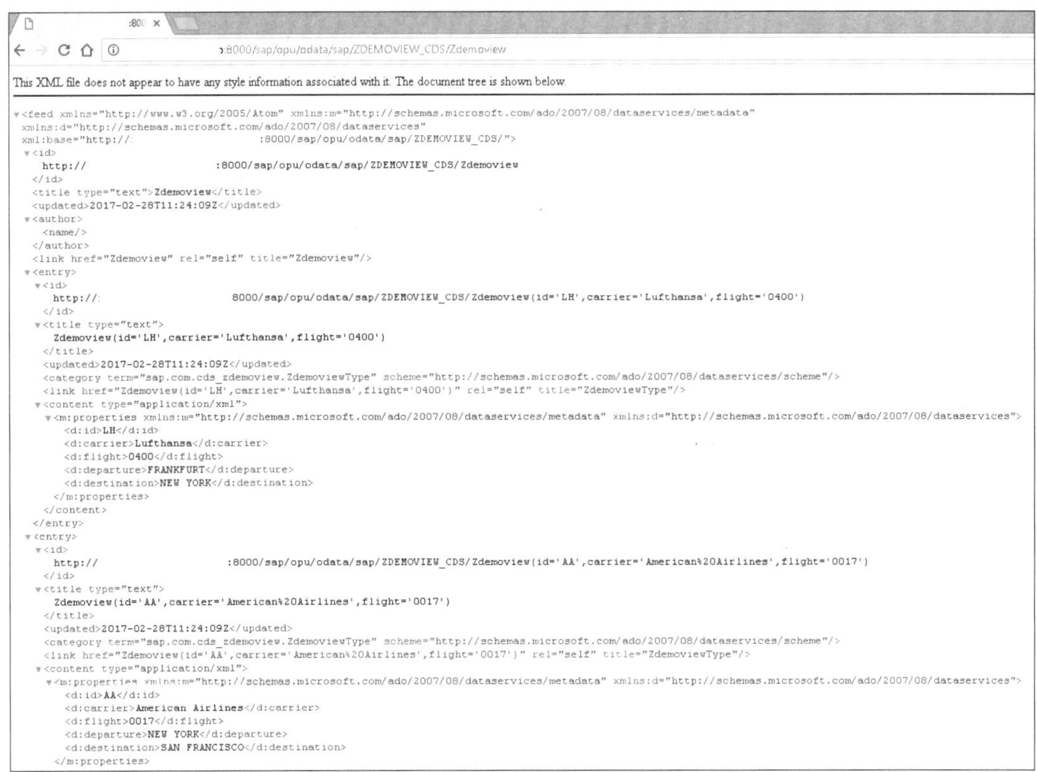

:8000/sap/opu/odata/sap/ZDEMOVIEW_CDS/Zdemoview

This XML file does not appear to have any style information associated with it. The document tree is shown below.


```
<feed xmlns="http://www.w3.org/2005/Atom" xmlns:m="http://schemas.microsoft.com/ado/2007/08/dataservices/metadata"
 xmlns:d="http://schemas.microsoft.com/ado/2007/08/dataservices"
 xml:base="http://                :8000/sap/opu/odata/sap/ZDEMOVIEW_CDS/">
  <id>
    http://                :8000/sap/opu/odata/sap/ZDEMOVIEW_CDS/Zdemoview
  </id>
  <title type="text">Zdemoview</title>
  <updated>2017-02-28T11:24:09Z</updated>
  <author>
    <name/>
  </author>
  <link href="Zdemoview" rel="self" title="Zdemoview"/>
  <entry>
    <id>
      http://                8000/sap/opu/odata/sap/ZDEMOVIEW_CDS/Zdemoview(id='LH',carrier='Lufthansa',flight='0400')
    </id>
    <title type="text">
      Zdemoview(id='LH',carrier='Lufthansa',flight='0400')
    </title>
    <updated>2017-02-28T11:24:09Z</updated>
    <category term="sap.com.cds_zdemoview.ZdemoviewType" scheme="http://schemas.microsoft.com/ado/2007/08/dataservices/scheme"/>
    <link href="Zdemoview(id='LH',carrier='Lufthansa',flight='0400')" rel="self" title="ZdemoviewType"/>
    <content type="application/xml">
      <m:properties xmlns:m="http://schemas.microsoft.com/ado/2007/08/dataservices/metadata" xmlns:d="http://schemas.microsoft.com/ado/2007/08/dataservices">
        <d:id>LH</d:id>
        <d:carrier>Lufthansa</d:carrier>
        <d:flight>0400</d:flight>
        <d:departure>FRANKFURT</d:departure>
        <d:destination>NEW YORK</d:destination>
      </m:properties>
    </content>
  </entry>
  <entry>
    <id>
      http://                :8000/sap/opu/odata/sap/ZDEMOVIEW_CDS/Zdemoview(id='AA',carrier='American%20Airlines',flight='0017')
    </id>
    <title type="text">
      Zdemoview(id='AA',carrier='American%20Airlines',flight='0017')
    </title>
    <updated>2017-02-28T11:24:09Z</updated>
    <category term="sap.com.cds_zdemoview.ZdemoviewType" scheme="http://schemas.microsoft.com/ado/2007/08/dataservices/scheme"/>
    <link href="Zdemoview(id='AA',carrier='American%20Airlines',flight='0017')" rel="self" title="ZdemoviewType"/>
    <content type="application/xml">
      <m:properties xmlns:m="http://schemas.microsoft.com/ado/2007/08/dataservices/metadata" xmlns:d="http://schemas.microsoft.com/ado/2007/08/dataservices">
        <d:id>AA</d:id>
        <d:carrier>American Airlines</d:carrier>
        <d:flight>0017</d:flight>
        <d:departure>NEW YORK</d:departure>
        <d:destination>SAN FRANCISCO</d:destination>
      </m:properties>
```


Abbildung 11.36 Aufruf des OData-Services im Browser

11.2.3 Implementierung eines komplexeren OData-Services

Nachdem wir unseren ersten einfachen ABAP CDS View angelegt haben, möchten wir als Nächstes noch zeigen, wie Sie zwischen verschiedenen Entitäten Navigationsbeziehungen aufbauen können. Wir bleiben dazu bei dem Flugdatenmodell. Folgendes Szenario soll abgebildet werden: Über einen OData-Service sollen unter Angabe der Fluggesellschaft und der Verbindungsnummer alle dazugehörigen Flüge angezeigt werden. Sie sehen, es handelt sich dabei um einen typischen, zugebenermaßen einfachen, Service für eine Master-Detail-Anwendung. Für dieses Szenario erstellen Sie drei Views. Der View `ZflightsInfo` stellt den Consumption View dar. Er wird als OData-Service publiziert und steht in Abhängigkeit zum View `ZCarrierView`. Dies beschreibt die Fluggesellschaft und die Verbindungsnummer zwischen zwei Destinationen. Der View besitzt eine `0:*`-Assoziation zu einem View mit dem Namen `ZFlights`. Somit ist es möglich, über den `ZFlights`-View, unter der Angabe der ID der Fluggesellschaft sowie der Verbindungsnummer, die einzelnen Verbindungen zu erhalten. Abbildung 11.37 zeigt den Aufbau der Implementierung für den beschriebenen Anwendungsfall.

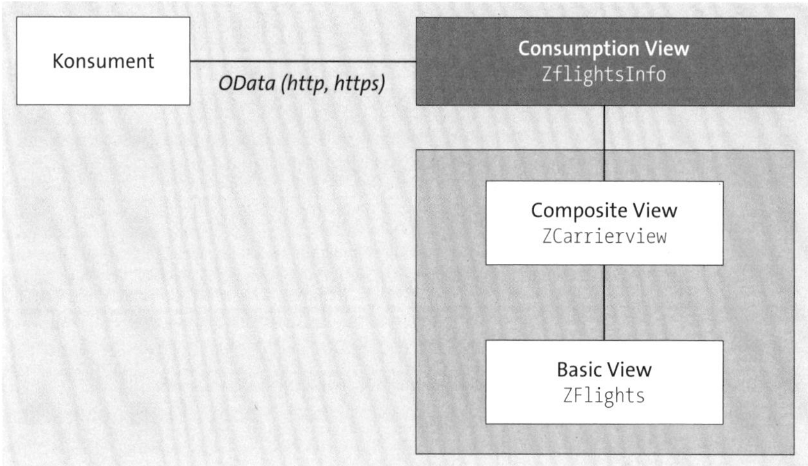

Abbildung 11.37 Grundaufbau der Views

Implementierung des Consumption Views

Wir legen zunächst einen View mit dem Namen `ZFlightsInfo` an. Da es sich bei diesem View um den View handelt, den wir als Consumption View ausprägen möchten, also einen View, der als OData-Service genutzt werden kann, geben Sie die Annotation `OData.publish` mit dem Wert `true` an. Wie Sie Listing 11.10 entnehmen können, führt der View einen Select auf dem Objekt `ZCarrierview` aus. Dabei handelt sich um einen noch anzulegenden View mit dem Namen `ZFlightsInfo`. Dieser führt einen Select auf `ZCarrier-`

view aus, wobei die Felder carrid und connid als Schlüsselfelder definiert werden.

```
@AbapCatalog.sqlViewName: 'zflightbase'
@AbapCatalog.compiler.compareFilter: true
@AccessControl.authorizationCheck: #CHECK
@EndUserText.label: 'flight view'
@OData.publish: true

define view Zflightsinfo as select from ZCarrierview {
  key ZCarrierview.carrid,
  key ZCarrierview.connid,
 @ObjectModel.association.type:[#TO_COMPOSITION_CHILD]
  ZCarrierview._Item
}
```

Listing 11.10 Implementierung von OData

Implementierung des Composite Views

Wir legen einen View mit dem Namen ZCarrierview an. Dieser View implementiert über die Angabe des Schlüsselworts association und der Kardinalität 0:* eine Abhängigkeit zum View ZFlights. Die Assoziation wird über projection, carrid und connid aufgelöst. Das Attribut _Item wird mit der Annotation @ObjectModel.association.type und dem Wert #TO_COMPOSITION_CHILD markiert. Damit wird definiert, dass beim Erstellen des OData-Services eine Navigationseigenschaft to_<NameDesAttributs> angelegt werden soll. In dem hier vorgestellten Beispiel können Sie damit später über to_Item auf die einzelnen Flüge einer Fluggesellschaft navigieren. Listing 11.11 zeigt die Implementierung des Views.

```
@AbapCatalog.sqlViewName: 'zcarrier'
@AbapCatalog.compiler.compareFilter: true
@AccessControl.authorizationCheck: #CHECK
@EndUserText.label: 'root view'
define view ZCarrierview as  select from spfli
association [0..*] to ZFlights as  Item on $projection.carrid =
 _Item.carrid and $projection.connid = _Item.connid
{
  key spfli.connid,
  key spfli.carrid,
  @ObjectModel.association.type: #TO_COMPOSITION_CHILD
   _Item
}
```

Listing 11.11 Implementierung des Composite Views »ZCarrierview«

Implementierung des Basic Views

Legen Sie nun einen neuen View mit dem Namen `ZFlights` an. Dieser View implementiert letztlich einen einzelnen Satz einer Flugverbindung. Wie Sie aus Listing 11.12 entnehmen können, beschreibt der View eine Assoziation mit der Kardinalität 1:1 zu `ZCarrierview`. Über die Angabe von `@ObjectModel.association.type` und der Werte `#TO_COMPOSITION_ROOT` sowie `#TO_COMPOSITION_PARENT` beschreiben Sie, dass Sie eine Navigationsbeziehung zwischen dem Kind- und dem Elternobjekt ermöglichen. So ist es später möglich, dass Sie nicht nur von einer Fluggesellschaft zu den Flugdetails gelangen, sondern auch in die entgegengesetzte Richtung navigieren können.

```
@AbapCatalog.sqlViewName: 'zflightsitems'
@AbapCatalog.compiler.compareFilter: true
@AccessControl.authorizationCheck: #CHECK
@EndUserText.label: 'child_view'
define view ZFlights as select from sflight
association [1..1] to ZCarrierview as _root
on $projection.connid = _root.connid
and $projection.carrid = _root.carrid
{
   key sflight.carrid,
   key sflight.connid,
   key sflight.fldate,
   sflight.currency,
   sflight.price,
   sflight.planetype,
   sflight.seatsmax,
   sflight.seatsocc,
   sflight.paymentsum,
   sflight.seatsmax_b,
   sflight.seatsocc_b,
   sflight.seatsmax_f,
   sflight.seatsocc_f,
   @ObjectModel.association.type: [#TO_COMPOSITION_ROOT,
    #TO_COMPOSITION_PARENT]
   _root
}
```

Listing 11.12 Implementierung des Views »ZFlights«

Nachdem die Views soweit implementiert sind, speichern Sie Ihre Änderungen und aktivieren alle drei Views auf einmal. Dazu klicken Sie auf das [Icon]-Icon oder nutzen die Tastenkombination [Strg] + [⇧] + [F3]. Nachdem Sie die Views aktiviert haben, können Sie, wie bereits im vorangegangenen

Abschnitt beschrieben, den OData-Service auf dem Frontend-Server registrieren. Nach der Registrierung können Sie das Servicedokument des OData-Dienstes über die folgende URL aufrufen: *<protokoll>://<server>:<port>/sap/opu/odata/sap/ZFLIGHTSINFO_CDS*. Sie erhalten nun das in Abbildung 11.38 gezeigte XML-Dokument zurück. Falls Sie an dieser Stelle weitere Informationen zur Struktur der Entitäten benötigen, können Sie wie üblich über `$metadata` die Metadaten des Dienstes abrufen.

:8000/sap/opu/odata/sap/ZFLIGHTSINFO_CDS/

This XML file does not appear to have any style information associated with it. The document tree is shown below.


```
▾<app:service xmlns:app="http://www.w3.org/2007/app" xmlns:atom="http://www.w3.org/2005/Atom" xmlns:m="http://schemas.microsoft.com/ado/2007/08/dataservices/metadata"
 xmlns:sap="http://www.sap.com/Protocols/SAPData" xml:lang="en" xml:base="http://                    :8000/sap/opu/odata/sap/ZFLIGHTSINFO_CDS/">
 ▾<app:workspace>
    <atom:title type="text">Data</atom:title>
  ▾<app:collection sap:creatable="false" sap:updatable="false" sap:deletable="false" sap:content-version="1" href="ZCarrierview">
     <atom:title type="text">ZCarrierview</atom:title>
     <sap:member-title>root view</sap:member-title>
   </app:collection>
  ▾<app:collection sap:creatable="false" sap:updatable="false" sap:deletable="false" sap:content-version="1" href="ZFlights">
     <atom:title type="text">ZFlights</atom:title>
     <sap:member-title>child_view</sap:member-title>
   </app:collection>
  ▾<app:collection sap:creatable="false" sap:updatable="false" sap:deletable="false" sap:content-version="1" href="ZflightsInfo">
     <atom:title type="text">ZflightsInfo</atom:title>
     <sap:member-title>flight view</sap:member-title>
   </app:collection>
  </app:workspace>
  <atom:link rel="self" href="http://            8000/sap/opu/odata/sap/ZFLIGHTSINFO_CDS/"/>
  <atom:link rel="latest-version" href="http://            8000/sap/opu/odata/sap/ZFLIGHTSINFO_CDS/"/>
</app:service>
```


Abbildung 11.38 Servicedokument von ZFlightsinfo_CDS-OData-Services

Basisinformationen zur Verbindung auslesen

Um nun die Daten zum Service zu erhalten, rufen Sie auf Basis des Servicedokuments die URL *<port>://<server>:<port>/sap/opu/odata/sap/ZFLIGHTS-INFO_CDS/ZflightsInfo(connid='0017',carrid='AA')/* auf. Dadurch erhalten Sie die Detailinformationen zur Fluggesellschaft American Airlines (siehe Abbildung 11.39).

:8000/sap/opu/odata/sap/ZFLIGHTSINFO_CDS/ZflightsInfo(connid='0017',carrid='AA')

This XML file does not appear to have any style information associated with it. The document tree is shown below.


```
▾<entry xmlns="http://www.w3.org/2005/Atom" xmlns:m="http://schemas.microsoft.com/ado/2007/08/dataservices/metadata" xmlns:d="http://schemas.microsoft.com/ado/2007/08/dataservices"
 xml:base="http://             :8000/sap/opu/odata/sap/ZFLIGHTSINFO_CDS/">
 ▾<id>
    http://             :8000/sap/opu/odata/sap/ZFLIGHTSINFO_CDS/ZflightsInfo(carrid='AA',connid='0017')
  </id>
  <title type="text">ZflightsInfo(carrid='AA',connid='0017')</title>
  <updated>2017-02-28T14:41:25Z</updated>
  <category term="sap.com.cds_zflightsinfo.ZflightsInfoType" scheme="http://schemas.microsoft.com/ado/2007/08/dataservices/scheme"/>
  <link href="ZflightsInfo(carrid='AA',connid='0017')" rel="self" title="ZflightsInfoType"/>
  <link href="ZflightsInfo(carrid='AA',connid='0017')/to_Item" rel="http://schemas.microsoft.com/ado/2007/08/dataservices/related/to_Item" type="application/atom+xml;type=feed" title="to_Item"/>
 ▾<content type="application/xml">
  ▾<m:properties>
     <d:carrid>AA</d:carrid>
     <d:connid>0017</d:connid>
   </m:properties>
  </content>
</entry>
```


Abbildung 11.39 Detailinformationen zu einer Fluggesellschaft

Flüge zu einer Verbindung darstellen

Als Nächstes sollen Ihnen nun die Flüge zu der soeben abgerufenen Fluggesellschaft durch das System zurückgeliefert werden. Wie Sie Abbildung 11.39 entnehmen können, besitzt die zurückgegebene Entität die Navigationseigenschaft `to_Item`. Mittels dieser Eigenschaft können Sie auf die Flüge zu einer Gesellschaft navigieren. Sie ändern damit die obige URL so ab, dass Sie an das Ende der URL */to_Item* anhängen. Dadurch erhalten Sie die folgende

URL: *<protokoll>://<server>:<port>/sap/opu/odata/sap/ZFLIGHTSINFO_CDS/ZflightsInfo(connid='0017',carrid='AA')/to_Item*. Nachdem Sie die Anfrage an den Server gesendet haben, erhalten Sie die in Abbildung 11.40 auszugsweise gezeigte Antwort. Wie Sie der Abbildung ebenso entnehmen können, ist es gleichsam möglich, von einer Flugverbindung aus zur Verbindungsnummer und Fluggesellschaft zu gelangen. Zum Beispiel können Sie über */ZFLIGHTSINFO_CDS/ZFlights(carrid='AA',connid='0017',fldate=datetime'2016-09-08T00%3A00%3A00')/to_root* zurück zur Ausgangsinformation navigieren.

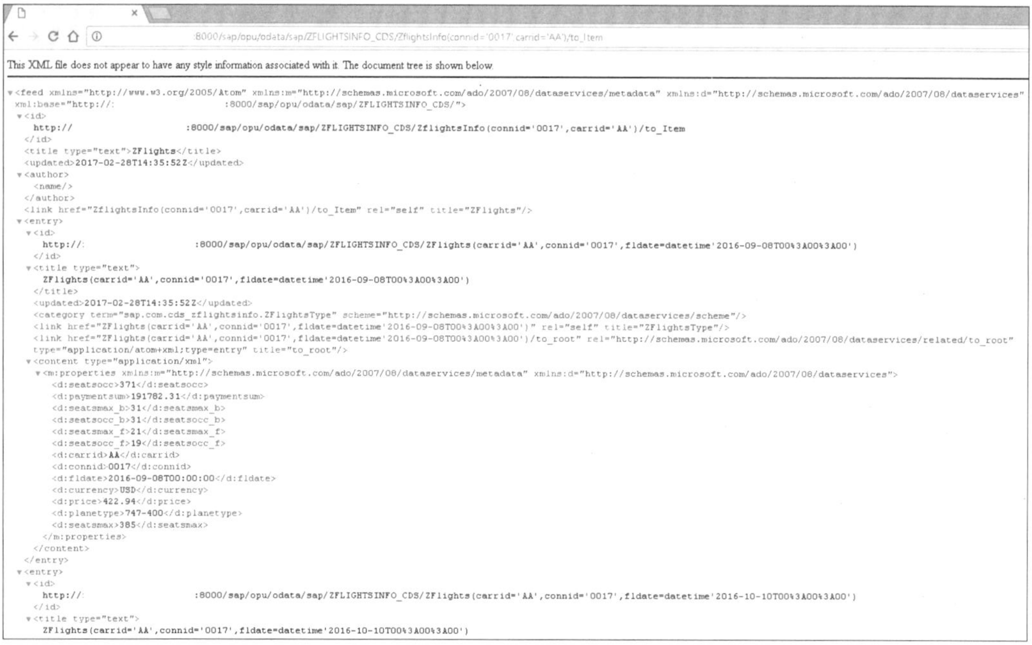

:8000/sap/opu/odata/sap/ZFLIGHTSINFO_CDS/ZflightsInfo(connid='0017',carrid='AA')/to_Item

This XML file does not appear to have any style information associated with it. The document tree is shown below.


```
▾<feed xmlns="http://www.w3.org/2005/Atom" xmlns:m="http://schemas.microsoft.com/ado/2007/08/dataservices/metadata" xmlns:d="http://schemas.microsoft.com/ado/2007/08/dataservices"
 xml:base="http://:                    :8000/sap/opu/odata/sap/ZFLIGHTSINFO_CDS/">
 ▾<id>
   http://                    :8000/sap/opu/odata/sap/ZFLIGHTSINFO_CDS/ZflightsInfo(connid='0017',carrid='AA')/to_Item
  </id>
  <title type="text">ZFlights</title>
  <updated>2017-02-28T14:35:52Z</updated>
 ▾<author>
   <name/>
  </author>
  <link href="ZflightsInfo(connid='0017',carrid='AA')/to_Item" rel="self" title="ZFlights"/>
 ▾<entry>
  ▾<id>
    http://:                    :8000/sap/opu/odata/sap/ZFLIGHTSINFO_CDS/ZFlights(carrid='AA',connid='0017',fldate=datetime'2016-09-08T00%3A00%3A00')
   </id>
  ▾<title type="text">
    ZFlights(carrid='AA',connid='0017',fldate=datetime'2016-09-08T00%3A00%3A00')
   </title>
   <updated>2017-02-28T14:35:52Z</updated>
   <category term="sap.com.cds_zflightsinfo.ZFlightsType" scheme="http://schemas.microsoft.com/ado/2007/08/dataservices/scheme"/>
   <link href="ZFlights(carrid='AA',connid='0017',fldate=datetime'2016-09-08T00%3A00%3A00')" rel="self" title="ZFlightsType"/>
   <link href="ZFlights(carrid='AA',connid='0017',fldate=datetime'2016-09-08T00%3A00%3A00')/to_root" rel="http://schemas.microsoft.com/ado/2007/08/dataservices/related/to_root"
   type="application/atom+xml;type=entry" title="to_root"/>
  ▾<content type="application/xml">
   ▾<m:properties xmlns:m="http://schemas.microsoft.com/ado/2007/08/dataservices/metadata" xmlns:d="http://schemas.microsoft.com/ado/2007/08/dataservices">
      <d:seatsocc>371</d:seatsocc>
      <d:paymentsum>191782.31</d:paymentsum>
      <d:seatsmax_b>31</d:seatsmax_b>
      <d:seatsocc_b>31</d:seatsocc_b>
      <d:seatsmax_f>21</d:seatsmax_f>
      <d:seatsocc_f>19</d:seatsocc_f>
      <d:carrid>AA</d:carrid>
      <d:connid>0017</d:connid>
      <d:fldate>2016-09-08T00:00:00</d:fldate>
      <d:currency>USD</d:currency>
      <d:price>422.94</d:price>
      <d:planetype>747-400</d:planetype>
      <d:seatsmax>385</d:seatsmax>
    </m:properties>
   </content>
  </entry>
 ▾<entry>
  ▾<id>
    http://:                    :8000/sap/opu/odata/sap/ZFLIGHTSINFO_CDS/ZFlights(carrid='AA',connid='0017',fldate=datetime'2016-10-10T00%3A00%3A00')
   </id>
  ▾<title type="text">
    ZFlights(carrid='AA',connid='0017',fldate=datetime'2016-10-10T00%3A00%3A00')
```


Abbildung 11.40 Flüge zu einer Fluggesellschaft

11.2.4 Arbeiten mit UI-Annotationen

Metadaten zur Beschreibung des UI

In vielen Bereichen der Softwareentwicklung spielen zusätzliche beschreibende Informationen, sogenannte *Metadaten*, im Programmcode eine wichtige Rolle. In den meisten Fällen werden auf der Grundlage dieser Metadaten Klassen, Methoden oder sonstige Aspekte einer Laufzeitumgebung generiert oder zur Verfügung gestellt. Auch bei SAPUI5 und SAP Fiori spielen Metadaten eine zunehmend wichtigere Rolle (siehe Kapitel 12, »Entwicklung einer SAP-Fiori-Anwendung mit SAP Web IDE«). Wir wenden uns in diesem Abschnitt der Nutzung von Metadaten in ABAP CDS Views zu.

In ABAP CDS Views werden UI-Annotationen mittels des Präfixes `@UI.` eingeführt. Auf das Präfix folgt die entsprechende Vokabel, mit der ein View oder eine Eigenschaft beschrieben werden soll.

Die »@UI.headerInfo«-Annotation

Mit der `@UI.headerInfo`-Annotation beschreiben Sie die Kopfinformationen einer Entität; sie besitzt Eigenschaften wie `title`, `description` oder `imageURL` für das Markieren einer URL zu dem entitätsbeschreibenden Bild. Zusätzlich verfügt die `@UI.headerInfo`-Annotation über das Attribut `typeName`, mit dem das Attribut für die Beschreibung des Titels auf der Object Page verwendet wird, während das Attribut `typeNames` den Titel einer Liste enthält. Sowohl `typeName` als auch `typeNames` sind nicht optionale Attribute.

Die »@UI.lineItem«-Annotation

Über die Annotation `@UI.lineItem` werden Entitäten beschrieben, die in einer Tabelle oder Liste dargestellt werden. Die Definition dieser Annotation enthält eine Menge an `@UI.DataField`-Annotationen, über die Eigenschaften beschrieben werden können.

Die »@UI.selectionField«-Annotation

Die Annotation `UI.selectionField` nutzen Sie, um Elemente als Selektions- bzw. Filterelemente zu markieren. Sie werden z. B. beim List-Report-Muster eingesetzt.

Die »@UI.dataField«-Annotation

Die Annotation `UI.dataField` dient der Beschreibung von Eigenschaften einer Entität.

Die »@UI.identification«-Annotation

Die Annotation `UI.identification` stellt eine Menge an `UI.dataField`-Elementen dar, über die, zusammen mit der `UI.headerInfo`-Annotation, eine Entität eindeutig identifizierbar ist.

Die »@UI.fieldGroup«-Annotation

Um mehrere Informationen einer Entität zu gruppieren und zusammenzufassen, verwenden Sie die Annotation `UI.fieldGroup`. Sie enthält eine Menge von `UI.dataField`-Elementen.

Nähere Informationen zu den verfügbaren Annotationen finden Sie unter *http://s-prs.de/v726828*. Folgen Sie dort dem Verweis **UI-Annotations**.

Anwenden der UI-Annotationen

Vor dem Hintergrund der soeben beschriebenen Annotationen implementieren wir nun einen ABAP CDS mit entsprechenden Annotationen. Ausgangspunkt ist der in Abschnitt 1.3.1, »Technische Applikationstypen«, implementierte View. Sie ändern die Implementierung lediglich dahingehend ab, dass Sie die Datenbankabfrage nicht mehr über einen SQL-Join gestalten, sondern etwas eleganter über eine Assoziation. Ziel ist es dabei, eine typische SAP-Fiori-Anwendung auf Basis dieses CDS Views anzulegen. Die Anwendung soll einen List Report darstellen, also eine Darstellung von gleichen Entitäten in einer Liste. Zusätzlich soll es möglich sein, über das Festlegen von Filterkriterien die Liste der angezeigten Flugverbindungen einzuschränken. Abbildung 11.41 zeigt das angestrebte Ergebnis.

Abbildung 11.41 Ergebnisbild der SAP-Fiori-Anwendung

Listing 11.13 zeigt die Implementierung des Views, auf dessen Basis die dargestellte Anwendung mit Daten versorgt werden soll.

```
@AbapCatalog.sqlViewName: 'Zdemoviewan'
@AbapCatalog.compiler.compareFilter: true
@AccessControl.authorizationCheck: #CHECK
@EndUserText.label: 'View mitUI-Annotationen'
@OData.publish: true

define view Zdemoviewuianno
  as select from spfli
            association [1..1] to scarr as spfli_scarr
              on $projection.carrid = spfli_scarr.carrid
```

```
    {
      key spfli.carrid,
      key spfli_scarr.carrname,
      key spfli.connid,
      spfli.cityfrom,
      spfli.cityto
  }
```

Listing 11.13 Ausgangsview für UI-Annotationen

Die Annotation »@UI.listItem« anwenden

Als Erstes wenden wir uns der Implementierung der tabellarischen Darstellung der Verbindungen zu. Dazu verwenden Sie die Annotation `@UI.listItem`. Diese Annotation setzen Sie vor jedes Feld Ihres Views, der in der Liste angezeigt werden soll. Sie definieren dabei neben der eigentlichen Annotation auch noch eine Eigenschaft der `@UI.listItem`-Annotation, mit der Sie die Reihenfolge in der Liste beeinflussen können. Der Wert mit der kleinsten Positionsnummer wird ganz zu Beginn dargestellt. Sie erhalten die in Listing 11.14 gezeigte Implementierung.

```
@UI.lineItem.position:10
       key spfli.carrid,
@UI.lineItem.position:20
       key spfli_scarr.carrname,
@UI.lineItem.position:30
       key spfli.connid,
@UI.lineItem.position:40
       spfli.cityfrom,
@UI.lineItem.position:50
       spfli.cityto
```

Listing 11.14 Die Annotation »@UI.lineItem«

Filterkriterien festlegen

Als Nächstes annotieren Sie die Felder, die Sie später als Felder für das Filtern der Tabelle nach bestimmten Kriterien nutzen möchten. In unserem Beispiel sollen dies der Name der Fluggesellschaft, der Abflugort sowie der Zielort sein. Diese Felder des Views versehen Sie mit der Annotation `@UI.selectionField`. Auch diese Annotation kann über die Eigenschaft `position` entsprechend konfiguriert werden, sodass darüber auch die Position in der UI vordefiniert werden kann. Daraus ergibt sich die in Listing 11.15 gezeigte Implementierung.

```
@UI.selectionField.position:10
@UI.lineItem.position:20
     key spfli_scarr.carrname,
```

```
@UI.lineItem.position:30
    key spfli.connid,
@UI.selectionField.position:20
@UI.lineItem.position:40
    spfli.cityfrom,
@UI.selectionField.position:30
@UI.lineItem.pos
    spfli.cityto
```

Listing 11.15 Filterkriterien festlegen

Mit diesen wenigen Annotationen ist der List Report schon fast fertig. Es stellt sich allerdings noch die Frage, was passieren soll, nachdem der Anwender eine Zeile selektiert hat. Dazu können Sie auch noch Annotationen in den CDS View aufnehmen. Das Ergebnis soll wie in Abbildung 11.42 aussehen, wenn der Nutzer auf eine Zeile der Tabelle klickt.

Abbildung 11.42 Darstellung einfacher Kopfinformationen zu einer ausgewählten Flugverbindung

Kopfdaten ausprägen

Wie eingangs beschrieben, steht Ihnen innerhalb von CDS Views die `@UI.headerInfo`-Annotation zur Verfügung, über die entsprechend Kopfinformationen beschrieben werden können. Die `@UI.headerInfo`-Annotation wird dabei über die eigentliche View-Definition geschrieben. Die Annotation verfügt über zwei Ausdrücke, mit denen Sie zum einen das `title`-Attribut und zum anderen das `description`-Attribut des UI Controls `ObjectHeader` von SAPUI5 entsprechend befüllen können. Die Attribute der `@UI.headerInfo`-Annotation heißen genau wie die entsprechenden Felder des UI Controls; sie werden bei der Annotation in geschweifte Klammern geschrieben. Jedes dieser Felder kann zusätzlich weitere Attribute besitzen; auch diese werden in geschweiften Klammern notiert. Zusätzlich zu den genannten Attributen müssen noch die Attribute `typeName` und `typeNamePlural` ausgefüllt werden. Damit beschreiben Sie die Entität bzw. das Entitätsset des OData-Dienstes. In unserem Beispiel ergibt sich dadurch die in Listing 11.16 gezeigte Implementierung.

```
@AbapCatalog.sqlViewName: 'Zdemoviewan'
@AbapCatalog.compiler.compareFilter: true
@AccessControl.authorizationCheck: #CHECK
@EndUserText.label: 'View mit UI-Annotationen'
@OData.publish: true
@UI.headerInfo:{
    typeName: 'Zdemoviewuianno',
    typeNamePlural: 'Zdemoviewuianno',
    title: {value: 'carrname'},
    description: {value: 'connid'}

}
```

Listing 11.16 Die »@UI.headerInfo«-Annotation

Eingebaute Funktionen im CDS View

Zum Abschluss möchten Sie auch noch im Kopf das Logo der ausgewählten Fluggesellschaft anzeigen. Da Sie in dem Flugdatenmodell keine Referenz auf das Logo haben, müssen Sie sich dazu eines kleinen Kniffs bedienen. Sie gehen in unserem Beispiel davon aus, dass das Bild in einem Unterverzeichnis des SAPUI5-Projekts liegt und der Dateiname dem Wert des Feldes `carrierid` entspricht. Mit dieser Annahme ist es nun möglich, ein neues Feld im View zu definieren und mittels der in den ABAP CDS Views verfügbaren `concat`-Funktion einen entsprechenden Ausdruck zu implementieren. Listing 11.17 zeigt die Implementierung. Wie Sie dem Codebeispiel entnehmen können, gehen wir davon aus, dass die Bilder im PNG-Format vorliegen.

```
@UI.lineItem.position:50
    spfli.cityto,
    concat(concat('/webapp/img/',spfli.carrid),'.png') as imgUrl
```

Listing 11.17 Die »concat«-Funktion

Nachdem Ihnen nun das Feld mit dem URI zu Ihrem Bild im View zur Verfügung steht, können Sie auch die `@UI.headerInfo`-Annotation erweitern, denn diese verfügt über eine Eigenschaft mit dem Namen `imageUrl`. Dieser Eigenschaft weisen Sie nun – wie es in Listing 11.18 gezeigt wird – das neue Feld aus Ihrem CDS View zu.

```
@UI.headerInfo:{
    typeName: 'Zdemoviewuianno',
    typeNamePlural: 'Zdemoviewuianno',
    title: {value: 'carrname'},
```

```
    imageUrl: 'imgUrl',
    description: {value: 'connid'}

}
```

Listing 11.18 Die »imageUrl«-Eigenschaft

Felder gruppieren

Zum Abschluss möchten wir an dieser Stelle noch kurz auf die Annotation @UI.FieldGroup eingehen. Bekanntlich hat das UI Control ObjectHeader von SAPUI5 eine Aggregation mit dem Namen attributes. Darüber können dem UI Control zusätzliche, über die Standardattribute hinausgehende Informationen angefügt werden. Solche Zusatzattribute werden über eine Annotation mit dem Namen HeaderFacet beschrieben. HeaderFacet enthält dabei nicht direkt die Felder, die dargestellt werden, sondern lediglich eine Referenz auf Feldgruppen, deren Felder über die Annotation @UI.FieldGroup gruppiert wurden. Die HeaderFacet-Annotation wird erst ab ABAP-Version 7.52 unterstützt. Allerdings können Sie sie später in SAP Web IDE hinzufügen. Bereits im CDS View annotieren können Sie @UI.FieldGroup. Dabei gehen Sie analog zur @UI.lineItem-Annotation vor. Sie annotieren alle Felder des Views, die zu einer Gruppe gehören sollen; dabei erhält die Gruppe einen Bezeichner. In unserem Beispiel möchten wir die Verbindungsnummer, den Abflugort sowie den Zielort zu einer Gruppe zusammenfügen. Es ergibt sich die in Listing 11.19 gezeigte Implementierung.

```
@UI.lineItem.position:10
       key spfli.carrid,
       @UI.selectionField.position:10
       @UI.lineItem.position:20
       key spfli_scarr.carrname,
@UI.fieldGroup:[
{qualifier:'FlightData',groupLabel:'FlightData',position:10}]
       @UI.lineItem.position:30
       key spfli.connid,
@UI.fieldGroup:[
{qualifier:'FligthData',groupLabel:'FlightData',position:20}]
       @UI.selectionField.position:20
       @UI.lineItem.position:40
       spfli.cityfrom,
@UI.fieldGroup:[
{qualifier:'FligthData',groupLabel:'FlightData',position:30}]
       @UI.selectionField.position:30
```

```
@UI.lineItem.position:50
spfli.cityto,
concat(concat('/webapp/img/',spfli.carrid),'.png') as imgUrl
```

Listing 11.19 Die »@UI.FieldGroup«-Annotation

11.3 Das ABAP-RESTful-Programmiermodell

Die Programmiermodelle für SAP-Fiori-Anwendungen unterliegen aktuell noch einer gewissen Evolution. Dies liegt unter anderem daran, dass SAP bestrebt ist, die Entwicklung von SAP-Fiori-Anwendungen und der darunterliegenden Datendienste so effizient und skalierend wie möglich zu gestalten. Der aktuellste Evolutionsstand heißt *ABAP-RESTful-Programmiermodell* (inoffiziell auch RAP) und wurde mit SAP Cloud Platform ABAP Environment 1808 eingeführt sowie mit der ABAP-Plattform 7.54 (1909) auch als On-Premise-Version zur Verfügung gestellt. Wir geben in diesem Abschnitt eine kurze Einführung in das neue Programmiermodell und möchten dabei zeigen, wie schnell man mit dem Framework eine SAP-Fiori-Anwendung implementieren kann.

11.3.1 Die Architektur

Die Architektur des ABAP-RESTful-Programmiermodells besteht grundsätzlich aus drei Hauptbestandteilen, die sich wiederum in verschiedene Aspekte untergliedern. Wie Sie Abbildung 11.43 entnehmen können, stellt die Modellierung des Domänenmodells die Basis des Programmiermodells dar. Bei der Modellierung werden Geschäftsobjekte und ihr transaktionales Verhalten definiert (*Behavior Definition*), anschließend wird dieses Verhalten implementiert (*Behavior Implementation*). Dadurch legen Sie fest, ob ein Objekt angelegt, geändert oder gelöscht werden kann. Geschäftsobjekte werden über ABAP CDS beschrieben und folgen damit dem bereits bekannten Paradigma. Es werden auch die bekannten Query-Operationen wie Sortieren, Gruppieren oder Filtern unterstützt. Über die sogenannte *Service Definition* wird angegeben, welche Artefakte an den Aufrufer zurückgegeben werden. Hier werden z. B. die Entitäten angegeben, die über den Service konsumiert werden können. Über der Service Definition liegt das *Service Binding*. Denn anders als bei der Implementierung von OData-Diensten mit Transaktion SEGW, bei der man sehr viel über das OData-Protokoll wissen muss, ist das Verhalten eines Services nicht an ein Protokoll gebunden. Das

Binden einer Service Definition an ein Protokoll erfolgt erst über das Service Binding.

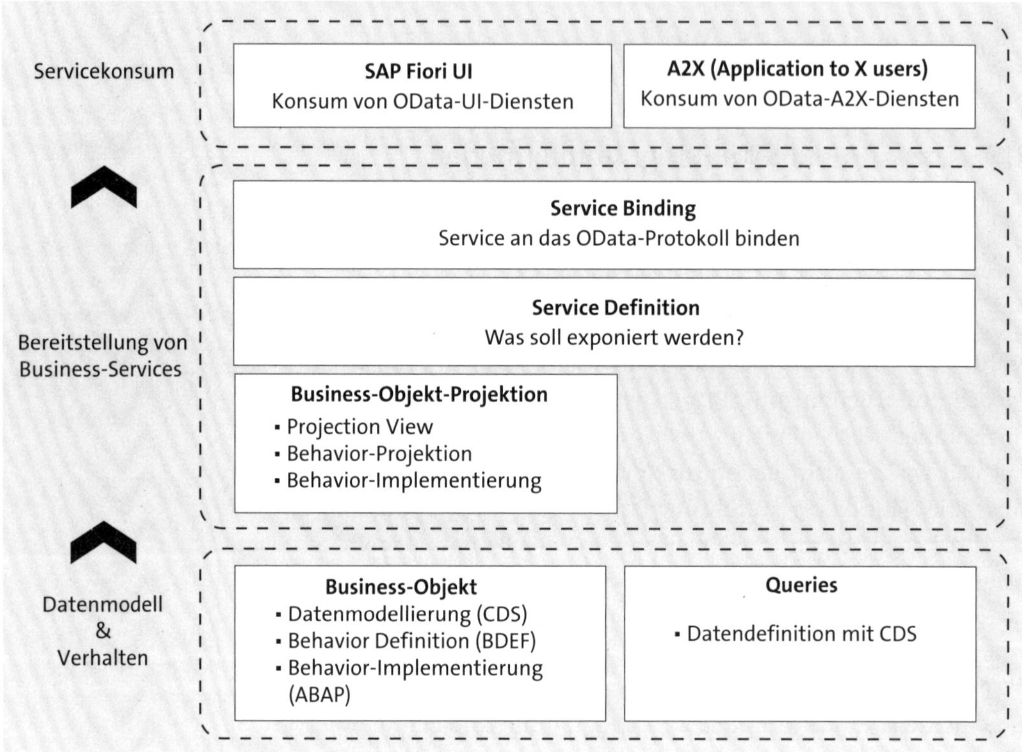

Abbildung 11.43 Artefakte und deren Aufgaben im ABAP-RESTful-Programmiermodell

11.3.2 Implementierung einer SAP-Fiori-Anwendung

In diesem Abschnitt zeigen wir Ihnen, wie Sie mit dem ABAP-RESTful-Programmiermodell einfach und schnell eine SAP-Fiori-Anwendung implementieren können. Die Implementierung erfolgt in der ABAP-Umgebung der SAP Cloud Platform, die während der Entstehung der Neuauflage dieses Buches (Herbst 2019) als Cloud Foundry Service der Trial Edition der SAP Cloud Platform zur Verfügung steht. Wir gehen an dieser Stelle davon aus, dass Sie Zugang zu einem solchen System haben. Als Grundlage für unsere Implementierung nutzen wir eine selbst angelegte Tabelle mit dem Namen ZBook. Sie finden die Definition der Tabelle im Download-Bereich zum Buch unter *http://www.sap-press.de/4974*.

Implementierung eines Interface Views

Data Definition für einen Basic View anlegen

Zunächst legen wir einen ABAP CDS View mit dem Namen ZI_Book an, der als Interface View für die Tabelle ZBook dient. Die Datendefinition (*Data Definition*) ist später für die darüberliegenden Schichten von ABAP CDS Views wichtig. Wie Sie Listing 11.20 entnehmen können, liefert die Projektionsliste einfach den Inhalt der Tabelle zurück.

```
define root view ZI_Book as select from zbook as Book {
     //Book
    key isbn,
    title,
    author,
    description,
    cur_code,
    @Semantics.amount.currencyCode: 'cur_code'
    price,
    pub_date,
    @Semantics.user.createdBy: true
    created_by,
    publisher,
    @Semantics.systemDateTime.createdAt: true
    created_at,
    @Semantics.user.lastChangedBy: true
    last_change_by,
    @Semantics.systemDateTime.lastChangedAt: true
    last_change_at
}
```

Listing 11.20 Implementierung des Interface Views für die Tabelle »ZBook«

Implementierung eines Consumption Views

Als Nächstes legen wir einen weiteren ABAP CDS View mit dem Namen ZC_Book an. Die Data Definition umfasst die in Listing 11.21 gezeigte Implementierung. Wie Sie dem Programmierbeispiel entnehmen können, implementieren wir einen List Report, bei dem sich Nutzer durch einen Klick auf einen Eintrag weitere Details anzeigen lassen können. Diese Details werden in einem Facet mit der Überschrift Book angezeigt.

```
@AccessControl.authorizationCheck: #NOT_REQUIRED
@EndUserText.label: 'Book projection view'

@UI: {
 headerInfo : {
```

```
    typeName: 'Book',
    typeNamePlural: 'Books',
    title:{
        type: #STANDARD,
        value: 'title'
    }
 }
}
@Search.searchable: true
define root view entity ZC_Book as projection on ZI_Book {
@UI.facet: [{
    id: 'Book',
    purpose: #STANDARD,
    type: #IDENTIFICATION_REFERENCE,
    label: 'Book',
    position:10
}]

    @UI: {
    lineItem: [{position: 10,importance: #HIGH }],
    identification: [{position:10 }],
    selectionField: [{position: 10 }]
    }
    @Search.defaultSearchElement: true
    key isbn,
    @UI: {
    lineItem: [{position: 20,importance: #HIGH }],
    identification: [{position:20 }],
    selectionField: [{position: 20 }]
    }
    @Search.defaultSearchElement: true
    title,
    @UI: {
    lineItem: [{position: 30,importance: #HIGH }],
    identification: [{position:30 }]
    }
    @Search.defaultSearchElement: true
    author,
    @UI: {
    lineItem: [{position: 40,importance: #HIGH }],
    identification: [{position:40 }]
    }
```

```
    @Search.defaultSearchElement: true
    description,
    @UI: {
    lineItem: [{position: 50,importance: #HIGH }],
    identification: [{position:50 }]
    }
    cur_code,
    @UI: {
    lineItem: [{position: 60,importance: #HIGH }],
    identification: [{position:60 }]
    }
    price,
    @UI: {
    lineItem: [{position: 70,importance: #HIGH }],
    identification: [{position:70 }]
    }
    pub_date,
    @UI: {
    lineItem: [{position: 80,importance: #HIGH }],
    identification: [{position:80 }]
    }
    created_by,
    @UI: {
    lineItem: [{position: 90,importance: #HIGH }],
    identification: [{position:90 }]
    }
    publisher,
    @UI.hidden: true
    created_at,
     @UI.hidden: true
    last_change_by,
     @UI.hidden: true
    last_change_at
}
```

Listing 11.21 Implementierung des Consumption Views »ZC_Book«

Service Definition

Service Definition anlegen

Zum Anlegen einer Service Definition wählen Sie die Data Definition ZC_Book aus und rufen aus dem Kontextmenü **New Service Definition** auf. Im daraufhin erscheinenden Dialog geben Sie, wie in Abbildung 11.44 gezeigt, in das Feld **Name** den Wert »ZUI_C_Book« ein und geben der neuen Service Definition noch eine Beschreibung mit. Klicken Sie anschließend auf **Next**.

Im sich öffnenden Dialog wählen Sie einen Transportauftrag aus und bestätigen den Dialog mit **Finish**.

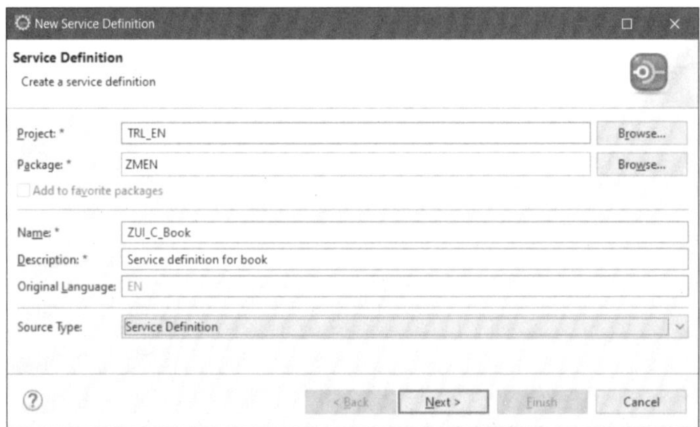

Abbildung 11.44 Anlegen einer Service Definition

Wenn der Service angelegt ist, fügen Sie den in Listing 11.22 gezeigten Code ein. Wie Sie dem Beispiel entnehmen können, veröffentlichen wir in der Service Definition die Data Definition `ZC_Book` und verwenden dabei den Alias `Books`. Speichern und aktivieren Sie die Änderungen.

```
@EndUserText.label: 'Service definition for book'
define service ZUI_C_Book {
  expose ZC_Book as Books;
}
```

Listing 11.22 Implementierung der Service Definition

Service Binding

Im nächsten Schritt legen wir nun ein Service Binding an. Wählen Sie nach dem erfolgreichen Aktivieren die neu angelegte Service Definition dafür aus, und rufen Sie aus dem Kontextmenü **New Service Binding** auf. Falls Sie die Service Definition nicht gleich auf Anhieb finden: Sie befindet sich im Project Explorer unter **Business Service • Service Definitions**. In dem sich öffnenden Dialog geben Sie in das Feld **Name** den Wert »ZUI_C_Book« ein und fügen eine sinnvolle Beschreibung hinzu. Sie müssen zudem festlegen, welchen **Binding Type** Sie verwenden wollen. Da wir eine SAP-Fiori-Oberfläche darstellen und keine Web API anbieten möchten, wählen wir den Eintrag **ODATA V2 (UI – User Interface Consumed in SAPUI5 Apps)**. Der vollständig ausgefüllte Dialog sollte aussehen, wie in Abbildung 11.45 gezeigt. Bestätigen Sie den Dialog über **Next**, und ordnen Sie Ihre Änderungen einem Transportauftrag zu. Zum Abschluss klicken Sie auf **Finish**.

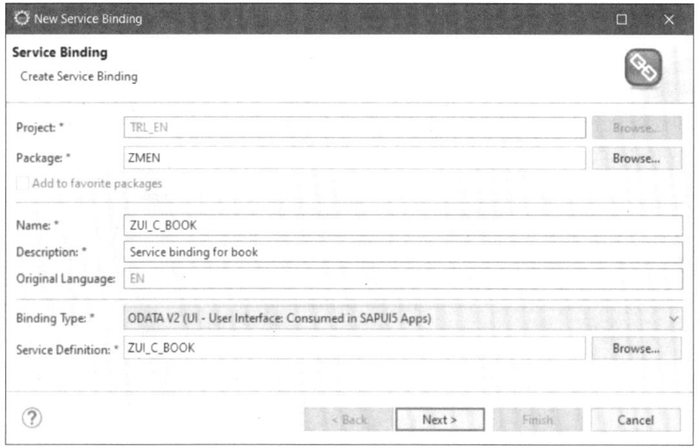

Abbildung 11.45 Anlegen eines Service Bindings

Service Binding aktivieren

Nachdem das Service Binding erzeugt wurde, wird seine Konfiguration, wie in Abbildung 11.46 dargestellt, in Eclipse automatisch geöffnet. Um den Serviceendpunkt zu aktivieren, klicken Sie auf die Schaltfläche **Activate**.

Abbildung 11.46 Inaktive Service-Binding-Konfiguration

Nach der Aktivierung werden Ihnen, wie in Abbildung 11.47 gezeigt, Details über das nun aktive Service Binding angezeigt.

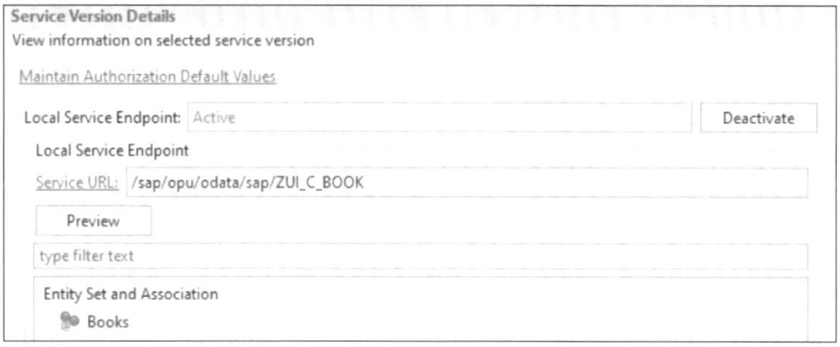

Abbildung 11.47 Details des aktiven Service Bindings

Über einen Klick auf den Button **Preview** oder einen Doppelklick auf die Entitätsmenge **Books** öffnet sich ein Browser-Fenster. Sie werden nach Ihrem Benutzernamen und Ihrem Passwort gefragt. Melden Sie sich an, und klicken Sie anschließend auf **Start**. Dadurch wird der List Report mit definierten Daten versorgt (siehe Abbildung 11.48).

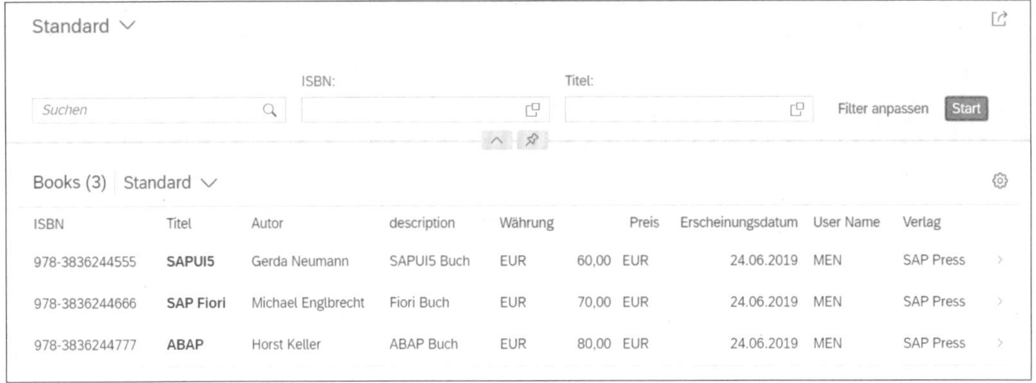

Abbildung 11.48 Mit dem ABAP-RESTful-Programmiermodell entwickelter List Report

Wählen Sie einen Eintrag aus der Liste aus, und lassen Sie sich die zugehörigen Details anzeigen (siehe Abbildung 11.49).

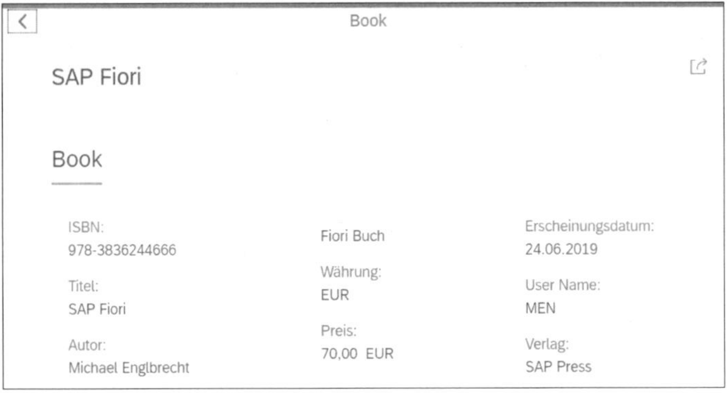

Abbildung 11.49 Mit dem ABAP-RESTful-Programmiermodell entwickelte Objektseite

Application To X Users Service Binding

Zur Veranschaulichung legen wir nun noch ein weiteres Service Binding an. Geben Sie diesem den Namen `ZEX_C_Book`, und wählen Sie diesmal den Binding Type **ODATA V2 (Web API – Application to X Users: Exposes as API)**. Aktivieren Sie diesen wie beschrieben. Sie erhalten die in Abbildung 11.50 gezeigten Service-Binding-Details.

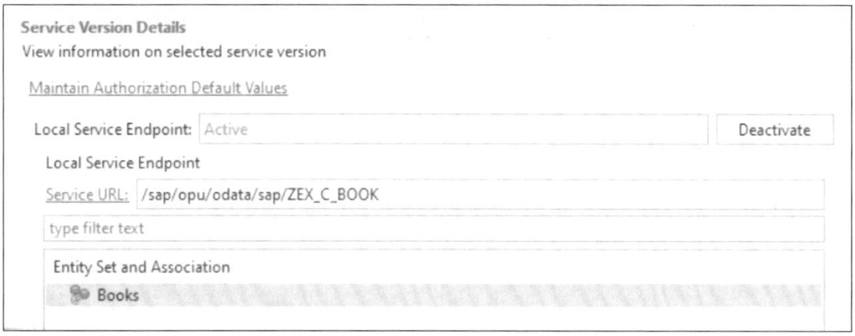

Service Version Details
View information on selected service version
Maintain Authorization Default Values
Local Service Endpoint: Active Deactivate
Local Service Endpoint
Service URL: /sap/opu/odata/sap/ZEX_C_BOOK
type filter text
Entity Set and Association
Books

Abbildung 11.50 Service-Binding-Details des A2X-Dienstes

Klicken Sie auf den als Hyperlink dargestellten Text **Service URL**. Es öffnet sich ein Browser-Fenster, in dem das Servicedokument des OData-Dienstes dargestellt wird. Um die Entitätsmenge **Books** über den OData-Service abzurufen, ändern Sie die URL in der Adresszeile wie folgt ab: */sap/opu/odata/sap/ZEX_C_BOOK/Books*. Das Ergebnis der Anfrage sehen Sie in Abbildung 11.51.

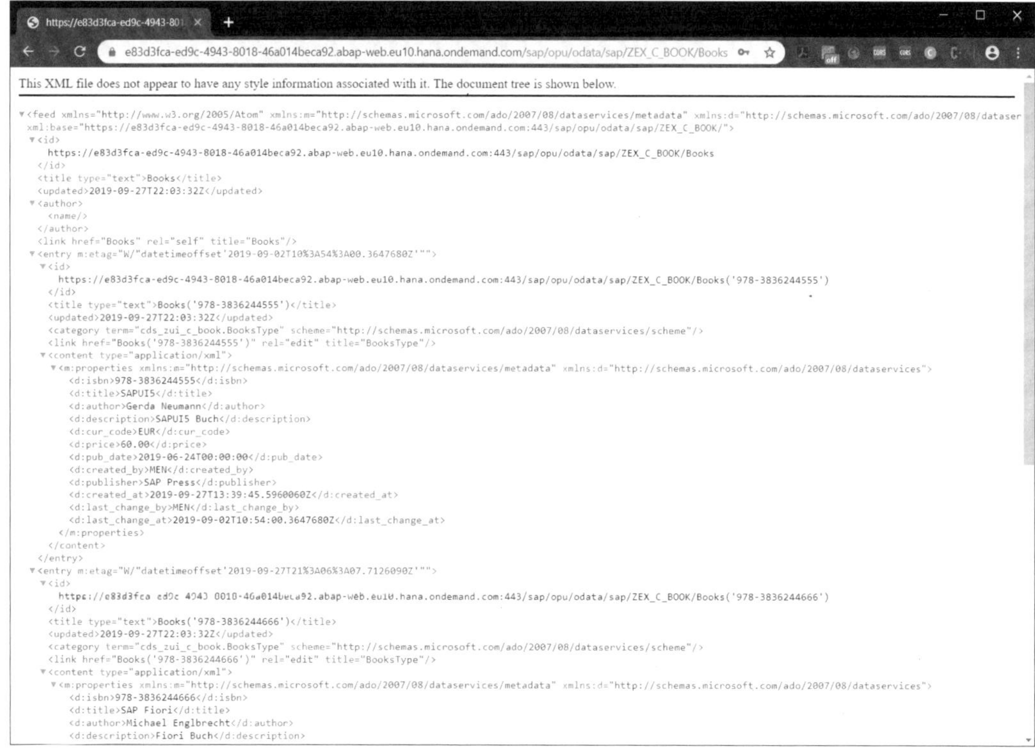

Abbildung 11.51 Ergebnis der OData-Service-Abfrage

Behavior Definition

Verhaltensdefinition für View »ZI_Book«

Zum Abschluss dieses Kapitels möchten wir unsere Anwendung noch so erweitern, dass sowohl das Anlegen eines neuen als auch das Ändern und Löschen eines bestehenden Datensatzes möglich sind. Dies erfolgt beim ABAP-RESTful-Programmiermodell durch das Ausprägen einer Behavior Definition. Wählen Sie dafür erneut die Data Definition `ZI_Book` aus, und selektieren Sie aus dem Kontextmenü den Eintrag **New Behavior Definition**. Im daraufhin erscheinenden Dialog lassen Sie die vorausgefüllten Felder, wie sie sind, und bestätigen den Dialog mit **Next**. Im Anschluss ordnen Sie Ihre Änderungen einem Transportauftrag zu und klicken auf **Finish**. Nun können Sie, wie in Listing 11.23 gezeigt, das Verhalten implementieren. Speichern und aktivieren Sie die Änderungen.

```
managed implementation in class zbp_i_book unique;
define behavior for ZI_Book alias Book
persistent table zbook
etag last_change_at
lock master
{
 field ( readonly ) last_change_at, last_change_by, created_at,
 created_by;
 field ( mandatory ) author, title, description, price, cur_code,
 publisher, pub_date;
 field ( features : instance ) isbn;

  create;
  update;
  delete;
}
```

Listing 11.23 Implementierung einer Behavior Definition

Behavior Implementation

Erweitern der Klasse »LHC_Book«

Als Nächstes legen wir eine neue Behavior Implementation an und prägen diese aus. Expandieren Sie dazu im Project Explorer **Core Data Service • Behavior Definitions**, und rufen Sie über die Definition `ZI_Book` den Kontextmenüeintrag **New Behavior Implementation** auf. In dem sich öffnenden Dialog geben Sie in das Feld **Name** den Wert »ZCL_BP_I_Book« ein, die anderen Felder ändern Sie nicht. Bestätigen Sie den Dialog über **Next**, und ordnen Sie Ihre Änderungen einem Transportauftrag zu. Zum Abschluss klicken Sie auf **Finish**. Nachdem die entsprechende ABAP-Klasse (in unserem Beispiel `LHC_Book`) angelegt wurde, erweitern Sie die `PRIVATE SECTION` des lokalen Typs mit der in Listing 11.24 gezeigten Zeile Code. Zum Abschluss speichern und aktivieren Sie Ihre Änderungen wieder.

```
TYPES tt_book_update TYPE TABLE FOR UPDATE zi_book.
```

Listing 11.24 Anpassung der Klasse »LHC_Book«

Behavior Definition für den Consumption View

Verhalten des Consumption Views anlegen

Im letzten Schritt legen wir noch das Verhalten für den Consumption View fest. Das heißt, wir definieren, welche Aktionen Nutzern zur Verfügung stehen und welche Felder Anwendern auf der Oberfläche anzeigt werden sollen. Wählen Sie den Consumption View ZC_Book aus, und rufen Sie aus dem Kontextmenü **New Behavior Definition** auf. Im sich öffnenden Dialog sind alle Felder bereits vorausgefüllt, behalten Sie die Werte bei, und klicken Sie auf **Next**. Den folgenden Dialog bestätigen Sie mit **Finish**. Anschließend können Sie das Ergebnis ändern, wie in Listing 11.25 gezeigt. Wie Sie sehen, legen wir in unserem Beispiel fest, welche Felder beim Speichern einer Neuanlage bzw. beim Ändern eines existierenden Eintrags durch Anwender zwingend ausgefüllt werden müssen. Zudem legen wir auch fest, welche Änderungsoperationen unterstützt werden sollen.

```
projection;

define behavior for ZC_Book alias Books
use etag
{

field ( mandatory ) isbn, author, title, description, price,
 pub_date, publisher;

use create;
use update;
use delete;
}
```

Listing 11.25 Implementierung der Behavior Definition für den Consumption View »ZC_Book«

Im Anschluss aktivieren Sie die Anpassungen und starten über das Service Binding die Anwendung neu. Sie erhalten nun, wie in Abbildung 11.52 gezeigt, zwei neue Buttons in der Werkzeugleiste: einen für das Löschen eines Eintrags und einen für das Anlegen eines neuen.

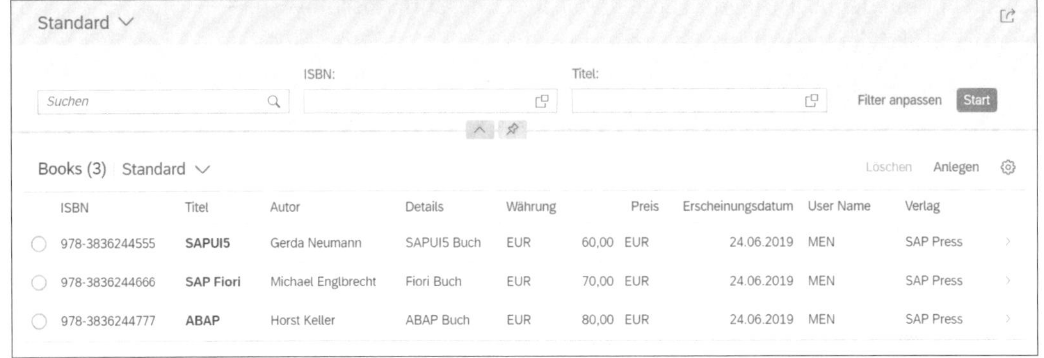

Abbildung 11.52 List Report mit Änderungsoperationen

Nach Auswahl eines Eintrags haben Sie auf der Objektseite auch die Möglichkeit, das Objekt in den Bearbeitungsmodus zu versetzen. Ändern Sie einen Eintrag und klicken anschließend auf den Button **Abbrechen**, werden Sie, wie in Abbildung 11.53 gezeigt, automatisch gefragt, ob Sie Ihre Änderungen tatsächlich verwerfen möchten.

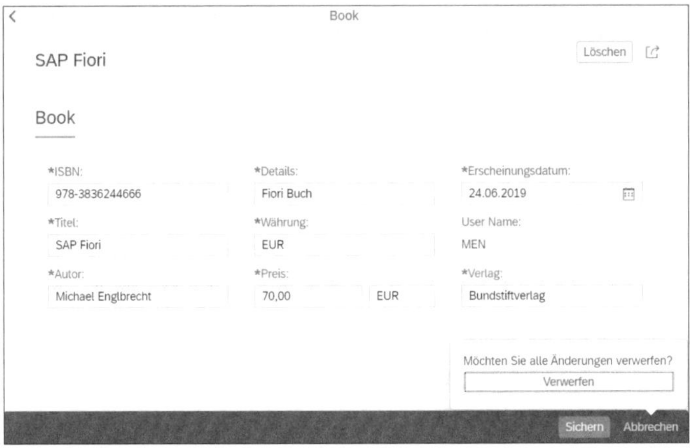

Abbildung 11.53 Entwurfsmodus

Weitere Aktionen mit dem ABAP-RESTful-Programmiermodell implementieren

Wir verzichten an dieser Stelle aus Gründen der Komplexität darauf, die Implementierung von Validierungen oder komplexeren Aktionen mit dem ABAP-RESTful-Programmiermodell vorzustellen. Informationen dazu finden Sie im Buch von C. Chiuaru, S. Freilinger-Huber, T. Stark, T. Trapp: *ABAP-Entwicklung für SAP S/4HANA*, Bonn: SAP PRESS 2019.

Kapitel 12
Entwicklung einer SAP-Fiori-Anwendung mit SAP Web IDE

Die Anforderungen an moderne Entwicklungsumgebungen sind in den letzten Jahren rasant gestiegen. Um den immer kürzeren Produktzyklen Rechnung zu tragen, hat SAP die Entwicklungsumgebung in die Cloud verlegt und SAP Web IDE dazu bereitgestellt.

Vor einigen Jahren war die Entscheidung, welche Entwicklungsumgebung für die Programmierung von SAP-Software verwendet werden soll, sehr einfach: SAP GUI. Mit Transaktionen wie SE80 oder SE37 waren die Grenzen der Möglichkeiten schnell abgesteckt. Mit der Unterstützung der Java-Plattform hielten auch neue Entwicklungswerkzeuge in die SAP-Welt Einzug. All jene Werkzeuge sind in *SAP NetWeaver Developer Studio* gebündelt. Im Laufe der Jahre kamen immer neue Erweiterungen für SAP NetWeaver Developer Studio hinzu. Sogar für die Programmierung von ABAP wurden Plug-ins entwickelt, sodass Sie mit ABAP in Eclipse nicht einmal mehr SAP GUI starten müssen, um ABAP programmieren zu können.

Der Wildwuchs an Plug-ins und der damit verbundene Aufwand, die unterschiedlichen Plug-ins mit ihren Abhängigkeiten immer auf dem aktuellsten Stand zu halten, führten bei SAP zu dem Bestreben, die Entwicklungswerkzeuge zu vereinheitlichen. Ziel war nun die Schaffung einer zentralen Entwicklungsumgebung, die nicht nur intuitiv bedienbar, leicht erweiterbar und für jede erdenkliche SAP-Technologie grundsätzlich einsetzbar ist, sondern die auch in die Cloud-Strategie von SAP passt.

Es sollte für den Kunden eine Entwicklungsumgebung geben, die ihm einfach und ohne Installations-, Wartungs- und Upgrade-Aufwand zur Verfügung gestellt werden kann. Das Ergebnis war das *SAP River Rapid Development Environment* (SAP River RDE), das mittlerweile den Produktnamen *SAP Web IDE* trägt. Es handelt sich dabei um eine Entwicklungsumgebung, die als Webanwendung implementiert ist und nur über den Browser aufgerufen werden kann. Auf diese Weise ist es möglich, die Entwicklungsumgebung zentral zu installieren und zentral neue Versionen einzuspielen. Alle am Projekt beteiligten Personen arbeiten so mit der gleichen Entwicklungsumgebung und mit identischen Erweiterungen.

SAP Web IDE gibt es als Cloud- und als On-Premise-Lösung. Die Cloud-Lösung wird Ihnen von SAP über die SAP-eigene Cloud-Plattform zur Verfügung gestellt, die *SAP Cloud Platform*.

12.1 Einführung in die SAP Web IDE

Die Architektur von SAP Web IDE

Um SAP Web IDE besser zu verstehen, ist es hilfreich, die Architektur zu kennen. Ausgangspunkt ist die SAP Cloud Platform, über die Sie auf SAP Web IDE zugreifen. Bei der Entwicklung von SAP Web IDE hat SAP Technologien und Ansätze genutzt, die auch außerhalb der SAP-Welt zum Standard geworden sind. Dazu gehören u. a. das verteilte Quellcode-Verwaltungssystem *Git* oder die browser-basierte integrierte Entwicklungsumgebung *Eclipse Orion*. Abbildung 12.1 gibt Ihnen einen Überblick über die wichtigsten Bestandteile von SAP Web IDE.

SAP Web IDE nutzt den Eclipse-Orion-Server, der Ihnen die Möglichkeit bietet, nutzer- und zugangsbezogene Arbeitsbereiche zu verwalten. Im Rahmen dieser Verwaltung der Arbeitsbereiche stellt Orion Funktionen bereit, um mit Projekten, Verzeichnissen und Dateien in einem Arbeitsbereich zu arbeiten. Darüber hinaus bietet der Server auch Funktionen für die Arbeit mit Git. Git spielt in SAP Web IDE eine zentrale Rolle bei der Quellcode-Verwaltung. Projekte können unter SAP Web IDE entweder in einem lokalen Repository oder auf einem entfernten Git Repository abgelegt werden.

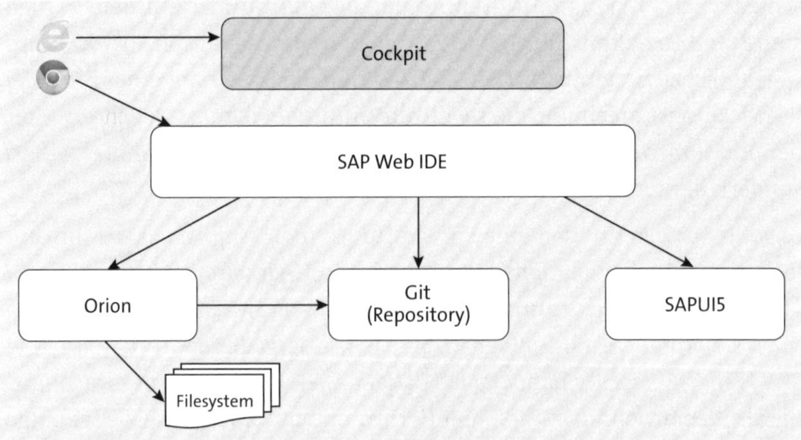

Abbildung 12.1 Die Architektur von SAP Web IDE

SAPUI5 in SAP Web IDE

Als zentrale und strategische UI-Technologie von SAP ist SAP Web IDE für die Programmierung und Erstellung von SAPUI5-Anwendungen optimiert. SAP Web IDE enthält eine Vielzahl von Projektvorlagen, die Sie bei der Entwicklung von SAPUI5-Anwendungen und insbesondere von SAP-Fiori-Anwendungen unterstützen. Dies verkürzt die Entwicklungszeit und verhindert Fehler beim Aufbau eines SAP-Fiori-Projekts. Zudem sind in SAP Web IDE einige Assistenten verfügbar, sodass z. B. die Integration eines OData-Services mit nur wenigen Mausklicks durchgeführt werden kann.

Die Integration von OData-Services hat aus der Sicht einiger potenzieller Nutzer den folgenden Nachteil: SAP Web IDE und ihr cloud-basierter Ansatz zwingen Unternehmen dazu, die Netzwerkinfrastruktur um einen Reverse Proxy zu erweitern, den sogenannten *Cloud Connector*, den wir Ihnen im Folgenden genauer vorstellen.

Cloud Connector

Da SAP Web IDE dem Cloud-Ansatz folgt, muss es für den produktiven Einsatz im Unternehmen eine Möglichkeit geben, um aus SAP Web IDE heraus auf Systeme zuzugreifen, die als On-Premise-Version installiert sind. Dazu wurde der Cloud Connector von SAP entwickelt. Er fungiert als Bindeglied zwischen On-Demand-Applikationen auf der SAP Cloud Platform und unternehmensinternen Systemen. Über den Cloud Connector ist es einfach und schnell möglich, einzelne Systeme für den Zugriff aus der Cloud-Plattform einzurichten.

Aufgaben

Der Cloud Connector fungiert dabei als Reverse Proxy zwischen dem On-Premise-Netzwerk und der SAP Cloud Platform. Durch die Reverse-Proxy-Funktion ist es nicht notwendig, dass das SAP-System über die Firewall von außen erreichbar ist. Einzig das System mit dem Cloud Connector muss entsprechend erreichbar sein. Abbildung 12.2 zeigt den Aufbau der Landschaft. Voraussetzung ist ein SAP-Cloud-Platform-Konto, mit dem Sie Destinationen pflegen können. Damit ist es möglich, z. B. mit SAP Web IDE, die auf SAP Cloud Platform läuft, auf ein Backend zuzugreifen. Der Cloud Connector im Unternehmensnetz ermöglicht den Zugriff auf die internen Systeme. Das SAP-Netz sowie das Kundennetz sind jeweils mit einer Firewall gesichert und kommunizieren über einen SSL-Tunnel.

Die Installationsdateien sowie eine ausführliche Dokumentation zur Installation des Cloud Connectors und zum Betrieb können Sie unter *http://s-prs.de/v726829* herunterladen. Wir gehen an dieser Stelle nicht weiter auf die Installation ein, da sie sehr gut und anschaulich in der Dokumentation beschrieben ist.

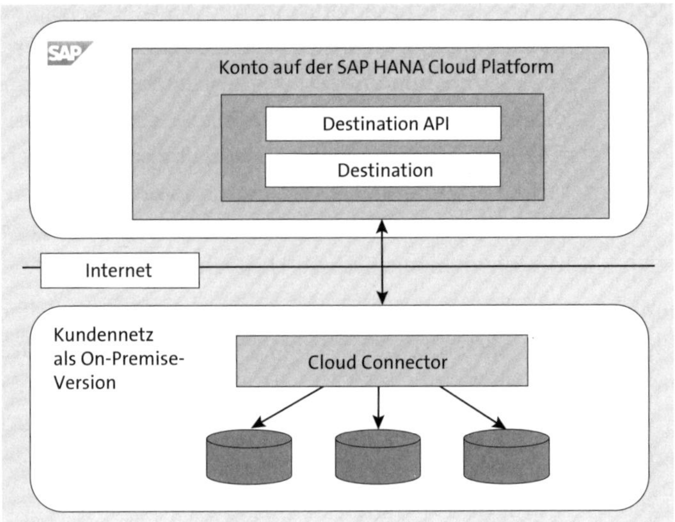

Abbildung 12.2 Zugriff über den Cloud Connector

Konfiguration des Cloud Connectors

Nach der Installation können Sie den Cloud Connector über eine Weboberfläche konfigurieren. Nach dem Anmelden verbindet der Administrator den Cloud Connector mit dem zu verwendenden Cloud-System.

Abbildung 12.3 zeigt die Konfiguration des Cloud Connectors mit dem SAP-HANA-Cloud-Trial-Angebot.

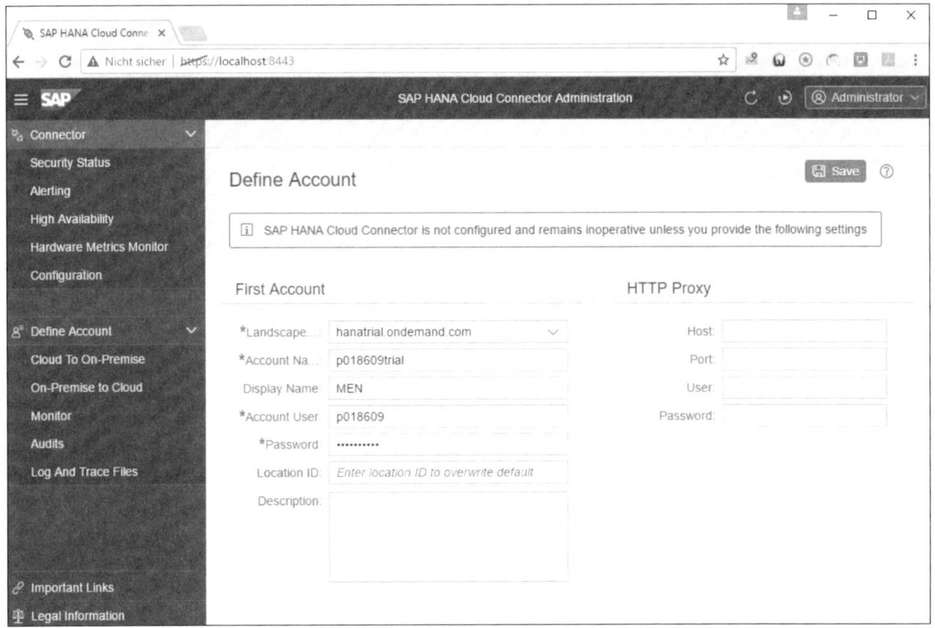

Abbildung 12.3 Initiale Konfiguration des Cloud Connectors

Aus den Dropdown-Feldern **Landscape** und **Host** wählen Sie das Cloud-System aus. In den Feldern **Account Name**, **Account User** und **Password** geben Sie die Zugriffsinformationen für das Cloud-System ein.

Falls es die lokale Infrastruktur verlangt, werden in den Proxy-Konfigurationsfeldern die notwendigen Eintragungen durchgeführt. Zum Abschluss speichern Sie die Konfiguration mit einem Klick auf **Save**.

Wenn die Konfiguration der SAP-Cloud-Platform-Verbindung erfolgreich abgeschlossen wurde, gelangen Sie in die in Abbildung 12.4 gezeigte Administrationsoberfläche des Cloud Connectors.

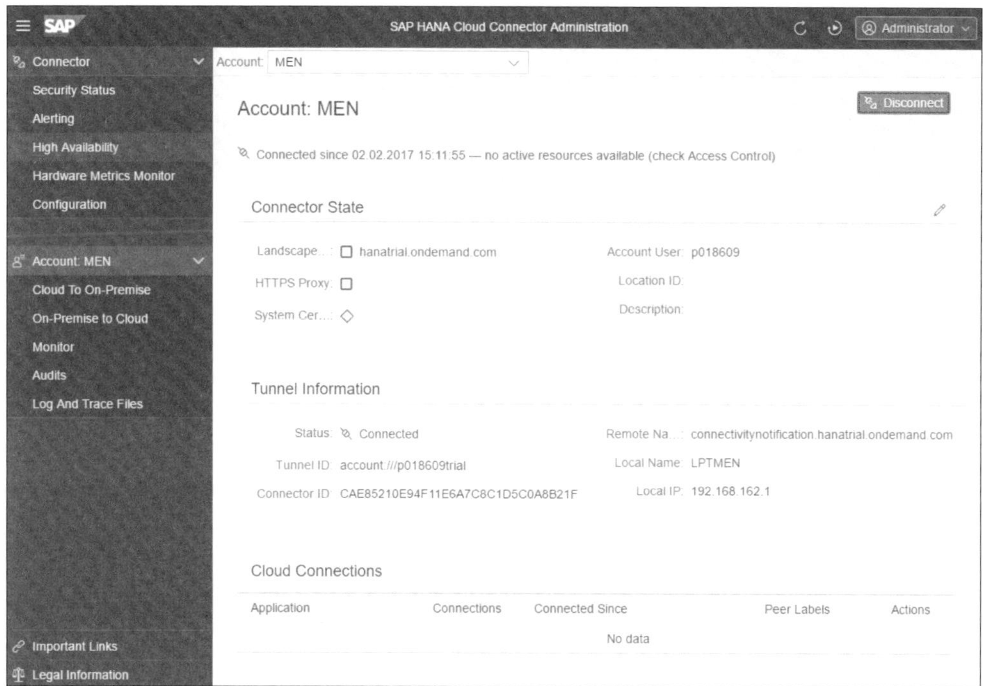

Abbildung 12.4 Administrationsoberfläche des Cloud Connectors

SAP-System registrieren

Um ein SAP-System über die SAP Cloud Platform anzusprechen, ist es notwendig, dieses System im Cloud Connector zu registrieren. Dazu rufen Sie den Eintrag **Cloud To On-Premise** auf. Sie erhalten den in Abbildung 12.5 gezeigten Dialog.

Um ein neues System hinzuzufügen, klicken Sie auf das **+**-Icon. Es erscheint ein Dialog zur Auswahl des Backend-Typs. Wählen Sie hier den Typ **ABAP-System** aus, und klicken Sie anschließend auf **Next**. Selektieren Sie im nächsten Dialog das entsprechende Protokoll, über das mit Ihrem Backend-System kommuniziert werden soll.

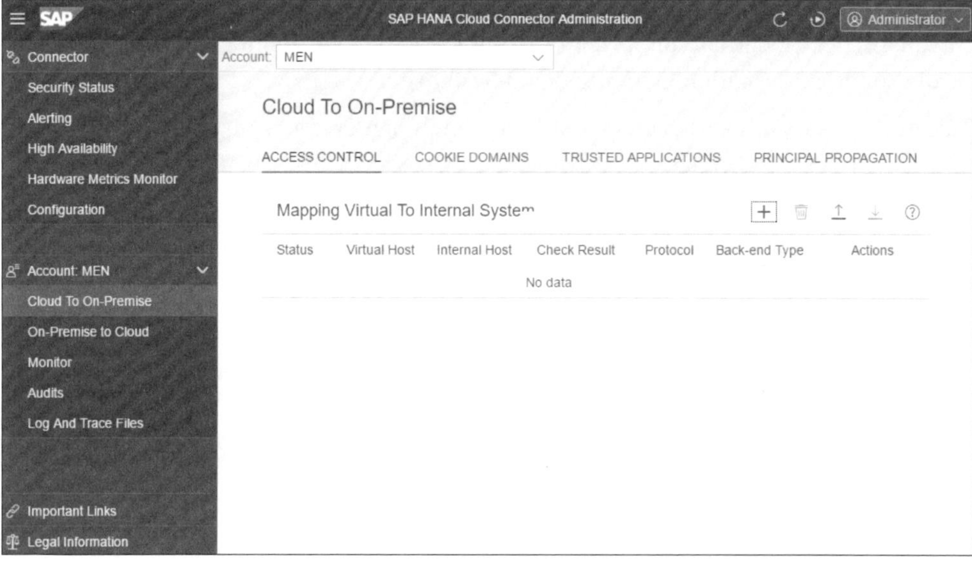

Abbildung 12.5 Übersicht der aktuell vorhandenen On-Premise-Konfigurationen

Klicken Sie nun auf die Schaltfläche **Next**. Schreiben Sie im nächsten Konfigurationsschritt in die Felder **Internal Name** und **Internal Port** den Namen des internen Systems sowie den Port, über den das System erreichbar ist. Klicken Sie erneut auf **Next**. Geben Sie nun in den Feldern **Virtual Host** und **Virtual Port** an, wie das System später in der SAP Cloud Platform angesprochen werden soll. Anschließend klicken Sie auf **Next**. Tragen Sie, falls für Ihr System nötig, im nächsten Dialogschritt die Art der Authentifizierung ein, und klicken Sie abermals auf **Next**. Sie können im nächsten Konfigurationsschritt eine optionale Beschreibung für Ihre Verbindung eingeben; anschließend klicken Sie erneut auf die Schaltfläche **Next**. Zum Abschluss der Konfiguration zeigt Ihnen der Cloud Connector die von Ihnen eingegebenen Konfigurationsparameter nochmals an (siehe Abbildung 12.6).

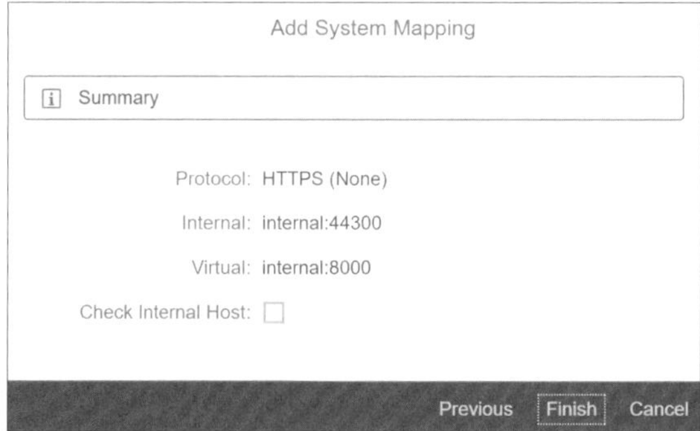

Abbildung 12.6 Bestätigungsdialog für das System-Mapping im Cloud Connector

Zusätzlich erhalten Sie über die Option **Check Internal Host** die Möglichkeit, beim Speichern der Konfiguration prüfen zu lassen, ob das konfigurierte System erreichbar ist. Klicken Sie nun noch auf die Schaltfläche **Finish**.

Nachdem das System angelegt worden ist, wird Ihnen die in Abbildung 12.7 dargestellte Maske angezeigt.

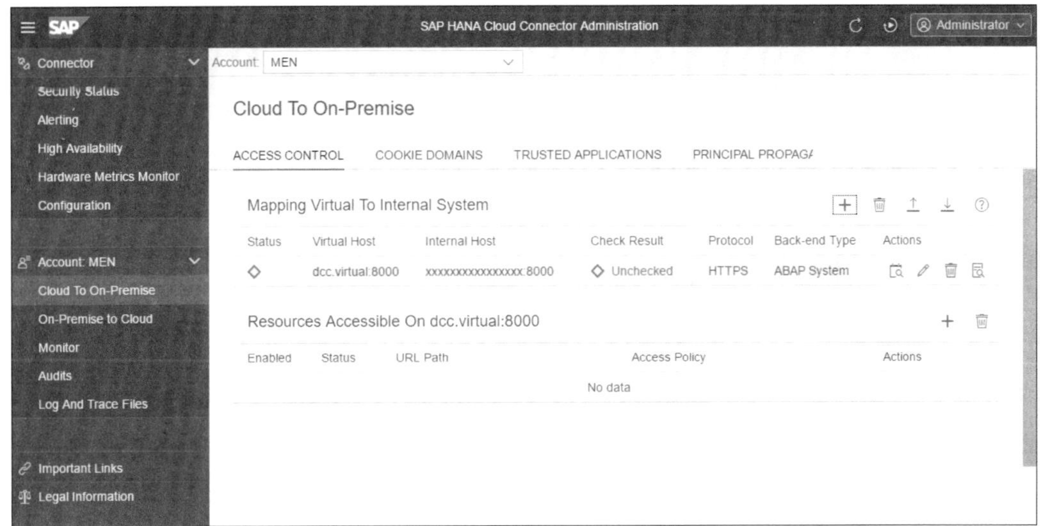

Abbildung 12.7 Das angelegte System im Cloud Connector

Verfügbare Ressourcen hinzufügen

Als Nächstes müssen Sie im zweiten Konfigurationsschritt die Ressourcen deklarieren, auf die von außen zugegriffen werden darf. Für die Konfiguration der Ressourcen klicken Sie im Bereich **Resources Accessible On** auf das +-Icon (siehe Abbildung 12.7).

Für den Zugriff aus SAP Web IDE fügen wir die Ressourcen aus Tabelle 12.1 hinzu (siehe Abbildung 12.8).

URL-Pfad	Erläuterung
/plugins/pluginrepository	um Plug-in-Repositories zur Verfügung zu stellen
/sap/bc/adt	für Erweiterungsszenarien von existierenden Anwendungen und dem Deployment von SAPUI5-Anwendungen auf dem Backend
/sap/bc/bsp	Deployment der SAPUI5-Anwendung im BSP Repository

Tabelle 12.1 Verfügbare Ressourcen

URL-Pfad	Erläuterung
/sap/bc/ui5_ui5	Ausführung von SAPUI5-Anwendungen, die auf dem SAPUI5-ABAP-Repository deployt sind
/sap/opu/odata	Zugriff auf OData-Ressourcen

Tabelle 12.1 Verfügbare Ressourcen (Forts.)

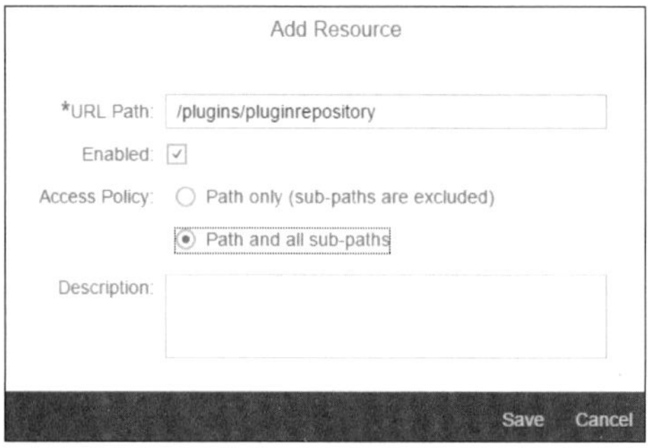

Add Resource

*URL Path: /plugins/pluginrepository

Enabled: ☑

Access Policy: ○ Path only (sub-paths are excluded)

◉ Path and all sub-paths

Description:

Save Cancel

Abbildung 12.8 Ressourcen hinzufügen

Nach dem Abschluss der Arbeiten erhalten Sie die in Abbildung 12.9 gezeigte Konfiguration. Das System kann jetzt auf der SAP Cloud Platform verwendet werden.

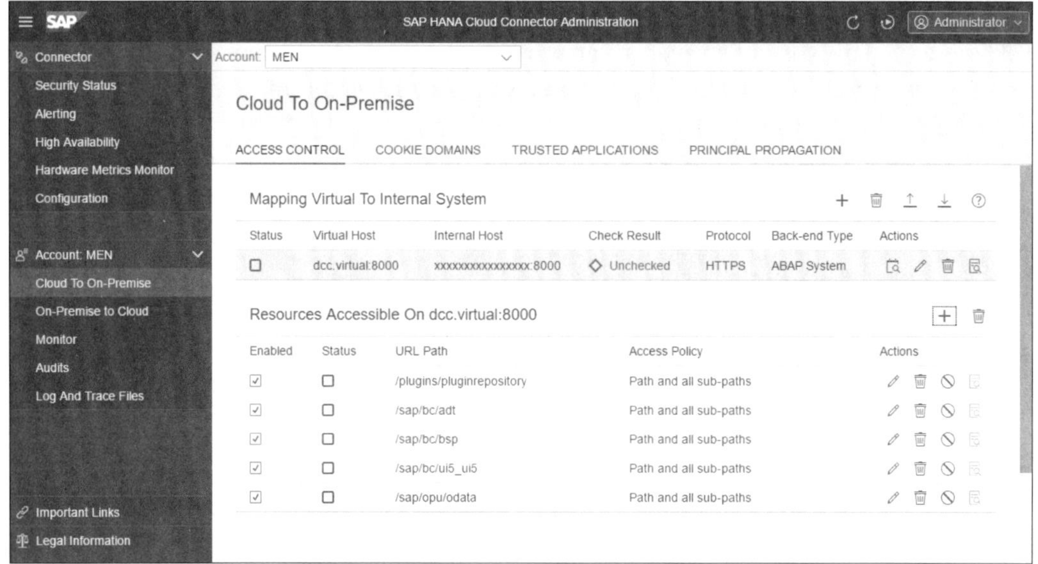

Abbildung 12.9 Das vollständig konfigurierte System im Cloud Connector

12.2 Mit SAP Web IDE arbeiten

Nachdem wir Sie in die Welt von SAP Web IDE eingeführt haben, wenden wir uns in diesem Abschnitt der praktischen Arbeit mit SAP Web IDE zu.

[«]

Services und Werkzeuge der SAP Cloud Platform

Die auf der SAP Cloud Platform angebotenen Services und Werkzeuge können jederzeit von SAP angepasst werden. Dies kann dazu führen, dass Menüs oder auch Funktionen anders aussehen oder arbeiten. Es kann daher sein, dass die Screenshots und Beschreibungen in diesem Buch von dem Zustand abweichen, den Sie bei der Arbeit mit den Werkzeugen der SAP Cloud Platform vorfinden.

12.2.1 Die Versionsverwaltung

Die SAP Cloud Platform bietet von Haus aus eine Versionsverwaltung für Projekte an. Auf der SAP Cloud Platform wird für alle Projekte, die auf ihr erstellt oder deployt werden, ein Git Repository angelegt. Um auf der SAP Cloud Platform ein Projekt anzulegen, wählen Sie den Eintrag **Applications • HTML5 Applications** aus. Danach klicken Sie auf die Schaltfläche **New Application**. Es erscheint der in Abbildung 12.10 dargestellte Dialog. Geben Sie einen Namen ein, und bestätigen Sie mit einem Klick auf die Schaltfläche **Save**.

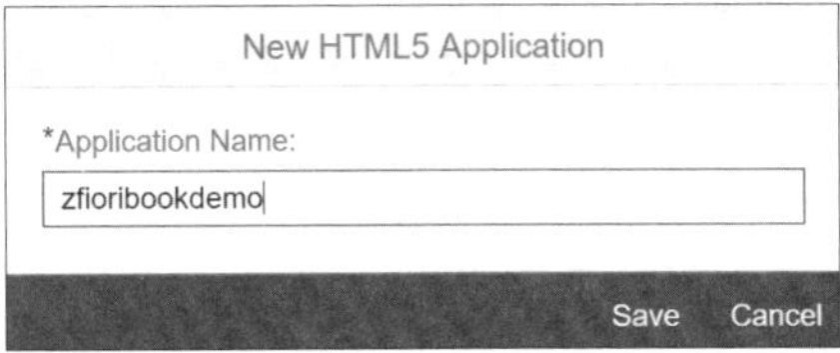

Abbildung 12.10 HTML5-Anwendung auf der SAP Cloud Platform anlegen

Eigenschaften ansehen

Ein HTML5-Application-Projekt auf der SAP Cloud Platform besitzt noch keinerlei SAPUI5-typische Projektstruktur. Diese wird erst später innerhalb von SAP Web IDE angelegt. Nachdem das Projekt erzeugt worden ist, können Sie die für die Versionierung relevanten Informationen über die Projekteigenschaften einsehen. Dazu wählen Sie das gerade angelegte Projekt in der Applikationsliste aus. Im Anschluss selektieren Sie den Eintrag **Versioning**. Im darauffolgenden Dialog können Sie die Details zur Versionierung für die gerade angelegte Anwendung einsehen. Da bis jetzt noch nicht viel mit dem Projekt passiert ist, sind auch die angezeigten Informationen noch etwas dürftig. Ein Eintrag ist jedoch besonders interessant, und zwar der Bereich **Source Location**. Sie finden hier, wie es in Abbildung 12.11 dargestellt wird, die URL des Git Repositorys für die Anwendung. Unter dem Link ist eine weitere Schaltfläche mit dem Text **Edit Online** zu finden. Über diesen Link können Sie direkt zu SAP Web IDE wechseln.

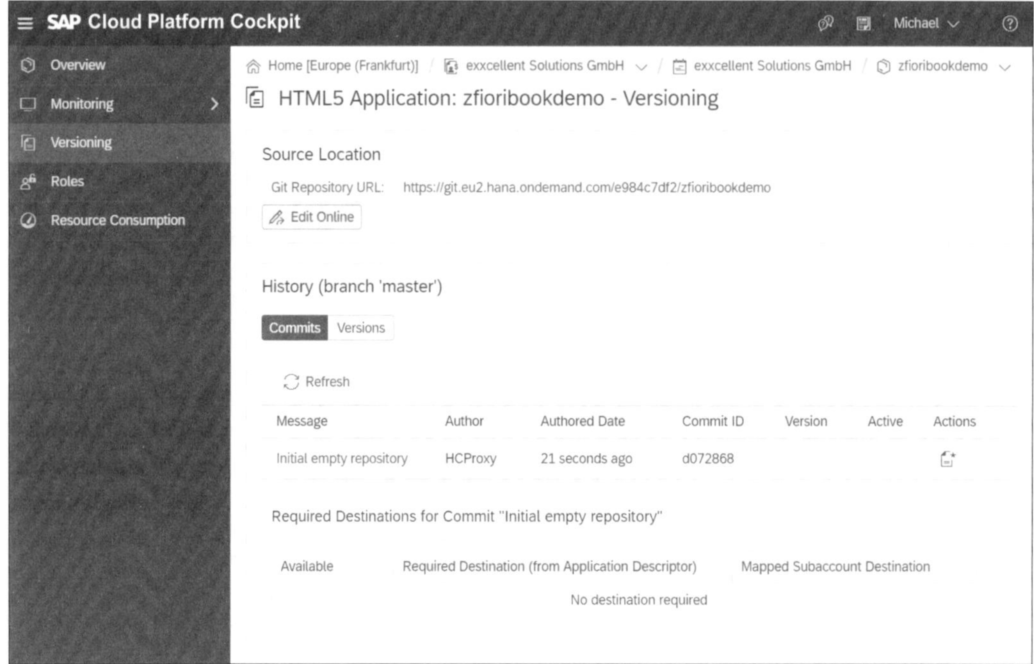

Abbildung 12.11 Dialog mit den Versionierungsdetails

Git Repository klonen

Wenn Sie auf den Link **Edit Online** klicken, startet SAP Web IDE, und es wird der Dialog zur Anlage einer Arbeitskopie dargestellt. Dieser Vorgang heißt bei Git *Klonen*. Wie Abbildung 12.12 zeigt, erscheinen in diesem Dialog Informationen zur Position (Location) des Repositorys.

Repositories können nicht nur über den gerade beschriebenen Weg geklont werden, sondern auch direkt in SAP Web IDE. Dazu verwenden Sie das Menü **File • Git • Clone Repository**. Git Repositories müssen nicht zwingend auf der SAP Cloud Platform vorhanden sein, sondern können auf jedem aus SAP Web IDE erreichbaren Git-Server liegen.

Nachdem ein Git Repository geklont worden ist, können Sie auf diesem Repository die bekannten Aktionen ausführen. Dies kann entweder über das Kontextmenü eines Repositorys geschehen oder über den Git Client in SAP Web IDE. Den Git Client erreichen Sie über das Menü auf der rechten Seite. Abbildung 12.13 zeigt einen Ausschnitt des Git Clients.

Abbildung 12.12 Git-Dialog zum Klonen eines Repositorys

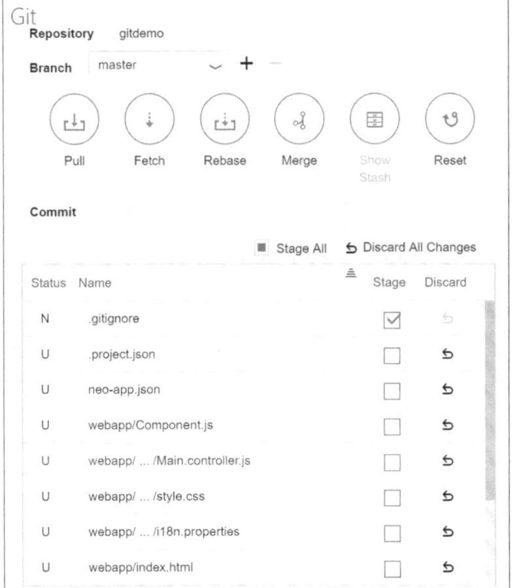

Abbildung 12.13 Ausschnitt des Git Clients

12

12.2.2 Konfiguration der Backend-Konnektivität

Destinationen auf der SAP Cloud Platform

Damit aus SAP Web IDE auf ein SAP-System zugegriffen werden kann, ist es notwendig, dieses System der SAP Cloud Platform bekannt zu machen. Die Konfiguration erfolgt dabei nicht direkt in SAP Web IDE, sondern in der Administrationsoberfläche der SAP Cloud Platform. Damit Sie von der SAP Cloud Platform auf ein System zugreifen können, muss der Cloud Connector im Unternehmen installiert und konfiguriert sein. Ob der Cloud Connector mit dem SAP-Cloud-Platform-Account verbunden ist, kann in der SAP Cloud Platform geprüft werden.

Dazu wählen Sie nach der Anmeldung in der Cloud-Umgebung den Eintrag **Connectivity** aus. Abbildung 12.14 zeigt den Statusdialog.

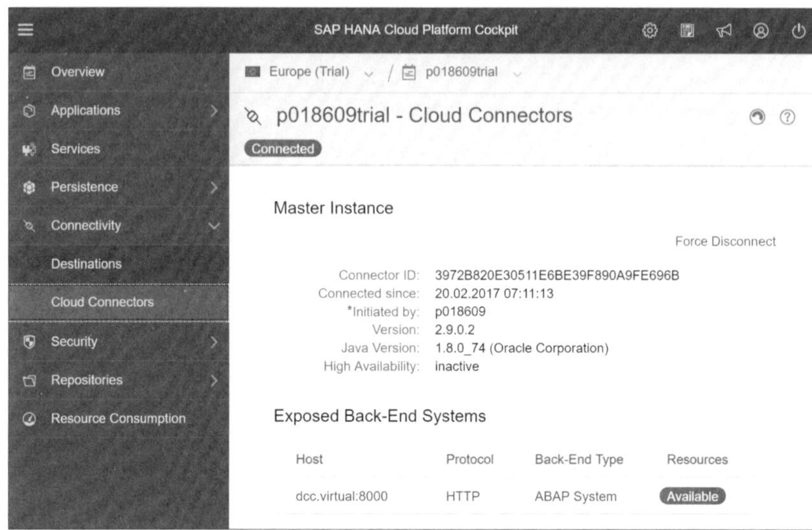

Abbildung 12.14 Verbindungsstatus der SAP Cloud Platform

Konfiguration des virtuellen Systems

Als Nächstes wird das virtuelle System, das Sie zuvor im Cloud Connector angelegt haben, im SAP Cloud Platform Cockpit konfiguriert. Dazu rufen Sie den Eintrag **Destinations** im Cockpit auf. Um eine neue Destination hinzuzufügen, rufen Sie den Link **New Destination** auf. Im Feld **Name** geben Sie den Namen der Destination an; dieser Name wird standardmäßig bei der weiteren Arbeit mit dem System in SAP Web IDE angezeigt. Im zweiten, nicht optionalen Feld mit dem Namen **URL** tragen Sie die URL zum virtuellen System ein. Die URL ergibt sich aus den Informationen, die bei der Konfiguration im Cloud Connector angegeben wurden. Alle weiteren Felder sind optional. Bevor Sie den Dialog abschließen können, müssen zwei zusätzliche Eigenschaften gepflegt werden. Klicken Sie auf die Schaltfläche **New Property**, um eine neue Eigenschaft hinzuzufügen. Dadurch werden im Bereich **Additional Properties** zwei weitere Eingabefelder eingeblendet:

- In das erste Feld tragen Sie den Namen der zu konfigurierenden Eigenschaft ein.
- In das zweite Feld tragen Sie den Wert der Eigenschaft ein.

Freischalten

Da Sie das System in SAP Web IDE nutzen möchten, muss die Verwendung freigeschaltet werden. Dies geschieht über die Eigenschaft **WebIDEEnabled**. Dieser Eigenschaft weisen Sie den Wert **True** zu. Als zweite Eigenschaft muss angegeben werden, wie Sie das entsprechende Backend-System verwenden. Die Eigenschaft hat den Namen **WebIDEUsage**. Geben Sie in einer kommaseparierten Liste die unterschiedlichen Verwendungstypen an, in unserem Beispiel sind das die Werte `odata_abap`, `dev_abap` und `ui_execute_abap`.

Tabelle 12.2 erläutert die Konfigurationsparameter.

Usage-Typ	Beschreibung
odata_abap	ermöglicht die Nutzung der OData-Funktion in SAP Gateway
dev_abap	ermöglicht es, Erweiterungen zu implementieren und die entwickelten SAPUI5-Anwendungen auf dem SAPUI5-ABAP-Repository zu deployen
ui_execute_abap	wird gesetzt, damit SAPUI5-Anwendungen auf dem SAPUI5-ABAP-Repository ausgeführt werden können
bsp_execute_abap	muss gesetzt werden, damit die Fact-Sheet-Funktion genutzt werden kann

Tabelle 12.2 Usage-Typen und ihre Bedeutung

Nachdem die zusätzlichen Eigenschaften hinzugefügt worden sind, beenden Sie die Eingabe mit der Schaltfläche **Save**. Abbildung 12.15 zeigt den ausgefüllten Dialog vor dem Speichern. Nach dem Speichern wird das neu angelegte System in der Liste der verfügbaren Destinationen angezeigt und kann in SAP Web IDE verwendet werden.

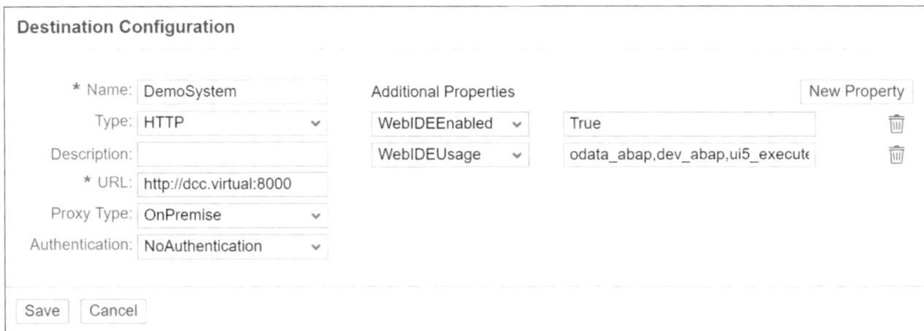

Abbildung 12.15 Destinationspflege auf der SAP Cloud Platform

12.2.3 Weiterführende Konfigurationseinstellungen

Neben dem Git Repository bietet SAP Web IDE noch einige weitere Konfigurationsmöglichkeiten. Sie erreichen die globalen SAP-Web-IDE-Einstellungen über das auf der linken Seite befindliche Zahnrad-Icon (siehe Abbildung 12.16).

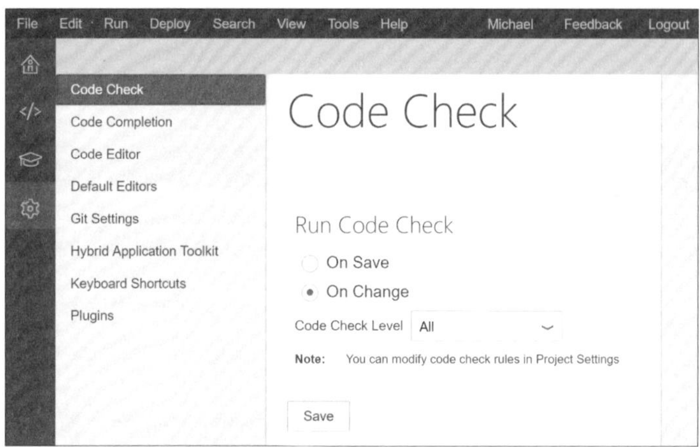

Abbildung 12.16 Konfigurationseinstellungen von SAP Web IDE

Konfigurationseinstellungen

Die folgenden Einstellungen können bei SAP Web IDE momentan global konfiguriert werden:

- **Code Check**
  Mit dieser Option können Sie konfigurieren, ob lediglich Fehler, Fehler und Warnhinweise oder jegliche Informationen, die bei der Codeanalyse von SAP Web IDE aufgefallen sind, visuell im Code hervorgehoben werden sollen. Natürlich können Sie die Codeprüfung auch komplett deaktivieren. Die Einstellungen zur Codeanalyse können nicht nur generell für alle Projekte gesetzt werden, sondern zusätzlich projektspezifisch in den jeweiligen Projekteinstellungen.
- **Code Completion**
  Hier können Sie die Autovervollständigung bei der Programmierung aktivieren bzw. deaktivieren. Eine weitere Einstellungsmöglichkeit erlaubt es, die Autovervollständigung auch in den Kommentaren zu aktivieren. Dies ist sinnvoll, weil dadurch beim Kommentieren auch die Möglichkeit besteht, auf andere JavaScript-Objekte zu verweisen – und dies, ohne lästige Tippfehler zu verursachen.
- **Code Editor**
  Über die Code-Editor-Einstellung lässt sich festlegen, mit welchem Farbschema SAP Web IDE dargestellt werden soll. Zusätzlich können Sie die Schriftgröße einstellen und die Option **Enable Auto Save** aktivieren bzw. deaktivieren. Ist die Option aktiviert, speichert SAP Web IDE zu festen Zeitpunkten die bis dahin geänderten Quellen.

- **Git Settings**
  Hier können Sie die E-Mail-Adresse sowie den Git-Benutzernamen hinterlegen.
- **Plugins**
  Hier können Sie zum einen über den Eintrag **Available Plugins** einsehen, welche Plug-ins aktuell aktiv sind, und zum anderen bietet der Button **Optional Plugins** die Option, weitere Plug-ins zu aktivieren.

12.2.4 Mit Projekten arbeiten

Die Arbeit mit Projekten ist in SAP Web IDE sehr komfortabel. Projekte können auf der Basis von Templates oder Beispielanwendungen angelegt werden. Sie müssen nicht zwingend die Vorlagen von SAP verwenden, sondern können eigene Vorlagen erzeugen. Dies ist besonders interessant, wenn Sie im Unternehmen eine eigene UX-Strategie etabliert haben.

Projekte auf Basis von Templates anlegen

Um die Arbeit mit SAP-Web-IDE-Projekten zu beschleunigen, bietet SAP Web IDE neben einfachen SAPUI5-Projekten auch Vorlagen für das Erzeugen von SAP-Fiori-Anwendungen. Mithilfe dieser Vorlagen müssen Sie die wichtigsten Aspekte einer SAP-Fiori-Anwendung nicht komplett selbst implementieren. Die Anzahl der angebotenen Templates verändert sich mit jeder SAP-Web-IDE-Version. Auch gibt es Unterschiede zwischen der Testversion auf *http://s-prs.de/v726830* und der Version auf der SAP Cloud Platform unter *http://s-prs.de/v726831*. Je nach ausgewählter SAPUI5-Version werden zudem unterschiedliche Templates und Ausprägungen der Templates angeboten.

Folgende Templates werden aktuell in SAP Web IDE angeboten:

Vorlagen

- **SAP Fiori Master-Detail Application**
  Vorlage für eine einfache Master-Detail-Anwendung, wie sie in den SAP Fiori Design Guidelines beschrieben ist.
- **CRUD Master-Detail Application**
  Erzeugt ein Projekt, das neben der Master-Detail-Darstellung auch noch die durch OData-Services angebotenen Create-, Update- und Delete-Funktionen berücksichtigt.
- **SAP Fiori Worklist Application OData V4**
  Legt eine SAP-Fiori-Anwendung mit Worklist an. Voraussetzung ist, dass OData-Services der Version 4.0 unterstützt werden.

- **List Report Application**
  Generiert ein auf SAP Fiori Element basierendes Projekt für die Darstellung eines List Reports. Die nötigen Annotationen können dabei entweder lokal oder direkt von einem ABAP CDS verwendet werden. Dieses Template unterstützt auch das Anlegen einer Object Page auf Basis vorhandener Assoziationen. Wählt der Nutzer zur Laufzeit einen Eintrag im List Report aus, werden die Details als Object Page dargestellt. Voraussetzung dafür sind entsprechende Annotationen.
- **Analytical List Page/Object Page**
  Erzeugt ein Projekt, das eine Analytical List Page darstellt, unter Verwendung der Analytic Engine. Dies setzt voraus, dass die verwendeten ABAP CDS entsprechende Annotationen nutzen. Auch hier wird SAP Fiori Elements für die Oberfläche verwendet.
- **Overview Page**
  Mit diesem Template können Übersichtsseiten mit Karten angelegt werden.

Abbildung 12.17 zeigt eine Momentaufnahme der Auswahl an Projektvorlagen in SAP Web IDE für SAPUI5-Version 1.60.

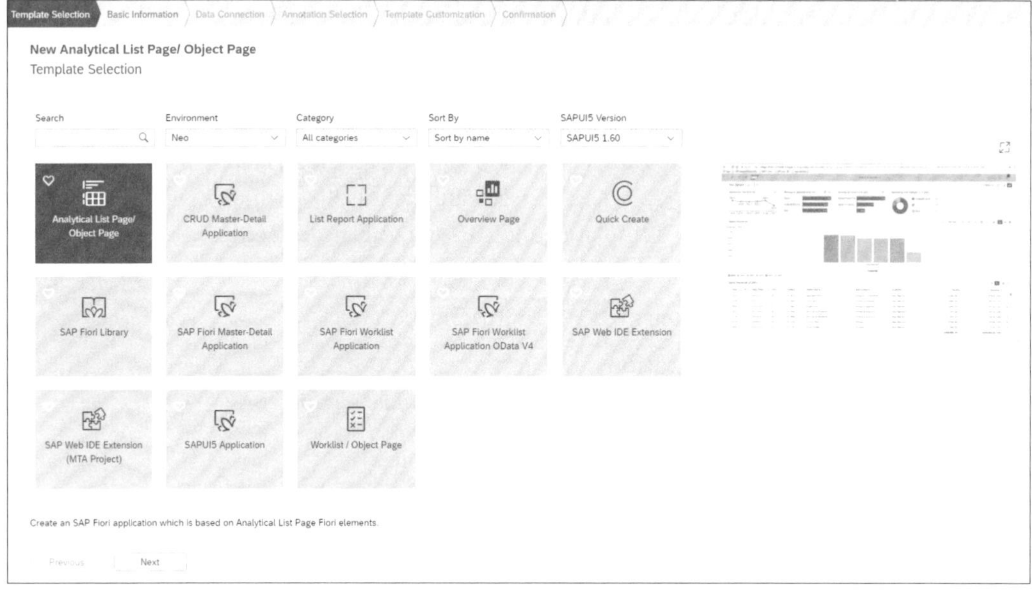

Abbildung 12.17 Projektvorlagen in SAP Web IDE

Projekte auf der Basis von Beispielanwendungen anlegen

Neben den Projektvorlagen erlaubt es SAP Web IDE, ein komplettes Projekt als Basis für eigene Projekte zu verwenden. Dazu bietet SAP Web IDE aktuell drei Projekte an. Abbildung 12.18 zeigt den Projektauswahlbildschirm. Der Nachteil bei der Nutzung dieser Anwendungsvorlagen ist, dass die erzeugten Projekte nicht produktiv eingesetzt werden dürfen. Beim Anlegen des Projekts muss der Nutzer bestätigen, dass er die Anwendung lediglich für Test- und Demozwecke benötigt. Die Nutzung dieser Kopiervorlagen ist dennoch durchaus lohnenswert – wenn schon nicht für den direkten Einsatz im Projekt, dann als Inspirationsquelle für eigene Entwicklungen. Alle Projekte arbeiten mit dem *SAP Enterprise Procurement Model* (EPM), einem Datenmodell, in dem Entitäten, wie z. B. Bestellungen, Kunden, Produkte, Mitarbeiter und Geschäftspartner, definiert und enthalten sind.

12

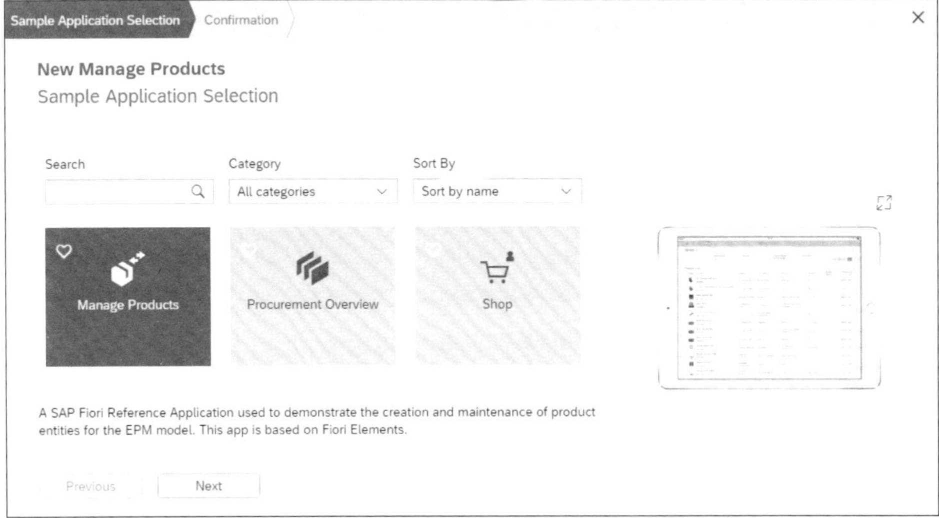

Abbildung 12.18 Beispielanwendungen als Projektbasis

Vorlagen

Die folgenden Vorlagen werden aktuell in SAP Web IDE angeboten:

- **Manage Products**
  Diese Anwendung ermöglicht das Erzeugen und Verwalten von Produkten. Für die Oberfläche wird SAP Fiori Elements verwendet.
- **Procurement Overview**
  Bei der Auswahl dieser Beispielanwendung wird ein Projekt für eine Overview Page angelegt (ebenfalls mittels SAP Fiori Elements). Es werden Daten aus dem Standard-EPM-Modell von SAP verwendet.

- **Shop**
  Diese Vorlage erzeugt eine Anwendung, die dem Full Screen Template folgt und das UI Pattern *Worklist* implementiert. Angezeigte Objekte können ausgewählt und in einen Warenkorb gelegt werden.

Projekteinstellungen

Neben den globalen Einstellungen, die für alle SAP-Web-IDE-Projekte gelten, gibt es Einstellungen auf der Projektebene. Sie erreichen diese Einstellungen über den Kontextmenüeintrag **Project • Project Settings**. Über die Projekteinstellungen können die Formatierung des Codes, die Validierung des Codes gegen entsprechend zu konfigurierende Regeln (siehe Abbildung 12.19) oder die zu verwendende SAPUI5-Version eingestellt werden.

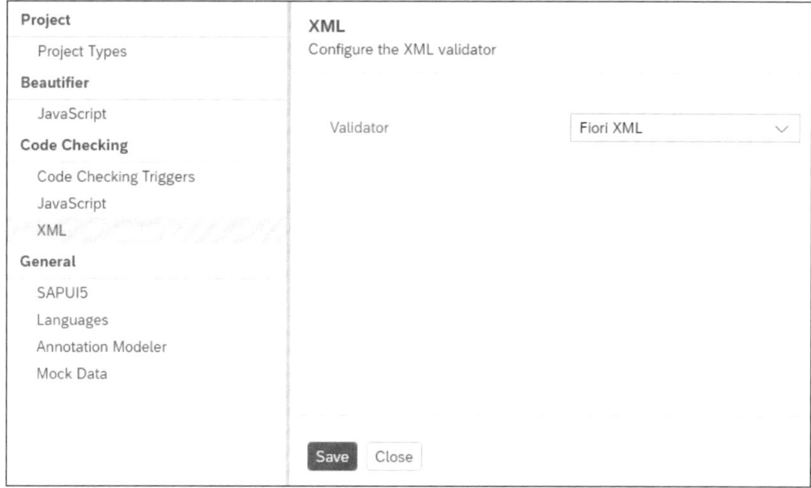

Abbildung 12.19 Projekteinstellungen in SAP Web IDE

12.3 Eine Anwendung mit SAP Web IDE entwickeln

Nach der kurzen Einführung in die Arbeit mit SAP Web IDE wenden wir uns nun der Implementierung einer Anwendung zu. Wir implementieren eine Master-Detail-Anwendung unter Verwendung des *Flexible Column Layouts*, die auf dem Flugdatenmodell beruht. In der Masteransicht werden Fluggesellschaften dargestellt. Wählen Sie eine Gesellschaft aus, werden in der Detailansicht weitere Informationen und Flüge zu der Gesellschaft angezeigt.

12.3.1 Projekt anlegen

Um das Projekt auf der Basis eines Templates anzulegen, wählen Sie im Menü von SAP Web IDE den Eintrag **File • New • Project from Template** aus. Im darauffolgenden Dialog wählen Sie, falls nicht bereits vorselektiert, die Kachel **SAP Fiori Master-Detail Application** und klicken auf **Next**.

SAPUI5-Version

Achten Sie darauf, dass die SAPUI5-Version ausgewählt ist, die zu Ihrer Infrastruktur passt. Wir verwenden für das gezeigte Beispiel Version 1.60. Die ausgewählte SAPUI5-Version hat Einfluss darauf, welche SAP-Fiori-Layouts und -Floorplans verwendet werden. Mit Version 1.60 wird das *Flexible Column Layout* zugrunde gelegt. Davor wird eine reine Master-Detail-Anwendung erzeugt.

Im nächsten Dialogschritt geben Sie die in Abbildung 12.20 gezeigten Projekteigenschaften an. Tragen Sie im Pflichtfeld **Project Name** »CarrierFlightInfoApp«, bei **Title** »Fluginformationen« und bei **Namespace** »fioridemo« ein. Eine Beschreibung müssen Sie nicht eingeben. Bestätigen Sie den Dialog mit **Next**.

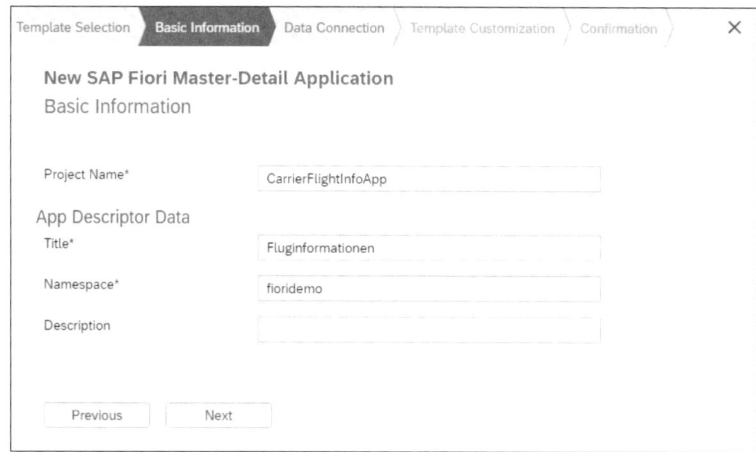

Abbildung 12.20 Projektkonfiguration angeben

Im darauffolgenden Bild wählen Sie den OData-Service aus. In dem hier vorgestellten Beispiel heißt dieser Service ZTRAVEL_SRV und liefert Zugriff auf vier Entitäten aus dem Flugdatenmodell. Abbildung 12.21 zeigt den Auswahlbildschirm.

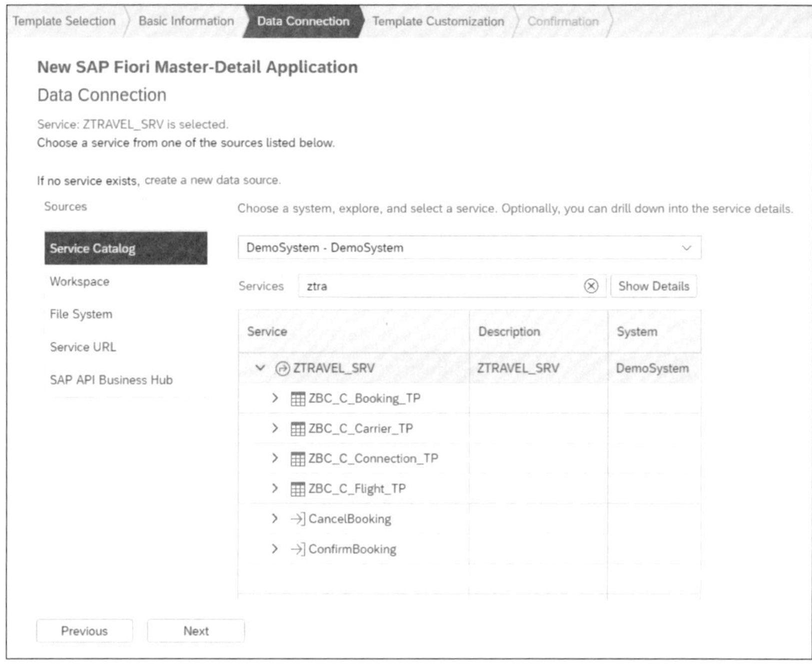

Abbildung 12.21 OData-Service auswählen

Vorlage konfigurieren

Nach der Auswahl des Services wird die Schaltfläche **Next** aktiv, und Sie können in den nächsten Dialog wechseln. Im folgenden Dialog konfigurieren Sie die Vorlage im Bereich **Template Customization**. Für eine Master-Detail-Anwendung besteht die folgende Konfiguration maßgeblich aus drei Teilen. Im ersten Teil **Application Settings** müssen Sie allgemeine Anwendungseinstellungen definieren. Sie bestehen aktuell aus dem Anwendungstyp, einem Anwendungstitel, dem Namensraum sowie einer optionalen Beschreibung. Über den Anwendungstyp legen Sie fest, ob die Anwendung als SAP-Fiori-Anwendung im Launchpad oder als Standalone-Anwendung angelegt werden soll. Bei einer Standalone-Anwendung legt SAP Web IDE eine Datei mit dem Namen **index.html** an, über die Sie die Anwendung direkt starten können. In dem hier gezeigten Beispiel belassen Sie die Auswahl auf **App for SAP Fiori Launchpad**. Im Feld **Title** geben Sie den Namen der Anwendung ein; dieser Titel wird dann im Kopf des SAP Fiori Launchpads dargestellt. Neben den beiden Angaben ist es zudem zwingend erforderlich, einen Namensraum einzugeben. Geben Sie daher den Namensraum »com.flightdemo« in das entsprechende Feld ein. Damit werden alle Bestandteile der Anwendung, die über SAP Web IDE angelegt werden, diesem Namensraum zugeordnet. Im zweiten Teil **Data Binding –**

Object werden die Angaben für die Generierung der Masteransicht eingegeben. Die Masteransicht wird, wie es in den SAP Fiori Design Guidelines definiert ist, als Listenansicht realisiert. Im Kopf der Liste wird ein Suchfeld dargestellt. Aus der Auswahlliste **Object Collection** wählen Sie den Eintrag **ZBC_C_Carrier_TP** aus. Daraufhin bietet der Assistent in den folgenden Auswahllisten nur noch Attribute der Entität `ZBC_C_Carrier_TP` an. Das Feld **Object Collection ID** wird automatisch mit dem Wert **Carrid** vorbelegt. Es handelt sich dabei um das Schlüsselfeld der Entität `Carrier`. Aus dem Feld **Object Title** wählen Sie den Wert **Carrname**. Abbildung 12.22 zeigt die Bereiche **Application Scenario** und **Data Binding – Object**.

New SAP Fiori Master-Detail Application
Template Customization

Application Scenario	App Type*	SAP Fiori Launchpad Component (optimized for SAP Fiori
Data Binding - Object	Object Collection*	ZBC_C_Carrier_TP
	Object Collection ID*	Carrid
	Object Title*	Carrname
	Object Numeric Attribute	
	Object Unit of Measure	

Abbildung 12.22 Konfiguration der Projekteigenschaften und der Masteransicht

12

Detailbild-Konfiguration

In der unteren Hälfte des Dialogs mit der Bezeichnung **Data Binding – Line Item** geben Sie die Bestandteile der `ZBC_Flight_TP`-Entität an, die im Detailbild der Master-Detail-Anwendung angezeigt werden sollen. In dem hier vorgestellten Beispiel handelt es sich um eine Navigationseigenschaft mit dem Namen **to_Flight**. Der Kopf der Detailansicht wird per Default mit den Informationen des ausgewählten Listeintrags, in unserem Beispiel der Fluggesellschaft, vorbelegt. Für die Darstellung der zugehörigen Flüge legen Sie nur eine ID sowie die maximale Anzahl an Sitzen fest. Abbildung 12.23 zeigt den Dialogabschnitt mit den entsprechend befüllten Feldern.

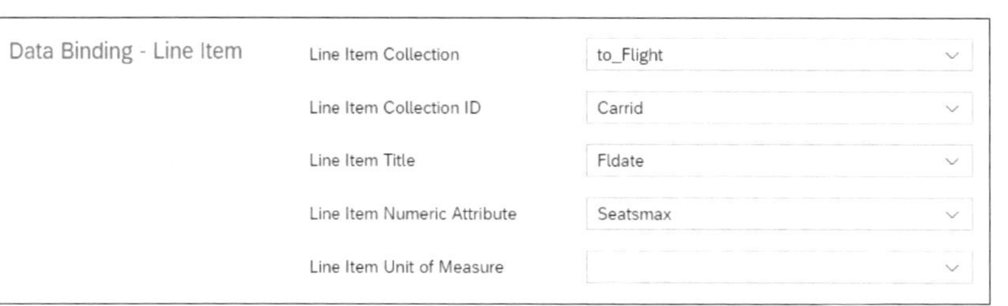

Abbildung 12.23 Template-Definition der Detailanzeige

Nach dem Abschluss der Detailangaben wechseln Sie mit der **Next**-Schaltfläche zum letzten Dialog des Assistenten. Dort angelangt, bestätigen Sie den Dialog mit einem Klick auf **Finish**.

Aufbau und Projektbestandteile

Das generierte Projekt beinhaltet jetzt die wesentlichen Bestandteile einer SAP-Fiori-Anwendung und entspricht den SAP-Fiori-Design-Vorgaben. Wie Sie es aus Abbildung 12.24 ersehen können, enthält das Projekt keine **index.html**-Datei, sondern eine Datei mit dem Namen **test.html**. Über diese Datei können Sie die Anwendung in unterschiedlichen Modi ausführen, entweder mit dem SAP Fiori Launchpad und Zugriff auf den OData-Service im Backend oder mit einer Simulation des Backends über den MockServer.

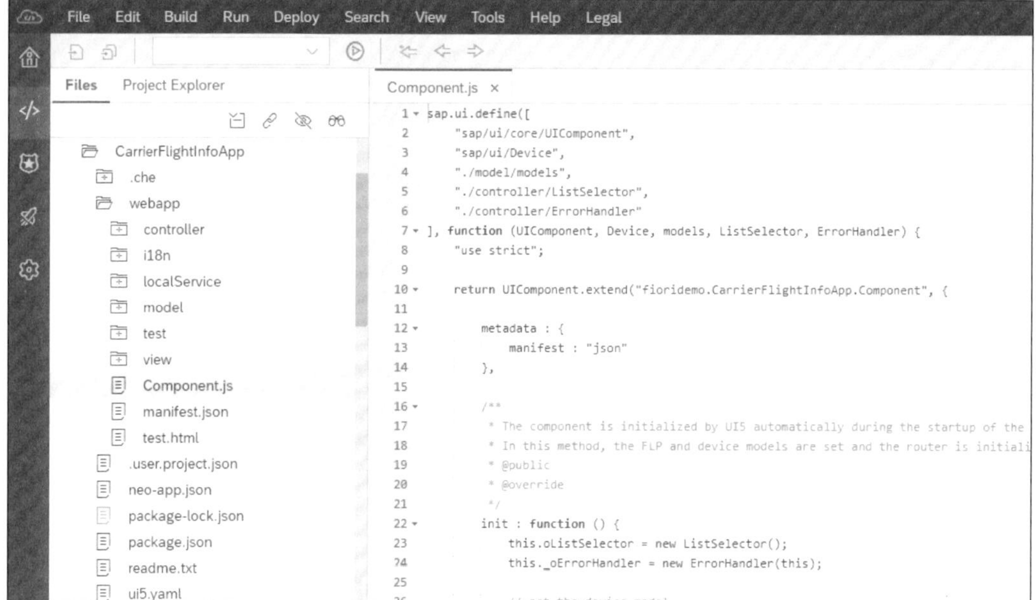

Abbildung 12.24 Projektbestandteile eines template-basierten Projekts

Die Datei entspricht in ihrer Implementierung und Funktionsweise den bereits vorgestellten Konzepten aus Kapitel 10, »Grundlagen der SAP-Fiori-Entwicklung«. Auch wurde eine bereits voll funktionsfähige Datei **Component.js** generiert. Sie enthält die notwendigen Routing-Informationen für die Navigation von der Masteransicht zur Detaildarstellung.

Der Ordner **view** im Projekt ist der Ablageort für den Master und den Detail View sowie die dazugehörenden Controller. Der Controller des Detail Views ist bereits so ausgeprägt, dass bei der Auswahl eines Eintrags in der Masteransicht die durch das Routing übermittelten Informationen korrekt in der Funktion _onObjectMatched verarbeitet werden.

Listing 12.1 zeigt die generierte Funktion:

```
_onObjectMatched : function (oEvent) {
   var sObjectId =
      oEvent.getParameter("arguments").objectId;
   this.getModel("appView").setProperty("/layout",
                    "TwoColumnsMidExpanded");
   this.getModel().metadataLoaded().then(
     function() {
        var sObjectPath =
              this.getModel().createKey("ZBC_C_Carrier_TP", {
                                  Carrid :  sObjectId
                           });
        this._bindView("/" + sObjectPath);
     }.bind(this));
}
```

Listing 12.1 Generierte Funktion »_onObjectMatched« aus der generierten Detailansicht

Darüber hinaus wurde ein Ordner mit der Bezeichnung **i18n** angelegt. Dem Ordner wurde eine Datei mit dem Namen **i18n.properties** für die Sprachunabhängigkeit hinzugefügt. Für jede Sprache, in der die Anwendung ausgeführt werden kann, muss manuell eine den Namenskonventionen entsprechende Datei angelegt werden.

Erweiterungspunkte

Das gerade erzeugte Projekt kann direkt aus SAP Web IDE getestet werden. Dazu markieren Sie die Datei **index.html** und wählen aus dem Kontextmenü **Run • Run as • Web Application**. Es öffnet sich ein neues Browser-Fenster, und der Inhalt der bereits erwähnten **test.html**-Datei wird angezeigt. Sie wählen den Link **flpSandbox.html** aus, und starten damit die Anwendung in der SAP-Fiori-Sandbox-Umgebung. Nach dem Klick auf den Link wird die Anwendung gestartet. Es wird, wie in Abbildung 12.25 gezeigt, die Anwendung mit einer Übersicht der vorhandenen Fluggesellschaften angezeigt.

Nachdem wir einen Eintrag in der Liste ausgewählt haben, werden uns die Details entsprechend den Flexbile-Column-Layout-Vorgaben angezeigt (siehe Abbildung 12.26).

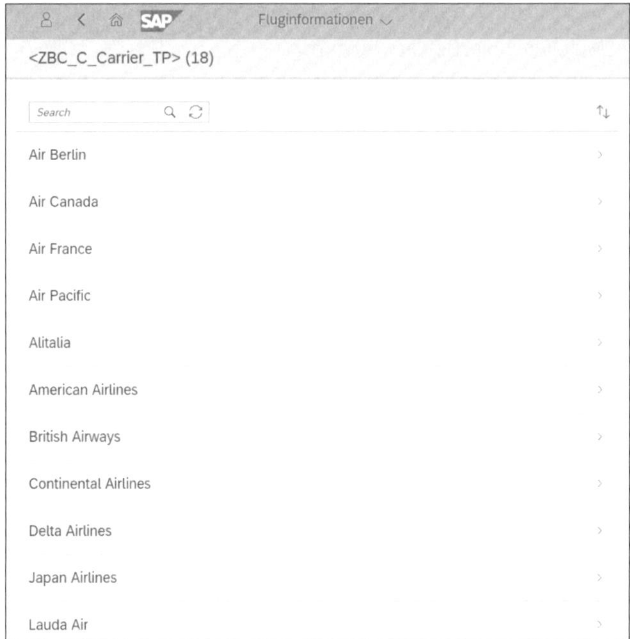

Abbildung 12.25 Master-Detail-Anwendung testen

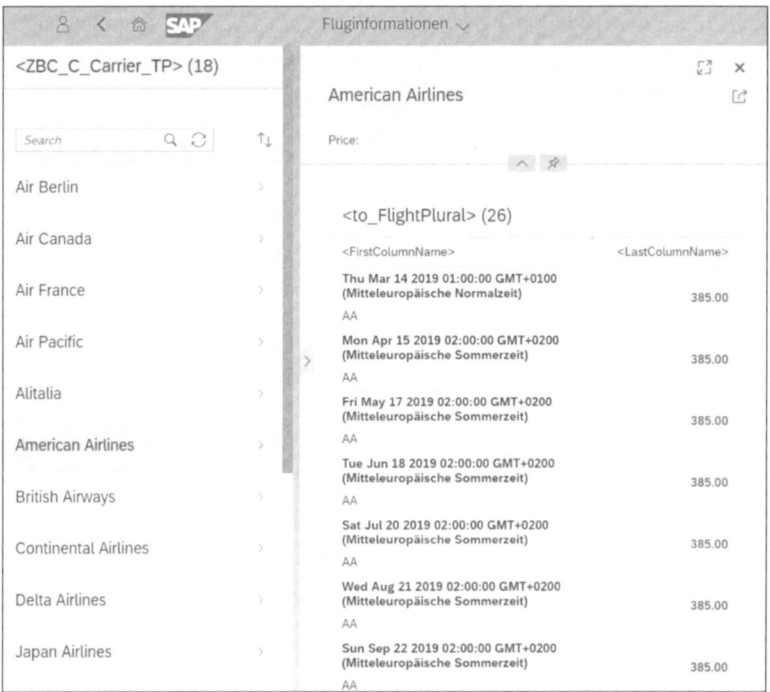

Abbildung 12.26 Darstellung der vorhandenen Flüge

Limitationen des Templates

Wie Sie Abbildung 12.28 entnehmen können, ist das Generat der Anwendung noch sehr rudimentär. Es werden zwar Daten und gefundene Datensätze angezeigt, und auch Grundfunktionen für die Navigation sind bereits implementiert, allerdings möchten wir noch weitere Informationen in der Detailansicht anzeigen. Diese müssen Sie als Entwickler im Nachgang selbstständig implementieren.

Laufzeitkonfiguration anpassen

SAP Web IDE bietet zu den in der Datei **test.html** vorbereiteten Laufzeitkonfigurationen auch die Möglichkeit, eigene Konfigurationen anzugeben. Dazu wählen Sie Ihr Projekt aus und selektieren aus dem Kontextmenü **Run**. Klicken Sie in der Liste der Ausführungsvarianten auf den Eintrag **Run Configurations**. Es erscheint ein Dialog, über den Sie die unterschiedlichen Ausführungsvarianten konfigurieren können. Um aus einer Liste der vorhandenen Grundkonfigurationen die gewünschte auszuwählen, klicken Sie auf das **+**-Icon. Wie Abbildung 12.27 zeigt, können Sie nun festlegen, ob die Anwendung mit Simulationsdaten ausgeführt werden soll. Im Bereich **URL Components** können Sie angeben, ob die Anwendung mit URL-Parametern oder Routing-Parametern (Hashes) aufgerufen werden soll. Dies erlaubt, dass Sie z. B. testen können, ob ein direkter Navigationsaufruf von außen in der Anwendung korrekt verarbeitet wird. Über den Eintrag **Advanced Settings** können Sie neben der SAPUI5-Version, unter der die Anwendung ausgeführt werden soll, auch angeben, mit welcher Destination (gepflegt im SAP Cloud Cockpit) die Anwendung kommunizieren soll.

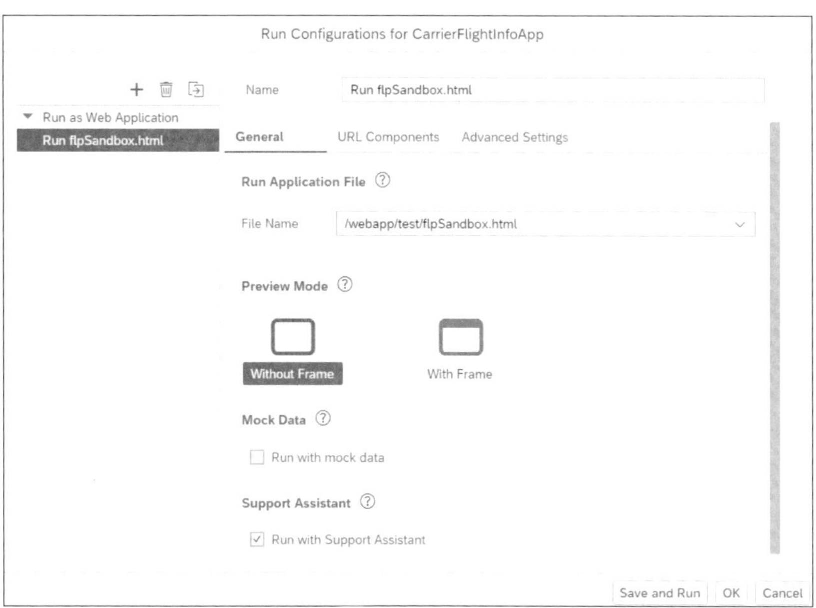

Abbildung 12.27 Konfiguration der Ausführungsumgebung

Wählen Sie für unser Beispiel die Auswahl **Run with Support Assistant** aus. Ändern Sie – falls nötig – die Aufrufkonfiguration, und starten Sie die Anwendung über die Schaltfläche **Save and Run** (siehe Abbildung 12.28).

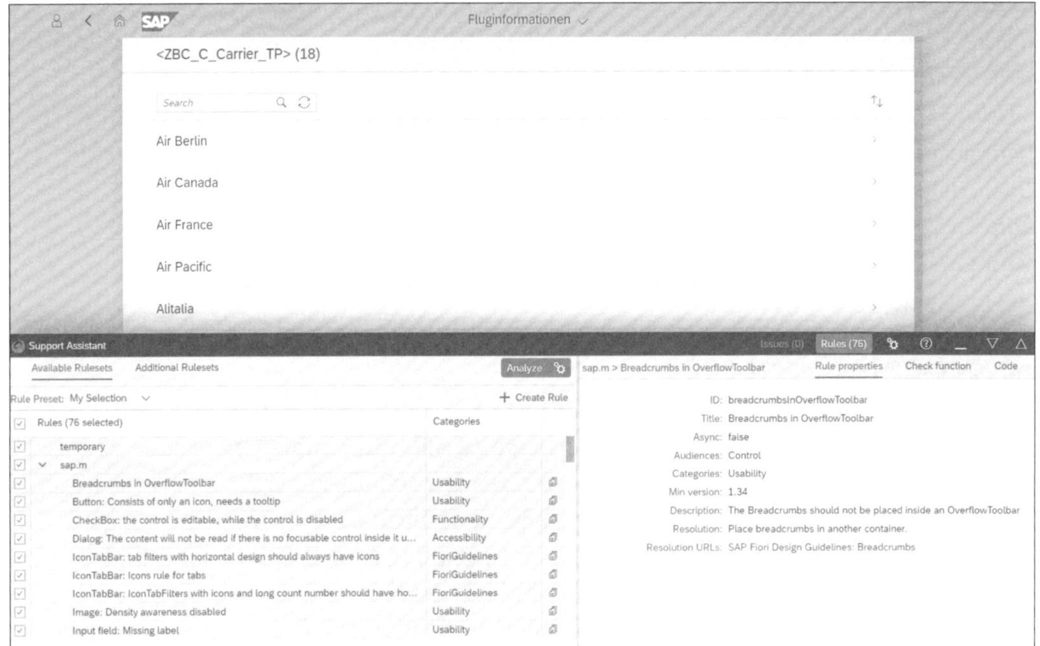

Abbildung 12.28 Ausführung der Anwendung mit dem SAPUI5-Support-Assistenten

12.3.2 Oberfläche entwickeln

Für die Entwicklung der Benutzeroberfläche unterstützt SAP Web IDE Sie als Entwickler vollumfänglich. Es ist in SAP Web IDE nicht nur möglich, die Oberfläche programmatisch zu erstellen, sondern auch über einen WYSIWYG-Editor per Drag-and-drop. Um mit dem Layout-Editor arbeiten zu können, ist es notwendig, XML Views zu verwenden. Views eines anderen Typs werden vom Layout-Editor nicht unterstützt und müssen über den herkömmlichen Code-Editor implementiert werden.

Layout-Editor aufrufen

Um den Layout-Editor aufzurufen, wählen Sie den zu bearbeitenden XML View im Project Explorer und aus dem Kontextmenü den Eintrag **Open Layout-Editor**. Nach einer kurzen Ladezeit wird der Editor geöffnet. Abbildung 12.29 zeigt über den Detail View das gerade angelegte Projekt.

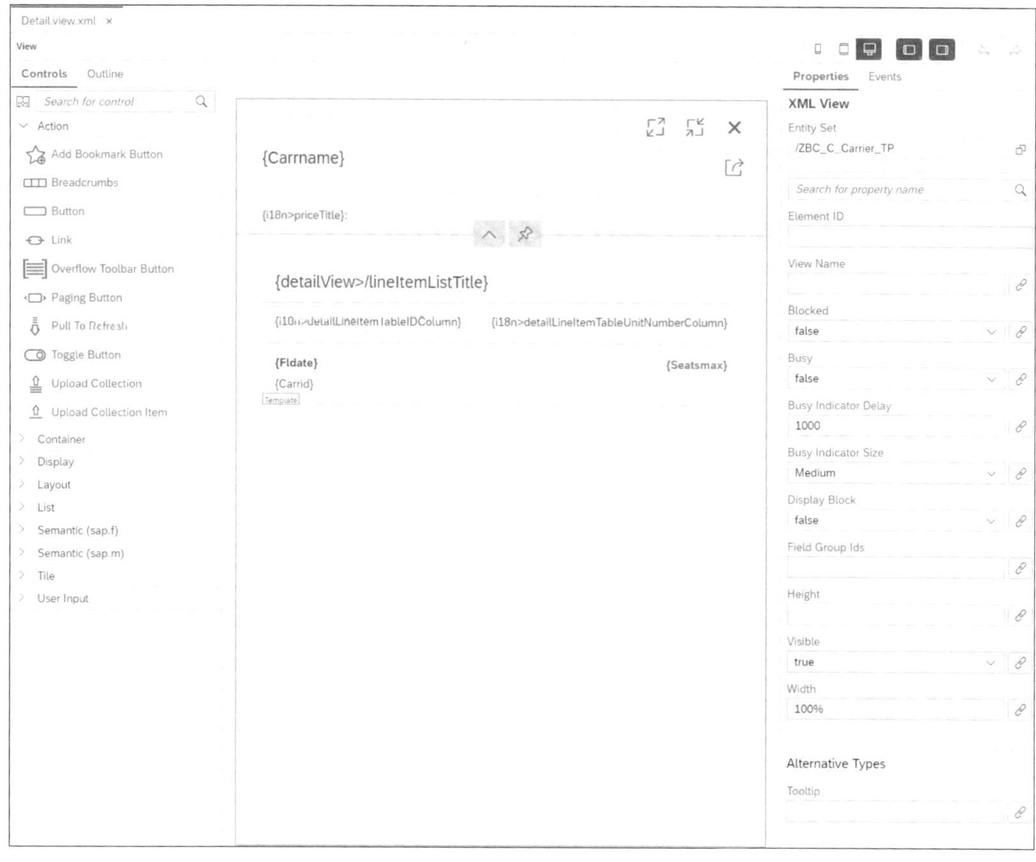

Abbildung 12.29 Layout-Editor von SAP Web IDE

Auf der linken Seite des in Abbildung 12.29 gezeigten Layout-Editors sind die UI Controls in unterschiedlichen Kategorien gruppiert. Für jedes Control gibt es einen kurzen Tooltip. In der Mitte des Editors befindet sich der ausgewählte View mit den bereits enthaltenen UI Controls. Unter dem View kann über drei Schaltflächen ausgewählt werden, welche Art von Endgerät für die Darstellung des aktuellen Views verwendet werden soll. Es kann zwischen Smartphone, Tablet oder Desktop gewechselt werden. Über das Kontextmenü im Layout-Editor können Sie einfach in den Code-Editor wechseln. Dazu rufen Sie im Kontextmenü den Eintrag **Go to Code** auf, oder Sie nutzen die Tastenkombination `Strg` + `F3`. Auf der rechten Seite werden die Details zu dem in dem View ausgewählten UI Control angezeigt. Der Entwickler kann hier die unterschiedlichen Eigenschaften des UI Controls ändern. Handelt es sich bei dem UI Control um ein Control mit sehr vielen Attributen, können Sie über den Kopf der Anzeige nach bestimmten UI-Control-Attributen suchen.

Detailansicht erweitern

In dem hier vorgestellten Anwendungsbeispiel möchten wir die generierte Detailansicht erweitern. Wir möchten die `headerContent`-Aggregation anpassen, sodass uns nicht nur der Name der Fluggesellschaft angezeigt wird, sondern auch noch das Kürzel und die URL der Gesellschaft. Außerdem möchten wir das durch den Codegenerator hinzugefügte Preisfeld entfernen. Diese beiden Informationen sollen als weitere Attribute der `headerContent`-Aggregation dargestellt werden. Um alle Eigenschaften und Aggregationen oder Assoziationen eines UI Controls angezeigt zu bekommen, können Sie in die **Outline**-Ansicht wechseln. Sie finden dazu direkt oberhalb der UI Controls eine Schaltfläche mit der Aufschrift **Outline** (siehe Abbildung 12.30).

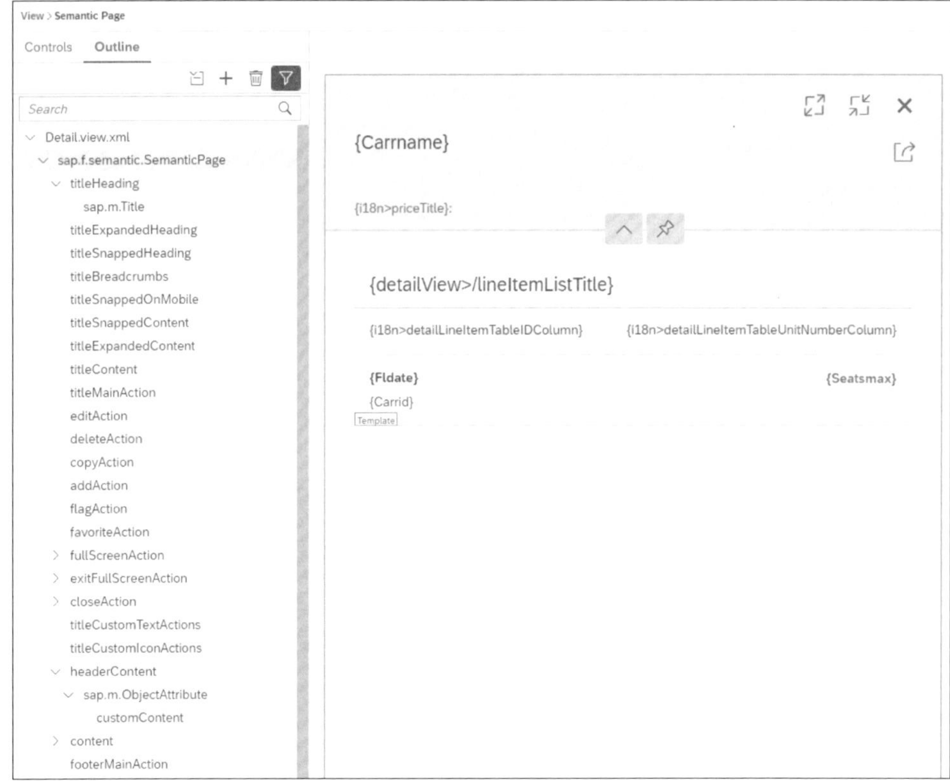

Abbildung 12.30 Die Outline-Ansicht im Layout-Editor

Neue Eigenschaften hinzufügen

Um neue Attribute hinzuzufügen, wählen Sie den Eintrag **headerContent** in der Outline aus und rufen aus dem Kontextmenü den Eintrag **Add** aus. Wir erhalten einen Dialog mit allen für die Aggregation zulässigen UI Controls und UI-Elementen. Über das Suchfeld suchen wir nach »ObjectAttribute« und wählen den Eintrag aus. Im Weiteren legt SAP Web IDE ein neues Element in der Outline-Struktur an und zeigt auch gleich die Eigenschaften des neu angelegten Elements an. Suchen Sie nun in den Eigenschaften des neuen Elements nach der Eigenschaft **Text**, und wählen Sie das daneben dargestellte [🔗]-Icon zum Anlegen eines Property Bindings aus. Es erscheint der in Abbildung 12.31 gezeigte Dialog. Löschen Sie den Standardtext **attribute text** aus dem Textfeld, und wählen Sie stattdessen den Eintrag **Carrid (string)** der referenzierten Entität **to_Flight** mit einem Doppelklick aus.

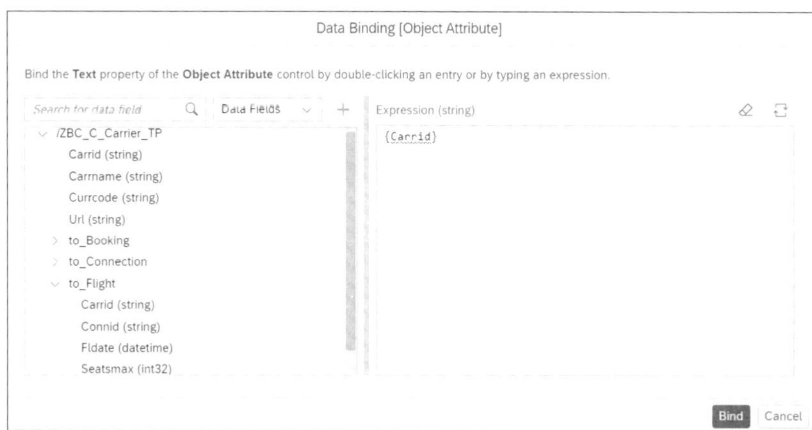

Abbildung 12.31 Der Data-Binding-Dialog

Nachdem Sie den Dialog über **Bind** bestätigt haben, fügen Sie ein weiteres Element vom Typ `sap.m.ObjectAttribute` hinzu und verbinden es mit der Eigenschaft **Url** der Fluggesellschaftsentität. Als Nächstes löschen wir noch das fälschlicherweise generierte **Object Attribute** für die Darstellung des Preises. Dazu wählen wir es aus und wählen aus dem Kontextmenü **Delete**.

Tabellenüberschriften vorbereiten

Im nächsten Schritt möchten wir noch die Tabelle mit der Übersicht der Flüge für eine Fluggesellschaft anpassen. Die Tabelle soll dabei die folgenden Informationen darstellen: die Fluggesellschaft, die Flugnummer, das Flugdatum, die Anzahl der Sitzplätze und die belegten Sitzplätze. Da wir die Überschriften der Tabellenzeilen über eine Übersetzungsdatei bereitstellen möchten, öffnen wir die Datei **i18n.properties** im Ordner **i18n** und fügen die in Listing 12.2 gezeigten Schlüssel-Wert-Paare ein. Vor jedem Schlüssel-Wert-Paar fügen wir den Wert `#XFTBL` mit einem beschreibenden Text ein. Durch das Voranstellen von `#XFTBL` werden die so erstellten Einträge später im Layout-Editor von SAP Web IDE gruppiert.

```
#XGRP: Uebersetzung fuer FlightTabelle Carrier
detailLineItemTableCarrier=Fluggesellschaft
#XGRP: Uebersetzung fuer FlightTabelle Carrid
detailLineItemTableFlightNo=Flugnummer
```

```
#XGRP: Uebersetzung fuer FlightTabelle Fldate
detailLineItemTableFlightDate=Flugdatum
#XGRP: Uebersetzung fuer FlightTabelle seats
detailLineItemSeatMaxCount=Anzahl Sitzplätze
#XGRP: Uebersetzung fuer FlightTabelle occseats
detailLineItemSeatOcc=Belegte Sitzplätze
```

Listing 12.2 Überschriften der Tabellenspalten

Nachdem wir die Änderungen in der **i18n**-Datei gespeichert haben, verlassen wir die Datei und öffnen den Detail View wieder im Layout-Editor.

Übersetzungstexte anwenden

Wir wechseln nun in die Ansicht **Outline** und suchen nach dem Tabellen-Control. Dazu klappen wir den entsprechenden Eintrag auf und wählen danach die Aggregation **columns**. Hier wählen wir den ersten Eintrag aus und expandieren ihn. Danach selektieren wir aus dem Header-Knoten das Control `sap.m.Text`. Wir suchen in den Eigenschaften des `Text`-Controls nach der Eigenschaft **Text** und wählen wieder das Icon für das Property Binding aus. Im nun erscheinenden Dialog stellen wir sicher, dass im Dropdown-Menü der Eintrag **i18n** ausgewählt ist. Im Anschluss löschen wir das Standard-Binding und suchen nach unserer Gruppe **XGRP**. Hier wählen wir den Eintrag **detailLineItemTableCarrier** aus. Es ergibt sich die in Abbildung 12.32 gezeigte Konfiguration. Nachdem wir das Binding durchgeführt haben, beenden wir den Dialog mit **Bind**.

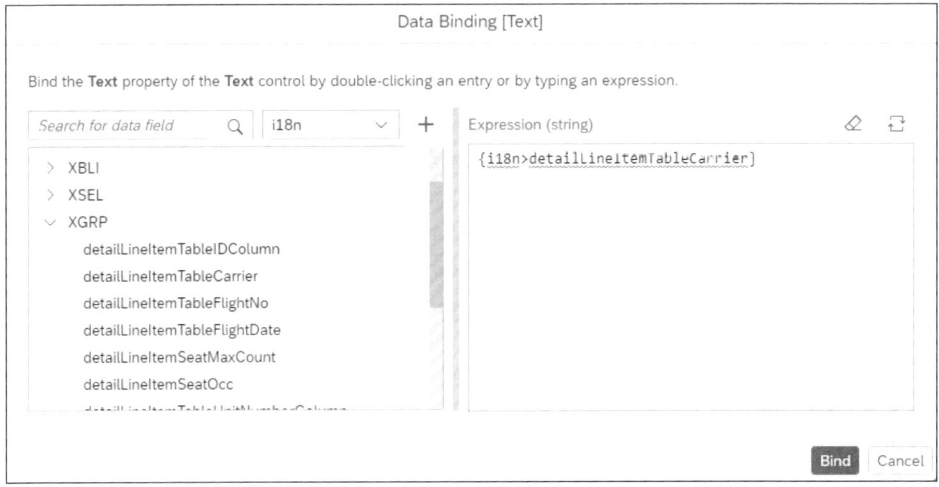

Abbildung 12.32 Auswahl des Bindings an das Resource Model

Wir wiederholen das Binding an das Resource Model mit der noch existierenden Column, wie gerade gezeigt.

Neue Spalten in die Tabelle aufnehmen

Nun rufen wir aus dem Kontextmenü wieder **Add** auf und fügen ein neues Element vom Typ `sap.m.Column` hinzu. Nachdem die Spalte angelegt worden ist, expandieren wir den neuen Eintrag in der Outline, wählen aus dem Eintrag **header** das angezeigte Control vom Typ `sap.m.Text` aus und verknüpfen die Texteigenschaft mit dem Resource Model. Wir fügen noch zwei weiteren Spalten ein und verknüpfen diese entsprechend mit der jeweiligen Übersetzung. Nachdem die Spalten eingefügt worden sind, ergibt sich das in Abbildung 12.33 gezeigte Bild.

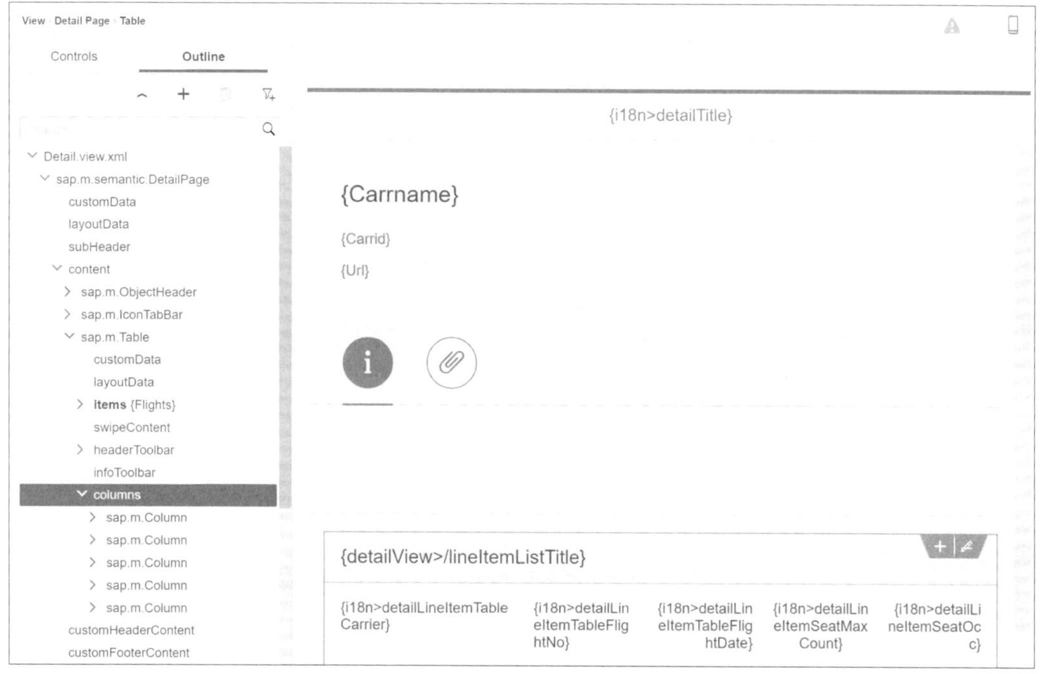

Abbildung 12.33 Die Spalten der Flugtabelle im Layout-Editor

Neue Zellen einfügen

Nachdem die Spalten mit den entsprechenden Überschriften verknüpft worden sind, wenden wir uns als Nächstes der Aggregation `items` zu. Wir finden diese unter **content • sap.m.Table**. Klappen Sie in der Outline den entsprechenden Eintrag auf. Die Aggregation ist mit einem Element vom Typ `sap.m.ColumnListItem` verbunden. Das UI-Element wird als Template Control verwendet. Das UI-Element verfügt seinerseits über eine Aggregation mit dem Namen cells. Sie wählen den Eintrag aus und selektieren aus dem Kontextmenü den Eintrag **Add**. Es erscheint der in Abbildung 12.34 gezeigte Dialog, in dem Sie ein Element vom Typ sap.m.Text auswählen. Nach dem gleichen Muster legen Sie zwei weitere neue Zellen mit einem sap.m.Text-Control an.

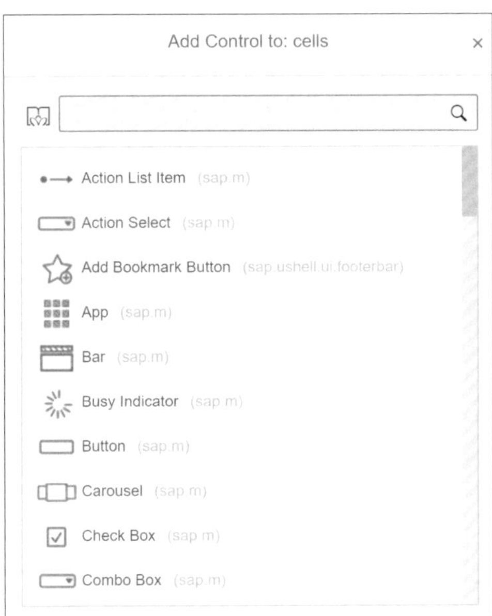

Abbildung 12.34 Ein UI Control zu einer Zelle hinzufügen

Nach dem Anlegen der Zellen verknüpfen Sie die text-Attribute der sap.m.Text-Controls mit den entsprechenden Feldern aus der Flight-Entität. Wir verwenden wiederum das Property Binding. Zu beachten ist, dass wir bei der Eigenschaft fldate beim Binding zusätzlich noch einen Datentyp angeben. Nachdem wir die Elemente noch in ihrer Reihenfolge angepasst haben (Fluggesellschaft, Flugnummer, Flugdatum, maximale Anzahl von Plätzen, belegte Plätze), ergibt sich das in Abbildung 12.35 gezeigte Bild bzw. der in Listing 12.3 gezeigte XML-Code.

```
<Table id="lineItemsList" width="auto" items="{to_Flight}"
       updateFinished=".onListUpdateFinished"
       noDataText="{i18n>detailLineItemTableNoDataText}"
       busyIndicatorDelay="{detailView>/lineItemTableDelay}">
       <headerToolbar>
          <Toolbar>
             <Title id="lineItemsTitle"
                    text="{detailView>/lineItemListTitle}"
                    titleStyle="H3"/>
```

```
      </Toolbar>
   </headerToolbar>
   <columns>
      <Column>
         <header>
           <Text
               text="{i18n>detailLineItemTableCarrier}"/>
         </header>
      </Column>
      <Column>
         <header>
           <Text
              text="{i18n>detailLineItemTableFlightNo}"/>
         </header>
      </Column>
      <Column>
         <header>
           <Text
            text="{i18n>detailLineItemTableFlightDate}"/>
         </header>
      </Column>
      <Column minScreenWidth="Tablet" demandPopin="true"
              hAlign="End">
           <Text
               text="{i18n>detailLineItemSeatMaxCount}"/>
      </Column>
      <Column>
         <header>
           <Text text="{i18n>detailLineItemSeatOcc}"/>
         </header>
      </Column>
   </columns>
   <items>
      <ColumnListItem>
         <cells>
             <Text text="{Carrid}"/>
             <Text text="{Connid}"/>
             <Text text="{ path: 'Fldate',
                           type:'sap.ui.model.type.Date'}" />
             <Text text="{ path: 'Seatsmax',
                           formatter:'.formatter.currencyValue'
              }"/>
             <Text text="{Seatsocc}"/>
```

```
                </cells>
            </ColumnListItem>
        </items>
</Table>
```

Listing 12.3 Die durch den Layout-Editor entstandene Tabelle

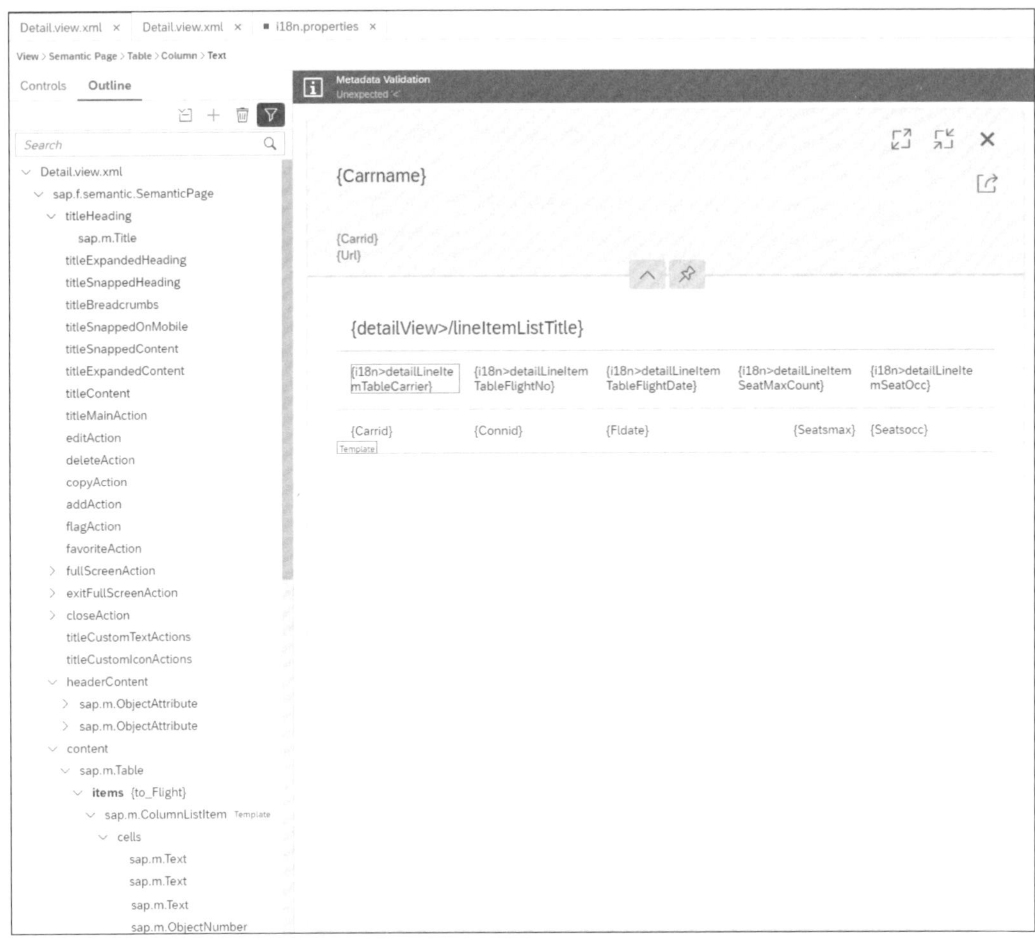

Abbildung 12.35 Die vollständige Tabelle im Layout-Editor

Nachdem wir zum Abschluss noch die restlichen, noch nicht in der Übersetzungsdatei überschriebenen Attribute übersetzt haben, starten wir die Anwendung erneut. Es ergibt sich das in Abbildung 12.36 gezeigte Bild.

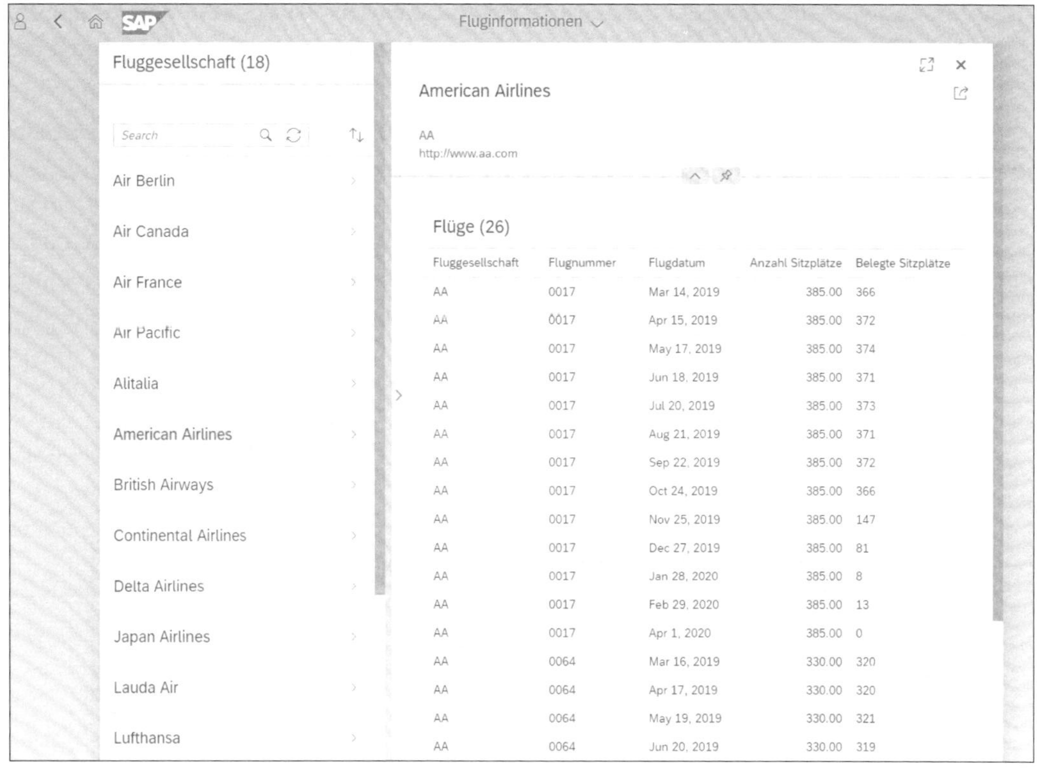

Abbildung 12.36 Die vollständige Applikation

12.3.3 Anwendung ausliefern

Für das Ausliefern (Deployment) einer SAPUI5-Anwendung aus SAP Web IDE bietet die Entwicklungsumgebung momentan zwei Optionen an.

- **Deploy to SAPUI5 ABAP Repository**
  Die Anwendung wird auf einem SAP-System installiert und dort im BSP Repository abgelegt.
- **Deploy to SAP Cloud Platform**
  Die Anwendung wird direkt auf der SAP Cloud Platform installiert und kann dort auch in ein SAP Fiori Launchpad integriert werden. Der Assistent leitet den Entwickler durch die notwendigen Konfigurationsschritte.

Deploy to SAPUI5 ABAP Repository

Wenn Sie Ihre Anwendungen auf das mit der SAP Cloud Platform verbundene SAP-System deployen möchten, gehen Sie folgendermaßen vor: Wählen Sie das Projekt in SAP Web IDE aus, und selektieren Sie aus dem Kontextmenü die Einträge **Deploy • Deploy to SAPUI5 ABAP Repository**. Im daraufhin erscheinenden Dialog werden Sie Schritt für Schritt durch das Deployment der Anwendung geleitet.

System auswählen

Im ersten Dialog werden Sie aufgefordert, das SAP-System auszuwählen, auf dem die Anwendung installiert werden soll. Die zur Auswahl stehenden Systeme werden in einer Dropdown-Liste angeboten. Zusätzlich werden Sie gefragt, ob Sie eine neue Anwendung auf dem SAP-System anlegen oder eine bereits existierende Anwendung überschreiben möchten. Abbildung 12.37 zeigt den Dialog. Nach der Auswahl des Systems bestätigen Sie den Dialog mit **Next**.

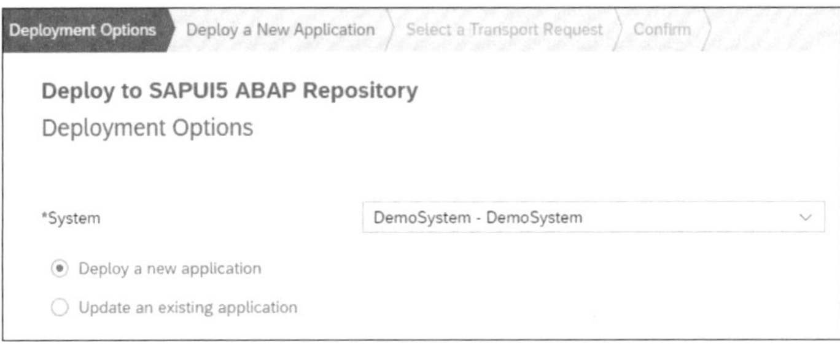

Abbildung 12.37 Schritt 1 des Deployment-Dialogs – Auswahl des Systems

Anwendungsdetails angeben

Im zweiten Dialogschritt müssen Sie die Details zur Anwendung wie den Anwendungsnamen und eine Beschreibung zur Anwendung in die Felder **Name** und **Description** eingeben und die Anwendung einem Paket zuordnen (siehe Abbildung 12.38). Die Liste der verfügbaren Pakete können Sie über die **Browse**-Schaltfläche aufrufen. Nach der Eingabe der verlangten Informationen bestätigen Sie den Dialog mit **Next**.

Abbildung 12.38 Schritt 2 des Deployment-Dialogs – Anwendungsdetails

Transportauftrag auswählen

Im vorletzten Dialog müssen die Änderungen einem Transportauftrag zugeordnet werden. Der in Abbildung 12.39 gezeigte Dialog ermöglicht es, einen bestehenden Transportauftrag auszuwählen oder einen neuen Transportauftrag anzulegen. Nach der Auswahl des Transportauftrags bestätigen Sie den Dialog mit **Next** und gelangen in den Abschlussdialog. Der Dialog informiert Sie, dass Sie die Eingabe der Deployment-Informationen beendet haben. Sie bestätigen den Dialog mit einem Klick auf die Schaltfläche **Finish**.

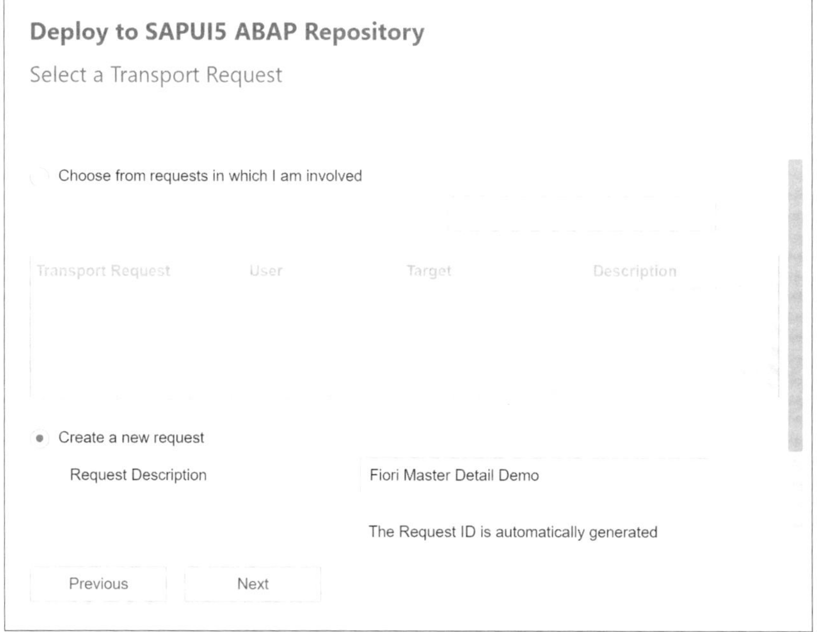

Abbildung 12.39 Schritt 3 des Deployment-Dialogs – Auswahl des Transportpakets

Nach dem Deployment können wir uns am SAP-System anmelden und über Transaktion SE80 prüfen, ob alle notwendigen Bestandteile erfolgreich in das SAP-System deployt wurden. Wie Sie Abbildung 12.40 entnehmen können, wurde die gesamte in SAP Web IDE angelegte Projektstruktur ins SAP-System eingespielt. Die Anwendung wurde, wie für SAPUI5-Anwendungen üblich, im BSP Repository des Backends angelegt. Neben dem Repository befindet sich nach dem Deployen auch ein Eintrag im ICF-Baum. Diesen können Sie über Transaktion SICF einsehen. Der Pfad lautet dabei **/sap/bc/ui5_ui5/sap/zflightsystem**. Als Nächstes kann die Anwendung in das SAP Fiori Launchpad integriert werden.

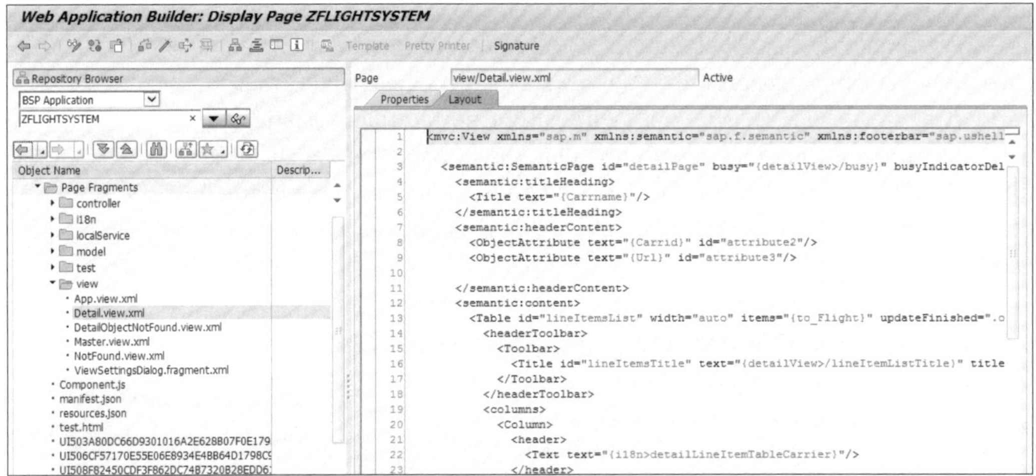

Abbildung 12.40 Die Anwendung »ZFlightSystem« in Transaktion SE80

12.3.4 Mockup-Möglichkeiten für die Simulation von Backend-Systemen nutzen

Oft genug kommt es vor, dass das Backend-System nicht direkt zur Verfügung steht, z. B. weil die Entwickler die benötigten Backend-Dienste noch nicht bereitgestellt haben. SAP Web IDE bietet die Möglichkeit, Simulationsdaten (*Mock Data*) zu erzeugen und Anwendungen im Simulationsmodus auszuführen. Damit kann der Entwickler ohne Backend an der Anwendung arbeiten. Es ist nicht nur möglich, den lesenden Zugriff auf das Backend zu simulieren, sondern auch den schreibenden Zugriff. Die Konfiguration der Simulationsparameter wird in SAP Web IDE für jedes Projekt einzeln festgelegt. Dazu markieren Sie den Projektnamen und wählen aus dem Kontextmenü den Eintrag **Project • Project Settings**. Als Nächstes selektieren Sie den Eintrag **Mock Data** (siehe Abbildung 12.41).

Konfiguration der Simulation

In der Simulationskonfiguration werden der Root-URI-Pfad und der Pfad zur lokal abgelegten Datei **metadata.xml** beim Anlegen des Projekts initial erzeugt und in der Datei **manifest.json** abgelegt. Änderungen an den in Abbildung 12.41 gezeigten, nicht editierbaren Feldern müssen direkt in der Datei **manifest.json** durchgeführt werden.

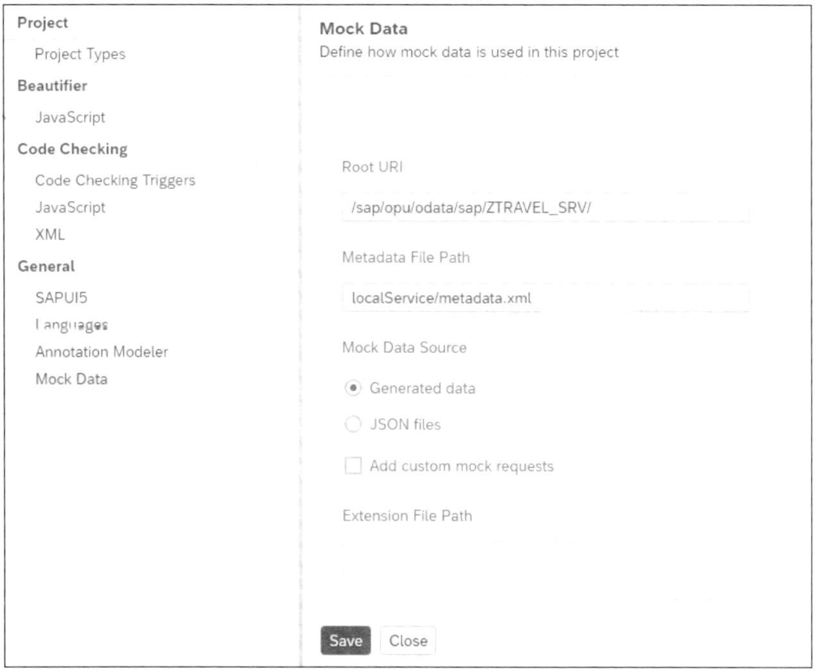

Abbildung 12.41 Konfiguration der Simulationsdaten

Die Konfigurationseinstellungen kennen Sie möglicherweise bereits von der Verwendung des MockServers (`sap.ui.core.util.MockServer`) von SAPUI5. Folgende Felder müssen bzw. können optional konfiguriert werden:

- **Root URI**
  Hier geben Sie die URL zu dem OData-Service an, mit dem Ihre SAPUI5-Anwendung kommuniziert. Sollten Sie in SAP Web IDE eine Projektvorlage zum Erstellen des Projekts verwendet haben, die im Projektassistenten einen URI zu einem OData-Server verlangt, wird dieser URI automatisch in die Projekteigenschaften übernommen. Es muss lediglich darauf geachtet werden, dass bei einer manuellen Änderung des URI dieser auch in den Projekteigenschaften geändert wird.
- **Metadata File Path**
  Geben Sie dort den Pfad zur Datei **metadata.xml** an. Die Datei enthält die Metadaten für die Simulation des OData-Services, also jene Informationen, die Ihre SAPUI5-Anwendung beim OData Request mit der OData-Query-Option `$metadata` abruft. Die Angabe eines Pfads ist optional. Sollten Sie keinen Pfad angeben, versucht SAP Web IDE, eine Datei mit dem

Namen **metadata.xml** in dem Ordner **model** zu finden. Bei der Angabe eines Pfads können Sie entweder einen Ordner im lokalen Projekt oder aus einem anderen Projekt angeben. Es ist zudem möglich, auch einen Pfad zu einer entfernt liegenden Ressource anzugeben, wobei hier noch weitere Konfigurationseinstellungen vorgenommen werden müssen.

- **Mock Data Source**
  Sie können an dieser Stelle aus zwei Optionen wählen: Zum einen gibt es aktuell die Option **Generated data**. Bei dieser Option werden die Daten generiert. Zum andern können Sie auch die Option **JSON** nutzen. Bei dieser Option werden die Simulationsdaten aus JSON-Dateien verwendet, die im Ordner liegen, der unter der Option **Metadata File Path** eingegeben wurde.
- **Extension File Path**
  Die Angabe in diesem Feld verweist auf einen Ordner, der eine JavaScript-Datei mit dem Namen **mockRequests.js** enthält. In dieser Datei ist es Ihnen möglich, bestimmte OData Requests über eigene JavaScript-Funktionen zu simulieren. Dies ist z. B. dann nötig, wenn Sie eine etwas komplexere Simulation mit lesenden und schreibenden Aktionen durchführen möchten.

Metadaten anlegen

Nachdem die Konfiguration abgeschlossen ist, erfordert der nächste Schritt die Erzeugung der in der Konfiguration angegebenen Ressourcen. Unter der Annahme, dass Sie eine lokale Konfiguration der Mock-Ressourcen gewählt haben, legen Sie einen Ordner mit dem Namen **localService** an und erzeugen dort eine Datei mit dem Namen **metadata.xml**. Diese Datei erhalten Sie – sollte der Backend-Service für Ihr Projekt bereits existieren – über einen Aufruf des Services mit der OData-Query-Option `$metadata` über den Browser oder über Transaktion /IWFND/GW_CLIENT auf dem Frontend-System und den Parameter `$metadata`. Abbildung 12.42 zeigt einen Auszug aus der Datei **metadata.xml**.

Template unterstützt Sie

Falls Sie ein Template in Verbindung mit einem OData-Service verwenden, wird die Datei **metadata.xml** vom Projektassistenten automatisch in einem Ordner mit dem Namen **localService** angelegt. Sie müssen dann den gerade beschriebenen Schritt nicht durchführen.

metadata.xml ×

```
<edmx:Edmx xmlns:edmx="http://schemas.microsoft.com/ado/2007/06/edmx"
    xmlns:m="http://schemas.microsoft.com/ado/2007/08/dataservices/metadata" xmlns:sap="http://www.sap.com/Protocols/SAPData" Version="1.0">
    <edmx:Reference xmlns:edmx="http://docs.oasis-open.org/odata/ns/edmx"
        Uri="https://dcc.virtual:8000/sap/opu/odata/IWFND/CATALOGSERVICE;v=2/Vocabularies(TechnicalName='%2FIWBEP%2FVOC_COMMON',Version='0001',SAP__Or
    <edmx:DataServices m:DataServiceVersion="2.0">
        <Schema xmlns="http://schemas.microsoft.com/ado/2008/09/edm" Namespace="ZTRAVEL_SRV" xml:lang="en" sap:schema-version="1">
            <EntityType Name="ZBC_C_Booking_TPType" sap:label="Booking" sap:content-version="1">
                <Key><PropertyRef Name="Carrid"/><PropertyRef Name="Connid"/><PropertyRef Name="Fldate"/><PropertyRef Name="Bookid"/></Key><Property N
                    sap:quickinfo="Airline Code"/><Property Name="Passname" Type="Edm.String" MaxLength="25" sap:label="Passenger Name" sap:quickinfo=
                    sap:quickinfo="Reservation flag"/><Property Name="Connid" Type="Edm.String" Nullable="false" MaxLength="4" sap:display-format="Non
                    sap:quickinfo="Flight Connection Number"/><Property Name="Fldate" Type="Edm.DateTime" Nullable="false" Precision="0" sap:display-f
                    sap:quickinfo="Flight date"/><Property Name="Bookid" Type="Edm.String" Nullable="false" MaxLength="8" sap:display-format="NonNegat
                    sap:quickinfo="Number of sales office"/><Property Name="Customid" Type="Edm.String" MaxLength="8" sap:display-format="NonNegative"
                    FromRole="FromRole_assoc_8AEE5053E10B08459EDCE9D963A0706D" ToRole="ToRole_assoc_8AEE5053E10B08459EDCE9D963A0706D"/><NavigationProp
                    FromRole="FromRole_assoc_EB1FED34B5A123484F362E9EF2F2FA3B" ToRole="ToRole_assoc_EB1FED34B5A123484F362E9EF2F2FA3B"/><NavigationProp
                    FromRole="FromRole_assoc_957C8807F0B7EFC34CEBFBA9ACA72EE8" ToRole="ToRole_assoc_957C8807F0B7EFC34CEBFBA9ACA72EE8"/></EntityType>
            <EntityType Name="ZBC_C_Carrier_TPType" sap:label="Carrier" sap:content-version="1">
                <Key><PropertyRef Name="Carrid"/></Key><Property Name="Carrid" Type="Edm.String" Nullable="false" MaxLength="3" sap:display-format="Up
                    sap:quickinfo="Airline Code"/><Property Name="Carrname" Type="Edm.String" MaxLength="20" sap:label="Airline" sap:quickinfo="Airlin
                    sap:semantics="currency-code"/><Property Name="Url" Type="Edm.String" MaxLength="255" sap:label="URL" sap:quickinfo="Airline URL"/
                    FromRole="FromRole_assoc_54D9AE59FC85A540C99ACFCDB325B21F" ToRole="ToRole_assoc_54D9AE59FC85A540C99ACFCDB325B21F"/><NavigationProp
                    FromRole="FromRole_assoc_77E2FAB28B8EFBB72E4D6DD23FEAC6BB" ToRole="ToRole_assoc_77E2FAB28B8EFBB72E4D6DD23FEAC6BB"/><NavigationProp
                    FromRole="FromRole_assoc_CF77915DCDEA442F55FB46C46F3D2ED6" ToRole="ToRole_assoc_CF77915DCDEA442F55FB46C46F3D2ED6"/></EntityType>
            <EntityType Name="ZBC_C_Connection_TPType" sap:label="Flight Connection" sap:content-version="1">
                <Key><PropertyRef Name="Carrid"/><PropertyRef Name="Connid"/></Key><Property Name="Carrid" Type="Edm.String" Nullable="false" MaxLengt
                    sap:quickinfo="Airline Code"/><Property Name="Connid" Type="Edm.String" Nullable="false" MaxLength="4" sap:display-format="NonNega
                    sap:quickinfo="Flight Connection Number"/><Property Name="Cityfrom" Type="Edm.String" MaxLength="20" sap:display-format="UpperCase
```

Abbildung 12.42 Auszug aus der Metadatendatei »metadata.xml«

Als Nächstes wählen Sie die Datei **metadata.xml** aus und rufen aus dem Kontextmenü den Eintrag **Edit Mock Data** auf. Es öffnet sich ein Dialog, mit dem Sie eigene Simulationsdaten anlegen können (siehe Abbildung 12.43).

Edit Mock Data

Entity Sets: ZBC_C_Bookin… | ZBC_C_Carrier… | ZBC_C_Connec… | ZBC_C_Flight_TP

Mock Data

Add Row | Delete Row | Generate Random Data

☐	Carrid (String)	Carrname (String)	Currcode (String)	Url (String)
☐	Carrid 1	Carrname 1	Currcode 1	Url 1
☐	Carrid 2	Carrname 2	Currcode 2	Url 2
☐	Carrid 3	Carrname 3	Currcode 3	Url 3
☐	Carrid 4	Carrname 4	Currcode 4	Url 4
☐	Carrid 5	Carrname 5	Currcode 5	Url 5
☐	Carrid 6	Carrname 6	Currcode 6	Url 6
☐	Carrid 7	Carrname 7	Currcode 7	Url 7
☐	Carrid 8	Carrname 8	Currcode 8	Url 8
☐	Carrid 9	Carrname 9	Currcode 9	Url 9
☐	Carrid 10	Carrname 10	Currcode 10	Url 10

☑ Use the data above as my mock data source

OK | Cancel

Abbildung 12.43 Dialog zur Erzeugung von Simulationsdaten

Testdaten erzeugen

Mit einem Klick auf die Schaltfläche **Generate Random Data** im oberen rechten Eck des Dialogs können Sie auf einfache Weise zufällige Simulationsdaten generieren lassen und sich damit das mühsame Eintippen eigener Testdaten sparen. Diese generierten Daten sind zwar nicht sehr spezifisch, reichen aber meist aus, um die Anwendung zu testen. Nachdem Sie für alle relevanten Entitäten Simulationsdaten generiert haben, können Sie den Dialog über die Schaltfläche **OK** verlassen. Nach kurzer Zeit werden im entsprechenden **localService**-Verzeichnis neue Dateien von SAP Web IDE angelegt. Die JSON-Dateien tragen die Namen der Entitäten, deren Daten sie enthalten. In dem hier dargestellten Beispiel sind das die Dateien **ZBC_C_Booking_TP.json**, **ZBC_C_Carrier_TP.json**, **ZBC_C_Connection_TP.json** und **ZBC_C_Flight_TP.json**. Die Dateien werden dabei in einem Unterordner von **localService** mit dem Namen **mockdata** abgelegt.

Anwendung mit Testdaten ausführen

Nachdem die Dateien angelegt worden sind, können Sie die Anwendung im Simulationsmodus ausführen. Bei einer Freestyle-SAPUI5-Anwendung können Sie für die Anwendung eine Laufzeitkonfiguration anlegen und dort festlegen, dass die Anwendung mit dem MockServer ausgeführt werden soll. In dem hier gezeigten Beispiel wählen Sie die Datei **test.html** aus und rufen aus dem Kontextmenü **Run • Run As Web Application** auf. Auf der daraufhin erscheinenden Webseite klicken Sie auf den Eintrag **test/flpSandboxMockServer.html**.

Erweiterungsmöglichkeiten des MockServers

Oft genug kommt es vor, dass nicht nur einfache lesende Szenarien simuliert werden sollen, sondern komplexere lesende oder schreibende Zugriffe benötigt werden. Hier kommt die bereits erwähnte JavaScript-Datei mit dem Namen **mockRequests.js** ins Spiel. Sie implementiert ein einfaches JavaScript-Objekt und enthält für jedes komplexere Szenario eine entsprechende Funktion mit dem Präfix `mock`. Zusätzlich benötigt sie zwingend die Funktion mit dem Namen `getRequests`. Diese Funktion liefert ein Array zurück, über das alle `mock`-Funktionen an den Aufrufer zurückgeliefert werden, die während der Simulation aufgerufen werden können.

12.4 SAP Fiori Elements

Eines der wichtigsten Ziele von SAP Fiori ist es, eine konsistente User Experience zu erreichen. Was läge also näher, als UI-Elemente und Vorlagen zur Verfügung zu stellen, mit denen sich SAP-Fiori-UI-Muster einfach, schnell, konsistent und mit einer entsprechenden Mächtigkeit erzeugen lassen. Genau dies ermöglicht *SAP Fiori Elements*. SAPUI5 bietet mit SAP Fiori Elements ein Framework, um zur Laufzeit Oberflächenelemente zu erzeugen. Diese Generierung der Elemente basiert auf der Nutzung sogenannter *Annotationen*. Annotationen liefern die entsprechenden semantischen Informationen und Strukturen. Annotationen können dabei entweder direkt durch den Entwickler des OData-Services bereitgestellt oder nachträglich in SAP Web IDE erzeugt werden. Durch das Zusammenspiel der Annotationen und der Laufzeitumgebung ergeben sich Anwendungen, die nur noch wenig Frontend-Code benötigen. SAP Fiori Elements trug früher den Namen *Smart Templates* bzw. *Smart Controls* – der Name hat sich zwar geändert, die Grundidee ist jedoch geblieben.

Vorteile von SAP Fiori Elements

Der wohl größte Vorteil bei der Nutzung von SAP Fiori Elements ist, dass die Verwendung keinerlei weitere Programmierung in der UI benötigt. Durch die konsequente Nutzung dieser neuen Elemente entstehen auf natürliche Weise SAP-Fiori-Anwendungen, die auf den Vorgaben der SAP Fiori Design Guidelines basieren. Funktionen wie etwa das Wechseln zwischen dem Bearbeitungs- und Anzeigemodus werden, wo immer möglich, durch die Controls unterstützt. Personalisierung UI-Anpassungen zur Laufzeit durch Key-User durch den SAPUI5 Flexibility Service können durch SAP Fiori Elements ebenfalls umgesetzt werden.

Verfügbare Vorlagen

In der zum Zeitpunkt der Entstehung der Neuauflage dieses Buches (Herbst 2019) verfügbaren SAPUI5-Version 1.60 bietet SAP fünf Vorlagen für die Erstellung von SAP-Fiori-basierten Anwendungen:

- **Analytical List Page/Object Page**
- **List Report Application**
- **Overview Page**
- **Quick Create**
- **Worklist/Object Page**

Abbildung 12.44 zeigt die in SAP Web IDE verfügbaren Vorlagen. Mithilfe einer Vorlage kann mit wenig Aufwand eine – auf SAP Fiori Elements basierende – SAP-Fiori-Anwendung erstellt werden.

In den folgenden Abschnitten zeigen wir Ihnen, wie Sie mithilfe von SAP Web IDE einfach und schnell einen List Report mit SAP Fiori Elements erstellen können. Neben den genannten Controls gibt es auch noch die Möglichkeit, mit der Overview Page und den darin eingebetteten Cards Informationen über eine überschaubare Menge an Entitäten auf einen Blick zu präsentieren (siehe Kapitel 3, »SAP Fiori Design Guidelines«). Der zweite Abschnitt dieses Kapitels befasst sich mit diesem Konzept und damit, wie solche Karten mittels Annotationen implementiert werden können.

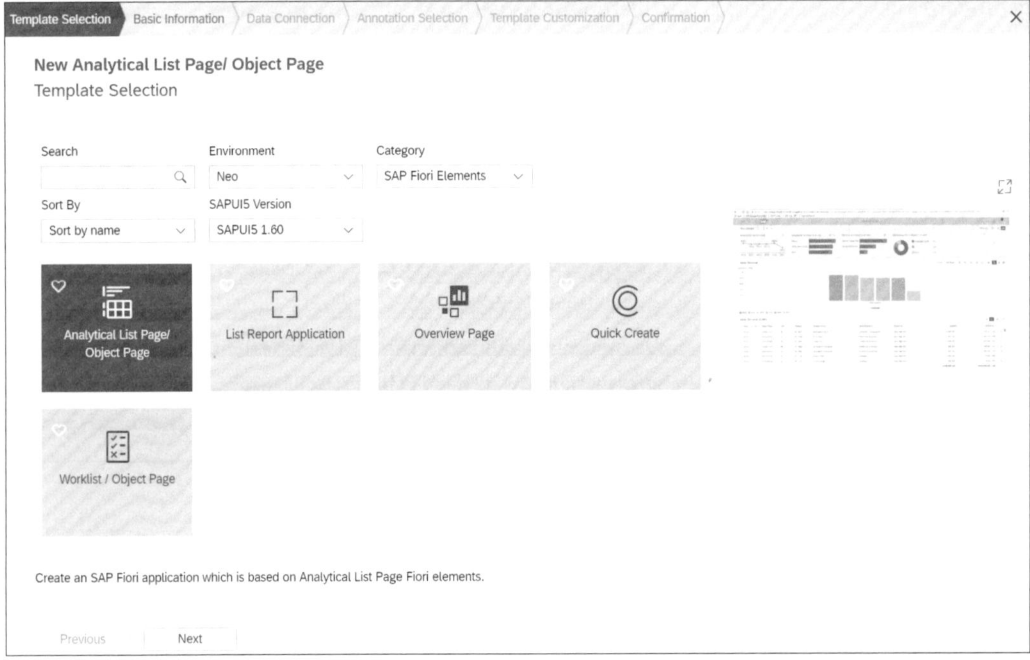

Abbildung 12.44 Verfügbare SAP-Fiori-Element-Vorlagen

12.4.1 Arbeiten mit dem List Report Template

Nachdem Sie die Grundlagen von SAP Fiori Elements kennengelernt haben, zeigen wir Ihnen nun die Nutzung des List Report Templates von SAP Web IDE anhand eines Beispiels. Das Template von SAP Web IDE implementiert die in den SAP Fiori Design Guidelines unter der URL *http://s-prs.de/v726832* beschriebenen Muster.

ABAP CDS implementieren

Dem hier gezeigten Beispiel liegt ein sehr einfacher ABAP CDS zugrunde. Listing 12.4 zeigt die Implementierung. Sie können jedoch auch jeden anderen OData-Service verwenden, sei er mit ABAP CDS, SAP Gateway Builder oder aber mit Java implementiert.

```
define view Zflightview as select from sflights
            association [1..1] to scarr as spfli_scarr
              on $projection.carrid = spfli_scarr.carrid
{
    key connid,
    key carrid,
```

```
    key carrname,
    key fldate,
    cityfrom,
    cityto

}
```

Listing 12.4 Einfacher ABAP CDS zur Darstellung von Flugverbindungen

SAP-Fiori-Elements-Vorlage auswählen

Als Nächstes wollen wir ein Projekt vom Typ List Report anlegen und den OData-Service, der für die ABAP CDS angelegt ist, konsumieren. Nachdem Sie sich an der SAP Cloud Platform angemeldet und SAP Web IDE gestartet haben, rufen Sie aus dem Menü **File • New • Project From Template** auf. Wählen Sie, wie in Abbildung 12.45 gezeigt, in der **Category**-Auswahlliste den Eintrag **SAP Fiori Elements**. Es erscheinen nun die aktuell verfügbaren Projektvorlagen dieser Kategorie. Wählen Sie den Eintrag **List Report Application** aus, und klicken Sie im Anschluss auf die Schaltfläche **Next**.

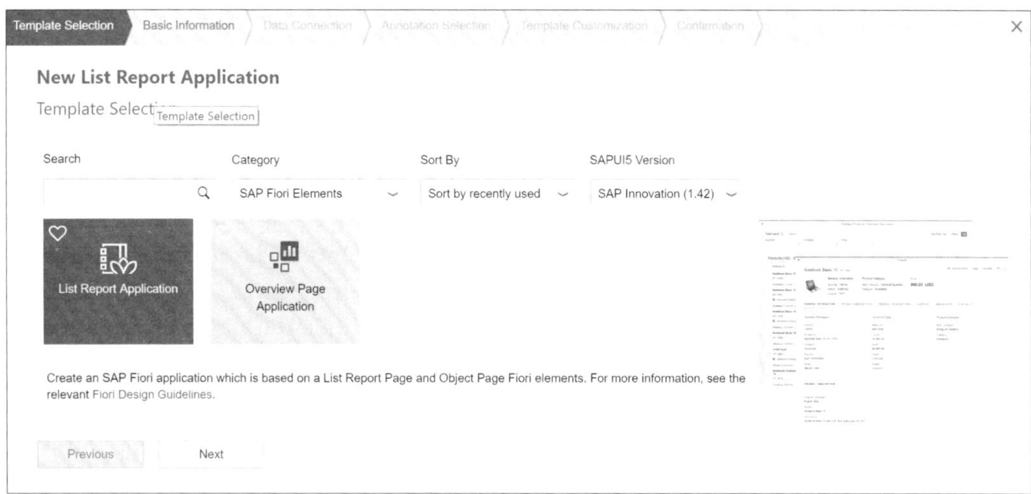

Abbildung 12.45 Auswahl des List Report Application Templates

Projekteigenschaften definieren

Im nächsten Dialogschritt werden Sie gebeten, die Projekteigenschaften zu definieren. Sie tragen nun in das Feld **Project Name** den Wert »ListReportSample« ein, vergeben einen Titel, der in der Anwendung verwendet werden soll, füllen das Feld **Namespace** mit dem Wert »sapfioribuch.listreport« aus (siehe Abbildung 12.46) und klicken auf die Schaltfläche **Next**.

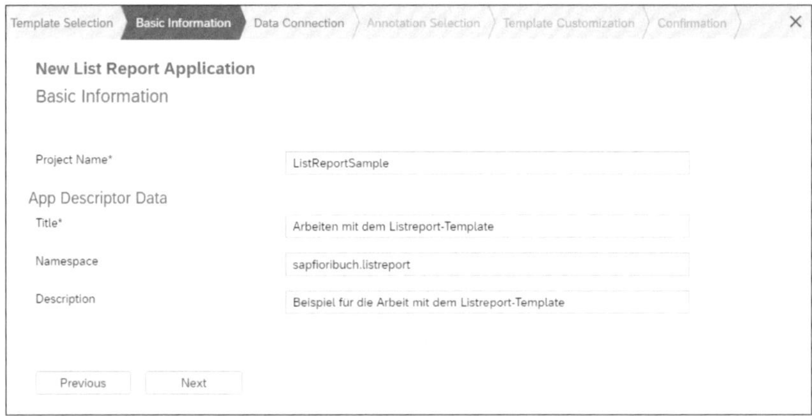

Abbildung 12.46 Projekteigenschaften festlegen

Datenquelle auswählen

Nun müssen Sie den Backend-Service auswählen, der mit unserer Anwendung verbunden werden soll. Dazu wählen Sie das System, das wir im SAP Cloud Platform Cockpit (siehe Abschnitt 12.2.2, »Konfiguration der Backend-Konnektivität«) angelegt haben, aus. Nachdem Sie das System ausgewählt haben, werden Sie nach dem Benutzernamen und dem Passwort für dieses System gefragt. Nach der Anmeldung erscheinen die verfügbaren OData-Dienste, die über den Frontend-Server erreichbar sind. Falls Sie auf Ihrem System eine größere Menge an Diensten haben, empfiehlt es sich, im Suchfeld **Services** den Namen des Dienstes einzugeben. Wie Sie aus Abbildung 12.47 ersehen können, können Sie sich auch die Service Facade etwas genauer anzeigen lassen. Dazu müssen Sie lediglich auf das [>]-Icon klicken. Nachdem Sie den Service ausgewählt haben, klicken Sie auf die **Next**-Schaltfläche.

Daten-Container auswählen

Im nun angezeigten Dialogschritt werden wir gebeten, eine Annotationsdatei auszuwählen. Da uns keine Annotationsdatei aus dem Backend zur Verfügung steht und wir diese erst später anlegen, überspringen wir diesen Schritt mit einem Klick auf **Next**. Im letzten Dialogschritt muss dann noch festgelegt werden, auf welchem Daten-Container der List Report arbeiten soll. Wir wählen im Feld **OData Collection** den einzigen Eintrag aus; dies ist in unserem Beispiel der Wert **Zflightview** (siehe Abbildung 12.48). Zum Abschluss klicken wir auf **Finish**, um das Projekt anzulegen.

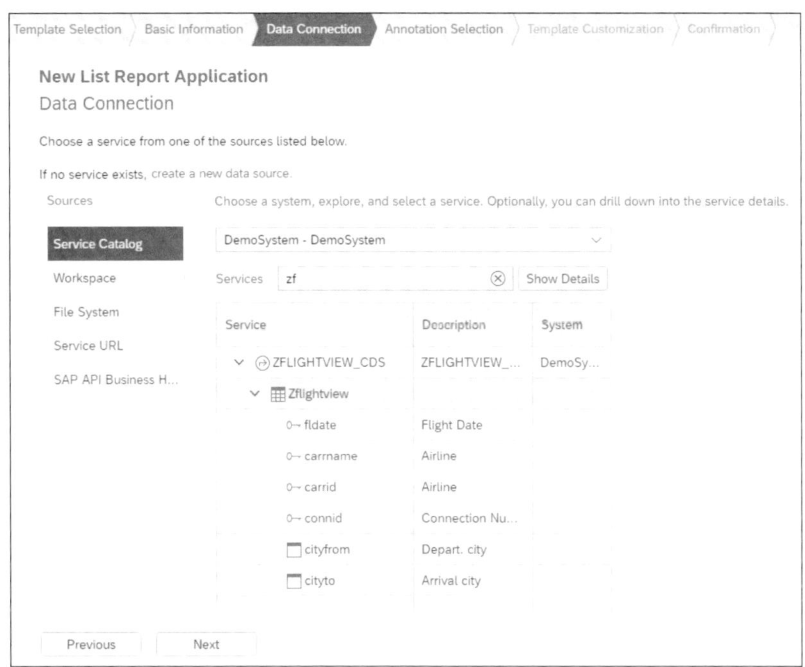

Abbildung 12.47 Datenquelle für den List Report auswählen

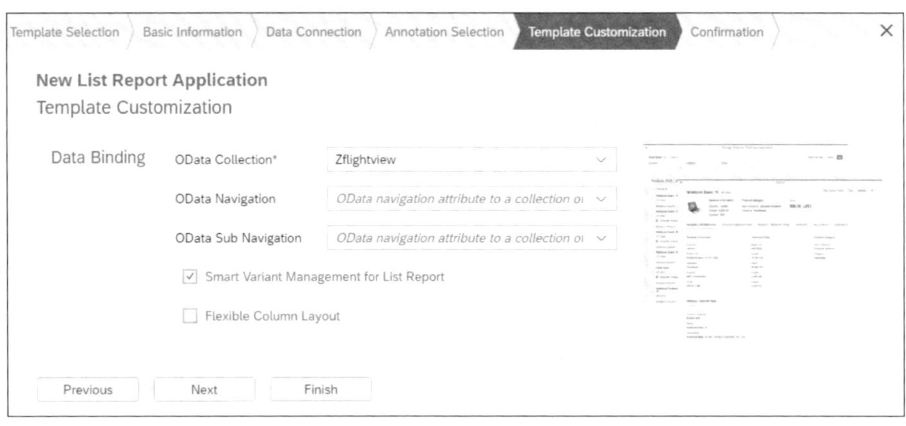

Abbildung 12.48 Zugrunde liegende OData Collection auswählen

List-Report-Anwendung starten

Nachdem das Projekt angelegt worden ist, können Sie die neu erzeugte Anwendung bereits ausführen. Dazu öffnen Sie den im Unterorder **webapp** befindlichen Ordner **test**, wählen die Datei **flpSandbox.html** aus und rufen aus dem Kontextmenü **Run • Run As Web Application** auf. Es erscheint das bereits bekannte Demo-Launchpad, auf dem Sie die erste Kachel mit dem Titel **ListReportSample** anklicken. Die neu angelegte Anwendung wird gestartet. Wie Sie Abbildung 12.49 entnehmen können, werden noch keine

Daten angezeigt. Dies ist so auch in Ordnung, da bis jetzt noch nicht festgelegt wurde, welche Attribute im List Report angezeigt werden sollen.

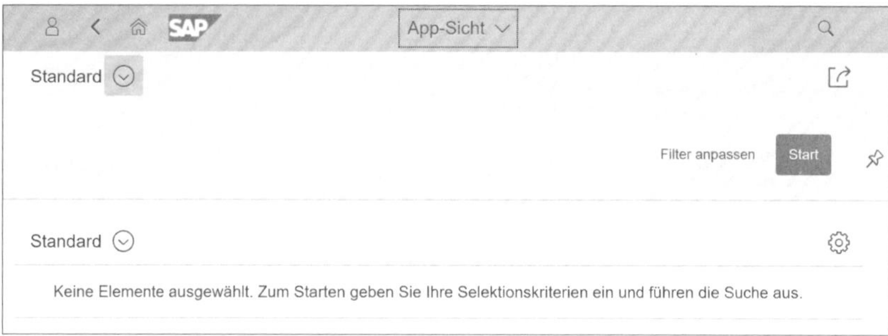

Abbildung 12.49 Die gestartete List-Report-Anwendung

Anzuzeigende Attribute auswählen

Als Nächstes können Sie testweise Attribute aus Ihrer bei der Projektanlage angegebenen OData Collection angegebenen Entität auswählen. Dazu klicken Sie auf das Zahnrad-Icon. Es erscheint der in Abbildung 12.50 gezeigte Dialog zur Einstellung der Anzeige. Sie wählen alle Felder aus und bestätigen den Dialog mit **OK**.

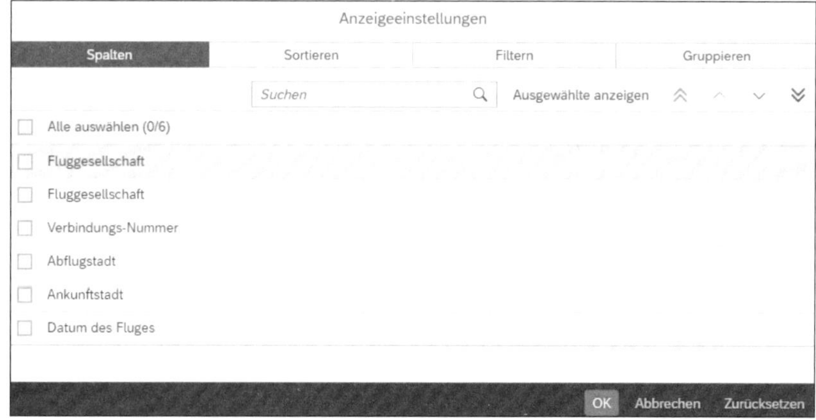

Abbildung 12.50 Anzuzeigende Attribute aus der OData Collection auswählen

Damit nun die Anfrage an das Backend verarbeitet wird und die Daten geladen werden, müssen Sie die **Start**-Schaltfläche anklicken. Anschließend erscheint die in Abbildung 12.51 dargestellte Liste. Wir haben nun geprüft, dass grundsätzlich die Anwendung Daten durch den OData-Service erhält und diese auch anzeigen kann. Die Auswahl der Attribute, die wir im vorangegangenen Schritt ausgewählt haben, ist allerdings nur temporär. Starten wir die Anwendung erneut, erhalten wir eine Fehlermeldung, dass für die Tabelle keine Spalten ausgewählt sind.

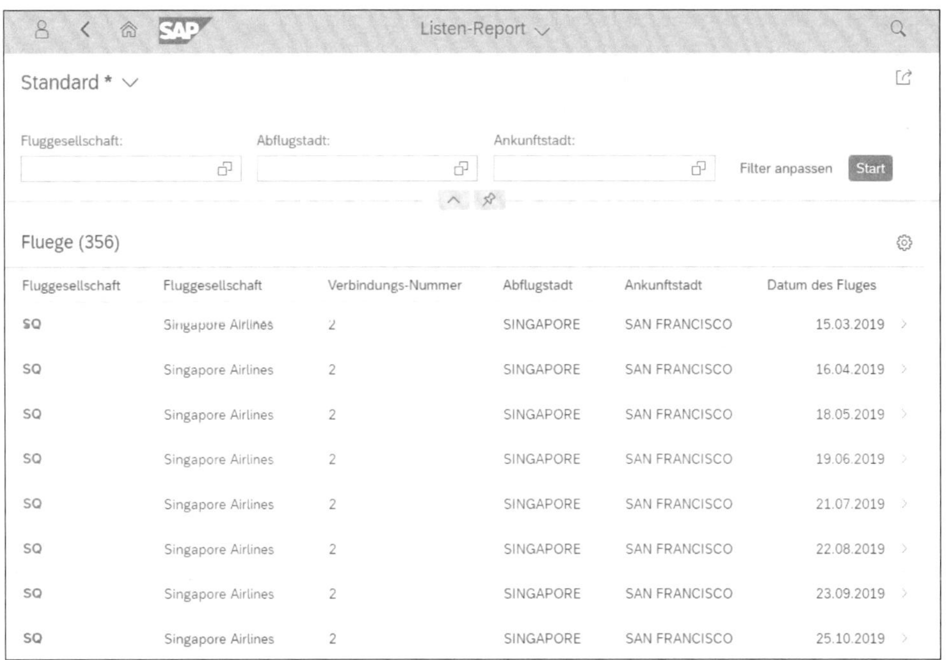

Abbildung 12.51 Der ausgeführte List Report

Annotationsdatei konfigurieren

Als Nächstes möchten wir sicherstellen, dass die Attribute für die Liste fix vorgegeben sind und nicht nach jedem Start neu festgelegt werden müssen. Dies erreichen Sie, indem Sie eine Annotationsdatei konfigurieren. Sie finden die entsprechende Annotationsdatei im Verzeichnis **annotations**, sie trägt den Namen **annotations.xml**.

Zur Bearbeitung der Annotationsdatei wählen Sie sie aus und rufen aus dem Kontextmenü **Open Annotation Modeler** auf. Es erscheint der in Abbildung 12.52 dargestellte Annotation Modeler.

Abbildung 12.52 Der Annotation Modeler von SAP Web IDE

Annotationsdatei anlegen

Sollte während der Projektanlage keine Annotationsdatei angelegt worden sein, können Sie dies über das Kontextmenü nachholen: **New • Annotation File**.

Als Nächstes legen Sie fest, dass eine Liste aller Einträge, die zu dieser Entitätsmenge (Entity Set) gehören, dargestellt werden soll. Dazu benötigen Sie einen neuen Ausdruck vom Typ `UI.LineItem` in Ihrer Annotationsdatei. Um diesen Ausdruck anzulegen, klicken Sie auf das **+**-Icon direkt neben der gerade angelegten Annotation. Es erscheint, wie es Abbildung 12.53 zeigt, ein Auswahldialog mit verfügbaren UI-Ausdrücken. Wählen Sie den Eintrag **UI.LineItem** aus, und bestätigen Sie mit **OK**.

Add subnodes to Local Annotations
UI.Badge
UI.Chart
UI.Contacts
UI.DataPoint
UI.Facets
UI.FieldGroup
UI.GeoLocation
UI.GeoLocations
UI.HeaderFacets
UI.HeaderInfo
UI.Identification
UI.LineItem
UI.MediaResour
UI.PresentationVariant
UI.QuickCreateFacets
UI.QuickViewFacets
UI.SelectionFields
UI.SelectionPresentationVariant
UI.SelectionVariant
UI.StatusInfo
UI.TextArrangement
UI.LineItem
Type: DataFieldAbstract
Applies to: EntityType
Description: Collection of data fields for representation in a table or list
OK
Cancel

Abbildung 12.53 Auswahl des Eintrags »UI.LineItem«

Nachdem der Ausdruck hinzugefügt worden ist, definieren Sie die Spalten, die Sie in der Liste anzeigen möchten. Klicken Sie dazu auf das **+**-Icon des gerade angelegten **UI.LineItem**-Eintrags. SAP Web IDE zeigt einen Dialog zur Auswahl einer Liste von weiteren möglichen Annotationsausdrücken an. Wählen Sie, wie in Abbildung 12.54 gezeigt, den Eintrag **UI.DataField** aus, und bestätigen Sie den Dialog mit **OK**.

Abbildung 12.54 Auswahl des Elements »UI.DataField«

12

Das neue `UI.DataField`-Element wird als direktes Kind zu dem `UI.LineItem`-Eintrag eingefügt. Im Folgenden verbinden Sie das neu angelegte Element mit einer Eigenschaft aus der Entität. Dazu wählen Sie aus der Dropdown-Liste in der Spalte **Value** (siehe Abbildung 12.55) den Eintrag **carrid** aus.

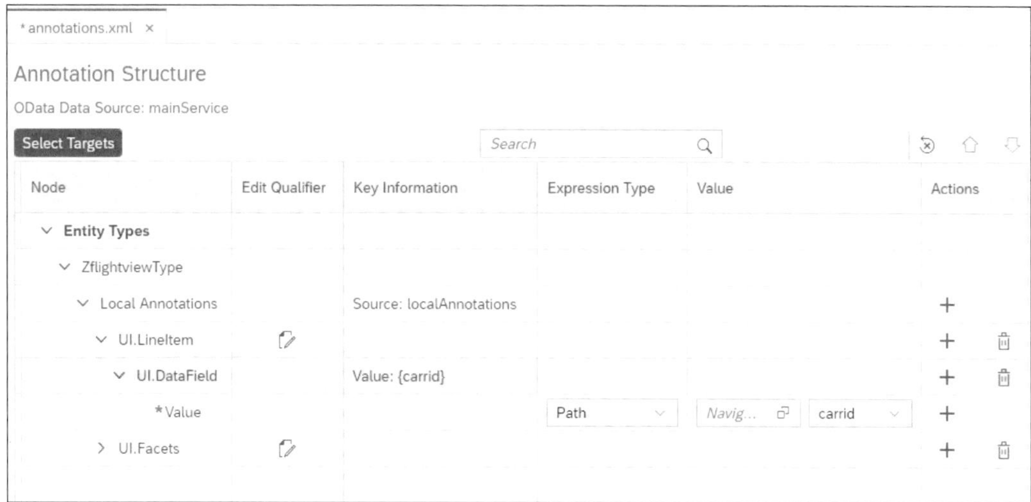

Abbildung 12.55 Eigenschaften von »UI.DataField«

Wiederholen Sie den vorangegangenen Schritt für alle weiteren Attribute der Entität, und Sie erhalten im Anschluss, wie in Abbildung 12.56 gezeigt, für jedes Attribut einen entsprechenden Eintrag in der Tabelle. Sie können die Reihenfolge der einzelnen `UI.DataField`-Eintragungen durch die beiden mit Pfeilen versehenen Buttons in der oberen rechten Ecke des Annotation Modelers verändern.

Angepasste Anwendung

Nachdem wir unsere Änderungen an der Annotationsdatei gespeichert haben, können wir die Anwendung nochmals ausführen. Die Anwendung zeigt nun, entsprechend unserer Konfiguration, die Liste der Flüge an. Manchmal kann es beim Testen aus SAP Web IDE heraus vorkommen, dass die Liste leer ist. Sollte dies bei Ihnen der Fall sein, laden Sie die Seite einfach nochmals über die F5-Taste neu.

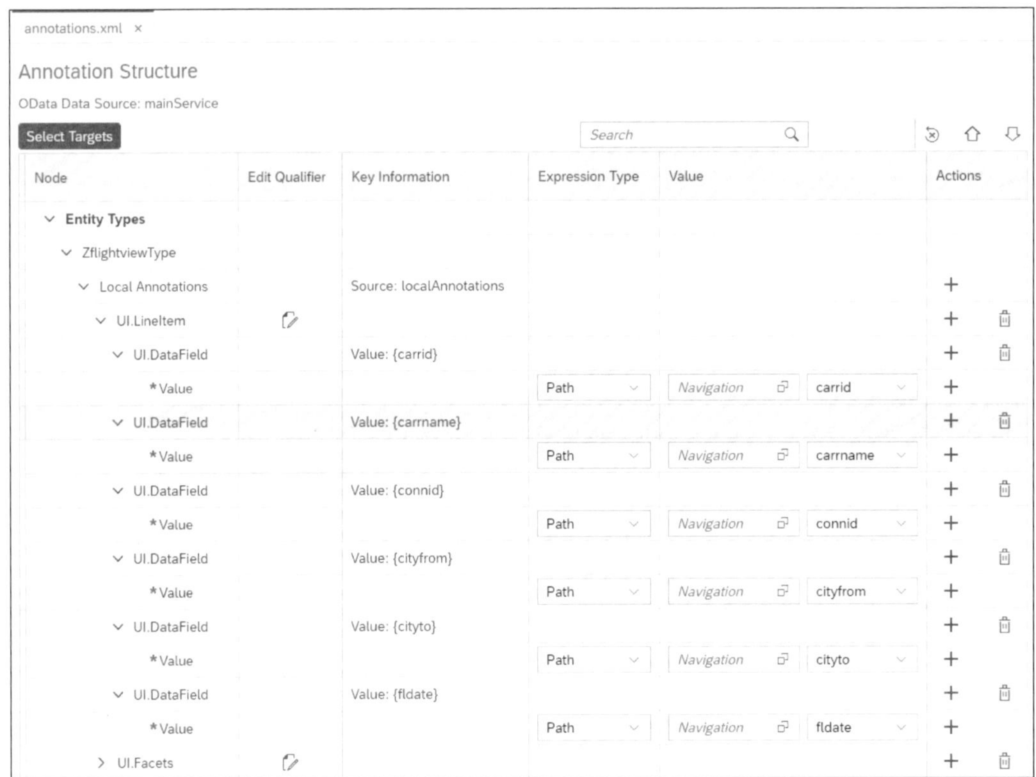

Abbildung 12.56 Die »UI.DataField«-Definitionen für die »Zflightview«-Entität

Filterkriterien festlegen

Filtermöglichkeiten festlegen

Die Liste ist nun fertiggestellt. Wir möchten nun noch die Möglichkeit schaffen, dass der Anwender Filterkriterien festlegen und diese auf den angezeigten Daten anwenden kann. Dazu fügen Sie einen neuen Eintrag in die

Annotationsdatei vom Typ `UI.SelectionFields` ein. Klicken Sie auf das **+**-Icon auf dem Wurzelausdruck, wählen Sie im daraufhin erscheinenden Dialog den Eintrag **UI.SelectionFields** aus, und bestätigen Sie den Dialog. Als Nächstes legen Sie für das gerade angelegte `UI.SelectionFields` fest, dass es mit dem Attribut `carrname` unserer Entität verbunden ist. Klicken Sie dafür auf das **+**-Icon neben dem gerade angelegten Eintrag **UI.SelectionFields**. Wählen Sie im daraufhin angezeigten Dialog den ersten Eintrag **Item** aus, und bestätigen Sie mit **OK**. Verbinden Sie den Eigenschaftenpfad mit der Eigenschaft **carrname** der Entität. Fügen Sie anschließend so viele **Item** Elemente zum Selektionsfeld hinzu, wie Sie möchten.

Durch Hinzufügen zweier weiterer Felder für **cityfrom** und **cityto** erhalten Sie die in Abbildung 12.57 gezeigte Konfiguration.

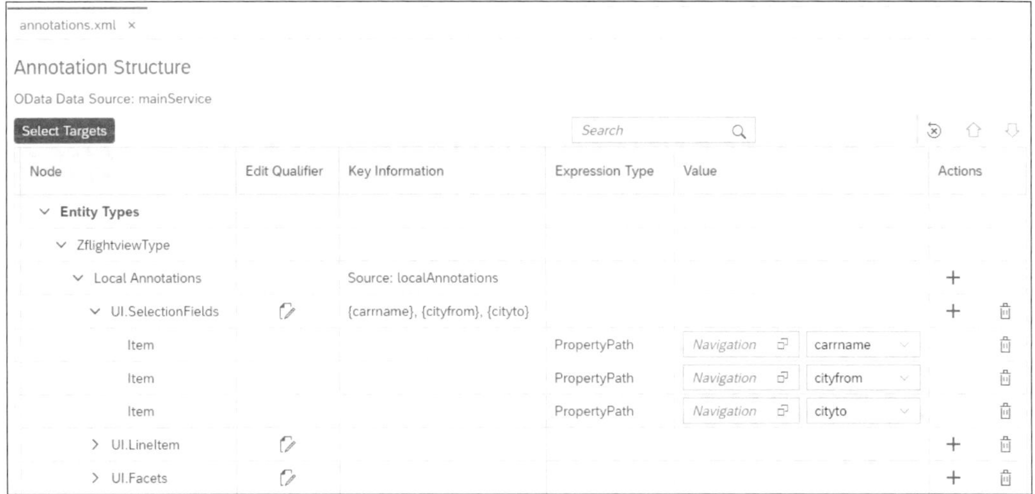

Abbildung 12.57 Konfiguration von »UI.SelectionFields«

Speichern Sie Ihre Änderungen, und starten Sie die Anwendung erneut. Die Applikation wird, wie es in Abbildung 12.58 gezeigt wird, mit den neuen Filterkriterien dargestellt.

Filterkriterien festlegen

Nun können Sie durch einen Klick in einen der Filter und durch anschließendes Drücken der [F4]-Taste den Dialog zur Definition des Filterkriteriums aufrufen. Abbildung 12.59 zeigt den Dialog für das Festlegen der **Fluggesellschaft** mit dem Wert **Lufthansa**. Nachdem Sie den Wert eingegeben und den Dialog mit **OK** bestätigt haben, müssen Sie lediglich mit der Schaltfläche **Filter** den Filterprozess in Gang setzen. Als Ergebnis erhalten Sie alle Flüge, die durch die Lufthansa durchgeführt werden.

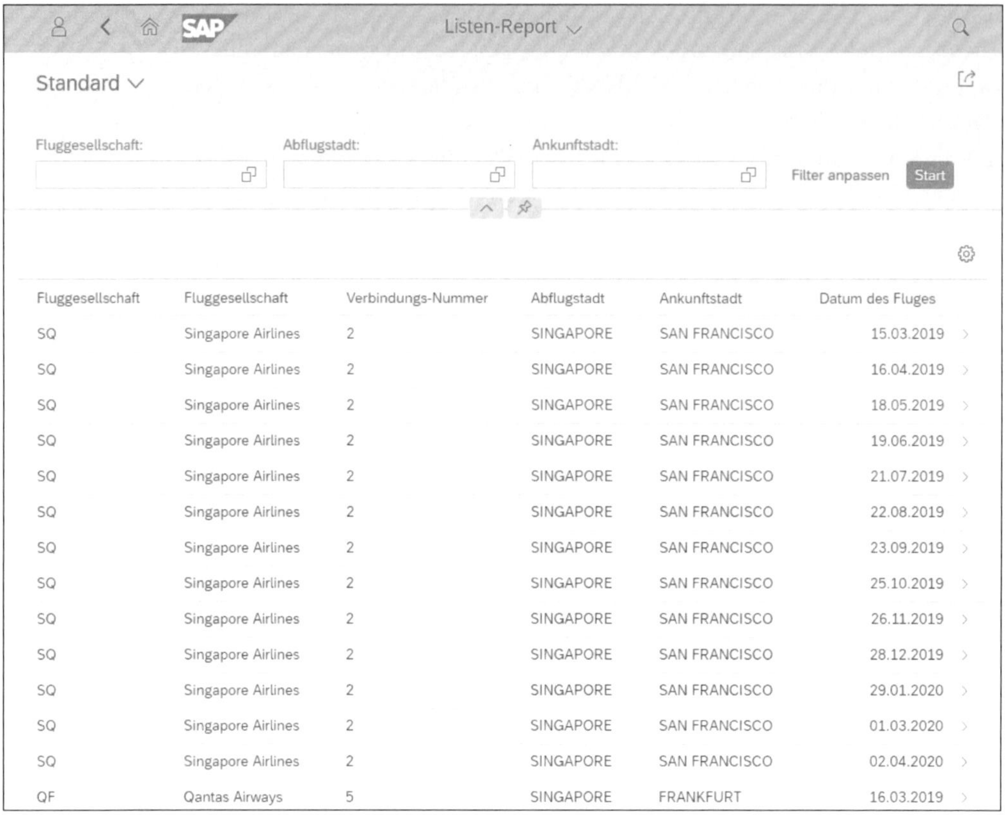

SAP Listen-Report

Standard

Fluggesellschaft: Abflugstadt: Ankunftstadt: Filter anpassen Start

Fluggesellschaft	Fluggesellschaft	Verbindungs-Nummer	Abflugstadt	Ankunftstadt	Datum des Fluges
SQ	Singapore Airlines	2	SINGAPORE	SAN FRANCISCO	15.03.2019
SQ	Singapore Airlines	2	SINGAPORE	SAN FRANCISCO	16.04.2019
SQ	Singapore Airlines	2	SINGAPORE	SAN FRANCISCO	18.05.2019
SQ	Singapore Airlines	2	SINGAPORE	SAN FRANCISCO	19.06.2019
SQ	Singapore Airlines	2	SINGAPORE	SAN FRANCISCO	21.07.2019
SQ	Singapore Airlines	2	SINGAPORE	SAN FRANCISCO	22.08.2019
SQ	Singapore Airlines	2	SINGAPORE	SAN FRANCISCO	23.09.2019
SQ	Singapore Airlines	2	SINGAPORE	SAN FRANCISCO	25.10.2019
SQ	Singapore Airlines	2	SINGAPORE	SAN FRANCISCO	26.11.2019
SQ	Singapore Airlines	2	SINGAPORE	SAN FRANCISCO	28.12.2019
SQ	Singapore Airlines	2	SINGAPORE	SAN FRANCISCO	29.01.2020
SQ	Singapore Airlines	2	SINGAPORE	SAN FRANCISCO	01.03.2020
SQ	Singapore Airlines	2	SINGAPORE	SAN FRANCISCO	02.04.2020
QF	Qantas Airways	5	SINGAPORE	FRANKFURT	16.03.2019

Abbildung 12.58 Der List Report mit den Filterkriterien

Bedingungen definieren: Fluggesellschaft

Einschließen (1)

Fluggesellschaft | enthält

Lufthansa

Ausschließen

Ausgewählte Elemente (1)

Lufthansa

OK Abbrechen

Abbildung 12.59 Einen Filter für die Fluggesellschaft festlegen

Fügen Sie zusätzlich einen Filter für den Ort des Abflugs ein, und setzen Sie den Wert für **Abflugstadt** auf **FRANKFURT**. Sie werden sehen, dass der Tabelleninhalt ohne großes Zutun gefiltert wird, sodass Sie das Ergebnis aus Abbildung 12.60 erhalten.

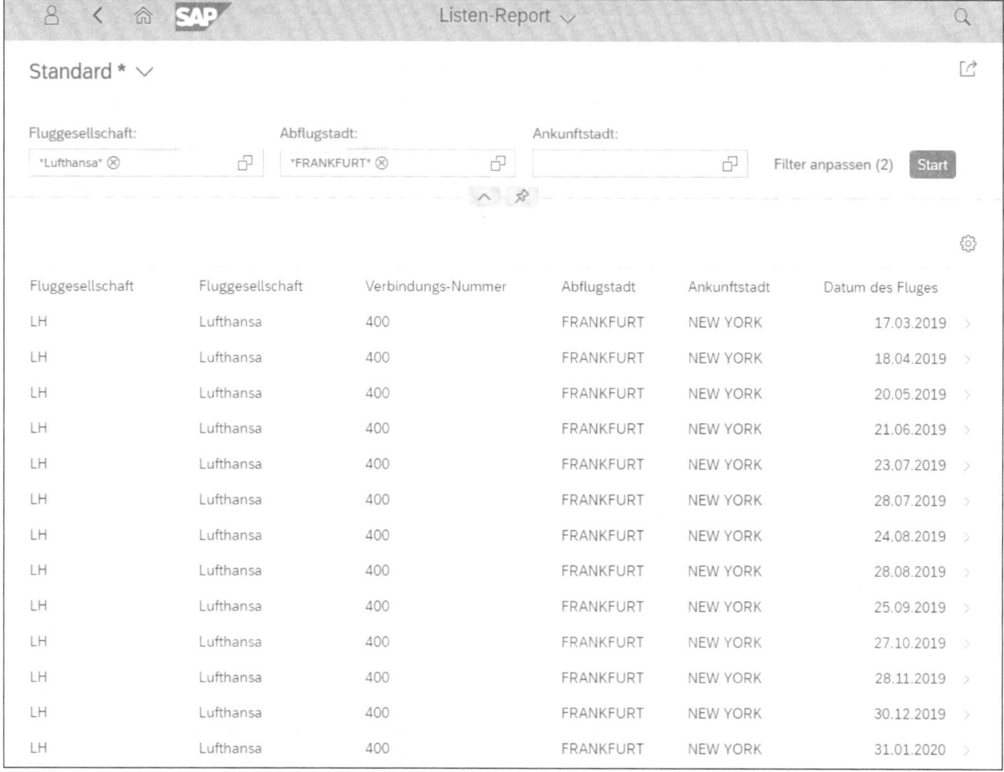

Fluggesellschaft	Fluggesellschaft	Verbindungs-Nummer	Abflugstadt	Ankunftstadt	Datum des Fluges
LH	Lufthansa	400	FRANKFURT	NEW YORK	17.03.2019
LH	Lufthansa	400	FRANKFURT	NEW YORK	18.04.2019
LH	Lufthansa	400	FRANKFURT	NEW YORK	20.05.2019
LH	Lufthansa	400	FRANKFURT	NEW YORK	21.06.2019
LH	Lufthansa	400	FRANKFURT	NEW YORK	23.07.2019
LH	Lufthansa	400	FRANKFURT	NEW YORK	28.07.2019
LH	Lufthansa	400	FRANKFURT	NEW YORK	24.08.2019
LH	Lufthansa	400	FRANKFURT	NEW YORK	28.08.2019
LH	Lufthansa	400	FRANKFURT	NEW YORK	25.09.2019
LH	Lufthansa	400	FRANKFURT	NEW YORK	27.10.2019
LH	Lufthansa	400	FRANKFURT	NEW YORK	28.11.2019
LH	Lufthansa	400	FRANKFURT	NEW YORK	30.12.2019
LH	Lufthansa	400	FRANKFURT	NEW YORK	31.01.2020

Abbildung 12.60 Die Flugliste nach Fluggesellschaft und Abflugstadt filtern

Sortieren und Gruppieren

Der erstellte List Report verfügt bereits über häufig benötigte Funktionen wie Sortieren und Gruppieren. Durch einen Klick auf das Zahnrad-Icon können Sie die entsprechenden Sortier- und Gruppierkriterien festlegen. Abbildung 12.61 zeigt die nach der Abflugstadt gruppierte Liste, in der jede Gruppe nach der Ankunftsstadt aufsteigend sortiert ist. Wie Sie aus Abbildung 12.60 ersehen können, wurde die Liste bereits mit einem Filter auf eine Fluggesellschaft versehen. Für alle diese Funktionen musste durch den Entwickler keine Zeile Programmcode geschrieben werden.

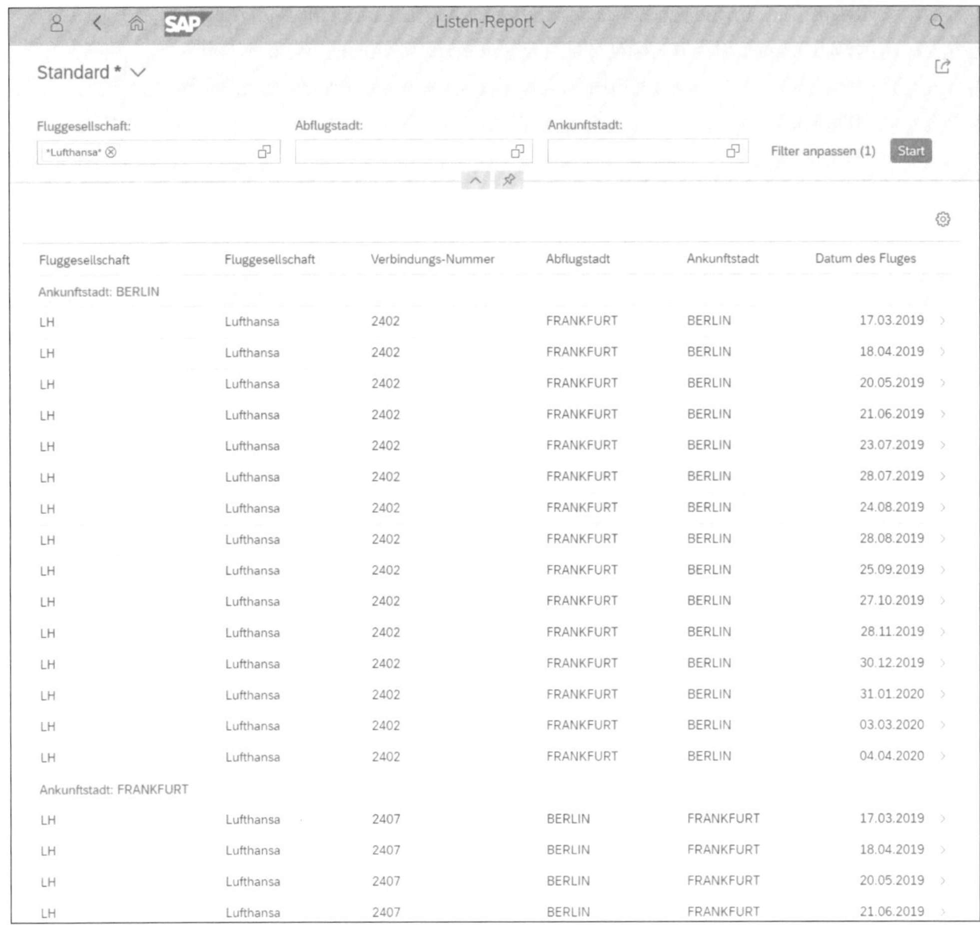

Fluggesellschaft	Fluggesellschaft	Verbindungs-Nummer	Abflugstadt	Ankunftstadt	Datum des Fluges
Ankunftstadt: BERLIN					
LH	Lufthansa	2402	FRANKFURT	BERLIN	17.03.2019
LH	Lufthansa	2402	FRANKFURT	BERLIN	18.04.2019
LH	Lufthansa	2402	FRANKFURT	BERLIN	20.05.2019
LH	Lufthansa	2402	FRANKFURT	BERLIN	21.06.2019
LH	Lufthansa	2402	FRANKFURT	BERLIN	23.07.2019
LH	Lufthansa	2402	FRANKFURT	BERLIN	28.07.2019
LH	Lufthansa	2402	FRANKFURT	BERLIN	24.08.2019
LH	Lufthansa	2402	FRANKFURT	BERLIN	28.08.2019
LH	Lufthansa	2402	FRANKFURT	BERLIN	25.09.2019
LH	Lufthansa	2402	FRANKFURT	BERLIN	27.10.2019
LH	Lufthansa	2402	FRANKFURT	BERLIN	28.11.2019
LH	Lufthansa	2402	FRANKFURT	BERLIN	30.12.2019
LH	Lufthansa	2402	FRANKFURT	BERLIN	31.01.2020
LH	Lufthansa	2402	FRANKFURT	BERLIN	03.03.2020
LH	Lufthansa	2402	FRANKFURT	BERLIN	04.04.2020
Ankunftstadt: FRANKFURT					
LH	Lufthansa	2407	BERLIN	FRANKFURT	17.03.2019
LH	Lufthansa	2407	BERLIN	FRANKFURT	18.04.2019
LH	Lufthansa	2407	BERLIN	FRANKFURT	20.05.2019
LH	Lufthansa	2407	BERLIN	FRANKFURT	21.06.2019

Abbildung 12.61 Darstellung einer Liste mit Filter, Sortierung und Gruppierung

Die Object Page

Nachdem wir nun den List Report konfiguriert haben, nehmen wir uns im nächsten Schritt noch kurz die Darstellung der Daten vor, falls ein Nutzer auf eine Zeile im List Report klickt. So, wie wir die Liste bis jetzt aufgebaut haben, wird bei einem Klick lediglich eine leere Seite angezeigt. Wir möchten jedoch, dass in diesem Fall die Objektdetailseite (Object Page) dargestellt wird.

Objektseite konfigurieren

Dazu wechseln wir wieder in den Annotation Modeler. Klicken Sie hier auf das +-Icon auf der obersten Ebene (**Local Annotations**). In dem daraufhin erscheinenden Dialog wählen Sie den Eintrag **UI.HeaderInfo** aus und bestätigen mit **OK**. Anschließend legen Sie bei dem gerade erzeugten Eintrag im Feld **TypeName** den Wert **Flug** und im Feld **TypeNamePlural** **Fluege** fest. Die so angegebenen i18n-Schlüssel müssen nun noch zusammen mit Texten in der i18n-Datei hinterlegt werden. Klicken Sie dazu jeweils auf den danebenstehenden Globus, und hinterlegen Sie Texte für die beiden i18n-Schlüssel. Auf der Ebene der Annotation `UI.HeaderInfo` klicken Sie anschließend auf das **+**-Icon und wählen im sich öffnenden Dialog die Eigenschaft **Title** aus. Bestätigen Sie den Dialog mit **OK**. Danach klicken Sie auf der Ebene des gerade angelegten Elements **Title** auf das **+**-Icon und wählen aus dem folgenden Dialog **DataField** aus. In der Spalte **Value** des Elements **UI.DataField** wählen Sie den Eintrag **carrid**, wie in Abbildung 12.62 gezeigt.

Abbildung 12.62 Den Titel mit dem Attribut »id« der Flight-Entität verknüpfen

Als Nächstes möchten wir, dass nicht nur der Titel auf der Objektseite angezeigt wird, sondern auch der Name der Fluggesellschaft. Klicken Sie daher auf der Ebene von **UI.HeaderInfo** auf das **+**-Icon. Es erscheint ein Auswahldialog, in dem Sie die Eigenschaft **Description** auswählen und den Dialog mit **OK** bestätigen können. Als Nächstes legen Sie unterhalb des gerade angelegten Elements einen Eintrag vom Typ `UI.DataField` an. Klicken Sie dazu auf das neben dem **Description**-Eintrag befindliche **+**-Icon, und wählen Sie im sich öffnenden Dialog den Eintrag **DataField** aus. Bestätigen Sie den Dialog mit **OK**. Wählen Sie nun noch in der Spalte **Value** den Wert **carrname**. Speichern Sie Ihre Änderungen.

Nach dem Speichern starten Sie die Anwendung erneut und wählen im Anschluss einen Eintrag in der Liste der Flüge aus. Es wird, wie in Abbildung 12.63 gezeigt, nun die Objektseite für den ausgewählten Flug angezeigt.

Abbildung 12.63 Die Objektseite

Weitere Informationen aufnehmen

Als Nächstes möchten wir noch weitere Informationen in die Objektseite aufnehmen. Wechseln Sie dafür wieder zurück in den Annotation Modeler. Klicken Sie erneut auf das **+**-Icon auf der obersten Ebene, und wählen Sie im erscheinenden Dialog den Eintrag **UI.FieldGroup** aus. Mittels dieser Annotation ist es möglich, eine Gruppe von UI-Aspekten zusammenzufassen. Nachdem der Ausdruck eingefügt worden ist, klicken Sie auf das **+**-Icon auf der Ebene **Data**. Im erscheinenden Dialog wählen Sie **UI.DataField** aus. Anschließend verbinden Sie das Attribut `Value` mit der Eigenschaft `connid` aus unserem OData-Service. Wir legen zwei weitere Elemente vom Typ `UI.DataField`, jeweils für die OData-Attribute `cityfrom` und `cityto`, an. Es entsteht die in Abbildung 12.64 gezeigte Konfiguration.

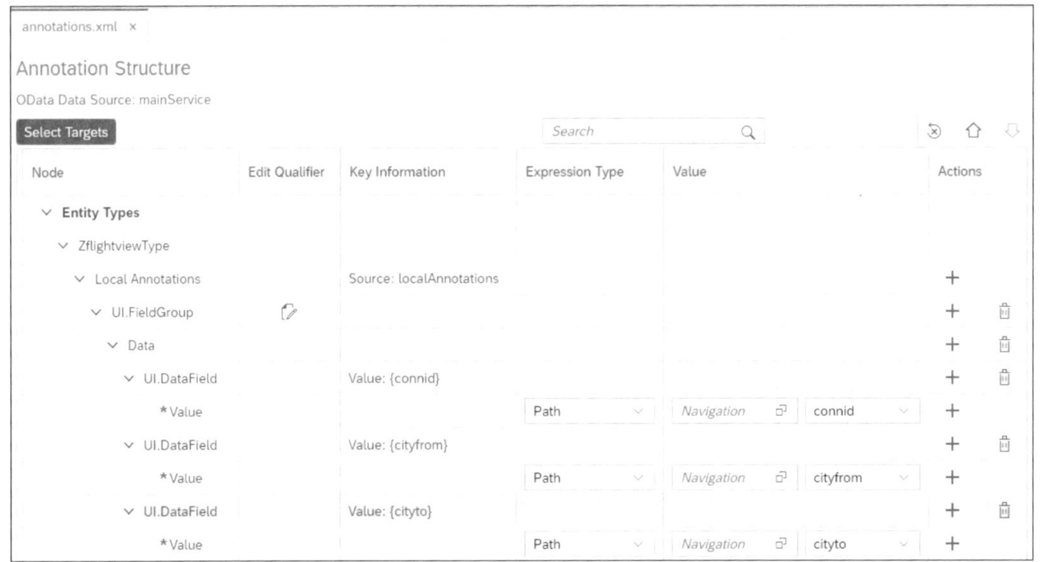

Abbildung 12.64 Die »UI.FieldGroup«-Annotation

Eine `UI.FieldGroup`-Annotation für sich genommen ist nicht direkt im Header der Objektseite darstellbar, sondern wird über ein Element vom Typ `UI.HeaderFacet` referenziert. Daher klicken Sie auf das **+**-Icon auf dem Wurzelknoten und wählen im Dialog den Eintrag **UI.HeaderFacet** aus. Im Anschluss klicken Sie auf das **+**-Icon des gerade angelegten Eintrags und wählen im erscheinenden Dialog den Eintrag **UI.ReferenceFacet** aus.

Zum Abschluss wählen Sie beim Attribut `AnnotationPath` den Wert **@UI.FieldGroup** aus und verweisen damit auf die zuvor angelegte Gruppe. Abbildung 12.65 zeigt die entsprechende Konfiguration.

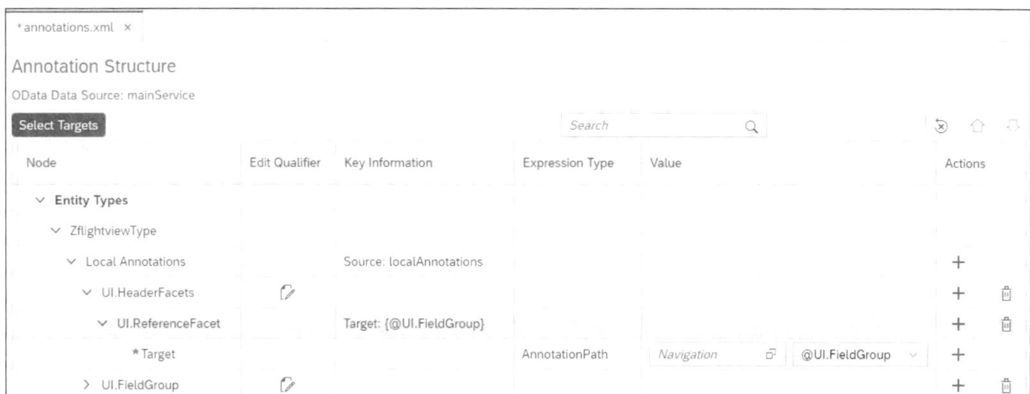

Abbildung 12.65 »UI.HeaderFacets« hinzufügen

Speichern Sie Ihre Änderungen, und starten Sie die Anwendung erneut. Nachdem Sie einen Listeintrag ausgewählt haben, wird die neue Objektseite dargestellt (siehe Abbildung 12.66).

Abbildung 12.66 Die Detailseite zu einer Fluggesellschaft

Ein Bild in die Object Page einfügen

Nachdem die Darstellung so schon recht gut aussieht, möchten wir noch ein Bild zu unserer Fluggesellschaft anzeigen. Sie können das Bild aus unserem Demoprojekt (siehe den Download-Bereich zum Buch unter *www.sap-press.de/4974*) oder ein anderes Bild Ihrer Wahl verwenden. Das Bild in unserem Beispiel trägt den Namen **SQ** und hat die Dateiendung **.png**.

Annotationsdatei anpassen

Legen Sie in unserem Projekt in SAP Web IDE einen neuen Ordner mit dem Namen **img** direkt unter dem Ordner **webapp** an. Anschließend laden Sie das gewünschte Bild über einen Dateiimport in den gerade angelegten Ordner. Als Nächstes öffnen Sie nochmals die Annotationsdatei **annotations.xml** und wählen den Eintrag **UI.HeaderInfo** aus. Suchen Sie nach der Eigenschaft **ImageUrl**, fügen Sie in das Feld den Text »Logo« ein, und speichern Sie Ihre Änderungen. Dieser Schritt ist notwendig, da ansonsten `ImageUrl` nicht Bestandteil der Annotationsdatei ist und wir somit den folgenden Schritt nicht durchführen können.

Wir öffnen anschließend die Annotationsdatei über den Code-Editor, sodass wir nun die XML-Beschreibung unserer Annotationen sehen können. Nun suchen Sie in der Datei nach dem Begriff »ImageUrl«. Wir kopieren den Eintrag vom Typ `PropertyValue`, kommentieren den aktuellen Eintrag und fügen den kopierten Wert aus der Zwischenablage wieder ein. Im Anschluss entfernen wir das XML-Attribut `String` sowie den endenden / und schließen das Tag durch das Hinzufügen eines schließenden `PropertyValue`-Tags ab.

Als Nächstes fügen wir zum Element `PropertyValue`, wie es in Listing 12.5 gezeigt ist, ein neues Kindelement vom Typ `Apply` ein. Das Element erhält ein Attribut `Function`, dem wir den Wert `"odata.concat"` zuweisen. Dadurch geben wir an, dass wir die nachfolgenden Werte zusammenfügen und das Ergebnis der `ImageUrl` zuweisen möchten. Als Nächstes fügen Sie ein Element vom Typ `String` ein; diesem weisen Sie den Pfad zu unserem zuvor angelegten **img**-Ordner zu. Anschließend geben Sie ein Element mit dem Namen `Path` an und weisen diesem Element den Wert `carrid` zu. Der Wert `id` verweist auf das Attribut aus unserer Flight-Entität und enthält die ID der Fluggesellschaft. Zu guter Letzt geben wir noch ein Element vom Typ `String` an; diesem weisen wir den Wert der Dateiendung unserer Bilder zu. Es entsteht der in Listing 12.5 gezeigte XML-Code.

```
<!--    <PropertyValue Property="ImageUrl" String="Logo"/>-->
        <PropertyValue Property="ImageUrl">
        <Apply Function="odata.concat">
        <String>/webapp/img/</String>
        <Path>carrid</Path>
        <String>.png</String>
      </Apply>
    </PropertyValue>
```

Listing 12.5 Die »concat«-Funktion verwenden

Anschließend speichern wir unsere Änderungen und starten unsere Anwendung neu. Nachdem wir den Eintrag der Lufthansa ausgewählt haben, wird der neue Object Header so wie in Abbildung 12.67 angezeigt.

Neuer Object Header

Abbildung 12.67 Darstellung des Logos der Fluggesellschaft

Mit serverseitigen Annotationen arbeiten

Nachdem wir gerade einen CDS View ohne serverseitige UI-Annotationen genutzt haben, möchten wir an dieser Stelle noch kurz auf die Nutzung von serverseitigen Annotationen eingehen. Daher stellen wir Ihnen am Beispiel des OData-Dienstes mithilfe der UI-Annotationen aus Kapitel 11, »Entwicklung von Backend Diensten«, deren Nutzung vor. Dazu legen wir ein neues Projekt unter der Verwendung des List Report Templates von SAP Web IDE an. Nachdem wir die ersten Schritte des Assistenten analog dem vorangegangenen Abschnitt angelegt haben, wird uns im Schritt **Annotation Selection** (siehe Abbildung 12.68) eine Annotationsdatei angeboten.

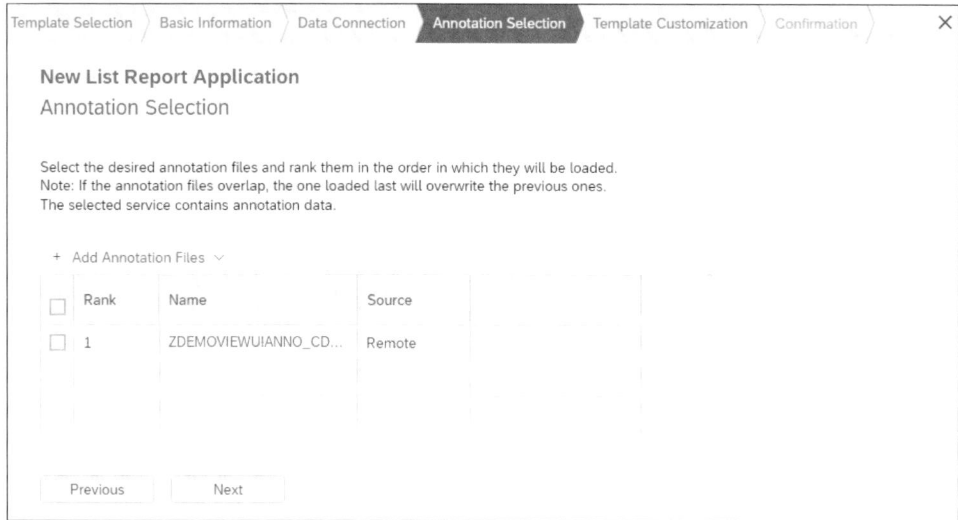

Abbildung 12.68 Auswahl der serverseitigen Annotation

Annotationsdatei kann nicht gefunden werden

Sollte anstelle der Annotationsdatei der Fehler angezeigt werden, dass die Annotationsdatei nicht gefunden werden kann, prüfen Sie nach, ob das Protokoll der Destination in der SAP Cloud Platform identisch mit der Angabe im Cloud Connector ist.

OData Collection auswählen

Nachdem Sie das Bild mit **Next** bestätigt haben, wählen Sie im Schritt **Template Customization** in der Auswahlliste **OData Collection** den Wert **Zdemoviewuianno** aus (siehe Abbildung 12.69). Zum Abschluss beenden Sie den Assistenten mit **Finish**.

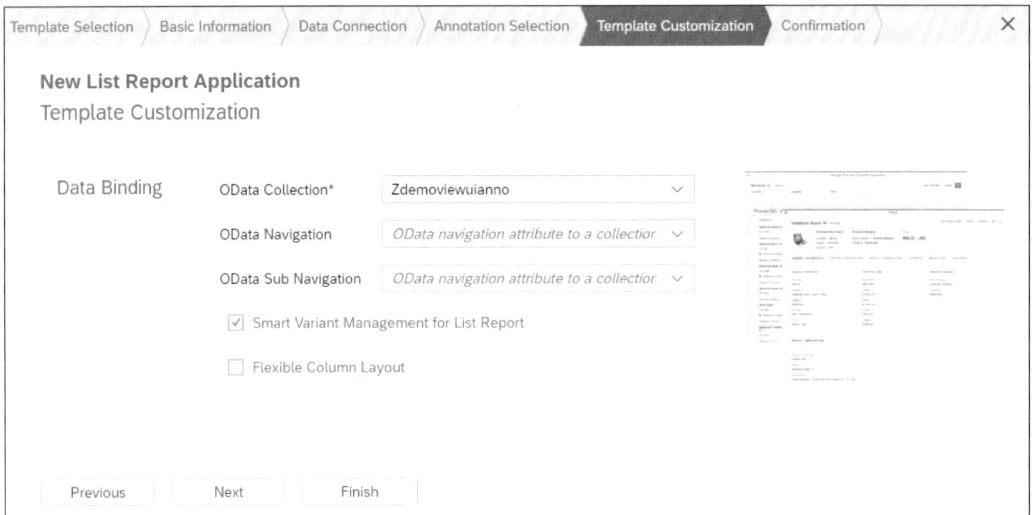

Abbildung 12.69 OData Collection auswählen

Nach dem Anlegen des Projekts erzeugen Sie, analog zum vorangegangenen Beispiel, einen Ordner **img** direkt unter dem **webapp**-Ordner und legen dort das Bild für die Fluggesellschaft Lufthansa ab. Nach Abschluss des Kopiervorgangs können Sie nun die Anwendung als SAP-Fiori-Komponente starten und erhalten das in Abbildung 12.70 gezeigte Bild.

Lokale Annotation hinzufügen

Über den Annotation Modeler können Sie jetzt noch eine `HeaderFacet`-Annotation hinzufügen, damit die `FieldGroup`-Annotation aus dem CDS View auch angezeigt wird. Dazu öffnen Sie den Annotation Modeler und klicken auf der Ebene **Local Annotations** auf das **+**-Icon. Fügen Sie, wie schon im vorangegangenen Abschnitt beschrieben, eine Annotation vom Typ

`UI.HeaderFacets` hinzu. Nachdem die Facette eingefügt ist, klicken Sie auf das **+**-Icon auf Ebene der Facette und wählen im daraufhin erscheinenden Dialog den Wert **UI.ReferenceFacet** aus. Verweisen Sie als Nächstes, wie es in Abbildung 12.71 dargestellt ist, mit dem Attribut **Annotation** auf die `FieldGroup`-Annotation aus dem CDS View. Zusätzlich können Sie den Eintrag **UI.Facets** in der lokalen Annotationsdatei löschen, da er in unserem Beispiel keine Relevanz hat.

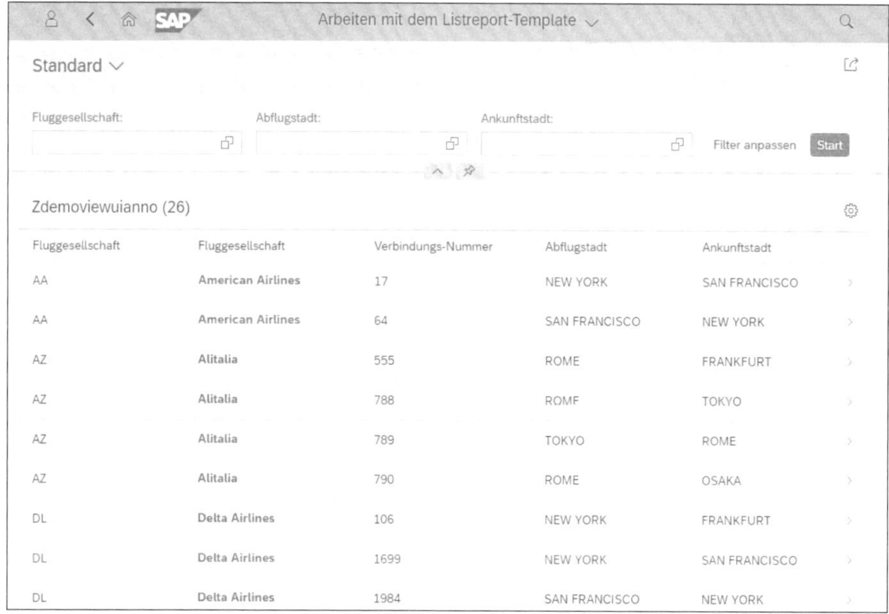

Abbildung 12.70 Die Flugapplikation mit UI-Annotationen

Abbildung 12.71 Eine lokale Annotation hinzufügen

Mit dem SAPUI5 Visual Editor arbeiten

Die vorangegangenen Abschnitte haben gezeigt, wie einfach es ist, mithilfe von SAP Fiori Elements Anwendungen auf Basis eines OData-Services zu erstellen. Es kommt jedoch vor, dass sich Anforderungen nicht so einfach mit SAP Fiori Elements umsetzen lassen oder dass die Oberfläche – so, wie sie zur Laufzeit generisch erzeugt wird – nicht optimal für den Prozess ist. Für die Anpassung einer SAP-Fiori-Elements-Anwendung ohne Modifikation durch einen Entwickler bietet SAP Web IDE den sogenannten *SAPUI5 Visual Editor*.

SAPUI5 Visual Editor aufrufen

Der SAPUI5 Visual Editor wird bei Projekten, die auf SAP-Fiori-Elements-Templates basieren, über das Kontextmenü angeboten. Um ihn zu starten, wählen Sie das Projekt und dann im Kontextmenü den Eintrag **SAPUI5 Visual Editor** aus. Nach dem Aufruf des Editors wird die zugrunde liegende Anwendung im Vorschaumodus angezeigt (siehe Abbildung 12.72). Dieser Modus ermöglicht es, die Anwendung in unterschiedlichen Formfaktoren anzeigen zu lassen und über den **Edit**-Button in den Bearbeitungsmodus zu wechseln.

Abbildung 12.72 Vorschaumodus des SAPUI5 Visual Editors

Bearbeitungsmodus

Die Ansicht im Bearbeitungsmodus ist in drei Teile unterteilt. Auf der linken Seite wird die Outline dargestellt. Sie enthält alle Controls, die innerhalb der Anwendung über Annotationen verwendet werden. In der Mitte ist der Canvas-Bereich zu sehen. Er beinhaltet die Anwendungsvorschau. Auf der rechten Seite werden die Eigenschaften des ausgewählten UI Controls dargestellt. Abbildung 12.73 zeigt die Anwendung, die wir in Abschnitt

12.4.1, »Arbeiten mit dem List Report Template«, implementiert haben, im Bearbeitungsmodus des SAPUI5 Visual Editors. Wie Sie der Abbildung entnehmen können, wurde die Tabelle ausgewählt. Auf der rechten Seite werden die Eigenschaften für das ausgewählte Control angezeigt.

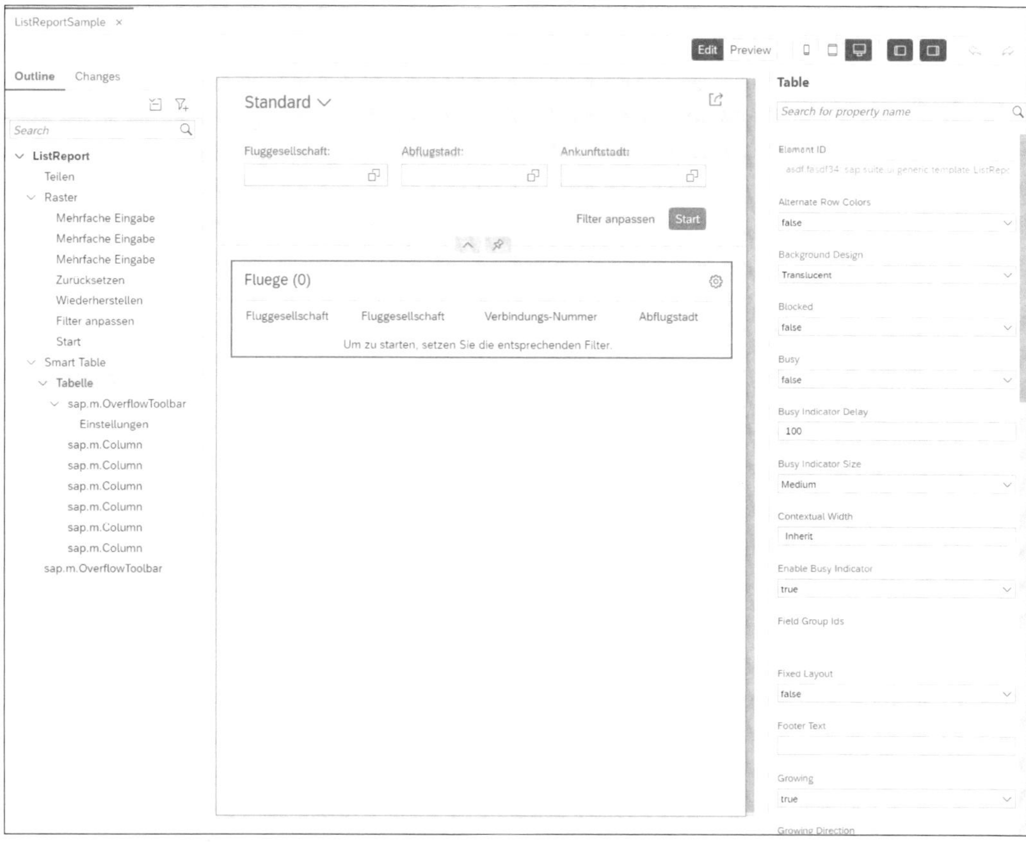

Abbildung 12.73 Bearbeitungsmodus des SAPUI5 Visual Editors

Excel-Export

Listenbasierte Anwendungen sind bei SAP keine Seltenheit. Viele Nutzer vergleichen SAP-Fiori-Anwendungen daher mit den aus SAP GUI bekannten Anwendungen. Meist sind diese ALV-basiert. ALV-basierte Anwendungen bieten eine Vielzahl von Möglichkeiten, z. B. den Export von Daten nach Excel. Auch Nutzer von SAP-Fiori-Anwendungen haben natürlich die Anforderung, dargestellte Daten nach Excel zu exportieren. Mit dem SAPUI5 Visual Editor ist dies sehr einfach umsetzbar.

Wählen Sie das Control **SmartTable** aus, und suchen Sie nach der Export-Eigenschaft. Entweder scrollen Sie dabei durch die Liste der Eigenschaften, bis Sie die Eigenschaft mit der Überschrift **Use Export To Excel** sehen, oder Sie nutzen die Suchfunktion. Durch die Eingabe des Wertes »Export« in das Suchfeld werden alle export-relevanten Attribute dargestellt. Für den Export stellen wir, wie in Abbildung 12.74 gezeigt, **Use Export To Excel** auf **true**. Die Änderung der Eigenschaft macht sich im SAPUI5 Visual Editor in zweierlei Hinsicht bemerkbar. Zum einen wird, wie Sie ebenfalls Abbildung 12.74 entnehmen können, neben dem Zahnrad- nun ein Export-Icon dargestellt. Zum anderen wird das Control **Smart Table** in der Outline mit **(Changed)** gekennzeichnet.

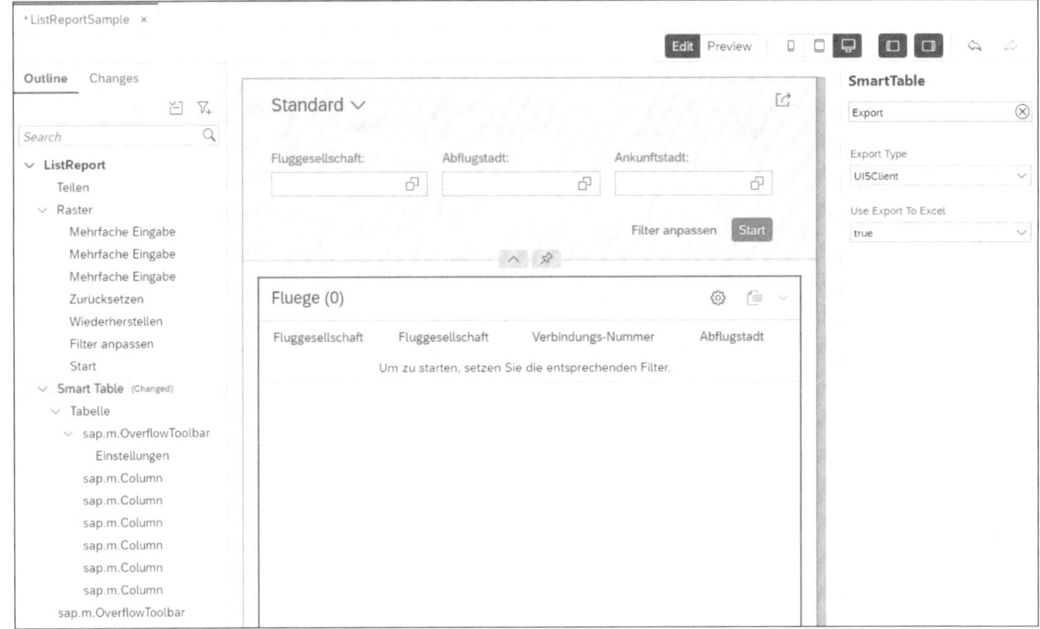

Abbildung 12.74 Konfiguration des Excel-Exports

CHANGE-Dateien

Die Änderungen im SAPUI5 Visual Editor haben nicht nur im Editor selbst Konsequenzen, sondern auch im SAP-Web-IDE-Projekt. Nachdem Sie die Änderungen gespeichert haben, legt SAP Web IDE einen neuen Ordner im **webapp**-Verzeichnis des Projekts an. Der Ordner trägt den Namen **changes**. Er enthält alle Änderungen in Dateien mit der Endung **.change**. Die Dateien selbst tragen etwas kryptische Namen (siehe Abbildung 12.75). Die Änderungen in ihnen werden im JSON-Format dargestellt.

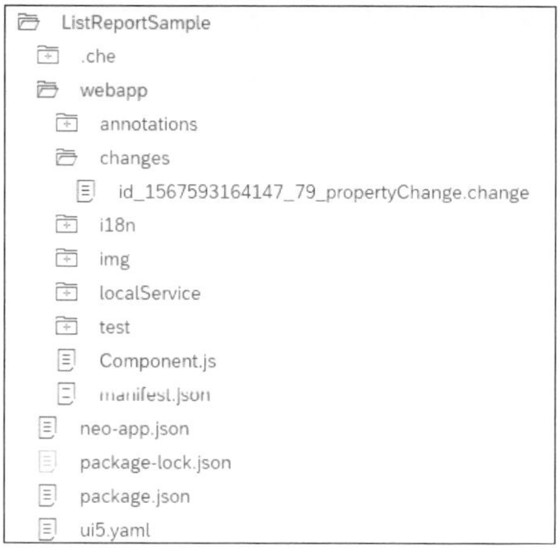

```
ListReportSample
  .che
  webapp
    annotations
    changes
      id_1567593164147_79_propertyChange.change
    i18n
    img
    localService
    test
    Component.js
    manifest.json
  neo-app.json
  package-lock.json
  package.json
  ui5.yaml
```

Abbildung 12.75 Projektstruktur nach dem Ändern im SAPUI5 Visual Editor

Laufzeitimplikationen vorbeugen

Überlegen Sie sich gut, welche Eigenschaft Sie tatsächlich ändern wollen. Jede Änderung wird nach dem Speichern in eine eigene CHANGE-Datei geschrieben. Wenn Sie eine fälschlicherweise geänderte Eigenschaft speichern, sie anschließend wieder auf den ursprünglichen Wert zurücksetzen und erneut speichern, erhalten Sie zwei CHANGE-Dateien. Zur Laufzeit werden alle CHANGE-Dateien ausgewertet. In dem hier beschriebenen Szenario wird die Eigenschaft erst auf den falschen Wert gesetzt, um im Anschluss dann wieder überschrieben zu werden. Dies kann bei mehrmaligem Hin und Her zu Laufzeitimplikationen führen.

Sie können die CHANGE-Dateien zwar auch manuell löschen, dabei ist jedoch Vorsicht geboten. Denn wie Sie aus Abbildung 12.75 ersehen können, tragen die Dateien keine sehr sprechenden Namen. Es kann daher leicht passieren, dass eine falsche Datei gelöscht wird. Nach dem manuellen Löschen einer Datei werden Sie aufgefordert, den SAPUI5 Visual Editor neu zu laden.

Listing 12.6 zeigt den Aufbau einer Änderungsdatei. Wie Sie dem Listing entnehmen können, sind für den Excel-Export zwei Bereiche interessant. Im Bereich `selector` wird definiert, dass im List Report das Smart-Table-Control einmal geändert wurde. Welche Änderung mittels des SAPUI5 Visual Editors durchgeführt wurde, sehen Sie im Bereich `content`. Hier wird beschrieben, dass der Eigenschaft `useExportToExcel` der Wert `true` zugewiesen wurde.

```
{
      "fileName": "id_1567593164147_79_propertyChange",
      "fileType": "change",
      "changeType": "propertyChange",
      "moduleName": "",
      "reference": "sapfioribuch.listreport.Component",
      "packageName": "$TMP",
      "content": {
            "property": "useExportToExcel",
            "newValue": true
      },
      "selector": {
            "id": "sapfioribuch.listreport::sap.suite.ui.generic.
                  template.ListReport.view.ListReport::
                  Zflightview--listReport",
            "type": "sap.ui.comp.smarttable.SmartTable",
            "idIsLocal": false
      },
      "layer": "CUSTOMER_BASE",
      "texts": {},
      "namespace": "apps/sapfioribuch.listreport/changes/",
      "projectId": "sapfioribuch.listreport",
      "creation": "2019-09-04T10:39:06.882Z",
      "originalLanguage": "DE",
      "conditions": {},
      "context": "",
      "support": {
            "generator": "Change.createInitialFileContent",
            "service": "",
            "user": "",
            "sapui5Version": "1.60.18",
            "sourceChangeFileName": "",
            "compositeCommand": ""
      },
      "oDataInformation": {},
      "dependentSelector": {},
      "validAppVersions": {
            "creation": "1.0.0",
            "from": "1.0.0",
            "to": "1.0.0"
      },
```

```
        "jsOnly": false,
        "variantReference": ""
}
```

Listing 12.6 Aufbau der Änderungsdatei des SAPUI5 Visual Editors

Eigenschaft »alternate« ändern

Zum Abschluss unserer Arbeit mit dem SAPUI5 Visual Editor wollen wir noch einstellen, dass die Zeilen in der Tabelle des List Reports in unterschiedlichen Farben dargestellt werden sollen. Wählen Sie dafür im SAPUI5 Visual Editor die Tabelle aus. Im Anschluss suchen Sie nach der Eigenschaft **alternate** und setzen den Wert auf **true** (siehe Abbildung 12.76).

Achten Sie nach dem Speichern auf den Ordner mit den CHANGE-Dateien des Projekts. Wie oben beschrieben, sollten Sie nun zwei CHANGE-Dateien vorfinden.

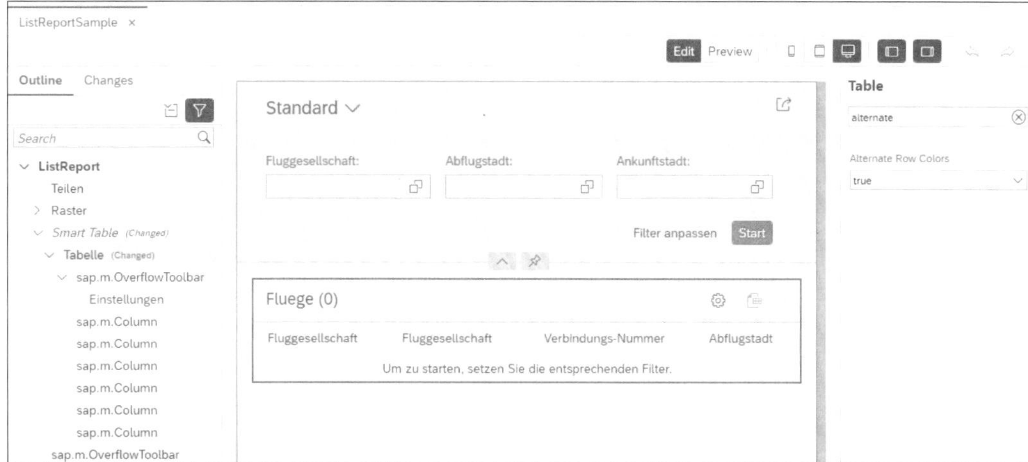

Abbildung 12.76 Die Eigenschaft »alternate« ändern

Zum Abschluss starten wir die Anwendung und erhalten, wie in Abbildung 12.77 gezeigt, die List-Report-Anwendung mit farblich unterschiedenen Zeilen sowie einem Excel-Export-Button im Tabellenkopf. Neben dem Excel-Export-Button finden Sie zudem eine Dropdown-Liste mit aktuell zwei Optionen. Einerseits können Sie hier den sofortigen Export wählen. Andererseits können Sie über die Option **Exportieren als** in einem Dialog festlegen, welcher Dateiname verwendet werden soll und ob z. B. die Filtereinstellungen beim Export berücksichtigt werden sollen.

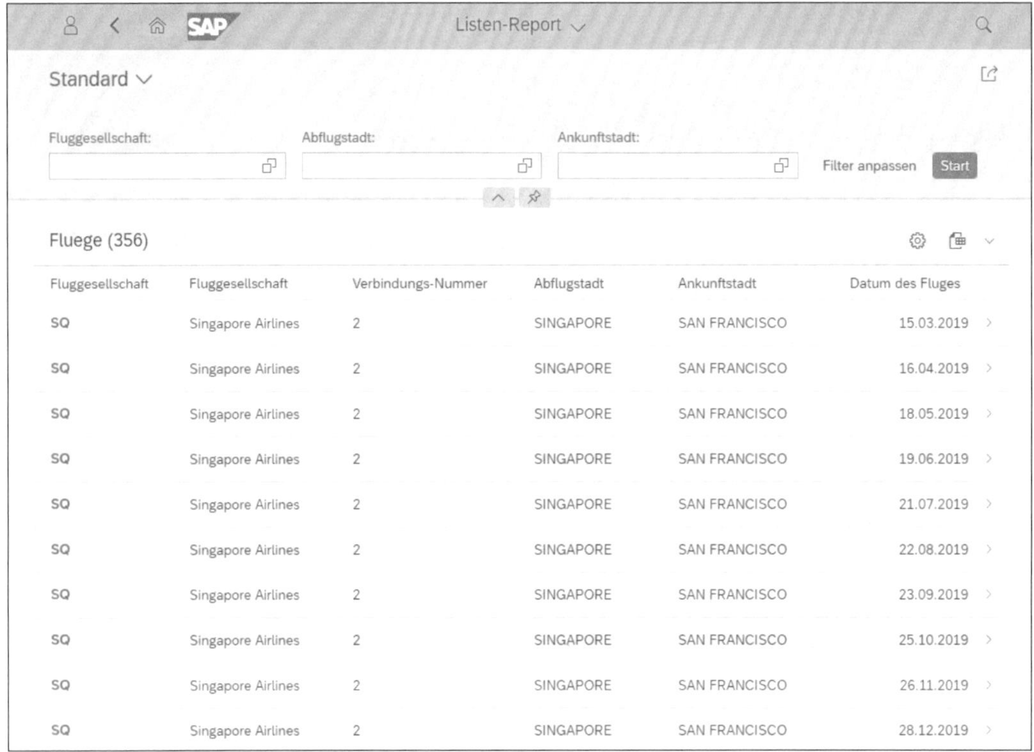

Abbildung 12.77 List Report mit Excel-Export und unterschiedlichen Zeilenfarben

12.4.2 Mit dem Overview Page Template arbeiten

Die SAP-Fiori-Muster, die anfangs in den SAP Fiori Design Guidelines beschrieben wurden, befassten sich fast ausschließlich mit der Darstellung größerer Mengen an Informationen einer oder mehrerer Geschäftsentitäten. Muster, die einen kurzen Überblick über einige wenige Attribute einer oder mehrerer Entitäten liefern, suchten Sie vergebens. Dies änderte sich Ende 2015. Zu diesem Zeitpunkt wurde zum ersten Mal die sogenannte *Overview Page* von SAP vorgestellt. Overview Pages schließen die Lücke zwischen der SAP-Fiori-Homepage und den dort angebotenen Apps. Sie geben dem Anwender über sogenannte *Cards* die wichtigsten Informationen auf einen Blick. Die Karte ist dabei das Visualisierungsmittel, um die Informationen zu präsentieren.

Cards

Es gibt (Stand: SAPUI5-Version 1.44) aktuell fünf Arten von Karten, um, je nach Art von Information und Domäne, die Daten in ansprechender und einfacher Darstellungsvariante zu präsentieren. Die Overview Page selbst kann Filter anbieten. Diese werden dann auf die Daten der Karten angewandt. Voraussetzung dafür ist natürlich, dass die Datenstrukturen passen, d. h., dass die Felder des OData-Services, der beim Anlegen der Overview Page verwendet wurde, und des OData-Services, der später beim Anlegen einer Karte eingesetzt wird, identisch sind.

- **List Card**
  Die *List Card* zeigt die Informationen in einer Liste an. Es gibt dabei zwei Arten von Kartentypen. Der Kartentyp *Condensed* zeigt bis zu drei Informationseinheiten in einer Zeile an, während der Kartentyp *Extended* bis zu sechs Informationseinheiten darstellen kann. Beide Kartentypen können Informationen in zwei Modi darstellen: im Modus *Standard* und im Modus *Bar*. Im Modus *Standard* werden die Daten in textueller oder numerischer Form dargestellt. Im Modus *Bar* werden die Daten in textueller, numerischer Form und in Form eines Balkendiagramms angezeigt. Die Listanzeige ist auf fünf Listeinträge begrenzt. Damit der Anwender mehr bzw. alle Listeinträge sehen kann, muss er zur entsprechenden Anwendung navigieren.
- **Link List Card**
  Die *Link List Card* zeigt Links in einer Liste an. Diese können aus einem Bild, einem Icon, einem Titel und einem Untertitel bestehen. Die Verweise ermöglichen es, zu einer Anwendung, zu einer externen URL oder zu einer Quick-View-Darstellung zu navigieren.
- **Table Card**
  Table Cards zeigen Informationen als Tabelle an und sind responsiv. Die Table Card besteht lediglich aus drei Spalten. Dabei zeigt jede Zeile nicht mehr als drei Textzeilen an. Von jeder Zeile der Tabelle ist es möglich, auf eine Object Page innerhalb der Anwendung zu navigieren.
- **Stack Card**
  Die *Stack Card* stellt eine Sammlung von Karten dar. Jede Karte dieser Sammlung enthält die Informationen zu einem einzelnen Objekt. Die Deckkarte zeigt neben Informationstexten auch die Mengen der im Stapel enthaltenen Karten an. Klickt der Nutzer auf die Deckkarte, werden alle Karten geöffnet. Der Nutzer kann von links nach rechts durch die Karten navigieren (und natürlich auch wieder zurück) und weitere Aktionen auslösen.
- **Analytic Card**
  Die *Analytic Card* ist eine Karte, die Informationen als Diagramm darstellt. Sie enthält einen Kopfbereich, den sogenannten *KPI Header*.

Dieser enthält einen Titel sowie einen Untertitel. In der Kopfzeile wird die farblich hervorgehobene Kennzahl (KPI) mit der entsprechenden Einheit dargestellt. Die vorhandenen Farben sind Rot für negativ, Grün für positiv und Grau für neutral. Optional kann auch ein Icon dargestellt werden, das über die Entwicklung der dargestellten KPI Auskunft gibt, und eine Prozentzahl angezeigt werden.

Eine Overview Page für SAP Fiori anlegen

Einen ABAP CDS mit Selektionsfeldern anlegen

Bevor wir mit dem eigentlichen Anlegen der Übersichtsseite beginnen, legen wir einen neuen ABAP CDS im Backend-System an. Dies ist erforderlich, damit Nutzer später die in den Karten angezeigten Daten filtern können. Gehen Sie vor, wie in Abschnitt 11.2, »ABAP Core Data Services«, beschrieben. Der Filter in einer Übersichtsseite folgt dem gleichen Konzept, wie bereits für den List Report beschrieben. Wie Sie aus Listing 12.7 entnehmen können, annotieren wir zwei Felder mit der Annotation `UI.selectionField`. Die entsprechenden Felder `ProductCategory` und `ProductType` der Projektionsliste werden darüber hinaus noch mit der Annotation `@ObjectModel.foreignKey` versehen.

```
@OData: {
    publish: true
}
define view Z_C_OVP_Filter as select from SEPM_I_Product{
@UI.selectionField.position: 10
  @ObjectModel.foreignKey: {
      association: '_ProductCategory'
  }
   key  ProductCategory,
   @UI.selectionField.position: 20
  @ObjectModel.foreignKey: {
      association: '_ProductType'
  }
   key ProductType,

   _ProductCategory,
   _ProductType
}
```

Listing 12.7 Implementierung eines ABAP CDS mit Selektionsfeldern

Nachdem Sie den CDS aktiviert und den OData-Service auf dem Frontend-System registriert haben, können Sie mit dem Anlegen der Übersichtsseite fortfahren.

Die Übersichtsseite anlegen

Um eine Overview Page anzulegen, rufen Sie aus dem Menü von SAP Web IDE **File • New • Project from Template** auf. Im nun erscheinenden Auswahldialog wählen Sie unter **Category** den Eintrag **SAP Fiori Elements** aus. Es erscheint der in Abbildung 12.78 gezeigte Auswahldialog. Wählen Sie den Eintrag **Overview Page**, und klicken Sie auf **Next**.

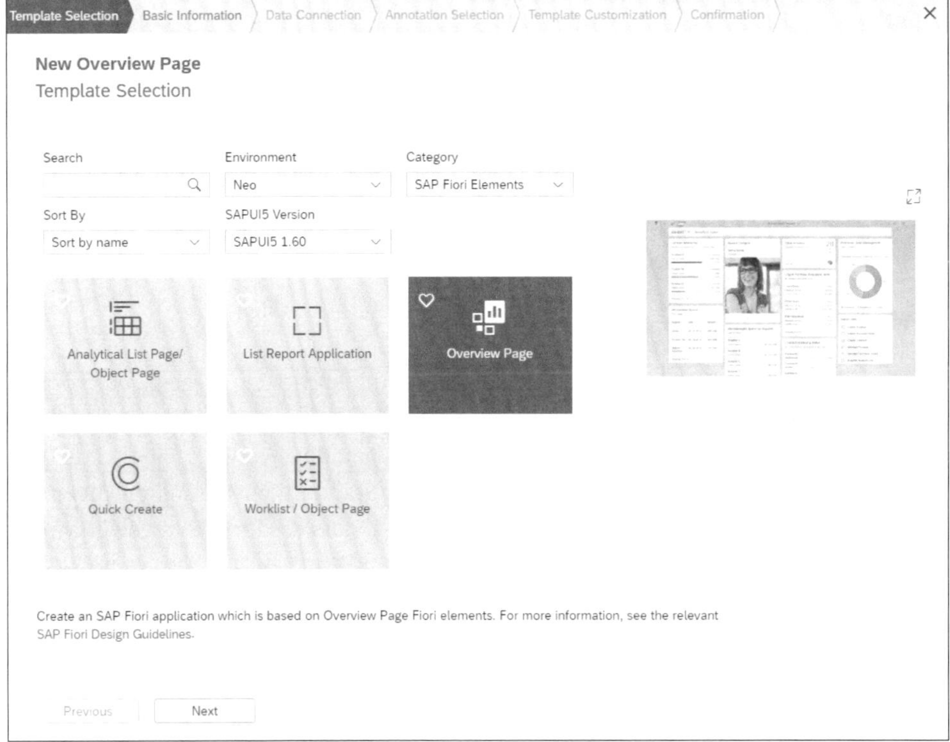

Abbildung 12.78 Das Template zur Erstellung einer Overview Page auswählen

Im nächsten Bild geben Sie den Projektnamen (Name des Projekts in SAP Web IDE), den Namensraum und den Titel (wird später zur Laufzeit im Header angezeigt) ein. In unserem Beispiel verwenden Sie »FioriOverviewPage« als Projektnamen, als Namensraum »sapfioribuch.demo« und als Titel »OverviewPage«. Bestätigen Sie den Dialog mit **Next**. Im dritten Schritt des Assistenten wählen Sie den OData-Service, den Sie verwenden möchten. Wie bereits beim Pattern *List Report* wählen Sie Ihr System und anschließend den entsprechenden OData-Service aus. In unserem Beispiel trägt dieser den Namen `Z_C_OVP_FILTER_CDS`. Den Dialogschritt bestätigen Sie mit **Next**. Anschließend werden Sie gebeten, eine Annotationsdatei auszuwählen. Wählen Sie in diesem Fall die Annotationsdatei `Z_C_OVP_FILTER_CDS_VAN` (siehe Abbildung 12.79), und bestätigen Sie den Dialog mit **Next**.

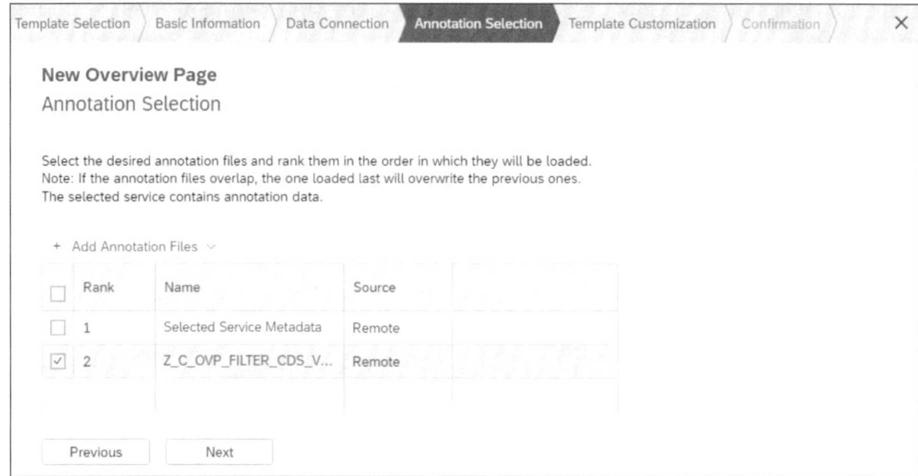

Abbildung 12.79 Eine lokale Annotationsdatei auswählen

Im folgenden Dialog ändern Sie, wie in Abbildung 12.80 gezeigt, das vorausgefüllte Feld **Datasource Alias** auf den Wert `DS_GlobalFilter` und wählen aus der Liste der verfügbaren Entitätstypen den Wert `Z_C_OVP_FilterType`. Die weiteren Attribute lassen Sie auf den Standardeinstellungen. Mit einem Klick auf **Finish** beenden Sie den Dialog, sodass das Projekt angelegt wird.

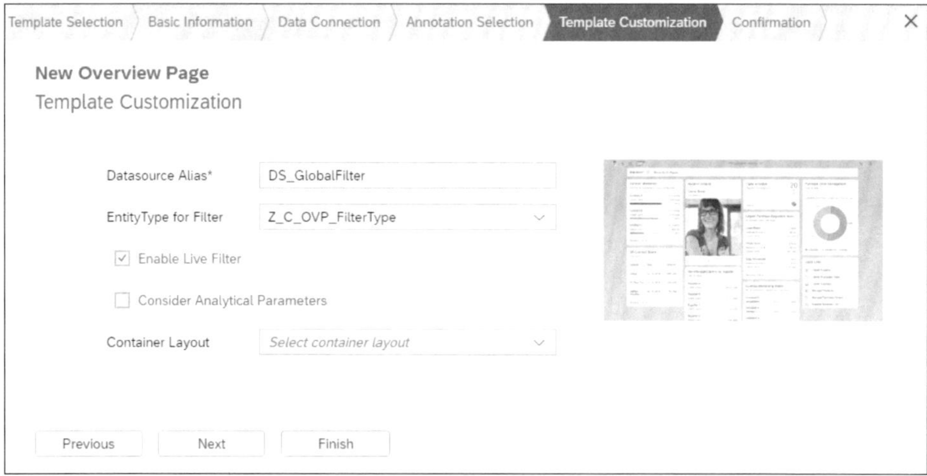

Abbildung 12.80 Konfiguration der Overview Page

Nachdem das Projekt angelegt wurde, starten Sie die Anwendung, indem Sie das Projekt auswählen und aus dem Kontextmenü **Run • Run as SAP Fiori Launchpad Sandbox** auswählen. In dem daraufhin erscheinenden Launchpad wählen Sie die Kachel unserer Anwendung aus, die Übersichtsseite wird dargestellt. Da sie noch keine Karten beinhaltet, ist sie noch sehr leer. Um unsere Filter sehen zu können, müssen Sie den eingeklappten Header aufklappen. Im Anschluss werden, wie in Abbildung 12.81 gezeigt, die definierten Selektionsfelder dargestellt.

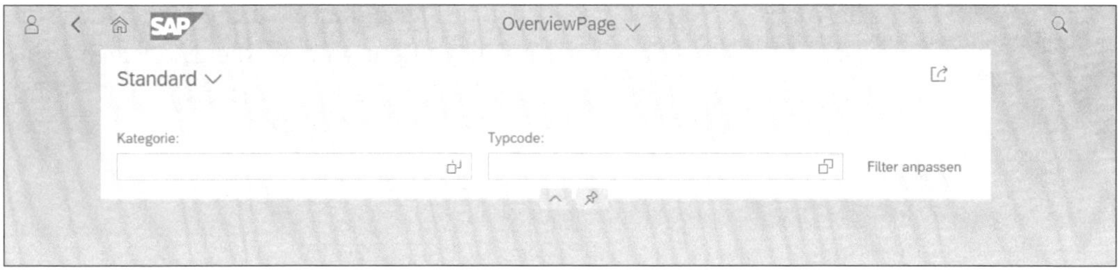

Abbildung 12.81 Übersichtsseite mit Selektionsfeldern

Eine Table Card hinzufügen

Als Nächstes fügen wir der Overview Page eine Table Card hinzu. Diese wird, wie auch schon die Übersichtsseite selbst, über einen OData-Service mit Daten versorgt. Wir implementieren dazu einen weiteren ABAP CDS mit entsprechenden UI-Annotationen. Listing 12.8 zeigt die Implementierung der ABAP CDS auszugsweise. Wie Sie dem Programmbeispiel entnehmen können, annotieren wir drei Felder der Projektionsliste mit der UI-Annotation `UI.lineItem` und weisen mit dem Attribut `position` eine Position zu.

```
@OData: {
    publish: true
}
define view Z_C_OVP_TableCard
  as select from SEPM_I_SalesOrderItem
{
      @UI.lineItem.position: 10
  key _SalesOrder.SalesOrder,
  key SalesOrderItem,
      @UI.lineItem.position: 20
      _Product.Product,
      _Product.ProductCategory,
      _Product.ProductType,
      @UI.lineItem.position: 30
      GrossAmountInTransacCurrency,
      TransactionCurrency,
      _SalesOrder.CreationDateTime
}
```

Listing 12.8 Auszug aus dem ABAP CDS für die Table Card

Nachdem wir den ABAP CDS aktiviert haben und der OData-Service erzeugt und auf dem Frontend-System registriert wurde, können wir mit dem Anlegen der Table Card beginnen.

Eine Card zur Overview Page hinzufügen

Wählen Sie dazu in SAP Web IDE das Projekt aus, und rufen Sie aus dem Kontextmenü **New • Card** auf. In dem sich daraufhin öffnenden Dialog können Sie die neue Karte schrittweise konfigurieren. Wählen Sie, wie in Abbildung 12.82 gezeigt, im ersten Schritt den Kartentyp **Table** aus, und bestätigen Sie mit **Next**.

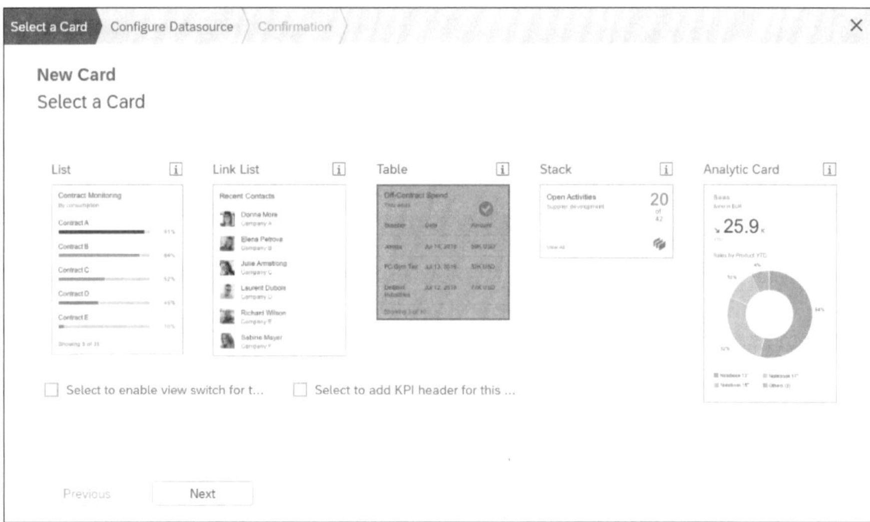

Abbildung 12.82 Den Kartentyp auswählen

In den nächsten beiden Schritten müssen Sie die Datenquelle konfigurieren. Klicken Sie das Kontrollkästchen neben **Select new Datasource** an, und geben Sie in das darunterliegende Eingabefeld »DS_TableCard« ein (siehe Abbildung 12.83).

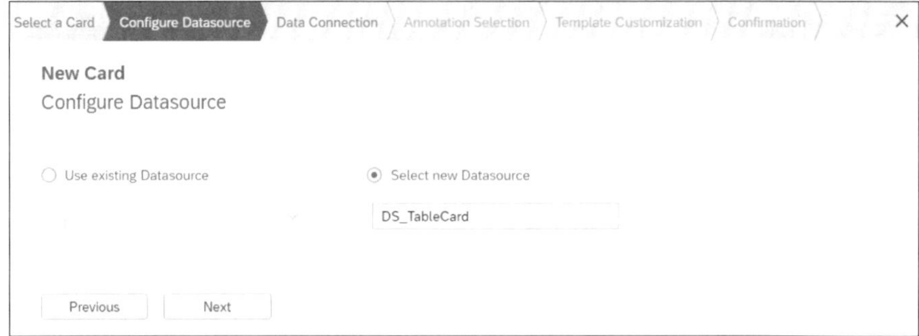

Abbildung 12.83 Konfiguration der Datenquelle

Bestätigen Sie den Dialogschritt mit **Next**, und wählen Sie im nächsten Schritt die Datenverbindung aus (siehe Abbildung 12.84). Wählen Sie dazu die im SAP Cloud Platform Cockpit konfigurierte Destination sowie den OData-Service aus. In unserem gezeigten Beispiel sind das die Destination **DemoSystem** sowie der OData-Service Z_C_OVP_TABLECARD_CDS.

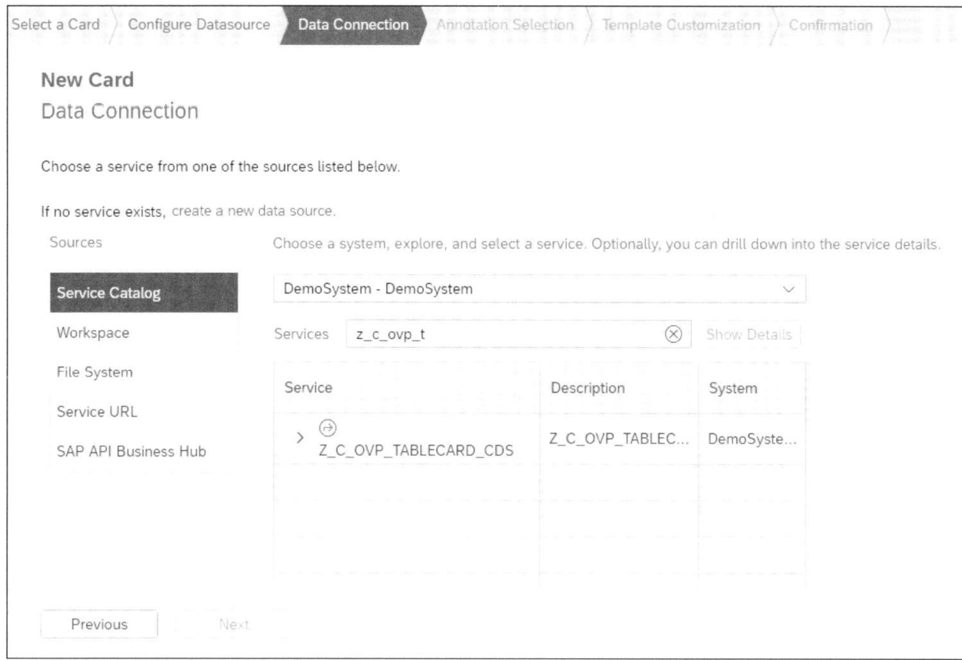

Abbildung 12.84 Die Datenverbindung auswählen

12

Nach der Auswahl des OData-Dienstes bestätigen Sie den Dialog mit **Next**. Im nächsten Dialogschritt übernehmen Sie die Standardeinstellungen und wählen wieder **Next**.

Im folgenden Dialogschritt wählen Sie, wie in Abbildung 12.85 gezeigt, im Feld **Entity Set** den Eintrag **Z_C_OVP_TableCard** aus und geben in das Feld **Title** den Wert »Letzte Verkäufe« ein. Geben Sie zudem an, dass der Inhalt der Tabelle nach der Eigenschaft **CreationDateTime** absteigend sortiert werden soll (Feld **Sort By**). Nachdem Sie alle Felder ausgefüllt haben, wechseln Sie über **Next** in den letzten Dialogschritt und beenden diesen über **Finish**.

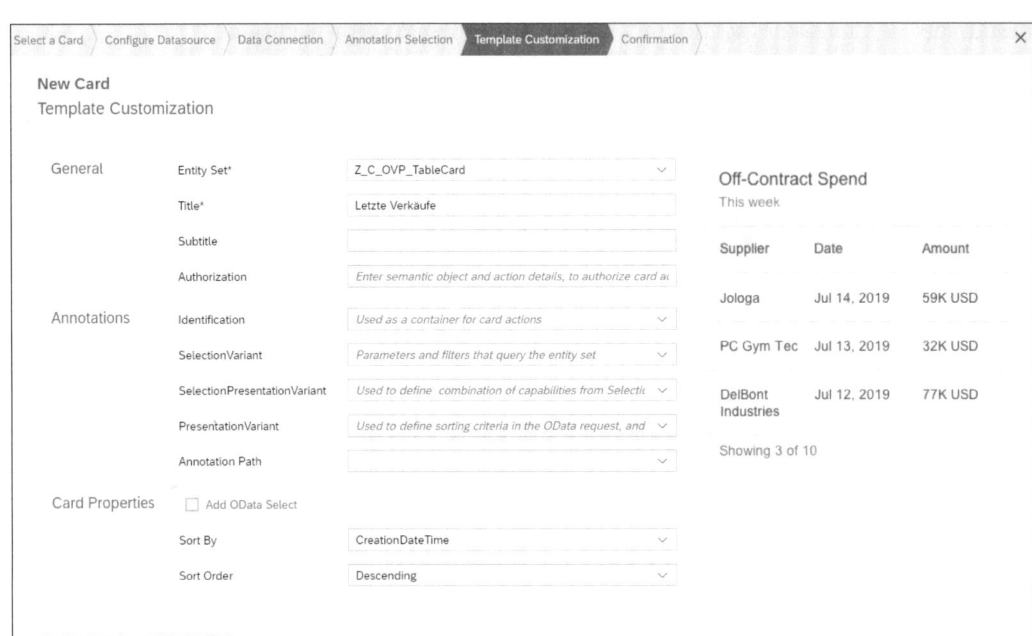

Abbildung 12.85 Konfiguration der Table Card

Datei »manifest.json« analysieren

Nachdem die Karte dem Projekt hinzugefügt wurde, werfen wir einen Blick in die Datei **manifest.json**. Wie Sie sehen können, wurde dort eine neue Datenquelle hinzugefügt. Zusätzlich enthält die sap.ovp-Konfiguration nun die in Listing 12.9 gezeigte Kartenkonfiguration:

```
"sap.ovp": {
            "globalFilterModel": "DS_GlobalFilter",
            "globalFilterEntityType": "Z_C_OVP_FilterType",
            "enableLiveFilter": true,
            "considerAnalyticalParameters": false,
            "cards": {
                 "card00": {
                       "model": "DS_TableCard",
                       "template": "sap.ovp.cards.table",
                       "settings": {
                            "title": "{{card00_title}}",
                            "entitySet": "Z_C_OVP_TableCard",
                            "sortBy": "CreationDateTime",
                            "sortOrder": "descending",
                            "addODataSelect": false
                       }
```

```
                    }
                }
            }
```

Listing 12.9 Kartenkonfiguration in der Datei »manifest.json«

Starten Sie nun die Anwendung erneut. Wie in Abbildung 12.86 gezeigt, sollte auf Ihrer Overview Page nun eine Table Card zu sehen sein.

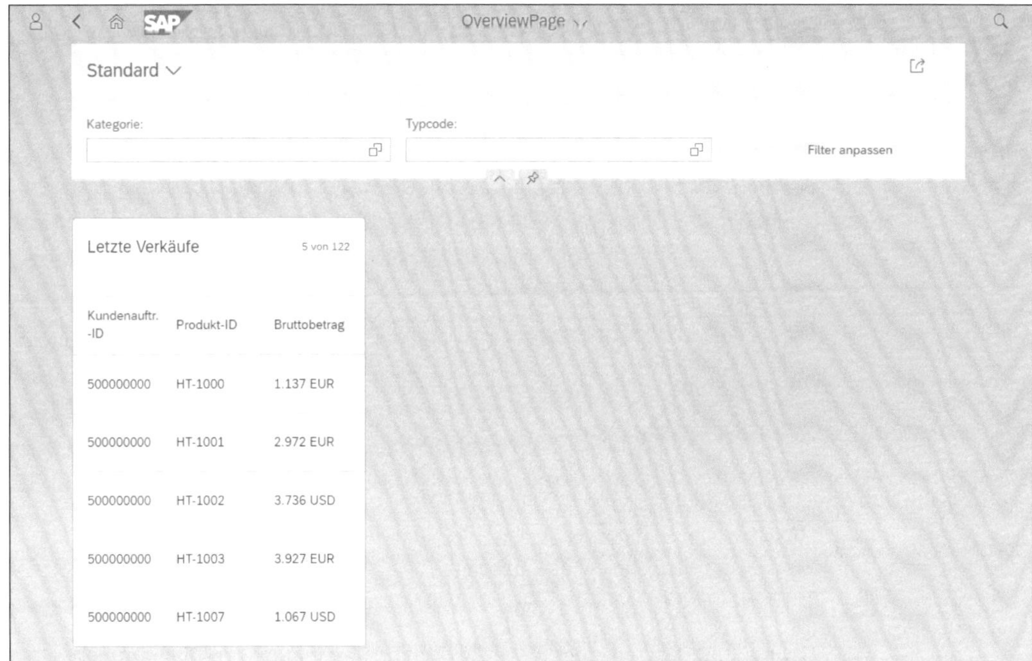

Abbildung 12.86 Die Table Card auf der Overview Page

Eine Analytical Card hinzufügen

Nachdem die Table Card hinzufügt wurde, möchten wir unserer Übersichtsseite zum Abschluss noch eine analytische Karte hinzufügen. Dazu legen wir einen eigenen ABAP CDS an, der neben der eigentlichen Projektionsliste weitere UI-Annotationen enthält. Listing 12.10 zeigt die wichtigsten Bestandteile des CDS. Wie Sie dem Programmierbeispiel entnehmen können, legen wir über die Annotation `UI.chart` eine Diagrammkonfiguration fest. Dies setzt den Bruttobetrag einer Bestellung in Bezug zum Unternehmensnamen. Als Diagrammtyp wählen wir `DONUT` aus.

```
@UI.chart: [{
    title: 'Sales by Customer',
    chartType:#DONUT ,
```

```
    dimensions: [ 'CompanyName' ],
    measures: [ 'GrossAmount' ],
    dimensionAttributes: [{
    dimension: 'CompanyName',
    role: #CATEGORY
}],
measureAttributes: [{
    measure: 'GrossAmount',
    role: #AXIS_1,
    asDataPoint: false
}]
}]
@OData.publish: true
define view Z_C_OVP_AnalyticalCard as select from
 SEPM_I_SalesOrderItem {

key _SalesOrder.SalesOrder,
key SalesOrderItem,
 _Product.Product,
 _Product.ProductCategory,
 _Product.ProductType,
@UI.identification.position: 10
 _SalesOrder._Customer.CompanyName,
 GrossAmountInTransacCurrency as GrossAmount,
 TransactionCurrency as Currency
}
```

Listing 12.10 Auszug eines ABAP CDS für die Darstellung von Diagrammen

Nach dem Aktivieren des ABAP CDS und dem anschließenden Registrieren auf dem Frontend-Server legen wir eine neue analytische Karte für unsere Übersichtsseite an.

Eine analytische Karte anlegen

Für das Anlegen einer analytischen Karte wählen Sie, wie schon bei der Table Card, das Projekt aus und aus dem Kontextmenü **New • Card**. Als Kartentyp wählen Sie jedoch nicht den Kartentyp **Analytical Card**, sondern ebenfalls **Table**. Das liegt daran, dass der Assistent von SAP Web IDE zum Zeitpunkt der Entstehung der Neuauflage dieses Buches (Herbst 2019) fehlerhaft ist. Sie müssen daher, nachdem die Karte durch den Assistenten angelegt wurde, die Konfiguration in der **manifest.json**-Datei manuell anpassen. Bestätigen Sie den Dialogschritt mit **Next**. Als Nächstes legen Sie wieder eine Datenquelle fest. Geben Sie den Wert »DS_AnalyticalCard« ein, und bestätigen Sie mit **Next**. Im folgenden Dialogschritt wählen Sie nach der Auswahl Ihres Systems den OData-Service Z_C_OVP_ANALYTICALCARD_CDS und bestätigen erneut mit **Next**. Im folgenden Dialogschritt können Sie die Standardeinstellungen wieder vollständig übernehmen. Über **Next** gelangen Sie in den in Abbildung 12.87 gezeigten Bildschirm. Wählen Sie im Feld **Entity Set** den Wert **Z_C_OVP_AnalyticalCard**, und geben Sie im Feld **Title** den Wert »Umsatz je Kunde« ein. Über **Next** bestätigen Sie auch diesen Dialog, im letzten klicken Sie auf **Finish**.

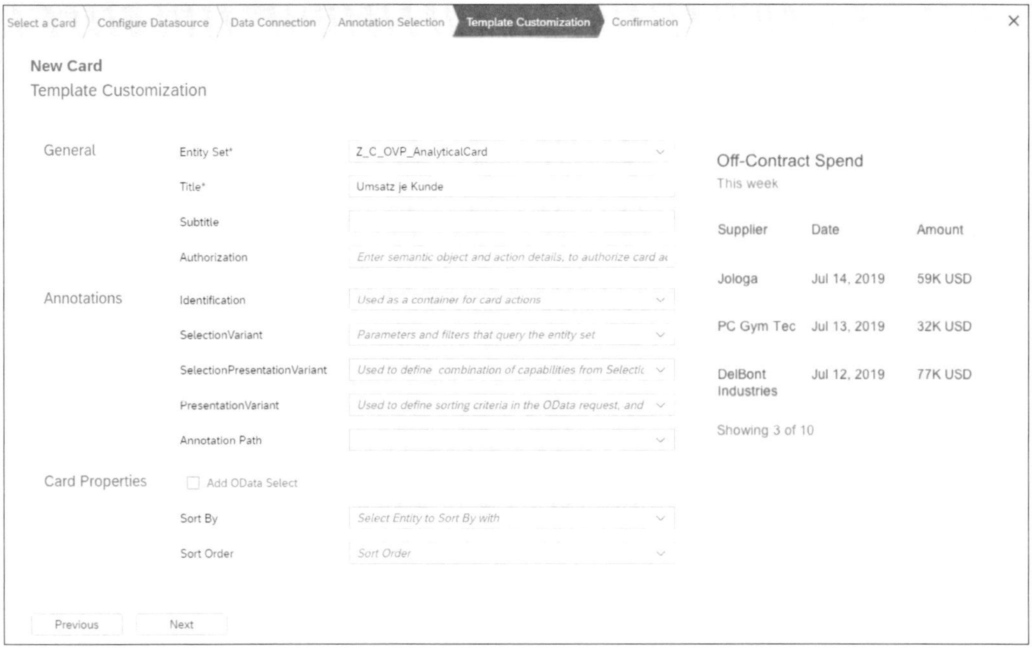

Abbildung 12.87 Konfiguration der analytischen Karte

Nachdem der Assistent beendet ist, öffnen Sie die Datei **manifest.json**. Dort sollten Sie nun zwei Kartenkonfigurationen für Ihre Overview Page finden. Wie beschrieben, müssen Sie die Konfiguration der Karte mit der ID card01 noch überschreiben, damit der Kartentyp stimmt. Ersetzen Sie die generierte Konfiguration durch die in Listing 12.11 gezeigte.

```
"card01": {
    "model": "DS_AnalyticalCard",
        "template": "sap.ovp.cards.charts.analytical",
          "settings": {
            "title": "{{card01_title}}",
            "entitySet": "Z_C_OVP_AnalyticalCard",
            "selectionAnnotationPath" :
               "com.sap.vocabularies.UI.v1.SelectionVariant",
```

```
                "chartAnnotationPath" :
                    "com.sap.vocabularies.UI.v1.Chart",
                "presentationAnnotationPath" :
                    "com.sap.vocabularies.UI.v1.PresentationVariant",
                "dataPointAnnotationPath" :
                    "com.sap.vocabularies.UI.v1.DataPoint",
                "identificationAnnotationPath" :
                    "com.sap.vocabularies.UI.v1.Identification"
                            }
}
```

Listing 12.11 Konfiguration einer analytischen Karte

Overview Page mit Table Card und Analytical Card

Nachdem Sie die Änderungen gespeichert haben, können Sie die Anwendung nochmals starten. Sie sollte nun aussehen, wie in Abbildung 12.88 gezeigt. Wie Sie erkennen, enthält die Overview Page nun nicht nur eine Table Card, sondern auch eine Analytical Card mit Donut-Diagramm.

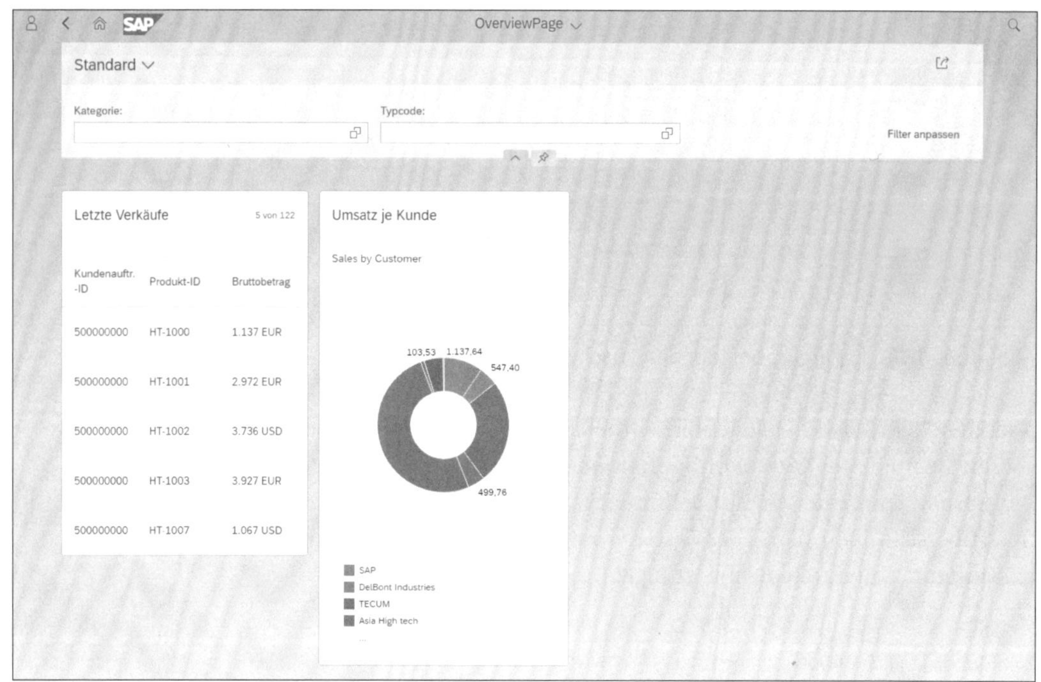

Abbildung 12.88 Die analytische Karte auf der Übersichtsseite

12.5 Mit SAP-Build-Prototypen arbeiten

In diesem Abschnitt zeigen wir Ihnen zum Abschluss noch, wie Sie einen in SAP Build erzeugten Prototyp in SAP Web IDE integrieren können.

Seit SAP-Build-Release 1701 von Januar 2017 ist die Integration eines SAP-Build-Prototyps in SAP Web IDE sehr einfach. War es zuvor notwendig, aufwendige Destinationskonfigurationen durchzuführen, bietet SAP Build nun die Möglichkeit, direkt aus einem SAP-Build-Prototyp ein SAP-Web-IDE-Projekt zu exportieren.

Prototyp exportieren

Um unseren HiFi-Prototyp aus Abschnitt 2.2.6, »Mit SAP Build arbeiten«, aus SAP Build zu exportieren, melden wir uns dort an und rufen nach der Anmeldung das Prototyp-Projekt **SAP Fiori Buch HiFi** auf. Im Anschluss wählen wir den Prototyp **HIFI-Prototyp** aus. Klicken Sie, nachdem der Prototyp geladen wurde, wie in Kapitel 2, »User-Experience-Strategien entwickeln«, beschrieben, auf den Button **SHARE**. Wählen Sie, wie in Abbildung 12.89 gezeigt, oben in der Menüleiste **DOWNLOAD**, und klicken Sie anschließend auf den Link **DOWNLOAD ZIP OF PROTOTYPE**. Der Prototyp wird daraufhin als ZIP-Datei auf Ihre Festplatte heruntergeladen.

12

Abbildung 12.89 Download des Prototyps

Prototyp in SAP Web IDE importieren

Nachdem Sie das Projekt exportiert haben, können Sie den Import der ZIP-Datei in SAP Web IDE durchführen. Dazu melden Sie sich an der SAP Cloud Platform an und starten SAP Web IDE. Anschließend wählen Sie aus dem Menü den Eintrag **New • Import • From File System** aus. Im nun erscheinenden Importdialog wählen Sie über die Schaltfläche **Browse** die unter SAP Build exportierte ZIP-Datei aus; wahlweise können Sie auch noch das Ziel für den Import (Feld **Import to**) ändern (siehe Abbildung 12.90). Zum Abschluss starten Sie den Import über einen Klick auf den Button **OK**.

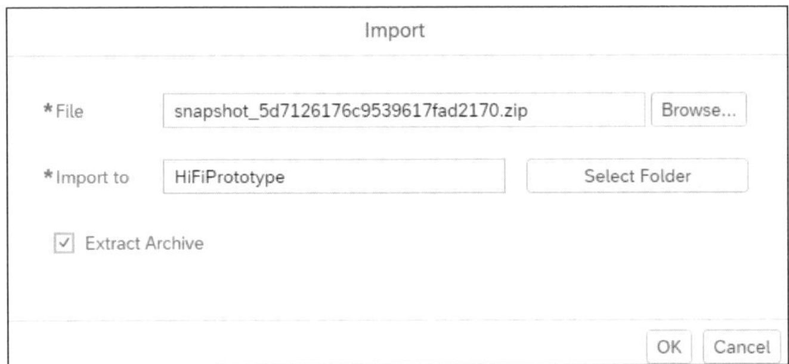

Abbildung 12.90 Importdialog von SAP Web IDE

Nachdem der Import abgeschlossen ist, wird das Projekt in SAP Web IDE angezeigt. Wie Sie Abbildung 12.91 entnehmen können, ist die Struktur des importierten Projekts analog dem SAPUI5 Project Template der SAP Web IDE aufgebaut.

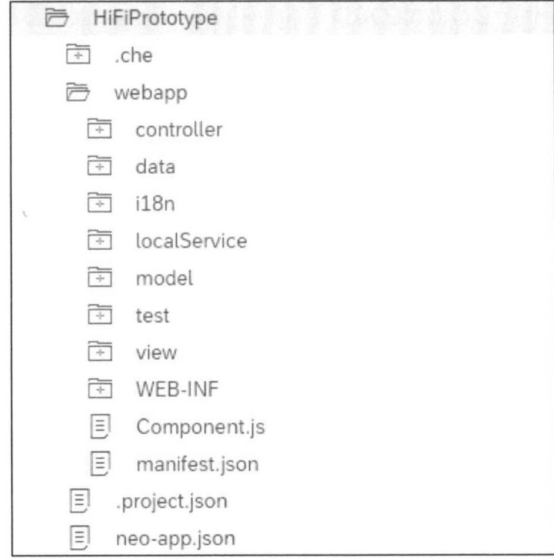

Abbildung 12.91 Projektaufbau nach dem Import

Metadaten

Wie Abbildung 12.91 zeigt, legt SAP Build beim Exportieren des Prototyps auch einen Ordner **localService** an. Interessant dabei ist, dass die im Data Editor angelegten Entitäten mit den entsprechenden Eigenschaften in der Datei **metadata.xml** in der EDM-Syntax exportiert werden. Dies macht es dem Entwickler eines OData-Services z. B. möglich, auf der Basis dieser Datei die Schnittstelle des OData-Services im SAP-System (Transaktion SEGW) anzulegen. Wie Sie der Abbildung auch entnehmen können, exportiert SAP Build neben der Metadatenbeschreibung auch die im Data Editor erfassten Simulationsdaten. Für jede angelegter Entität legt SAP Build jeweils eine JSON-Datei an. Die Namen der Dateien entsprechen dabei den

Bezeichnern der Entitäten im Data Editor. Dadurch ist es uns möglich, die Anwendung direkt in SAP Web IDE auszuführen, und wir erhalten dabei das gleiche Ergebnis wie in der Vorschau in SAP Build (siehe Abbildung 12.92).

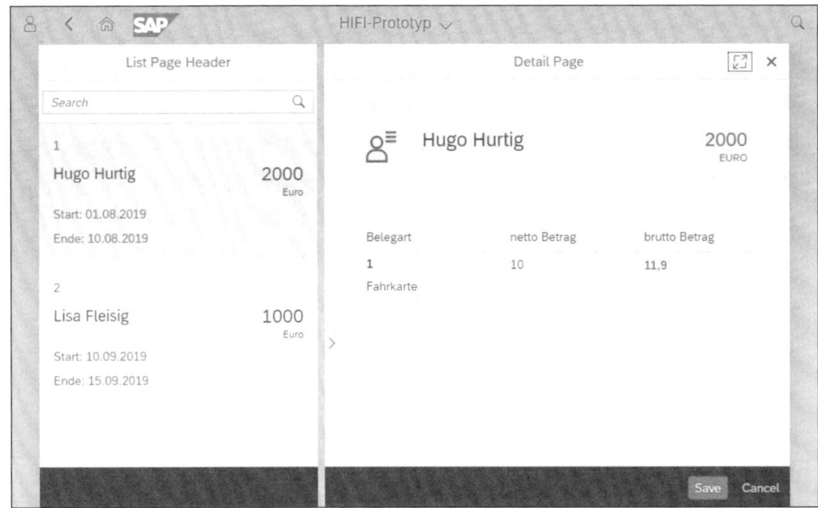

Abbildung 12.92 Den SAP-Build-Prototyp in SAP Web IDE ausführen

Kapitel 13
Erweiterung von SAP-Fiori-Anwendungen

Der Standard reicht nicht mehr aus? In diesem Kapitel zeigen wir Ihnen, wie Sie SAP-Fiori-Anwendungen modifikationsfrei erweitern können – egal, ob Backend, OData-Services oder User Interface.

Sie können die Standard-Fiori-Anwendungen, die von SAP ausgeliefert werden, *modifikationsfrei* erweitern. Da die Erweiterungen modifikationsfrei erfolgen – d. h. den von SAP ausgelieferten Code nicht ändern –, können Sie sicher sein, dass Ihre Erweiterungen bei einem Wechsel auf ein höheres SAP-Fiori-Release nicht überschrieben werden und die Wahrscheinlichkeit groß ist, dass Ihre Erweiterungen auch im neuen Release noch funktionieren.

Schichten der Architektur

Da die Architektur von SAP Fiori mehrere Schichten umfasst, müssen Sie – abhängig vom Applikationstyp – Erweiterungen auf all diesen Schichten vornehmen. In diesem Kapitel erhalten Sie daher zunächst eine Einführung in die Erweiterungsmöglichkeiten in den verschiedenen Schichten und lernen die dazu benötigten Werkzeuge und Kenntnisse kennen.

Danach gehen wir detailliert auf die einzelnen Schichten ein und beschreiben die Erweiterungen in der Anwendungsschicht des Backends, von OData-Services auf dem SAP-Gateway-Backend und in SAP HANA XS, die Erweiterung der SAP Fiori User Interfaces mit dem Erweiterungskonzept von SAPUI5 sowie die Erweiterung von Fact Sheets. Dabei konzentrieren wir uns auf die Erweiterungen von Transactional Apps. Wir illustrieren die Erweiterungstechniken anhand eines konkreten Beispiels, in dem wir der Transactional App **Meine Angebote** ein zusätzliches Feld zur Anzeige der Anrede bei der Lieferadresse hinzufügen.

Zum Schluss beschreiben wir noch die Implementierung der generischen App **My Inbox**, bei der Sie BAdIs (Business Add-Ins) auf dem Frontend und auf dem Backend implementieren müssen, um sie nutzen zu können.

13.1 Einführung und Überblick

Wenn Sie SAP-Fiori-Anwendungen erweitern möchten, müssen Sie in der Regel nicht nur die SAPUI5 Views nach Ihren Wünschen erweitern, sondern auch dafür sorgen, dass zusätzlich darzustellender Inhalt von den OData-Services geliefert, von der Geschäftslogik verwaltet und in der Datenbank gespeichert wird. In diesem einführenden Abschnitt geben wir Ihnen eine Übersicht über die Art der Erweiterungen, die in den verschiedenen Schichten erfolgen können.

13.1.1 Erweiterungen im Backend

Sie müssen Erweiterungen im Backend vornehmen, wenn Sie in SAP-Fiori-Anwendungen zusätzliche Daten anzeigen möchten, die entweder überhaupt nicht in den SAP-Standard-Anwendungstabellen vorliegen oder von der Geschäftslogik nicht an die OData-Services geliefert werden. Zu den Erweiterungen im Backend gehören z. B. die folgenden Aufgaben:

- die Erweiterung von transparenten Tabellen und Strukturen zur Aufnahme kundeneigener Felder in Standard-SAP-Tabellen und -Strukturen
- die Erweiterung von Geschäftslogik in der SAP Business Suite zur Verarbeitung dieser Felder
- die Erweiterung von virtuellen Datenmodellen in SAP HANA XS zur Bereitstellung dieser Felder
- Erweiterung von ABAP CDS zur Bereitstellung neuer Felder

Im Folgenden zählen wir kurz auf, welche Werkzeuge und Fähigkeiten Sie für diese Erweiterungen benötigen.

Erweiterung von Tabellen und Strukturen

Wenn Sie zusätzliche Daten in einer SAP-Fiori-Anwendung – egal welchen Typs – anzeigen möchten, müssen Sie zunächst prüfen, ob diese Zusatzdaten in den SAP-Standard-Anwendungstabellen bereits vorliegen. Falls dies nicht der Fall ist, müssen Sie den Datenbanktabellen zusätzliche kundeneigene Felder hinzufügen. Dazu legen Sie im ABAP Dictionary (Transaktion SE11) eine *Append-Struktur* an, die Ihre kundeneigenen Zusatzfelder enthält. Diese Struktur können Sie dann in Transaktion SE11 modifikationsfrei an eine SAP-Standardtabelle anhängen. Dabei wird die Tabelle auf der Datenbank umgesetzt, d. h., dass die vorhandenen Daten in eine temporäre Datenbanktabelle mit den originalen und den zusätzlichen Feldern kopiert werden; die originale Datenbanktabelle wird gelöscht und die temporäre Datenbanktabelle umbenannt.

Das originale ABAP Coding der SAP-Anwendungen bleibt von dieser Datenbankänderung unberührt, da die alten Felder ja immer noch unverändert zur Verfügung stehen und die neuen Felder nicht genutzt werden.

Geschäftslogik der SAP Business Suite

Wenn Sie kundeneigene Felder mit der Append-Technik zu den Datenbanktabellen hinzugefügt haben, müssen Sie auf alle Fälle auch die Geschäftslogik erweitern, damit diese Felder auch genutzt werden, insbesondere damit sie mit Daten gefüllt und ausgelesen werden. Nur in seltenen Fällen kann es sein, dass diese Zusatzdaten von der Geschäftslogik automatisch gelesen werden, nämlich dann, wenn sich die relevanten Funktionsbausteine oder Methoden in der Schnittstelle direkt auf die ABAP-Dictionary-Struktur beziehen. Die User Interfaces, um Inhalte für die neuen Felder bereitzustellen, müssen Sie aber auf alle Fälle um zusätzliche Eingabefelder erweitern.

Auch dann, wenn die Informationen, die Sie in der SAP-Fiori-App zusätzlich anzeigen möchten, in den Standardtabellen vorliegen, kann es durchaus sein, dass die Geschäftslogik nicht alle diese Informationen an den OData-Service zurückliefert. Auch in solchen Fällen müssen Sie die Geschäftslogik erweitern.

Diese Erweiterungen können Sie in Transaktion SE80 in der Programmiersprache ABAP implementieren, indem Sie eine oder mehrere der Standarderweiterungstechniken nutzen. Hier wird zwischen expliziten und impliziten Erweiterungstechniken unterschieden.

Explizite Erweiterungen

Explizite Erweiterungen sind von SAP-Programmierern vorbereitete Absprungpunkte in kundeneigenes Coding. Zu den expliziten Erweiterungstechniken gehören:

- User Exits
- Customer Exits
- Business Transaction Events (BTEs)
- Business Add-Ins (BAdIs)
- Enhancement Points
- Enhancement Sections

Von diesen expliziten Erweiterungstechniken sind die BAdIs die wichtigsten, auch deshalb, weil damit nicht nur Erweiterungen des Codings, sondern auch Erweiterungen von Menüs und Dynpros für das SAP GUI möglich sind. User Exits und Customer Exits sind veraltete Techniken, und BTEs werden nur in einigen Transaktionen der Finanzbuchhaltung verwendet.

Implizite Erweiterungen

Neben den expliziten Erweiterungsmöglichkeiten gibt es eine Vielzahl von *impliziten Erweiterungsmöglichkeiten*, die Sie auf alle Fälle nutzen können, auch dann, wenn die SAP-Programmierer keinen expliziten Absprungpunkt vorgesehen haben. Mit impliziten Erweiterungstechniken können Sie die folgenden Aufgaben ausführen:

- Zusatzfelder in Strukturen aufnehmen, die mit `BEGIN OF ... END OF` im SAP Coding deklariert wurden
- Zusatzcode am Anfang und am Ende jedes Unterprogramms, jedes Funktionsbausteins und jeder Methode einfügen
- Methoden von globalen Klassen durch eigene Methoden ersetzen oder vor und/oder nach der SAP-Methode eine zusätzliche eigene Methode einfügen

Sowohl explizite als auch implizite Erweiterungen legen Sie im Object Navigator (Transaktion SE80) oder in der Erweiterungsverwaltung (Transaktion SE19) an. Sie benötigen dazu ABAP-Kenntnisse.

Erweiterungen an der Geschäftslogik sind vor allem für Transactional Apps relevant, da sie ja über die OData-Services des Backend-Servers direkt auf die Geschäftslogik zugreifen. Für Fact Sheets und Analytical Apps sind diese Erweiterungen nur indirekt relevant, da die Daten, die von Fact Sheets angezeigt bzw. von Analytical Apps ausgewertet werden, nicht durch ABAP-Code gelesen werden und auch auf anderem Wege als über ABAP-Code in die Datenbank gelangen können.

SAP HANA VDMs

Falls Sie mit Analytical Apps Ihre kundeneigenen Felder – oder auch nur zusätzliche Standardfelder – auswerten möchten, müssen Sie mit SAP HANA Studio die Views der vorhandenen virtuellen Datenmodelle in ein kundeneigenes Paket kopieren. Anschließend können Sie die kopierten Views editieren und die zusätzlichen Felder aufnehmen.

In diesem Fall müssen Sie natürlich auch die betroffenen **.xsodata**-Dateien in ein kundeneigenes Paket kopieren und sie entsprechend anpassen.

13.1.2 Erweiterung von OData-Services

Sie müssen OData-Services erweitern, falls Sie zusätzliche Felder oder gar zusätzliche Entitäten bereitstellen möchten. Auch dann, wenn Sie zusätzliche Assoziationen oder Navigationslinks benötigen, müssen Sie OData-Services erweitern. Diese OData-Services werden entweder vom Backend-System oder von SAP HANA XS bereitgestellt.

In beiden Fällen ist der erweiterte OData-Service unter einer neuen URL erreichbar, und Sie müssen die SAP-Fiori-App entsprechend mit dieser neuen URL konfigurieren. Für Transactional Apps erfolgt dies durch die Konfiguration einer Erweiterungskomponente, für Analytical Apps wird die OData-Service-URL im KPI Modeler angegeben.

OData-Services der SAP Business Suite

OData-Services der SAP Business Suite erweitern Sie im SAP Gateway Service Builder (Transaktion SEGW). Dort können Sie die Definition eines vorhandenen Services erweitern und zusätzliche Entitäten, Felder, Assoziationen und Navigationslinks hinzufügen.

Wenn Sie Ihre Erweiterung aktivieren, werden neue Model-Provider-Klassen generiert, die Ihre Erweiterungen widerspiegeln. Die generierten Data-Provider-Klassen erben von den vorhandenen Data-Provider-Klassen des originalen OData-Services. Sie müssen also im ABAP Coding nur dafür sorgen, dass die zusätzlichen Felder verarbeitet werden können. Dazu arbeiten Sie im Object Navigator (Transaktion SE11) bzw. im Class Builder (Transaktion SE24). Um Ihre Erweiterungen zu codieren, benötigen Sie Kenntnisse in ABAP Objects.

Die Erweiterung von OData-Services im Backend ist nur für die Erweiterung von Transactional Apps relevant.

OData-Services in SAP HANA XS

OData-Services in SAP HANA XS werden über einfache Textdateien mit der Dateiendung **.xsodata** beschrieben. Wenn Sie zusätzliche Felder in diese Services aufnehmen möchten, kopieren Sie die entsprechenden Dateien in den Kundennamensraum. Anschließend können Sie die Kopie editieren, um zusätzliche Felder aufzunehmen und zusätzliche Navigationslinks oder Assoziationen zu definieren. Diese Erweiterungsoption ist nur für Analytical Apps relevant.

13.1.3 Erweiterungen von Fact Sheets

Suchmodell erweitern

Fact Sheets können Sie auf zwei Arten erweitern. Um zusätzliche Felder in die Suche aufzunehmen, müssen Sie im Administrations-Cockpit für Suchkonnektoren (Transaktion ESH_COCKPIT bzw. die URL *http://host:port/sap/es/cockpit*) ein vorhandenes Suchmodell erweitern. Dazu legen Sie zunächst eine kundeneigene Komponente an und inkludieren die entsprechende SAP-Komponente in Ihre neue Komponente. Danach können Sie im Suchmodell die zusätzlichen Felder einfügen. Basierend auf diesem Modell können Sie dann einen neuen Konnektor anlegen. Der OData-Service zum Modell wird automatisch angelegt.

Annotationsdatei erweitern

Um die neuen Felder im Fact Sheet anzuzeigen bzw. das Aussehen des Fact Sheets zu ändern, benötigen Sie eine neue BSP-Anwendung mit einer neuen XML-Annotationsdatei. Erstellen Sie im Object Navigator (Transaktion SE80) eine neue BSP-Anwendung, und kopieren Sie die originale

XML-Annotationsdatei in Ihre BSP-Anwendung. Dort können Sie die Kopie anpassen. Auf diese neue Annotationsdatei verweisen Sie bei der Launchpad-Konfiguration in Transaktion LPD_CUST.

13.1.4 Erweiterung des User Interfaces

Um das User Interface einer SAP-Fiori-App zu erweitern, nutzen Sie – bis auf zwei Ausnahmen – die Erweiterungsmöglichkeiten der SAPUI5-Bibliothek. Dabei arbeiten Sie am einfachsten mit SAP Web IDE (siehe Kapitel 12, »Entwicklung einer SAP-Fiori-Anwendung mit SAP Web IDE«) als Entwicklungsumgebung, schreiben SAPUI5-JavaScript-Code und erstellen XML Views. Diese Erweiterungstechnik ist für alle Transactional Apps und für die Analytical Apps relevant, die nicht die generische Drilldown-App verwenden.

Das User Interface von Fact Sheets passen Sie, wie oben beschrieben, über die XML-Annotationsdatei an, und das User Interface von Analytical Apps, die die generische Drilldown-App verwenden, über den KPI Modeler.

In Abschnitt 13.5, »Erweiterung des User Interfaces«, beschreiben wir detailliert, welche Erweiterungsmöglichkeiten Sie haben und wie Sie diese nutzen können. Als konkretes Beispiel zeigen wir ein zusätzliches Feld in der SAP-Fiori-App **Meine Angebote** an, ersetzen dort einen View und erweitern einen Controller. Als Entwicklungsumgebung verwenden wir SAP Web IDE.

13.1.5 Dokumentation der Erweiterungsmöglichkeiten

Sowohl in der SAP Fiori Apps Reference Library als auch in der SAP-Online-Hilfe sind die Erweiterungsmöglichkeiten einer SAP-Fiori-App dokumentiert. Abbildung 13.1 zeigt einen Ausschnitt aus der SAP-Online-Hilfe, in der die App-Erweiterbarkeit der SAP-Fiori-App **Meine Angebote** dokumentiert ist.

In der Dokumentation werden zu den Erweiterungspunkten in den Views (Spalten 1 und 2 in Abbildung 13.1) die dazugehörigen Entitäten in den OData-Services auf dem Backend-Server aufgelistet (Spalte 3). Ergänzend dazu werden die ABAP-Dictionary-Strukturen genannt, die Sie über einen Append erweitern können (Spalte 4), und die Methode der Data-Provider-Klasse, die Sie redefinieren können (Spalte 5), um Zusatzdaten aufzunehmen.

BAdIs

Weiter unten in der Dokumentation finden Sie auch Informationen zu zwei BAdIs, die Sie im Backend implementieren können. Mit dem ersten BAdI können Sie die Parameter ändern, die festlegen, welche Angebote für einen bestimmten Nutzer vom OData-Service zurückgegeben werden. Mit dem zweiten BAdI können Sie die Art der Suche ändern. Die Dokumentation dieser BAdIs und den Absprung in die Implementierung finden Sie im SAP-Einführungsleitfaden von Transaktion SPRO im Knoten **Vertrieb • Rolle »Aussendienstmitarbeiter« • Business Add-Ins (BAdIs)**.

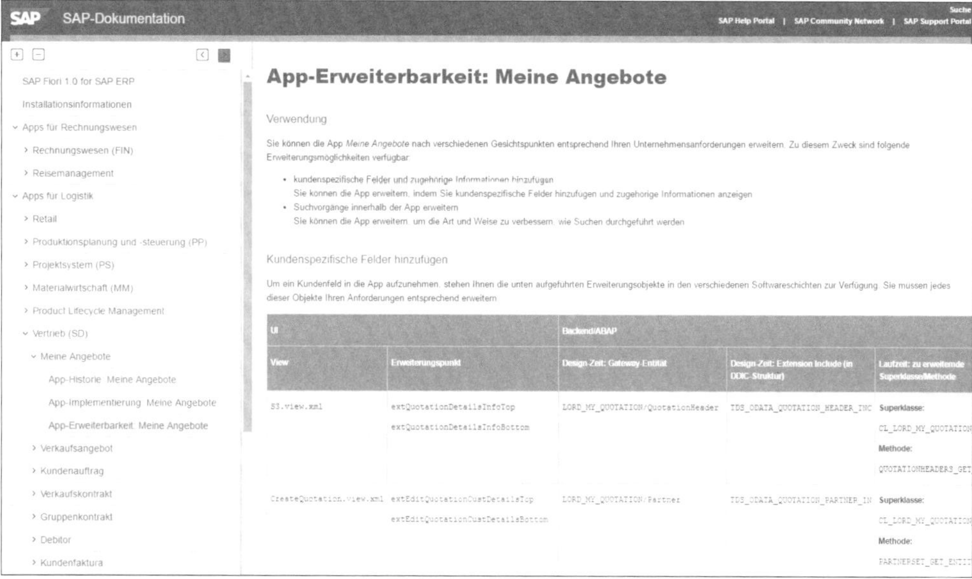

Abbildung 13.1 Dokumentation der App-Erweiterbarkeit

13.2 Erweiterungen im Backend

Bei den Erweiterungen im Backend nutzen Sie Standarderweiterungstechniken, die an anderer Stelle ausführlich beschrieben sind. Hier geben wir Ihnen daher nur eine kurze Einführung und stellen als konkretes Beispiel die Aufnahme eines Zusatzfeldes in die ABAP-Struktur vor, die vom OData-Service `LORD_MY_QUOTATION` der Transactional SAP-Fiori-App **Meine Angebote** verwendet wird.

13.2.1 Erweiterung im ABAP Dictionary

Für die Erweiterung von Strukturen und Tabellen bietet SAP schon seit vielen Jahren die modifikationsfreie Erweiterungstechnik der Append-Strukturen an. Dabei wird an eine SAP-Tabelle oder Struktur eine kundeneigene Append-Struktur angehängt, die die kundeneigenen Felder enthält. Sowohl die Append-Struktur als auch deren Felder müssen im Kundennamensraum liegen. Für die Append-Struktur heißt dies, dass sie mit `Z` oder `Y` (oder einem registrierten Kundennamensraum der Form /**XXX**/) beginnen muss; die Kundenfelder müssen mit `ZZ` oder `YY` anfangen.

OData-Service erweitern

Als konkretes Beispiel für diese Technik untersuchen wir den OData-Service LORD_MY_QUOTATION, der von der SAP-Fiori-App **Meine Angebote** verwendet wird. Öffnen Sie in Transaktion SEGW diesen OData-Service, und navigieren Sie im Bereich **Implementierung** zur Data-Provider-Klasse CL_LORD_MY_QUOTATION_EX. Schauen Sie sich nun im Class Builder die Import- und Exportparameter der Methoden PARTNERS_GET_ENTITY und PARTNERS_GET_ENTITYSET an. Diese beiden Methoden liefern die Informationen zu einem oder mehreren Geschäftspartnern in der Struktur TDS_ODATA_QUOTATION_PARTNER zurück. Im ABAP Dictionary (Transaktion SE11) sehen Sie, dass diese Struktur die Include-Struktur TDS_ODATA_QUOTATION_PARTNER_IN enthält. Diese Struktur werden wir nun erweitern, um ein zusätzliches Feld für die Anrede des Geschäftspartners aufzunehmen.

Starten Sie Transaktion SE11, und bearbeiten Sie die Struktur TDS_ODATA_QUOTATION_PARTNER_IN. Klicken Sie auf **Append-Struktur** in der Funktionstastenleiste, und vergeben Sie einen Namen für Ihre neue Append-Struktur, z. B. »ZOO_PARTNER_EXT«. Fügen Sie nun Ihre Zusatzfelder in die Append-Struktur ein. Im Beispiel aus Abbildung 13.2 wurde ein Zusatzfeld mit dem Namen **ZZ_TITLE** vom Typ **CHAR255** eingefügt. Dieses Feld soll die Anrede des Geschäftspartners aufnehmen.

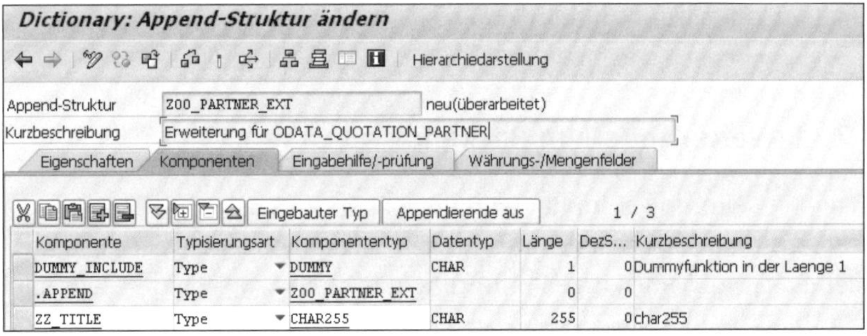

Abbildung 13.2 Append zur Struktur »TDS_ODATA_QUOTATION_PARTNER_IN«

Nach dieser ABAP-Dictionary-Erweiterung liefern die beiden Methoden der Data-Provider-Klasse ein zusätzliches leeres Feld für die Anrede zurück. Damit dieses Feld auch mit Inhalt gefüllt wird, müssen wir eine Erweiterung der Geschäftslogik vornehmen, die von der Data-Provider-Klasse aufgerufen wird. Dies zeigen wir in Abschnitt 13.2.3, »Erweiterungen der Geschäftslogik«.

13.2.2 Erweiterungen von Analytical Views

Die Daten für die Analytical Apps werden von OData-Services bereitgestellt, die auf Calculation Views basieren. Anders als für Tabellen oder Views auf dem ABAP-Server gibt es für SAP HANA Calculation Views kein Erweiterungskonzept. Wenn Sie in einen SAP HANA View zusätzliche Felder aufnehmen möchten, müssen Sie den Standard-SAP-View zunächst in ein eigenes Paket kopieren und dann die Kopie anpassen.

Eigene Views erzeugen und anpassen

Dazu legen Sie zunächst einen eigenen View in Ihrem Paket an und öffnen dann beide Views im Texteditor, indem Sie im Kontextmenü die Einträge **Open With • Text Editor** auswählen. Im Editor sehen Sie dann die XML-Dateien, in denen die Views definiert werden. Kopieren Sie den Inhalt des SAP-Views in Ihre eigenen Views, und speichern Sie ihn. Danach können Sie Ihren View wieder im grafischen Editor öffnen und weiterbearbeiten.

Abbildung 13.3 zeigt eine Kopie des Views `sap.hba.apps.qtpl.s.v.SalesQuotationPipelineCustomerQuery` im kundeneigenen Paket **data**. Im Original-View ist das Feld **SalesOrganization** nicht sichtbar, da dort die Auswahlbox **Hidden** angekreuzt ist. In der Kopie wurde diese Auswahl entfernt. Damit wird dieses Feld von Ihrem View zusätzlich bereitgestellt.

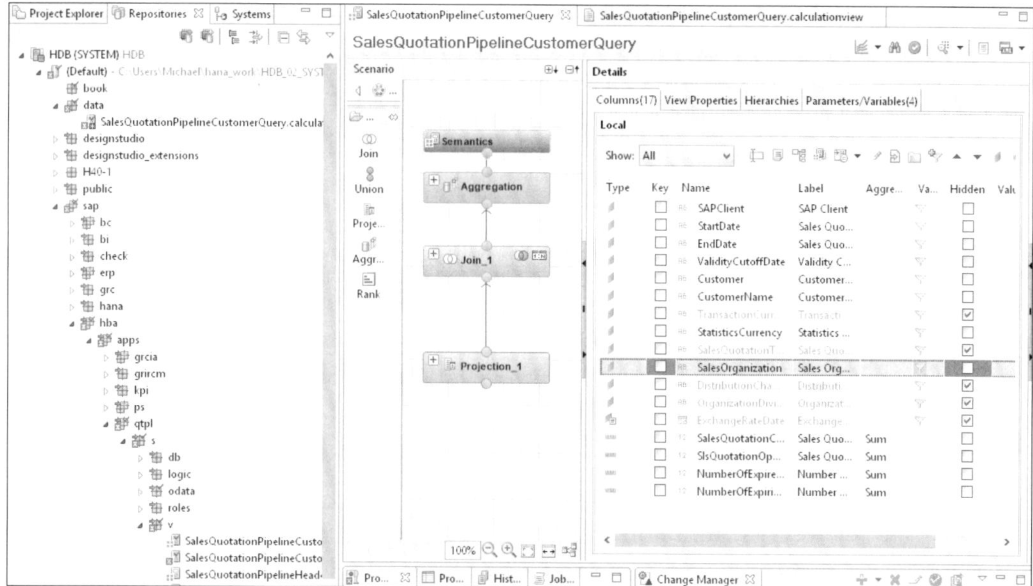

Abbildung 13.3 Anpassung des Calculation Views »SalesQuotationPipeline-CustomerQuery«

13.2.3 Erweiterungen der Geschäftslogik

Wenn Sie zusätzliche Felder in einer Transactional App anzeigen möchten, genügt es nicht, diese Felder über Append-Strukturen aufzunehmen, sondern sie müssen von der Geschäftslogik auch mit Inhalten gefüllt werden.

Dazu ist in der Regel eine Erweiterung der Geschäftslogik durch ein BAdI oder eine implizite Erweiterung notwendig. In Abschnitt 13.1.1, »Erweiterungen im Backend«, haben wir die Erweiterungstechniken aufgelistet, die Ihnen prinzipiell zur Verfügung stehen. In diesem Abschnitt zeigen wir Ihnen, wie Sie das Zusatzfeld für die Anrede des Partners in der Append-Struktur aus Abschnitt 13.2.1, »Erweiterung im ABAP Dictionary«, füllen können.

Erweiterungsstelle finden

Dazu müssen Sie zunächst ermitteln, welcher Funktionsbaustein bzw. welche Methode welcher Klasse von den Methoden der Data-Provider-Klasse aufgerufen wird, um die Adressdaten eines Geschäftspartners von der Datenbank zu lesen. Die aufrufende Methode der Data-Provider-Klasse müssen Sie dann erweitern, sodass die Anrede, die ja auf der Datenbank vorhanden ist, in das neue Zusatzfeld kopiert wird.

Um diese Stelle zu finden, können Sie:

- die Pakethierarchie zum Paket des OData-Services nach relevanten Klassen und Methoden durchsuchen
- im ABAP Dictionary über den Verwendungsnachweis zur Struktur TDS_ODATA_QUOTATION_PARTNER ermitteln, in welchen Methoden und Funktionsbausteinen diese Struktur verwendet wird
- im ABAP Debugger Watchpoints (auf Änderungen der Variablen dieser Struktur in den gefundenen Methoden und Funktionsbausteinen) und Breakpoints (z. B. auf SELECT- oder MOVE-CORRESPONDING-Anweisungen) für das externe Debugging setzen

Servicemethode erweitern

Falls Ihnen das zu aufwendig erscheint, können Sie natürlich einfach die Methode PARTNERSET_GET_ENTITYSET der Data-Provider-Klasse CL_LORD_MY_QUOTATION_DPC_EXT mit einer Post-Methode versehen, dort die Adressdaten zu den ermittelten Partnern nochmals lesen und in die Rückgabestruktur kopieren. Da die Adressdaten nach dem ersten Lesen im Cache gehalten werden, ist dies nicht mit einem großen Performanceverlust verbunden.

Eine noch einfachere Alternative ist es – da wir ja den OData-Service ohnehin erweitern müssen –, diesen Erweiterungscode in unserer eigenen Data-Provider-Klasse unterzubringen.

Implizite Erweiterung nutzen

Wir erläutern Ihnen hier die implizite Erweiterung der Methode GET_ENTITYSET in der Klasse CL_LORD_ODATA_UTIL, in der die Adressdaten nach dem Aufruf der Geschäftslogik in die Rückgabestruktur kopiert werden. Listing 13.1 zeigt die Stelle, an der dies passiert. Mit move-corresponding werden die Namen aus der Struktur <lt_object_comr>[sy_tabix] in die Struktur <ls_entry> kopiert. Die Quellstruktur enthält die Anrede des Geschäftspartners im Feld TITLE_T; unser Zielfeld heißt aber ZZ_TITLE.

```
LOOP AT et_entityset ASSIGNING FIELD-SYMBOL(<ls_entity>).
  MOVE-CORRESPONDING <lt_object_comr>[ sy-tabix ] TO
                     <ls_entity>.
ENDLOOP.
```

Listing 13.1 Kopie der Adressdaten in die Entitätentabelle

Kundeneigenen Code einfügen

Um am Ende dieser Methode zusätzlichen kundeneigenen Code einzufügen, wechseln Sie zunächst von der Anzeige des Codes in den Erweiterungsmodus, indem Sie in der Funktionsleiste auf die Funktion **Erweitern** (das Spiral-Icon) klicken. Der Quellcode wird nun durch eine Reihe von Kreuzen in der ersten Spalte markiert. Wählen Sie anschließend im ABAP Editor den Menüpfad **Bearbeiten • Erweiterungsoperationen • Implizite Erw.-optionen einblenden** (siehe Abbildung 13.4).

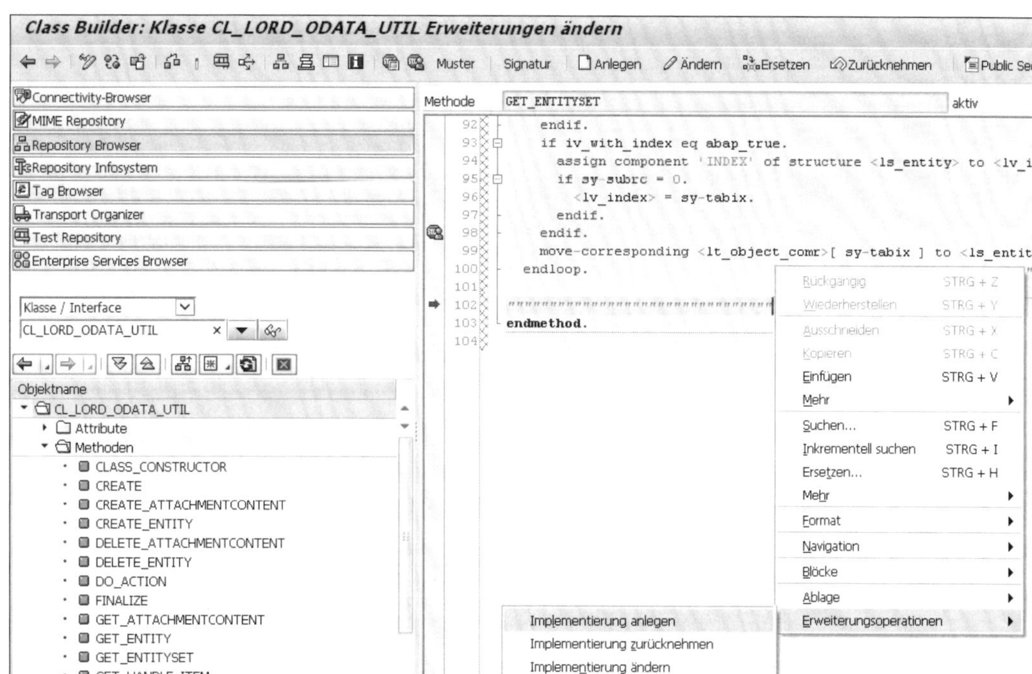

Abbildung 13.4 Implizite Erweiterungsimplementierung anlegen

Die impliziten Erweiterungspunkte am Anfang und am Ende der Methode werden nun durch eine Reihe von doppelten Anführungszeichen markiert.

Klicken Sie mit der rechten Maustaste auf die Reihe von doppelten Anführungszeichen direkt vor `endmethod`, und wählen Sie **Erweiterungsoptionen • Implementierung anlegen** aus dem Kontextmenü aus. Wählen Sie im nächsten Dialog **Erweiterungsmodus**, verwenden Sie dann die Option **Co-**

ding als Erweiterungsart, und legen Sie im Dialog **Erweiterungsimplementierung anlegen** (siehe Abbildung 13.5) eine Erweiterungsimplementierung im Kundennamensraum an, z. B. **ZOO_ENH_IMPL**. Dort bringen Sie das Coding aus Listing 13.2 unter.

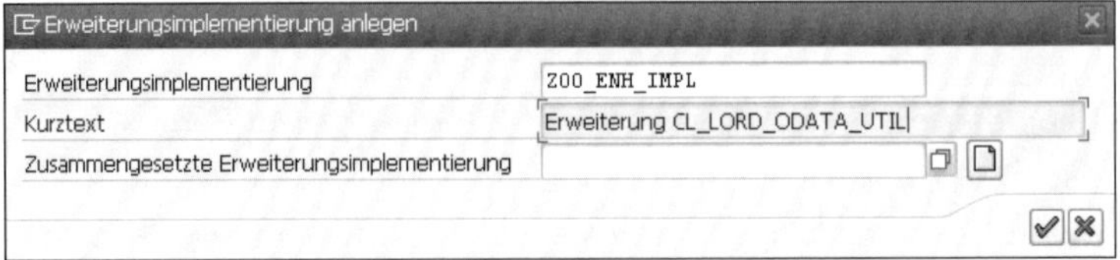

Abbildung 13.5 Erweiterungsimplementierung anlegen

```
    lt_addresses TYPE STANDARD TABLE OF sadrvb,
    lt_partners TYPE STANDARD TABLE OF vbpavb,
    lv_vbeln_internal TYPE vbak-vbeln.

  FIELD-SYMBOLS:
    <lv_title_ex> TYPE char255,
    <lv_title_t>  TYPE c,
    <ls_partner>  TYPE vbpavb,
    <ls_address>  TYPE sadrvb,
    <lv_parvw>    TYPE vbpavb-parvw.

  CALL FUNCTION 'CONVERSION_EXIT_ALPHA_INPUT'
    EXPORTING
      input = iv_vbeln
    IMPORTING
      output = lv_vbeln_internal.

  CALL FUNCTION 'SD_PARTNER_READ'
    EXPORTING
      f_vbeln = lv_vbeln_internal
    TABLES
      i_xvbadr = lt_addresses
      i_xvbpa  = lt_partners.

  LOOP AT et_entityset
       ASSIGNING FIELD-SYMBOL(<ls_entity_ex>).

    ASSIGN COMPONENT 'PARVW' OF STRUCTURE <ls_entity_ex>
       TO <lv_parvw>.
```

```
    IF sy-subrc EQ 0.
      READ TABLE lt_partners WITH KEY parvw = <lv_parvw>
        ASSIGNING <ls_partner>.
      IF sy-subrc EQ 0.
        READ TABLE lt_addresses WITH KEY adrnr =
          <ls_partner>-adrnr
          ASSIGNING <ls_address>.
        IF sy-subrc EQ 0.
          ASSIGN COMPONENT 'ZZ_TITLE' OF STRUCTURE
            <ls_entity_ex> TO <lv_title_ex>.
          IF sy-subrc EQ 0.
            <lv_title_ex> = <ls_address>-anred.
          ENDIF.
        ENDIF.
      ENDIF.
    ENDIF.
  ENDLOOP.
ENDENHANCEMENT.
```

Listing 13.2 Die Erweiterungsimplementierung

Wie Listing 13.2 zeigt, wird in der Erweiterungsimplementierung zunächst die Belegnummer in iv_vbeln in das interne Format konvertiert, und danach werden die Adressen der Partner gelesen. Dann wird genau wie am Ende der Originalmethode eine Schleife über der Tabelle et_entityset ausgeführt und dabei die Anrede aus der Adresstabelle kopiert.

Abbildung 13.6 zeigt die fertig programmierte Erweiterungsimplementierung nochmals im Kontext der Methode GET_ENTITYSET der Klasse CL_LORD_ODATA_UTIL.

Aktivieren und testen

Aktivieren Sie nun Ihre Erweiterungsimplementierung, und testen Sie die Stelle nochmals im ABAP Debugger über externes Debugging. Nun sollte die Data-Provider-Klasse das Feld mit der Anrede zurückgeben.

Stellen Sie sicher, dass Sie für das Testen ein Angebot mit einem Warenempfänger verwenden, für den die Anrede gepflegt ist. Über Transaktion VA22 können Sie die Anrede des Warenempfängers eines Angebots editieren. Wählen Sie dazu den Menüeintrag **Springen • Kopf • Partner**, doppelklicken Sie dann auf die Zeile mit dem Warenempfänger, und pflegen Sie anschließend die Anrede des Partners.

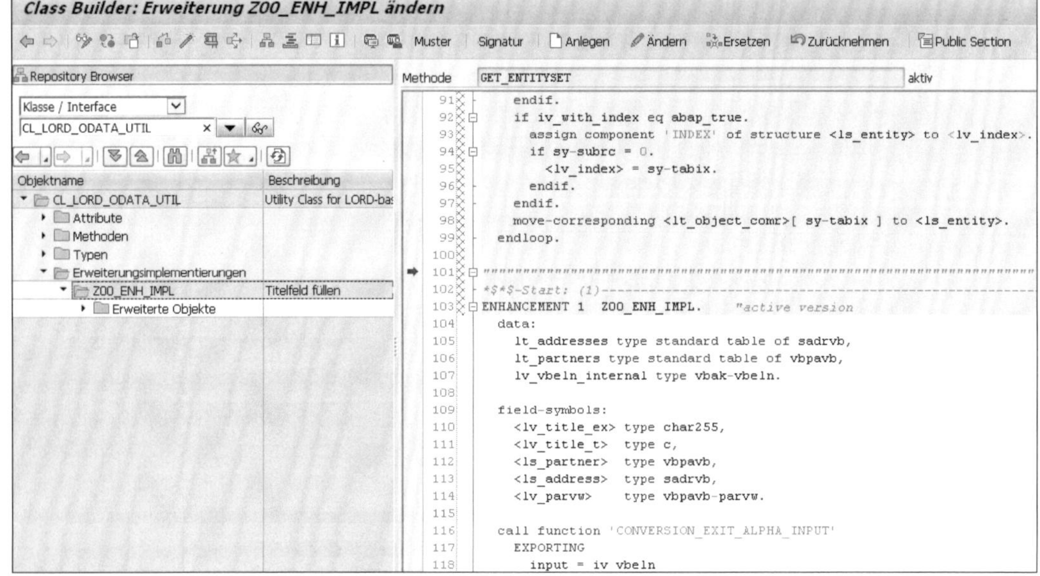

Abbildung 13.6 Die Erweiterungsimplementierung im Kontext

13.3 Erweiterung von OData-Services

Wenn Sie zusätzliche Felder oder Entitäten in einen OData-Service aufnehmen möchten, können Sie den Originalservice erweitern. In diesem Abschnitt beschreiben wir, wie Sie dies für OData-Services auf dem Backend-Server und in SAP HANA XS realisieren können.

13.3.1 Backend-Server

Redefinition

Um einen OData-Service auf dem Backend-Server zu erweitern, verwenden Sie eine Technik, die *Redefinition* heißt. Dieser Begriff hat in diesem Zusammenhang eine ähnliche Bedeutung wie bei der Redefinition von ererbten Methoden in einer Unterklasse. Bei der Redefinition eines OData-Services legen Sie im SAP Gateway Service Builder (Transaktion SEGW) zunächst einen eigenen Service an. Sie pflegen aber das Modell Ihres Services nicht manuell, sondern Sie lassen es generieren, indem Sie den originalen OData-Service als Basis für die Redefinition auswählen, dessen Datenmodell in Ihren neuen Service übernehmen und es dann anpassen. Ihr neues Datenmodell ist damit praktisch eine Kopie des vorhandenen Datenmodells, die Sie beliebig editieren können. Entsprechend wird bei der Aktivierung auch eine völlig neue und unabhängige Model-Provider-Klasse generiert. Ihre neuen Data-Provider-Klassen erben allerdings von den Original-Data-Provider-Klassen, also insbesondere all deren Methoden, die Sie bei Bedarf redefinieren können (im Sinne von ABAP Objects).

»LORD_MY_QUOTATION«

Diese Technik möchten wir am Beispiel des OData-Services `LORD_MY_QUOTATION` erläutern, für den wir einen neuen redefinierten Service anlegen, dessen Partnerentität ein zusätzliches Feld **Title** für die Anrede des Geschäftspartners enthält.

Legen Sie dazu in Transaktion SEGW den neuen OData-Service `ZOO_LORD_MY_QUOTATION` an. Klicken Sie dann mit der rechten Maustaste auf **Data Model**, und wählen Sie den Eintrag **Überdefinieren • OData-Service (GW)** aus dem Kontextmenü aus (siehe Abbildung 13.7).

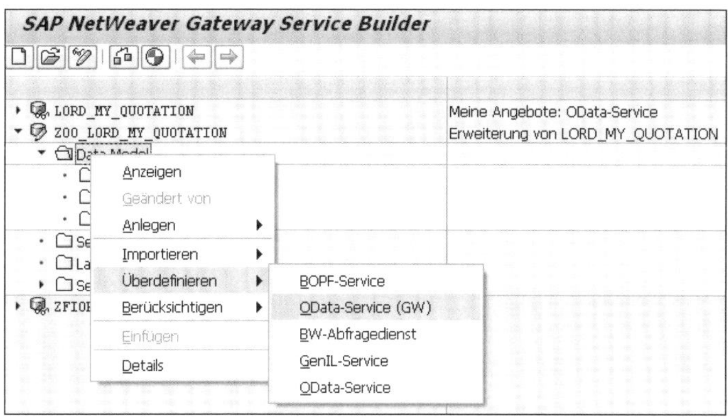

Abbildung 13.7 Redefinition eines OData-Services

1. Geben Sie im ersten Schritt des Assistenten **Service überdefinieren** den Namen und die Versionsnummer des originalen SAP-Services an, also »LORD_MY_QUOTATION_SRV, Version 001«. Klicken Sie auf **Weiter**, um im nächsten Schritt alle Entitätstypen und deren Eigenschaften zu übernehmen, indem Sie auf das grüne Auswahl-Icon klicken (siehe Abbildung 13.8). Klicken Sie dann auf **Fertig stellen**, um den Assistenten zu beenden und das Datenmodell für Ihren neuen Service anzulegen.
2. Navigieren Sie nun in der Baumanzeige zu **Data Model • Entitätstypen • Partner • Eigenschaften**. Sie sehen alle bisherigen Eigenschaften (Properties) des Entitätstyps **Partner**, aber noch nicht das neue Feld **Title**, das Sie nun einfügen werden.

   Editieren Sie nun im rechten Bildschirmbereich die Liste der Eigenschaften des Entitätstyps **Partner**. Wechseln Sie in den Änderungsmodus, und klicken Sie dann auf das Icon, um hinten ein neues Feld anzuhängen. Vergeben Sie den Namen »Title«, den Datentyp `Edm.String`, die Länge

»255« und das ABAP-Feld **ZZ_TITLE**. Den Datentyp und das ABAP-Feld können Sie dabei über einen [F4]-Suchdialog auswählen. Abbildung 13.9 zeigt das Ergebnis.

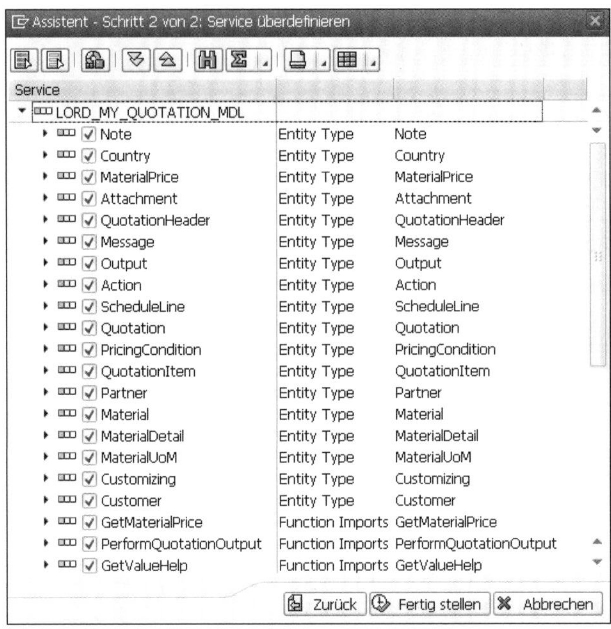

Abbildung 13.8 Entitäten des Originalservices übernehmen

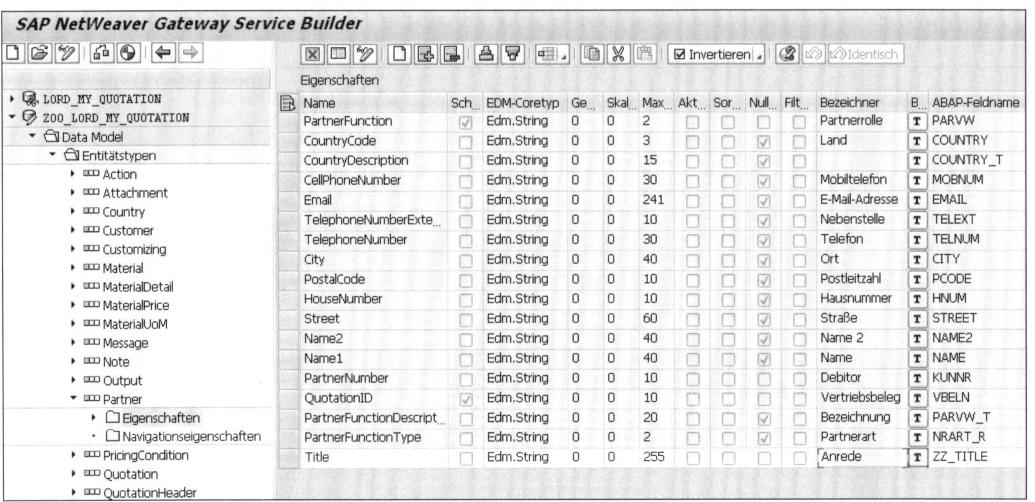

Abbildung 13.9 Ein zusätzliches Feld einfügen

3. Prüfen Sie nun Ihren neuen OData-Service, indem Sie in der Funktionstastenleiste des SAP Gateway Service Builders das Prüf-Icon anklicken-

cken. Wenn alles in Ordnung ist, können Sie die Laufzeitartefakte generieren, indem Sie auf das Generieren-Icon klicken. Im Dialog aus Abbildung 13.10 haben Sie noch die Möglichkeit, die Namen der generierten Objekte (Model-Provider-Klasse, Model-Provider-Basisklasse, Data-Provider-Klasse, Model-Provider-Klasse, technisches Modell und Version, technischer Service und Version) anzupassen.

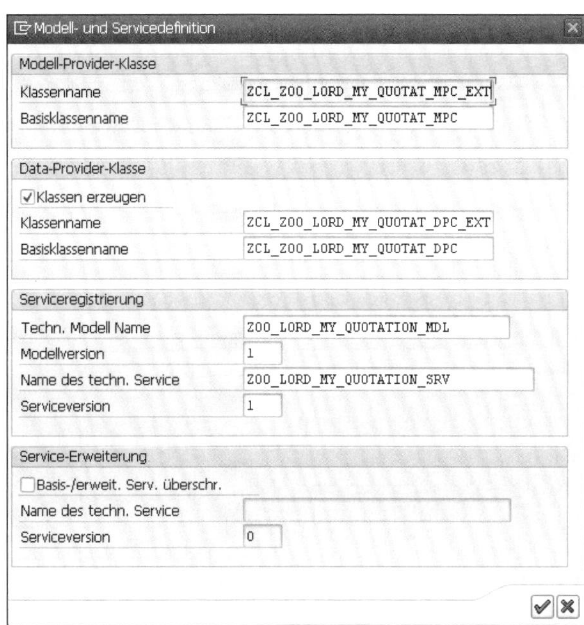

Abbildung 13.10 Laufzeitartefakte generieren

Vererbungshierarchie

Nehmen Sie sich einen Moment Zeit, um sich die Vererbungshierarchie der generierten Klassen anzuschauen. Wie Sie bereits wissen, erbt die Model-Provider-Klasse von der Model-Provider-Basisklasse und die Data-Provider-Klasse von der Data-Provider-Basisklasse. Die Basisklassen enthalten Code, den Sie nicht ändern sollten. Der Platz für Ihr kundenspezifisches Coding ist in den beiden Unterklassen.

Hier ist es nun interessant, dass die Data-Provider-Basisklasse eine Unterklasse der originalen SAP-Data-Provider-Klasse ist. Ihre Data-Provider-Klasse erbt also alle Methoden der originalen SAP-Data-Provider-Klasse. Für die Model-Provider-Klassen existiert diese Vererbungsbeziehung jedoch nicht!

Model-Provider-Klasse

Daher schauen wir als Nächstes nach, was in der originalen SAP-Model-Provider-Klasse `CL_LORD_MY_QUOTATION_MPC_EXT` programmiert wurde. Öffnen Sie diese Klasse im Class Builder, und Sie stellen fest, dass dort die Methode `DEFINE` der Klasse `CL_LORD_MY_QUOTATION_MPC` redefiniert wurde.

Besonders interessant ist hier die Zeile, die in Listing 13.3 gezeigt wird. Dort wird der im ABAP Dictionary hinterlegte Konvertierungsbaustein für den Partnertyp entfernt. Dies hat zur Folge, dass die Partnertypen mit ihrem deutschsprachigen (!) Schlüsselwert codiert werden und dieser Schlüsselwert nicht in die Anmeldesprache des Anwenders übersetzt wird. Dadurch wird insbesondere der Warenempfänger mit dem deutschsprachigen Schlüsselwert WE (Warenempfänger) identifiziert, der durch den Konvertierungsbaustein ansonsten übersetzt würde (z. B. in ST für »Ship to« im Englischen). Dies ist deswegen wichtig, weil die SAP-Fiori-App explizit nach diesem Schlüsselwert in den Daten sucht, die vom OData-Service zurückgegeben werden, um den Warenempfänger zu ermitteln und anzuzeigen.

```
model->get_entity_type( 'Partner' )->
  get_property( 'PartnerFunction' )->
  set_conversion_exit( '' ) ##NO_TEXT.
```

Listing 13.3 Detail der Redefinition der »DEFINE«-Methode in der originalen Model-Provider-Klasse

Damit sich Ihr redefinierter Service auch so verhält, müssen Sie in Ihrer eigenen Model-Provider-Klasse ZCL_ZOO_LORD_MY_QUOTAT_MPC_EXT die ererbte DEFINE-Methode ebenfalls redefinieren und dort den originalen SAP-Code hineinkopieren. Zum Redefinieren klicken Sie im Class Builder mit der rechten Maustaste auf die Methode DEFINE in der Methodenliste und wählen den Eintrag **Redefinieren** aus dem Kontextmenü aus. Dadurch wird die redefinierte Methode angelegt, und Sie können den SAP-Code kopieren.

Data-Provider-Klasse

Das Coding zum Füllen der zusätzlichen Datenfelder bringen Sie in Redefinitionen von Methoden der Data-Provider-Klasse unter. In unserem Fall wäre dies die Methode PARTNERSET_GET_ENTITYSET. Da wir aber weiter oben die Geschäftslogik so erweitert haben, dass das neue Titelfeld schon von der originalen Data-Provider-Klasse gefüllt wird, brauchen wir in diesem speziellen Fall nichts mehr zu tun. Im Allgemeinen bringen Sie genau hier in den redefinierten Methoden Ihrer Data-Provider-Klasse Ihr Zusatz-Coding unter.

Zum Abschluss aktivieren Sie alles und registrieren auf dem Frontend-Server einen neuen OData-Service für die technische Servicedefinition auf dem Backend. Testen Sie den neuen Service mit dem SAP Gateway Service Client, und verifizieren Sie, dass Ihr neuer Service nun tatsächlich das gefüllte Feld **Title** zurückgibt. In Abbildung 13.11 sehen Sie dieses Feld ganz unten. Prüfen Sie auch, ob die Metadaten dieses neue Feld enthalten.

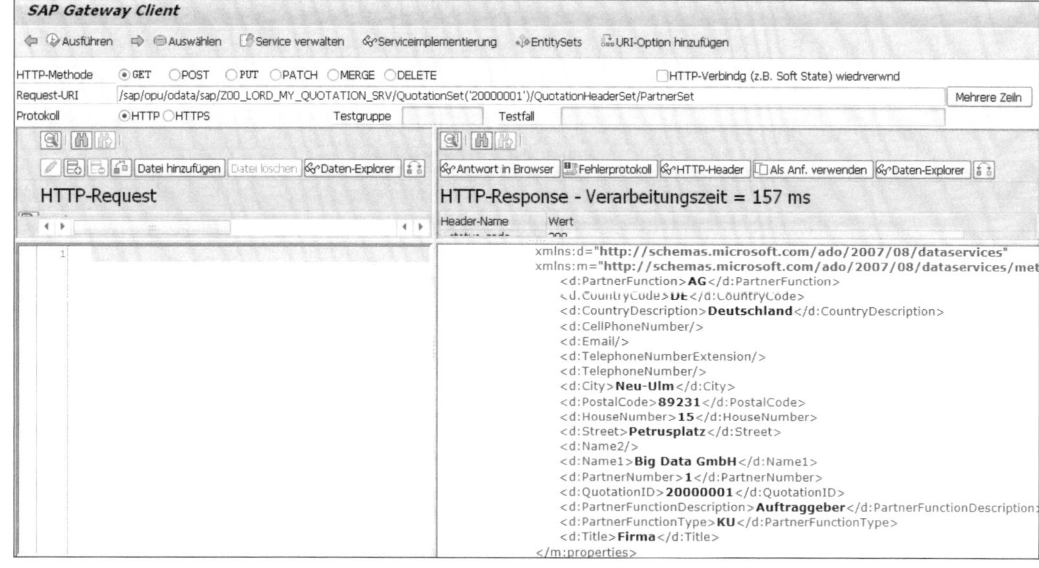

Abbildung 13.11 Test des redefinierten Services im SAP Gateway Service Client

13.3.2 SAP HANA XS

Auch für die OData-Services in SAP HANA XS gibt es kein Erweiterungskonzept, anders als für die OData-Services auf dem SAP NetWeaver AS ABAP. Daher müssen Sie die OData-Services in SAP HANA XS erweitern, indem Sie zunächst eine Kopie in einem kundeneigenen Paket anlegen und diese Kopie dann bearbeiten. Dies ist recht einfach, da OData-Services durch Textdateien beschrieben werden, die Sie mit einem Texteditor bearbeiten können.

SalesQuotationPipelineCustomerQuery | SalesQuotationPipelineCustomerQuery.calculationview | qtpl.xsodata | qtpl.xsodata

```
service {
  "sap.hba.apps.qtpl.s.v/SalesQuotationPipelineHeaderQuery.calculationview" as "SalesQuotationPipelineHeaderQueryResults"
    keys generate local "GenID"
    aggregates always
    parameters via entity "SalesQuotationPipelineHeaderQuery";

    "sap.hba.apps.qtpl.s.v/SalesQuotationPipelineTotalsQuery.calculationview" as "SalesQuotationPipelineTotalsQueryResults"
    keys generate local "GenID"
    aggregates always
    parameters via entity "SalesQuotationPipelineTotalsQuery";

    "data/SalesQuotationPipelineCustomerQuery.calculationview" as "SalesQuotationPipelineCustomerQueryResults"
    keys generate local "GenID"
    aggregates always
    parameters via entity "SalesQuotationPipelineCustomerQuery";
}

annotations { enable OData4SAP; }
```

Abbildung 13.12 Änderung der Datei »qtpl.odata«

Abbildung 13.12 zeigt eine Kopie der Servicedatei **qtpl.odata** im Kundenpaket **book**. Die Entitätenmenge `SalesQuotationPipelineCustomerQueryResults` basiert in dieser angepassten Kopie auf dem Kunden-View `data/SalesQuotationdata/SalesQuotationPipelineCustomerQuery.calculatioview`, jedoch nicht mehr auf dem Original-SAP-View `sap.hba.apps.qtpl.s.v/SalesQuotationPipelineCustomerQuery.calculationview`. Damit hat diese Entität im kopierten OData-Service, genauso wie im kundeneigenen View, das zusätzliche Feld `SalesOrganization` erhalten.

13.4 Erweiterung von Fact Sheets

Wenn Sie Fact Sheets erweitern möchten, um z. B. zusätzliche Felder anzuzeigen, gehen Sie prinzipiell so vor:

1. Erweitern Sie das zugrunde liegende Suchmodell auf dem Backend-Server (siehe Abschnitt 13.4.1, »Erweiterung des Suchmodells«).
2. Kopieren Sie die Annotationsdatei auf dem Frontend-Server, und passen Sie sie an (siehe Abschnitt 13.4.2, »Die Annotationsdatei anpassen«).
3. Konfigurieren Sie das SAP Fiori Launchpad für die Verwendung Ihrer Annotationsdatei (siehe Abschnitt 13.4.3, »Konfiguration des SAP Fiori Launchpads«).

Fact Sheet für Kunden erweitern

In den folgenden Abschnitten skizzieren wir die Vorgehensweise am Beispiel des Fact Sheets für Kunden, das Sie in Abbildung 13.13 sehen.

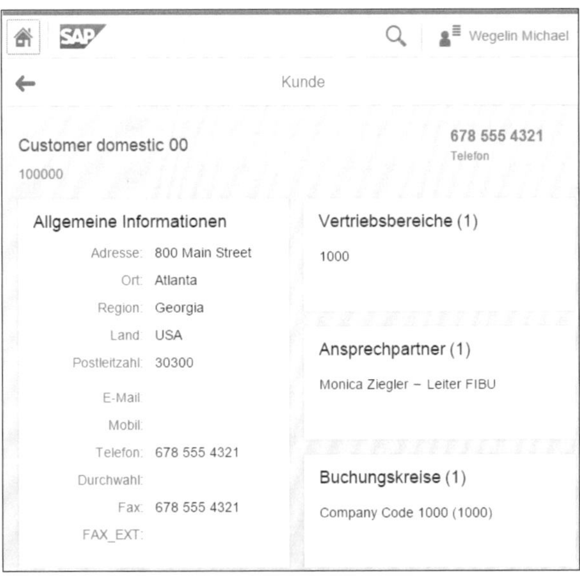

Abbildung 13.13 Das Fact Sheet »Kunde«

Oberhalb des Feldes **Adresse** im Bereich **Allgemeine Informationen** möchten wir noch **Anrede** und **Kundenname** einblenden, bei den Informationen zu den Buchungskreisen zusätzlich noch **Anrede** und **Anredeschlüssel**.

Zusätzliche Informationen

Im Bereich **App-Implementierung** in der SAP-Online-Hilfe zur SAP-Fiori-App finden Sie alle Informationen, die Sie zur Durchführung dieser Erweiterung benötigen: Name und Softwarekomponente des Suchmodells, Name der BSP-Anwendung mit der Annotationsdatei, Name der Annotationsdatei und Rolle und Instanz des LPD_CUST Launchpads. In Tabelle 13.1 haben wir diese Informationen aus der SAP-Online-Hilfe für Sie zusammengestellt.

Objekt	Name
Suchmodell	CUSTOMER_H
Softwarekomponente des Suchmodells	SAPAPPLH:LO-MD-BP-CM
OData-Service	CB_CUSTOMER_SRV
BSP-Anwendung mit Annotationsdatei	BSCBN_ANF_SDMD
Annotationsdatei	BSCBN_CUSTOMER_SRV_ANNO.xml
LPD_CUST-Rolle	UIAPSD01
LPD_CUST-Instanz	FACTSHEETS
LPD_CUST-Anwendung	Infoblatt für Kundenstammdaten
Launchpad-Katalog	SAP_SD_TC_F
PFCG-Rolle	SAP_SD_TCR_T

Tabelle 13.1 Implementierungsinformationen für das Fact Sheet »Kunde«

13.4.1 Erweiterung des Suchmodells

Die Vorgehensweise zur Erweiterung des Suchmodells beschreibt detailliert die SAP-Online-Hilfe zu SAP NetWeaver unter *http://s-prs.de/v726833*. Klicken Sie dort auf das entsprechende SAP-NetWeaver-Release (z. B. 7.5), und navigieren Sie zu **Application Help • Function-Oriented View • Suche und Operational Analytics • Such- und Analysemodelle anlegen • Such- und Analysemodelle anlegen und erweitern**. Sie müssen dabei folgendermaßen vorgehen:

1. kundenspezifische Softwarekomponente anlegen
2. SAP-Softwarekomponente in kundenspezifische Softwarekomponente einbinden

3. inkludiertes Modell erweitern
4. neuen Konnektor anlegen

Diese vier Schritte erläutern wir im Folgenden:

Schritt 1: Softwarekomponente anlegen

Um eine kundenspezifische Softwarekomponente anzulegen, starten Sie zunächst das Administrations-Cockpit für Konnektoren mit Transaktion ESH_COCKPIT. Klicken Sie dann auf den Link **Modellierung** rechts oben in der Funktionstastenleiste oberhalb der Liste **Such-Konnektoren**. Sie erhalten nun eine Liste der Suchmodelle. Klicken Sie dann auf **Softwarekomponenten • Softwarekomponenten verwalten** oben rechts in der Liste der Modelle und anschließend im Dialog **Softwarekomponenten verwalten** auf **Anlegen**. Vergeben Sie nun einen Namen für Ihre Softwarekomponente, und ordnen Sie diese einem Paket zu, wie es Abbildung 13.14 zeigt. Klicken Sie nun auf **Anlegen**. Daraufhin wird Ihre neue Softwarekomponente in der Liste der Softwarekomponenten im Dialog **Softwarekomponenten verwalten** angezeigt. Geben Sie dort eine Beschreibung für Ihre Softwarekomponente ein, und klicken Sie anschließend auf **Sichern**. Dabei müssen Sie gegebenenfalls noch einen Transportauftrag auswählen.

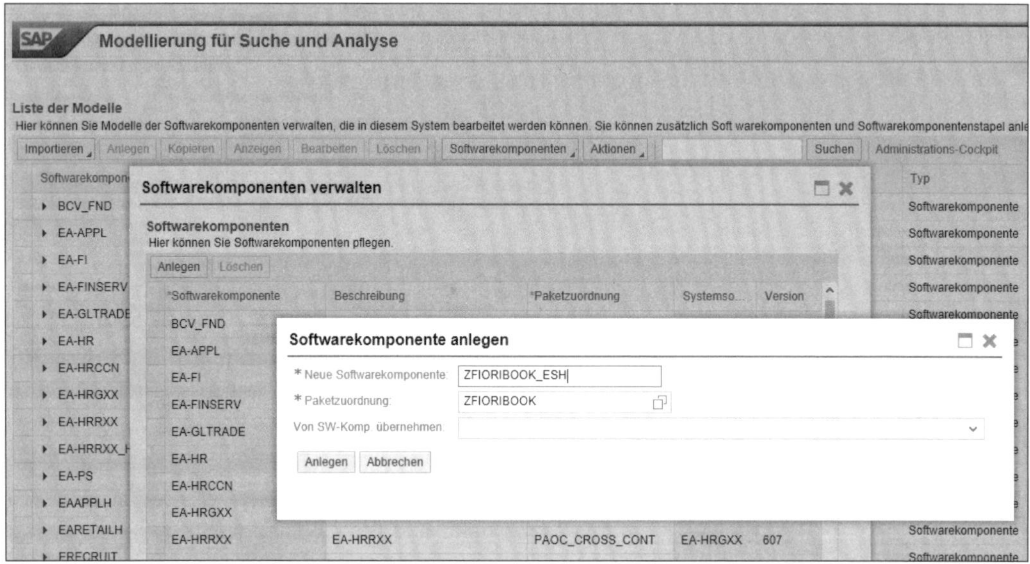

Abbildung 13.14 Softwarekomponente anlegen

Schritt 2: SAP-Softwarekomponente in kundenspezifische Softwarekomponente einbinden

Nun erscheint Ihre neue Softwarekomponente in der Liste der Modelle. Selektieren Sie Ihre Softwarekomponente, und klicken Sie anschließend auf **Softwarekomponenten • Softwarekomponenten einbinden**. Wählen Sie nun im Dialog die einzubindende Softwarekomponente **EA-PS** aus. Achtung: Wie schon in Abschnitt 7.4.5, »Konnektoren anlegen und Indizierung starten«, beschrieben, finden Sie das Suchmodell möglicherweise nicht unter der Komponente **SAPAPPLH**, sondern unter einer Erweiterungskomponente in einer höheren Schicht. In unserem Fall ist dies die Komponente **EA-PS**. Die inkludierte Softwarekomponente wird nun unterhalb Ihrer Softwarekomponente angezeigt.

Schritt 3: Eingebundenes Modell erweitern

Wählen Sie nun das Modell **CUSTOMER_H** unterhalb Ihrer Softwarekomponente aus, und klicken Sie auf **Bearbeiten**. Bestätigen Sie im daraufhin angezeigten Dialog **Modell erweitern**, dass Sie das vorhandene Modell erweitern möchten, indem Sie auf **Ja** klicken. Sie werden durch eine Roadmap geführt, in der Sie das Modell konfigurieren. Die Roadmap besteht aus folgenden Schritten:

1. Modelleigenschaften festlegen
2. Modellknoten festlegen
3. Knotenbeziehungen festlegen
4. Modellanfragen festlegen
5. Knotenantworten festlegen

Sie können mit den Tasten **Weiter** und **Zurück** durch diese Roadmap navigieren.

1. Im ersten Schritt, **Modelleigenschaften**, nehmen wir noch keine Änderungen vor.
2. Im zweiten Schritt, **Modellknoten**, fügen wir zum Knoten **ADDRESS** das Attribut **TITLE** hinzu, indem wir das Auswahlfeld in der Spalte **Ausw.** ankreuzen, wie dies Abbildung 13.15 zeigt. Dieses Feld enthält den Schlüsselwert für die Anrede. Die Anrede selbst ist schon im Knoten **CUSTOMER** im Attribut **ANRED1** enthalten, wird aber vom Fact Sheet (noch) nicht angezeigt. In den Schritten 3 und 4 nehmen wir keine Änderungen vor.

13

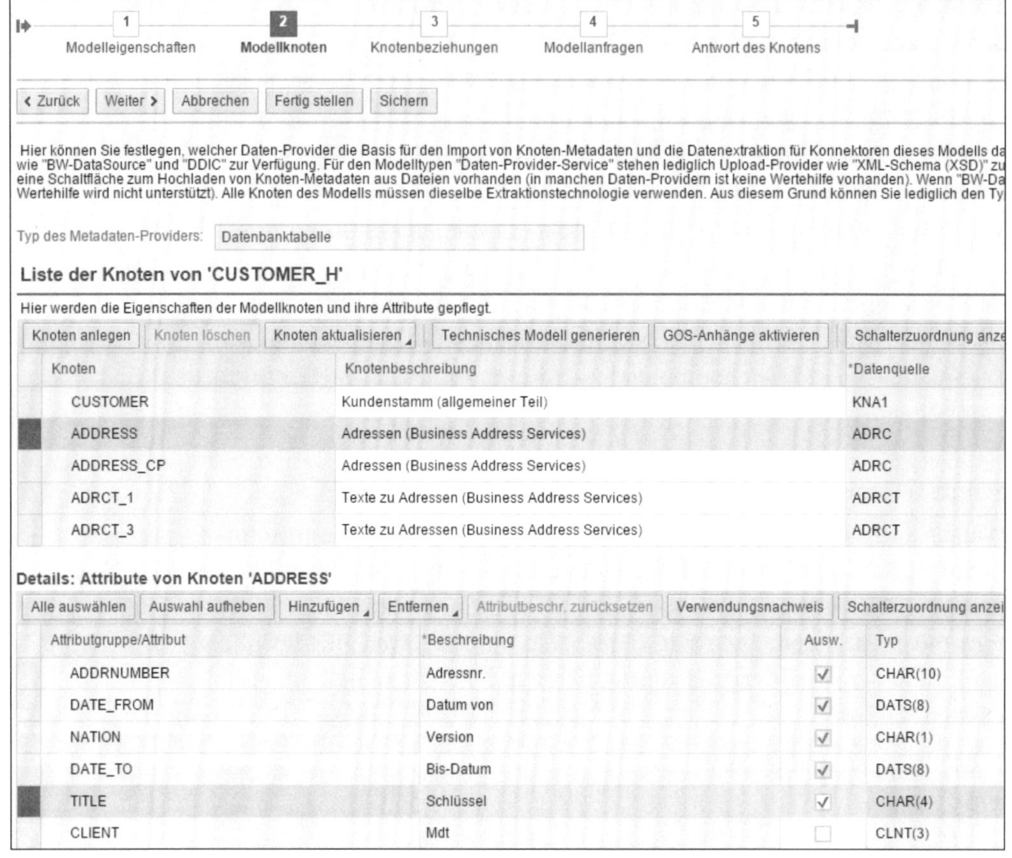

Abbildung 13.15 Ein Zusatzfeld in einen Modellknoten einfügen

3. In Schritt 5, **Antwort des Knotens**, fügen wir das neue Feld als Antwortfeld der Attributgruppe **CUSTOMER** des Knotens **CUSTOMER_COMP_CODE** hinzu. Wählen Sie **Hinzufügen • Attribute/Gruppen des Knotens** aus der Funktionsleiste oberhalb der Attributgruppen und Attribute aus. Selektieren Sie nun im Dialog **Antwortattribut(e) auswählen** das Attribut **TITLE** aus dem Knoten **CUSTOMER_COMP_CODE • CUSTOMER • ADDRESS**. Dieses Attribut haben Sie in Schritt 2 zusätzlich hinzugefügt. Klicken Sie auf **Auswählen**, um dieses zusätzliche Attribut in den Knoten aufzunehmen, wie es Abbildung 13.16 zeigt. Ordnen Sie den neuen Knoten anschließend der Attributgruppe **Customer** zu, indem Sie diese Attributgruppe auswählen und auf **Hinzufügen • Zuordnung zu Gruppe** in der Funktionsleiste klicken. Wählen Sie im Dialog **Antwortattribut(e) hinzufügen** das Attribut aus, und klicken Sie auf **Auswählen**. Sie können nun

noch Name und Beschreibung des neuen Attributs ändern und auf **Fertig stellen** klicken.

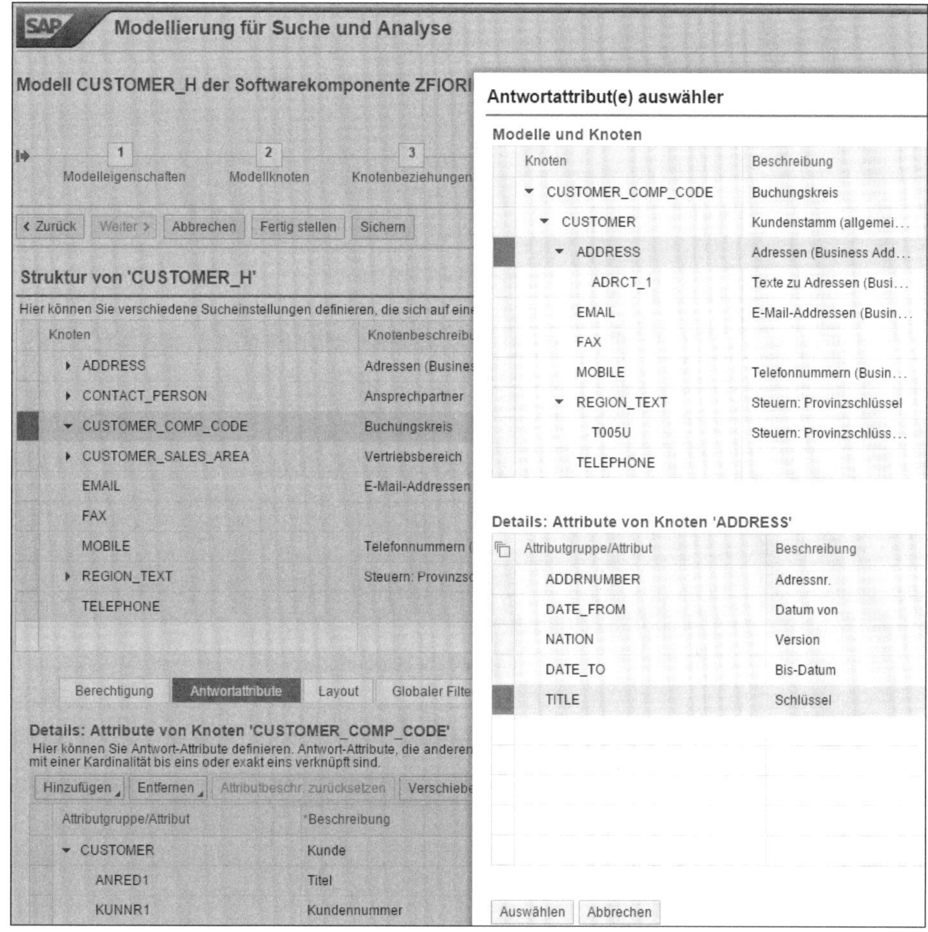

Abbildung 13.16 Ein Antwortattribut hinzufügen

Schritt 4: Neuen Konnektor anlegen

Nachdem Sie nun das Modell erweitert haben, können Sie einen neuen Konnektor anlegen und aktivieren. Dazu selektieren Sie in der Übersicht der Konnektoren den bisherigen Konnektor (in unserem Fall für **Kunde**) und klicken auf **Anlegen**. Wählen Sie im Dialog **Suchobjekt-Konnektor anlegen** Ihre neue Softwarekomponente aus der Dropdown-Liste **Softwarekomponente** aus. Dann wählen Sie aus der Liste der Konnektormodelle Ihr erweitertes Suchmodell **CUSTOMER_H**, wie es in Abbildung 13.17 gezeigt wird. Klicken Sie nun auf **Konnektor anlegen**. Das System legt über einen Hintergrundjob den neuen Konnektor an und ordnet die schon vorhandenen

Konnektoren Ihrer Softwarekomponente zu. Alternativ können Sie den neuen Konnektor auch aus der Modellübersicht anlegen. Das Anlegen des neuen Konnektors durch den Hintergrundjob kann mehrere Stunden dauern. Erst dann ist er in der Konnektorübersicht zu sehen.

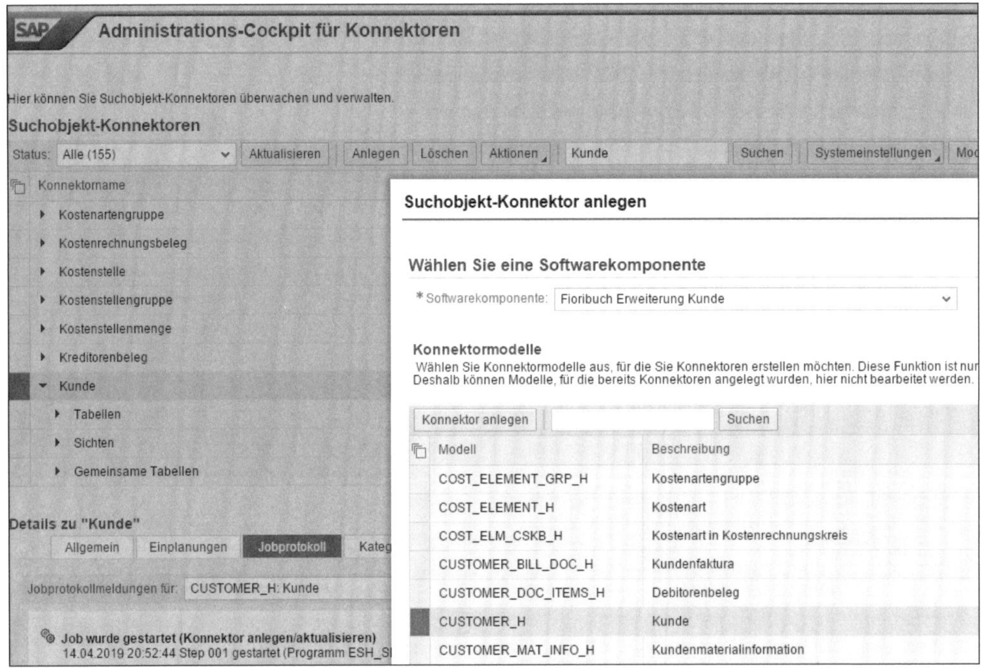

Abbildung 13.17 Konnektor anlegen

Indexerstellung

Über **Aktionen • Indizierung einplanen** können Sie anschließend die Erstellung des Index über den neuen Konnektor starten. Dies sehen Sie in Abbildung 13.18.

Überprüfen

Der zugehörige OData-Service wird automatisch aktualisiert, weil die Data-Provider- und die Model-Provider-Klasse generisch implementiert sind. Die Klassen lesen zur Laufzeit die aktuelle Version des Suchmodells und bilden die Knoten, Knotenbeziehungen und Knotenattribute des Suchmodells dynamisch auf Entitäten, Assoziationen und Entitätseigenschaften des OData-Services ab. Sie können überprüfen, ob Ihr zusätzliches Feld im OData-Service enthalten ist, indem Sie ihn im SAP Gateway Service Client testen. Abbildung 13.19 zeigt die neue Eigenschaft `ANREDKEY` im Entitätstyp `CUSTOMER_COMP_CODE` in den Metadaten des OData-Services `CB_CUSTOMER_SRV`. Darunter sehen Sie das Feld `FormOfAddressCC`.

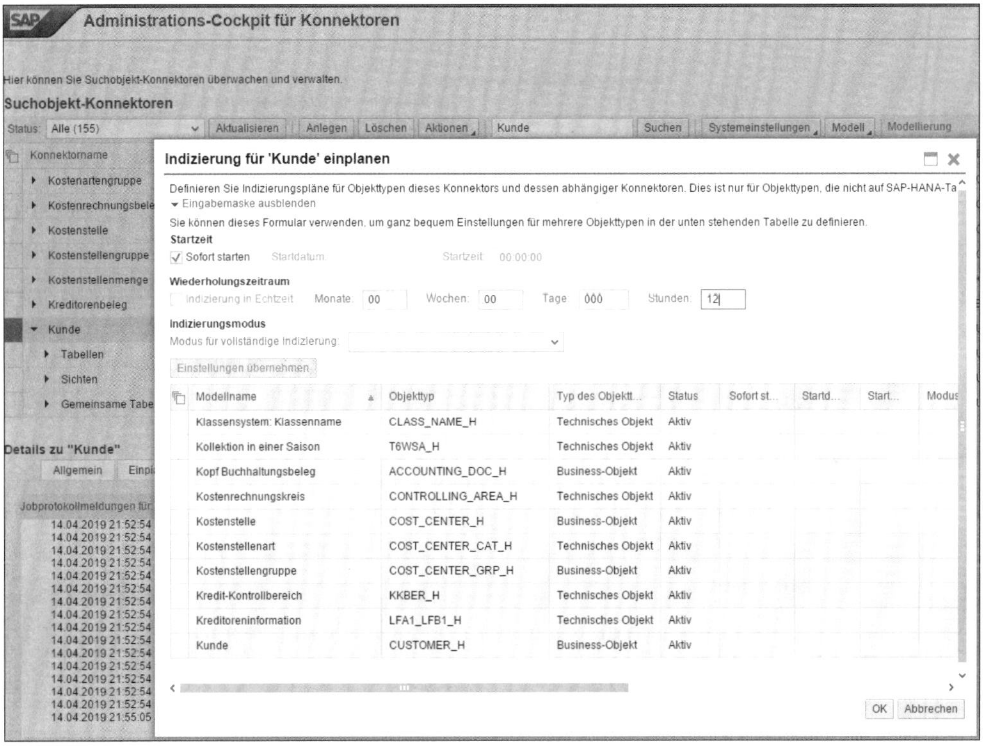

Administrations-Cockpit für Konnektoren

Hier können Sie Suchobjekt-Konnektoren überwachen und verwalten.

Suchobjekt-Konnektoren

Status: Alle (155) | Aktualisieren | Anlegen | Löschen | Aktionen | Kunde | Suchen | Systemeinstellungen | Modell | Modellierung

Konnektorname
- Kostenartengruppe
- Kostenrechnungsbele
- Kostenstelle
- Kostenstellengruppe
- Kostenstellenmenge
- Kreditorenbeleg
- Kunde
  - Tabellen
  - Sichten
  - Gemeinsame Tabe

Details zu "Kunde"

Allgemein | Einpl

Jobprotokollmeldungen für

14.04.2019 21:52:54 (16×)
14.04.2019 21:55:05

Indizierung für 'Kunde' einplanen

Definieren Sie Indizierungspläne für Objekttypen dieses Konnektors und dessen abhängiger Konnektoren. Dies ist nur für Objekttypen, die nicht auf SAP-HANA-Ta

Eingabemaske ausblenden

Sie können dieses Formular verwenden, um ganz bequem Einstellungen für mehrere Objekttypen in der unten stehenden Tabelle zu definieren.

Startzeit

Sofort starten Startdatum: Startzeit: 00:00:00

Wiederholungszeitraum

Indizierung in Echtzeit Monate: 00 Wochen: 00 Tage: 000 Stunden: 12

Indizierungsmodus

Modus für vollständige Indizierung:

Einstellungen übernehmen

Modellname	Objekttyp	Typ des Objektt...	Status	Sofort st...	Startd...	Start...	Modus
Klassensystem: Klassenname	CLASS_NAME_H	Technisches Objekt	Aktiv				
Kollektion in einer Saison	T6WSA_H	Technisches Objekt	Aktiv				
Kopf Buchhaltungsbeleg	ACCOUNTING_DOC_H	Business-Objekt	Aktiv				
Kostenrechnungskreis	CONTROLLING_AREA_H	Technisches Objekt	Aktiv				
Kostenstelle	COST_CENTER_H	Business-Objekt	Aktiv				
Kostenstellenart	COST_CENTER_CAT_H	Technisches Objekt	Aktiv				
Kostenstellengruppe	COST_CENTER_GRP_H	Business-Objekt	Aktiv				
Kredit-Kontrollbereich	KKBER_H	Technisches Objekt	Aktiv				
Kreditoreninformation	LFA1_LFB1_H	Technisches Objekt	Aktiv				
Kunde	CUSTOMER_H	Business-Objekt	Aktiv				

OK | Abbrechen

Abbildung 13.18 Indizierung einplanen

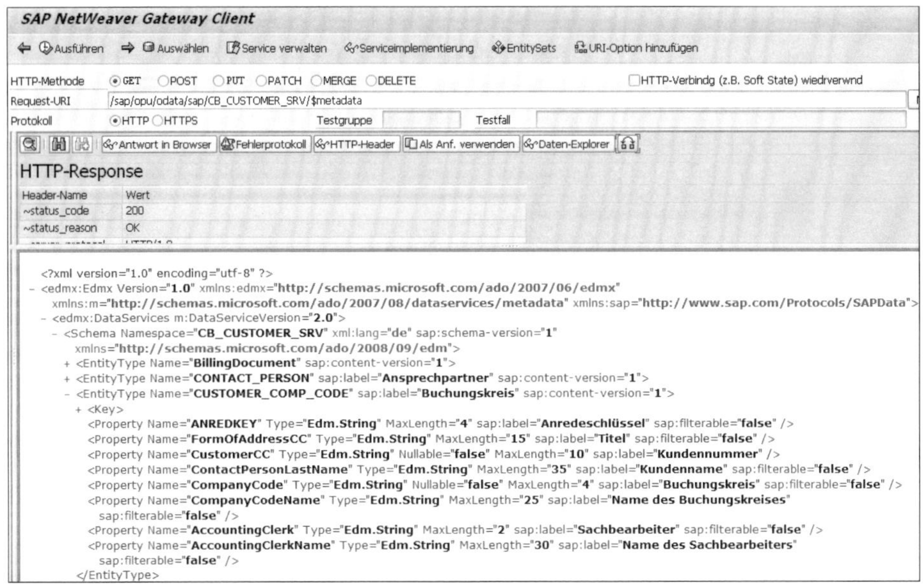

Abbildung 13.19 Die zusätzliche Property »ANREDKEY« im OData-Service »CB_CUSTOMER_SRV«

13.4.2 Die Annotationsdatei anpassen

Damit das zusätzliche Feld ANREDKEY und auch das bisher vorhandene, aber nicht angezeigte Feld Titel im Fact Sheet **Kunde** angezeigt werden, müssen Sie die Annotationsdatei anpassen. Dazu legen Sie zunächst im Object Navigator (Transaktion SE80) eine kundeneigene BSP-Anwendung an und kopieren die Original-Annotationsdatei dort hinein. Die Kopie können Sie dann anpassen.

Kopieren

Zum Kopieren wählen Sie im Object Navigator im Navigationsbereich links aus der Dropdown-Liste den Eintrag **BSP-Applikation**, tragen den Namen der Original-BSP-Applikation, »BSCBN_ANF_SDMD«, in das Eingabefeld darunter ein und drücken die Eingabetaste. Daraufhin wird Ihnen die BSP-Anwendung angezeigt. Klicken Sie mit der rechten Maustaste auf den Namen der Anwendung im Navigationsbaum, und wählen Sie **Kopieren** aus dem Kontextmenü aus. Vergeben Sie einen Namen für Ihre neue BSP-Applikation, z. B. »ZOOCBN_ANF_SDMD«, und bestätigen Sie mit der Eingabetaste.

Anrede und Adresse einfügen

Editieren Sie nun die kopierte Annotationsdatei. Suchen Sie zunächst nach der Stelle, wo die Informationen zum Buchungskreis ausgegeben werden, indem Sie nach dem String CompanyCodeName suchen. Wir sind am zweiten Treffer innerhalb des Annotationselements mit dem Term-Attribut UI.Badge interessiert, das Sie in Listing 13.4 sehen.

```
<Annotation Term="UI.Badge">
 <Record>
   ..
   <PropertyValue Property="Title">
   <Record Type="UI.DataField">
    <PropertyValue Property="Value">
     <Apply Function="odata.concat">
      <Path>CompanyCodeName</Path>
      <String><![CDATA[ ]]> </String>
      <String><![CDATA[ (]]></String>
      <Path>CompanyCode</Path>
      <String><![CDATA[) ]]></String>
      <String><![CDATA[ ]]> </String>
      <Path>FormOfAddressCC</Path>
      <String><![CDATA[ ]]> </String>
      <String><![CDATA[ (]]></String>
      <Path>ANREDKEY</Path>
      <String><![CDATA[) ]]></String>
     </Apply>
```

```
    </PropertyValue>
   </Record>
  </PropertyValue>
   ...
 </Record>
</Annotation>
```

Listing 13.4 Anzeige der Anrede und des Anredeschlüssels neben dem Buchungskreis

Der einzufügende Code ist in Listing 13.4 fett gedruckt. Ursprünglich werden zur Anzeige der Buchungskreise nur der Name des Buchungskreises (CompanyCodeName) und dahinter in Klammern die Nummer des Buchungskreises (CompanyCode) ausgegeben. Wir geben nun zusätzlich noch die Anrede (FormOfAddressCC) und dahinter in Klammern den Anredeschlüssel (ANREDKEY) aus.

Anrede und Name bei Adresse anzeigen

Suchen Sie nun nach dem String StreetAddressName. An dieser Stelle wird die Ausgabe der Adresse konfiguriert. Fügen Sie oberhalb des gefundenen Record-Elements das zusätzliche Record-Element ein, das in Listing 13.5 fett gedruckt ist. In diesem Element werden Titel (FormOfAddress) und Kundenname (CustomerName und CustomerAdditionalName) ausgegeben.

```
<Annotation Term="UI.Identification">
 <Collection>
  <Record Type="UI.DataField">
   <Annotation Term="UI.Importance"
             EnumMember="UI.ImportanceType/High"/>
    <PropertyValue Property="Value">
     <Apply Function="odata.concat">
      <Path>FormOfAddress</Path>
      <String><![CDATA[ ]]> </String>
      <Path>CustomerName</Path>
      <String><![CDATA[ ]]> </String>
      <Path>CustomerAdditionalName</Path>
     </Apply>
    </PropertyValue>
  </Record>
  <Record Type="UI.DataField">
   <Annotation Term="UI.Importance"
             EnumMember="UI.ImportanceType/High"/>
   <PropertyValue Property="Value"
                Path="StreetAddressName"/>
  </Record>
```

```
  ...
 </Collection>
</Annotation>
```

Listing 13.5 Anzeige von Anrede und Name bei der Adresse

Sichern Sie nun Ihre angepasste Annotationsdatei, und aktivieren Sie Ihre BSP-Anwendung.

13.4.3 Konfiguration des SAP Fiori Launchpads

Damit die generische SAP-Fiori-App für Fact Sheets Ihre Annotationsdatei verwendet, müssen Sie in Transaktion LPD_CUST die LPD_CUST-Anwendung **Infoblatt für Kundenstammdaten** im LPD_CUST Launchpad mit der Rolle UIAPSD01 und der Instanz FACTSHEETS anpassen.

LPD_CUST-Anwendung anpassen

Öffnen Sie dazu zunächst das Launchpad und dann die Anwendung in Transaktion LPD_CUST. Klicken Sie auf **Erweiterte (optionale) Parameter einblenden** und danach auf das **Edit**-Icon in der Zeile **Zielanwendungsparam**. Ändern Sie im Textfeld die annotationURI, und tragen Sie dort anstelle der Original-BSP-Anwendung (BSCBN_ANF_SDMD) Ihre BSP-Anwendung (ZOOCBN_ANF_SDMD) ein, wie dies in Abbildung 13.20 dargestellt ist. Sichern Sie Ihre Änderungen.

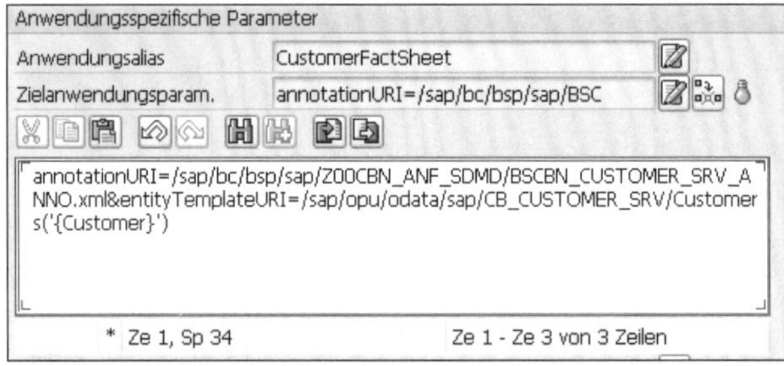

Abbildung 13.20 Konfiguration der anwendungsspezifischen Parameter für das SAP Fiori Launchpad

Nutzerzuordnung prüfen

Die Zielzuordnungskachel, die auf diese LPD_CUST-Anwendung verweist (identifiziert über den Anwendungsalias CustomerFactSheet), ist im Launchpad-Katalog SAP_SD_TC_F definiert. Die PFCG-Rolle auf dem Frontend, die auf diesen Katalog verweist, heißt SAP_SD_TCR_T. Die Anwender, die das Fact Sheet für Kunden nutzen möchten, müssen also auf dem Frontend-Server Mitglied dieser Rolle sein.

Ergebnis

Wenn Sie sich nun im SAP Fiori Launchpad erneut einen Kunden im Fact Sheet für Kunden anzeigen lassen, sollten Sie die zusätzlichen Felder so wie in Abbildung 13.21 sehen: Bei den allgemeinen Informationen werden oberhalb der Adresse zusätzlich Anrede und Kundenname ausgegeben, in der Liste der Buchungskreise zusätzlich Anrede und Anredeschlüssel.

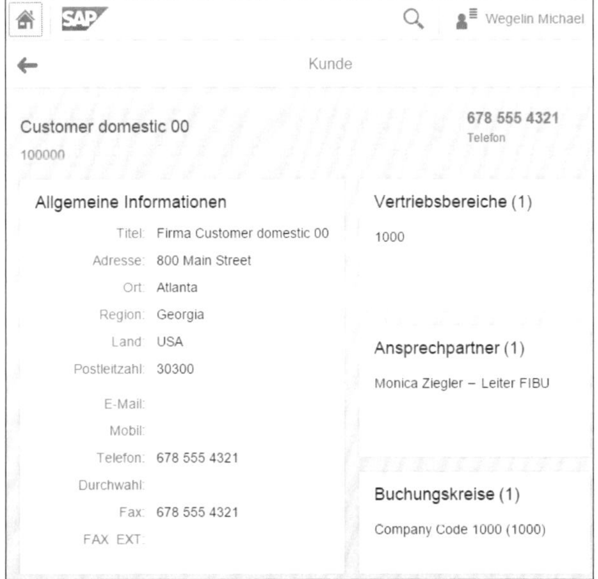

Abbildung 13.21 Das erweiterte Fact Sheet für Kunden

13.5 Erweiterung des User Interfaces

Für Transactional Apps und die Analytical Apps, die nicht die generische Drilldown-App verwenden, können Sie das User Interface über die Techniken erweitern, die die SAPUI5-Bibliothek vorsieht. Im Einzelnen haben Sie folgende Möglichkeiten:

- **Views erweitern**
  Falls ein Standard-View Erweiterungspunkte enthält, können Sie an diesen Stellen zusätzliche Controls einfügen (siehe Abschnitt 13.5.2, »Views erweitern«).
- **Views ersetzen**
  Sie können Standard-Views auch komplett durch eigene Views ersetzen. In diesem Fall können Sie den Standard-Controller verwenden oder einen eigenen Controller schreiben (siehe Abschnitt 13.5.7, »Views ersetzen«).
- **Views modifizieren**
  Sie können einzelne Controls auch ausblenden lassen (siehe Abschnitt 13.5.6, »Views modifizieren«).

- **Controller erweitern**
  Wenn Sie einen View erweitern, können Sie den vorhandenen Controller unverändert weiternutzen oder ihn mit neuen Methoden erweitern bzw. mit bestehenden Methoden überschreiben (siehe Abschnitt 13.5.5, »Erweiterung von Controllern«).
- **i18n-Texte erweitern**
  Sie können vorhandene Texte durch eigene Texte ersetzen und zusätzliche Texte hinzufügen (siehe Abschnitt 13.5.3, »Erweiterung von Texten«).
- **Services konfigurieren**
  Sie können die OData-Service-URLs, die von den OData-Modellen verwendet werden, durch eigene URLs ersetzen (siehe Abschnitt 13.5.4, »Konfiguration von Service-URLs«).
- **Routings konfigurieren**
  Sie können Navigationsrouten konfigurieren und neue Navigationsrouten hinzufügen (siehe Abschnitt 13.5.8, »Konfiguration der Navigations-Routings«).

Erweiterungskomponente

Die Basis für all diese Erweiterungen ist eine eigene *Erweiterungskomponente*, die die Standard-SAP-Komponente erweitert. In den Metadaten Ihrer Erweiterungskomponente beschreiben Sie im Einzelnen, welche Erweiterungsmöglichkeiten Sie nutzen. Zur Laufzeit werden vom Browser sowohl die Original-SAP-Dateien als auch die Dateien Ihres Erweiterungsprojekts geladen und zusammengeführt. Die Standard-Views werden um die konfigurierten Erweiterungsfragmente ergänzt; die Standard-Controller erhalten die zusätzlichen und modifizierten Komponenten aus Ihrem Erweiterungsprojekt, und die i18n-Texte aus beiden Projekten werden zusammengeführt.

Metadaten

Die Erweiterungsmetadaten werden in der Erweiterungskomponente **Component.js** definiert. In dieser Datei wird die Standardkomponente über den Aufruf der `extend`-Methode erweitert. Dieser Methode wird ein JSON-Objekt namens `metadata` übergeben, das drei weitere Objekte mit den folgenden Namen enthält:

- `config`
  enthält Kindobjekte mit den folgenden Namen:
  - `sap.ca.i18Nconfigs` für benutzerdefinierte i18N Property Bundles
  - `sap.ca.serviceConfigs` zum Konfigurieren eigener OData URLs
- `customizing`
  enthält Kindobjekte mit den folgenden Namen:
  - `sap.ui.viewExtensions` zum Erweitern von Standard-Views
  - `sap.ui.viewModifications` zum Ausblenden von View Controls

   - `sap.ui.viewReplacements` zum Ersetzen von Standard-Views
   - `sap.ui.controllerExtensions` zum Erweitern von Standard-Controllern
- `routing`
  wird verwendet, um Standardrouten innerhalb der Komponente zu ändern bzw. zu ergänzen

In den folgenden Abschnitten zeigen wir verschiedene Beispiele für den Aufbau des `metadata`-Objekts.

Projektschritte

Für ein Erweiterungsprojekt müssen Sie die folgenden Schritte durchlaufen:

1. **Erweiterungsprojekt vorbereiten**
   Sie legen das Erweiterungsprojekt mit der Erweiterungskomponente in SAP Web IDE an und laden dabei die Originalkomponente vom Frontend-Server nach SAP Web IDE (siehe Abschnitt 13.5.1, »Das Erweiterungsprojekt vorbereiten«).
2. **Erweiterungen programmieren und testen**
   Nun programmieren Sie Ihre Erweiterungen, pflegen dabei die Erweiterungsmetadaten und testen in SAP Web IDE (siehe Abschnitt 13.5.2, »Views erweitern«, bis Abschnitt 13.5.8, »Konfiguration der Navigations-Routings«).
3. **Erweiterungen hochladen und konfigurieren**
   Zum Schluss laden Sie Ihr Erweiterungsprojekt auf den Frontend-Server hoch und konfigurieren das SAP Fiori Launchpad so, dass es Ihre Erweiterungskomponente anstelle der originalen SAP-Komponente nutzt (siehe Abschnitt 11.1, »SAP Gateway und OData-Services«).

In den folgenden Abschnitten beschreiben wir die Vorgehensweise anhand einer Erweiterung der SAP-Fiori-App **Meine Angebote**.

13.5.1 Das Erweiterungsprojekt vorbereiten

Um in SAP Web IDE ein Erweiterungsprojekt zu erstellen, wählen Sie den Eintrag **File • New • Extension Project** (siehe Abbildung 13.22).

Wählen Sie im nächsten Schritt die Originalanwendung SD_MYQUOTES aus dem Repository des Frontend-Servers aus, und vergeben Sie einen Namen für das Erweiterungsprojekt (siehe Abbildung 13.23). Selektieren Sie das Auswahlfeld **Import original application**, um die Originalanwendung in SAP Web IDE zu importieren, damit Sie dort den Code analysieren können.

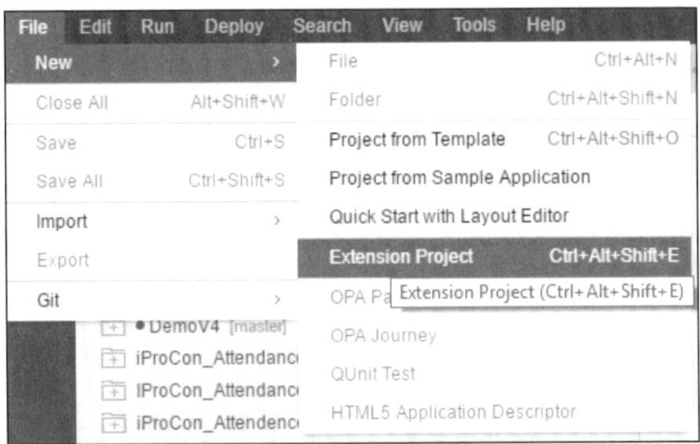

Abbildung 13.22 Ein Erweiterungsprojekt in SAP Web IDE anlegen

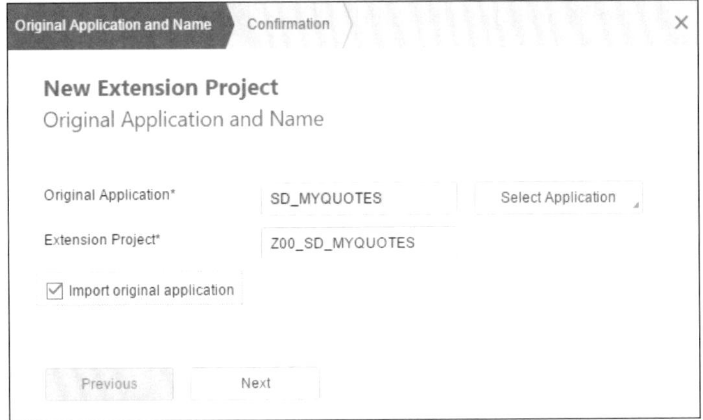

Abbildung 13.23 Originalanwendung und Erweiterungsprojekt

Nachdem Sie das Erweiterungsprojekt angelegt haben, wird es von SAP Web IDE mit dem Werkzeug *Extensibility Pane* geöffnet. Das Werkzeug erlaubt das Definieren der Struktur der zu erweiternden Anwendung sowie das Anlegen von Erweiterungen. Schließen Sie das Werkzeug wieder, und schauen Sie sich zunächst die beiden neuen Projekte an. Das Projekt SD_MYQUOTES enthält die Dateien der Originalanwendung. Ihr Erweiterungsprojekt ZOO_SD_MYQUOTES umfasst nur zwei Dateien: Die Datei **Component.js** enthält den Code der Erweiterungskomponente, und die Datei **index.html** dient zum Testen. Listing 13.6 zeigt den Code von **Component.js**. Dabei haben wir den generierten Namen für die Komponente geändert. Er lautet nun `z00cus.sd.myquotations.Component`.

```
jQuery.sap.declare("z00cus.sd.myquotations.Component");
sap.ui.component.load({
```

```
  name: "cus.sd.myquotations",
  url: jQuery.sap.getModulePath("z00cus.sd.myquotations") +
       "/../SD_MYQUOTES"
});

cus.sd.myquotations.Component.extend(
  "z00cus.sd.myquotations.Component",
  {
    metadata: {
      version: "1.0",
      config: {},

      customizing: { }
    }
  }
);
```

Listing 13.6 Definition einer Erweiterungskomponente

Der Code deklariert zunächst die Erweiterungskomponente unter dem Namen `z00cus.sd.myquotations.Component`. Anschließend wird die originale SAP-Komponente `cus.sd.myquotations.Component` geladen. Beachten Sie, dass dabei nur der Namensraum `cus.sd.myquotations`, nicht aber der Klassenname `Component` angegeben wird. Mit der `extend`-Methode wird dann die Originalkomponente erweitert. Als erstes Argument wird der `extend`-Methode der Name der Erweiterungskomponente übergeben; das zweite Argument enthält die Erweiterungskonfiguration.

Sie können Ihre Erweiterungskomponente in SAP Web IDE nun schon testen. Klicken Sie dazu einfach mit der rechten Maustaste auf die Datei **index.html**, und wählen Sie **Run • Run As • Web Application** aus dem Kontextmenü aus. Ihre Erweiterungskomponente sollte sich genauso verhalten wie die Originalkomponente (siehe Abbildung 13.24).

Manchmal klappt das Laden der Originalkomponente nicht einwandfrei. In der Entwicklerkonsole sehen Sie auf der Registerkarte **Network** an der Stelle, an der die Originalkomponente geladen wird, den HTTP-Fehler 403. Wenn Sie mit der rechten Maustaste auf die entsprechende Zeile klicken, können Sie die URL in einer neuen Chrome-Registerkarte öffnen lassen. Dann werden Sie nach Ihren Anmeldedaten für den Frontend-Server gefragt. Sobald Sie diese Daten eingegeben haben, wird die Komponente geladen.

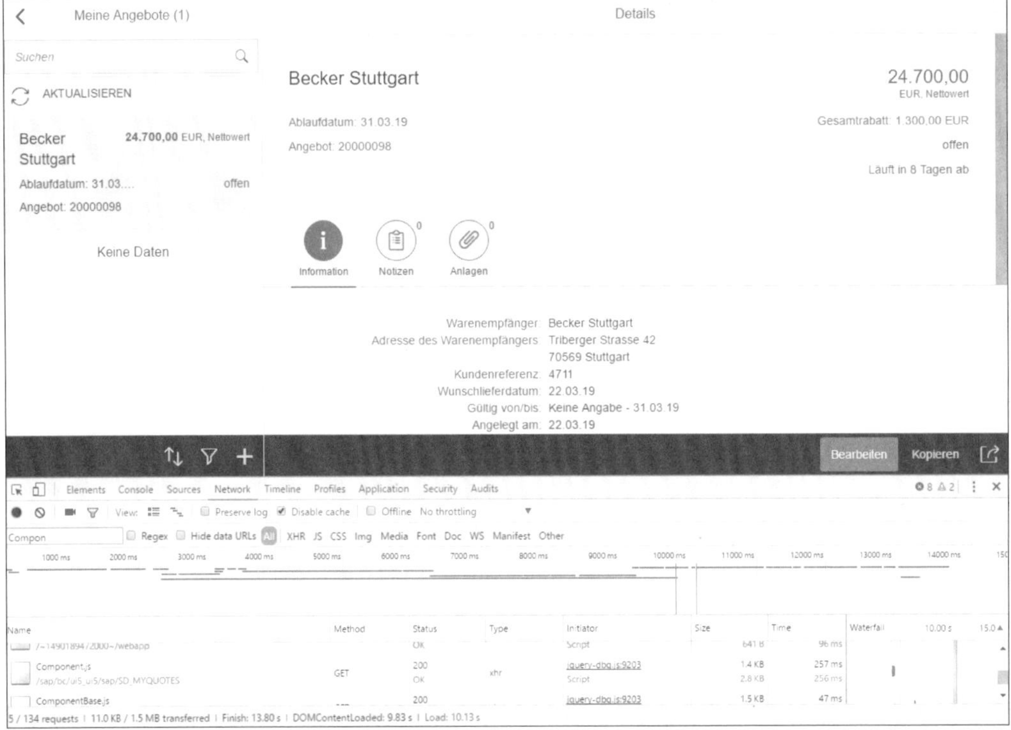

Abbildung 13.24 Die Erweiterungskomponente in SAP Web IDE

13.5.2 Views erweitern

Sie können Views an den Stellen, die die SAP-Entwickler dafür vorgesehen haben, durch zusätzliche Controls erweitern. Diese Stellen werden durch das XML-Element `<core:ExtensionPoint name="xxx"/>` im originalen XML View markiert. Jeder Erweiterungspunkt hat dabei einen eindeutigen Namen, der im Attribut `name` festgelegt wird. In der SAP-Fiori-App **Meine Angebote** gibt es insgesamt 13 dieser Erweiterungspunkte.

Neues Textfeld hinzufügen

Für unser Beispiel möchten wir den Erweiterungspunkt `extQuotationDetailsInfoTop` im View `S3.view.xml` nutzen. Dieser Erweiterungspunkt befindet sich am Anfang des Formulars, in dem die Adresse des Warenempfängers ausgegeben wird. An diesem Punkt möchten wir ein zusätzliches Textfeld mit der Anrede des Empfängers und ein dazugehöriges Label anzeigen.

In SAP Web IDE können Sie diese Erweiterungspunkte sehr einfach nutzen. Wählen Sie dazu Ihr Erweiterungsprojekt aus, und nutzen Sie das Menü **Tools • Extensibility Pane**. Sie sehen nun, welche Erweiterungsmöglichkeiten die Originalanwendung bietet (siehe Abbildung 13.25).

Abbildung 13.25 Erweiterungspunkte in der Extensibility Pane

Wählen Sie den Erweiterungspunkt **extQuotationDetailsInfoTop** aus, und klicken Sie dann auf **Extend • Extend View/Fragment**. Dadurch wird in Ihrem Erweiterungsprojekt im Ordner **view** eine Datei namens **S3_extQuotationDetailsInfoTopCustom.fragment.xml** angelegt. Dort können Sie die Fragmentdefinition in Listing 13.7 codieren.

```
<core:FragmentDefinition xmlns="sap.m"
    xmlns:core="sap.ui.core">
  <Label text="{i18n>EXT_TITLE}" />
  <Text text="{shipTo>/Title}" />
</core:FragmentDefinition>
```

Listing 13.7 View-Fragment für Erweiterung

Das Fragment enthält ein `Label`- und ein `Text`-Control. Das Label bezieht seinen Text aus dem Model-Attribut `EXT_TITLE` des Internationalisierungsmodells `i18n`. Wir müssen also noch eine Erweiterungsdatei für die internationalisierten Texte bereitstellen, die einen Text mit diesem Schlüssel enthält. Das `Text`-Control bezieht seinen Inhalt aus dem `Title`-Attribut des `shipTo`-Models. Dieses bezieht seine Daten vom OData-Service `LORD_MY_QUOTATION`. Hier müssen wir also dafür sorgen, dass stattdessen unser erweiterter Service genutzt wird.

Anzeige festlegen

Damit Ihr Fragment an der Stelle des Erweiterungspunkts auch angezeigt wird, müssen Sie in den Metadaten der Erweiterungskomponente **Component.js** die entsprechenden Informationen angeben. Das Werkzeug Extensibility Pane hat schon dafür gesorgt, dass die Konfiguration für den genutzten Erweiterungspunkt eingefügt wurde. Die Konfiguration für die Texterweiterung und für die neue Service-URL müssen Sie hingegen selbst eintragen. Listing 13.8 zeigt die Konfiguration.

```
jQuery.declare("z00cus.sd.myquotations.Component");
sap.ui.component.load({
  name: "cus.sd.myquotations",
  url: jQuery.sap.getModulePath("z00cus.sd.myquoations") +
        "../SD_MYQUOTES"
});

cus.sd.myquotations.Component.extend(
  "z00cus.sd.myquotations.Component",
  {
    metadata: {
      "customizing": {
        "sap.ui.viewExtensions": {
          "cus.sd.myquotations.view.S3" : {
            "extQuotationDetailsInfoTop": {
              className: "sap.ui.core.Fragment",
              fragmentName: "z00cus.sd.myquotations.view.
                      S3_extQuotationDetailsInfoTopCustom",
              type: "XML"
            }
          }
        }
      },
      "config": {
        "sap.ca.i18Nconfigs": {
          "bundleName": "z00cus.sd.myquotations.i18n.
                      i18n_custom"
        },
        "sap.ca.serviceConfigs": [{
          name: "lord_my_quotation_srv",
          serviceUrl: "/sap/opu/odata/sap/
                      Z00_LORD_MY_QUOTATION_SRV"
        }]
      }
```

```
    }
  }
);
```

Listing 13.8 Konfiguration der View-Erweiterung, der Texterweiterung und der Service-URL in der Erweiterungskomponente

Die View-Erweiterung wird innerhalb des `metadata`-Objekts in einem `customizing`-Objekt übergeben. Der Schlüssel `sap.ui.viewExtensions` enthält eine Liste der erweiterten Views, in unserem Fall `cus.sd.view.S3`. Darin sind die genutzten Erweiterungspunkte aufgelistet, hier also der Erweiterungspunkt `extQuotationDetailsInfoTop`. Die Erweiterung selbst ist mit Klassenname, Fragmentname und Fragmenttyp spezifiziert.

Listing 13.8 zeigt auch die Konfiguration der Texterweiterungen und der Service-URL, auf die wir in den nächsten beiden Abschnitten eingehen.

13.5.3 Erweiterung von Texten

Sie können eine SAP-Fiori-App mit zusätzlichen lokalisierbaren UI-Texten erweitern und die vorhandenen Texte durch eigene Texte ersetzen.

Erstellen Sie dazu unterhalb des Ordners **webapp** in Ihrem Erweiterungsprojekt den Unterordner **i18n**. Legen Sie in diesem Unterordner eine Textdatei mit der Erweiterung **.properties** an, z. B. **i18n_custom.properties**. In dieser Datei können Sie dann neue Texte mit neuen Schlüsseln unterbringen bzw. vorhandene Textschlüssel mit neuen Texten versehen: `EXT_TITLE=Title`.

Diese Texte können Sie selbstverständlich übersetzen. Dazu legen Sie für jede Sprache eine Kopie dieser Datei an, die ein Sprachsuffix für die entsprechende Sprache bekommt, also z. B. **i18n_custom_de.properties** für Deutsch. In den Kopien können Sie die Texte dann übersetzen, wie dies im folgenden Beispiel für Deutsch zu sehen ist.

```
EXT_TITLE=Anrede
```

Ihre Texterweiterungen registrieren Sie innerhalb des `metadata`-Objekts Ihrer Erweiterungskomponente im `customizing`-Objekt. Dieses enthält unter dem Schlüssel `sap.ca.i18Nconfigs` den Namen des Property Bundles mit den Texterweiterungen, in unserem Fall also `z00cus.sd.myquotations.i18n.i18n_custom`.

13.5.4 Konfiguration von Service-URLs

Die Service-URLs, die eine SAP-Fiori-App verwendet, können Sie in Ihrer Erweiterungskomponente ebenfalls konfigurieren. Dies wird am Ende von Listing 13.8 gezeigt. Innerhalb des `config`-Objekts im `metadata`-Objekt geben Sie unter dem Schlüssel `sap.ca.serviceConfigs` ein Array von Servicekonfigurationsobjekten an. Zu jedem Service geben Sie dessen Namen und dessen URL an.

Namen vergeben

Bei der Neukonfiguration der Service-URL wird der OData-Service über den Wert des Schlüssels `name` identifiziert. Daher müssen Sie hier denselben Namen wie in der Originalkomponente verwenden. Die Namen der OData-Services finden Sie in der Konfigurationsdatei **Configuration.js** der Originalkomponente. An dieser Stelle können Sie nun Ihr Erweiterungsprojekt in SAP Web IDE testen. Ihre Erweiterungskomponente sollte nun wie in Abbildung 13.26 das zusätzliche Feld mit den Daten aus Ihrem erweiterten OData-Service anzeigen.

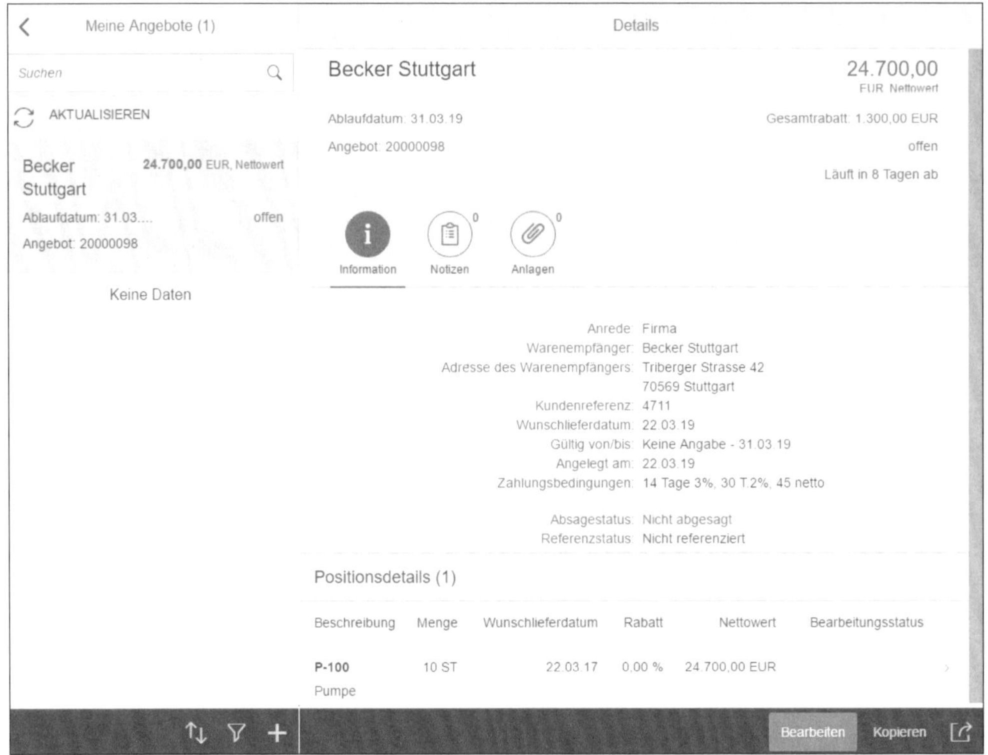

Abbildung 13.26 Anzeige des Zusatzfeldes in der Erweiterung des Views

13.5.5 Erweiterung von Controllern

Wenn Sie einen View erweitern, ist es oft notwendig, dass Sie auch den Standard-Controller dieses Views erweitern, falls Sie diesem neue Methoden hinzufügen oder bestehende Funktionen ändern möchten.

Auch dabei kann Sie Extensibility Pane unterstützen, wie Sie aus Abbildung 13.27 ersehen können.

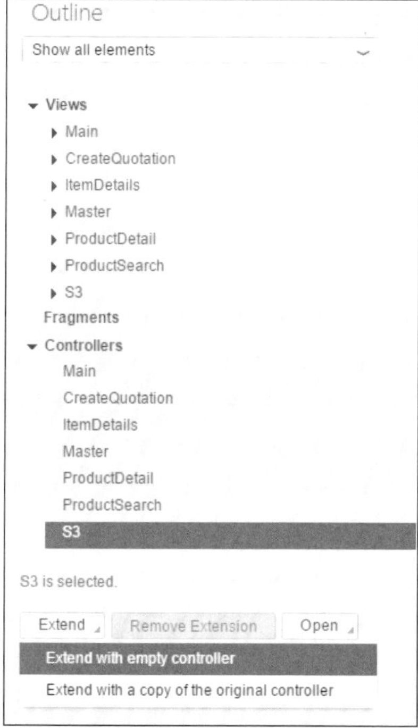

Abbildung 13.27 Erweiterung eines Controllers

Wählen Sie in Extensibility Pane den Eintrag **Extend • Extend with empty controller** aus. Dadurch wird in Ihrem Erweiterungsprojekt im Unterverzeichnis **views** eine neue JavaScript-Datei namens **S3Custom.controller.js** angelegt. In dieser Datei definieren Sie einen Erweiterungs-Controller – genauso wie einen normalen Controller.

Controller registrieren

Erst durch die Registrierung im `customizing`-Objekt innerhalb des `metadata`-Objekts Ihrer Erweiterungskomponente wird er zum Erweiterungs-Controller für den Original-Controller. Doch auch dafür sorgt das Werkzeug Extensibility Pane. Listing 13.9 zeigt die Registrierungsdaten.

```
"sap.ui.controllerExtension" : {
  "cus.sd.myquotations.view.S3" : {
     controllerName: "z00cus.sd.myquotations.view.S3Custom"
  }
}
```

Listing 13.9 Metadaten für eine Controller-Erweiterung

Unterhalb des Schlüssels `sap.ui.controllerExtension` listen Sie die Views auf, deren Controller Sie erweitern möchten, in unserem Fall also den View `cus.sd.myquotations.view.S3`. Im Attribut `controllerName` geben Sie den Namen des Erweiterungs-Controllers an, hier also `z00cus.sd.myquotations.view.S3Custom`.

Erweiterungs-Controller

Listing 13.10 zeigt ein rudimentäres Beispiel für die Implementierung eines Erweiterungs-Controllers, der mit der Methode `sap.ui.controller` definiert wird. Das erste Argument ist der Name des Controllers, hier also `z00cus.sd.myquotations.view.S3Custom`; das zweite Argument ist ein Objektliteral, in dem die Funktionen des Controllers definiert werden.

```
sap.ui.controller(
  "z00cus.sd.myquotations.view.S3Custom", {
  onInit: function() {
    console.log("onInit from S3 enhancement");
    // get reference of original loadQuotation method
    this.fnSuper_loadQuotation =
      cus.sd.myquotations.view.S3.prototype.loadQuotation;
  },
  myNewFunction: function() {
    console.log("myNewFunction from S3 enhancement");
  },
  loadQuotation: function(q) {
    console.log("loadQuotation from S3 enhancement");
    // call original loadQuotation method
    this.fnSuper_loadQuotation(q);
  }
});
```

Listing 13.10 Erweiterungs-Controller

Reihenfolge der Ausführung

Zur Laufzeit mischt die SAPUI5-Bibliothek den Code des originalen und des Erweiterungs-Controllers miteinander auf folgende Art und Weise:

- Die Standardmethoden `onInit()` und `onAfterRendering()` des Erweiterungs-Controllers werden *nach* den entsprechenden Methoden des Original-Controllers ausgeführt.
- Die Standardmethoden `onExit()` und `onBeforeRendering()` des Erweiterungs-Controllers werden *vor* den entsprechenden Methoden des Original-Controllers ausgeführt.
- Bei allen anderen Methoden, die in beiden Controllern definiert sind, wird *nur* die Methode des Erweiterungs-Controllers ausgeführt. Diese Methoden werden also komplett ersetzt.
- Alle anderen Methoden können in der View-Erweiterung unabhängig davon genutzt werden, ob sie im Original- oder im Erweiterungs-Controller definiert wurden.

Der Erweiterungs-Controller in Listing 13.10 definiert drei Methoden. Die `onInit`-Methode ergänzt die originale `onInit`-Methode und wird nach dieser ausgeführt. Innerhalb dieser zusätzlichen Initialisierung speichert der Erweiterungs-Controller eine Referenz auf die originale `loadQuotation`-Methode im Attribut `fnSuper_loadQuotation`. Die Methode `myNewFunction` ist neu und kann in der View-Erweiterung zusätzlich genutzt werden. Die Methode `loadQuotation` ersetzt die gleichnamige Methode des Original-Controllers komplett. Das Listing illustriert dabei die Technik, dass aus der Ersetzungsmethode heraus die Originalmethode dennoch gerufen werden kann, wenn in der `onInit`-Methode eine Referenz auf die Originalmethode gespeichert wird.

Hook-Methoden

Manchmal stellen die SAP-Programmierer in den Standard-Controllern auch sogenannte *Hook-Methoden* bereit und dokumentieren deren Nutzung in der SAP-Online-Hilfe. Die Vorgehensweise auf der SAP-Seite ist dabei folgendermaßen:

1. Der SAP-Programmierer identifiziert in seinem Controller-Code strategisch wichtige Stellen, an denen ein Absprung in kundeneigenes Coding nützlich sein könnte.
2. Der SAP-Programmierer definiert und dokumentiert eine Methode für die Kundenerweiterung und deren Übergabeargumente.
3. Der SAP-Programmierer testet in seinem eigenen Code, ob die Kundenerweiterung existiert, und ruft sie in diesem Fall auf.

Listing 13.11 zeigt ein Beispiel, wie ein SAP-Programmierer in einer Controller-Methode zuerst prüfen kann, ob auf Kundenseite die von ihm definierte und dokumentierte Hook-Methode `onDataReceived` implementiert wurde und wie er sie dann aufruft.

```
//
if(this.onDataReceived)
  this.onDataReceived(oSomeData);
//
```

Listing 13.11 Aufruf einer Hook-Methode auf SAP-Seite

Auf Kundenseite können Sie diese Erweiterung folgendermaßen nutzen:

1. Sie definieren einen Erweiterungs-Controller, der die vom SAP-Programmierer definierte und dokumentierte Hook-Methode implementiert.
2. Sie registrieren diesen Erweiterungs-Controller in Ihrer Erweiterungskomponente.

Listing 13.12 zeigt ein Beispiel für die Implementierung der Hook-Methode `onDataReceived` im Erweiterungs-Controller `z00cus.sd. myquotations.view. S3Custom`. Die SAPUI5-Bibliothek mischt dann, wie oben beschrieben, die Implementierung der Hook-Methode in den Original-Controller. Diese Implementierung kann daher aus dem Code des Original-Controllers heraus aufgerufen werden. Die Erweiterungstechnik ähnelt den alten User Exits, die Sie vielleicht von ABAP her kennen.

```
sap.ui.controller(
  "z00cus.sd.myquotations.view.S3Custom", {
  onDataReceived: function(oData) {
    console.log("onDataReceived from S3 enhancement");
    console.log(oData);
  }
});
```

Listing 13.12 Implementierung einer Hook-Methode auf Kundenseite

13.5.6 Views modifizieren

Das Konzept der Modifikation von Views ist sehr einfach: Sie können die `visible`-Propertys von Controls eines Views auf `false` setzen, und diese Controls (und all ihre Kind-Controls) dadurch ausblenden. Dazu benötigen Sie die ID des auszublendenden Controls.

Schauen Sie sich als Beispiel den View `S3` der SAP-Fiori-App **Meine Angebote** an. In diesem View werden die Details eines Angebots angezeigt. Unten sehen Sie eine Liste der Angebotspositionen, die in einem Table Control dargestellt werden. Abbildung 13.28 zeigt, dass dieses Control die ID `listItems` hat.

S3.view.xml ×

```
        <Table id="listItems" headerText="{path:'quotation>/QuotationItemSet/results/length',
            <columns>
                <Column hAlign="Left" vAlign="Middle">
                    <header>
                        <Text text="{i18n>DESCRIPTION}"/>
                    </header>
                </Column>
                <Column  minScreenWidth="Tablet" demandPopin="true" hAlign="Right">
                    <header>
                        <Text text="{i18n>QUANTITY}" wrapping="true"/>
                    </header>
                </Column>
                <Column minScreenWidth="Tablet" demandPopin="true" hAlign="Right">
                    <header>
                        <Text text="{i18n>REQUESTED_DELIVERY_DATE}" wrapping="true"/>
                    </header>
                </Column>
```

Abbildung 13.28 Ausschnitt aus »S3.view.xml«

Control ausblenden

Um dieses Control auszublenden, selektieren Sie in der Extensibility Pane einfach das Control und wählen **Extend • Hide Control** aus. Dadurch wird im `customizing`-Objekt innerhalb des `metadata`-Objekts Ihrer Erweiterungskomponente ein Customizing-Objekt mit dem Schlüssel `sap.ui.viewModifications` angelegt. Dieses enthält eine Liste der Views, die Sie modifizieren möchten, in unserem Beispiel `cus.sd.myquotations.view.S3`. Darin wurde eine Liste der ausgeblendeten Objekte eingebettet, wie es Listing 13.13 zeigt.

```
"sap.ui.viewModifications": {
  "cus.sd.myquotations.view.S3" : {
    "listItems" : {
      "visible" : false
    }
  }
}
```

Listing 13.13 Modifikation eines Views

Abbildung 13.29 zeigt das Ergebnis. Die Liste mit den Angebotspositionen wird auf der Seite der Angebotsdetails nicht mehr angezeigt.

Abbildung 13.29 View-Modifikation

13.5.7 Views ersetzen

Sie können Standard-Views auch komplett durch eigene Views ersetzen. Als Beispiel ersetzen wir in der SAP-Fiori-App **Meine Angebote** den View `CreateQuotation.view.xml` durch einen eigenen View. Sie sehen diesen View in Abbildung 13.30. Er wird von der Original-App angezeigt, wenn Sie auf die **Bearbeiten**-Schaltfläche am unteren Ende der Ergebnisliste klicken.

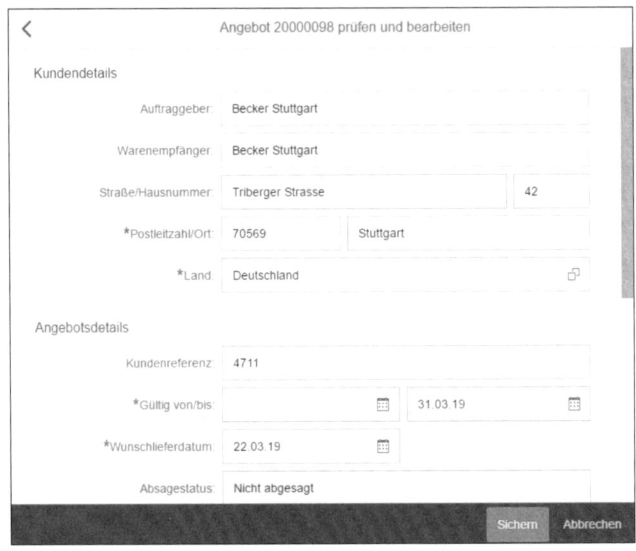

Abbildung 13.30 Der »CreateQuotation«-View

Wählen Sie dazu in der Extensibility Pane den zu ersetzenden View aus, und klicken Sie anschließend auf **Extend • Replace with Empty View** (siehe Abbildung 13.31).

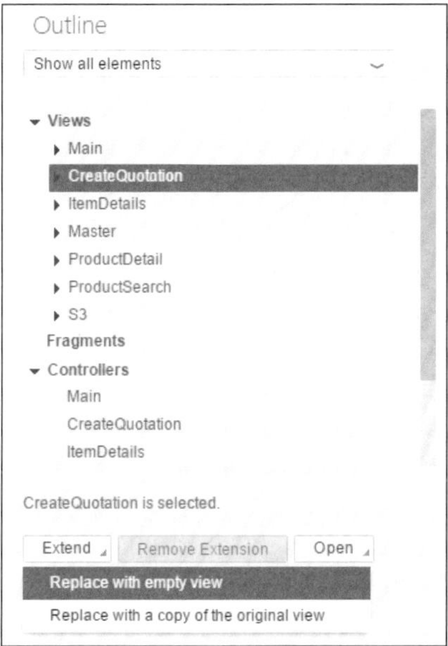

Abbildung 13.31 View ersetzen

Neuer View

Dadurch wird im Unterverzeichnis **view** im Verzeichnis **webapp** Ihres Erweiterungsprojekts ein neuer View mit dem Namen `CreateQuotationCustom.view.xml` angelegt. Listing 13.14 zeigt ein einfaches Beispiel für diesen View, der nur eine Seite mit einem Label und einem leeren Footer enthält. Beachten Sie, dass wir als `controllerName` einen leeren String übergeben.

```
<?xml version="1.0" encoding="UTF-8" standalone="no" ?>
<core:View xmlns:core="sap.ui.core" xmlns="sap.m"
           controllerName="">
  <Page class="sapUiFioriObjectPage" id="oPage">
    <Label text="Replacement View" />
    <footer>
      <Bar id="detailFooter">
      </Bar>
    </footer>
  </Page>
</core:View>
```

Listing 13.14 Replacement View

View registrieren

Listing 13.15 zeigt, wie der Replacement View innerhalb des customizing-Objekts innerhalb des metadata-Objekts in Ihrer Erweiterungskomponente registriert wurde. Innerhalb des Objekts mit dem Schlüssel sap.ui.viewReplacements werden die Views aufgelistet, die ersetzt werden sollen. In unserem Fall ist dies der View cus.sd.myquoations.view.CreateQuotation. Darin werden der View-Name des Replacement Views und dessen Typ angegeben.

```
"sap.ui.viewReplacements": {
  "cus.sd.myquotations.view.CreateQuotation" : {
    viewName: "z00cus.sd.myquotations.view.
                 CreateQuotationCustom",
    type: "XML"
  }
}
```

Listing 13.15 Metadaten für einen Replacement View

Wenn Sie nun auf die **Bearbeiten**-Schaltfläche Ihrer erweiterten SAP-Fiori-App klicken, sehen Sie den Replacement View in Abbildung 13.32.

Abbildung 13.32 Replacement View

Controller Replacement

Wenn Sie einen View ersetzen, können Sie den Controller des Original-Views weiterverwenden, indem Sie im Attribut controllerName des Replacement Views einfach den Namen des Original-Controllers angeben. Diesen Original-Controller können Sie selbstverständlich auch erweitern, wie wir es in Abschnitt 13.5.5, »Erweiterung von Controllern«, beschrieben haben. Sie können aber auch Ihren eigenen Controller schreiben und dessen Namen angeben. Damit ersetzen Sie den Original-Controller komplett. Da auf dem Replacement View in Listing 13.15 keine sinnvollen Aktionen stattfinden können, wurde der Controller komplett entfernt.

13.5.8 Konfiguration der Navigations-Routings

Die Standard-Routings für die Navigation in einer SAP-Fiori-App werden innerhalb der Standardkomponente in der Datei **Component.js** über eigene

Parameter konfiguriert. In einer Erweiterungskomponente können Sie diese Konfiguration im `routing`-Objekt innerhalb des `metadata`-Objekts modifizieren.

Listing 13.16 zeigt ein Beispiel für solch ein Konfigurationsobjekt. Das Attribut `pattern` ist ein String-Muster, das mit dem Hash in der URL verglichen wird. Passt das String-Muster zum Hash, dann wird diese Route verfolgt. Das Attribut `name` ist ein Name für das Routing, das innerhalb des Routers eindeutig sein muss. Der Name des Views, der angesteuert wird, setzt sich zusammen aus `viewPath` als Präfix und `view` als Suffix.

Genauere Informationen zu den Konfigurationsparametern für die Navigation finden Sie im SAPUI5 Developer Guide über *http://s-prs.de/v726837* unter **UI Development Toolkit for HTML5 (SAPUI5) • Building the UI • Navigation • Configuration Parameters for Navigation**.

```
metadata: {
  routing: {
    routes: [{
      subroutes: [{
        pattern: "detail/{contextPath}",
        viewPath: "z00cus.sd.myquotations.view",
        name: "Detail",
        view: "Z00_S3",
      }]
    }]
  }
}
```

Listing 13.16 Konfiguration von Navigations-Routings

13.5.9 Hochladen und Konfigurieren der Erweiterung

Nachdem Sie Ihr Erweiterungsprojekt abgeschlossen und lokal getestet haben, können Sie es auf den Frontend-Server als BSP-Anwendung hochladen.

Hochladen

Zum Hochladen klicken Sie mit der rechten Maustaste auf Ihr Erweiterungsprojekt in SAP Web IDE und wählen den Menüeintrag **Deploy • Deploy to SAPUI5 ABAP Repository**. Vergeben Sie einen Namen und eine Beschreibung für die neue BSP-Anwendung, und ordnen Sie sie einem Paket zu.

Abbildung 13.33 zeigt das hochgeladene Projekt als BSP-Applikation im Object Navigator.

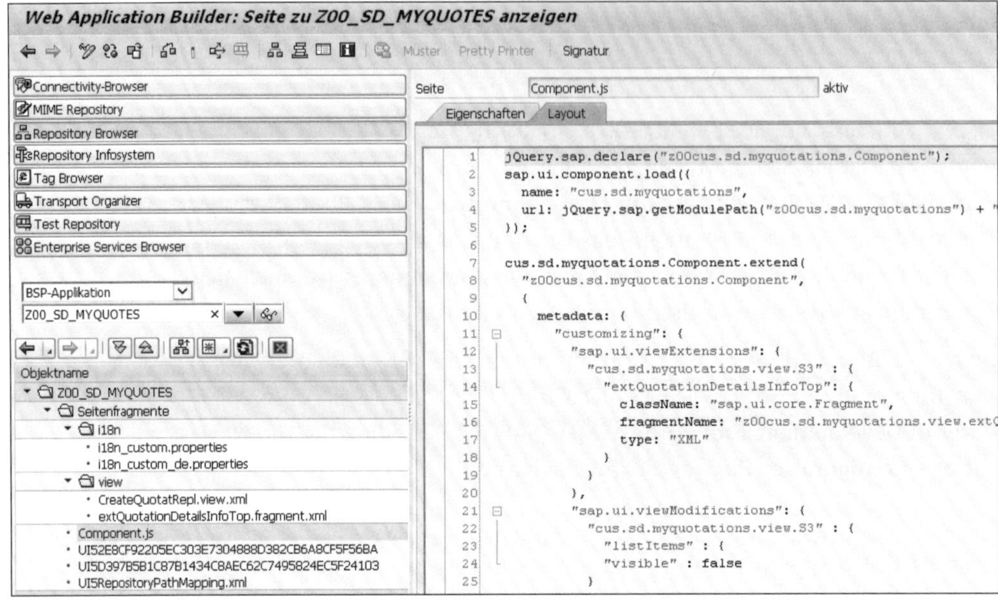

Abbildung 13.33 Das hochgeladene Projekt im Object Navigator

Konfiguration

Anschließend müssen Sie für Ihre erweiterte App die Launchpad-Konfiguration vornehmen. Dies funktioniert genauso wie bei einer Standard-SAP-Fiori-App. Der entscheidende Punkt ist das Anlegen der App in Transaktion LPD_CUST bzw. im SAP Fiori Launchpad Designer. Hier müssen Sie darauf achten, die richtige URL zur BSP-Anwendung und den richtigen Komponentennamen einzutragen. Vergeben Sie in Transaktion LPD_CUST auch einen eindeutigen Alias für Ihre Anwendung, den Sie dann in einer Zielzuordnungskachel im Launchpad Designer referenzieren.

SAP Fiori Launchpad verwenden

Auch hier gilt: Verwenden Sie nach Möglichkeit nicht mehr Transaktion LDP_CUST, sondern direkt den SAP Fiori Launchpad Designer. Die Verwendung von Transaktion LPD_CUST kann zu einer Beeinträchtigung der Performance führen.

13.6 Erweiterung der App »My Inbox« mit BAdIs

Mit der SAP-Fiori-App **My Inbox** können Workitems, die von einem SAP Business Workflow in die Inbox des Business Workplaces eines Nutzers gelegt wurden, innerhalb von SAP Fiori bearbeitet werden. In diesem Abschnitt zeigen wir Ihnen, wie diese App konfiguriert wird und wie die notwendigen Erweiterungen in Form von BAdIs programmiert werden. Zuvor fügen wir noch einen Abschnitt ein, um die wichtigsten Begriffe und Zusammenhänge von SAP Business Workflow kurz zu erläutern.

[«]

App »My Inbox«

Weiterführende Informationen zur Installation und zum Betrieb der App **My Inbox** finden Sie auf der dafür von SAP eingerichteten Seite unter *http://s-prs.de/v726834*.

13.6.1 Kurze Einführung zu SAP Business Workflow

SAP Business Workflow stellt auf jedem SAP NetWeaver AS ABAP eine Reihe von Werkzeugen bereit, mit denen Geschäftsprozesse so automatisiert werden können, dass anstehende Aufgaben in Form von *Workitems* an die zuständigen Bearbeiter weitergeleitet werden. Die Bearbeiter müssen also nicht erst mühsam ermitteln, welche Aufgaben für sie gerade anfallen (Pull-Prinzip), sondern die Aufgaben werden ihnen automatisch zugeordnet (Push-Prinzip). Ein gerne verwendeter Slogan in diesem Zusammenhang besagt, dass SAP Business Workflow die richtige Aufgabe zur richtigen Zeit den richtigen Bearbeitern zuordnet.

Business Workplace

SAP Business Workflow legt die Workitems in den Eingangsordner des *Business Workplaces*. Er ist der zentrale Arbeitsplatz zur Bearbeitung von Workitems und Nachrichten im Zusammenhang mit SAP Business Workflow. Sie öffnen ihn über Transaktion SBWP oder über das Icon im SAP-Easy-Access-Menü.

Abbildung 13.34 zeigt den Eingangsordner im Business Workplace eines Nutzers. Dort liegen 59 Workitems zur Bearbeitung durch diesen Nutzer bereit. Durch Doppelklick auf ein Workitem in der Workitem-Liste startet ein zugeordnetes Dialogprogramm, mit dem der Nutzer die anstehende Aufgabe bearbeiten kann. In diesem Beispiel sind es Urlaubsanträge von Mitarbeitern, die der Nutzer als deren Vorgesetzter prüfen muss.

Wie Abbildung 13.35 zeigt, kann der Vorgesetzte einen Urlaubsantrag genehmigen – in diesem Fall erhält der Mitarbeiter eine Nachricht in seinen Business Workplace – oder nicht genehmigen, indem er auf eine der beiden entsprechenden Schaltflächen in der Funktionsleiste klickt. Im Ablehnungsfall wird dem Mitarbeiter ein neues Workitem in seinen Business Workplace gelegt, mit dem er den Urlaubsantrag zurückziehen oder überarbeiten und erneut vorlegen kann.

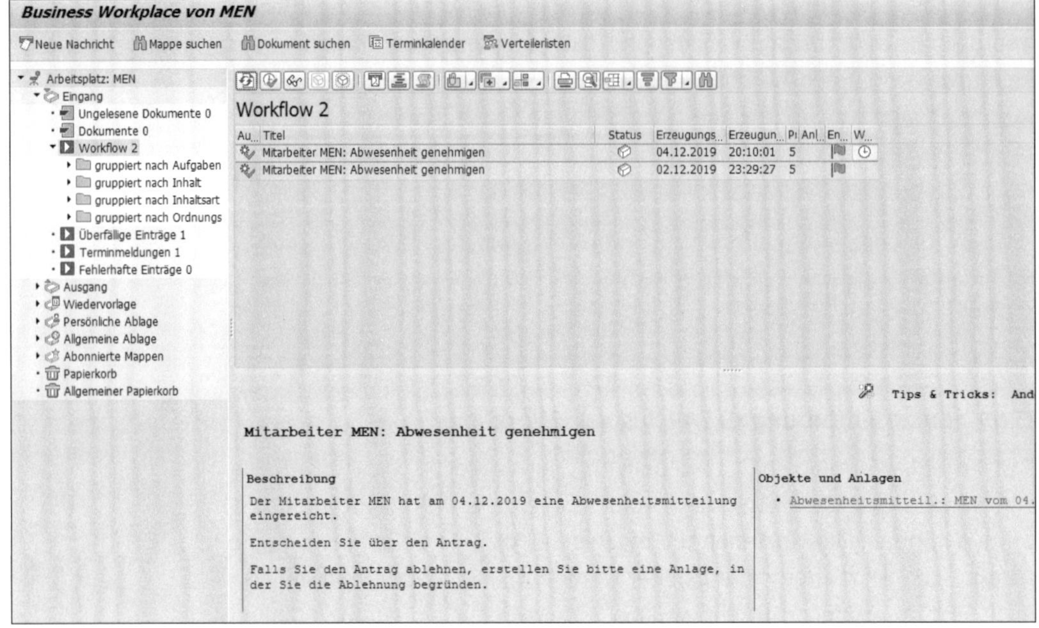

Abbildung 13.34 Eingangsordner im Business Workplace

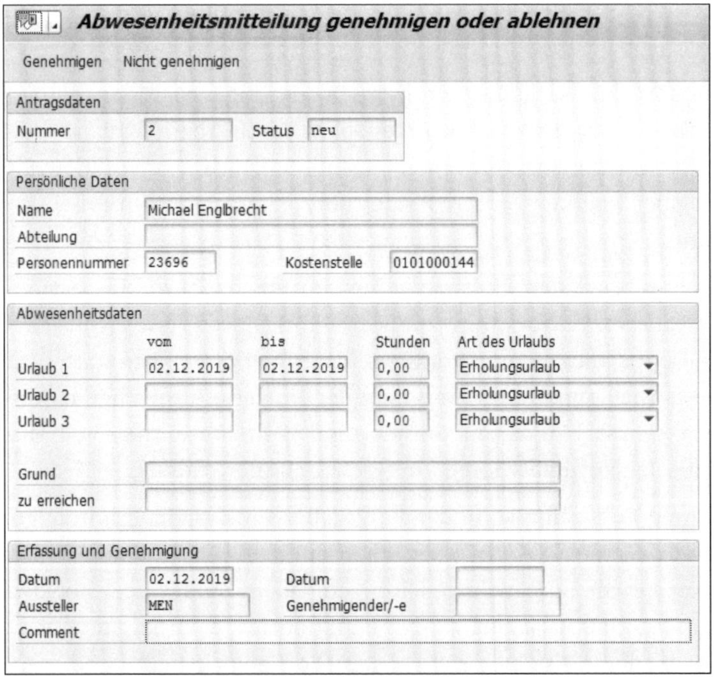

Abwesenheitsmitteilung genehmigen oder ablehnen

Genehmigen Nicht genehmigen

Antragsdaten

Nummer 2 Status neu

Persönliche Daten

Name Michael Englbrecht
Abteilung
Personennummer 23696 Kostenstelle 0101000144

Abwesenheitsdaten

	vom	bis	Stunden	Art des Urlaubs
Urlaub 1	02.12.2019	02.12.2019	0,00	Erholungsurlaub
Urlaub 2			0,00	Erholungsurlaub
Urlaub 3			0,00	Erholungsurlaub

Grund
zu erreichen

Erfassung und Genehmigung

Datum 02.12.2019 Datum
Aussteller MEN Genehmigender/-e
Comment

Abbildung 13.35 Abwesenheitsmitteilung prüfen

Damit nun Workitems von der App **My Inbox** dargestellt und bearbeitet werden können, müssen Sie einige Informationen über den Workflow, der diese Workitems erzeugt, ermitteln und in der Konfiguration der App angeben. Dazu benötigen Sie ein gewisses Grundverständnis der Architektur von SAP Business Workflow. Anhand des Demobeispiels **Abwesenheitsmitteilung bearbeiten**, das Sie in jedem SAP NetWeaver AS ABAP vorfinden, fassen wir die wichtigsten Informationen über SAP Business Workflow zusammen.

Workflow-Muster

Ein Workflow wird durch ein *Workflow-Muster* definiert. Dieses legt fest, bei welchem Ereignis eine neue Instanz eines Workflows gestartet wird und welche einzelnen Schritte durchlaufen werden. Um ein Workflow-Muster anzuzeigen, starten Sie Transaktion PFWS. Geben Sie in das Eingabefeld das Kürzel »AF_process« des Workflow-Musters ein, und lassen Sie sich das Workflow-Muster anzeigen. Notieren Sie sich die ID des Workflow-Musters. In Abbildung 13.36 lautet die ID **WS30000015** (wobei das Präfix WS nicht angezeigt wird). Diese ID benötigen Sie später für die Festlegung der Filterwerte im BAdI für die Entscheidungsbehandlung.

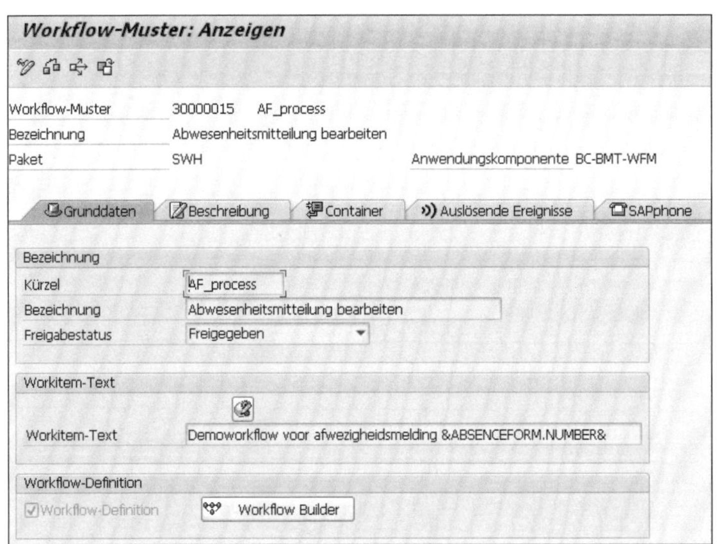

Abbildung 13.36 Das Workflow-Muster für die Abwesenheitsmitteilung

Ereigniskopplung

Gehen Sie in den Grunddaten zunächst auf die Registerkarte **Auslösende Ereignisse** (siehe Abbildung 13.37). Dort können Sie festlegen, durch welche Ereignisse der Workflow gestartet werden soll.

Falls dort noch nichts eingetragen ist, geben Sie das Ereignis `CREATED` des Geschäftsobjekts `FORMABSENC` ein. Dieses Ereignis wird immer dann ausgelöst, wenn mit Transaktion SWXF ein Urlaubsantrag angelegt wird. Jede Instanz des Business Objects FORMABSENC repräsentiert genau einen Urlaubsantrag. Dieses Geschäftsobjekt stellt die Methoden bereit, mit denen ein Urlaubsantrag genehmigt, geprüft und überarbeitet werden kann.

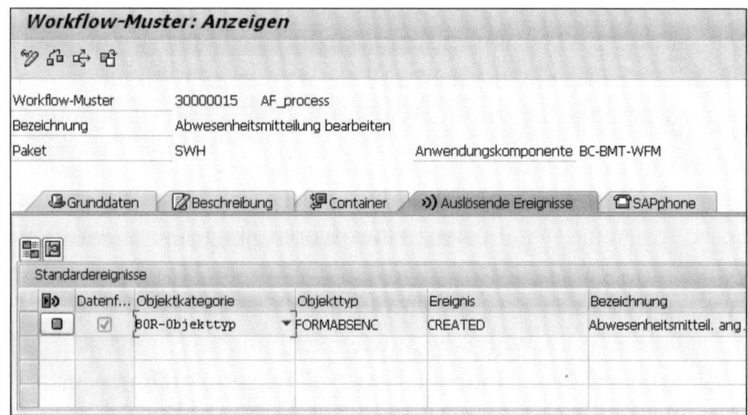

Abbildung 13.37 Ereigniskopplung

Workflow-Definition Schauen Sie sich nun die Workflow-Definition an, indem Sie in den Grunddaten auf die entsprechende Schaltfläche klicken. Die Workflow-Definition in Abbildung 13.38 legt die einzelnen Schritte und deren Abfolge für jede Workflow-Instanz des Workflow-Musters fest.

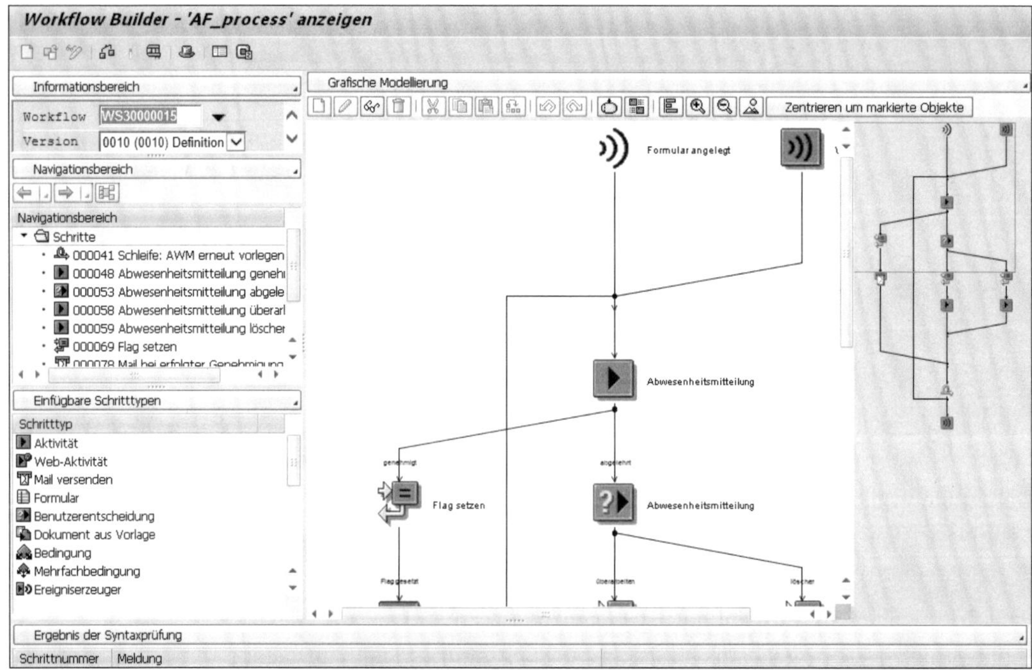

Abbildung 13.38 Die Workflow-Definition im Workflow Builder

Dabei gibt es Schritte für die Ablaufsteuerung des Workflows (z. B. Schleifen) und Schritte, die zur Laufzeit Workitems in die Business Workplace Inbox der zuständigen Benutzer legen. Von diesen wiederum gibt es zwei unterschiedliche Schritttypen:

- **Benutzerentscheidungen**
  Diese Schritte verweisen auf jeweils dieselbe generische Workflow-Aufgabe, mit der dem Nutzer eine (konfigurierbare) Frage vorgelegt wird und zwei oder mehr Entscheidungsmöglichkeiten zur Auswahl angeboten werden können. Workitems dieses Typs können von der SAP-Fiori-App generisch behandelt werden, und Sie müssen kein BAdI implementieren, um das Ergebnis der Benutzerentscheidung zu verarbeiten.
- **Aktivitäten**
  Diese Schritte verweisen auf unterschiedliche Workflow-Aufgaben, die wiederum auf Methoden von Geschäftsobjekten verweisen. Workitems dieses Typs können von der SAP-Fiori-App nicht generisch behandelt werden. Für diese müssen Sie ein BAdI implementieren, um das Ergebnis der Workitem-Aktivität zurück in die Instanzen des Workflows und des Geschäftsobjekts zu schreiben.

Workflow-Schritt

Wir behandeln an dieser Stelle den zweiten, komplexeren Fall. Der für uns relevante Workflow-Schritt ist der erste in der Workflow-Definition mit dem Namen **Abwesenheitsmitteilung genehmigen**. Doppelklicken Sie auf diesen Schritt, um seine Definition zu öffnen (siehe Abbildung 13.39).

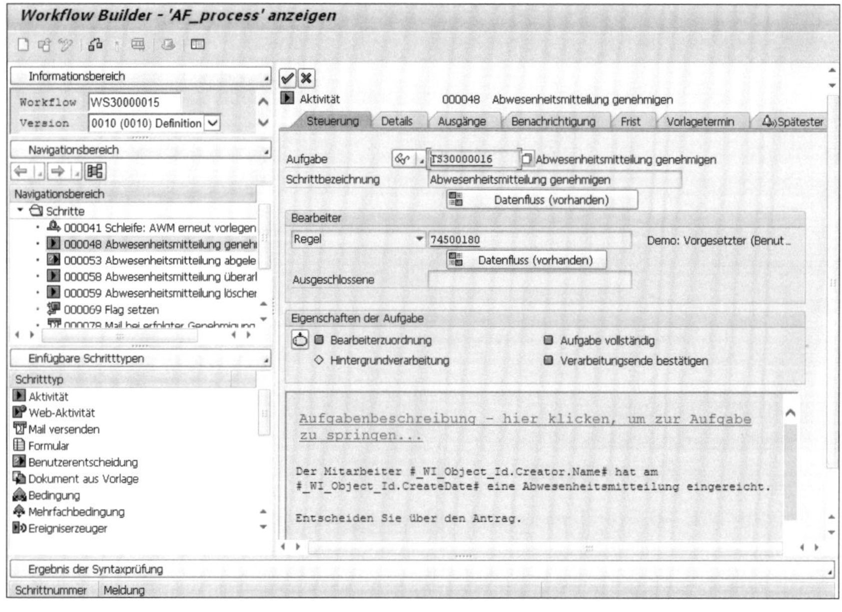

Abbildung 13.39 Workflow-Schritt

Ein Workflow-Schritt legt fest, welche Aufgabe zu erledigen ist, wer die zuständigen Bearbeiter sind und welche Ergebnisse die Aufgabenbearbeitung haben kann. Notieren Sie sich die Nummer des Schritts in der Workflow-Definition, in diesem Fall die Nummer 48. Diese Nummer ist der zweite Filterwert zur Auswahl der richtigen BAdI-Implementierung.

Aufgabe

Doppelklicken Sie auf das Feld in der Schrittdefinition, in der die Aufgabennummer TS30000016 angezeigt wird, um sich kurz die Aufgabendefinition in Abbildung 13.40 anzuschauen. Eine Aufgabe legt fest, welche Methode von welchem Geschäftsobjekt ausgeführt werden soll, wenn ein Nutzer das entsprechende Workitem bearbeitet. In unserem Fall ist dies die Methode `PROCESS` des Geschäftsobjekts `FORMABSENC`. Aufgaben legen auch die möglichen Bearbeiter fest, die prinzipiell für die Erledigung infrage kommen. Eventuell müssen Sie unter dem Menüeintrag **Zusatzdaten • Bearbeiterzuordnung • Pflegen** noch mögliche Bearbeiter eintragen, z. B. Ihren eigenen Benutzer.

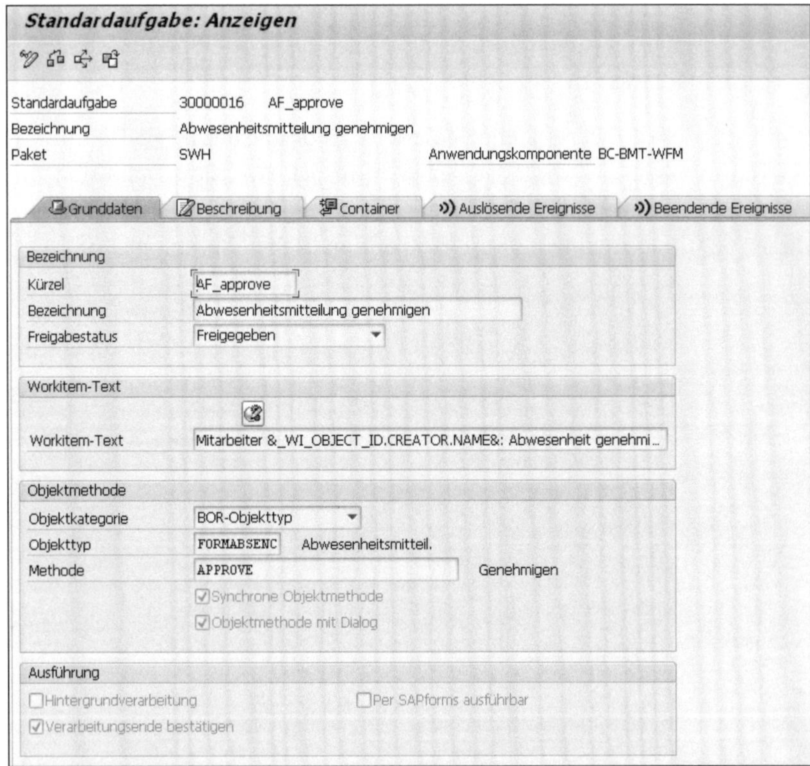

Abbildung 13.40 Standardaufgabe »Abwesenheitsmitteilung genehmigen«

Aufgaben werden unabhängig von den Workflow-Definitionen gepflegt, da ein und dieselbe Aufgabe möglicherweise in unterschiedlichen Schritten unterschiedlicher Workflow-Definitionen relevant sein kann. Notieren Sie sich die ID der Aufgabe TS30000016, da Sie diese bei der Konfiguration der SAP-Fiori-App benötigen.

Ausgänge

Gehen Sie mit [F3] zurück zur Schrittdefinition, und klicken Sie auf die Registerkarte **Ausgänge**. Hier sehen Sie, welche Resultate das Erledigen der Aufgabe haben kann (siehe Abbildung 13.41). Nur zwei davon sind relevant:

- **A für Approved**
  Wenn der Bearbeiter den Urlaubsantrag genehmigt, wird dieses Ergebnis zurückgegeben.
- **R für Rejected**
  Dieses Ergebnis wird zurückgegeben, wenn der Bearbeiter den Urlaubsantrag ablehnt.

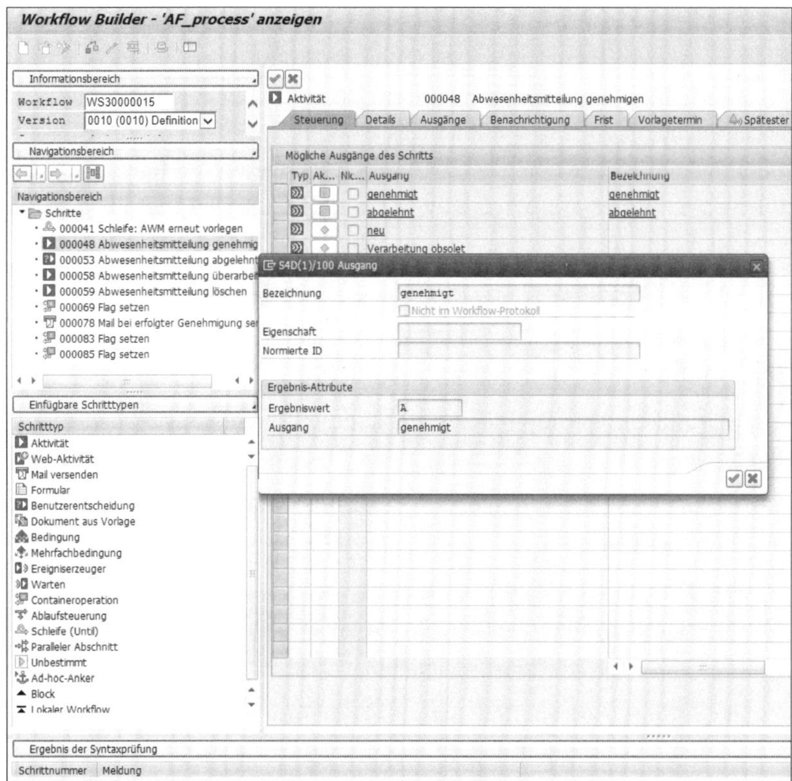

Abbildung 13.41 Ausgänge eines Workflow-Schritts

In der Workflow-Definition hat der Schritt zwei Ausgänge. Je nach Entscheidung des Bearbeiters durchläuft die Workflow-Instanz nur den ersten oder nur den zweiten der beiden Zweige. Notieren Sie sich die beiden möglichen Ergebniswerte – A und R – und deren Bedeutung.

Zuständiger Bearbeiter

Neben der zu erledigenden Aufgabe legt der Schritt auch den oder die zuständigen Bearbeiter fest. Wie Sie in Abbildung 13.42 sehen, wendet der Schritt eine Regel an, die den Vorgesetzten des Workflow-Initiators – also des Antragstellers – ermittelt. Dem so ermittelten zuständigen Bearbeiter wird zur Laufzeit ein Workitem zur Aufgabe in den Eingang seines Business Workplaces gelegt.

Workflow-Konfiguration

Um das Beispiel für die folgende Diskussion zu vereinfachen, können Sie an dieser Stelle im Workflow-Customizing sich selbst als zuständigen Bearbeiter eintragen. Gehen Sie dazu zurück in die Workflow-Definition, und wählen Sie den Menüpfad **Springen • Workflow Konfiguration aufrufen**. Sie sehen dann die Workflow-Konfiguration im Anzeigemodus. Wechseln Sie in den Änderungsmodus, doppelklicken Sie auf den Schritt, und tragen Sie sich als zuständigen Bearbeiter ein. Sichern und aktivieren Sie anschließend die Konfiguration.

Stellen Sie nun mit Transaktion SWXF einige Urlaubsanträge, und schauen Sie sich die dadurch erzeugten Workitems in Ihrem Business Workplace an. Bearbeiten Sie die Anträge im Business Workplace, genehmigen Sie einige, und lehnen Sie andere ab. In den Ordnern **Gestartete Workflows** und **Ausgeführte Workitems** können Sie auch nach der Abarbeitung eines Workitems das Ergebnis der Entscheidung sehen und den dazugehörigen Urlaubsantrag öffnen.

13.6.2 Implementierung der App »My Inbox«

Um die SAP-Fiori-App **My Inbox** zu implementieren, sind sechs Schritte notwendig:

1. Sammeln Sie die notwendigen Informationen über das Workflow-Muster.
2. Definieren Sie ein Workflow-Szenario.
3. Konfigurieren Sie die Schaltflächen für die Entscheidungen.
4. Konfigurieren Sie eine Starterkachel für das SAP Fiori Launchpad.
5. Implementieren Sie ein BAdI, das das Ergebnis der Entscheidung an das Geschäftsobjekt übergibt.
6. Optional: Implementieren Sie BAdIs zur Anzeige zusätzlicher Informationen.

Den ersten Schritt haben wir in Abschnitt 13.6.1, »Kurze Einführung zu SAP Business Workflow«, für das Beispiel des `AF_approve`-Workflows erledigt. Tabelle 13.2 zeigt die ermittelten Daten.

Benötigte Information	Wert
ID der Workflow-Definition	WS30000015
ID der Aufgabe	TS30000016
Nummer des Schritts	000048
mögliche Ergebnisse	■ A für Approved ■ R für Rejected

Tabelle 13.2 Benötigte Informationen über Workflow

Die Implementierung der BAdIs zeigen wir in den beiden folgenden Abschnitten. In diesem Abschnitt geht es zunächst um die Konfiguration.

Workflow-Szenario

Als Erstes müssen Sie im Customizing auf dem Frontend-Server ein *Workflow-Szenario* konfigurieren. Ein Workflow-Szenario definiert, für welche Workflow-Aufgaben die zugehörigen Items auf dem Backend-Server der App **My Inbox** auf dem Frontend-Server überhaupt zur Verfügung gestellt werden. Navigieren Sie dazu im SAP-Einführungsleitfaden von Transaktion SPRO zum Knoten **SAP NetWeaver • Aktivierung SAP Gateway-Service • Content • Aufgaben-Gateway-Service • Task-Gateway-Service • Szenariodefinition**, und führen Sie diese Aktivität aus.

Legen Sie ein neues Workflow-Szenario an, indem Sie auf die entsprechende Schaltfläche klicken und die Felder für dieses neue Szenario gemäß Tabelle 13.3 füllen.

Feld	Wert	Bemerkung
Szenario-ID	Z00_ABSENCE	technische ID zur Identifikation des Szenarios
Anzeigename Szenario	Abwesenheits-mitteilung	Überschrift für die Aufgaben-gruppe in der SAP-Fiori-App
Szenarioreihenfolge	leer lassen	niedrigere Nummern werden weiter oben angezeigt
Technischer Service Name	/IWPGW/TASKPROCESSING	technischer Name des generischen Inbox-Services
Version	2	Version des technischen Services
Ext. Name Entitäts-menge	Task	

Tabelle 13.3 Definition des Workflow-Szenarios

Feld	Wert	Bemerkung
Ext. Name Eigenschaft	TaskDefinitionID	
Standardsortiereigenschaft	CreatedOn	Legt die Sortierreihenfolge der Aufgaben innerhalb der Aufgabengruppe fest.
Massenaktion	X	Damit können mehrere Anträge gleichzeitig genehmigt werden.
Klasse f. Szenarioanzahl	leer lassen	Hier können Sie den Namen einer Klasse eintragen, die die Schnittstelle /IWWRK/IF_TGW_SCENARIO im Backend implementiert.
Schn. geneh	X	schnelle Genehmigung durch Wischen von links auf mobilen Geräten
Anwendungs-URL	leer lassen	

Tabelle 13.3 Definition des Workflow-Szenarios (Forts.)

Abbildung 13.42 zeigt die neue Szenariodefinition. Selektieren Sie Ihre neue Definition, und doppelklicken Sie auf den Ordner **Aufgabendefinition für Szenario**, um Ihrem Szenario die ID der relevanten Workflow-Aufgabe zuzuordnen.

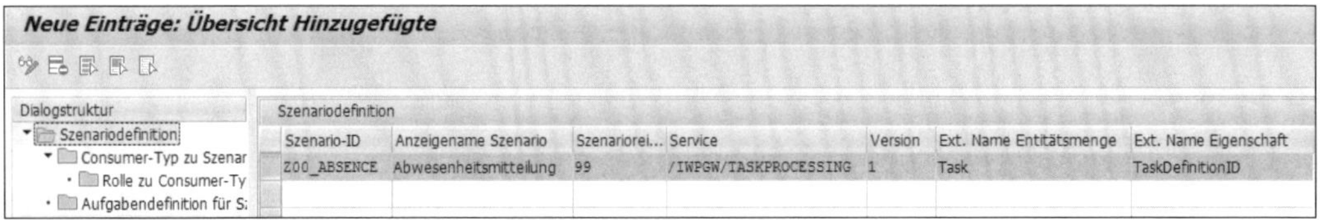

Abbildung 13.42 Szenariodefinition

Tragen Sie die Aufgaben-ID und den Systemalias für Ihr Backend-System ein, wie dies Abbildung 13.43 zeigt. Der Systemalias ist dabei der, den Sie auf dem Frontend für den generischen Task-Processing-Service gepflegt haben.

Wechseln Sie zurück in den Ordner **Szenariodefinition**, und klicken Sie hier auf den Ordner **Consumer-Typ zu Szenario zuordnen**. Fügen Sie nun die Endgerätetypen, für die das Szenario gilt, in die Liste ein. In unserem Beispiel fügen wir **TABLET** und **DESKTOP** ein (siehe Abbildung 13.44).

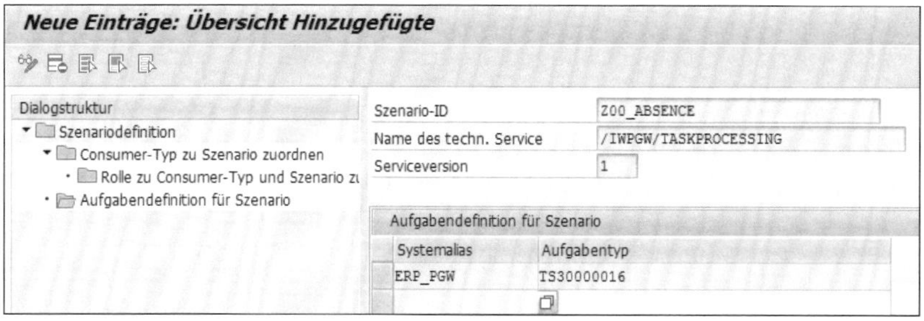

Abbildung 13.43 Aufgabenzuordnung zum Szenario

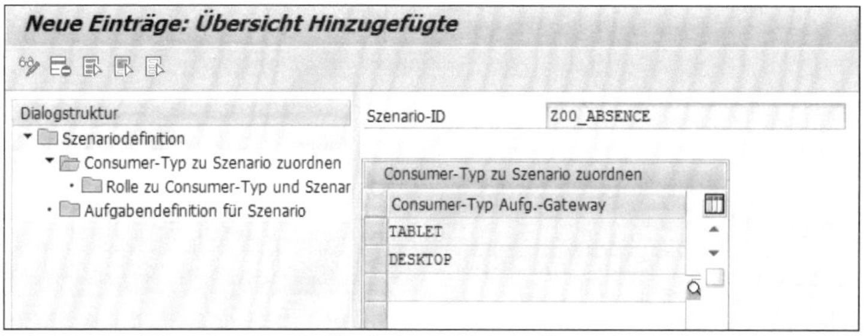

Abbildung 13.44 Endgerätetypzuordnung zum Szenario

Wählen Sie nun einen Endgerätetyp aus der Liste aus, und klicken Sie auf den Ordner **Rolle zu Consumer-Typ und Szenario zuordnen**, und fügen Sie, wie in Abbildung 13.45 gezeigt, eine gültige PFCG-Rolle ein, die Sie für das Launchpad konfiguriert haben. Wiederholen Sie den Schritt für den anderen Endgerätetyp aus der Liste.

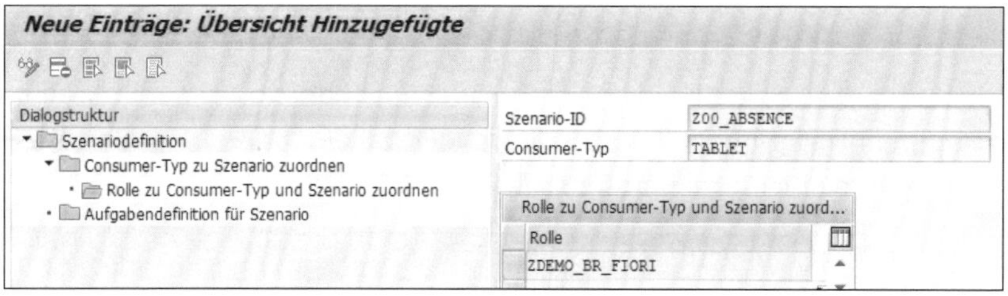

Abbildung 13.45 Eine Rolle zum Endgerätetyp zuweisen

Konfiguration der Entscheidungsoptionen

Als Nächstes müssen Sie auf dem Backend-System die möglichen Entscheidungsoptionen konfigurieren. Navigieren Sie dazu im SAP-Einführungsleitfaden von Transaktion SPRO zum Knoten **SAP NetWeaver • Gateway-Service-Aktivierung • Content • Workflow-Einstellungen**, und führen Sie die Implementierungsaufgabe **Aufgabennamen und Entscheidungsoptionen**

verwalten aus. Legen Sie einen neuen Eintrag an, und füllen Sie dessen Felder so, wie es in Tabelle 13.4 angegeben ist.

Feld	Wert	Bemerkung
Workflow-ID	WS30000015	ID des Workflow-Musters
Schritt-ID	000048	ID des Workflow-Schritts
MIME-Reposit.-Pfad Symbol	leer lassen	
Schrittbeschreibung	Abwesenheit genehmigen	Aufgabenname in der Benutzeroberfläche

Tabelle 13.4 Konfiguration von Entscheidungsoptionen

Abbildung 13.46 zeigt den neuen Eintrag. Selektieren Sie ihn, und doppelklicken Sie dann links auf den Ordner **Entscheidungsschlüssel**, um diesen zu pflegen. Sie können die Farben (POSITIVE = Grün = genehmigt, NEGATIVE = Rot = abgelehnt) pflegen, die von der SAP-Fiori-App für die Alternative verwendet werden sollen.

Neue Einträge: Übersicht Hinzugefügte

Dialogstruktur
- Schritt-Name
  - Entscheidungsschlüssel

Schritt-Name

Workflow-ID	Schritt-ID	MIME-Reposit.-...	Schrittbeschreibung
WS30000015	000048		Abwesenheit genehmigen

Abbildung 13.46 Neu hinzugefügte Entscheidungsoption

Abbildung 13.47 zeigt die Konfiguration. Das angekreuzte Auswahlfeld beim zweiten Eintrag gibt an, dass der Anwender bei der Wahl dieser Entscheidungsoption eine Anmerkung zu seiner Entscheidung eingeben muss.

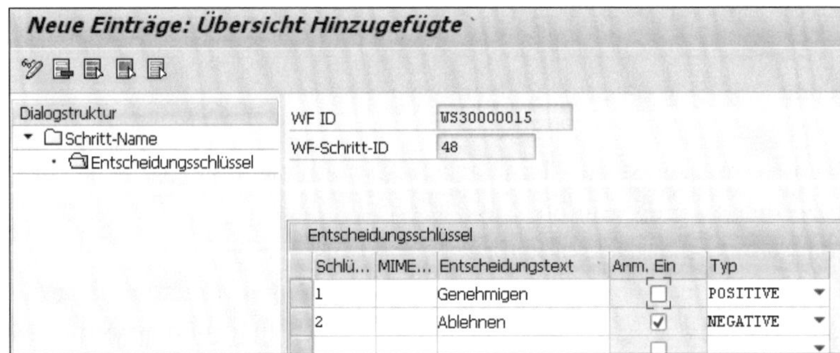

Abbildung 13.47 Entscheidungstexte pflegen

SAP Fiori Launchpad konfigurieren

Zum Abschluss müssen Sie nun noch das SAP Fiori Launchpad konfigurieren. Die App **My Inbox** wird, je nach SAP-NetWeaver-AS-ABAP-Version, über unterschiedliche technische Kataloge bereitgestellt. In Version 7.40 und 7.50 ist es der Katalog SAP_FND_TC_T, in Version 7.51 sind es die Kataloge SAP_TC_CA_MYINBOX und SAP_CA_BC_MYINBOX. Letzterer befindet sich in der Business-Rolle SAP_BR_MANAGER. Im SAP Fiori Launchpad Designer hat SAP bereits die nötige Konfiguration durchgeführt. Die URL der App **My Inbox** zeigt auf */sap/bc/ui5_ui5/sap/ca_fiori_inbox* und ist mit der Komponenten-ID `cross.fnd.fiori.inbox` verbunden. Die Zielzuordnung ist konfiguriert, wie in Tabelle 13.5 dargestellt.

Feld	Wert
Semantisches Objekt	`WorkflowTask`
Aktion	`displayInbox`
Application Type	`SAPUI5 Fiori App`
Title	`My Inbox`
ID	`cross.fnd.fiori.inbox`
URL	`/sap/bc/ui5_ui5/sap/ca_fiori_inbox`

Tabelle 13.5 Konfiguration der Zielzuordnung

Sie müssen in einem Katalog also nur noch eine neue dynamische Starterkachel anlegen, die auf diese Zielzuordnung verweist und entsprechend parametrisiert ist. Achten Sie dabei darauf, dass ein Katalog genutzt wird, der der Rolle zugeordnet ist, die bei der Szenario-Endgerätetyp-Zuordnung verwendet wurde. Pflegen Sie die Feldwerte dieser neuen Zielzuordnungskachel so, wie es Tabelle 13.6 angibt. Abbildung 13.48 zeigt die Starterkachel.

Feld	Wert
Titel	`Abwesenheitsmitteilungen genehmigen`
Icon	`sap-icon://complete`
Service-URL	`/sap/opu/odata/IWPGW/TASKPROCESSING;v=2;mo/ScenarioCollection?$filter=key%20eq%20'ZOO_ABSENCE'`
Auffrischintervall	`0`

Tabelle 13.6 Konfiguration der dynamischen Starterkachel

Feld	Wert
verwende semantische Objektnavigation	X
semantisches Objekt	`WorkflowTask`
Aktion	`displayInbox`
Parameter	`scenarioId=Z00_ABSENCE`

Tabelle 13.6 Konfiguration der dynamischen Starterkachel (Forts.)

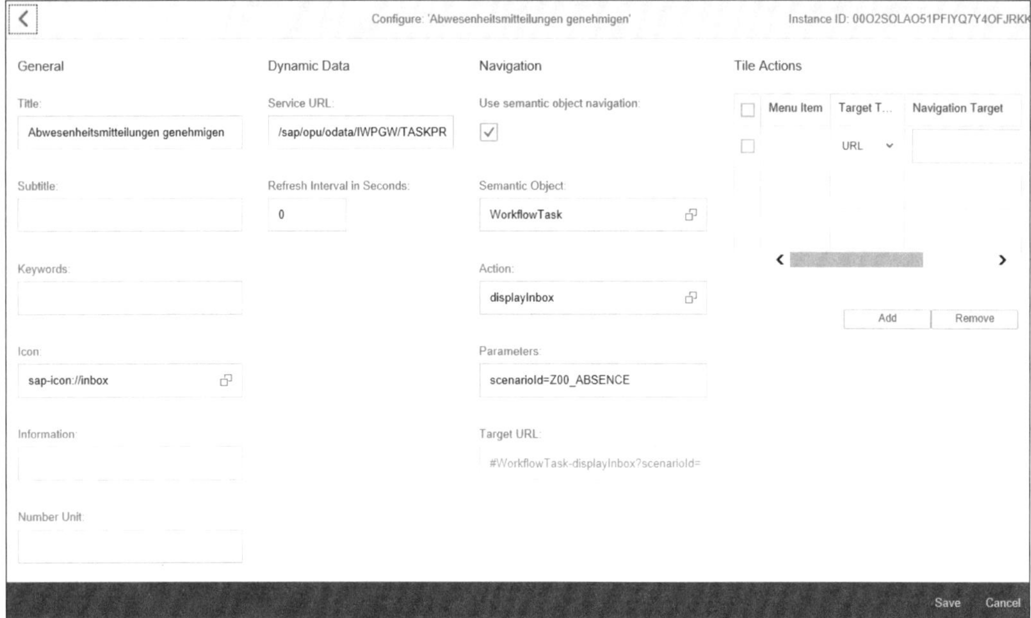

Abbildung 13.48 Dynamische Starterkachel für Abwesenheitsmitteilungen

Rückmeldung implementieren

Damit die Benutzer Zugriff auf den Katalog haben, müssen sie auf dem Frontend-Server Mitglied der Rolle SAP_FND_TC_T_X1 sein. Sobald Sie die Konfiguration abgeschlossen haben, können Sie die App verwenden. Wie Sie aus Abbildung 13.49 ersehen können, zeigt Ihnen die App die Liste der Urlaubsanträge in Ihrer Inbox an. Sie können sich einen Urlaubsantrag anzeigen lassen und ihn genehmigen oder ablehnen. Allerdings hat dies keinerlei Effekt, da das Ergebnis Ihrer Aktion noch nicht an die Workflow-Instanz zurückgemeldet ist. Dazu müssen Sie auf dem Backend ein BAdI implementieren.

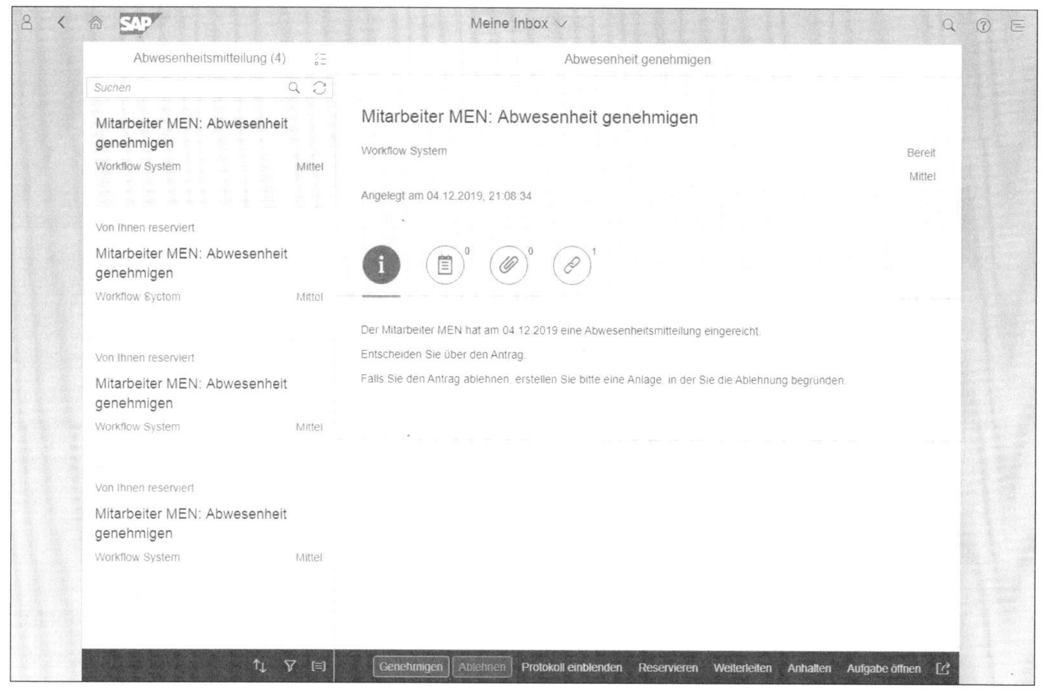

Abbildung 13.49 SAP-Fiori-App-Anfragen für Abwesenheitsmitteilungen genehmigen

13.6.3 Implementierung der BAdIs für das Resultat

Workitems vom Typ *Benutzerentscheidung* können von der SAP-Fiori-App generisch behandelt werden. Für Workitems des Typs *Aufgabe* müssen Sie jedoch auf dem Backend-System das BAdI /IWWRK/BADI_WF_BEFORE_UPD_IB im Erweiterungsspot /IWWRK/ES_WF_WI_BEFORE_UPD_IB implementieren. In Ihrer BAdI-Implementierung werten Sie die Entscheidung aus, die auf der SAP-Fiori-Benutzeroberfläche getroffen wurde, und schreiben den entsprechenden Wert in den Workflow und in die Anwendungsdaten zurück.

Starten Sie dazu den BAdI Builder (Transaktion SE18), klicken Sie im Einstiegsbild auf den Radiobutton **Erweiterungsspot**, tragen Sie den Namen des Enhancements Spots in das Eingabefeld ein, und klicken Sie auf **Anzeigen**. Auf der Registerkarte **Erw.spot-Elementdefinitionen** steht die BAdI-Definition. Klappen Sie den Baum auf, um die Kindelemente (**Interface**, **Filter** und **Implementierungen**) zu sehen. Klicken Sie mit der rechten Maustaste auf den Knoten mit der BAdI-Definition, und wählen Sie den Eintrag **BAdI-Implementierung anlegen** aus dem Kontextmenü (siehe Abbildung 13.50).

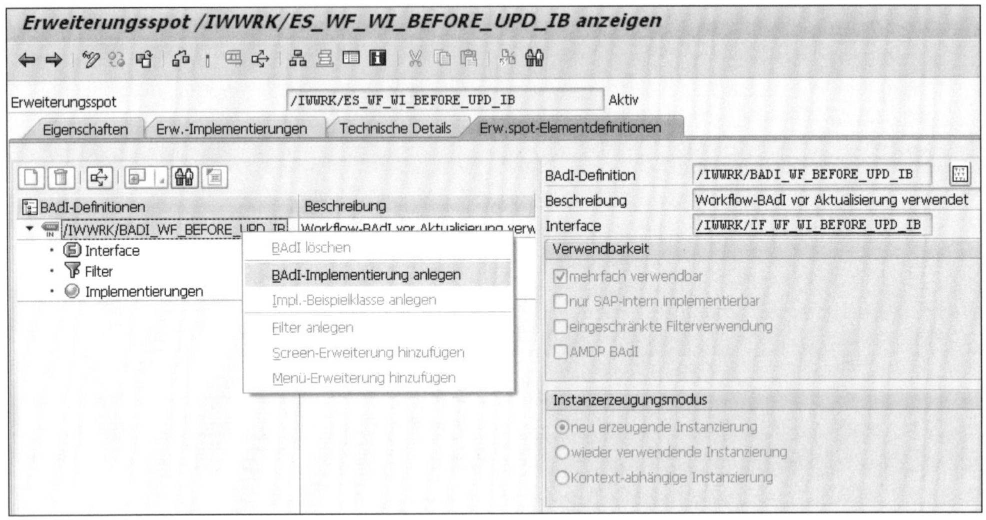

Abbildung 13.50 Erweiterungsspot »/IWWRK/ES_WF_WI_BEFORE_UPD_IB«

Erweiterung anlegen

Legen Sie nun eine neue kundeneigene Erweiterungsimplementierung an, indem Sie auf das Icon (**Anlegen**) rechts unten im Dialog klicken. Geben Sie einen Namen und einen Kurztext für Ihre Erweiterungsimplementierung ein. In Abbildung 13.51 lautet der Name `ZOO_EI_WF_WI_BEFORE_UPD_IB`. Bestätigen Sie, und wählen Sie ein Paket im Kundennamensraum und einen Workbench-Auftrag, dem Ihre Erweiterungsimplementierung zugeordnet werden soll.

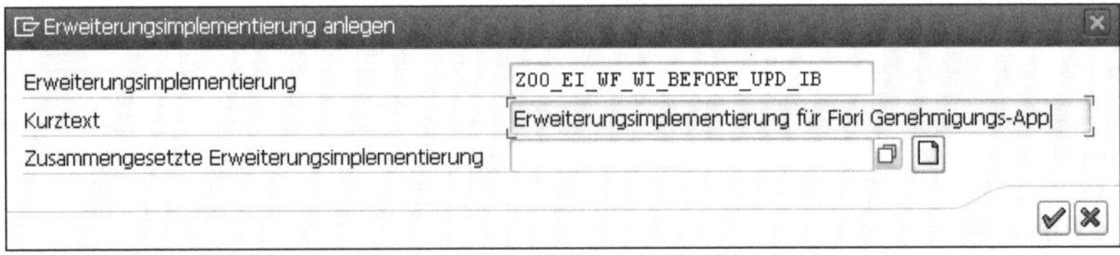

Abbildung 13.51 Erweiterungsimplementierung anlegen

Als Nächstes wird der Dialog **Erweiterungsimplementierung auswählen oder neu anlegen** angezeigt. Wählen Sie aus der Liste die eben angelegte Erweiterungsimplementierung mit einem Doppelklick oder dem Button zum Bestätigen aus. Im Anschluss wird der Dialog **BAdI-Implementierung anlegen** angezeigt. Geben Sie einen Namen für die BAdI-Implementierung, die implementierende Klasse und eine Beschreibung ein. In Abbildung 13.52 wurden `ZOO_BADI_WF_WI_BEFORE_UPD_IB` für die Implementierung und `ZOO_CL_WF_WI_BEFORE_UPD_IB` für die Klasse gewählt.

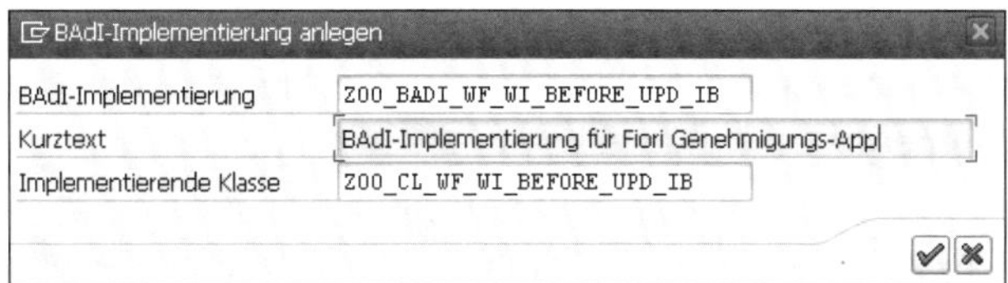

Abbildung 13.52 BAdI-Implementierung und implementierende Klasse anlegen

BAdI bearbeiten

Bestätigen Sie, und wählen Sie wieder Paket und Workbench-Auftrag. Nun können Sie Ihre BAdI-Implementierung bearbeiten. Klappen Sie dazu die Implementierung auf, um deren Kindelemente (implementierende Klasse und Filterwerte) zu sehen. Geben Sie nun zunächst die Filterwerte an, für die Ihre BAdI-Implementierung gültig ist. Klicken Sie dazu auf **Kombination**, und wählen Sie die beiden Einträge – **WORKFLOW_ID** und **STEP_ID** – aus dem gezeigten Dialog. Pflegen Sie anschließend die Filterwerte, indem Sie auf jeden der beiden Schlüssel doppelklicken und den entsprechenden Wert eintragen, wie dies Abbildung 13.53 für **STEP_ID** zeigt. Geben Sie in **Wert 1** den Wert ein (`48` für `STEP_ID` bzw. `WS30000015` für `WORKFLOW_ID`), wählen Sie dann aus der Dropdown-Liste **Komparator 1** das Gleichheitszeichen als Komparator, und bestätigen Sie Ihre Eingaben.

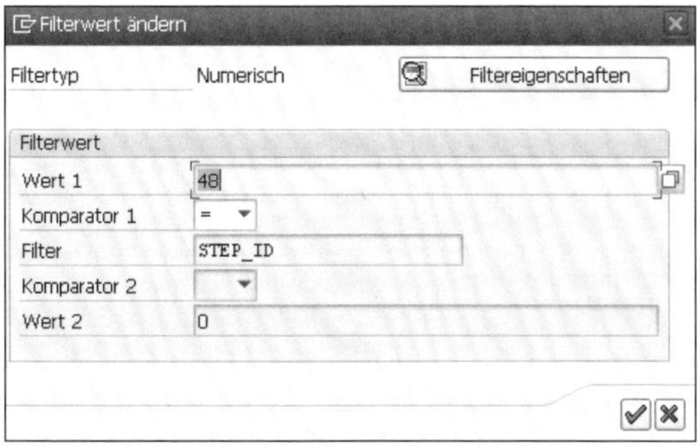

Filterwert ändern
Filtertyp Numerisch Filtereigenschaften
Filterwert
Wert 1 48
Komparator 1 =
Filter STEP_ID
Komparator 2
Wert 2 0

Abbildung 13.53 Filterwert für »STEP_ID«

Abbildung 13.54 zeigt den fertiggestellten Filter. Damit wird die BAdI-Implementierung nur für die gepflegten Filterwerte verwendet.

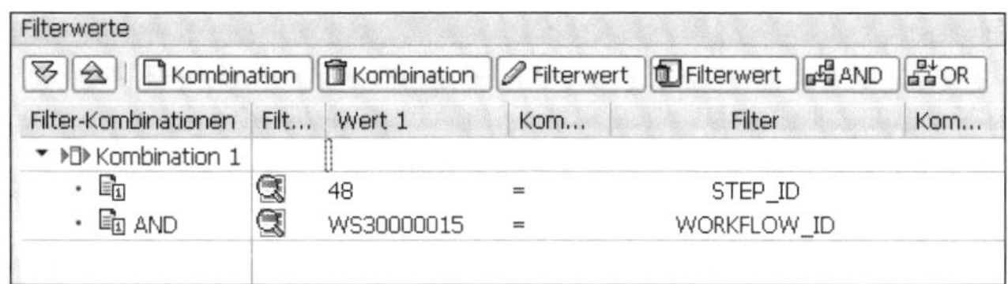

Abbildung 13.54 Filterwerte für die BAdI-Implementierung

Implementierende Klasse anlegen

Nun können Sie Ihre BAdI-Implementierung aktivieren und anschließend die implementierende Klasse anlegen. Gehen Sie dazu nach dem Aktivieren auf den Knoten **Implementierende Klasse** in der Baumanzeige der Elemente der BAdI-Implementierung im linken Bildschirmbereich. Rechts sehen Sie den Namen der Schnittstelle und den Namen der implementierenden Klasse; darunter werden die Methoden aufgelistet, die die Schnittstelle definiert. Es gibt nur die Methode `/IWWRK/IF_WF_WI_BEFORE_UPD_IB~BEFORE_UPDATE`. Doppelklicken Sie auf den Methodennamen, und bestätigen Sie, dass Sie die Schnittstellenmethode implementieren möchten. Listing 13.17 zeigt die Implementierung dieser Methode.

```
METHOD /iwwrk/if_wf_wi_before_upd_ib~before_update.
  DATA ls_object TYPE swr_obj_2.
  DATA lv_objtype TYPE swr_struct-object_typ.
  DATA lv_objkey TYPE swr_struct-object_key.
  DATA lv_retcode TYPE sy-subrc.
  DATA lt_container TYPE TABLE OF swr_cont.
  DATA ls_container_line TYPE swr_cont.
  DATA formnumber TYPE swxformabs-formnumber.
  DATA ls_formabs TYPE swxformabs.

* Workitem-Objekte holen
  CALL FUNCTION 'SAP_WAPI_GET_OBJECTS'
    EXPORTING
      workitem_id      = is_wi_details-wi_id
    IMPORTING
      leading_object_2 = ls_object.

* ID des Urlaubsantrags konvertieren
  MOVE ls_object-instid TO formnumber.

* Details aus Anwendungstabelle SWXFORMABS lesen
  SELECT SINGLE * FROM swxformabs
    INTO ls_formabs
    WHERE formnumber = formnumber.

* Workflow-Container lesen
  CALL FUNCTION 'SAP_WAPI_READ_CONTAINER'
    EXPORTING
      workitem_id      = is_wi_details-wi_id
    IMPORTING
      return_code      = lv_retcode
```

```
    TABLES
      simple_container = lt_container.

* Entscheidungswerte setzen
  CASE iv_decision_key.
    WHEN 0001. "Approved
      ls_container_line-value = 'A'.
      ls_formabs-procstate = 'A'.
    WHEN 0002. "Rejected

      ls_container_line-value = 'R'.
      ls_formabs-procstate = 'R'.
  ENDCASE.

* Das Element _WI_RESULT legt den Workflow-Zweig fest,
* der nach der Entscheidung weiterverfolgt wird
  ls_container_line-element = '_WI_RESULT'.

* Ergebnis in den Workflow-Container schreiben
  MODIFY lt_container INDEX 2 FROM ls_container_line
     TRANSPORTING value.

* Geänderte Daten in Workflow-Container zurückschreiben
  CALL FUNCTION 'SAP_WAPI_WRITE_CONTAINER'
    EXPORTING
      workitem_id      = is_wi_details-wi_id
      do_commit        = 'X'
    IMPORTING
      return_code      = lv_retcode
    TABLES
      simple_container = lt_container.
  IF lv_retcode NE 0.
    " Fehlerbehandlung
  ENDIF.

* Anwendungstabelle aktualisieren
  ls_formabs-approvdate = sy-datum.
  ls_formabs-approvby = sy-uname.
  UPDATE swxformabs FROM ls_formabs.

* Workitem abschließen
  CALL FUNCTION 'SAP_WAPI_WORKITEM_COMPLETE'
```

13

```
    EXPORTING
      workitem_id = is_wi_details-wi_id.

* Den Schritt bestätigen
  CALL FUNCTION 'SAP_WAPI_WORKITEM_CONFIRM'
    EXPORTING
      workitem_id = is_wi_details-wi_id.

  ENDMETHOD.
```

Listing 13.17 Implementierung des Update-BAdIs

Importparameter

Die Implementierung verwendet Funktionsbausteine der Workflow-API, um die Informationen aus dem Workitem und dem Workflow-Container zu lesen und die geänderten Informationen zurückzuschreiben. Die Methode beinhaltet zwei wichtige Importparameter:

- `iv_decision_key`
  Dieser Importparameter enthält den Schlüssel der Schaltfläche, den der Nutzer bei seiner Entscheidung ausgewählt hat. Bei der Konfiguration der Entscheidungsoptionen haben Sie die Schlüsselwerte den unterschiedlichen Ergebnissen (*genehmigt* oder *abgelehnt*) zugeordnet.
- `is_wi_details`
  Dieser strukturierte Importparameter enthält Daten über das Workitem. Im Feld `is_wi_details-wi_id` steht die Workitem-ID.

ID ermitteln

Die Methode ermittelt zunächst die ID des Urlaubsantrags. Dazu holt sie sich mit dem Funktionsbaustein `SAP_WAPI_GET_OBJECTS` zuerst Informationen über das Anwendungsobjekt aus dem Workitem mit der ID `is_wi_details-wi_id`. Der Schlüssel des Anwendungsobjekts steht im Feld `ls_object-instid` der zurückgegebenen Struktur.

Mit dieser Anwendungsobjekt-ID liest die Methode mit einer `SELECT SINGLE`-Anweisung den dazugehörigen Datensatz aus der Datenbanktabelle SWXFORMABS, nachdem die ID zuvor in das richtige Format konvertiert worden ist. Dieser Datensatz wird später mit dem neuen Status (*genehmigt* oder *abgelehnt*) aktualisiert.

Die Methode holt sich auch die Daten des Workflow-Containers, indem sie den Funktionsbaustein `SAP_WAP_READ_CONTAINER` aufruft. Die Container-Daten werden in der internen Tabelle `lt_container` zurückgegeben. Dort sind sie in Form von Name-Wert-Paaren gespeichert.

Anwendungsart schreiben

Nun schreibt die Methode in Abhängigkeit von der Entscheidung im Importparameter `iv_decision_key` den entsprechenden Anwendungswert – `A` für Approved bei iv_decision_key = 0001, R für Rejected bei iv_decision_key = 0002 – sowohl in die Workarea namens ls_container_line für den Container als auch in den Anwendungsdatensatz ls_formabs. Das Namensfeld für die Container Workarea, ls_container-name, wird auf _WI_RESULT gesetzt. Das Container-Element mit diesem Namen enthält das Ergebnis der Entscheidung.

Werte zurückschreiben

Die Methode ändert anschließend die geänderte Tabellenzeile der internen Tabelle lt_container mit der MODIFY-Anweisung und schreibt die geänderte Tabelle mit dem Funktionsbaustein SAP_WAPI_WRITE_CONTAINER zurück in die Workflow-Instanz. Mit der UPDATE-Anweisung ändert sie anschließend auch noch den Datensatz in der Anwendungstabelle, nachdem sie zuvor auch noch das Genehmigungsdatum und den Genehmiger in den Datensatz eingetragen hat.

Zum Schluss wird durch Aufruf der Funktionsbausteine SAP_WAPI_WORKITEM_COMPLETE und SAP_WAPI_WORKITEM_CONFIRM das Workitem zuerst abgeschlossen und danach explizit bestätigt. Der Aufruf des zweiten Funktionsbausteins ist deswegen notwendig, weil in der Workflow-Definition beim Schritt festgelegt wurde, dass das Workitem explizit bestätigt werden muss.

13.6.4 Implementierung der BAdIs für Zusatzanzeigen

Die SAP-Fiori-App bietet auf dem Frontend-System weitere BAdIs an, mit denen Sie zusätzliche oder geänderte Informationen anzeigen können. Folgende BAdIs stehen Ihnen dazu zur Verfügung:

- /IWPGW/BADI_TGW_TASK_QUERY
  Mit diesem BAdI können Sie den Aufgabentitel für alle Aufgaben in der Aufgabenliste ändern.
- /IWPGW/BADI_TGW_TASK_DATA
  Mit diesem BAdI können Sie den Aufgabentitel und die Aufgabenbeschreibung im Detailbildschirm ändern.
- /IWPGW/BADI_TGW_USER_DETAIL
  Mit diesem BAdI können Sie die Informationen über den Nutzer im Detailbildschirm ändern.

BAdI »/IWPGW/BADI_TGW_TASK_DATA«

Als Beispiel zeigen wir eine Implementierung für das BAdI /IWPGW/BADI_TGW_TASK_DATA. Legen Sie für diese BAdI-Definition eine BAdI-Implementierung, wie oben beschrieben, an. Auch dieses BAdI ist filterabhängig. Pflegen Sie die Filterwerte PROVIDER_ID = BWF und TASK_DEF_ID = TS30000016. Implementieren Sie anschließend die Methode /IWPGW/IF_TGW_TASK_DATA~MODIFY_TASK_DESCRIPTION. Listing 13.18 zeigt ein Beispiel.

```
METHOD /iwpgw/if_tgw_task_data~modify_task_description.
  CONSTANTS:
    lc_element TYPE swr_cont-element VALUE '_WI_OBJECT_ID',
    lc_backend TYPE string VALUE 'ERP'.
  DATA:
    num(12) TYPE n VALUE '000000000000',
        str TYPE string,
        lv_returncode TYPE sy-subrc,
        lt_simple_container TYPE TABLE OF swr_cont
          WITH NON-UNIQUE KEY element,
        lt_subcontainer_all_objects TYPE TABLE OF swr_cont
          WITH NON-UNIQUE KEY element,
        lv_formnumber TYPE swxformabs-formnumber,
        ls_formdata TYPE swxformabs,
        wa_subcontainer_all_objects TYPE swr_cont,
        val_escaped TYPE string.

  str = is_task_header-inst_id.

  CALL FUNCTION 'CONVERSION_EXIT_ALPHA_INPUT'
    EXPORTING
      input  = str
    IMPORTING
      output = num.

  CALL FUNCTION 'SAP_WAPI_READ_CONTAINER'
    DESTINATION lc_backend
    EXPORTING
      workitem_id              = num
      buffered_access          = 'X'
    IMPORTING
      return_code              = lv_returncode
    TABLES
      simple_container         = lt_simple_container
      subcontainer_all_objects = lt_subcontainer_all_objects.

  IF lv_returncode = 0.

* Die Zeile mit dem Anwendungsobjekt-Schlüssel lesen
    wa_subcontainer_all_objects =
       lt_subcontainer_all_objects[
                   element = lc_element ].
```

```
    IF sy-subrc = 0.
      lv_formnumber = wa_subcontainer_all_objects-value.
      CALL FUNCTION 'ZSWX_FORMABS_READ'
        DESTINATION lc_backend
        EXPORTING
          formnumber = lv_formnumber
        IMPORTING
          formdata   = ls_formdata
          RETURNCODE = lv_returncode.
      IF lv_returncode = 0.

        CONCATENATE cv_description_html
          '<div><p><b>Details zum Antrag:</b></p>'
          INTO cv_description_html.
        CONCATENATE cv_description_html
          '<table>'
          INTO cv_description_html.
        val_escaped = escape(
          val = ls_formdata-formnumber
          format = cl_abap_format=>e_xss_ml ).
        CONCATENATE cv_description_html
          '<tr><td>Antragsnummer</td><td>'
          val_escaped '</td></tr>'
          INTO cv_description_html.
        val_escaped = escape(
          val = ls_formdata-createdate
          format = cl_abap_format=>e_xss_ml ).
        CONCATENATE cv_description_html
          '<tr><td>Erstellt am</td><td>'
          val_escaped '</td></tr>'
          INTO cv_description_html.

* Weitere Anwendungsdaten in die HTML-Tabelle kopieren ...
        CONCATENATE cv_description_html
          '</table></div>'
          INTO cv_description_html.
      ENDIF.
    ENDIF.
  ENDIF.
ENDMETHOD.
```

Listing 13.18 Implementierung des BAdIs für die Aufgabenbeschreibung

Die Methode liest mit einem Remote Function Call (RFC) über den RFC-Funktionsbaustein `SAP_WAPI_READ_CONTAINER` zunächst die Container-Daten der Workflow-Instanz des Workitems vom Backend. Aus diesen Daten extrahiert sie den Schlüsselwert des Urlaubsantrags. Über den RFC-Funktionsbaustein `ZSWX_FORMABS_READ` holt sie sich anschließend die Details des Antrags vom Backend. Der Funktionsbaustein ist eine Kopie des Standardbausteins `SWX_FORMABS_READ`, allerdings ist die Kopie remotefähig. Die Methode bereitet dann diese Informationen in Form einer HTML-Tabelle auf und schreibt diese HTML-Tabelle in den CHANGING-Parameter `cv_description_html`. Das Ergebnis dieser Erweiterung sehen Sie in Abbildung 13.55.

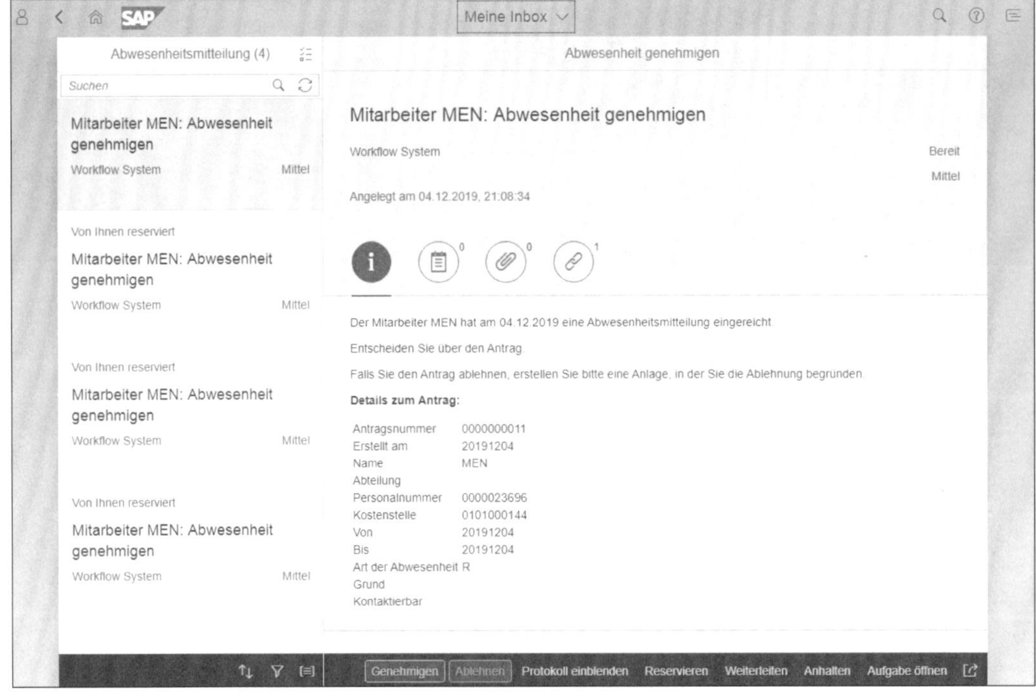

Abbildung 13.55 Zusätzliche Anzeige der Antragsdetails

13.7 Anpassungen mit den SAPUI5 Flexibility Services

Prozesse in Unternehmen unterscheiden sich oft sehr deutlich, sodass Standardsoftware selten für jedes Unternehmen passend ist. Für die bis hierhin vorgestellten Erweiterungskonzepte ist stets ein Mitarbeiter mit Programmierkenntnissen erforderlich. Selbst kleine Änderungen sind dabei nicht selten mit einem erheblichen Aufwand verbunden. Dagegen wollen die SAPUI5 Flexibility Services Abhilfe schaffen.

13.7.1 Einführung in die SAPUI5 Flexibility Services

Die SAPUI5 Flexibility Services dienen der Personalisierung einer Anwendung ohne Programmieraufwand. Sie erlauben, Felder zu verschieben, neu zu gruppieren oder aus- bzw. einzublenden. Sie können mit den Services auch unterschiedliche visuelle Varianten einer Anwendung erstellen.

Die Änderungen werden dabei in einem Repository gespeichert. Es werden folgende Repositories angeboten:

- **Hersteller**:
  Hier werden die herstellerspezifischen Varianten abgelegt.
- **Key-User/Kunde**:
  Kundenanpassungen werden, nach Mandanten geordnet, in diesem Repository abgelegt.
- **Benutzer**:
  Im diesem Repository werden Anpassungen abgelegt, die jeder Nutzer für sich selbst durchgeführt hat.
- Die Repositories bauen aufeinander auf, sodass z. B. ein Key-User etwaige Anpassungen für sich und seine Kollegen durchführen und dies in einer Variante ablegen kann. Erstellt einer der Kollegen basierend auf der Variante des Key-Users eine eigene Variante, kann er diese wiederum nur für sich erstellen. Sie wird entsprechend im Benutzer-Repository abgelegt. Es ergibt sich dadurch die Möglichkeit einer mehrschichtigen Variantenbildung.

Voraussetzungen

Um SAPUI5 Flexibility Services einsetzen zu können, müssen Sie mindestens das UI-Add-on 2.0, SAP_UI 7.50 SP 00, auf dem Frontend-Server installiert haben. Darüber hinaus müssen folgende ICF-Knoten aktiv sein:

- `/SAP/BC/UI5_UI5`:
  Dieser Service ist nach der erfolgreichen Konfiguration, wie wir sie in Kapitel 7, »Konfiguration«, beschrieben haben, bereits aktiv und Wurzelknoten für alle SAPUI5-Anwendungen.
- `/SAP/BC/LREP`:
  Dieser Service wird für das Anlegen, Ändern und Löschen von Varianten verwendet.

Neben der Aktivierung der Dienste muss das Virusscan-Profil für das UI-Add-on `/UI5/UI5_INFRA_APP/REP_DT_PUT` aktiviert werden. Es wird für die Repositories und das Control `SmartVariantManagement` verwendet.

Es gibt jedoch nicht nur infrastrukturelle Voraussetzungen. Nicht jede Anwendung lässt sich mittels der SAPUI5 Flexibility Services anpassen. Grundsätzlich kann man sagen, dass mit den SAPUI5 Flexibility Services alle auf SAP Fiori Elements basierenden Anwendungen von Endanwendern und Key-Usern angepasst werden können. Werden SAP-Fiori-Elements-basierte Anwendungen von Entwicklern nachträglich mit manuellen Erweiterungen versehen, müssen diese dieselben Voraussetzungen erfüllen, wie sie für SAPUI5 gelten. Freestyle-Anwendungen oder SAP-Fiori-Anwendungen, die nicht über SAP Fiori Elements implementiert wurden, müssen einigen Regeln folgen. Sie finden diese unter *http://s-prs.de/v726835*.

Transporte und Logging

Damit Änderungen in einer Mehrsystemlandschaft weitertransportiert werden können, müssen die Änderungen einem Transportauftrag zugewiesen werden. Dies geschieht während des Speicherns der Änderungen durch das UI-Werkzeug der SAPUI5 Flexibility Services. Alle Anpassungen, die an der Anwendung vorgenommen werden, werden über das Anwendungslog mitprotokolliert und können über Transaktion SLG1 nachvollzogen werden. Die Änderungen werden dem Log-Objekt `/UIF/LREP` zugeordnet.

Vorteile der SAPUI5 Flexibility Services

Die SAPUI5 Flexibility Services bieten eine Reihe von Vorteilen bei der Anpassung von SAPUI5-Anwendungen an die Bedürfnisse des Nutzers:

- **Modifikationsfreie Änderungen**
  Die UI-Anpassungen durch die SAPUI5 Flexibility Services erfolgen vollständig modifikationsfrei. Die Originalanwendung bleibt unberührt. Änderungen werden in unterschiedlichen Repositories (nach Art der Änderung) gespeichert.
- **Einfache Anwendung und Kostenersparnis**
  Dank eines komfortablen Editors mit WYSIWYG-Funktion (*What You See Is What You Get*, d. h., es ist direkt das spätere Ergebnis zu sehen) sind Änderungen und deren Auswirkungen durch Key-User oder Endanwender leicht nachvollziehbar. Einfache UI-Anpassungen müssen nicht mehr durch einen Entwickler mittels der vorgestellten UI-Erweiterungskonzepte vorgenommen werden.
- **Keine Beeinflussung der Performance**
  Die UI-Änderungen werden im Cache gehalten und haben daher keinen negativen Einfluss auf die Performance der Anwendung.

13.7.2 Nutzung der SAPUI5 Flexibility Services

UI-Anpassungsmodus

Nachdem Nutzer die nötigen Rechte erhalten haben, können sie jede Anwendung mit den SAPUI5 Flexibility Services bearbeiten. Notwendig ist lediglich, dass diese die eingangs beschriebenen Voraussetzungen erfüllen. Damit eine Anwendung angepasst werden kann, muss sie im Launchpad aufgerufen werden. Im Anschluss kann sie, wie in Abbildung 13.56 gezeigt, über das in der Me Area eingeblendete Schraubenschlüssel-Icon im *UI-Anpassungsmodus* gestartet werden.

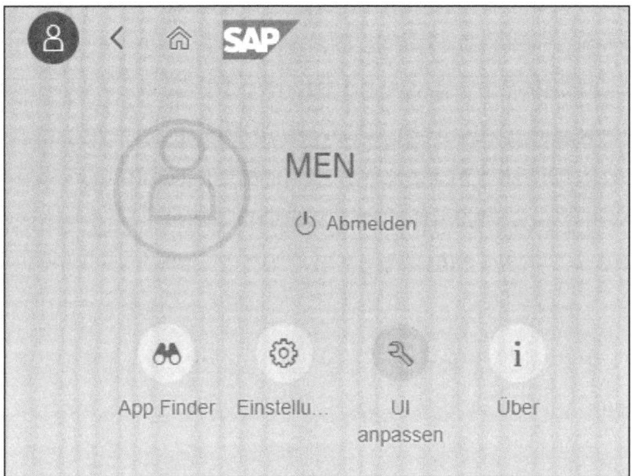

Abbildung 13.56 UI-Werkzeuge in der Me Area

Der Anpassungsmodus (siehe Abbildung 13.57) unterbindet die eigentliche Funktionalität der Anwendung. Das heißt, Schaltflächen sind inaktiv und Navigationsaktionen nicht mehr möglich. Sie können auf der Oberfläche jedoch zwischen Anpassungs- und *Anwendungsmodus* wechseln. Der Wechsel erfolgt über die Buttons **Navigation** und **UI-Anpassung**.

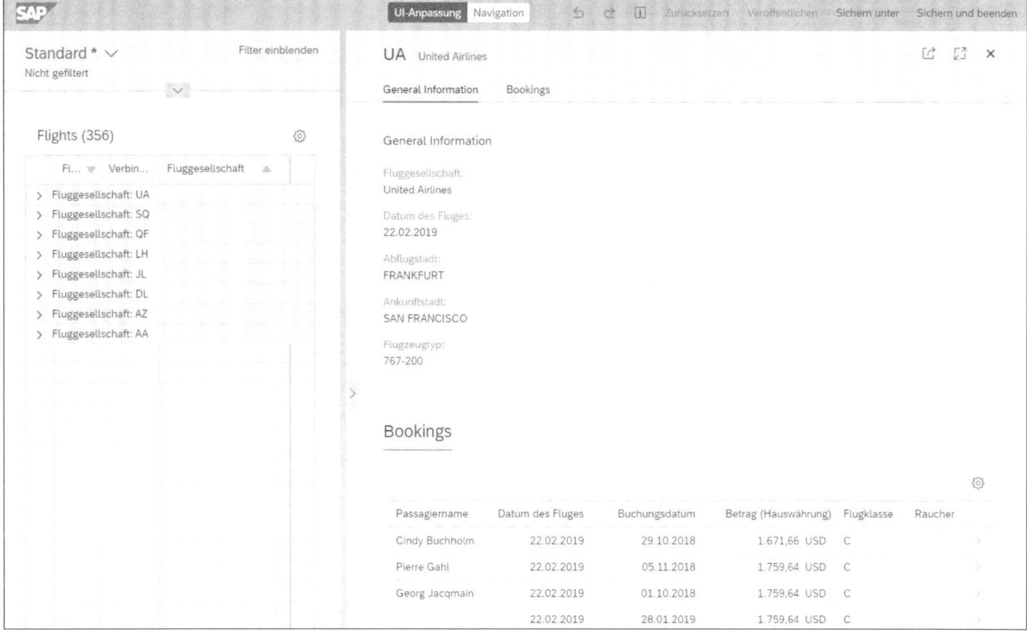

Abbildung 13.57 Das UI-Anpassungswerkzeug

Funktionen im UI-Anpassungsmodus

Die UI-Anpassungsmaske bietet in der Werkzeugleiste diverse Funktionen an. Über die beiden Pfeiltasten oben rechts können Änderungen rückgängig gemacht bzw. wieder zurückgeholt werden. Über den Button **Veröffentlichen** können Sie Änderungen direkt in einem Transportauftrag aufzeichnen. Dabei wird die aktuelle Variante der Anwendung modifiziert. Über den Button **Sichern unter** legen Sie eine neue Applikationsvariante an. Der Info-Button bietet, wie in Abbildung 13.58 gezeigt, eine Übersicht über die vorhandenen Varianten der Anwendung. Wenn Sie auf Basis einer ausgewählten Variante eine neue Applikationsvariante anlegen möchten, nutzen Sie auch hier den Button **Sichern unter**. Über den Button **ID kopieren** erhalten Sie die Anwendungs-ID der jeweiligen Variante. Mithilfe der ID kann ein Administrator eine neue Kachel für das Launchpad anlegen.

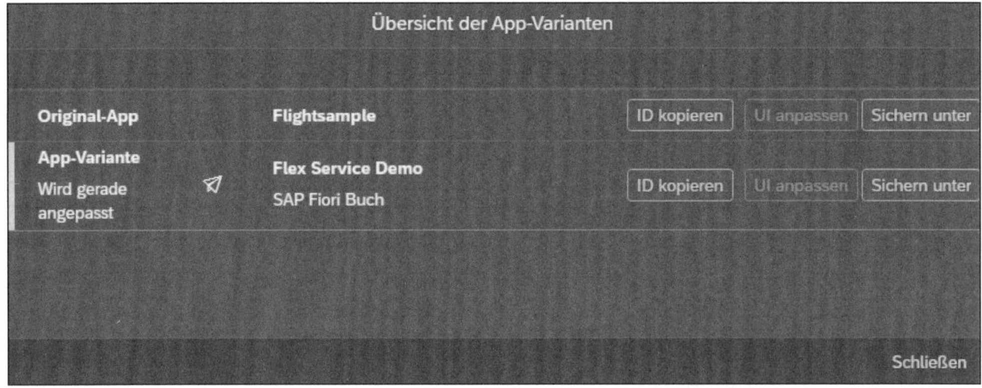

Abbildung 13.58 Übersicht über vorhandene Applikationsvarianten

Optionen für die UI-Bearbeitung

Wir wollen in unserem Beispiel ein neues Feld zur Oberfläche hinzufügen. Dafür rufen wir das Kontextmenü mit den Bearbeitungsoptionen (siehe Abbildung 13.59) auf. Über den Eintrag **Umbenennen** können Sie Felder überschreiben, der Eintrag **Ausschneiden** erlaubt es Ihnen, Felder an anderer Stelle einzufügen, und über den Eintrag **Entfernen** löschen Sie Felder komplett. Darüber hinaus können Sie über den Eintrag **Feld hinzufügen** zusätzliche Eigenschaften von Entitäten, die über den OData-Service geliefert werden, als Felder in die Oberfläche aufnehmen. Da wir ein neues Feld erstellen möchten, wählen Sie in unserem Beispiel diese Option.

Ein neues Feld hinzufügen

Im Anschluss wird Ihnen, wie in Abbildung 13.60 gezeigt, ein Auswahlbildschirm mit allen verfügbaren Feldern angezeigt. Wählen Sie für unser Beispiel das Feld **Akt. Buchungssumme** aus, und bestätigen Sie den Dialog mit **OK**.

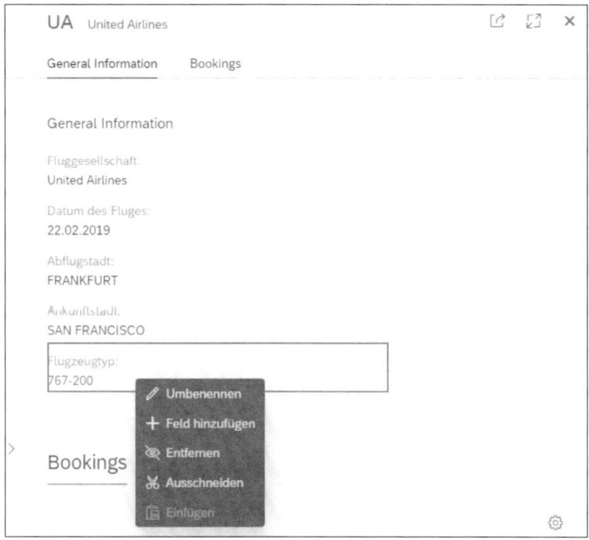

Abbildung 13.59 Bearbeitungsoptionen

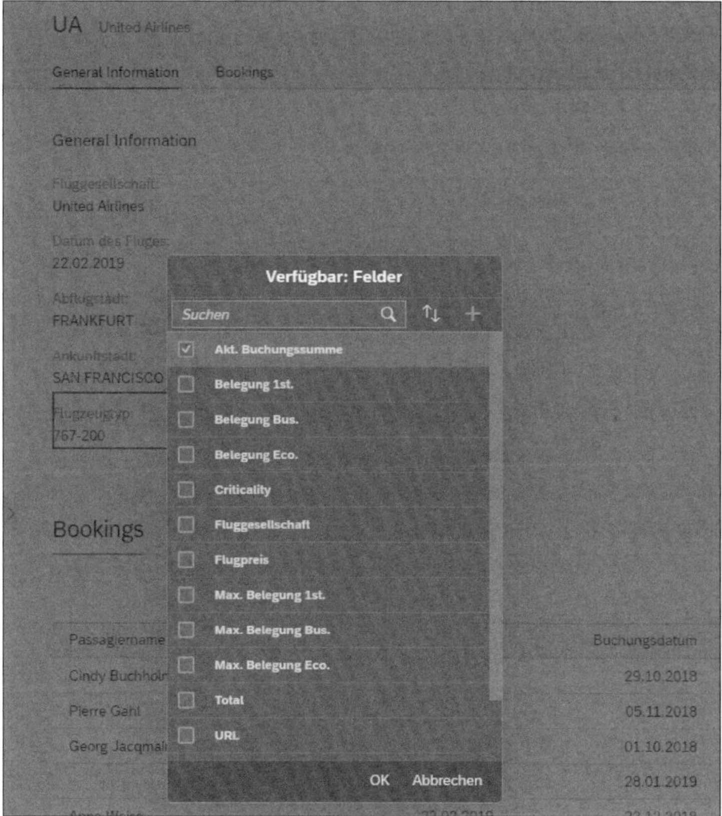

Abbildung 13.60 Ein verfügbares Feld auswählen

Das neue Feld sollte nun nach dem Feld **Flugzeugtyp** angezeigt werden (siehe Abbildung 13.61). Wenn Sie möchten, können Sie es per Drag-and-drop an eine andere Stelle verschieben.

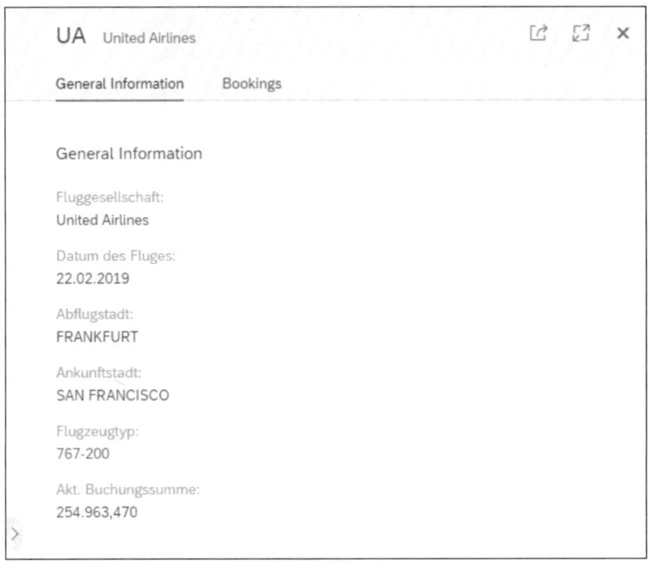

Abbildung 13.61 Neues Feld in der Object Page

Im Anschluss wollen wir die Änderungen als neue Applikationsvariante speichern. Klicken Sie dazu auf die Schaltfläche **Sichern unter**. Es erscheint der in Abbildung 13.62 gezeigte Dialog. Wie Sie sehen, bietet er die Möglichkeit, Kacheldetails anzugeben. Sie müssen zumindest das Feld **Titel** ausfüllen – z. B. mit dem Namen »Flex Service Demo« – anschließend können Sie den Dialog mit **Sichern** bestätigen. Zum Abschluss werden Sie nun noch aufgefordert, einen Transportauftrag auszuwählen oder die Änderungen als lokales Objekt zu speichern.

Das erfolgreiche Anlegen der neuen Applikationsvariante wird Ihnen in einem Bestätigungsdialog (siehe Abbildung 13.63) angezeigt. Wie Sie der Abbildung entnehmen können, wird neben der Erfolgsmeldung auch noch die für die Applikationsvariante eindeutig vergebene ID angezeigt. Wie bereits angemerkt, ist sie für Administratoren wichtig, damit diese die Anwendung in das Launchpad integrieren können.

Abbildung 13.62 Eine neue Anwendungsvariante anlegen

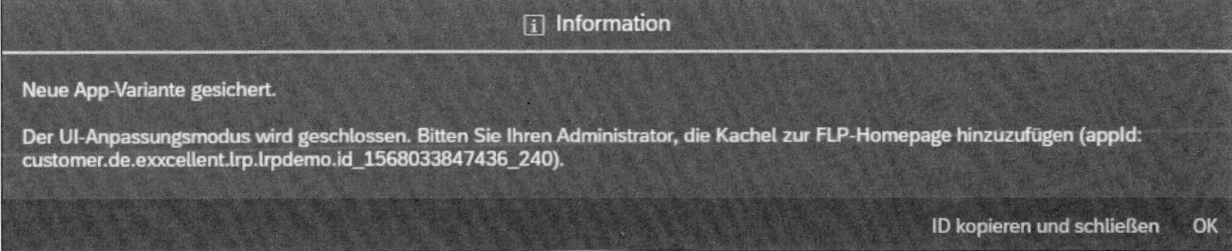

Abbildung 13.63 Details der neuen Anwendungsvariante

13.8 Implementierung von Erweiterungen für das ABAP-Programmiermodell für SAP Fiori

Wie bereits in Abschnitt 5.7.2, »ABAP-Programmiermodell für SAP Fiori«, beschrieben, hat SAP für SAP-Fiori-Anwendungen ein eigenes Programmiermodell entwickelt. Grundlage dafür sind die Technologien ABAP Core Data Services (CDS), Business Object Processing Framework (BOPF) und SAP Fiori Elements. Das *ABAP-Programmiermodell für SAP Fiori* wird von SAP bei der Implementierung von SAP-Fiori-Standardanwendungen für SAP S/4HANA verwendet. Wie bei Standardsoftware üblich, passen nicht alle Lösungen zu den Prozessen und Anforderungen von Kunden. SAP hat deshalb auch für dieses Programmiermodell Erweiterungskonzepte implementiert. Zwei Werkzeuge dazu haben Sie bereits in diesem Buch kennengelernt: den SAPUI5 Visual Editor und die SAPUI5 Flexibility Services. In diesem Abschnitt möchten wir Ihnen nun zwei weitere Erweiterungstechniken vorstellen. Zum einen lernen Sie, wie Sie Anwendungen erweitern, die auf ABAP CDS basieren, zum anderen gehen wir auf die Erweiterung von SAP-Fiori-Elements-basierten Anwendungen ein.

13.8.1 Einführung in die Erweiterungskonzepte für ABAP CDS

Details zu SAP-Fiori-Anwendungen

Ausgangspunkt für das Erweitern einer SAP-Fiori-Standardanwendung ist die *SAP Fiori Apps Reference Library*, die Sie bereits in Abschnitt 1.5, »Übersicht über die SAP-Fiori-Apps«, kennengelernt haben. Darin finden Sie Details zu SAP-Fiori-Standardanwendungen. Diese sind wichtig, da Sie mit der Implementierung einer Anwendung vertraut sein sollten, bevor Sie sie erweitern. SAP-Fiori-Anwendungen, die unter Verwendung des ABAP-Programmiermodells für SAP Fiori implementiert wurden, erkennen Sie in der SAP Fiori Apps Reference Library daran, dass in den Anwendungsdetails hinter der Applikationstypinformation der Zusatz **(SAP Fiori elements)** steht (siehe Abbildung 13.64). Wie bereits erläutert, finden Sie in der Bibliothek auch noch diverse weitere Informationen, z. B. den Bezeichner einer SAPUI5-Anwendung oder den OData-Service. Beide Informationen finden Sie im Abschnitt **Configuration** der jeweiligen Anwendung in der SAP Fiori Apps Reference Library (siehe Abbildung 13.65).

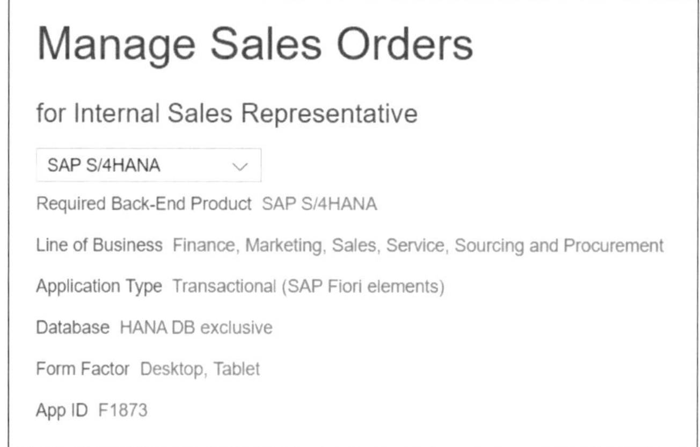

Abbildung 13.64 Details zur Anwendung »Manage Sales Orders«

Hinweise zu Erweiterungsmöglichkeiten

Auch bei SAP-Fiori-Elements-basierten Anwendungen gibt die SAP Fiori Apps Reference Library Aufschluss darüber, wie sie sich erweitern lassen. Im Fall der Anwendung **Manage Sales Orders** finden Sie, anders als bei nicht auf SAP Fiori Elements basierenden Anwendungen, jedoch nur Verweise auf weiterführende Dokumentationen (siehe Abbildung 13.65).

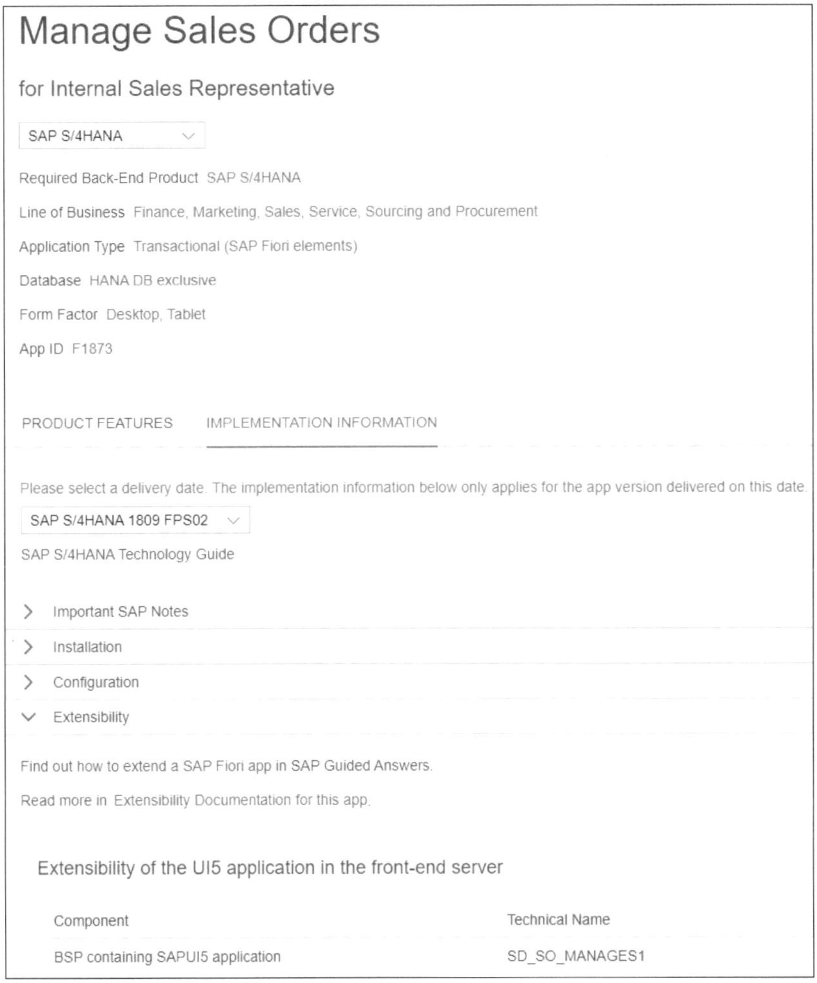

Manage Sales Orders

for Internal Sales Representative

SAP S/4HANA

Required Back-End Product SAP S/4HANA

Line of Business Finance, Marketing, Sales, Service, Sourcing and Procurement

Application Type Transactional (SAP Fiori elements)

Database HANA DB exclusive

Form Factor Desktop, Tablet

App ID F1873

PRODUCT FEATURES IMPLEMENTATION INFORMATION

Please select a delivery date. The implementation information below only applies for the app version delivered on this date.

SAP S/4HANA 1809 FPS02

SAP S/4HANA Technology Guide

Important SAP Notes

Installation

Configuration

Extensibility

Find out how to extend a SAP Fiori app in SAP Guided Answers.

Read more in Extensibility Documentation for this app.

Extensibility of the UI5 application in the front-end server

Component	Technical Name
BSP containing SAPUI5 application	SD_SO_MANAGES1

Abbildung 13.65 Erweiterungsinformationen zur Anwendung »Manage Sales Orders«

Um eine weiterführende Dokumentation zu Erweiterungskonzepten einzusehen, klicken Sie auf den Link **how to extend a SAP Fiori app**. Über einen anschließenden Klick auf den Eintrag **Fiori Elements** bzw. durch den Aufruf der URL *http://s-prs.de/v726836* gelangen Sie zu den Erweiterungsdetails. Abbildung 13.66 zeigt einen Ausschnitt aus der Dokumentation zu den Optionen.

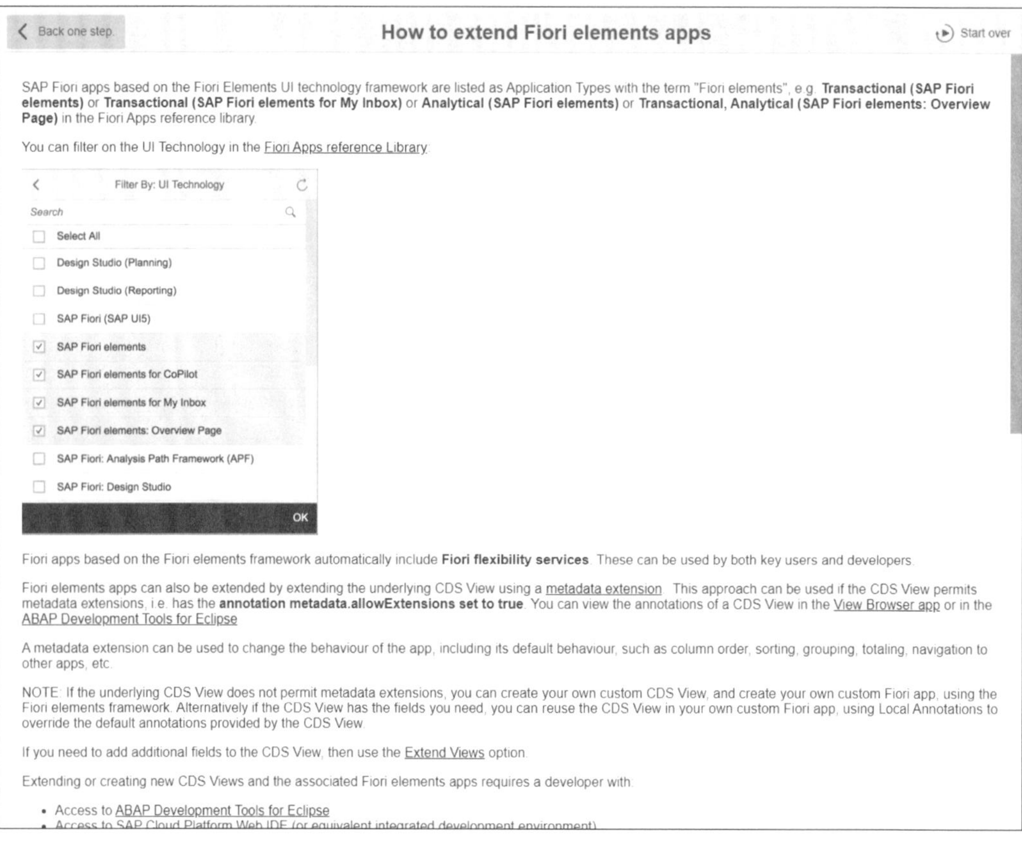

Abbildung 13.66 Dokumentation zu Erweiterungskonzepten einer SAP-Fiori-Elements-Anwendung

Evaluierung der Erweiterungsmöglichkeiten

Wie wir aus der Dokumentation entnehmen können, gibt es unterschiedliche Erweiterungsmöglichkeiten. SAP empfiehlt folgende Vorgehensweise bei der Auswahl der richtigen Erweiterungstechnik:

1. Analysieren Sie, was konkret geändert werden soll.
2. Prüfen Sie die zugrunde liegende ABAP-CDS-Implementierung: Welche Felder sind in den Projektionslisten enthalten, wird eine metadatenbasierte Erweiterung unterstützt? Letzteres erkennen Sie über die Annotation `metadata.allowExtensions`.
3. Prüfen Sie, welche Änderungen mittels der SAPUI5 Flexible Services möglich sind.
4. Prüfen Sie, welche Änderung eine Metadatenerweiterung nach sich zieht.

5. Prüfen Sie, ob weitere Felder in die Projektionsliste aufgenommen werden müssen. Wenn ja, müssen der entsprechende View und unter Umständen auch die Metadaten erweitert werden.
6. Testen Sie die Erweiterungen über SAP Web IDE.
7. Falls notwendig, können Sie weitere Änderungen über die SAPUI5 Flexibility Services durchführen.

13.8.2 Erweiterung einer SAP-Fiori-Anwendung

Nachdem wir uns mit der Vorgehensweise vertraut gemacht haben, gehen wir im nächsten Schritt gemäß der Empfehlung von SAP vor. In unserem Szenario wollen wir ein weiteres Feld in der Anwendung **Manage Sales Orders** anzeigen.

Analyse des OData-Services

Die Dokumentation der Anwendung liefert auf den ersten Blick keine Informationen darüber, welcher ABAP CDS für die Anwendung verwendet wird. Daher müssen wir zu Beginn den entsprechenden OData-Service analysieren, um den Namen des ABAP CDS zu erfahren. Der Endpunkt des OData-Services der Anwendung **Manage Sales Orders** heißt `SD_F1873_SO_WL_SRV`. Über ihn können Sie sich den Namen des SAP-Gateway-Projekts erschließen; alternativ können Sie ihn natürlich auch mit Blick auf die Standardnomenklatur für die Bezeichnung von OData-Services ableiten oder über die Tabelle `/IWBEP/I_SBD_SV` auf dem Backend detaillierte Informationen zur Implementierung einsehen. Wie Sie Abbildung 13.67 entnehmen können, heißt das Gateway-Implementierungsprojekt in unserem Fall `SD_F1873_SO_WL`.

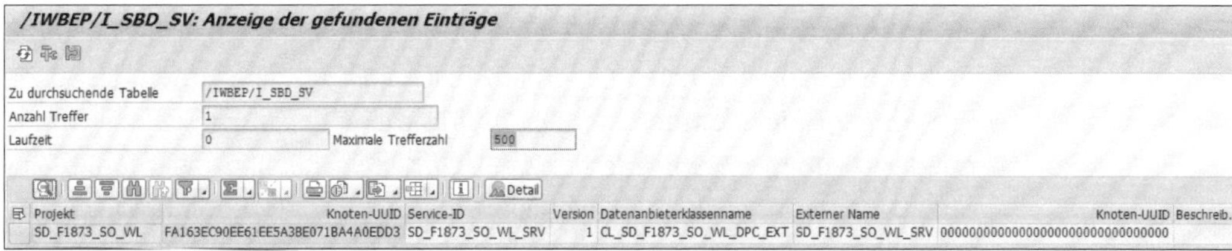

Abbildung 13.67 Details des OData-Services »SD_F1873_SO_WL_SRV«

Um die Implementierung des OData-Services genauer zu analysieren, rufen Sie auf Ihrem Backend-System Transaktion SEGW auf und öffnen dort das entsprechende Projekt. Anschließend können Sie sich die Details unter dem Knoten **Data Model** ansehen. Wie Ihnen auffallen wird, besitzt dieser OData-Service keine Entitäten oder Assoziationen direkt unter dem

Data-Model-Eintrag. Jedoch verfügt er über **Datenquellenreferenzen**. Nachdem Sie die entsprechenden Ordner aufgeklappt haben, können Sie, wie in Abbildung 13.68 gezeigt, die Details einsehen. Die Details zur Datenquelle zeigen, wie der dahinterliegende ABAP CDS heißt. In unserem Fall ist sein Name `C_SalesOrderWl_F1873`.

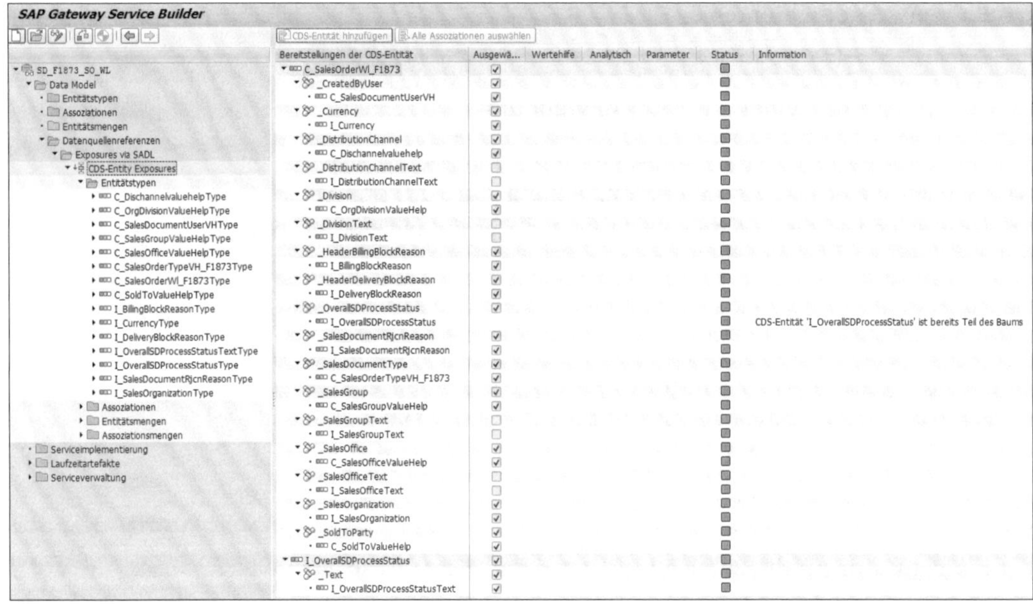

Abbildung 13.68 Datenquellendetails des OData-Services »SD_F1873_SO_WL«

Analyse in Eclipse

Starten Sie für die weitere Analyse nun Eclipse, und nutzen Sie das ADT-Plug-in. Nachdem Eclipse mit Ihrem Backend-System verbunden ist, rufen Sie über das Menü **Navigate • Open ABAP Development Object** auf. In dem sich öffnenden Suchdialog geben Sie anschließend den Namen des ABAP CDS ein. Wie Sie erkennen können, gibt es mehr als ein Repository-Objekt mit dem Namen `C_SalesOrderWl_F1873`. Öffnen Sie den Eintrag mit dem Zusatz **(Data Definition)**. Im Anschluss wird Ihnen, wie in Abbildung 13.69 zu sehen ist, die Implementierung des CDS angezeigt.

[S4D] C_SALESORDERWL_F1873

```
@AbapCatalog.sqlViewName: 'CSOrdW1F1873'
@ClientDependent: true
@AbapCatalog.compiler.compareFilter: true
@AccessControl.authorizationCheck: #CHECK
@EndUserText.label: 'Sales Orders'
@EndUserText.label_AsOTR: '005056AC01D01EE38CA0FA570E371726'

@VDM.viewType: #CONSUMPTION
@Search.searchable: true
@ObjectModel.updateEnabled

@ObjectModel.usageType.dataClass: #TRANSACTIONAL
@ObjectModel.usageType.serviceQuality: #B
@ObjectModel.usageType.sizeCategory: #L

@UI.headerInfo: {
      typeName:             'Sales Order',
      typeName_AsOTR:       '005056AC01D01EE387D776D9981F966E',
      typeNamePlural:       'Sales Orders',
      typeNamePlural_AsOTR: '005056AC01D01EE38CA0FA570E371726',
      title: {
            type:   #STANDARD,
            value:  'SalesOrder'
        }
    }

@UI.presentationVariant:{
  sortOrder: [
      { by: 'SalesOrderDate' , direction: #DESC },
      { by: 'SalesOrder', direction: #DESC } ]
//  visualizations: [
//      { type: #AS_LINEITEM} ]
}

define view C_SalesOrderWl_F1873
  as select from I_SalesOrder as SalesOrder

  association [0..1] to C_SoldToValueHelp      as _SoldToParty          on  $projection.SoldToParty = _SoldToParty.Customer

  association [0..1] to I_SalesOrganization    as _SalesOrganization    on  $projection.SalesOrganization = _SalesOrganization.SalesOrganization
```

Abbildung 13.69 Auszug aus der Implementierung des ABAP CDS »C_SalesOrderWl_F1873«

Erweiterung eines ABAP CDS Views

Um einen bestehenden ABAP CDS View modifikationsfrei zu erweitern, legen Sie eine Data Definition an. Wählen Sie dazu das ABAP-Projekt in Eclipse aus, und rufen Sie aus dem Kontextmenü **New • Other** auf. Im daraufhin erscheinenden Dialog wählen Sie **ABAP • Core Data Services • Data Definition** aus und bestätigen den Dialog mit **Next**.

Im nächsten Dialog füllen Sie, wie in Abbildung 13.70 gezeigt, die Felder **Package**, **Name** und **Description** aus. Für unser Beispiel verwenden wir das **Package** »ZFIORI« und tragen in das Feld **Name** den Wert »Z_C_SalesOrderWI_F1873_Ext« ein. Als Beschreibung (**Description**) geben wir »Erweiterung des Views C_SalesOrderWI_F1873« an. Bestätigen Sie auch diesen Dialog mit **Next**.

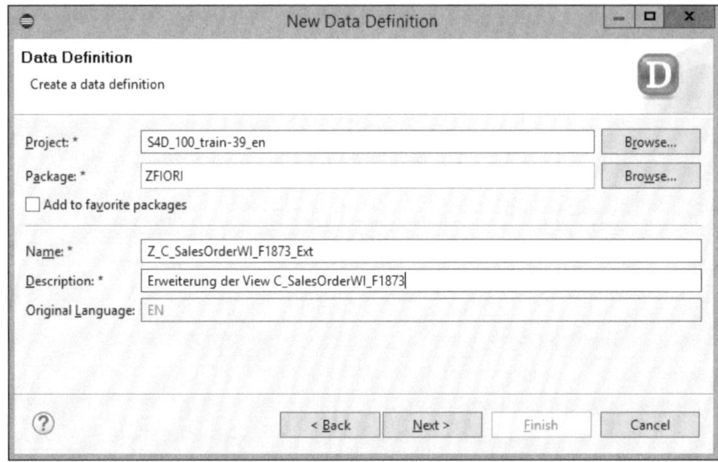

Abbildung 13.70 Eine CDS-View-Erweiterung anlegen

Als Nächstes ordnen Sie Ihre Änderungen einem Transportauftrag zu und bestätigen den Dialog erneut mit **Next**. Nachdem geprüft wurde, dass es nicht zu Konflikten kommt, müssen Sie noch einmal bestätigen. Sie werden nun gefragt, welches Template verwendet werden soll. Wählen Sie den Eintrag **Extend View** aus, und klicken Sie auf **Finish**.

Sie erhalten nun das in Listing 13.19 gezeigte Codegerüst für die Erweiterung Ihres ABAP CDS Views.

```
@AbapCatalog.sqlViewAppendName: 'sql_view_append_name'
@EndUserText.label: 'Erweiterung des Views C_SalesOrderWl_F1873'
extend view view_name with Z_C_SalesOrderWl_F1873_Ext {
    data_source_name.element_name
}
```

Listing 13.19 Codegerüst für die View-Erweiterung

Ersetzen Sie die Platzhalter `sql_view_append_name` durch den Wert `ZCSOrdWlF1873` und `view_name` durch `C_SalesOrderWl_F1873`. Als Nächstes geht es an die Implementierung der Erweiterung.

Eine Erweiterung implementieren

In unserem einfachen Beispiel wollen wir lediglich den Gesamtstatus einer Bestellung farblich darstellen. Den Status erhalten Sie über das Feld `_OverallSDProcessStatus.OverallSDProcessStatus`. Implementieren Sie, wie im Programmierbeispiel in Listing 13.20 gezeigt, eine einfache `case`-Anweisung, und prüfen Sie den Inhalt des Feldes. Je nachdem, welcher Wert in dem Feld enthalten ist, weisen Sie der Variablen `Criticality` den Wert `1`, `2`, `3` oder 0 zu. Jeder Zahlenwert steht für eine Farbe: 0 für Grau, 1 für Rot, 2 für Gelb und 3 für Grün. Anschließend nehmen Sie das Feld _OverallSDProcess-Status.OverallSDProcessStatus in die Projektionsliste des ABAP CDS auf und fügen eine entsprechende UI.lineItem-Annotation hinzu.

```
case _OverallSDProcessStatus.OverallSDProcessStatus
     when  'A' then 2 // yellow
     when 'B' then 3 // green
     when 'C' then 1 // red
     else 0 // grey
    end as Criticality,

    @UI: {
    lineItem:[{
        position: 100
        ,
        criticality:'Criticality',
        value: 'ProcessStatusCritical'
        }
    ]}
     @EndUserText.label : 'Status in Farbe'
    _
OverallSDProcessStatus.OverallSDProcessStatus as ProcessStatusCritical
```

Listing 13.20 Implementierung einer ABAP-CDS-Erweiterung

Ergebnis der Erweiterung

Im Anschluss aktivieren Sie den neu angelegten ABAP CDS und starten die Anwendung im Browser neu. Das Ergebnis sollte wie in Abbildung 13.71 aussehen. In der Spalte **Status Kritikalität** ist das Zeichen nun farblich hervorgehoben.

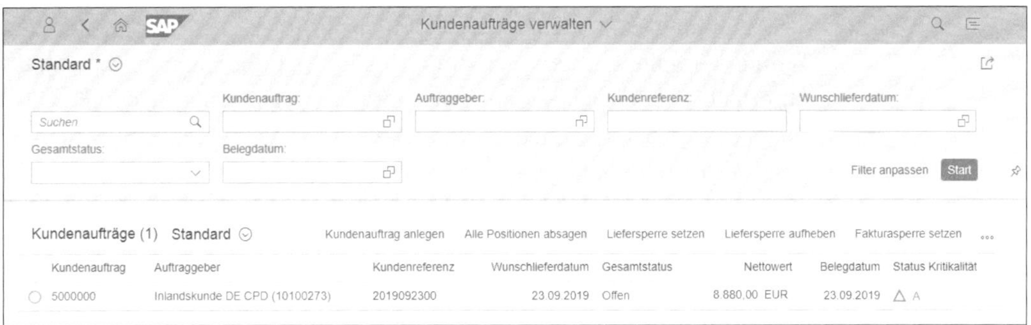

Abbildung 13.71 Die erweiterte Anwendung »Kundenaufträge verwalten«

Erweiterung einer SAP-Fiori-Elements-basierten Anwendung

Nicht immer ist es möglich, über die Erweiterung des zugrunde liegenden ABAP CDS eine SAP-Fiori-Elements-basierte Anwendung an seine Anforderungen anzupassen. Wenn Sie z. B. eine Zusatzfunktion einfügen wollen, die nicht über ABAP-CDS-basierte Annotationen eingefügt werden kann, müssen Sie über SAP Web IDE ein eigenes Projekt anlegen und den OData-Service der Standardanwendung als Grundlage für eine Erweiterung verwenden. Im Anschluss können Sie entweder über den Annotation Modeler neue, lokale Annotationen einfügen oder mithilfe sogenannter *Breakouts* die benötige Funktion in SAPUI5 programmieren. Für das Hinzufügen von Breakouts bietet die SAPUI5-API entsprechende JavaScript-Klassen und -Funktionen. In diesem Abschnitt stellen wir die API genauer vor und zeigen Ihnen, wie Sie mit ihrer Hilfe Breakouts implementieren.

Erweiterungsprojekt bei SAP-Fiori-Elements-Anwendungen

SAP-Fiori-Elements-basierte Anwendungen können nicht, wie in Abschnitt 13.5, »Erweiterung des User Interfaces«, beschrieben, mittels eines Erweiterungsprojekts erweitert werden. Das liegt daran, dass beim Anlegen eines Erweiterungsprojekts geprüft wird, ob mindestens ein XML View mit einem Controller im Projekt enthalten ist. Dies ist bei SAP-Fiori-Elements-Anwendungen nicht der Fall. Die grundsätzlichen Konzepte, die Sie kennengelernt haben, sind jedoch die gleichen.

Die für Ihre SAPUI5-Version zur Verfügung stehenden Erweiterungsoptionen finden Sie in der entsprechenden SAPUI5-Dokumentation. Für Version 1.73.1 können Sie diese z. B. unter *http://s-prs.de/v726856* einsehen.

Extension API

SAPUI5 bietet aktuell für die SAP-Fiori-Elements-Templates List Report, Object Page und Analytical List Page jeweils eine eigene *Extension API* an. Wie Sie Abbildung 13.72 entnehmen können, sind diese den entsprechenden Template-Implementierungen direkt zugeordnet und befinden sich direkt unterhalb der Template-Namensräume. Der Namensraum der Erweiterungs-API ist bei allen drei Varianten `extensionAPI`. Zusätzlich werden in zwei template-unabhängigen Namensräumen Funktionen bereitgestellt, die allgemeingültig sind (z. B. die Implementierung einer Navigation). Es handelt sich um die Namensräume `sap.suite.ui.generic.template.Canvas.extensionAPI.ExtensionAPI` und `sap.suite.ui.generic.template.extensionAPI`.

Verwendung von Breakouts

Die Verwendung von Breakouts birgt das Risiko, dass so erweiterte Anwendungen bei Änderungen an den zugrunde liegenden ABAP CDS nicht mehr ordnungsgemäß arbeiten. Ein Upgrade der Standardanwendung kann daher Mehraufwand bedeuten.

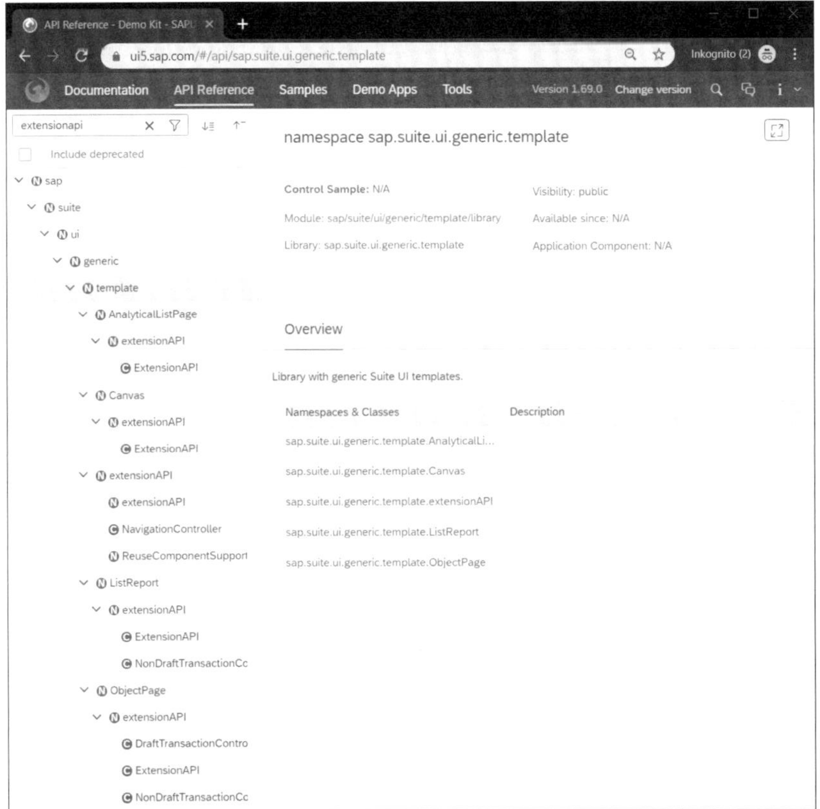

Abbildung 13.72 Extension APIs für SAP Fiori Elements

Projekt anlegen

Im Folgenden implementieren wir Breakouts beispielhaft für die SAP-Fiori-Anwendung **Kundenaufträge verwalten**. Dafür legen wir zunächst ein Projekt vom Typ List-Report-Anwendung in SAP Web IDE an. Wir gehen an dieser Stelle nicht nochmals auf die konkrete Vorgehensweise ein, eine detaillierte Anleitung finden Sie in Abschnitt 12.4.1, »Arbeiten mit dem List Report Template«. Für unser Beispiel nennen wir das Projekt »extension« und geben als Namensraum »de.fioribuch« an. Als OData-Service nutzen wir erneut den OData-Service `SD_F1873_SO_WL_SRV`. Dieser stellt diverse Entitäten bereit, für unser Beispiel verwenden wir die zentrale Entität `C_SalesOrderWl_F1873`.

Nachdem das Projekt mithilfe des Assistenten angelegt wurde, können Sie die Anwendung testen. Nach dem Start sollte die Anwendung aussehen, wie in Abbildung 13.73 gezeigt. Sie sehen, dass der Funktionsumfang im Vergleich zur Standardanwendung überschaubar ist – z. B. fehlen in der Werkzeugleiste der Tabelle die Schaltflächen. Das liegt daran, dass die Anwendung **Kundenaufträge verwalten** durch SAP umfangreich über die Erweiterungs-API angepasst wurde. Erweiterungsartefakte sind Bestandteil der installierten SAPUI5-Anwendungen und werden nicht über ABAP-CDS-Annotationen ausgeliefert. Möchten Sie diese dennoch nutzen, müssen Sie sie manuell in das eigene Projekt integrieren. Ob Sie diesen Weg wählen möchten, sollten Sie sich jedoch genau überlegen.

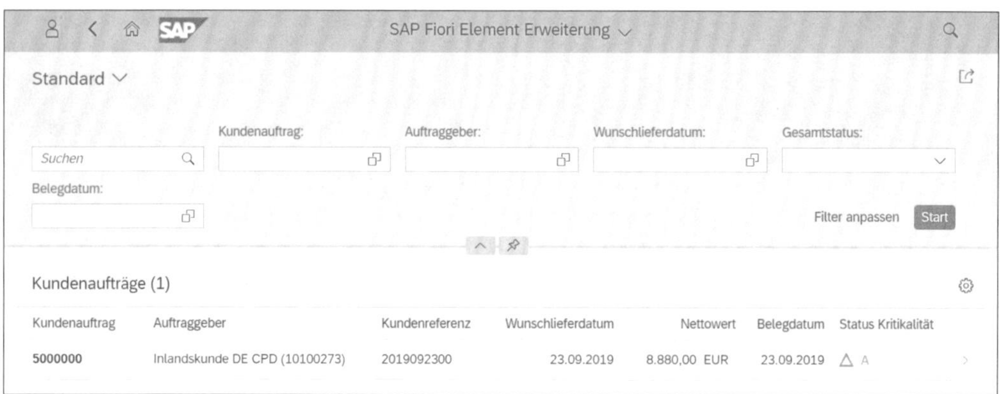

Abbildung 13.73 Die Anwendung »Kundenaufträge verwalten«

Neue Aktionsschaltfläche hinzufügen

Nachdem wir das Projekt angelegt haben, möchten wir in die Toolbar des List Reports eine neue Aktionsschaltfläche einfügen. Für die Generierung der benötigten Artefakte wählen Sie das Projekt aus und wählen anschließend aus dem Kontextmenü **New • Extension**. Es erscheint der in Abbildung 13.74 gezeigte Dialog. Da wir einen List Report erweitern wollen, wählen Sie die Kachel **List Report Extension** aus und klicken auf **Next**.

Konfiguration der Erweiterung

Im nächsten Schritt müssen Sie angeben, welche Art von Erweiterungsartefakt erzeugt werden soll. Aktuell ist es für List Reports über Erweiterungen möglich, eigene Filter in die Smart Filter Bar einzufügen sowie der Werkzeugleiste der Liste Aktionen und weitere Spalten hinzuzufügen. Wir wollen in unserem Beispiel eine Schaltfläche in die Werkzeugleiste integrieren. Beim Klick auf die Schaltfläche soll dem Nutzer ein Fenster mit der ID einer in der Liste ausgewählten Entität angezeigt werden. Aktivieren Sie daher die Checkbox **Action**. Aus der Auswahlliste wählen Sie die Entitätsmenge `C_SalesOrderWl_F1873` und geben in das Feld **Action Label** den Wert »Details« ein (siehe Abbildung 13.75). Bestätigen Sie den Dialog mit **Next**, und beenden Sie den nächsten mit **Finish**.

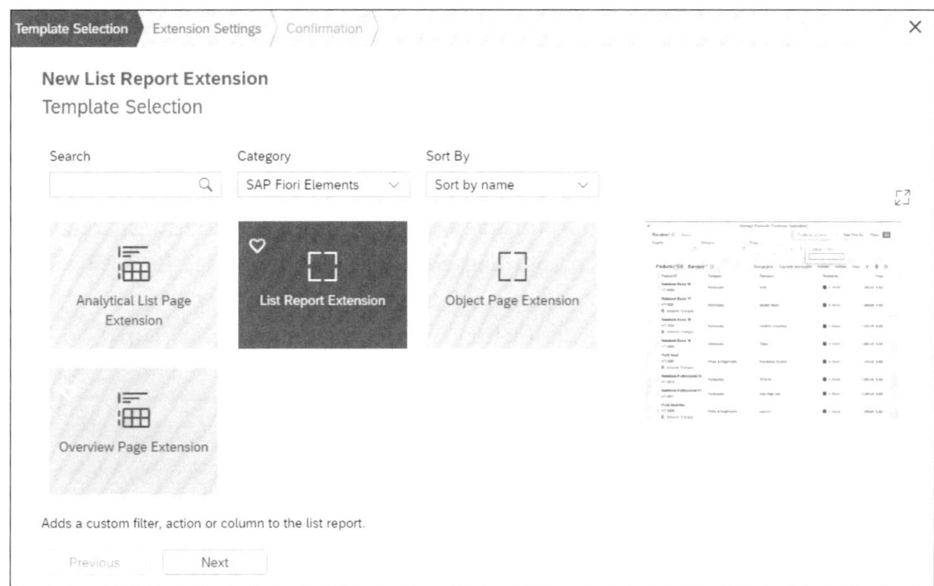

Abbildung 13.74 Auswahl des Erweiterungs-Templates

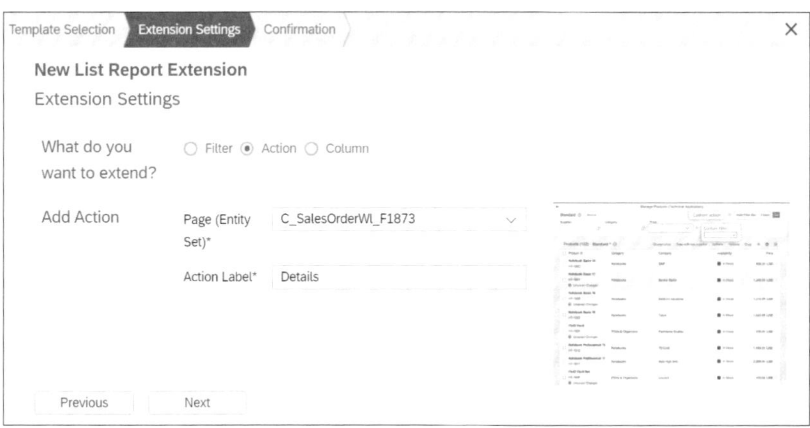

Abbildung 13.75 Auswahl der Art des Erweiterungsartefakts

Aufbau der Erweiterung

Nachdem der Assistent die nötigen Artefakte erstellt hat, finden Sie einen Ordner **ext** direkt unter dem **webapp**-Order des Projekts. Dieser Ordner enthält alle für SAPUI5 relevanten Artefakte, die durch Sie als Entwickler nun als Code hinzugefügt werden können. In unserem Beispiel enthält der

ext-Ordner lediglich einen Unterordner mit dem Namen **controller**. Dieser wiederum enthält den für uns relevanten Controller `ListReportExt.controller.js`. Er wird verwendet, um Event Handler oder ähnliche JavaScript-basierte Programmteile für den List Report zu implementieren. XML-Fragmente oder Ähnliches gibt es in unserem **ext**-Ordner oder einem Unterordner dagegen nicht. Im Gegensatz zu den in Abschnitt 13.5, »Erweiterung des User Interfaces«, vorgestellten Erweiterungen werden bei den hier besprochenen nicht alle Oberflächen-Artefakte in XML-Fragmenten implementiert, sondern es gibt auch Erweiterungen, die über die **manifest.json**-Datei der Anwendung beschrieben werden. Wir öffnen daher die Datei **manifest.json** und finden dort im Bereich `sap.ui5` den Konfigurationsbereich für die Erweiterungen; er trägt den Namen `extends`. Wie Sie in Listing 13.21 sehen können, enthält dieser Bereich in unserem Beispiel eine `Actions`-Konfiguration, die wiederum den Namen der Event-Handler-Funktion, den Verweis auf die i18n-Eigenschaft für die Beschriftung der Schaltfläche sowie eine generische ID für das UI Control enthält. Darüber hinaus wird auch die Verbindung der Schaltfläche zum Controller definiert.

```
"extends": {
   "extensions": {
     "sap.ui.controllerExtensions": {
       "sap.suite.ui.generic.template.ListReport.
           view.ListReport": {
              "controllerName":
                 "de.fioribuch.extension.ext.controller.
                    ListReportExt",
               "sap.ui.generic.app": {
                  "C_SalesOrderWl_F1873": {
                     "EntitySet": "C_SalesOrderWl_F1873",
                      "Actions": {
                        "ActionC_SalesOrderWl_F18731": {
                         "id":
                         "ActionC_SalesOrderWl_F18731button",
                         "text":
                      "{@i18n>ActionC_SalesOrderWl_F18731}",
                        "press":
                         "onClickActionC_SalesOrderWl_F18731"
                        }
                      }
         }
     }
    }
```

```
      }
    }
}
```

Listing 13.21 Erweiterungskonfiguration in der »manifest.json«-Datei

In dem Fenster, das sich von Nutzern über einen Klick öffnen lassen soll, wollen wir nicht nur die Order-ID der ausgewählten Bestellung anzeigen, sondern vor der Bestellung den Text **Order ID** darstellen. Damit dieser auch übersetzt werden kann, öffnen wir die zum List Report gehörende i18n-Datei. Sie finden die Datei **i18n.properties** über den Pfad **i18n • ListReport • C_SalesOrderWl_F1873**. Wie in Listing 13.22 gezeigt, fügen Sie den Schlüssel `txtOrderid` ein und weisen ihm den Wert `Order ID` zu.

```
txtOrderid=Order ID
```

Listing 13.22 Texterweiterung

Implementierung eines Event Handlers

Nachdem Sie die Änderungen gespeichert haben, öffnen Sie die Datei **ListReportExt.controller.js**. Die Controller-Implementierung enthält bereits eine leere Implementierung der Funktion `onClickActionC_SalesOrderWl_F18731`. Wie Sie bereits in der Datei **manifest.json**-Datei gesehen haben, ist diese Funktion der Event Handler für Ihre Schaltfläche. Wie geschildert, ist unser beispielhafter Anwendungsfall sehr einfach. Wir wollen lediglich die ID einer ausgewählten Entität darstellen. Im ersten Schritt benötigen Sie daher die in der Auswahlliste durch den Nutzer selektierte Entität. Dazu beziehen Sie, wie im Programmierbeispiel in Listing 13.23 gezeigt, zunächst die Referenz auf die Extension API, die Ihnen über das Controller-Objekt geliefert wird. Als Nächstes rufen Sie die Funktion `getSelectedContexts` auf, um die `BindingContext`-Objekte der ausgewählten Listeinträge zu erhalten. Da es Anwendungsfälle gibt, bei denen der List Report so konfiguriert ist, dass nicht nur ein Eintrag, sondern mehrere Einträge ausgewählt werden können, liefert die Funktion ein Array zurück. Dieses legen Sie in einer lokalen Variablen ab. Nachdem Sie sichergestellt haben, dass im Array mindestens ein Eintrag enthalten ist, beziehen Sie die Referenz auf das i18n-Modell mit der ID `i18n|sap.suite.ui.generic.template.ListReport|C_SalesOrderWl_F1873`. Im Anschluss rufen Sie die Methode `getProperty` auf und übergeben den in Listing 13.22 angelegten Schlüssel `txtOrderid`. Das Ergebnis legen Sie in einer Variablen ab. Den Abschluss der Implementierung bildet eine einfache Verwendung der Klasse `sap.m.MessageBox`. Dieser übergeben Sie zum einen den Text aus dem i18n-Modell und zum anderen die ID der ausgewählten Kundenbestellung. Letztere erhalten Sie aus dem Kontextobjekt.

Dazu geben Sie noch aus einer lokalen Variablen die Überschrift für das Dialogfenster an. Diese laden Sie aus dem i18n-Modell.

```
onClickActionC_SalesOrderWl_F18731: function (oEvent) {
  var aContext = this.extensionAPI.getSelectedContexts();
    if(aContext.length > 0) {
     var sText = this.getOwnerComponent().
                  getModel("i18n|sap.suite.ui.generic.
                  template.ListReport|C_SalesOrderWl_F1873").
                     getProperty("txtOrderid");
     var sHeader = this.getOwnerComponent().
                  getModel("i18n|sap.suite.ui.generic.
                  template.ListReport|C_SalesOrderWl_F1873").
                     getProperty("txtHeader");
       sap.ui.require(["sap/m/MessageBox"],
           function(MessageBox) {
              MessageBox.information(sText + ": " +
                 aContext[0].getProperty("SalesOrder"), {
                  title: sHeader
              });
           }
       );
    }
}
```

Listing 13.23 Implementierung der Funktion »onClickActionC_SalesOrderWl_F18731«

Nach dem Speichern starten Sie die Anwendung und beladen über einen Klick auf den Button **Start** die Liste mit Ihren Bestellungen. Im Anschluss wählen Sie einen Eintrag aus und klicken auf den **Details**-Button, der Ihnen in der Werkzeugleiste angezeigt wird. Es öffnet sich, wie in Abbildung 13.76 gezeigt, das implementierte Fenster mit der ID der gewählten Bestellung.

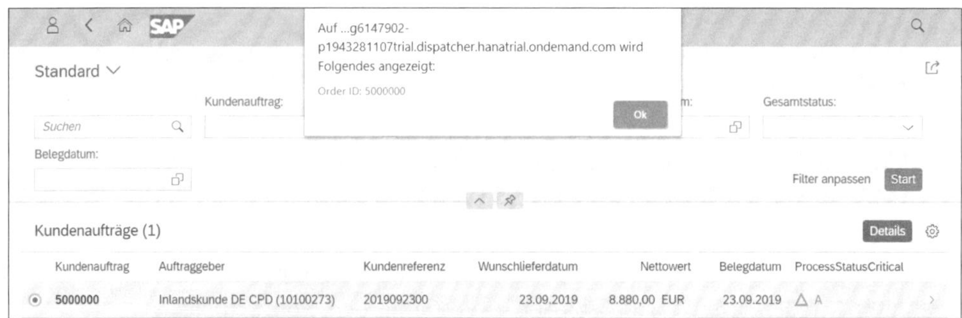

Abbildung 13.76 Die Erweiterung in Aktion

Neue Spalte hinzufügen

Implementierung der neuen Spalte

Zum Abschluss wollen wir nun noch eine neue Spalte in den List Report aufnehmen. Diese soll einen Button enthalten. Klickt der Anwender auf den Button, soll er zu einer anderen SAP-Fiori-Anwendung geleitet werden. Dieser Anwendung soll wiederum die Bestellnummer jener Bestellung übergeben werden, die in der Zeile, in der der Button angewählt wurde, dargestellt ist. Mit der übergebenen Bestellnummer kann das Navigationsziel dann weiterarbeiten. Da es den Umfang dieses Abschnitts sprengen würde, implementieren wir die Zielanwendung an dieser Stelle nicht aus.

Die ersten Schritte, um eine neue Spalte mittels Breakout in die Liste aufzunehmen, sind vergleichbar mit den gerade gezeigten bei der Implementierung einer neuen Aktionsschaltfläche. Rufen Sie den Assistenten aus dem Kontextmenü auf, und wählen Sie **New • Extension**. Anders als zuvor wählen Sie jedoch das Auswahlelement **Column**. Wie in Abbildung 13.77 gezeigt, wählen Sie anschließend erneut die Entitätsmenge `C_SalesOrderWl_F1873` und fügen in das Feld **Fragment Name** den Wert »CustomColumn« ein. Bestätigen Sie den Dialog mit **Next**, den darauffolgenden beenden Sie über **Finish**.

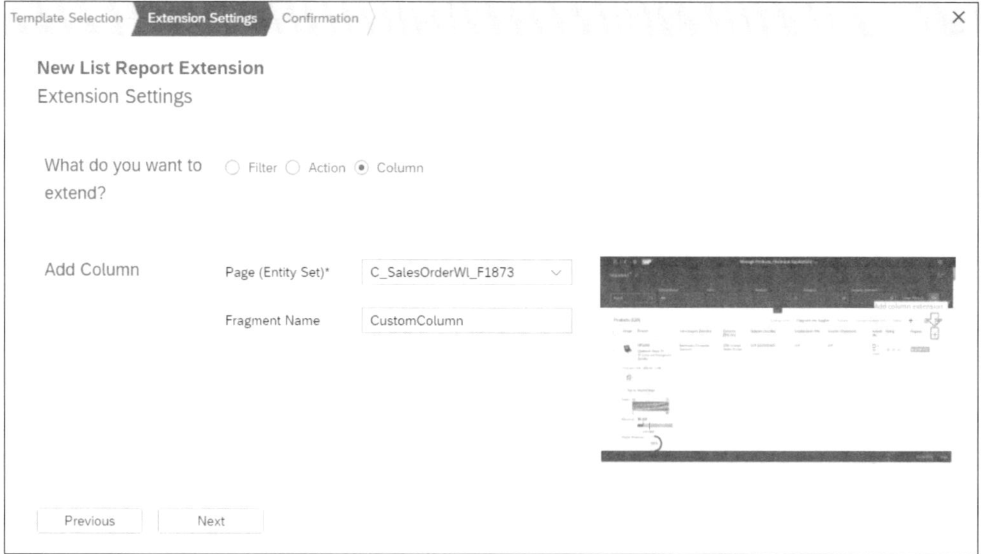

Abbildung 13.77 Eine Spaltenerweiterung hinzufügen

Sie finden nun im **ext**-Ordner des Projekts einen neuen Unterordner mit dem Namen **view**. Der Ordner enthält ein Fragment mit dem von Ihnen angegebenen Namen. Das Fragment enthält bereits, wie in Listing 13.24 gezeigt, das benötige Codegrundgerüst der Implementierung für eine Spalte.

```
<core:FragmentDefinition xmlns:core="sap.ui.core" xmlns="sap.m">
    <Column id="ExtensionWizard::ColumnBreakout">
        <Text text="Sample column"/>
        <customData>
            <core:CustomData key="p13nData"
                value='\{"columnKey": "Test",
                    "columnIndex" : "101"}'/>
        </customData>
    </Column>
</core:FragmentDefinition>
```

Listing 13.24 Codegerüst eines Column Breakouts

Wir ersetzen den Wert der `text`-Eigenschaft mit einem Property Binding auf das i18n-Modell und verbinden es mit dem Schlüssel `txtAction` (siehe Listing 13.25). Diesen definieren wir, wie auch schon zuvor, in der zum List Report gehörenden i18n-Datei.

```
<Text text="{i18n|sap.suite.ui.generic.template.ListReport|
        C_SalesOrderWl_F1873>txtAction}"/>
```

Listing 13.25 Internationalisierung der »text«-Eigenschaft

Den Spalteninhalt implementieren

Als Nächstes müssen Sie festlegen, welches UI Control in der neuen Spalte dargestellt werden soll. Dies wird nicht im gerade angelegten Artefakt implementiert, sondern in einem weiteren SAPUI5-Fragment. Leider gibt es für das Anlegen keinen Assistenten. Legen Sie daher eine neue Datei im **view**-Ordner an, indem Sie aus dem Kontextmenü **New • File** aufrufen. Im sich öffnenden Dialog geben Sie den Namen »CustomColumnContent.fragment.xml« an und bestätigen den Dialog. Wie Sie aus Listing 13.26 entnehmen können, implementieren wir ein herkömmliches XML-Fragment. Die Definition `FragmentDefinition` enthält ein UI Control vom Typ `sap.m.Button`. Dem `press`-Event weisen wir den Event Handler `onPress` zu.

```
<core:FragmentDefinition xmlns:core="sap.ui.core" xmlns="sap.m">
    <Button
        text="{i18n|sap.suite.ui.generic.template.ListReport|
            C_SalesOrderWl_ F1873>txtDetail}"
        press="onPress">
    </Button>
</core:FragmentDefinition>
```

Listing 13.26 Implementierung des SAPUI5-Fragments in der Datei »CustomColumnContent.fragment.xml«

Da unsere Anwendung noch nichts über das gerade implementierte Fragment weiß, müssen wir die Konfiguration in der **manifest.json**-Datei anpassen. Dazu öffnen Sie die Datei und suchen nach der Konfiguration `sap.ui.viewExtensions`. Erweitern Sie sie, wie in Listing 13.27 gezeigt. Wie Sie dem Beispiel entnehmen können, legen wir für die Entität `C_SalesOrderWl_F1873` ein Konfigurationsobjekt für eine `ResponsiveTableCellsExtension`-Erweiterung an. Dieser Konfiguration weisen wir das gerade angelegte und implementierte Fragment zu.

```
"sap.ui.viewExtensions": {
  "sap.suite.ui.generic.template.ListReport.view.ListReport":
   {
     "ResponsiveTableColumnsExtension|C_SalesOrderWl_F1873":
       {
         "type": "XML",
         "className": "sap.ui.core.Fragment",
         "fragmentName":
                "de.fioribuch.extension.ext.view.CustomColumn"
       },
       "ResponsiveTableCellsExtension|C_SalesOrderWl_F1873":
       {
         "className": "sap.ui.core.Fragment",
         "fragmentName":
                "de.fioribuch.extension.ext.view.CustomColumnContent",
         "type": "XML"
       }
}
}
```

Listing 13.27 Konfiguration für die neue Spalte

Die Navigation implementieren

Als Nächstes prägen wir die Funktion `onPress` aus. Wie eingangs beschrieben, sieht unser Anwendungsfall vor, dass der Anwender durch Anklicken des Buttons zu einer weiteren SAP-Fiori-Anwendung navigieren können soll. Man nennt diese Art der Navigation *Outbound-Navigation*. Die Navigation innerhalb einer Anwendung wird als *Inbound-Navigation* bezeichnet. Für beide Arten der Navigation bietet die Extension API die Klasse `sap.suite.ui.generic.template.extensionAPI.NavigationController` an. Eine Referenz auf `NavigationController` erhalten Sie über die `extensionAPI`-Referenz auf der Controller-Instanz. Wie Sie Listing 13.28 entnehmen können, lesen wir zunächst aus dem `BindingContext`-Objekt des Event-Verursachers die Eigenschaft `SalesOrder` aus. Im Anschluss beziehen wir die Referenz auf `NavigationController` und rufen die Funktion `navigateExternal` auf. Die

Funktion erhält zwei Parameter. Der erste Parameter ist der outbound-Bezeichner. Dieser ist einerseits frei wählbar, muss andererseits aber in einem nachfolgenden Konfigurationsschritt mit einem semantischen Objekt verbunden werden. Der zweite Parameter ist ein literales JavaScript-Objekt. Es erhält eine Eigenschaft orderId. Das Navigationsziel kann diesen Parameter dann über die Komponente und deren Startparameter auslesen.

```
onPress : function(oEvent) {
      var sOrderId = oEvent.getSource().getBindingContext()
                              .getProperty("SalesOrder");
      var oNavController =
              this.extensionAPI.getNavigationController();
      oNavController.navigateExternal("DemoOrderOutbound", {
                    orderId: sOrderId
      });
}
```

Listing 13.28 Implementierung der »onPress«-Funktion

Nachdem die Implementierung soweit abgeschlossen ist, fehlt noch die Konfiguration der in Listing 13.28 verwendeten Outbound-Navigation. Öffnen Sie dazu die **manifest.json**-Datei, suchen Sie nach dem Eintrag crossNavigation, und fügen Sie die in Listing 13.29 gezeigte Konfiguration hinzu. Wie Sie sehen können, gehen wir an dieser Stelle davon aus, dass es ein Target Mapping für ein semantisches Objekt mit dem Namen zcustdemo gibt, das mit der Aktion display verbunden ist.

```
"crossNavigation": {
      "inbounds": {},
      "outbounds": {
            "DemoOrderOutbound": {
                  "semanticObject": "zcustdemo",
                  "action": "display"
            }
      }
}
```

Listing 13.29 Outbound-Konfiguration in der »manifest.json«-Datei

Den Abschluss bildet nun das Testen der Anwendung. Nach dem Start der Anwendung sollte Ihnen in der Liste Ihrer List-Report-Anwendung eine neue Spalte mit einem Button angezeigt werden.

[«]

Implementierung »SD_SO_MANAGES1«

Wie bereits erwähnt, ist die Standardimplementierung der Anwendung **Kundenaufträge verwalten** schon mit diversen Breakouts versehen. Falls Sie sich die Anwendung im Original anschauen möchten, können Sie dies entweder über Transaktion SE80 oder aber direkt über SAP Web IDE. Die Anwendung ist in Ihrem System unter dem Namen `SD_SO_MANAGES1` deployt. Am komfortabelsten ist der Import in SAP Web IDE.

13.9 Ausblick

Sie haben nun SAP Fiori von den Designprinzipien über die Implementierung bis hin zur Entwicklung und Erweiterung von SAP-Fiori-Apps kennengelernt. Dabei sind Sie mit vielen neuen Technologien in Berührung gekommen, vor allem mit SAPUI5 und OData. Mit den Informationen in diesem Buch haben Sie auch eine sehr gute Grundlage, um die UI-Schicht der nächsten Generation der SAP Business Suite zu implementieren und zu erweitern. In diesem Sinne hoffen wir, Sie auch gut auf die Zukunft vorbereitet zu haben.

Kapitel 14
SAP Fiori Cloud

Angesichts der Cloud-Strategie von SAP ist es empfehlenswert, sich mit den Möglichkeiten der SAP Cloud Platform als zentraler Plattform für Unternehmensanwendungen auseinanderzusetzen. Dieses Kapitel zeigt Ihnen, wie SAP Fiori in der Cloud aussehen kann.

In den vorangegangenen Kapiteln dieses Buches haben wir SAP Fiori vor allem mit Blick auf On-Premise-Lösungen, also lokale Infrastrukturen, betrachtet. Da jedoch auch Cloud-Lösungen immer wichtiger werden, widmet sich dieses Kapitel *SAP Fiori Cloud*.

Unternehmen haben zunehmend den Anspruch, Mitarbeitern und Kunden stets Zugriff auf unterschiedlichste Services zu ermöglichen. Gleichzeitig sollen der Aufwand und die Kosten für den Betrieb der Infrastruktur in einem überschaubaren Rahmen gehalten werden. Das Einspielen von Updates oder das Sicherstellen einer ständigen Verfügbarkeit kostet jedoch Ressourcen. Cloud-Lösungen bieten Unternehmen dabei eine Vielzahl von Vorteilen.

SAP Fiori Cloud für SAP S/4HANA Cloud

SAP bietet im Grunde mehrere Varianten für die Nutzung der Lösung SAP Fiori Cloud an. Einerseits können Kunden es seit geraumer Zeit mit *SAP S/4HANA Cloud* nutzen, einem Software-as-a-Service-Angebot (SaaS) von SAP. Das SAP-System wird dabei in die Cloud ausgelagert. SAP kümmert sich um den Betrieb des Systems und stellt quartalsweise Updates zur Verfügung.

Abbildung 14.1 zeigt das SAP Fiori Launchpad von SAP S/4HANA Cloud. Wie Sie sehen, ist es bereits im Design von SAP Fiori 3.0, wie es mit Version 1908 von SAP S/4HANA Cloud eingeführt wurde.

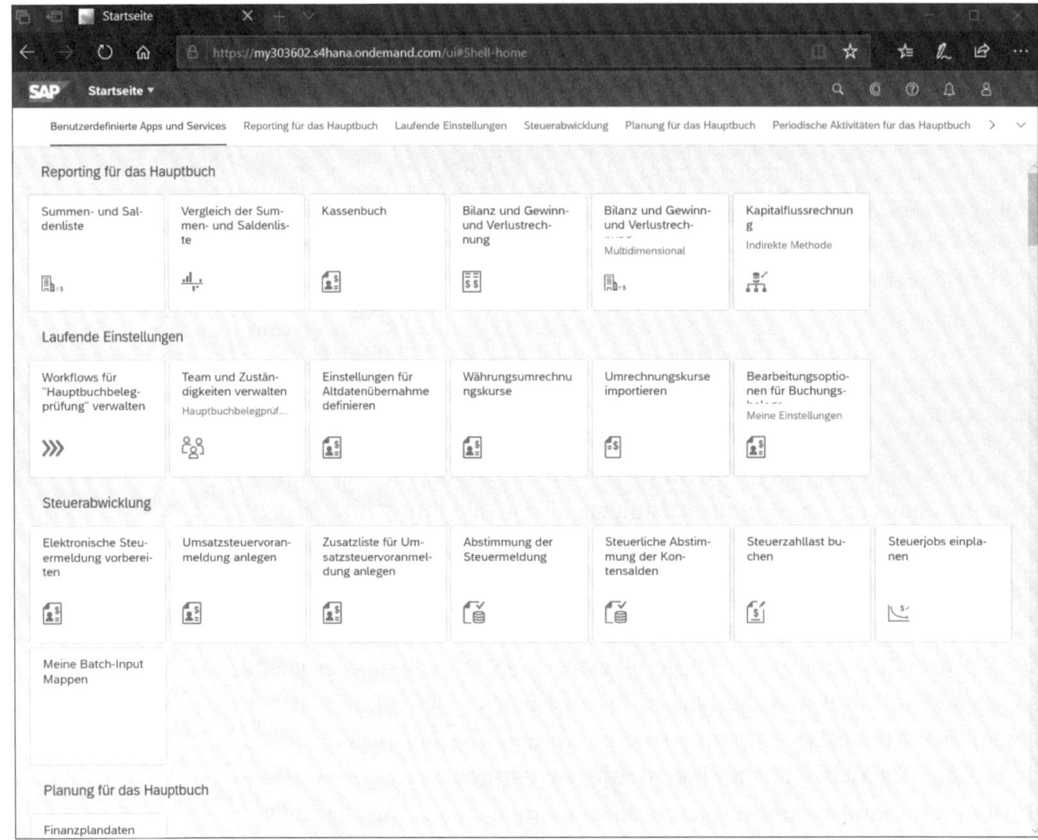

Abbildung 14.1 SAP Fiori Launchpad von SAP S/4HANA Cloud

SAP Fiori Cloud auf der SAP Cloud Platform

Neben dem SaaS-Angebot bietet SAP die Möglichkeit, SAP-Fiori-Anwendungen auf der *SAP Cloud Platform* bereitzustellen.

Ebenso wie bei On-Premise-Lösungen gibt Ihnen die *SAP Fiori Apps Reference Library* einen guten Überblick über die Anwendungen, die auf der SAP Cloud Platform verfügbar sind. Rufen Sie über Ihren Browser die URL *http://s-prs.de/v726838* auf, und wählen Sie den Eintrag **Available via SAP Fiori Cloud** aus. Im Anschluss erhalten Sie die in Abbildung 14.2 gezeigte Ansicht. Über das Menü können Sie auswählen, ob Ihr als On-Premise-Version verfügbares Backend eine normale SAP-Business-Suite- oder aber eine SAP-S/4HANA-Installation ist.

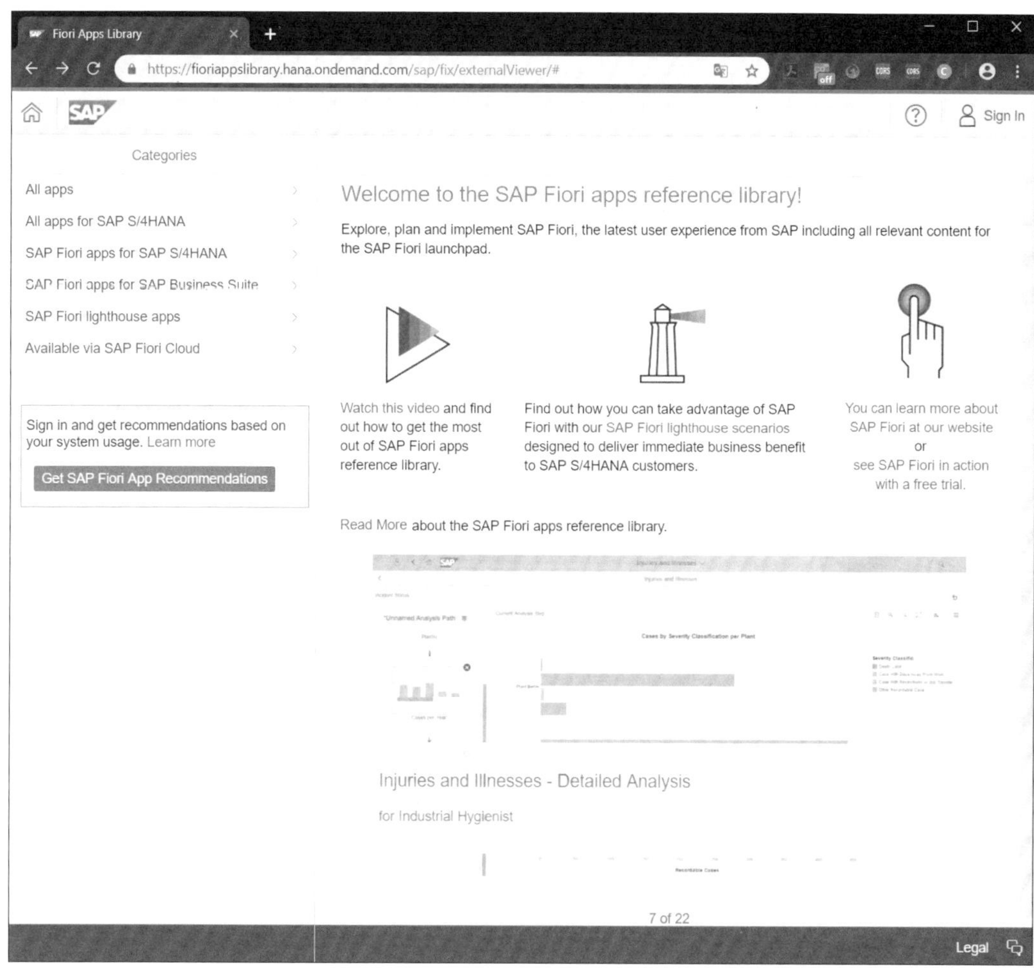

Abbildung 14.2 SAP-Fiori-Cloud-Anwendungen in der SAP Fiori Apps Reference Library

Verfügbare Services auf der SAP Cloud Platform

Neben den SAP-Fiori-Anwendungen bietet SAP auf der SAP Cloud Platform aktuell folgende Services, die Sie wiederum in Ihren Anwendungen verwenden können:

- **SAP Cloud Platform Portal mit SAP Fiori Launchpad**
  Über den angebotenen Portal-Service können Kunden sogenannte *Business Sites* erstellen. Das SAP Fiori Launchpad in der Cloud kann dabei entweder selbst als Site fungieren oder in eine Business Site integriert werden.
- **SAP Cloud Platform Identity Authentication Service**
  Dieser Service fasst das Authentifizieren in Form des Single Sign-on sowohl in der Cloud als auch in der On-Premise-Version zusammen. Abbil-

dung 14.3 zeigt die Startseite des Services. Wie Sie der Abbildung entnehmen können, ist es möglich, Benutzer- und Zugriffsberechtigungen oder auch die in der Cloud verfügbaren Anwendungen zu verwalten.

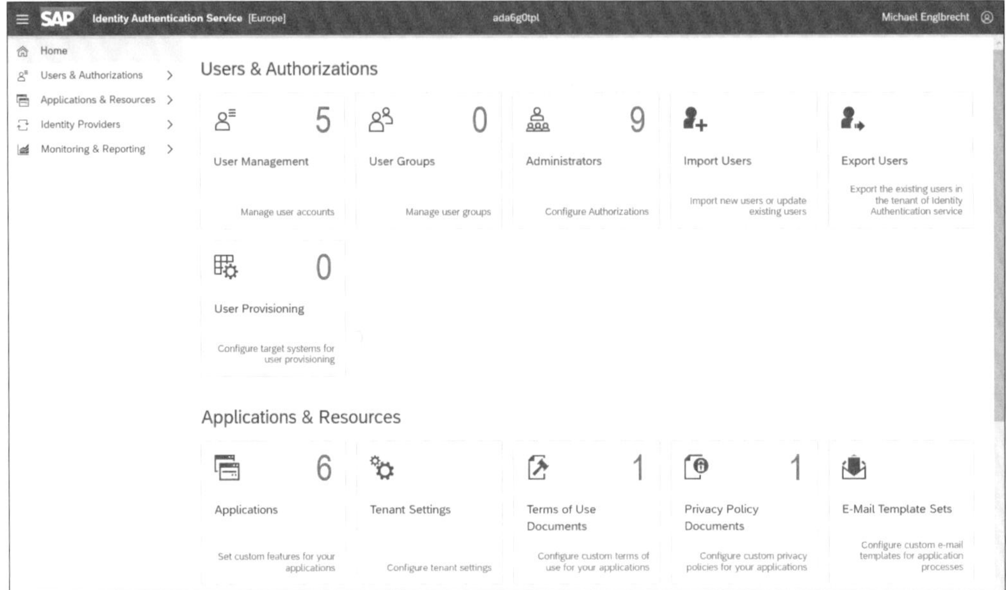

Abbildung 14.3 SAP Cloud Identity Authentication Service für SAP S/4HANA als SaaS

- **SAP Web IDE, UI Theme Designer, SAP Build**
  Wie bereits erläutert, bietet die SAP Cloud Platform Zugriff auf SAP Web IDE, den UI Theme Designer und SAP Build.
- **SAP Cloud Platform OData Provisioning**
  Über den OData-Provisioning-Service können SAP-Business-Suite-Dienste als OData-Services in der Cloud zur Verfügung gestellt werden. Es ist damit nicht mehr notwendig, ein SAP-Gateway-Hub-System als On-Premise-Version zu installieren.
- **SAP Cloud Platform Custom Domains**
  Über diese Cloud-Anwendungen ist es möglich, eine kundenspezifische Domäne zu generieren, sodass der Zugriff nicht mehr über die Standarddomäne *hana.ondemand.com* erfolgt. Dies hat den Vorteil, dass z. B. der eigene Name in der Domäne verwendet werden kann.

- **Cloud Connector**
  Den Cloud Connector haben wir bereits in Abschnitt 12.2.2, »Konfiguration der Backend-Konnektivität«, vorgestellt. Er dient dazu, Anwendungen der SAP Cloud Platform mit eigenen On-Premise-Systemen zu verbinden.
- **SAP Cloud Platform Mobile Services**
  Die Mobile Services der SAP Cloud Platform bestehen aus verschiedenen Services, etwa einem Offline-OData-Service, einer Anwendungsanalyse oder einem Tool für das Lifecycle Management. Sie dienen der Entwicklung mobiler Anwendungen, z. B. mit SAP Fiori for iOS oder SAP Fiori for Android (siehe Kapitel 3, »SAP Fiori Design Guidelines«).

Voraussetzungen für SAP Fiori Cloud

Damit Sie SAP Fiori Cloud für die SAP Business Suite bzw. SAP S/4HANA einsetzen können, müssen einige Voraussetzungen erfüllt sein, die wir Ihnen im Folgenden vorstellen.

- **Anmeldung**
  Vor der Nutzung von SAP Fiori Cloud ist es notwendig, dass Sie sich für diesen Cloud-Service registrieren und die nötigen Subscriptions erwerben. Im Anschluss erhalten Sie einen vorkonfigurierten SAP-Cloud-Platform-Zugang, inklusive der SAP-Fiori-Anwendungen Ihrer Subscription.
- **Backend-System**
  Ihr datenführendes System muss für die verwendeten SAP-Fiori-Anwendungen vorbereitet sein. Das heißt, dass alle erforderlichen Softwarekomponenten in passenden Versionen auf dem Backend-System installiert sein müssen. Darüber hinaus müssen Sie sicherstellen, dass Ihr Backend-System durch den Cloud Connector mit der SAP Cloud Platform verbunden ist. Nutzer, die über SAP Fiori Cloud auf das Backend-System zugreifen sollen, müssen einen Benutzerzugang erhalten und die nötigen Rechte auf dem Backend-System zugewiesen bekommen.
- **Browser**
  Die verwendeten Browser müssen in der Lage sein, HTML5-basierende Anwendungen auszuführen. Die SAP-Hinweise 1935915 und 1716423 bieten dazu weitere Informationen.

14.1 Deployment-Optionen

SAP Fiori Cloud unterstützt verschiedene Deployment-Optionen, die wir im Folgenden genauer betrachten.

Zugriff über einen internen Zugriffspunkt

Ein häufig angeführtes Argument gegen die Verwendung der Cloud ist, dass kritische Unternehmensdaten in der Cloud ausgelesen werden können und die Nutzung nicht kontrollierbar ist. Dieses Argument lässt sich durch die Deployment-Variante über einen *internen* Zugriffspunkt entkräften. Dabei bleiben alle Unternehmensdaten im internen Netz. Wie Sie aus Abbildung 14.4 ersehen können, spielt der *SAP Web Dispatcher* dabei eine zentrale Rolle. Er ist so konfiguriert, dass alle UI-relevanten Anfragen an die SAP Cloud Platform weitergeleitet werden, während alle Anfragen, die sich auf Geschäftsdaten beziehen, bzw. alle Services, die Geschäftsdaten liefern und verarbeiten, an *SAP Gateway* weitergeleitet werden. SAP Gateway kann entweder als Hub oder als Embedded Deployment betrieben werden. In der SAP Cloud Platform wird dann das SAP Fiori Launchpad mit den entsprechenden SAP-Fiori-Anwendungen verwendet.

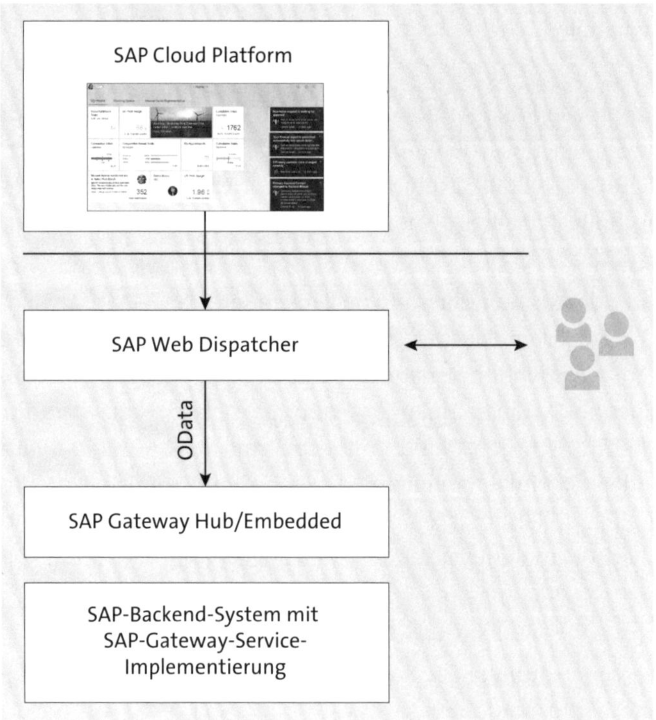

Abbildung 14.4 Zugriff über einen internen Zugriffspunkt

Zugriff über einen externen Zugriffspunkt

Neben dem Zugriff über einen internen Zugriffspunkt ist natürlich auch der Zugriff über einen *externen* Zugriffspunkt möglich. Dabei sind zwei Varianten denkbar.

1. **Zugriff über ein On-Premise-SAP-Gateway-System**
   Diese Variante folgt im Grunde genommen dem in diesem Buch schon mehrfach skizzierten Muster: Auf Kundenseite (in der On-Premise-Version) wird der Cloud Connector verwendet, um Zugriff auf OData-Services zu erhalten. Dabei ist SAP Gateway sowohl als Hub als auch als Embedded Deployment möglich. Abbildung 14.5 zeigt die Bestandteile einer solchen Konfiguration.

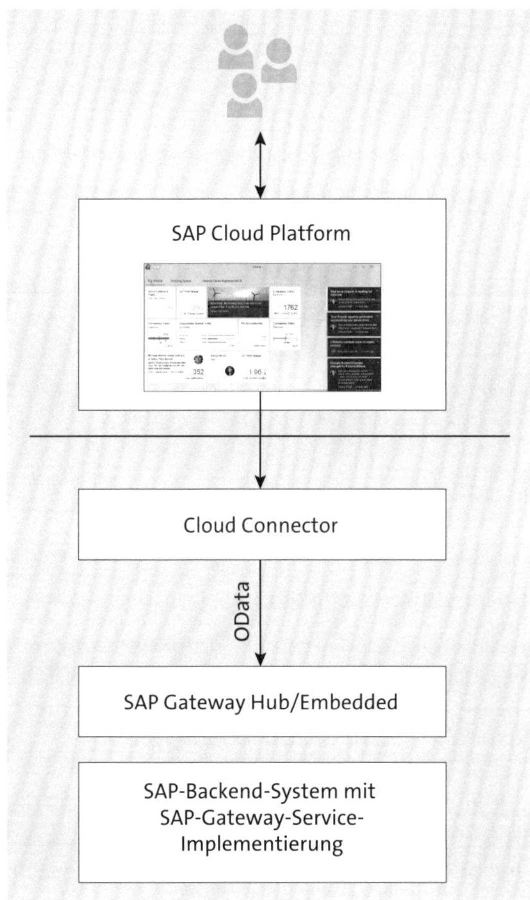

Abbildung 14.5 Zugriff über den Cloud Connector

2. **Zugriff über SAP Cloud Platform OData Provisioning**
   Bei der zweiten Variante des externen Zugriffs wird der Cloud-Service OData Provisioning eingesetzt. Auf On-Premise-Seite sorgt der Cloud Connector dafür, dass der Zugriff direkt auf die im Backend implementierten SAP Gateway Services möglich ist (siehe Abbildung 14.6).

14

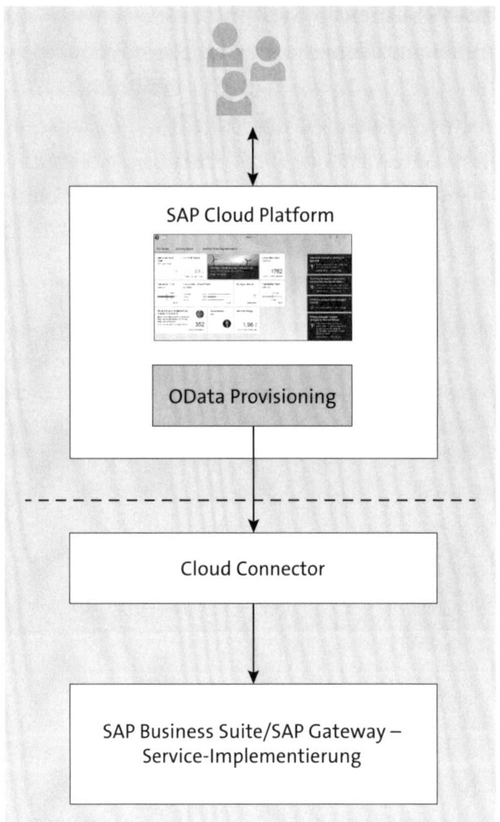

Abbildung 14.6 Externer Zugriff unter Verwendung des OData-Provisioning-Services

14.2 Entwicklung von SAP-Fiori-Cloud-Lösungen

Im folgenden Abschnitt implementieren wir eine einfache Master-Detail-Anwendung, die ihre Daten über einen OData-Service konsumiert. Die Anwendung wird dabei als *hybride Anwendung* implementiert. Dies bedeutet, dass die Anwendungsoberfläche auf der SAP Cloud Platform installiert wird. Der OData-Service befindet sich hingegen auf einem an die SAP Cloud Platform angeschlossenen On-Premise-SAP-System. Als OData-Service kommt der bei allen SAP-Installationen standardmäßig verfügbare Service `GWSAMPLE_BASIC` zum Einsatz. Der Einfachheit halber nutzen wir für unser Beispiel die Neo-Umgebung der SAP Cloud Platform.

[«]

SAP Cloud Application Programming Model

Beachten Sie, dass das hier vorgestellte Beispiel Ihnen einen Eindruck von einer möglichen Implementierungsform liefern soll. SAP bietet für die SAP Cloud Platform inzwischen auch ein eigenes Programmiermodell, das *SAP Cloud Application Programming Model*. Mit diesem können Sie Multitenant-Anwendungen auf der SAP Cloud Platform (Cloud-Foundry-Umgebung) implementieren. SAP setzt zukünftig auf diese Entwicklungsform. Allerdings sind zum Zeitpunkt der Entstehung der dritten Auflage dieses Buches (Herbst 2019) noch nicht alle hier vorgestellten Dienste vollständig in der Cloud-Foundry-Umgebung ausgeprägt. Daher gehen wir an dieser Stelle nicht im Detail darauf ein und verwenden stattdessen die Neo-Umgebung der SAP Cloud Platform.

14.2.1 Konfiguration von SAP Cloud Platform OData Provisioning

Zu Beginn der Implementierung müssen Sie den OData-Provisioning-Service auf der SAP Cloud Platform konfigurieren. OData Provisioning stellt Geschäftsdaten und Geschäftslogik als OData-Services auf der SAP Cloud Platform zur Verfügung. Damit ein OData-Service über den Provisioning-Service verwendet werden kann, muss er registriert werden.

Aktivierung des OData-Provisioning-Services prüfen

Zur Konfiguration des OData-Provisioning-Services müssen Sie zunächst sicherstellen, dass dieser Service in Ihrem SAP-Cloud-Platform-Account aktiv ist. Wählen Sie dafür nach der Anmeldung an der SAP Cloud Platform aus dem Menü **Services** aus, und geben Sie, wie in Abbildung 14.7 gezeigt, in das Suchfeld »odata« ein. Starten Sie die Suche über [↵]. Um die Servicedetails einzusehen, klicken Sie auf die Servicekachel **OData Provisioning**.

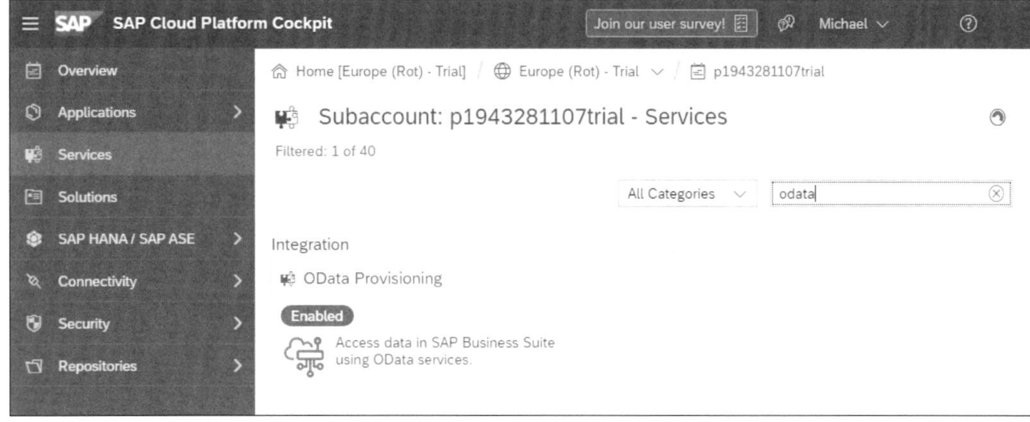

Abbildung 14.7 Aktiver OData-Provisioning-Service in der SAP Cloud Platform

[»]

OData-Provisioning-Service aktivieren

Sollte bei Ihnen der OData-Provisioning-Service noch nicht aktiv sein, klicken Sie in den Servicedetails auf die Schaltfläche **Enable**. Nach kurzer Zeit wird der Service als aktiv dargestellt.

Nachdem die Servicedetails geladen wurden, werden sie dargestellt, wie in Abbildung 14.8 gezeigt.

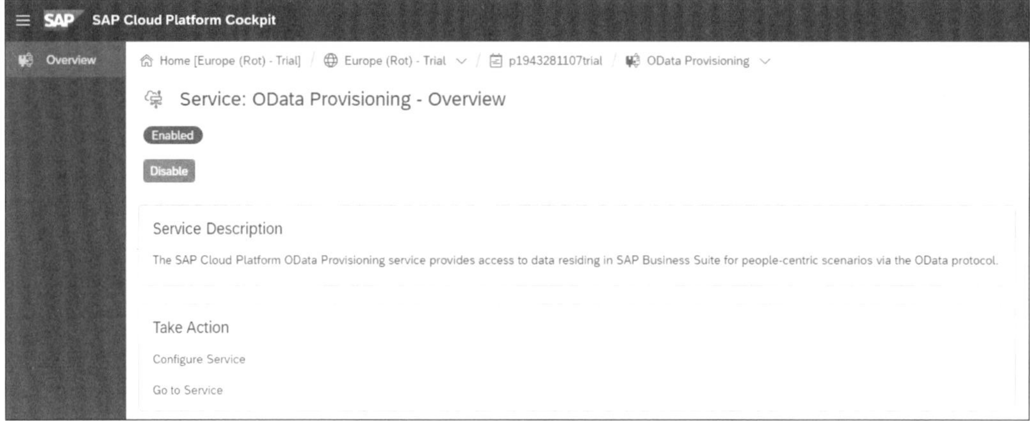

Abbildung 14.8 Servicedetails des OData-Provisioning-Services

Berechtigungen hinzufügen

Damit Ihr Benutzer mit dem OData-Provisioning-Service arbeiten kann, müssen Sie ihm als Nächstes die entsprechenden Berechtigungen einräumen. Klicken Sie dazu auf den Link **Configure Service** und im Anschluss auf den Eintrag **Roles**. Es öffnet sich, wie in Abbildung 14.9 gezeigt, die Oberfläche zur Berechtigungsadministration. Wie Sie aus der Abbildung entnehmen können, sind bereits zwei Rollen vordefiniert:

- **GW_Admin**: Benutzer, die dieser Rolle zugeordnet sind, haben das Recht, den OData-Provisioning-Service zu administrieren.
- **GW_User**: Benutzer dieser Rolle dürfen den Service nur konsumieren.

Weisen Sie Ihrem Benutzer die Rolle **GW_Admin** zu. Dazu müssen Sie sicherstellen, dass die Rolle ausgewählt ist (siehe Abbildung 14.9). Als Nächstes klicken Sie auf den Button **Assign**. Im daraufhin erscheinenden Dialog geben Sie, wie in Abbildung 14.10 gezeigt, die Benutzer-ID Ihres SAP-Cloud-Platform-Users an. Zum Abschluss bestätigen Sie den Dialog mit **Assign**.

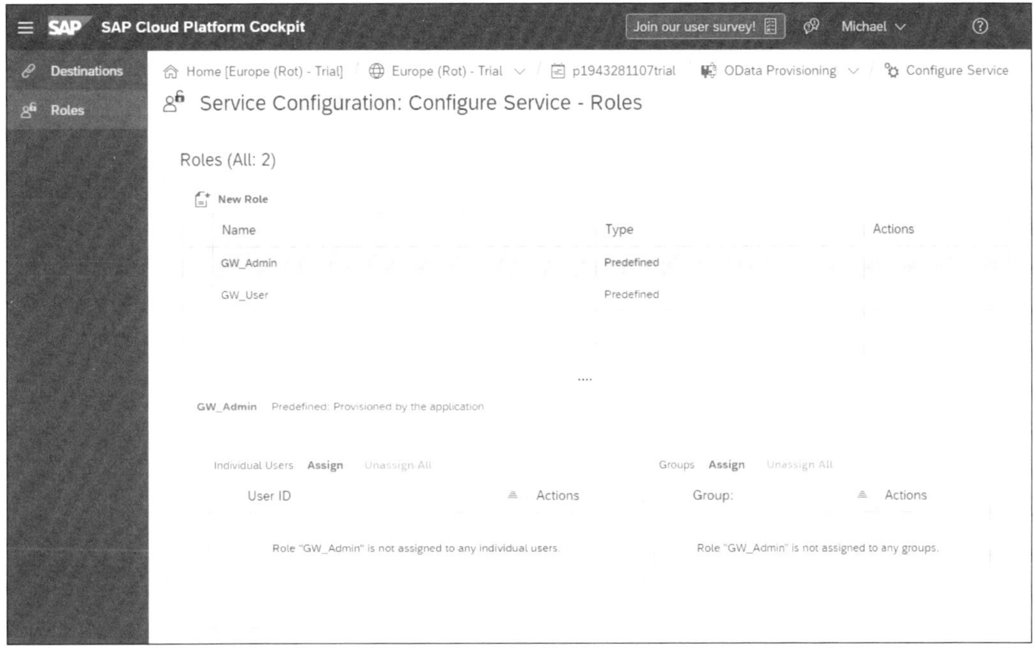

Abbildung 14.9 Berechtigungsadministration des OData-Provisioning-Services

Abbildung 14.10 Einen Benutzer zur Rolle »GW_Admin«

Nachdem Sie Ihren Benutzer der Rolle **GW_Admin** zugeordnet haben, wählen Sie die Rolle **GW_User** aus und fügen auch dieser Rolle Ihren Benutzer hinzu.

Benutzer-ID abfragen

Falls Sie nicht genau wissen, wie Ihre Benutzer-ID lautet, klicken Sie einfach auf den nach unten zeigenden Pfeil rechts oben bei Ihrem Benutzernamen. Wählen Sie aus dem sich öffnenden Menü anschließend den Eintrag **User Information** aus. Es öffnet sich ein Dialog, in dem, unter anderem, Ihre Benutzer-ID angezeigt wird.

Destination pflegen

Im Anschluss an die Berechtigungen müssen Sie eine Destination pflegen. Wählen Sie dafür aus dem Menü den Eintrag **Destination** aus. In der sich öffnenden Maske konfigurieren Sie eine neue Destination analog der Vorgehensweise in Abschnitt 12.2, »Mit SAP Web IDE arbeiten«. Zum Anlegen einer neuen Destination klicken Sie auf die Schaltfläche **New Destination**. In unserem Beispiel konfigurieren wir eine Destination mit dem Namen »FioriBuch_100«. Die Besonderheit bei dieser Destination ist, dass die URL (*http://dcc.virtual:8000/sap/iwbep*) nicht nur auf den virtuellen Host und Port der Cloud-Connector-URL verweist, sondern, wie in Abbildung 14.11 gezeigt, zusätzlich den Pfad */sap/iwbep* enthält. Geben Sie schließlich noch den Parameter »sap-client« an, und weisen Sie ihm Ihren Mandanten zu.

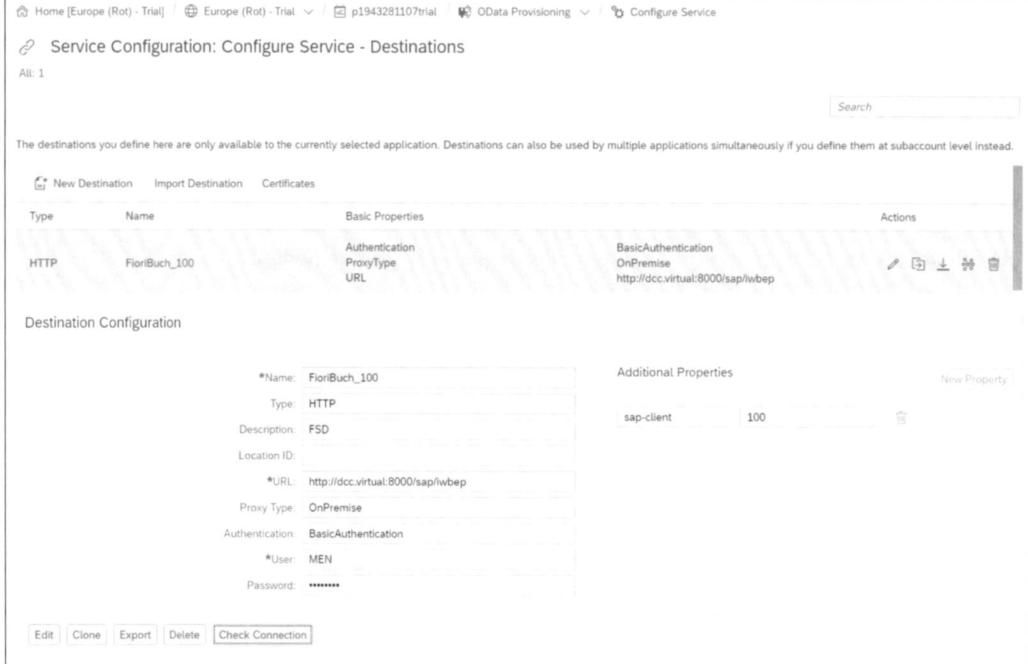

Abbildung 14.11 Die Konfiguration einer Destination

Einen OData-Service registrieren

Im nächsten Schritt müssen Sie einen Business-Service (OData-Service) im OData-Provisioning-Service registrieren. Dazu wechseln Sie zurück in den Übersichtsbildschirm (siehe Abbildung 14.8) und klicken auf den Button **Go to Service**. Sie gelangen in die in Abbildung 14.12 gezeigte Administrationsoberfläche des OData-Provisioning-Services.

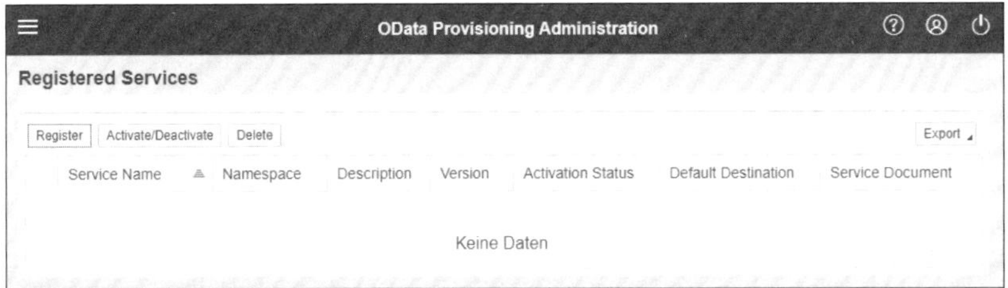

Abbildung 14.12 Administrationsoberfläche des OData-Provisioning-Services

Fehlermeldung bei Aufruf der Administrationsoberfläche

Falls Sie beim Aufruf der Administrationsoberfläche einen Berechtigungsfehler erhalten, melden Sie sich von der SAP Cloud Platform ab und im Anschluss noch einmal neu an. Rufen Sie nun wieder die Administrationsoberfläche auf. In der Regel können Sie nun ohne Probleme die entsprechende Maske aufrufen. Erhalten Sie weiterhin eine Fehlermeldung, melden Sie sich nochmals ab, und löschen Sie Ihre Browser-Cookies. Versuchen Sie es anschließend erneut.

Klicken Sie auf der Administrationsoberfläche auf den Button **Register**. Im daraufhin angezeigten Dialog stellen Sie sicher, dass Ihre Destination ausgewählt ist, und klicken auf die Lupe direkt neben dem Suchfeld mit dem Text **Search Service**. Es werden nun, wie in Abbildung 14.13 gezeigt, alle möglichen OData-Services aufgelistet. In unserem Beispiel wählen wir den Service **GWSAMPLE_BASIC** aus und klicken auf **Register**.

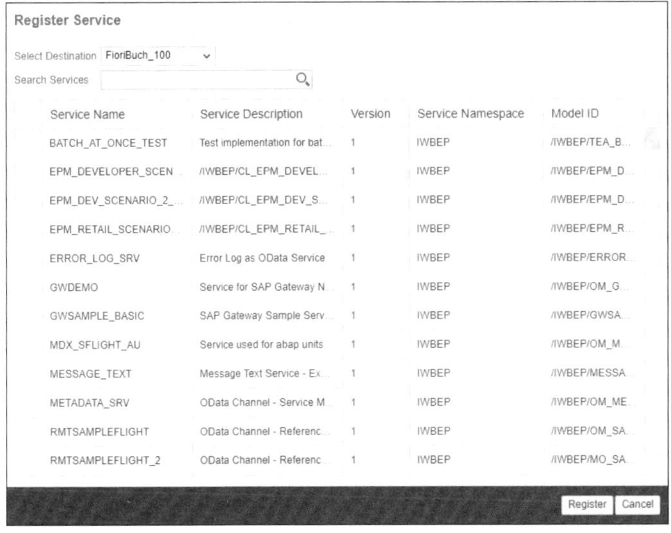

Abbildung 14.13 Serviceregistrierung

Nachdem Sie den Service registriert haben, wird er, wie in Abbildung 14.14 gezeigt, in der Liste der Services, die über OData Provisioning verwaltet werden, angezeigt.

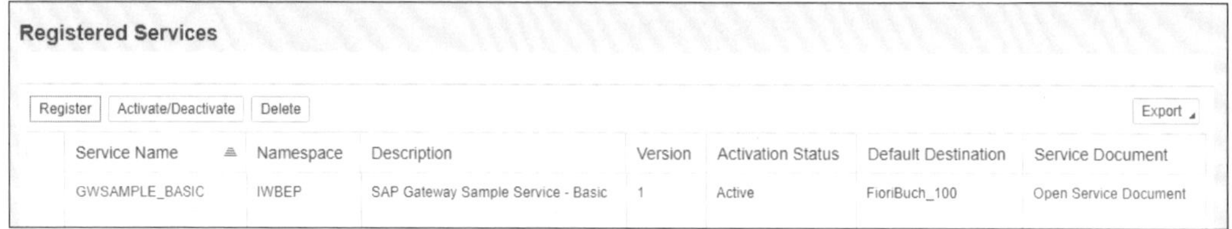

Registered Services

Register | Activate/Deactivate | Delete | Export

Service Name	Namespace	Description	Version	Activation Status	Default Destination	Service Document
GWSAMPLE_BASIC	IWBEP	SAP Gateway Sample Service - Basic	1	Active	FioriBuch_100	Open Service Document

Abbildung 14.14 Registrierte Services für das OData Provisioning

Klicken Sie auf die URL in der Spalte **Service Document**, sodass Sie die Schnittstelleninformationen zu Ihrem OData-Service erhalten (siehe Abbildung 14.15). Neben Informationen wie den Entitätstypen, die durch den Service bereitgestellt werden, erhalten Sie auch die URL für das Servicedokument. In dem hier gezeigten Beispiel lautet diese *https://gwaas-p1943281107trial.hanatrial.ondemand.com/odata/IWBEP/GWSAMPLE_BASIC;v=1*. Wir benötigen die URL im Folgenden.

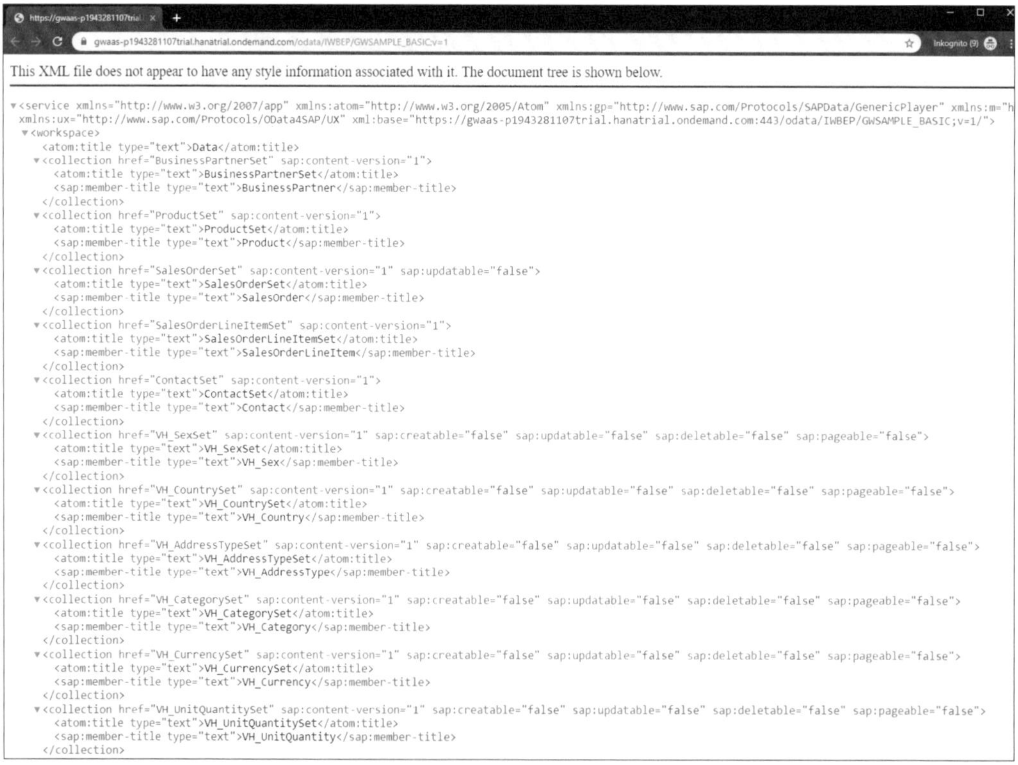

This XML file does not appear to have any style information associated with it. The document tree is shown below.


```
▾<service xmlns="http://www.w3.org/2007/app" xmlns:atom="http://www.w3.org/2005/Atom" xmlns:gp="http://www.sap.com/Protocols/SAPData/GenericPlayer" xmlns:m="h
 xmlns:ux="http://www.sap.com/Protocols/OData4SAP/UX" xml:base="https://gwaas-p1943281107trial.hanatrial.ondemand.com:443/odata/IWBEP/GWSAMPLE_BASIC;v=1/">
 ▾<workspace>
   <atom:title type="text">Data</atom:title>
  ▾<collection href="BusinessPartnerSet" sap:content-version="1">
     <atom:title type="text">BusinessPartnerSet</atom:title>
     <sap:member-title type="text">BusinessPartner</sap:member-title>
   </collection>
  ▾<collection href="ProductSet" sap:content-version="1">
     <atom:title type="text">ProductSet</atom:title>
     <sap:member-title type="text">Product</sap:member-title>
   </collection>
  ▾<collection href="SalesOrderSet" sap:content-version="1" sap:updatable="false">
     <atom:title type="text">SalesOrderSet</atom:title>
     <sap:member-title type="text">SalesOrder</sap:member-title>
   </collection>
  ▾<collection href="SalesOrderLineItemSet" sap:content-version="1">
     <atom:title type="text">SalesOrderLineItemSet</atom:title>
     <sap:member-title type="text">SalesOrderLineItem</sap:member-title>
   </collection>
  ▾<collection href="ContactSet" sap:content-version="1">
     <atom:title type="text">ContactSet</atom:title>
     <sap:member-title type="text">Contact</sap:member-title>
   </collection>
  ▾<collection href="VH_SexSet" sap:content-version="1" sap:creatable="false" sap:updatable="false" sap:deletable="false" sap:pageable="false">
     <atom:title type="text">VH_SexSet</atom:title>
     <sap:member-title type="text">VH_Sex</sap:member-title>
   </collection>
  ▾<collection href="VH_CountrySet" sap:content-version="1" sap:creatable="false" sap:updatable="false" sap:deletable="false" sap:pageable="false">
     <atom:title type="text">VH_CountrySet</atom:title>
     <sap:member-title type="text">VH_Country</sap:member-title>
   </collection>
  ▾<collection href="VH_AddressTypeSet" sap:content-version="1" sap:creatable="false" sap:updatable="false" sap:deletable="false" sap:pageable="false">
     <atom:title type="text">VH_AddressTypeSet</atom:title>
     <sap:member-title type="text">VH_AddressType</sap:member-title>
   </collection>
  ▾<collection href="VH_CategorySet" sap:content-version="1" sap:creatable="false" sap:updatable="false" sap:deletable="false" sap:pageable="false">
     <atom:title type="text">VH_CategorySet</atom:title>
     <sap:member-title type="text">VH_Category</sap:member-title>
   </collection>
  ▾<collection href="VH_CurrencySet" sap:content-version="1" sap:creatable="false" sap:updatable="false" sap:deletable="false" sap:pageable="false">
     <atom:title type="text">VH_CurrencySet</atom:title>
     <sap:member-title type="text">VH_Currency</sap:member-title>
   </collection>
  ▾<collection href="VH_UnitQuantitySet" sap:content-version="1" sap:creatable="false" sap:updatable="false" sap:deletable="false" sap:pageable="false">
     <atom:title type="text">VH_UnitQuantitySet</atom:title>
     <sap:member-title type="text">VH_UnitQuantity</sap:member-title>
   </collection>
```


Abbildung 14.15 Das Servicedokument von »GWSAMPLE_BASIC«

14.2.2 Implementierung einer einfachen Master-Detail-Anwendung

Im nächsten Schritt implementieren wir eine einfache Master-Detail-Anwendung. Wir verwenden dazu das entsprechende Template in der SAP Web IDE für die Erstellung von Master-Detail-Anwendungen und verwenden den zuvor im OData-Provisioning-Service registrierten OData-Service `GWSAMPLE_BASIC`.

Destination anlegen

Um auf den durch den OData-Provisioning-Service zur Verfügung gestellten Service zugreifen zu können, müssen Sie eine weitere Destination in Ihrem SAP-Cloud-Platform-Konto einrichten. Die Vorgehensweise dabei ist vergleichbar der in Abschnitt 12.2, »Mit SAP Web IDE arbeiten«, beschriebenen. Wir legen eine neue Destination mit dem Namen »FioriBuch« an. Wie Sie Abbildung 14.16 entnehmen können, fügen wir in das Feld **URL** die im vorangegangenen Abschnitt erhaltene URL ein. Zusätzlich ändern wir den Proxy-Typ auf **Internet** und wählen als Authentifizierungsmethode **AppToAppSSO** aus. Damit wir über SAP Web IDE auf das System zugreifen können, setzen wir den Parameter **WebIDEEnabled** auf **true** und **WebIDEUsage** auf **odata_gen**. Den Abschluss bildet der Parameter **WebIDESystem**, diesem weisen wir den Wert **GWaaS** zu. Das ist die Information, dass es sich um OData Provisioning handelt. Nachdem wir die Daten entsprechend erfasst haben, speichern wir unsere neue Konfiguration.

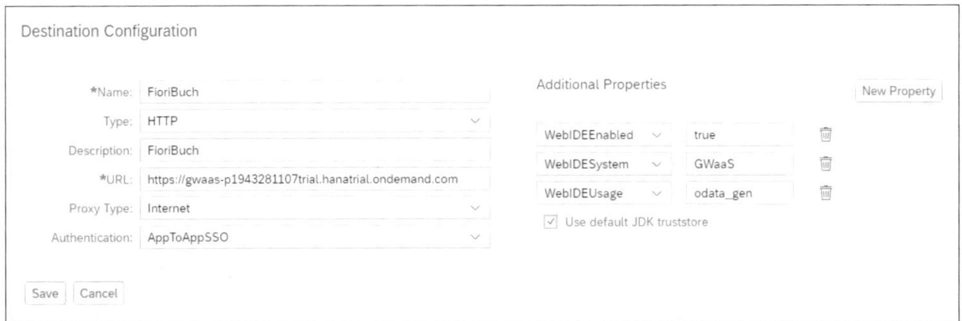

Abbildung 14.16 Destination für den Zugriff auf den OData-Provisioning-Service konfigurieren

Das Template konfigurieren

Starten Sie SAP Web IDE, und legen Sie ein neues Projekt auf Basis des Templates **SAP Fiori Master-Detail Application** an. Geben Sie dem Projekt den Namen »FioriInCloud«, und weisen Sie ihm dem Namensraum »de.buch.fioricloud« zu. Bestätigen Sie den Dialog mit **Next**. Im nächsten Dialogschritt wählen Sie als OData-Service-Quelle den Eintrag **Service URL** aus. Im Anschluss wählen Sie, wie in Abbildung 14.17 gezeigt, die zuvor angelegte Destination (**FioriBuch**) aus. Sie erhalten nun die Möglichkeit, eine URL in das darunterliegende Feld einzugeben. Geben Sie den Pfad */odata/IWBEP/*

GWSAMPLE_BASIC;v=1 ein, und klicken Sie auf den Button mit der Aufschrift **Test**. Ihnen wird, wie in der Abbildung gezeigt, die Grundstruktur Ihres Services dargestellt. Um in den nächsten Dialogschritt zu gelangen, klicken Sie erneut auf **Next**.

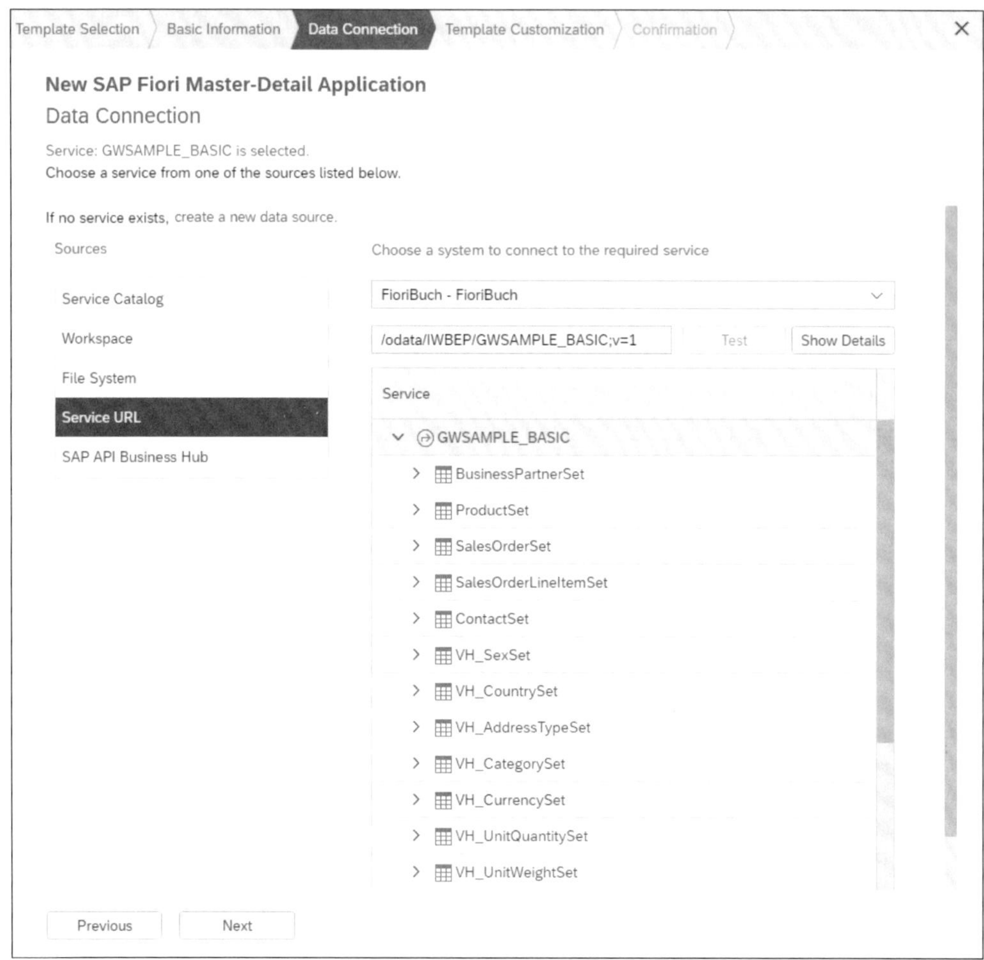

Abbildung 14.17 Den OData-Service »GWSAMPLE_BASIC« hinzufügen

Im abschließenden Dialog wählen Sie, wie in Abbildung 14.18 gezeigt, das Entitätsset `SalesOrderSet` aus und konfigurieren Ihr Template mit folgenden Angaben: Wählen Sie zunächst aus der Auswahlliste für die Eigenschaft **App Type** den Wert **SAP Fiori Launchpad Component (optimized for SAP Fiori Launchpad)** aus. Als Nächstes füllen Sie, wie in Tabelle 14.1 gezeigt, die Eigenschaften für das Datenbinden des Hauptobjekts aus.

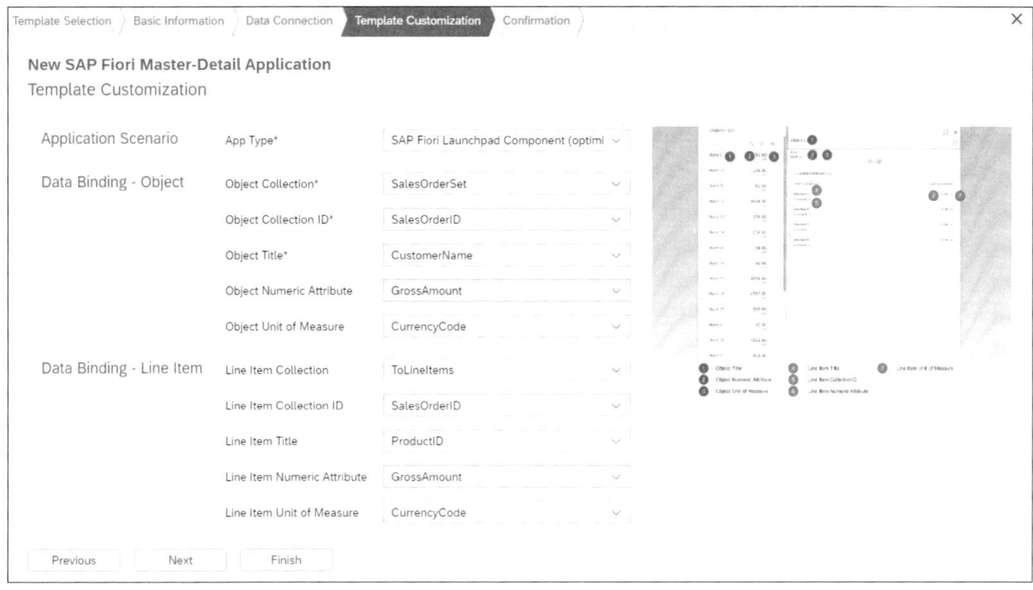

Abbildung 14.18 Konfiguration der Vorlage für das Master-Detail-Muster

Eigenschaft	Wert
Object Collection	`SalesOrderSet`
Object Collection ID	`SalesOrderId`
Object Title	`CustomerName`
Object Number Attribute	`GrossAmount`
Object Unit of Measure	`CurrencyCode`

Tabelle 14.1 Eigenschaften für das Datenbinden des Objekts

Zusätzlich wählen Sie für die Darstellung der Bestellpositionen die Navigationseigenschaft `ToLineItems` aus. Auch hier weisen Sie einige Eigenschaften der Entität, wie in Tabelle 14.2 gezeigt, den Feldern der Liste zu.

Eigenschaft	Wert
Line Item Collection	`ToLineItems`
Line Item Collection ID	`SalesOrderID`
LineItem Title	`ProductID`

Tabelle 14.2 Eigenschaften für das Datenbinden von »LineItem«

Eigenschaft	Wert
Line Item Number Attribute	`GrossAmount`
Line Item Unit of Measure	`CurrencyCode`

Tabelle 14.2 Eigenschaften für das Datenbinden von »LineItem« (Forts.)

Zum Abschluss klicken Sie auf den **Finish**-Button. Nachdem das Projekt angelegt ist, können Sie es in SAP Web IDE testen. Wie Sie dabei vorgehen, ist in Kapitel 12, »Entwicklung einer SAP-Fiori-Anwendung mit SAP Web IDE«, beschrieben.

Deployment der Anwendung

Nachdem Sie über einen lokalen Test sichergestellt haben, dass die Anwendung, wenn auch mit geringem Funktionsumfang, fehlerlos läuft, steht einem Deployment auf der SAP Cloud Platform nichts mehr im Wege. Wählen Sie das Projekt aus und aus dem Kontextmenü **Deploy • Deploy to SAP Cloud Platform**. Es öffnet sich der in Abbildung 14.19 gezeigte Dialog. Bleiben Sie bei den durch SAP Web IDE vorgeschlagenen Standardwerten, und klicken Sie auf den **Deploy**-Button. Nach erfolgreicher Umsetzung können Sie den Dialog schließen.

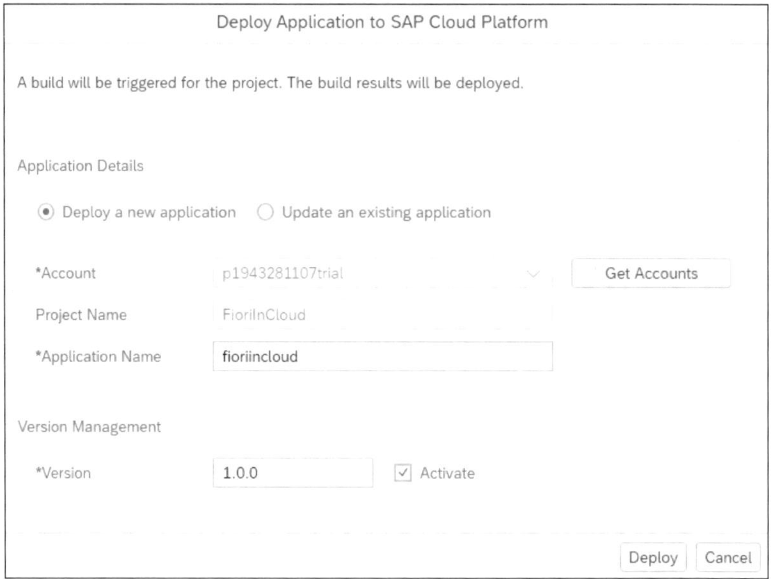

Abbildung 14.19 Deployment-Details der Cloud-Anwendung

Die Anwendung auf der SAP Cloud Platform testen

Im Anschluss können Sie die Anwendung auf der SAP Cloud Platform testen. Dazu wechseln Sie in das SAP Cloud Platform Cockpit und rufen aus der Seitennavigation **Applications • HTML5 Application** auf. Wie in Abbildung 14.20 gezeigt, wird die gerade deployte Anwendung dargestellt.

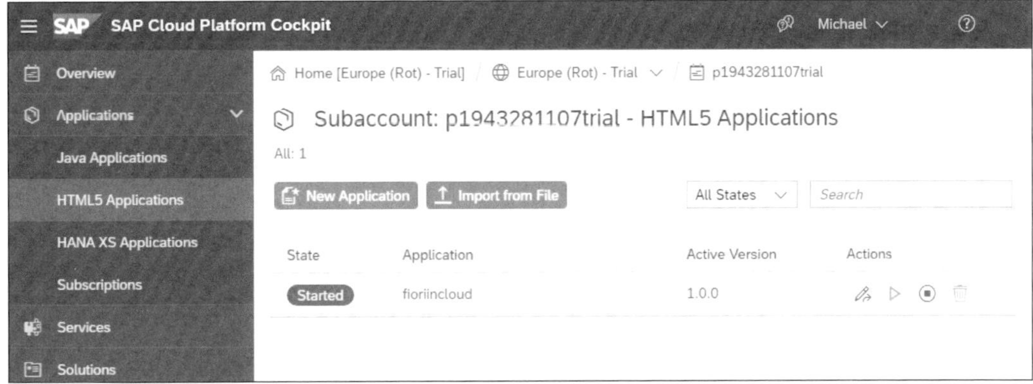

Abbildung 14.20 Anwendungsübersicht in der SAP Cloud Platform

14.2.3 Konfiguration eines SAP Fiori Cloud Launchpads

Portalservice starten

Nachdem Sie die Anwendung auf der SAP Cloud Platform deployt haben, können Sie noch ein SAP Fiori Launchpad in der Cloud konfigurieren. Wechseln Sie dafür zunächst in die Serviceübersicht des SAP Cloud Platform Cockpits, und suchen Sie dort, wie in Abbildung 14.21 gezeigt, nach dem Portalservice. Wenn Sie den Service gefunden haben, rufen Sie ihn durch einen Klick auf die entsprechende Kachel auf.

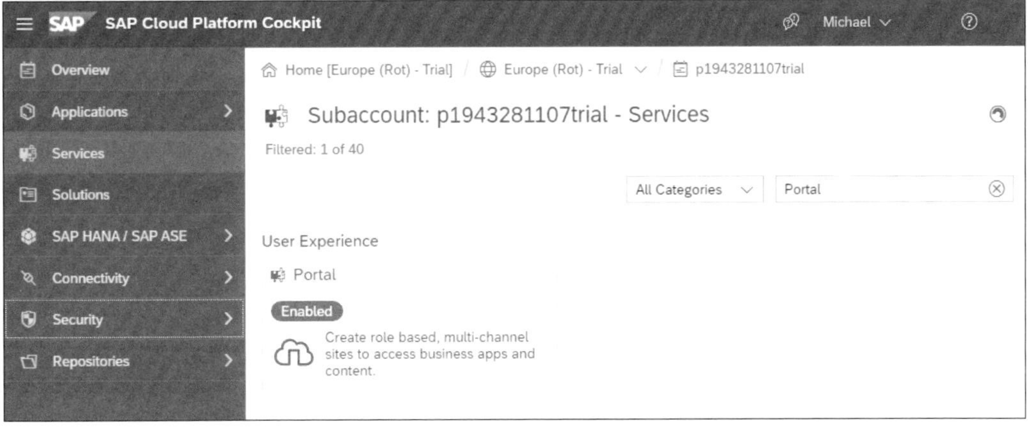

Abbildung 14.21 Der Portalservice auf der SAP Cloud Platform

Service aktivieren

Sollte der Service nicht aktiv sein, rufen Sie die Kachel auf und klicken auf den Button **Enable**. Nach kurzer Zeit sollte der Service als **Enabled** angezeigt werden.

Administrationsoberfläche aufrufen

Nachdem die Servicedetails geladen sind, wollen wir in die Administrationsoberfläche für das Portal wechseln. Dazu klicken Sie auf den Link **Go to Service**. Nach kurzer Zeit wird die in Abbildung 14.22 dargestellte Oberfläche angezeigt.

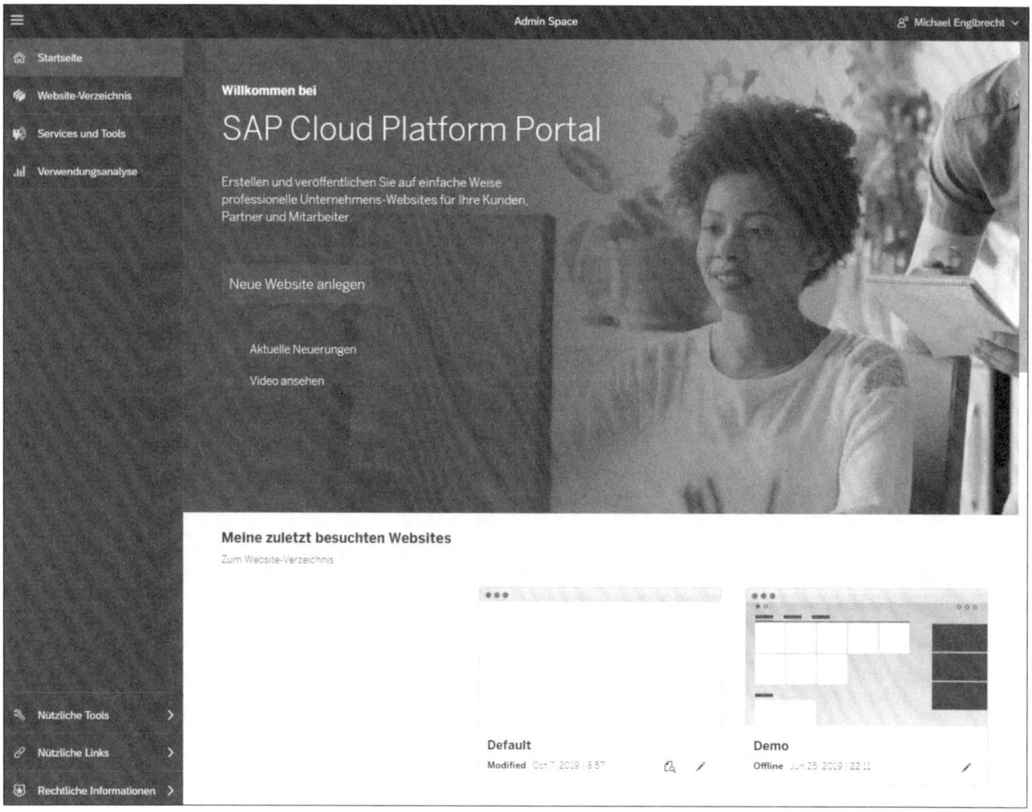

Abbildung 14.22 Die Administrationsoberfläche des SAP Cloud Platform Portals

Neue Website anlegen

Klicken Sie auf die Schaltfläche **Neue Website anlegen**. Sie werden nun nach dem Benutzernamen und Passwort für Ihren Account gefragt. Geben Sie die entsprechenden Daten ein, und klicken Sie auf **OK**. Im folgenden Dialog geben Sie in das Feld **Website-Name** den Wert »SAPFioriBuch« ein, wählen die Vorlage **SAP Fiori Launchpad** aus und klicken auf **Anlegen** (siehe Abbildung 14.23).

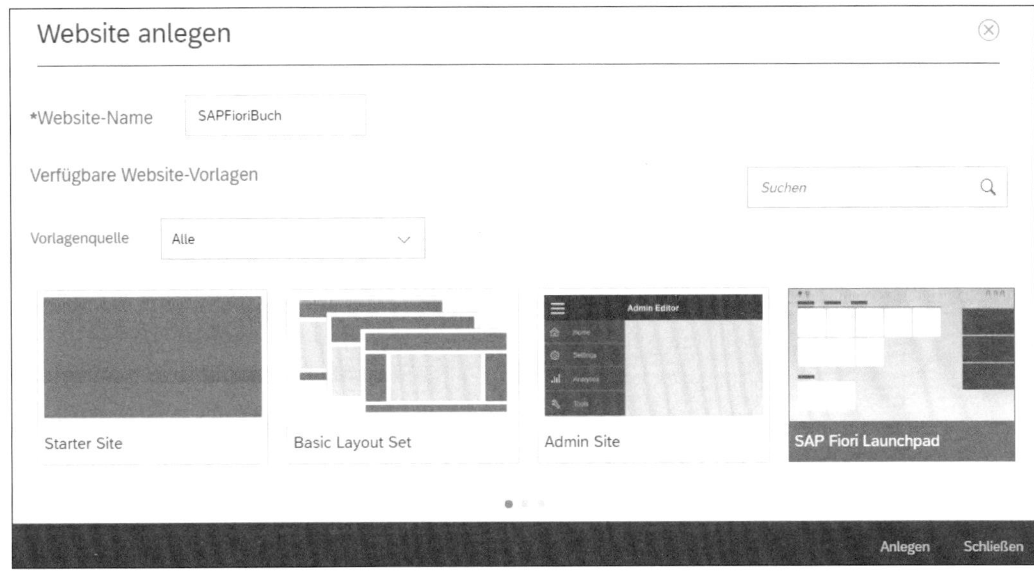

Abbildung 14.23 Eine neue Website anlegen

Website konfigurieren

Nach dem Erstellen der Website wird das sogenannte *SAP Fiori Configuration Cockpit* in einem neuen Browser-Fenster geöffnet. Dabei handelt es sich um die Administrationsansicht für Websites. Wie Sie aus Abbildung 14.24 ersehen können, enthält die neue Website standardmäßig bereits einen Katalog und eine Gruppe. Auch Rollen sind bereits vorhanden.

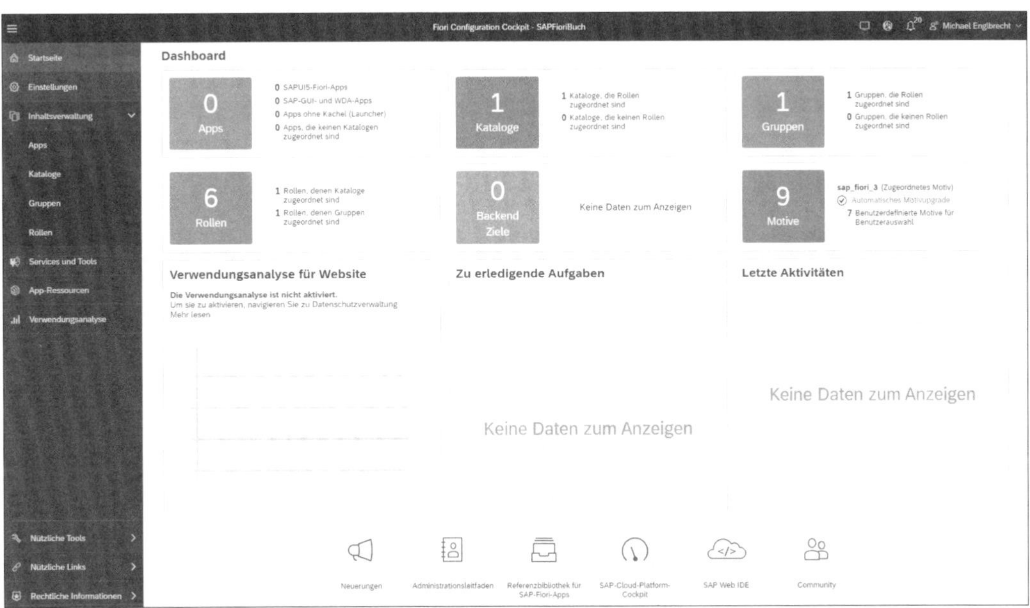

Abbildung 14.24 SAP Fiori Configuration Cockpit

Katalog konfigurieren

Da der automatisch angelegte Katalog ebenso wie die Gruppe zunächst mit Standardbezeichnungen angelegt wurde, wollen wir diese ändern. Um den Katalog zu bearbeiten, klicken Sie in der Navigationsleiste auf **Kataloge**. Sie sehen, dass es einen Katalog mit dem Namen **Sample Catalog** gibt. Klicken Sie auf den Button **Bearbeiten** in der Fußzeile, und ändern Sie, wie in Abbildung 14.25 gezeigt, den Namen des Katalogs ab (z. B. in »Fiori-Katalog«). Geben Sie zudem eine einfache Beschreibung an (z. B. »Ein einfacher Katalog für das Fiori-Buch«). Danach prüfen Sie, ob Ihrem Katalog bereits Rollen zugeordnet sind. Klicken Sie dazu auf das Icon über **Rollen**. Wie Sie sehen, ist dem Katalog bereits die Rolle **Everyone** zugeordnet. Dies ist für unsere Zwecke ausreichend, da wir keine weiteren Restriktionen verwenden möchten. Speichern Sie Ihre Änderungen.

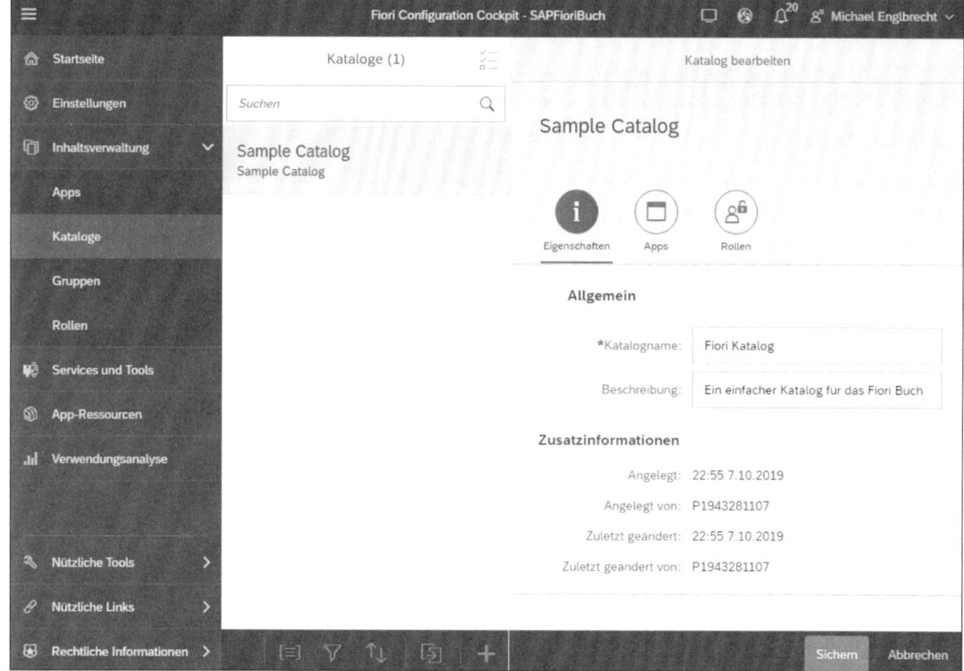

Abbildung 14.25 Katalogkonfiguration im SAP Fiori Configuration Cockpit

Gruppe konfigurieren

Wie beschrieben, wurde beim Anlegen der Website auch eine Gruppe erzeugt. Um diese anzupassen, wählen Sie in der Navigationsleiste den Eintrag **Gruppen** und wechseln in den Bearbeitungsmodus. Anschließend können Sie den Gruppennamen auf den Wert »Fiori-Gruppe« ändern und Ihre Anpassung speichern.

Anwendung hinzufügen

Nachdem wir die Standardeinstellungen geändert haben, wollen wir unsere SAP-Fiori-App in unsere Website einfügen. Dazu ist es erforderlich, eine Anwendungskonfiguration anzulegen. Rufen Sie aus dem Menü den Eintrag **Apps** auf. Aktuell dürften noch keine Anwendungen vorhanden sein. Um dies zu ändern, klicken Sie auf das **+**-Icon in der Fußzeile. Es wird die in Abbildung 14.26 gezeigte Konfigurationsansicht dargestellt. Klicken Sie hier auf das Icon für die Wertehilfe neben dem Feld **App-Ressource**. Wenn Sie nach Ihrem Benutzernamen und Passwort gefragt werden, geben Sie die entsprechenden Werte ein und bestätigen den Dialog. Im Anschluss wählen Sie aus der Liste der auf der SAP Cloud Platform verfügbaren Anwendungen die von Ihnen erstellte und deployte Anwendung **Fiori in der Cloud** aus und bestätigen den Dialog mit **OK**.

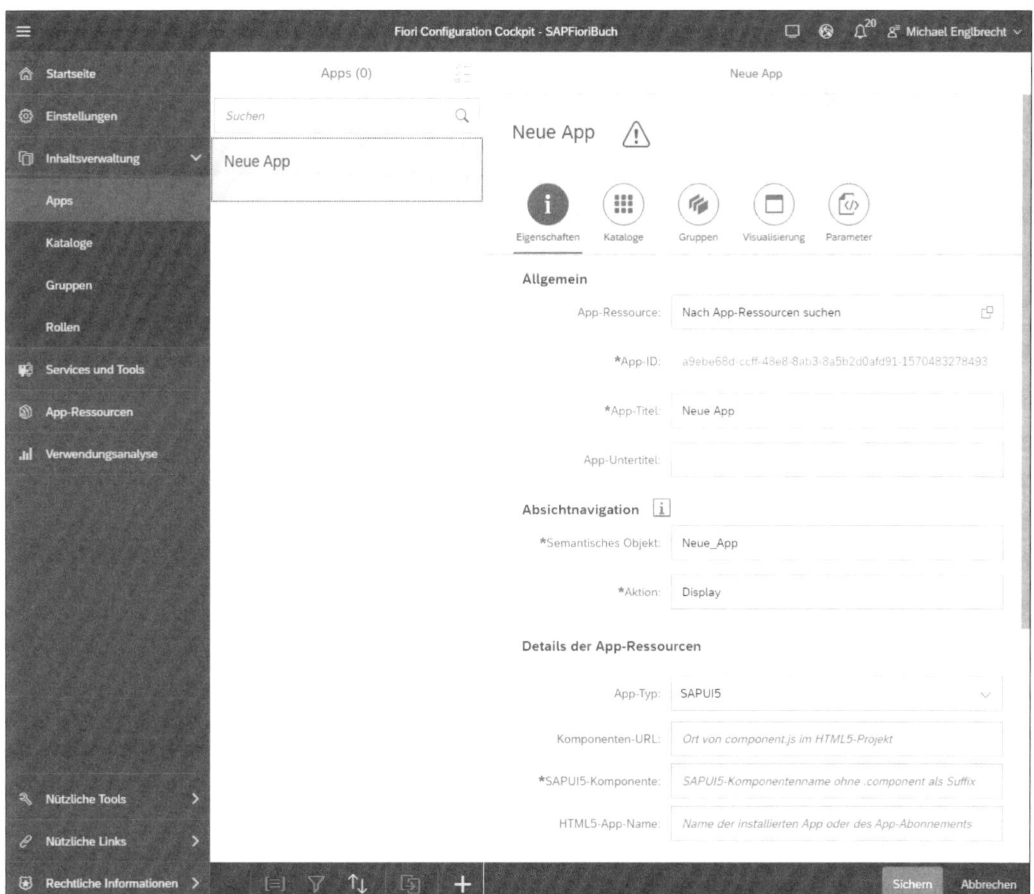

Abbildung 14.26 Die Konfigurationsansicht

Nach der Auswahl werden in der Anwendungskonfiguration einige Felder aufgrund der Konfigurationsdaten Ihrer Anwendung automatisch vorausgefüllt (siehe Abbildung 14.27). Sie sollten lediglich den Wert im Feld **Se-**

mantisches Objekt auf »FioriInCloud« ändern, alle anderen Angaben können Sie beibehalten.

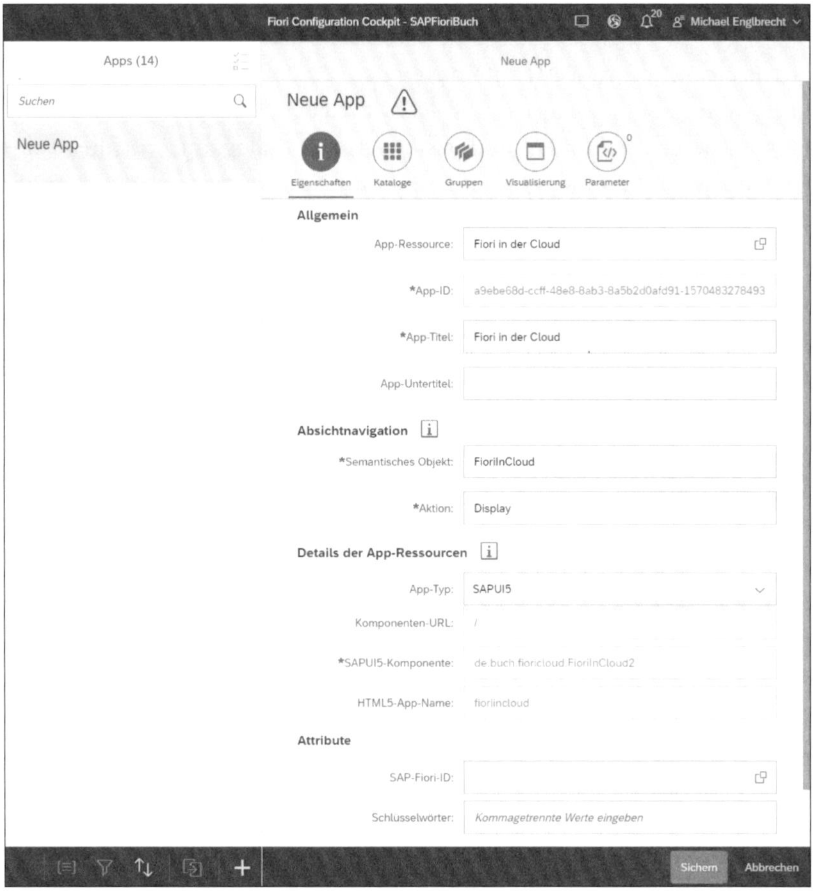

Abbildung 14.27 Angepasste App-Konfiguration

Im oberen Bereich der Anwendungskonfiguration sehen Sie aktuell noch ein rotes Ausrufezeichen. Wenn Sie mit der Maus über das Icon fahren, werden Sie darauf hingewiesen, dass Ihre Anwendung noch keinem Katalog zugewiesen ist. Dies wollen wir nun ändern.

Anwendung einem Katalog und einer Gruppe zuordnen

Für die Katalogzuordnung klicken Sie in der Anwendungskonfiguration auf das Icon über **Kataloge**. Anschließend klicken Sie auf das **+**-Icon und wählen aus der Liste an vorhandenen Katalogen den einzigen verfügbaren Katalog mit dem Namen **Fiori-Katalog** aus. Bestätigen Sie den Dialog mit **OK**. Um Ihre Anwendung zusätzlich Ihrer Gruppe zuzuweisen, klicken Sie auf das Icon, unter dem **Gruppen** steht. Über das **+**-Icon gelangen Sie wieder in einen Auswahldialog, in dem Sie Ihre Gruppe auswählen können. Bestätigen Sie den Dialog erneut mit **OK**. Zum Abschluss klicken Sie auf den Button **Sichern**. Die Anwendungskonfiguration sollte nun ohne Fehler dargestellt werden.

Aktuelle Konfiguration der Website

Weitere Einstellungen an Ihrer Website können Sie im SAP Fiori Configuration Cockpit über den Eintrag **Einstellungen** in der Navigationsleiste vornehmen. Wie Sie aus Abbildung 14.28 ersehen können, sind diverse Anpassungen möglich. So können Sie z. B. festlegen, ob Nutzer ein Theme auswählen und die Sprache individuell anpassen können. Auch die Anzeige des **App Finder** sowie der Funktionen **Startseite bearbeiten** und **Einstellungen** in der Me Area oder im Kopfbereich können Sie steuern. Wir verändern unsere Konfiguration an dieser Stelle nicht weiter. Allerdings wollen wir uns den Status unserer Website kurz genauer anschauen. Wie Sie der Abbildung entnehmen können, ist die Website aktuell im Status **Offline**. Damit wir unsere Seite nutzen können, müssen wir dies ändern.

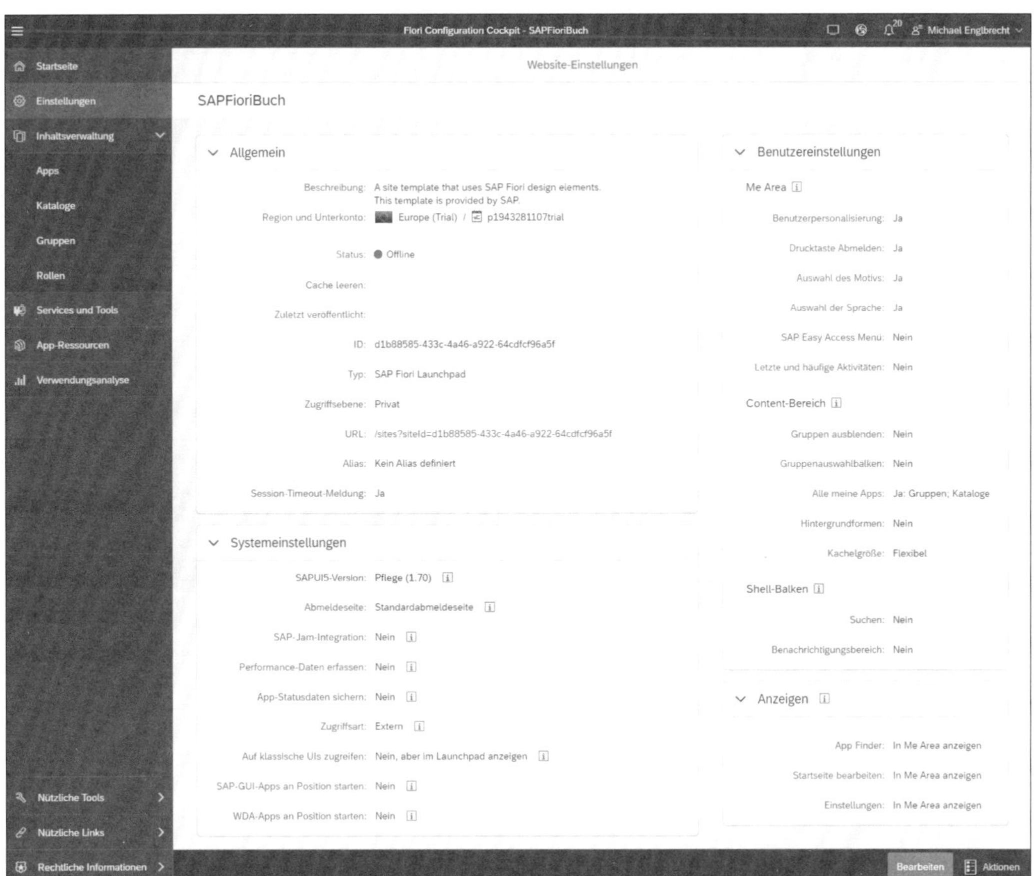

Abbildung 14.28 Übersicht über die Konfigurationseinstellungen

Die Website veröffentlichen Um eine Webseite zu veröffentlichen, wechseln Sie in die Übersicht der Website-Verzeichnisse. Dieses finden Sie in dem Browser-Fenster, in dem Sie das Anlegen der Website begonnen haben (siehe Abbildung 14.22). Klicken Sie auf den Eintrag **Website-Verzeichnis** in der Navigationsleiste. Wie Sie Abbildung 14.29 entnehmen können, enthält das Verzeichnis bereits Ihre Website – und dies, ohne dass Sie die Seite neu laden mussten. Wie Sie sehen, ist Ihre Website aktuell noch im Zustand **Offline**. Um sie zu veröffentlichen, führen Sie Ihre Maus auf die Kachel mit der Website, sodass sich die Darstellung ändert.

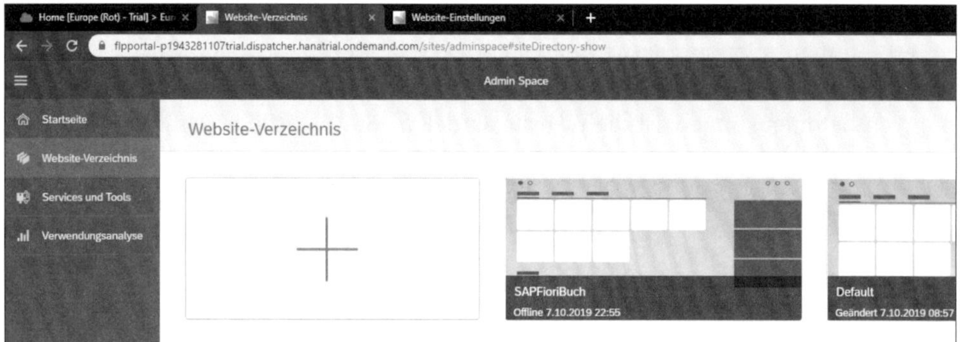

Abbildung 14.29 Website-Verwaltung

Klicken Sie auf den Pfeil neben **Bearbeiten** und anschließend in der Drop-down-Liste auf den Eintrag **Veröffentlichen** (siehe Abbildung 14.30).

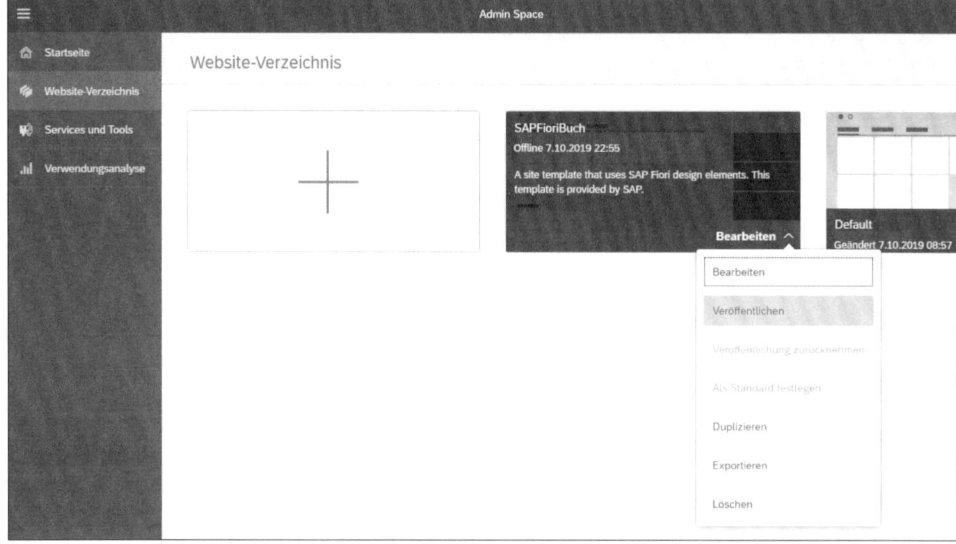

Abbildung 14.30 Bearbeitungsoptionen der Website

Es erscheint ein Dialogfenster mit dem Hinweis, dass eine Veröffentlichung dazu führt, dass Benutzer mit den entsprechenden Rechten auf die Seite zugreifen können. Bestätigen Sie den Dialog mit einem Klick auf den Button **Veröffentlichen**. Anschließend ändert sich der Status Ihrer Website.

Die Website aufrufen

Um die neu angelegte Website aufzurufen, gibt es verschiedene Möglichkeiten. Sie können die Seite entweder über die Einstellungen der Website (siehe Abbildung 14.28) oder über die Administrationsoberfläche des SAP Cloud Platform Portals aufrufen (siehe Abbildung 14.31). Klicken Sie einfach auf das Lupen-Icon bei der von Ihnen angelegten Website.

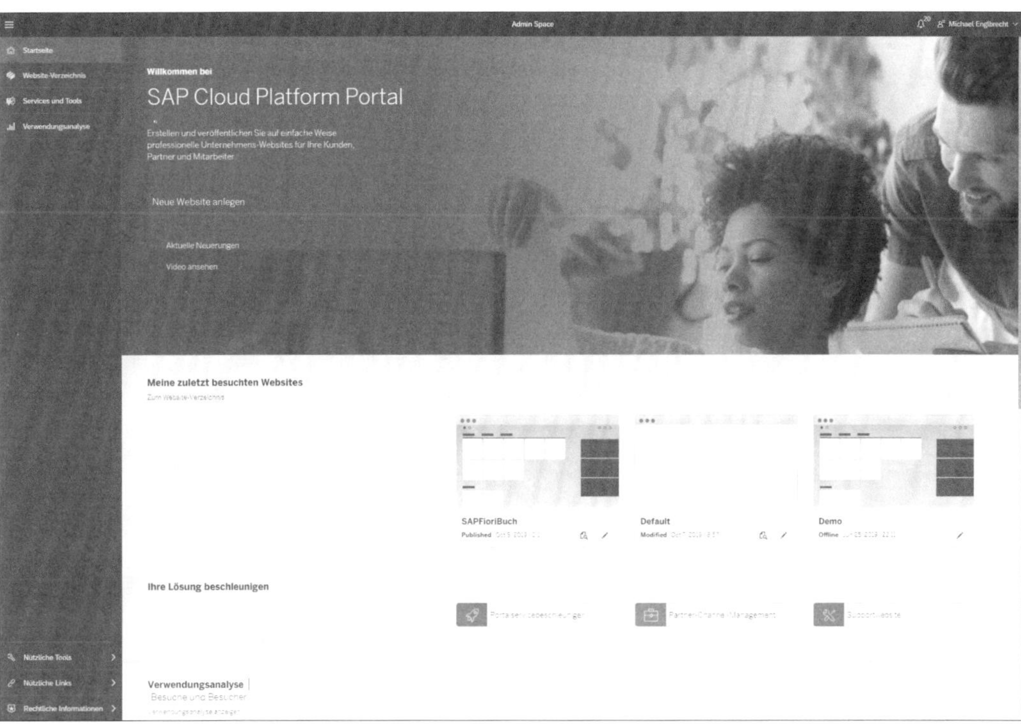

Abbildung 14.31 SAP Cloud Platform Portal – Administration

Im Anschluss öffnet sich das SAP Fiori Launchpad für SAP Fiori Cloud mit Ihrer Anwendung (siehe Abbildung 14.32).

Abbildung 14.32 SAP Fiori Launchpad auf der SAP Cloud Platform

14.3 Fazit

In diesem Kapitel haben Sie gelernt, wie Sie auf der SAP Cloud Platform selbst implementierte SAP-Fiori-Anwendungen bereitstellen. Die Trial-Version der SAP Cloud Platform bietet zwar keine SAP-Fiori-Standardanwendungen an, dennoch können Sie mit den gegebenen Möglichkeiten erste Erfahrungen sammeln. So haben Sie gesehen, wie der Zugriff auf On-Premise-Systeme konfiguriert wird und wie Sie im Portal der Neo-Umgebung der SAP Cloud Platform eigene Websites anlegen und konfigurieren. Auch haben Sie die verschiedenen Optionen für Systemlandschaften kennengelernt. Aktuell sieht es so aus, dass der hybride Ansatz, bei dem sowohl Cloud- als auch On-Premise-Systeme gemeinsam und integrativ verwendet werden, in Unternehmen am weitesten verbreitet ist.

Cloud-Services und -Strategie

Sowohl die Cloud-Strategie als auch das für die Cloud verfügbare Produktportfolio von SAP sind natürlich Änderungen unterworfen. Daher kann es sein, dass Produkte und Services der Cloud in Zukunft wider Erwarten doch nicht weiterentwickelt werden bzw. nicht mehr der Strategie entsprechen. Es ist daher unverzichtbar, dass Sie sich regelmäßig mit den aktuellen Dokumentationen und SAP-Hinweisen zu den Themen SAP Cloud Platform und SAP Fiori in der Cloud beschäftigen.

Kapitel 15
Entwicklungsinfrastruktur

Die Entwicklungswerkzeuge für SAP-Fiori- und SAPUI5-Anwendungen unterscheiden sich merklich von denen der ABAP-Entwicklung. Dies macht es notwendig, sich über eine entsprechende Entwicklungsinfrastruktur Gedanken zu machen.

SAP-Fiori-Anwendungen werden, abgesehen von SAP-Fiori-Elements-basierten Anwendungen, zum Großteil nicht mithilfe der üblichen Entwicklungswerkzeuge von SAP, wie z. B. Transaktion SE80, implementiert. Weder *SAP Web IDE* noch Entwicklungsumgebungen, die von einem anderen Hersteller als SAP bereitgestellt werden, besitzen eine direkte Integration in eine SAP-Systemlandschaft. Dies macht es erforderlich, dass Sie sich über den Entwicklungsprozess, die Landschaft und geeignete Werkzeuge Gedanken machen – besonders bei Projekten, an denen nicht nur ein Entwickler beteiligt ist. Auch die Entwicklungsmethoden sind in der Regel andere, als Sie es sonst von SAP gewohnt sind. In diesem Kapitel geben wir Ihnen daher eine Einführung in die Grundkonzepte und Werkzeuge, die Sie für die Entwicklung von SAP-Fiori-Anwendungen kennen sollten. Anleitungen zum konkreten Vorgehen finden Sie an dieser Stelle weniger, da dies von den im Einzelfall eingesetzten Werkzeugen abhängt. Unternehmen wählen hier oft auch solche, die ihnen, z. B. aus der Entwicklung mit Java, bereits bekannt sind.

Entwicklung in einer integrierten Umgebung

Die meisten von Ihnen sind vermutlich mit dem Transportwesen des SAP-Systems vertraut: Beim Anlegen oder Ändern eines Codeartefakts zeichnen Sie die Änderungen in Transaktion SE80 mittels eines Transportauftrags auf. Dabei achten Sie darauf, dass nicht bereits Kollegen Änderungen am Objekt durchführen und noch offene Transportaufträge gesperrt werden. Das SAP-System ist integrativ und übernimmt eine Änderungsaufzeichnung, Versionierung oder Aktivierung.

Die Entwicklung mit SAPUI5 und von SAP-Fiori-Anwendungen erfolgt dagegen nicht mithilfe von Transaktion SE80, sondern vornehmlich in einem externen Entwicklungswerkzeug – von der Entwicklung mit SAP Fiori Elements in ABAP CDS einmal abgesehen. Dies kann, muss aber nicht SAP Web

IDE sein. Die Entkopplung der Entwicklungsumgebung vom SAP-System macht es nun notwendig, den Entwicklungsprozess und die verbundenen Werkzeuge im Vorhinein genauer zu bedenken und die Entscheidungen bei der anschließenden Implementierung zu berücksichtigen.

Externe Entwicklungsumgebung

Bei Softwareprojekten gibt es in der Regel mehr als einen Projektbeteiligten, und die Entwicklung erfolgt parallel. Dabei sind nicht nur unterschiedliche Mitarbeiter an der Implementierung und Erweiterung von Lösungen beteiligt. Oft genug arbeiten sie in verschiedenen Büros und sogar Zeitzonen. Bei einer integrierten Entwicklungsumgebung, wie SAP sie sonst bietet, gibt es zwar auch hin und wieder Herausforderungen. Für diese stehen jedoch gewöhnlich bewährte Methoden zur Verfügung, wie sie sich meistern lassen. Wenn Sie dagegen mit einer externen Entwicklungsumgebung und in einem verteilten Szenario arbeiten, müssen Sie sich zunächst Fragen stellen wie z. B.:

- Was ist das führende System, das den aktuellen Stand der Anwendung enthält?
- Wie korrigieren wir einen Fehler in der produktiven Version der Software, wenn bereits an der Implementierung neuer Features gearbeitet wird?
- Wie stellen wir sicher, dass Änderungen am aktuellen Softwarestand bestehende Funktionen nicht negativ beeinflussen?
- Wie können wir die Qualität der Software sicherstellen, wenn mehrere Entwickler an der Implementierung mitwirken?
- Wann und wie kommen aktuelle Versionen von SAP-Fiori-Anwendungen in unser Entwicklungssystem?

Glücklicherweise wurden diese und weitere Problemstellungen außerhalb der SAP-Welt bereits ausgiebig diskutiert, sodass wir die Lösungsansätze übertragen können.

15.1 Werkzeuge

Im folgenden Abschnitt gehen wir auf die unterschiedlichen Werkzeuge ein, die Sie bei der Umsetzung von *Continuous Integration*, also der kontinuierlichen Zusammenführung von Änderungen am Code mit der Codebasis, und *Continuous Delivery*, dem kontinuierlichen Installieren der zusammengeführten neuen Codebasis, einsetzen können.

15.1.1 Entwicklungsumgebung

Eine zentrale Rolle bei der Implementierung spielt natürlich die Entwicklungsumgebung. In den vorangegangenen Kapiteln haben wir SAP Web IDE verwendet. Der Grund liegt auf der Hand: SAP Web IDE bietet, im Gegensatz zu anderen Entwicklungswerkzeugen, eine Vielzahl von *Templates*, die das Entwickeln von SAP-Fiori- und SAPUI5-Anwendungen beschleunigen. Die Implementierung mit Werkzeugen wie *Visual Studio Code*, *IntelliJ* oder *Eclipse* ist zwar ebenfalls möglich. Sie empfehlen sich jedoch hauptsächlich für die Implementierung von Freestyle-Anwendungen. Die Entwicklung von SAP-Fiori-Elements-basierten Anwendungen oder Erweiterungen von SAP-Fiori-Anwendungen skaliert wesentlich besser, wenn Sie mit SAP Web IDE arbeiten. Verwenden Sie daher SAP Web IDE – auch wenn es zweifelsohne an einigen Stellen noch Verbesserungspotenzial gibt.

15.1.2 Versionsverwaltung

Versionskontrollsystem Git

Änderungen am Code sollten jederzeit transparent und nachvollziehbar sein, z. B. damit sie sich im schlimmsten Fall rückgängig machen lassen. Dazu werden *Versionskontrollsysteme* (VCS) verwendet. Dies gilt natürlich auch für die SAP-Fiori-Anwendungsentwicklung mit SAP Web IDE. Es gibt auf dem Markt verschiedene Anbieter, als Standardwerkzeug hat sich jedoch *Git* etabliert. Git kann entweder als On-Premise-Version oder als Onlinedienst genutzt werden. In letzterem Fall wird dann die Bezeichnung *GitHub* verwendet. Die Artefakte eines Projekts werden bei der Verwendung von Git in sogenannten *Repositories* gehalten.

Git-Repository-Verwaltung auf der SAP Cloud Platform

Auf der SAP Cloud Platform gibt es, wie bereits in Kapitel 12, »Entwicklung einer SAP-Fiori-Anwendung mit SAP Web IDE«, beschrieben, einen Git-Service, sodass Sie keine weitere Software installieren oder mieten müssen. Natürlich ist zu beachten, dass der Quellcode, wie auch bei der Verwendung von GitHub, nicht auf dem eigenen System liegt. Abbildung 15.1 zeigt die Seite zur Git-Repository-Verwaltung auf der SAP Cloud Platform.

Git als On-Premise-Version

Nicht jeder Kunde kann und will unternehmensbezogene Daten in der Cloud ablegen. In diesem Fall müssen Sie das Versionskontrollsystem im Unternehmen installieren. Wenn Sie SAP Web IDE in der Cloud verwenden, ist es jedoch erforderlich, dass das Versionskontrollsystem aus der Cloud erreichbar ist. Dafür sind zwei Szenarien denkbar. Zum einen können Sie das VCS infrastrukturell so zur Verfügung stellen, dass es direkt über das Internet erreichbar ist. Zum anderen können Sie den ohnehin vorhandenen Cloud Connector verwenden, um das VCS in der Cloud zur Verfügung zu stellen. Abbildung 15.2 zeigt den Aufbau einer solchen Infrastruktur.

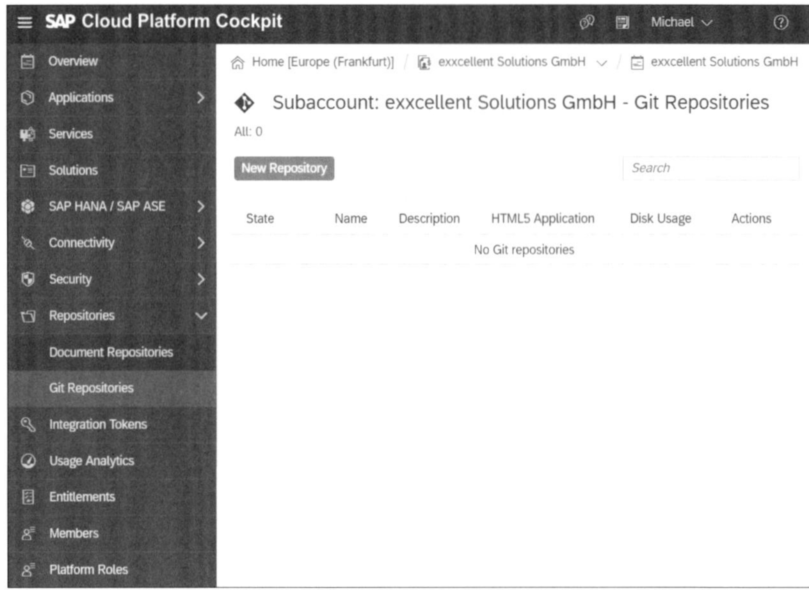

Abbildung 15.1 Git-Repository-Verwaltung auf der SAP Cloud Platform

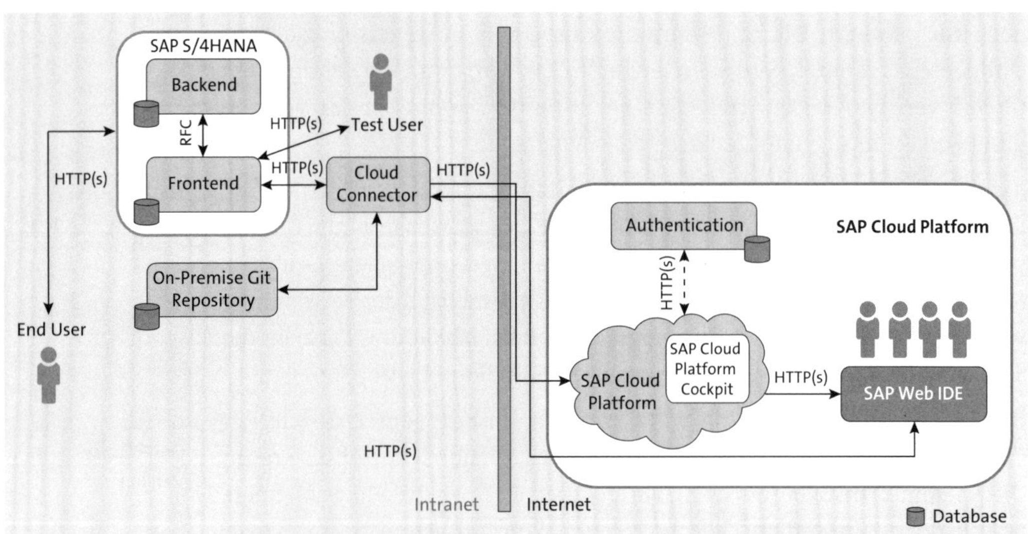

Abbildung 15.2 SAP-Entwicklungsinfrastruktur mit der On-Premise-Version von Git

Konfiguration des Cloud Connectors

Damit das VCS über den Cloud Connector verfügbar ist, müssen Sie im Cloud Connector eine entsprechende Verbindung einrichten. Die genauen Schritte für das Einrichten einer Verbindung zwischen Cloud- und On-Premise-Lösung im Cloud Connector haben Sie bereits in Kapitel 12, »Entwicklung einer SAP-Fiori-Anwendung mit SAP Web IDE«, kennengelernt. Aus diesem Grund gehen wir an dieser Stelle lediglich noch auf die Informationen ein, die Sie bei der Verbindung eintragen müssen.

Abbildung 15.3 zeigt die Parameter für das System-Mapping für eine Git-Verbindung im Cloud Connector.

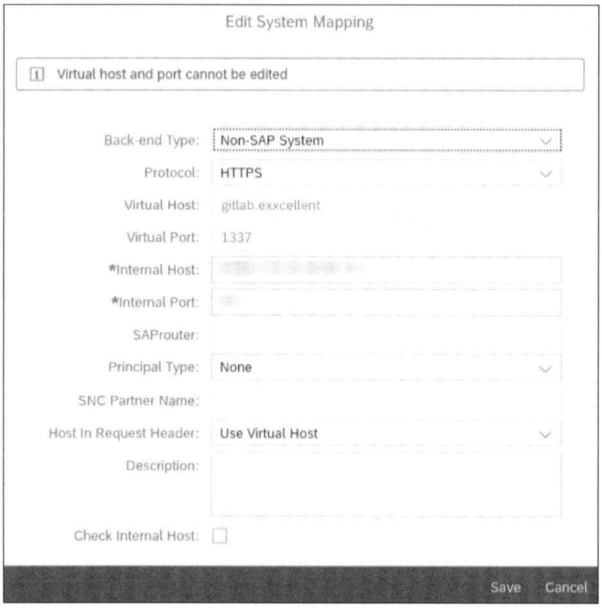

Abbildung 15.3 Git-System-Mapping im Cloud Connector

Ressourcenfreigabe

Neben dem System-Mapping müssen Sie auch die Ressourcen konfigurieren, die durch die Git-Verbindung erreichbar sein sollen. Dazu legen Sie im Cloud Connector die Ressourcen entsprechend Ihren unternehmensinternen Vorgaben an.

Abbildung 15.4 zeigt die vollständige Konfiguration der Git-Verbindung im Cloud Connector. Wie Sie der Abbildung entnehmen können, wurden alle Pfade inklusive der Unterpfade als Ressourcen freigegeben. Dies bedeutet, dass es keine Einschränkungen für den Zugriff auf das Git-System gibt.

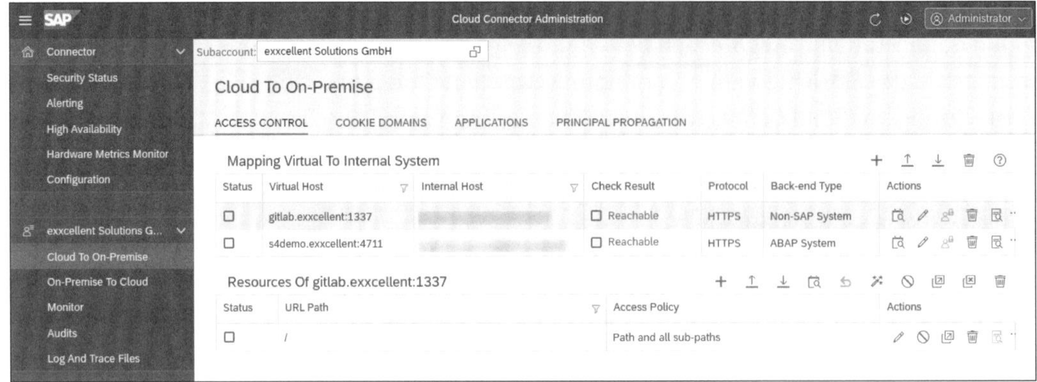

Abbildung 15.4 Verbindung zu einem Git-System im Cloud Connector

Verfügbarkeit der Git-Verbindung

Nachdem Sie die Verbindung im Cloud Connector konfiguriert haben, können Sie auf der SAP Cloud Platform prüfen, ob diese in den durch den Cloud Connector zur Verfügung gestellten Systemen angezeigt wird. Dazu wechseln Sie in das SAP Cloud Platform Cockpit. Über **Connectivity • Cloud Destinations** erhalten Sie den aktuellen Status der über den Cloud Connector verbundenen Systeme sowie der über den Connector bereitgestellten virtuellen Hosts. Abbildung 15.5 zeigt die konfigurierte Git-Verbindung im Cloud Connector.

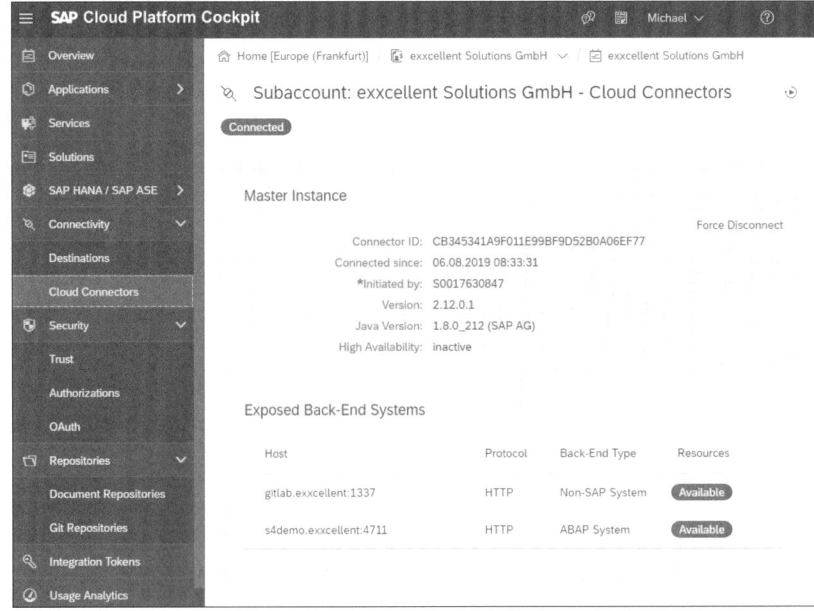

Abbildung 15.5 Erreichbare Verbindungen des Cloud Connectors

Konfiguration einer Destination

Damit nun über die Werkzeuge der SAP Cloud Platform auf das Git-System zugegriffen werden kann, muss eine neue Destination angelegt werden. Diese wird im Grunde wie jede andere Destination konfiguriert. Der Unterschied zu den in Kapitel 12, »Entwicklung einer SAP-Fiori-Anwendung mit SAP Web IDE«, angelegten Destinationen besteht lediglich darin, dass Sie bei der Konfiguration einer Git-Destination eine zusätzliche Eigenschaft angeben müssen (siehe Tabelle 15.1 und Abbildung 15.6).

Eigenschaft	Wert
WebIDEUsage	`git`
WebIDEEnabled	`true`
WebIDEAdditionalData	`git_host_<virtual_hostname>`

Tabelle 15.1 Zusätzliche Eigenschaften einer Git-Destination

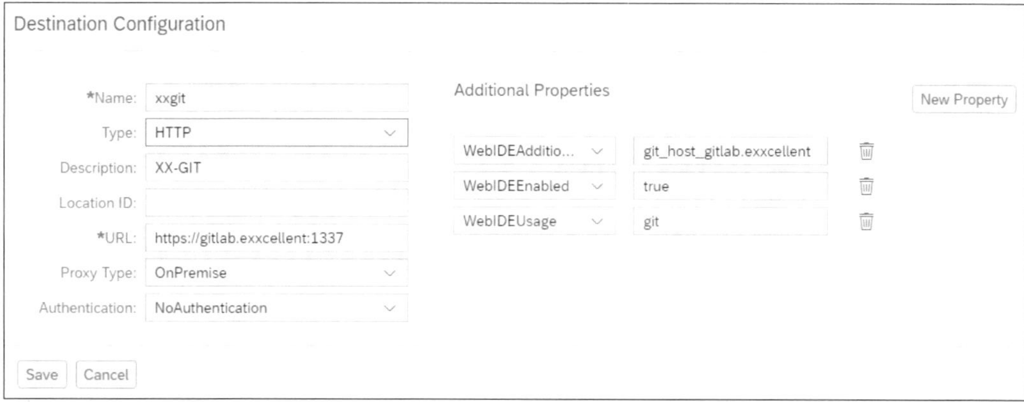

Abbildung 15.6 Destinationskonfiguration für das Git-System

Die Eigenschaft **WebIDEEnabled** ist eine uns bereits aus Kapitel 14, »SAP Fiori Cloud«, bekannte Eigenschaft. Mit ihr wird die Destination in SAP Web IDE zur Verfügung gestellt. Die Eigenschaft **WebIDEUsage** kennen Sie auch bereits aus der Konfiguration für den Zugriff auf ein SAP-System. Allerdings wird bei einer Git-Destination der Wert `git` gesetzt. Damit wird die Destination eindeutig der Verwendung der Git-Werkzeuge in SAP Web IDE (siehe Kapitel 12, »Entwicklung einer SAP-Fiori-Anwendung mit SAP Web IDE«) zugeordnet. Die dritte Eigenschaft, **WebIDEAdditionalData**, haben wir bis zu diesem Zeitpunkt noch nicht verwendet. Mit ihr wird, wie Sie später noch sehen werden, der Git-Hostname konfiguriert. Über diesen Hostnamen erkennt SAP Web IDE in den Git-Werkzeugen die Destination, die verwendet werden soll. Die zu verwendende Nomenklatur sieht dabei vor, dass als Präfix der Wert `git_host_`, gefolgt von der Destinationsbezeichnung, angegeben werden muss – in unserem Fall also `git_host_gitlab.exxcellent`. Verallgemeinert zeigt der Wert auf `git_host_<virtual_hostname>`.

Versionierung mit Git

Nachdem wir uns die Konfiguration von Git im SAP-Kontext angesehen haben, wenden wir uns nun kurz der Arbeit mit Git zu. Dabei geht es in erster Linie darum, wie die Versionierung mit Git grundsätzlich funktioniert. Wir gehen dabei nicht auf alle Feinheiten und Facetten der Arbeit mit Git ein, weil es dazu umfangreiche Literatur gibt und dies den Umfang dieses Kapitels sprengen würde.

Wie bereits zu Beginn des Abschnitts gesagt, werden in Git Repositories verwaltet. Ein Repository ist der Ort in Git, an dem die Artefakte eines Projekts abgelegt werden. Zu Beginn der Arbeit an einem Repository legt der Entwickler eine lokale Arbeitskopie an. Änderungen werden demnach lokal durchgeführt. In einem Repository gibt es mehrere Versionen der Softwarelösung. Jede Version wird in einem *Branch* verwaltet. Es kann z. B. einen Branch geben, in dem neue Funktionen (Features) hinzugefügt werden, und einen, über den Korrekturen an der Version der Software vorgenommen werden, die aktuell produktiv eingesetzt wird. Die aktuelle Version der Software wird in einem sogenannten *Master-Branch* gehalten. Möchten Sie als Entwickler Ihre lokalen Änderungen einem Branch hinzufügen, führen Sie einen Commit-Befehl durch. Sollen die Änderungen, die z. B. bei einem Branch zu einem bestimmten Feature hinzugefügt wurden (*Feature-Branch*), in den Master-Branch übernommen werden, stellen Sie einen Pull-Request. Als Verantwortlicher für den Request können Sie den Code der Änderungen dann prüfen und darüber entscheiden, ob die Änderungen in den Master-Branch übernommen werden sollen.

Die beschriebene Arbeit mit einem Branch und die unterschiedlichen Aspekte dabei machen es notwendig, dass im Entwicklerteam die Aufgaben, z. B. wer einen Review durchführt oder wer einen Pull-Request bearbeitet, klar definiert sind. Dazu ist es notwendig, entsprechende Rollen zu definieren und zu leben. Jede Rolle ist mit einer bestimmten Verantwortlichkeit verbunden und letztlich Aufgaben zugeordnet. Eine kann sein, einen Review durchzuführen, bevor Änderungen am Code in den Master-Branch übernommen werden. Die Verantwortlichkeiten können auch wechseln.

15.1.3 Bundling

Das SAP-System bietet Entwicklern ein hohes Maß an Komfort, da die Implementierung integrativ ist. Änderungen werden nach dem Aktivieren wirksam und über das Transportwesen von SAP einfach in nachfolgende Systeme weitertransportiert. Zur Laufzeit einer Transaktion oder auch einer Web-Dynpro-ABAP-Anwendung kümmert sich das SAP-System darum, dass die Anwendung so ausgeliefert wird, wie es für die Laufzeitumgebung erforderlich ist.

SAPUI5-Anwendungen

SAPUI5-Anwendungen sind anders. Laden Sie eine SAPUI5-Anwendung auf den Frontend-Server Ihrer Infrastruktur, kommt das einem einfachen Kopieren des Quelltextes gleich. Bei einem SAPUI5-Projekt müssen Sie diverse Artefakte, etwa Views, Controller oder ausgelagerte Hilfsfunktionen, in eigenen Dateien implementieren. Zur Entwicklungszeit können Sie an der Struktur die Belange der einzelnen Bestandteile der Anwendung ablesen. Ähnlich verhält es sich mit dem Inhalt. JavaScript-Code sollte natürlich so implementiert und kommentiert werden, dass Sie selbst oder Kollegen den Code verstehen und nachvollziehen können. Wenn Variablen und Funktionen mit sprechenden Bezeichnern versehen und verteilte Zuständigkeiten in unterschiedlichen Dateien abgebildet sind, kann es zur Laufzeit jedoch zu Problemen kommen: Gibt es eine Vielzahl an Quelldateien, müssen diese einzeln vom Frontend-Server geladen werden – wobei umfangreich kommentierte Dateien oft eine beachtliche Größe haben. Dies kann sich negativ auf das Ladeverhalten und schließlich das Nutzererlebnis der Anwendung auswirken.

Bundling

Die Lösung des Problems stellt das sogenannte *Bundling* oder auch *Paketieren* dar. Dabei werden mehrere Dateien zu einer Datei zusammengefasst. Während des Vorgangs des Paketbaus werden Verfahren wie *Minification* und *Uglification* angewandt. Bei Minification werden alle unnötigen Leerzeilen, Leerzeichen und Kommentare aus dem Quelltext entfernt. Zudem werden alle JavaScript-Artefakte des Projekts in einer JavaScript-Datei zusammengefasst, die den Namen **Component-preload.js** trägt. In aller Regel wird auch noch Uglification eingesetzt. Dabei wird der Quelltext beim Bundling so bearbeitet, dass aussagekräftige Variablen oder Funktionsbezeichner nur noch aus Buchstaben oder kurzen Buchstabenkombinationen bestehen. Minification wie auch Uglification reduzieren die Dateigröße und die Kommunikation zwischen Client und Server. Es muss nur noch eine Datei, die Datei **Component-preload.js**, geladen werden. Das Bundling muss nicht nur aus den beiden vorgestellten Prozessierungsschritten bestehen und sollte automatisiert erfolgen. Weitere denkbare Schritte sind das Extrahieren der Quelltextkommentare in eine API-Dokumentation, das

Ausführen von Unit-Tests und das Prüfen der Einhaltung von Coding-Standards (Stichwort: *ESlint*).

UI5 Tooling

Für das Bundling gibt es diverse Werkzeuge auf dem Markt. Sie können *Maven*, *Grunt* oder *Gulp* einsetzen, um sogenannte *Build-Skripte* zu implementieren. In diesen werden die Schritte beschrieben, die beim Bauen eines deploybaren Ergebnisses durchgeführt werden sollen. Die drei genannten Werkzeuge sind historisch bedingt bei vielen Kunden im Einsatz. Das liegt daran, dass sie auch in Nicht-SAP-Szenarien verwendet werden. Auch SAP stellt ein Werkzeug bereit, das den Eigenheiten von SAPUI5 Rechnung trägt. Im Rahmen eines OpenSource-Projekts wurde das sogenannte *UI5 Tooling* realisiert. Es wird in einem Git Repository auf GitHub bereitgestellt. Die Dokumentation erreichen Sie, wie in Abbildung 15.7 gezeigt, über *http://s-prs.de/v726841*. Das UI5 Tooling kann in jeglicher Entwicklungsumgebung eingesetzt werden, da es grundsätzlich unabhängig ist. Sie starten und steuern es über die Kommandozeile.

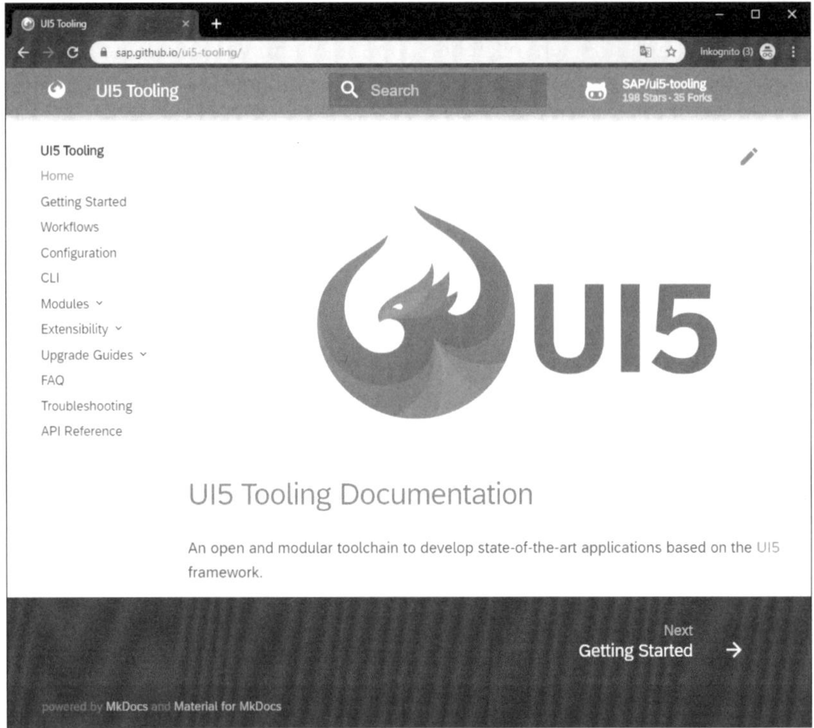

Abbildung 15.7 Die UI5-Tooling-Dokumentation

UI5 Tooling in SAP Web IDE

Im Juli 2019, nachdem SAP in SAP Web IDE lange mit Grunt als Build-Werkzeug gearbeitet hatte, integrierte SAP das Tool UI5 Tooling in SAP Web IDE. Seit diesem Zeitpunkt enthält jedes für SAPUI5 relevante Projekt-Template nach dem Erzeugen die Datei **ui5.yaml**. Dabei handelt es sich um die Konfigurationsdatei des UI5 Tooling. Listing 15.1 zeigt die Grundkonfiguration, wie Sie in SAP Web IDE standardmäßig angelegt wird.

```
specVersion: '1.0'
metadata:
  name: FioriUI5Tooling
type: application
builder:
  customTasks:
    - name: webide-extension-task-updateNeoApp
      afterTask: generateVersionInfo
      configuration:
        destDir: dist
        appFolder: webapp
        nameSpace: de/exxcellent/demo
    - name: webide-extension-task-updateManifestJson
      afterTask: webide-extension-task-updateNeoApp
      configuration:
        appFolder: webapp
        destDir: dist
    - name: webide-extension-task-lint
      afterTask: webide-extension-task-updateManifestJson
      configuration:
        destDir: dist
        appFolder: webapp
        nameSpace: de/exxcellent/demo
    - name: webide-extension-task-resources
      afterTask: webide-extension-task-lint
      configuration:
        nameSpace: de/exxcellent/demo
```

Listing 15.1 Standarddatei »UI5.yaml« von SAP Web IDE

Das Build-Skript des Werkzeugs UI5 Tooling können Sie über das Kontextmenü und dort **Build • Build Project** aufrufen. Darüber hinaus wird es vor jedem Deployment einer Anwendung automatisch gestartet. Im Rahmen der Abarbeitung des *Build-Prozesses* (dem Bauen und Testen der Anwendung) wird die Datei **package.json** ausgewertet. Sie enthält eine npm-Konfiguration, auf die wir im Weiteren noch genauer eingehen. Das Resultat wird, wie Sie aus dem Listing entnehmen können, in einem Ordner mit dem Namen **dist** abgelegt. Hier finden Sie auch den gepackten Code in der Datei **Component-preload.js**. Es befinden sich darin sowohl JavaScript-Artefakte als auch XML Views und Fragmente. Haben Sie beim Bundling das Verfahren Uglification angewandt, sind die JavaScript-Artefakte entsprechend gekürzt. Die in der Datei **Component-preload.js** vereinigten Ressourcen befinden sich zusätzlich als einzelne Dateien im **dist**-Ordner – sogar in zwei Versionen. Zum einen in der durch Uglification gekürzten und zum anderen in der ursprünglichen Version. Die ungekürzte Variante trägt den Zusatz **–dbg** im Dateinamen. In ihr finden sich die Ressourcen, die geladen werden, wenn die Anwendung mit dem Parameter `sap-ui-debug` aufgerufen wird.

UI5 Tooling ohne SAP Web IDE

UI5 Tooling wurde nicht im Hinblick auf die Integration in SAP Web IDE entwickelt, sondern mit dem Ziel, eine in sich schlüssige Werkzeugpalette für das Bauen und Testen von SAPUI5-Anwendungen zu bieten. Es ist entsprechend nicht an eine IDE gekoppelt. UI5 Tooling wurde als Paket des Paketmanagers *npm* realisiert. Daher müssen Sie die JavaScript-Laufzeitumgebung Node.js installiert haben, um es verwenden zu können. Die Dokumentation zum UI5 Tooling beschreibt ausführlich, wie Sie YAML-Dateien erstellen und UI5 Tooling einsetzen.

Build Scheduler

Die Build-Skripte, die Sie mit UI5 Tooling oder Grunt erstellen, können Sie entweder manuell oder ereignisgesteuert starten. Ein Ereignis, das ein Anstoßen der Schritte auslöst, kann z. B. das Committen von Änderungen in Git sein. Bei der ereignisgesteuerten Variante empfehlen sich für den Prozess des Bauens und Deployens Softwarelösungen, die eine automatisierte Verarbeitung anbieten. Auf dem Markt gibt es verschiedene kostenfreie und kommerzielle Produkte, z. B. *Jenkins* (*http://s-prs.de/v726843*) oder *Bamboo* (*http://s-prs.de/v726842*). Diese sogenannten *Build Scheduler* arbeiten alle nach dem gleichen Muster. In einer Pipeline werden die Schritte, die beim Bauen und Testen durchgeführt werden sollen, definiert. Anhand des Ergebnisses nach Durchlaufen der einzelnen Schritte lässt sich sehr leicht ablesen, ob und wo Fehler aufgetreten sind. SAP selbst bietet mit *Piper http://s-prs.de/v726844* eine Pipeline an, die direkt in Jenkins integriert werden kann.

Deployment

War der Build-Prozess erfolgreich, kann das Deployment auf dem angebundenen Entwicklungssystem erfolgen. Es handelt sich dabei entweder um den Frontend-Server oder aber, falls dieser nicht im Einsatz ist, die Embedded-Installation, bei der es keinen dedizierten Frontend-Server gibt. Das Deployment kann entweder manuell erfolgen oder aber im Rahmen der Build Pipeline. In jedem Fall jedoch werden die Artefakte in einem Transportauftrag aufgezeichnet. Je nachdem, mit welchem Werkzeug Sie die Automatisierung implementieren, gibt es bereits Lösungen für das automatisierte Deployment der Anwendung. Das SAP-System stellt mit dem

RFC-fähigen-Baustein /UI5/UI5_REPOSITORY_LOAD_HTTP eine Schnittstelle bereit, die für den Upload verwendet werden kann.

15.2 Einführung in Continuous Integration und Continuous Delivery

Nachdem Sie die Werkzeuge kennen, die sich für die Entwicklung von SAP-Fiori-Anwendungen eignen, wenden wir uns im folgenden Abschnitt dem eigentlichen Prozess zu. In den meisten Softwareprojekten werden mittlerweile *agile Entwicklungsmethoden* angewandt. Anforderungen werden in kleine Einheiten untergliedert, an denen die Entwickler dann arbeiten. Wer welche Aufgabe übernimmt, wird oft in einem täglichen Abstimmungstermin besprochen. Anschließend beziehen die Entwickler aus der Quellcode-Verwaltung den aktuellen und lauffähigen Stand der Software. Dieser Codebasis wird das benötigte Feature hinzugefügt. Um die Qualität der Software sicherzustellen, werden Testfälle implementiert. Dies kann unter Zuhilfenahme der Frameworks *qUnit*, *OPA5* oder *UIVeri5* erfolgen. Nach Abschluss der Arbeiten werden in der lokalen Entwicklungsumgebung die Testfälle ausgeführt. Dies kann entweder manuell geschehen oder über ein Build-Skript. Werden alle Tests erfolgreich durchlaufen, müssen die Änderungen in die gemeinsame Codelinie integriert werden. Auch die Integration sollte mithilfe automatisierter Tests überprüft werden. So kann sichergestellt werden, dass die Entwicklungen den qualitativen Ansprüchen genügen, dass die Anforderung zufriedenstellend umgesetzt wurde und die Anpassungen am Code keine negativen Seiteneffekte auf den bisherigen Stand der Codebasis haben. Diese Integration sollte täglich und von jedem beteiligten Entwickler durchgeführt werden. So können Fehler schnell aufgedeckt und korrigiert werden. Nach der erfolgreichen Integration liegt ein Softwarestand vor, der bereit zum Ausliefern ist.

Continuous Integration und Continuous Delivery

Das Zusammenführen der Entwicklungsergebnisse verschiedener Entwickler zu einem Stück Software wird als *Continuous Integration* (CI) bezeichnet. Am Ende der erfolgreichen Zusammenführung des Entwicklungsergebnisses steht ein funktionsfähiges Stück Software, das ausgeliefert werden könnte. Diese Möglichkeit des kontinuierlichen Auslieferns heißt *Continuous Delivery* (CD). Beides in Kombination und das Zusammenspiel werden als *CI/CD Chain* bezeichnet. Sowohl CI als auch CD sind bei der Implementierung von SAP-Fiori-Anwendungen wichtig, da Anwendungen meist nicht nur von einem Entwickler implementiert werden. Damit bei der Einarbeitung von Korrekturen oder Erweiterungen ein hohes Maß an Qualität und Sicherheit gewährleistet ist, müssen die Entwicklungslandschaft, Konzepte und Prozesse entsprechend etabliert werden. In den folgenden Abschnitten betrachten wir nun die Anforderungen, auf die CI und CD antworten, sowie die Ziele, die mit ihnen verfolgt werden. Anschließend stellen wir Ihnen die Umsetzungsmöglichkeiten im SAP-System vor.

15.2.1 Continuous Integration

Wie bereits einführend beschrieben, ist die Aufgabe von Continuous Integration, Codeänderungen, die angesichts neuer Anforderungen oder aufgrund von Korrekturen durchgeführt werden, in die aktuelle Hauptentwicklungslinie zu integrieren.

Folgende Aspekte müssen dabei berücksichtigt werden:

- Änderungen müssen jederzeit nachvollziehbar sein. Dies setzt den Einsatz eines Versionskontrollsystems voraus.
- Nach jeder Änderung sollte ein automatisierter Build-Prozess ablaufen, der stets die gleichen Schritte durchläuft. Das Ergebnis gilt als aktueller Stand der Codebasis.
- Fehler, die im Rahmen der Abarbeitung der einzelnen Build-Schritte auftreten, z. B. das Fehlschlagen von Unit-Tests, müssen sofort korrigiert werden, damit sie nicht auf andere Builds übergreifen.
- Der Build-Prozess sollte schnell und nachvollziehbar gestaltet sein.
- Ein Schritt im Build-Prozess sollte das automatisierte Ausführen von Tests sein. Wichtig sind Unit-Tests für Funktionen und Oberflächen.
- Das Deployment auf das Zielsystem sollte automatisiert erfolgen. In unserem Fall entspricht das Zielsystem der Entwicklungsumgebung, die entweder eine On-Premise-Landschaft oder die SAP Cloud Platform sein kann.

CI-Pipeline

Das Zusammenspiel aller Schritte, die für das CI relevant sind, wird als *CI-Pipeline* bezeichnet. Am Ende der CI-Pipeline steht eine erfolgreiche Integration der Änderungen in die aktuelle Codelinie.

15.2.2 Continuous Delivery

Nachdem die Änderungen am Code in die Hauptentwicklungslinie integriert sind, geht es im nächsten Schritt darum, sie in eine produktive Umgebung zu überführen. Dafür muss die Anwendung mit ihren Änderungen auf eine Testumgebung deployt werden. Damit die Tests, die in dieser Umgebung durchgeführt werden, aussagekräftig sind, muss die Umgebung der produktiven Umgebung entsprechen.

Das Deployment kann entweder manuell oder zeitgesteuert angestoßen werden, in jedem Fall sollte es automatisiert ablaufen. Dies ist wichtig, um ein Fehlerrisiko zu minimieren. Kopiert ein Mitarbeiter ein Paket händisch von A nach B, passieren leichter Fehler. Sollte beim Deployment doch einmal ein Fehler auftreten, lässt er sich bei einer Automatisierung schneller lokalisieren. Ein weiterer Vorteil des automatisierten Deployments ist, dass sich problemlos ein strategisch günstiger Zeitpunkt wählen lässt.

CD-Pipeline

Auf dem Testsystem sollten nach dem Deployment sowohl automatisierte als auch manuelle Tests durchgeführt werden. Die beschriebene Vorgehensweise des automatisierten Deployments auf dem *Testsystem* wird als Continuous Delivery bezeichnet. Auch hier wird eine Pipeline definiert, die *CD-Pipeline*. Sie definiert die Schritte, die durchgeführt werden sollen.

Continuous Deployment

Eine Weiterführung des Continuous Deliverys ist das *Continuous Deployment*. Dabei wird ein Softwarestand, sobald er im Testsystem alle Prüfungen bestanden hat, direkt und ohne weiteres Zutun in das *Produktivsystem* überführt.

15.2.3 Zusammenspiel von CI und CD

Feature-Branch-Workflow

In der Praxis werden Continuous Integration und Continuous Delivery in der Regel in einer durchgängigen Pipeline zusammengefasst. An der Hauptentwicklungslinie wird normalerweise nicht direkt gearbeitet. Für neue Features oder Korrekturen wird in der Versionsverwaltung vielmehr ein eigener Branch angelegt. Dieses Vorgehen wird auch als *Feature-Branch-Workflow* bezeichnet, wir haben es in Abschnitt 15.1.2, »Versionsverwaltung«, bereits kurz thematisiert. Entwickler, die an der Entwicklung beteiligt sind, legen eine lokale Arbeitskopie dieses Branches in der Entwicklungsumgebung an. In regelmäßigen Abständen führen die Entwickler ihre lauffähigen Arbeitsstände im entsprechenden Branch zusammen, wobei das Motto »Commit small, commit often« beachtet werden sollte. Damit die Änderungen von Kollegen am Feature-Branch in der Entwicklung jedes Projektbeteiligten berücksichtigt sind, sollte zusätzlich ein regelmäßiger Abgleich des eigenen, lokalen, Arbeitsstands mit dem Stand im Feature-Branch erfolgen (auch als *Merge* bezeichnet).

Nachdem die Entwicklung eines Features abgeschlossen ist, wird im lokalen Workspace der Build-Prozess inklusive der Tests durchgeführt. Jeder Entwickler sollte entsprechend bereits Testfälle für seine Änderungen implementieren. Dies stellt sicher, dass jede Änderung für sich genommen voll funktionsfähig ist. Wurden an bestehendem Code Änderungen vorgenommen, müssen die existierenden Tests aktualisiert werden.

Integration in die Hauptentwicklungslinie

Als Nächstes steht die Integration in die Hauptlinie der Entwicklung an. Ist die Entwicklung eines Features abgeschlossen und sollen die Änderungen in die Hauptentwicklungslinie überführt werden, müssen die Entwickler einen Antrag stellen. Man spricht dabei, bezogen auf Git, von einem *Merge-Request* oder *Pull-Request*. Der Request wird dabei einem verantwortlichen Kollegen zugeordnet. Dieser muss dann entscheiden, ob die Implementierung tatsächlich abgeschlossen ist und die für das Projekt definierten Qualitätsstandards eingehalten wurden. Nach Abschluss der Prüfung wird der Code des Feature-Branch mit dem der Hauptentwicklungslinie zusammengeführt. Etwaige Konflikte, die beim Zusammenführen entstehen, sollten dabei direkt behoben werden.

Die beschriebene Vorgehensweise der agilen Softwareentwicklung wird durch Werkzeuge unterstützt. So können Sie z. B. das Werkzeug *Gerrit* (*http://s-prs.de/v726845*) einsetzen, das Sie bei Code-Reviews, beim Git Hosting und der Workflow-Verwaltung unterstützt.

Aufbau und Test

Nach dem Review des Feature-Branch und seiner erfolgreichen Merge in die Hauptentwicklungslinie wird ein automatisierter Build-Prozess angestoßen. Dabei kommt erneut ein Build Scheduler zum Einsatz, der die Anwendung aufbaut und alle nötigen Tests durchführt. Am Ende findet das Deployment auf das Testsystem statt.

Anschließend können noch eine Testabteilung oder die Quality Manager aus Fachbereichen manuelle Tests durchführen. Dabei sollten vordefinierte Testfälle abgearbeitet werden. Sind auch diese Tests erfolgreich abgeschlossen, kann die neue Version in das produktive System integriert werden. Die entsprechenden Schritte werden in der Regel durch einen Delivery Manager angestoßen und überwacht. Die Integration kann entweder automatisch oder manuell erfolgen. Generell gilt, dass der Transport alle Änderungen, sowohl auf Frontend- als auch auf Backend-Seite, enthalten sollte. Die Änderungen sollten nicht getrennt oder zeitversetzt transportiert werden.

[!]

Überholer

Das geschilderte Vorgehen scheitert leider immer wieder an schlechtem Change Management. Besonders wenn verschiedene Projekte parallel durchgeführt werden, bei denen dieselben Artefakte erweitert und angepasst werden, kommt es oft zu sogenannten *Überholern*. Von einem Überholer wird gesprochen, wenn Änderung X bereits fertig implementiert, jedoch nicht final getestet wurde, oder Änderung Y Änderungen von A benötigt – jedoch bereits fertig getestet ist. Dies geschieht meist dann, wenn es keine oder eine schlechte Abstimmung zwischen Projekten gibt bzw. das Anforderungsmanagement nicht sauber arbeitet. Dies sollte natürlich nicht passieren.

CI-/CD-Pipeline

Abbildung 15.8 stellt die beschriebenen Schritte nochmals dar.

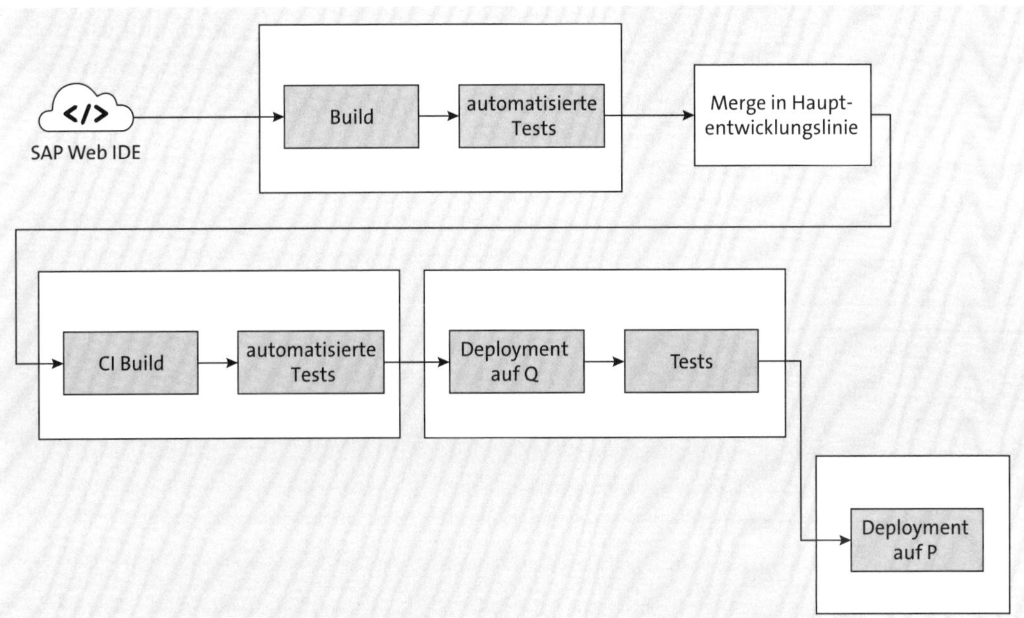

Abbildung 15.8 Zusammenspiel der CI-/CD-Pipelines

In der Realität findet das beschriebene Vorgehen leider gerade bei kleineren Projekten, z. B. aus Kostengründen, nicht immer statt. Spätestens im Hinblick auf erforderliche Erweiterungen oder Anpassungen wird hier jedoch an der falschen Stelle gespart. Viele Unternehmen setzen bei Entwicklungsaufträgen auch auf externe Unterstützung. Hier besteht die Gefahr, dass blind darauf vertraut wird, dass die gelieferte Qualität stimmt und die Integration reibungslos verläuft. Doch auch hier hat die Erfahrung gezeigt, dass es sich lohnt, für alle transparente Regeln zu definieren. Eine eigene Infrastruktur und Richtlinien, wie Software entwickelt werden soll, sind, langfristig gesehen, eine sinnvolle Investition. Entwicklungsergebnisse sollten wie beschrieben geprüft und nur abgenommen werden, wenn sie den Richtlinien entsprechen.

15.2.4 Empfehlungen von SAP

SAPUI5 und SAP Fiori sind bereits seit vielen Jahren ein wichtiges Thema bei SAP. Dennoch hat es relativ lange gedauert, bis SAP für die Themen Continuous Integration und Continuous Delivery Empfehlungen ausgesprochen hat. 2018 wurde unter *http://s-prs.de/v726846* ein Tutorial zum Thema Best Practices für Continuous Integration veröffentlicht. Das Tutorial enthält Empfehlungen von SAP, wie eine entsprechende Infrastruktur aufgebaut werden kann, wie ein Rollenkonzept aussehen kann und wie sich CI und CD im Kontext von SAPUI5 und SAP Fiori umsetzen lassen. Wenn Sie sich das Tutorial genauer anschauen, werden Sie feststellen, dass nicht UI5 Tooling, sondern Grunt verwendet wird. Sie können jedoch einfach eine Umstellung auf das UI5 Tooling vornehmen.

Anhang A
Quellenhinweise

In diesem Anhang geben wir Ihnen Hinweise auf Quellen, in denen Sie weitere Informationen finden und die wir selbst intensiv genutzt haben.

A.1 Bücher

Antolovic, Miroslav: *Einführung in SAPUI5*. 2. Auflage, Bonn: SAP PRESS, 2015.

Bechler, Markus; Hömer, Andreas; Markert, Michael; Michel, Marco; Rauscher, Jan; Steinsberger, Timo: *SAP Solution Manager. Das Praxishandbuch*. Bonn: SAP PRESS, 2017.

Berg, Bjarne; Frye, Rob; Silvia, Penny: *SAP HANA – Die neue Einführung: In-Memory-Technologie, Werkzeuge, Datenbeschaffung und Datenmodellierung*. 3. Auflage, Bonn: SAP PRESS, 2017.

Chiuaru, Constantin-Catalin; Freilinger-Huber, Sebastian; Stark, Timo; Trapp, Tobias: *ABAP-Entwicklung für SAP S/4HANA*. Bonn: SAP PRESS, 2019.

Colle, Renzo; Dentzer, Ralf; Hrastnik, Jan: *Core Data Services für ABAP*. Bonn: SAP PRESS, 2017.

Goebels, Christiane; Nepraunig, Denise; Seidel, Thilo: *SAPUI5 – Das umfassende Handbuch*. Bonn: SAP PRESS, 2016.

Bönnen, Carsten et al.: SAP Gateway und OData: *Schnittstellenentwicklung für SAP Fiori, SAPUI5, HTML5, Windows, u.v.m.* 3. Auflage, Bonn: SAP PRESS, 2019.

Bongers, Frank; Vollendorf, Maximilian: *jQuery – Das umfassende Handbuch*. 4. Auflage, Bonn: Rheinwerk Verlag, 2017.

Braasch, Bert; Faustmann, André; Geringer, Anna; Müller, Hendrik; Wegener, Benjamin; Siegling, André: *SAP HANA – Administration*. 2. Auflage, Bonn: SAP PRESS, 2016.

Flanagan, David: *JavaScript – Das umfassende Referenzwerk*. 6. Auflage, Köln: O'Reilly Verlag GmbH & Co. KG, 2012.

Hagemann, Sigrid; Mayr, Roland; Will, Liane: *SAP NetWeaver AS ABAP – Systemadministration: Das Standardwerk für SAP-Basis-Administratoren.* 5. Auflage, Bonn: SAP PRESS, 2015.

Keller, Horst; Krüger, Sascha: *ABAP Objects: ABAP-Programmierung mit SAP NetWeaver.* 3. Auflage, Bonn: SAP PRESS, 2006.

Kuhn, Christian: *UX Design für Tablets.* Frankfurt am Main: Entwickler.Press, 2013.

Moser, Christian: *User Experience Design.* Berlin, Heidelberg: Springer Verlag, 2012.

Teuber, Lars; Weidmann, Corinna; Will, Liane: *Monitoring und Betrieb mit dem SAP Solution Manager.* Bonn: SAP PRESS, 2013.

Wolf, Jürgen: *HTML5 und CSS3 – Das umfassende Handbuch zum Lernen und Nachschlagen. Inkl. JavaScript, Bootstrap, Responsive Webdesign u.v.m.* 2. Auflage, Bonn: Rheinwerk Verlag, 2015.

Wood, James: *SAP HANA Cloud Platform: Programmierung für SAP Cloud, SAP HANA, Webanwendungen, mobile Anwendungen u.v.m.* Bonn: SAP PRESS, 2015.

Preißel, René; Stachmann, Bjørn: *Git: Dezentrale Versionsverwaltung im Team – Grundlagen und Workflows.* 5.Auflage, Heidelberg: dpunkt.verlag GmbH, 2019.

Roth, Felix; Stöhr, Stefan: *BOPF – Business Objekt mit ABAP entwickeln.* Bonn: SAP PRESS, 2017.

A.2 Websites

SAP Fiori Apps Reference Library, *https://fioriappslibrary.hana. ondemand. com/sap/fix/externalViewer/#*

SAP Fiori, *http://help.sap.com/fiori*

SAP Gateway 2.0, *http://help.sap.com/nwgateway*

User Interface Add-On 2.0 for SAP NetWeaver, *http://help.sap.com/ nw-uiaddon*

SAP NetWeaver, *http://help.sap.com/netweaver*

SAP HANA Platform, *http://help.sap.com/hana*

SAP Note & Knowledge Base Article Search, *https://support.sap.com/notes*

SAP Community – SAP Fiori, *http://scn.sap.com/community/fiori*

A.3 Online-Kurse

Yen, Sam: SAP's UX Strategy in a Nutshell, *https://open.sap.com/courses/uxn1*

Phadnis, Prakalp; Thorburn, Elizabeth; Cawley, Jamie: Introduction to SAP Fiori UX; *https://open.sap.com/courses/fiori1*

Reiss, Thomas; Ruessel, Jan: Intelligent Enterprise User Experience with SAP Fiori 3, *https://open.sap.com/courses/ieux1*

Barbhaiya, Jay Bhargav; Chobanova, Tereza et al.: Evolved Web Apps with SAPUI5, *https://open.sap.com/courses/ui52*

A.4 SAP-Kurse

SAPX01. SAP User Experience Fundamentals and Best Practices.

UX100. SAP Fiori – Foundation.

UX200. SAP Fiori – System Administration.

UX300. SAP Screen Personas 3.0 Development.

UX399. Web Development Basics (JavaScript, HTML5 and CSS3).

UX400. Developing UIs with SAPUI5.

UX402. Advanced SAPUI5.

UX410. Developing SAP Fiori UIs.

Anhang B
Der Autor

Michael Englbrecht ist Portfolio Manager SAP und Business Manager SAP bei der eXXcellent solutions GmbH in Ulm. Er ist dort für das Leistungsportfolio der eXXcellent solutions GmbH im Bereich SAP verantwortlich. In seiner Rolle als Business Manager SAP ist er gesamtverantwortlich für die Umsetzung von Kundenprojekten sowie die langfristige Betreuung der Kunden. Zuvor war er als Principal Managing Consultant bei der eXXcellent solutions GmbH tätig.

Zu seinen Schwerpunkten gehört die Beratung von Unternehmen bei der Integration und Umsetzung von SAP Fiori. Michael Englbrecht arbeitet an der Konzeption, dem Design und der Implementierung von SAP-Fiori- und SAPUI5-Anwendungen mit und berät Kunden bei der Umsetzung der neuen User Experience. Weiterhin gehören die Integration von Systemen in die SAP-Landschaft sowie die Planung und Implementierung serviceorientierter Infrastrukturen zu seinen Themen. Auch in der Beratung bei SAP-Enterprise-Portal-Projekten und im Bereich SAP NetWeaver Knowledge Management and Collaboration verfügt er über langjährige Erfahrung.

Michael Englbrecht hat zahlreiche Trainings zu SAP Fiori, SAP User Experience, SAPUI5, ABAP und dem ABAP-Programmiermodell für SAP Fiori, Java-Programmierung, Portalprogrammierung sowie Knowledge Management und Collaboration entwickelt und hält regelmäßig Schulungen zu den Themen. Er studierte Informatik an der FH Augsburg und arbeitete anschließend als Softwareentwickler und Consultant für die MATHEMA AG. Von 2002 bis 2009 war er Senior Consultant bei der AddOn Software GmbH in Neu-Ulm, von 2010 bis 2017 Director NetWeaver Consulting bei der 10 point software GmbH in Dornstadt.

Index

B

C

D

E

F

P

Q

R

S

T

U

V

W

X

Z